WEEK 5·6
미리보기

수능까지 연결되는
초등

디딤돌
독해력

독해는 초등부터
시작해야 합니다

'독해는 고학년이 되면 잘할 수 있겠지.' 라고 막연하게 생각하고 계신가요?

하지만 학년이 높아져도 글 읽기를 어려워하는 학생들이 많이 있습니다.

글을 '제대로' 읽어보려는 노력 없이 독해력을 저절로 기를 수는 없습니다. 단순히

눈으로 활자를 읽어내는 것이 아니라, 읽은 내용을 토대로 **적극적으로 사고하는**

'독해'를 하려면 초등생 때부터 체계적이며 반복된 훈련이 필요합니다.

독해력은 단기간에 기를 수 없기에,
일찍 시작해서 차곡차곡 쌓아야 합니다!

모든 공부의 기본과 기초는 독해입니다.

교과서의 내용은 물론 인터넷, 신문 등 일상에서 접하는 지식과 정보가 대부분

글로 이루어져 있기 때문입니다.

기본적으로 독해력이 튼튼하게 뒷받침된 학생은 학교 공부도 잘합니다.

사고력이 커지며 스스로 생각하는 힘을 키우는

초등 저학년이 독해 공부를 시작하기 딱 좋은 시기입니다.

독해를 일찍 공부한 학생

- 국어뿐 아니라, 다른 교과 내용도 수월하게 이해함.
- 정보를 읽고 받아들이는 힘이 생겨 자기주도적 학습 능력이 향상됨.
- 의사소통 능력이 향상됨.
→ 꾸준하고 의도적인 노력을 통해 독해력을 길러야 합니다.

독해는 수능까지
연결되어야 합니다

이제 초등학교에 입학했는데 수능이라니요. 제목만 보고 당황하셨지요?

하지만 이 책에서 '수능'을 언급한 것은 초등학생 때부터 수능 시험을 대비하자는 의미가 아닙니다.

뜬구름을 잡는 것처럼 무작정 많이 읽는 비효율적인 공부가 아니라, **'학교 시험'과 '수능'이라는 목표를 향해 제대로 첫 발자국을 내딛자**는 의미입니다.

초등에서 고등까지,
독해의 기본 원리는 같습니다!

일반적으로 국어 학습 내용은 나선형으로 심화된다고 이야기합니다. 학습 내용이 이전 학년의 것을 기본으로 점차적으로 어려워지고, 많아지고, 깊어지기 때문입니다. 그 중에서도 특히 '독해'는 초등에서 고등까지 핵심 개념이 같으며, 지문과 어휘 수준의 난도가 올라갈 뿐입니다. 따라서 이 책은 초등 독해의 첫 시작점을 정확히 내딛어 궁극적으로 수능까지 도달할 수 있도록 구성하였습니다.

예를 들어, 수능에 자주 출제되는 '중심 화제 파악'이라는 독해 원리를 살펴볼까요?

우리 책에서는 학년별로 해당 독해 원리를 차근차근 심화하며 궁극적으로는 수능까지 개념이 이어지도록 목차를 설계하였습니다.

1학년	2학년	3학년	4학년		수능
6주 글에 어울리는 제목을 붙여요	6주 글의 중심 생각을 찾아요	4주 중심 문장을 찾아요	8주 글의 주제를 파악해요	…	중심 화제 파악

독해 공부는 속도가 아니라 방향이 중요합니다.

학교 시험을 잘 보고, **수능까지 연결되는 진짜 독해 공부**를 시작해 보세요.

학습 계획표

『디딤돌 독해력 4』중 week 5, 6을 수록하였습니다.
1주 5day 학습을 경험해 보세요!

WEEK 5 주장과 근거를 파악해요

공익 광고에 담긴 주장

공공의 이익을 목적으로 하는 공익 광고에도 광고를 만든 사람의 주장이 담겨 있다는 것, 알고 있나요?
아래의 공익 광고에 나오는 사진과 문구를 통해 어떤 주장이 담겨 있는지 알아보아요.

같은 지식
다른 깊이

우리는 인터넷을 통해 손쉽게 지식을 습득합니다.
꾸준한 독서로 습득하는 지식은 누군가의 경험을 읽고 상상하고 추론하는 과정에서 자신을 보게 됩니다.

성숙한 자아를 찾고, 세상을 보는 깊이가 다른 것 독서만 한 것이 없습니다.

인터넷 검색을 통해 습득한 지식의 얕은 높이와 꾸준한 독서로 습득한 지식의 깊은 높이가 비교되나요? 이 공익 광고에서는 '책을 많이 읽자'는 주장을 기발한 사진과 문구로 전달하고 있네요. 이렇게 **어떤 문제에 대한 자신의 주된 의견을 내세우는 것**을 '주장'이라고 하고, 이를 **뒷받침해 주는 까닭**을 '근거'라고 합니다. 그렇다면 여러 가지 글을 읽고 글에 담긴 글쓴이의 주장과 근거를 함께 파악해 보도록 할까요?

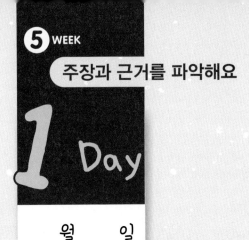

독도는 우리 땅!

다음 글을 읽으며, 빈칸에 들어갈 알맞은 낱말을 찾아 쓰세요.

제정	엄연히	점령	침입

윤아는 사회 시간에 과거 우리나라가 일본의 ⬚⬚ 으로 영토를 ⬚⬚

　　　　　　　　　　　　　　　　침범하여 들어가거나 들어옴.　　어떤 장소를 차지하여 자리를 잡음.

당하고 온갖 핍박 아래 살아온 아픈 역사에 대하여 배웠어요. 일본이 우리나

라를 뺏으려고 한 것은 ⬚⬚⬚ 도둑질이나 마찬가지라는 생각이 들었어

　　　　　　　　　　　　어떠한 사실이나 현상이 부인할 수 없을 만큼 뚜렷하게

요. 윤아는 앞으로도 전 세계가 다른 나라를 침략하지 못하도록 하는 법이

⬚⬚ 되면 좋겠다는 생각도 했어요.

제도나 법률 따위를 만들어서 정함.

● 다음 글을 읽고, 물음에 답하세요.

(가) 2005년 3월 16일 일본에서는 '다케시마의 날', 즉 '독도의 날'을 제정하였다. 그리고 여전히 지금까지 '독도'는 엄연히 한국 영토인데 일본은 국제 사회에 독도가 일본 땅이라고 주장해 많은 나라들이 독도를 일본 땅이라고 생각하게 만들고 있다.

일본은 과거 우리나라를 식민지로 만들더니, 이제는 독도까지 자기네 땅이라며 빼앗으려한다. 그러나 독도는 분명 우리 땅이다. 삼국 시대 때 신라 장군 이사부가 울릉도와 독도를 점령했으며, 조선 시대 때에는 공도 정책-섬을 비워 두는 정책-을 실시하면서 독도에 계속 관리를 보내 순찰하게 하였고, 특히 숙종 때 안용복은 두 번에 걸쳐 일본을 찾아가 독도가 한국 영토임을 확인시키고 이를 인정하는 외교 문서까지 받아 냈다.

이렇게 분명한 역사적인 근거가 많은데 독도가 일본 땅이라고 주장하는 것은 말도 안 된다. 독도는 우리 땅이다.

(나) 안용복은 조선의 평범한 어부였다. 어느 날, 그는 울릉도로 고기잡이를 나갔다가 우리나라의 허락을 받지 않고 고기잡이하는 일본 어선을 발견하였다. 그는 일본 어민들에게 울릉도와 독도는 조선의 영토이므로 울릉도와 독도에 침입하는 것은 법에 어긋나는 것이라고 항의하였다.

그러자 일본 어민들은 그를 일본으로 잡아갔다. 일본에서도 안용복은 울릉도와 독도는 조선의 땅이라고 강하게 말하였다. 처음에는 울릉도와 독도가 일본의 땅이라고 주장하던 일본 정부도 안용복의 설득으로 울릉도와 독도가 조선의 땅임을 분명히 밝히는 문서를 써 주었다. 그의 노력은 조선이 울릉도와 독도를 지키는 데 큰 도움이 되었다.

글을 읽고 주장 찾기 어떤 문제에 대한 자신의 주된 의견을 내세우는 것을 '주장'이라고 합니다. 이 글에서 글쓴이가 '독도'에 대하여 어떤 의견을 내세우고 있는지 파악해 봅니다.

주장과 근거 파악하기

1 글 (가)에 나타난 주장은 무엇인가요? (   )

① 독도는 우리 땅이다.
② 독도를 개방해야 한다.
③ 독도에 대해 세계에 자세히 알려야 한다.
④ 우리나라도 '독도의 날'을 제정하여야 한다.

주장을 뒷받침하는 근거 찾기 주장을 뒷받침해 주는 까닭을 '근거'라고 합니다. 글쓴이가 독도에 대한 의견을 뒷받침하기 위해 근거로 제시한 역사적인 사실이 무엇인지 파악해 봅니다.

주장과 근거 파악하기

2 글 (가)에서 주장을 뒷받침하는 근거로 제시한 내용이 <u>아닌</u> 것을 골라 기호를 쓰세요.

> 가 일본에서 3월 16일을 '다케시마의 날'로 제정함.
> 나 삼국 시대 때 신라 장군 이사부가 울릉도와 독도를 점령함.
> 다 조선 시대 때 공도 정책을 실시하면서 독도에 관리를 보내 순찰하게 함.

(   )

3 글 (나)를 읽고 안용복이 한 일로 알맞은 것에 ○표 하세요.

❶ 일본 정부에 울릉도와 독도가 조선의 땅이라고 주장하여 울릉도와 독도가 조선의 땅임을 밝히는 문서를 받아 냄. (   )

❷ 울릉도로 고기잡이를 갔다가 그곳에서 고기잡이하는 일본 어민들을 잡아서 우리나라 정부에 데려감. (   )

4 글 (나)에 대한 설명으로 '주장'과 '근거' 중 빈칸에 들어갈 알맞은 말을 골라 각각 쓰세요.

> 글 (나)는 역사적 인물인 안용복에 대하여 자세히 설명한 글로, 글 (가)에 제시된 ☐☐ 을 뒷받침하는 ☐☐ 가 된다.

5 글 (가)에서 말하는 주장을 뒷받침하는 근거로 덧붙여 제시할 수 있는 내용을 <u>잘못</u> 말한 친구의 이름을 쓰세요.

> **재신 :** 세종실록지리지에 울릉도와 독도가 강원도 울진현에 속한 두 섬이라 고 기록하고 있어.
>
> **민주 :** 1877년 일본의 메이지 정부는 울릉도와 독도가 일본의 영토가 아니 라는 입장을 밝힌 적이 있어.
>
> **유진 :** 동해를 일본해로 표기한 지도와 함께 독도가 일본 영토인데 한국이 불법으로 빼앗았다는 내용이 일본 교과서에 실려 있어.

(   )

5문제 중   개를 맞혔어요!

시험 보는 도깨비

다음 글을 읽으며, 빈칸에 들어갈 알맞은 낱말을 찾아 쓰세요.

과거	다스리는	정체	일쑤

☐☐ 시험을 본 몽룡은 합격하여 암행어사가 되었어요. 몽룡은 자신을

우리나라와 중국에서 관리를 뽑을 때 실시하던 시험

기다리는 춘향이를 데리러 돌아왔지만, 마을을 ☐☐☐ 새 사또가 백

국가나 사회, 단체, 집안의 일을 보살펴 관리하고 통제하는

성들을 잘 보살피지 않아 마을 백성들이 원망과 한탄을 늘어놓기 ☐☐였

흔히 또는 으레 그러는 일

지요. 몽룡은 자신의 ☐☐를 숨기고 새 사또를 찾아갔어요.

참된 본디의 형체

● 다음 글을 읽고, 물음에 답하세요.

아주 먼 옛날, 도깨비 나라에 과거 시험이 있었습니다. 도깨비 과거 시험 문제는 여러 가지였습니다. 도깨비방망이를 사용하는 방법, 사람들을 무섭게 하는 방법, 도깨비 춤을 추는 방법, 사람들에게 보이지 않게 하는 방법, 사람들을 다스리는 방법 등이 있었습니다.

여러 가지 시험 문제 중에서 사람들을 다스리는 방법은 가장 중요하였습니다. 왜냐하면, 도깨비는 자기의 정체가 드러나지 않게 하면서 사람들을 도와주는 일을 하기 때문입니다. 물론, 말썽을 피우거나 죄를 지은 사람에게는 무섭게 대하기도 하고 벌을 내리기도 합니다.

마지막까지 남은 세 명의 도깨비들은 마지막 시험 문제지를 받아 들고 천천히 펼쳐 보았습니다.

제23546회 도깨비 과거 시험 마지막 문제
부모님의 말씀을 듣지 않는 아이를 변화시킬 수 있는 방법을 제시하시오.

도깨비들은 아이들을 싫어합니다. 할머니, 할아버지는 도깨비 이야기에 귀를 기울이지만, 아이들은 도깨비를 무시하고 잘 놀리며 자기주장만 내세우기 일쑤입니다.

둥근 뿔 도깨비가 말하였습니다.

"정말 내가 가장 싫어하는 문제로군. 아이들을 조용히 시킨다거나 나쁜 아이를 착한 아이로 만드는 방법은 없어." (중략)

도깨비들은 서로 이야기를 나누다가 답을 써 내려가기 시작했습니다. 세 도깨비의 답안지에는 다음과 같은 글이 적혀 있었습니다.

둥근 뿔 도깨비	큰 눈 도깨비	왕발 도깨비
대나무 회초리로 종아리를 때립니다. 매를 맞으면 자신의 행동을 반성하게 될 것입니다.	부모님의 말씀을 잘 듣는 아이에게는 도깨비 나라에서 가장 재미있는 도깨비 놀이동산에 갈 수 있는 기회를 줍니다.	부모님께서 얼마나 고생을 하시는지 알게 합니다. 부모님께서 하시는 일을 직접 보고 똑같이 해 보도록 시킵니다.

1 도깨비 시험 문제 중에서 가장 중요한 것은 무엇이라고 하였나요? (   )

① 사람들을 다스리는 방법
② 사람들을 무섭게 하는 방법
③ 도깨비방망이를 사용하는 방법
④ 사람들에게 보이지 않게 하는 방법

2 도깨비들이 풀어야 하는 마지막 시험 문제의 내용은 무엇인지 빈칸에 알맞은 말을 쓰세요.

| | | |의| | |을 듣지 않는 아이를 변화시킬 수 있는 방법

을 제시하시오.

이야기 글에서 주장 찾기 글쓴이의 주장이 담긴 글만이 아니라 이야기 글에서도 인물의 주장을 찾을 수 있습니다. 이 글에 나오는 도깨비들이 마지막 시험 문제에 대하여 어떤 생각을 말하였는지 파악해 봅니다.

주장과 근거
파악하기

3 이 글에서 도깨비들이 제시한 주장으로 알맞지 <u>않은</u> 것은 무엇인가요? (   )

① 대나무 회초리로 종아리를 때린다.
② 부모님께서 얼마나 고생을 하시는지 알게 한다.
③ 도깨비방망이로 착하고 고운 마음을 가진 아이로 변신시킨다.
④ 부모님의 말씀을 잘 듣는 아이에게는 도깨비 나라에서 가장 재미있는 도깨비 놀이동산에 갈 수 있는 기회를 준다.

주장과 근거
파악하기

4

다음은 세 명의 도깨비 중 누구의 주장이 가장 좋다고 생각한 것인지 **보기** 에서 찾아 (   ) 안에 알맞은 이름을 각각 쓰세요.

> **보기**
>
> 둥근 뿔 도깨비   큰 눈 도깨비   왕발 도깨비

❶ (   )의 주장이 가장 좋아. 왜냐하면, 아이들이 좋아하는 것이 무엇인지 헤아려 주는 것이 가장 필요하기 때문이야.

❷ (   )의 주장이 가장 좋아. 왜냐하면, 잘못한 일이 있으면 벌을 줄 수 있는 강력한 힘을 사용해야 아이들이 잘 따를 것이기 때문이야.

❸ (   )의 주장이 가장 좋아. 왜냐하면, 부모님께서 얼마나 고생하시는지 직접 체험해서 스스로 깨닫게 하는 게 가장 현명하기 때문이야.

주장과 근거
파악하기

5

자신이 이 글에 나오는 시험 보는 도깨비라면 어떤 주장을 쓸지 알맞은 근거를 들어 말한 친구의 이름을 쓰세요.

> **유정:** 아이들의 잘못된 행동을 카메라로 찍어 아이들에게 직접 보여 주는 거야. 그러면 자신의 잘못된 행동을 보고 스스로 반성하여 고칠 수 있기 때문이야.
>
> **도진:** 부모님의 말씀을 들을 때까지 그냥 내버려 두는 거야. 시간이 지나서 좀 더 크면 알아서 부모님 말씀을 잘 들을 텐데 굳이 바꿀 필요는 없기 때문이야.

(   )

오늘 독해는?

5문제 중   개를 맞혔어요!

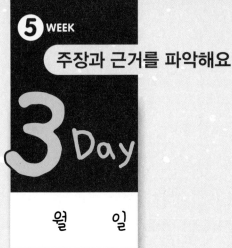

공부를 어려서부터 해야 하나?

다음 글을 읽으며, 빈칸에 들어갈 알맞은 낱말을 찾아 쓰세요.

흥미	호기심	미처	단서

재호가 학교에 들어서는데 운동장에 경찰차가 와 있었어요. 재호는

☐☐ 을 갖고 그곳으로 다가가 보았어요. 밤사이 학교에 도둑이 들어

새롭고 신기한 것을 좋아하거나 모르는 것을 알고 싶어 하는 마음

중요한 물건들을 훔쳐 갔는데 ☐☐ 하나 남기지 않았다고 했어요. 재호와

어떤 문제를 해결하는 방향으로 이끌어 가는 일의 첫 부분

친구들은 이 사건에 ☐☐ 를 느끼고 경찰들이 ☐☐ 보지 못한 것들을

흥을 느끼는 재미   아직 거기까지 미치도록

직접 찾아보기로 했어요.

● 다음 글을 읽고, 물음에 답하세요.

(가) 나는 어려서부터 어려운 공부를 하는 것은 잘못된 일이라고 생각한다. 어려운 공부는 나중에 하고 일단 천천히 기초를 다져야 한다고 생각한다. 요즘 엄마들은 3~4세의 어린아이들에게도 공부를 시킨다. 그러면 안 되는 이유를 세 가지만 들어 보겠다.

첫째, 어린아이들이 일찍부터 공부에 싫증을 내게 된다. 아이들이 아주 어려서부터 '공부는 싫어.'라는 생각을 하게 되기 때문에 커서도 공부를 열심히 하지 않게 된다. 그리고 공부에 대한 흥미를 점점 잃게 된다.

둘째, 취미 생활을 잘 하지 못하게 된다. 어린 시절에도 나름의 즐거움을 느껴야 하는데, 엄마들이 아이들을 꼼짝 못하게 만들기 때문에 아이들은 대부분의 시간을 공부만 해야 한다. 그래서 아이들은 취미 생활, 자유, 즐거움 등을 느끼지 못하게 된다.

셋째, 어린아이들의 마음이 부담스러워진다. 엄마들이 아이에게 큰 기대를 걸고 있으므로 아이는 엄마의 기대가 깨질까 봐 매우 부담이 된다. 아이가 공부를 못하면 엄마가 뭐라고 하며 학원을 더 다니게 할까 봐 마음이 부담스럽다.

이런 이유들로 인해 나는 아주 어려서부터 어려운 공부를 할 필요는 없다고 생각한다. 어려운 공부는 학교에 들어가서 해도 된다.

(나) 많은 전문가들은 한글 떼기를 시작하기 가장 좋은 때를 "아이가 원할 때" 또는 "아이가 준비되었을 때"라고 말한다. 즉, 아이가 충분히 받아들일 수 있을 때까지 기다려야 한다는 것이다. 하지만 ㉠한글을 빨리 떼면 좋은 점도 있다.

우선 세상에 대한 이해의 폭이 넓어지게 된다. 사물의 이름을 읽고, 그 뜻을 알게 되면 그 안에서 또 다른 호기심이 꼬리에 꼬리를 물고 이어진다. 또한 예전에는 미처 보지 못했던 부분까지 보면서 관찰력도 늘어난다. 책을 읽으면서 함께 책과 관련하여 여러 가지 질문을 주고받으면 사고력이 더 키워질 수도 있다. 이러한 방법을 통해 상상력이 또다시 새로운 이야기로 뻗어 나갈 수 있는 단서를 주게 되는 것이다. 그러므로 굳이 모든 아이들이 비슷한 시기에 비슷한 교육을 하는 것보다 필요하면 빠른 교육을 시키는 것이 좋다.

1 글 (가)와 (나)는 어떤 문제에 대하여 서로 다른 주장을 말하였는지 기호를 쓰세요.

> **가** 공부나 교육을 어려서부터 일찍 하는 것과 나중에 하는 것 중 어느 것이 더 좋은가
>
> **나** 부모님의 도움을 받고 공부하는 것과 혼자 스스로 공부하는 것 중 어느 것이 더 좋은가
>
> **다** 여러 가지 분야를 공부하는 것과 관심 있는 한 가지 분야를 공부하는 것 중 어느 것이 더 좋은가

(   )

> 같은 문제에 대한 주장 비교하기 (가)와 (나)는 같은 문제에 대하여 서로 다른 주장을 제시한 글입니다. 이때 각각의 주장을 뒷받침하는 근거를 살피며 어떤 것이 더 좋다고 생각하는지 자신의 생각을 정리해 보도록 합니다.

주장과 근거
파악하기

2 글 (가)와 (나)에 제시된 주장은 무엇인지 선으로 알맞게 이으세요.

① 글 (가) •   • **가** 어릴 때에는 어려운 공부를 시키지 말아야 한다.

② 글 (나) •   • **나** 비슷한 시기에 비슷한 교육을 하는 것보다 필요하면 빠른 교육을 시켜야 한다.

주장과 근거
파악하기

3 글 (가)에서 주장을 뒷받침하는 근거로 제시한 내용이 <u>아닌</u> 것은 무엇인가요?

(   )

① 어린아이들이 잘난 척하게 된다.
② 취미 생활을 잘 하지 못하게 된다.
③ 어린아이들의 마음이 부담스러워진다.
④ 어린아이들이 일찍부터 공부에 싫증을 내게 된다.

4 글 (나)에서 ㉠의 내용으로 말하지 <u>않은</u> 것은 무엇인가요? (　　　)

① 세상에 대한 이해의 폭이 넓어진다.

② 신체적으로 또래에 비해 성장 속도가 빨라진다.

③ 여러 가지 질문을 주고받으면 사고력이 더 키워질 수도 있다.

④ 예전에는 미처 보지 못했던 부분까지 보면서 관찰력도 늘어난다.

5 다음은 글 (가)와 (나) 중 어떤 글과 비슷한 주장이 나타나 있는지 글의 기호를 쓰세요.

> 루소는 아이들의 자발적인 본성에 맞게 교육을 시키는 것의 중요성을 말하였다. 즉 아이들의 본성에 가장 적합한 시기를 기다렸다가 교육을 시켜야 한다는 것이다. 지나친 조기 교육은 스스로 하고자 하는 동기가 줄어들어 학습하고자 하는 의욕이 떨어지고 학습에 대한 부담감에 스트레스가 커질 수 있다.

(　　　　　)

오늘 독해는?

5문제 중　　　개를 맞혔어요!

독서의 필요성

다음 글을 읽으며, 빈칸에 들어갈 알맞은 낱말을 찾아 쓰세요.

양식	풍요로워지는	교양	뭉클한

아린이는 클래식 음악회에 자주 가요. 몇몇 사람들은 클래식 음악이

⬚⬚ 있는 사람들이 듣는 음악이라는 생각을 갖고 있어요. 하지만 아린이
학문, 지식, 사회생활을 바탕으로 이루어지는 품위 또는 문화에 대한 폭넓은 지식

는 음악회에 다녀오면 마음이 ⬚⬚⬚⬚⬚ 것을 느껴요. 어떨 때
흠뻑 많아서 넉넉함이 있는

는 음악에서 가슴 ⬚⬚ 감동을 느끼기도 하지요. 그래서 아린이는 책
감정이 북받치어 가슴이 갑자기 꽉 차는 듯한

뿐만이 아니라 음악도 마음의 ⬚⬚ 이 될 수 있다는 생각을 해요.
지식이나 물질, 사상 따위의 원천이 되는 것을 비유적으로 이르는 말

● 다음 글을 읽고, 물음에 답하세요.

(가) 독서는 마음의 양식이라고 한다. 건강을 지키기 위하여 음식을 먹듯이, 마음을 살찌우기 위하여 책을 읽어야 한다. 독서를 하는 까닭은 무엇이며, 독서를 하면 마음이 풍요로워지는 이유는 무엇일까?

독서를 하면 지식을 얻고 교양을 쌓을 수 있다. 책에는 새로운 정보와 다양한 지식이 있다. 책을 읽음으로써 폭넓은 지식과 새로운 정보를 얻고, 그 지식과 정보를 바탕으로 하여 올바른 사회인으로 살아갈 수 있는 기본적인 교양을 쌓을 수 있다.

독서를 하면 풍요로운 삶을 가꿀 수 있다. 사람들은 새로운 세계를 경험해 보고 싶어 한다. 그래서 히말라야 정상에 도전하기도 하고, 별이나 달의 세계에 가 보고 싶어서 우주선을 만들기도 한다. 그러나 모든 경험을 직접 해 볼 수는 없다. 독서를 하면 직접 경험하지 못한 세계를 간접적으로 경험하고, 삶을 풍요롭게 가꾸어 나갈 수 있다.

독서를 하면 감동과 재미도 얻을 수 있다. 가슴이 뭉클한 내용을 읽고 감동을 받거나, 재미있는 내용을 읽고 웃기도 하고 즐거워하기도 한다.

또, 독서를 하면 삶의 지혜를 배운다. 책 속의 인물이 한 행동을 통하여 세상을 올바르게 살아가는 태도와 어려운 일을 해결하는 방법을 배울 수 있다.

이처럼 우리는 독서를 하면 지식과 교양을 쌓고, 풍요로운 삶을 가꾸며, 감동과 재미를 얻고, 삶의 지혜를 배울 수 있다. 독서의 즐거움을 경험하고, 즐겨 읽는 태도를 가지도록 노력하자.

(나)   〈독서 능력과 행복감의 관계에 대한 조사〉

■ 행복하지 않다고 느낌.　　■ 행복하다고 느낌.

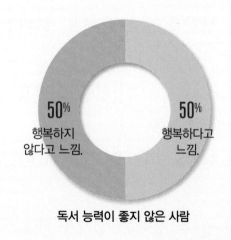

독서 능력이 좋지 않은 사람

독서 능력이 좋은 사람

〈출처: 영국 국립 독서 재단(National Literacy Trust)〉

주장 파악하기 글쓴이는 이 글을 읽은 사람들이 구체적으로 어떠한 행동을 하기를 바라는지 생각해 봅니다.

주장과 근거
파악하기

1 **글 (가)에서 제시한 주장은 무엇인지 골라 기호를 쓰세요.**

> ㉮ 독서를 하기 위해 책을 빌려 보는 것보다 직접 사서 읽자.
>
> ㉯ 독서의 즐거움을 경험하고, 즐겨 읽는 태도를 가지도록 노력하자.
>
> ㉰ 양적으로 많은 독서보다 천천히 책의 내용을 새기는 독서를 하자.

(   )

주장과 근거
파악하기

2 **글쓴이가 1에서 답한 것과 같은 주장을 말한 까닭으로 알맞지 <u>않은</u> 것은 무엇인가요? (   )**

① 삶의 지혜를 배운다.

② 건강한 몸을 만들 수 있다.

③ 감동과 재미를 얻을 수 있다.

④ 지식을 얻고 교양을 쌓을 수 있다.

3 **(나)에 제시된 자료를 통해 알 수 있는 사실은 무엇인가요? (   )**

① 독서 능력이 좋을수록 행복감이 높아진다.

② 독서 능력이 좋을수록 행복감이 낮아진다.

③ 사람들은 독서 능력이 필요 없다고 생각한다.

④ 행복하다고 느낄수록 독서보다 바깥 활동을 즐긴다.

4 다음 중 글 (가)의 주장이 적용될 수 있는 경험을 말한 친구의 이름을 쓰세요.

> **수진:** 나는 다른 여러 나라로 여행가고 싶어. 그래서 여러 나라에 대한 책을 읽으면 마치 그 나라에 다녀온 것처럼 생생한 느낌이 들고, 그 나라에 가게 될 내 모습을 상상할 수 있어.
>
> **동호:** 나는 숙제 자료를 찾을 때 책보다는 인터넷에서 검색을 할 때가 많아. 책보다 더 빠르고 쉽게 다양한 정보를 얻을 수 있어서 좋거든. 책은 일일이 내용을 다 찾아봐야 해서 힘든 점이 니무 많아.

(   )

5 (나)와 같이 글 (가)에 제시된 주장을 뒷받침하는 근거가 될 수 있는 자료로 알맞은 것을 두 가지 골라 ○표 하세요.

❶ 독서를 할수록 뇌 기능이 활성화되는 사진 (   )

❷ 독서를 하는 사람이 줄어들고 있다는 설문 조사 결과 (   )

❸ 독서를 많이 한 사람의 대화 능력이 좋다는 연구 결과 (   )

오늘 독해는?

5문제 중   개를 맞혔어요!

동물 마을의 물 이야기

다음 글을 읽으며, 빈칸에 들어갈 알맞은 낱말을 찾아 쓰세요.

스며들었습니다	위기	극복	차분한

어젯밤 홍수로 마을 대부분의 집에 물이 들어찼습니다. 현주네도 집에 물이

들어와 벽까지 빗물이 ☐☐☐☐☐☐☐. 현주는 처음 겪는 상황에
　　　　　　　　　　　속으로 배어들었습니다

어쩔 줄 몰라 했지만 현주의 부모님께서는 누구보다도 ☐☐ 태도로
　　　　　　　　　　　　　　　　　　　　마음이 가라앉아 조용한

☐☐ 를 ☐☐ 하려고 하셨습니다. 현주는 그런 부모님을 보며 자신이
위험한 고비나　　악조건이나 고생
시기　　　　　　따위를 이겨 냄.
해야 할 일을 찾아 천천히 해 나가기 시작했습니다.

● **다음 글을 읽고, 물음에 답하세요.**

동물 마을의 샘에 물이 말라 가고 있습니다. 하늘에는 구름이 가득하였지만 비는 내리지 않았습니다. 마을 뒷산 여기저기에 웅덩이를 파 보았지만, 물은 나오지 않았습니다. 마을의 들판에도 깊은 샘을 파 보았지만, 물은 고이지 않고 금방 땅속으로 스며들었습니다. (중략)

"여러분, 우리 마을의 샘에 물이 말라 가요. 지금 우리 마을은 위기에 빠졌어요. 위기를 극복하지 못하면 우리 마을은 사라지고 말 거예요."

마을에서 가장 나이가 많은 거북 할머니가 걱정스러운 목소리로 말하였습니다. 여기저기에서 한숨 소리가 흘러나왔습니다. (중략)

그때, 토끼가 깡충깡충 뛰면서 큰 소리로 말하였습니다.

"지금이라도 당장 연못을 만들면 되잖아요? 지금 연못을 파면 이듬해에 가뭄을 막을 수 있어요."

들쥐도 거들었습니다.

"맞아요. 땅을 파다 보면 물이 나올 수도 있어요. 그러니까 얼른 괭이와 삽을 들고 들판으로 나가야 해요."

그때 사슴이 차분한 목소리로 다른 동물들을 향하여 말하였습니다.

"연못을 만드는 데에는 많은 시간과 노력이 필요해요. 먼저, 우리가 물을 아끼기 위하여 실천할 수 있는 방법을 생각하여 보고, 우리 마을에서 물을 조금씩 덜 쓰도록 노력하여야 해요."

토끼가 말하였습니다.

"요즈음에는 물이 많이 나오지 않아 넉넉하게 쓰지도 못해요. 오리네 집에서는 물을 받아 놓고 쓰는 것 같은데, 그것도 우리 마을을 위해서라면 좋은 방법이라고 생각해요."

그러자 자라가 좋은 생각이 났다는 듯이 말을 꺼냈습니다.

"이웃 마을에는 커다란 연못이 있는데, 그 마을에서 물을 빌려 오면 안 될까요?"

다른 동물들이 자라의 말에 귀를 기울였습니다.

"그런데 물을 어떻게 빌려 오지요?"

"대나무를 여러 개 이어서 물을 끌어오면 어떨까요?"

다람쥐와 오리 부부가 좋은 생각이라며 찬성하였습니다.

1 동물 마을에 생긴 문제는 무엇인가요? (   )

① 동물 마을에 큰 홍수가 났다.

② 동물들이 이웃 마을로 떠나고 있다.

③ 동물 마을의 샘에 물이 말라 가고 있다.

④ 동물 마을의 동물들끼리 큰 다툼이 일어났다.

주장과 근거
파악하기

2 토끼가 말한 주장은 무엇인지 빈칸에 알맞은 말을 쓰세요.

지금이라도 당장 [ ][ ]을 만들자.

✊ **주장에 대한 다른 주장** 여러 주장이 나오는 글을 읽을 때는 어떤 인물이 무슨 주장을 말하는지 파악하고, 그와 반대되는 의견은 없는지 정리해 봅니다.

주장과 근거
파악하기

3 2에서 답한 토끼의 주장에 대한 사슴의 주장은 무엇인지 두 가지 골라 기호를 쓰세요.

> ㉮ 괭이와 삽을 들고 들판으로 나가자.
> ㉯ 우리 마을에서 물을 조금씩 덜 쓰도록 노력하자.
> ㉰ 물을 아끼기 위하여 실천할 수 있는 방법을 생각해 보자.

(   )

4 이 글에서 다음과 같은 주장을 말한 인물을 글에서 찾아 각각 알맞게 쓰세요.

❶ 오리네 집처럼 물을 받아 놓고 쓰자.

❷ 이웃 마을의 커다란 연못에 있는 물을 빌려 오자.

(   )   (   )

5 이 글에 나오는 주장에 대해 친구들이 나눈 대화를 읽고, 알맞은 것에 ○표 하세요.

당장 물을 아낄 수 있는 일부터 하는 게 좋다고 생각해.

연못을 만들어도 다시 또 물이 마르게 될 거야.

이웃 마을에서 물을 빌려주지 않을 수 있어.

서영   예준   설아

❶ 서영이는 사슴의 주장에 찬성한다.   (   )

❷ 예준이는 토끼와 들쥐의 주장에 찬성한다.   (   )

❸ 설아는 자라의 주장에 찬성한다.   (   )

오늘 독해는?

5문제 중   개를 맞혔어요!

주장과 근거를 파악해요

마무리

주장

어떤 문제에 대한 자신의 주된 의견

근거

주장을 뒷받침하는 까닭

주장과 근거

주장과 근거 파악하기

- 어떤 문제에 대한 주장을 말하고 있는지 살펴보기
- 하나의 문제에 대해 주장이 여러 개 제시된 경우, 각각의 주장과 근거를 비교하기

글쓴이나 이야기 속 인물들의 주장을 파악하고
주장을 뒷받침하는 근거가 적절히 연결되었는지 생각해 봅니다.

5. [A], [B]를 이해

① [A]: '영수'는 '민호'에게 추가적인 근거를 요구하기 위해 질문하고 있다.

② [A]: '영수'는 '민호'의 의견을 수용하면서 또 다른 근거를 제시하고 있다.

③ [A]: '영수'는 '민호'의 의견

고 있다.

④ [B]: '영수'는 '

을 추가하고

⑤ [B]: '영수'는 '

상반된 의견을 제시하고 있다.

추가적인 근거를 요구

또 다른 근거를 제시

수능에는 주장에 대한 근거를 어떤 방식과 내용으로 제시하였는지 파악하는 문제가 나와요.

WEEK

6

수능까지 연결되는 초등 독해

의견이 적절한지
판단해요

무사히 천국에 들어갈 인물은?

이야기 속 인물들이 천국으로 들어가는 문 앞에서 각자의 의견을 말하고 있어요. 천국에 들어갈 수 있는 조건에 맞는 적절한 의견을 말해야만 저 문이 열릴 텐데요. 누가 과연 무사히 천국에 들어갈 수 있을까요?

심 봉사는 주제와 관련 없는 의견을 말하고, 마녀는 의견을 뒷받침하는 근거를 말하지 못했네요. 아마도 적절한 의견과 근거를 말한 흥부만이 천국에 들어갈 수 있겠죠? 이렇게 자신의 생각을 뜻하는 '의견'의 적절성을 판단하려면, **의견이 주제와 관련이 있는 것**인지 살펴보고, **의견을 뒷받침하는 근거가 타당**한지도 살펴보아야 해요. 자, 그럼 글을 읽고 글에 제시된 의견의 적절성을 여러 가지 방법으로 판단해 보기로 해요.

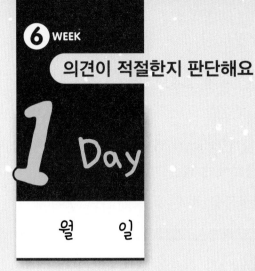

아파트에서 개를 길러도 되는가

다음 글을 읽으며, 빈칸에 들어갈 알맞은 낱말을 찾아 쓰세요.

위생	내재	소음	분야

며칠 전부터 냉장고에서 큰 ☐☐ 이 나더니 냉장고가 꺼졌다 켜졌다를
불규칙하게 뒤섞여 불쾌하고 시끄러운 소리

반복했어요. 부모님께서는 음식물이 상할 수도 있어 ☐☐ 에도 좋지 않다
건강에 유익하도록 조건을 갖추거나 대책을 세우는 일

며 냉장고를 바꾸기로 하셨어요. 삼촌께서 전자 제품과 관련된 ☐☐ 에서
여러 갈래로 나누어진 범위나 부분

일을 하시는 덕분에 도움을 받아 좋은 냉장고를 살 수 있었어요. 엄마께서는

새 냉장고에 좋은 기능이 ☐☐ 되어 있다며 만족해하셨어요.
어떤 사물이나 범위의 안에 들어 있음.

● 다음 글을 읽고, 물음에 답하세요.

(가) 사람들이 아파트에서 가장 많이 기르는 애완동물이 개다. 하지만 ㉠개는 털이 많이 빠지고, 시끄럽게 짖는다. 특히, 밤에 개 짖는 소리는 주변 사람들에게 많은 피해를 줄 수 있다. 그리고 개를 데리고 다니다가 개가 배설을 하였을 때, 배설물을 치우지 않고 가면 보기에 좋지 않고 위생에도 나쁘다. 어렸을 때 목줄을 하지 않고 달려오는 개를 보고 놀라서 도망치다가 교통사고가 날 뻔한 적도 있었다. 요즘에는 자칫하면 개가 사람을 물어서 사고가 나는 경우도 기사에서 심심치 않게 볼 수 있다. 주인은 괜찮다고 하지만 주변 사람들에게 이러한 위험까지 내재된 개를 아파트에서 키우는 것은 남을 전혀 배려하지 않는 행동이다. 무엇보다 아파트는 많은 사람이 생활하는 공동주택이다. 그런데 이러한 공간에서 개인적인 이유로 개를 키우는 것은 다른 사람을 고려하지 않은 이기적인 태도이다. 이처럼 아파트에서 개를 기르는 것은 많은 사람들에게 불편을 준다. 개를 꼭 기르고 싶다면, 아파트에서가 아니라 단독 주택에서 길러야 한다.

(나) 아파트에서 개를 기르면 안 된다고 말하는 사람이 많다. 그 이유로 개 짖는 소리가 이웃에게 소음이 될 수도 있고, 배설물이나 털이 주변을 지저분하게 만들 수 있다는 점을 든다. 하지만 이런 점은 주인이 주의를 기울여 관리하거나 키우는 개를 교육시키면 충분히 해결될 수 있는 문제이다. 또한 아파트에서 개를 키우는 것은 개인의 자유이다. 다른 사람에게 피해를 주지 않는 조건에서 개를 기르는 것은 개인의 정서적 만족감을 위해서 각자 자유롭게 선택할 문제이다. ㉡개는 심리 치료 분야에서도 마음의 안정을 찾게 해 주는 효과가 있어서 우울증 환자나 외로워하는 사람들에게 가족과도 같은 존재이다. 이렇게 가족과도 같은 존재인 개를 단순히 아파트라고 해서 키울 수 없다는 것은 잘못된 생각이다. 또한 실질적으로 맹인들을 위한 안내견이나 집을 지키는 방범견으로 각자 주어진 역할이 분명하여 도움을 주는 개들도 많다. 그러므로 주변 사람들에게 피해를 주지 않는다면 아파트에서 개를 길러도 좋다고 생각한다.

의견의 적절성 판단하기　한 주제에 대해 서로 다른 의견을 제시한 두 글을 읽고, 각각의 의견과 그 의견의 적절성을 판단해 봅니다. 이때 의견이 주제에 알맞은 의견인지를 생각해 볼 수 있습니다.

의견의 적절성
판단하기

1 다음은 글 (가)와 (나)에 제시된 의견에 대한 설명입니다. (　　) 안에 들어갈 알맞은 말을 골라 ○표 하세요.

> 아파트에서 개를 기르는 것에 글 (가)는 (찬성, 반대)하는 의견을, 글 (나)는 (찬성, 반대)하는 의견을 썼다. 글 (가)와 (나)는 아파트에서 개를 길러도 되는가에 대한 주제에 (알맞은, 알맞지 않은) 의견을 썼다.

2 ㉠의 내용을 반박하는 내용으로, 글 (나)에서 제시한 근거는 무엇인지 찾아 빈칸에 알맞은 말을 쓰세요.

> 주인이 주의를 기울여 [　　] 하거나 개를 [　　] 시키면 된다.

의견을 뒷받침하는 근거의 적절성　의견의 적절성과 함께 근거의 적절성도 살펴보아야 합니다. 글쓴이의 의견과 관련 있는 근거인지, 내용이 사실이고 믿을 만한 것인지를 생각해 봅니다.

의견의 적절성
판단하기

3 글 (가)에 제시된 의견을 뒷받침하는 근거 중 다음과 같이 판단할 수 있는 근거는 무엇인가요? (　　)

> 이 근거는 아파트에서 개를 키워도 되는지에 대한 의견과의 관련성이 낮고 객관적인 사실이 아니라 개인적인 경험이므로 적절하지 않다.

① 개는 털이 많이 빠지고, 시끄럽게 짖는다.
② 아파트는 많은 사람이 생활하는 공동주택이다.
③ 개의 배설물이 보기에도 좋지 않고 위생에도 나쁘다.
④ 목줄을 하지 않은 개 때문에 교통사고가 날 뻔한 적이 있다.

4 ⓒ에 대한 설명으로 알맞지 <u>않은</u> 것에 ×표 하세요.

❶ 글 (나)의 의견을 뒷받침하는 근거이다. ( )

❷ 글 (나)의 의견과 관련이 없는 내용이다. ( )

❸ 심리 치료 분야에서 개의 효과가 사실인지 확인할 필요가 있다. ( )

5 이 글을 읽고, 자신의 의견을 어떤 근거로 제시할 것인지에 대하여 알맞게 말한 친구의 이름을 쓰세요.

> **송이:** 아파트에서 개를 기르면 안 된다고 생각해. 이 의견에 대한 근거로 이웃집에서 기르는 개 때문에 피해를 본 경험을 묻는 설문 조사를 해서 제시하겠어.
>
> **유빈:** 아파트에서 개를 길러도 된다고 생각해. 이 의견에 대한 근거로 우리 집에서 키우는 개가 얼마나 영특하고 귀여운지를 알리는 내용의 글을 제시하겠어.

( )

5문제 중 개를 맞혔어요!

민재네 마을 회의

다음 글을 읽으며, 빈칸에 들어갈 알맞은 낱말을 찾아 쓰세요.

운영	공평	훼손

수미네 마을의 상징인 커다란 느티나무가 크게 ☐☐ 되었어요. 며칠 전

헐거나 깨뜨려 못 쓰게 만듦.

도시에서 휴가를 온 젊은 사람들이 느티나무 아래에서 장난을 치며 놀다가

생긴 일이었어요. 마을 전체를 살피고 ☐☐ 하는 이장님 댁에 모인 사람들

어떤 대상을 관리하고 운용하여 나감.

은 이 일을 우리끼리 해결하지 말고 그들에게 책임을 물도록 하는 것이

☐☐ 하다는 의견을 말했어요.

어느 쪽으로도 치우치지 않고 고름.

● 다음 글을 읽고, 물음에 답하세요.

민재네 마을은 아침부터 온 동네가 소란스러웠습니다. 민재네 마을은 시내와 조금 떨어진 조그마한 시골 마을로, 오십 가구˚ 정도가 모여 서로 사이좋게 살고 있었습니다. 그런데 얼마 전에 마을에 조그마한 공원이 들어서게 된다는 소식이 들려왔습니다. 이웃 어른들께서는 오랫동안 살아온 마을이 변한다는 소식에 다들 귀를 쫑긋 세우고 관심을 보이셨습니다. (중략)

어느덧 저녁이 되었습니다. 여덟 시가 되자, 마을 회의가 시작된다는 이장님의 목소리가 확성기를 타고 온 마을에 울려 퍼졌습니다. 잠시 뒤, 마을 사람들이 모두 모인 것을 확인한 이장님께서 회의를 시작하셨습니다.

"오늘 우리는 마을에 새로 생길 공원의 위치를 결정하고자 이 자리에 모였습니다. 의견이 있으신 분은 손을 들고 의견을 말씀하여 주시기 바랍니다."

먼저 의견을 낸 분은 마을 입구에서 사거리 가게를 운영하고 있는 김씨 아주머니셨습니다.

"공원은 마을 입구에 지어야 해요. 공원이 생겨서 이용하는 사람이 많아지면 아무래도 마을 입구가 복잡해지겠지요. 그러면 우리 가게도 더 많은 사람이 이용할 거예요."

마을 끝에서 나눔식당을 하시는 이씨 아주머니께서도 말씀하셨습니다.

"공원은 저희 집과 가까운 마을 끝 쪽에 지어야 해요. 그러면 우리 어머님께서 아주 기뻐하실 거예요."

그때 민재네 이웃집인 유정이네 삼촌께서 끼어드셨습니다.

"저는 우리 마을에 공원보다 도서관이 생겼으면 좋겠습니다."

이장님께서 유정이네 삼촌의 말을 받아 말씀하셨습니다.

"의견을 말씀하실 때에는 알맞은 까닭을 들어 주시고, 공원의 위치에 관련된 말씀만 해 주세요."

이장님의 말씀이 끝나자, 민재네 아버지께서 말씀하셨습니다.

"저는 마을의 남쪽에 공원을 지어야 한다고 생각합니다. 모두 공평하기 위해서는 마을 가운데에 생기면 좋겠지만 그곳에는 우리 마을의 상징인 오백 년 된 느티나무와 우물이 있어 그것을 훼손할 수는 없을 것 같습니다. 마을 남쪽에는 호수가 있어서 공원과도 잘 어울릴 것이고, 지금 사용하고 있는 마을 회관과도 그렇게 멀지 않아서 적합한 것 같습니다."

• 가구: 현실적으로 주거 및 생계를 같이하는 사람의 집단을 세는 단위

1 이 글에 나오는 인물들이 의견을 나누는 주제는 무엇인가요? (   )

① 마을에 어떤 편의 시설을 지을 것인가

② 마을에 공원을 언제 새로 지을 것인가

③ 마을에 새로 생길 공원을 어떻게 꾸밀 것인가

④ 마을에 새로 생길 공원의 위치를 어디로 정할 것인가

2 이 글에서 다음 인물들이 말한 의견은 무엇인지 빈칸에 알맞은 말을 쓰세요.

❶ 김씨 아주머니: 공원은 [ ][ ] [ ][ ] 에 지어야 한다.

❷ 이씨 아주머니: 공원은 우리 집과 가까운 [ ][ ][ ] 쪽에 지어야 한다.

✊ **의견과 근거의 적절성 판단하기** 의견과 근거가 주제와 관련이 있는지, 많은 사람이 받아들일 수 있는지를 함께 생각하여 적절성을 판단해야 합니다.

의견의 적절성
판단하기

3 이 글에서 김씨 아주머니와 이씨 아주머니의 의견이 적절하지 않다면, 그 까닭은 무엇인지 바르게 말하지 <u>못한</u> 친구의 이름을 쓰세요.

> **수연**: 두 사람의 의견과 근거가 많은 사람이 받아들일 수 없는 내용이기 때문이야.
>
> **유준**: 두 사람의 의견은 모두 주제와 관련이 없어서 어울리지 않는 내용이기 때문이야.
>
> **현보**: 두 사람의 의견에 대한 근거가 개인의 이익만 생각한 내용이라서 의견을 뒷받침하기에는 적절하지 않기 때문이야.

(   )

4 유정이네 삼촌의 의견에 대한 설명으로 알맞은 것을 두 가지 고르세요.

(   )

① 두 가지 의견을 제시하였다.

② 주제와 관련이 없는 의견을 말하였다.

③ 의견에 대한 근거를 알맞게 제시하였다.

④ 마을에 공원보다 도서관이 생겼으면 좋겠다는 의견을 말하였다.

5 이 글에서 가장 적절한 의견을 말한 사람은 누구인지 보기 에서 찾아 ○표 하고,
그렇게 생각한 까닭으로 알맞은 것을 세 가지 골라 기호를 쓰세요.

> 보기
>
> 김씨 아주머니   이씨 아주머니   유정이네 삼촌   민재네 아버지

> ⑰ 주제와 어울리는 의견이다.
>
> ⑭ 의견을 뒷받침하는 근거를 바르게 제시하였다.
>
> ⑮ 근거를 먼저 제시하고 마지막에 의견을 말하였다.
>
> ⑯ 많은 사람이 받아들일 수 있는 의견과 근거를 말하였다.

(   )

오늘 독해는?

5문제 중   개를 맞혔어요!

컴퓨터도 생각할 수 있나?

다음 글을 읽으며, 빈칸에 들어갈 알맞은 낱말을 찾아 쓰세요.

성능	공상	논쟁	창의적

명호는 〔　　〕 과학 영화를 보고 정말 미래에 영화 속 장면과 같은 일이

현실적이지 못하거나 실현될 가망이 없는 것을 막연히 그리어 봄.

일어날 수 있는지 궁금해졌어요. 영화에 나오는 로봇의 〔　　〕 은 상상 이상

기계 따위가 지닌 성질이나 기능

으로 굉장했거든요. 미래의 로봇이 얼마나 〔　　〕 일 수 있는지 많은 사

창의성을 띠거나 가진. 또는 그런 것

람들에게 〔　　〕 의 대상이 된다고 하지만, 명호는 영화처럼 무엇이든 가능

서로 다른 의견을 가진 사람들이 각각 자기의 주장을 말이나 글로 논하여 다툼.

한 로봇을 볼 수 있을 것 같았어요.

● 다음 글을 읽고, 물음에 답하세요.

노마: 선생님, 컴퓨터가 생각을 할 수 있나요, 없나요?

　쉬는 시간에 노마와 나리가 손에 연필과 공책을 들고 선생님 책상 앞에 다가섰다.

노마: 제가 나리한테 '앞으로 컴퓨터가 더 발전하게 되면 언젠가는 사람의 뇌보다 성능이 좋은
　　로봇이 나올 것이다. 그때가 되면 숙제나 청소는 로봇이 대신해 줄 것이다.'라고 말하였거든
　　요. 그런데 나리는 그런 것은 공상 과학 소설에나 있는 것이지, 실제로는 불가능하대요.

선생님: 나리야, 왜 불가능하다고 생각하니?

나리: 왜냐하면, 컴퓨터는 아무리 발전하더라도 기계일 뿐이므로 생각을 할 수 없기 때문이지요.

　선생님께서 곰곰 생각하시는 동안에도 둘은 논쟁을 계속하였다.

노마: 컴퓨터는 계산도 하고 기억도 하잖아. 문제도 해결하고…….

나리: 그래 보았자 사람이 시킨 거지. 어디 컴퓨터가 생각하고 하니?

노마: 선생님, 컴퓨터의 능력이 아직 모자라다는 것은 알아요. 하지만, 갈수록 사람의 뇌를 닮
　　아 가잖아요? 그러니까 사람처럼 생각하는 것은 시간 문제라고 봐요.

나리: 선생님, 만일 누가 우리한테 틀린 일이나 나쁜 일을 시키려고 하면 우리는 "안 돼!" 하
　　잖아요? 그런데 컴퓨터는 못하지요. 그건 바로 컴퓨터가 무엇이 옳은 건지 생각을 못한다는
　　증거이지요.

노마: 선생님, 우리의 생각 중에는 계산하고 기억하고 문제를 해결하는 능력이 있잖아요? 그
　　런데 컴퓨터도 그와 똑같은 능력을 가지고 있어요. 그래서 저는 생각을 한다고 봐요.

선생님: 맞아, 컴퓨터가 그런 일을 해냈다는 것은 우리 눈으로 목격할 수 있지.

나리: 선생님, 그렇지만 고작 기억이나 계산하는 정도를 생각한다고 하는 것은 틀린 거라고
　　봐요. 생각한다는 것은 새로운 것을 상상하고 창조하고 또 아름다운 것을 떠올리는 식의 일
　　을 해낼 수 있어야 하잖아요?

선생님: 그렇지. 비판하고 창의적으로 생각하는 것은 아직 컴퓨터에게 기대할 수 없지.

노마: 그렇지만 사람처럼 실수를 하지 않는다는 장점이 있잖아요?

선생님: 그래, 맞다. 또, 복잡한 계산을 순식간에 해내기도 하고…….

나리: 그러나 컴퓨터는 사람처럼 스스로 자기 잘못을 깨달아서 고치고 반성하는 능력은 없잖
　　아요?

선생님: 나리 말도 맞아. 컴퓨터가 사람보다 못할 때도 있지. 애들아, 이 문제를 해결하려면
　　먼저 '사람의 생각이란 어떤 것인가?'에 대하여 시간을 두고 더 많이 탐구해 봐야 할 거야.

생각하는 컴퓨터는 과연 가능할까? 선생님은 앞으로 너희가 생각이란 무엇인지 밝혀낼 거라고 믿는다. 왜냐하면 너희가 생각이란 어떤 것인지에 대하여 가장 많이 생각하니까. 안 그러니?

1 노마와 나리는 어떤 주제에 대한 의견을 나누었는지 빈칸에 알맞은 말을 쓰세요.

컴퓨터가 [　　] 을 할 수 있는가?

2 다음은 노마와 나리 중 누구의 의견을 뒷받침하는 근거인지 쓰세요.

> 생각 중에는 계산하고 기억하고 문제를 해결하는 능력이 있는데, 컴퓨터도 그와 똑같은 능력을 가지고 있다.

(　　　　　)

3 나리는 '생각한다'는 것에 대하여 어떤 생각을 갖고 있는지 골라 ○표 하세요.

❶ 새로운 것을 창조하고 아름다운 것을 떠올리는 식의 일이다. (　　)

❷ 사람이 시킨 일이 무엇인지 파악하고 그대로 행동하는 일이다. (　　)

의견의 적절성
판단하기

4 다음은 노마와 나리의 의견 중 누구의 의견이 적절하다고 판단한 것인지 빈칸에 알맞은 이름을 각각 쓰세요.

❶ 나는 [   ] 의 의견이 적절하다고 생각한다. 왜냐하면 컴퓨터는 순식간에 복잡한 계산을 하고, 그런 일을 할 때 사람처럼 실수도 하지 않기 때문이다.

❷ 나는 [   ] 의 의견이 적절하다고 생각한다. 왜냐하면 컴퓨터는 시키는 것만 하고 스스로 자기 잘못을 깨달아서 고치거나 반성하는 능력은 없기 때문이다.

5 이 글 마지막에 선생님께서 노마와 나리에게 의견을 나누기 위해 먼저 생각해 볼 주제로 말씀하신 내용은 무엇인가요? (   )

① 생각이란 어떤 것인가?
② 컴퓨터는 사람에게 이로운 물건인가?
③ 컴퓨터와 사람의 닮은 점은 무엇인가?
④ 컴퓨터 기술은 어디까지 발전할 것인가?

오늘 독해는?

5문제 중   개를 맞혔어요!

4 Day

월   일

경준이네 반의
학급 회의

다음 글을 읽으며, 빈칸에 들어갈 알맞은 낱말을 찾아 쓰세요.

시력	배려	협동	골고루

마을에 혼자 사시는 할머니께서 점점 ☐☐이 나빠지시더니 결국에는 앞
　　　　　　　　　　　　　　　　　물체의 존재나 형상을 인식하는 눈의 능력

이 안 보이게 되었어요. 마을 사람들은 할머니를 위해 ☐☐하여 도움을
　　　　　　　　　　　　　　　　　　　　서로 마음과 힘을 하나로 합함.

드리기로 해서 ☐☐☐ 돌아가며 할머니를 위한 음식을 가져다드리거나
　　　　　　두루두루 빼놓지 아니하고

집 청소를 해 드렸어요. 그리고 할머니를 ☐☐하는 마음에 나라에서 주는
　　　　　　　　　　　　　　　　　　도와주거나 보살펴 주려고 마음을 씀.

돈이라며 성금을 모아 드렸어요.

● 다음 글을 읽고, 물음에 답하세요.

사회자: 지금부터 우리 반에서 자리를 어떻게 정할지에 대한 회의를 시작하겠습니다. 의견이 있는 분은 발표하여 주십시오. 네, 김경준 학생 발표하여 주십시오.

김경준: 저는 키순으로 자리를 정하고, 한 달에 한 번씩 자리를 바꾸는 것이 좋겠습니다. 키가 큰 사람이 뒤에 앉고, 작은 사람이 앞에 앉으면 공부 시간에 선생님을 잘 볼 수 있습니다. 그리고 앞사람 때문에 칠판 글씨가 안 보이는 일도 없습니다. 그런데 키순으로 앉으면 시력이 나쁜 친구들이 뒤에 앉게 되는 경우도 있고, 키가 작은 학생은 항상 앞에만 앉아야 하는 문제도 있습니다. 그래서 키 순서대로 자리를 정하되, 한 달에 한 번 정도 자리를 바꾸어서, 한 사람이 같은 자리에 계속 앉지 않도록 해 주면 좋겠습니다. 눈이 나쁜 친구들도 배려를 해서 앞으로 옮겨 주면 됩니다. 키 순서대로 앉고 한 달에 한 번씩 자리를 바꾸면 여러 친구와 짝을 할 수 있어서 친구도 많이 사귈 수 있습니다.

사회자: 다른 의견 있는 분은 발표하여 주십시오.

강수빈: 저는 좋아하는 친구끼리 자유롭게 자리를 정하여 앉으면 좋겠습니다. 좋아하는 친구끼리 자리를 정하면 여러 가지 좋은 점이 있습니다. 우선 짝끼리 협동이 잘되어 공부 시간이 즐거워집니다. 그리고 마음이 잘 맞아서 싸우는 일도 없어집니다. 좋아하는 사람끼리 짝을 정하고 모둠을 만들어 앉으면 모두가 즐거운 학급이 될 것입니다.

박승현: 저는 학급 번호 순서대로 자리를 앉으면 좋겠습니다. 번호 순서대로 자리를 정하여 앉고, 일주일에 한 번씩 한 줄씩 자리를 옮겨 앉으면 좋겠습니다. 그러면 친한 친구끼리만 앉지 않고, 여러 친구들과 함께 골고루 짝을 할 수 있어서 좋습니다. 친한 친구와 장난을 치지 않아 수업 분위기도 좋아질 것입니다.

김지연: 저는 아침에 일찍 오는 순으로 자리를 정하여 앉으면 좋겠습니다. 일찍 오는 사람이 앉고 싶은 자리에 앉는다면 아침에 지각하는 사람도 없어지고, 부지런하게 학교생활을 할 수 있을 겁니다. 자기가 좋아하는 자리에 앉을 수도 있어서 공부를 즐겁게 할 수도 있습니다.

1 경준이네 반 학급 회의의 주제는 무엇인가요? (   )

① 소풍을 어디로 갈까?

② 자리를 어떻게 정할까?

③ 청소 당번을 어떻게 정할까?

④ 교실 게시판을 어떻게 꾸밀까?

2 다음은 어떤 의견을 뒷받침하는 근거인지 골라 ○표 하세요.

> • 공부 시간에 선생님을 잘 볼 수 있다.
> • 앞사람 때문에 칠판 글씨가 안 보이는 일이 없다.
> • 여러 친구와 짝을 할 수 있어서 친구를 많이 사귈 수 있다.

❶ 좋아하는 친구끼리 자유롭게 자리를 정하여 앉자. (   )

❷ 키순으로 자리를 정하고, 한 달에 한 번씩 자리를 바꾸자. (   )

> ✊ **회의에서 의견의 적절성 판단하기** 친구들끼리 의견을 나누는 회의에서는 다양한 의견이 제시될 수 있습니다. 회의 주제로 제시된 문제를 해결하기에 가장 적절한 의견이 무엇인지 판단해 봅니다.

의견의 적절성
판단하기

3 수빈이의 의견이 적절한지 알맞게 판단한 친구의 이름을 쓰세요.

> **유민:** 수빈이의 의견을 뒷받침하는 근거로 좋아하는 친구끼리 자리를 정하면 여러 가지 좋은 점이 있다는 근거는 의견과 관련이 없어서 적절하지 않아.
>
> **영인:** 좋아하는 친구를 고르는 것이 어려운 친구가 있을 수도 있고, 친한 친구끼리 앉다 보면 장난을 치느라 수업 분위기도 나빠질 수 있어서 적절하지 않은 의견이야.

(   )

4 승현이의 의견과 근거를 정리하여 빈칸에 알맞은 말을 쓰세요.

❶ 의견	☐☐ ☐☐ 순서대로 자리를 정하여 앉고, 일주일에 한 번씩 한 줄씩 자리를 옮겨 앉자.
❷ 근거	• 여러 친구들과 함께 골고루 짝을 할 수 있다. • 친한 친구와 장난을 치지 않아 수업 ☐☐ 가 좋아진다.

의견의 적절성
판단하기

5 지연이의 의견이 적절한지 판단하기 위하여 생각한 내용으로 알맞은 것에 ○표 하세요.

❶ '아침에 일찍 오는 순으로 자리를 정하면 모두 일찍 오려고 경쟁을 하게 되고, 그러다 보면 잠이 부족해져 나중에 수업 시간에 영향을 줄 수 있지 않을까?'   (   )

❷ '아침에 일찍 오는 순으로 자리를 정하다 보면 자리가 바뀌지 않은 상태로 너무 오래 앉게 되어 지겹거나 멀리 앉은 친구들과는 친해지지 못하게 되지 않을까?'   (   )

오늘 독해는?

5문제 중   개를 맞혔어요!

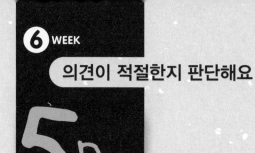

6 WEEK

의견이 적절한지 판단해요

5 Day

월   일

행복한 학급을 만들자

다음 글을 읽으며, 빈칸에 들어갈 알맞은 낱말을 찾아 쓰세요.

| 틀림없이 | 욕설 | 생활화 | 과목 |

주하는 버스에서 중학생 오빠들이 나누는 대화를 듣고 깜짝 놀랐어요.

☐☐은 물론 비속어나 유행어가 ☐☐된 것처럼 술술 나왔기 때문
남의 인격을 무시하는 모욕적인 말   생활 습관이 되거나 실생활에 옮겨짐. 또는 그렇게 함.

이에요. 주하는 며칠 전 국어 ☐☐ 시간에 아름다운 우리말에 대해 배웠
            가르치거나 배워야 할 지식 및 경험의 체계를 세분하여 계통을 세운 영역

어요. 우리말은 ☐☐☐☐ 세계에서도 인정받는 언어인데, 사람들이 우
            조금도 어긋나는 일이 없이

리말을 자랑스러운 마음으로 잘 쓰지 않는 것 같아 아쉬웠어요.

● 다음 글을 읽고, 물음에 답하세요.

예선이의 의견   행복은 어느 한 사람만의 것이 아니라 우리 모두의 것이어야 합니다. 모두가 행복한 반을 만들기 위하여 서로 힘든 일을 도와주며 봉사하는 마음을 가져야 합니다.

우리 반 친구들은 모두 공부는 열심히 하지만 어려운 친구를 잘 도와주지는 않는 것 같습니다. 친구가 넘어져서 아파하는데 재미있다고 웃는 친구, 친구가 힘든 일을 혼자 하고 있는데 나 몰라라 하는 친구를 많이 보았습니다.

우리가 모두 행복해지기 위하여 힘들어하는 친구, 어려움을 겪는 친구, 아픈 친구를 도와주어야 합니다. 내가 어려운 친구를 도와주면 다음에 내가 힘든 일을 당하였을 때에 친구들도 나를 도와줄 것입니다. 그렇게 서로서로 도와주는 마음이 있으면 우리 반은 틀림없이 행복한 반이 될 것입니다.

창수의 의견   우리 반 친구 가운데 욕설이나 나쁜 말을 하는 사람이 있습니다. 저는 바른 말, 고운 말을 쓰면 행복한 우리 반을 만들 수 있다고 생각합니다. ㉠왜냐하면 말이 바르면 그 사람의 행동이 고와지므로 바른 말, 고운 말을 사용하면 서로 배려하는 마음이 생기기 때문입니다.

오늘부터 친구에게 바른 말, 고운 말 쓰기를 실천합시다. 아침에 친구를 만나면 반갑게 인사하고, 선생님께 공손하게 인사합니다. 하루에 한 가지씩 고운 말을 사용하여 친구에게 인사하는 습관을 들입시다. ㉡복도나 계단에서 뛰어다니면 넘어져서 크게 다칠 수 있습니다. 특히, 계단에서 장난을 치다가 넘어지면 자신뿐만 아니라 다른 사람에게도 큰 피해를 줄 수 있습니다.

이처럼 우리 반 친구의 행복을 위하여 바른 말, 고운 말 쓰기를 생활화합시다.

지영이의 의견   행복한 것은 즐거운 일입니다. 우리가 즐겁게 생활하기 위해서는 학교에서 우리가 좋아하는 일을 많이 할 수 있어야 합니다. 그런데 지금 우리의 학교생활은 즐겁지만은 않습니다. 왜냐하면 공부하는 과목도 많고, 힘들게 해야 하는 일도 많기 때문입니다.

우리가 행복한 교실을 만들기 위해서는 먼저 숙제를 없애야 합니다. 숙제를 하는 시간 때문에 놀 수가 없어서 우리는 불행해지고 있습니다.

그리고 수업 시간을 줄이고 쉬는 시간을 더 늘려야 합니다. 지금은 40분을 공부하고 10분을 쉽니다. 쉬는 시간이 너무 짧아서 친구와 즐겁게 이야기할 시간도 모자랍니다. 그래서 20분 정도 공부하고 30분 정도 쉰다면 행복한 우리 반이 될 것입니다. 즐겁고 행복한 우리 반을 만들기 위하여 우리 함께 노력하여 봅시다.

1 이 글에서 친구들은 무엇에 대한 의견을 말하였는지 골라 〇표 하세요.

❶ 행복한 학급을 만들기 위하여 우리가 할 일 ( )

❷ 수업을 효과적으로 듣기 위하여 우리가 할 일 ( )

2 이 글에서 친구들이 말한 의견은 무엇인지 선으로 알맞게 이으세요.

❶ 예선 •

❷ 창수 •

❸ 지영 •

• ㉮ 바른 말, 고운 말을 사용해야 한다.

• ㉯ 서로 힘든 일을 도와주며 봉사하는 마음을 가져야 한다.

• ㉰ 숙제를 없애고, 수업 시간을 줄이는 대신 쉬는 시간을 늘려야 한다.

근거의 적절성 판단하기 창수의 의견이 무엇인지를 먼저 파악한 뒤, ㉠과 ㉡이 그 의견을 설득력 있도록 뒷받침해 주고 있는지 확인합니다.

의견의 적절성
판단하기

3 ㉠과 ㉡ 중 창수의 의견을 뒷받침하는 근거로 적절하지 <u>않은</u> 것과 그 까닭을 바르게 설명한 친구의 이름을 쓰세요.

선아 : ㉠은 바른 말, 고운 말을 사용하여 서로 배려하는 마음을 가지는 일이 실천하기 어렵기 때문에 의견을 뒷받침하기에는 적절하지 않은 근거야.

도균 : ㉡은 복도나 계단에서 뛰어다니면 넘어져 크게 다치거나 다른 사람에게도 피해를 줄 수 있다는 내용이 창수의 의견과 관련이 없는 내용이라 서로 알맞게 연결되지가 않아서 적절하지 않은 근거야.

( )

4 지영이의 의견과 근거의 적절성을 판단하는 말로 알맞은 것은 무엇인가요? (　　　)

① 실천할 가치가 가장 높은 의견을 말하였다.

② 실제로 실천하기가 어려운 의견을 말하였다.

③ 의견과 전혀 관련이 없는 내용을 근거로 말하였다.

④ 다른 친구들이 말하는 의견과 전혀 관련 없는 주제에 대한 의견을 말하였다.

가장 적절한 의견 찾기 각각의 의견과 근거를 비교한 후에 의견과 근거의 적절성을 판단하는 기준에 따라 가장 적절한 의견을 찾을 수 있어야 합니다.

5 다음은 이 글에서 가장 적절한 의견을 말한 친구를 찾아 그 까닭을 말한 것입니다. 빈칸에 들어갈 알맞은 말을 쓰세요.

이 글에서 가장 적절한 의견을 말한 친구는 [　　] 이다. 왜냐하면 의견이 [　　] 와 관련 있고, 의견과 그것을 뒷받침해 주는 [　　] 가 서로 알맞게 연결되어 있으며, [　　] 할 수 있으며 가치가 있는 의견을 말하였기 때문이다.

오늘 독해는?

5문제 중　　　개를 맞혔어요!

의견의 적절성 판단하기

의견이 적절한지 판단하는 방법

- 주제 또는 문제 상황에 알맞은 의견인지 생각하기
- 실천할 수 있는 의견인지 판단하기
- 실천할 가치가 있는 중요한 의견인지 판단하기
- 많은 사람이 받아들일 수 있는 의견인지 판단하기

의견을 뒷받침하는 근거의 적절성

- 뒷받침하는 내용이 사실이고, 믿을 만한지 확인하기
예 관련 있는 책, 믿을 만한 누리집, 전문가에게 묻기 등과 같은 방법을 통해 얻은 근거(설문 조사, 객관적 사실, 연구 자료, 분석 결과 등)

의견이 적절한지 판단하며 읽으면,
글을 논리적으로 이해하는 힘을 기를 수 있습니다.

15. ⓒ에 유의하여 [가]의 판단을 검토할 때, 고려할 내용으로 적절하지 <u>않은</u> 것은?

판단을 검토

① 학생들의   발생하지는 않았는가.
② 학생들이 함   좋아하는 음식은 무엇인가.
③ 학생들이 함께 먹은 음식 가운데 잊어버리고 기록하지 않은 음식이 있지는 않
④ 학생들이 먹은   수능에는 자료를 바탕으로 글의 내용이 적절한지 비판적으
   담은 그릇에   로 평가하는 문제가 나와요.
⑤ 다른 음식을 먹고 장염에 걸렸지만 그 사실을 선생님께 말씀드리지 않은 학생들이 있지는 않은가.

수능까지 연결되는
초등

디딤돌 독해력

정답과 해설

1 Day 9~12쪽

독도는 우리 땅!

침입 점령 엄연히 제정

1 ① **2** ㉮ **3** ❶○
4 주장, 근거 **5** 유진

1 글 (가)에서는 독도가 우리 땅이라는 주장을 제시하고 있습니다.

2 글 (가)에서 독도가 우리 땅이라는 주장을 뒷받침하는 근거로 역사적 사실을 들고 있습니다. 삼국 시대 때 신라 장군 이사부가 울릉도와 독도를 점령하고, 조선 시대 때 공도 정책을 실시하면서 독도에 계속 관리를 보내 순찰하게 하였으며, 숙종 때 안용복이 일본을 찾아가 독도가 한국 영토임을 인정하는 외교 문서를 받아 낸 일을 제시하였습니다.

3 안용복은 울릉도와 독도가 조선의 땅이라고 강하게 주장하였고, 일본 정부도 안용복의 설득으로 울릉도와 독도가 조선의 땅임을 분명히 밝히는 문서를 써 주었습니다.

4 글 (나)는 글 (가)에서 독도가 우리 땅이라고 주장한 것을 안용복이라는 역사적 인물에 대해 자세히 설명함으로써 뒷받침하는 근거가 되고 있습니다.

5 유진이가 말한 내용은 독도가 우리 땅이라는 주장과 반대되는 근거가 됩니다.

2 Day 13~16쪽

시험 보는 도깨비

과거 다스리는 일쑤 정체

1 ① **2** 부모님, 말씀
3 ③ **4** ❶큰 눈 도깨비 ❷둥근 뿔 도깨비 ❸왕발 도깨비 **5** 유정

1 도깨비는 자기의 정체가 드러나지 않게 하면서 사람들을 도와주는 일을 하기 때문에 도깨비 시험 문제 중에서 사람들을 다스리는 방법은 가장 중요하다고 하였습니다.

2 도깨비들이 풀어야 하는 마지막 시험 문제는 부모님의 말씀을 듣지 않는 아이를 변화시킬 수 있는 방법을 제시하는 것이었습니다.

3 ①은 둥근 뿔 도깨비, ②는 왕발 도깨비, ④는 큰 눈 도깨비의 의견입니다.

4 ❶은 부모님의 말씀을 잘 들으면 아이들이 좋아하는 도깨비 놀이동산에 갈 수 있는 기회를 준다는 큰 눈 도깨비의 의견, ❷는 대나무 회초리로 벌을 주어야 한다는 둥근 뿔 도깨비의 의견, ❸은 부모님께서 얼마나 고생하시는지 알게 한다는 왕발 도깨비의 의견이 좋다고 생각한 것입니다.

5 도진이는 부모님의 말씀을 듣지 않는 아이를 변화시키는 방법으로 적절하지 않은 주장을 말하였습니다.

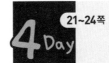

공부를 어려서부터 해야 하나?

호기심 단서 흥미 미처

1 가   **2** ❶-㉮ ❷-㉯
3 ①   **4** ②   **5** (가)

독서의 필요성

교양 풍요로워지는 뭉클한 양식

1 ㉯   **2** ②   **3** ①
4 수진   **5** ❶○ ❸○

1 글 (가)와 (나)는 공부나 교육을 어려서부터 일찍 시키는 것과 나중에 하는 것 중 어느 것이 더 좋은가에 대하여 서로 반대되는 주장을 말하였습니다.

2 글 (가)는 어릴 때에는 어려운 공부를 시키지 말아야 한다는 주장을, 글 (나)는 비슷한 시기에 비슷한 교육을 하는 것보다 필요하면 빠른 교육을 시켜야 한다는 주장을 제시하였습니다.

3 글 (가)에서는 어릴 때부터 어려운 공부를 시키지 말아야 한다는 주장을 뒷받침하는 근거로 어린아이들이 일찍부터 공부에 싫증을 내게 되며, 취미 생활을 잘 하지 못하게 되고, 어린아이들의 마음이 부담스러워진다고 하였습니다.

4 ②는 한글을 빨리 떼면 좋은 점으로 글 (나)에 제시되어 있지 않은 내용입니다.

5 아이들의 자발적인 본성에 맞게 적합한 시기를 기다렸다가 교육을 시켜야 한다고 말한 내용은 어려서부터 어려운 공부를 시키지 말아야 한다고 주장한 글 (가)와 비슷한 입장이라고 볼 수 있습니다.

1 글 (가)에서는 독서의 필요성에 대해 설명함으로써 독서를 즐기는 태도를 가지도록 노력하자는 주장을 제시하였습니다.

2 독서의 필요성으로 제시한 내용이 주장을 뒷받침하는 근거가 됩니다. 독서를 하면 지식을 얻고 교양을 쌓을 수 있으며 풍요로운 삶을 가꿀 수 있고, 감동과 재미를 얻으며 삶의 지혜를 배울 수 있다고 했습니다.

3 (나)는 독서 능력과 행복감의 관계에 대한 조사 결과를 그래프로 나타낸 것으로, 독서 능력이 좋은 사람이 행복감이 높다고 느낀 결과를 알 수 있습니다.

4 수진이는 독서를 통해서 직접 경험하지 않아도 경험한 것 같은 느낌과 자신만의 상상력을 키울 수 있었습니다. 하지만 동호는 책에서 얻을 수 있는 즐거움이나 좋은 점을 경험한 것을 말하지 않았습니다.

5 독서를 하자는 주장을 뒷받침하는 객관적 근거로 알맞은 것을 찾아봅니다. 독서를 할수록 뇌 기능이 활성화되는 사진이나 독서를 많이 한 사람의 대화 능력이 좋다는 연구 결과는 모두 독서의 좋은 점 또는 독서의 필요성을 뒷받침하는 근거가 됩니다.

5 Day 25~28쪽

동물 마을의 물 이야기

스며들었습니다 차분한 위기 극복

1 ③　　　**2** 연못　　　**3** 나, 다
4 ❶ 토끼 ❷ 자라　　**5** ❶ ○

1 Day 33~36쪽

아파트에서 개를 길러도 되는가

소음 위생 분야 내재

1 반대, 찬성, 알맞은　**2** 관리, 교육
3 ④　　　　　**4** ❷ ✕　　　**5** 송이

1 동물 마을의 샘에 물이 말라 가면서 동물들이 방법을 찾기 위해 서로 이야기를 나누는 내용의 글입니다.

2 토끼는 지금이라도 당장 연못을 만들자고 말하였습니다.

3 지금이라도 당장 연못을 만들자는 토끼의 주장에 대하여 사슴은 연못을 만드는 데에는 많은 시간과 노력이 필요하다며 먼저 우리가 물을 아끼기 위하여 실천할 수 있는 방법을 생각해 보고, 마을에서 물을 조금씩 덜 쓰도록 노력하자고 말하였습니다.

4 토끼는 오리네 집에서처럼 물을 받아 놓고 쓰는 것도 마을을 위해서라면 좋은 방법이라고 말하였고, 자라는 이웃 마을에 있는 커다란 연못에서 물을 빌려 오자고 말하였습니다.

5 서영이는 우선 당장 마을에서 물을 조금씩 덜 쓰도록 노력하자는 사슴의 주장에 찬성하는 생각을 말하였습니다. 예준이는 당장 연못을 만들자는 토끼와 들쥐의 주장에 반대되는 말을, 설아는 이웃 마을에서 물을 빌려 오자는 자라의 주장에 문제를 제기하는 말을 하였습니다.

1 글 (가)는 아파트에서 개를 기르는 것에 반대하는 의견을, 글 (나)는 아파트에서 개를 기르는 것에 찬성하는 의견을 썼으며, 모두 주제에 알맞은 의견을 썼습니다.

2 아파트가 많은 사람이 생활하는 공동주택이므로 개를 키우는 것은 이기적인 태도라는 글 (가)의 근거에 대하여 글 (나)에서는 주인이 주의를 기울여 개를 관리하거나 교육시키면 된다고 반박하였습니다.

3 목줄을 하지 않은 개 때문에 교통사고가 날 뻔한 적이 있기 때문에 아파트에서 개를 기르지 말자고 한 근거는 의견과의 관련성이 낮고, 객관적인 사실이 아닌 개인적인 경험이므로 적절하지 않습니다.

4 개가 심리 치료 분야에서도 마음의 안정을 찾게 해 주는 효과가 있다는 근거는 아파트에서 개를 기르는 것에 찬성한다는 의견을 뒷받침하는 근거가 되지만, 이 내용이 객관적인 사실로 믿을 만한지를 확인할 필요가 있습니다.

5 유빈이는 자신이 키우는 개의 좋은 점을 근거로 든다고 말하였기 때문에 객관적인 사실의 근거가 되지 못해 적절하지 않습니다.

2 Day 민재네 마을 회의

훼손   운영   공평

1 ④   **2** ❶ 마을 입구 ❷ 마을 끝
3 유준   **4** ②, ④
5 민재네 아버지 / ㉮, ㉯, ㉰

1 마을에 생기는 공원의 위치를 어디로 정할 것인지를 두고 서로 의견을 나누었습니다.

2 김씨 아주머니는 마을 입구에, 이씨 아주머니는 자신의 집과 가까운 마을 끝 쪽에 지어야 한다는 의견을 말하였습니다.

3 김씨 아주머니는 공원을 마을 입구에 지으면 공원을 이용하는 사람이 많아지면서 자신의 가게도 더 많은 사람이 이용할 것이라며 자신의 이익만 생각하였습니다. 이씨 아주머니는 공원을 자신의 집과 가까운 마을 끝 쪽에 지어야 어머님이 기뻐하실 것이라며 다른 사람이 받아들이기 어려운 근거를 말하였습니다.

4 유정이네 삼촌은 마을에 공원보다 도서관이 생기면 좋겠다는 의견을 말하였습니다. 이는 마을에 새로 생길 공원의 위치를 정하는 회의 주제와 관련이 없는 의견입니다.

5 민재네 아버지는 마을의 남쪽에 공원을 지어야 한다며 주제와 관련이 있는 의견을 말하였습니다. 또한 이를 뒷받침하는 근거가 많은 사람이 받아들일 수 있으며 의견과의 관련성도 있어서 적절합니다.

3 Day 컴퓨터도 생각할 수 있나?

41~44쪽

공상   성능   창의적   논쟁

1 생각   **2** 노마   **3** ❶ ○
4 ❶ 노마 ❷ 나리   **5** ①

1 노마와 나리는 컴퓨터가 생각을 할 수 있는가에 대하여 서로 다른 의견을 말하였습니다.

2 계산하고 기억하고 문제를 해결하는 능력을 생각을 하는 것이라고 말한 근거이므로 노마의 의견을 뒷받침하고 있습니다.

3 나리는 '생각한다'는 것에 대하여 새로운 것을 상상하고 창조하고 또 아름다운 것을 떠올리는 식의 일을 해낼 수 있는 것이라고 말하며 컴퓨터는 생각을 할 수 없다는 의견을 말하였습니다.

4 ❶은 컴퓨터가 생각을 할 수 있다고 말한 노마의 의견이 적절하다고 생각합니다. ❷는 컴퓨터가 생각을 할 수 없다고 말한 나리의 의견이 적절하다고 생각합니다.

5 선생님께서는 노마와 나리에게 컴퓨터가 생각을 할 수 있는지 없는지에 대하여 의견을 나누기 전에 '사람의 생각이란 어떤 것인가?'에 대해 시간을 두고 더 많이 탐구해 봐야 할 것이라고 말씀하셨습니다.

4 Day 45~48쪽 경준이네 반의 학급 회의

시력   협동   골고루   배려

1 ②   **2** ❷○   **3** 영인
4 ❶학급 번호 ❷분위기   **5** ❶○

1 경준이네 반은 자리를 어떻게 정할지에 대하여 회의를 하였습니다.

2 키순으로 자리를 정하고, 한 달에 한 번씩 자리를 바꾸자는 경준이의 의견을 뒷받침하는 근거입니다.

3 수빈이는 좋아하는 친구끼리 자유롭게 자리를 정하여 앉자는 의견을 말하였습니다. 영인이는 이 의견대로 실천할 경우 생길 수 있는 문제점을 들어 의견이 적절하지 않다고 판단하였습니다. 수빈이가 말한 근거는 의견과 관련이 있다고 볼 수 있으므로 유민이의 말은 잘못되었습니다.

4 승현이는 학급 번호 순서대로 자리를 앉고 일주일에 한 번씩 한 줄씩 자리를 옮겨 앉자는 의견을 말하였습니다. 의견에 대한 근거로 여러 친구들과 함께 골고루 짝을 할 수 있어서 좋고, 친한 친구와 장난을 치지 않아 수업 분위기도 좋아질 것이라고 하였습니다.

5 아침에 일찍 오는 순으로 자리를 정할 경우 생길 수 있는 문제점을 들어 의견의 적절성을 판단한 생각을 찾아봅니다.

5 Day 49~52쪽 행복한 학급을 만들자

욕설   생활화   과목   틀림없이

1 ❶○   **2** ❶-㉯ ❷-㉮ ❸-㉰
3 도균   **4** ②
5 예선, 주제, 근거, 실천

1 예선, 창수, 지영이는 행복한 학급을 만들기 위하여 우리가 할 일이 무엇인지에 대한 의견을 말하였습니다.

2 행복한 학급을 만들기 위하여 친구들이 말한 의견을 찾아봅니다.

3 ㉠은 바른 말, 고운 말을 사용해야 서로 배려하는 마음이 생긴다는 근거로 의견을 뒷받침하기에 적절합니다. ㉡은 복도나 계단에서 뛰어다니면 생길 수 있는 문제점으로, 바른 말, 고운 말을 사용하자는 창수의 의견과 관련이 없는 근거이므로 적절하지 않습니다.

4 수업 시간을 줄이고 쉬는 시간을 더 늘려야 한다는 의견은 실천할 가치가 가장 높은 의견이라고 보기 어려우며 실제로 실천하기도 어렵기 때문에 적절하지 않다고 판단할 수 있습니다.

5 이 글에서 행복한 학급을 만들기 위하여 우리가 해야 할 일이 무엇인지에 대하여 주제와 관련 있고, 알맞은 근거를 들어 실천할 수 있는 의견을 말한 친구는 예선이입니다.

1~2학년군 1, 2   3~4학년군 3, 4   5~6학년군 5, 6

독해를 처음 시작한다면, 기초를 튼튼히!

- 초등 교과서 학년별 성취 기준(학습 발달 단계)에 맞춰 구성
- 핵심 독해 원리를 충분히 체화할 수 있도록 1주 5day 학습으로 구성

고학년용

고학년 I   고학년 II   고학년 III   고학년 IV

기초를 다진 후에는, 본격 실전 독해 훈련을!

- 수능 국어 출제 영역에 따른 주제별·수준별 구성
- 다양한 영역의 비문학 제재로만 구성(각 권별 40지문, 총 160지문 수록)

* 『디딤돌 독해력』은 학기 교재처럼 꼭 학년을 맞출 필요는 없고, 수준에 맞춰서 학습할 수 있습니다.

해당 교재(디딤돌 독해력 미리보기)는 『디딤돌 독해력』의 교재 학습 시스템을
확인해 볼 수 있도록 내용 일부를 재구성하여 실었습니다.

(주)디딤돌 교육은 '어린이제품안전특별법'을 준수하여 어린이가
안전한 환경에서 학습할 수 있도록 노력하고 있습니다.

D210280

9 788926 160077
ISBN 978-89-261-6007-7

63710

국어 교과 지문독해력 향상

디딤돌
통합본

국어

디딤돌 통합본 국어·사회·과학 4-2

펴낸날 [개정판 1쇄] 2024년 7월 1일
펴낸이 이기열 | **펴낸곳** (주)디딤돌 교육
주소 (03972) 서울특별시 마포구 월드컵북로 122 청원선와이즈타워
대표전화 02-3142-9000
구입문의 02-322-8451
내용문의 02-323-5489
팩시밀리 02-322-3737
홈페이지 www.didimdol.co.kr
등록번호 제10-718호
사진 북앤포토

• 정답과 풀이는 "디딤돌 교육 홈페이지〉초등〉정답과 해설"에서
　다운로드 받을 수 있습니다.
• 출간 이후 발견되는 오류는 "디딤돌 교육 홈페이지〉초등〉정오표"를 통해
　알려드리고 있습니다.

국어 교과 지문독해력 향상

초등
4·2

디딤돌
통합본

국어

교과서에 실린 **작품 소개**

단원	교과서	제재 이름	지은이	나온 곳	디딤돌 쪽수
1단원	국어 ㉮	「우리들」	아토	「우리들」 ─ 아토, 2016.	8쪽
		「오늘이」	이성강	「오늘이」 ─ 디앤엠커뮤니케이션, 2003.	9~10쪽
	국어 활동	「독도 수비대 강치」	경상북도문화콘텐츠진흥원·(주)픽셀플레넷	「독도 수비대 강치」 ─ 경상북도문화콘텐츠진흥원, 2017.	13쪽
		「임금님 귀는 당나귀 귀」	한국방송공사	「배추 도사 무 도사의 옛날 옛적에」 ─ 제1화, 한국방송공사, 1990.	13쪽
2단원	국어 ㉮	안창호 선생이 아들에게 쓴 편지	오주영 엮음	『세상에서 가장 유명한 위인들의 편지』 ─ 채우리, 2014.	23~24쪽
	국어 활동	「좋은 사람과 사귀려면 좋은 인상을 주어라」	필립 체스터필드 글, 박은호 엮음	『아들아, 너는 미래를 이렇게 준비하렴』 ─ 도서출판 글고은, 2006.	28쪽
4단원	국어 ㉮	「사라, 버스를 타다」	윌리엄 밀러 글, 박찬석 옮김	『사라, 버스를 타다』 ─ 사계절출판사, 2004.	55~60쪽
		「우진이는 정말 멋져!」	강정연	『콩닥콩닥 짝 바꾸는 날』 ─ 시공주니어, 2009.	61~64쪽
		「젓가락 달인」	유타루	『젓가락 달인』 ─ 바람의아이들, 2014.	65~70쪽
	국어 활동	「주인 잃은 옷」	원유순	『100년 후에도 읽고 싶은 한국 명작 동화 Ⅱ』 ─ (주)예림당, 2015.	72쪽
		「비 오는 날」(원제목: 「초코파이」)	김자연	『두고두고 읽고 싶은 한국 대표 창작 동화 3』 ─ (주)계림북스, 2006.	72쪽
5단원	국어 활동	「함께 사는 다문화, 왜 중요할까요?」	홍명진	『함께 사는 다문화 왜 중요할까요?』 ─ 나무생각, 2012.	86쪽

단원	교과서	제재 이름	지은이	나온 곳	디딤돌 쪽수
6단원	국어 ⓝ	「김만덕」	신현배	『5000년 한국 여성 위인전 1』 – 홍진피앤엠, 2007.	95~98쪽
		「정약용」	김은미	『정약용』 – (주)비룡소, 2010.	99~101쪽
		「헬렌 켈러」 (원제목: 「사흘만 볼 수 있다면 그리고 헬렌 켈러 이야기」)	신여명	『사흘만 볼 수 있다면 그리고 헬렌 켈러 이야기』 – 두레아이들, 2013.	102~106쪽
	국어 활동	「임금님을 공부시킨 책벌레」	마술연필	『우리 조상들은 얼마나 책을 좋아했을까?』 – 보물창고, 2015.	108쪽
7단원	국어 ⓝ	「어머니의 이슬 털이」	이순원	『어머니의 이슬 털이』 – 북극곰, 2013.	118~120쪽
		「투발루에게 수영을 가르칠 걸 그랬어!」	유다정	『투발루에게 수영을 가르칠 걸 그랬어!』 – 미래아이, 2008.	124~127쪽
	국어 활동	「멋진 사냥꾼 잠자리」	안은영	『멋진 사냥꾼 잠자리』 – 길벗어린이, 2005.	128쪽
8단원	국어 활동	「자유가 뭐예요?」	오스카 브르니피에 글, 양진희 옮김	『자유가 뭐예요?』 – 상수리, 2008.	142쪽
9단원	국어 ⓝ	「온통 비행기」	김개미	『쉬는 시간에 똥 싸기 싫어』 – 토토북, 2017.	150쪽
		「지하 주차장」	김현욱	『지각 중계석』 – (주)문학동네, 2015.	151쪽
		「김밥」	한국교육방송공사	『TV로 보는 원작 동화: 김밥』 – 한국교육방송공사, 2011.	152쪽
		「멸치 대왕의 꿈」	천미진	『멸치 대왕의 꿈』 – 도서출판 (주)키즈엠, 2015.	153~154쪽
	국어 활동	「제기차기」	김형경	『고학년을 위한 동요 동시집』 – 상서각, 2008.	156쪽
		「기찬 딸」	김진완	『기찬 딸』 – 시공주니어, 2011.	156쪽

구성과 특징

📖 교과개념북 교과 핵심 개념을 완벽하게 이해할 수 있어요!

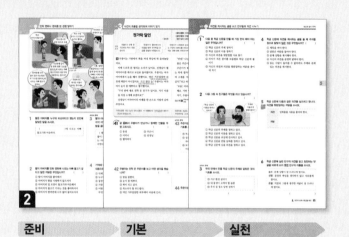

개념 이해 단원 학습 내용을 한눈에 쉽게 이해할 수 있도록 교과서 개념을 정리하고, 개념 확인하기 문제를 풀면서 개념을 익혀요.

준비 ▶ 기본 ▶ 실천
- 『국어』 교과서의 단원 체제와 동일하게 '준비 ▶ 기본 ▶ 실천'으로 체계적인 수준별 학습을 할 수 있도록 구성하였어요.
- 교과서 핵심 개념이 구현된 교과서 문제, 중요 문제, 서술형 문제를 풀면서 실력을 쌓아요.

국어 활동 『국어』에서 학습한 내용을 『국어 활동』 교과서로 한번 더 확인해요.

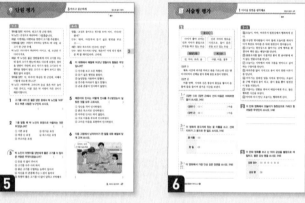

단원 어휘 다지기 단원에서 배운 중요 어휘를 문제를 통해 다시 점검해요.

단원 평가 단원에서 배운 내용을 자주 출제되는 핵심 문제를 풀면서 마무리해요.

서술형 평가 서술형 평가 문제를 푸는 방법을 단계별로 익혀요.

수행 평가 다양한 유형의 수행평가 문제로 학교에서 보는 수행평가에 대비해요.

+

✏️ 평가대비북 다양한 유형의 평가에 완벽하게 대비할 수 있어요!

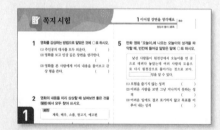

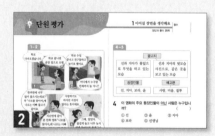

쪽지 시험 쪽지 시험으로 단원에서 배운 중요 개념 내용을 확인해요.

단원 평가 단원 평가에 자주 나오는 다양한 문제를 집중적으로 풀면서 문제 해결력을 쌓아요.

서술형 평가 자신의 생각을 쓰면서 점점 강화되고 있는 서술형 평가에 완벽하게 대비해요.

이어질 장면을 생각해요

★★ 1 영화를 감상하는 방법

① 제목, 광고지, 예고편 따위를 보고 내용을 미리 상상합니다.

② 기억에 남는 대사나 인상 깊은 장면을 생각합니다.

③ 영화 내용을 떠올려 보고 느낀 점을 글로 씁니다.

2 만화 영화 감상하기

① 광고지와 등장인물을 보고 내용을 미리 상상해 봅니다.

② 만화 영화를 감상하고 내용을 간추려 봅니다.

③ 등장인물의 성격, 본받고 싶은 행동, 인상 깊은 장면에 대해 생각해 보고,
└→ 등장인물의 표정, 몸짓, 말투를 통해 성격을 짐작해 보아요.
감상 평을 써 봅니다.

예 「오늘이」 광고지를 보고 내용 상상하기

뒷모습을
보이는 주인공 오늘이가
먼 길을 여행하는 것처럼
보인다. 아마 여행을
하면서 일어난 이야기일
것 같다.

★★ 3 만화 영화를 감상하고 사건을 생각하며 이어질 내용 쓰기

┌→ 어떤 사건의 중심이 되는 인물

① 만화 영화를 감상하고, 중심인물, 중심인물에게 일어나는 일, 중심인물이
그 일을 해결하는 방법을 상상하여 이어질 내용을 정리합니다.

② 정리한 내용을 바탕으로 하여 이어질 내용을 씁니다.

예 「오늘이」 뒤에 이어질 이야기 상상하기

중심인물	오늘이
중심인물에게 일어나는 일	오늘이의 친구인 매일이의 병을 고치려고 치료법 책을 찾아야 하는 일이 생긴다.
중심인물이 그 일을 해결하는 방법	오늘이가 다시 연꽃나무, 구름이, 이무기를 만나 치료법 책을 찾고, 매일이의 병을 고쳐 준다.

4 만화 영화를 감상하고 이어질 내용을 역할극으로 나타내기

① 역할을 정하고 자신이 맡은 역할을 충분히 이해해 봅니다.

② 적절한 표정, 몸짓, 말투로 정성을 다해 연기해 봅니다.

---

1 영화 내용을 미리 상상할 때 살펴보지 않아도 되는 것에 ◯표 하시오.

> 제목, 광고지, 예고편
> 등장인물, 만든 사람

2 만화 영화를 감상할 때 생각하지 않아도 되는 것의 기호를 쓰시오.

> ㉮ 인상 깊은 장면
> ㉯ 등장인물의 성격
> ㉰ 본받고 싶은 행동
> ㉱ 만화 영화를 만든 과정

(　　　　　　)

3 만화 영화를 감상하고 이어질 내용을 쓸 때 생각해야 하는 것에 ◯표 하시오.

(중심인물 , 재미있는 표현)

4 만화 영화의 뒤에 이어질 내용을 역할극으로 나타낼 때 주의할 점으로 알맞은 것에 ◯표 하시오.

(1) 움직이지 않는다. (　　)

(2) 자신의 목소리 그대로 연기한다. (　　)

(3) 역할에 어울리는 표정으로 연기한다. (　　)

· 아버지와 딸이 본 만화 영화

• **그림 설명:** 아버지와 딸이 같은 만화 영화 속 등장인물에 대해 서로 다른 생각을 가지고 표현하고 있습니다.

핵심내용 만화 영화 「니모를 찾아서」에 나오는 아빠 물고기에 대한 딸과 아버지의 생각 비교하기

딸	아빠 물고기가 니모를 많이 ❶ ㄱㅈ 한다.
아버지	아빠 물고기가 니모를 무척 ❷ ㅅㄹ 한다.

1 딸은 아버지를 누구와 비슷하다고 했는지 빈칸에 알맞은 말을 쓰시오.

> (   )에 나오는 아빠 물고기와 비슷하다.

2 딸이 아버지를 만화 영화에 나오는 아빠 물고기 같다고 말한 까닭은 무엇입니까? (   )

① 딸이 아버지를 좋아해서
② 아버지가 딸을 사랑하지 않으셔서
③ 아버지의 입 모양이 물고기와 비슷해서
④ 아버지가 물고기 키우는 것을 좋아하셔서
⑤ 아버지가 한꺼번에 너무 많이 물어보셔서

교과서 문제

3 딸과 아버지는 만화 영화에 나오는 아빠 물고기를 각각 어떻게 생각하는지 (   ) 안에서 알맞은 사람을 골라 ○표 하시오.

> (딸 , 아버지)은/는 아빠 물고기가 니모를 많이 걱정한다고 생각하고, (딸 , 아버지)은/는 아빠 물고기가 니모를 무척 사랑한다고 생각한다.

4 기억에 남는 만화 영화나 영화를 떠올릴 때 생각할 내용으로 알맞지 <u>않은</u> 것은 무엇입니까? (   )

① 언제 보았나요?
② 누구와 함께 보았나요?
③ 등장인물은 누구누구인가요?
④ 가장 재미없었던 장면은 어떤 장면인가요?
⑤ 어떤 친구에게 소개해 주고 싶나요? 그 까닭은 무엇인가요?

우리들

┌→ 선과 지아가 친하게 지내는 내용

1 체육 시간에 피구를 하려고 편을 가르는데 선은 맨 마지막까지 선택을 받지 못한다.

2 언제나 혼자인 외톨이 선은 여름 방학을 시작하는 날, 전학생인 지아를 만나 친구가 된다.

┌→ 선과 지아가 친하게 지내는 내용

3 지아와 선은 봉숭아 꽃물을 들이며 여름 방학을 함께 보내고 순식간에 세상 누구보다 친한 사이가 된다.

4 개학을 하고 학교에서 선을 만난 지아는 선을 따돌리는 보라 편에 서서 선을 외면한다.

5 선은 지아와 예전처럼 친해지려고 노력했지만 결국 크게 싸우고 만다.

6 피구를 할 때 선은 지아가 금을 밟지 않았다고 용기를 내어 친구들에게 말한다.

- **영화의 특징:** 선과 지아를 통해 친구 사이의 우정, 미움, 질투, 이해 등에 대해 생각해 볼 수 있습니다.

가르는데 쪼개거나 나누어 따로따로 되게 하는데.

선택(選 가릴 선, 擇 가릴 택) 여럿 가운데에서 필요한 것을 골라 뽑음.

외면(外 바깥 외, 面 낯 면) 마주치기를 꺼리어 피하거나 얼굴을 돌림. 예 나에게 화가 난 짝은 자꾸 나를 <u>외면</u>한다.

1★ 다음은 친구들이 영화 「우리들」 광고지와 등장인물, 예고편을 보고 말한 내용입니다. 영화의 내용을 가장 알맞게 상상한 것에 ○표 하시오.

등장인물은 선과 지아, 보라, 윤이래.

예고편을 봤는데, '사랑, 미움, 질투'라는 낱말이 나왔어.

광고지에 선과 지아가 나오는데, 둘이 다정하게 꽃잎으로 손톱에 물을 들이고 있어.

또 다른 광고지에서는 선과 지아가 같은 곳을 보고 있어.

(1) 선과 지아가 우정을 쌓는 이야기이다.
(   )

(2) 몸이 아픈 선이 점차 건강해지는 이야기이다.
(   )

(3) 선이 친구들과 함께 모험을 떠나는 이야기이다.
(   )

2 장면 **1**에서 피구를 하려고 편을 가를 때 마지막까지 선택을 받지 못한 선의 마음은 어떠했겠습니까? (   )

① 무섭다.
② 기대된다.
③ 심심하다.
④ 감동적이다.
⑤ 실망스럽다.

3 선과 지아의 사이가 나빠진 것은 언제부터인지 쓰시오.

(   )

4 이 영화를 보고 느낀 점을 알맞게 말한 친구의 이름을 쓰시오.

> **동민:** 피구는 정말 재미없어.
> **서연:** 가장 마음씨 좋은 친구는 보라야.
> **채운:** 선이 지아가 금을 밟지 않았다고 당당히 말하는 모습이 멋있었어.

(   )

오늘이

1 오늘이, 야아, 여의주가 원천강에서 행복하게 산다.

2 수상한 뱃사람들이 야아 몰래 오늘이를 데려가다가 화살로 야아를 쏜 뒤에 원천강이 얼어붙는다.

3 오늘이는 원천강으로 돌아가는 길에 행복을 찾겠다며 책만 읽는 매일이를 만난다.
→ 오늘이가 만난 인물 ①

4 꽃봉오리를 많이 가졌지만 꽃이 한 송이밖에 피지 않는 연꽃나무를 만난다.
→ 오늘이가 만난 인물 ②

5 오늘이는 사막에서 비와 구름을 벗어나고 싶어 하는 구름이를 만난다.
→ 오늘이가 만난 인물 ③

• 만화 영화의 특징: 수상한 뱃사람들 때문에 원천강을 떠나게 된 오늘이가 여러 인물들을 만나면서 원천강으로 돌아가는 과정이 잘 나타나 있습니다.

핵심내용 「오늘이」를 보고 인상 깊은 장면과 그 까닭 말하기 (예)

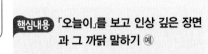

인상 깊은 장면	매일이가 책을 많이 쌓아 놓고 읽는 모습
인상 깊은 까닭	매일이가 책을 많이 읽는 것이 무척 부러웠다. 책을 읽으면서 매일이가 행복했으면 하는 생각을 했다.

수상한 보통과는 달리 이상하여 의심스러운.
꽃봉오리 망울만 맺히고 아직 피지 아니한 꽃.
벗어나고 공간적 범위나 경계 밖으로 빠져나오고. 예 냄새나는 방에서 벗어나고 싶어서 밖으로 나왔습니다.

---

5 다음을 보고 「오늘이」의 내용을 상상하여 쓰시오.

서술형

광고지　　　　등장인물
오늘이　여의주
야아　매일이
연꽃나무　구름이　이무기

_____

_____

6 수상한 뱃사람들에게 잡혀간 오늘이는 어디로 돌아가려고 했는지 쓰시오.

(　　　　　　　　　　)

7 매일이의 성격으로 알맞은 것은 무엇입니까?

(　　　　)

① 짓궂다.　　　　② 성실하다.
③ 용감하다.　　　④ 자기만 안다.
⑤ 부끄러움이 많다.

여의주를 많이 가지고도 용이 되지 못한 이무기를 만난다.
오늘이가 만난 인물 ④

이무기는 갈라진 얼음 사이로 떨어지는 오늘이를 구해 마침내 용이 되고, 용이 불을 뿜어 원천강이 빛을 되찾는다.

→ 이무기의 고민이 해결됨.

구름이는 연꽃을 꺾어서 매일이에게 주고, 둘은 행복한 시간을 보낸다.
→ 구름이와 매일이의 고민이 해결됨.

야아와 다시 만난 오늘이는 행복하게 산다.

핵심내용 「오늘이」를 보고 난 뒤 감상 평쓰기 ⓔ

고민을 해결해 가는 등장인물들의 용기 있는 모습이 보기 좋았다.

여의주 용의 턱 아래에 있는 신령스럽고 묘한 구슬. 이것을 얻으면 무엇이든 뜻하는 대로 만들어 낼 수 있다고 함.

교과서 문제

8 이무기는 어떻게 용이 되었습니까? ( )

① 많은 여의주를 가져서
② 불을 뿜는 연습을 많이 해서
③ 갈라진 얼음 사이로 떨어져서
④ 여의주를 버리면서 오늘이를 구해서
⑤ 구름이가 연꽃을 꺾는 것을 도와주어서

9 구름이는 매일이에게 무엇을 주었는지 쓰시오.

( )

10 다음은 등장인물 중에서 누구의 성격에 대해 말한 것인지 쓰시오.

어려움을 이겨 내고 원천강으로 돌아간 걸 보면 용기가 있다.

( )

교과서 문제

11 이 만화 영화에 나오는 등장인물의 행동 가운데에서 본받고 싶은 행동을 찾아 알맞게 말한 친구의 이름을 쓰시오.

성빈: 야아가 얼어붙었던 일은 정말 멋져.
주찬: 꿈이 없어도 행복한 이무기를 본받고 싶어.
하음: 처음 만난 인물들과 스스럼없이 대화하는 오늘이의 모습이 부러웠어.

( )

12 다음은 이 만화 영화에서 인상 깊은 장면을 찾아 말한 것입니다. 빈칸에 들어갈 알맞은 장면에 ○표 하시오.

연재: 나는 [ ]이/가 가장 인상 깊었어. 자신의 욕심을 버리고 남을 위해 희생하는 것은 쉬운 일이 아닌데 그렇게 한 것이 대단하다고 생각해.

(1) 오늘이가 이무기를 만나는 장면 ( )
(2) 오늘이와 야아가 다시 만나는 장면 ( )
(3) 이무기가 오늘이를 구해 주는 장면 ( )

등장인물	고민	해결
오늘이	원천강으로 가야 하는데 가는 길을 모른다.	매일이, 연꽃나무, 구름이, 이무기를 만나 원천강으로 가게 된다.
연꽃나무	꽃봉오리를 많이 가지고 있는데, 이상하게도 하나만 꽃이 핀 까닭을 알고 싶다.	┌ 하나만 피어 있던 연꽃 연꽃이 꺾어지자마자 송이송이 다른 꽃들이 피기 시작했다.
이무기	여의주를 많이 가졌는데도 용이 되지 못한 까닭을 모른다.	위험에 빠진 오늘이를 구하려고 품고 있던 여의주를 모두 버려 마침내 용이 되었다.
매일이	행복이 무엇인지 알고 싶다.	책에서 벗어나 구름이와 행복한 시간을 보낸다.

핵심내용 「오늘이」 뒤에 이어질 이야기를 쓸 때에 주의할 점

이어질 이야기를 대표할 만한 ❶ ㅈ ㅁ 을 새로 지어 볼 수도 있어요.

이어질 이야기가 「오늘이」 내용과 자연스럽게 어울리도록 하려면 ❷ ㄷ ㅈ ㅇ ㅁ 들의 고민과 관련지어 이야기를 써야 해요.

송이송이 여럿 있는 송이마다 모두.
㉫ 포도가 송이송이 알차게 익어 가고 있습니다.

---

13 매일이의 고민은 무엇입니까? ( )

① 매일 책을 읽어야 하는 것
② 행복이 무엇인지 알고 싶어 하는 것
③ 원천강으로 가야 하는데 가는 길을 모르는 것
④ 여의주를 많이 가졌는데도 용이 되지 못한 까닭을 모르는 것
⑤ 꽃봉오리를 많이 가지고 있는데 이상하게 하나만 꽃을 피워서 왜 그런지 알고 싶어 하는 것

교과서 문제
14 이무기의 고민은 어떻게 해결되었는지 빈칸에 알맞은 말을 쓰시오.

오늘이를 구하려고 ( )을/를 모두 버려 용이 되었다.

15* 다음과 같이 이 만화 영화의 뒤에 이어질 이야기를 상상할 때 빈칸에 들어갈 내용으로 알맞은 것에 ○표 하시오.

중심인물	오늘이
중심인물에게 일어나는 일	오늘이의 친구인 매일이의 병을 고치려고 치료법 책을 찾아야 하는 일이 생긴다.
중심인물이 그 일을 해결하는 방법	

(1) 오늘이가 어려움을 이겨 내고 원천강으로 돌아온다. ( )
(2) 매일이가 치료법 책을 찾아 오늘이의 병을 고쳐 준다. ( )
(3) 오늘이가 다시 연꽃나무와 구름이, 이무기를 찾아가 힘을 합쳐 치료법 책을 찾고, 매일이의 병을 고친다. ( )

1~3

나는 태윤이가 쓴 내용으로 역할극을 했으면 좋겠어. 야아가 시름시름 앓다가 죽자 오늘이는 깊은 슬픔에 빠졌지. 오늘이에게 웃음을 찾아 주고자 용이 된 이무기가 오늘이를 등에 태우고 여행을 떠난다는 내용이 마음에 들어.

지호가 쓴 이야기를 역할극으로 하면 정말 재미있을 것 같아. 원천강에 갑자기 햇빛이 사라져 버리자 몇 날 며칠 어둠이 내려앉았어. 식물들은 말라 죽어 가고…… 야아가 용을 데리고 와서 빛을 잃어버린 해에게 불을 뿜자 햇빛이 원천강을 감쌌지. 다시 식물들이 살아나서 잔치를 벌이는 것을 역할극으로 했으면 좋겠어.

1 태윤이가 쓴 「오늘이」의 뒷이야기 내용으로 알맞은 것을 두 가지 고르시오.　　(　　　)

① 야아가 웃음을 잃었다.
② 야아가 병이 나 죽었다.
③ 이무기가 죽어 가는 야아를 살렸다.
④ 오늘이, 이무기, 야아가 함께 여행을 떠났다.
⑤ 이무기가 오늘이를 등에 태우고 함께 여행을 떠났다.

2 지호가 쓴 이야기를 역할극으로 만들 때 빈칸에 알맞은 대사를 쓰시오.
서술형

야아: _____
용: 그래, 어서 가자.

_____

3* 지호가 쓴 이야기에서 다시 식물들이 살아나 잔치를 벌일 때 인물들의 표정으로 알맞은 것은 무엇입니까?　　(　　　)

① 다급한 표정　　② 신이 난 표정
③ 심술궂은 표정　　④ 무서워하는 표정
⑤ 귀찮아하는 표정

4 역할극을 할 때에 주의할 점으로 알맞은 것은 무엇입니까?　　(　　　)

① 몸짓을 작게 한다.
② 또박또박 정확하게 발음한다.
③ 재미있는 표정을 많이 짓는다.
④ 가장 자신 있는 표정을 짓는다.
⑤ 좋아하는 인물의 목소리를 따라 한다.

5 역할극을 볼 때의 태도로 알맞은 것은 무엇입니까?　　(　　　)

① 조용히 본다.
② 대사를 모두 적으며 본다.
③ 재미있는 장면만 열심히 본다.
④ 궁금한 내용은 손을 들고 물어본다.
⑤ 친구들과 생각이나 느낌을 이야기하며 본다.

6 친구들 앞에서 역할극을 한 뒤에 느낀 점을 가장 알맞게 말한 친구의 이름을 쓰시오.

서민: 내 마음을 친구들에게 전할 수 있어서 참 좋았어.
미호: 역할극을 해 보고 나니까 이야기의 내용을 간추리고 싶어졌어.
정서: 그냥 감상할 때보다 직접 연기를 해 보니까 등장인물의 마음이 더 잘 느껴졌어.

(　　　　　　)

독도 수비대 강치

• 만화 영화의 특징: 강치와 친구들이 독도를 침략한 아무르 일당을 물리치고 독도를 지켜 낸다는 내용으로, 독도의 역사와 의미를 생각해 볼 수 있습니다.

아무르와 부하는 불타는 얼음을 차지하려고 독도로 가는 길에 갈매기에게 공격을 당한다.

강치와 친구들이 독도에 와서 사철나무 어르신을 만난다.

강치가 아무르와 싸워서 불타는 얼음을 되찾는다.
독도를 지켜 냄.

1 아무르와 부하가 독도로 간 까닭은 무엇인지 쓰시오.

( )

2 이 만화 영화에서 인상 깊은 장면으로 다음을 골랐다면, 그 까닭으로 알맞은 것에 ○표 하시오.

> 강치의 눈물방울이 불타는 얼음에 떨어지자 죽었던 독도의 생물이 다시 살아난 장면

(1) 생물이 죽는 것이 신기해서 ( )
(2) 눈물을 흘리는 일은 어려워서 ( )
(3) 독도의 생물이 다시 살아나게 되어 다행이어서
( )

3 이 만화 영화를 보고 느낀 점을 쓰시오.
서술형

_____

_____

임금님 귀는 당나귀 귀

• 만화 영화의 특징: 귀가 커진 것을 감추고 싶어 했던 임금님이 큰 귀를 백성의 소리에 귀를 기울이는 어진 임금이 되라는 뜻으로 받아들인다는 내용입니다.

1 임금님이 자고 일어났더니 귀가 커져 있었다. 그래서 임금님은 의관을 만드는 노인에게 귀를 감출 수 있는 큰 왕관을 만들게 했다.

2 노인은 임금님의 귀가 길어졌다는 것을 말하지 못하고 끙끙 앓다가 병이 들고, 마침내 죽기 전에 아무도 없는 대나무 숲에 가서 "임금님 귀는 당나귀 귀."라고 말했다.
답답한 마음

3 대나무 숲에서 "임금님 귀는 당나귀 귀."라는 소리가 들리자 임금님은 대나무를 모두 베어 버렸다.
노인이 죽기 전에 대나무 숲에 가서 말해서

4 임금님은 큰 귀를 백성의 소리에 귀를 기울이는 어진 임금이 되라는 뜻으로 받아들였다.
 마음이 너그럽고 착하며 슬기롭고 덕행이 높은

4 임금님이 감추고 싶어 했던 것은 무엇인지 쓰시오.

( )

5 임금님은 어떤 임금이 되기로 하였습니까?

( )

① 말을 잘하는 임금
② 옷을 잘 입는 임금
③ 건강을 챙기는 임금
④ 신하를 아끼는 임금
⑤ 백성의 소리에 귀를 기울이는 임금

6 이 만화 영화의 뒤에 이어질 내용을 간단히 쓰시오.
서술형

_____

_____

낱말의 뜻

1 다음 낱말의 뜻을 찾아 알맞게 선으로 이으시오.

(1) 외면 •

(2) 선택 •

(3) 여의주 •

(4) 꽃봉오리 •

• ① 망울만 맺히고 아직 피지 아니한 꽃.

• ② 용의 턱 아래에 있는 신령스럽고 묘한 구슬.

• ③ 여럿 가운데에서 필요한 것을 골라 뽑음.

• ④ 마주치기를 꺼리어 피하거나 얼굴을 돌림.

비슷한말

2 밑줄 친 낱말과 바꾸어 쓸 수 있는 낱말을 골라 ○표 하시오.

(1) 수상한 뱃사람들이 야아 몰래 오늘이를 데려갔다.

(뛰어난 , 성실한 , 의심스러운)

(2) 백성의 소리에 귀를 기울이는 어진 임금이 되라는 뜻으로 받아들였다.

(모진 , 슬기로운 , 어리석은)

흉내 내는 말

3 빈칸에 알맞은 흉내 내는 말을 보기 에서 찾아 쓰시오.

보기
시름시름   송이송이

(1) 정원에 장미가 (   ) 예쁘게 피기 시작했다.

(2) 강아지가 (   ) 앓다가 죽자 우리 가족은 깊은 슬픔에 빠졌다.

여러 가지 뜻을 지닌 낱말

4 밑줄 친 낱말의 뜻으로 알맞은 것을 보기 에서 찾아 기호를 쓰시오.

보기
㉮ 나누어 따로따로 되게 하다.
㉯ 물체가 물을 양옆으로 열며 움직이다.
㉰ 승부나 등수 따위를 서로 겨루어 정하다.

(1) 배 한 척이 물살을 가르고 지나갔나.

(   )

(2) 체육 시간에 피구를 하려고 편을 갈랐다.

(   )

헷갈리기 쉬운 말

5 다음 설명을 읽고, (   ) 안에서 옳은 표현을 골라 ○표 하시오.

지위나 신분 또는 자격을 나타낼 때는 '-(으)로서'를 쓰고, 어떤 일의 수단이나 도구 또는 까닭을 나타낼 때는 '-(으)로써'를 써.

(1) 나는 학급 회장(으로서 , 으로써) 학급에 열심히 봉사할 것이다.

(2) 사람들이 농사를 시작함(으로서 , 으로써) 한 곳에 머물러 살 수 있게 되었다.

헷갈리기 쉬운 말

6 밑줄 친 부분이 바르게 쓰인 것에 모두 ○표 하시오.

(1) 우리는 책을 읽음으로써 지혜를 얻는다.

(   )

(2) 친구와 다투었지만 대화로서 풀 수 있었다.

(   )

(3) 나는 자랑스러운 우리 학교 학생으로써 늘 최선을 다한다.

(   )

(4) 언니는 자신이 아버지의 딸로서 부족하지 않다고 생각했다.

(   )

점수

1~3

1 아버지와 딸이 본 만화 영화 제목은 무엇인지 쓰시오.

(　　　　　)

2 딸은 아버지가 어떻게 느껴졌습니까? (　　)

① 엄하다. 　　　② 친절하다.
③ 무뚝뚝하다. 　　④ 부지런하다.
⑤ 걱정이 많다.

3 만화 영화에 나오는 아빠 물고기에 대한 아버지의 생각으로 알맞은 것은 무엇입니까? (　　)

① 니모에게 관심이 없다.
② 니모를 무척 사랑한다.
③ 니모를 사랑하지 않는다.
④ 니모에 대한 걱정이 너무 심하다.
⑤ 니모의 친구들을 중요하게 생각하지 않는다.

4~7

1 언제나 혼자인 외톨이 선은 여름 방학을 시작하는 날, 전학생인 지아를 만나 친구가 된다.
2 개학을 하고 학교에서 선을 만난 지아는 선을 따돌리는 보라 편에 서서 선을 외면한다.
3 선은 지아와 예전처럼 친해지려고 노력했지만 결국 크게 싸우고 만다.
4 피구를 할 때 선은 지아가 금을 밟지 않았다고 용기를 내어 친구들에게 말한다.

4 이 영화의 중심인물은 누구누구인지 쓰시오.

(　　　　　)

5 이 영화에서 일어난 일이 <u>아닌</u> 것은 무엇입니까?
(　　)

① 지아가 전학을 왔다.
② 지아가 보라 편에 섰다.
③ 지아가 보라에게 사과를 하였다.
④ 선은 지아와 다시 친해지려고 노력하였다.
⑤ 선은 지아가 금을 밟지 않았다고 말하였다.

6 다음은 이 영화를 어떤 방법으로 감상한 것인지 알맞은 것에 ○표 하시오.

　선이 지아가 금을 밟지 않았다고 말하는 장면이 인상 깊었어.

(1) 내용을 미리 상상하였다. 　　(　　)
(2) 인상 깊은 장면을 생각하였다. 　(　　)
(3) 기억에 남는 대사를 생각하였다. 　(　　)

7 이 영화의 간추린 내용을 읽고 느낀 점을 쓰시오.

서술형

_____

_____

광고지

등장인물

오늘이 | 여의주
야아 | 매일이
연꽃나무 | 구름이 | 이무기

8 광고지에 등장하는 인물은 누구누구인지 쓰시오.

(   )

9★ 이 만화 영화의 내용을 알맞게 상상한 것에 ○표 하시오.

(1) 오늘이가 엄마를 찾아 나선다.   (   )

(2) 오늘이가 바닷가에 집을 짓는다.   (   )

(3) 야아가 여행을 하며 병을 고친다.   (   )

1 오늘이, 야아, 여의주가 원천강에서 행복하게 산다.

2 수상한 뱃사람들이 야아 몰래 오늘이를 데려가 다가 화살로 야아를 쏜 뒤에 원천강이 얼어붙는다.

3 오늘이는 원천강으로 돌아가는 길에 행복을 찾 겠다며 책만 읽는 매일이를 만난다.

4 꽃봉오리를 많이 가졌지만 꽃이 한 송이밖에 피 지 않는 연꽃나무를 만난다.

5 오늘이는 사막에서 비와 구름을 벗어나고 싶어 하는 구름이를 만난다.

6 여의주를 많이 가지고도 용이 되지 못한 이무기 를 만난다.

7 이무기는 갈라진 얼음 사이로 떨어지는 오늘이 를 구해 마침내 용이 되고, 용이 불을 뿜어 원천강 이 빛을 되찾는다.

8 구름이는 연꽃을 꺾어서 매일이에게 주고, 둘은 행복한 시간을 보낸다.

9 야아와 다시 만난 오늘이는 행복하게 산다.

10 매일이가 책을 많이 읽은 까닭은 무엇입니까?

(   )

① 행복이 무엇인지 알고 싶어서

② 원천강으로 가는 길을 알아내려고

③ 친구들에게 이야기를 들려주고 싶어서

④ 매일 책을 읽어야 하는 벌을 받고 있어서

⑤ 책을 읽는 일밖에 할 줄 아는 일이 없어서

11 어려움을 이겨 내고 원천강으로 간 오늘이의 성격 은 어떠합니까? (   )

① 정직하다.   ② 친절하다.

③ 엉뚱하다.   ④ 용기가 있다.

⑤ 부끄러움이 많다.

12★ 다음 빈칸에 들어갈, 본받고 싶은 까닭으로 알맞은 것에 ○표 하시오.

> 오늘이가 처음 본 등장인물들에게 물어보는 모습을 본받고 싶어. [   ]

(1) 나는 친구가 많기 때문이야.   (   )

(2) 오늘이가 무슨 말을 했을지 궁금하기 때문이 야.   (   )

(3) 처음 만난 인물들에게 스스럼없이 말을 거는 모습이 부러웠기 때문이야.   (   )

국어 활동

13 다음 만화 영화의 장면에 대한 느낌으로 알맞은 것 을 두 가지 고르시오. (   )

등장인물	강치	장소	독도
일어난 일	강치가 아무르와 싸워서 불타는 얼 음을 되찾음.		

① 강치는 용감하다.

② 아무르의 성실함을 배워야겠다.

③ 강치가 독도로 돌아갔으면 좋겠다.

④ 강치와 아무르가 친한 것 같아 부럽다.

⑤ 강치가 불타는 얼음을 되찾아서 다행이다.

14~16

등장인물	고민	해결
오늘이	원천강으로 가야 하는데 가는 길을 모른다.	매일이, 연꽃나무, 구름이, 이무기를 만나 원천강으로 가게 된다.
연꽃나무	꽃봉오리를 많이 가지고 있는데, 이상하게도 하나만 꽃이 핀 까닭을 알고 싶다.	연꽃이 꺾어지자마자 송이송이 다른 꽃들이 피기 시작했다.
이무기	여의주를 많이 가졌는데도 용이 되지 못한 까닭을 모른다.	위험에 빠진 오늘이를 구하려고 품고 있던 여의주를 모두 버려 마침내 용이 되었다.
매일이	행복이 무엇인지 알고 싶다.	책에서 벗어나 구름이와 행복한 시간을 보낸다.

14 오늘이의 고민은 무엇이었는지 쓰시오.

(   )

15 연꽃나무의 고민은 어떻게 해결되었습니까? (   )

① 행복을 느껴서   ② 친구들을 만나서
③ 연꽃이 꺾어져서   ④ 책에서 벗어나서
⑤ 여의주를 버려서

16 이 만화 영화의 뒤에 이어질 이야기를 상상하여 빈
서술형 칸에 알맞은 내용을 쓰시오.

중심인물	(1)
중심인물에게 일어나는 일	(2)

17~18

나는 태윤이가 쓴 내용으로 역할극을 했으면 좋겠어. ㉠야아가 시름시름 앓다가 죽자 오늘이는 깊은 슬픔에 빠졌지. 오늘이에게 웃음을 찾아 주고자 용이 된 이무기가 오늘이를 등에 태우고 여행을 떠난다는 내용이 마음에 들어.

17 태윤이가 쓴 내용으로 역할극을 할 때에 알맞은 장면은 무엇입니까? (   )

① 야아가 오늘이를 찾아 헤매는 장면
② 오늘이와 야아가 여행을 떠나는 장면
③ 오늘이가 아픈 이무기를 돌보는 장면
④ 오늘이가 아파 이무기가 슬퍼하는 장면
⑤ 오늘이가 이무기의 등을 타고 떠나는 장면

18 ㉠에서 오늘이에게 어울리는 몸짓은 무엇입니까?
(   )

① 눈을 흘긴다.   ② 눈물을 흘린다.
③ 만세를 부른다.   ④ 두 손을 흔든다.
⑤ 고개를 끄덕인다.

19 역할극을 만들 때 가장 먼저 할 일을 찾아 기호를 쓰시오.

> ㉮ 역할 정하기
> ㉯ 소품 만들기
> ㉰ 여러 번 연습하기
> ㉱ 즉흥적으로 대사 만들며 연습하기

(   )

20 역할극을 보고 잘된 점을 바르게 말하지 못한 것의 기호를 쓰시오.

> ㉮ 내용을 길게 잘 꾸몄다.
> ㉯ 자신 있는 목소리로 해서 보기 좋았다.
> ㉰ 대사와 행동을 자연스럽게 연기해서 실감 났다.

(   )

1

광고지

사이가 좋아 보이는 선과 지아가 꽃잎으로 무엇을 하고 있는 모습	선과 지아의 뒷모습 사진으로, 둘이 같은 곳을 보고 있는 모습

등장인물

선, 지아, 보라, 윤

예고편

사랑, 미움, 질투

〈장면 1〉
　체육 시간에 피구를 하려고 편을 가르는데 선은 맨 마지막까지 선택을 받지 못해 점점 표정이 변한다.

〈장면 2〉
　여름 방학. 지아와 선은 봉숭아 꽃잎을 찧어서 손톱에 물을 들이며 즐거운 시간을 보낸다.

1단계
낱말 쓰기
〈장면 1〉과 〈장면 2〉에서 선의 마음은 어떠하였을지 쓰시오. [4점]

〈장면 1〉	(1) (	) 마음
〈장면 2〉	(2) (	) 마음

2단계
문장 쓰기
이 영화의 광고지에 있는 꽃 이름을 쓰고, 선과 지아가 그 꽃으로 한 일도 쓰시오. [4점]

꽃 이름	(1)
한 일	(2)

3단계
생각 쓰기
이 영화에서 가장 인상 깊은 장면을 쓰시오. [6점]

2~3

❶ 오늘이, 야아, 여의주가 원천강에서 행복하게 산다.

❷ 수상한 뱃사람들이 야아 몰래 오늘이를 데려가다가 화살로 야아를 쏜 뒤에 원천강이 얼어붙는다.

❸ 오늘이는 원천강으로 돌아가는 길에 행복을 찾겠다며 책만 읽는 매일이를 만난다.

❹ 꽃봉오리를 많이 가졌지만 꽃이 한 송이밖에 피지 않는 연꽃나무를 만난다.

❺ 오늘이는 사막에서 비와 구름을 벗어나고 싶어 하는 구름이를 만난다.

❻ 여의주를 많이 가지고도 용이 되지 못한 이무기를 만난다.

❼ 이무기는 갈라진 얼음 사이로 떨어지는 오늘이를 구해 마침내 용이 되고, 용이 불을 뿜어 원천강이 빛을 되찾는다.

❽ 구름이는 연꽃을 꺾어서 매일이에게 주고, 둘은 행복한 시간을 보낸다.

❾ 야아와 다시 만난 오늘이는 행복하게 산다.

2 이 만화 영화에서 오늘이가 원천강으로 가려고 한 까닭은 무엇인지 쓰시오. [4점]

3 이 만화 영화를 보고 난 뒤의 감상을 별점으로 색칠하고, 짧은 감상 평을 쓰시오. [8점]

감동 점수	(1) ☆ ☆ ☆ ☆ ☆
감상 평	(2)

1 이어질 장면을 생각해요

학습 주제	만화 영화나 영화를 본 경험 말하기	배점	30점
학습 목표	만화 영화나 영화를 본 경험을 말할 수 있다.		

1 기억에 남는 만화 영화나 영화의 제목을 쓰시오. [5점]

(   )

2 〈문제 **1**번〉에서 답한 만화 영화나 영화를 생각하며 빈칸에 알맞은 말을 쓰시오. [25점]

언제 보았나요?	(1)
누구와 함께 보았나요?	(2)
등장인물은 누구누구인가요?	(3)
가장 기억에 남는 장면은 어떤 장면인가요?	(4)
어떤 친구에게 소개해 주고 싶나요? 그 까닭은 무엇인가요?	(5)

2 마음을 전하는 글을 써요

★★ **1 글쓴이의 마음을 파악하는 방법**

① 누가 누구에게 쓴 글인지 확인합니다.

② 무슨 일에 대해 썼는지 확인합니다.

③ 글쓴이가 마음을 전하려고 사용한 표현은 무엇인지 확인합니다.
 예 고마워, 고맙습니다, 미안해

④ 글쓴이가 전하려는 마음은 무엇인지 확인합니다.

예 **지우가 쓴 편지에 드러난 글쓴이의 마음 알기**

> 선생님, 제 마음에 드는 그릇을 만들도록 도와주셔서 고맙습니다. 안녕히 계세요.

"고맙습니다"라는 표현으로 선생님께 고마운 마음을 전하고 있어.

★★ **2 마음을 전하는 글을 쓰는 방법**

① 마음을 전하고 싶은 일을 떠올립니다.

② 글에서 전하려는 마음을 생각합니다.

③ 마음을 잘 나타낼 수 있는 표현을 사용합니다.

④ 읽는 사람의 마음이 어떠할지 짐작하며 씁니다.

예 **안창호 선생이 아들에게 쓴 편지에서 마음을 전한 방법 알기**

> **가** 사랑하는 아들 필립
> 어머니의 편지를 받아 보았다. 네가 넘어져 팔을 다쳤다는 소식이 들어 있어 매우 걱정되는구나. 팔이 낫거들랑 내게 바로 알려라. 한 학년 올라가게 된 것을 축하한다. 아버지는 무척 기쁘구나.
> **나** 더욱 부지런해져라. 어려운 일도 열심히 견디거라. 책은 부지런히 보고 있니? 아무 책이나 읽지 말고, 좋은 책을 골라 꾸준히 읽어라.

→

- 아버지가 아들과 관련된 일을 떠올리며 글을 씀.
- "걱정되는구나", "축하한다", "기쁘구나"와 같은 표현으로 글쓴이의 마음을 전함.
- "열심히 견디거라", "꾸준히 읽어라"와 같은 표현으로 아들에게 당부하는 마음을 전함.

3 마음을 전하는 글 쓰기

① 마음을 전하고 싶은 일을 말해 봅니다.

② 마음을 전하는 글을 쓰는 데 필요한 내용을 정리합니다. → 마음을 전할 사람, 전하려는 마음, 있었던 일, 마음을 나타내는 표현을 정리해요.

③ 정리한 내용을 바탕으로 마음을 전하는 글을 씁니다.

④ 자신의 마음을 잘 표현했는지 점검합니다.

개념 확인하기
정답과 풀이 5쪽

1 소현이가 전하고 싶은 마음으로 알맞은 것에 ○표 하시오.

> 소현: 전시 해설사 선생님 덕분에 많은 것을 알게 되었어.

(미안한 , 고마운) 마음

2 마음을 전하는 글에서 글쓴이의 마음을 파악하는 방법으로 알맞지 **않은** 것에 ×표 하시오.

⑴ 누가 누구에게 쓴 글인지 확인한다. ( )

⑵ 글쓴이가 쓴 글의 길이를 확인한다. ( )

⑶ 무슨 일에 대해 쓴 글인지 확인한다. ( )

3 다음 빈칸에 알맞은 말을 쓰시오.

> 마음을 전하는 글을 쓸 때에는 ( )의 마음을 잘 고려하여 쓴다.

4 마음을 전하는 글에 들어갈 내용을 모두 골라 기호를 쓰시오.

> ㉮ 있었던 일
> ㉯ 전하려는 마음
> ㉰ 읽는 사람의 단점

( )

우리 반 친구들에게
받는 사람
친구들아, 안녕?

나 태웅이야. 오늘 운동회에서 있었던 일을 생각하면 아직도 가슴이 두근거려. 그때 그 고마운 마음을 직접 말로 전하고 싶었지만 쑥스러워서 이렇게 편지를 쓰게 되었어.

운동회 날이 되면 나는 기쁘면서도 두려웠어. 달리기 경기를 하는 게 늘 걱정이 되었거든. ㉠달리기를 할 때면 나는 어디론가 숨고 싶었어. 잔뜩 긴장해서 달리다가 오늘도 그만 넘어지고 말았지. 그런데 그때 너희가 달리다가 돌아와서 나를 일으켜 주었지. 「내 손을 꼭 잡은 너희의 따뜻한 마음이 느껴져서 눈물이 날 것 같았어. ㉡힘껏 달리고 싶었을 텐데 나 때문에 참았을 것 같아서 미안한 마음이 들어.」

고마워, 친구들아!

㉢같이 달려 주고 응원해 준 너희의 따뜻한 마음 잊지 않을게.

「 」: 있었던 일에 대한 생각이나 느낌

20○○년 9월 12일

태웅이가
쓴 사람

• 글의 특징: 태웅이가 운동회 때 있었던 일에 대해 친구들에게 고마운 마음을 전하는 편지입니다.

핵심내용 편지에 드러난 태웅이의 마음

표현	마음
달리기를 할 때면 ~ 숨고 싶었어.	부끄러운 마음
힘껏 달리고 ~ 마음이 들어.	미안한 마음
고마워, 친구들아! ~ 잊지 않을게.	❶ ㄱ ㅁ ㅇ 마음

쑥스러워서 하는 짓이나 모양이 자연스럽지 못하여 우습고 싱거운 데가 있어서. ⓔ 너무 쑥스러워서 좋아한다는 말을 아직 못했습니다.
힘껏 있는 힘을 다하여. 또는 힘이 닿는 데까지.

교과서 문제
1 누가 누구에게 쓴 편지인지 빈칸에 알맞은 말을 쓰시오.

• ( )이/가 ( )에게

2 글쓴이에게 있었던 일은 무엇입니까? ( )

① 달리기 경기에서 포기한 일
② 달리기를 잘해서 칭찬을 받은 일
③ 아파서 운동회에 참석하지 못한 일
④ 운동회 날 달리기에서 일 등을 한 일
⑤ 운동회 날 달리기를 하다가 넘어진 일

3 이 글에서 글쓴이의 마음을 나타내는 낱말을 모두 고르시오. ( )

① 잔뜩   ② 미안한   ③ 따뜻한
④ 고마워   ⑤ 쑥스러워서

4 ㉠~㉢에 드러난 글쓴이의 마음을 찾아 선으로 이으시오.

(1) ㉠ •   • ① 미안한 마음

(2) ㉡ •   • ② 고마운 마음

(3) ㉢ •   • ③ 부끄러운 마음

5 이 편지를 받은 사람이 글쓴이에게 어떤 말로 마음을 전할지 쓰시오.
서술형

_____

_____

존경하는 <u>김하영 선생님께</u>
_{받는 사람}

선생님, 안녕하세요? 저는 전지우입니다. 그동안 잘 지내셨습니까? 선생님께 고마운 마음을 전하려고 이렇게 글을 쓰게 되었습니다.

지난 체험 학습에서 도자기를 만들 때였습니다. 저는 진흙 반죽을 물레 위에 놓고 그릇 모양을 만들려고 했습니다. 그런데 생각처럼 잘되지 않았습니다. 만들고 나니 상상했던 모양과 너무 달라서 ㉠당황스러웠습니다.

제가 ㉡속상해서 어찌할 바를 모를 때 선생님께서 오셨습니다. 그리고 어떻게 모양을 내는지 시범을 보여 주셨습니다. 저는 선생님을 따라서 다시 해 보았습니다. 그랬더니 ㉢신기하게도 그릇 모양이 잘 만들어졌습니다.

그날 만든 그릇은 지금도 제 책상 위에 놓여 있습니다. <u>이 그릇을 보면</u>
_{체험 학습 날}   _{선생님을 떠올린 계기}
친절하게 가르쳐 주시던 선생님 모습이 ㉣생각납니다.

선생님, 제 마음에 드는 그릇을 만들도록 도와주셔서 ㉤고맙습니다. 안녕히 계세요.

20○○년 9월 24일

제자 전지우 올림
_{쓴 사람}

• **글의 특징:** 지우가 지난 체험 학습에서 도자기를 만드는 것을 도와주신 선생님께 고마운 마음을 전하는 편지입니다.

핵심내용 글쓴이가 전하려는 마음

전하려는 마음	고마운 마음
마음을 전하려고 사용한 표현	고맙습니다.
마음을 전하고 싶었던 까닭	체험 학습에서 도자기 만드는 것을 선생님께서 도와주셨기 때문임.

물레 도자기를 만들 때, 흙을 빚거나 무늬를 넣는 데 사용하는 기구.

시범(示 보일 시, 範 법 범) 모범을 보임.
㉠ 어린이들이 태권도 시범을 보였습니다.

1 이 글은 어떤 형식의 글입니까? ( )

① 일기   ② 동화
③ 편지   ④ 안내문
⑤ 설명하는 글

3 ㉠~㉤ 중 글쓴이가 마음을 전하려고 사용한 표현은 무엇입니까? ( )

① ㉠   ② ㉡
③ ㉢   ④ ㉣
⑤ ㉤

2 지난 체험 학습 때 지우가 당황했던 까닭으로 알맞은 것을 두 가지 고르시오. ( )

① 다른 친구들이 도자기를 잘 만들어서
② 진흙 반죽이 물레에 올라가지 않아서
③ 도자기를 만들 때 생각처럼 잘되지 않아서
④ 도자기를 만드는 방법을 알려 주지 않아서
⑤ 만든 도자기가 상상했던 모양과 너무 달라서

4 이 글의 특징을 알맞게 말한 친구의 이름을 쓰시오.

> 호윤: 있었던 일을 꾸며 썼어.
> 재영: 읽는 사람이 정해져 있는 글이야.
> 민선: 부모님께 마음을 전하려고 쓴 글이야.
> 강인: 일어난 일에 대한 느낌을 쓰지 않았어.

( )

• 글의 특징: 안창호 선생이 아들의 안부를 묻고 당부할 말을 전하기 위해 쓴 편지입니다.

1 사랑하는 아들 필립
'반드시 독립을 이룬다'는 뜻으로, 안창호 선생이 아들에게 지어 준 이름임.

어머니의 편지를 받아 보았다. 네가 넘어져 팔을 다쳤다는 소식이 들어 있어 매우 걱정되는구나. 팔이 낫거들랑 내게 바로 알려라. 한 학년 올라가 낫거든
게 된 것을 축하한다. 아버지는 무척 기쁘구나. 나는 이곳에 편안히 잘 있다. 미국 국회 의원들이 동양에 온다고 해 홍콩으로 왔다만 그들이 이곳에 들르지 않아 만나지는 못했단다. 나는 곧 상하이로 돌아갈 거란다.

중심 내용 **1** 네가 넘어져 팔을 다쳤다는 소식을 들어 매우 걱정되고, 한 학년 올라가게 된 것을 축하한다.

2 내 아들 필립아. 키가 크고 몸이 커지는 만큼 스스로 좋은 사람이 되려고 힘써야 한단다. 네가 어리고 몸이 작았을 때보다 더욱더 힘써야 하지. 스스로 좋은 사람이 되려고 노력하는 네 모습을 내 눈으로 직접 보고 싶구나. 너는 워낙 남을 속이지 않는 진실한 사람이라 좋은 사람이 되기도 쉬울 거란다.

핵심내용 글을 쓸 때 고려한 점

읽는 사람	**1** ㅇ ㄷ
목적	안부를 묻고 당부할 말을 전하기 위해서

들르지 지나는 길에 잠깐 들어가 머무르지.
워낙 두드러지게 아주. 예 내 동생은 목소리가 워낙 큽니다.

---

5 이 편지를 받는 사람은 누구인지 쓰시오.

(   )

교과서 문제
6 글쓴이가 어디에 있을 때 쓴 편지인지 쓰시오.

(   )

7* 글 **1**에서 글쓴이가 전하려는 마음으로 알맞은 것을 두 가지 고르시오. (   )

① 다친 일을 걱정하는 마음
② 우리나라 독립을 걱정하는 마음
③ 상하이로 돌아가게 되어 기쁜 마음
④ 가족과 함께 있지 못해 속상한 마음
⑤ 한 학년 올라간 일을 축하하는 마음

8 이 글을 쓴 방법을 알맞게 말한 친구의 이름을 쓰시오.

소영: 어머니가 아들과 관련된 일을 썼어.
규헌: "축하한다", "기쁘구나"와 같은 표현으로 글쓴이의 마음을 드러냈어.
은호: 글쓴이 자신의 마음을 고려해서 썼어.

(   )

9 글쓴이가 편지를 받는 사람에게 당부한 내용은 무엇인지 쓰시오.
서술형

_____

_____

좋은 사람이 되려면 진실하고 깨끗해야 해. 또 좋은 친구를 가려 사귀어야 한단다. 그게 좋은 사람이 되는 첫 번째 조건이지. 더욱 부지런해져라. 어려운 일도 열심히 견디거라. 책은 부지런히 보고 있니? 아무 책이나 읽지 말고, 좋은 책을 골라 꾸준히 읽어라. 좋은 책을 가려 보는 것이 좋은 사람이 되는 두 번째 조건이란다. <u>좋은 친구를 사귀고 좋은 책을 읽는 일을 멈추지 말아라.</u> 책은 두 종류를 택하렴. 첫째는 좋은 사람들의 이야기가 담겨 있어 본받을 수 있는 책이고, 둘째는 너의 공부에 필요한 지식을 얻기 위한 책이다. 또 우리글과 책을 잘 익혀라. 즐거운 마음으로 내 말을 따라 주겠지? 너를 믿는다.

글쓴이가 전하려는 마음

▲ 도산 안창호

<u>1920년 8월 3일 홍콩에서</u>
쓴 날짜

<u>아버지가</u>
쓴 사람

중심 내용 2 스스로 좋은 사람이 되기 위해 좋은 친구를 가려 사귀고, 좋은 책을 골라 읽는 일을 멈추지 말아야 한다.

글 **2**에서 글쓴이는 좋은 사람이 되기 위해 꾸준히 힘쓰라고 아들에게 당부의 말을 전하고 있어요.

가려 잘잘못이나 좋은 것과 나쁜 것 따위를 따져서 분간하여. 예 우리는 싸울 때마다 옳고 그름을 가려 문제를 해결하였습니다.
꾸준히 한결같이 부지런하고 끈기가 있는 태도로.

교과서 문제
10 좋은 사람이 되기 위해 글쓴이가 해야 한다고 말한 내용이 <u>아닌</u> 것은 무엇입니까? ( )

① 진실하고 깨끗해야 한다.
② 더욱 부지런해져야 한다.
③ 좋은 친구를 가려 사귀어야 한다.
④ 어려운 일도 열심히 견뎌야 한다.
⑤ 책을 가리지 말고 많이 읽어야 한다.

교과서 문제
11 글쓴이가 편지를 받는 사람에게 읽으라고 당부한 책을 두 가지 고르시오. ( )

① 우리글을 익힐 수 있는 책
② 좋은 친구들이 추천하는 책
③ 새로운 지식이 들어 있는 책
④ 공부에 필요한 지식을 얻기 위한 책
⑤ 좋은 사람들의 이야기가 담긴 본받을 수 있는 책

12 글쓴이가 마음을 전하기 위해 사용한 표현을 모두 고르시오. ( )

① 즐거운 마음
② 너를 믿는다.
③ 꾸준히 읽어라.
④ 열심히 견디거라.
⑤ 첫 번째 조건이지.

13★ 이와 같이 마음을 전하는 글을 쓰는 방법으로 알맞지 <u>않은</u> 것은 무엇입니까? ( )

① 글에서 전하려는 마음을 생각한다.
② 마음을 전하고 싶은 일을 떠올린다.
③ 있었던 일은 최대한 간단히 줄여서 쓴다.
④ 마음을 잘 나타낼 수 있는 표현을 사용한다.
⑤ 읽는 사람의 마음이 어떠할지 생각하며 쓴다.

가 네가 싫어하는 별명을 부르며 놀려서 미안해.

나 네가 우리 학년 달리기 대회에서 상을 받았다고 들었어.

다 괜찮아?

라 민희

• 그림 설명: 친구 사이에 마음을 표현해야 하는 상황을 나타낸 그림입니다.

핵심내용 그림 **가~라**의 상황에서 전해야 할 마음 떠올리기

그림 **가**	친구를 놀려서 미안한 마음
그림 **나**	상을 받은 친구를 ❷ \[초 ㅎ \] 하는 마음
그림 **다**	입원한 친구를 위로하는 마음
그림 **라**	함께 놀았던 친구를 그리워하는 마음

14 그림 **가**에서 말하는 아이가 친구에게 미안한 마음을 전하려는 일은 무엇입니까? ( )

① 계단을 내려오다 밀친 일
② 약속 시간보다 늦게 도착한 일
③ 싫어하는 별명을 부르며 놀린 일
④ 숙제를 잘못 알려 주어 혼나게 한 일
⑤ 물건을 빌려주지 않아 속상하게 한 일

교과서 문제
15 그림 **나**와 **다**의 상황에서 말하는 아이가 전해야 할 마음을 보기 에서 찾아 쓰시오.

보기
　그리운 마음, 위로하는 마음, 축하하는 마음

(1) 그림 **나**: ( )
(2) 그림 **다**: ( )

16 그림 **라**에서 민희가 친구에게 마음을 전할 때 알맞은 표현에 ○표 하시오.

(1) 진심으로 축하해. ( )
(2) 빨리 낫기를 바랄게. ( )
(3) 네가 정말 보고 싶단다. ( )

17 그림 **가~라**의 상황에서 전하고 싶은 마음을 글로 쓸 때 필요 없는 내용은 무엇입니까? ( )

① 있었던 일
② 전하려는 마음
③ 마음을 전할 사람
④ 마음을 나타내는 표현
⑤ 글을 쓰는 데 걸린 시간

18 그림 **가~라**의 친구들이 마음을 전하는 글을 쓸 때 다음 내용은 처음, 가운데, 끝부분 중 어느 부분에 써야 하는지 쓰시오.

　읽는 사람에게 바라는 점, 쓴 날짜, 글쓴이

( )

재환이가 겪은 일

· 글의 특징: 이사 온 재환이가 이웃들에게 인사를 전한 편지에 이웃 사람들이 쪽지로 마음을 전한 훈훈한 이야기입니다.

재환이는 새로운 동네로 이사를 왔습니다. 재환이는 이웃들에게 인사를 하기로 했습니다. 그래서 재환이가 사는 아파트 승강기 안에 편지를 붙였답니다.

> 안녕하세요? 저는 12층에 이사 온 열한 살 이재환입니다.
> 새로 만난 이웃들에게 인사를 드리고 싶어 편지를 씁니다. 저희 가족은 엄마, 아빠, 귀여운 동생 그리고 저, 이렇게 넷입니다. 저희는 아직 이사 온 지 얼마 되지 않아 다니는 길도, 사람들도 낯설기만 합니다. 그래도 저는 나무도 많고 놀이터가 있는 이곳이 마음에 듭니다. 앞으로 여러분과 좋은 이웃이 되고 싶습니다.
> _{새로운 동네}
>
> 글쓴이 → 이재환 올림

하루, 이틀이 지날수록 재환이의 편지에는 신기한 일이 생겼어요.

승강기를 탄 이웃 사람들이 편지를 보고 마음을 담은 쪽지를 붙인 것이었어요. 재환이도, 쪽지를 써서 붙인 이웃도 모두 훈훈한 마음이 한가득했습니다.
_{재환이가 붙인 편지를 본 이웃 사람들이 한 일}

낯설기만 전에 본 기억이 없어 익숙하지 않기만.

훈훈한 마음을 부드럽게 녹여 주는 따스함이 있는.

교과서 문제

1 재환이가 승강기 안에 편지를 붙인 까닭은 무엇입니까? ( )

① 잃어버린 강아지를 찾으려고
② 이사 와서 이웃에게 인사하려고
③ 새로 이사 온 사람을 환영해 주려고
④ 승강기에서 주의할 점을 안내하려고
⑤ 다른 동네로 이사 가는 것을 알리려고

2 재환이가 쓴 편지를 통해 알 수 있는 내용에 모두 ○표 하시오.

(1) 가족에 대한 소개 ( )
(2) 이사 오기 전 동네 이름 ( )
(3) 새로 만난 이웃에 대한 인사 ( )
(4) 재환이가 좋아하는 일과 잘하는 일 ( )

3 ⭐ 재환이가 쓴 편지에 드러나 있는 마음으로 알맞은 것을 두 가지 고르시오. ( )

① 기쁜 마음 ② 미안한 마음
③ 고마운 마음 ④ 설레는 마음
⑤ 부끄러운 마음

교과서 문제

4 재환이의 편지를 본 이웃 사람들은 어떻게 했는지 쓰시오.

( )

5 재환이의 편지를 읽은 이웃 사람들의 마음은 어떠했을지 쓰시오.
서술형

( )

딸들에게

피아노와 춤을 사랑하는 큰딸 시연아! 십 년 전 막 태어난 너를 처음 안았을

_{읽는 사람 ①}

때의 느낌이 아직도 생생한데 벌써 4학년이 되었구나. 친구들과 어울려 놀러 다

니는 너를 보며 우리 딸이 많이 컸다는 사실을 새삼 실감하곤 한다. 언제나 바

르게 생활하고, 하고 싶은 것도 많고 꿈도 많은 시연이가 엄마는 항상 자랑스럽

단다. 앞으로도 지금처럼 건강하고, 좋아하는 일을 열심히 하는 시연이가 되면

_{큰딸 시연이에게 바라는 점}

좋겠구나.

우리 집 애교쟁이 작은딸 정연아! 퇴근해서 집으로 돌아오면 가장 먼저 현관

_{읽는 사람 ②}

으로 뛰어나오는 귀염둥이! 엄마를 세상에서 가장 좋아한다는 것을 온몸으로 느

끼게 해 주는 딸, 네가 현관에서 나를 맞아 줄 때 하루의 피로가 모두 없어진단

다. 언제나 밝고 씩씩하게 자라길 바란다. 주변 사람 모두가 행복을 느끼게 하는

_{작은딸 정연이에게 바라는 점}

너의 미소를 언제까지나 보고 싶구나.

우리 딸들의 깔깔대는 웃음소리를 들을 때마다 엄마는 힘이 솟고 행복감을 느

낀단다. 엄마에게 너희는 세상 무엇과도 바꿀 수 없는 소중한 보물이야. 엄마는

_{두 딸을 비유하는 말}

너희가 건강하고 훌륭하게 자랄 수 있도록 도울게. 언제나 사랑한다.

20○○년 9월 3일

엄마가

• 글의 종류: 편지
• 글의 특징: 엄마가 두 딸에게 사랑하
는 마음을 전하려고 쓴 글입니다.

핵심내용 글쓴이가 전하려는 마음과 글쓴
이의 마음을 느낄 수 있는 부분

전하려는 마음	❶ ㅅ ㄹ 하는 마음
마음을 느낄 수
있는 부분	• 항상 자랑스럽단다.
• 언제나 사랑한다.

생생한데 바로 눈앞에 보는 것처럼 명
백하고 또렷한데.
새삼 이전의 느낌이나 감정이 다시금
새롭게. 예 할머니께서는 지난날들이
새삼 그립다고 하십니다.
실감하곤 실제로 체험하는 듯한 느낌
을 받고는. 예 시간이 흐를수록 집이
그립다는 것을 실감하곤 합니다.

1 이 글에 대한 설명으로 알맞지 <u>않은</u> 것은 무엇입니
까? ( )

① 읽는 사람이 정해져 있다.
② 일기 형식으로 쓴 글이다.
③ 엄마가 딸들에게 보낸 글이다.
④ 읽는 사람의 마음을 고려하여 썼다.
⑤ 일어난 일에 대한 생각이나 느낌이 들어 있다.

2 글쓴이가 글을 쓴 까닭으로 알맞은 것에 ○표 하
시오.

(1) 안부를 묻기 위해서 ( )
(2) 마음을 전하기 위해서 ( )
(3) 소식을 전하기 위해서 ( )
(4) 집안일을 부탁하기 위해서 ( )

3 글쓴이가 글을 써서 전하려는 마음은 무엇입니까?
( )

① 고마운 마음   ② 미안한 마음
③ 속상한 마음   ④ 사랑하는 마음
⑤ 안타까운 마음

4 이 글에서 〈문제 3번〉의 답과 같은 글쓴이의 마
음을 느낄 수 있는 표현이 <u>아닌</u> 것은 무엇입니까?
( )

① 언제나 사랑한다.
② 4학년이 되었구나.
③ 항상 자랑스럽단다.
④ 힘이 솟고 행복감을 느낀단다.
⑤ 너의 미소를 언제까지나 보고 싶구나.

좋은 사람과 사귀려면 좋은 인상을 주어라

• 글의 종류: 편지
• 글쓴이: 필립 체스터필드
• 글의 특징: 아버지가 아들이 좋은 인상을 주는 사람이 되기를 바라는 마음을 전하기 위해 쓴 글입니다.

가 아들아!

좋아하는 사람이나 존경하는 사람에게는 자신도 모르게 신경이 쓰이지. 그리고 어떻게 하면 그 사람을 기쁘게 해 줄까 고민도 하고 말이야.

나 사람은 동전과 같단다. ㉠앞면과 뒷면이 같이 있어. 나쁘기만 한 사람도, 착
단점과 장점을 모두 갖고 있는 사람을 동전에 비유함.
하기만 한 사람도 없단다. 단점과 장점을 모두 갖고 있어. 그러므로 ㉡한 면만
보고 그 사람 전체를 평가하는 것은 옳지 않아. 그리고 그 사람의 단점을 발견했
다고 해서 일부러 멀리할 필요는 없어. 너 역시 장점과 단점을 다 가지고 있잖니.
㉢상대에게 좋은 인상을 주려면 넓은 지식과 올바른 태도 못지않게 옷차림과
말투, 행동에도 신경 써야 한단다. ㉣때로는 외모를 단정히 하는 것도 필요해.

다 ㉤대화를 이끌어 가려면 그 사람의 분위기에 맞는 이야기를 할 줄 알아야
해. 그러면서 상대의 장점을 자연스럽게 끌어내면 상대도 너에게 좋은 감정을
갖게 될 거야.

라 사람의 인격이란 말하지 않아도 자연스럽게 드러나는 법이란다. 아무리 입으
로 떠벌리고 치장을 하더라도 그 사람의 됨됨이는 숨기기 어려워.

아빠가

인상(印 도장 인, 象 코끼리 상) 어떤 대상
에 대하여 마음속에 새겨지는 느낌.
인격(人 사람 인, 格 격식 격) 사람으로서
의 품격. 예 말은 그 사람의 인격을 나
타냅니다.
치장(治 다스릴 치, 粧 단장할 장) 잘 매만
져 곱게 꾸밈.
됨됨이 사람으로서 지니고 있는 품성
이나 인격.

교과서 문제

5 이 글을 읽는 사람은 누구인지 쓰시오.

( )

6 글쓴이가 전하려는 마음으로 알맞은 것에 ○표 하시오.

(1) 존경받는 사람이 되기를 바라는 마음
( )

(2) 좋은 인상을 주는 사람이 되기를 바라는 마음
( )

(3) 장점과 단점을 모두 가진 사람이 되기를 바라는 마음
( )

7 상대에게 좋은 인상을 주기 위해 신경 써야 하는 것으로, 글쓴이가 말한 것이 <u>아닌</u> 것은 무엇입니까?
( )

① 넓은 지식
② 단점 발견
③ 올바른 태도
④ 단정한 외모
⑤ 옷차림, 말투, 행동

8 ㉠~㉤ 중 글쓴이의 마음이 드러난 표현이 <u>아닌</u> 것은 무엇입니까?
( )

① ㉠
② ㉡
③ ㉢
④ ㉣
⑤ ㉤

2

낱말의 뜻

1 다음 뜻에 알맞은 낱말을 보기 에서 찾아 쓰시오.

보기
　치장　　시범　　인상　　인격

(1) 모범을 보임.　　（　　　　　）
(2) 사람으로서의 품격.
　　　　　　　　　　（　　　　　）
(3) 잘 매만져 곱게 꾸밈.
　　　　　　　　　　（　　　　　）
(4) 어떤 대상에 대하여 마음속에 새겨지는 느낌.
　　　　　　　　　　（　　　　　）

반대말

2 밑줄 친 낱말을 문장에 알맞은 낱말로 바꾸어 쓰시오.

저희는 아직 이사 온 지 얼마 되지 않아 다니는 길도, 사람들도 낯익기만 합니다.

（　　　　　）

맞춤법

3 밑줄 친 낱말의 표기가 바르게 쓰인 것에 ○표 하시오.

(1) 친구들 앞에서 발표를 하려니 쑥쓰러웠다.
　　　　　　　　　　（　　　）
(2) 머리로 힘껏 축구공을 받아 쳐서 득점을 했다.
　　　　　　　　　　（　　　）

헷갈리기 쉬운 말

4 다음 （　　）안에서 옳은 표현을 골라 ○표 하시오.

수업이 끝나고 집에 (들리지 , 들르지) 않고 곧장 영어 학원으로 갔다.

비슷한말

5 밑줄 친 낱말과 바꾸어 써도 뜻이 통하는 낱말을 골라 ○표 하시오.

(1)
이 돌은 <u>워낙</u> 무거워서 혼자 들 수가 없구나.

（ 곧 , 아주 , 새삼 ）

(2)
그 가게는 주인 아저씨의 <u>훈훈한</u> 인심 때문에 늘 손님이 많다.

（ 따스한 , 생생한 , 꾸준한 ）

낱말의 발음

6 다음 설명을 읽고, 밑줄 친 낱말을 바르게 발음한 것에 ○표 하시오.

• 겹받침 'ㄺ'이 자음자와 만나면 [ㄱ]만 소리 난다.
• 겹받침 'ㄺ' 다음에 자음자 'ㄱ'이 오면 겹받침 'ㄺ'은 [ㄹ]로 소리 난다.

(1) 물이 참 <u>맑지</u>? → [막찌 , 말찌]
(2) 달이 참 <u>밝기도</u> 하다. → [박끼도 , 발끼도]

낱말의 발음

7 다음 중 밑줄 친 낱말을 바르게 발음한 것은 무엇입니까?　　　　　　（　　　）

① 어항의 물이 참 <u>맑다</u>. → [말따]
② 물이 참 <u>맑기도</u> 하구나. → [막끼도]
③ 찰흙 반죽이 <u>묽고</u> 부드럽다. → [물꼬]
④ 달이 뜨니 한밤중인데도 정말 <u>밝지</u>? → [발찌]
⑤ 가을 산에 <u>붉지</u> 않은 단풍이 드물다. → [불찌]

1~3

나 태웅이야. 오늘 운동회에서 있었던 일을 생각하면 아직도 ㉠가슴이 두근거려. 그때 그 고마운 마음을 직접 말로 전하고 싶었지만 ㉡쑥스러워서 이렇게 편지를 쓰게 되었어.

운동회 날이 되면 나는 ㉢기쁘면서도 두려웠어. 달리기 경기를 하는 게 늘 걱정이 되었거든. 달리기를 할 때면 나는 어디론가 숨고 싶었어. 잔뜩 긴장해서 달리다가 오늘도 그만 넘어지고 말았지. 그런데 그때 너희가 달리다가 돌아와서 나를 일으켜 주었지. 내 손을 꼭 잡은 너희의 따뜻한 마음이 느껴져서 눈물이 날 것 같았어. ㉮힘껏 달리고 싶었을 텐데 나 때문에 참았을 것 같아서 미안한 마음이 들어.

고마워, 친구들아!

같이 달려 주고 응원해 준 ㉣너희의 따뜻한 마음 잊지 않을게.

1 태웅이가 편지를 쓴 까닭은 무엇입니까?
(　　　)

① 친구들에게 마음을 전하려고
② 친구들에게 자기소개를 하려고
③ 달리기 잘하는 방법을 소개하려고
④ 선생님께 감사한 마음을 전하려고
⑤ 달리기 대표로 뽑힌 일을 자랑하려고

2 ㉠~㉣ 중 태웅이가 고마운 마음을 전하려고 사용한 표현으로 알맞은 것의 기호를 쓰시오.
(　　　)

3⭐ ㉮에 나타난 태웅이의 마음으로 알맞은 것은 무엇입니까?
(　　　)

① 고마운 마음　　② 미안한 마음
③ 속상한 마음　　④ 위로하는 마음
⑤ 사랑하는 마음

4~7

가 존경하는 김하영 선생님께

선생님, 안녕하세요? 저는 전지우입니다. 그동안 잘 지내셨습니까? 선생님께 고마운 마음을 전하려고 이렇게 글을 쓰게 되었습니다.

지난 체험 학습에서 도자기를 만들 때였습니다.

나 제가 속상해서 어찌할 바를 모를 때 선생님께서 오셨습니다. 그리고 어떻게 모양을 내는지 시범을 보여 주셨습니다. 저는 선생님을 따라서 다시 해 보았습니다. 그랬더니 신기하게도 그릇 모양이 잘 만들어졌습니다.

다 이 그릇을 보면 친절하게 가르쳐 주시던 선생님 모습이 생각납니다.

선생님, 제 마음에 드는 그릇을 만들도록 도와주셔서 고맙습니다. 안녕히 계세요.

4 이 글에 대한 설명으로 알맞지 **않은** 것은 무엇입니까?
(　　　)

① 편지 형식으로 썼다.
② 읽는 사람이 정해져 있지 않다.
③ 글을 쓴 목적이 잘 드러나 있다.
④ 표현하고 싶은 마음이 드러나 있다.
⑤ 체험 학습 때 있었던 일에 대해 썼다.

5 이 글을 쓴 사람은 누구인지 쓰시오.
(　　　)

6 글쓴이가 글을 쓴 까닭으로 알맞은 것에 ○표 하시오.

(1) 선생님께 마음을 전하기 위해서　(　　　)
(2) 인상 깊었던 일을 남기기 위해서　(　　　)
(3) 도자기 만드는 방법을 알고 싶어서　(　　　)

7 글쓴이가 마음을 전하려고 사용한 표현을 찾아 쓰시오.
(　　　)

8 글쓴이의 마음을 파악하는 질문으로 알맞지 <u>않은</u> 것은 무엇입니까? ( )

① 무슨 일에 대해 썼을까?
② 누가 누구에게 쓴 글일까?
③ 글쓴이가 전하려는 마음은 무엇일까?
④ 글쓴이가 자주 쓰는 표현은 무엇일까?
⑤ 글쓴이가 마음을 전하려고 사용한 표현은 무엇일까?

국어 활동

9 다음 글에서 글쓴이가 전하려는 마음은 무엇인지 쓰시오.

> 우리 딸들의 깔깔대는 웃음소리를 들을 때마다 엄마는 힘이 솟고 행복감을 느낀단다. 엄마에게 너희는 세상 무엇과도 바꿀 수 없는 소중한 보물이야. 엄마는 너희가 건강하고 훌륭하게 자랄 수 있도록 도울게. 언제나 사랑한다.

( ) 마음

10~12

> **가** 사랑하는 아들 필립
> 어머니의 편지를 받아 보았다. 네가 넘어져 팔을 다쳤다는 소식이 들어 있어 매우 ㉠걱정되는구나. 팔이 낫거들랑 내게 바로 알려라. 한 학년 올라가게 된 것을 ㉡축하한다. 아버지는 ㉢무척 기쁘구나. 나는 이곳에 편안히 잘 있다. 미국 국회 의원들이 동양에 온다고 해 홍콩으로 왔다만 그들이 이곳에 들르지 않아 만나지는 못했단다. 나는 곧 상하이로 ㉣돌아갈 거란다.
> **나** 키가 크고 몸이 커지는 만큼 스스로 좋은 사람이 되려고 ㉤힘써야 한단다. 네가 어리고 몸이 작았을 때보다 더욱더 힘써야 하지. 스스로 좋은 사람이 되려고 노력하는 네 모습을 내 눈으로 직접 보고 싶구나.

10 글 **가**에서 글쓴이가 아들에게 마음을 전한 일을 두 가지 고르시오. ( )

① 키가 큰 일 ② 팔을 다친 일
③ 홍콩에 간 일 ④ 친구를 사귄 일
⑤ 학년이 올라간 일

11 글 **나**에서 글쓴이가 아들에게 당부한 내용은 무엇입니까? ( )

① 좋은 사람이 되려고 힘써야 한다.
② 진실한 사람이 되려고 힘써야 한다.
③ 키가 크고 몸이 커지도록 힘써야 한다.
④ 남을 속이지 않는 사람이 되어야 한다.
⑤ 독립을 위해 힘쓰는 사람이 되어야 한다.

12 ㉠~㉤ 중 글쓴이가 마음을 전하기 위해 사용한 표현이 <u>아닌</u> 것의 기호를 쓰시오.
( )

13~14

> 좋은 사람이 되려면 진실하고 깨끗해야 해. 또 좋은 친구를 가려 사귀어야 한단다. 그게 좋은 사람이 되는 첫 번째 조건이지. 더욱 부지런해져라. 어려운 일도 열심히 견디거라. 책은 부지런히 보고 있니? 아무 책이나 읽지 말고, 좋은 책을 골라 꾸준히 읽어라. 좋은 책을 가려 보는 것이 좋은 사람이 되는 두 번째 조건이란다. 좋은 친구를 사귀고 좋은 책을 읽는 일을 멈추지 말아라. 책은 두 종류를 택하렴. 첫째는 좋은 사람들의 이야기가 담겨 있어 본받을 수 있는 책이고, 둘째는 너의 공부에 필요한 지식을 얻기 위한 책이다. 또 우리글과 책을 잘 익혀라. 즐거운 마음으로 내 말을 따라 주겠지? 너를 믿는다.
> 1920년 8월 3일 홍콩에서
> 아버지가

13 글쓴이가 좋은 사람이 되는 조건으로 말한 것은 무엇인지 빈칸에 알맞은 말을 차례대로 쓰시오.

> ( )을/를 가려 사귀고, ( )을/를 골라 읽어야 한다.

14 글쓴이가 아들에게 당부하는 마음을 전하는 글을 쓴 방법을 쓰시오.

서술형

_____

_____

15 마음을 전하는 글을 쓰는 방법으로 알맞지 <u>않은</u> 것의 기호를 쓰시오.

> ㉮ 마음을 전하고 싶은 일을 떠올린다.
> ㉯ 마음을 잘 나타낼 수 있는 표현을 사용한다.
> ㉰ 읽는 사람보다 쓰는 사람의 마음을 생각하며 쓴다.

(   )

국어 활동

16 다음 글에서 글쓴이가 전하려는 마음은 무엇입니까? (   )

> 상대에게 좋은 인상을 주려면 넓은 지식과 올바른 태도 못지않게 옷차림과 말투, 행동에도 신경 써야 한단다. 때로는 외모를 단정히 하는 것도 필요해.
> 그리고 친해지고 싶다면 혼자서 모든 이야기를 하려고 하지 마. 대화는 서로 주고받는 거야. 혼자만 말하는 것은 연설이란다. 네가 묻고 대답하는, 여러 사람의 몫을 한꺼번에 할 필요는 없어. 너 자신도 힘들고 상대도 유쾌하지 않단다.

① 외모에 신경 쓰지 않기를 바라는 마음
② 연설을 잘하는 사람이 되기를 바라는 마음
③ 다른 사람과의 대화를 이끌기를 바라는 마음
④ 좋은 인상을 주는 사람이 되기를 바라는 마음
⑤ 넓은 지식보다 말투에 더 신경 쓰기를 바라는 마음

17 다음 그림에서 남자아이가 친구에게 마음을 표현할 말로 알맞은 것에 ○표 하시오.

> 네가 우리 학년 달리기 대회에서 상을 받았다고 들었어.

(1) 미안해. (   )
(2) 축하해. (   )
(3) 고마워. (   )
(4) 짜증 나. (   )

18 서술형

마음을 전하고 싶은 일을 떠올려 어떤 마음을 어떻게 전하고 싶은지 간단히 쓰시오.

_____

_____

19~20

> 재환이는 새로운 동네로 이사를 왔습니다. 재환이는 이웃들에게 인사를 하기로 했습니다. 그래서 재환이가 사는 아파트 승강기 안에 편지를 붙였답니다.
>
> > 안녕하세요? 저는 12층에 이사 온 열한 살 이재환입니다.
> > 새로 만난 이웃들에게 인사를 드리고 싶어 편지를 씁니다. 저희 가족은 엄마, 아빠, 귀여운 동생 그리고 저, 이렇게 넷입니다. 저희는 아직 이사 온 지 얼마 되지 않아 다니는 길도, 사람들도 낯설기만 합니다. ㉠그래도 저는 나무도 많고 놀이터가 있는 이곳이 마음에 듭니다. 앞으로 여러분과 좋은 이웃이 되고 싶습니다.

19 재환이가 편지를 쓴 까닭을 알맞게 말한 친구의 이름을 쓰시오.

> **선우:** 전에 살던 동네를 자랑하려고 편지를 썼어.
> **미희:** 새로 이사 와서 이웃에게 인사하려고 편지를 쓴 거야.
> **채훈:** 새로운 학교에 가기 전에 동네 친구들과 친해지고 싶어서 썼어.

(   )

20 ㉠에 나타난 재환이의 마음으로 알맞은 것은 무엇입니까? (   )

① 슬픈 마음   ② 부러운 마음
③ 설레는 마음   ④ 안타까운 마음
⑤ 자랑스러운 마음

점수

1

운동회 날이 되면 나는 기쁘면서도 두려웠어. 달리기 경기를 하는 게 늘 걱정이 되었거든. 달리기를 할 때면 나는 어디론가 숨고 싶었어. 잔뜩 긴장해서 달리다가 오늘도 그만 넘어지고 말았지. 그런데 그때 너희가 달리다가 돌아와서 나를 일으켜 주었지. 내 손을 꼭 잡은 너희의 따뜻한 마음이 느껴져서 눈물이 날 것 같았어. 힘껏 달리고 싶었을 텐데 나 때문에 참았을 것 같아서 미안한 마음이 들어.

고마워, 친구들아!

같이 달려 주고 응원해 준 너희의 따뜻한 마음 잊지 않을게.

20○○년 9월 12일 / 태웅이가

1단계
낱말 쓰기
태웅이가 친구들에게 어떤 마음을 전하려고 쓴 편지인지 쓰시오. [4점]

(　　　　　　) 마음

2단계
문장 쓰기
태웅이가 고마운 마음을 전한 일을 쓰시오. [6점]

_____

❗ 태웅이네 반 친구들이 태웅이에게 어떤 도움을 주었는지 떠올려 봐.

3단계
생각 쓰기
자신이 태웅이라면 친구들에게 어떤 말로 마음을 표현할지 쓰시오. [8점]

_____
_____

2~3

선생님, 안녕하세요? 저는 전지우입니다. 그동안 잘 지내셨습니까? 선생님께 고마운 마음을 전하려고 이렇게 글을 쓰게 되었습니다.

지난 체험 학습에서 도자기를 만들 때였습니다. 저는 진흙 반죽을 물레 위에 놓고 그릇 모양을 만들려고 했습니다. 그런데 생각처럼 잘되지 않았습니다. 만들고 나니 상상했던 모양과 너무 달라서 당황스러웠습니다.

제가 속상해서 어찌할 바를 모를 때 선생님께서 오셨습니다. 그리고 어떻게 모양을 내는지 시범을 보여 주셨습니다. 저는 선생님을 따라서 다시 해 보았습니다. 그랬더니 신기하게도 그릇 모양이 잘 만들어졌습니다.

그날 만든 그릇은 지금도 제 책상 위에 놓여 있습니다. 이 그릇을 보면 친절하게 가르쳐 주시던 선생님 모습이 생각납니다.

선생님, 제 마음에 드는 그릇을 만들도록 도와 주셔서 고맙습니다. 안녕히 계세요.

2 지우가 전하려는 마음과 그 마음을 전하려고 사용한 표현을 쓰시오. [4점]

전하려는 마음	(1)
마음을 전하려고 사용한 표현	(2)

3 지우가 〈문제 **2**번〉의 답과 같은 마음을 전하고 싶었던 까닭은 무엇인지 쓰시오. [8점]

_____
_____

2 마음을 전하는 글을 써요

학습 주제	마음을 전하는 글 쓰기	배점	25점
학습 목표	마음을 나타내는 표현을 사용하여 마음을 전하는 글을 쓸 수 있다.		

1 마음을 전하고 싶은 일을 떠올려 쓸 내용을 정리하여 쓰시오. [10점]

마음을 전할 사람	(1)
전하려는 마음	(2)
있었던 일	(3)
마음을 나타내는 표현	(4)

2 〈문제 **1**번〉에서 정리한 내용을 바탕으로 하여 편지 형식으로 마음을 전하는 글을 쓰시오. [15점]

3 바르고 공손하게

★★ 1 대화 예절을 지키며 대화하는 방법

① 어른과 대화할 때에는 높임말을 씁니다.

② 예의 바른 말을 사용하고 대화 도중에 끼어들지 않습니다.
  <u>거친 말을 쓰지 않아요.</u>

③ 친구 앞에서는 귓속말을 하지 않습니다.

④ 자기 말만 하지 말고 남이 하는 말을 잘 들어 줍니다.

2 예절을 지키며 회의하기

① 다른 사람이 발표할 때 끼어들지 않습니다.

② 회의와 같은 공식적인 상황에서는 높임말을 사용합니다.

③ 의견을 말할 때에는 <u>손을 들어 말할 기회를 얻고 발표합니다.</u>
  말할 차례를 기다리고 공손한 태도로 의견을 말해요.

④ 다른 사람 의견을 <u>경청합니다.</u>
  귀 기울여 들음.

예 「우리 반 회의 시간」에서 예절에 어긋난 부분

제 의견은 "고운 말을 사용하자."입니다.

말할 기회를 얻지 않고 말했으며 공식적인 상황에서 높임말을 사용하지 않았습니다.

쳇, 친할 때 그런 말로 장난치는 것도 모르나?

★★ 3 온라인 대화를 할 때 지켜야 할 예절

① 바른 말을 사용해야 합니다. ─ 줄임말이나 그림말을 적절하게 사용해야 해요.

② 상대가 보이지 않더라도 대화 전에 인사하고 끝날 때에도 인사합니다.

③ 상대를 존중하고 예의를 지킵니다.

④ 그림말을 지나치게 사용하지 않습니다. ─ 기분을 더 잘 표현해 줄 수도 있지만 너무 많이 사용하면 장난스러운 대화가 될 수 있어요.

예 온라인 대화를 할 때 생길 수 있는 문제

이게 무슨 말이야?

몰라. 재미있어 보이는데 나도 써 볼까?

'○.○'

무슨 말인지 모르고 써도 괜찮을까?

온라인 대화에서 줄임말이나 그림말과 같은 새로운 표현을 사용하면 상대가 뜻을 모를 수도 있으므로 꼭 필요한 경우에만 적절하게 사용합니다.

---

1 대화 예절로 알맞은 것에 모두 ○표 하시오.

(1) 친구 부모님께는 높임말을 쓴다. ( )

(2) 친구가 하는 말을 끝까지 들어 준다. ( )

(3) 친구 앞에서 다른 친구와 귓속말로 말한다. ( )

2 회의할 때 지켜야 할 예절을 생각하며 다음 ( ) 안에 들어갈 알맞은 말에 ○표 하시오.

(1) 다른 사람이 의견을 말할 때에는 (경청 , 무시)한다.

(2) 회의할 때에 친구들에게 (반말 , 높임말)을 사용한다.

3 온라인 대화를 할 때 지켜야 할 예절로 알맞은 것을 두 가지 골라 기호를 쓰시오.

㉮ 바른 말을 사용한다.

㉯ 상대를 존중하며 대화한다.

㉰ 자신이 할 말만 간단히 하고 대화방에서 나간다.

( )

4 다음 빈칸에 알맞은 말을 쓰시오.

온라인 대화를 할 때에 ( )은/는 기분을 더 잘 표현해 줄 수도 있지만 너무 많이 사용하면 장난스러운 대화가 될 수도 있다.

박바우와 박 서방

해설: 옛날, 어느 마을에 고기 파는 일을 하던 '박바우'라는 노인이 있었다. 어느 날, 젊은 양반 두 사람이 거의 같은 시간에 고기를 사러 왔다. 윗마을 양반은 박 노인에게 이렇게 말했다.

윗마을 양반: ㉠바우야, 쇠고기 한 근만 줘라.

박 노인: (건성으로 대답하며) 알겠습니다.
　　　　　진지한 자세나 성의 없이 대충 하는 태도

해설: 이번에는 아랫마을 양반이 고기를 주문했다.

아랫마을 양반: (깍듯이 부탁하는 말투로) 박 서방, 쇠고기 한 근만 주게.
　　　　　　　　　분명하게 예의범절을 갖추는 태도

박 노인: (　㉡　) 아이고, 네, 조금만 기다리시지요.

해설: 박 노인은 젊은 양반들에게 각각 고기를 주는데 둘의 크기가 한눈에 봐도 다르게 보였다. ㉢윗마을 양반이 가만히 보니 자기가 받은 고기보다 아랫마을 양반이 받은 고기가 더 좋아 보이고 양도 훨씬 많아 보였다.

윗마을 양반: 야, 바우야! 똑같은 한 근인데, 어째서 이렇게 다르게 주느냐?

박 노인: (태연하게) 그러니까 손님 것은 바우 놈이 자른 것이고, 이분 것은 박 서방이 자른 것이기 때문이랍니다.
　　　　윗마을 양반　　　　　　　　　　　　아랫마을 양반

- 글의 종류: 이야기
- 글의 특징: 똑같은 이야기라도 말하는 사람의 말투에 따라 듣는 사람의 태도가 달라질 수 있다는 것을 알게 해 주는 글입니다.

핵심내용 「박바우와 박 서방」에서 고기를 사러 온 두 양반이 박 노인에게 말한 방법

윗마을 양반

박 노인이 자기보다 신분이 낮으므로 '❶ ㅂ ㅇ'라고 부름.

아랫마을 양반

박 노인을 존중해 '박 서방'이라고 부름.

태연하게 마땅히 머뭇거리거나 두려워할 상황에서 태도나 얼굴빛이 아무렇지도 않게.

교과서 문제

1 고기를 사러 온 젊은 양반들은 박 노인을 각각 무엇이라고 불렀는지 알맞게 선으로 이으시오.

(1) 윗마을 양반　　·　　　·① 바우

(2) 아랫마을 양반　·　　　·② 박 서방

2 박 노인이 ㉠과 같은 말을 들었을 때에 기분이 어떠했겠습니까?　　　　　(　　　)
① 반갑다.
② 쑥스럽다.
③ 흐뭇하다.
④ 짜증이 난다.
⑤ 즐겁고 기쁘다.

3 ㉡에 들어갈 말로 알맞은 것은 무엇입니까?
　　　　　　　　　　　　　　(　　　)
① 거칠게 대답하며
② 웃으면서 대답하며
③ 귓속말로 대답하며
④ 짜증 난 표정으로 대답하며
⑤ 입을 삐죽 내밀고 대답하며

4 박 노인이 ㉢과 같이 두 양반에게 고기를 다르게
서술형 준 까닭은 무엇이겠는지 쓰시오.

_____

_____

오늘 아침 민수네 교실에서 있었던 일

(효과음) 드르륵 덜컥
장면의 실감을 더하기 위하여 넣는 소리
영철: (교실로 들어오는 민수를 보며) 어이, 키다리! 왔냐?
                          민수의 별명
민수: 뭐야, 아침부터 듣기 싫은 별명을 부르고……

채은: (밝은 목소리로) 민수야, 안녕?

민수: (밝은 목소리로) 안녕, 채은아? 어제 네가 빌려준 책 참 재미있더라. 고마워.

(마음속으로) 교실에 들어오는 친구들을 보니, 들어올 때 큰 소리로 인사하는 친구, 장난으로 인사하는 친구, 상대를 배려하며 인사하는 친구, 반갑게
도와주거나 보살펴 주려고 마음을 쓰며
인사하는 친구, 아무런 인사도 하지 않는 친구 …… 참 다양한 모습이구나. 저학년일 때는 친구들과 손을 흔들며 반갑게 인사를 잘했는데 지금은 왜 이렇게 되었을까?

• 글의 특징: 민수가 반 친구들과 나눈 인사말을 통해 어떻게 인사해야 할지 생각해 볼 수 있는 글입니다.

핵심내용 「오늘 아침 민수네 교실에서 있었던 일」에서 영철이와 채은이가 민수에게 인사한 방법

영철 | 민수가 듣기 싫어하는 ❷ ㅂ ㅁ 을 부르며 인사함.

채은 | 밝은 목소리로 민수의 이름을 부르며 인사함.

5 영철이의 말을 듣고 민수의 기분이 나빠진 까닭은 무엇입니까? ( )

① 얼굴을 찡그리며 말해서
② 손을 흔들며 인사를 해서
③ 듣기 싫은 별명을 불러서
④ 지나치게 큰 목소리로 말해서
⑤ 엉뚱한 곳을 바라보며 말해서

6 채은이가 한 말을 들은 민수의 기분은 어떠했겠습니까? ( )

① 기분이 좋았다.
② 답답한 느낌이 들었다.
③ 채은이에게 미안하였다.
④ 반말로 말해서 화가 났다.
⑤ 채은이가 먼저 인사를 해서 아쉬웠다.

7 영철이와 채은이 중에서 예절에 맞게 인사한 친구는 누구인지 쓰시오.

( )

8 예절를 지키지 않은 영철이의 말에 민수가 다음과 같이 대답했다면 영철이는 어떻게 답했을지 쓰시오.
서술형

어이, 키다리! 왔냐?

나는 그 별명 싫은데, 내 이름으로 불러 줄래?

영철 → 민수

_____

_____

가

나

• 그림 설명
가: 아버지와 함께 식사를 준비하는 두 아이의 말을 비교해 보고 대화 예절을 지키며 말하는 방법을 알 수 있습니다.
나: 두 아이가 교통 봉사 활동을 하시는 아주머니와 아저씨께 하는 말을 비교해 보고 대화 예절을 지키며 말하는 방법을 알 수 있습니다.

핵심내용 그림 가와 나를 보고 대화 예절을 지키며 대화하기

| 그림 가 | 웃어른께는 '내가'라는 표현을 쓰지 않고 '❶ ㅈ ㄱ'로 자신을 낮추는 표현을 씁니다. |
| 그림 나 | 웃어른께는 "수고하셨어요."라고 말하지 않고 "고맙습니다."라고 말합니다. |

1 그림 가에서 두 아이가 아버지께 자신을 가리켜 한 말을 비교하여 빈칸에 알맞은 말을 쓰시오.

남자아이는 (1) '(   )'라고 말하였고, 여자아이는 (2) '(   )'라고 말하였다.

교과서 문제
2 그림 가에서 남자아이와 여자아이 중 대화 예절에 맞게 말한 아이는 누구인지 쓰시오.

(   )

3 〈문제 2번〉의 답처럼 생각한 까닭은 무엇입니까? (   )

① 웃어른을 바라보며 말해서
② 웃어른께 큰 목소리로 말해서
③ 웃어른께 고개를 숙여 말해서
④ 웃어른께 상냥한 목소리로 말해서
⑤ 웃어른께 자신을 낮추어 표현해서

4* 그림 나에서 여자아이가 한 말을 대화 예절에 맞게 고쳐 말한 것은 무엇입니까? (   )

① 아줌마, 수고하셨어요.
② 아주머니, 힘들겠어요.
③ 아주머니, 고맙습니다.
④ 아주머니, 안녕히 계세요.
⑤ 아주머니, 이제 그만하세요.

교과서 문제
5 다음 그림과 같은 상황에서 여자아이가 대화 예절을 지키며 말하려면 어떤 말을 해야 하는지 빈칸에 쓰시오.

• 아저씨, (   )

신유의 생일잔치

1 신유: 원우야, 내 생일에 우리 집에서 같이 놀자.

원우: (쾌활하게) 당연하지. 우리 사 총사가 오랜만에

　모여서 신나게 놀 기회인데!
　　　　어떠한 일을 하는 데 적절한 시기나 경우

(효과음) 딩동딩동
　　　　초인종 소리

(효과음) 문 열리는 소리

신유 어머니: (밝은 목소리로) 안녕? 어서 와라. 신유 친

　구들이구나. 반갑다.

중심 내용 ① 신유는 자신의 생일에 같이 놀 친구들을 집으로 초대했다.

2 ① 현관

지혜: (성급하게) 안녕하세
　　　성질이 급하게
　요? 그런데 신유는 어디
　갔나요? 어? 신유야, 생일
　축하해!

원우: 야! 신유야, 생일 축하해! 하하하.

(효과음) 삐리리링
예절을 지키지 않은 부분에서 나오는 효과음 ①

원우, 지혜, 현영: 아주머니, 안녕하세요? 생일잔치에

쾌활하게 명랑하고 활발하게. ⑩ 수영이는 쾌활하게 잘 웃어서 친구
들에게 인기가 많습니다.

• **글의 특징**: 신유의 생일잔치 때 친구들이 예절을 잘 지키지 않은 부분을 통해 일상생활에서 지켜야 할 대화 예절이 무엇인지 알려 주는 글입니다.

초대해 주셔서 감사합니다.

중심 내용 ② 신유의 생일잔치에 온 친구들은 현관에서 신유 어머니께 인사했다.

3 ② 식탁

신유 어머니: (따뜻한 목소리로) 이렇게 신유의 생일을

　축하하러 우리 집에 와 줘서 고맙구나. 손 씻고 식탁

　에 앉으렴.

㉠ 원우, 지혜, 현영: 야, 맛있겠다!

원우: 내가 닭 다리 먹어야지!

(효과음) 삐리리링
예절을 지키지 않은 부분에서 나오는 효과음 ②

지혜: 아주머니, 맛있는 음식을 준비해 주셔서 고맙습

　니다. 맛있게 먹겠습니다.

원우, 현영: 아주머니, 맛있는 음식을 준비해 주셔서

　고맙습니다. 잘 먹겠습니다.

신유 어머니: 그렇게 말해 주니 고맙구나. 천천히 많이
　　　　　　　예절을 지켜 맛있게 먹겠다고 말해 주니
　먹으렴.

중심 내용 ③ 식탁에서 친구들은 신유 어머니께서 준비해 주신 음식을 맛있게 먹었다.

사 총사 친하게 지내는 네 사람을 비유적으로 이르는 말. ⑩ 친구들은
우리 네 사람이 잘 어울려 다니자 사 총사라고 불렀습니다.

---

6 친구들이 신유네 집에 모인 까닭은 무엇인지 빈칸에 알맞은 말을 쓰시오.

　• 신유의 (　　　　　　　　)에 초대를 받
　았기 때문이다.

7 글 **2**에서 신유 친구들이 예절에 어긋나게 행동한
점은 무엇입니까? (　　　)

① 신유의 생일잔치에 늦게 도착했다.
② 신유의 생일을 축하해 주지 않았다.
③ 신유의 방에 한꺼번에 몰려 들어갔다.
④ 신유 어머니께 높임말을 사용하지 않았다.
⑤ 신유 어머니께 인사를 제대로 하지 않고 집 안
　으로 급하게 들어갔다.

8 글 **3**은 어디에서 일어난 일인지 찾아 쓰시오.

　　　　　(　　　　　　　　　)

교과서 문제

9 ㉠에서 원우와 친구들이 잘못한 점을 바르게 말한
친구의 이름을 쓰시오.

> **도현**: 친구들은 신유 어머니께서 주신 음식을
> 골고루 먹지 않았어.
> **영지**: 친구들은 신유 어머니께 음식을 준비해
> 주셔서 고맙다는 말을 하지 않았어.

　　　　　(　　　　　　　　　)

4 ③ 신유 방

원우: 신유야, 이제 네 방으로 가서 놀자.

신유: 여기야.

원우: 신유야, 여기는 책이 정말 많구나.

신유 방

현영: (귓속말로) 신유는 이 많은 책을 다 봤나 봐.
<u>남의 귀 가까이에 입을 대고 소곤거리는 말</u>

지혜: (귓속말로) 정말 많다. 그래서 공부를 잘하나 봐.

원우: (귓속말로) 역시 책을 좋아하는 신유답다.

(효과음) 삐리리링
<u>예절을 지키지 않은 부분에서 나오는 효과음 ③</u>

신유: (서운한 목소리로) 얘들아, 나만 빼고 너희끼리 귓속말로 비밀 이야기를 하는 것 같아 기분이 나빠.

현영: (미안한 목소리로) 미안해, 신유야. 아무 생각 없이 우리끼리 그냥 한 말인데, 앞으로는 귓속말하지 않을게.

신유: 그래, 앞으로는 절대 귓속말을 하지 말아 줘. 나만 따돌리는 것 같아 속상하단 말이야.

원우: 신유야, 오늘은 네 생일이니까 이제 재미있게 놀자.

지혜: 그래, 뭐부터 할까?

다 같이: 하하하. 호호호.

중심 내용 4 신유 방에서 친구들끼리 귓속말을 해서 신유는 기분이 나빴다.

5 원우: 오늘 재미있게 잘 놀았습니다. 안녕히 계세요.

신유 어머니: (흐뭇하게) 그래, 원우야. 정말 예의가 바르구나. 다들 또 놀러 오렴.

원우, 지혜, 현영: 안녕히 계세요.

신유: 잘 가.

지혜: 내일 학교에서 보자.

현영: 안녕.

원우: 오늘 즐거웠어. 다시 한번 생일 축하해.

중심 내용 5 친구들은 집으로 돌아갈 때 신유 어머니께 예절 바르게 인사했다.

핵심내용 「신유의 생일잔치」에서 신유 친구들이 예절을 지키지 않은 부분

장소	예절을 지키지 않은 부분
현관	신유 어머니께 인사를 제대로 하지 않고 집 안으로 뛰어들어 갔음.
식탁	신유 어머니께 음식을 준비해 주셔서 고맙다는 말을 하지 않았음.
신유 방	신유 앞에서 ❷ ㄱ ㅅ ㅁ 을 했음.

서운한 마음에 모자라 아쉽거나 섭섭한 느낌이 있는. 예 엄마가 내 마음을 알아주지 않아서 <u>서운한</u> 마음이 들었습니다.

흐뭇하게 마음에 흡족하여 매우 만족스럽게. 예 아버지께서는 상을 받은 누나를 <u>흐뭇하게</u> 바라보셨습니다.

---

10 신유 방에서 친구들이 말한 내용과 거리가 <u>먼</u> 것은 무엇입니까? ( )

① 신유는 책을 좋아한다.
② 신유 방에 책이 정말 많다.
③ 신유는 책을 많이 본 것 같다.
④ 신유 방에는 책이 많아서 놀 수가 없다.
⑤ 신유는 책을 많이 봐서 공부를 잘하는 것 같다.

11* 글 **4**에서 신유의 기분이 나빴던 까닭은 무엇입니까? ( )

① 친구들이 책을 싫어해서
② 친구들이 시끄럽게 떠들어서
③ 친구들이 책을 소중히 다루지 않아서
④ 친구들이 자기만 빼고 귓속말로 말해서
⑤ 친구들이 책만 읽고 재미있게 놀지 않아서

12 다른 친구 앞에서 귓속말로 이야기하는 것이 예절에 어긋나는 까닭을 생각하여 쓰시오.
서술형

_____

_____

13 글 **5**에서 예의 바르게 말하는 친구들을 본 신유 어머니의 마음은 어떠하셨습니까? ( )

① 안타깝다.
② 답답하다.
③ 흐뭇하다.
④ 부끄럽다.
⑤ 불만스럽다.

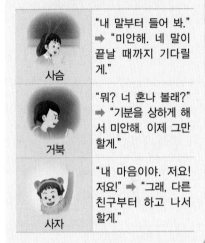

• **그림 설명:** **가**는 사슴 역할을 한 친구가 대화 도중에 끼어드는 상황을, **나**는 거북 역할을 한 친구가 거친 말을 하는 상황을, **다**는 사자 역할을 한 친구가 자기 말만 하는 상황을 역할극으로 하는 모습입니다.

핵심내용 그림 **가**~**다**에서 동물들이 한 예의 바르지 않은 말을 찾아 예의 바른 말로 고쳐 쓰기

사슴	"내 말부터 들어 봐." ➡ "미안해. 네 말이 끝날 때까지 기다릴게."
거북	"뭐? 너 혼나 볼래?" ➡ "기분을 상하게 해서 미안해. 이제 그만 할게."
사자	"내 마음이야. 저요! 저요!" ➡ "그래, 다른 친구부터 하고 나서 할게."

14 그림 **가**에서 사슴 역할을 한 친구는 어떤 행동을 하였습니까? ( )

① 말끝을 흐리며 말했다.
② 작은 목소리로 말했다.
③ 자신 없는 표정으로 말했다.
④ 대화 도중에 끼어들어 말했다.
⑤ 엉뚱한 곳을 바라보며 말했다.

교과서 문제
15 그림 **나**에서 토끼 역할을 한 친구는 어떤 기분이 들었겠습니까? ( )

① 편안한 기분
② 무시당하는 기분
③ 만족스러운 기분
④ 배려를 받는 기분
⑤ 즐겁고 유쾌한 기분

16 ㉠을 예의 바른 말로 바르게 고친 것은 무엇입니까? ( )

① 내가 하는 말이 맞아!
② 넌 가만히 듣고만 있어.
③ 미안하지만 내가 먼저 말할게.
④ 기분이 상하더라도 조금만 참으렴.
⑤ 그래, 다른 친구부터 하고 나서 할게.

17 친구와 예절을 지키며 대화를 주고받으면 어떤 점이 좋은지 쓰시오.
서술형

_____

_____

우리 반 회의 시간

• **글의 특징:** "친구들과 사이좋게 지내자."를 주제로 학급 회의를 한 내용으로, 회의할 때 지켜야 할 예절을 생각해 볼 수 있는 글입니다.

1 사회자: 자리를 정리해 주시기 바랍니다. 지금부터 제8회 학급 회의를 시작하겠습니다. 오늘 회의 주제를 무엇으로 정하면 좋을지 말씀해 주십시오. 고경희 친구가 의견을 발표해 주십시오.

고경희: 저는 "친구들과 사이좋게 지내자."를 주제로 제안합니다. 왜냐하면 요즘 우리 빈 친구들이 자주 다투는 것을 봤기 때문입니다.

사회자: 김찬민 친구도 의견을 발표해 주십시오.

김찬민: 청소를 하고 나서도 교실이 깨끗하지 않습니다. 그래서 "교실을 깨끗이 사용하자."를 주제로 제안합니다.

사회자: 회의 주제는 다수결로 정하겠습니다. 첫 번째 주제에 찬성하시는 분은 손을 들어 주십시오. 두
"친구들과 사이좋게 지내자."
번째 주제에 찬성하시는 분은 손을 들어 주십시오.
"교실을 깨끗이 사용하자."

주제(主 주인 주, 題 제목 제) 대화나 연구 따위에서 중심이 되는 문제. ⓓ 주제와 관련이 없는 의견은 말하지 않습니다.
제안(提 끌 제, 案 책상 안) 안건이나 의견으로 내놓음. 또는 그 안건이나 의견. ⓓ 우리 반 학급 규칙을 바꾸자고 제안하고 싶습니다.

29명 가운데에서 19명이 첫 번째 주제를 선택했습니다. 오늘 회의 주제는 다수결의 원칙에 따라 "친구들과 사이좋게 지내자."로 정하겠습니다.

(효과음) 칠판에 쓰는 소리

중심 내용 **1** 학급 회의 주제를 다수결의 원칙에 따라 "친구들과 사이좋게 지내자."로 정했습니다.

2 사회자: 친구들과 사이좋게 지내려면 실천해야 할
주제에 대한 실천 내용
일이 무엇인지 발표해 주십시오. 박태영 친구가 의견을 발표해 주십시오.

박태영: 제 의견은 ㉠"듣기 싫은 별명으로 부르지 말자."입니다. 기분이 나빠지면 서로 사이좋게 지내기가 어려워지기 때문입니다.

사회자: 좋은 의견입니다. 다른 의견이 더 있습니까? 이희정 친구가 의견을 발표해 주십시오.

다수결(多 많을 다, 數 셀 수, 決 결정할 결) 회의에서 많은 사람의 의견에 따라 안건을 결정하는 일.
원칙(原 근원 원, 則 법칙 칙) 어떤 행동이나 이론 따위에서 일관되게 지켜야 하는 기본적인 규칙이나 법칙.

---

18 찬민이가 학급 회의 주제로 제안한 내용은 무엇인지 쓰시오.

( )

교과서 문제
19 학급 회의에서 정한 주제는 무엇입니까?

( )

① 고운 말을 사용하자.
② 교실을 깨끗이 사용하자.
③ 교실 청소를 열심히 하자.
④ 친구들과 사이좋게 지내자.
⑤ 예절을 지키며 학급 회의를 하자.

20 학급 회의에서 어떤 원칙에 따라 회의 주제를 정했는지 쓰시오.

( )

21 태영이가 ㉠과 같은 의견을 말한 까닭은 무엇입니까?

( )

① 고운 말을 써야 해서
② 별명이 자주 바뀔 수 있어서
③ 별명이 없는 친구들도 있어서
④ 장난을 치다가 다칠 수도 있어서
⑤ 기분이 나빠지면 서로 사이좋게 지내기가 어려워서

이희정: ㉠저는 고운 말을⋯⋯.

강찬우: (끼어들며) 잠깐만. "심한 장난을 하지 말자."가 좋겠습니다. 왜냐하면 장난이 심해져서 싸우는 경우가 많기 때문입니다.

사회자: 강찬우 친구, 좋은 의견 감사합니다. 하지만 다른 사람이 의견을 발표할 때 끼어드는 것은 잘못입니다. 다음부터는 꼭 손을 들어 말할 기회를 얻고 나서 발표해 주시기 바랍니다. 이희정 친구는 계속 발표해 주십시오.

이희정: 네, 제 의견은 "⟨ ㉡ ⟩"입니다. 친구들이 나쁜 말을 주고받으면 사이가 안 좋아지는 것을 자주 봤기 때문입니다.

고경희: (비아냥거리며) 쳇, 친할 때 그런 말로 장난치는 것도 모르나?
_{친한 친구끼리 나쁜 말을 주고받으며 장난을 하는 것}

이희정: (짜증 내며) 너는 그래서 날마다 친구들과 다투

냐?

사회자: 모두 조용히 해 주십시오. 말할 기회도 얻지 않고 높임말도 사용하지 않은 고경희 친구 그리고 마찬가지로 말할 기회를 얻지 않고 거친 말을 사용한 이희정 친구에게 '주의'를 한 번씩 드립니다.

(효과음) 칠판에 쓰는 소리

중심 내용 2 회의 주제에 대한 실천 내용을 발표할 때 예절을 지키지 않고 말한 두 친구가 '주의'를 받았습니다.

> 회의할 때 예절에 어긋난 부분과 그 까닭을 묻는 문제와 회의하면서 지켜야 할 예절을 묻는 문제가 자주 출제돼.

핵심내용 글 **2**에서 회의할 때 예절에 어긋난 부분

친구	회의할 때 예절에 어긋난 부분
강찬우	희정이가 말하는 도중에 끼어듦.
고경희	말할 기회를 얻지 않고 말했고 ❸ ㄴㅇㅁ 도 사용하지 않음.
이희정	말할 기회를 얻지 않고 말했고 상대에게 거친 말을 함.

기회(機 틀 기, 會 모일 회) 겨를이나 짬. ⑩ 삼촌은 너무 바빠서 만날 기회가 거의 없었습니다.
비아냥거리며 얄밉게 빈정거리며 자꾸 놀리며. ⑩ 반 친구들이 비아냥거리며 내 별명을 불렀습니다.

마찬가지로 사물의 모양이나 일의 형편이 서로 같게. ⑩ 아이들이 여느 때와 마찬가지로 운동장에 나와 공을 찼습니다.
주의(注 물댈 주, 意 뜻 의) 경고나 훈계의 뜻으로 일깨움. ⑩ 심판이 반칙을 한 축구 선수에게 주의를 주었습니다.

22 희정이가 ㉠과 같이 의견을 끝까지 말하지 못한 까닭은 무엇입니까? ( )

① 의견이 주제에 맞지 않아서
② 의견을 말할 자신이 없어서
③ 찬우가 말하는 도중에 끼어들어서
④ 사회자가 의견을 주의 깊게 듣지 않아서
⑤ 의견에 대한 까닭을 미처 생각하지 못해서

24 ㉡에 들어갈 희정이의 의견으로 알맞은 것에 ○표 하시오.

(1) 높임말을 사용하자. ( )
(2) 줄임말을 사용하자. ( )
(3) 고운 말을 사용하자. ( )

교과서 문제
23 회의할 때 찬우가 지켜야 할 예절을 바르게 말한 친구의 이름을 쓰시오.

> 서진: 다른 사람이 발표할 때 끼어들면 안 돼.
> 종현: 회의 주제와 관련 있는 의견을 말해야 해.
> 민아: 공식적인 상황에서 말하는 것이니까 높임말을 사용해야 해.

( )

25 회의할 때 경희와 희정이가 예절에 어긋난 부분은
서술형 무엇인지 각각 쓰시오.

고경희	(1)
이희정	(2)

3 사회자: 지금부터 주제에 대한 실천 내용을 정하도록 하겠습니다. 표결을 하기 전에 추가로 의견을 이야기할 친구는 발표해 주시기 바랍니다. 김찬민 친구가 의견을 발표해 주십시오.

김찬민: (자신 없게) 고운 말? 뭐였지? 아무튼 그 의견보다는 '이름 부르지 않기'로 정하면 좋겠습니다. 왜냐하면 우리 반 모두가 싫어할 것 같기 때문입니다.

사회자: "고운 말을 사용하자."는 의견이 있었고, 이름이 아니라 "듣기 싫은 별명으로 부르지 말자."라는 의견이 있었습니다. 다른 사람 의견을 잘 들어 주시면 고맙겠습니다. ⬚ㄱ⬚ 을/를 시작하겠습니다. 먼저, "듣기 싫은 별명으로 부르지 말자."를 실천 내용으로 정하는 것에 찬성하시는 분은 손을 들어 주십시오. 29명 가운데에서 20명이 찬성했습니다. 다음, "심한 장난을 하지 말자."를 실천 내용으로 정하는 것에 찬성하시는 분은 손을 들어 주십시오. 29명 가운데에서 6명이 찬성했으므로 실천 내용으로 정

하지 않겠습니다. 마지막으로, "고운 말을 사용하자."를 실천 내용으로 정하는 것에 찬성하시는 분은 손을 들어 주십시오. 29명 가운데에서 10명이 찬성했으므로 실천 내용으로 정하지 않겠습니다.

(효과음) 칠판에 쓰는 소리

중심 내용 **3** 표결을 통해 "듣기 싫은 별명으로 부르지 말자."를 주제에 대한 실천 내용으로 정했습니다.

4 사회자: 오늘 회의 주제는 "친구들과 사이좋게 지내자."이고 실천 내용은 "듣기 싫은 별명으로 부르지 말자."로 정했습니다. 결정한 실천 내용을 모두 잘 지켜 주시기 바랍니다. 이상으로 학급 회의를 마칩니다.

<u>사회자가 회의에서 결정된 의견을 발표함.</u>

중심 내용 **4** 사회자가 회의 결과를 발표하고 회의가 끝났음을 알렸습니다.

핵심내용 **회의하면서 지켜야 할 예절**

다른 사람이 발표할 때 끼어들지 않고, 높임말을 사용해야 해.

다른 사람의 의견을 경청하고, 의견을 말할 때에는 손을 들어 말할 **4** ㄱ ㅎ 를 얻고 발표해야 해.

표결(表 겉 표, 決 결정할 결) 회의에서 어떤 안건에 대하여 찬성과 반대 의사를 표시하여 결정함.

추가(追 쫓을 추, 加 더할 가) 나중에 더 보탬. 예 인터넷에서 부족한 자료를 <u>추가</u>로 더 찾았습니다.

아무튼 의견이나 일의 성질, 형편, 상태 따위가 어떻게 되어 있든. 예 날씨가 좋지 않았지만 <u>아무튼</u> 등산을 가기로 결정했습니다.

이상(以 써 이, 上 위 상) 서류나 강연 등의 마지막에 써서 '끝'의 뜻을 나타내는 말.

---

26 회의에 참여하는 찬민이의 태도에서 예절에 어긋난 점은 무엇입니까? ( )

① 다른 사람 의견에 반대하였다.
② 다른 사람 의견을 잘 듣지 않았다.
③ 의견에 대한 까닭을 밝히지 않았다.
④ 말할 기회를 얻지 않고 의견을 말했다.
⑤ 회의 주제와 관련이 없는 내용을 말했다.

27 ㉠에 들어갈 회의 절차로 알맞은 것은 무엇입니까? ( )

① 개회   ② 폐회
③ 표결   ④ 주제 토의
⑤ 결과 발표

교과서 문제

28 학급 회의에서 결정한 실천 내용은 무엇입니까? ( )

① 고운 말을 사용하자.
② 이름을 부르지 말자.
③ 심한 장난을 하지 말자.
④ 친구들과 사이좋게 지내자.
⑤ 듣기 싫은 별명으로 부르지 말자.

29* 회의하면서 지켜야 할 예절로 알맞지 않은 것은 무엇입니까? ( )

① 높임말을 사용하여 말한다.
② 다른 사람 의견을 경청한다.
③ 나와 다른 의견을 말하면 무시한다.
④ 다른 사람이 발표할 때 끼어들지 않는다.
⑤ 의견을 말할 때에는 손을 들어 말할 기회를 얻고 발표한다.

• 대화의 특징: 내일 있을 발표 자료 준비에 대하여 지혜와 친구들이 나눈 대화로, 온라인 대화를 할 때 지켜야 할 예절을 생각해 볼 수 있습니다.

온라인 대화 상황에서는 상대가 보이지 않아도 예의를 갖추어 공손한 말투를 사용해야 해요.

핵심내용 온라인 대화를 할 때 지켜야 할 예절 예

대화명	자신을 잘 표현할 수 있는 적절한 대화명을 사용해야 함.
줄임말	상대가 모를 수도 있으니 되도록 사용하지 않는 것이 좋음.
그림말	상대가 잘 이해할 수 있을 정도로만 적절하게 사용해야 함.

교과서 문제

30 지혜가 영철이를 못 알아본 까닭은 무엇입니까?

( )

① 영철이와 친하지 않아서
② 영철이가 대화명을 쓰지 않아서
③ 영철이와 대화해 본 적이 없어서
④ 영철이가 다른 친구의 이름을 대화명으로 써서
⑤ 영철이가 대화명을 이름이 아닌 다른 것으로 써서

31 영철이가 'ㅇㅈ'을 이해하지 못한 까닭으로 알맞은 것에 ○표 하시오.

(1) 처음 봐서 뜻을 모르기 때문이다. ( )
(2) 한글 맞춤법을 잘 모르기 때문이다. ( )

32 현영이가 사용한 그림말(😠)은 어떤 기분을 나타내는 것이겠습니까? ( )

① 슬픈 기분 ② 화난 기분
③ 신나는 기분 ④ 편안한 기분
⑤ 흐뭇한 기분

33 온라인 대화에서 줄임말이나 그림말과 같은 새로운 표현을 사용할 때 주의할 점을 쓰시오.
서술형

_____

_____

1~2

가

나

조사한 대상	공익 광고 영상 「너의 목소리가 들려」
조사한 내용	보이지 않는다고 나쁜 말을 해서는 안 된다.
느낀 점	온라인 대화를 할 때에도 말조심을 해야 한다고 생각했다. "　㉠　"라는 속담이 떠올랐다.

1 가에 나와 있는 방법 이외에 대화할 때 지켜야 할 예절을 알아볼 수 있는 방법을 한 가지 쓰시오.

(　　　　　　　　　　　)

2★ 나는 가에 나와 있는 공익 광고를 보고 내용을 정리한 것입니다. ㉠에 들어갈 속담으로 알맞은 것은 무엇입니까? (　　　)

① 공든 탑이 무너지랴.
② 소 잃고 외양간 고친다.
③ 낫 놓고 기역 자도 모른다.
④ 사촌이 땅을 사면 배가 아프다.
⑤ 낮말은 새가 듣고 밤말은 쥐가 듣는다.

3★ 대화 예절을 조사할 때 주의할 점을 생각하며 빈칸에 알맞은 말을 쓰시오.

• 다른 사람이 쓴 책이나 자료를 활용할 때에는 (　　　　)을/를 정확하게 밝혀야 한다.

4 다음은 대화할 때 지켜야 할 예절에 대해 조사한 내용입니다. 어른과 대화할 때 밑줄 친 부분에 어울리는 말에 ◯표 하시오.

다른 사람이 말할 때 중간에 끼어들면 안 되지만 급한 일이 있다면 양해를 구할 수 있다는 것을 책을 읽고 알게 되었어.

(1) 말씀하시는데 죄송합니다. 급한 일이 있어서요. (　　　)
(2) 지금 무척 급한 일이 있으니까 이제부터는 말씀하시지 마세요. (　　　)

교과서 문제
5 대화 예절과 관련 있는 경험을 알맞게 말하지 <u>못한</u> 친구는 누구입니까? (　　　)

① 수지: 말할 때 끼어드는 습관이 있었는데 요즘은 잘 안 해.
② 은서: 상대가 오해할 수 있으니까 신중하게 생각해서 말해야 해.
③ 용주: 거친 말로 장난을 해서 친구의 기분을 상하게 한 적이 있어.
④ 건우: 얼굴이 보이지 않는다고 해서 친구들에게 함부로 말한 적이 있어.
⑤ 미연: 줄임말을 지나치게 많이 사용해서 부모님께서 잘못 이해하신 적이 있어.

6 다음 내용과 가장 관련 있는 표어에 ◯표 하시오.

대화 예절을 지켰을 때의 좋은 점

(1) 자나 깨나 예절 바른 말 (　　　)
(2) 내가 한 거친 말 내게 올 거친 말 (　　　)
(3) 함께 지킨 대화 예절 우리 모두 좋은 기분 (　　　)

1 그림 **가**에서 민우와 같이 다른 사람에게 말할 때 지켜야 할 예절로 알맞지 <u>않은</u> 것은 무엇입니까?

(   )

① 상대를 바라보며 말한다.
② 고운 말, 바른 말을 쓴다.
③ 시간, 장소에 맞게 말한다.
④ 항상 커다란 목소리로 말한다.
⑤ 듣는 사람의 기분을 고려하며 말한다.

2 그림 **가**에서 ㉠에 들어갈 민우의 말로 알맞은 것은 무엇입니까? (   )

① 이것을 빨리 받으세요.
② 아마 영수가 좋아할 거예요.
③ 이것을 가져오느라 무척 힘들었어요.
④ 어머니께서 이것을 가지라고 하셨어요.
⑤ 어머니께서 이것을 가져다드리라고 하셨어요.

3 그림 **나**와 같은 상황에서 대화를 주고받을 때 지켜야 할 예절로 거리가 <u>먼</u> 것은 무엇입니까?

(   )

① 거친 말을 하지 않는다.
② 다른 사람의 실수를 이해한다.
③ 상황에 어울리는 내용을 말한다.
④ 상대에게 불쾌감을 주는 말을 하지 않는다.
⑤ 자신에게 관심이 없는 이야기이면 듣지 않는다.

4 그림 **나**에서 ㉡에 들어갈 말로 알맞은 것을 두 가지 골라 기호를 쓰시오.

㉮ 너 일부러 나한테 공을 찬 거지?
㉯ 그래, 괜찮아. 다음에는 더 조심하면 좋겠어.
㉰ 크게 걱정하지 않아도 돼. 많이 다치지 않았어.
㉱ 너희들이 다시는 운동장에서 축구를 하지 않았으면 좋겠어.

(   )

낱말의 뜻

1 낱말과 그 뜻이 알맞게 연결된 것에는 ○표, 그렇지 않은 것에는 ×표 하시오.

(1) 추가 – 나중에 더 뺌. (　　　)

(2) 제안 – 안건이나 의견으로 내놓음. (　　　)

(3) 효과음 – 장면의 실감을 더하기 위하여 주는 그림. (　　　)

(4) 원칙 – 어떤 행동이나 이론 따위에서 일관되게 지켜야 하는 기본적인 규칙이나 법칙.

(　　　)

낱말의 뜻

2 빈칸에 들어갈 말은 무엇인지 한 글자로 쓰시오.

> 이상으로 학급 회의를 마칩니다.

'이상'은 서류나 강연 등의 마지막에 써서 '□'의 뜻을 나타내는 말이야.

(　　　　　　)

여러 가지 뜻을 지닌 낱말

3 밑줄 친 낱말이 보기 의 뜻으로 쓰인 것에 ○표 하시오.

> 보기
> 경고나 훈계의 뜻으로 일깨움.

(1) 형규는 지각을 자주 하여 선생님께 주의를 받았다. (　　　)

(2) 수업 시간에 주의를 기울여 선생님 설명을 들었다. (　　　)

(3) 빗길에 운전을 할 때에는 세심한 주의가 필요하다. (　　　)

낱말의 뜻

4 빈칸에 공통으로 들어갈 말은 무엇입니까?

(　　　)

> • 표 □ : 회의에서 어떤 안건에 대하여 찬성과 반대 의사를 표시하여 결정함.
> • 다 수 □ : 회의에서 많은 사람의 의견에 따라 안건을 결정하는 일.

① 정　　　② 어　　　③ 결
④ 기　　　⑤ 면

낱말의 활용

5 문장에 어울리는 낱말을 (　　　) 안에서 골라 ○표 하시오.

(1) 동생은 겉으로는 (두려운 , 태연한) 척했지만 속으로는 겁을 먹고 있었다.

(2) 친한 친구가 전학을 간다니 (서운한 , 쾌활한) 마음이 들었다.

비슷한말

6 밑줄 친 낱말과 바꾸어 쓸 수 있는 낱말을 두 가지 고르시오. (　　　)

> 엄마는 건강하게 자라는 두 아들을 흐뭇하게 바라보셨다.

① 안타깝게　　　② 뿌듯하게
③ 걱정스럽게　　　④ 만족스럽게
⑤ 당황스럽게

맞춤법

7 빈칸에 들어갈 바른 표기를 골라 ○표 하시오.

> 시험은 잘 보지 못했지만 □□□□ 시험이 끝나서 좋다.

(아뭏든 , 아뭍든 , 아무튼)

1~3

윗마을 양반: 바우야, 쇠고기 한 근만 줘라.

박 노인: (건성으로 대답하며) ㉠알겠습니다.

해설: 이번에는 아랫마을 양반이 고기를 주문했다.

아랫마을 양반: (깍듯이 부탁하는 말투로) 박 서방, 쇠고기 한 근만 주게.

박 노인: (웃으면서 대답하며) 아이고, 네, 조금만 기다리시지요.

해설: 박 노인은 젊은 양반들에게 각각 고기를 주는데 둘의 크기가 한눈에 봐도 다르게 보였다. 윗마을 양반이 가만히 보니 자기가 받은 고기보다 아랫마을 양반이 받은 고기가 더 좋아 보이고 양도 훨씬 많아 보였다.

윗마을 양반: 야, 바우야! 똑같은 한 근인데, 어째서 이렇게 다르게 주느냐?

박 노인: (태연하게) 그러니까 손님 것은 바우 놈이 자른 것이고, 이분 것은 박 서방이 자른 것이기 때문이랍니다.

1 고기를 사러 온 젊은 양반 중에서 박 노인을 '바우'라고 부른 사람은 누구인지 쓰시오.

(   )

2 ㉠을 말할 때 박 노인의 표정으로 어울리는 것은 무엇입니까? (   )

① 기쁜 표정   ② 반가운 표정

③ 짜증 난 표정   ④ 쑥스러운 표정

⑤ 부끄러운 표정

3 ★ 박 노인이 아랫마을 양반에게 좋은 고기를 더 많이 준 까닭은 무엇이겠습니까? (   )

① 돈을 더 많이 주어서

② 고기를 자주 사러 와서

③ 좋은 고기를 구별하는 능력이 있어서

④ 자신을 더 존중해 주는 느낌이 들어서

⑤ 특별히 좋은 고기를 더 많이 달라고 부탁해서

4~5

영철: (교실로 들어오는 민수를 보며) 어이, 키다리! 왔냐?

민수: 뭐야, 아침부터 듣기 싫은 별명을 부르고…….

채은: (밝은 목소리로) 민수야, 안녕?

민수: (밝은 목소리로) 안녕, 채은아? 어제 네가 빌려준 책 참 재미있더라. 고마워.

4 이 대화에서 예절에 어긋난 영철이의 행동은 무엇입니까? (   )

① 민수를 보고 모른 척했다.

② 듣기 싫은 별명을 불렀다.

③ 높임말을 사용하여 말했다.

④ 민수를 바라보지 않고 말했다.

⑤ 손을 흔들며 인사하지 않았다.

5 채은이와 민수는 어떻게 인사를 주고받았는지 알맞은 것을 모두 고르시오. (   )

① 장난을 치며 인사하였다.

② 밝은 목소리로 인사하였다.

③ 아무런 인사도 하지 않았다.

④ 서로 이름을 부르며 인사하였다.

⑤ 고마운 마음을 표현하며 인사하였다.

6 다음 그림에서 남자아이가 한 말을 대화 예절에 맞게 고쳐 쓰시오.

아버지, 내가 수저를 놓을게요.

(   )

신유 어머니: (밝은 목소리로) 안녕? 어서 와라. 신유
　친구들이구나. 반갑다.
지혜: (성급하게) 안녕하세요? 그런데 신유는 어디
　갔나요? 어? 신유야, 생일 축하해!
원우: 야! 신유야, 생일 축하해! 하하하.

(효과음) 삐리리링

7 신유 친구들이 예절을 지키지 않은 부분에 ○표
하시오.

(1) 신유 어머니의 말씀을 가로챘다. ( )

(2) 신유 어머니께 거친 말을 사용하였다.
　　　　　　　　　　　　　　　 ( )

(3) 신유 어머니께 인사를 제대로 하지 않았다.
　　　　　　　　　　　　　　　 ( )

8 신유 친구들이 대화 예절을 지키려면 신유 어머니
께 어떻게 말해야 합니까? ( )

① 배가 너무 고파요.
② 아주머니, 수고하셨어요.
③ 신유의 생일 선물을 가져왔어요.
④ 저희가 신유의 집을 찾아왔습니다.
⑤ 생일잔치에 초대해 주셔서 고맙습니다.

9 거북 역할을 한 친구가 대화를 주고받을 때 지켜야
할 예절은 무엇입니까? ( )

① 상대를 바라보며 말한다.
② 바른 말, 고운 말을 쓴다.
③ 시간이나 장소에 맞게 말한다.
④ 알맞은 크기의 목소리로 말한다.
⑤ 다른 사람이 말할 때 끼어들지 않는다.

10 ㉠을 예의 바른 말로 고쳐 쓰시오.

( )

11 일상생활에서 예절을 지키며 대화하는 방법을 한
서술형 가지 쓰시오.

_____

_____

12 학급 회의 주제는 무엇인지 쓰시오.

( )

13 그림 ■에서 희정이가 의견을 발표하다가 멈춘 까
닭은 무엇입니까? ( )

① 찬우가 거친 말을 해서
② 사회자가 자신의 의견을 무시해서
③ 찬우가 말하는 도중에 끼어들어서
④ 어떤 의견을 말할지 생각하지 못해서
⑤ 찬우가 회의 주제와 관련 없는 내용을 말해서

14 ㉠에 들어갈 알맞은 말을 쓰시오.
( )

15~16

> 이희정: 네, 제 의견은 "고운 말을 사용하자."입니다. 친구들이 나쁜 말을 주고받으면 사이가 안 좋아지는 것을 자주 봤기 때문입니다.
>
> 고경희: (비아냥거리며) 쳇, 친할 때 그런 말로 장난치는 것도 모르나?
>
> 이희정: (짜증 내며) 너는 그래서 날마다 친구들과 다투냐?
>
> 사회자: 모두 조용히 해 주십시오. 말할 기회도 얻지 않고 높임말도 사용하지 않은 고경희 친구 그리고 마찬가지로 말할 기회를 얻지 않고 거친 말을 사용한 이희정 친구에게 '주의'를 한 번씩 드립니다.
>
> (효과음) 칠판에 쓰는 소리
>
> 사회자: 지금부터 주제에 대한 실천 내용을 정하도록 하겠습니다. 표결을 하기 전에 추가로 의견을 이야기할 친구는 발표해 주시기 바랍니다. 김찬민 친구가 의견을 발표해 주십시오.
>
> 김찬민: (자신 없게) 고운 말? 뭐였지? 아무튼 그 의견보다는 '이름 부르지 않기'로 정하면 좋겠습니다. 왜냐하면 우리 반 모두가 싫어할 것 같기 때문입니다.

15 경희와 희정이가 회의할 때 예절에 어긋난 부분을 모두 고르시오. ( )

① 높임말을 사용하지 않았다.
② 상대에게 거친 말을 하였다.
③ 실천할 수 없는 의견을 말했다.
④ 말할 기회를 얻지 않고 말했다.
⑤ 다른 사람 의견을 잘 듣지 않았다.

16 찬민이가 회의하면서 지켜야 할 예절로 빈칸에 들어갈 말은 무엇입니까? ( )

> 다른 사람 의견을 ( )한다.

① 찬성 ② 제안 ③ 비난
④ 경청 ⑤ 이해

17 예절을 지키며 회의하면 어떤 점이 좋은지 한 가지만 쓰시오.
서술형

_____

_____

18 온라인 대화에서 줄임말이나 그림말을 너무 많이 사용하면 생길 수 있는 문제로 볼 수 <u>없는</u> 것은 무엇입니까? ( )

① 상대가 뜻을 모를 수 있다.
② 기분을 더 잘 표현할 수 있다.
③ 상대가 불쾌하게 느낄 수 있다.
④ 장난스러운 대화가 될 수 있다.
⑤ 대화가 잘 이루어지지 않을 수 있다.

국어 활동
19 온라인 대화를 할 때 지켜야 할 예절로 알맞지 <u>않은</u> 것은 무엇입니까? ( )

① 바른 말, 고운 말을 쓴다.
② 대화를 시작하고 끝낼 때 인사한다.
③ 사실과 다른 내용을 올리지 않는다.
④ 상대의 정보를 여러 사람과 주고받는다.
⑤ 상대에게 불쾌감을 주는 대화를 하지 않는다.

20 대화할 때 지켜야 할 예절과 관련 있는 속담이나 표어로 거리가 <u>먼</u> 것은 무엇입니까? ( )

① 자나 깨나 예절 바른 말
② 원수는 외나무다리에서 만난다.
③ 가는 말이 고와야 오는 말이 곱다.
④ 낮말은 새가 듣고 밤말은 쥐가 듣는다.
⑤ 함께 지킨 대화 예절 우리 모두 좋은 기분

1

가 ② 식탁

신유 어머니: (따뜻한 목소리로) 이렇게 신유의 생일을 축하하러 우리 집에 와 줘서 고맙구나. 손 씻고 식탁에 앉으렴.

원우, 지혜, 현영: 야, 맛있겠다!

원우: 내가 닭 다리 먹어야지!

나 ③ 신유 방

원우: 신유야, 이제 네 방으로 가서 놀자.

신유: 여기야.

원우: 신유야, 여기는 책이 정말 많구나.

현영: (귓속말로) 신유는 이 많은 책을 다 봤나 봐.

지혜: (귓속말로) 정말 많다. 그래서 공부를 잘하나 봐.

원우: (귓속말로) 역시 책을 좋아하는 신유답다.

(효과음) 삐리리링

신유: (서운한 목소리로) 얘들아, 나만 빼고 너희끼리 귓속말로 비밀 이야기를 하는 것 같아 기분이 나빠.

1단계 **낱말 쓰기** **가**에서 신유 친구들이 예절을 잘 지키지 않은 부분은 무엇인지 빈칸에 알맞은 말을 쓰시오. [4점]

• 신유 어머니께 음식을 준비해 주셔서
 (   )는 말을 하지 않았다.

2단계 **문장 쓰기** **나**에서 신유 친구들이 지켜야 할 예절은 무엇인지 쓰시오. [6점]

_____

_____

_____

3단계 **생각 쓰기** **가**, **나**의 경우처럼 대화할 때 예절을 지키지 않은 경험을 떠올려 쓰시오. [6점]

_____

_____

_____

2~3

2 그림 **가**와 **나**에서 나타난 문제는 무엇인지 쓰시오. [8점]

그림 **가**	(1)
그림 **나**	(2)

3 그림 **가**, **나**와 같은 상황에서 지켜야 할 예절을 각각 쓰시오. [8점]

그림 **가**	(1)
그림 **나**	(2)

3 바르고 공손하게

학습 주제	온라인 대화를 할 때 지켜야 할 예절 알기	배점	30점
학습 목표	온라인 대화를 할 때 지켜야 할 예절을 알고 표어를 만들 수 있다.		

● 지혜가 친구들과 나눈 온라인 대화를 보고, 물음에 답하시오.

1 'ㅇㅈ', 'ㅋㅋㅋ'과 같은 줄임말을 지나치게 쓰면 어떤 일이 일어날지 쓰시오. [10점]

(   )

2  같은 그림말을 사용하면 편리한 점과 불편한 점을 각각 쓰시오. [10점]

편리한 점	(1)
불편한 점	(2)

3 온라인 대화 예절과 관련 있는 표어를 만들고, 그렇게 만든 까닭을 쓰시오. [10점]

표어	(1)
그렇게 만든 까닭	(2)

★★ 1 인물, 사건, 배경을 생각하며 이야기 읽기
이야기를 구성하는 데 꼭 필요한 요소예요.
① 인물은 이야기에서 어떤 일을 겪는 사람이나 사물을 말합니다.
② 사건은 이야기에서 일어나는 일을 말합니다.
③ 배경은 이야기가 펼쳐지는 시간과 장소를 말합니다.
'언제'에 해당하는 것은 시간적 배경, '어디에서'에 해당하는 것은 '공간적 배경'이에요.
예 「사라, 버스를 타다」의 구성 요소 정리하기

인물	사라, 사라의 어머니, 경찰관, 운전사, 신문 기자 등
사건	• 사라가 버스 앞자리에 앉았는데 그 일로 경찰서에 잡혀갔다. • 신문 기자가 사라의 사진을 찍어 가고 많은 사람이 사라를 보러 왔다. • 사라와 어머니는 버스를 타지 않기로 하고, 사람들도 사라와 함께 버스를 타지 않았다. • 사람들은 마침내 법을 바꾸고 사라는 버스에 올라 앞자리에 앉을 수 있게 되었다.
배경	• 미국, 사라가 사는 마을 • 사라가 학교에 가려고 버스를 탄 어느 날 아침부터 법이 바뀐 뒤 사라가 버스를 타게 된 날까지

2 인물의 성격을 짐작하며 이야기 읽기

① 인물이 한 말, 생각, 행동을 살펴봅니다.
② 인물이 한 말과 행동을 통해 인물의 성격을 짐작합니다.
예 「우진이는 정말 멋져!」에 나타난 인물의 성격 짐작하기

인물	말이나 행동	인물의 성격
'나'	우진이 칭찬을 듣고 헤벌쭉 웃는 윤아가 참 얄미웠어요.	샘이 많다.

3 사건의 흐름을 생각하며 이야기 읽기

① 사건이 일어난 차례를 살펴봅니다.
② 인물의 성격에 따라 인물의 행동이 어떻게 달라지는지 살펴봅니다.
③ 인물의 행동에 따라 이어질 이야기가 어떻게 달라질지 예측하며 읽습니다.

4 이야기를 꾸며 책 만들기

① 인물의 성격을 바꾸어 새로 꾸미고 싶은 이야기를 정합니다.
② 새로 꾸밀 이야기의 구성 요소와 꾸며 쓸 내용을 정리해 봅니다.
③ 꾸민 이야기를 책으로 만들어 봅니다.

개념 확인하기   정답과 풀이 12쪽

1 이야기의 구성 요소가 아닌 것을 찾아 쓰시오.

> 인물, 작가, 배경, 사건

(   )

2 다음 빈칸에 알맞은 말을 쓰시오.

> 이야기에서 '언제'에 해당하는 것은 (   ) 배경, '어디에서'에 해당하는 것은 공간적 배경이다.

3 인물의 성격을 짐작할 때 살펴보아야 하는 것의 기호를 쓰시오.

> ㉮ 이야기를 읽은 장소
> ㉯ 인물의 이름과 나이
> ㉰ 인물이 한 말과 행동

(   )

4 사건의 흐름을 생각하며 이야기를 읽는 방법으로 알맞은 것에 ○표 하시오.

(1) 인물이 등장하는 차례를 살펴본다.   (   )
(2) 인물의 성격에 따라 인물의 행동이 어떻게 달라지는지 살펴본다.   (   )

사라, 버스를 타다

• 윌리엄 밀러

• 글의 종류: 이야기
• 글의 특징: 흑인 아이인 사라의 용기로 흑인을 차별하는 법을 바꾸는 과정이 나타난 이야기입니다.

미리
보기

흑인이어서 버스 뒷자리에만 앉아야 하는 사라가 버스 앞자리에 앉아 경찰서에 가게 되었습니다. → 어머니께서는 사라의 잘못이 아니라고 말씀해 주셨고, 다음 날 사라와 어머니는 버스를 타지 않고 걸어가기로 하였습니다. → 사라와 어머니를 따라 흑인들이 버스를 타지 않게 되자 사람들이 법을 바꾸어 사라가 버스 앞자리에 앉을 수 있게 되었습니다.

1 아침마다 사라는 어머니와 함께 버스를 탔습니다. 언제나 백인들이 앉는 자리와 구분된 뒷자리에 앉았습니다. 고개를 돌려 자기를 쳐다보는 백인 아이들에게 사라는 얼굴을 찡그렸습니다. 백인 아이들도 얼굴을 찡그리며 웃어 댔습니다. 그러다가 어머니들에게 잔소리를 들은 뒤에야 바로 앉았습니다.

"지금까지 언제나 이래 왔단다. ㉠자리에 앉을 수 있는 것만으로도 만족해야지."

어머니께서는 두 손을 깍지 낀 채 이렇게 말씀하시고는 했습니다.

어머니께서는 사라보다 먼저 버스에서 내리셨습니다. 사라는 혼자서 학교로 가고, 어머니께서는 백인 가

정의 부엌에서 일을 하셨습니다. 어머니를 생각하면 사라는 마음이 아팠습니다. 어머니께서는 주말도 없이 하루 종일 일하셨지만, <u>신발 한 켤레, 옷 한 벌 사 입으실 형편이 못 되었습니다.</u>
_{사라의 가정 형편이 어려움을 알 수 있음.}

중심 내용 **1** 사라와 어머니는 흑인이기 때문에 버스에서 백인들이 앉는 자리와 구분된 뒷자리에 앉았습니다.

2 어느 날 아침, 사라는 버스 앞쪽 자리가 얼마나 좋은 곳인지 알아보기로 마음먹었습니다. 사라는 자리에서 일어나 좁은 통로로 걸어 나갔습니다. 별다른 것도 없어 보였습니다. 창문은 똑같이 지저분했고, 버스의 시끄러운 소리도 똑같았습니다. 앞쪽 자리가 뭐가 그리 대단하다는 것일까요?
_{백인들만 앉는 버스 앞쪽 자리가 별로 대단하지 않다는 뜻}

구분된 일정한 기준에 따라 전체가 몇 개로 갈리어 나뉜.
잔소리 필요 이상으로 듣기 싫게 꾸짖거나 참견함. 또는 그런 말.
깍지 열 손가락을 서로 엇갈리게 바짝 맞추어 잡은 상태.

형편(形 형상 형, 便 편할 편) 살림살이의 형세. 예 우리 집은 형편이 어렵습니다.
통로(通 통할 통, 路 길 로) 통하여 다니는 길.

1★ 이 이야기의 처음은 어디에서 시작되고 있는지 쓰시오.

( )

교과서 문제
2 사라가 버스 뒷자리에만 앉아야 했던 까닭은 무엇입니까? ( )

① 여자여서 ② 못생겨서
③ 흑인이어서 ④ 돈이 없어서
⑤ 늦게 내려서

교과서 문제
3 어머니께서 ㉠과 같이 말씀하신 까닭으로 알맞은 것을 두 가지 고르시오. ( )

① 흑인은 늘 차별을 받아 왔기 때문에
② 흑인이 차별받는 것은 당연하기 때문에
③ 그전에는 백인이 차별을 받았기 때문에
④ 흑인을 차별하는 법이 새로 생겼기 때문에
⑤ 그전에는 백인과 흑인의 차별이 더 심했기 때문에

4 사라는 버스 앞쪽 자리가 얼마나 좋은 곳인지 알아보기 위해서 어떻게 했는지 쓰시오.

( )

한 백인 아주머니께서 물으셨습니다.

"왜 그리 두리번거리니, 꼬마야?"

사라

"뭐 특별한 게 있는지 알아보고 싶어서요."

아주머니께서 말씀하셨습니다.

"네 자리로 돌아가는 게 좋겠구나."

모두가 사라를 쳐다보았습니다.

사라는 계속 나아갔습니다. 앞쪽 끝까지 가서 운전사 옆자리에 앉았습니다. 사라는 운전사가 기어를 바꾸고 두 손으로 커다란 핸들을 돌리는 것을 지켜보았습니다. 운전사가 성난 얼굴로 사라를 쏘아보았습니다.
사라가 버스 앞자리에 앉아서 화가 남.

"꼬마 아가씨, 뒤로 가서 앉아라. 너도 알다시피 늘 그래 왔잖니?"

사라는 그대로 앉은 채 마음속으로 말했습니다.

'뒷자리로 돌아갈 아무런 이유가 없어!'

운전사는 뭐라고 중얼거리더니 브레이크를 밟았습니다. 버스가 '끼익' 소리를 내며 갑자기 멈춰 섰습니다.

"규칙을 따르지 못하겠다면 이제부터는 걸어가거라."
흑인은 버스 뒷자리에 앉아야 한다는 규칙

기어 자동차 등에서 속도나 방향을 바꾸는 장치.
쏘아보았습니다 날카롭게 노려보았습니다.

운전사가 '덜컹' 소리를 내며 문을 당겨 열었습니다. 사라는 외롭고 무서웠습니다. 사라 생각에 버스에서 내리는 것도, 학교까지 걸어가는 것도 그리 어려운 일은 아니었습니다. 하지만 걷기에는 꽤 먼 길이었습니다.

사라는 작지만 당당한 목소리로 말했습니다.

"문 닫으셔도 돼요. 저는 학교까지 타고 가겠어요."

> 사라가 용기 있게 한 일이 잘 나타난 부분으로, 이야기의 구성 요소를 정리해 보는 문제가 자주 출제돼.

운전사는 자리에서 일어나 쿵쾅거리며 버스 계단을 내려갔습니다. 버스 안에 있던 백인들이 화를 내며 소리쳤습니다.

"빨리 가자고! 이러다 지각하겠어."

중심 내용 2 버스 앞쪽 자리가 궁금해진 사라는 버스 앞쪽으로 가 운전사 옆자리에 앉았습니다.

핵심내용 각 장소에서 일어난 일 정리하기

장소	일어난 일
버스 안	사라가 버스 ❶ ㅇ ㅈ ㄹ 에 앉았다.

당당한 남 앞에 내세울 만큼 모습이나 태도가 떳떳한. 예 나는 잘못이 없으므로 당당한 말투로 말하였습니다.

5 사라가 버스 앞자리에 앉자 사람들은 어떻게 하였습니까? ( )

① 그대로 앉아 있으라고 하였다.
② 용기 있다고 박수를 쳐 주었다.
③ 억지로 버스에서 내리게 하였다.
④ 버스 뒷자리로 돌아가라고 하였다.
⑤ 안전하게 잘 앉아 있으라고 하였다.

교과서 문제
6 사라가 버스 뒷자리로 돌아가지 않은 까닭은 무엇입니까? ( )

① 금방 내려야 해서
② 뒷자리에서 냄새가 나서
③ 앞자리가 더 좋아 보여서
④ 뒷자리로 돌아갈 이유가 없어서
⑤ 사람들이 쳐다보는 것이 부끄러워서

7 이 글의 내용으로 보아, 사라는 어떤 아이입니까? ( )

① 조용한 아이 ② 게으른 아이
③ 용감한 아이 ④ 부지런한 아이
⑤ 부끄러움이 많은 아이

8 버스 안에서 일어난 사건을 가장 알맞게 정리한 것의 기호를 쓰시오.

> ㉮ 사라가 운전사를 화나게 하였다.
> ㉯ 사라가 학교에 가려고 버스를 탔다.
> ㉰ 버스 뒷자리에 앉아 있던 사라가 버스 앞자리로 가서 앉았다.

( )

3 잠시 뒤, 운전사는 경찰관과 함께 돌아왔습니다.
<u>사라가 버스 뒷자리로 돌아가지 않아 경찰관을 데리고 옴.</u>
경찰관이 물었습니다.

"오늘, 무슨 일이 있니?"

사라는 가슴이 콩닥거렸습니다.

"아무 일도 없어요."

"법이 뭔지 너도 알 거다. 그렇지?"

"그럼요. 학교에서 배웠어요."

경찰관이 살짝 웃으며 말했습니다.

"아무렴. 법에는 말이다, <u>너희 같은 사람</u>은 버스 뒷
_{흑인}
자리에 앉아야 한다고 나와 있단다. 그래서 말인데,
법을 어기고 싶지 않다면 네 자리로 돌아가거라."
_{버스 뒷자리}

밖에 사람들이 모여들기 시작했습니다. 사람들이
흥분하여 사라에게 큰 소리를 질렀지만, 몇몇은 사라
를 응원했습니다.

한 아저씨께서 소리치셨습니다.

"일어나지 마라. 그 자리는 네 피부색과 아무 상관
이 없어."

경찰관이 안타깝다는 듯 고개를 절레절레 흔들더니
사라를 번쩍 안아 올렸습니다. 그러고는 사람들 사이

를 지나 경찰서로 향했습니다.

사라는 울기 시작했습니다.

"절 감옥으로 보내실 건가요?"

경찰관은 아무 말도 하지 않았습니다. 하지만 사람
들은 더 크게 소리를 질렀습니다.

한 아주머니께서 소리치셨습니다.

㉠"용기를 내!"

그러자 다른 사람이 되받아쳤습니다.

㉡"법을 어기면 어떻게 되는지 확실히 알게 해 줘!"

경찰관이 어머니께 전화를 하는 동안, 사라는 커다
란 책상 앞에 앉아 있었습니다. 키가 큰 아저씨께서 사
진기를 들고 와 사라를 찍으셨습니다.

"신문사에서 왔단다. 용기 있는 행동을 한 사람에
대한 기사를 쓰고 있어."

아저씨의 말씀에 경찰관이 크고 거친 손으로 사라의
등을 토닥이며 대꾸했습니다.

"꼬맹이가 잠시 헷갈렸을 뿐이오."

중심 내용 3 사라가 버스 뒷자리로 돌아가지 않아 운전사는 경찰관을 불렀고, 사라는 경찰서에 가게 되었습니다.

흥분하여 어떤 자극을 받아 감정이 북받쳐 일어나.
되받아쳤습니다 남의 행동이나 말에 양보하거나 수그리지 않고 대들었습니다. ㉠ 짝꿍의 말에 너무 화가 나서 나도 되받아쳤습니다.

토닥이며 잘 어울리지 아니하는 물체를 가볍게 두드리는 소리를 내며.
대꾸했습니다 남의 말을 듣고 그대로 받아들이지 아니하고 그 자리에서 제 의사를 나타내었습니다.

---

9 글 **3**에 직접 등장하지 <u>않는</u> 인물은 누구입니까?
( )

① 사라 ② 운전사
③ 어머니 ④ 경찰관
⑤ 신문 기자

10 글 **3**에서 이야기의 장소가 어디로 바뀌었는지 쓰시오.

버스 안 → ( )

11 경찰관이 사라를 경찰서로 데리고 간 까닭은 무엇입니까? ( )

① 법을 어겨서 ② 계속 울어서
③ 말을 안 해서 ④ 보호해 주려고
⑤ 집에 데려다주려고

교과서 문제
12 ㉠과 ㉡은 각각 어떤 처지에서 한 말인지 생각하여 빈칸에 알맞은 기호를 쓰시오.

사라의 행동에 찬성하는 입장에서 말한 것은
( )이고, 반대하는 입장에서 말한 것은
( )이다.

4 사라의 이야기는 빠르게 퍼져 나갔습니다. 많은 사람이 여기저기에서 사라를 보러 왔습니다. 누구인가 사라에게 초콜릿 과자를 가져다주었습니다. 사라는 과자를 한 입 베어 물고 나서야 자기가 얼마나 배가 고픈지 깨달았습니다.

사라가 버스 앞자리에 앉아 경찰서에 잡혀갔다는 이야기
너무 긴장해서 배가 고픈 줄도 몰랐음.

과자를 반쯤 먹었을 때 어머니께서 오셨습니다. 어머니께서 손을 내밀며 말씀하셨습니다.

"가자, 경찰관들이 진짜 범죄자들을 잡으러 가야 할 때인 것 같구나."

경찰관이 사라와 어머니의 뒤에 대고 소리쳤습니다.

"앞으로 당신 딸이 어디에 앉아야 하는지 단단히 일러 주시오!"

밖으로 나오자, 신문 기자가 사라의 사진을 좀 더 찍은 뒤에 잘 가라고 손을 흔들어 주었습니다. 사라가 어머니와 함께 사람들 사이를 헤치고 나가며 말했습니다.

"죄송해요, 어머니. 말썽을 일으키려던 것은 아니었어요. 그냥 뭐가 그리 특별한지 알고 싶었을 뿐이에요."

"괜찮다. 넌 아무것도 잘못한 게 없어."

사라와 어머니는 아무 말 없이 집으로 걸어갔습니다.

중심 내용 4 사라의 이야기는 빠르게 퍼져 나갔고, 경찰서로 오신 어머니께서는 사라에게 잘못한 게 없다고 말씀하셨습니다.

일러 잘 깨닫도록 일의 이치를 밝혀 말해 주어. 예 엄마는 나에게 다시는 늦지 말 것을 일러 주셨습니다.

5 그날 밤, 어머니께서는 사라의 방으로 들어와 사라를 안아 주셨습니다.

"사라야, 엄마는 너한테 화나지 않았어. 너는 세상의 어떤 백인 아이 못지않게 착한 아이란다. 너는 특별한 아이야."

사라는 몹시 혼란스러웠습니다.

"그런데 왜 저는 버스 앞자리에 타면 안 되나요?"

"법이 그렇기 때문이야. 법이라고 다 좋은 것은 아니지만 말이다."

사라가 어머니의 피곤한 눈을 올려다보며 물었습니다.

"법은 절대 바뀌지 않나요?"

어머니께서 부드럽게 대답하셨습니다.

"언젠가는 바뀌겠지."

중심 내용 5 그날 밤, 사라의 어머니께서는 법은 언젠가는 바뀐다며 사라를 위로해 주셨습니다.

핵심내용 각 장소에서 일어난 일 정리하기

장소	일어난 일
경찰서	사라가 경찰서에 잡혀갔다. 기자가 사라의 사진을 찍어 가고 많은 사람이 사라를 보러 왔다.
❷ ㅅ ㄹ 의 방	사라의 어머니께서 법은 언젠가는 바뀐다며 사라를 위로하였다.

혼란스러웠습니다 보기에 뒤죽박죽이 되어 어지럽고 질서가 없는 데가 있었습니다.

13 글 **4**와 **5**에서 일어난 사건을 차례대로 정리하여 기호를 쓰시오.

> ㉮ 많은 사람이 사라를 보러 왔다.
> ㉯ 사라는 어머니와 함께 경찰서를 나왔다.
> ㉰ 어머니께서 법은 언젠가는 바뀐다며 사라를 위로하였다.

( ) → ( ) → ( )

14 어머니께서는 사라의 행동을 어떻게 생각하시는지 ( ) 안에서 알맞은 말을 골라 ○표 하시오.

• 사라가 (잘못했다 , 잘못하지 않았다).

15 글 **5**에서 사건이 일어난 시간을 알 수 있는 말을 찾아 쓰시오.

( )

교과서 문제

16 어머니의 말씀을 듣고 사라가 혼란스러워한 까닭으로 알맞은 것의 기호를 쓰시오.

> ㉮ 어머니의 말씀대로 사라가 특별한 아이라면 백인이어야 하기 때문에
> ㉯ 어머니께서는 사라가 잘못한 게 없다고 하셨지만, 사라는 경찰서에 가야 했기 때문에

( )

6 이튿날 아침, 어머니께서 사라에게 버스를 타는 대신 걸어가는 것이 어떻겠느냐고 물으셨습니다. 어머니께서는 웃으려고 애를 쓰셨지만, 사라는 어머니의 눈에 고인 눈물을 보았습니다.

"어쨌든 날씨가 그리 춥지는 않구나. 하느님은 우리에게 낡은 버스가 아니라 두 다리를 주셨어. 그렇지?"

"그럼요, 어머니. 저는 걷는 것이 좋아요. 얼마든지요."

사라와 어머니는 버스 정류장을 천천히 지나갔습니다. 사람들이 고개를 돌려 수군거렸습니다. <u>사라 또래의 남자아이 하나가 신문과 연필을 가지고 뛰어왔습니다.</u> ^{사라를 알아봄.}

"<u>사인 좀 해 줄래? 오랫동안 간직하고 싶어.</u>" ^{사라가 어제 한 행동을 대단하다고 생각함.}

어머니께서는 소년한테서 신문을 받아 들고 싱긋 웃으셨습니다.

"우리 딸이 영웅이라도 된 것 같구나."

또래 나이나 수준이 서로 비슷한 무리.
영웅(英 꽃부리 영, 雄 수컷 웅) 지혜와 재능이 뛰어나고 용맹하여 보통 사람이 하기 어려운 일을 해내는 사람.

사라는 신문 첫 장에 난 자신의 사진을 보고 몹시 쑥스러웠습니다.

"어머니, 얼른 가요."

사라가 어머니를 재촉했지만 이미 늦은 뒤였습니다. 흑인이고 백인이고 할 것 없이 많은 사람이 몰려와 사라에게 악수를 청했습니다. 신문 기자가 또다시 사진을 찍으려고 왔습니다. 사람들은 사라를 뒤따라 걸었습니다.

사라는 마음이 뿌듯했습니다.

어머니께서 말씀하셨습니다.

"웃어도 괜찮아. 넌 특별한 아이잖니?"

핵심내용 각 장소에서 일어난 일 정리하기

장소	일어난 일
버스 정류장 앞	사라는 버스를 타지 않기로 하고, 사람들도 사라와 함께 버스를 타지 않았다.

재촉했지만 어떤 일을 빨리하도록 졸랐지만. 예 동생에게 빨리 일어나라고 재촉했지만 꿈쩍도 하지 않았습니다.
청했습니다 어떤 일을 이루기 위해 남에게 부탁하였습니다.

17★ 글 **6**의 시간적 배경과 공간적 배경을 알려 주는 말을 찾아 쓰시오.

시간적 배경	(1)
공간적 배경	(2)

18 사라와 어머니가 버스를 타지 않고 걸어가게 된 까닭으로 알맞은 것을 두 가지 고르시오.

(   )

① 버스를 탈 돈이 없어서
② 법을 어겨 더 이상 버스를 탈 수 없어서
③ 법을 어긴 것을 반성한다는 뜻을 알리기 위해서
④ 사라에게 또 나쁜 일이 생기지 않도록 하기 위해서
⑤ 백인과 흑인을 차별하는 법이 잘못되었다는 것을 알리기 위해서

19 많은 사람이 버스를 타지 않고 사라와 어머니의 뒤를 따라 걸은 까닭은 무엇입니까? (   )

① 버스가 너무 낡았기 때문에
② 사라의 행동에 찬성하기 때문에
③ 사라의 사인을 받고 싶기 때문에
④ 사라처럼 나쁜 일을 겪을 것 같기 때문에
⑤ 사라가 버스를 타는지 감시해야 하기 때문에

교과서 문제
20 다음은 인물, 사건, 배경 중에서 무엇을 정리한 것인지 쓰시오.

> 사라와 어머니는 버스를 타지 않기로 하고, 사람들도 사라와 함께 버스를 타지 않았다.

(   )

그날은 어떤 흑인도 버스를 타지 않았습니다. 그다음 날도 마찬가지였습니다. 버스 회사는 당황했습니다. 시장도 어쩔 줄 몰라 했습니다. 그리하여 사람들은 마침내 법을 바꾸었습니다.
사라의 용기와 흑인들의 도움으로 흑인을 차별하는 법을 바꿈.

중심 내용 6 사라와 어머니는 버스를 타는 대신 걷기로 하였고, 이후 흑인들이 버스를 타지 않자 사람들이 법을 바꾸었습니다.

7 운전사가 문을 열어 주며 말했습니다.

"타시죠, 꼬마 아가씨."

사라는 자리에 앉기 전에 뒤돌아서 어머니를 쳐다보았습니다. 평소와 똑같은 외투와 똑같은 신발이었습니다. 그런데 오늘 어머니께서는 무엇인가 달라 보이셨습니다. 자랑과 행복이 두 눈에 가득했습니다.
사라의 용기로 법이 바뀌게 되어 어머니께서는 사라가 자랑스럽고 행복하심.

어머니께서 말씀하셨습니다.

"사라야, 왜 머뭇거리니? 그 자리에 앉을 자격이 있

는 사람은 바로 우리 딸인데……."

운전사가 사라를 쳐다보았습니다. 버스에 있는 모든 사람이 사라를 쳐다보았습니다.

"아니에요, 어머니. 이 자리는 바로 어머니의 자리예요! 앞으로 어머니께서 계속 앉으실 수 있어요."

어머니께서 활짝 웃으셨습니다. 사라와 어머니는 함께 자리에 앉았습니다.

버스가 도시를 가로지르며 달리기 시작했습니다.

중심 내용 7 사라와 어머니는 버스 앞자리에 앉을 수 있게 되었습니다.

핵심내용 각 장소에서 일어난 일 정리하기

장소	일어난 일
버스 안	사람들이 마침내 법을 바꾸고 사라는 버스에 올라 앞자리에 앉을 수 있게 되었다.

시장(市 시장 시, 長 길 장) 지방 자치 단체인 시의 책임자. 집행 기관으로서 시를 맡아서 다스림.

외투(外 바깥 외, 套 덮개 투) 추위를 막기 위하여 겉옷 위에 입는 옷을 통틀어 이르는 말.

머뭇거리니 말이나 행동 따위를 선뜻 정하여 행하지 못하고 자꾸 망설이니.

자격(資 재물 자, 格 격식 격) 일정한 신분이나 지위. 예 나는 회장 자격으로 이 일을 결정한 것입니다.

교과서 문제

21 흑인들이 버스를 타지 않은 까닭은 무엇입니까?
( )

① 잘못된 법을 바꾸고 싶어서
② 버스를 공짜로 타고 싶어서
③ 흑인들만 버스를 타게 하고 싶어서
④ 백인들을 버스 뒷자리에 앉게 하고 싶어서
⑤ 사라가 경찰관의 사과를 받게 하고 싶어서

22 사라는 결국 어떻게 되었는지 알맞은 것의 기호를 쓰시오.

㉮ 법이 바뀌지 않아 계속 걸어 다녔다.
㉯ 법이 바뀌었지만 어머니와 함께 계속 버스를 타지 않았다.
㉰ 사람들이 마침내 법을 바꾸고 사라는 버스에 올라 앞자리에 앉을 수 있게 되었다.

( )

23 이 글의 구성 요소에 대하여 알맞게 말하지 <u>못한</u> 친구의 이름을 쓰시오.

수민: 공간적 배경은 사라가 사는 마을이야.
정훈: 시간적 배경은 사라가 학교에 가려고 버스를 탄 어느 날 아침부터 법이 바뀐 뒤 사라가 어른이 된 날까지야.
지율: 인물은 사라, 사라의 어머니, 경찰관, 운전사, 신문 기자 등이야.

( )

24 이 글을 읽고 생각한 내용을 간단히 쓰시오.

서술형
_____
_____

우진이는 정말 멋져!

· 강정연

- 글의 종류: 이야기
- 글의 특징: '내'가 공기놀이를 하다 겪은 일이 나타난 글로, 우진이에 대한 '나'의 마음이 잘 드러나 있습니다.

미리 보기

'나'와 윤아가 교실에서 공기놀이를 하고 있는데 우진이가 나타나 함께 하게 되어 가슴이 두근거렸습니다. → 윤아가 장난꾸러기 창훈이와 부딪치는 바람에 공기 알 한 개가 사물함 밑으로 굴러 들어갔습니다. → 우진이가 공기 알과 나비 핀을 꺼내 내밀었지만, 윤아가 나비 핀이 더럽다고 해서 우진이는 나비 핀을 쓰레기통에 버렸습니다. → 창훈이가 '나'와 윤아를 또 밀치자 우진이가 창훈이를 잡아 사과하라고 다그쳤고, '나'는 그런 우진이가 더 좋아졌습니다.

1 교실에 들어서니 나 말고도 다섯 명의 친구가 있었
등장인물 ①
어요. 그중에는 윤아도 있었어요. 윤아와 나는 선생님
등장인물 ②
이 오기 전까지 공기놀이를 하기로 했어요.

한참을 신나게 놀고 있는데 뒷문이 드르륵 열렸어
요. 우진이예요.
등장인물 ③

"너희 뭐 해? 또 공기놀이하는구나."

우진이가 생글생글 웃으며 우리끼리 노는 데 참견했
어요. 내가 놀고 있으면 우진이가 꼭 구경하러 오더라
고요. 어쩌면 우진이도 나랑 짝이 되고 싶은지도 모르
겠어요.

"우아, 윤아 공기 되게 잘한다!"
우진이가 윤아를 칭찬하는 말
아이참, 정말 이상해요. 조금 전까지만 해도 윤아보
다 내가 훨씬 더 잘했는데, 우진이가 나타나자마자 자

꾸만 실수하는 거예요. ㉠우진이 칭찬을 듣고 헤벌쭉
웃는 윤아가 참 얄미웠어요.

"나 공기놀이 그만할래."

나는 공기 알들을 주섬주섬 챙기며 일어섰어요. 공
여기저기 널려 있는 물건을 하나하나 주워 거두는 모양
기 알 주인도 나고, 공기놀이도 내가 훨씬 더 잘하는데
윤아만 기분이 좋은 것 같아 심통이 난 거죠, 뭐.

중심 내용 1 윤아와 공기놀이를 하던 '나'는 우진이가 보고 있는데 자꾸 실수를 하는 것이 싫어 공기놀이를 그만하려고 했어요.

2 그런데 그때 우진이가 내 옷자락을 잡으며 말렸어요.

"승연아, 우리 셋이 공기놀이하자. 나도 공기놀이할
'나'의 이름
줄 알거든."

"어? 그, 그래."

우진이가 커다란 눈을 끔뻑이며 부탁하는데 어떻게
안 들어줄 수 있겠어요?

참견했어요 자기와 별로 관계없는 일이나 말 따위에 끼어들어 쓸데없
이 아는 체하거나 이래라저래라 함.

헤벌쭉 입이나 구멍 따위가 속이 들여다보일 정도로 넓게 벌어진 모
양. 예 옷소매가 헤벌쭉 늘어나서 입을 수 없었습니다.

---

25 언제 어디에서 일어난 일입니까? ( )

① 수업 중에 교실에서
② 수업 시작 전에 교실에서
③ 수업 시작 전에 운동장에서
④ 수업이 끝난 뒤에 교실에서
⑤ 수업이 끝난 뒤에 운동장에서

26 교실에 들어선 '나'는 친구와 무엇을 했는지 쓰시오.

( )

27 '내'가 공기놀이를 그만하려고 한 까닭으로 알맞은
것에 ○표 하시오.

(1) 윤아가 잘 못해 재미없어서 ( )
(2) 우진이가 관심을 갖지 않아서 ( )
(3) 우진이 앞에서 자꾸 실수를 해서 ( )

28 ㉠을 통해서 알 수 있는 '나'의 성격은 어떠합니
까? ( )

① 게으르다. ② 깔끔하다.
③ 지혜롭다. ④ 샘이 많다.
⑤ 장난스럽다.

나는 다시 자리에 앉아 공기 알을 바닥에 내려놓았어요. 우리는 가위바위보를 해서 순서를 정했죠. 우진이와 함께 공기놀이를 한다고 생각하니 가슴이 두근거렸어요.

중심 내용 2 우진이가 셋이 공기놀이를 하자고 해서 '나'는 다시 공기놀이를 하기로 했어요.

3 ㉠가장 먼저 윤아가 공기 알을 잡았어요. 윤아는 입을 앙다물고 무척 침착하게 공기 알을 던지고 잡기를 계속했어요. 웬일인지 다른 때보다 훨씬 잘하는 것 같았어요. 어느새 윤아는 손등에 공기 알 네 개를 올려 두고 가느다란 손가락을 꼼지락거리며 공기 알을 잡으려고 했지요.

㉡'떨어져라, 떨어져라, 떨어져라…….'

나도 모르게 마음속으로 빌고 있는데 갑자기 윤아가 앞으로 폭 고꾸라지지 뭐예요. 장난꾸러기 창훈이가 다른 아이들이랑 장난치며 뛰다가 윤아와 부딪친 거죠. _{등장인물 ④} 그 바람에 윤아 손등에 있던 공기 알이 와르르 떨어져 두 개는 책상 밑으로, 한 개는 우진이 다리 밑으로, 나머지 한 개는 사물함 밑으로 굴러 들어갔어요.

"김창훈! 너 때문에 죽었잖아!"

앙다물고 힘을 주어 꽉 다물고.
고꾸라지지 앞으로 고부라져 쓰러지지.

"김창훈! 너 때문에 내 공기 알이 사물함 밑으로 들어갔잖아!"

윤아는 공기 알을 못 잡은 게 억울해서, 나는 사물함 밑으로 굴러 들어간 내 공기 알이 걱정돼서 소리쳤어요. 우리 목소리에 놀랐는지 창훈이는 온몸을 움찔하더라고요. 그것도 잠시뿐, ㉢창훈이는 미안하다는 소리 대신 혀만 쏙 내밀고는 휙 도망가 버리는 거 있죠.

중심 내용 3 윤아가 장난치며 뛰던 창훈이와 부딪치면서 앞으로 고꾸라졌고, 공기 알 한 개가 사물함 밑으로 들어갔어요.

4 윤아와 나는 교실 바닥에 엎드려 사물함 밑을 들여다봤지만,_{공기 알을 찾으려고} 사물함 밑은 너무 깜깜해서 아무것도 보이지 않았어요.

"손을 넣어 볼까?"

"싫어. 그러다가 벌레라도 손에 닿으면 어떡해?"

㉣나는 윤아 입에서 '벌레'라는 말이 나오자마자 사물함 밑으로 반쯤 넣었던 손을 얼른 뺐어요.

핵심내용 윤아의 성격 짐작하기

| 말이나 행동 | "싫어. 그러다가 벌레라도 손에 닿으면 어떡해?" |
| 성격 | ❸ ㅈ ㅅ ㅅ 이 많다. / 깔끔하다. |

움찔하더라고요 깜짝 놀라 갑자기 몸을 움츠리더라고요. ⑳ 갑자기 큰 소리가 나자, 아기는 몸을 움찔하더라고요.

29 글 **3**에서 공기놀이를 하고 있는 인물을 모두 찾아 쓰시오.

( )

교과서 문제
30 공기 알이 사물함 밑으로 굴러 들어간 까닭은 무엇입니까? ( )

① 윤아가 공기 알을 잡다가 놓쳐서
② 창훈이가 공기 알을 사물함 밑에 숨겨서
③ '내'가 일부러 공기놀이를 하던 윤아를 밀쳐서
④ 우진이가 실수로 공기놀이를 하던 윤아의 손을 쳐서
⑤ 창훈이가 장난치며 뛰다가 공기놀이를 하던 윤아와 부딪쳐서

31 '나'와 윤아가 창훈이에게 소리친 까닭은 무엇인지 알맞게 선으로 이으시오.

(1) '나' •
(2) 윤아 •

• ① 공기 알을 못 잡은 게 억울해서
• ② 사물함 밑으로 굴러 들어간 공기 알이 걱정돼서

32 ㉠~㉣ 중에서 인물의 성격이 소심하고 내성적임을 짐작할 수 있는 부분의 기호를 쓰시오.

( )

윤아와 나는 서로 울상이 되어 마주 보았어요.

> 사물함 밑으로 들어간 공기 알을 꺼낼 수가 없어서

"이걸로 꺼내 보자."

우진이는 어디서 가져왔는지 기다란 자를 들고 나타났어요. 그러고는 바닥에 납작 엎드려 자로 사물함 밑을 더듬거렸어요. 사물함 밑에서 자가 빠져나올 때마다 먼지 뭉치가 잔뜩 붙은 10원짜리 동전, 연필, 지우개 들이 따라 나왔어요. 자가 다섯 번째쯤 사물함 밑을

> 사물함 밑에서 나온 것들 ①

더듬거리다가 나왔을 때에야 윤아와 내가 손뼉 치며 소리쳤어요.

"어! 나왔다!"

자 끝에는 분홍색 꽃 모양의 작은 공기 알이 살짝 걸

> 사물함 밑에서 나온 것들 ②

려 있었어요. 작은 물방울무늬가 있는 빨간색 나비 핀

> 사물함 밑에서 나온 것들 ③

도요. 우진이는 공기 알과 나비 핀을 손에 들고 먼지를 툴툴 털어 냈어요. 그러고는 우리에게 공기 알과 나비 핀을 쑥 내밀었어요.

"여기 공기 알. 그리고 이 핀 가질래?"

나는 선뜻 손을 내밀지 못했어요. 어떻게 하면 좋을

지 몰랐거든요.

그때 윤아가 얼굴을 찡그리며 말했어요.

"아유, 더러워! 그 핀을 어떻게 쓰냐?"

그러자 우진이는 공기 알만 나에게 건네주고 나비 핀은 쓰레기통에 넣어 버렸어요.

중심 내용 4 우진이가 사물함 밑에서 공기 알과 나비 핀을 꺼내 공기 알만 '나'에게 주고 윤아가 더럽다고 한 나비 핀은 쓰레기통에 버렸어요.

5 "그래, 더러울 거야."

우진이의 목소리에는 부끄러운 마음이 묻어 있었어

> 자신이 건넨 핀을 보고 윤아가 더럽다고 해서

요. 마음 같아서는 윤아를 한 대 콩 쥐어박고 싶었지만 참았어요. 그런데 그때, 창훈이가 다시 나타나 윤아와 나를 또 밀치고 지나가는 거예요. 윤아와 나는 하마터면 같이 넘어질 뻔했지요. 그런데 우진이가 갑자기 창훈이 팔을 팍 잡아채더니 윤아와 내 앞으로 창훈이를 돌려세웠어요.

핵심내용 우진이의 성격 짐작하기

말이나 행동	"여기 공기 알. 그리고 이 핀 가질래?"
성격	다정다감하다.

울상 울려고 하는 얼굴 표정.
뭉치 한데 뭉치거나 말리거나 감은 덩이.

잡아채더니 재빠르게 잡고서 당기거나 추켜올리더니. ⑩ 동생은 내 공책을 잡아채더니 뛰어가기 시작했습니다.

---

33 '나'는 공기 알을 어떻게 찾을 수 있었는지 빈칸에 알맞은 말을 쓰시오.

• 우진이가 ( )을/를 가지고 사물함 밑에서 공기 알을 빼 줘서 찾을 수 있었다.

교과서 문제
34 '내'가 윤아를 한 대 콩 쥐어박고 싶었던 까닭으로 알맞은 것의 기호를 쓰시오.

> ㉮ 공기 알을 놓친 것이 화가 나서
> ㉯ '나'에게 빨리 핀을 받으라고 얘기해 주지 않은 것이 원망스러워서
> ㉰ 우진이의 성의를 무시하고 우진이가 건넨 핀을 더럽다며 면박을 준 것이 얄미워서

( )

35 창훈이가 '나'와 윤아를 밀치고 지나가자 우진이는 어떻게 하였습니까? ( )

① 모른 척하였다.
② 창훈이처럼 '나'와 윤아를 밀쳤다.
③ 창훈이에게 조심하라고 말하였다.
④ 창훈이를 '나'와 윤아 앞에 세웠다.
⑤ 선생님께 창훈이의 나쁜 행동을 일렀다.

36 이 글에 나타난 우진이의 성격으로 알맞은 것을 두 가지 고르시오. ( )

① 깔끔하다.　　　　② 겁이 많다.
③ 적극적이다.　　　④ 장난스럽다.
⑤ 다정다감하다.

"너 왜 자꾸 여자애들 괴롭혀? 아까 일도, 지금 일도 얼른 사과해."

우진이는 작정한 듯이 굳은 얼굴로 창훈이를 다그쳤고, 창훈이는 싱글싱글 웃으며 우진이 손을 억지로 떼어 내려 했어요. 하지만 키가 한 뼘이나 더 큰 우진이를 <u>창훈이가 어떻게 이겨 낼 수 있겠어요?</u>
<small>창훈이가 우진이를 이겨 낼 수 없다는 뜻</small>

> 우진이의 말과 행동을 통해 성격을 짐작해 보는 문제가 자주 출제돼.

"너 지금 사과 안 하면 선생님한테 다 이를 거야."

일이 이쯤 되자 창훈이는 슬슬 ㉠웃기기 작전을 쓰기 시작했어요. 보일 듯 말 듯한 작은 새우 눈으로 눈웃음을 살살 지으며, 콧구멍을 벌름거리고 입을 펭귄처럼 쭉 내밀고는, "우진아, 한 번만 봐줘잉. 난 선생님이 제일 무서웡." 하고 콧소리를 내며 말하는 거지요. 아무리 화난 사람도 창훈이의 이런 우스꽝스러운 얼굴을 보면 웃지 않고는 못 견딜 거예요. 나와 윤아도 웃지 않으려고 억지로 참았지만 쿡쿡 웃음이 새어 나오고 말았어요.

작정한 일을 어떻게 하기로 결정한. ⑩ 짝꿍은 혼나기로 작정한 사람처럼 행동하였습니다.

결국 우진이도 웃는 바람에 손에 힘이 풀려 창훈이를 놓아주었어요. 창훈이는 기다렸다는 듯이 엉덩춤을 실룩실룩 추더니 휭 하고 자리를 떴어요. 그러고는 또다시 친구들이랑 어울려 장난치며 놀기 시작했지요.

우진이는 우리를 돌아보고 씩 웃고는 자리로 가 앉았어요. 윤아와 나도 자리로 돌아와 앉았고요.

나는 아까 우진이가 주려고 했던 머리핀이 자꾸만 생각났어요.

'우진이는 나한테 주고 싶었을까, 윤아한테 주고 싶었을까? 윤아만 아니면 내가 그냥 가졌을 텐데…….'
<small>나비 핀을 받지 못해 아쉬운 마음</small>
우진이는 생각하면 할수록 참 멋진 아이예요. 이런 우진이를 어떻게 안 좋아할 수 있겠어요? 이런 우진이와 어떻게 짝이 되고 싶지 않을 수 있겠어요?

중심 내용 **5** 창훈이가 또다시 윤아와 '나'를 밀치고 지나가자 우진이가 창훈이에게 사과하라고 하였고, '나'는 그런 우진이가 참 멋지다고 생각했어요.

핵심내용 창훈이의 성격 짐작하기

말이나 행동	"우진아, 한 번만 봐줘잉. 난 선생님이 제일 무서웡." 하고 콧소리를 내며 말하는 거지요.
성격	❹ ㅈ ㄴ 을 좋아한다.

다그쳤고 일이나 행동 따위를 요구하며 몰아붙였고.
벌름거리고 부드럽고 넓게 자꾸 벌어졌다 우므러졌다 하고.

37 ㉠은 무엇을 말하는지 알맞은 것을 모두 고르시오. ( )

① 콧구멍을 벌름거렸다.
② 선생님 흉내를 내었다.
③ 우진이를 살살 간지럽혔다.
④ 작은 새우 눈으로 눈웃음을 살살 지었다.
⑤ 입을 펭귄처럼 쭉 내밀고는 콧소리를 내며 말하였다.

교과서 문제
38 '나'는 우진이를 어떻게 생각합니까? ( )

① 좋아한다.　　　② 관심이 없다.
③ 부러워한다.　　④ 재미있어한다.
⑤ 불쌍하게 생각한다.

39 우진이와 창훈이의 성격은 어떠한지 알맞게 선으로 이으시오.

(1) 우진 •　　• ① 의롭다.

(2) 창훈 •　　• ② 장난을 좋아한다.

40 자신이 이 이야기 속의 '나'라면 우진이가 나비 핀을 주려고 했을 때 어떻게 했을지 상상하여 쓰시오.
서술형

_____

_____

젓가락 달인

• 유타루

• 글의 종류: 이야기
• 글의 특징: 우봉이가 젓가락 달인 대회 결승전에 나가게 되기까지 겪은 일이 나타난 이야기입니다.

미리
보기

| 우봉이가 전학 온 주은이와 짝이 되었습니다. | → | 우봉이가 할아버지의 도움을 받아 젓가락질 연습을 열심히 하였습니다. | → | 우봉이가 시장에서 손으로 음식을 드시는 주은이 어머니를 보았고, 손으로 음식을 먹는 것에 대해 가족과 이야기하였습니다. | → | 우봉이와 주은이가 젓가락 달인 결승전에서 겨루게 되었습니다. |

1 우봉이는 가방에서 책을 꺼내 책상에 탁 올려놓았어요.

이때 드르륵 문 열리는 소리가 났어요. 선생님이 웬 여자아이를 데리고 교실로 들어왔어요. 우봉이는 여자아이에게서 눈을 떼지 못했어요. <u>약간 가무잡잡한 피부색</u> 때문이 아니었어요. <u>크고 맑은 눈!</u> 우봉이는 여자아이 눈이 참 예쁘다고 생각했어요.
<small>전학 온 여자아이의 생김새 ①</small>
<small>전학 온 여자아이의 생김새 ②</small>

"우리 반에 새로 전학 온 친구가 있어요. 자기 이름을 직접 소개해 보겠어요?"

선생님이 여자아이의 어깨를 한 손으로 가볍게 감싸 주었어요.

"안녕? 나는, 아니 아니, 내 성은 김해 김씨이고 이름은 주은이야. 김해 김씨, 김주은. 잘 부탁해."
<small>전학 온 여자아이의 이름</small>

주은이가 또랑또랑 말했어요. '김해 김씨'를 말할 때는 목에 힘까지 주었어요. 아이들이 "김해 김씨?" 하며 고개를 갸웃했어요. 그러다 누군가가 "아아, 김해 김치!"라고 하자 깔깔거렸어요.

"조용! 여러분, 주은이 친구하고 사이좋게 지내도록 해요. 가만 있자, 주은이가 어디 앉으면 좋을까? 아, 저기, 우봉이 옆에 가 앉을래?"

중심 내용 1 우봉이네 반에 주은이가 전학을 왔고, 우봉이는 주은이와 짝이 되었어요.

가무잡잡한 약간 짙게 가무스름한. 예 햇볕에 타 <u>가무잡잡한</u> 피부가 건강해 보였습니다.

또랑또랑 조금도 흐리지 않고 아주 밝고 똑똑한 모양.
갸웃했어요 고개나 몸 따위를 한쪽으로 조금 비뚤어지게 했어요.

41 글 **1**에서 우봉이가 만났거나 함께한 인물을 두 명 고르시오. ( )

① 동생
② 주은이
③ 어머니
④ 선생님
⑤ 할아버지

교과서 문제

43 주은이는 자기를 어떻게 소개했는지 알맞은 것의 기호를 쓰시오.

㉮ 부끄러워하는 표정으로 이름만 간단히 말함.
㉯ 성은 김해 김씨이고 이름은 주은이라고 말하며 큰 소리로 깔깔거리고 웃음.
㉰ 또랑또랑한 목소리로 성은 김해 김씨이고 이름은 주은이라며 잘 부탁한다고 말함.

( )

42 우봉이는 전학 온 주은이를 보고 어떤 생각을 했습니까? ( )

① 말을 잘한다.
② 눈이 참 예쁘다.
③ 짝이 되고 싶다.
④ 목소리가 참 부드럽다.
⑤ 약간 가무잡잡한 피부색이 마음에 든다.

44 주은이는 누구와 짝이 되었는지 쓰시오.

( )

2 할아버지가 방바닥에 접시 두 개를 놓았어요. 하나는 빈 접시, 다른 하나는 바둑알들이 담긴 접시였어요.

"그러니까 초급은 나무젓가락으로 삼십 초 안에 바둑알을 다섯 개 옮기면 합격이다, 그 말인겨?"

"네. 그리고 중급은 삼십 초 안에 일곱 개고요."

우봉이는 손에 쥔 나무젓가락 끝을 오므렸다 폈다 하며 대답했어요.

할아버지가 손목시계를 보며 준비하라는 눈짓을 했어요. 우봉이는 알았다고 고개를 끄덕였어요.

"준비, 시작!"

우봉이는 나무젓가락으로 바둑알을 집어 옆 접시로 옮기기 시작했어요. 하나, 둘, 셋, 넷, 그리고 다섯 개째 옮기려고 할 때 할아버지 목소리가 들렸어요.

"땡!"

"벌써 삼십 초가 지났어요? 하나만 더 옮겼으면 초급 합격인데."
<u>우봉이는 바둑알을 네 개 옮김.</u>

우봉이가 몹시 아쉬워했어요.

할아버지가 우봉이 등을 다독이며 말씀하셨어요.

"우리 우봉이 아주 잘하는구먼. 젓가락을 바르게 사용할 줄 아니까, 조금만 더 연습하면 *거뜬하겠구먼.*"
<u>합격할 수 있겠구먼.</u>

우봉이는 할아버지 말씀에 용기가 났어요. 할아버지는 접시 한쪽에 바둑알을 수북이 놓았어요. 우봉이는 나무젓가락으로 바둑알을 집어 빈 접시로 옮기는 연습을 계속했어요. 그러면서 문득 생각했어요.

'더 잘하려면 나도 권법이나 수법 같은 게 있어야 해. 뭐로 하면 좋을까?'

중심 내용 2 우봉이가 할아버지의 도움을 받아 젓가락질 연습을 열심히 하였어요.

다독이며 남의 약한 점을 따뜻이 어루만져 감싸고 달래며.
거뜬하겠구먼 다루기에 거법고 간편하거나 손쉽겠구먼. **예** 이 일은 나 혼자 해도 <u>거뜬하겠구먼.</u>

권법(拳 주먹 권, 法 법도 법) 정신 수양과 신체 단련을 위하여 주먹을 놀리어서 하는 운동.
수법(手 손 수, 法 법도 법) 수단과 방법을 아울러 이르는 말.

핵심내용 우봉이의 성격에 따른 사건의 흐름 살펴보기

성격	**⑤** ㅅ ㅅ 하고 적극적이다.
일어난 일	우봉이는 젓가락 달인 대회에서 이기려고 할아버지와 함께 열심히 젓가락질을 연습하였다.
사건의 결과	우봉이는 달인 결승전에서 주은이와 겨루게 되었다.

교과서 문제

45 우봉이는 젓가락 달인이 되려고 어떻게 연습하였습니까? ( )

① 젓가락으로만 밥을 먹었다.
② 젓가락을 손에서 놓지 않았다.
③ 여러 가지 젓가락을 번갈아 사용하였다.
④ 젓가락으로 책장을 넘기는 연습을 하였다.
⑤ 할아버지와 시간을 재며 바둑알로 연습하였다.

46 초급에 합격하려면 어떻게 해야 하는지 빈칸에 알맞은 숫자를 차례대로 쓰시오.

> 나무젓가락으로 ( )초 안에 바둑알 ( )개를 옮겨야 한다.

47 이 글에 나타난 우봉이의 성격으로 알맞은 것을 두 가지 고르시오. ( )

① 과격하다.　　　② 성실하다.
③ 적극적이다.　　④ 인정이 많다.
⑤ 융통성이 없다.

48 글 **2**에서 일어난 일을 가장 알맞게 정리한 것의 기호를 쓰시오.

> ㉮ 우봉이가 할아버지의 도움을 받아 젓가락질 연습을 열심히 하였다.
> ㉯ 우봉이가 권법이나 수법 같은 것이 있었으면 좋겠다고 생각하였다.
> ㉰ 우봉이가 할아버지의 말씀을 듣고 용기가 나서 연습을 계속하였다.

( )

3 "엄마 심부름 좀 해 줄래? 두부 사는 걸 깜빡했어."

엄마가 시장바구니에서 물건들을 꺼내다 말고 말씀하셨어요. 할아버지랑 바둑알로 알 까기를 하던 우봉이가 "네." 하고 자리에서 일어났어요.

"나도 바람 좀 쐬고 싶구먼."

우봉이는 할아버지랑 집을 나섰어요. 우봉이는 집 가까운 마트로 가려고 했어요. 그런데 할아버지가 시장에 가자고 했어요.

우봉이는 시장 골목으로 들어갔어요. 할아버지는 구경하느라 느릿느릿 걸으며 가다 서다를 반복했어요. 우봉이는 할아버지보다 앞서가며 눈을 굴렸어요. 두부 가게가 어디 있나 하고요.
<u>비슷한 말 – 점포, 점방, 상점</u>

'어, 주은이잖아!'

주은이가 ㉠<u>채소</u> 가게 안에서 젓가락질 연습을 하고 있었어요. 나무젓가락으로 강낭콩을 들었다 놓았다 하고 있었어요. <u>주은이 옆에는 한 아줌마가 있었는데</u>
<u>주은이 어머니가 외국 사람이라는 것을 알 수 있는 부분 ①</u>
<u>생김새가 좀 남달랐어요. 얼굴도 가무잡잡했어요.</u> 아줌마가 대나무로 만든 작은 그릇에서 뭔가를 꺼내 조몰락조몰락했어요.

"그렇게 먹지 마. 정말 싫어."

주은이가 아줌마에게 화를 내듯 크게 말했어요.

"<u>카오리아오는 이렇게 쏜으로 먹는 꺼야. 우리 꼬향</u>
<u>주은이 어머니가 외국 사람이라는 것을 알 수 있는 부분 ②</u>
<u>에선 다 끄래.</u>"

아줌마는 목소리도 컸어요. 그렇다고 주은이처럼 화난 건 아니었어요. 웃고 있었으니까요.

그런데 말투가 이상했어요. 사투리도 아닌데 아주 어색하게 들렸어요.

아줌마가 조몰락조몰락하던 것을 입에 쏙 넣었어요. 밥 덩어리 비슷했어요.

'왝! 저걸 먹다니!'

우봉이는 속이 메스꺼웠어요.

"아유, 정말 창피해."

주은이가 콩 집던 나무젓가락을 아줌마한테 얼른 내밀었어요. 그러고는 주위를 두리번거렸어요.

<u>지켜보던 우봉이는 다른 사람 뒤로 얼른 몸을 숨겼</u>
<u>어요.</u>
<u>주은이와 눈이 마주칠까 봐</u>

중심 내용 **3** 우봉이가 시장에서 주은이 어머니께서 손으로 음식을 드시는 것을 우연히 보게 되었어요.

핵심내용 우봉이의 성격에 따른 사건의 흐름 살펴보기

성격	융통성이 없다.
일어난 일	우봉이는 시장에서 손으로 음식을 드시는 주은이 어머니를 보고 더럽다고 생각하였다.
사건의 결과	우봉이는 주은이와 마주칠까 봐 다른 사람 뒤로 얼른 몸을 숨겼다.

조몰락조몰락 작은 동작으로 물건 따위를 자꾸 주무르는 모양. 예 아기가 밀가루 반죽을 조몰락조몰락하였습니다.

메스꺼웠어요 먹은 것이 되넘어 올 것같이 속이 몹시 울렁거리는 느낌이 있었어요.

교과서 문제
49 ㉠'채소'와 뜻이 비슷한 낱말을 쓰시오.

( )

교과서 문제
51 주은이는 젓가락 달인이 되려고 어떻게 연습하였는지 빈칸에 알맞은 말을 차례대로 쓰시오.

채소 가게 안에서 ( )(으)로
( )을/를 집는 연습을 하였다.

50 우봉이가 시장에서 우연히 보게 된 것을 두 가지 고르시오. ( )

① 주은이가 젓가락질 연습을 하는 모습
② 주은이와 주은이 어머니가 밥을 먹는 모습
③ 주은이가 어머니께 우리말을 가르치는 모습
④ 주은이가 어머니의 장사를 열심히 돕는 모습
⑤ 주은이 어머니께서 손으로 음식을 드시는 모습

52 주은이는 어머니께서 손으로 음식을 드시는 것에 대해 어떻게 생각하는지 쓰시오.

( )

4 저녁때 우봉이는 반찬으로 콩장과 메추리알과 묵만 먹었어요.

"우봉아, 김치랑 콩나물도 좀 먹어 봐."

엄마가 우봉이에게 말씀하셨어요.

"그래, 젓가락 달인도 좋지만 골고루 먹어야지."

아빠도 우봉이에게 한마디 하셨어요. 그래도 <u>우봉이는 젓가락 연습이 되는 것만 골라서 반찬으로 먹었어요.</u>
젓가락질 연습을 매우 열심히 함.
엄마, 아빠가 "정말 못 말려." 하는 표정을 지었어요.

메추리알을 집으려던 우봉이는 문득 생각난 게 있어 젓가락질을 멈췄어요.

"궁금한 게 있는데요, 손으로 밥을 조몰락조몰락해서 먹는 건 나쁜 거죠? 그런 사람 야만인이죠? 원시인이죠?"

우봉이가 묻자 아빠가 말씀하셨어요.

"왜? 아는 사람 중에 그런 사람이라도 있어?"

"<u>아, 아니요. 그냥 어디서 봤는데, 우리나라 사람은</u>
주은이 어머니를 본 일을 말하지 않음.

달인(達 통할 달, 人 사람 인) 학문이나 기예에 통달하여 남달리 뛰어난 역량을 가진 사람. 예 나는 퀴즈의 달인입니다.

아니에요."

"손으로 밥 먹는 사람들도 있긴 있지. 인도라는 나라 알지? 그 나라에도 그냥 맨손으로 밥을 먹는 사람들이 있어."

"정말요? 인도는 내가 좋아하는 카레의 나라인데. 그런 나라에 야만인이 많다니."

뜻밖이어서 우봉이는 고개를 갸우뚱했어요. 그걸 보고 할아버지가 말씀하셨어요.

"손으로 먹는 걸 두고 나쁘다고, 또 야만인이라고 해서는 안 되는겨. 그게 그 나라 풍습이고 문화인겨. 할아버지가 된장찌개 좋아하는데, 외국 사람이 냄새나는 된장 먹는다고 나를 야만인이라고 부르면 기분 나쁠겨. 할아버지 말 알아듣겠능겨?"

"그래도 맨손으로 밥을 조몰락거리는 건 더러워요. 병 걸릴 것 같아요."

중심 내용 **4** 우봉이네 가족이 손으로 음식을 먹는 것에 대해 이야기하였어요.

야만인(野 들 야, 蠻 오랑캐 만, 人 사람 인) 미개하여 문화 수준이 낮은 사람.

---

53 우봉이가 저녁을 먹을 때 젓가락질 연습을 하기 위해서 먹은 반찬을 모두 고르시오. (   )

① 묵   ② 김치
③ 콩장   ④ 콩나물
⑤ 메추리알

54 우봉이네 가족은 무엇에 대해 이야기를 나누었습니까? (   )

① 음식을 골고루 먹는 것
② 손으로 음식을 먹는 것
③ 음식을 맛있게 먹는 방법
④ 젓가락 달인이 되는 방법
⑤ 사람마다 좋아하는 음식이 다른 것

55 〈문제 **54**번〉의 답에 대하여 할아버지께서는 어떻게 생각하시는지 알맞은 것에 ○표 하시오.

(1) 손으로 음식을 먹는 나라는 없다. (   )
(2) 절대 손으로 음식을 먹으면 안 된다. (   )
(3) 나라마다 문화가 다르므로 손으로 음식을 먹는다고 야만인이라고 하면 안 된다. (   )

56 우봉이의 융통성 없는 성격 때문에 일어난 일의 기호를 쓰시오.

⑦ 저녁을 먹을 때에도 젓가락질 연습을 쉬지 않았다.
⑭ 저녁을 먹을 때 가족에게 궁금한 것을 물어보았다.
⑮ 시장에서 손으로 음식을 드시는 주은이 어머니를 보고 야만인이 하는 행동이라고 생각하였다.

(   )

5 우봉이는 물을 마시고 화장실로 가서 오줌을 누었어요. 긴장이 돼서 오줌이 쫄쫄 나왔어요.
우봉이의 긴장되는 마음이 잘 드러나 있음.

교실로 돌아왔을 때, 책상이 칠판 앞으로 옮겨져 있었어요. 주은이 책상도 마찬가지였어요. 그 두 책상 사이에는 교탁이 있었고, 교탁 위에는 스티커가 가득 든 유리병과 상품권이 든 파란 봉투가 놓여 있었어요.

"젓가락왕을 가리는 거니까 아이들이 잘 봐야겠지? 그래서 옮겼어."

선생님 말씀을 듣고 우봉이는 앞으로 나가 앉았어요. 주은이도 자기 책상을 찾아가 앉았어요.

"박우봉, 너 무슨 권법이냐? 내 악어 입 탁탁을 대체 뭐로 이긴 거야?"

성규가 뒤통수를 긁적이며 우봉이에게 물었어요.

"구리구리 딱따구리 권법."

우봉이는 좀 큰 소리로 대답했어요.

"그럼 주은이 너는? 너는 도대체 무슨 수법이니?"

이번에는 민지가 주은이에게 억울하다는 듯 물었어요. 민지가 주은이에게 졌다는 것을 알 수 있음. 우봉이도 궁금해서 주은이 쪽으로 고개를 돌렸어요.

"쏙쏙 족집게 수법."

주은이가 비밀을 말하듯이 대꾸했어요.

우봉이는 속으로 생각했어요.

'그랬구나. 쏙쏙 족집게 수법. 하지만 어쩔 수 없어. 상품권은 딱 하나고, 나는 왕딱지를 사고 싶어. 구리구리 딱따구리 권법을 쓸 수밖에 없어.'

우봉이와 주은이는 서로 눈이 마주쳤어요. 우봉이는 당황해서 눈을 깜박거렸어요. 주은이는 긴장한 채 살짝 웃음을 지었어요.

"자, 그럼 똑같이 콩 열두 개씩 옮긴 주은이와 우봉이가 한 번 더 젓가락질 솜씨를 뽐내 보세요. 그런데 이번에는 삼십 초가 아니라 일 분으로 하겠어요."

선생님이 우봉이와 주은이 접시에 콩을 각각 한 주먹씩 더 올려놓았어요.

족집게 주로 잔털이나 가시 따위를 뽑는 데 쓰는, 쇠로 만든 조그마한 기구.

뽐내 자신의 어떠한 능력을 보라는 듯이 자랑해. 예 노래 실력을 뽐내 보세요.

교과서 문제

57 글 **5**에서 우봉이와 주은이는 무엇을 하게 되었습니까? ( )

① 교실 청소를 하게 되었다.
② 젓가락 달인 결승전에서 겨루게 되었다.
③ 사라진 상품권을 찾는 일을 하게 되었다.
④ 젓가락 달인이 된 과정을 발표하게 되었다.
⑤ 젓가락 달인 결승전에서 응원을 하게 되었다.

58 다음 인물은 각각 어떤 권법이나 수법을 쓴다고 했는지 알맞게 선으로 이으시오.

(1) 성규 • • ① 쏙쏙 족집게

(2) 우봉 • • ② 악어 입 탁탁

(3) 주은 • • ③ 구리구리 딱따구리

59 우봉이가 젓가락 달인이 되고 싶어 하는 까닭은 무엇입니까? ( )

① 친구들에게 뽐내고 싶어서
② 선생님께 칭찬을 받고 싶어서
③ 미워하는 주은이를 이기고 싶어서
④ 상품권을 받아 왕딱지를 사고 싶어서
⑤ 상품권을 받아 할아버지의 선물을 사고 싶어서

60 젓가락 달인이 되려면 어떻게 해야 하는지 알맞은 것의 기호를 쓰시오.

㉮ 일 분 동안 더 많은 콩을 옮겨야 한다.
㉯ 삼십 초 동안 열두 개의 콩을 옮겨야 한다.
㉰ 일 분 동안 더 많은 콩을 집어 먹어야 한다.

( )

이때 성규가 "구리구리 딱따구리 권법 파이팅!" 하고 소리쳤어요. 그러자 이에 질세라 민지가 "김해 김씨 김주은, 쏙쏙 족집게 수법 짱!" 하고 맞받아쳤어요. 두 패로 갈린 아이들은 '딱따구리'와 '족집게'를 각각 목 터져라 응원했어요. 교실은 금세 후끈 달아올랐어요.

(우봉이를 응원함.)
(주은이를 응원함.)

"자, 이제 그만."

선생님이 손을 들자 응원 소리가 잠잠해졌어요.

"준비…… 시작."

수은이와 우봉이는 동시에 쇠젓가락을 집어 들었어요. 우봉이가 콩을 세 개 옮겼을 때, 귓바퀴에 저번처럼 감기는 말이 있었어요.

'더 좋은 것은 따로 있는디. 그냥 달인만 되는 거. 동무들 이길 생각일랑 말고.'

우봉이는 무시하듯 콩을 더 빨리 집어 옮겼어요. 그

러자 할아버지 말씀이 귓바퀴에 더 칭칭 감겼어요. 그뿐만이 아니었어요. 주은이 일기도 눈앞에서 아른거리기 시작했어요. 상품권을 타서 젓가락과 머리핀을 사고 싶다던.

'아, 싫은데. 져 주기 싫은데……'

우봉이는 젓가락질을 하면서 다른 손으로 옆통수를 벅벅 긁었어요.

중심 내용 5 우봉이와 주은이가 젓가락 달인 결승전에서 겨루게 되었어요.

> 우봉이의 사려 깊고 인정 많은 성격 때문에 일어난 일을 묻는 문제와 그 일의 결과를 상상해 보는 문제가 자주 출제돼.

핵심내용 우봉이의 성격에 따른 사건의 흐름 살펴보기

성격	사려 깊고 인정이 많다.
일어난 일	우봉이는 젓가락 달인을 가리는 결승전에서 지기 싫으면서도 젓가락질에 집중하지 못하고 고민하였다.

잠잠해졌어요 분위기나 활동 따위가 소란하지 않고 조용해졌어요. 예 선생님께서 들어오시자 교실 안이 잠잠해졌어요.

아른거리기 무엇이 희미하게 보이다 말다 하기.
옆통수 머리의 옆쪽.

교과서 문제

61 우봉이가 결승전에서 머뭇거린 것은 무엇이 생각났기 때문인지 알맞은 것을 두 가지 고르시오. ( )

① 자신을 응원하는 친구들의 외침
② 이기면 상품권을 주겠다는 선생님의 말씀
③ 손으로 음식을 드시는 주은이 어머니의 모습
④ 젓가락과 머리핀을 사고 싶다던 주은이의 일기
⑤ 친구를 이길 생각만 하는 젓가락 달인보다 더 좋은 것은 따로 있다던 할아버지의 말씀

62 우봉이가 젓가락질에 집중하지 못하고 고민한 것과 관련 있는 성격을 두 가지 고르시오. ( )

① 예의 바른 성격 ② 겁이 많은 성격
③ 인정 많은 성격 ④ 사려 깊은 성격
⑤ 용기 있는 성격

63 우봉이가 인정이 없고 배려심이 없는 성격이었다면 어떤 사건이 이어질지 쓰시오.
(서술형)

_____

_____

64 이 글 전체에서 우봉이에게 일어난 일을 차례대로 정리하여 번호를 쓰시오.

(1) 전학 온 주은이와 짝이 되었다. ( )
(2) 주은이와 젓가락 달인 결승전에서 겨루게 되었다. ( )
(3) 가족과 손으로 음식을 먹는 것에 대해 이야기하였다. ( )
(4) 할아버지의 도움을 받아 젓가락질 연습을 열심히 하였다. ( )
(5) 시장에서 주은이 어머니께서 손으로 음식을 드시는 것을 우연히 보게 되었다. ( )

1~2

> 「사라, 버스를 타다」에 등장하는 사라가 소심한 성격이었다면 이야기에 나온 사건이 달라졌을 것 같아. 나는 사라 성격을 바꾸어 이야기를 꾸며 볼 거야.

> 「우진이는 정말 멋져!」에서 승연이가 솔직한 성격이라면 이야기가 어떻게 바뀔까? 나는 승연이 성격을 바꾸어 이야기를 꾸밀 거야.

1 두 친구는 무엇에 대해 말하고 있습니까?
( )

① 독서 감상문을 쓸 이야기
② 인물이 기억에 남는 이야기
③ 인물의 성격이 특별했던 이야기
④ 친구들과 역할극으로 꾸밀 이야기
⑤ 인물의 성격을 바꾸어 꾸밀 이야기

2 여자아이는 인물의 성격을 어떻게 바꾸고 싶다고 했는지 빈칸에 알맞은 말을 차례대로 쓰시오.

> ( )에 나오는 ( ) 의 성격을 ( ) 성격으로 바꾸어 이야기를 꾸미고 싶다.

3 「젓가락 달인」에 나오는 인물 중에서 성격을 바꾸고
서술형 싶은 인물과 어떤 성격으로 바꾸고 싶은지 쓰시오.

성격을 바꾸고 싶은 인물	(1)
인물의 새로운 성격	(2)

4 인물의 성격을 바꾸어 이야기를 꾸며 쓸 때 주의할 점으로 알맞은 것을 두 가지 고르시오.
( )

① 인물, 사건, 배경이 서로 어울리게 한다.
② 이야기의 내용이 감동적으로 끝나도록 한다.
③ 모든 인물의 성격을 바꾸어 이야기를 꾸민다.
④ 원래의 이야기에 나왔던 인물이 모두 등장하게 한다.
⑤ 실제로 있는 일같이 생각하도록 이야기를 자연스럽게 꾸며 쓴다.

5 이야기책을 만드는 과정에 맞게 차례대로 기호를 쓰시오.

> ㉮ 어울리는 그림 그리기
> ㉯ 이야기책 형태 만들기
> ㉰ 이야기책 내용 옮겨 쓰기
> ㉱ 이야기책의 제목, 분량, 표지 계획하기
> ㉲ 이야기책 각 쪽에 들어갈 내용 정리하기

( ) → ㉲ → ( ) → ㉰ → ( )

6 다음은 이야기책을 만들기 위해서 무엇을 계획한 것입니까? ( )

> 친구들의 관심을 끌 수 있도록 앞표지에는 등장인물을 크게 그린 뒤 책의 제목과 지은이, 출판사를 쓰고, 뒤표지에는 책을 추천하는 글을 쓰고 책의 가격을 표시한 뒤에 막대 표시[바코드]를 그리겠다.

① 줄거리 ② 책 제목
③ 책 쪽수 ④ 책 표지
⑤ 등장인물

1~2

주인 잃은 옷

- 글의 종류: 이야기
- 글쓴이: 원유순
- 글의 특징: 늙은 할아버지가 주인이 되어 못마땅하던 세모시 옷감이 겪은 일을 통해 이산가족의 아픔이 잘 드러나 있는 이야기입니다.

가 처음 내가 옷감으로 곱게 짜였을 때 퍽 가슴이 설레었지요. / '나는 누구의 옷이 될까?'
<u>누구의 옷이 될지 기대하는 마음</u>

나 하지만 나는 꿈꾸었던 것과는 달리 어느 할아버지의 손에 팔려 갔습니다. 허리가 구부정하고 이마가 훤하게 벗겨진 할아버지는 한눈에도 부잣집의 기품 있는 사람하고는 거리가 멀어 보였습니다.
<u>인격이나 작품 따위에서 드러나는 고상한 품격</u>

다 할아버지는 나를 아주 소중하게 품고 가서 한복 만드는 집에 맡겼습니다.
"아주머니, 세상에서 제일 곱게 지어 주시라요. 태어나서 처음으로 오마니한테 드리는 선물이야요."
<u>북에 계신 어머니를 뵈러 갈 때 어머니께 드릴 옷을 지은 것임.</u>

라 할아버지는 그만 전화기를 마룻바닥에 내동댕이치더니 급기야 울음을 터뜨리고 말았습니다.
"아버님, 왜 그러세요?"
"얘야, 북에 계신 우리 오마니가 돌아가셨단다, 돌아가셨어. 그렇게 목메어 그리던 큰아들이 한 달만 있으면 달려갈 텐데……."

1 이 글에 나오지 <u>않은</u> 인물은 누구입니까?
( )

① 할아버지
② '나'(옷감)
③ 할아버지의 며느리
④ 옷감 만드는 아저씨
⑤ 한복 짓는 아주머니

2 이 글에 나오는 배경과 사건을 알맞게 정리한 것에 ○표 하시오.

(1) 옷감 파는 집에서 '나'는 할머니의 옷이 되었다.
( )

(2) 할아버지 집에서 '나'는 할머니께서 돌아가셨다는 것을 알게 되었다.
( )

3~4

비 오는 날

- 글의 종류: 이야기
- 글쓴이: 김자연
- 글의 특징: 아버지를 부끄러워하던 영란이가 아버지의 사랑을 깨닫게 된다는 내용의 이야기입니다.

가 아버지는 영란이에게 어서 학교로 들어가라고 손짓했다.
"이따 학교 끝나면 아버지가 데리러 올 테니까 교문 앞에 서 있어. 알았자."
<u>영란이는 아무 대답 없이 얼른 교문으로 뛰어갔다.</u>
<u>아버지께서 데리러 오는 것이 싫음.</u>

나 교실을 나오자 읍내 사는 아이들이 우산을 들고 온 자기 엄마와 함께 교문을 빠져나갔다. 미나도 혜란이도 정혜도 하나둘 교문 밖으로 빠져나갔다. 몇몇 엄마는 아예 승용차를 몰고 왔다.
영란이는 슬쩍 교문 앞을 보았다. 얼핏 담 모퉁이에 빛바랜 우산을 삐뚜름하게 쓰고 서 있는 아버지가 보였다. 영란이 아버지는 비를 흠씬 맞으면서도 영란이를 찾기 위해 닭처럼 목을 길게 빼고 두리번거렸다.
<u>낡거나 오래된</u> <u>물에 푹 젖은 모양</u>

다 오늘같이 아이들이 많은 곳에서 아버지와 함께 고물 자전거를 타고 집으로 가긴 정말 싫었다. 영란이는 아버지가 서 있는 정문이 아닌 뒷문으로 얼른 발길을 옮겼다. 가슴이 콩콩거렸다. 뒤꼭지가 뜨끔했다.
<u>긴장되고 양심에 찔림.</u>

3 이 글에서 일어난 일의 차례대로 기호를 쓰시오.

㉮ 영란이가 아버지를 피해 뒷문으로 나갔다.
㉯ 아버지께서 영란이를 학교에 데려다주셨다.
㉰ 아버지께서 영란이를 데리러 학교에 오셨다.

( ) → ( ) → ( )

4 영란이가 자기를 데리러 학교에 오신 아버지를 피한 까닭은 무엇입니까?
( )

① 아버지께 혼이 날 것 같아서
② 친구 엄마 차를 타고 싶어서
③ 아버지가 창피하게 느껴져서
④ 아버지 몰래 친구와 놀기로 해서
⑤ 아버지를 놀라게 해 드리고 싶어서

낱말의 뜻

1 낱말과 그 뜻이 알맞게 짝 지어지지 <u>않은</u> 것은 무엇입니까? ( )

① 자격 – 일정한 신분이나 지위.
② 울상 – 울려고 하는 얼굴 표정.
③ 달인 – 미개하여 문화 수준이 낮은 사람.
④ 작정하다 – 일을 어떻게 하기로 결정하다.
⑤ 영웅 – 지혜와 재능이 뛰어나고 용맹하여 보통 사람이 하기 어려운 일을 해내는 사람.

뜻을 더하는 말

2 빈칸에 공통으로 들어갈 말은 무엇입니까? ( )

> • □손: 아무것도 끼거나 감지 아니한 손.
> • □몸: 아무것도 입지 않은 몸.
> • □발: 아무것도 신지 아니한 발.

① 덧   ② 햇   ③ 풋
④ 맨   ⑤ 군

포함하는 말

3 다음 낱말 중에서 나머지 네 낱말을 모두 포함하는 낱말을 찾아 쓰시오.

> 묵   콩장   반찬   김치   콩나물

( )

맞춤법

4 밑줄 친 낱말 중에서 표기가 바르지 <u>않은</u> 낱말을 찾아 바르게 고쳐 쓰시오.

> <u>초콜릿</u>을 많이 먹었더니 속이 <u>메스꺼웠다.</u> 엄마께서 저녁에 <u>된장찌게</u>를 끓여 주셨다. 웬일인지 다른 때보다 훨씬 맛있는 것 같다.

( ) → ( )

비슷한말

5 다음 중 짝 지어진 낱말의 관계가 보기 와 <u>다른</u> 것은 무엇입니까? ( )

> **보기**
> 당당하다 – 떳떳하다

① 거뜬하다 – 손쉽다
② 재촉하다 – 부탁하다
③ 잠잠하다 – 조용하다
④ 쏘아보다 – 노려보다
⑤ 대견하다 – 자랑스럽다

흉내 내는 말

6 빈칸에 들어갈 말을 알맞게 선으로 이으시오.

(1) 책상 위에 널린 색종이들을 [   ] 치웠다. • • ① 헤벌쭉

(2) 용돈을 받자 형의 입은 [   ] 벌어졌다. • • ② 또랑또랑

(3) 반장은 여러 친구들 앞에서 분명하게 [   ] 말했다. • • ③ 주섬주섬

비슷한말

7 주어진 낱말과 뜻이 비슷한 낱말을 보기 에서 찾아 쓰시오.

> **보기**
> 키우다   무덥다   얼큰하다
> 보살피다   매콤하다   후텁지근하다

(1) 맵다, ( ), ( )
(2) 뜨겁다, ( ), ( )
(3) 가꾸다, ( ), ( )

1 이야기를 읽어 본 경험을 알맞게 말한 친구의 이름을 쓰시오.

> 범준: 「종이 봉지 공주」를 읽고 싶었는데, 도서관에 그 책이 없었어.
> 효정: 나는 「마당을 나온 암탉」을 영화로 보았는데, 짝꿍은 책으로 읽었대.
> 서우: 「황금 감나무」를 읽었어. 형이 욕심을 부리다 벌을 받게 되는 부분이 재미있었어.

( )

2~7

가 아침마다 사라는 어머니와 함께 버스를 탔습니다. 언제나 백인들이 앉는 자리와 구분된 뒷자리에 앉았습니다. 고개를 돌려 자기를 쳐다보는 백인 아이들에게 사라는 얼굴을 찡그렸습니다.

나 사라는 계속 나아갔습니다. 앞쪽 끝까지 가서 운전사 옆자리에 앉았습니다. 사라는 운전사가 기어를 바꾸고 두 손으로 커다란 핸들을 돌리는 것을 지켜보았습니다. 운전사가 성난 얼굴로 사라를 쏘아보았습니다.

"꼬마 아가씨, 뒤로 가서 앉아라. 너도 알다시피 늘 그래 왔잖니?"

사라는 그대로 앉은 채 마음속으로 말했습니다.

'뒷자리로 돌아갈 아무런 이유가 없어!'

다 "규칙을 따르지 못하겠다면 이제부터는 걸어가거라."

운전사가 '덜컹' 소리를 내며 문을 당겨 열었습니다. 사라는 외롭고 무서웠습니다. 사라 생각에 버스에서 내리는 것도, 학교까지 걸어가는 것도 그리 어려운 일은 아니었습니다. 하지만 걷기에는 꽤 먼 길이었습니다.

사라는 작지만 당당한 목소리로 말했습니다.

"문 닫으셔도 돼요. 저는 학교까지 타고 가겠어요."

2 이 글에 등장하는 인물을 모두 고르시오.

( )

① 사라 　② 선생님 　③ 운전사
④ 어머니 　⑤ 아버지

3 다음에 해당하는 구성 요소를 글에서 찾아 쓰시오.

> 이야기가 펼쳐지는 장소

( )

4 사라에 대한 설명으로 알맞은 것은 무엇입니까?

( )

① 흑인이다.
② 학교에 안 다닌다.
③ 버스를 처음 탔다.
④ 아버지가 버스 운전사이다.
⑤ 학교에서 매우 가까운 거리에 산다.

5 운전사가 사라에게 뒷자리로 가라고 한 까닭은 무엇입니까?

( )

① 냄새가 나서 　　② 규칙을 어겨서
③ 시끄럽게 해서 　④ 곧 내려야 해서
⑤ 뒷자리가 안전해서

6* 이 글에서 일어난 사건은 무엇인지 빈칸에 알맞은 말을 쓰시오.

• 사라가 ( )에 앉았다.

7 이 글을 읽고 생각한 내용으로 알맞은 것에 ○표 하시오.

(1) 사라는 애교가 많은 것 같다. ( )
(2) 버스를 운전하는 일은 매우 힘들다. ( )
(3) 사람을 피부색에 따라 차별한다는 것이 놀랍다. ( )

8~14

가 윤아와 나는 교실 바닥에 엎드려 사물함 밑을 들여다봤지만, 사물함 밑은 너무 깜깜해서 아무것도 보이지 않았어요.

"손을 넣어 볼까?"

㉠"싫어. 그러다가 벌레라도 손에 닿으면 어떡해?"

나는 윤아 입에서 '벌레'라는 말이 나오자마자 사물함 밑으로 반쯤 넣었던 손을 얼른 뺐어요.

윤아와 나는 서로 울상이 되어 마주 보았어요.

"이걸로 꺼내 보자."

우진이는 어디서 가져왔는지 기다란 자를 들고 나타났어요.

나 "어! 나왔다!"

자 끝에는 분홍색 꽃 모양의 작은 공기 알이 살짝 걸려 있었어요. 작은 물방울무늬가 있는 빨간색 나비 핀도요. 우진이는 공기 알과 나비 핀을 손에 들고 먼지를 툴툴 털어 냈어요. 그러고는 우리에게 공기 알과 나비 핀을 쑥 내밀었어요.

"여기 공기 알. 그리고 이 핀 가질래?"

나는 선뜻 손을 내밀지 못했어요. 어떻게 하면 좋을지 몰랐거든요.

그때 윤아가 얼굴을 찡그리며 말했어요.

"아유, 더러워! 그 핀을 어떻게 쓰냐?"

그러자 우진이는 공기 알만 나에게 건네주고 나비 핀은 쓰레기통에 넣어 버렸어요.

"그래, 더러울 거야."

우진이의 목소리에는 부끄러운 마음이 묻어 있었어요. ㉡마음 같아서는 윤아를 한 대 콩 쥐어박고 싶었지만 참았어요.

8 ㉠에서 알 수 있는 윤아의 성격으로 알맞은 것을 두 가지 고르시오. ( )

① 외롭다.
② 깔끔하다.
③ 친절하다.
④ 배려심이 많다.
⑤ 조심성이 많다.

9 우진이가 기다란 자를 가지고 온 까닭은 무엇인지 빈칸에 알맞은 말을 차례대로 쓰시오.

• ( )에서 ( )을/를 꺼내려고

10 우진이가 '나'와 윤아에게 주려고 한 것을 두 가지 찾아 쓰시오.

( )

11 우진이가 나비 핀을 쓰레기통에 버린 까닭은 무엇입니까? ( )

① 모양이 망가져서
② '내'가 받지 않아서
③ 주인이 없는 것이어서
④ 윤아가 더럽다고 해서
⑤ '내'가 예쁘지 않다고 해서

12 ㉡에서 윤아에 대한 '나'의 마음으로 알맞은 것은 무엇입니까? ( )

① 귀찮은 마음
② 얄미운 마음
③ 고마운 마음
④ 부러운 마음
⑤ 안타까운 마음

13★ '나'의 성격이 내성적이라는 것을 알 수 있는 말이나 행동에 ○표 하시오.

(1) "손을 넣어 볼까?" ( )
(2) 교실 바닥에 엎드려 사물함 밑을 들여다봤다.
( )
(3) 우진이가 내민 핀을 받고 싶으면서도 선뜻 손을 내밀지 못하였다. ( )

14 자신이 읽었던 이야기 속 인물 중에서 이 글에 나오는 인물과 성격이 비슷한 인물을 떠올려 어떤 성격이 비슷한지 쓰시오.
서술형

_____

_____

15~17

가 우봉이는 시장 골목으로 들어갔어요. 할아버지는 구경하느라 느릿느릿 걸으며 가다 서다를 반복했어요. 우봉이는 할아버지보다 앞서가며 눈을 굴렸어요. 두부 가게가 어디 있나 하고요.

'어, 주은이잖아!'

주은이가 채소 ㉠가게 안에서 젓가락질 연습을 하고 있었어요. 나무젓가락으로 강낭콩을 들었다 놓았다 하고 있었어요. 주은이 옆에는 한 아줌마가 있었는데 생김새가 좀 남달랐어요. 얼굴도 가무잡잡했어요. 아줌마가 대나무로 만든 작은 그릇에서 뭔가를 꺼내 조몰락조몰락했어요.

"그렇게 먹지 마. 정말 싫어."

주은이가 아줌마에게 화를 내듯 크게 말했어요.

"카오리아오는 이렇게 쏜으로 먹는 꺼야. 우리 꼬향에선 다 끄래."

아줌마는 목소리도 컸어요. 그렇다고 주은이처럼 화난 건 아니었어요. 웃고 있었으니까요.

나 메추리알을 집으려던 우봉이는 문득 생각난 게 있어 젓가락질을 멈췄어요.

"궁금한 게 있는데요, 손으로 밥을 조몰락조몰락해서 먹는 건 나쁜 거죠? 그런 사람 야만인이죠? 원시인이죠?"

우봉이가 묻자 아빠가 말씀하셨어요.

"왜? 아는 사람 중에 그런 사람이라도 있어?"

"아, 아니요. 그냥 어디서 봤는데, 우리나라 사람은 아니에요."

"손으로 밥 먹는 사람들도 있긴 있지. 인도라는 나라 알지? 그 나라에도 그냥 맨손으로 밥을 먹는 사람들이 있어."

15 ㉠과 뜻이 비슷한 낱말을 모두 고르시오.

( )

① 상점　　② 건물　　③ 점포
④ 점방　　⑤ 실내

16 손으로 음식을 먹는 것에 대한 우봉이의 생각을 알 수 있는 세 글자의 낱말을 두 가지 찾아 쓰시오.

( )

17 우봉이에게 일어난 일을 차례대로 정리할 때, 빈칸에 알맞은 말을 쓰시오.
서술형

┌─────────────────────────────┐
│ 우봉이가 시장에서 (1) _____ │
│   │
│ _____ → 우봉이네   │
│   │
│ 가족이 (2) _____ │
└─────────────────────────────┘

18~19 국어 활동

가 영란이는 아버지가 여간해서 그렇게 술을 많이 들지 않는다는 걸 알고 있다. 술을 먹어도 막걸리 한두 잔이 전부다.

'혹시 아버지가 뒷문으로 돌아가는 날 보았을까. 아냐, 그럴 리가 없어. 그래도 혹시 모르지. 아냐, 그럴 리가 없어!'

나 "이걸 여태 먹지 않고 호주머니에 넣어 가지고 다니다니! 에그, 징한 양반. 모정에서 노인들 간식으로 나누어 준 것이 한참 되었는디. 니 아버지가 초코파이를 얼마나 좋아하냐. 그런데 그걸 널 준다고 먹지 않고 가지고 다녀 쌓더니만."

18 이 글에서 가장 먼저 일어난 일에 ○표 하시오.

(1) 영란이가 아버지를 피하였다. ( )
(2) 아버지께서 술을 드시고 오셨다. ( )
(3) 어머니께서 초코파이를 발견하셨다. ( )

19 이 글에서 아버지의 사랑을 느낄 수 있는 물건을 찾아 쓰시오.

( )

20 이야기책의 앞표지에 넣을 내용으로 알맞지 <u>않은</u> 것은 무엇입니까? ( )

① 지은이　　　　② 출판사
③ 책 제목　　　　④ 책을 읽는 방법
⑤ 등장인물의 모습

점수

1

가 경찰관이 살짝 웃으며 말했습니다.

"아무렴. 법에는 말이다, 너희 같은 사람은 버스 뒷자리에 앉아야 한다고 나와 있단다. 그래서 말인데, 법을 어기고 싶지 않다면 네 자리로 돌아가거라."

나 이튿날 아침, 어머니께서 사라에게 버스를 타는 대신 걸어가는 것이 어떻겠느냐고 물으셨습니다. 어머니께서는 웃으려고 애를 쓰셨지만, 사라는 어머니의 눈에 고인 눈물을 보았습니다.

다 사라와 어머니는 버스 정류장을 천천히 지나갔습니다. 사람들이 고개를 돌려 수군거렸습니다. 사라 또래의 남자아이 하나가 신문과 연필을 가지고 뛰어왔습니다.

"사인 좀 해 줄래? 오랫동안 간직하고 싶어."

라 흑인이고 백인이고 할 것 없이 많은 사람이 몰려와 사라에게 악수를 청했습니다. 신문 기자가 또다시 사진을 찍으려고 왔습니다. 사람들은 사라를 뒤따라 걸었습니다.

사라는 마음이 뿌듯했습니다.

어머니께서 말씀하셨습니다.

"웃어도 괜찮아. 넌 특별한 아이잖니?"

그날은 어떤 흑인도 버스를 타지 않았습니다.

1 **단계** **낱말 쓰기** 글 **나**~**라**에 등장하는 인물을 모두 쓰시오. [4점]

(   )

2 **단계** **문장 쓰기** 글 **나**~**라**에 나타난 배경과 사건을 정리하여 빈칸에 알맞게 쓰시오. [6점]

배경	(1)
사건	(2)

3 **단계** **생각 쓰기** 사라, 사라의 어머니, 흑인들이 버스를 타지 않고 걸은 까닭은 무엇인지 쓰시오. [6점]

_____

_____

2~3

가 "땡!" / "벌써 삼십 초가 지났어요? 하나만 더 옮겼으면 초급 합격인데."

우봉이가 몹시 아쉬워했어요.

할아버지가 우봉이 등을 다독이며 말씀하셨어요.

"우리 우봉이 아주 잘하는구먼. 젓가락을 바르게 사용할 줄 아니까, 조금만 더 연습하면 거뜬하겠구먼."

우봉이는 할아버지 말씀에 용기가 났어요. 할아버지는 접시 한쪽에 바둑알을 수북이 놓았어요. 우봉이는 나무젓가락으로 바둑알을 집어 빈 접시로 옮기는 연습을 계속했어요.

나 교실로 돌아왔을 때, 책상이 칠판 앞으로 옮겨져 있었어요. 주은이 책상도 마찬가지였어요. 그 두 책상 사이에는 교탁이 있었고, 교탁 위에는 스티커가 가득 든 유리병과 상품권이 든 파란 봉투가 놓여 있었어요.

"젓가락왕을 가리는 거니까 아이들이 잘 봐야겠지? 그래서 옮겼어."

선생님 말씀을 듣고 우봉이는 앞으로 나가 앉았어요. 주은이도 자기 책상을 찾아가 앉았어요.

다 "자, 그럼 똑같이 콩 열두 개씩 옮긴 주은이와 우봉이가 한 번 더 젓가락질 솜씨를 뽐내 보세요. 그런데 이번에는 삼십 초가 아니라 일 분으로 하겠어요."

2 다음 사건의 결과를 정리하여 쓰시오. [4점]

> 우봉이는 젓가락 달인 대회에서 이기려고 할아버지와 함께 열심히 젓가락질을 연습하였다.

_____

_____

3 우봉이가 게으른 성격이었다면 어떤 일이 일어났을지 쓰시오. [6점]

_____

_____

4 이야기 속 세상

학습 주제	이야기를 꾸며 책 만들기	배점	25점
학습 목표	이야기를 꾸며 책을 만들 수 있다.		

1 인물의 성격을 바꾸어 이야기를 꾸미려고 합니다. 새로 꾸미고 싶은 이야기를 정하여 빈칸에 알맞게 쓰시오. [10점]

꾸며 쓸 이야기	(1)
성격을 바꾸고 싶은 인물	(2)
인물의 원래 성격	(3)
인물의 새로운 성격	(4)

2 〈문제 1번〉에서 정리한 내용을 바탕으로 하여 새로 꾸밀 이야기의 구성 요소를 생각그물로 정리해 쓰시오. [15점]

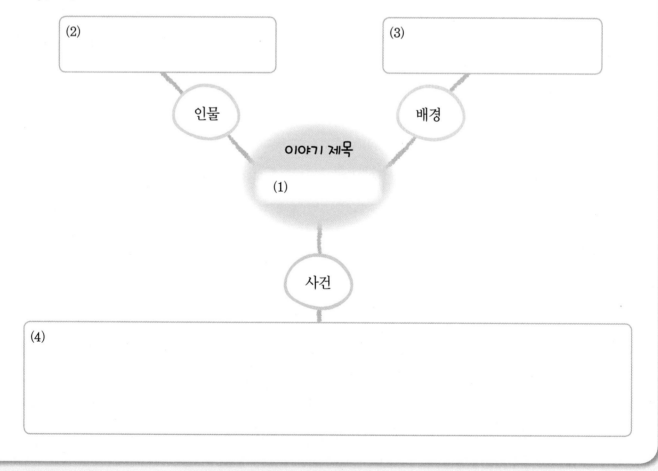

5 의견이 드러나게 글을 써요

★★ **1 문장의 짜임**

① '누가/무엇이+어찌하다'에서 '어찌하다'는 움직임을 나타냅니다.
　　　　　　　　　　　　　예 달리다, 먹는다
② '누가/무엇이+어떠하다'에서 '어떠하다'는 '누가/무엇이'의 성질이나 상태
　를 나타냅니다.　예 빨갛다, 둥글다

2 문장의 짜임을 알면 좋은 점

① 문장을 두 부분으로 끊어 읽으면 이해하기 쉽습니다.
② 문장을 두 부분으로 나눠서 앞뒤 연결이 자연스러운지 생각하며 글을 쓸
　수 있습니다.
　'누가/무엇이' 부분과 '무엇이다/어찌하다/어떠하다' 부분으로 나누어요.
③ 문장의 뒷부분을 살피면서 앞부분을 보면 어색한 문장을 자연스럽게 고
　칠 수 있습니다.

3 문장의 짜임에 맞게 문장 쓰기

① 이야기의 흐름을 생각하며 내용을 간추려 봅니다.
② 간추린 문장이 문장의 짜임에 맞는지 생각해 봅니다.
③ 문장을 두 부분으로 나누어 자연스러운 문장인지 판단해 봅니다.

예 「목홧값을 누가 물어야 하나?」의 주요 사건을 문장의 짜임에 맞게 쓰기

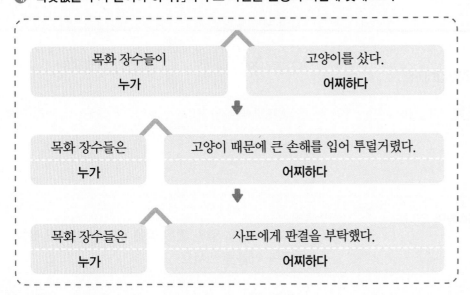

목화 장수들이	고양이를 샀다.
누가	어찌하다

목화 장수들은	고양이 때문에 큰 손해를 입어 투덜거렸다.
누가	어찌하다

목화 장수들은	사또에게 판결을 부탁했다.
누가	어찌하다

★★ **4 의견을 제시하는 글을 쓰는 방법**

① 문제 상황을 자세히 씁니다.
② 자신의 의견과 의견을 뒷받침하는 까닭이 잘 드러나게 씁니다.
③ 읽는 사람을 생각하며 예의 바르게 글을 씁니다.
④ 문장의 짜임이 자연스럽게 글을 씁니다.
　→ '누가/무엇이'와 '무엇이다/어찌하다/어떠하다'의 연결이 자연스러운 문장을 써요.

개념 확인하기　　　정답과 풀이 17쪽

1 다음 빈칸에 알맞은 말을 쓰시오.

> '누가/무엇이+어찌하다'에서 '(　　　　)'는 움직임을 나타낸다.

2 문장의 짜임을 알면 좋은 점으로 알맞은 것에 ○표 하시오.

⑴ 어색한 문장을 고치지 않아도 된다. (　　　)
⑵ 문장을 두 부분으로 끊어 읽으면 이해하기 쉽다. (　　　)

3 문장을 두 부분으로 바르게 나눈 것의 기호를 쓰시오.

> ㉮ 목화 장수들이 고양이를 + 샀다.
> ㉯ 목화 장수들이 + 고양이를 샀다.

(　　　　　　　)

4 의견을 제시하는 글을 쓰는 방법을 생각하며 빈칸에 알맞은 말을 쓰시오.

⑴ 자신의 의견과 의견을 뒷받침하는 (　　　　)이/가 잘 드러나게 쓴다.
⑵ (　　　　)을/를 생각하며 예의 바르게 쓴다.

1~5

> 늙은 농부의 세 아들은 ㉠게을렀습니다.
>
> ↓
>
> ㉡늙은 농부는 세 아들에게 밭에 보물이 있다고 말해 주었습니다.
>
> ↓
>
> ㉢세 아들은 밭으로 달려갔습니다.
>
> ↓
>
> ㉣아버지께서 밭에 묻어 두신 보물은 주렁주렁 열린 포도송이였습니다.

1 ㉠은 문장의 짜임 중에서 무엇에 해당합니까?
( )

① 누가
② 무엇이
③ 어찌하다
④ 어떠하다
⑤ 무엇이다

교과서 문제
2 ㉡에서 '누가'에 해당하는 부분은 무엇입니까?
( )

① 늙은
② 늙은 농부는
③ 세 아들에게
④ 늙은 농부는 세 아들에게
⑤ 늙은 농부는 세 아들에게 밭에 보물이 있다고

3 ㉢의 짜임으로 알맞은 것은 무엇입니까? ( )

① 누가+어떠하다
② 누가+어찌하다
③ 누가+무엇이다
④ 무엇이+어찌하다
⑤ 무엇이+어떠하다

4 아버지께서 밭에 있다고 한 보물은 무엇이었는지 쓰시오.

( )

5★ ㉣을 문장의 짜임에 맞게 나누어 쓰시오.

무엇이	(1)
무엇이다	(2)

6 다음은 주어진 문장의 뒷부분에 이어 다음 문장을 완성한 것입니다. 빈칸에 알맞은 말을 쓰시오.
서술형

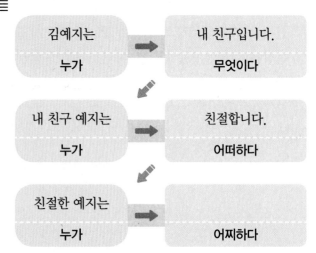

| 김예지는 | → | 내 친구입니다. |
| **누가** | | **무엇이다** |

| 내 친구 예지는 | → | 친절합니다. |
| **누가** | | **어떠하다** |

| 친절한 예지는 | → | |
| **누가** | | **어찌하다** |

교과서 문제
7 문장의 짜임을 알면 좋은 점을 바르게 말하지 <u>못한</u> 친구의 이름을 쓰시오.

> 지환: 문장을 두 부분으로 끊어 읽으면 이해하기 쉬워.
> 민찬: 문장의 뒷부분만 읽고도 문장의 뜻을 정확하게 파악할 수 있어.
> 나연: 문장을 두 부분으로 나눠서 앞뒤 연결이 자연스러운지 생각하며 글을 쓸 수 있어.

( )

목홧값을 누가 물어야 하나?

• 글의 종류: 옛이야기
• 글의 특징: 고양이 때문에 목화를 보관해 둔 광에 불이 난 내용으로, 목홧값을 누가 물어야 하는지에 대한 목화 장수들의 의견과 까닭이 잘 드러나 있습니다.

미리 보기

목화 장수들이 광 속에 있는 목화를 어지럽히는 쥐들 때문에 고양이를 샀습니다.	고양이가 다리를 다치자 그 다리를 맡은 목화 장수가 고양이 다리에 산초기름을 발라 주었습니다.	고양이 다리에 불이 붙어 광 속에 있던 목화가 몽땅 불에 탔습니다.	목화 장수들은 서로 목홧값을 물어내라며 다투다가 사또를 찾아갔습니다.

1 옛날 어느 마을에 목화 장수 네 사람이 살았다. 그들은 싼 목화가 있으면 함께 사서 큰 광 속에 보관해 두었다가 값이 오르면 팔았다. 그런데 그 광에는 쥐가 많아 목화를 어지럽히기도 하고 오줌을 싸기도 했다. 목화 장수들은 궁리 끝에 광에 고양이를 기르기로 하 <u>광 속에 있는 쥐들을 잡을 방법을 생각함.</u> 고 똑같이 돈을 내어 고양이를 샀다. 그러고는 공동 책임을 지려고 고양이의 다리 하나씩을 각자 몫으로 정 <u>공동 책임을 지기 위한 방법</u> 하고 고양이를 보살피기로 했다.

중심 내용 **1** 목화 장수 네 사람은 광 속에 보관한 목화를 지키려고 고양이를 샀고, 고양이의 다리 하나씩을 각자 몫으로 정하고 보살피기로 했다.

> 글 **1**의 주요 사건을 정리한 문장을 짜임에 맞게 나누는 문제가 자주 출제돼.

2 어느 날, 고양이가 다리 하나를 다쳤다. 그 다리를 맡은 목화 장수는 고양이 다리에 산초기름을 발라 주었다. 그런데 마침 추운 겨울철이라, 아궁이 곁에서 불을 쬐던 고양이의 다리에 불이 붙고 말았다. ㉠고양이는 얼른 시원한 광 속으로 도망을 쳐서 목화 더미 위에서 굴렀다. 순식간에 목화 더미에 불이 번져 광 속의 목화가 몽땅 타 버리고 말았다.

중심 내용 **2** 목화 장수 한 명이 다리를 다친 고양이의 다리에 산초기름을 발라 주었는데, 그 다리에 불이 붙어서 광 속의 목화가 몽땅 타 버렸다.

◀ 목화

목홧값 '목화'와 '값'이 합해진 말.
광 살림살이에 필요한 여러 가지 물건을 넣어 두는 곳. 예 쓰지 않는 물건을 광에 넣어 놓았습니다.

궁리(窮 다할 궁, 理 다스릴 리) 마음속으로 이리저리 따져 깊이 생각함. 또는 그런 생각. 예 궁리 끝에 책을 사기로 마음먹었습니다.
산초기름 산초나무 열매로 짠 기름.

---

1 목화 장수들이 광 속의 목화를 지키기 위해 생각해 낸 방법은 무엇입니까? ( )

① 광에 쥐덫을 놓았다.
② 목화를 안전한 곳에 숨겼다.
③ 목화를 똑같이 나누어 가졌다.
④ 갖고 있던 목화를 모두 팔아 버렸다.
⑤ 광에서 기를 고양이를 사서 다리 하나씩을 맡아 고양이를 보살피기로 했다.

2★ 글 **1**에서 일어난 일을 정리한 다음 문장에서 '어찌하다'에 해당하는 부분에 밑줄을 그으시오.

> 목화 장수들이 고양이를 샀다.

3 목화 장수가 다리를 다친 고양이에게 발라 준 것은 무엇인지 쓰시오.

( )

4 ㉠ 때문에 일어난 일은 무엇입니까? ( )

① 목홧값이 올랐다.
② 고양이가 다리를 다쳤다.
③ 고양이 다리에 불이 붙었다.
④ 광 속의 목화가 몽땅 타 버렸다.
⑤ 목화 장수들도 아궁이 곁에서 불을 쬐었다.

❸ 목화 장수 네 명은 뜻하지 않게 큰 손해를 보게 되었다. 그러자 고양이의 성한 다리를 맡았던 목화 장수 세 명이 투덜투덜 불평을 늘어놓았다.

"이번 불은 순전히 고양이의 아픈 다리를 맡았던 저 사람 때문이야. 하필이면 불이 잘 붙는 산초기름을 발라 줄 게 뭐야?"

"맞아, 그러니 목홧값을 그 사람에게 물어 달라고 하자."
_{고양이의 아픈 다리를 맡았던 목화 장수}

세 사람은 고양이의 아픈 다리를 맡았던 사람에게 목홧값을 물어내라고 했다. 억울한 그 목화 장수는 절대 목홧값을 물어 줄 수 없다며 큰 싸움을 벌였다.

"불이 붙은 고양이가 광으로 도망칠 때는 성한 세 다리로 도망쳤잖아? 그러니까 광에 불이 난 것은 순전히 너희가 맡은 세 다리 때문이야."

손해(損 덜 손, 害 해할 해) 물질적으로나 정신적으로 밑짐. ⑩ 값을 너무 많이 깎아 줘서 손해가 큽니다.
성한 몸에 병이나 탈이 없는. ⑩ 일을 많이 했더니 몸이 성한 곳이 없는 것 같습니다.

아무리 싸워도 해결이 나지 않자, 네 사람은 고을 사또를 찾아가 판결을 해 달라고 부탁했다.
_{누가 목홧값을 물어야 하는지 결정해 달라고 부탁함.}

중심 내용 ❸ 목화 장수들이 서로 목홧값을 물어야 한다고 싸우다가 고을 사또를 찾아가 판결을 해 달라고 부탁했다.

핵심내용 「목홧값을 누가 물어야 하나?」에서 등장인물의 의견 정리하기

고양이의 성한 다리를 맡았던 목화 장수들	고양이의 ❶ ㅇ ㅍ 다리를 맡았던 사람이 목홧값을 물어야 한다.
고양이의 아픈 다리를 맡았던 목화 장수	고양이의 ❷ ㅅ ㅎ 다리를 맡았던 목화 장수 세 명이 목홧값을 물어야 한다.

순전히 순수하고 완전하게. ⑩ 짝이 지각한 이유는 순전히 늦잠을 잤기 때문일 것입니다.
판결(判 판단할 판, 決 결단할 결) 옳음과 그름이나 착한 것과 악한 것을 판단하여 결정함.

교과서 문제
5 글 ❸에서 일어난 일을 정리한 다음 문장을 '누가+어찌하다'로 나누어 쓰시오.

> 목화 장수들은 고양이 때문에 큰 손해를 입어 투덜거렸다.

누가	어찌하다
(1)	(2)

6* 다음은 누구의 의견인지 쓰시오.

> 다리에 불이 붙은 고양이가 광으로 도망칠 때는 성한 세 다리로 도망쳤으니 목홧값은 고양이의 성한 다리를 맡은 목화 장수들이 물어야 한다.

( )

7 목화 장수 네 사람이 고을 사또를 찾아간 까닭은 무엇입니까? ( )

① 고양이의 주인이 고을 사또여서
② 고을 사또가 목화 장수들을 불러서
③ 고을 사또에게 목화를 팔기 위해서
④ 아무리 싸워도 해결이 나지 않아서
⑤ 고을 사또에게 목홧값을 빌리기 위해서

8 자신이 고을 사또라면 어떤 판결을 내렸을지 쓰시오.
서술형

목홧값을 물어야 할 사람	(1)
그 까닭	(2)

댐 건설 기관 담당자님께

안녕하세요?

저는 산 깊고 물 맑은 상수리에 사는 김효은입니다. 우리 마을은 앞으로 만강이 흐르고, 뒤로는 우뚝 솟은 산봉우리들이 병풍처럼 둘러싸여 한 폭의 그림처럼 아름답습니다.

숲에는 천연기념물인 황조롱이, 까막딱따구리 같은 새들과 하늘다람쥐가 삽니다. 그리고 만강에는 쉬리나 배가사리, 금강모치 같은 우리나라의 토종 물고기가 많이 삽니다.

그런데 어제 만강에 댐을 건설할 수 있는지 알아보려고 담당자들께서 우리 마을을 방문하셨습니다. _{댐 건설 담당자들께서 상수리 마을을 방문한 까닭} ㉠담당자들께서는 작년에 비가 많이 와서 만강 하류에 있는 도시에 물난리가 났다고 말씀하셨습니다. 그래서 ㉡홍수를 막으려면 우리 마을에 댐을 건설해야 한다고 하셨습니다. _{댐 건설 담당자들의 의견}

하지만 ㉢저는 댐을 건설하는 것에 반대합니다. 우리 상수리에 댐을 건설하면 ㉣숲에 사는 동물들이 살 곳을 잃고, 우리는 만강의 물고기들을 다시는 볼 수 없게 될 것입니다. 그리고 ㉤마을 어른들께서는 평생 살아온 고향을 떠나야 한다고 말씀하십니다. 우리 마을에 댐을 건설하기로 한 계획을 취소해 주시기를 부탁합니다.

20○○년 10월 ○○일

김효은 올림

- 글의 종류: 편지
- 글의 특징: 효은이가 댐 건설 기관 담당자에게 댐 건설을 반대하는 의견을 쓴 편지입니다.

핵심내용 **효은이의 의견과 까닭 정리하기**

의견	상수리에 댐을 건설하는 것을 ❸ ㅂ ㄷ 한다.
그렇게 생각한 까닭	• 숲에 사는 동물들이 살 곳을 잃기 때문이다. • 만강의 물고기들을 다시는 볼 수 없기 때문이다. • 마을 어른들께서는 평생 살아온 고향을 떠나셔야 하기 때문이다.

토종(土 흙 토, 種 씨 종) 본디부터 그곳에서 나는 종자. 예 우리 동네에 토종 농산물을 파는 가게가 생겼습니다.

하류(下 아래 하, 流 흐를 류) 강이나 내의 아래쪽 부분. 예 물고기를 강 하류에 놓아 보냈습니다.

---

9 누가 누구에게 쓴 편지인지 쓰시오.

( )이/가 ( )에게

10 글쓴이가 편지를 쓴 까닭은 무엇입니까?( )

① 홍수를 막아 주기를 부탁하려고
② 상수리 마을의 아름다움을 알리려고
③ 만강에 댐을 건설할 수 있는지 알아보려고
④ 상수리에 댐을 건설하면 좋은 점을 물어보려고
⑤ 상수리에 댐을 건설하려는 계획을 취소해 주기를 부탁하려고

11 상수리 마을의 모습으로 알맞지 <u>않은</u> 것은 무엇입니까? ( )

① 산이 깊다.
② 만강의 물이 메말라 간다.
③ 숲에는 천연기념물인 새들이 산다.
④ 우뚝 솟은 산봉우리들이 둘러싸고 있다.
⑤ 만강에 우리나라의 토종 물고기들이 산다.

12 ㉠~㉤ 중 글쓴이의 의견이 잘 드러난 부분은 어디입니까? ( )

① ㉠ ② ㉡ ③ ㉢
④ ㉣ ⑤ ㉤

김효은 학생에게

안녕하세요?

<u>김효은 학생의 편지를 잘 읽었습니다.</u>
　　　　김효은 학생이 보낸 편지의 답장임을 알 수 있는 부분

아름다운 상수리가 댐 건설로 겪게 될 어려움을 잘 압니다. 하지만 ㉠상수리 주변에 사는 주민들이 홍수로 겪는 정신적·물질적 피해는 해마다 늘어나고 있습니다.

만강에 댐을 건설하면 여름철에 폭우로 생기는 문제를 막을 수 있습니다. 비가 내리는 대로 내버려두면, 강 하류에서는 강물이 넘쳐서 논밭이 빗물에 잠기기도 합니다.

그리고 집과 길이 부서지고 심지어 사람이 목숨까지 잃을 만큼 위험합니다. 하지만 댐을 건설하면 홍수로 인한 이런 피해를 막을 수 있습니다.

<u>상수리에 댐을 건설해야 합니다.</u> 우리는 상수리 마을 주민들에게 피해가
　　　　글쓴이의 의견
가지 않도록 주민들이 이사하는 데 모든 지원을 아끼지 않을 것입니다. 댐 건설에는 상수리 마을 주민들의 협조가 필요합니다. 김효은 학생도 이러한 점을 잘 이해해 주시기를 바랍니다.

20○○년 10월 ○○일
댐 건설 기관 담당자 드림

> 댐 건설에 대한 글쓴이의 의견을 묻는 문제가 자주 출제돼.

- 글의 종류: 편지
- 글의 특징: 상수리 마을에 댐을 건설하는 문제에 대한 댐 건설 담당자의 의견과 그 까닭이 잘 드러난 편지입니다.

핵심내용 댐 건설 기관 담당자의 의견과 까닭 정리하기

의견	상수리에 댐을 ❹ ㄱ ㅅ 해야 한다.
그렇게 생각한 까닭	• 폭우로 생기는 문제를 막을 수 있다. • 홍수로 인한 피해를 막을 수 있다.

폭우(暴 사나울 폭, 雨 비 우) 갑자기 세차게 쏟아지는 비.
지원(支 지탱할 지, 援 도울 원) 지지하여 도움. 예 홍수로 피해를 입은 주민들에게 지원을 아끼지 않을 것입니다.
협조(協 화합할 협, 助 도울 조) 힘을 보태어 도움.

교과서 문제

13 이와 같은 의견을 제시하는 글을 쓰는 방법으로 알맞지 <u>않은</u> 것은 무엇입니까? (　　　)

① 자신의 의견을 제시한다.
② 문장의 짜임을 살피며 쓴다.
③ 의견을 뒷받침하는 까닭을 쓴다.
④ 문제 상황이 드러나지 않게 쓴다.
⑤ 읽을 사람을 생각하며 예의 바르게 쓴다.

14 이 편지에 대한 설명으로 알맞지 <u>않은</u> 것의 기호를 쓰시오.

> ㉠ 편지를 받는 사람은 김효은 학생이다.
> ㉡ 글쓴이는 댐을 건설하는 것에 반대한다.
> ㉢ 편지를 쓴 사람은 댐 건설 기관 담당자이다.

(　　　)

15 ㉠은 의견을 제시하는 글에 들어가는 내용 중 무엇에 해당하는지 보기 에서 찾아 쓰시오.

> **보기**
> 문제 상황, 의견, 까닭

(　　　)

16★ 글쓴이의 의견을 뒷받침하는 까닭을 두 가지 고르시오. (　　　)

① 논밭이 빗물에 잠길 수 있다.
② 폭우를 내리지 않게 할 수 있다.
③ 홍수로 인한 피해를 막을 수 있다.
④ 상수리 마을이 더욱 아름답게 될 것이다.
⑤ 여름철 폭우로 생기는 문제를 막을 수 있다.

1 다음 중 학급 신문을 만들 때 가장 먼저 해야 하는 일은 무엇입니까? ( )

① 학급 신문의 주제 정하기
② 학급 신문의 이름 정하기
③ 자신의 의견을 뒷받침할 자료 찾기
④ 각자가 적은 종이를 모둠별로 학급 신문에 붙이기
⑤ 자신의 의견과 의견을 뒷받침하는 까닭을 종이에 적기

2 다음 그림 속 친구들은 무엇을 하고 있습니까? ( )

① 학급 신문의 주제를 정하고 있다.
② 학급 신문의 이름을 정하고 있다.
③ 학급 신문을 교실에 전시하고 있다.
④ 학급 신문을 만들 날짜를 정하고 있다.
⑤ 학급 신문에 실을 의견을 정하고 있다.

교과서 문제

3 우리 반에서 만들 학급 신문의 주제로 알맞은 것의 기호를 쓰시오.

> ㉮ 지구 환경 살리기
> ㉯ 내 동생이 고쳐야 할 습관
> ㉰ 우리 집 청소 당번 정하기

( )

4 학급 신문에 의견을 제시하는 글을 쓸 때 주의할 점으로 알맞지 않은 것은 무엇입니까? ( )

① 제목을 써야 한다.
② 알맞은 까닭을 들어야 한다.
③ 문제 상황을 제시해야 한다.
④ 자신의 의견을 분명히 밝혀야 한다.
⑤ 읽는 사람이 들어줄 수 없더라도 주제와 관계 있는 의견을 제시한다.

5 학급 신문에 다음과 같은 의견을 실으려고 합니다. 의견을 뒷받침하는 까닭을 쓰시오.

서술형

의견	일회용품 사용을 줄여야 한다.
까닭	

6 학급 신문에 실린 친구의 의견을 읽고 칭찬하는 댓글을 바르게 쓰지 못한 친구의 이름을 쓰시오.

> 승수: 문제 상황이 잘 드러나게 썼어요.
> 선영: 문장의 짜임을 생각하지 않고 자유롭게 썼어요.
> 은결: 의견과 그렇게 생각한 까닭이 잘 드러나게 썼어요.

( )

1 다음에 해당하는 속담을 보기 에서 찾아 문장의 짜임에 맞게 쓰시오.

> 바늘을 훔치던 사람이 계속 반복하다 보면 결국은 소까지도 훔친다는 뜻으로, 작은 나쁜 짓도 자꾸 하게 되면 큰 죄를 저지르게 됨을 비유적으로 이르는 말이다.

보기
• 바늘 가는 데 실 간다.
• 소 잃고 외양간 고친다.
• 바늘 도둑이 소도둑 된다.

누가/무엇이	무엇이다/어찌하다/어떠하다
(1)	(2)

2 다음 내용에 해당하는 속담을 문장의 짜임에 맞게 나눈 것은 무엇입니까? ( )

> 말은 비록 발이 없지만 천 리 밖까지도 순식간에 퍼진다는 뜻으로, 말을 삼가야 함을 비유적으로 이르는 말이다.

① 빈 + 수레가 요란하다.
② 빈 수레가 + 요란하다.
③ 발 없는 + 말이 천 리 간다.
④ 발 없는 말이 + 천 리 간다.
⑤ 발 없는 말이 천 리 + 간다.

3 다음 중 문장의 짜임에 맞게 나누지 못한 것은 무엇입니까? ( )

① 맛있는 + 것은 바나나이다.
② 바나나는 + 길다.
③ 긴 것은 + 기차이다.
④ 기차는 + 빠르다.
⑤ 빠른 것은 + 비행기이다.

4~5

함께 사는 다문화, 왜 중요할까요?

• 글의 종류: 주장하는 글   • 글쓴이: 홍명진
• 글의 특징: 다문화 사회를 준비하는 마음가짐을 가져야 한다는 의견이 담긴 글입니다.

가 우리는 지금부터 다문화 사회를 준비하는 마음가짐을 가져야 해요. 노르웨이가 그랬듯이 관용의 자세로 다른 문화와 민족을 받아들이고 화합하는 법을 배워야겠지요.
관용: 자신과 다른 사람의 차이를 인정하고 그 차이를 너그럽게 이해함.

나 다문화를 받아들이는 방법은 나와 다른 사람을 특별 대우 하는 것이 아니에요. 그들을 관심, 교육, 온정의 대상이 아니라 길거리에서 만나도 신기하지 않은 평범한 이웃이나 친구로 대하는 것이지요. 지하철 옆자리에 앉아도, 식당에서 마주쳐도 아무도 흘긋흘긋 훔쳐보지 않는 편안한 세상, '그들'이 아닌 '우리 중 하나'가 되게 하는 것이죠. 그리고 시간이 얼마쯤 더 지나면, 우리 동네에서 나와 피부색이 다른 경찰관, 소방관, 주민 센터 직원을 만날 수 있게 될지 모릅니다.
온정: 따뜻한 사랑이나 인정

다 사회의 발전을 함께 이끄는 구성원으로 이들을 받아들인다면 한국은 주변 국가로부터 본받을 만한 나라로 인정받을 겁니다.
 "우리는 한 공동체의 구성원이야."
라고 손을 내밀 수 있는 국가야말로 열려 있는 사회이며 우리가 만들어가야 할 선진 국가의 모습이랍니다.

4 다문화를 받아들이는 방법으로 알맞은 것에 ○표 하시오.

(1) 나와 다른 사람을 특별 대우 한다. ( )
(2) 나와 다른 사람을 이웃이나 친구로 대한다. ( )

5 이 글을 읽고, 우리가 해야 할 일에 대한 의견을 쓰시오.
서술형

_____

_____

낱말의 뜻

1 낱말의 뜻에 알맞은 말을 (   ) 안에서 골라 ○표 하시오.

(1) 폭우 – 갑자기 세차게 쏟아지는 (비 , 눈).
(2) 성하다 – 몸에 병이나 탈이 (없다 , 있다).
(3) 하류 – 강이나 내의 (위쪽 , 아래쪽) 부분.
(4) 토종 – (나중에 , 본디부터) 그곳에서 나는 종자.

이어 주는 말

2 다음 (   ) 안에 들어갈 이어 주는 말을 보기 에서 찾아 쓰시오.

> **보기**
> 하지만   그리고   그래서

(1) 나는 햄버거를 좋아한다. (   ) 피자도 좋아한다.
(2) 축구화를 사고 싶다. (   ) 너무 비싸서 살 수가 없다.
(3) 버스를 놓치고 말았다. (   ) 약속 장소에 늦게 도착하였다.

헷갈리기 쉬운 말

3 보기 의 낱말과 뜻을 보고, 빈칸에 알맞은 낱말을 찾아 쓰시오.

> **보기**
> • 벌였다: 전쟁이나 말다툼 따위를 하다.
> • 벌렸다: 둘 사이를 넓히거나 멀게 하다.

(1) 우리는 만나기만 하면 말싸움을 (   ).
(2) 지하철에서 내 옆에 앉은 아저씨가 다리를 쫙 (   ).
(3) 초등학생의 스마트폰 사용에 대해 찬성편과 반대편이 논쟁을 (   ).

반대말

4 서로 반대되는 낱말의 뜻을 보고 빈칸에 알맞은 낱말을 쓰시오.

| □ □ | | 이 | 익 |

물질적으로나 정신적으로 밑짐.   ↔   물질적으로나 정신적으로 보탬이 되는 것.

낱말의 뜻

5 밑줄 친 부분과 바꾸어 써도 뜻이 통하는 낱말은 무엇입니까? (   )

> 목화 장수들은 <u>마음속으로 이리저리 따져 깊은 생각</u> 끝에 고양이를 샀다.

① 궁리   ② 협조   ③ 지원
④ 판결   ⑤ 해결

표준어

6 다음 간판에 쓰인 방언과 뜻이 같은 표준어가 잘못 짝 지어진 것은 무엇입니까? (   )

	방언	표준어
①	할매	할머니
②	부치기	부침개
③	콩주름	콩나물
④	강생이	강아지
⑤	오마니	아주머니

1 문장의 짜임이 알맞지 <u>않은</u> 것은 무엇입니까?

(   )

① 누가+무엇이다　　② 누가+어찌하다
③ 누가+어떠하다　　④ 무엇이+무엇이다
⑤ 무엇이다+어찌하다

2 ㉠은 문장의 짜임 중 무엇에 해당합니까?

(   )

> 늙은 농부는 ㉠세 아들에게 밭에 보물이 있다고 말해 주었습니다.

① 누가　　　　　　② 무엇이
③ 어찌하다　　　　④ 어떠하다
⑤ 무엇이다

3 다음 문장을 '누가+어찌하다'로 나누어 쓰시오.

> 세 아들은 밭으로 달려갔습니다.

누가	(1)
어찌하다	(2)

4 다음 문장의 짜임으로 알맞은 것은 무엇입니까?

(   )

> 김예지는 내 친구입니다.

① 누가+어떠하다　　② 누가+무엇이다
③ 누가+어찌하다　　④ 무엇이+어찌하다
⑤ 무엇이+어떠하다

5 다음 중 '무엇이+무엇이다'의 짜임으로 이루어진 문장은 무엇입니까? (   )

① 내 친구 예지는 친절합니다.
② 늙은 농부의 세 아들은 게을렀습니다.
③ 친절한 예지는 친구들을 잘 도와줍니다.
④ 부지런한 현서는 열심히 공부를 합니다.
⑤ 아버지께서 밭에 묻어 두신 보물은 주렁주렁 열린 포도송이였습니다.

6~7

> 옛날 어느 마을에 목화 장수 네 사람이 살았다. 그들은 싼 목화가 있으면 함께 사서 큰 광 속에 보관해 두었다가 값이 오르면 팔았다. 그런데 그 광에는 쥐가 많아 목화를 어지럽히기도 하고 오줌을 싸기도 했다. 목화 장수들은 궁리 끝에 광에 고양이를 기르기로 하고 똑같이 돈을 내어 고양이를 샀다. 그러고는 공동 책임을 지려고 고양이의 다리 하나씩을 각자 몫으로 정하고 고양이를 보살피기로 했다.

6 목화 장수 네 사람이 고양이를 산 까닭은 무엇입니까? (   )

① 광이 너무 커서
② 목화를 지키기 위해서
③ 고양이를 키우고 싶어서
④ 고양이가 목화를 좋아해서
⑤ 목화를 팔아 큰돈을 벌어서

7 목화 장수 네 사람이 고양이를 공동 책임지기 위해 생각해 낸 방법으로 알맞은 것의 기호를 쓰시오.

> ㉮ 각자 한 시간씩 고양이와 놀기로 하였다.
> ㉯ 하루씩 돌아가며 고양이를 돌보기로 하였다.
> ㉰ 고양이의 다리 하나씩을 맡아 보살피기로 하였다.

(   )

8~10

고양이의 성한 다리를 맡았던 목화 장수 세 명이 투덜투덜 불평을 늘어놓았다.

"이번 불은 순전히 고양이의 아픈 다리를 맡았던 저 사람 때문이야. 하필이면 불이 잘 붙는 산초기름을 발라 줄 게 뭐야?"

"맞아, 그러니 목홧값을 그 사람에게 물어 달라고 하자."

세 사람은 고양이의 아픈 다리를 맡았던 사람에게 목홧값을 물어내라고 했다. 억울한 그 목화 장수는 절대 목홧값을 물어 줄 수 없다며 큰 싸움을 벌였다.

"불이 붙은 고양이가 광으로 도망칠 때는 성한 세 다리로 도망쳤잖아? 그러니까 광에 불이 난 것은 순전히 너희가 맡은 세 다리 때문이야."

아무리 싸워도 해결이 나지 않자, 네 사람은 고을 사또를 찾아가 판결을 해 달라고 부탁했다.

8 고양이의 성한 다리를 맡았던 목화 장수 세 사람의 의견은 무엇입니까? ( )

① 자신들이 목홧값을 물어야 한다.
② 고양이가 목홧값을 물어야 한다.
③ 고을 사또가 목홧값을 물어야 한다.
④ 목화 장수 네 사람이 목홧값을 물어야 한다.
⑤ 고양이의 아픈 다리를 맡았던 사람이 목홧값을 물어야 한다.

9 목화 장수 네 사람이 문제를 해결하기 위해서 찾아간 사람은 누구인지 쓰시오.

( )

10 사또가 다음과 같이 판결했을 때, 빈칸에 알맞은 서술형 까닭을 쓰시오.

목홧값은 고양이의 성한 다리를 맡은 목화 장수 세 명이 물어야 한다. 왜냐하면 _____

_____

_____

국어 활동

11 다음에 해당하는 속담을 보기에서 찾아 문장의 짜임에 맞게 쓰시오.

실속 없는 사람이 겉으로 더 떠들어 댐을 비유적으로 이르는 말이다.

보기
• 빈 수레가 요란하다.
• 발 없는 말이 천 리 간다.

누가/무엇이	무엇이다/어찌하다/어떠하다
(1)	(2)

12~13

어제 만강에 댐을 건설할 수 있는지 알아보려고 담당자들께서 우리 마을을 방문하셨습니다. 담당자들께서는 작년에 비가 많이 와서 만강 하류에 있는 도시에 물난리가 났다고 말씀하셨습니다. 그래서 홍수를 막으려면 우리 마을에 댐을 건설해야 한다고 하셨습니다.

하지만 저는 댐을 건설하는 것에 반대합니다. 우리 상수리에 댐을 건설하면 숲에 사는 동물들이 살 곳을 잃고, 우리는 만강의 물고기들을 다시는 볼 수 없게 될 것입니다. 그리고 마을 어른들께서는 평생 살아온 고향을 떠나야 한다고 말씀하십니다. 우리 마을에 댐을 건설하기로 한 계획을 취소해 주시기를 부탁합니다.

12 글쓴이의 의견으로 알맞은 것에 ○표 하시오.

(1) 상수리에 댐을 건설해야 한다. ( )
(2) 만강 하류에 댐을 건설해야 한다. ( )
(3) 상수리에 댐을 건설하는 것에 반대한다. ( )

13 글쓴이의 의견을 뒷받침하는 까닭을 모두 고르시오. ( )

① 홍수를 막을 수 있다.
② 비가 내리지 않을 수 있다.
③ 숲에 사는 동물들이 살 곳을 잃는다.
④ 만강의 물고기들을 다시는 볼 수 없다.
⑤ 마을 어른들께서 고향을 떠나셔야 한다.

14~16

아름다운 상수리가 댐 건설로 겪게 될 어려움을 잘 압니다. 하지만 상수리 주변에 사는 주민들이 홍수로 겪는 정신적·물질적 피해는 해마다 늘어나고 있습니다.

㉠만강에 댐을 건설하면 여름철에 폭우로 생기는 문제를 막을 수 있습니다. ㉡비가 내리는 대로 내버려두면, 강 하류에서는 강물이 넘쳐서 논밭이 빗물에 잠기기도 합니다.

그리고 집과 길이 부서지고 심지어 사람이 목숨까지 잃을 만큼 위험합니다. 하지만 ㉢댐을 건설하면 홍수로 인한 이런 피해를 막을 수 있습니다.

㉣상수리에 댐을 건설해야 합니다. 우리는 상수리 마을 주민들에게 피해가 가지 않도록 주민들이 이사하는 데 모든 지원을 아끼지 않을 것입니다. ㉤댐 건설에는 상수리 마을 주민들의 협조가 필요합니다. 김효은 학생도 이러한 점을 잘 이해해 주시기를 바랍니다.

14 ㉠~㉤ 중 글쓴이의 의견이 잘 드러난 부분은 어디입니까? ( )

① ㉠ ② ㉡ ③ ㉢
④ ㉣ ⑤ ㉤

15 상수리에 댐을 건설하면 좋은 점을 두 가지 고르시오. ( )

① 홍수로 인한 피해를 막을 수 있다.
② 폭우로 생기는 문제를 막을 수 있다.
③ 비가 내리는 대로 내버려 둘 수 있다.
④ 상수리 마을 주민들이 이사할 수 있다.
⑤ 상수리 마을의 자연을 보호할 수 있다.

16 서술형
이 글을 읽고, 댐 건설에 대해 다음과 같은 의견을 제시하려고 합니다. 빈칸에 의견을 뒷받침하는 까닭을 쓰시오.

> 저는 댐 건설에 찬성합니다. 왜냐하면 _____

17 다음 중 의견을 제시할 필요가 있는 상황으로 알맞은 것을 두 가지 고르시오. ( )

① 친구들이 책을 많이 읽는 상황
② 친구들이 고운 말을 쓰는 상황
③ 학교 앞에 불법 주차된 차들이 없는 상황
④ 휴대 전화를 보면서 횡단 보도를 건너는 상황
⑤ 친구들이 인터넷에 있는 내용을 그대로 베껴 숙제를 하는 상황

18 다음 상황에 어울리는 의견의 기호를 쓰시오.

> 친구들이 편식을 하는 상황

> ㉮ 꾸준히 운동을 해야 한다.
> ㉯ 음식을 골고루 먹어야 한다.
> ㉰ 쓰레기 분리배출을 잘해야 한다.

( )

19 학급 신문을 만들 때 해야 할 일로 알맞지 않은 것은 무엇입니까? ( )

① 부모님의 의견을 적는다.
② 학급 신문의 주제를 정한다.
③ 학급 신문의 이름을 정한다.
④ 의견을 뒷받침하는 까닭을 적는다.
⑤ 자신의 의견을 뒷받침할 자료를 찾는다.

20 의견을 제시하는 글을 쓸 때 주의할 점으로 알맞지 않은 것은 무엇입니까? ( )

① 문장을 길게 쓴다.
② 알맞은 까닭을 든다.
③ 문제 상황을 제시한다.
④ 읽는 사람을 생각해 예의를 갖춘다.
⑤ 읽는 사람이 들어줄 수 있는 의견을 제시한다.

점수

1

목화 장수 네 명은 뜻하지 않게 큰 손해를 보게 되었다. 그러자 고양이의 성한 다리를 맡았던 목화 장수 세 명이 투덜투덜 불평을 늘어놓았다.

"이번 불은 순전히 고양이의 아픈 다리를 맡았던 저 사람 때문이야. 하필이면 불이 잘 붙는 산초기름을 발라 줄 게 뭐야?"

"맞아, 그러니 목홧값을 그 사람에게 물어 달라고 하자."

세 사람은 고양이의 아픈 다리를 맡았던 사람에게 목홧값을 물어내라고 했다. 억울한 그 목화 장수는 절대 목홧값을 물어 줄 수 없다며 큰 싸움을 벌였다.

"불이 붙은 고양이가 광으로 도망칠 때는 성한 세 다리로 도망쳤잖아? 그러니까 광에 불이 난 것은 순전히 너희가 맡은 세 다리 때문이야."

아무리 싸워도 해결이 나지 않자, 네 사람은 고을 사또를 찾아가 판결을 해 달라고 부탁했다.

1단계
낱말
쓰기

다음은 이 글에서 일어난 일을 '누가+어찌하다'의 짜임으로 간추린 것입니다. 빈칸에 들어갈 말을 쓰시오. [4점]

• (   ) 고양이 때문에 큰 손해를 입어 투덜거렸다.

2단계
문장
쓰기

이 글에서 가장 나중에 일어난 일을 '누가+어찌하다'의 짜임에 맞게 한 문장으로 쓰시오. [6점]

_____

_____

3단계
생각
쓰기

고양이의 아픈 다리를 맡았던 목화 장수의 의견을 까닭과 함께 쓰시오. [6점]

2~3

가 저는 댐을 건설하는 것에 반대합니다. 우리 상수리에 댐을 건설하면 숲에 사는 동물들이 살 곳을 잃고, 우리는 만강의 물고기들을 다시는 볼 수 없게 될 것입니다. 그리고 마을 어른들께서는 평생 살아온 고향을 떠나야 한다고 말씀하십니다. 우리 마을에 댐을 건설하기로 한 계획을 취소해 주시기를 부탁합니다.

나 만강에 댐을 건설하면 여름철에 폭우로 생기는 문제를 막을 수 있습니다. 비가 내리는 대로 내버려두면, 강 하류에서는 강물이 넘쳐서 논밭이 빗물에 잠기기도 합니다.

그리고 집과 길이 부서지고 심지어 사람이 목숨까지 잃을 만큼 위험합니다. 하지만 댐을 건설하면 홍수로 인한 이런 피해를 막을 수 있습니다.

상수리에 댐을 건설해야 합니다. 우리는 상수리 마을 주민들에게 피해가 가지 않도록 주민들이 이사하는 데 모든 지원을 아끼지 않을 것입니다. 댐 건설에는 상수리 마을 주민들의 협조가 필요합니다. 김효은 학생도 이러한 점을 잘 이해해 주시기를 바랍니다.

2 글 **가**와 **나**에 제시된 글쓴이의 의견을 각각 쓰시오. [8점]

글 **가**	(1)
글 **나**	(2)

3 글 **가**와 **나**를 읽고, 댐 건설에 대한 자신의 의견과 까닭을 쓰시오. [10점]

의견	(1)
까닭	(2)

5 의견이 드러나게 글을 써요

학습 주제	자신의 의견을 제시하는 글 쓰기	배점	24점
학습 목표	의견을 제시하는 글을 쓰는 방법을 알 수 있다.		

1 글 **가**와 **나**를 읽고, 의견을 제시하는 글을 쓰는 방법과 편지의 내용을 정리하여 쓰시오.

> **가** 어제 만강에 댐을 건설할 수 있는지 알아보려고 담당자들께서 우리 마을을 방문하셨습니다. 담당자들께서는 작년에 비가 많이 와서 만강 하류에 있는 도시에 물난리가 났다고 말씀하셨습니다. 그래서 홍수를 막으려면 우리 마을에 댐을 건설해야 한다고 하셨습니다.
>
> 하지만 저는 댐을 건설하는 것에 반대합니다. 우리 상수리에 댐을 건설하면 숲에 사는 동물들이 살 곳을 잃고, 우리는 만강의 물고기들을 다시는 볼 수 없게 될 것입니다. 그리고 마을 어른들께서는 평생 살아온 고향을 떠나야 한다고 말씀하십니다. 우리 마을에 댐을 건설하기로 한 계획을 취소해 주시기를 부탁합니다.
>
>   20○○년 10월 ○○일 / 김효은 올림
>
> **나** 아름다운 상수리가 댐 건설로 겪게 될 어려움을 잘 압니다. 하지만 상수리 주변에 사는 주민들이 홍수로 겪는 정신적·물질적 피해는 해마다 늘어나고 있습니다.
>
> 만강에 댐을 건설하면 여름철에 폭우로 생기는 문제를 막을 수 있습니다. 비가 내리는 대로 내버려두면, 강 하류에서는 강물이 넘쳐서 논밭이 빗물에 잠기기도 합니다.
>
> 그리고 집과 길이 부서지고 심지어 사람이 목숨까지 잃을 만큼 위험합니다. 하지만 댐을 건설하면 홍수로 인한 이런 피해를 막을 수 있습니다.
>
> 상수리에 댐을 건설해야 합니다. 우리는 상수리 마을 주민들에게 피해가 가지 않도록 주민들이 이사하는 데 모든 지원을 아끼지 않을 것입니다. 댐 건설에는 상수리 마을 주민들의 협조가 필요합니다. 김효은 학생도 이러한 점을 잘 이해해 주시기를 바랍니다.
>
>   20○○년 10월 ○○일 / 댐 건설 기관 담당자 드림

의견을 제시하는 글을 쓰는 방법	효은이가 쓴 편지	댐 건설 기관 담당자가 쓴 편지
문제 상황을 자세히 쓴다.	(1)	상수리 주변에 사는 주민들이 홍수로 겪는 정신적·물질적 피해는 해마다 늘어나고 있습니다.
(2)	저는 댐을 건설하는 것에 반대합니다.	상수리에 댐을 건설해야 합니다.
의견을 뒷받침하는 까닭을 쓴다.	댐을 건설하면 숲에 사는 동물들이 살 곳을 잃고, 우리는 만강의 물고기들을 다시는 볼 수 없게 될 것입니다. 그리고 마을 어른들께서는 평생 살아온 고향을 떠나야 한다고 말씀하십니다.	(3)

본받고 싶은 인물을 찾아봐요

★★ **1** 전기문의 특성

① 전기문은 인물의 삶을 사실에 근거해 쓴 글입니다.

② 전기문에는 인물이 살았던 시대 상황이 나타나 있습니다.

③ 전기문에는 인물이 한 일과 인물의 가치관이 나타나 있습니다.
<u>사람이 어떤 행동이나 일을 선택하고 실천하는 데 바탕이 되는 생각</u>

예 「김만덕」에 나타난 전기문의 특성

인물이 살았던 시대 상황	• 조선 시대에는 양반과 양민에 대한 신분 차별이 있었음. • 1790년부터 제주도에 4년 동안 흉년이 들었고, 이듬해 수확을 앞두고 태풍이 몰려와서 큰 피해를 입었음.
인물이 한 일	제주도에 흉년이 들어 사람들이 굶어 죽을 위기에 처했을 때 전 재산을 들여 육지에서 곡식을 사 오게 했고, 그것을 굶주린 사람들에게 나누어 주었음.
인물의 가치관	자신이 가진 것을 나누고 베푸는 삶을 중요하게 생각함.

2 전기문의 특성을 생각하며 읽는 방법

① 인물이 살아온 과정을 차례대로 정리해 봅니다.

② 인물이 한 일을 바탕으로 하여 인물의 가치관을 <u>짐작해 봅니다.</u>
⌐→인물의 가치관을 짐작하려면 생각이 드러난 곳, 인물이 처한 상황, 인물이 한 일의 까닭을 찾아봐요.

③ 전기문의 특성을 살려 내용을 요약해 봅니다.

예 「정약용」을 읽고 정약용이 살아온 과정을 차례대로 정리하기

1762년	지금의 경기도 남양주에 있는 마재에서 태어남.
열다섯 살 때	아버지를 따라 한양으로 가서 학문을 익힘.
서른한 살 때	임금의 명으로 거중기를 만들었음.
서른세 살 때	정조의 비밀 명령을 받고 암행어사가 됨.
쉰일곱 살 때	『목민심서』라는 책을 펴냈음.

3 인물의 본받을 점을 생각하며 전기문 읽기

① 인물의 생각을 짐작하며 읽어 봅니다.

② 인물의 말이나 행동에서 본받을 점을 찾아봅니다.
<u>인물의 가치관을 파악하면 인물에게서 본받을 점을 쉽게 찾을 수 있어요.</u>

예 「헬렌 켈러」에서 본받을 점 찾기

> 자신도 장애 때문에 배우는 것이 힘든데도, 다른 장애를 지닌 어린이를 적극적으로 도운 점을 본받고 싶어.

개념 확인하기
정답과 풀이 20쪽

6

1 인물의 삶을 사실대로 기록한 글을 무엇이라고 하는지 쓰시오.

( )

2 다음 빈칸에 알맞은 말을 차례대로 쓰시오.

> 전기문에는 인물이 살았던 ( ) 상황, 인물이 한 일, 어떤 행동이나 일을 선택하고 실천하는 데 바탕이 되는 생각인 인물의 ( ) 등이 나타나 있다.

3 전기문의 특성을 생각하며 읽는 방법으로 알맞지 <u>않은</u> 것에 ×표 하시오.

(1) 인물의 가치관을 짐작해 본다. ( )

(2) 인물이 살아온 과정을 생각하며 글을 읽는다. ( )

(3) 인물이 앞으로 할 일을 중심으로 요약해 본다. ( )

4 다음 ( ) 안에서 알맞은 말을 골라 ○표 하시오.

> 전기문은 인물의 말이나 (행동, 생김새)에서 본받을 점을 찾으며 읽어야 한다.

1~2

정원아, 여기서 뭐 해?

책에서 본 인물이 남달리 한 일을 알고 싶어서 그 인물의 전기문을 찾고 있어.

마침 나도 전기문에 나오는 인물이 살았던 시대는 지금과 어떻게 달랐는지 궁금했는데, 같이 전기문이 있는 '역사' 책꽂이로 가 보자.

교과서 문제

1 전기문은 도서관의 어느 책꽂이에서 찾을 수 있는지 쓰시오.

( ) 책꽂이

2 두 친구가 도서관에서 전기문을 찾으려고 한 까닭으로 알맞은 것을 두 가지 고르시오. ( )

① 인물이 살았던 시대가 궁금해서
② 인물의 가치관을 파악하고 싶어서
③ 인물에게 본받을 점을 알고 싶어서
④ 인물이 남달리 한 일이 알고 싶어서
⑤ 인물과 관련 있는 장소를 찾아가고 싶어서

3~4

가 우리나라 최초로 국어 문법의 틀을 세운 주시경이 살던 시대는 우리글이 있었지만 글을 읽지 못하는 사람들이 대부분이었다.

나 "장애는 불편하다. 하지만 불행하지는 않다."라는 말을 남긴 ⓒ 은/는 장애에 대한 편견을 없애는 데 큰 역할을 했다.

다 ⓒ 은/는 한자가 너무 어려워 많은 백성이 글로 자신의 생각을 표현하지 못하는 것을 안타깝게 여겨 훈민정음을 만들었다.

3 주시경 선생이 한 일은 무엇입니까? ( )

① 훈민정음을 만들었다.
② 한자를 우리말로 바꾸었다.
③ 우리나라 최초로 한글을 세계에 알렸다.
④ 장애에 대한 편견을 없애려고 노력했다.
⑤ 우리나라 최초로 국어 문법의 틀을 세웠다.

교과서 문제

4 ⓒ, ⓒ에 들어갈 인물의 이름을 보기 에서 찾아 쓰시오.

> **보기**
> 안중근, 세종 대왕, 마리 퀴리, 헬렌 켈러

(1) ⓒ: ( )
(2) ⓒ: ( )

5* 다음 대화로 보아, 전기문을 읽고 본받고 싶은 인물을 소개할 때 말할 내용으로 알맞은 것을 모두 고르시오. ( )

1 주시경 선생님은 어떤 일을 하셨기에 본받고 싶다는 거니?

2 백 년 전만 해도 글을 읽지 못하는 사람들이 대부분이었는데, 주시경 선생님의 노력 덕분에 지금은 우리글을 쉽게 배울 수 있는 거래.

3 주시경 선생님은 왜 그런 노력을 하셨을까?

4 우리나라가 외세의 침략을 받지 않고 잘 살려면 우리글을 모두가 알아야 한다고 생각하셨고, 그래서 누구나 쉽게 배울 수 있도록 문법을 연구하셨대.

① 인물의 모습
② 인물이 한 일
③ 본받고 싶은 까닭
④ 인물이 고쳐야 할 점
⑤ 인물이 살았던 시대 상황

김만덕
· 신현배

· 글의 종류: 전기문
· 글의 특징: 조선 시대에 어려운 이웃과 나누는 삶을 살았던 김만덕의 삶을 역사적 사실에 근거하여 쓴 글입니다.

미리 보기

| 1739년 제주도의 가난한 선비 집안에서 태어난 김만덕은 부모님을 여의고 기생의 수양딸이 되었습니다. | → | 김만덕은 스물세 살이 되던 해에 양민의 신분을 되찾고, 객줏집을 열어 많은 돈을 벌었지만 검소한 생활을 했습니다. | → | 김만덕은 제주도에 흉년이 계속되었을 때 전 재산을 들여 곡식을 산 뒤 백성들에게 나누어 주었습니다. | → | 임금은 선행을 베푼 김만덕에게 벼슬을 내리고 금강산을 구경하고 싶다는 소원을 들어주었습니다. |

1 "사또, 부탁드릴 일이 있어 왔습니다. 저는 본디 양
민의 딸이었습니다. 그런데 어린 나이에 부모를 여
의고 친척 집에 맡겨졌다가 어쩔 수 없이 기생이 되
었습니다. 사또께서는 제 억울한 사정을 헤아리시어
저를 양민의 신분으로 되돌려 주시기 바랍니다."
(제주 목사)

김만덕은 눈물을 흘리며 제주 목사에게 간절히 말하
였다. 제주 목사는 김만덕의 말이 사실인지 관리를 불
러 조사하게 하였다. 그리고 김만덕의 억울한 사정이
밝혀지자 명을 내렸다.

"만덕의 이름을 기안에서 지우고 양민의 신분으로
되돌려 주어라."
(제주 목사가 김만덕의 부탁을 듣고 내린 명)

양민(良 어질 양, 民 백성 민) 신분제 사회에서 지배 계급이 아닌 일반인
을 뜻하는 말.
여의고 부모나 사랑하는 사람이 죽어서 이별하고.

김만덕은 뛸 듯이 기뻤다. 이제 자유의 몸이 되어 새
로운 인생을 살게 된 것이다.

김만덕은 1739년에 제주도의 가난한 선비 집안에서
태어났다. 비록 가난하였으나 사랑과 정이 깊은 부모
님 밑에서 자랐다. 그러나 열두 살이 되던 해에 심한
흉년과 전염병 때문에 부모님을 차례로 여의고 말았
다. 친척 집을 이리저리 옮겨 다니며 살던 김만덕은 기
(농작물이 예년에 비하여 잘되지 않아 굶주리게 된 해)
생의 수양딸이 되었다가 스물세 살이 되던 해에 드디
어 기생의 신분에서 벗어났다.

중심 내용 **1** 김만덕은 열두 살에 부모님을 여의고 기생의 수양딸이 되었다가 스물세
살에 기생의 신분에서 벗어났다.

목사 조선 시대에 지방에 파견했던 행정 관리.
기안 관아에서 기생의 이름을 기록해 두던 책.
수양딸 남의 자식을 데려다가 제 자식처럼 기른 딸.

---

1 이 글의 종류는 무엇입니까? (   )

① 일기
② 편지
③ 전기문
④ 독서 감상문
⑤ 설명하는 글

2 김만덕이 제주 목사에게 부탁한 일은 무엇입니까?
(   )

① 친척 집을 찾아 달라는 것
② 전염병을 낫게 해 달라는 것
③ 양민의 신분으로 되돌려 달라는 것
④ 부모님의 제사를 지내게 해 달라는 것
⑤ 기생의 신분을 계속 갖게 해 달라는 것

3 김만덕에게 있었던 일에 알맞게 선으로 이으시오.

(1) 스물세 살 ·   · ① 부모님을 차례로 잃음.

(2) 열두 살 ·   · ② 기생의 신분에서 벗어남.

교과서 문제
4 김만덕이 살았던 시대 상황으로 알맞은 것에 ○표
하시오.

(1) 신분 차별이 있었다. (   )
(2) 여성의 지위가 높았다. (   )
(3) 의술이 발달하여 수명이 길어졌다. (   )

2 자유의 몸이 된 김만덕은 제주도의 포구에 객줏집을 열었다. 객줏집은 <u>상인의 물건을 맡아 팔기도 하고 물건을 사고파는 데 흥정을 붙이기도 하며, 상인들을 먹여 주고 재워 주기도 하는 집</u>을 말하였다. 육지에서
<small>객줏집이 하는 일</small>
온 상인들은 김만덕의 객줏집에서 묵어 갈 뿐만 아니라 김만덕에게 육지의 물건을 맡기기도 하였다.

"쌀, 무명이오. 좋은 값에 팔아 주시오."

김만덕은 육지의 물건을 제주도 사람들에게 팔아 이익을 남길 수 있었다. 또 김만덕은 녹용, 약초, 귤, 미
<small>제주도 특산물의 예</small>
역, 전복 같은 제주도의 특산물에 눈길을 돌렸다. 이러한 물건들을 제주도 사람들에게 사들여 육지 상인들에게 팔았다. 육지 상인들은 제주도의 특산물을 적당한 가격에 사들일 수 있어 김만덕의 객줏집으로 몰려들었다.

김만덕은 장사를 하면서 세 가지 원칙을 지켰다. 첫째는 이익을 적게 남기고 많이 판다. 둘째는 적당한 가격

에 물건을 사고판다. 그리고 셋째는 반드시 신용을 지키고 정직한 거래를 한다. 이러한 세 가지 원칙을 철저히 지켰기 때문에 김만덕의 사업은 나날이 번창하였다.

중심 내용 2 자유의 몸이 된 김만덕은 객줏집을 열고 장사를 하면서 세 가지 원칙을 지켰고, 사업은 나날이 번창하였다.

3 몇십 년이 흘렀다. 김만덕은 제주도에서 손꼽히는 큰 상인이 되었다. 많은 돈을 벌어들여 '제주도 부자 김만덕' 하면 <u>모르는 사람이 없을 정도</u>였다. 그러나 김
<small>유명하였다.</small>
만덕은 돈이 많다고 하여 함부로 돈을 낭비하지 않았다. 오히려 더 절약하고 검소한 생활을 하였다.

㉠<u>"풍년에는 흉년을 생각하여 더욱 절약해야 돼. 그리고 편안히 사는 사람은 어렵게 사는 사람을 생각하여 하늘의 은혜에 감사하며 검소하게 살아야 하고……."</u>
<small>김만덕의 가치관을 짐작할 수 있는 말</small>

김만덕은 주위 사람들에게 늘 이렇게 말하였다.

중심 내용 3 김만덕은 큰 부자가 되었지만 절약하고 검소한 생활을 하였다.

포구(浦 개 포, 口 입 구) 배가 드나드는 강이나 내에 바닷물이 드나드는 곳의 어귀.
흥정 물건을 사거나 팔기 위하여 품질이나 가격 따위를 의논함. 예 엄마는 여러 가게에서 흥정을 벌였습니다.

신용(信 믿을 신, 用 쓸 용) 사람이나 사물이 틀림없다고 믿어 의심하지 아니함. 또는 그런 믿음성의 정도.
번창(繁 번성할 번, 昌 창성할 창) 번화하고 크게 일어나 잘 뻗어 나감. 예 기술의 발달로 수출 산업이 번창하였습니다.

---

5 글 **2**에서 김만덕이 한 일이 <u>아닌</u> 것은 무엇입니까? ( )

① 제주도 포구에 객줏집을 열었다.
② 육지로 가서 제주도 특산물을 팔았다.
③ 육지 상인들을 먹여 주고 재워 주었다.
④ 육지의 물건을 제주도 사람들에게 팔았다.
⑤ 제주도의 특산물을 사들여 육지 상인들에게 팔았다.

6 김만덕이 장사를 하면서 지킨 세 가지 원칙을 모두 고르시오. ( )

① 이익을 적게 남기고 많이 판다.
② 값이 싼 물건을 골라 사고판다.
③ 적당한 가격에 물건을 사고판다.
④ 신용을 지키고 정직한 거래를 한다.
⑤ 좋은 물건을 팔아 이익을 많이 남긴다.

7 김만덕이 장사를 하면서 가장 중요하게 생각한 것은 무엇입니까? ( )

① 이익   ② 절약   ③ 정직
④ 배려   ⑤ 용서

8* ㉠에서 알 수 있는 김만덕의 생각으로 알맞지 <u>않은</u> 것의 기호를 쓰시오.

> ㉮ 풍년에도 절약해야 한다고 생각하였다.
> ㉯ 형편이 어려운 사람을 배려해야 한다고 생각하였다.
> ㉰ 편안히 사는 것은 하늘의 뜻이니 어쩔 수 없다고 생각하였다.

( )

4 1790년부터 4년 동안 제주도에는 흉년이 계속되었다. 그 바람에 양식이 없어 굶주리는 사람들이 늘어났다. 제주도 사람들은 모두 굶어 죽게 되었다며 근심에 잠겼다. 그러나 다행스럽게도 이듬해에는 농사가 잘되었다. 때맞추어 비가 내려 들판에는 곡식이 익어 갔다. 이대로라면 그해 농사는 대풍년이었다. 그런데 수확을 앞두고 제주도에 태풍이 몰려왔다. 그동안 애써 가꾸어 놓은 농산물이 모두 심한 피해를 입어 제주도 사람들은 이제 꼼짝없이 굶어 죽을 지경에 이르렀다. 제주 목사는 그해 9월에 이러한 사정을 편지로 써서 조정에 알렸다.
임금이 나라의 정치를 신하들과 의논하고 집행하는 곳

> 태풍으로 올해 농사를 망쳐 제주도 사람 모두가 굶어 죽을 위기에 처했습니다. 곡식 이만 석을 급히 보내 주십시오.

정조 임금은 이 편지를 받고 신하들과 회의를 하였다. 그리고 곡식 이만 석을 보내 제주도 사람들을 살리기로 결정하였다. ㉠임금의 명으로 신하들은 곡식을 여러 배에 나누어 실어 제주도로 보냈다. 하지만 그 배들은 제주도에 닿지 못하였다. 갑자기 태풍이 불어닥쳐 배가 모두 바닷속으로 가라앉아 버린 것이다. 배가 침몰하였다는 소식을 들은 제주도 사람들은 이제는 굶어 죽을 수밖에 없다며 절망에 빠졌다. 이것을 보고 김만덕은 생각하였다.
물속에 가라앉았다는

'제주도 사람들을 굶어 죽게 내버려둘 수는 없다. 내가 나서서 그들을 살려야겠다.'

김만덕은 전 재산을 들여 육지에서 곡식을 사 오게 하였다. 그 곡식은 총 오백여 석이었다.

"제가 전 재산을 들여 육지에서 사들인 곡식입니다. 굶주린 사람들에게 나누어 주십시오."

제주 목사는 김만덕의 말을 듣고 깜짝 놀랐다.

'양반도 아닌 상인이 피땀 흘려 모은 재산을 제주도 사람들을 구하겠다고 모두 내놓다니 정말 어진 사람이구나.'

> 김만덕이 살았던 시대 상황과 김만덕이 한 일을 통해 김만덕의 가치관을 파악하는 문제가 자주 출제돼.

수확(收 거둘 수, 穫 거둘 확) 익은 농작물을 거두어들임. 또는 거두어들인 농작물. 예 올 가을에는 일찍 벼의 수확을 마쳤습니다.

절망(絕 끊을 절, 望 바랄 망) 바라볼 것이 없게 되어 모든 희망을 끊어 버림. 또는 그런 상태.

교과서 문제
9 김만덕이 살았던 제주도의 시대 상황으로 알맞은 것은 무엇입니까? ( )

① 4년 동안 대풍년이 들었다.
② 가뭄으로 농사를 짓지 못했다.
③ 양반과 상인의 구분이 없어졌다.
④ 전염병이 돌아 사람들이 육지로 떠났다.
⑤ 흉년이 계속되어 굶주리는 사람이 많았다.

10 ㉠의 내용은 무엇입니까? ( )

① 배를 제주도에 보내라는 것
② 신하들을 제주도로 보내라는 것
③ 곡식 이만 석을 제주도에 보내라는 것
④ 제주도 사람들은 농사를 짓지 말라는 것
⑤ 제주도 사람들을 육지로 대피시키라는 것

11 제주도 사람들이 굶어 죽을 위기에 처했을 때 김만덕이 한 일은 무엇인지 쓰시오.
서술형

_____
_____

12 〈문제 11번〉의 답에서 알 수 있는 김만덕의 가치관을 알맞게 말한 친구의 이름을 쓰시오.

> 승희: 재산을 모으는 일을 중요하게 생각한다.
> 도윤: 자신이 가진 것을 나누고 베푸는 삶을 중요하게 생각한다.
> 세진: 여러 사람 앞에서 자신을 드러내고 알리는 것을 중요하게 생각한다.

( )

관청 마당에는 곡식이 산더미같이 쌓여 있었다. 제주 목사는 곡식을 풀어 굶주린 사람들에게 나누어 주었다. 그리하여 제주도 사람들은 목숨을 건질 수 있었다.

중심 내용 4 김만덕은 제주도에 흉년이 들어 사람들이 굶어 죽을 위기에 처하자, 전 재산을 들여 곡식을 사서 사람들에게 나누어 주었다.

5 "그분이 없었다면 우리는 어떻게 되었을까?"
　　김만덕
"모두 굶어 죽었겠지. 그분은 제주도 사람들의 은인이야."

제주도 사람들은 모이기만 하면 김만덕의 업적과 어진 덕을 칭찬하였다. 제주 목사는 임금에게 김만덕의 행동을 칭찬하는 글을 올렸다. 임금은 제주 목사의 편지를 받고 눈이 화등잔만 해졌다.
　　　　　　　　　　　깜짝 놀랐다.
"제주도에 사는 여인이 전 재산을 내놓아 굶주린 사람들을 살렸다고? 참으로 고마운 일이로구나. 김만덕의 소원을 들어주도록 하여라."

제주 목사가 김만덕에게 소원을 묻자, 김만덕은 임금의 용안을 뵙는 것과 금강산 구경을 말하였다. 임금
　　　　　　김만덕이 말한 소원
은 김만덕에게 벼슬을 내려 임금을 만날 수 있게 해 주

었다. ㉠양민의 신분으로는 임금을 만날 수 없었기 때문이다. 그리고 제주도 여자는 제주도를 떠날 수 없었던 그 당시의 규범을 깨고 김만덕에게 금강산을 구경하도록 해 주었다.

중심 내용 5 임금은 전 재산을 들여 굶주린 제주도 사람들을 살린 김만덕의 소원을 들어주었다.

6 김만덕은 일 년여 동안 서울에서 지낸 뒤에 다시 고향 제주도로 돌아왔다. 그리고 예전과 다름없이 장사를 하며 어려운 사람들을 도왔다. 김만덕은 자신만 풍요롭게 살기보다는 자신이 가진 것을 사람들과 나누며 함께 살았다. 김만덕의 삶은 이웃과 더불어 살며 나누고 베푸는 따뜻한 마음이 무엇인지 우리에게 잘 보여 준다.

중심 내용 6 김만덕은 다시 제주도로 돌아와 장사를 하며 어려운 사람들을 돕고 자신이 가진 것을 나누며 함께 살았다.

핵심내용 「김만덕」에 나타난 시대 상황
• 조선 시대에는 양반과 양민에 대한 ❶ ㅅ ㅂ 차별이 있었습니다.
• 1790년부터 제주도에 4년 동안 ❷ ㅎ ㄴ 이 들었고, 이듬해 수확을 앞두고 태풍이 몰려와서 큰 피해를 입었습니다.

은인(恩 은혜 은, 人 사람 인) 자신에게 은혜를 베푼 사람.
업적(業 업 업, 績 길쌈할 적) 열심히 일하여 이룩해 놓은 결과.

화등잔 놀라거나 두려워 커다래진 눈을 비유적으로 이르는 말.
용안(龍 용 용, 顔 얼굴 안) 임금의 얼굴을 높여 이르는 말.

---

13 임금이 제주 목사의 편지를 받고 놀란 까닭은 무엇입니까? (　　　　)

① 제주 목사가 전 재산을 내놓아서
② 제주도에 흉년이 들었다는 것을 알아서
③ 제주도에 사람이 살고 있다는 것을 알아서
④ 제주도 사람들이 김만덕의 행동을 칭찬해서
⑤ 제주도에 사는 여인이 전 재산을 내놓아 굶주린 사람을 살렸다고 알려서

14 김만덕이 임금에게 말한 소원 두 가지를 쓰시오.

(1) _____

(2) _____

15 ㉠에서 알 수 있는 전기문의 특성으로 알맞은 것의 기호를 쓰시오.

㉮ 인물이 한 일이 나타나 있다.
㉯ 인물의 가치관이 나타나 있다.
㉰ 인물이 살았던 시대 상황이 나타나 있다.

(　　　　　　　)

16 김만덕의 삶에서 우리가 본받을 점은 무엇인지 글 **6**에서 찾아 쓰시오.

(　　　　　　　)

정약용

• 김은미

• 글의 종류: 전기문
• 글의 특징: 조선 시대 실학자인 정약용이 백성에게 도움이 되는 삶을 살아온 과정을 사실에 근거하여 쓴 글입니다.

미리
보기

정약용은 1762년에 태어나 열다섯 살 때 한양으로 가서 학문을 익혔으며, 이익의 영향으로 실학에 관심을 가졌습니다.

> 1792년에 아버지가 돌아가셔서 시묘를 살던 정약용은 서른한 살 때, 임금의 명으로 거중기를 만들었습니다.

> 서른세 살 때, 정약용은 정조의 비밀 명령을 받고 암행어사가 되어 지방 관리들을 관리하였습니다.

> 정약용은 쉰일곱 살이 되던 1818년에 『목민심서』라는 책을 펴냈습니다.

1 정약용은 ㉠1762년 지금의 경기도 남양주에 있는 마재에서 태어났어요. 지방 관리였던 아버지 덕분에 정약용은 어릴 때부터 백성의 삶을 가까이서 지켜볼 수 있었어요.

백성은 ㉡이른 아침부터 해가 떨어질 때까지 한시도 쉬지 않고 일했지요. 그런데도 백성은 늘 배불리 먹지 못했어요. 세금을 내지 못해 남의 집 머슴살이를 하는 사람도 많았어요. 어린 정약용의 눈에 그것은 참 이상한 일이었어요.

중심 내용 **1** 정약용은 1762년 경기도 남양주에서 태어났어요.

2 ㉢열다섯 살 때, 아버지를 따라 ㉣한양으로 간 정
한양으로 온 시기
약용은 많은 사람을 만나 학문을 배우고 익혔어요. 훗

날 정약용에게 큰 영향을 준 이익의 책을 처음 본 것도
실학의 대가로 천문, 지리, 의학 따위에 업적을 남김.
이즈음이었지요. 그때까지 정약용은 사람이 바르게 사는 도리를 따지는 성리학을 주로 공부했어요. 그런데 이익이 사물에 폭넓게 관심을 두고 해박한 지식을 쌓은 것을 보면서 정약용의 생각도 조금씩 달라졌어요. 백성이 잘 사는 데 도움이 되는 실학에 관심을 갖게 된 거예요.

중심 내용 **2** 열다섯 살 때, 한양으로 간 정약용은 학문을 배우고 익히면서 실학에 관심을 갖게 되었어요.

핵심내용 글 **1**에 나타난 전기문의 특성

인물이 살았던 시대 상황	정약용이 살았던 시대의 백성은 이른 아침부터 해가 떨어질 때까지 한시도 쉬지 않고 일했지만 늘 배불리 먹지 못했음.

해박한 여러 방면으로 학식이 넓은. ⑩ 아버지께서는 법률에 대해 해박한 지식을 가지고 계십니다.

실학(實 열매 실, 學 배울 학) 조선 시대에 실생활에 이롭거나 도움이 되는 것을 목표로 한 새로운 학문 연구 경향.

---

17 정약용은 언제, 어디에서 태어났는지 쓰시오.

(1) 언제: (   )

(2) 어디에서: (   )

18★ 정약용이 살았던 시대의 백성들의 모습으로 알맞은 것은 무엇입니까? (   )

① 쉬면서 여유롭게 일했다.
② 성리학을 배우고 익혔다.
③ 형편이 어려워도 세금을 잘 냈다.
④ 쉬지 않고 일을 해도 배불리 먹지 못했다.
⑤ 남의 집 머슴살이를 하면서 배불리 먹었다.

19 정약용이 실학에 관심을 갖게 된 까닭은 무엇입니까? (   )

① 벼슬을 하는 데 도움을 주는 학문이라서
② 사람이 바르게 사는 도리를 알 수 있어서
③ 해박한 지식을 자랑할 수 있는 학문이라서
④ 백성이 잘 사는 데 도움이 되는 학문이라서
⑤ 많은 사람을 만나 배울 수 있는 학문이라서

20 ㉠~㉣ 중 정약용이 한 일의 차례를 알 수 있는 말을 모두 골라 기호를 쓰시오.

(   )

3 1792년 진주 목사로 있던 정약용의 아버지가 돌아가셨어요. 정약용은 벼슬을 그만두고 아버지의 무덤을 지키는 '시묘살이'를 했어요. 조선 시대에는 부모님이 돌아가시면 삼 년간 그 무덤 앞에 움막을 짓고 살면서 부모님의 명복을 빌었거든요.

시묘살이를 할 때 하는 일

하지만 정조는 시묘를 살던 정약용을 가만히 내버려 두지 않았어요. 그즈음 정조는 수원에 성을 크게 쌓을 계획을 세우고 있었어요. 정조는 정약용에게 책을 보내며 ㉠좋은 방법을 생각해 보라고 했어요.

"수원에 새로이 성을 지으려 하네. 성을 짓는 데 드는 돈을 줄이면서 백성의 수고도 덜 수 있는 방법을 찾아보게."

중심 내용 **3** 1792년 정약용은 아버지의 시묘살이를 하다가 정조의 명을 받게 되었어요.

4 정약용은 정조가 보내 준 책들을 꼼꼼히 읽으며 고민에 빠졌어요. 정약용이 생각하기에 성을 쌓을 때 가장 큰 문제는 돌을 옮기는 일이었어요. 힘을 덜 들이고 크고 무거운 돌을 옮길 방법을 찾던 정약용은 서른한 살 되던 해, 마침내 거중기를 만들었어요. 도르래의 원리를 이용해 작은 힘으로도 무거운 물건을 들 수 있도록 만든 기계였지요.

거중기의 원리와 쓰임새

거중기 덕분에 백성은 성을 짓는 일에 자주 나오지 않아도 되어 마음 편히 농사를 지을 수 있었어요. 나라에서도 성을 짓는 데 드는 비용을 크게 줄일 수 있었어요. 정약용 덕분에 나라 살림도 아끼고 백성의 수고도 덜게 된 거예요.

중심 내용 **4** 정약용은 서른한 살 때 거중기를 발명해서 백성의 수고를 덜고 성을 짓는 데 드는 비용을 줄였어요.

핵심내용 전기문의 특성을 생각하며 읽기

❸ [ㅈ][ㄱ][ㅁ]은 인물이 살아온 과정을 역사적 사실에 근거해 쓴 글이에요. 따라서 인물이 언제 어떤 일을 했는지 파악하며 읽으면 좋아요.

움막 땅을 파고 위에 거적 따위를 얹고 흙을 덮어 추위나 비바람만 가릴 정도로 임시로 지은 집.
명복(冥 어두울 명, 福 복 복) 죽은 뒤 저승에서 받는 복.

수고 일을 하느라고 힘을 들이고 애를 씀. 또는 그런 어려움. 예 먼 길 오느라 모두 수고가 많으셨습니다.
도르래 바퀴에 홈을 파고 줄을 걸어서 돌려 물건을 움직이는 장치.

21 1792년에 정약용에게 일어난 일을 두 가지 쓰시오.

서술형

(1) _____

(2) _____

22 정조가 명한 ㉠에 해당하는 내용을 두 가지 고르시오. ( )

① 성을 과학적으로 지을 수 있는 방법
② 성을 짓는 비용을 줄일 수 있는 방법
③ 성을 쌓을 사람을 모을 수 있는 방법
④ 성을 짓는 일에 백성의 수고를 덜 수 있는 방법
⑤ 성을 짓는 일에 백성을 많이 참여시킬 수 있는 방법

23 다음 빈칸에 알맞은 말을 쓰시오.

정약용이 만든 거중기는 ( )의 원리를 이용해 작은 힘으로도 무거운 물건을 들 수 있도록 만든 기계이다.

교과서 문제

24 정약용이 만든 거중기는 백성에게 어떤 도움을 주었습니까? ( )

① 농사짓는 비용이 줄어들었다.
② 농사를 짓는 백성이 늘어났다.
③ 성을 짓는 일에 매일 참여하게 되었다.
④ 혼자서도 농사를 많이 지을 수 있었다.
⑤ 성을 짓는 일에 자주 나오지 않아도 되어 마음 편히 농사를 지을 수 있었다.

6

5 서른세 살 때, 정약용은 정조의 비밀 명령을 받고 암행어사가 되었어요. 암행어사는 임금을 대신해 지방 관리들이 백성을 잘 다스리는지 알아보는 중요한 벼슬이었어요.

어느 날 연천 지역을 돌던 정약용은 주막에서 들려오는 이야기 소리에 귀가 번쩍 뜨였어요.
<u>선뜻 마음이 끌렸어요.</u>
"아이고, 못 살겠다. 흉년이 들어 나라에서는 세금을 면제해 주었다는데, 왜 우리 사또는 세금을 걷는 거야? 그걸로 자기 재산 불리려는 속셈을 누가 모를 줄 알고? 흉년이 들어 먹을 것도 없는데 욕심 많은 사또 때문에 아주 죽겠네그려."

정약용은 서둘러 사실을 알아보았어요. 그리고는 백성의 재물을 빼앗아 자기 배를 불린 연천 현감 김양직을 크게 벌했어요.

중심 내용 **5** 암행어사가 된 정약용은 백성의 재물을 빼앗아 자기 배를 불린 못된 관리를 벌주었어요.

면제(免 면할 면, 除 덜 제) 책임이나 의무 따위를 면하여 줌. 예 선생님께서 청소 당번을 면제해 주셨습니다.
속셈 마음속으로 하는 궁리나 계획.

6 정약용은 암행어사로 일하는 동안 지방 관리가 어떤 마음을 가져야 하는지에 대해 깊이 생각했어요. 임금이 아무리 나라를 잘 다스려도 지방 관리가 나쁜 짓을 일삼으면 백성은 어렵게 살 수밖에 없다는 것을 알게 되었거든요. 어릴 때 아버지 옆에서 보았던 백성의 어려운 삶도 머릿속을 떠나지 않았어요. 정약용은 쉰일곱 살이 되던 1818년, 이런 생각들을 자세히 담은 ----→ 정약용이 쉰일곱 살에 한 일
『목민심서』라는 책을 펴냈어요.

중심 내용 **6** 정약용은 1818년에 지방 관리가 가져야 할 마음을 담은 『목민심서』를 펴냈어요.

> 정약용의 생각이나 한 일에서 짐작할 수 있는 가치관을 묻는 문제가 자주 출제돼.

핵심내용 **전기문의 특성을 생각하며 「정약용」 읽기**

정약용이 한 일	거중기를 발명함. / 암행어사가 됨. / 『목민심서』라는 책을 펴냄.
정약용의 가치관	❹	ㅂ	ㅅ |에게 도움이 되려고 맡은 일을 열심히 함.

현감(縣 고을 현, 監 볼 감) 조선 시대에 고을을 다스리던 지방 관리.
일삼으면 주로 좋지 않은 일 따위를 계속하여 하면. 예 어머니께서는 친구들의 험담을 일삼으면 안 된다고 타일렀습니다.

---

25 정약용이 서른세 살 때 한 일은 무엇입니까?
( )

① 연천 현감이 되었다.
② 『목민심서』를 펴냈다.
③ 임금을 대신해 나라의 큰 문제를 해결하였다.
④ 정조의 비밀 명령을 받고 암행어사가 되었다.
⑤ 임금에게 백성들의 세금을 면제해 달라고 부탁하였다.

교과서 문제
26 정약용이 『목민심서』를 펴낸 까닭으로 알맞은 것에 모두 ○표 하시오.

(1) 암행어사가 해야 할 일을 알려 주고 싶었기 때문이다. ( )
(2) 지방 관리가 가져야 할 마음에 대해 말하고 싶었기 때문이다. ( )
(3) 어릴 때 보았던 백성의 어려운 삶이 머릿속을 떠나지 않았기 때문이다. ( )

27 정약용의 가치관을 짐작할 수 있는 방법으로 알맞은 것을 모두 고르시오. ( )

① 정약용의 단점을 찾아본다.
② 정약용이 한 일의 까닭을 찾아본다.
③ 정약용이 살았던 시대 상황을 찾아본다.
④ 정약용의 생각이 드러난 곳을 찾아본다.
⑤ 정약용의 생김새를 표현한 부분을 찾아본다.

28 이 글 전체에서 짐작할 수 있는 정약용의 가치관은 무엇인지 쓰시오.
서술형

_____

_____

헬렌 켈러

• 신여명

• 글의 종류: 전기문
• 글의 특징: 보지도 듣지도 못하게 된 헬렌 켈러가 어려움을 줄여 가고 장애를 지닌 사람을 돕는 삶의 모습을 쓴 글입니다.

미리 보기

1882년, 태어난 지 열아홉 달밖에 되지 않은 헬렌은 열병을 앓은 뒤 시력과 듣는 능력을 잃게 되었습니다.	1887년 3월 3일, 헬렌은 앤 설리번 선생님을 만나면서 글자를 배워 자신의 생각을 전할 수 있게 되었습니다.

1889년 가을, 퍼킨스학교를 다니게 된 헬렌은 끊임없이 노력하여 말을 할 수 있게 되었습니다.	열 살이 된 헬렌은 자신처럼 장애를 지닌 토미를 돕는 일에 앞장섰습니다.

1 1882년 2월, 태어난 지 열아홉 달밖에 되지 않은 헬렌의 열병이 좀처럼 낫지 않았습니다. 엄마는 헬렌을 가슴에 안고 며칠 동안 밤낮을 가리지 않고 돌보며 달랬지만 소용이 없었습니다. 헬렌은 거의 잠도 자지 않고 온몸을 뒤척이며 괴로워했습니다. 며칠이 지난 뒤 헬렌의 열병은 마침내 가라앉았습니다. ㉠헬렌은 겉으로 보기에는 아무런 이상이 없었으며, 깊은 잠에 빠져 있는 것 같았습니다. 엄마는 딸을 끌어안고 살아남은 것을 거듭 고마워했습니다. 그러나 엄마도, 의사들도 이 열병 때문에 헬렌에게 무슨 일이 일어났는지 그때는 알지 못했습니다.

엄마는 딸이 누워 있는 침대로 갔습니다. 햇빛이 유리창을 뚫고 헬렌의 얼굴을 밝게 비춰 주고 있었습니다. 헬렌은 눈을 뜨고 있으면서도 빛을 피하지 않은 채 그대로 있었습니다. 이전 같았으면 눈이 부셔 얼굴을 돌렸을 겁니다. 이상하게 생각한 엄마는 헬렌의 눈 가까이에 손을 흔들어 보았지만 눈을 전혀 깜박이지 않았습니다. 식탁에서 램프를 가져와 얼굴 가까이 비춰 보았지만 아무런 반응이 없었습니다. 헬렌은 열병 때문에 시력을 잃고 만 것입니다.

열병(熱 더울 열, 病 병 병) 열이 몹시 오르고 심하게 앓는 병.
이상(異 다를 이, 狀 형상 상) 평소와는 다른 상태.

거듭 어떤 일을 되풀이하여.
반응(反 돌이킬 반, 應 응할 응) 자극에 대해 일어나는 현상.

29 태어난 지 열아홉 달밖에 되지 않은 헬렌에게 일어난 일은 무엇입니까? ( )

① 하루 종일 잠만 잤다.
② 엄마와 떨어져 살게 되었다.
③ 열병 때문에 세상을 떠났다.
④ 잠이 들지 못하는 병에 걸렸다.
⑤ 열병이 일어났다가 가라앉았다.

31* 열병을 앓고 난 뒤 헬렌은 어떻게 되었습니까? ( )

① 시력을 잃었다.
② 냄새를 맡지 못했다.
③ 기억을 모두 잃었다.
④ 온몸에 화상을 입었다.
⑤ 아무것도 먹지 못했다.

30 ㉠과 같은 모습을 본 엄마의 마음으로 알맞은 것에 ○표 하시오.

(1) 헬렌이 살아남은 것에 감사한 마음이 들었다. ( )

(2) 헬렌이 장애를 가지게 된 사실에 괴로운 마음이 들었다. ( )

32 이 글에서 헬렌이 한 일의 차례를 알 수 있는 말은 무엇입니까? ( )

① 마침내　　　　② 며칠 동안
③ 태어난 지　　　④ 1882년 2월
⑤ 이전 같았으면

6

며칠 뒤였습니다. 저녁 식사를 알리는 종이 울렸을 때 엄마는 헬렌과 함께 있었습니다. 헬렌은 먹는 것을 좋아해서 언제나 종소리가 울리기가 무섭게 식탁으로 다가오고는 했습니다. 그런데 어쩐 일인지 이번에는 아무것도 알아듣지 못한 것 같았습니다. 엄마는 깡통에 돌을 넣은 딸랑이를 헬렌의 귀에 대고 흔들었습니다. 그런데 헬렌의 엄마는 또 한 번 큰 충격을 받았습니다. 헬 _{헬렌이 듣는 능력까지 잃어서} 렌이 아무런 반응도 보이지 않았기 때문입니다. 더 크게 흔들어도 마찬가지였습니다. 열병은 헬렌의 듣는 능력까지 빼앗아 간 것입니다.

중심 내용 1 태어난 지 열아홉 달이 되었을 때 열병에 걸렸던 헬렌은 열병은 나았지만 시력과 듣는 능력을 모두 잃었습니다.

2 헬렌의 부모는 헬렌을 치료하려고 먼 곳까지 여행하면서 의사들을 찾아다녔지만 어떤 의사도 도움이 되지 못했습니다. 헬렌은 어둠과 침묵의 세계 속에 갇힌 채 몸부림쳤습니다. 오랜 시간이 지난 뒤 헬렌은 그 시 _{열병으로 인해 보지도 듣지도 못한 때}

충격(衝 찌를 충, 擊 칠 격) 슬픈 일이나 뜻밖의 사건 따위로 마음에 받은 심한 자극이나 영향. 예 시험에서 떨어져 충격을 받았습니다.
침묵(沈 잠길 침, 默 잠잠할 묵) 고요함이 계속되는 상태.

절을 되돌아보며 이렇게 말했습니다.

㉠"나는 너무 어려서 무슨 일이 일어났는지 알지 못했다. 잠에서 깨어나 보니 모든 것이 깜깜하고 조용했다. 나는 밤이 되었다고 생각했다."

다른 사람들과 의사소통을 할 수 없게 되자 헬렌은 슬퍼하는 날이 많아졌습니다. 그리고 화를 잘 내고 소리를 지르며 걷어차고 물어뜯고 때렸습니다. 헬렌은 제멋대로였고 성격이 난폭해져서 집안 식구들을 괴롭혔습니다. 그러나 자신이 다른 사람을 얼마나 괴롭히는지 알지 못했습니다.

중심 내용 2 다른 사람과 의사소통을 할 수 없게 된 헬렌은 성격이 난폭해져서 집안 식구들을 괴롭혔습니다.

핵심내용 글 1 과 2 에 나타난 헬렌이 살아온 과정

1882년 2월 ❺ [이] [ㅂ] 을 앓고 난 뒤 시력과 듣는 능력을 잃음.

↓

다른 사람과 의사소통을 할 수 없어 성격이 난폭해짐.

의사소통(意 뜻 의, 思 생각 사, 疏 소통할 소, 通 통할 통) 가지고 있는 생각이나 뜻이 서로 통함.
난폭해져서 행동이 몹시 거칠고 사나워져서.

33 헬렌의 엄마가 또 한 번 큰 충격을 받은 까닭은 무엇입니까? ( )

① 헬렌이 계속 잠을 자려고 해서
② 헬렌이 딸랑이 소리를 싫어해서
③ 헬렌의 귀에서 무언가를 발견해서
④ 헬렌이 딸랑이를 손으로 잡으려고 해서
⑤ 헬렌이 딸랑이 소리에 반응을 보이지 않아서

35 ㉠에서 알 수 있는 헬렌의 마음을 알맞게 짐작한 것의 기호를 쓰시오.

㉮ 깜깜하고 조용한 분위기를 그리워하는 마음
㉯ 보이지도 들리지도 않게 된 자신의 모습이 믿어지지 않는 마음

( )

34 헬렌의 부모가 헬렌을 치료하기 위해 한 일은 무엇입니까? ( )

① 헬렌과 떨어져 지냈다.
② 헬렌에게 혼자만의 시간을 주었다.
③ 헬렌을 가르칠 선생님을 구하였다.
④ 먼 곳까지 여행하면서 의사를 찾아다녔다.
⑤ 비슷한 처지의 사람들을 만나 대화를 나누었다.

36 다른 사람과 의사소통을 할 수 없게 된 헬렌의 모습으로 알맞지 않은 것은 무엇입니까? ( )

① 화를 잘 냈다.
② 제멋대로였다.
③ 성격이 온순해졌다.
④ 집안 식구들을 괴롭혔다.
⑤ 슬퍼하는 날이 많아졌다.

3 1887년 3월 3일은 헬렌 켈러의 생애에서 가장 중요한 날입니다. 헬렌의 운명을 바꾸어 놓은 앤 설리번 선생님을 만난 날이기 때문입니다. 헬렌은 여덟 살 때 설리번 선생님을 만난 것입니다. 앤은 마차에서 내려서 헬렌의 아버지와 인사를 나누자마자 물었습니다.

"헬렌은요?"

현관문 앞에 헬렌이 서 있었습니다. 앤은 작은 소녀를 안았습니다. 그러나 헬렌은 안기려 하지 않고 몸을 빼려고 했습니다.
_{두려워하는 헬렌의 마음을 알 수 있음.}
헬렌의 엄마는 헬렌이 볼 수도 들을 수도 없게 된 뒤부터 엄마한테만 안길 뿐 다른 사람이 안는 것을 싫어한다고 말해 주었습니다. 그러나 잠시 후 헬렌이 앤에게 다가왔습니다. 그러더니 ㉠손으로 이 낯선 사람을 만지기 시작했습니다. 얼굴을 만지

고 코와 입과 먼지 묻은 옷을 차례로 만지는 것이었습니다. 앤은 헬렌의 손이 곧 눈이라는 것을 바로 알아차렸습니다. 이 손을 통해 헬렌에게 새로운 세계를 열어 주어야 할 일이 앤에게 맡겨진 것입니다. 이 손이 어둠 속에 갇힌 헬렌을 빛의 세계로 끌어내 줄 것입니다.

헬렌은 선생님에게 날마다 새로운 낱말들을 배웠지만 낱말과 사물의 관계가 어떤 것인지 이해하지 못하
_{헬렌이 이해하지 못한 것}
고 있었습니다.

중심 내용 **3** 1887년 3월 3일, 헬렌은 자신의 운명을 바꾸어 놓은 앤 설리번 선생님을 만났습니다.

핵심내용 **앤 설리번 선생님을 만났을 때 헬렌의 마음 변화**

앤 설리번 선생님을 두려워함.	→	앤 설리번 선생님에 대한 ❻ ㅎ ㄱ ㅅ 이 생김.

생애(生 날 생, 涯 물가 애) 살아 있는 한평생의 기간. 예 이순신 장군의 생애를 자세히 알아보려고 위인전을 읽었습니다.

운명(運 옮길 운, 命 목숨 명) 인간을 포함한 모든 것을 지배하는 초인간적인 힘. 또는 그것에 의하여 이미 정하여져 있는 목숨이나 처지.

---

37 헬렌의 생애에서 1887년 3월 3일에 일어난 가장 중요한 일은 무엇입니까? ( )

① 헬렌이 초등학교에 입학한 일
② 헬렌이 아버지를 처음 만난 일
③ 헬렌이 어둠 속에서 나와 빛을 본 일
④ 헬렌이 낱말과 사물의 관계를 이해하게 된 일
⑤ 헬렌이 자신의 운명을 바꾸어 놓은 앤 설리번 선생님을 만난 일

교과서 문제
38 앤 설리번 선생님을 만난 헬렌의 마음을 알맞게 짐작한 친구의 이름을 쓰시오.

> 연우: 헬렌이 앤 설리번 선생님의 얼굴과 옷을 만진 것으로 보아, 낯선 사람에 대한 호기심이 있었어.
> 창희: 헬렌이 앤 설리번 선생님에게 안기려 하지 않고 몸을 빼려고 한 것으로 보아, 배려심이 있었어.

( )

39 앤 설리번 선생님이 헬렌의 ㉠과 같은 행동을 보고 알아차린 것은 무엇인지 빈칸에 알맞은 말을 차례대로 쓰시오.

> 헬렌의 ( )이/가 곧 ( )(이)라는 것

40 앤 설리번 선생님이 헬렌을 처음 만난 날 한 생각으로 알맞은 것은 무엇입니까? ( )

① 곧 말하고 들을 수 있겠다.
② 상태가 생각보다 나쁘지 않다.
③ 어둠 속에 갇힌 헬렌을 끌어내기 어렵겠다.
④ 눈으로 빛을 볼 수 있게 이끌어 주어야겠다.
⑤ 손을 통해 헬렌에게 새로운 세계를 열어 주어야겠다.

4 그러던 1887년 4월 5일, 마침내 기적 같은 일이 일어났습니다. 아름다운 봄날 아침이었습니다. 앤 선생님에게 새로운 생각이 번쩍 떠올랐습니다. 헬렌은 펌프 주변의 마당에서 노는 것을 좋아했는데, 펌프를 이용해 '물'이라는 낱말의 관계를 실감 나게 알게 해 줄 수 있지 않을까 하는 생각이 들었습니다. 「선생님은 헬렌의 손을 잡고 펌프가로 데리고 갔습니다. 펌프로 물을 퍼 올리자 헬렌의 손바닥으로 시원한 물이 쏟아져 내렸습니다. 선생님은 헬렌의 손바닥에 처음에는 천천히, 나중에는 빨리 'w-a-t-e-r'라고 거듭 써 주었습니다.」 『 』: 앤 선생님이 헬렌에게 낱말과 사물의 관계를 가르치기 위해 한 일 그러자 ㉠헬렌의 얼굴이 환히 빛났습니다. 그러더니 선생님에게 'w-a-t-e-r'라고 여러 번 써 보여 주는 것이었습니다. 그 순간 헬렌은 자기 손에 쏟아지는 물을 나타내는 낱말이 'water'이고, 세상의 모든 것은 각각 이름을 가지고 있다는 것을 비로소 깨닫게 된 것입니다. 마침내 헬렌의 앞에 빛의 세계가 열렸습니다. 헬렌은 배우고 싶다는 뜨거운 마음이 생겼습니다. 헬렌은 아침에 일찍 일어나자마자 글자를 쓰기 시작해 하루 종일 글을 쓰고는 했습니다. 헬렌이 자신의 어려움을 줄여 가기 위해 한 일 결국 헬렌은 글자를 통해 다른 사람에게 자기 생각을 전할 수 있게 되었습니다.

중심 내용 **4** 낱말과 사물의 관계를 깨달은 헬렌은 하루 종일 글을 쓰는 연습 끝에 다른 사람에게 자기 생각을 전할 수 있게 되었습니다.

핵심내용 **헬렌이 자신의 어려움을 줄여 가는 과정**

헬렌은 아침에 일찍 일어나자마자 글씨를 쓰기 시작해 하루 종일 글을 썼습니다.

↓

글자를 통해 다른 사람에게 자기 생각을 전할 수 있게 되었습니다.

기적(奇 기이할 기, 跡 자취 적) 상식으로는 생각할 수 없는 기이한 일.
예 교통사고를 당한 친구에게 기적이 일어났으면 합니다.

펌프 사람이 손잡이를 상하로 움직여 그 압력으로 지하수가 땅 위로 나오도록 하는 기구.

41 글 **4**에서 앤 선생님이 낱말과 사물의 관계를 가르치기 위해 한 일의 기호를 쓰시오.

> ㉮ 헬렌에게 그림을 그리게 하였다.
> ㉯ 헬렌에게 펌프로 물을 퍼 올리게 하였다.
> ㉰ 헬렌의 얼굴에 물이 쏟아져 내리게 하였다.
> ㉱ 헬렌의 손바닥에 'w-a-t-e-r'라고 써 주었다.

( )

42 ㉠에서 헬렌의 얼굴이 환히 빛났던 까닭을 두 가지 고르시오. ( )

① 시원한 물이 손에 쏟아져 내려서
② '물'을 나타내는 낱말을 알게 되어서
③ 갑자기 시력을 되찾을 수 있게 되어서
④ 앤 선생님과 물놀이를 하는 것이 신나서
⑤ 세상의 모든 것은 각각 이름을 가지고 있다는 것을 깨달아서

교과서 문제
43 헬렌이 처음으로 낱말과 사물의 관계를 알았을 때 어떤 마음이 생겼는지 알맞은 것에 ○표 하시오.

(1) 배우고 싶다는 뜨거운 마음이 생겼다.
( )
(2) 부모님을 빨리 만나고 싶다는 마음이 생겼다.
( )
(3) 앤 선생님에게 자랑하고 싶다는 마음이 생겼다.
( )

44 헬렌이 다른 사람에게 자기의 생각을 전하기 위해 어떤 노력을 하였습니까? ( )

① 매일 친구들을 만나 대화를 나누었다.
② 학교에 가서 여러 가지 다른 학문을 공부했다.
③ 날마다 앤 선생님에게 책을 읽어 달라고 하였다.
④ 아침부터 글자를 쓰기 시작해 하루 종일 글을 썼다.
⑤ 앤 선생님에게 자신의 생각을 대신 글로 써 달라고 부탁했다.

5 1889년 가을, 헬렌은 퍼킨스학교에 다니게 되었습니다. 앤 선생님은 변함없이 헬렌을 가르쳤고, 다른 선생님들도 헬렌을 도와주었습니다. 퍼킨스학교에 머무는 동안 헬렌은 시각·청각·언어 장애를 지닌 노르웨이의 한 소녀가 입으로 말하는 법을 배웠다는 소식을 들었습니다. 이 소식을 듣자 헬렌은 너무나 기뻤으며, ──<u>노르웨이 소녀가 입으로 말하는 법을 배웠다는 소식</u>── 자신도 이것을 배우게 해 달라고 선생님을 졸랐습니다. ──<u>입으로 말하는 법</u>── 말하기를 배우는 것이 너무 힘들었지만 헬렌은 포기하지 않았습니다. 뜻대로 말이 되지 않아 어려움을 많이 겪었지만 자신도 마침내 말을 할 수 있을 것이라는 희망을 버리지 않고 끊임없이 노력했습니다. 새에게도 말을 걸고 장난감과 개에게도 말을 했습니다.

중심 내용 5 1889년 퍼킨스학교에 다니게 된 헬렌은 말을 하기 위해 끊임없이 노력하였습니다.

6 열 살이 된 헬렌은 <u>퍼킨스학교에 있는 동안 자신처럼 장애를 지닌 어린이를 돕는 일에 나섰습니다.</u> 펜실 ──<u>헬렌이 열 살 때 한 일</u>──

머무는 도중에 멈추거나 일시적으로 어떤 곳에 묵는. 예 시골에 <u>머무</u>는 동안 건강이 좋아졌습니다.
모금(募 모을 모, 金 쇠 금) 기부금이나 성금 따위를 모음.

베이니아주에 살고 있는 토미를 퍼킨스학교에 데려와 교육받을 수 있도록 모금을 하기로 한 것입니다. 다섯 살의 토미는 헬렌처럼 보지도 듣지도 말하지도 못하는 아이였습니다. 토미는 부모님도 안 계시고 가난한 아이여서 학교에 갈 수 없었습니다. 헬렌은 토미가 퍼킨스학교에 다닐 수 있도록 도와 달라는 글을 여러 사람과 신문사에 보냈습니다. 헬렌도 이 모금에 참여하기 위해 사치스러운 물건을 사지 않고 돈을 보탰습니다. 다행히 많은 성금이 모여 토미는 아무 걱정 없이 학교에 다닐 수 있게 되었습니다. 헬렌은 매우 기뻤습니다. 남을 도우면 이렇게 큰 기쁨을 누릴 수 있다는 깨달음을 얻었습니다.

중심 내용 6 열 살이 된 헬렌은 토미를 돕기 위해 모금을 하고 여러 사람과 신문사에 도와 달라는 글을 보냈습니다.

> 헬렌이 한 일에서 본받을 점을 묻는 문제가 자주 출제돼.

보탰습니다 모자라는 것을 더하여 채웠습니다.
성금(誠 정성 성, 金 쇠 금) 정성으로 내는 돈. 예 용돈을 모아 불우 이웃 돕기 성금을 냈습니다.

45 장애를 지닌 노르웨이 소녀의 이야기를 들은 헬렌이 배우려고 한 것은 무엇입니까? (   )

① 듣는 방법
② 보는 방법
③ 말하는 방법
④ 모금하는 방법
⑤ 학교에 가는 방법

46* 헬렌이 어려움을 줄여 가는 과정을 알맞게 말한 친구의 이름을 쓰시오.

> 서준: 말하기를 배우다가 힘들어 빨리 포기했어.
> 지우: 말을 할 수 있을 것이라는 희망을 가지고 끊임없이 노력했어.
> 혜민: 배우는 것을 좋아해서 끊임없이 새로운 것을 배우려고 했어.

(   )

교과서 문제
47 토미가 학교에 다닐 수 있도록 돕기 위해 헬렌이 한 일을 두 가지 고르시오. (   )

① 교장 선생님께 편지를 보냈다.
② 토미에게 직접 공부를 가르쳐 주었다.
③ 토미를 자신의 집으로 데려와 보살폈다.
④ 토미를 도와 달라는 글을 써서 신문사에 보냈다.
⑤ 사치스러운 물건을 사지 않고 모금에 돈을 보탰다.

48 글 6에서 헬렌에게 본받을 점은 무엇인지 쓰시오.

_____

_____

1~4

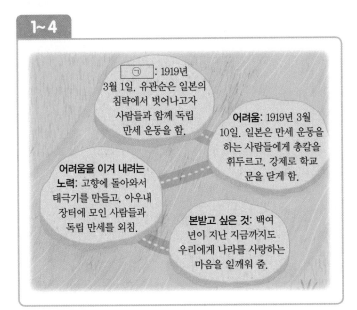

㉠ : 1919년 3월 1일, 유관순은 일본의 침략에서 벗어나고자 사람들과 함께 독립 만세 운동을 함.

어려움: 1919년 3월 10일. 일본은 만세 운동을 하는 사람들에게 총칼을 휘두르고, 강제로 학교 문을 닫게 함.

어려움을 이겨 내려는 노력: 고향에 돌아와서 태극기를 만들고, 아우내 장터에 모인 사람들과 독립 만세를 외침.

본받고 싶은 것: 백여 년이 지난 지금까지도 우리에게 나라를 사랑하는 마음을 일깨워 줌.

1 누구의 삶을 정리한 것인지 쓰시오.

( )

2 정리한 내용으로 보아, ㉠에 들어갈 알맞은 말은 무엇이겠습니까? ( )

① 본 일
② 가치관
③ 들은 일
④ 시대 상황
⑤ 살아온 과정

교과서 문제
3 유관순이 어려움을 이겨 내려고 노력한 일을 두 가지 고르시오. ( )

① 독립신문을 만들었다.
② 고향에 돌아와서 태극기를 만들었다.
③ 총칼을 휘두르는 일본에 맞서 싸웠다.
④ 우리나라가 처한 상황을 전 세계에 알렸다.
⑤ 아우내 장터에 모인 사람들과 독립 만세를 외쳤다.

4* 정리한 내용을 보고 유관순에게서 본받을 점은 무엇인지 찾아 쓰시오.

( )

5 자신의 미래 모습을 상상하여 쓰시오.

서술형

나는 (1) ＿＿＿＿＿＿＿＿을/를 할 것이다.

왜냐하면 (2) ＿＿＿＿＿＿＿＿＿＿

＿＿＿＿＿＿＿＿＿＿＿＿＿＿＿＿＿＿

＿＿＿＿＿＿＿＿＿＿＿＿＿＿＿＿＿＿

6 20년 뒤에 자신이 어떤 시대 상황에 있을지 알맞게 상상한 친구에 ○표 하시오.

(1) **승윤**: 신분의 차별이 더욱 심해질 거야.

( )

(2) **가영**: 교통수단이 발달해 자동차가 하늘을 날 수 있어.

( )

7 자신의 미래 모습을 상상하여 책으로 만드는 순서에 맞게 기호를 쓰시오.

㉠ 변화한 미래에 자신이 하고 싶은 일을 상상한다.
㉡ 자신이 20년 뒤에 어떤 시대 상황에 있을지 상상한다.
㉢ 표지 제목에 자신의 이름을 쓰고 정리한 내용을 책으로 만든다.
㉣ 미래에 자신이 하고 싶은 일을 이루어 가는 과정을 상상하여 정리한다.

㉡ → ( ) → ( ) → ( )

임금님을 공부시킨 책벌레

· 이영경

· 글의 종류: 전기문
· 글의 특징: 선조의 스승이었던 책벌레 유희춘이 살았던 시대 상황과 한 일, 가치관이 나타난 글입니다.

가 1567년, 선조가 조선의 14대 임금이 되었습니다. 궁궐에서는 성대한 즉위식이 열렸습니다. 보좌에 앉은 선조가 고개를 조아린 신하들 앞에서 말했습니다.

"짐이 책을 잡고 어엿한 왕이 되려고 마음먹은 데는 유희춘의 공로가 크다. 어서 유배 가 있는 유희춘을 불러오너라!"

나 어린 시절, 선조는 책이라면 몸서리를 치던 개구쟁이였습니다. 그러나 책벌레 스승 유희춘을 만난 뒤 선조는 180도 달라졌습니다.

"스승님, 어제 들려주신 『사기』를 더 읽어 주십시오."

"항우와 유방 이야기 말씀이시지요? 어디까지 했더라……."

유희춘은 수많은 책 속에서 읽은 광활한 역사와 훌륭한 임금들의 이야기를 들려주었습니다.
막힌 데가 없이 트이고 넓은

선조는 그때부터 책의 재미를 깨닫고 스승을 따라 어딜 가나 책을 쥐고 다니게 되었습니다.

유희춘은 명종 대에 간신배들에 맞서 바른 뜻을 굽
간사한 신하의 무리
히지 않다가 정적들의 모함으로 제주도에 유배를 가 있었습니다. 선조는 왕이 되자마자 유희춘을 한양으로 불러들이고 관직을 내주었습니다.

"그래, 유배지에서 고초가 심하지 않았는가?"
괴로움과 어려움을 아울러 이르는 말
걱정 어린 선조의 물음에 유희춘은 머리를 긁적이며 답했습니다.

"소신, 제주에서 미뤄 두었던 책을 읽느라 세월이 가는 줄도 몰랐사옵니다."

다 "그동안 많은 책 속에서 여러 오류를 발견하였습니다. 소신에게 시간을 주신다면 그 책을 바로잡아 새로 편찬하고 싶습니다."

이후 유희춘은 선조의 전폭적인 지원 아래 이미 편찬된 책들의 오류를 바로잡고 새로이 찍어 냈습니다.

즉위식(卽 곧 즉, 位 자리 위, 式 법 식) 임금 자리에 오르는 것을 백성과 조상에게 알리기 위하여 치르는 의식.
유배(流 흐를 유, 配 나눌 배) 죄인을 먼 시골이나 섬으로 보내어 일정한 기간 동안 제한된 곳에서만 살게 하는 벌을 내리는 일.

편찬(編 엮을 편, 纂 모을 찬) 여러 가지 자료를 모아 체계적으로 정리하여 책을 만듦.
전폭적 전체에 걸쳐 남김없이 완전한 것. 예 친구들은 내 의견에 전폭적으로 찬성하였습니다.

---

1 유희춘은 선조의 어린 시절에 어떤 역할을 맡았는지 글 **나**에서 찾아 쓰시오.

( )

2 유희춘이 선조의 어린 시절에 들려준 이야기를 두 가지 고르시오. ( )

① 광활한 역사 이야기
② 제주도에 대한 이야기
③ 훌륭한 임금들의 이야기
④ 책을 좋아하는 사람의 이야기
⑤ 임금에게 충성을 다한 신하들의 이야기

3 유희춘이 유배를 간 까닭은 무엇입니까?( )

① 책을 멀리해서
② 선조의 명을 어겨서
③ 오류가 많은 책을 편찬해서
④ 바른 뜻을 펼치는 신하들에 맞서서
⑤ 명종 대에 간신배들에 맞서다가 모함을 받아서

4 이 글에서 알 수 있는 유희춘의 업적 두 가지를 정
서술형 리하여 쓰시오.

_____

_____

낱말의 뜻

1 다음 낱말의 뜻을 찾아 알맞게 선으로 이으시오.

(1) 흥정 •

(2) 절망 •

(3) 용안 •

(4) 생애 •

• ① 살아 있는 한평생의 시간.

• ② 임금의 얼굴을 높여 이르는 말.

• ③ 바라볼 것이 없게 되어 모든 희망을 끊어 버림.

• ④ 물건을 사거나 팔기 위하여 품질이나 가격 따위를 의논함.

반대말

2 빈칸에 들어갈, 밑줄 친 낱말과 뜻이 반대되는 낱말을 쓰시오.

"풍년에는 [____]을/를 생각하여 더욱 절약해야 해."

(   )

띄어쓰기

3 다음 설명을 읽고, 숫자를 한글로 바꾸어 밑줄 친 부분을 알맞게 띄어 쓰시오.

나이를 세는 말 '살'과 한 해를 세는 말 '년'은 숫자와는 붙여 쓰지만 수를 나타내는 말과는 띄어 쓴다. 例 30년 → 삼십 년

(1) 정약용은 15살 때 한양으로 갔다.
→ 정약용은 (   ) 때 한양으로 갔다.

(2) 4년 동안 제주도에는 흉년이 계속되었다.
→ (   ) 동안 제주도에는 흉년이 계속되었다.

낱말의 활용

4 빈칸에 알맞은 낱말을 **보기** 에서 찾아 쓰시오.

보기

해박   침묵   은인

(1) 그 의사가 제 생명을 구해 준 (   )이다.

(2) 오랜 (   )을 깨고 주호가 먼저 말을 꺼냈다.

(3) 형은 우리 역사에 (   )한 지식을 갖고 있다.

헷갈리는 말

5 **보기** 의 낱말 뜻을 보고, (   ) 안에서 알맞은 낱말을 골라 ○표 하시오.

보기

• **여의다**: 부모나 사랑하는 사람이 죽어서 이별하다.

• **여위다**: 살이 많이 빠져 몸이 마르고 얼굴에 핏기가 없게 되다.

(1) 할머니는 전쟁으로 부모님을 (여의고 , 여위고) 힘들게 사셨다.

(2) 형은 감기를 심하게 앓고 나서 몸이 바짝 (여의어 , 여위어) 있었다.

낱말의 발음

6 **보기** 를 보고, 밑줄 친 낱말의 발음이 바르지 <u>못한</u> 것을 골라 ×표 하시오.

보기

"좋은 값에[갑쩨] 팔아 주시오."

받침 'ㅄ'이 모음자와 만나면 [ㅂ]과 [ㅆ]으로 발음해.

(1) 이 식당은 값이[가비] 싼 편이다.   (   )

(2) 주인에게 값을[갑쓸] 물어보았다.   (   )

(3) 심부름한 값으로[갑쓰로] 천 원을 받았다.   (   )

1 인물의 삶을 사실에 근거해 쓴 글은 무엇입니까?
( )

① 일기　　② 편지　　③ 기행문
④ 전기문　　⑤ 독서 감상문

2 다음은 어떤 인물에 대한 설명입니까? ( )

> 우리글이 있었지만 글을 읽지 못하는 사람들이 대부분이었던 시대에 우리나라 최초로 국어 문법의 틀을 세웠다.

① 유관순　　② 주시경　　③ 정약용
④ 안중근　　⑤ 세종 대왕

3 전기문에서 인물의 가치관을 짐작할 때 살펴보아야 할 내용과 거리가 먼 것에 ×표 하시오.

(1) 인물이 살았던 장소 ( )
(2) 인물이 처한 시대 상황 ( )
(3) 인물이 한 일과 그 까닭 ( )

[4~7]

가 김만덕은 1739년에 제주도의 가난한 선비 집안에서 태어났다. 비록 가난하였으나 사랑과 정이 깊은 부모님 밑에서 자랐다. 그러나 열두 살이 되던 해에 심한 흉년과 전염병 때문에 부모님을 차례로 여의고 말았다. 친척 집을 이리저리 옮겨 다니며 살던 김만덕은 기생의 수양딸이 되었다가 스물세 살이 되던 해에 드디어 기생의 신분에서 벗어났다.

나 배가 침몰하였다는 소식을 들은 제주도 사람들은 이제는 굶어 죽을 수밖에 없다며 절망에 빠졌다. 이것을 보고 김만덕은 생각하였다.

'제주도 사람들을 굶어 죽게 내버려둘 수는 없다. 내가 나서서 그들을 살려야겠다.'

김만덕은 전 재산을 들여 육지에서 곡식을 사 오게 하였다. 그 곡식은 총 오백여 석이었다.

"제가 전 재산을 들여 육지에서 사들인 곡식입니다. 굶주린 사람들에게 나누어 주십시오."

4 김만덕에 대한 설명으로 알맞지 <u>않은</u> 것은 무엇입니까? ( )

① 기생의 수양딸이었다.
② 가난한 선비 집안에서 자랐다.
③ 1739년에 제주도에서 태어났다.
④ 흉년과 전염병으로 부모님을 잃었다.
⑤ 스물세 살이 되던 해에 기생이 되었다.

5 글 **가**에 나타난 전기문의 특성에 대해 바르게 말한 친구의 이름을 쓰시오.

> 서현: 김만덕이 살았던 시대 상황이 드러나 있어.
> 민주: 김만덕이 한 일과 가치관이 잘 나타나 있어.

( )

6 글 **나**에서 배가 침몰하였다는 소식을 듣고 김만덕이 한 일은 무엇입니까? ( )

① 사람들과 함께 육지로 대피하였다.
② 절망에 빠진 사람들을 지켜만 보았다.
③ 임금에게 편지를 써서 도움을 요청하였다.
④ 양반들로부터 재산을 빼앗아 곡식을 사들였다.
⑤ 전 재산으로 곡식을 사서 제주도 사람들에게 나누어 주었다.

7 글 **나**에서 김만덕의 말과 행동을 통해 알 수 있는 가치관을 짐작하여 쓰시오.
서술형

_____

_____

6

8~9 국어 활동

가 유희춘은 명종 대에 간신배들에 맞서 바른 뜻을 굽히지 않다가 정적들의 모함으로 제주도에 유배를 가 있었습니다. 선조는 왕이 되자마자 유희춘을 한양으로 불러들이고 관직을 내주었습니다.

나 "그동안 많은 책 속에서 여러 오류를 발견하였습니다. 소신에게 시간을 주신다면 그 책을 바로잡아 새로 편찬하고 싶습니다."

이후 유희춘은 선조의 전폭적인 지원 아래 이미 편찬된 책들의 오류를 바로잡고 새로이 찍어 냈습니다.

8 유희춘이 살았던 시대 상황은 어떠했습니까?
( )

① 신분 제도가 없어졌다.
② 임금의 권력이 매우 약했다.
③ 신하들끼리 정치적인 다툼이 심했다.
④ 책에 오류가 생기면 유배를 가야 했다.
⑤ 벼슬을 하면 누구나 제주도에 가야 했다.

9 글 **나** 에서 알 수 있는 유희춘의 업적을 쓰시오.
( )

10~11

정약용은 정조가 보내 준 책들을 꼼꼼히 읽으며 고민에 빠졌어요. 정약용이 생각하기에 성을 쌓을 때 가장 큰 문제는 돌을 옮기는 일이었어요. 힘을 덜 들이고 크고 무거운 돌을 옮길 방법을 찾던 정약용은 서른한 살 되던 해, 마침내 거중기를 만들었어요. 도르래의 원리를 이용해 작은 힘으로도 무거운 물건을 들 수 있도록 만든 기계였지요.

거중기 덕분에 백성은 성을 짓는 일에 자주 나오지 않아도 되어 마음 편히 농사를 지을 수 있었어요. 나라에서도 성을 짓는 데 드는 비용을 크게 줄일 수 있었어요. 정약용 덕분에 나라 살림도 아끼고 백성의 수고도 덜게 된 거예요.

10 정약용이 서른한 살이 되던 해에 한 일은 무엇인지 쓰시오.
( )

11 거중기가 준 도움으로 알맞지 <u>않은</u> 것은 무엇입니까? ( )

① 백성은 농사를 짓지 않아도 되었다.
② 크고 무거운 돌을 옮길 수 있게 되었다.
③ 백성이 마음 편히 농사를 지을 수 있었다.
④ 성을 짓는 데 드는 비용을 줄일 수 있었다.
⑤ 백성은 성을 짓는 일에 자주 나오지 않아도 되었다.

12~14

정약용은 ㉠암행어사로 일하는 동안 지방 관리가 어떤 마음을 가져야 하는지에 대해 깊이 생각했어요. ㉡임금이 아무리 나라를 잘 다스려도 지방 관리가 나쁜 짓을 일삼으면 백성은 어렵게 살 수밖에 없다는 것을 알게 되었거든요. 어릴 때 ㉢아버지 옆에서 보았던 백성의 어려운 삶도 머릿속을 떠나지 않았어요. 정약용은 ㉣쉰일곱 살이 되던 1818년, 이런 생각들을 자세히 담은 『목민심서』라는 책을 펴냈어요.

12 1818년에 정약용이 펴낸 책의 이름을 쓰시오.
( )

13 〈문제 12번〉에서 답한 책에는 정약용의 어떤 생각이 담겨 있는지 쓰시오.
서술형

_____

_____

14 ㉠~㉣ 중 정약용이 한 일의 차례를 알 수 있는 말의 기호를 쓰시오.
( )

15~19

가 1889년 가을, 헬렌은 퍼킨스학교에 다니게 되었습니다. 앤 선생님은 변함없이 헬렌을 가르쳤고, 다른 선생님들도 헬렌을 도와주었습니다. 퍼킨스학교에 머무는 동안 헬렌은 시각·청각·언어 장애를 지닌 노르웨이의 한 소녀가 입으로 말하는 법을 배웠다는 소식을 들었습니다. 이 소식을 듣자 헬렌은 너무나 기뻤으며, 자신도 이것을 배우게 해 달라고 선생님을 졸랐습니다. 말하기를 배우는 것이 너무 힘들었지만 헬렌은 포기하지 않았습니다. 뜻대로 말이 되지 않아 어려움을 많이 겪었지만 자신도 마침내 말을 할 수 있을 것이라는 희망을 버리지 않고 끊임없이 노력했습니다.

나 열 살이 된 헬렌은 퍼킨스학교에 있는 동안 자신처럼 장애를 지닌 어린이를 돕는 일에 나섰습니다. 펜실베이니아주에 살고 있는 토미를 퍼킨스학교에 데려와 교육받을 수 있도록 모금을 하기로 한 것입니다. 다섯 살의 토미는 헬렌처럼 보지도 듣지도 말하지도 못하는 아이였습니다. 토미는 부모님도 안 계시고 가난한 아이여서 학교에 갈 수 없었습니다. 헬렌은 토미가 퍼킨스학교에 다닐 수 있도록 도와 달라는 글을 여러 사람과 신문사에 보냈습니다. 헬렌도 이 모금에 참여하기 위해 사치스러운 물건을 사지 않고 돈을 보탰습니다. 다행히 많은 성금이 모여 토미는 아무 걱정 없이 학교에 다닐 수 있게 되었습니다. 헬렌은 매우 기뻤습니다. 남을 도우면 이렇게 큰 기쁨을 누릴 수 있다는 깨달음을 얻었습니다.

15 헬렌은 어떻게 자신의 어려움을 줄여 갔습니까? ( )

① 말하기 위해 끊임없이 노력했다.
② 하루도 쉬지 않고 운동을 하였다.
③ 꾸준히 병원에 다니며 치료를 받았다.
④ 노르웨이 소녀를 만나 도움을 받았다.
⑤ 앤 선생님에게 도와 달라고 부탁했다.

16 헬렌이 살아온 과정을 생각하며 빈칸에 알맞은 말을 차례대로 쓰시오.

> 열 살 때, 헬렌은 자신처럼 ( )을/를 지닌 ( )을/를 돕는 일에 나섰다.

17 토미에 대한 설명으로 알맞지 <u>않은</u> 것은 무엇입니까? ( )

① 부모님이 안 계신다.
② 가난한 가정에서 산다.
③ 펜실베이니아주에 산다.
④ 보지도 듣지도 말하지도 못한다.
⑤ 헬렌을 위해 신문사에 글을 보낸 인물이다.

18 헬렌이 토미를 도우면서 깨달은 점은 무엇입니까? ( )

① 토미도 말을 할 수 있을 것이다.
② 남을 도우면 큰 기쁨을 누릴 수 있다.
③ 포기하지 않는 사람에게 희망이 있다.
④ 장애를 지닌 어린이를 돕는 일이 어렵다.
⑤ 어린이를 도우면 우리의 미래가 밝아진다.

19 헬렌에게서 본받을 점을 바르게 말한 것의 기호를 쓰시오.

> ㉮ 자신도 장애가 있어 배우기 힘든데도 다른 사람을 돕는 일에 나서는 모습을 본받고 싶다.
> ㉯ 장애가 있어 힘든데도 다른 사람에게 전혀 도움을 청하지 않고 모든 일을 스스로 하려는 모습을 본받고 싶다.

( )

20 다음은 유관순의 삶을 보고 무엇을 정리한 것입니까? ( )

> 유관순은 백여 년이 지난 지금까지도 우리에게 나라를 사랑하는 마음을 일깨워 줌.

① 인물이 한 일
② 인물이 겪은 어려움
③ 인물이 한 일의 까닭
④ 인물에게서 본받을 점
⑤ 인물이 살았던 시대 상황

1

> "제주도에 사는 여인이 전 재산을 내놓아 굶주린 사람들을 살렸다고? 참으로 고마운 일이로구나. 김만덕의 소원을 들어 주도록 하여라."
>
> 제주 목사가 김만덕에게 소원을 묻자, 김만덕은 임금의 용안을 뵙는 것과 금강산 구경을 말하였다. 임금은 김만덕에게 벼슬을 내려 임금을 만날 수 있게 해 주었다. ㉠양민의 신분으로는 임금을 만날 수 없었기 때문이다. 그리고 ㉡제주도 여자는 제주도를 떠날 수 없었던 그 당시의 규범을 깨고 김만덕에게 금강산을 구경하도록 해 주었다.
>
> 김만덕은 일 년여 동안 서울에서 지낸 뒤에 다시 고향 제주도로 돌아왔다. 그리고 예전과 다름없이 장사를 하며 어려운 사람들을 도왔다. 김만덕은 자신만 풍요롭게 살기보다는 자신이 가진 것을 사람들과 나누며 함께 살았다.

1단계
낱말 쓰기

㉠으로 알 수 있는 시대 상황은 무엇인지 빈칸에 알맞은 말을 쓰시오. [4점]

• 양반과 양민에 대한 신분 (   ) 이/가 있었다.

2단계
문장 쓰기

㉡에 나타난 시대 상황으로 알 수 있는 김만덕의 가치관을 짐작하여 쓰시오. [6점]

_____

_____

3단계
생각 쓰기

이 글을 읽고 김만덕에게서 본받을 점을 쓰시오. [8점]

_____

_____

❶ 김만덕이 한 일을 잘 살펴봐.

2 다음 글을 읽고, 정약용이 살았던 시대 상황은 어떠했는지 쓰시오. [6점]

> 정약용은 1762년 지금의 경기도 남양주에 있는 마재에서 태어났어요. 지방 관리였던 아버지 덕분에 정약용은 어릴 때부터 백성의 삶을 가까이서 지켜볼 수 있었어요.
>
> 백성은 이른 아침부터 해가 떨어질 때까지 한시도 쉬지 않고 일했지요. 그런데도 백성은 늘 배불리 먹지 못했어요. 세금을 내지 못해 남의 집 머슴살이를 하는 사람도 많았어요. 어린 정약용의 눈에 그것은 참 이상한 일이었어요.

_____

_____

3 다음 글을 읽고, 헬렌에게서 본받을 점을 쓰시오. [8점]

> 선생님은 헬렌의 손을 잡고 펌프가로 데리고 갔습니다. 펌프로 물을 퍼 올리자 헬렌의 손바닥으로 시원한 물이 쏟아져 내렸습니다. 선생님은 헬렌의 손바닥에 처음에는 천천히, 나중에는 빨리 'w-a-t-e-r'라고 거듭 써 주었습니다. 그러자 헬렌의 얼굴이 환히 빛났습니다. 그러더니 선생님에게 'w-a-t-e-r'라고 여러 번 써 보여 주는 것이었습니다. 그 순간 헬렌은 자기 손에 쏟아지는 물을 나타내는 낱말이 'water'이고, 세상의 모든 것은 각각 이름을 가지고 있다는 것을 비로소 깨닫게 된 것입니다. 마침내 헬렌의 앞에 빛의 세계가 열렸습니다. 헬렌은 배우고 싶다는 뜨거운 마음이 생겼습니다. 헬렌은 아침에 일찍 일어나자마자 글자를 쓰기 시작해 하루 종일 글을 쓰고는 했습니다. 결국 헬렌은 글자를 통해 다른 사람에게 자기 생각을 전할 수 있게 되었습니다.

_____

_____

6 본받고 싶은 인물을 찾아봐요

학습 제재	김만덕	배점	25점
학습 목표	전기문의 특성을 알고 내용을 요약할 수 있다.		

● **다음 글을 읽고, 물음에 답하시오.**

㉮ 1790년부터 4년 동안 제주도에는 흉년이 계속되었다. 그 바람에 양식이 없어 굶주리는 사람들이 늘어났다. 제주도 사람들은 모두 굶어 죽게 되었다며 근심에 잠겼다. 그러나 다행스럽게도 이듬해에는 농사가 잘되었다. 때맞추어 비가 내려 들판에는 곡식이 익어 갔다. 이대로라면 그해 농사는 대풍년이었다. 그런데 수확을 앞두고 제주도에 태풍이 몰려왔다. 그동안 애써 가꾸어 놓은 농산물이 모두 심한 피해를 입어 제주도 사람들은 이제 꼼짝없이 굶어 죽을 지경에 이르렀다.

㉯ '제주도 사람들을 굶어 죽게 내버려둘 수는 없다. 내가 나서서 그들을 살려야겠다.'

김만덕은 전 재산을 들여 육지에서 곡식을 사 오게 하였다. 그 곡식은 총 오백여 석이었다.

"제가 전 재산을 들여 육지에서 사들인 곡식입니다. 굶주린 사람들에게 나누어 주십시오."

제주 목사는 김만덕의 말을 듣고 깜짝 놀랐다.

'양반도 아닌 상인이 피땀 흘려 모은 재산을 제주도 사람들을 구하겠다고 모두 내놓다니 정말 어진 사람이구나.'

㉰ 김만덕은 일 년여 동안 서울에서 지낸 뒤에 다시 고향 제주도로 돌아왔다. 그리고 예전과 다름없이 장사를 하며 어려운 사람들을 도왔다. 김만덕은 자신만 풍요롭게 살기보다는 자신이 가진 것을 사람들과 나누며 함께 살았다. 김만덕의 삶은 이웃과 더불어 살며 나누고 베푸는 따뜻한 마음이 무엇인지 우리에게 잘 보여 준다.

1 이 글에 나타난 김만덕이 살았던 시대 상황을 쓰시오. [10점]

_____

_____

2 다음 조건 에 맞게 이 글의 내용을 요약하여 쓰시오. [15점]

> 조건
> 인물이 살았던 시대 상황과 인물이 한 일, 인물의 가치관을 차례대로 정리한다.

독서 감상문을 써요

1 독서 감상문을 쓰면 좋은 점
책을 읽고 책 내용과 생각이나 느낌을 정리하여 쓴 글
① 감명 깊게 읽은 부분이나 인상 깊은 장면을 기억할 수 있습니다.
② 읽은 책 내용을 다시 한번 생각할 수 있습니다.
③ 책을 읽은 동기와 책 내용, 읽고 난 뒤의 생각이나 느낌 따위를 정리할 수 있습니다.

★★ **2** 독서 감상문을 쓰는 방법

독서 감상문을 쓸 책을 정할 때	• 읽으면서 여러 가지 생각을 한 책을 고릅니다. • 새롭게 안 내용이 많은 책을 고릅니다.
책 내용을 정리할 때	• 인상 깊은 부분을 떠올립니다. • 생각이나 느낌을 나타낼 수 있는 부분을 간략하게 씁니다.
생각이나 느낌을 쓸 때	• 새롭게 알거나 생각한 점, 책을 읽고 느낀 점을 씁니다. • 생각이나 느낌에 대한 까닭을 함께 씁니다.
독서 감상문을 고쳐 쓸 때	• 제목이 잘 어울리는지 확인합니다. • 생각이나 느낌이 잘 어울리는지 확인합니다.

→ 인물의 행동이나 말에서 교훈을 얻을 수 있는 부분, 자신의 경험이나 생각이 글 내용과 비슷해 공감할 수 있는 부분, 질문이나 생각이 많이 생기는 내용, 감정을 강하게 느낀 부분

3 글을 읽고 감동받은 부분에 대한 생각이나 느낌 쓰기
① 일어난 일, 인물의 행동, 인물의 마음 따위에서 자신이 인상 깊게 느끼는 부분이 있는지 생각해 봅니다.
② 자신이 감동받은 부분과 그 까닭을 정리해 봅니다.
③ 감동받은 부분에 대한 생각이나 느낌이 잘 드러나게 글을 씁니다.
→ 감동을 느낀 까닭을 자세히 쓰고, 자신의 경험과 연관 지어 쓰며, 다양한 표현을 사용해요.
예 「어머니의 이슬 털이」에서 감동받은 부분에 대한 생각이나 느낌 쓰기

> 어머니께서 주인공을 학교에 보내려고 달래시는 장면에서 감동받았습니다. 자식을 바른길로 이끌려는 어머니의 노력을 알 수 있었기 때문입니다.

4 글을 읽고 독서 감상문 쓰기
① 독서 감상문을 쓸 책을 정합니다.
② 독서 감상문에 쓸 내용과 나타내고 싶은 생각을 정합니다.
③ 정한 내용을 바탕으로 독서 감상문을 씁니다.

5 글에 대한 생각이나 느낌을 여러 가지 형식으로 표현하기
① 글에 대한 생각이나 느낌을 표현할 수 있는 형식에는 시, 일기, 편지, 만화 등이 있습니다.
② 글을 읽고 형식을 정해 생각이나 느낌을 표현해 봅니다.

개념 확인하기   정답과 풀이 24쪽

1 다음은 어떤 글에 대한 설명인지 쓰시오.

> 책을 읽고 책 내용과 생각이나 느낌을 정리하여 쓴 글

(   )

2 독서 감상문을 쓰면 좋은 점으로 알맞은 것에 ○표 하시오.
⑴ 감명 깊게 읽은 부분을 기억할 수 있다. (   )
⑵ 읽은 책의 내용을 기억하지 않아도 된다. (   )

3 독서 감상문을 쓰기에 알맞지 않은 책의 기호를 쓰시오.

> ㉮ 새롭게 안 내용이 적은 책
> ㉯ 읽으면서 여러 가지 생각을 한 책

(   )

4 글을 읽고 감동받은 부분에 대한 생각이나 느낌을 쓰는 방법을 생각하며 빈칸에 알맞은 말을 쓰시오.

> 다양한 표현을 사용하고 자신의 (   )과/와 연관 지어 쓴다.

1~2

1 친구들은 무엇에 대해 이야기하고 있습니까?
( )

① 책을 쓴 사람
② 책을 읽은 곳
③ 책을 읽은 동기
④ 책의 자세한 내용
⑤ 재미있게 읽은 책에 대한 생각이나 느낌

2 소민이는 책을 읽고 어떤 생각이나 느낌이 들었는지 쓰시오.
( )

3 다음은 어떤 책의 내용을 정리한 것이겠습니까?
( )

> 옥황상제 때문에 은하수를 사이에 두고 다시 만나지 못한 남녀 주인공을 까치, 까마귀 들이 도와주는 이야기이다.

①『심청전』
②『어린 왕자』
③『견우와 직녀』
④『금도끼 은도끼』
⑤『이순신 위인전』

4★ 다음에서 읽은 책에 대한 생각이나 느낌을 말한 친구의 이름을 쓰시오.

> 선빈:『레 미제라블』은 빵 한 조각을 훔친 죄로 오랫동안 감옥살이를 한 장 발장이 우연히 만난 신부의 도움으로 새로운 삶을 사는 이야기야.
> 광수:『갈매기의 꿈』에서 조나단이 포기하지 않고 계속 노력한 끝에 결국 진정한 자유를 얻는 장면이 가장 인상 깊었어. 자신이 하고 싶은 일을 할 때 큰 어려움이 있어도 계속 노력해야 한다고 생각해.

( )

교과서 문제
5 책 내용으로 책 제목 알아맞히기 놀이를 하는 순서대로 번호를 쓰시오.

(1) 책 내용이나 인상 깊은 장면을 떠올린다.
( )
(2) 쓴 내용을 한 가지씩 말하면 친구들이 제목을 알아맞힌다.
( )
(3) 떠올린 책 내용 가운데에서 세 가지를 골라 소개할 내용을 쓴다.
( )
(4) 자신이 읽은 책 가운데에서 친구들이 읽었을 만한 책 한 권을 정한다.
( )

6 다음 보기 처럼 읽은 책을 한 문장으로 쓰시오.

> 보기
> 『피노키오』는 거짓말을 했을 때 생각나는 책이다.

_____

_____

• 글의 종류: 독서 감상문
• 글의 특징: 『세시 풍속』이라는 책을 읽고 쓴 독서 감상문입니다.

7

1 학교 도서관에서 책을 고르다가 『세시 풍속』이라는 책을 읽었습니다. 이 책은 우리 조상이 농사일로 고된 일상 속에서 빼먹지 않고 지켜 오던 일 년의 세시 풍속을 담은 책입니다. 세시 풍속은 옛날에만 있었던 것인 줄 알았는데 오늘날 우리 삶에도 많이 남아 있어서 신기했습니다.

옛날부터 그 사회에 전해 오는 생활 전반에 걸친 습관 등을 이르는 말

[중심 내용 **1**] 학교 도서관에서 책을 고르다가 『세시 풍속』이라는 책을 읽었습니다.

글 **1**에서 책을 읽은 동기가 드러난 부분이 어디인지 묻는 문제가 자주 출제돼.

2 책은 계절의 차례대로 봄, 여름, 가을, 겨울의 세시 풍속을 소개했습니다. 지금 계절이 겨울이므로 겨울 부분부터 읽어 보았습니다. 겨울의 세시 풍속 가운데에서 인상 깊었던 것은 동지의 풍속입니다.

책에서 소개한 내용

[중심 내용 **2**] 책은 계절의 차례대로 봄, 여름, 가을, 겨울의 세시 풍속을 소개했습니다.

3 동지는 음력 십일월인데, 세시 풍속으로 팥죽을 끓여 먹습니다. 얼마 전에 학교에서 팥죽이 나온 것이 떠올라 반가워서 읽었습니다. 동짓날이 그냥 팥죽을 먹는 날인 줄만 알았는데 생각보다 재미있는 이야기가

양력 12월 22일이나 23일경임.

얽혀 있었습니다. 「옛날 사람들은 병을 옮기는 나쁜 귀신이 팥을 싫어한다고 믿었답니다. 그래서 동지에 팥으로 죽을 만들어 귀신이 못 오게 집 앞에 뿌렸답니다. 이 일에서 동지에 팥죽 먹는 풍습이 생겼답니다.」

「 」: 동지에 얽힌 이야기

[중심 내용 **3**] 동지는 음력 십일월의 세시 풍속으로 팥죽을 먹는 날이며, 여기에는 재미있는 이야기가 얽혀 있습니다.

4 이런 재미있는 이야기를 지닌 동지는 낮이 길어지기 시작하는 날로, 사람들은 이날부터 태양의 기운이 다시 살아난다고 생각했다고 합니다. 동지가 밤이 가장 길고 낮이 가장 짧은 날이라고만 생각했는데, 우리 조상은 태양의 기운이 다시 살아나면서 낮이 길어지는 것이라고 생각한 점이 인상 깊었습니다. 그래서 ㉠한 가지를 볼 때 여러 가지 시각으로 봐야겠다고 생각했습니다.

[중심 내용 **4**] 한 가지를 볼 때 여러 가지 시각으로 봐야겠다고 생각했습니다.

5 『세시 풍속』을 읽고 나니 조상의 지혜를 더 잘 알 수 있었습니다. ㉡계절의 변화 하나하나에 의미를 부여하고 삶을 즐겁게 보내려는 마음을 듬뿍 느꼈습니다.

[중심 내용 **5**] 책을 읽고 조상의 지혜를 알 수 있었고, 계절의 변화 하나하나에 의미를 부여하고 삶을 즐겁게 보내려는 마음을 느꼈습니다.

세시(歲 해 세, 時 때 시) 한 해의 절기나 달, 계절에 따른 때.
고된 하는 일이 힘에 겨워 고단한. 예 고된 훈련이 계속되었습니다.

부여하고 사람에게 권리·명예·임무 따위를 지니도록 해 주거나, 사물이나 일에 가치·의의 따위를 붙여 주고.

1 글쓴이가 읽은 책의 제목은 무엇인지 쓰시오.

( )

2 동지에 대한 설명으로 알맞지 않은 것은 무엇입니까? ( )

① 팥죽을 먹는 날이다.
② 음력 십일월의 세시 풍속이다.
③ 재미있는 이야기가 얽혀 있다.
④ 낮이 짧아지기 시작하는 날이다.
⑤ 우리 조상은 이날부터 태양의 기운이 회복된다고 생각했다.

3 ㉠과 ㉡은 독서 감상문에 들어갈 내용 중 무엇에 해당합니까? ( )

① 책 내용
② 책의 제목
③ 책을 쓴 사람
④ 책을 읽은 동기
⑤ 책을 읽고 생각하거나 느낀 점

4 이 독서 감상문에 제목을 붙이는 방법으로 알맞은 것의 기호를 쓰시오.

㉮ 책 제목이 드러나게 붙인다.
㉯ 책을 읽은 곳을 알 수 있게 붙인다.

( )

어머니의 이슬 털이

• 이순원

• 글의 종류: 이야기
• 글의 특징: 학교에 가기 싫어하는 아들을 바른길로 이끌기 위한 어머니의 희생과 사랑을 느낄 수 있는 글입니다.

미리보기

'나'는 어릴 때 학교 다니기가 싫어 갖은 핑계를 대며 학교에 가지 않았습니다. → 어머니께서는 학교 가기 싫다는 '나'를 설득하여 신작로까지 데려다주겠다고 하셨습니다. → 어머니께서는 '나'를 위해 이슬을 털어 주시고, 새 양말과 새 신발로 갈아 신겨 주셨습니다. → 어른이 된 '나'는 어머니께서 이슬을 털어 주신 길을 걸어 여기까지 올 수 있었습니다.

1 어릴 때 나는 학교 다니기가 싫었다. 학교로 가는 길 중간에 산에 올라가 아무 산소가에나 가방을 놓고 앉아 멀리 대관령을 바라보다가 점심때가 되면 그곳에서 혼자 청승맞게 도시락을 까먹기도 했다. 그러다 점점 대담해져서 아예 집에서부터 학교에 가지 않는 날
담력이 크고 용감해져서
도 있었다. 배가 아프다, 머리가 아프다, 어제는 비가 와서, 어제는 눈이 와서, 오늘은 무서운 선생님 시간에 준비물을 제대로 갖추지 못해서, 하는 식으로 갖은 핑계를 댔다.

중심 내용 **1** 어릴 때 '나'는 학교 다니기가 싫어 갖은 핑계를 댔다.

2 오월 어느 날이었다. 그날도 학교에 가기 싫다고 말했다. 어머니가 왜 안 가느냐고 물어 공부도 재미가

없고, 학교 가는 것도 재미가 없다고 말했다.

"그래도 얼른 교복으로 갈아입어라."

"학교 안 간다니까." / "안 가면?"

"그냥 이렇게 자라다가 이다음 농사지을 거라고."

"농사는 뭐 아무나 짓는다더냐?"

"그러니 내가 짓는다고."

"에미가 신작로까지 데려다줄 테니까 얼른 교복 갈
어미
아입어."

몇 번 옥신각신하다가 나는 마지못해 교복으로 갈아입었다. 어머니가 먼저 마당에 나와 내가 나오길 기다리고 있었다.

중심 내용 **2** 오월 어느 날, 학교에 가기 싫다고 말하는 '나'에게 어머니께서 신작로까지 데려다주겠다고 하시면서 학교에 가자고 하셨다.

산소가 사람의 무덤이 있는 주변.
청승맞게 궁상스럽고 처량하여 보기에 몹시 언짢게. 예 청승맞게 땅만 보며 걸었습니다.

신작로(新 새 신, 作 지을 작, 路 길 로) 새로 만든 길이라는 뜻으로, 자동차가 다닐 수 있을 정도로 넓게 새로 낸 길을 이르는 말.
옥신각신하다가 서로 옳으니 그르니 하며 다투다가.

5 '내'가 학교에 가지 않기 위해 댄 핑계가 <u>아닌</u> 것은 무엇입니까? ( )

① 비가 온다.
② 배가 아프다.
③ 친구가 없다.
④ 머리가 아프다.
⑤ 준비물을 갖추지 못했다.

교과서 문제
6 '내'가 학교에 가기 싫어한 까닭을 두 가지 고르시오. ( )

① 공부가 재미없어서
② 학교가 너무 멀어서
③ 교복을 입고 가기 싫어서
④ 농사지을 시간이 부족해서
⑤ 학교에 가는 것이 재미없어서

7 어머니께서는 학교에 가기 싫어하는 '나'를 어디까지 데려다주겠다고 하셨는지 쓰시오.

( )

8 이 글에서 감동을 느낀 부분을 찾는 방법을 바르게 말한 친구의 이름을 쓰시오.

재석: 경험이나 생각이 글 내용과 달라 이해하기 힘든 부분에서 감동을 느낄 수 있어.
호정: 경험이나 생각이 글 내용과 비슷해 공감할 수 있는 부분에서 감동을 느낄 수 있어.

( )

3 가방을 들고 밖으로 나오자 어머니가 지겟작대기를 들고 서 있었다. 나는 어머니가 그걸로 말 안 듣는 나를 때리려고 그러는 줄 알았다. 이제까지 어머니는 한 번도 나를 때린 적이 없었다. 그런 어머니의 모습이 조금은 낯설기도 하고 무섭기도 해 나는 신발을 신고도 봉당에서 한참 동안 멈칫거리다가 마당으로 내려섰다.

"얼른 가자."

어머니가 재촉했다.

"누구든 재미로 학교 다니는 사람은 없다."

"그래도 나는 싫어."

어머니는 한 손엔 내 가방을 들고 또 한 손엔 지겟작대기를 들고 나보다 앞서 마당을 나섰다. 나는 말없이 어머니의 뒤를 따랐다. 그러다 신작로로 가는 산길에 이르러 어머니가 ㉠다시 내게 가방을 내주었다.

중심 내용 3 '나'는 한 손엔 '나'의 가방, 또 한 손엔 지겟작대기를 들고 앞서 마당을 나선 어머니를 따라갔다.

봉당(封 봉할 봉, 堂 집 당) 안방과 건넌방 사이의 마루를 놓을 자리에 마루를 놓지 않고 흙바닥 그대로 둔 곳.
이슬받이 양쪽에 이슬 맺힌 풀이 우거진 좁은 길
조롱조롱 작은 열매 따위가 많이 매달려 있는 모양.

4 "자, 여기서부터는 네가 가방을 들어라."

나는 어머니가 내가 학교에 가기 싫어하니 중간에 학교로 가지 않고 다른 길로 샐까 봐 신작로까지 데려다주는 것으로 생각했다.

"너는 뒤따라오너라."

거기에서부터는 이슬받이였다. 사람 하나 겨우 다닐 좁은 산길 양옆으로 풀잎이 우거져 길 한가운데로 늘어져 있었다. 아침이면 풀잎마다 이슬방울이 조롱조롱 매달려 있었다. 어머니는 내게 가방을 넘겨준 다음 내가 가야 할 산길의 이슬을 털어 내기 시작했다. 어머니의 일 바지 자락이 이내 아침 이슬에 흥건히 젖었다.
'나'를 위해 이슬을 털다가 어머니의 옷이 흠뻑 젖음.
어머니는 발로 이슬을 털고, 지겟작대기로 이슬을 털었다.

핵심내용 글 **4**에서 감동을 느낀 부분 말하기 예
어머니께서 아들을 위해 이슬을 털어 주시다가 옷을 흠뻑 적신 모습에서 감동을 느꼈습니다.

자락 옷이나 이불 따위의 아래로 드리운 넓은 조각. 예 바지 자락을 걷어 올렸습니다.
흥건히 물 따위가 푹 잠기거나 고일 정도로 많게. 예 겉옷이 비에 흥건히 젖었습니다.

9 지겟작대기를 들고 서 있는 어머니를 보고 '나'는 어떤 느낌이 들었는지 두 가지 고르시오. ( )

① 반갑다. ② 낯설다.
③ 무섭다. ④ 재미있다.
⑤ 다정하다.

10 어머니께서 ㉠과 같은 행동을 하신 까닭은 무엇입니까? ( )

① 모르는 길이어서
② 아들과 헤어져야 해서
③ 가방이 너무 무거워서
④ 지겟작대기를 들어야 해서
⑤ 산길의 이슬을 털어 내기 위해서

11 '나'는 어머니께서 '나'를 신작로까지 데려다주는 까닭을 무엇이라고 생각했습니까? ( )

① '내'가 혼자 가길 원해서
② 신작로부터는 길이 좁아서
③ 길이 험해 '내'가 다칠까 봐
④ 어머니도 걷는 것을 좋아하셔서
⑤ '내'가 학교로 가지 않고 다른 길로 샐까 봐

교과서 문제
12 학교에 가기 싫어한 '나'를 위해 어머니께서 하신 일은 무엇인지 빈칸에 공통으로 들어갈 말을 쓰시오.

'나'의 옷에 [   ]이/가 묻지 않도록 [   ]을/를 털며 '나'의 앞에 서서 산길을 걸으셨다.

( )

7. 독서 감상문을 써요 **119**

그런다고 뒤따라가는 아들 교복 바지가 안 젖는 것도 아니었다. 신작로까지 십오 분이면 넘을 산길을 삼십 분도 더 걸려 넘었다. 어머니의 옷도, 그 뒤를 따라간 내 옷도 흠뻑 젖었다. 어머니는 고무신을 신고 나는 검은색 운동화를 신었다. 걸음을 옮길 때마다 물에 **빠**졌다가 나온 것처럼 시커먼 땟국물이 찔꺽찔꺽 발목으로 올라왔다. 그렇게 <u>어머니와 아들이 무릎에서 발끝까지 옷을 흠뻑 적신 다음에야 신작로에 닿았다.</u>

신작로에 닿은 어머니와 '나'의 모습

중심 내용 **4** 어머니께서는 이슬받이에서 '나'를 위해 이슬을 털어 주셨다.

5 "자, 이제 이걸 신어라."

㉠<u>거기서 어머니는 품속에 넣어 온 새 양말과 새 신발을 내게 갈아 신겼다.</u> 학교 가기 싫어하는 아들을 위해 아주 마음먹고 준비해 온 것 같았다.

"앞으로는 매일 털어 주마. 그러니 이 길로 곧장 학교로 가. 중간에 다른 데로 새지 말고."

그 자리에서 울지는 않았지만, 왠지 눈물이 날 것 같았다.

㉡"아니, 내일부터 나오지 마. 나 혼자 갈 테니까."

중심 내용 **5** 어머니께서는 신작로에서 품속에 넣어 온 새 양말과 새 신발을 '나'에게 갈아 신겼다.

6 다음 날도 그다음 날도 어머니가 매일 이슬을 털어 준 것은 아니었다. 그러나 어떤 날 가끔 어머니는 그렇게 아들 학굣길에 이슬을 털어 주었다. 또 새벽처럼 일어나 그 길의 이슬을 털어놓고 올 때도 있었다.

어른이 된 지금도 나는 그렇게 생각한다. 그때 어머니가 이슬을 털어 주신 길을 걸어 지금 내가 여기까지 <u>왔다고.</u>

어머니의 사랑 덕분에 '내'가 여기까지 올 수 있었다고 생각함.

중심 내용 **6** 어릴 때 어머니께서 이슬을 털어 주신 길을 걸어 '나'는 지금 여기까지 올 수 있었다.

핵심내용 글 **5**를 읽고, 감동받은 부분에 대한 생각이나 느낌 정리하기 예

- 어머니께서 이슬받이를 모두 지난 뒤에 품속에서 새 양말과 새 신발을 꺼내 주시는 부분에서 감동을 느꼈습니다. 자신은 물에 젖어도 상관없지만 아들에게는 새 양말과 새 신발을 신기고 싶은 어머니의 사랑이 느껴졌기 때문입니다.
- 아들이 다음부터 혼자 학교에 가겠다고 하는 장면에서 감동을 느꼈습니다. 아들이 어머니께 죄송한 마음을 느낀 것 같았기 때문입니다.

흠뻑 물이 쭉 내배도록 몹시 젖은 모양. 예 우산을 가져오지 않아 비를 흠뻑 맞았습니다.
땟국물 '꾀죄죄하게 묻은 때.'인 땟국을 강조해 이르는 말.

찔꺽찔꺽 차지고 끈끈한 물질이 자꾸 밟히거나 들러붙는 소리. 또는 그 모양.
새지 원래 가야 할 곳으로 가지 아니하고 딴 데로 가지.

---

13 어머니께서 학교 가기 싫어하는 '나'를 위해 품속에 넣어 오신 것을 두 가지 쓰시오.

( )

14* ㉠에서 감동을 느꼈다면 그 까닭은 무엇이겠습니까? ( )

① 어머니의 사랑이 느껴져서
② 어머니께서 이슬을 털지 않아도 되어서
③ 어머니의 안타까운 마음이 잘 느껴져서
④ 새 것을 좋아하시는 어머니의 모습이 떠올라서
⑤ 학교에 가기 싫어하는 아들의 마음이 이해가 되어서

15 ㉡에 담긴 '나'의 마음으로 알맞은 것은 무엇입니까? ( )

① 어머니께 죄송한 마음
② 어머니가 자랑스러운 마음
③ 어머니가 원망스러운 마음
④ 학교에 가지 않으려는 마음
⑤ 어머니를 집에 데려다주고 싶은 마음

16 이 글 전체를 읽고, 감동받은 부분과 그 까닭을 쓰시오.
서술형

감동받은 부분	(1)
감동받은 까닭	(2)

17 독서 감상문을 쓸 책을 정하는 방법으로 알맞지 <u>않</u>은 것은 무엇입니까? ( )

① 좋은 교훈을 얻은 책을 고른다.
② 자신이 읽지 않은 책을 고른다.
③ 새롭게 안 내용이 많은 책을 고른다.
④ 자신이 관심 있는 내용의 책을 고른다.
⑤ 책 속 인물의 생각과 자신의 생각이 비슷한 책을 고른다.

18 독서 감상문을 쓸 책을 골라 책 제목과 책을 고른 까닭을 쓰시오.
서술형

책 제목	(1)
책을 고른 까닭	(2)

19 독서 감상문을 쓸 때 가장 먼저 해야 하는 일은 무엇입니까? ( )

① 독서 감상문 쓰기
② 독서 감상문 평가하기
③ 독서 감상문을 쓸 책 정하기
④ 독서 감상문을 쓸 책의 내용 알아보기
⑤ 독서 감상문에 쓰고 싶은 내용 정리하기

교과서 문제
20 독서 감상문을 쓸 책을 떠올릴 때 생각할 점으로 알맞지 <u>않은</u> 것의 기호를 쓰시오.

㉠ 책 종류
㉡ 책 가격
㉢ 책을 읽은 까닭
㉣ 독서 감상문을 쓰고 싶은 까닭

( )

21 다음은 독서 감상문을 쓸 책에 대한 내용 중 무엇을 정리한 것입니까? ( )

• 이 책을 읽고 달에 대한 새로운 사실을 알게 되어서 기분이 무척 좋았다.
• 앞으로 다른 책을 많이 읽어서 지구와 달에 대해 내가 모르는 여러 가지 과학적인 사실을 더 많이 알고 싶다.

① 책 제목
② 책 종류
③ 책의 내용
④ 책을 읽은 까닭
⑤ 책을 읽고 생각하거나 느낀 점

22 독서 감상문의 처음 부분에 들어갈 내용으로 알맞은 것의 기호를 쓰시오.

㉮ 앞으로의 다짐
㉯ 책을 읽은 까닭
㉰ 인상 깊은 장면에 대한 생각이나 느낌

( )

23 친구들의 독서 감상문을 읽고 잘된 점이나 고칠 점을 살펴볼 때 생각할 점이 <u>아닌</u> 것은 무엇입니까? ( )

① 내용에 알맞은 제목을 붙였는가?
② 내용을 잘 전할 수 있는 형식인가?
③ 인상 깊게 읽은 부분이 나타났는가?
④ 자신의 생각이나 느낌이 드러났는가?
⑤ 독서 감상문을 쓰고 싶은 까닭은 무엇인가?

독서 감상문 가~다

- 글의 종류: 독서 감상문
- 글의 특징: 글 가는 시, 글 나는 일기, 글 다는 편지 형식으로 쓴 독서 감상문입니다.

가 『아름다운 꼴찌』를 읽고 쓴 시
글 **가**의 글쓴이가 읽은 책

그러면 되는 줄 알았는데

김가은

꼴찌만 아니면 될 줄 알았는데
꼴찌를 해도 좋았다.

등수만 중요한 줄 알았는데
더 큰 것이 있었다.

이기기만 하면 될 줄 알았는데
더 큰 마음이 있었다.

글 **가**의 형식과 특징을 묻는 문제가 자주 출제돼.

나 『나무 그늘을 산 총각』에서 욕심쟁이 영감이 되어 쓴 일기
글 **나**의 글쓴이가 읽은 책

20○○년 11월 ○○일 날씨: 맑음

제목: 함께일 때 더 시원한 나무 그늘

나는 내 것이면 뭐든지 나 혼자 써도 된다고 생각했다. 그래서 나무 그늘도 혼자 쓰는 것이 당연하다고 여겼다. 내 것인데 다른 사람에게 왜 빌려주어야 한단 말인가? 하지만 지금 나는 그렇게 생각하지 않는다. 다른 사람들과 더불어 행복을 느끼는 일이 훨씬 더 가치 있고 소중한 것임을 알았다. 총각이 어리석은 나를 일깨워 주었기 때문이다. 총각에게 고마운 마음을 꼭 전하고 싶다.

나는 새로 이사 온 집의 나무 그늘에 이웃을 초대했고, 지금은 이웃들과 사이좋게 지낸다. 혼자 많은 것을 차지할 때보다 다른 사람들과 함께하는 내가 더 행복하다. 이제 나는 욕심쟁이가 아니라 가진 것을 이웃들과 나눌 줄 아는 사람이 되었다.

더불어 둘 이상의 사람이 함께하여. 예 이웃과 더불어 사는 세상

일깨워 알려 주거나 가르쳐서 깨닫게 하여.

---

1 글 **가**에 대한 설명으로 알맞지 <u>않은</u> 것의 기호를 쓰시오.

㉠ 생각이나 느낌을 시 형식으로 표현하였다.
㉡ 생각이나 느낌을 재미있는 표현을 사용해 썼다.
㉢ 기억에 남는 인물의 성격을 자신의 성격과 비교해 적었다.

(   )

2 글 **나**는 『나무 그늘을 산 총각』을 읽고 어떤 형식으로 쓴 독서 감상문입니까? (   )

① 시   ② 일기
③ 편지   ④ 동화
⑤ 주장하는 글

3 글 **나**의 특징으로 알맞은 것은 무엇입니까?
(   )

① 자신의 경험과 관련지어 썼다.
② 느낌을 친구에게 편지 쓰듯이 썼다.
③ 생각이나 느낌을 누군가에게 말하듯이 썼다.
④ 재미있는 장면을 글과 그림으로 표현하였다.
⑤ 책을 읽고 느낌 감동을 간단한 말로 표현하였다.

4 글 **나**의 글쓴이가 책을 읽고 느낀 점으로 알맞은 것에 ○표 하시오.

(1) 다른 사람들과 더불어 행복을 느끼는 일이 가치 있고 소중하다. (   )
(2) 다른 사람들과 함께하는 것보다 혼자 많은 것을 차지할 때가 더 행복하다. (   )

다 『초록 고양이』를 읽고 꽃담이에게 쓴 ⓐ

엄마를 냄새로 찾아낸 꽃담이에게
_{받는 사람}

꽃담아, 안녕? 나는 얼마 전에 도서관에서 『초록 고양이』를 읽었어. 초록 고양이가 데려간 엄마를 네가 냄새로 찾아 다시 엄마와 만난다는 내용에서 감동을 받았어.

나는 엄마를 사랑하기는 하지만 엄마에 대한 것을 기억하려고 애쓰지는 않았던 것 같아. 네가 엄마를 냄새로 찾은 것은 늘 엄마에게 관심과 애정이 있었다는 거잖아.

ⓑ이 이야기를 읽고 부모님에게 좀 더 많은 관심을 가져야겠다고 생각했어. 가족의 소중함을 일깨워 줘서 정말 고마워.

그럼 안녕.

20○○년 11월 ○○일

친구 박성준
_{쓴 사람}

핵심내용 같은 내용을 여러 가지 글 형식으로 바꾸어 쓰면 좋은 점
- 읽는 사람이 지겹지 않습니다.
- ❶ ㅅ ㄱ 이나 느낌을 다양하게 표현할 수 있습니다.

애쓰지는 마음과 힘을 다하여 무엇을 이루려고 힘쓰지는. 예 솔직히 이번에 맡은 일을 잘하려고 애쓰지는 않았습니다.
애정(愛 사랑 애, 情 뜻 정) 사랑하는 마음.

5 ⓐ에 들어갈 글의 형식은 무엇입니까? (　)
① 시　② 일기
③ 편지　④ 동화
⑤ 만화

6 글 다의 특징에 대해 바르게 말한 친구의 이름을 쓰시오.

준서: 책을 읽고 글쓴이에게 하고 싶은 말을 썼어.
종민: 자신의 생각이나 느낌을 누군가에게 말하듯이 썼어.
미나: 이야기 속 주인공이 되어 하루를 보낸다면 어떤 생각이나 느낌이 들었을지 썼어.

(　)

7 성준이가 읽은 책의 제목을 쓰시오.
(　)

8 성준이가 책을 읽고 감동을 받은 내용은 무엇입니까? (　)
① 꽃담이가 엄마와 다시 만나는 내용
② 꽃담이가 엄마를 찾아 헤매는 내용
③ 초록 고양이가 엄마를 데려가는 내용
④ 꽃담이가 초록 고양이와 대화하는 내용
⑤ 꽃담이가 엄마에 대한 기억을 떠올리려고 애쓰는 내용

9 ⓑ에서 알 수 있는 것은 무엇입니까? (　)
① 책 제목
② 책을 읽은 곳
③ 책을 읽은 동기
④ 책에서 인상 깊은 장면
⑤ 책을 읽고 생각하거나 느낀 점

10 성준이가 꽃담이에게 고마운 마음이 든 까닭은 무엇인지 쓰시오.
(　)을/를 일깨워 줘서

투발루에게 수영을 가르칠 걸 그랬어!

· 유다정

· 글의 종류: 이야기
· 글의 특징: 투발루라는 나라에 사는 소녀 로자와 고양이 투발루의 우정이 감동을 주는 이야기입니다.

미리보기

| 투발루섬에 사는 로자와 고양이 투발루는 수영할 때만 빼고 늘 함께했습니다. | → | 로자의 가족은 바닷물이 불어나 투발루섬을 떠나기로 하였고, 로자가 애원하여 고양이 투발루를 데리고 가기로 하였습니다. | → | 투발루섬을 떠나는 날, 로자가 바닷가를 거닐다 온 사이 고양이 투발루가 보이지 않았습니다. | → | 로자의 가족은 비행기를 탔고, 창밖으로 고양이 투발루를 본 로자는 투발루에서 투발루와 함께 살기를 빌었습니다. |

1 넓은 바다 한복판, 아홉 개의 작은 섬으로 이루어진 나라 투발루에 로자와 고양이 투발루가 살았어. 로자와 투발루는 밥도 같이 먹고, 잠도 같이 자고, 노래도 같이 부르며 늘 함께했지. 하지만 다른 게 딱 하나 있었어.

로자와 고양이 투발루가 늘 함께하는 것

"언니 수영하고 올게!"

로자가 투발루의 털을 쓰다듬고 바다로 가면 투발루는 긴 꼬랑지를 바짝 세우고 야자나무 숲으로 들어가지. 투발루는 물을 너무너무 싫어하거든. 둘은 이렇게 따로따로 한참을 신나게 놀아. 하지만 돌아오는 길에는 꼭 만났어. 투발루가 길가에 오도카니 앉아 로자를 기다려 주었거든.

중심 내용 1 작은 섬으로 이루어진 나라 투발루에 사는 로자와 고양이 투발루는 수영하는 것만 빼고 모든 것을 함께했다.

2 "엄마, 물이 마당까지 들어와요."

둥근달이 떠오르는 보름이 되자 바닷물이 마당으로 들이닥쳤어.

"바닷물이 불어나서 큰일이구나!"

물은 자꾸만 불어났어. 투발루는 안절부절못하더니 나무 위로 올라갔지.

"야옹 야옹 이야옹."

그러고는 야자나무 위에서 몸을 웅크리고 마구 울었어.

몸 따위를 움츠러들이고

"그러게 수영을 배우면 좋잖아."

로자가 나무 위에서 떨고 있는 투발루를 안고 내려왔어.

"아빠, 바닷물이 왜 자꾸 불어나요?"

로자가 파란 바다를 보며 나직이 물었어.

오도카니 작은 사람이 넋이 나간 듯이 가만히 한자리에 서 있거나 앉아 있는 모양.

안절부절못하더니 마음이 초조하고 불안하여 어찌할 바를 모르더니.
나직이 소리가 꽤 낮게. ⑩ 시계 소리가 <u>나직이</u> 들려왔습니다.

---

11 로자와 고양이 투발루가 살고 있는 나라는 어디인지 쓰시오.

( )

12 로자와 고양이 투발루가 함께하지 <u>않는</u> 단 하나는 무엇입니까? ( )

① 잠자기
② 밥 먹기
③ 노래 부르기
④ 바다에서 수영하기
⑤ 놀다가 만나 집으로 돌아가기

13 보름이 되자 일어난 일은 무엇입니까? ( )

① 큰비가 내렸다.
② 로자가 바닷물에 빠졌다.
③ 바닷물이 점점 줄어들었다.
④ 바닷물이 로자네 집으로 들이닥쳤다.
⑤ 투발루가 야자나무 위에서 내려오지 않았다.

14 이 글을 읽고 인상 깊은 장면으로 알맞은 것의 기호를 쓰시오.

⑦ 로자가 고양이 투발루와 친하게 지내는 장면
④ 로자가 고양이 투발루에게 수영을 가르치는 장면

( )

"지구가 더워져서 빙하가 녹아내리고 있거든. 그래서 바닷물이 불어나는 거야."

"바다가 저렇게 넓은데 빙하가 녹는다고 물이 불어나요?"

"엄청나게 큰 빙하가 녹아내리니까 불어날 수밖에……."

로자는 아빠의 말을 들으며 손톱만 물어뜯었어. 그러자 투발루가 까칠한 혀로 로자의 손을 싸악싸악 핥아 주었지. 로자가 슬퍼 보였나 봐.

㉠"우리도 이제 투발루를 떠나야 한단다."

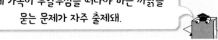
로자네 가족이 투발루섬을 떠나야 하는 까닭을 묻는 문제가 자주 출제돼.

아빠는 한숨을 푸욱 내쉬며 저녁노을로 붉어진 바다를 바라보았어.

"여기를 떠나 어떻게 살지 걱정이구나."

엄마도 멍하니 바다만 바라보았어.

빙하(氷 얼음 빙, 河 물 하) 추운 지역에서 눈이 오랫동안 쌓여 만들어진, 육지를 덮고 있는 큰 얼음덩어리.
까칠한 야위거나 메말라 살갗이나 털이 윤기가 없고 조금 거칠은.

"아직 우리 집은 물에 잠기지 않았잖아요. 난 여기가 좋단 말예요."

투발루

"아빠 엄마도 너처럼 여기서 살고 싶단다. 하지만 바닷물이 자꾸 불어나서 곧 나라 전체가 물에 잠기게 될 거래. 어제는 마당까지 물이 들어왔잖아. 떠나기 싫지만 어쩔 수 없구나."

로자의 가족은 아주 슬픈 밤을 보냈지.

중심 내용 2 지구가 더워져 빙하가 녹아내려 바닷물이 불어나기 때문에 로자네 가족은 투발루섬을 떠나야 했다.

3 "로자야, 며칠 뒤면 떠나야 하니까 짐을 챙겨야지."

로자는 투발루와 함께 짐을 싸기 시작했어. 투발루가 좋아하는 담요, 밥그릇, 놀이 공, 장난감 쥐를 모두 챙겼지. 그러고 나서 자기 것을 챙겼어. 그런데 그 모습을 보고 아빠가 그러는 거야.

"로자야, 투발루는 할아버지한테 맡기고 가자!"
로자가 투발루와 함께 짐을 싸는 모습을 보고 아빠가 하신 말씀

㉡로자는 깜짝 놀랐어.

저녁노을 해가 질 때의 노을.
잠기지 물속에 물체가 넣어지거나 가라앉지. 예 비가 많이 내렸지만 다행히 집이 물에 잠기지 않았습니다.

---

15 로자의 아빠는 바닷물이 불어나는 까닭이 무엇이라고 하셨는지 빈칸에 알맞은 말을 쓰시오.

> 지구가 더워져 (   ) 때문에

16* 로자의 가족이 투발루섬을 떠나야 하는 까닭은 무엇입니까? (   )

① 투발루섬에는 먹을 것이 부족해서
② 로자가 다른 나라에서 살기를 원해서
③ 나라 전체가 물에 잠길 위기에 처해서
④ 로자의 아빠가 섬을 떠나고 싶어 하셔서
⑤ 로자의 할아버지께서 섬을 떠나라고 하셔서

17 ㉠에 담겨 있는 아빠의 마음으로 알맞은 것을 모두 고르시오. (   )

① 기쁜 마음
② 슬픈 마음
③ 반가운 마음
④ 안타까운 마음
⑤ 걱정스러운 마음

18 로자가 ㉡과 같이 깜짝 놀란 까닭으로 알맞은 것의 기호를 쓰시오.

> ㉮ 투발루의 짐이 너무 많아서
> ㉯ 빙하가 녹아내리고 있다는 사실을 알게 되어서
> ㉰ 아빠가 투발루를 할아버지한테 맡기고 가자고 하셔서

(   )

"아빠, 투발루를 두고 갈 수는 없어요. 그럼 나도 안 갈 거예요!"

"다른 나라에 가면 지금보다 훨씬 힘들게 살 거야. 그러니까 투발루를 할아버지한테 맡기고 가자."

"싫어요. 절대로 안 돼요! 투발루는 수영을 못하니까 물이 불어나면 물에 빠져 죽을 거예요. 꼭 데려가야 해요. 아빠, 투발루도 데리고 가요! 네?"

로자는 아빠의 팔에 매달리며 애원했어.

"그럼 어쩔 수 없구나."

중심 내용 3 아빠는 투발루를 할아버지한테 맡기고 가자고 하셨지만, 로자는 투발루를 데려가자고 애원하였다.

4 떠나기 전날 로자는 투발루를 데리고 하루 종일 돌아다녔어.
로자가 투발루섬을 떠나기 전날 한 일

"여기는 우리가 어렸을 때 그네를 타던 곳이야. 저기는 아빠랑 같이 공을 차던 곳, 엄마랑 같이 채소를 가꾸던 곳, 난 이곳 투발루가 좋은데……."

친구들이랑 신나게 놀던 곳, 나무 위에서 바다로 풍덩 뛰어들던 곳, 저 야자나무에는 우리 둘이 자주 올라

갔었지. 난 죽을 때까지 잊지 않을 거야. 내가 태어나고 자란 이곳 투발루를…….
로자가 투발루와 함께 하루 종일 돌아다닌 까닭을 알 수 있는 부분

중심 내용 4 떠나기 전날 로자는 투발루를 데리고 하루 종일 돌아다녔다.

5 "엄마, 잠깐 바다에 갔다 와도 돼요?"

투발루를 떠나는 날, 로자는 마지막으로 바다가 보고 싶었어.

"조금 이따 떠나니까 빨리 와야 한다."

로자가 투발루의 털을 쓰다듬고 바다로 가자, 투발루는 늘 하던 대로 긴 꼬랑지를 바짝 세우고 야자나무 숲으로 들어갔어.

로자는 바닷가를 거닐다 돌아왔어.

그런데 투발루가 보이지 않았어.

"엄마, 투발루 어디 갔어요?"

"글쎄, 너랑 같이 나가지 않았니?"

로자는 숨이 턱에 차오르도록 달렸어. 로자가 바다로 가면 투발루는 야자나무 숲으로 간다는 걸 알고 있었거든.

애원(哀 슬플 애, 願 원할 원) 소원이나 요구 따위를 들어 달라고 애처롭게 사정하여 간절히 바람. 예 오랜만에 오신 할머니께 하루만 더 있다 가시라고 애원했습니다.

거닐다 가까운 거리를 이리저리 한가로이 걷다가. 예 저녁이면 엄마는 아빠와 공원을 거닐다 오셨습니다.
차오르도록 감정 따위가 마음속에 점점 커지도록.

---

19 로자가 고양이 투발루를 꼭 데려가야 한다고 한 까닭은 무엇인지 빈칸에 알맞은 말을 쓰시오.

> 투발루가 (   ) 때문에 물이 불어나면 물에 빠져 죽을 것이라고 생각해서

20 글 **4**와 **5**의 일이 일어난 때를 나타내는 말을 찾아 쓰시오.

글 **4**	(1)
↓	
글 **5**	(2)

21 글 **4**에서 로자가 고양이 투발루를 데리고 하루 종일 돌아다닌 까닭은 무엇입니까? (   )

① 투발루섬을 잊지 않기 위해서
② 고양이 투발루와 곧 헤어져서
③ 친구들에게 작별 인사를 하기 위해서
④ 고양이 투발루를 맡길 곳을 찾기 위해서
⑤ 자신이 태어나고 자란 곳이 어디인지 궁금해서

22 글 **5**에서 로자가 바닷가에 다녀온 뒤 일어난 일은 무엇입니까? (   )

① 아빠가 안 계셨다.
② 고양이 투발루가 사라졌다.
③ 로자네 집 마당이 물에 잠겼다.
④ 고양이 투발루가 수영을 하고 있었다.
⑤ 아빠가 투발루를 할아버지한테 맡기셨다.

"투발루야, 어디 있어? 이 바보야, 이제 가야 한단 말이야. 얼른 나와, 제발……."

㉠로자의 눈에선 쉬지 않고 눈물이 흘러내렸고, 코는 새빨개졌어.
투발루를 찾지 못해 애가 탐.

중심 내용 5 투발루를 떠나는 날, 마지막으로 바닷가를 거닐다 돌아온 로자는 고양이 투발루가 보이지 않자 애가 탔다.

6 "로자야, 이제 비행기를 타러 가야 해. 투발루는 할아버지가 잘 키워 주실 거야."

"싫어요, 아빠! 난 투발루랑 같이 갈 거예요."

로자가 더 깊은 숲으로 들어가려 하자 아빠가 로자를 안아 올렸어.

"아빠, 조금만 더 찾아봐요, 네? 아빠!"

하지만 아빠는 로자를 안고 비행장으로 급하게 걸어갔어. 비행기 탈 시간이 다 되었거든. 비행기가 요란한 소리를 내며 활주로를 달리기 시작했어.

"투발루다!"

그 순간 창밖으로 멀리 콩알만 하게 투발루가 보였어.

로자는 안전띠를 풀려고 했어. 하지만 그럴 수 없었어.

"로자야, 안 돼! 비행기는 이미 출발했잖아. 멈출 수 없어!"

로자는 창밖으로 작아지는 투발루를 보며 후회하고 또 후회했지.

"투발루에게 수영을 가르칠 걸 그랬어!"
로자가 후회한 것

"로자야, 사람들이 환경을 오염시키지 않으면 다시 투발루에 돌아올 수 있을 거야."

아빠의 말을 들으며 로자는 간절히 빌었어.

"저는 투발루에서 투발루와 함께 살고 싶어요. 제발 도와주세요!"

중심 내용 6 로자의 가족은 비행기를 탔고, 창밖으로 투발루를 본 로자는 투발루에서 투발루와 함께 살 수 있기를 간절히 빌었다.

핵심내용 「투발루에게 수영을 가르칠 걸 그랬어!」를 읽고 생각이나 느낌을 어떤 형식으로 표현할지 이야기하기 예

로자가 투발루섬에서 지내며 행복해하는 모습이 인상 깊었습니다. 그 장면을 만화로 표현하면 오래 기억할 것 같습니다.

활주로(滑 미끄러울 활, 走 달릴 주, 路 길 로) 비행장에서 비행기가 뜨거나 내릴 때에 달리는 길.

안전띠 자동차·비행기 따위에서, 사고 시 충격으로부터 보호하기 위하여 사람을 좌석에 고정하는 띠.

오염(汚 더러울 오, 染 물들 염) 더럽게 물듦. 또는 더럽게 물들게 함. 예 환경 오염을 줄이는 일에 모두 노력합시다.

간절히 마음속에서 우러나와 바라는 정도가 매우 절실하게. 예 간절히 바라던 소원이 이루어졌습니다.

---

23 ㉠에 담긴 로자의 마음으로 알맞은 것을 두 가지 고르시오. ( )

① 부모님께 죄송한 마음
② 아빠가 원망스러운 마음
③ 투발루를 걱정하는 마음
④ 투발루를 빨리 찾고 싶은 마음
⑤ 할아버지께서 투발루를 잘 키워 주시기를 바라는 마음

24 로자의 바람은 무엇입니까? ( )

① 할아버지와 함께 사는 것
② 투발루가 수영을 배우는 것
③ 투발루섬을 빨리 떠나는 것
④ 새로운 나라에 무사히 도착하는 것
⑤ 투발루섬에서 고양이 투발루와 함께 사는 것

25 이 글을 읽고 생각이나 느낌을 표현하는 형식에 대해 잘못 말한 친구의 이름을 쓰시오.

> 석원: 로자를 위로하는 편지를 써서 내 생각을 전하고 싶어.
> 지영: 책을 읽은 뒤의 생각이나 느낌을 간단한 말로 표현하기 위해서 일기를 쓸 거야.

( )

26 이 글을 읽고 인상 깊은 장면에서 떠오른 생각이나 느낌을 쓰시오.
서술형

_____

_____

_____

1~2

나의 꿈, 나의 미래

· 글의 종류: 독서 감상문
· 글의 특징: 나연이가 추천해 준 『꿈의 다이어리』라는 책을 읽고 쓴 독서 감상문입니다.

1 학교에서 자신의 꿈이 무엇인지 발표했다. 나연이가 『꿈의 다이어리』라는 책을 읽고, 자신도 꿈에 대해 깊이 생각해 볼 수 있었다며 이 책을 적극 추천했다.
_{발표 주제}

2 이 책의 주인공인 하은이는 꿈이 많은 아이이다. 가수, 우주 비행사, 요리사와 같이 날마다 꿈이 바뀐다. 하지만 하은이는 꿈의 다이어리를 받고 난 뒤, 꿈을 이루려면 노력해야 한다는 사실을 깨닫게 된다.

3 나는 사실 내 꿈이 무엇인지 모른다. 예전에는 과학자였지만 지금은 연예인이 되고 싶기도 하다. 하은이처럼 내 꿈은 계속 바뀌고 나는 한 번도 꿈에 대해 진지하게 생각한 적이 없다.

마음 쓰는 태도나 행동 따위가 참되고 착실하게

4 하지만 이 책을 읽고 꿈은 내가 살아가면서 목표를 두고 노력해야 하는 것이라는 사실을 깨달았다. 앞으로는 내가 좋아하고 즐길 수 있는 것을 발견해서 그것을 이루려고 더 노력해야겠다.
_{책을 읽고 생각한 앞으로의 다짐을 쓴 부분}

1 글쓴이가 책을 읽은 동기는 무엇입니까?( )

① 친구가 추천해 주어서
② 책 표지가 너무 예뻐서
③ 책의 제목이 재미있어서
④ 선생님께서 추천해 주셔서
⑤ 친구들이 많이 읽은 책이어서

2 글 3을 쓴 방법으로 알맞은 것의 기호를 쓰시오.

⑦ 책 내용을 정리했다.
㉯ 책을 읽은 동기를 드러냈다.
㉰ 책을 읽고 생각한 앞으로의 다짐을 썼다.
㉱ 책 내용과 관련해 자신을 되돌아보는 내용을 썼다.

( )

3~4

멋진 사냥꾼 잠자리

· 글의 종류: 설명하는 글   · 글쓴이: 안은영
· 글의 특징: 빠르고 멋진 사냥꾼인 잠자리에 대해 알기 쉽게 설명하는 글입니다.

잠자리가 좋아하는 먹이는 모기, 파리, 각다귀, 하루살이, 벌 같은 곤충이야.

자기보다 작은 잠자리를 잡아먹기도 해.

뾰족한 가시가 난 다리로 붙잡으면 절대 놓치지 않지.

붙잡은 먹이는 튼튼한 턱으로 물어뜯어 먹어 치워.

잠자리가 하루에 잡아먹는 곤충이 500마리는 될 거야.

잠자리들이 모기 떼를 쫓아 하늘을 나는 걸 본 적 있니?

『한곳에 멈춰서 날고, 아래로 뚝 떨어지고, 위로 솟구치고. / 갑자기 방향을 바꾸고, 뒤로도 날아.

앞날개와 뒷날개를 따로따로 움직이는 게 보이니?
_{『 』: 잠자리의 나는 모습}
나비나 벌은 이렇게 못 해.

잠자리는 큰 눈으로 날아다니는 곤충을 보고, 크고 강한 날개로 쏜살같이 뒤쫓아.
_{잠자리를 대단한 사냥꾼이라고 생각하는 까닭}

잠자리는 대단한 사냥꾼이야.

3 이 글을 읽고 새롭게 안 내용을 쓰시오.

서술형

_____

_____

4 이 글을 읽고 쓴 독서 감상문의 일부분 중 다음은 무엇에 해당합니까? ( )

잠자리가 하루에 곤충을 500마리나 잡아먹는 대단한 사냥꾼이라는 사실을 알고 무척 놀라웠다.

① 책 제목   ② 책 내용
③ 책을 쓴 사람   ④ 책을 읽은 동기
⑤ 책을 읽고 생각하거나 느낀 점

낱말의 뜻

1 다음 뜻에 알맞은 낱말을 보기 에서 찾아 쓰시오.

보기

| 자락 | 오염 | 신작로 | 활주로 |

(1) ( ): 더럽게 물듦. 또는 더럽게 물들게 함.

(2) ( ): 옷이나 이불 따위의 아래로 드리운 넓은 조각.

(3) ( ): 비행장에서 비행기가 뜨거나 내릴 때에 달리는 길.

(4) ( ): 자동차가 다닐 수 있을 정도로 넓게 새로 낸 길을 이르는 말.

낱말의 뜻

2 밑줄 친 부분과 바꾸어 써도 뜻이 통하는 낱말은 무엇입니까? ( )

두 친구가 서로 옳으니 그르니 하며 다투다가 결국 울음을 터뜨렸다.

① 멈칫거리다가
② 못마땅해하다가
③ 옥신각신하다가
④ 오락가락하다가
⑤ 안절부절못하다가

여러 가지 뜻을 지닌 낱말

3 밑줄 친 낱말이 보기 와 같은 뜻으로 쓰인 것에 ○표 하시오.

보기

"곧장 학교로 가. 중간에 다른 데로 새지 말고."

(1) 누나 방에서 음악 소리가 새어 나왔다.
( )

(2) 학원을 가지 않고 어디로 샌 것 같구나.
( )

(3) 자전거 바퀴에 구멍이 나서 공기가 새는 것 같다.
( )

낱말의 뜻

4 빈칸에 공통으로 들어갈 말을 쓰시오.

- ☐원: 소원이나 요구 따위를 들어 달라고 애처롭게 사정하여 간절히 바람.
- ☐쓰다: 마음과 힘을 다하여 무엇을 이루려고 힘쓰다.

( )

끝말의 소리가 '이'나 '히'로 나는 경우에는 '-히'로 적고, '이'로만 나는 경우에는 '-이'로 적어.

맞춤법

5 빈칸에 들어갈 말로 알맞은 것에 ○표 하시오.

(1) 땀으로 옷이 흥건☐ 젖었다. → (이 , 히)

(2) 도서관 안이라서 나직☐ 귓속말을 했다.
→ (이 , 히)

헷갈리기 쉬운 말

6 문장에 알맞은 낱말을 ( ) 안에서 골라 ○표 하시오.

불어난 강물에 마을 전체가 물에 (잠그고 , 잠기고) 말았다.

방언

7 경상도와 제주도에서 표준어 '할아버지'를 어떻게 말하는지 보기 에서 찾아 쓰시오.

보기

| 하르방 | 할배 |

함경도	강원도	전라도	경상도	제주도
할아바이	할버이	할압시	(1)	(2)

1 자신이 재미있게 읽은 책에 대한 생각이나 느낌을 말한 친구의 이름을 쓰시오.

> 은진: 『갈매기의 꿈』을 읽어 보고 싶어.
> 상혁: 지난주에 도서관에서 책을 빌려와서 읽었어.
> 채영: 『백두산 이야기』는 배경 그림과 내용이 조화를 이루어 인상 깊었어.

( )

2~4

> **가** ㉠학교 도서관에서 책을 고르다가 『세시 풍속』이라는 책을 읽었습니다. 이 책은 우리 조상이 농사일로 고된 일상 속에서 빼먹지 않고 지켜 오던 일년의 세시 풍속을 담은 책입니다. ㉡세시 풍속은 옛날에만 있었던 것인 줄 알았는데 오늘날 우리 삶에도 많이 남아 있어서 신기했습니다.
> ㉢책은 계절의 차례대로 봄, 여름, 가을, 겨울의 세시 풍속을 소개했습니다. ㉣지금 계절이 겨울이므로 겨울 부분부터 읽어 보았습니다. 겨울의 세시 풍속 가운데에서 인상 깊었던 것은 동지의 풍속입니다.
> **나** 『세시 풍속』을 읽고 나니 조상의 지혜를 더 잘 알 수 있었습니다. ㉤계절의 변화 하나하나에 의미를 부여하고 삶을 즐겁게 보내려는 마음을 듬뿍 느꼈습니다.

2 이 글의 종류는 무엇인지 쓰시오.

( )

3 ㉠~㉤ 중 책 내용에 해당하는 부분은 무엇입니까?

( )

① ㉠   ② ㉡   ③ ㉢
④ ㉣   ⑤ ㉤

4 글쓴이가 겨울 부분부터 읽은 까닭은 무엇인지 쓰시오.

( )

5 독서 감상문을 쓰면 좋은 점이 <u>아닌</u> 것은 무엇입니까?

( )

① 책을 읽은 동기를 알 수 있다.
② 인상 깊은 장면을 기억할 수 있다.
③ 책의 내용을 생각하지 않아도 된다.
④ 감명 깊게 읽은 부분을 기억할 수 있다.
⑤ 책을 읽은 뒤의 생각이나 느낌을 정리할 수 있다.

6~7 국어 활동

> 학교에서 자신의 꿈이 무엇인지 발표했다. ㉠나연이가 『꿈의 다이어리』라는 책을 읽고, 자신도 꿈에 대해 깊이 생각해 볼 수 있었다며 이 책을 적극 추천했다.
> ㉡이 책의 주인공인 하은이는 꿈이 많은 아이이다. 가수, 우주 비행사, 요리사와 같이 날마다 꿈이 바뀐다. 하지만 ㉢하은이는 꿈의 다이어리를 받고난 뒤, 꿈을 이루려면 노력해야 한다는 사실을 깨닫게 된다.
> ㉣나는 사실 내 꿈이 무엇인지 모른다. 예전에는 과학자였지만 지금은 연예인이 되고 싶기도 하다. ㉤하은이처럼 내 꿈은 계속 바뀌고 나는 한 번도 꿈에 대해 진지하게 생각한 적이 없다.

6 ㉠을 쓴 방법은 무엇입니까? ( )

① 책 내용을 정리했다.
② 책을 읽은 곳을 알 수 있다.
③ 책을 읽은 동기를 잘 드러냈다.
④ 책을 읽고 인상 깊은 장면을 썼다.
⑤ 책을 읽고 생각한 앞으로의 다짐을 썼다.

7 ㉡~㉤ 중 다음에 해당하는 부분끼리 짝 지어진 것은 무엇입니까? ( )

> 책 내용과 관련해 자신을 되돌아보는 내용을 썼다.

① ㉡, ㉢   ② ㉡, ㉣   ③ ㉢, ㉣
④ ㉢, ㉤   ⑤ ㉣, ㉤

8~12

가 "학교 안 간다니까." / "안 가면?"
"그냥 이렇게 자라다가 이다음 농사지을 거라고."
"농사는 뭐 아무나 짓는다더냐?"
"그러니 내가 짓는다고."
"에미가 신작로까지 데려다줄 테니까 얼른 교복 갈아입어."

나 거기에서부터는 이슬받이였다. 사람 하나 겨우 다닐 좁은 산길 양옆으로 풀잎이 우거져 길 한가운데로 늘어져 있었다. 아침이면 풀잎마다 이슬방울이 조롱조롱 매달려 있었다. 어머니는 내게 가방을 넘겨준 다음 내가 가야 할 산길의 이슬을 털어 내기 시작했다. 어머니의 일 바지 자락이 이내 아침 이슬에 흥건히 젖었다. 어머니는 발로 이슬을 털고, 지겟작대기로 이슬을 털었다.

그런다고 뒤따라가는 아들 교복 바지가 안 젖는 것도 아니었다. 신작로까지 십오 분이면 넘을 산길을 삼십 분도 더 걸려 넘었다. 어머니의 옷도, 그 뒤를 따라간 내 옷도 흠뻑 젖었다. 어머니는 고무신을 신고 나는 검은색 운동화를 신었다. 걸음을 옮길 때마다 물에 빠졌다가 나온 것처럼 시커먼 땟국물이 찔꺽찔꺽 발목으로 올라왔다. 그렇게 어머니와 아들이 무릎에서 발끝까지 옷을 흠뻑 적신 다음에야 신작로에 닿았다.

8 이와 같은 글에서 감동받은 부분으로 알맞지 <u>않은</u> 것은 무엇입니까? ( )

① 생각이 많이 생기는 부분
② 감정을 강하게 느낀 부분
③ 글의 내용을 이해하기 힘든 부분
④ 인물의 말에서 교훈을 얻을 수 있는 부분
⑤ 자신의 경험이 글 내용과 비슷해 공감하는 부분

9 이슬받이에서 어머니가 하신 일로 알맞은 것의 기호를 쓰시오.

㉮ 풀잎을 베어 내셨다.
㉯ 산길의 이슬을 털어 내셨다.
㉰ '나'를 업고 산길을 걸으셨다.

( )

10 신작로에 닿은 어머니와 '나'의 모습은 어떠했습니까? ( )

① 얼굴에 때가 가득했다.
② 옷에 풀이 가득 묻어 있었다.
③ 신발에 흙이 잔뜩 묻어 있었다.
④ 머리에 이슬방울이 매달려 있었다.
⑤ 무릎에서 발끝까지 옷이 젖어 있었다.

11* 어머니의 행동에는 어떤 마음이 담겨 있습니까? ( )

① 아들의 행동을 의심하는 마음
② 아들의 마음을 되돌리고 싶은 마음
③ 아들에게 좋은 것만 주고 싶은 마음
④ 아들의 어려움을 함께하고 싶은 마음
⑤ 학교 가기 싫어하는 아들을 이해하는 마음

12 이 글을 읽고 감동받은 부분을 쓰시오.
서술형

_____

_____

13 다음은 독서 감상문을 쓸 책에 대한 내용 중 무엇을 정리한 것입니까? ( )

지구와 달에 대해 관심 있는 친구들이 내 독서 감상문을 읽고 관련 있는 책을 찾아 읽도록 하기 위해서이다.

① 책 종류
② 책 제목
③ 책의 내용
④ 책을 읽은 까닭
⑤ 독서 감상문을 쓰고 싶은 까닭

14~16

꼴찌만 아니면 될 줄 알았는데
꼴찌를 해도 좋았다.

등수만 중요한 줄 알았는데
더 큰 것이 있었다.

이기기만 하면 될 줄 알았는데
더 큰 마음이 있었다.

14 어떤 형식으로 쓴 독서 감상문인지 쓰시오.

(   )

15 글쓴이가 책을 읽고 생각하거나 깨달은 점은 무엇이겠습니까? (   )

① 꼴찌만 아니면 된다.
② 등수가 가장 중요하다.
③ 꼴찌를 하면 절대 안 된다.
④ 이기는 것이 가장 중요하다.
⑤ 이기는 것보다 중요한 것이 있다.

16* 이 글의 특징을 바르게 말한 친구의 이름을 쓰시오.

성모: 주인공에게 하고 싶은 말을 말하듯이 썼어.
주원: 생각이나 느낌을 재미있는 표현을 사용해 썼어.

(   )

17~18

㉠"로자야, 투발루는 할아버지한테 맡기고 가자!"
로자는 깜짝 놀랐어.
"아빠, 투발루를 두고 갈 수는 없어요. 그럼 나도 안 갈 거예요!"
"다른 나라에 가면 지금보다 훨씬 힘들게 살 거야. 그러니까 투발루를 할아버지한테 맡기고 가자."
"싫어요. 절대로 안 돼요! 투발루는 수영을 못하니까 물이 불어나면 물에 빠져 죽을 거예요. 꼭 데려가야 해요. 아빠, 투발루도 데리고 가요! 네?"
로자는 아빠의 팔에 매달리며 애원했어.

17 아빠가 ㉠과 같이 말씀하신 까닭은 무엇입니까?

(   )

① 로자와 헤어지기 싫어서
② 투발루를 키우기 싫어서
③ 투발루가 수영을 못 해서
④ 할아버지께서 투발루를 키우고 싶어 하셔서
⑤ 다른 나라에 가면 지금보다 힘들게 살 수 있어서

18 이 글을 읽고 인상 깊은 장면으로 알맞은 것의 기호를 쓰시오.

㉮ 로자가 투발루를 데려가자고 애원하는 장면
㉯ 로자가 투발루섬에서 행복하게 지내는 장면

(   )

19~20

그 순간 창밖으로 멀리 콩알만 하게 투발루가 보였어. 로자는 안전띠를 풀려고 했어. 하지만 그럴 수 없었어.
"로자야, 안 돼! 비행기는 이미 출발했잖아. 멈출 수 없어!"
로자는 창밖으로 작아지는 투발루를 보며 후회하고 또 후회했지.
"투발루에게 수영을 가르칠 걸 그랬어!"
"로자야, 사람들이 환경을 오염시키지 않으면 다시 투발루에 돌아올 수 있을 거야."
아빠의 말을 들으며 로자는 간절히 빌었어.
"저는 투발루에서 투발루와 함께 살고 싶어요. 제발 도와주세요!"

19 투발루를 떠나는 로자의 마음은 어떠합니까?

(   )

① 슬프다.   ② 두렵다.   ③ 기쁘다.
④ 긴장된다.   ⑤ 편안하다.

20 이 글에 대한 생각이나 느낌을 어떤 형식으로 표현할지 까닭과 함께 쓰시오.
서술형

_____

_____

1

가 ㉠학교 도서관에서 책을 고르다가 『세시 풍속』이라는 책을 읽었습니다. 이 책은 우리 조상이 농사일로 고된 일상 속에서 빼먹지 않고 지켜 오던 일 년의 세시 풍속을 담은 책입니다. 세시 풍속은 옛날에만 있었던 것인 줄 알았는데 오늘날 우리 삶에도 많이 남아 있어서 신기했습니다.

책은 계절의 차례대로 봄, 여름, 가을, 겨울의 세시 풍속을 소개했습니다. 지금 계절이 겨울이므로 겨울 부분부터 읽어 보았습니다. 겨울의 세시 풍속 가운데에서 인상 깊었던 것은 동지의 풍속입니다.

나 이런 재미있는 이야기를 지닌 동지는 낮이 길어지기 시작하는 날로, 사람들은 이날부터 태양의 기운이 다시 살아난다고 생각했다고 합니다. 동지가 밤이 가장 길고 낮이 가장 짧은 날이라고만 생각했는데, 우리 조상은 태양의 기운이 다시 살아나면서 낮이 길어지는 것이라고 생각한 점이 인상 깊었습니다. 그래서 한 가지를 볼 때 여러 가지 시각으로 봐야겠다고 생각했습니다.

1단계
낱말 쓰기

㉠은 독서 감상문에 들어갈 내용 중 무엇에 해당하는지 쓰시오. [4점]

(   )

2단계
문장 쓰기

글쓴이가 책을 읽고 생각하거나 느낀 점을 찾아 쓰시오. [6점]

_____

_____

3단계
생각 쓰기

이 글에 제목을 붙이고, 그렇게 붙인 까닭을 쓰시오. [8점]

제목	(1)
그렇게 붙인 까닭	(2)

2~3

오월 어느 날이었다. 그날도 학교에 가기 싫다고 말했다. 어머니가 왜 안 가느냐고 물어 공부도 재미가 없고, 학교 가는 것도 재미가 없다고 말했다.

"그래도 얼른 교복으로 갈아입어라."

"학교 안 간다니까." / "안 가면?"

"그냥 이렇게 자라다가 이다음 농사지을 거라고."

"농사는 뭐 아무나 짓는다더냐?"

"그러니 내가 짓는다고."

㉠"에미가 신작로까지 데려다줄 테니까 얼른 교복 갈아입어."

몇 번 옥신각신하다가 나는 마지못해 교복으로 갈아입었다. 어머니가 먼저 마당에 나와 내가 나오길 기다리고 있었다.

가방을 들고 밖으로 나오자 어머니가 지겟작대기를 들고 서 있었다. 나는 어머니가 그걸로 말 안 듣는 나를 때리려고 그러는 줄 알았다. 이제까지 어머니는 한 번도 나를 때린 적이 없었다. 그런 어머니의 모습이 조금은 낯설기도 하고 무섭기도 해 나는 신발을 신고도 봉당에서 한참 동안 멈칫거리다가 마당으로 내려섰다.

"얼른 가자." / 어머니가 재촉했다.

㉡"누구든 재미로 학교 다니는 사람은 없다."

2 어머니께서 ㉠, ㉡과 같이 말씀하신 까닭은 무엇일지 쓰시오. [5점]

_____

_____

3 이 글에서 감동받은 부분과 그 까닭을 쓰시오. [10점]

감동받은 부분	(1)
그 까닭	(2)

7 독서 감상문을 써요

학습 주제	독서 감상문을 쓰는 방법 알기	배점	25점
학습 목표	독서 감상문을 쓰는 방법을 알 수 있다.		

● **다음 독서 감상문을 읽고, 물음에 답하시오.**

　학교 도서관에서 책을 고르다가『세시 풍속』이라는 책을 읽었습니다. 이 책은 우리 조상이 농사일로 고된 일상 속에서 빼먹지 않고 지켜 오던 일 년의 세시 풍속을 담은 책입니다. 세시 풍속은 옛날에만 있었던 것인 줄 알았는데 오늘날 우리 삶에도 많이 남아 있어서 신기했습니다.

　책은 계절의 차례대로 봄, 여름, 가을, 겨울의 세시 풍속을 소개했습니다. 지금 계절이 겨울이므로 겨울 부분부터 읽어 보았습니다. 겨울의 세시 풍속 가운데에서 인상 깊었던 것은 동지의 풍속입니다.

　동지는 음력 십일월인데, 세시 풍속으로 팥죽을 끓여 먹습니다. 얼마 전에 학교에서 팥죽이 나온 것이 떠올라 반가워서 읽었습니다. 동짓날이 그냥 팥죽을 먹는 날인 줄만 알았는데 생각보다 재미있는 이야기가 얽혀 있었습니다. 옛날 사람들은 병을 옮기는 나쁜 귀신이 팥을 싫어한다고 믿었답니다. 그래서 동지에 팥으로 죽을 만들어 귀신이 못 오게 집 앞에 뿌렸답니다. 이 일에서 동지에 팥죽 먹는 풍습이 생겼답니다.

　이런 재미있는 이야기를 지닌 동지는 낮이 길어지기 시작하는 날로, 사람들은 이날부터 태양의 기운이 다시 살아난다고 생각했다고 합니다. 동지가 밤이 가장 길고 낮이 가장 짧은 날이라고만 생각했는데, 우리 조상은 태양의 기운이 다시 살아나면서 낮이 길어지는 것이라고 생각한 점이 인상 깊었습니다. 그래서 한 가지를 볼 때 여러 가지 시각으로 봐야겠다고 생각했습니다.

　『세시 풍속』을 읽고 나니 조상의 지혜를 더 잘 알 수 있었습니다. 계절의 변화 하나하나에 의미를 부여하고 삶을 즐겁게 보내려는 마음을 듬뿍 느꼈습니다.

1 글쓴이가 독서 감상문을 쓰기 위하여 가장 먼저 한 일은 무엇일지 쓰시오. [5점]

　(　　　　　　　　　　　　　　　　　　　　　　　　　　　　　)

2 독서 감상문에 들어가는 다음 내용을 쓰는 방법과 글쓴이가 쓴 독서 감상문에서 해당하는 부분을 한 가지씩 찾아 쓰시오. [20점]

	쓰는 방법	글쓴이가 쓴 독서 감상문에서 해당하는 부분
책 내용	(1)	(2)
책을 읽고 생각하거나 느낀 점	(3)	(4)

8 생각하며 읽어요

1 의견이 적절한지 판단해야 하는 까닭
글쓴이나 인물이 어떤 대상에 대해 가지는 생각
① 사람마다 생각이 다를 수 있어 그 가운데에서 더 나은 의견을 선택해야 하기 때문입니다.
② 적절하지 못한 의견을 따라 결정하면 잘못된 판단을 할 수 있기 때문입니다.
③ 잘못된 의견을 따르면 문제를 해결하지 못할 수도 있기 때문입니다.
④ 뜻하지 않게 잘못된 결과가 나올 수 있기 때문입니다.

★★ 2 글쓴이의 의견을 평가하는 방법
① 글쓴이의 의견이 주제와 관련 있는지 살펴봅니다.
② 글쓴이의 의견과 뒷받침 내용이 관련 있는지 따져 봅니다.
③ 뒷받침 내용이 사실이고, 믿을 만한지 확인합니다.
└─ 자료를 찾아 뒷받침 내용으로 쓸 때에는 출처를 확인하고, 그 출처가 믿을 만한지도 점검해요.
④ 글쓴이의 의견이 문제 상황을 해결할 수 있는지 살펴봅니다.

📖 '바람직한 독서 방법'에 대한 혜원이의 의견 평가하기

의견	판단 결과	그렇게 생각한 까닭
바람직한 독서 방법은 도서관의 편의 시설을 늘리는 것이다.	적절하지 않다.	의견이 주제와 관련이 매우 적기 때문이다. / 주제와 관련 없는 의견은 뒷받침 내용이 믿을 만하다고 해도 적절하다고 볼 수 없기 때문이다.

3 자신의 의견이 드러나게 글 쓰기
① 주제와 관련한 경험을 친구들과 이야기해 봅니다.
② 주제와 관련한 자신의 생각을 써 봅니다.
③ 자신의 의견을 뒷받침할 수 있는 내용을 찾아봅니다.
└─ 📖 관련 있는 책 읽기, 믿을 만한 누리집 찾아보기, 전문가에게 물어보기
④ 주제와 관련된 자신의 의견과 뒷받침 내용을 정리합니다.
⑤ 자신의 의견이 드러나는 글을 써 봅니다.

📖 편식과 관련한 자신의 생각을 쓰고, 의견 말하기

개념 확인하기 　　정답과 풀이 28쪽

1 의견이 적절한지 판단해야 하는 까닭으로 알맞지 않은 것에 ×표 하시오.

(1) 문제를 해결하지 못할 수도 있기 때문이다. 　（　　）
(2) 뜻하지 않게 잘못된 결과가 나올 수 있기 때문이다.
　　　　　　（　　）
(3) 자신과 다른 의견을 말한 사람이 누구인지 알 수 있기 때문이다. 　（　　）
(4) 여러 의견 가운데에서 더 나은 의견을 선택해야 하기 때문이다. 　（　　）

2 글쓴이의 의견을 평가하는 방법을 생각하며 (　　) 안에서 알맞은 말을 골라 ○표 하시오.

(1) 글쓴이의 의견이 (주제 , 경험)과/와 관련 있는지 살펴본다.
(2) 뒷받침 내용이 (사실 , 느낌)이고, 믿을 만한지 확인한다.
(3) 글쓴이의 의견이 (문제 상황 , 뒷받침 내용)을 해결할 수 있는지 살펴본다.

3 자신의 의견을 뒷받침할 수 있는 내용을 찾는 방법으로 알맞은 것을 모두 골라 기호를 쓰시오.

> ㉮ 관련 있는 책 읽기
> ㉯ 동생에게 물어보기
> ㉰ 믿을 만한 누리집 찾아보기

（　　　　　）

당나귀를 팔러 간 아버지와 아이

- 글의 종류: 이야기
- 글의 특징: 남의 의견을 그대로 따르다가 결국 당나귀를 잃었다는 내용으로, 의견이 적절한지 판단해야 하는 까닭을 알 수 있는 글입니다.

미리보기

무척 더운 날에 당나귀를 끌고 시장에 가던 아버지는 농부의 말을 듣고 아이를 당나귀에 태웠습니다. → 노인의 말을 듣고 아이는 내리고 아버지가 당나귀를 탔고, 아낙의 말을 듣고 둘 다 당나귀에 탔습니다. → 청년의 말을 듣고 아버지와 아이는 당나귀에서 내려 힘이 다 빠진 당나귀를 어깨에 메고 갔습니다. → 당나귀가 버둥거리는 바람에 두 사람은 그만 당나귀를 놓쳤고, 당나귀는 강에 빠져 떠내려갔습니다.

1 햇볕이 내리쬐는 무척 더운 날이었어요. 아버지와 아이가 당나귀를 끌고 시장에 가고 있었어요. 아버지와 아이는 땀을 뻘뻘 흘렸어요. 그 모습을 본 농부가 비웃으며 말했어요.

_{아버지와 아이가 당나귀를 끌고 땀을 흘리며 가는 모습}

"쯧쯧, 당나귀를 타고 가면 될 걸 저렇게 미련해서야……."

농부의 말을 듣고 보니 정말 그렇지 않겠어요?

'맞아, 당나귀는 원래 짐을 싣거나 사람을 태우는 동물이잖아.'

_{당나귀가 하는 일}

아버지는 당장 아이를 당나귀에 태웠어요.

중심 내용 1 아버지와 아이가 당나귀를 끌고 시장에 가다가 농부의 말을 듣고 아버지가 아이를 당나귀에 태웠어요.

2 그렇게 한참을 가는데 한 노인이 호통을 쳤어요.

"아버지는 걷게 하고 자기는 편하게 당나귀를 타고 가다니. 요즘 아이들이란 저렇게 버릇이 없단 말이지!"

노인의 말을 듣고 보니 정말 그렇지 않겠어요?

아이는 얼른 당나귀에서 내리고 아버지를 태웠어요. 또 그렇게 한참을 가는데 이번에는 한 아낙이 깜짝 놀라며 혀를 찼어요.

_{마음이 언짢고 불만스러운 뜻을 나타내는 표현임.}

"세상에! 이렇게 더운 날 어린아이는 걷게 하고 자기만 편하게 당나귀를 타고 가다니. 저런 사람이 아비라고 할 수 있나, 원! 나라면 아이도 함께 태울 텐데."

_{'아버지'를 낮춰 부르는 말}

아낙의 말을 듣고 보니 정말 그런 것도 같았어요. 아버지는 아이도 당나귀에 태웠어요. 아버지와 아이를 태운 당나귀는 힘에 부친 듯 비틀비틀 걸음을 옮겼어요.

중심 내용 2 노인의 말을 듣고 아이는 당나귀에서 내리고 아버지가 당나귀를 타고 가다가 아낙의 말을 듣고 아버지와 아이 둘 다 당나귀에 탔어요.

호통 몹시 화가 나서 크게 소리 지르거나 꾸짖음. 또는 그 소리. ⑩ 할아버지께서 말조심하라고 호통을 치셨습니다.
버릇 윗사람에 대하여 지켜야 할 예의.

아낙 남의 집 결혼한 여자나 다 자란 여자를 널리 이르는 말.
부친 모자라거나 미치지 못한. ⑩ 나이가 들어서 힘에 부친 일을 더 이상 할 수가 없습니다.

---

1 아버지와 아이가 당나귀를 끌고 가려는 곳은 어디인지 쓰시오.

( )

교과서 문제
2 농부가 말한 의견은 무엇입니까? ( )

① 당나귀를 타고 가야 한다.
② 당나귀를 끌고 가야 한다.
③ 당나귀를 비싸게 팔아야 한다.
④ 당나귀는 짐을 싣고 가야 한다.
⑤ 아버지가 당나귀를 쉬게 해야 한다.

3 다음과 같은 의견을 말한 인물은 누구인지 쓰시오.

> 아이 대신 아버지가 당나귀를 타고 가야 한다.

( )

4 아낙의 의견을 받아들인 결과, 어떤 일이 일어났습니까? ( )

① 아버지가 아이에게 호통을 쳤다.
② 당나귀가 편하게 걸음을 옮겼다.
③ 당나귀가 더위에 지쳐 쓰러졌다.
④ 당나귀가 힘에 부친 듯 비틀비틀 걸었다.
⑤ 아버지와 아이가 땀을 뻘뻘 흘리며 걸었다.

3 시장에 거의 다다랐을 때, 그 모습을 본 청년이 말
_{당나귀가 아버지와 아이를 태우고 비틀비틀 걷는 모습}
했어요.

"불쌍한 당나귀! 이 더운 날 두 명이나 태우고 가느
라 힘이 다 빠졌네. 나라면 당나귀를 메고 갈 텐데."

청년의 말을 듣고 보니 그런 것 같았어요.

'그래, 이대로 가다가는 시장에 가기도 전에 당나귀가
_{더운 날 두 명이나 태우고 가다가는}
지쳐 쓰러져 버릴 거야.'

둘은 당나귀에서 내렸어요. 그리고 나서 ㉠아버지
는 당나귀의 앞발을, 아이는 뒷발을 각각 어깨에 올렸
지요.

중심 내용 3 청년의 말을 듣고 아버지와 아이는 당나귀에서 내려서 당나귀를 어깨에 멨어요.

4 이제 외나무다리 하나만 건너면 시장이에요.

"으히힝."

그때 당나귀가 버둥거리는 바람에 두 사람은 그만 당
나귀를 놓치고 말았답니다. 강에 빠진 당나귀는 물살에

떠내려가고 말았어요.

"다른 사람의 말만 듣다가 결국 귀한 당나귀를 잃고
_{농부, 노인, 아낙, 청년}
말았구나!"

아버지와 아이는 뒤늦게 후회했지만 아무 소용이 없
었답니다.

중심 내용 4 어깨에 멘 당나귀가 버둥거리다가 강에 빠져 떠내려갔고, 아버지와 아이는 뒤늦게 후회했어요.

핵심내용 「당나귀를 팔러 간 아버지와 아이」에서 각 인물의 의견과 까닭 정리하기

인물	의견	까닭
❶ ㄴ ㅂ	당나귀를 타고 가야 한다.	당나귀는 원래 짐을 싣거나 사람을 태우는 동물이기 때문이다.
노인	아이 대신 아버지가 당나귀를 타고 가야 한다.	어른인 아버지가 우선이기 때문이다.
아낙	아이와 아버지 둘 다 당나귀를 타고 가야 한다.	당나귀에 둘 다 탈 수 있기 때문이다.
❷ ㅊ ㄴ	당나귀를 메고 가야 한다.	시장에 가기 전에 당나귀가 지쳐 쓰러질 것이다.

다다랐을 목적으로 삼은 곳에 이르렀을 때. ㉮ 부둣가에 다다랐을 때 수많은 어부들이 바쁘게 움직이고 있었습니다.
외나무다리 한 개의 통나무로 놓은 다리.

버둥거리는 덩치가 큰 것이 매달리거나 자빠지거나 주저앉아서 팔다리를 내저으며 자꾸 움직이는.
물살 물이 흘러 내뻗는 힘.

교과서 문제

5 청년이 말한 의견으로 알맞은 것의 기호를 쓰시오.

㉮ 당나귀를 메고 가야 한다.
㉯ 당나귀를 집으로 다시 데려가야 한다.
㉰ 당나귀에게 먹이를 준 뒤에 끌고 가야 한다.

(   )

6 아버지와 아이가 ㉠과 같이 행동한 까닭은 무엇입니까? (   )

① 당나귀가 강에 빠질 것 같아서
② 청년이 당나귀를 사겠다고 해서
③ 당나귀가 지쳐 쓰러질 것 같아서
④ 당나귀가 외나무다리를 건너지 못해서
⑤ 당나귀가 시장에 가지 않으려고 버둥거려서

7 다른 사람들의 의견을 들은 아버지와 아이는 어떻게 행동했는지 바르게 말한 친구의 이름을 쓰시오.

유성: 다른 사람들의 의견을 무시한 채 자기 고집대로 행동했어.
지민: 다른 사람들의 의견이 적절한지 그렇지 않은지 판단하지 않고 그대로 따랐어.

(   )

8 자신이 아버지와 아이였다면 어떻게 했을지 생각
서술형 해 보고 까닭과 함께 쓰시오.

생각	(1)
그 까닭	(2)

가 혜원: 바람직한 독서 방법은 <u>도서관의 편의 시설을 늘리는 것입니다.</u> 휴게실
혜원이의 의견
을 많이 만들면 편안히 쉴 수 있습니다. 체육관이 생기면 운동을 자주 할
수 있습니다. 컴퓨터를 많이 설치하면 인터넷을 쉽게 이용할 수 있습니다.
이와 같이 올바른 독서 방법은 도서관의 편의 시설을 늘리는 것입니다.

나 민서: 바람직한 독서 방법은 <u>여러 분야의 책을 읽는 것입니다.</u> 여러 분야의
민서의 의견
책을 읽으면 배경지식이 풍부해집니다. 풍부한 배경지식은 학교 공부를 하
어떤 일을 하거나 연구할 때, 이미 머릿속에 들어 있거나 기본적으로 필요한 지식
는 데 도움을 줍니다. 한 분야의 책만 읽으면 시력이 나빠집니다. 제가 여
러 분야의 책을 읽었을 때는 시력이 좋아졌는데 한 분야의 책만 읽었을 때
는 시력이 나빠졌습니다. 따라서 여러 분야의 책을 읽는 것은 좋은 독서 방
법입니다.

다 준우: 바람직한 독서 방법은 <u>자신이 좋아하는 책만 읽는 것입니다.</u> 좋아하는
준우의 의견
분야의 책을 읽으면 흥미를 느끼며 즐겁게 읽을 수 있습니다. 그 분야에 깊
이 있는 지식을 쌓을 수 있습니다. 자신이 좋아하는 분야이기 때문에 책 내
용을 더 쉽게 이해할 수 있습니다. 따라서 저는 <u>이보다</u> 더 바람직한 독서
자신이 좋아하는 책만 읽는 것보다
방법은 없다고 생각합니다.

• **글의 특징**: '바람직한 독서 방법'에 대하여 혜원, 민서, 준우가 자신의 의견과 뒷받침 내용을 쓴 글입니다.

핵심내용 '바람직한 독서 방법'에 대한 세 친구의 의견 정리하기

혜원	바람직한 독서 방법은 ❶ ㄷ ㅅ ㄱ 의 편의 시설을 늘리는 것이다.
민서	바람직한 독서 방법은 여러 분야의 책을 읽는 것이다.
준우	바람직한 독서 방법은 ❷ ㅈ ㅅ 이 좋아하는 책만 읽는 것이다.

편의(便 편할 편, 宜 마땅 의) 형편이나 조건 따위가 편하고 좋음.

1 글 **가**~**다**의 주제는 무엇입니까? (   )

① 지식을 쌓는 방법
② 바람직한 독서 방법
③ 도서관을 이용하는 방법
④ 좋은 책을 선택하는 방법
⑤ 책 내용을 쉽게 이해하는 방법

2* 다음은 글 **가**에서 혜원이의 의견을 살펴보고 친구들이 한 말입니다. 빈칸에 공통으로 들어갈 말은 무엇입니까? (   )

• 의견을 평가할 때에는 가장 먼저 [   ]과/와 관련 있는지 살펴봐야 해.
• 의견이 적절한지 알아보려면 [   ]과/와 얼마나 관련 있는지 따져 봐야 해.
• [   ]과/와 관련 없는 의견은 뒷받침 내용이 믿을 만하다고 해도 적절하다고 볼 수 없어.

① 주제   ② 경험
③ 배경지식   ④ 문제 상황
⑤ 뒷받침 내용

3 글 **나**에서 민서의 의견에 대한 뒷받침 내용이 믿을 만한지 알아보는 방법으로 알맞지 <u>않은</u> 것은 무엇입니까? (   )

① 책을 찾아본다.
② 전문가에게 물어본다.
③ 친구들의 경험을 조사해 본다.
④ 관련한 전문 자료를 참고한다.
⑤ 인터넷을 검색해 정보를 얻는다.

4 글 **다**에서 준우의 의견대로 독서를 할 경우에는 어떤 문제가 생길 수 있는지 쓰시오.
서술형

_____

_____

5 글쓴이의 의견이 적절한지 평가하는 방법을 생각하며 빈칸에 알맞은 말을 쓰시오.

글쓴이의 의견이 (   )을/를 해결할 수 있는지 살펴본다.

1 국가유산을 개방해야 합니다. 국가유산을 직접 관람하면 옛 조상이 살았던 때를 생생하게 느낄 수 있습니다. 저는 가족과 함께 고인돌 유적지를 보러 갔습니다. 거대한 고인돌이 생생하게 기억에 남았습니다. 누리집에서 고인돌에 대한 정보를 찾아보았고, 학교 도서관에서 고인돌에 대한 책을 빌려 읽기도 했습니다.

중심 내용 **1** 국가유산을 개방하면 관람객들이 옛 조상이 살았던 때를 생생하게 느낄 수 있습니다.

2 또 국가유산을 개방해야만 국가유산 훼손을 막을 수 있습니다. 20○○년 7월 ○○일 신문 기사를 보니 고궁 가운데 한 곳인 ○○궁에 곰팡이가 번식했다는 내용이 있었습니다. 장마인데 문을 닫고만 있어서 바람이 통하지 않아 곰팡이가 궁궐 안으로 퍼진 것입니다. _{곰팡이가 궁궐 안으로 퍼진 까닭} 사람들이 드나들면서 바람이 통하게 하면 이와 같은 문제는 해결될 것입니다.

중심 내용 **2** 국가유산을 개방하면 여름 장마철에 생기는 국가유산 훼손을 막을 수 있습니다.

3 국가유산을 개방하면 자신이 체험한 국가유산을 보호하려고 노력하는 사람이 늘어날 것입니다. 어디에 있는지도 모르는 유물이 아니라 우리 곁에 있는 국가유산이 되어야 합니다. 우리가 함께 가꾸고 보존해 나간다고 생각한 뒤에 힘을 모으면 '살아 있는' 국가유산이 될 것입니다. _{잘 보호하여 그대로 남기어}

중심 내용 **3** 국가유산을 개방하면 자신이 체험한 국가유산을 보호하려고 노력하는 사람이 늘어날 것입니다.

• **글의 특징**: '국가유산을 개방해야 하는가'라는 주제에 대한 글쓴이의 의견과 뒷받침 내용이 잘 나타나 있는 글입니다.

> 국가유산을 개방하면 도움이 되는 것을 뒷받침 내용으로 제시하였어요.

관람(觀 볼 관, 覽 볼 람) 연극, 영화, 운동 경기, 미술품 따위를 구경함.
훼손(毁 헐 훼, 損 덜 손) 헐거나 깨뜨려 못 쓰게 만듦. ⑩ 자연환경의 훼손이 날로 심각해지고 있습니다.
번식(繁 번성할 번, 殖 불릴 식) 붇고 늘어서 많이 퍼짐.
유물(遺 남길 유, 物 물건 물) 과거의 조상들이 후세에 남긴 물건.

교과서 문제

6 글쓴이의 의견은 무엇입니까? (   )

① 국가유산을 보호해야 한다.
② 국가유산을 개방해야 한다.
③ 국가유산을 널리 알려야 한다.
④ 국가유산의 훼손을 막아야 한다.
⑤ 국가유산의 가치를 알아야 한다.

7 글쓴이의 의견을 뒷받침하는 내용을 모두 고르시오. (   )

① 국가유산을 후손에게 물려줄 수 있다.
② 국가유산을 전 세계에 널리 알릴 수 있다.
③ 옛 조상이 살았던 때를 생생하게 느낄 수 있다.
④ 여름 장마철에 생기는 국가유산 훼손을 막을 수 있다.
⑤ 자신이 체험한 국가유산을 보호하려고 노력하는 사람이 늘어날 것이다.

8★ 글쓴이의 의견이 적절한지 평가하는 기준으로 알맞지 **않은** 것은 무엇입니까? (   )

① 주제와 관련 있는가?
② 문제 상황을 해결할 수 있는가?
③ 의견과 뒷받침 내용이 관련 있는가?
④ 다른 사람들이 말한 의견과 비슷한가?
⑤ 의견을 뒷받침하는 내용이 사실이고 믿을 만한가?

9 글쓴이의 의견이 적절하다고 생각하는지 평가하고, 그렇게 생각하는 까닭을 쓰시오.
서술형

글쓴이의 의견에 대한 내 생각	(1)
그렇게 생각한 까닭	(2)

10~11

10 선영이와 민재는 무엇과 관련한 경험을 이야기하였습니까? ( )

① 취미 ② 급식
③ 편식 ④ 건강
⑤ 영양소

11 〈문제 **10**번〉에서 답한 주제와 관련한 자신의 의견을 바르게 말하지 **못한** 친구의 이름을 쓰시오.

> 소연: 음식을 가리지 말고 골고루 먹어야 해.
> 인하: 먹기 싫은 음식을 억지로 먹는 것은 바람직하지 않아.
> 정미: 외국에서 수입하는 농산물의 종류가 점차 늘어나고 있어.

( )

교과서 문제

12 편식과 관련하여 다음 빈칸에 들어갈 생각으로 알맞지 **않은** 것에 ×표 하시오.

(1) 건강을 잃을 수 있다. ( )
(2) 반 친구들과 사이좋게 지낼 수 있다. ( )
(3) 영양이 불균형해져서 성장이 늦어질 수 있다. ( )

13 다음 그림 속 친구들이 자신의 의견을 뒷받침할 수 있는 내용을 찾은 방법을 보기 에서 찾아 기호를 쓰시오.

> **보기**
> ㉮ 관련 있는 책 읽기
> ㉯ 전문가에게 물어보기
> ㉰ 믿을 만한 누리집 찾아보기

(1) ( ) (2) ( )

14 다음 의견에 대한 뒷받침 내용으로 알맞은 것에 ○표 하시오.

> 편식하면 안 된다.

(1) 좋아하는 음식 위주로 다양하게 먹어도 충분히 영양소를 섭취할 수 있다. ( )
(2) 편식하지 않고 골고루 먹으면 여러 가지 영양소를 균형 있게 섭취할 수 있어서 건강해진다. ( )

15 편식을 주제로 하여 자신의 의견과 뒷받침 내용을 쓰시오.

서술형

의견	(1)
뒷받침 내용	(2)

1 자신이 생각하는 즐겁고 행복한 학교의 모습에 대해 바르게 말하지 <u>못한</u> 친구의 이름을 쓰시오.

> 준석: 즐겁고 행복한 학교는 친구들끼리 사이좋게 지내는 학교라고 생각해.
> 하윤: 새로운 것을 배우고 신나게 놀 수 있는 학교가 행복한 학교가 아닐까?
> 태경: 친구가 듣기 싫어하는 별명을 부르며 장난을 치면 학교생활이 즐거울 것 같아.

(   )

교과서 문제
2 다음 주제에 대한 의견으로 알맞지 <u>않은</u> 것은 무엇입니까? (   )

> 우리 학교를 즐겁고 행복한 학교로 만들려고 할 때 우리가 할 수 있는 일

① 함께 교실 청소하기
② 웃는 얼굴로 인사 나누기
③ 하루에 한 가지씩 칭찬하기
④ 돌아가면서 모두와 짝해 보기
⑤ 수업 시간에 친구와 대화 나누기

3 다음 의견을 뒷받침하는 내용으로 가장 알맞은 것에 ○표 하시오.

> 즐겁고 행복한 학교로 만들려면 친구에게 비속어를 쓰지 말아야 한다.

(1) 친구끼리 비속어를 쓰면 국어 공부를 제대로 할 수 없기 때문이다. (   )
(2) 비속어를 쓰는 것은 우리말을 소중하게 여기는 태도가 아니기 때문이다. (   )
(3) 친구끼리 말싸움을 하다가 다른 큰 싸움으로 번지는 경우가 많기 때문이다. (   )

4 모둠 구성원이 각자 역할을 나누어 자료를 모으면 좋은 점으로 볼 수 <u>없는</u> 것은 무엇입니까? (   )

① 빠른 시간 안에 자료를 찾을 수 있다.
② 정확하지 않은 자료를 걸러 낼 수 있다.
③ 친구들이 모은 자료를 내 마음대로 정리할 수 있다.
④ 한 명이 할 때보다 여러 종류의 정보를 얻을 수 있다.
⑤ 서로의 역할에 충실해야 하기 때문에 책임감과 보람을 얻을 수 있다.

5 의견에 대한 뒷받침 내용을 찾을 때, 다음 자료의 효과적인 점을 보기 에서 찾아 기호를 쓰시오.

> **보기**
> ㉮ 생생하고 인상적으로 기억할 수 있다.
> ㉯ 내용이 사실임이 증명되었을 가능성이 높다.
> ㉰ 지식과 전문성이 풍부해서 다른 사람이 해결할 수 없는 여러 문제를 해결할 수 있다.

(1) 책: (   )
(2) 전문가: (   )
(3) 동영상 자료: (   )

6[★] 의견이 드러나는 글을 쓸 때 주의할 점으로 알맞지 <u>않은</u> 것은 무엇입니까? (   )

① 믿을 만한 근거를 들어서 쓴다.
② 맞춤법이나 띄어쓰기에 주의하며 쓴다.
③ 주제와 관련 있는 의견을 분명하게 쓴다.
④ 사실에 근거한 경우는 출처를 더 확실히 밝혀야 한다.
⑤ 자신이 관심 있는 자료만 모아서 뒷받침 내용으로 쓴다.

1~3

숲을 보호합시다

- 글의 종류: 주장하는 글
- 글의 특징: 숲을 보호하자는 글쓴이의 의견과 뒷받침 내용이 잘 나타나 있는 글입니다.

사람들은 숲에서 생활에 필요한 여러 가지 물건을 얻습니다. 이로 말미암아 숲이 파괴되고 생물들의 보금자리가 사라집니다. 우리는 이런 숲을 보호하고 생물들의 보금자리를 지켜 주어야 합니다. 그렇게 하려면 어떻게 해야 할까요?

첫째, 자원의 낭비를 막아야 합니다. 우리가 물건을 아껴 쓰고, 버리는 물건을 재활용하면 숲이 파괴되는 것을 줄일 수 있습니다.

둘째, 나무를 베어 낸 숲은 다시 가꾸어야 합니다. 한번 파괴된 숲은 저절로 복원되는 데 오랜 시간이
_{원래의 상태로 돌이키거나 원래의 상태를 되찾음.}
걸리지만, 사람들이 노력하면 조금 더 빨리 새로운 숲을 만들 수 있습니다.

셋째, 숲의 파괴를 최소화해야 합니다. 숲을 이용할 때에는 정해진 곳만 이용하고, 보호된 숲에서는 식물과 동물이 살아갈 수 있게 해야 합니다.

1 글에서 글쓴이의 의견을 찾아 밑줄을 그으시오.

2 글쓴이의 의견을 뒷받침하는 내용은 무엇인지 빈 칸에 알맞은 말을 쓰시오.

(1) (　　　　　)의 낭비를 막아야 한다.

(2) 나무를 베어 낸 (　　　　　)은/는 다시 가 꾸어야 한다.

(3) 숲의 (　　　　　)을/를 최소화해야 한다.

3 글쓴이의 의견이 적절한지 평가하여 쓰시오.
서술형
_____

_____

4~5

자유가 뭐예요?

- 글의 종류: 주장하는 글
- 글쓴이: 오스카 브르니피에
- 글의 특징: 다른 사람의 자유를 위해서 자신의 자유를 조금 제한하고 상대방을 존중해야 한다는 것을 일깨워 주는 글입니다.

가 "아무 데서나 길을 건너서는 안 된다."

"함부로 휴지를 버려서는 안 된다."

어른들은 왜 아이들을 구속하고 자유를 방해할까요?
_{생각이나 행동의 자유를 제한하거나 속박함.}
이런 간섭을 받을 때 아이들은 자유를 방해받는다고 느끼지만 사실은 여러 사람과 더불어 살면서 진정으로 자유롭기 위한 훈련을 받고 있는 것입니다.

식당에서 아이들이 시끄럽게 뛰어다닐 때 식당의 다른 사람들은 편안하게 쉴 자유를 방해받습니다. 나의 자유를 누리기 위해서 남의 자유를 침해한다면
_{침범하여 해를 끼침.}
거꾸로 남도 자신의 자유를 위해서 나의 자유를 침해할 것입니다.

나 우리는 여러 사람과 함께 살고 있기 때문에 다른 사람의 자유를 위해서 자신의 자유를 조금 제한하고 상대방을 존중해야 합니다. 이것을 깨닫게 된다면 우리는 자기 마음대로 하고 싶은 충동을 스스로 참고 절제할 것입니다. 이때 우리는 자율적으로 행동하는 사람이 되며 그때에야 비로소 사회 속에서 참된 자유를 누릴 수 있게 됩니다.

4 어른들이 아이들을 구속하고 간섭하는 까닭으로 알맞은 것에 ○표 하시오.

(1) 어른들의 자유를 침해받지 않으려고 (　　　　)

(2) 여러 사람과 더불어 살면서 진정으로 자유롭기 위한 훈련을 시키려고 (　　　　)

5 글쓴이가 하고 싶은 말은 무엇입니까? (　　　)

① 자신의 자유를 누려야 한다.

② 상대방의 자유를 제한해야 한다.

③ 어른들의 구속과 간섭을 받아들여야 한다.

④ 자신의 자유가 침해당하지 않게 주의해야 한다.

⑤ 다른 사람의 자유를 위해서 자신의 자유를 조금 제한하고 상대방을 존중해야 한다.

낱말의 뜻

1 다음 낱말의 뜻으로 알맞은 것을 보기 에서 찾아 기호를 쓰시오.

보기
㉮ 붇고 늘어서 많이 퍼짐.
㉯ 헐거나 깨뜨려 못 쓰게 만듦.
㉰ 과거의 조상들이 후세에 남긴 물건.
㉱ 형편이나 조건 따위가 편하고 좋음.

(1) 훼손 (　　　　) 　(2) 번식 (　　　　)
(3) 편의 (　　　　) 　(4) 유물 (　　　　)

관용어

둘 이상의 낱말이 합쳐져 새로운 뜻으로 굳어져 쓰이는 표현을 관용어라고 해.

2 밑줄 친 표현은 어떤 상황일 때 사용하는 말인지 알맞은 것에 ○표 하시오.

오토바이를 타고 쌩쌩 달리는 청년을 보고 지나가는 사람들은 혀를 찼다.

(1) 마음이 언짢고 불만스러울 때 　　　(　　　)
(2) 마음을 들뜨게 하거나 설레게 했을 때 　　　　　　　　　　　　　(　　　)
(3) 마음속에 맺힌 것이 풀리어 환해질 때 　　　　　　　　　　　　　(　　　)

비슷한말

3 밑줄 친 낱말과 뜻이 비슷한 낱말을 골라 ○표 하시오.

(1)
정류장에 다다랐을 때는 이미 버스가 떠나고 없었다.

(내렸을 , 도착했을 , 쓰러졌을)

(2)
어른께서 말씀하실 때 끼어드는 것은 버릇이 없는 행동이야.

(예의 , 습관 , 생각)

같은 표기 다른 뜻

4 밑줄 친 낱말의 뜻으로 알맞은 것을 보기 에서 찾아 기호를 쓰시오.

보기
㉮ 모자라거나 미치지 못하다.
㉯ 부채 따위를 흔들어서 바람을 일으키다.
㉰ 편지나 물건 따위를 일정한 수단이나 방법을 써서 상대에게로 보내다.

(1) 외국에서 공부하는 아들에게 학비를 부쳤다.
　　　　　　　　　　　　　　　(　　　)
(2) 퇴원한 지 얼마 안 되어서 걷는 것이 힘이 부쳤다. 　　　　　　　　　(　　　)
(3) 날씨가 더운지 손에 들고 있던 종이를 계속 부쳐 댔다. 　　　　　　　(　　　)

낱말의 활용

5 밑줄 친 낱말의 쓰임이 적절하지 않은 것은 무엇입니까? 　　　　　　(　　　)

① 세찬 물살에 배가 흔들렸다.
② 아기가 일어나려고 팔다리를 버둥거렸다.
③ 거짓말을 하자 아버지께서 호통을 치셨다.
④ 후손들을 위해 유물 훼손에 힘써야 한다.
⑤ 외국 관광객의 편의를 위해 영어 안내판을 설치했다.

표준어

6 다음 (　　) 안에서 표준어를 골라 ○표 하시오.

(1) 목욕탕에서 형이 (등 , 등어리)을/를 밀어 주니 정말 개운했다.
(2) 어머니께서는 꽃밭 (가생이 , 가장자리)에 채송화를 가득 심으셨다.
(3) 온 가족이 (고깔모자 , 꼬깔모자)를 쓰고 아빠 생신을 축하해 드렸다.

1~3

가 "세상에! 이렇게 더운 날 어린아이는 걷게 하고 자기만 편하게 당나귀를 타고 가다니. 저런 사람이 아비라고 할 수 있나, 원! 나라면 아이도 함께 태울 텐데."

아낙의 말을 듣고 보니 정말 그런 것도 같았어요. 아버지는 아이도 당나귀에 태웠어요.

나 "불쌍한 당나귀! 이 더운 날 두 명이나 태우고 가느라 힘이 다 빠졌네. 나라면 당나귀를 메고 갈 텐데."

청년의 말을 듣고 보니 그런 것 같았어요.

'그래, 이대로 가다가는 시장에 가기도 전에 당나귀가 지쳐 쓰러져 버릴 거야.'

둘은 당나귀에서 내렸어요. 그러고 나서 아버지는 당나귀의 앞발을, 아이는 뒷발을 각각 어깨에 올렸지요.

이제 외나무다리 하나만 건너면 시장이에요.

1 다음 의견을 말한 사람은 누구인지 쓰시오.

> 아버지와 아이 둘 다 당나귀를 타고 가야 한다.

( )

2 아버지와 아이가 청년의 의견을 받아들인 까닭은 무엇입니까? ( )

① 당나귀가 버둥거려서
② 외나무다리를 건너기 위해서
③ 시장에 거의 도착한 것 같아서
④ 당나귀가 강물에 빠질 것 같아서
⑤ 당나귀가 지쳐 쓰러져 버릴 것 같아서

3 아버지와 아이의 행동이 적절하지 않았다면 그 까 서술형 닭은 무엇이겠는지 쓰시오.

_____

_____

4 의견이 적절한지 판단해야 하는 까닭으로 알맞지 **않은** 것은 무엇입니까? ( )

① 잘못된 판단을 할 수 있기 때문이다.
② 자기의 의견을 선택해야 하기 때문이다.
③ 사람마다 생각이 다를 수 있기 때문이다.
④ 문제를 해결하지 못할 수 있기 때문이다.
⑤ 뜻하지 않게 잘못된 결과가 나올 수 있기 때문이다.

5~7

혜원: 바람직한 독서 방법은 도서관의 편의 시설을 늘리는 것입니다. 휴게실을 많이 만들면 편안히 쉴 수 있습니다. 체육관이 생기면 운동을 자주 할 수 있습니다. 컴퓨터를 많이 설치하면 인터넷을 쉽게 이용할 수 있습니다. 이와 같이 올바른 독서 방법은 도서관의 편의 시설을 늘리는 것입니다.

민서: 바람직한 독서 방법은 여러 분야의 책을 읽는 것입니다. 여러 분야의 책을 읽으면 배경지식이 풍부해집니다. 풍부한 배경지식은 학교 공부를 하는 데 도움을 줍니다. 한 분야의 책만 읽으면 시력이 나빠집니다. 제가 여러 분야의 책을 읽었을 때는 시력이 좋아졌는데 한 분야의 책만 읽었을 때는 시력이 나빠졌습니다.

5 혜원이와 민서는 어떤 주제에 대해 의견을 말했는지 쓰시오.

( )

6 혜원이와 민서 중에서 주제와 관련이 매우 적은 의견을 말한 사람은 누구인지 쓰시오.

( )

7 민서의 의견에 대한 뒷받침 내용 중에서 믿을 만한 내용에 ○표 하시오.

(1) 한 분야의 책만 읽으면 시력이 나빠진다.

( )

(2) 여러 분야의 책을 읽으면 배경지식이 풍부해진다.

( )

8 뒷받침 내용이 믿을 만한지 알아보는 방법으로 알 맞지 <u>않은</u> 것은 무엇입니까? (   )

① 책을 찾아본다.
② 전문가에게 물어본다.
③ 텔레비전 만화 영화를 본다.
④ 인터넷을 검색해 정보를 얻는다.
⑤ 관련 있는 전문 자료를 참고한다.

9~10

> 준우: 바람직한 독서 방법은 자신이 좋아하는 책만 읽는 것입니다. 좋아하는 분야의 책을 읽으면 흥 미를 느끼며 즐겁게 읽을 수 있습니다. 그 분야에 깊이 있는 지식을 쌓을 수 있습니다. 자신이 좋아 하는 분야이기 때문에 책 내용을 더 쉽게 이해할 수 있습니다. 따라서 저는 이보다 더 바람직한 독 서 방법은 없다고 생각합니다.

9 준우의 의견을 평가한 내용으로 알맞지 <u>않은</u> 것은 무엇입니까? (   )

① 의견이 주제와 관련 있다.
② 제시한 뒷받침 내용들이 사실이다.
③ 주제에 대한 의견이 매우 적절하다.
④ 제시한 뒷받침 내용들이 믿을 만하다.
⑤ 제시한 뒷받침 내용들이 의견과 관련 있다.

10 준우의 의견을 따랐을 때 생길 수 있는 문제점을 모두 골라 기호를 쓰시오.

> ㉮ 한 분야의 책만 읽게 된다.
> ㉯ 다양한 사고를 할 수 있게 된다.
> ㉰ 관심 없는 분야는 전혀 알 수 없게 된다.

(   )

11 글쓴이의 의견이 적절한지 평가할 때 살펴볼 점이 <u>아닌</u> 것은 무엇입니까? (   )

① 의견이 주제와 관련 있는가?
② 뒷받침 내용이 믿을 만한가?
③ 의견과 뒷받침 내용이 관련 있는가?
④ 의견이 문제 상황을 해결할 수 있는가?
⑤ 뒷받침 내용을 얼마나 많이 제시했는가?

12~14

> 국가유산을 개방해야 합니다. 국가유산을 직접 관람하면 옛 조상이 살았던 때를 생생하게 느낄 수 있습니다. 저는 가족과 함께 고인돌 유적지를 보러 갔습니다. 거대한 고인돌이 생생하게 기억에 남았 습니다. 누리집에서 고인돌에 대한 정보를 찾아보 았고, 학교 도서관에서 고인돌에 대한 책을 빌려 읽 기도 했습니다.
> 또 ㉠국가유산을 개방해야만 국가유산 훼손을 막 을 수 있습니다. 20○○년 7월 ○○일 신문 기사를 보니 고궁 가운데 한 곳인 ○○궁에 곰팡이가 번식 했다는 내용이 있었습니다. 장마인데 문을 닫고만 있어서 바람이 통하지 않아 곰팡이가 궁궐 안으로 퍼진 것입니다. 사람들이 드나들면서 바람이 통하 게 하면 이와 같은 문제는 해결될 것입니다.
> 국가유산을 개방하면 자신이 체험한 국가유산을 보호하려고 노력하는 사람이 늘어날 것입니다. 어 디에 있는지도 모르는 유물이 아니라 우리 곁에 있 는 국가유산이 되어야 합니다.

12 글쓴이의 의견은 무엇인지 빈칸에 알맞은 말을 차 례대로 쓰시오.

• (   )을/를 (   )해야 한다.

13 ㉠이 믿을 만한 사실이라고 평가한다면 그 까닭은 무엇이겠는지 알맞은 것에 ○표 하시오.

(1) 내용이 자세하기 때문이다.   (   )
(2) 출처가 믿을 만한 곳이기 때문이다.   (   )
(3) 글쓴이의 의견과 관련 있기 때문이다. (   )

14 글쓴이의 의견이 적절한지 바르게 평가한 친구의 이름을 쓰시오.

> 수빈: 많은 사람이 국가유산을 관람하다 보면 어쩔 수 없이 훼손되기 때문에 글쓴이의 의견 은 적절하다고 생각해.
> 세호: 조상의 생활 모습이 담겨 있는 국가유산 은 관람객이 직접 체험해야 더 가치가 있기 때문에 글쓴이의 의견은 적절하다고 생각해.

(   )

15~16 국어 활동

사람들은 숲에서 생활에 필요한 여러 가지 물건을 얻습니다. 이로 말미암아 숲이 파괴되고 생물들의 보금자리가 사라집니다. ㉠우리는 이런 숲을 보호하고 생물들의 보금자리를 지켜 주어야 합니다. 그렇게 하려면 어떻게 해야 할까요?

첫째, ㉡자원의 낭비를 막아야 합니다. 우리가 물건을 아껴 쓰고, 버리는 물건을 재활용하면 숲이 파괴되는 것을 줄일 수 있습니다.

둘째, ㉢나무를 베어 낸 숲은 다시 가꾸어야 합니다. 한번 파괴된 숲은 저절로 복원되는 데 오랜 시간이 걸리지만, 사람들이 노력하면 조금 더 빨리 새로운 숲을 만들 수 있습니다.

셋째, ㉣숲의 파괴를 최소화해야 합니다. 숲을 이용할 때에는 정해진 곳만 이용하고, 보호된 숲에서는 식물과 동물이 살아갈 수 있게 해야 합니다.

15 ㉠~㉣을 글쓴이의 의견과 뒷받침 내용으로 구분하여 각각 기호를 쓰시오.

(1) 글쓴이의 의견: (   )
(2) 뒷받침 내용: (   )

16 우리가 숲을 보호하는 방법과 거리가 먼 것을 두 가지 고르시오. (   )

① 나무를 베어 낸 숲은 다시 가꾼다.
② 숲을 이용할 때 정해진 곳만 이용한다.
③ 파괴된 숲이 저절로 복원되기를 기다린다.
④ 물건을 아껴 쓰고, 버리는 물건을 재활용한다.
⑤ 보호된 숲에서는 식물과 동물이 살지 못하게 막는다.

17~18

```
건강하지          부모님께서
못함.             걱정하심.

        편식

개인의            영양소를 불균형하게
선택임.           섭취할 수밖에 없음.
```

17 이 표는 무엇과 관련한 여러 가지 생각을 정리한 것인지 쓰시오.

(   )

18 〈문제 17번〉의 답과 관련한 자신의 의견과 뒷받침 내용을 정리하여 쓰시오.
서술형

의견	(1)
뒷받침 내용	(2)

19 즐겁고 행복한 학교 만들기에 적절한 의견이 아닌 것은 무엇입니까? (   )

① 다 함께 교실 청소를 하자.
② 반 친구들과 사이좋게 지내자.
③ 친구들에게 비속어를 쓰지 말자.
④ 하루에 한 가지씩 친구들을 칭찬하자.
⑤ 날마다 두 편으로 나누어 경쟁을 하자.

20 의견이 드러나는 글을 써서 학급 누리집 게시판에 올릴 때에 주의할 점으로 알맞지 않은 것은 무엇입니까? (   )

① 의견이 잘 드러나게 글을 쓴다.
② 주제와 관련 있는 의견을 분명하게 쓴다.
③ 뒷받침 내용은 동영상 자료로만 제시한다.
④ 뒷받침 내용의 출처가 믿을 만한지 점검한다.
⑤ 자신의 계정으로 접속한 뒤에 학급 누리집 게시판에 글을 쓴다.

점수

1

민서: 바람직한 독서 방법은 여러 분야의 책을 읽는 것입니다. 여러 분야의 책을 읽으면 배경지식이 풍부해집니다. 풍부한 배경지식은 학교 공부를 하는 데 도움을 줍니다. ㉠한 분야의 책만 읽으면 시력이 나빠집니다. 제가 여러 분야의 책을 읽었을 때는 시력이 좋아졌는데 한 분야의 책만 읽었을 때는 시력이 나빠졌습니다. 따라서 여러 분야의 책을 읽는 것은 좋은 독서 방법입니다.

1단계
낱말 쓰기

민서의 의견은 무엇인지 쓰시오. [4점]

• 바람직한 독서 방법은 (　　　　　　　　　)
을/를 읽는 것이다.

2단계
문장 쓰기

민서의 의견을 뒷받침하는 ㉠이 믿을 만한지 판단하여 빈칸에 알맞은 내용을 쓰시오. [6점]

믿을 만한가?	그렇게 생각한 까닭
(1) 예, 아니요	(2)

3단계
생각 쓰기

'바람직한 독서 방법'에 대한 자신의 의견을 정리하여 쓰시오. [8점]

_____

_____

_____

2~4

국가유산을 개방해야 합니다. 국가유산을 직접 관람하면 옛 조상이 살았던 때를 생생하게 느낄 수 있습니다. 저는 가족과 함께 고인돌 유적지를 보러 갔습니다. 거대한 고인돌이 생생하게 기억에 남았습니다. 누리집에서 고인돌에 대한 정보를 찾아보았고, 학교 도서관에서 고인돌에 대한 책을 빌려 읽기도 했습니다.

또 국가유산을 개방해야만 국가유산 훼손을 막을 수 있습니다. 20○○년 7월 ○○일 신문 기사를 보니 고궁 가운데 한 곳인 ○○궁에 곰팡이가 번식했다는 내용이 있었습니다. 장마인데 문을 닫고만 있어서 바람이 통하지 않아 곰팡이가 궁궐 안으로 퍼진 것입니다. 사람들이 드나들면서 바람이 통하게 하면 이와 같은 문제는 해결될 것입니다.

2 글쓴이가 자신의 의견을 뒷받침하려고 제시한 내용을 두 가지 찾아 쓰시오. [4점]

(1) _____

(2) _____

3 글쓴이의 의견을 다음과 같이 평가하였을 때, 빈칸에 알맞은 내용을 쓰시오. [4점]

'국가유산을 개방해야 한다'는 글쓴이의 의견은 적절하지 않다. 많은 사람이 국가유산을 관람하다 보면 _____

_____ 때문이다.

4 국가유산을 보호하는 방법을 생각하여 한 가지만 쓰시오. [6점]

_____

_____

8 생각하며 읽어요

학습 주제	자신의 의견이 드러나게 글 쓰기	배점	30점
학습 목표	자신의 의견이 드러나게 글을 쓸 수 있다.		

● 다음 대화를 보고, 물음에 답하시오.

점심시간에 상우가 책상 모서리에 손을 다친 일이 있었어.

유민이가 복도에서 뛰다가 수빈이와 부딪쳐 다친 일이 있었어.

1 학교 안전사고와 관련한 자신의 생각을 빈칸에 쓰시오. [8점]

학교 안전사고

2 학교 안전사고와 관련한 자신의 의견과 뒷받침 내용을 정리하여 쓰시오. [10점]

의견	(1)
뒷받침 내용	(2)

3 〈문제 2번〉에서 정리한 내용을 바탕으로 하여 자신의 의견이 드러나는 글을 쓰시오. [12점]

1 시를 읽고 경험 말하기

① 시 제목을 보고 어떤 내용일지 짐작해 봅니다.

② 시에 나오는 장면을 떠올려 봅니다.

③ 시에서 말하는 이와 비슷한 자신의 경험을 말해 봅니다.

┌→ 시에 대한 느낌을 표현하는 방법: 예 시에 나오는 인물과 면담하기, 낭독하기, 노랫말 만들기, 역할극하기, 장면을 이야기로 들려주기, 그림으로 나타내기

★★ **2** 시의 느낌을 생생하게 떠올리기 위한 방법

① 시에 나오는 장면을 떠올려 봅니다.

② 시에 나오는 인물이 되어 봅니다.

③ 시에 나오는 인물에게 묻고 싶은 물음을 만들어 봅니다.

④ 시에 나오는 인물과 자신의 경험을 비교해 봅니다.

예 「지하 주차장」을 읽고 떠올린 느낌 말하기

> 아빠의 처지에서 물음에 답해 보니 아이에게 실수를 들키고 싶지 않은 아빠의 속마음이 느껴졌다. 이 시는 아빠의 마음을 재미있게 표현한 것 같다.

3 이야기를 보고 내용에 대한 생각 나누기

① 이야기를 보고 인물에게 일어난 일을 파악합니다.

② 인물의 행동에 대한 자신의 생각을 표현해 봅니다.

③ 이야기에 대한 자신의 생각을 글로 써 봅니다

└→ 같은 장면을 보고도 사람마다 처한 환경이나 경험이 다르기 때문에 사람마다 생각이 다를 수 있어요.

예 「김밥」을 보고 인물의 행동에 대한 자신의 생각 말하기

> 동숙이가 넘어져서 달걀이 깨지는 바람에 그토록 먹고 싶었던 달걀이 들어간 김밥을 먹지 못해 무척 서운할 것 같다.

4 이야기를 읽고 다른 사람에게 들려주기

① 이야기를 들려줄 대상과 이야기에서 강조할 부분을 정합니다.

② 상황과 인물의 특성에 알맞은 말과 행동을 생각해 봅니다.

③ 인물의 특성을 살려 이야기를 실감 나게 표현합니다.

└ 표정, 말투, 행동

예 「멸치 대왕의 꿈」을 읽고 인물의 특성을 살려 표현하기

인물	상황에 알맞은 인물의 말	실감 나게 표현하기
멸치 대왕	"뭐라고? 너 이놈! 감히 그런 꿈풀이를 하다니. 괘씸하다!"	분노해 큰 목소리로 말합니다.

개념 확인하기 정답과 풀이 32쪽

1 다음 (   ) 안에서 알맞은 말을 골라 ○표 하시오.

> 시를 읽고 경험을 말하려면 말하는 이와 (다른 , 비슷한) 경험을 떠올린다.

2 시의 느낌을 생생하게 떠올리는 방법을 생각하며 빈칸에 알맞은 말을 쓰시오.

(1) 시에 나오는 (   ) 떠올리기

(2) 시에 나오는 (   ) 되어 보기

(3) 시에 나오는 인물과 자신의 (   ) 비교하기

3 시에 대한 느낌을 표현하는 방법으로 알맞지 <u>않은</u> 것의 기호를 쓰시오.

> ㉮ 시를 크게 소리 내어 읽는다.
> ㉯ 시에 대한 느낌을 노래로 만든다.

(   )

4 다음 빈칸에 알맞은 말을 쓰시오.

> 이야기를 읽고 다른 사람에게 들려줄 때에는 인물의 (   )을/를 살려 실감 나게 표현한다.

온통 비행기

• 김개미

• 글의 종류: 시
• 글의 특징: 비행기를 너무 좋아하여 머릿속에 온통 비행기 생각으로 가득 찬 말하는 이의 마음이 잘 드러나는 시입니다.

내 스케치북에는 비행기가 날아.

필통에도
지우개에도
비행기가 날아.

<u>조종석</u>에는 언제나
상상 속에서 말하는 이가 있는 곳
내가 앉아 있어.

조수석에는 엄마도 앉고
동생도 앉고
송이도 앉아.
오늘은 우리 집 개가 앉았어.

난 비행기가 좋아.
말하는 이가 좋아하는 것
비행기를 구경하는 것도

비행기를 그리는 것도

비행기를 생각하는 것도.

커서 뭐가 되고 싶으냐고 묻지 마.
내 마음에는 비행기가 날아.

조종석(操 잡을 조, 縱 세로 종, 席 자리 석) 항공기에서 조종사가 앉는 자리.

조수석(助 도울 조, 手 손 수, 席 자리 석) 자동차 운전석의 옆자리. 예 엄마께서 <u>조수석</u>에 앉으셨습니다.

1 말하는 이의 머릿속은 온통 무엇에 대한 생각으로 가득 차 있는지 쓰시오.

( )

교과서 문제
2 이 시에서 말하는 이는 어떤 상상을 합니까?

( )

① 가족 여행을 가는 상상
② 종이비행기를 접는 상상
③ 자동차를 조립하는 상상
④ 친구에게 꿈에 대해 물어보는 상상
⑤ 비행기 조종석이나 조수석에 앉아 있는 상상

3 이 시를 읽고 떠오르는 장면으로 알맞지 <u>않은</u> 것은 무엇입니까? ( )

① 아이가 비행기를 구경하는 장면
② 아이가 비행기를 상상하는 장면
③ 개가 비행기 조수석에 앉아 있는 장면
④ 아이가 자동차에 탄 가족을 그리는 장면
⑤ 아이가 가족과 비행기를 타며 좋아하는 장면

4 이 시를 읽고 말하는 이와 비슷한 경험을 말한 친구의 이름을 쓰시오.

현수: 엄마와 함께 시골에 계신 외할머니 댁에 다녀온 경험이 떠올라.
정현: 자동차에 관심이 있어서 자동차 박람회를 구경해 본 경험이 떠올라.

( )

지하 주차장

• 김현욱

• 글의 종류: 시
• 글의 특징: 지하 주차장으로 차를 가지러 가신 아빠께서 차를 찾지 못해 헤매고 다녔다는 내용의 시입니다.

1연 지하 주차장으로

차 가지러 내려간 아빠

한참 만에

차 몰고 나와 한다는 말이

2연 내려가고 내려가고 또 내려갔는데 글쎄, 계속 지하로 계단이 있는 거야! 그러다 아이쿠, 발을 헛디뎠는데 아아아…… 이상한 나라의 앨리스처럼 깊은 동굴 속으로 끝없이 떨어지지 않겠니? 정신을 차려 보니까 호빗이 사는 마을이었어. 호박처럼 생긴 집들이 미로처럼 뒤엉켜 있는데 갑자기 흰머리 간달프가 나타나 말하더

책 속의 등장인물 ①
책 속의 등장인물 ②
책 속의 등장인물 ③

구나. 이 새 자동차가 네 자동차냐? 내가 말했지. 아닙니다, 제 자동차는 10년 다 된 고물 자동차입니다. 오호, 정직한 사람이구나. 이 새 자동차를…….

3연 에이, 아빠!

차 어디에 세워 놨는지 몰라서 그랬죠?

차 찾느라
지하 주차장에 간 아빠에게 일어난 일
온 지하 주차장 헤매고 다닌 거

㉠ 다 알아요.

피이!

미로(迷 미혹할 미, 路 길 로) 어지럽게 갈래가 져서, 한번 들어가면 다시 빠져나오기 어려운 길.

뒤엉켜 풀기 힘들 정도로 마구 엉켜. 예 실이 뒤엉켜 있었습니다.
고물(古 옛 고, 物 물건 물) 헐거나 낡은 물건.

---

1 어디에서 일어난 일을 쓴 시입니까? (   )

① 주유소
② 지하 주차장
③ 깊은 동굴 속
④ 호빗이 사는 마을
⑤ 말하는 이의 집 마당

2 ㉠에 담겨 있는 의미로 알맞은 것은 무엇입니까? (   )

① 아빠가 힘드셨다는 거 다 안다.
② 지하 주차장이 넓은 거 다 안다.
③ 아빠의 이야기가 변명인 거 다 안다.
④ 아빠가 일부러 늦게 오신 거 다 안다.
⑤ 처음 겪은 일이라 아빠가 무척 당황하셨을 거 다 안다.

교과서 문제

3 다음은 어떤 방법으로 이 시에 대한 느낌을 표현한 것입니까? (   )

에이, 아빠! 차 어디에 세워 놨는지 몰라서 그랬죠?

① 낭독하기
② 역할극하기
③ 노랫말 만들기
④ 그림으로 나타내기
⑤ 시에 나오는 인물과 면담하기

4 이 시를 읽고 떠올린 느낌을 알맞게 말한 것에 ○표 하시오.

(1) 아빠 때문에 화난 아이의 마음이 느껴졌다. (   )

(2) 아이에게 실수를 들키고 싶지 않은 아빠의 속마음이 느껴졌다. (   )

김밥

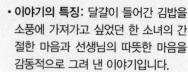

동숙이는 집안 형편을 생각하지 않고 소풍 갈 때 달걀이 들어간 김밥을 가져가고 싶다고 친구 순자에게 말한다.

동숙이는 엄마께 소풍날 달걀이 들어간 김밥을 싸 달라며 투정을 부리다 꾸중을 듣고, 시장에서 쑥을 팔아서 달걀을 사려고 했지만 아무도 쑥을 사 주지 않는다.

동숙이는 선생님 김밥을 싸야 한다고 엄마께 말씀드려서 아버지의 병원비로 달걀 한 줄을 샀지만, 집으로 가던 중에 돌에 걸려 넘어져 달걀을 깨뜨리고 만다.

소풍날, 동숙이는 선생님께 드릴 김밥만 싸고 자신은 쑥개떡을 싸 온다. 순자가 김밥을 나눠 먹자고 하고, 선생님께서는 배탈이 났다며 김밥을 동숙이에게 돌려주신다.
→동숙이가 안쓰러워서

• 이야기의 특징: 달걀이 들어간 김밥을 소풍에 가져가고 싶었던 한 소녀의 간절한 마음과 선생님의 따뜻한 마음을 감동적으로 그려 낸 이야기입니다.

•「김밥」의 내용: 이 이야기는 모두가 가난했던 1960년대 후반, 풍경이 아름다운 작은 산골 마을을 배경으로 펼쳐집니다. 신나는 소풍날, 아이들의 최고의 기쁨은 맛있는 '김밥'입니다. 특히나 달걀이 들어간 김밥은 정말로 귀한 음식이었습니다. 그 귀한 음식을 너무나 먹고 싶었던 한 소녀에 대한 이야기입니다.

핵심내용 「김밥」에서 일어난 일에 대한 자신의 생각 쓰기 예

장면	저녁 식사 시간에 동숙이 아버지께서 달걀을 안 먹는다고 말씀하시는 장면
내 생각	동숙이는 아버지께서 달걀을 안 먹는다고 말씀하시자 달걀이 먹고 싶었을 것이다.

교과서 문제

5 동숙이는 소풍에 무엇을 가져가고 싶었는지 빈칸에 알맞은 말을 차례대로 쓰시오.

( )이/가 들어간 ( )

6 장면 **2**에서 아무도 쑥을 사 주지 않았을 때 동숙이는 어떤 마음이 들었겠습니까? ( )

① 속상한 마음　② 미안한 마음
③ 두려운 마음　④ 억울한 마음
⑤ 안심하는 마음

교과서 문제

7 동숙이는 어떻게 달걀을 살 수 있었습니까? ( )

① 쑥을 팔아서 샀다.
② 순자가 사 주었다.
③ 선생님께서 사 주셨다.
④ 아빠의 병원비로 샀다.
⑤ 쑥개떡을 팔아서 샀다.

8 이 이야기에 나온 엄마의 행동에 대한 자신의 생각을 쓰시오.
서술형

_____

_____

멸치 대왕의 꿈

• 천미진

• 글의 종류: 이야기
• 글의 특징: 멸치 대왕의 꿈풀이를 하는 과정에서 바다 생물들의 생김새가 어떻게 변하게 되었는지를 재미있게 담아낸 이야기입니다.

미리 보기

이상한 꿈을 꾼 멸치 대왕이 넓적 가자미한테 꿈풀이를 잘한다는 망둥 할멈을 데려오라고 했습니다.

→

망둥 할멈은 멸치 대왕의 꿈이 용이 될 꿈이라고 풀이해 주었습니다.

→

넓적 가자미는 멸치 대왕의 꿈이 아주 나쁜 꿈이라고 풀이했습니다.

→

화가 난 멸치 대왕이 넓적 가자미의 뺨을 세게 때렸고, 이 모습을 본 다른 인물들도 모습이 바뀌었습니다.

1 옛날 동쪽 바다에 멸치 대왕이 살고 있었어. 그런데 어느 날 아주 이상한 꿈을 꾸었지. 꿈속에서 멸치 대왕이 하늘을 오르락내리락, 구름 속을 왔다 갔다, 그러다가 갑자기 흰 눈이 펄펄 내리더니 추웠다가 더웠다가 하는 거야. 멸치 대왕은 무슨 꿈인지 몹시 궁금했어. 그래서 멸치 대왕은 넓적 가자미한테 꿈풀이를 잘한다는 망둥 할멈을 데려오라고 했지.

중심 내용 ① 멸치 대왕이 이상한 꿈을 꾸자 넓적 가자미한테 꿈풀이를 잘한다는 망둥 할멈을 데려오라고 했다.

2 넓적 가자미는 너무너무 졸려서 정말 가기 싫었지만 ㉠대왕님의 명령이라 어쩔 수 없었지. 넓적 가자미

는 하루, 이틀, 사흘, 나흘 여러 날이 걸려서 망둥 할멈이 살고 있는 서쪽 바다에 도착했어. 넓적 가자미는 망둥 할멈을 데리고 또다시 하루, 이틀, 사흘, 나흘 그렁저렁 여러 날이 걸려 동쪽 바다로 돌아왔단다. 멸치 대왕은 먹을 것을 잔뜩 준비하고, 꼴뚜기, 메기, 병어 정승 들을 불렀지. 그리고 망둥 할멈을 반갑게 맞아들였어.

넓적 가자미가 힘들게 망둥 할멈을 데려옴.

핵심내용 상황에 알맞은 인물의 말 ⑩

상황	넓적 가자미가 망둥 할멈을 데리고 오는 상황
넓적 가자미가 했을 말	"멸치 대왕께서 꿈풀이를 부탁하셨습니다."

오르락내리락 올라갔다 내려갔다 하는 것을 되풀이하는 모양. ⑩ 아이들이 오르락내리락 정신없이 계단에서 뛰놀고 있습니다.
꿈풀이 꿈에 나타난 일을 풀어서 좋고 나쁨을 판단함.

그렁저렁 그렇게 저렇게 하는 사이에 어느덧. ⑩ 그렁저렁 여름이 왔습니다.
정승(政 정사 정, 丞 도울 승) 대신.

---

9 멸치 대왕이 꾼 꿈의 내용으로 알맞지 <u>않은</u> 것은 무엇입니까? ( )

① 갑자기 큰 비가 내렸다.
② 갑자기 흰 눈이 내렸다.
③ 추웠다가 더웠다가 하였다.
④ 멸치 대왕이 하늘을 오르락내리락하였다.
⑤ 멸치 대왕이 구름 속을 왔다 갔다 하였다.

교과서 문제
10 멸치 대왕이 궁금하게 생각한 것은 무엇입니까? ( )

① 하늘의 모습
② 자신이 꾼 꿈
③ 망둥 할멈의 성격
④ 넓적 가자미의 모습
⑤ 서쪽 바다에 가는 방법

11 ㉠에서 대왕님의 명령은 무엇인지 빈칸에 알맞은 말을 차례대로 쓰시오.

( )을/를 잘한다는 ( )을/를 데려오라는 것

12 다음 상황에서 망둥 할멈이 했을 말을 쓰시오.

서술형

멸치 대왕이 망둥 할멈을 반갑게 맞이했을 때

_____

_____

하지만 넓적 가자미한테는 알은척도 하지 않고 먹을 것도 주지 않자 넓적 가자미는 잔뜩 화가 나서 토라져 버렸어. ㉠멸치 대왕이 망둥 할멈에게 꿈 이야기를 해 주자 망둥 할멈은 벌떡 일어나 절을 하면서 "대왕마마, 용이 될 꿈입니다."라고 말했어. 그러면서 하늘을 오르락내리락 구름 속을 왔다가 갔다가 하는 것은 용이 되어서 하늘을 날아다니는 것이고, 흰 눈이 내리면서 추웠다가 더웠다가 하는 것은 용이 되어 날씨를 마음대로 다스리게 되는 것이라고 풀이해 주었어. 망둥 할멈의 꿈풀이에 멸치 대왕은 기분이 좋아 덩실덩실 춤을 추었지.

중심 내용 ② 멸치 대왕은 넓적 가자미가 데려온 망둥 할멈만 반갑게 맞아들였고, 망둥 할멈은 멸치 대왕의 꿈이 용이 될 꿈이라고 꿈풀이를 하였다.

③ 하지만 넓적 가자미는 멸치 대왕한테 용이 되는 꿈이 아니라 큰 변을 당하게 될, 아주 나쁜 꿈이라고 말했어.
넓적 가자미의 성격: 속이 좁음.
그러면서 하늘을 오르락내리락한다는 것은 낚싯대에 걸린 것이고, 구름은 모락모락 숯불 연기이고, 또 흰 눈은 소금이고, 추웠다가 더웠다가 한다는 것은 잘 익으라고 뒤집었다 엎었다 하는 것이라고 멸치 대왕의

꿈을 풀이했어.

중심 내용 ③ 넓적 가자미는 멸치 대왕의 꿈이 큰 변을 당하게 될, 아주 나쁜 꿈이라고 풀이하였다.

④ 넓적 가자미의 꿈풀이를 듣던 멸치 대왕은 화가 나 얼굴이 점점 붉어졌지. 꿈풀이를 다 듣고 난 뒤 멸치 대왕은 너무나도 화가 나 넓적 가자미의 뺨을 때렸는
멸치 대왕의 성격: 화를 참지 못하고 기분이 쉽게 변함.
데 어찌나 세게 때렸던지 넓적 가자미의 눈이 한쪽으로 찍 몰려가 붙어 버리고 말았던 거야. 그 모양을 보고 있던 꼴뚜기는 자기도 뺨을 맞을까 봐 겁이 나서 자기의 눈을 떼어서 엉덩이에 찰싹 붙여 버렸고, 망둥 할멈은 너무 놀라 눈이 툭 튀어나와 버렸지. 메기는 기가 막혀 너무 크게 웃다가 입이 쫙 찢어져 버렸고, 병어는 자기도 입이 찢어질까 봐 입을 꽉 움켜쥐고 웃다가 그만 입이 뾰족해지고 말았어.

중심 내용 ④ 화가 난 멸치 대왕이 넓적 가자미의 뺨을 세게 때려 넓적 가자미의 모습이 변했고, 꼴뚜기, 망둥 할멈, 메기, 병어도 모습이 변했다.

멸치 대왕의 성격과 넓적 가자미, 꼴뚜기, 망둥 할멈, 메기, 병어의 변한 모습을 묻는 문제가 자주 출제돼.

핵심내용 인물의 특성을 살려 실감 나게 표현하기 예
넓적 가자미는 울먹거리며 뺨을 부여잡고 말합니다.

알은척 사람을 보고 인사하는 표정을 지음.
토라져 마음에 들지 아니하고 뒤틀리어서 싹 돌아서. 예 내 동생은 작은 일에도 잘 토라져 버립니다.

변(變 변할 변) 갑자기 생긴 재앙이나 괴이한 일. 예 갑자기 그 사람이 아프다니 세상에 이런 변이 있습니까?
움켜쥐고 손가락을 우그리어 손안에 꽉 잡고 놓지 아니하고.

---

13 멸치 대왕에게 푸대접을 받은 넓적 가자미는 어떤 말을 했겠습니까? ( )
① "나도 꿈풀이를 하고 싶구나."
② "알은척도 안 해 주니 고맙구나."
③ "멸치 대왕이 나한테 너무하는구나."
④ "나도 망둥 할멈을 잘 대접해야겠구나."
⑤ "나를 이런 식으로 대접해 주니 다행이구나."

14★ ㉠에서 짐작할 수 있는 망둥 할멈의 성격은 어떠합니까? ( )
① 용감하다. ② 걱정이 많다.
③ 인정이 없다. ④ 화를 참지 못한다.
⑤ 윗사람에게 아부를 잘한다.

교과서 문제
15 멸치 대왕의 꿈을 다음과 같이 풀이한 인물을 찾아 쓰시오.
(1) 용이 될 꿈이다. : ( )
(2) 큰 변을 당하게 될 꿈이다. : ( )

16 다음 인물의 변한 모습을 찾아 선으로 이으시오.
(1) 꼴뚜기 • • ① 눈이 엉덩이에 있다.
(2) 망둥 할멈 • • ② 눈이 한쪽 뺨에 몰렸다.
(3) 넓적 가자미 • • ③ 눈이 툭 튀어나왔다.

1 시를 골라 그림과 함께 꾸밀 때 가장 먼저 할 일은 무엇입니까? ( )

① 시를 옮겨 쓴다.
② 시의 장면을 떠올린다.
③ 마음에 드는 시를 고른다.
④ 장면에 대한 생각이나 느낌을 쓴다.
⑤ 시의 장면에 어울리는 그림을 그린다.

2 마음에 드는 시를 알맞게 고르지 <u>못한</u> 친구의 이름을 쓰시오.

> 은율: 시의 내용과 비슷한 경험이 있기 때문에 골랐어.
> 승한: 우리 반 친구들이 가장 좋아하는 시이기 때문에 골랐어.
> 하윤: 시에서 말하는 이가 느끼는 감정과 비슷한 감정을 느낀 적이 있어서 공감되었기 때문에 골랐어.

( )

3 지금까지 읽었던 시 가운데에서 마음에 드는 시를 골라, 시에서 떠오르는 장면과 그 장면에 대한 생각이나 느낌을 간단히 쓰시오.

서술형

마음에 드는 시의 제목	(1)
떠오르는 장면	(2)
장면에 대한 생각이나 느낌	(3)

4⭐ 시를 골라 그림과 함께 꾸밀 때 주의할 점으로 알맞은 것을 두 가지 고르시오. ( )

① 시의 내용과 어울리는 그림을 그린다.
② 시의 내용과 상관없는 그림을 그린다.
③ 생각이나 느낌이 잘 드러나게 꾸민다.
④ 친구들이 좋아할 만한 그림으로 그린다.
⑤ 자신이 좋아하는 시와 비슷하게 꾸민다.

교과서 문제

5 시를 써서 그림과 함께 꾸미는 방법으로 알맞지 <u>않은</u> 것의 기호를 쓰시오.

> ㉮ 장면과 느낌을 생생하게 표현한다.
> ㉯ 겪은 일이나 대상을 정해 느낌을 떠올려 본다.
> ㉰ 시로 표현할 생각이나 느낌이 잘 드러나지 않게 꾸민다.

( )

6 시와 그림으로 꾸민 친구들의 작품을 살펴보고 칭찬할 점을 바르게 말한 친구에 ○표 하시오.

(1)

생각이나 느낌을 알 수 없게 다른 친구와 비슷한 그림을 그렸어.

( )

(2)

시의 장면을 떠올리기 쉽게 시의 내용과 어울리게 그림을 그렸어.

( )

9. 감동을 나누며 읽어요 **155**

제기차기

- 글의 종류: 시
- 글쓴이: 김형경
- 글의 특징: 골목에서 아이들이 모여 신나게 제기차기를 하는 모습을 표현한 시입니다.

제기를 찬다.
책상 앞에 묶였던
빈 마음들
훌훌 / 골목으로 몰려,
한 다발
하얀
바람을 차올린다.

한 발 차기
두 발 차기
신이 난 제기.

한껏 부푼 / 골목엔
터질 듯한 아우성.
떠들썩하게 기세를 올려 지르는 소리

제기가 숫숫 발을 끌어올리면
아이들 온 바람은
하늘까지 치솟는다.

제기가 오른다.
얼어붙은 골목 가득
숫숫대며
지금도
아이들 하얀
바람이 솟구친다.

1 이 시를 읽고 떠오르는 장면은 무엇입니까?
( )

① 아이들이 제기를 차는 장면
② 아이들이 숨바꼭질을 하는 장면
③ 아이들이 골목에서 싸우는 장면
④ 아이들이 딱지치기를 하는 장면
⑤ 세찬 바람에 제기가 날아가는 장면

2 이 시에 대한 느낌으로 알맞은 것의 기호를 쓰시오.

> ㉮ 추운 겨울, 골목의 쓸쓸함이 느껴진다.
> ㉯ 제기를 차는 아이들의 즐거움이 느껴진다.
> ㉰ 제기가 떨어질까 봐 불안해하는 아이의 마음이 느껴진다.

( )

기찬 딸

- 글의 종류: 이야기
- 글쓴이: 김진완
- 글의 특징: '나'의 엄마가 기차 안에서 여러 사람의 은혜를 입어 태어난 과정을 실감 나게 표현한 글입니다.

 가 "아따, 고놈 기차 화통을 삶아 먹었나, 울음소리
기차, 기선, 공장 따위의 굴뚝
한번 우렁차고만그랴!" / "가수 시키면 되겠구먼."
"맞다! 예쁜 공주도 얻었으니, 애기 아부지, 노래
한 곡 해 보더라고!"
"박수!" / 외할아버지는 그제야 헤벌쭉 웃으셨대요.
신바람이 난 외할아버지가 한 손을 척 들어 올리고
는 노래 한 자락 하시는데요,
음악적 통일을 이루는 음의 연속이나 노랫가락을 세는 단위
"쾌지나 칭칭 나네! 오늘 만난 벗님네야 쾌지나 칭
칭 나네! 고맙고 고맙습니다."
외할아버지가 쾌지나 칭칭 쾌지나 칭칭 노래를 시
작하자, 유랑 극단 사람들이 장구와 꽹과리를 치기
시작했어요.

나 "세상에서 가장 용감한 사람은 기차 안에서 얼라
를 낳은 느그 외할매다! 내는 그 할매 딸이고! 하
하하!"
웃음소리도 우렁차지요.
㉠"몸만 건강하모 희망은 있다!" / 여장부예요.
기찬, 기─차─안 딸이거든요.

3 이 글의 제목인 「기찬 딸」에 담긴 의미로 알맞은 것을 두 가지 고르시오. ( )

① 훌륭한 딸
② 기차처럼 빠른 딸
③ 기차를 좋아하는 딸
④ 기차 안에서 낳은 딸
⑤ 기차 소리처럼 목소리가 큰 딸

4 이 글에서 인상 깊은 장면과 그 까닭을 쓰시오.

서술형

인상 깊은 장면	(1)
그 까닭	(2)

낱말의 뜻

1 빈칸에 들어갈 알맞은 낱말을 보기 에서 찾아 쓰시오.

> **보기**
>
> 미로   고물   알은척   아우성

(1) '(   )'은/는 헐거나 낡은 물건을 말한다.

(2) '(   )'은/는 떠들썩하게 기세를 올려 지르는 소리를 말한다.

(3) '사람을 보고 인사하는 표정을 지음.'을 뜻하는 낱말은 '(   )'이다.

(4) '(   )은/는 어지럽게 갈래가 져서, 한번 들어가면 다시 빠져나오기 어려운 길을 말한다.

낱말의 활용

2 다음 상황과 관련 있는 낱말을 찾아 선으로 이으시오.

(1) 마음에 들지 않아서 삐치다. ・ ・① 움켜쥐다

(2) 손안에 꽉 잡고 놓지 않다. ・ ・② 토라지다

(3) 마구 엉켜서 풀기 어렵다. ・ ・③ 뒤엉키다

같은 표기 다른 뜻

3 밑줄 친 낱말이 보기 의 뜻으로 쓰인 것을 두 가지 고르시오. (   )

> **보기**
>
> 갑자기 생긴 재앙이나 괴이한 일.

① 정사각형은 네 변의 길이가 똑같다.
② 한강 변에 있는 아파트로 이사를 갔다.
③ 배가 아파서 변을 보러 화장실을 갔다.
④ 갑자기 건물이 무너져 내려 변을 당했다.
⑤ 안전띠를 착용해서 변을 피할 수 있었다.

흉내 내는 말

4 빈칸에 들어갈 흉내 내는 말을 골라 ○표 하시오.

(1) 껌이 머리카락에 (펄펄 , 찰싹) 달라붙었다.

(2) 굴뚝에서 연기가 (모락모락 , 포동포동) 피어올랐다.

띄어쓰기

5 다음 설명을 읽고, 밑줄 친 낱말을 바르게 띄어 쓴 것에 ○표 하시오.

> '만큼', '대로', '뿐'은 사람이나 사물의 이름을 나타내는 낱말이나 수를 나타내는 낱말 뒤에서는 붙여 쓴다.

(1) 친구는 친구대로 내 말에 속이 상했나 보다.
(   )

(2) 우리 만큼 겨울을 사랑하는 아이들이 또 있을까? (   )

(3) 우리 셋 뿐 아니라 거기 있던 다른 사람들도 모두 그렇게 생각했다. (   )

> '-는/-을/-던'과 같이 '-ㄴ/-ㄹ'로 끝나는 말 뒤에서는 '만큼', '대로', '뿐'을 띄어 써.

띄어쓰기

6 밑줄 친 부분을 바르게 띄어 쓴 것은 무엇입니까? (   )

① 나 만큼 너도 힘들겠다.
② 감자밭이 운동장 만큼 넓었다.
③ 해야 할 일을 차례대로 적었다.
④ 나 뿐 아니라 너도 그걸 좋아하니?
⑤ 사람들은 반찬을 먹을만큼 덜어서 먹었다.

1~4

내 스케치북에는 비행기가 날아.

필통에도 / 지우개에도
비행기가 날아.

조종석에는 언제나
내가 앉아 있어.

조수석에는 엄마도 앉고
동생도 앉고
송이도 앉아.
오늘은 우리 집 개가 앉았어.

난 비행기가 좋아.
비행기를 구경하는 것도
비행기를 그리는 것도
비행기를 생각하는 것도.

커서 뭐가 되고 싶으냐고 묻지 마.
내 마음에는 비행기가 날아.

1 말하는 이의 상상 속에서 조종석에 앉아 있다고 한 인물은 누구입니까? ( )

① 엄마 ② 동생 ③ 송이
④ 말하는 이 ⑤ 우리 집 개

2 5연에서 말하는 이가 좋다고 한 일 세 가지를 쓰시오.

(1) ( )
(2) ( )
(3) ( )

3 말하는 이가 하고 싶은 일은 무엇인지 쓰시오.

서술형 ( )

4 말하는 이와 비슷한 경험은 무엇입니까? ( )

① 도서관에서 책을 읽은 일
② 수업 시간에 꿈에 대해 발표한 일
③ 놀이터에서 귀여운 강아지를 본 일
④ 동물을 좋아해 여러 동물을 그린 일
⑤ 아빠가 만들어 주신 볶음밥을 먹은 일

5~7

가 지하 주차장으로
차 가지러 내려간 아빠
한참 만에 / 차 몰고 나와 한다는 말이

내려가고 내려가고 또 내려갔는데 글쎄, 계속 지하로 계단이 있는 거야! 그러다 아이쿠, 발을 헛디뎠는데 아아아…… 이상한 나라의 앨리스처럼 깊은 동굴 속으로 끝없이 떨어지지 않겠니?
나 에이, 아빠!
차 어디에 세워 놨는지 몰라서 그랬죠?
차 찾느라
온 지하 주차장 헤매고 다닌 거
다 알아요. / 피이!

5 차를 가지러 지하 주차장에 간 아빠에게 일어난 일은 무엇이겠습니까? ( )

① 발을 헛디뎌 다치셨다.
② 차 열쇠를 잃어버리셨다.
③ 지하 계단에서 넘어지셨다.
④ 지하 주차장 입구를 찾지 못하셨다.
⑤ 차 세워 놓은 곳을 이리저리 찾아다니셨다.

6 이 시에 나오는 아빠의 마음으로 알맞은 것은 무엇입니까? ( )

① 새 차를 갖고 싶다.
② 다른 곳에 주차하고 싶다.
③ 아이가 정직했으면 좋겠다.
④ 차를 빨리 찾지 못해 걱정스럽다.
⑤ 아이에게 지하 주차장에 대해 말해 주고 싶다.

7 이 시에 나오는 아이의 마음을 알아볼 수 있는 물음으로 알맞은 것에 ○표 하시오.

(1) 어제 무슨 일이 있었기에 주차한 곳을 못 찾았습니까? ( )
(2) 아빠가 한참 동안 나타나지 않았을 때 어떤 마음이 들었습니까? ( )

8~9 국어 활동

제기를 찬다.
책상 앞에 묶였던
빈 마음들
훌훌
골목으로 몰려,
한 다발
하얀
바람을 차올린다.

한 발 차기
두 발 차기
신이 난 제기.

한껏 부푼
골목엔
터질 듯한 아우성.

8 아이들은 무엇을 하고 있는지 쓰시오.

( )

9 이 시에 대한 느낌으로 알맞은 것은 무엇입니까?

( )

① 신난다. ② 불안하다. ③ 쓸쓸하다.
④ 안타깝다. ⑤ 조용하다.

10~14

 동숙이는 엄마께 소풍날 달걀이 들어간 김밥을 싸 달라며 투정을 부리다 꾸중을 듣고, 시장에서 쑥을 팔아서 달걀을 사려고 했지만 아무도 쑥을 사 주지 않는다.

 동숙이는 선생님 김밥을 싸야 한다고 엄마께 말씀드려서 아버지의 병원비로 달걀 한 줄을 샀지만, 집으로 가던 중에 돌에 걸려 넘어져 달걀을 깨뜨리고 만다.

 소풍날, 동숙이는 선생님께 드릴 김밥만 싸고 자신은 쑥개떡을 싸 온다. ㉠순자가 김밥을 나눠 먹자고 하고, 선생님께서는 배탈이 났다며 김밥을 동숙이에게 돌려주신다.

10 동숙이는 엄마께 소풍 갈 때 무엇을 싸 달라고 하였는지 쓰시오.

( )

11 장면 **1**~**3**에서 일어난 일이 <u>아닌</u> 것은 무엇입니까?

( )

① 동숙이는 소풍날 쑥개떡을 싸 갔다.
② 동숙이는 쑥을 팔아서 달걀을 샀다.
③ 동숙이는 넘어져서 달걀을 깨뜨렸다.
④ 동숙이는 소풍날 선생님께 김밥을 드렸다.
⑤ 선생님께서는 동숙이에게 김밥을 돌려주셨다.

12 ㉠에서 동숙이는 어떤 마음이 들었겠습니까?

( )

① 귀찮은 마음 ② 두려운 마음
③ 고마운 마음 ④ 괴로운 마음
⑤ 그리운 마음

13 선생님께서 동숙이에게 배탈이 났다고 하신 까닭은 무엇이겠습니까? ( )

① 배가 불러서
② 다른 음식을 먹고 싶어서
③ 쑥개떡이 더 맛있어 보여서
④ 달걀이 들어간 김밥을 좋아하지 않아서
⑤ 김밥을 못 먹고 있는 동숙이가 안쓰러워서

14 이 이야기에 나오는 동숙이의 행동과 그 행동에 대한 자신의 생각을 쓰시오.
서술형

_____

_____

멸치 대왕이 망둥 할멈에게 꿈 이야기를 해 주자 망둥 할멈은 벌떡 일어나 절을 하면서 "대왕마마, 용이 될 꿈입니다."라고 말했어. 그러면서 하늘을 오르락내리락 구름 속을 왔다가 갔다가 하는 것은 용이 되어서 하늘을 날아다니는 것이고, 흰 눈이 내리면서 추웠다가 더웠다가 하는 것은 용이 되어 날씨를 마음대로 다스리게 되는 것이라고 풀이해 주었어. 망둥 할멈의 꿈풀이에 멸치 대왕은 기분이 좋아 덩실덩실 춤을 추었지.

15 망둥 할멈은 멸치 대왕의 꿈을 어떻게 풀이했는지 빈칸에 알맞은 말을 쓰시오.

> 멸치 대왕이 (   )이/가 될 꿈

16 망둥 할멈의 모습이나 성격으로 알맞은 것을 두 가지 고르시오. (   )

① 등이 굽었을 것이다.
② 속이 좁은 성격이다.
③ 아부를 잘하는 성격이다.
④ 몸이 말랐고 길쭉할 것이다.
⑤ 화를 참지 못하는 성격이다.

17 망둥 할멈의 꿈풀이를 듣고 멸치 대왕은 어떤 말을
서술형 했을지 쓰시오.

_____

_____

넓적 가자미의 꿈풀이를 듣던 멸치 대왕은 화가 나 얼굴이 점점 붉어졌지. 꿈풀이를 다 듣고 난 뒤 멸치 대왕은 너무나도 화가 나 넓적 가자미의 뺨을 때렸는데 어찌나 세게 때렸던지 넓적 가자미의 눈이 한쪽으로 찍 몰려가 붙어 버리고 말았던 거야. 그 모양을 보고 있던 꼴뚜기는 자기도 뺨을 맞을까 봐 겁이 나서 자기의 눈을 떼어서 엉덩이에 찰싹 붙여 버렸고, 망둥 할멈은 너무 놀라 눈이 툭 튀어나와 버렸지. 메기는 기가 막혀 너무 크게 웃다가 입이 쫙 찢어져 버렸고, 병어는 자기도 입이 찢어질까 봐 입을 꽉 움켜쥐고 웃다가 그만 입이 뾰족해지고 말았어.

18 넓적 가자미의 꿈풀이를 듣고 멸치 대왕은 어떤 말을 했겠습니까? (   )

① "아주 훌륭한 꿈풀이로다!"
② "하하하, 아주 마음에 든다!"
③ "꿈풀이를 하느라 고생이 많았구나!"
④ "네 꿈풀이가 잘 이해가 되지 않는구나!"
⑤ "감히 그런 꿈풀이를 하다니. 괘씸하다!"

19 멸치 대왕의 성격을 짐작할 수 있는 행동으로 알맞은 것의 기호를 쓰시오.

> ㉮ 넓적 가자미의 뺨을 때리는 행동
> ㉯ 넓적 가자미의 꿈풀이를 듣는 행동

(   )

20 이 이야기를 실감 나게 표현할 때, 인물의 표정이나 말투, 행동으로 알맞지 않은 것에 ×표 하시오.

(1) 꼴뚜기: 즐거운 표정 (   )
(2) 멸치 대왕: 화가 난 표정 (   )
(3) 메기: 입을 크게 벌리며 웃는 행동 (   )
(4) 넓적 가자미: 울먹거리며 뺨을 잡는 행동
(   )

점수

1

가 지하 주차장으로
차 가지러 내려간 아빠
한참 만에
차 몰고 나와 한다는 말이

내려가고 내려가고 또 내려갔는데 글쎄, 계속 지하로 계단이 있는 거야! 그러다 아이쿠, 발을 헛디뎠는데 아아아…… 이상한 나라의 앨리스처럼 깊은 동굴 속으로 끝없이 떨어지지 않겠니? 정신을 차려 보니까 호빗이 사는 마을이었어. 호박처럼 생긴 집들이 미로처럼 뒤엉켜 있는데 갑자기 흰머리 간달프가 나타나 말하더구나. 이 새 자동차가 네 자동차냐?

나 에이, 아빠!
차 어디에 세워 놨는지 몰라서 그랬죠?
차 찾느라
온 지하 주차장 헤매고 다닌 거
다 알아요. / 피이!

1단계
낱말 쓰기 이 시에서 아빠에게 일어난 일은 무엇인지 빈칸에 알맞은 말을 쓰시오. [4점]

• (   )(으)로 차를 가지러 가신 아빠께서 차를 찾지 못해 헤매고 다니셨다.

2단계
문장 쓰기 이 시에 나오는 아빠의 마음을 짐작하여 쓰시오.
[6점]

_____

_____

3단계
생각 쓰기 이 시에 나오는 아이와 면담하며 느낌을 떠올릴 때, 아이의 마음을 알아볼 수 있는 물음을 한 가지만 쓰시오. [8점]

_____

_____

2~3

넓적 가자미는 하루, 이틀, 사흘, 나흘 여러 날이 걸려서 망둥 할멈이 살고 있는 서쪽 바다에 도착했어. 넓적 가자미는 망둥 할멈을 데리고 또다시 하루, 이틀, 사흘, 나흘 그렁저렁 여러 날이 걸려 동쪽 바다로 돌아왔단다. 멸치 대왕은 먹을 것을 잔뜩 준비하고, 꼴뚜기, 메기, 병어 정승 들을 불렀지. 그리고 망둥 할멈을 반갑게 맞아들였어.

하지만 ㉠넓적 가자미한테는 알은척도 하지 않고 먹을 것도 주지 않자 넓적 가자미는 잔뜩 화가 나서 토라져 버렸어. 멸치 대왕이 망둥 할멈에게 꿈 이야기를 해 주자 망둥 할멈은 벌떡 일어나 절을 하면서 "대왕마마, 용이 될 꿈입니다."라고 말했어. 그러면서 하늘을 오르락내리락 구름 속을 왔다가 갔다가 하는 것은 용이 되어서 하늘을 날아다니는 것이고, 흰 눈이 내리면서 추웠다가 더웠다가 하는 것은 용이 되어 날씨를 마음대로 다스리게 되는 것이라고 풀이해 주었어. 망둥 할멈의 꿈풀이에 멸치 대왕은 기분이 좋아 덩실덩실 춤을 추었지.

2
㉠과 같은 상황에서 넓적 가자미가 어떤 말을 했을지 쓰시오. [6점]

_____

3
이 글에서 망둥 할멈의 성격이 드러나는 행동과 성격을 쓰시오. [10점]

성격이 드러나는 행동	(1)
성격	(2)

9 감동을 나누며 읽어요

학습 제재	지하 주차장	배점	20점
학습 목표	시를 읽고 느낌을 표현할 수 있다.		

1 다음 시를 읽고, 시에 대한 느낌을 표현하고 싶은 방법을 보기 중에서 한 가지 골라 빈칸에 알맞은 말을 쓰시오.

> 지하 주차장으로
> 차 가지러 내려간 아빠
> 한참 만에
> 차 몰고 나와 한다는 말이
>
> 내려가고 내려가고 또 내려갔는데 글쎄, 계속 지하로 계단이 있는 거야! 그러다 아이쿠, 발을 헛디뎠는데 아아아…… 이상한 나라의 앨리스처럼 깊은 동굴 속으로 끝없이 떨어지지 않겠니? 정신을 차려 보니까 호빗이 사는 마을이었어. 호박처럼 생긴 집들이 미로처럼 뒤엉켜 있는데 갑자기 흰머리 간달프가 나타나 말하더구나. 이 새 자동차가 네 자동차냐? 내가 말했지. 아닙니다, 제 자동차는 10년 다 된 고물 자동차입니다. 오호, 정직한 사람이구나. 이 새 자동차를…….
>
> 에이, 아빠!
> 차 어디에 세워 놨는지 몰라서 그랬죠?
> 차 찾느라
> 온 지하 주차장 헤매고 다닌 거
> 다 알아요.
> 피이!

보기

시에 나오는 인물과 면담하기, 낭독하기, 노랫말 만들기,
그림으로 나타내기, 역할극하기, 장면을 이야기로 들려주기

이 시에 대한 느낌을 어떤 방법으로 표현하고 싶습니까?	(1)
(1)에서 답한 방법으로 무엇을 표현하고 싶습니까?	(2)

✎ 평가대비북 **차례**

1 영화를 감상하는 방법으로 알맞은 것에 ○표 하시오.

(1) 주인공의 대사를 모두 외운다. ( )

(2) 영화를 보고 인상 깊은 장면을 생각한다.
( )

(3) 영화를 본 사람에게 미리 내용을 물어보고 감상 평을 쓴다. ( )

2 영화의 내용을 미리 상상할 때 살펴보면 좋은 것을 보기 에서 모두 찾아 쓰시오.

> 보기
> 제목, 배우, 소품, 광고지, 예고편

( )

3 영화 「우리들」에서 인상 깊은 장면을 알맞게 말한 친구의 이름을 쓰시오.

> 예서: 피구를 하려고 편을 나누는 장면이 인상 깊었어. 피구를 하려면 편을 나누어야 하거든.
> 성빈: 보라가 학원에서 엎드려 우는 장면이 기억에 남아. 보라는 절대 울지 않을 강한 아이라고 생각했거든.

( )

4 다음 빈칸에 들어갈 말로 알맞지 <u>않은</u> 것에 ○표 하시오.

> 등장인물의 [   ]에서 성격을 짐작하며 만화 영화를 감상하면 내용을 이해하는 데 도움이 된다.

(표정 , 몸짓 , 말투 , 생김새)

5 만화 영화 「오늘이」에 나오는 오늘이의 성격을 파악할 때, 빈칸에 들어갈 알맞은 말에 ○표 하시오.

> 낯선 사람들이 원천강에서 오늘이를 먼 곳으로 데려다 놓았는데 여러 사람의 도움으로 다시 원천강으로 돌아가는 것으로 보아, [   ]임을 알 수 있다.

(1) 모험을 즐기지 않는 성격 ( )

(2) 어려운 사람을 보면 그냥 지나치지 못하는 성격 ( )

(3) 어려운 일에도 결코 포기하지 않고 목표를 이루어 내는 성격 ( )

6 만화 영화의 뒤에 이어질 이야기를 상상하는 방법으로 알맞지 <u>않은</u> 것의 기호를 쓰시오.

> ㉮ 앞부분의 등장인물이 모두 나와야 한다.
> ㉯ 앞부분의 내용과 자연스럽게 어울려야 한다.
> ㉰ 이어질 이야기를 대표할 만한 새로운 제목을 지어도 된다.

( )

7 어떤 사건의 중심이 되는 인물을 무엇이라고 하는지 쓰시오.

( )

8 다음 빈칸에 알맞은 말을 쓰시오.

> 연기를 실감 나게 하려면 자신이 맡은 역할을 충분히 이해해서 적절한 표정, 몸짓, ( )(으)로 정성을 다해 연기해야 한다.

1~2

학교 다녀오겠습니다.

학교 끝나면 곧장 집으로 오렴.

학교 수업 끝나고 친구들하고 놀기로 했어요.

어디에서 누구랑 언제까지 놀 거니?

한꺼번에 너무 많이 물으시는데요? 꼭 「니모를 찾아서」에 나오는 아빠 물고기 같아요.

사랑하기도 하지만 걱정이 많다는 뜻이에요.

지난번에 같이 본 만화 영화 「니모를 찾아서」에 나오는 아빠 물고기처럼 너를 무척 사랑한다는 말이지?

그래, 알았다. 즐겁게 놀고 너무 늦지 않게 들어오면 좋겠구나. 아빠도 이제 걱정을 덜 하도록 노력하마.

1 딸은 아버지와 아빠 물고기가 어떤 점이 비슷하다고 생각하였습니까? ( )

① 지혜로운 점
② 말이 많은 점
③ 걱정이 많은 점
④ 조심성이 없는 점
⑤ 열심히 일하는 점

2 아버지는 만화 영화에 나오는 아빠 물고기가 니모를 어떻게 생각한다고 했는지 쓰시오.

( )

3 만화 영화나 영화를 본 경험을 말하지 <u>못한</u> 친구의 이름을 쓰시오.

규현: 「검정 고무신」을 봤는데, 옛날 물건들이 참 신기했어.
지민: 「점박이: 한반도의 공룡」을 본 동생이 재미있다고 했었어.
리안: 「장금이의 꿈」을 봤어. 꿈을 이룬 장금이가 참 훌륭하게 느껴졌어.

( )

4~5

광고지
선과 지아가 꽃잎으로 무엇을 하고 있는 모습

선과 지아의 뒷모습 사진으로, 같은 곳을 보고 있는 모습

등장인물
선, 지아, 보라, 윤

예고편
사랑, 미움, 질투

4 이 영화의 주요 등장인물이 <u>아닌</u> 사람은 누구입니까? ( )

① 선
② 윤
③ 지아
④ 보라
⑤ 선생님

5 이 영화의 내용을 상상하여 쓰시오.

서술형

_____

_____

6* 영화를 감상하는 방법으로 알맞지 <u>않은</u> 것은 무엇입니까? ( )

① 인상 깊은 장면을 생각한다.
② 기억에 남는 대사를 생각한다.
③ 등장인물이 몇 명인지 세어 본다.
④ 영화 내용을 떠올려 보고 느낀 점을 글로 쓴다.
⑤ 제목, 광고지 등을 보고 내용을 미리 상상한다.

1 체육 시간에 피구를 하려고 편을 가르는데 선은 맨 마지막까지 선택을 받지 못한다.

2 언제나 혼자인 외톨이 선은 여름 방학을 시작하는 날, 전학생인 지아를 만나 친구가 된다.

3 지아와 선은 봉숭아 꽃물을 들이며 여름 방학을 함께 보내고 순식간에 세상 누구보다 친한 사이가 된다.

4 개학을 하고 학교에서 선을 만난 지아는 선을 따돌리는 보라 편에 서서 선을 외면한다.

5 선은 지아와 예전처럼 친해지려고 노력했지만 결국 크게 싸우고 만다.

6 피구를 할 때 선은 지아가 금을 크게 밟지 않았다고 용기를 내어 친구들에게 말한다.

7 장면 1~6 중 선과 지아가 친하게 지내는 상황끼리 짝 지어진 것은 무엇입니까? ( )

① 1, 3 ② 2, 3 ③ 3, 4
④ 4, 5 ⑤ 5, 6

8 장면 1에서 선의 표정으로 알맞은 것을 모두 고르시오. ( )

① 실망한 표정 ② 당황한 표정
③ 감동받은 표정 ④ 미안해하는 표정
⑤ 창피해하는 표정

9 다음 빈칸에 들어갈, 선의 대사가 기억에 남는 까닭으로 알맞은 것에 ○표 하시오.

> 선이 자주 말하던 "아니, 그게 아니고……." 가 가장 기억에 남아. [   ]

(1) 선이 가장 예쁘기 때문이야. ( )

(2) 선이 당당하게 말하는 모습이 멋있게 느껴졌기 때문이야. ( )

(3) 나도 선처럼 말을 시작할 때 "있잖아……."라는 말을 자주 하기 때문이야. ( )

10 이 영화에 대한 느낌을 알맞게 말한 친구의 이름을 쓰시오.

> 태선: 친구를 따돌리는 일은 없어야 해.
> 재혁: 선이 피구를 잘했더라면 따돌림을 당하지는 않았을 것 같아서 아쉬워.

( )

1 오늘이, 야아, 여의주가 원천강에서 행복하게 산다.

2 수상한 뱃사람들이 야아 몰래 오늘이를 데려가다가 화살로 야아를 쏜 뒤에 원천강이 얼어붙는다.

3 오늘이는 원천강으로 돌아가는 길에 행복을 찾겠다며 책만 읽는 매일이를 만난다.

4 꽃봉오리를 많이 가졌지만 꽃이 한 송이밖에 피지 않는 연꽃나무를 만난다.

5 오늘이는 사막에서 비와 구름을 벗어나고 싶어 하는 구름이를 만난다.

6 여의주를 많이 가지고도 용이 되지 못한 이무기를 만난다.

7 이무기는 갈라진 얼음 사이로 떨어지는 오늘이를 구해 마침내 용이 되고, 용이 불을 뿜어 원천강이 빛을 되찾는다.

8 구름이는 연꽃을 꺾어서 매일이에게 주고, 둘은 행복한 시간을 보낸다.

9 야아와 다시 만난 오늘이는 행복하게 산다.

11 오늘이는 어디에서 살았는지 쓰시오.

( )

12 오늘이가 만나지 않은 인물은 누구입니까?

( )

① 매일이 ② 구름이 ③ 이무기
④ 연꽃나무 ⑤ 할아버지

13 이 만화 영화에서 인상 깊은 장면과 그 까닭을 쓰시오.

서술형

인상 깊은 장면	(1)
인상 깊은 까닭	(2)

14~15

등장인물	고민	해결
오늘이	원천강으로 가야 하는데 가는 길을 모른다.	매일이, 연꽃나무, 구름이, 이무기를 만나 원천강으로 가게 된다.
이무기	여의주를 많이 가졌는데도 용이 되지 못한 까닭을 모른다.	위험에 빠진 오늘이를 구하려고 품고 있던 여의주를 모두 버려 마침내 용이 되었다.

14 이무기의 성격은 어떠합니까? (   )

① 게으르다.   ② 성급하다.
③ 샘이 많다.   ④ 예의 바르다.
⑤ 마음씨가 착하다.

15 이 만화 영화의 뒤에 이어질 이야기를 상상할 때 생각할 점으로 알맞은 것에 ○표 하시오.

(1) 길게 쓰는 것이 가장 중요하다. (   )
(2) 새로운 인물이 등장하면 안 된다. (   )
(3) 등장인물들의 고민과 관련짓는다. (   )

16~17 국어 활동

1 임금님이 자고 일어났더니 귀가 커져 있었다. 그래서 임금님은 의관을 만드는 노인에게 귀를 감출 수 있는 큰 왕관을 만들게 했다.
2 임금님은 큰 귀를 백성의 소리에 귀를 기울이는 어진 임금이 되라는 뜻으로 받아들였다.

16 다음은 이 만화 영화를 보고 느낀 점을 쓴 것입니다. 빈칸에 알맞은 말을 차례대로 쓰시오.

(   )을/를 부끄럽게 생각한 임금님이 처음에는 안타까웠는데 (   ) 임금님이 되라는 뜻으로 받아들이는 모습을 보고 훌륭하다고 생각했다.

17 이 만화 영화의 뒤에 이어질 내용으로 알맞은 것의 기호를 쓰시오.

㉮ 임금님의 코가 커졌다.
㉯ 임금님은 큰 귀를 감추려고만 하였다.
㉰ 임금님은 어진 임금이 되어 존경을 받았다.

(   )

18~20

지호가 쓴 이야기를 역할극으로 하면 정말 재미있을 것 같아. ㉠원천강에 갑자기 햇빛이 사라져 버리자 몇 날 며칠 어둠이 내려앉았어. 식물들은 말라 죽어 가고…… 야아가 용을 데리고 와서 빛을 잃어버린 해에게 불을 뿜자 햇빛이 원천강을 감쌌지. 다시 식물들이 살아나서 잔치를 벌이는 것을 역할극으로 했으면 좋겠어.

18 말하는 이가 지호가 쓴 이야기를 역할극으로 하고 싶은 까닭은 무엇인지 쓰시오.

(   )

19 지호가 쓴 이야기를 역할극으로 할 때, ㉠에서 인물들은 어떤 표정을 지어야 합니까? (   )

① 졸린 표정   ② 감동한 표정
③ 신이 난 표정   ④ 걱정하는 표정
⑤ 부끄러워하는 표정

20 지호가 쓴 이야기를 역할극으로 할 때, 잔치를 벌이는 상황에서 인물이 할 대사로 알맞은 것에 ○표 하시오.

(1) 야아와 용이 원망스러워. (   )
(2) 다시 어두워졌으면 좋겠어. (   )
(3) 식물들이 다시 살아나서 기뻐. (   )

1~2

장면 1
지아는 친구들이 선과 친하게 지내는 것을 알면 선처럼 따돌릴지도 모른다고 생각해서 생일잔치를 하지 않는다고 선에게 거짓말을 한다.

장면 2
선은 지아에게 일 등을 뺏기고 학원에서 울고 있는 보라를 보고 위로해 준다.

장면 3
선의 동생 윤은 연호와 싸웠지만, 잘잘못을 따지는 것보다는 조금 억울해도 함께 놀 친구가 필요했기 때문에 연호와 같이 논다.

1 이 영화에서 다음 일의 까닭을 쓰시오. [6점]

보라가 학원에서 운 까닭	(1)
윤이 연호와 싸우고 나서도 같이 논 까닭	(2)

2 이 영화에 나오는 다음 인물 중에서 자신과 성격이 비슷한 인물을 찾아보고, 어떤 점이 비슷한지 쓰시오. [4점]

선, 지아, 보라, 윤

자신과 성격이 비슷한 인물	(1)
비슷한 점	(2)

3~4

등장인물	고민	해결
오늘이	원천강으로 가야 하는데 가는 길을 모른다.	매일이, 연꽃나무, 구름이, 이무기를 만나 원천강으로 가게 된다.
연꽃나무	꽃봉오리를 많이 가지고 있는데, 이상하게도 하나만 꽃이 핀 까닭을 알고 싶다.	연꽃이 꺾어지자마자 송이송이 다른 꽃들이 피기 시작했다.
이무기	여의주를 많이 가졌는데도 용이 되지 못한 까닭을 모른다.	위험에 빠진 오늘이를 구하려고 품고 있던 여의주를 모두 버려 마침내 용이 되었다.
매일이	행복이 무엇인지 알고 싶다.	책에서 벗어나 구름이와 행복한 시간을 보낸다.

3 이 만화 영화의 뒤에 이어질 내용을 상상할 때 빈칸에 알맞은 내용을 쓰시오. [6점]

중심인물	오늘이
중심인물에게 일어나는 일	오늘이의 친구인 매일이의 병을 고치려고 치료법 책을 찾아야 하는 일이 생긴다.
중심인물이 그 일을 해결하는 방법	

4 〈문제 3번〉에서 병이 난 매일이에게 어울리는 표정, 몸짓, 말투를 쓰시오. [6점]

1 다음 표현에서 드러난 마음을 보기 에서 찾아 쓰시오.

보기
고마운 마음, 부끄러운 마음, 미안한 마음

(1) 달리기를 할 때면 나는 어디론가 숨고 싶었어.

( )

(2) 힘껏 달리고 싶었을 텐데 나 때문에 참았을 것 같아서 미안한 마음이 들어.

( )

(3) 같이 달려 주고 응원해 준 너희의 따뜻한 마음 잊지 않을게.

( )

2 다음 글에서 마음을 전하려고 사용한 표현을 찾아 쓰시오.

이 그릇을 보면 친절하게 가르쳐 주시던 선생님 모습이 생각납니다.
선생님, 제 마음에 드는 그릇을 만들도록 도와주셔서 고맙습니다. 안녕히 계세요.

( )

3 마음을 전하는 글에 대한 설명으로 맞으면 ○표, 틀리면 ×표 하시오.

(1) 읽는 사람이 정해져 있지 않다. ( )
(2) 표현하고 싶은 마음이 들어 있다. ( )
(3) 마음을 나타내는 표현이 들어 있다. ( )
(4) 일어난 일에 대해서만 쓰고 그 일에 대한 생각이나 느낌은 쓰지 않는다. ( )

4 마음을 전하는 글에서 글쓴이의 마음을 파악하는 방법으로 알맞지 <u>않은</u> 것의 기호를 쓰시오.

㉮ 누가 누구에게 쓴 글인지 확인한다.
㉯ 글을 쓴 날짜가 언제인지 확인한다.
㉰ 글쓴이가 전하려는 마음이 무엇인지 확인한다.

( )

5 다음은 안창호 선생이 아들에게 쓴 편지입니다. 글쓴이가 전하려는 마음으로 알맞은 것에 ○표 하시오.

(1) 어머니의 편지를 받아 보았다. 네가 넘어져 팔을 다쳤다는 소식이 들어 있어 매우 걱정되는구나. 팔이 낫거들랑 내게 바로 알려라.

(미안한 마음 , 걱정하는 마음)

(2) 내 아들 필립아. 키가 크고 몸이 커지는 만큼 스스로 좋은 사람이 되려고 힘써야 한단다.

(꾸중하는 마음 , 당부하는 마음)

6 마음을 전하는 글을 쓰는 방법을 생각하며 빈칸에 들어갈 알맞은 말을 보기 에서 찾아 쓰시오.

보기
읽는 사람, 마음, 일, 표현

(1) 마음을 전하고 싶은 ( )을 떠올린다.
(2) 글에서 전하려는 ( )을 생각한다.
(3) 글을 ( )의 마음이 어떠할지 짐작하며 쓴다.
(4) 마음을 잘 나타낼 수 있는 ( )을 사용한다.

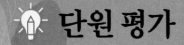
1~3

가 우리 반 친구들에게
　친구들아, 안녕?
　나 태웅이야. 오늘 운동회에서 있었던 일을 생각하면 아직도 가슴이 두근거려.
나 운동회 날이 되면 나는 기쁘면서도 두려웠어. 달리기 경기를 하는 게 늘 걱정이 되었거든. 달리기를 할 때면 나는 어디론가 숨고 싶었어. 잔뜩 긴장해서 달리다가 오늘도 그만 넘어지고 말았지. 그런데 그때 너희가 달리다가 돌아와서 나를 일으켜 주었지. 내 손을 꼭 잡은 너희의 따뜻한 마음이 느껴져서 눈물이 날 것 같았어.
다 　⊙　, 친구들아!
　같이 달려 주고 응원해 준 너희의 따뜻한 마음 잊지 않을게.

1 이 글은 어떤 형식의 글입니까? 　　(　　)

① 시　　　　　② 일기
③ 편지　　　　④ 동화
⑤ 독서 감상문

2 ⊙에 들어갈, 태웅이의 마음을 전할 수 있는 표현으로 알맞은 것을 찾아 기호를 쓰시오.

> ㉮ 힘내　　　　㉯ 안타까워
> ㉰ 고마워　　　㉱ 부끄러워

(　　　　　　)

3★ 이 편지를 받은 친구들이 태웅이에게 마음을 전하는 말로 알맞은 것은 무엇입니까? 　　(　　)

① 앞으로 절대 넘어지지 마.
② 진심을 담아 편지를 써야지.
③ 느리게 걸으려니 너무 답답했어.
④ 고마운 줄 알면 친구들한테 잘해.
⑤ 나도 함께 뛸 수 있어서 행복했어.

4 다음 대화에서 지수가 되어 성현이에게 마음을 드러내는 말을 쓰시오.
서술형

_____

_____

5~6

가 존경하는 김하영 선생님께
　선생님, 안녕하세요? 저는 전지우입니다. 그동안 잘 지내셨습니까? 선생님께 고마운 마음을 전하려고 이렇게 글을 쓰게 되었습니다.
　지난 체험 학습에서 도자기를 만들 때였습니다.
나 제가 속상해서 어찌할 바를 모를 때 선생님께서 오셨습니다. 그리고 어떻게 모양을 내는지 시범을 보여 주셨습니다. 저는 선생님을 따라서 다시 해 보았습니다. 그랬더니 신기하게도 그릇 모양이 잘 만들어졌습니다.
다 선생님, 제 마음에 드는 그릇을 만들도록 도와주셔서 고맙습니다. 안녕히 계세요.

5 누구에게 쓴 편지인지 쓰시오.

(　　　　　　)

6 글쓴이가 전하려고 하는 마음은 무엇입니까?

(　　)

① 기쁜 마음　　　② 미안한 마음
③ 고마운 마음　　④ 축하하는 마음
⑤ 위로하는 마음

7 마음을 전하는 글에서 글쓴이의 마음을 파악하는 방법으로 알맞은 것에 모두 ○표 하시오.

(1) 무슨 일에 대해 썼는지 확인한다. (　　　)

(2) 글에 나오는 사람이 누구인지 확인한다. (　　　)

(3) 글쓴이가 마음을 전하려고 사용한 표현을 확인한다. (　　　)

국어 활동

8 다음 글에서 글쓴이의 마음을 나타내는 낱말은 무엇입니까? (　　　)

> 우리 딸들의 깔깔대는 웃음소리를 들을 때마다 엄마는 힘이 솟고 행복감을 느낀단다. 엄마에게 너희는 세상 무엇과도 바꿀 수 없는 소중한 보물이야. 엄마는 너희가 건강하고 훌륭하게 자랄 수 있도록 도울게. 언제나 사랑한다.

① 힘　　　② 보물　　　③ 딸들
④ 웃음소리　　⑤ 사랑한다

9 ~ 12

> 어머니의 편지를 받아 보았다. 네가 넘어져 팔을 다쳤다는 소식이 들어 있어 매우 ⃞ ㉠ ⃞ . 팔이 낫거들랑 내게 바로 알려라. 한 학년 올라가게 된 것을 축하한다. 아버지는 무척 기쁘구나. 나는 ㉡이곳에 편안히 잘 있다. 미국 국회 의원들이 동양에 온다고 해 홍콩으로 왔다만 그들이 이곳에 들르지 않아 만나지는 못했단다. 나는 곧 상하이로 돌아갈 거란다.
> 내 아들 필립아. ㉢키가 크고 몸이 커지는 만큼 스스로 좋은 사람이 되려고 힘써야 한단다. 네가 어리고 몸이 작았을 때보다 더욱더 힘써야 하지. 스스로 좋은 사람이 되려고 노력하는 네 모습을 내 눈으로 직접 보고 싶구나.

9 글쓴이가 이 글을 쓴 목적은 무엇인지 쓰시오.

서술형
_____

_____

10 ㉠에 들어갈, 글쓴이의 마음을 표현하는 말로 알맞은 것에 ○표 하시오.

(부끄럽구나 , 걱정되는구나 , 미안하구나)

11 ㉡은 어디를 말하는지 쓰시오.

(　　　　　　　　)

12★ ㉢에 드러난 글쓴이의 마음은 무엇입니까? (　　　)

① 고마운 마음　　② 속상한 마음
③ 축하하는 마음　　④ 당부하는 마음
⑤ 부러워하는 마음

13 ~ 14

> 좋은 사람이 되려면 진실하고 깨끗해야 해. 또 좋은 친구를 가려 사귀어야 한단다. 그게 좋은 사람이 되는 첫 번째 조건이지. 더욱 부지런해져라. 어려운 일도 열심히 견디거라. 책은 부지런히 보고 있니? 아무 책이나 읽지 말고, 좋은 책을 골라 꾸준히 읽어라. 좋은 책을 가려 보는 것이 좋은 사람이 되는 두 번째 조건이란다.

13 글쓴이가 좋은 사람이 되는 조건으로 말한 것을 두 가지 고르시오. (　　　)

① 여행　　　② 공부　　　③ 글쓰기
④ 좋은 책　　⑤ 좋은 친구

14 글쓴이가 당부한 내용이 <u>아닌</u> 것은 무엇입니까? (　　　)

① 부지런해지라는 것
② 옷차림을 깨끗이 하라는 것
③ 좋은 친구를 가려 사귀라는 것
④ 어려운 일도 열심히 견디라는 것
⑤ 좋은 책을 골라 꾸준히 읽으라는 것

국어 활동

15 글쓴이가 말한, 사람을 사귀는 데 가장 기본이 되는 마음은 무엇입니까? ( )

> 사람을 사귀는 데 가장 기본이 되는 것이 그런 마음이란다. 상대를 기쁘게 해 주고 싶은 마음. 그것을 어떻게 해야 하는지 모르겠다고? 주위에 너를 기쁘게 해 주는 사람들이 있잖니. 너도 그 사람들의 마음 그대로 하면 돼. 어렵지 않단다.
>
> 사람은 동전과 같단다. 앞면과 뒷면이 같이 있어. 나쁘기만 한 사람도, 착하기만 한 사람도 없단다. 단점과 장점을 모두 갖고 있어. 그러므로 한 면만 보고 그 사람 전체를 평가하는 것은 옳지 않아. 그리고 그 사람의 단점을 발견했다고 해서 일부러 멀리할 필요는 없어.

① 상대의 장점을 찾는 마음
② 상대의 단점을 평가하는 마음
③ 상대를 기쁘게 해 주고 싶은 마음
④ 단점을 가진 사람을 멀리하는 마음
⑤ 모두에게 좋은 평가를 받고 싶은 마음

16 다음 그림과 같은 상황에서 종호가 전해야 할 마음은 무엇입니까? ( )

① 화난 마음
② 고마운 마음
③ 축하하는 마음
④ 안타까운 마음
⑤ 위로하는 마음

17 마음을 전하는 글을 쓰는 데 필요 없는 내용을 골라 기호를 쓰시오.

> ㉮ 있었던 일
> ㉯ 마음을 전할 사람
> ㉰ 글을 쓴 날의 날씨
> ㉱ 마음을 나타내는 표현

( )

18 마음을 전하는 글을 쓰고 나서 점검할 때 확인할 내용을 한 가지 쓰시오.
서술형

_____

_____

19 ~ 20

> 재환이가 사는 아파트 승강기 안에 편지를 붙였답니다.
>
> > 안녕하세요? 저는 12층에 이사 온 열한 살 이재환입니다.
> > 새로 만난 이웃들에게 인사를 드리고 싶어 편지를 씁니다. 저희 가족은 엄마, 아빠, 귀여운 동생 그리고 저, 이렇게 넷입니다. 저희는 아직 이사 온 지 얼마 되지 않아 다니는 길도, 사람들도 낯설기만 합니다. 그래도 저는 나무도 많고 놀이터가 있는 이곳이 마음에 듭니다. 앞으로 여러분과 좋은 이웃이 되고 싶습니다.
> > 이재환 올림
>
> 하루, 이틀이 지날수록 재환이의 편지에는 신기한 일이 생겼어요.
> 승강기를 탄 이웃 사람들이 편지를 보고 마음을 담은 쪽지를 붙인 것이었어요. 재환이도, 쪽지를 써서 붙인 이웃도 모두 훈훈한 마음이 한가득했습니다.

19 재환이가 승강기 안에 편지를 붙인 까닭을 두 가지 고르시오. ( )

① 자신의 소식을 알리려고
② 이사 와서 이웃에게 인사하려고
③ 엄마, 아빠가 인사하라고 시키셔서
④ 새로 이사 온 동네가 마음에 안 들어서
⑤ 이웃들이 먼저 승강기에 쪽지를 붙여서

20 재환이의 편지를 읽은 이웃 사람들의 마음으로 알맞은 것은 무엇입니까? ( )

① 슬픈 마음
② 미안한 마음
③ 훈훈한 마음
④ 위로하는 마음
⑤ 걱정하는 마음

1 다음 글에서 글쓴이의 미안한 마음과 고마운 마음을 드러낸 표현을 찾아 쓰시오. [6점]

> 운동회 날이 되면 나는 기쁘면서도 두려웠어. 달리기 경기를 하는 게 늘 걱정이 되었거든. 달리기를 할 때면 나는 어디론가 숨고 싶었어. 잔뜩 긴장해서 달리다가 오늘도 그만 넘어지고 말았지. 그런데 그때 너희가 달리다가 돌아와서 나를 일으켜 주었지. 내 손을 꼭 잡은 너희의 따뜻한 마음이 느껴져서 눈물이 날 것 같았어. 힘껏 달리고 싶었을 텐데 나 때문에 참았을 것 같아서 미안한 마음이 들어.
> 고마워, 친구들아!
> 같이 달려 주고 응원해 준 너희의 따뜻한 마음 잊지 않을게.

미안한 마음	(1)
고마운 마음	(2)

2 글쓴이가 전하려는 마음이 잘 드러나게 ㉠에 들어갈 알맞은 내용을 쓰시오. [8점]

> **가** 선생님, 안녕하세요? 저는 전지우입니다. 그동안 잘 지내셨습니까? 선생님께 고마운 마음을 전하려고 이렇게 글을 쓰게 되었습니다.
> 지난 체험 학습에서 도자기를 만들 때였습니다. **나** 제가 속상해서 어찌할 바를 모를 때 선생님께서 오셨습니다. 그리고 어떻게 모양을 내는지 시범을 보여 주셨습니다. 저는 선생님을 따라서 다시 해 보았습니다. 그랬더니 신기하게도 그릇 모양이 잘 만들어졌습니다.
> ㉠
> 안녕히 계세요.

3 다음 글을 읽고, 마음을 전하는 글을 쓰는 데 필요한 내용을 정리한 표를 완성하시오. [9점]

> 사랑하는 아들 필립
> 어머니의 편지를 받아 보았다. 네가 넘어져 팔을 다쳤다는 소식이 들어 있어 매우 걱정되는구나. 팔이 낫거들랑 내게 바로 알려라. 한 학년 올라가게 된 것을 축하한다. 아버지는 무척 기쁘구나. 나는 이곳에 편안히 잘 있다. 미국 국회 의원들이 동양에 온다고 해 홍콩으로 왔다만 그들이 이곳에 들르지 않아 만나지는 못했단다. 나는 곧 상하이로 돌아갈 거란다.

마음을 전할 사람	(1)
전하려는 마음	(2)
있었던 일	(3)
마음을 나타내는 표현	(4)

4 학급 신문에 다음과 같은 소식이 실렸다면 민호에게 어떤 마음을 전해야 할지 쓰고, 마음을 담은 쪽지를 쓰시오. [8점]

> 민호가 우리 반 달리기 선수로 뽑힘.

전하고 싶은 마음	(1)
마음을 담은 쪽지 쓰기	(2)

1 「박바우와 박 서방」을 통해 알 수 있는 내용으로 알맞은 것의 기호를 쓰시오.

> ㉮ 듣는 사람의 태도에 따라 말하는 내용이 달라질 수 있다.
> ㉯ 말하는 사람의 말투에 따라 듣는 사람의 태도가 달라질 수 있다.

(   )

2 교통 봉사 활동을 하시는 아주머니께 할 말로 알맞은 것에 ○표 하시오.

(1) 아주머니, 고맙습니다.   (   )
(2) 아주머니, 수고하셨어요.   (   )

3 일상생활에서 대화를 주고받을 때 지켜야 할 예절을 생각하며 빈칸에 들어갈 알맞은 말을 보기 에서 찾아 쓰시오.

> **보기**
>
> 거친 말, 이름, 공손한, 높임말, 별명, 부끄러운

(1) (   ) 태도로 바르게 인사한다.
(2) (   )을 따뜻하게 불러 준다.
(3) 웃어른께는 (   )을 사용한다.

4 회의하면서 지켜야 할 예절로 알맞지 <u>않은</u> 것에 ×표 하시오.

(1) 다른 사람 의견을 경청한다.   (   )
(2) 다른 사람이 발표할 때 끼어들지 않는다.   (   )
(3) 자신과 다른 의견을 말하면 듣지 않는다.   (   )

5 얼굴을 직접 확인할 수 없는 온라인 대화 상황에서 자신을 나타내는 또 다른 이름은 무엇인지 쓰시오.

(   )

6 다음 빈칸에 알맞은 말을 쓰시오.

> 온라인 대화에서 (   )은/는 기분을 더 잘 표현해 줄 수도 있지만 너무 많이 사용하면 장난스러운 대화가 될 수도 있으므로 적절하게 사용해야 한다.

7 대화 예절과 관련 있는 속담을 한 가지 쓰시오.

(   )

1~2

> 영철: (교실로 들어오는 민수를 보며) 어이, 키다리! 왔냐?
>
> 민수: ㉠ 뭐야, 아침부터 듣기 싫은 별명을 부르고…….
>
> 채은: (밝은 목소리로) 민수야, 안녕?
>
> 민수: (㉡) 안녕, 채은아? 어제 네가 빌려준 책 참 재미있더라. 고마워.

1 영철이는 ㉠과 같은 민수의 말을 듣고 어떻게 답했을지 알맞은 말에 ○표 하시오.

(1) 왜 불만 있어? 네가 키다리니까 키다리라고 부르는 거야. ( )

(2) 듣기 싫은 별명을 불러서 미안해. 다음부터는 네 이름으로 부를게. ( )

2 ㉡에 들어갈 내용으로 어울리지 <u>않는</u> 것을 두 가지 고르시오. ( )

① 서운한 표정으로
② 반가운 표정으로
③ 다정한 목소리로
④ 밝고 경쾌한 목소리로
⑤ 낯설고 어색한 표정으로

3 다음 그림에서 여자아이와 남자아이 중 누구의 말이 예절에 맞는지 쓰시오.

( )

4~6

> **가** 신유 어머니: (따뜻한 목소리로) 이렇게 신유의 생일을 축하하러 우리 집에 와 줘서 고맙구나. 손 씻고 식탁에 앉으렴.
>
> 원우, 지혜, 현영: 야, 맛있겠다!
>
> 원우: 내가 닭 다리 먹어야지!
>
> **나** 원우: 신유야, 여기는 책이 정말 많구나.
>
> 현영: (귓속말로) 신유는 이 많은 책을 다 봤나 봐.
>
> 지혜: (귓속말로) 정말 많다. 그래서 공부를 잘하나 봐.
>
> 원우: (귓속말로) 역시 책을 좋아하는 신유답다.
>
> (효과음) 삐리리링
>
> 신유: (서운한 목소리로) 얘들아, 나만 빼고 너희끼리 귓속말로 비밀 이야기를 하는 것 같아 기분이 나빠.
>
> **다** 원우: [㉠]
>
> 신유 어머니: (흐뭇하게) 그래, 원우야. 정말 예의가 바르구나. 다들 또 놀러 오렴.

4 글 **가**에서 신유 친구들이 예절을 지키지 않은 부분은 무엇입니까? ( )

① 음식을 너무 많이 남겼다.
② 신유에게 거친 말을 사용하였다.
③ 음식을 먹기 전에 손을 씻지 않았다.
④ 신유 어머니께서 말씀하실 때 끼어들었다.
⑤ 신유 어머니께 음식을 준비해 주셔서 고맙다는 말을 하지 않았다.

5★ 글 **나**에서 신유 친구들이 지켜야 할 예절은 무엇입니까? ( )

① 고운 말을 쓴다.
② 눈을 마주치며 인사한다.
③ 알맞은 높임말을 사용한다.
④ 대화 도중에 끼어들지 않는다.
⑤ 친구 앞에서는 귓속말을 하지 않는다.

6 ㉠에 들어갈 알맞은 말을 쓰시오.

 ( )

7~9

7 그림 **가**~**다** 중 다음과 같은 대화 예절을 지키지 않은 것의 기호를 쓰시오.

> 거친 말을 하지 않는다.

(   )

8 그림 **가**와 **나**에서 토끼 역할을 한 친구의 기분으로 알맞지 <u>않은</u> 것을 두 가지 고르시오.

(   )

① 불쾌하다.   ② 속상하다.   ③ 미안하다.
④ 흐뭇하다.   ⑤ 짜증이 난다.

9 ㉠을 예의 바른 말로 바르게 고친 것의 기호를 쓰시오.

> ㉮ 그래, 다른 친구부터 하고 나서 할게.
> ㉯ 미안해. 네 말이 끝날 때까지 기다릴게.

(   )

10 친구와 예절을 지키며 대화를 주고받으면 어떤 점이 좋은지 까닭을 들어 쓰시오.

서술형

_____

_____

11 다른 사람의 말을 들을 때 지켜야 할 예절로 알맞은 것에 모두 ○표 하시오.

(1) 적절히 반응하며 듣는다.   (   )
(2) 다른 사람의 말을 끝까지 듣는다.   (   )
(3) 자신에게 관심이 없는 이야기이면 듣지 않는다.
                            (   )

12~14

> 이희정: 저는 고운 말을…….
> 강찬우: (끼어들며) 잠깐만. "심한 장난을 하지 말자." 가 좋겠습니다. 왜냐하면 장난이 심해져서 싸우는 경우가 많기 때문입니다.
> 사회자: 강찬우 친구, 좋은 의견 감사합니다. 하지만 [㉠]은 잘못입니다. 다음부터는 꼭 손을 들어 말할 기회를 얻고 나서 발표해 주시기 바랍니다. 이희정 친구는 계속 발표해 주십시오.
> 이희정: 네, 제 의견은 "고운 말을 사용하자."입니다. 친구들이 나쁜 말을 주고받으면 사이가 안 좋아지는 것을 자주 봤기 때문입니다.
> 고경희: (비아냥거리며) 쳇, 친할 때 그런 말로 장난치는 것도 모르나?

12 다음은 어떤 의견에 대한 까닭인지 알맞은 것에 ○표 하시오.

> 장난이 심해져서 싸우는 경우가 많다.

(1) 고운 말을 사용하자.   (   )
(2) 심한 장난을 하지 말자.   (   )

13★ ㉠에 들어갈 알맞은 말은 무엇입니까? (   )

① 친구를 바라보지 않는 것
② 친구가 발표할 때 책을 읽는 것
③ 항상 커다란 목소리로 말하는 것
④ 친구들에게 자기 의견을 말하는 것
⑤ 다른 사람이 의견을 발표할 때 끼어드는 것

14 경희가 회의할 때 예절에 어긋난 점을 쓰시오.

서술형

_____

_____

15 회의할 때 지켜야 할 예절을 생각하며 빈칸에 들어갈 알맞은 말을 보기 에서 찾아 쓰시오.

> 보기
> 높임말, 거친 말, 대화, 경청, 무시, 말할 기회

(1) 다른 사람 의견을 (　　　　　)한다.

(2) 상대에게 (　　　　　)을/를 하지 않는다.

(3) 회의는 공식적인 상황이므로 (　　　　　) 을/를 사용한다.

(4) 의견을 말할 때에는 손을 들어 (　　　　　) 을/를 얻고 발표한다.

16 ~ 17

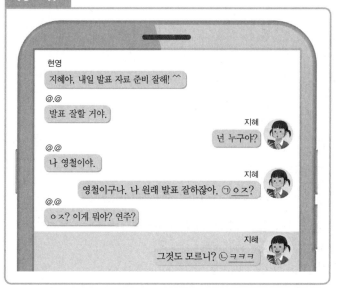

16 지혜가 영철이를 못 알아본 까닭은 무엇인지 빈칸에 알맞은 말을 쓰시오.

• 영철이가 (　　　　　)을/를 이름이 아닌 다른 것으로 했기 때문이다.

17 온라인 대화를 할 때 ㉠, ㉡과 같은 말을 지나치게 쓰면 어떤 일이 일어날지 모두 고르시오.

(　　　　　)

① 대화가 잘 안될 수 있다.

② 서로 오해가 생길 수 있다.

③ 무슨 뜻인지 잘 알 수 없다.

④ 세대 간의 차이를 줄일 수 있다.

⑤ 우리말을 쉽고 편리하게 쓸 수 있다.

18 온라인 대화를 할 때 다음 그림에 나타난 문제는 무엇입니까? (　　　　　)

① 상대에게 거친 말을 했다.

② 사실과 다른 내용을 올렸다.

③ 주제에서 벗어나는 내용을 말했다.

④ 친구에게 높임말을 사용하지 않았다.

⑤ 자신이 할 말만 하고 대화방에서 나가 버렸다.

국어 활동

19 온라인 대화 예절을 바르게 말하지 <u>못한</u> 친구의 이름을 쓰시오.

> **진태:** 상대에게 불쾌감을 주는 대화를 하지 않아야 해.
> **현민:** 상대의 정보를 다른 곳에서도 이야기하는 것이 좋아.
> **시후:** 상대가 보이지 않더라도 대화를 시작하고 끝낼 때에는 인사해야 해.
> **소연:** 다른 사람이 인터넷에 올린 정보를 인용할 때에는 반드시 출처를 밝혀야 해.

(　　　　　)

20 다음 내용과 관련이 없는 표어는 무엇입니까? (　　　　　)

> 대화 예절을 잘 지키자.

① 고운 말 고운 마음

② 자나 깨나 예절 바른 말

③ 낮에는 길 조심 밤에는 불조심

④ 내가 한 거친 말 내게 올 거친 말

⑤ 뜻 모르는 줄임말 망가지는 우리말

1~3

제8회 학급 회의

오늘 회의 주제는 다수결의 원칙에 따라 "친구들과 사이좋게 지내자."로 정하겠습니다.

제 의견은 "듣기 싫은 별명으로 부르지 말자."입니다.

고운 말? 뭐였지? 아무튼 그 의견보다는…….

저는 고운 말을…….

찬우

잠깐만. "심한 장난을 하지 말자."가 좋겠습니다.

희정

찬민

1 그림 **다**, **라**에서 찬우와 찬민이가 회의할 때 예절에 어긋난 점을 각각 쓰시오. [6점]

찬우	(1)
찬민	(2)

2 〈문제 **1**번〉에서 찬우와 같은 행동이 예절에 어긋나는 까닭을 쓰시오. [4점]

3 회의할 때 예절을 잘 지키려면 어떤 노력을 해야 할지 두 가지 쓰시오. [6점]

4~5

연수: 공익 광고를 보고 나니 얼굴을 보며 할 수 없는 말은 인터넷에서도 하지 말아야 한다는 것을 알겠어.

민하: 다른 사람이 말할 때 중간에 끼어들면 안 되지만 급한 일이 있다면 양해를 구할 수 있다는 것을 책을 읽고 알게 되었어.

4 연수와 민하는 어떤 자료를 통해 대화할 때 지켜야 할 예절을 조사하였는지 쓰시오. [4점]

(1) 연수: (   )

(2) 민하: (   )

5 연수와 민하가 대화할 때 지켜야 할 예절에 대해 조사한 내용을 간추려 쓰시오. [4점]

연수	(1)
민하	(2)

6 대화 예절과 관련 있는 자신의 경험을 떠올려 간단히 쓰시오. [8점]

쪽지 시험

1 이야기의 구성 요소를 한 가지 더 쓰시오.

• 인물, 사건, (   )

2 다음의 뜻에 알맞게 선으로 이으시오.

(1) [인물] •   • ① 이야기에서 일어나는 일

(2) [사건] •   • ② 이야기가 펼쳐지는 시간과 장소

(3) [배경] •   • ③ 이야기에서 어떤 일을 겪는 사람이나 사물

3 다음 빈칸에 알맞은 말을 차례대로 쓰시오.

'언제'에 해당하는 것을 (   ) 배경이라고 하고, '어디에서'에 해당하는 것을 (   ) 배경이라고 한다.

4 「사라, 버스를 타다」에 나오지 <u>않는</u> 인물을 [보기]에서 찾아 쓰시오.

[보기]
사라, 사라의 어머니, 의사,
경찰관, 운전사, 신문 기자

(   )

5 인물의 성격을 짐작할 때 살펴보아야 하는 것을 한 가지 쓰시오.

(   )

6 「우진이는 정말 멋져!」에 나오는 우진이의 성격으로 알맞은 것을 (   ) 안에서 골라 ○표 하시오.

자를 들고 와 사물함 밑에 있던 공기 알을 꺼낸 행동으로 보아, 우진이의 성격은 (게으른 , 적극적인) 것 같다.

7 사건의 흐름을 생각하며 이야기를 읽는 방법으로 알맞지 <u>않은</u> 것의 기호를 쓰시오.

㉮ 사건이 일어난 차례를 살펴본다.
㉯ 인물의 성격에 따라 인물의 행동이 어떻게 달라지는지 살펴본다.
㉰ 인물의 행동에 따라 이어질 이야기의 길이가 어떻게 달라질지 예측하며 읽는다.

(   )

8 「젓가락 달인」에서 우봉이의 성실하고 적극적인 성격 때문에 일어난 일에 ○표 하시오.

(1) 젓가락질 연습을 열심히 했다.   (   )
(2) 결승전에서 집중하지 못하고 고민했다.
                                        (   )
(3) 시장에서 주은이를 보고도 모른 척했다.
                                        (   )

9 다음 (   ) 안에서 알맞은 말을 골라 ○표 하시오.

인물의 성격을 바꾸어 이야기를 꾸며 쓸 때에는 인물, 사건, 배경이 (어울리게 , 복잡하게) 꾸며 쓴다.

1~4

가 아침마다 사라는 어머니와 함께 버스를 탔습니다. 언제나 백인들이 앉는 자리와 구분된 뒷자리에 앉았습니다. 고개를 돌려 자기를 쳐다보는 백인 아이들에게 사라는 얼굴을 찡그렸습니다.

나 과자를 반쯤 먹었을 때 어머니께서 오셨습니다. 어머니께서 손을 내밀며 말씀하셨습니다.

"가자, 경찰관들이 진짜 범죄자들을 잡으러 가야 할 때인 것 같구나."

경찰관이 사라와 어머니의 뒤에 대고 소리쳤습니다.

"앞으로 당신 딸이 어디에 앉아야 하는지 단단히 일러 주시오!"

다 그날 밤, 어머니께서는 사라의 방으로 들어와 사라를 안아 주셨습니다.

"사라야, 엄마는 너한테 화나지 않았어. 너는 세상의 어떤 백인 아이 못지않게 착한 아이란다. 너는 특별한 아이야."

라 그날은 어떤 흑인도 버스를 타지 않았습니다. 그다음 날도 마찬가지였습니다. 버스 회사는 당황했습니다. 시장도 어쩔 줄 몰라 했습니다. 그리하여 사람들은 마침내 법을 바꾸었습니다.

마 어머니께서 말씀하셨습니다.

"사라야, 왜 머뭇거리니? ㉠그 자리에 앉을 자격이 있는 사람은 바로 우리 딸인데……."

운전사가 사라를 쳐다보았습니다. 버스에 있는 모든 사람이 사라를 쳐다보았습니다.

"아니에요, 어머니. 이 자리는 바로 어머니의 자리예요! 앞으로 어머니께서 계속 앉으실 수 있어요."

1 글 **가**~**다**의 장소에 맞게 선으로 이으시오.

(1) 글 **가** •

(2) 글 **나** •

(3) 글 **다** •

• ① 경찰서

• ② 버스 안

• ③ 사라의 방

2 ㉠은 어디를 말하는지 쓰시오.

( )

3 이 이야기에서 일어난 사건이 <u>아닌</u> 것은 무엇입니까? ( )

① 사람들이 법을 바꾸었다.
② 흑인들이 버스를 타지 않았다.
③ 사라가 백인 아이들과 다투었다.
④ 어머니께서 사라를 위로해 주셨다.
⑤ 사라가 버스 앞자리에 앉아 경찰서에 잡혀갔다.

4 이 이야기의 시간적 배경을 정리하여 쓰시오.

서술형

_____

_____

5~6 국어 활동

"할머니의 소원은 아들이 살아 돌아와 내 속에 든 밥을 한 끼라도 먹는 것이었지. 그런데 그 소원을 이루지도 못하고 할머니는 바로 그저께 돌아가셨지. 한 달만 있으면 서로 만날 수 있었다는데."

그제야 나는 할아버지의 마음을 알 것 같았습니다. 나를 태워서라도 어머니가 가시는 저승길에 손수 마련한 옷 한 벌 입혀 드리려는 아들의 안타까운 마음을.

나는 바람에 살짝 몸을 실었습니다. 그리고 일백하고도 일곱 살 되는 할머니의 몸 위에 사뿐히 내려앉았습니다. 그제야 나는 바람의 말처럼 세상에서 가장 값진 옷이 될 수 있었습니다.

5 이 이야기에서 일어난 사건을 정리하여 빈칸에 알맞은 말을 쓰시오.

• '나'는 바람을 타고 ( )에 내려앉았다.

6 이 이야기에서 느낄 수 있는 것에 ○표 하시오.

(1) 어머니에 대한 아들의 원망 ( )
(2) 아들에 대한 어머니의 기대감 ( )
(3) 어머니와 아들의 서로에 대한 사랑 ( )

7~13

가 "너희 뭐 해? 또 공기놀이하는구나."

우진이가 생글생글 웃으며 우리끼리 노는 데 참견했어요. 내가 놀고 있으면 우진이가 꼭 구경하러 오더라고요. 어쩌면 우진이도 나랑 짝이 되고 싶은지도 모르겠어요.

"우아, 윤아 공기 되게 잘한다!"

아이참, 정말 이상해요. 조금 전까지만 해도 윤아보다 내가 훨씬 더 잘했는데, 우진이가 나타나자마자 자꾸만 실수하는 거예요. 우진이 칭찬을 듣고 헤벌쭉 웃는 윤아가 참 얄미웠어요.

"나 공기놀이 그만할래."

나는 공기 알들을 주섬주섬 챙기며 일어섰어요.

나 "승연아, 우리 셋이 공기놀이하자. 나도 공기놀이할 줄 알거든."

"어? 그, 그래."

우진이가 커다란 눈을 끔뻑이며 부탁하는데 어떻게 안 들어줄 수 있겠어요?

다 어느새 윤아는 손등에 공기 알 네 개를 올려 두고 가느다란 손가락을 꼼지락거리며 공기 알을 잡으려고 했지요.

'떨어져라, 떨어져라, 떨어져라……'

나도 모르게 마음속으로 빌고 있는데 갑자기 윤아가 앞으로 폭 고꾸라지지 뭐예요. 장난꾸러기 창훈이가 다른 아이들이랑 장난치며 뛰다가 윤아와 부딪친 거죠.

라 윤아는 공기 알을 못 잡은 게 억울해서, 나는 사물함 밑으로 굴러 들어간 내 공기 알이 걱정돼서 소리쳤어요. 우리 목소리에 놀랐는지 창훈이는 온몸을 움찔하더라고요. 그것도 잠시뿐, ㉠창훈이는 미안하다는 소리 대신 혀만 쏙 내밀고는 휙 도망가 버리는 거 있죠.

7 이 글에 나오는 인물을 모두 쓰시오.

(   )

8 '나'는 친구들과 무엇을 하였는지 쓰시오.

(   )

9 글 가에서 '나'는 무엇을 속상해하였습니까?

(   )

① 우진이가 윤아만 응원한 것
② 우진이가 볼 때 공기를 잘 못한 것
③ 우진이와 함께 공기놀이를 못 한 것
④ 윤아가 공기를 못하는 '나'를 약올린 것
⑤ 윤아가 우진이가 볼 때 공기를 잘 못한 것

10 창훈이 때문에 일어난 일이 <u>아닌</u> 것의 기호를 쓰시오.

> ㉮ 윤아가 공기 알을 못 잡았다.
> ㉯ 우진이가 앞으로 폭 고꾸라졌다.
> ㉰ 공기 알이 사물함 밑으로 굴러 들어갔다.

(   )

11 ㉠에서 알 수 있는 창훈이의 성격으로 알맞은 것을 두 가지 고르시오. (   )

① 다정하다.   ② 소심하다.
③ 장난스럽다.   ④ 조심성이 있다.
⑤ 배려심이 없다.

12 '나'와 성격이 비슷한 친구를 찾아 ○표 하시오.

(1) 어려운 일도 참고 해내는 서우 (   )
(2) 동생이 칭찬받는 것을 샘내는 아영 (   )
(3) 어머니의 일을 잘 도와드리는 형빈 (   )

13 이 글을 읽고 알 수 있는 사실은 무엇입니까?

(   )

① '나'는 우진이를 좋아한다.
② 윤아는 공기놀이를 처음 해 본다.
③ '나'는 공기놀이를 좋아하지 않는다.
④ 윤아와 우진이는 사이가 좋지 않다.
⑤ 창훈이는 윤아와 친해지고 싶어 한다.

14~16

가 "우리 반에 새로 전학 온 친구가 있어요. 자기 이름을 직접 소개해 보겠어요?"

선생님이 여자아이의 어깨를 한 손으로 가볍게 감싸 주었어요.

"안녕? 나는, 아니 아니, 내 성은 김해 김씨이고 이름은 주은이야. 김해 김씨, 김주은. 잘 부탁해."

주은이가 또랑또랑 말했어요.

나 "자, 그럼 똑같이 콩 열두 개씩 옮긴 주은이와 우봉이가 한 번 더 젓가락질 솜씨를 뽐내 보세요. 그런데 이번에는 삼십 초가 아니라 일 분으로 하겠어요."

선생님이 우봉이와 주은이 접시에 콩을 각각 한 주먹씩 더 올려놓았어요.

다 할아버지가 손목시계를 보며 준비하라는 눈짓을 했어요. 우봉이는 알았다고 고개를 끄덕였어요.

"준비, 시작!"

우봉이는 나무젓가락으로 바둑알을 집어 옆 접시로 옮기기 시작했어요.

라 선생님이 손을 들자 응원 소리가 잠잠해졌어요.

"준비…… 시작."

주은이와 우봉이는 동시에 쇠젓가락을 집어 들었어요.

14 일어난 일의 차례에 맞게 글의 기호를 쓰시오.

가 → (   ) → (   ) → (   )

15 주은이에 대한 설명으로 알맞지 <u>않은</u> 것은 무엇입니까? (   )

① 여자아이이다. ② 김해 김씨이다.
③ 새로 전학을 왔다. ④ 젓가락질을 잘한다.
⑤ 부끄러움이 너무 많다.

16 글 **다**에서 우봉이의 행동에 대한 자신의 생각을
서술형 쓰시오.

_____

_____

17~19

가 주은이 옆에는 한 아줌마가 있었는데 생김새가 좀 남달랐어요. 얼굴도 가무잡잡했어요. 아줌마가 대나무로 만든 작은 그릇에서 뭔가를 꺼내 조몰락조몰락했어요.

"그렇게 먹지 마. 정말 싫어."

주은이가 아줌마에게 화를 내듯 크게 말했어요.

"카오리아오는 이렇게 쏜으로 먹는 꺼야. 우리 꼬향에선 다 끄래."

나 "아유, 정말 창피해."

주은이가 콩 집던 나무젓가락을 아줌마한테 얼른 내밀었어요. 그러고는 주위를 두리번거렸어요.

지켜보던 우봉이는 다른 사람 뒤로 얼른 몸을 숨겼어요.

17 우봉이는 주은이와 눈이 마주치지 않으려고 어떻게 했는지 쓰시오.

(   )

18 우봉이가 다른 문화에 대한 편견이 없는 개방적인 성격이었다면 어떤 일이 일어났을지 알맞은 것에 ○표 하시오.

(1) 주은이를 놀렸다. (   )
(2) 주은이 어머니께 인사를 하였다. (   )
(3) 주은이 어머니께 젓가락을 드렸다. (   )

19 이 글에서 '부끄러워'와 뜻이 비슷한 낱말을 찾아 쓰시오.

(   )

20 다음 빈칸에 알맞은 말을 쓰시오.

인물의 성격을 바꾸어 이야기를 꾸며 책을 만들 때 친구들 (   )을/를 끌 수 있게 표지를 꾸며야 한다.

1~2

1 이 그림 속 이야기들처럼 자신이 재미있게 읽었거나 기억에 남는 이야기를 떠올려 제목을 쓰고, 어떤 점이 재미있거나 기억에 남았는지 쓰시오. [6점]

이야기 제목	(1)
재미있거나 기억에 남는 점	(2)

2 〈문제 1번〉에서 답한 이야기를 떠올리며 인상 깊은 장면과 그 장면에 대한 생각이나 느낌을 쓰시오. [8점]

인상 깊은 장면	(1)
장면에 대한 생각이나 느낌	(2)

3~4

그런데 그때, 창훈이가 다시 나타나 윤아와 나를 또 밀치고 지나가는 거예요. 윤아와 나는 하마터면 같이 넘어질 뻔했지요. 그런데 우진이가 갑자기 창훈이 팔을 팍 잡아채더니 윤아와 내 앞으로 창훈이를 돌려세웠어요.

"너 왜 자꾸 여자애들 괴롭혀? 아까 일도, 지금 일도 얼른 사과해."

우진이는 작정한 듯이 굳은 얼굴로 창훈이를 다그쳤고, 창훈이는 싱글싱글 웃으며 우진이 손을 억지로 떼어 내려 했어요. 하지만 키가 한 뼘이나 더 큰 우진이를 창훈이가 어떻게 이겨 낼 수 있겠어요?

"너 지금 사과 안 하면 선생님한테 다 이를 거야."

일이 이쯤 되자 창훈이는 슬슬 웃기기 작전을 쓰기 시작했어요. 보일 듯 말 듯한 작은 새우 눈으로 눈웃음을 살살 지으며, 콧구멍을 벌름거리고 입을 펭귄처럼 쭉 내밀고는, "우진아, 한 번만 봐줘잉. 난 선생님이 제일 무서웡." 하고 콧소리를 내며 말하는 거지요. 아무리 화난 사람도 창훈이의 이런 우스꽝스러운 얼굴을 보면 웃지 않고는 못 견딜 거예요. 나와 윤아도 웃지 않으려고 억지로 참았지만 쿡쿡 웃음이 새어 나오고 말았어요.

3 창훈이가 장난을 좋아하는 성격이라고 파악했을 때, 그 까닭은 무엇인지 쓰시오. [6점]

_____

_____

_____

4 자신이 우진이라면 창훈이한테 '나'와 윤아에게 사과하라고 했을지 조건 에 맞게 쓰시오. [10점]

> **조건**
> 자신이 어떤 성격인지 드러나도록 쓴다.

_____

_____

_____

_____

1 다음 빈칸에 공통으로 들어갈 알맞은 말에 ○표 하시오.

> '누가/무엇이+[   ]'에서 '[   ]'는 '누가/무엇이'의 성질이나 상태를 나타내는 말이다.

(어찌하다 , 어떠하다)

2 다음 문장을 두 부분으로 나누어 쓰시오.

> 늙은 농부의 세 아들은 게을렀습니다.

누가	(1)
어떠하다	(2)

3 문장을 두 부분으로 바르게 나누지 못한 것의 기호를 쓰시오.

> ㉮ 김예지는+내 친구입니다.
> ㉯ 내 친구+예지는 친절합니다.
> ㉰ 친절한 예지는+친구들을 잘 도와줍니다.

(   )

4 「목홧값을 누가 물어야 하나?」에서 고양이의 성한 다리를 맡았던 목화 장수 세 사람의 의견으로 알맞은 것에 ○표 하시오.

(1) 자신들이 목홧값을 물어야 한다. (   )
(2) 고양이의 아픈 다리를 맡은 사람이 목홧값을 물어야 한다. (   )
(3) 공동 책임이므로 목화 장수 네 사람이 함께 목홧값을 물어야 한다. (   )

5 의견을 제시하는 글에 들어갈 내용으로 알맞지 않은 것의 기호를 쓰시오.

> ㉮ 문제 상황
> ㉯ 자신의 의견
> ㉰ 글을 쓴 시간과 장소
> ㉱ 의견을 뒷받침하는 까닭

(   )

6 '교과서 171쪽 편지'를 쓴 효은이와 '교과서 172쪽 편지'를 쓴 댐 건설 기관 담당자 중에서 상수리에 댐을 건설해야 한다고 생각하는 사람은 누구인지 쓰시오.

(   )

7 '교과서 171쪽 편지'에서 효은이의 의견을 뒷받침하는 까닭에 해당하는 것을 두 가지 골라 기호를 쓰시오.

> ㉮ 홍수를 막을 수 있다.
> ㉯ 만강이 없어질 것이다.
> ㉰ 숲에 사는 동물들이 살 곳을 잃는다.
> ㉱ 마을 어른들께서 고향을 떠나야 한다.

(   )

8 학급 신문을 만들기 위해 다음 그림 속 친구들은 무엇을 하고 있는지 빈칸에 알맞은 말을 쓰시오.

환경을 주제로 정할까?

건강을 주제로 정하는 것은 어떠니?

• 학급 신문의 (   )을/를 정하고 있다.

1 다음 문장의 짜임으로 알맞은 것은 무엇입니까?
(   )

> 늙은 농부의 세 아들은 게을렀습니다.

① 누가+어떠하다
② 누가+어찌하다
③ 무엇이+무엇이다
④ 무엇이+어찌하다
⑤ 무엇이+어떠하다

2 다음 문장에서 '어찌하다'에 해당하는 부분에 밑줄을 그으시오.

> 늙은 농부는 세 아들에게 밭에 보물이 있다고 말해 주었습니다.

3 다음 문장에 대해 바르게 말한 친구의 이름을 쓰시오.

> 세 아들은 밭으로 달려갔습니다.

지호: '달려갔습니다'가 '무엇이다'에 해당하는 부분이야.
효림: '누가'에 해당하는 부분과 '어찌하다'에 해당하는 부분으로 나눌 수 있어.

(   )

4~6

> 김예지는 ㉠내 친구입니다.

↓

> 내 친구 예지는 친절합니다.

↓

> ㉡친절한 예지는 친구들을 잘 도와줍니다.

4 ㉠은 문장의 짜임 중에서 무엇에 해당합니까?
(   )

① 누가
② 무엇이
③ 어찌하다
④ 무엇이다
⑤ 어떠하다

5 이 문장들을 두 부분으로 바르게 나눈 것은 무엇입니까?
(   )

① 내 친구＋예지는 친절합니다.
② 내 친구 예지는＋친절합니다.
③ 친절한＋예지는 친구들을 잘 도와줍니다.
④ 친절한 예지는 친구들을＋잘 도와줍니다.
⑤ 친절한 예지는 친구들을 잘＋도와줍니다.

6 서술형

이 문장들은 문장의 뒷부분에 이어 다음 문장을 완성한 것입니다. ㉡의 문장의 짜임과 같게 친구를 소개하는 문장을 쓰시오.

_____

_____

국어 활동

7 다음 중 문장을 두 부분으로 바르게 나누지 <u>못한</u> 것은 무엇입니까?
(   )

① 사과는＋맛있다.
② 바나나는＋길다.
③ 긴 것은＋기차이다.
④ 빠른＋것은 비행기이다.
⑤ 맛있는 것은＋바나나이다.

"이번 불은 순전히 고양이의 아픈 다리를 맡았던 저 사람 때문이야. 하필이면 불이 잘 붙는 산초기름을 발라 줄 게 뭐야?"

"맞아, 그러니 목홧값을 그 사람에게 물어 달라고 하자."

세 사람은 고양이의 아픈 다리를 맡았던 사람에게 목홧값을 물어내라고 했다. 억울한 그 목화 장수는 절대 목홧값을 물어 줄 수 없다며 큰 싸움을 벌였다.

"불이 붙은 고양이가 광으로 도망칠 때는 성한 세 다리로 도망쳤잖아? 그러니까 광에 불이 난 것은 순전히 너희가 맡은 세 다리 때문이야."

아무리 싸워도 해결이 나지 않자, 네 사람은 고을 사또를 찾아가 판결을 해 달라고 부탁했다.

8 목화 장수 네 사람은 무엇에 대하여 이야기를 하고 있습니까? ( )

① 목홧값은 얼마일까?
② 누가 목화의 주인일까?
③ 누가 목홧값을 물어야 할까?
④ 고양이가 다친 까닭은 무엇일까?
⑤ 고을 사또에게 무엇을 부탁해야 할까?

9 고양이의 아픈 다리를 맡은 사람의 의견으로 알맞은 것에 ○표 하세요.

(1) 자신이 목홧값을 물어야 한다. ( )
(2) 아무도 목홧값을 물지 않아도 된다. ( )
(3) 고양이의 성한 다리를 맡았던 세 사람이 목홧값을 물어야 한다. ( )

10★ 이 글에서 일어난 일을 정리한 다음 문장을 '누가 +어찌하다'로 나누어 쓰시오.

목화 장수들은 사또에게 판결을 부탁했다.

(1) 누가: ( )
(2) 어찌하다: ( )

가 ㉠저는 댐을 건설하는 것에 반대합니다. ㉡우리 상수리에 댐을 건설하면 숲에 사는 동물들이 살 곳을 잃고, 우리는 만강의 물고기들을 다시는 볼 수 없게 될 것입니다. 그리고 마을 어른들께서는 평생 살아온 고향을 떠나야 한다고 말씀하십니다. 우리 마을에 댐을 건설하기로 한 계획을 취소해 주시기를 부탁합니다.

나 ㉢상수리 주변에 사는 주민들이 홍수로 겪는 정신적·물질적 피해는 해마다 늘어나고 있습니다.

㉣만강에 댐을 건설하면 여름철에 폭우로 생기는 문제를 막을 수 있습니다. 비가 내리는 대로 내버려 두면, 강 하류에서는 강물이 넘쳐서 논밭이 빗물에 잠기기도 합니다.

그리고 집과 길이 부서지고 심지어 사람이 목숨까지 잃을 만큼 위험합니다. 하지만 댐을 건설하면 홍수로 인한 이런 피해를 막을 수 있습니다.

㉤상수리에 댐을 건설해야 합니다.

11 글 **가**와 **나** 중 댐 건설에 반대하는 의견을 쓴 것의 기호를 쓰시오.

( )

12 ㉠~㉤ 중 문제 상황을 자세히 쓴 부분은 어디입니까? ( )

① ㉠ ② ㉡ ③ ㉢ ④ ㉣ ⑤ ㉤

13 글 **가**에서 글쓴이가 의견을 뒷받침하기 위해 든 까닭을 세 가지 쓰시오.
서술형

(1) _____

(2) _____

(3) _____

14 글 **나**에서 댐을 건설하면 무엇을 막을 수 있다고 하였는지 빈칸에 알맞은 말을 쓰시오.

( )로 생기는 문제, 홍수로 인한 피해

15 의견을 제시하는 글을 쓴 뒤 살펴볼 점으로 알맞지 <u>않은</u> 것은 무엇입니까? (   )

① 문제 상황을 자세히 썼는지 살펴본다.
② 문장의 짜임을 살피며 썼는지 살펴본다.
③ 의견에 알맞은 까닭을 제시했는지 살펴본다.
④ 읽는 사람을 생각하며 예의 바르게 썼는지 살펴본다.
⑤ 자신의 의견과 읽는 사람의 의견을 비교하여 썼는지 살펴본다.

16 주변에서 의견을 제시할 필요가 있는 상황으로 알맞은 것을 두 가지 고르시오. (   )

① 친구들이 거친 말을 하는 상황
② 쓰레기 분리배출을 잘하는 상황
③ 친구들이 편식을 하지 않는 상황
④ 학교 화단에 꽃을 많이 심은 상황
⑤ 학교 앞에 불법 주차된 차들이 많은 상황

17 다음 그림에 나타난 문제를 해결하기 위해 제시할 수 있는 의견은 무엇입니까? (   )

① 바른 말을 써야 한다.
② 길에 쓰레기를 버리면 안 된다.
③ 학교에서 휴대 전화를 사용하면 안 된다.
④ 횡단보도를 건널 때 뛰어다니면 안 된다.
⑤ 횡단보도를 건널 때에는 주변을 살펴야 한다.

18 다음 글에서 다문화를 받아들이는 방법은 무엇이라고 하였습니까? (   )

> 다문화를 받아들이는 방법은 나와 다른 사람을 특별 대우 하는 것이 아니에요. 그들을 관심, 교육, 온정의 대상이 아니라 길거리에서 만나도 신기하지 않은 평범한 이웃이나 친구로 대하는 것이지요.

① 나와 다른 사람을 특별 대우 한다.
② 나와 다른 사람을 이웃이나 친구로 대한다.
③ 피부색이 다른 사람을 관심의 대상으로 대한다.
④ 피부색이 다른 사람을 교육의 대상으로 대한다.
⑤ 피부색이 다른 사람을 온정의 대상으로 대한다.

19 학급 신문을 만드는 과정 중 다음 친구들의 모습에 해당하는 것은 무엇입니까? (   )

① 학급 신문의 주제 정하기
② 학급 신문의 이름 정하기
③ 자신의 의견을 뒷받침할 자료 찾기
④ 자신의 의견과 의견을 뒷받침하는 까닭을 적기
⑤ 각자 적은 종이를 모둠별로 학급 신문에 붙이기

20 학급 신문에 다음과 같은 의견을 실으려고 합니다. 의견을 뒷받침하는 까닭을 두 가지 골라 기호를 쓰시오.

> 일회용품 사용을 줄여야 한다.

> ㉮ 일회용품의 종류는 많다.
> ㉯ 일회용품을 쓰면 편리하다.
> ㉰ 일회용품을 쓰면 쓰레기가 많아진다.
> ㉱ 일회용품을 많이 쓰면 자원이 낭비된다.

(   )

1~2

목화 장수 네 명은 뜻하지 않게 큰 손해를 보게 되었다. 그러자 ㉠고양이의 성한 다리를 맡았던 목화 장수 세 명이 투덜투덜 불평을 늘어놓았다.

"이번 불은 순전히 고양이의 아픈 다리를 맡았던 저 사람 때문이야. 하필이면 불이 잘 붙는 산초기름을 발라 줄 게 뭐야?"

"맞아, 그러니 목홧값을 그 사람에게 물어 달라고 하자."

세 사람은 ㉡고양이의 아픈 다리를 맡았던 사람에게 목홧값을 물어내라고 했다. 억울한 그 목화 장수는 절대 목홧값을 물어 줄 수 없다며 큰 싸움을 벌였다.

"불이 붙은 고양이가 광으로 도망칠 때는 성한 세 다리로 도망쳤잖아? 그러니까 광에 불이 난 것은 순전히 너희가 맡은 세 다리 때문이야."

아무리 싸워도 해결이 나지 않자, 네 사람은 고을 사또를 찾아가 판결을 해 달라고 부탁했다.

1 ㉠과 ㉡의 의견을 까닭이 드러나게 쓰시오. [8점]

㉠	(1)
㉡	(2)

2 이 글을 읽고 자신의 의견을 다음 조건 에 맞게 쓰시오. [6점]

> **조건**
> • 누가 목홧값을 물어야 하는지에 대한 의견을 쓴다.
> • 의견을 뒷받침하는 까닭을 함께 쓴다.

3~5

빨리 베껴 써야지.

3 그림 **가** 에 나타난 문제 상황을 쓰시오. [4점]

4 그림 **가** 에 제시된 문제를 해결하기 위한 의견을 쓰시오. [6점]

5 그림 **나** 에 나타난 문제 상황과 그에 어울리는 의견을 쓰시오. [10점]

문제 상황	(1)
어울리는 의견	(2)

1 전기문의 특성을 생각하며 빈칸에 들어갈 알맞은 말을 보기 에서 찾아 쓰시오.

보기
한 일, 사실, 시대 상황

(1) 전기문은 인물의 삶을 ( )에 근거해 쓴 글이다.
(2) 전기문에는 인물이 살았던 ( )이 나타난다.
(3) 전기문에는 인물이 ( )과 인물의 가치관이 나타난다.

2 「김만덕」에서 인물이 한 일과 인물의 가치관을 알맞게 선으로 이으시오.

(1) 한 일 ·

· ① 자신이 가진 것을 나누고 베푸는 삶을 중요하게 생각함.

(2) 가치관 ·

· ② 제주도 백성이 굶어 죽을 위기에 처하자, 전 재산을 들여 육지에서 곡식을 사 오게 함.

3 「김만덕」에서 시대 상황을 짐작할 수 있는 부분을 찾아 쓰시오.

제주 목사가 김만덕에게 소원을 묻자, 김만덕은 임금의 용안을 뵙는 것과 금강산 구경을 말하였다. 임금은 김만덕에게 벼슬을 내려 임금을 만날 수 있게 해 주었다. 양민의 신분으로는 임금을 만날 수 없었기 때문이다.

( )

4 「정약용」에서 인물이 살아온 과정을 차례대로 기호를 쓰시오.

㉮ 서른세 살 때, 암행어사가 되었다.
㉯ 서른한 살 때, 거중기를 만들었다.
㉰ 쉰일곱 살 때, 『목민심서』라는 책을 펴냈다.
㉱ 1762년에 태어나 열다섯 살 때 한양으로 가서 학문을 익혔다.

( ) → ( ) → ( ) → ( )

5 「정약용」에서 정약용이 『목민심서』를 펴낸 것에서 짐작할 수 있는 가치관으로 알맞은 것의 기호를 쓰시오.

㉮ 백성이 편히 살도록 도와 주어야 한다.
㉯ 지방 관리들의 힘든 일을 덜어 주어야 한다.
㉰ 어릴 때 많은 경험을 하도록 해 주어야 한다.

( )

6 「헬렌 켈러」에서 헬렌이 자신의 어려움을 줄여 가는 과정으로 알맞은 것에 ○표 하시오.

(1) 말하기를 가르치는 기계를 발명했다.
( )
(2) 말하기를 배우려고 끊임없이 노력했다.
( )

7 「헬렌 켈러」에서 헬렌에게서 본받을 점은 무엇인지 ( ) 안에서 알맞은 말을 골라 ○표 하시오.

자신도 (장애 , 가난) 때문에 힘든데도 남을 돕기 위해 앞장서는 모습을 본받고 싶다.

1 자신이 본받고 싶은 인물을 소개할 때 말할 내용으로 알맞은 것을 두 가지 골라 기호를 쓰시오.

> ㉮ 본받고 싶은 까닭
> ㉯ 인물이 고쳐야 할 점
> ㉰ 인물이 살았던 시대 상황
> ㉱ 자신이 상상한 인물의 모습

(   )

2 ~ 4

가 "제가 전 재산을 들여 육지에서 사들인 곡식입니다. 굶주린 사람들에게 나누어 주십시오."
제주 목사는 김만덕의 말을 듣고 깜짝 놀랐다.

나 "㉠그분이 없었다면 우리는 어떻게 되었을까?"
"모두 굶어 죽었겠지. 그분은 제주도 사람들의 은인이야."

다 "제주도에 사는 여인이 전 재산을 내놓아 굶주린 사람들을 살렸다고? 참으로 고마운 일이로구나. 김만덕의 소원을 들어주도록 하여라."
제주 목사가 김만덕에게 소원을 묻자, 김만덕은 임금의 용안을 뵙는 것과 금강산 구경을 말하였다. 임금은 김만덕에게 벼슬을 내려 임금을 만날 수 있게 해 주었다. 양민의 신분으로는 임금을 만날 수 없었기 때문이다. 그리고 제주도 여자는 제주도를 떠날 수 없었던 그 당시의 규범을 깨고 김만덕에게 금강산을 구경하도록 해 주었다.

2 글 **가**에서 알 수 있는 김만덕의 가치관으로 알맞은 것의 기호를 쓰시오.

> ㉮ 정직을 가치 있게 생각하는 삶
> ㉯ 절약하며 검소하게 살아가는 삶
> ㉰ 자신이 가진 것을 나누고 베푸는 삶

(   )

3 ㉠은 누구를 말하는지 쓰시오.

(   )

4 글 **다**에서 알 수 있는 시대 상황으로 알맞은 것을 두 가지 고르시오. (   )

① 신분 차별이 있었다.
② 벼슬을 해야 임금을 만날 수 있었다.
③ 제주도 여자는 제주도를 떠날 수 없었다.
④ 제주도 사람은 금강산을 여행할 수 없었다.
⑤ 한양에 사는 사람만 임금을 만날 수 있었다.

5 전기문의 특성으로 알맞지 **않은** 것은 무엇입니까? (   )

① 인물의 가치관이 나타나 있다.
② 역사적 사실을 근거로 쓴 글이다.
③ 인물이 살아온 과정을 알 수 있다.
④ 앞으로 일어날 일을 꾸며 쓴 글이다.
⑤ 실제로 존재하는 인물에 대해 쓴 글이다.

6 ~ 7 국어 활동

가 어린 시절, 선조는 책이라면 몸서리를 치던 개구쟁이였습니다. 그러나 책벌레 스승 유희춘을 만난 뒤 선조는 180도 달라졌습니다.

나 유희춘은 수많은 책 속에서 읽은 광활한 역사와 훌륭한 임금들의 이야기를 들려주었습니다.
선조는 그때부터 책의 재미를 깨닫고 스승을 따라 어딜 가나 책을 쥐고 다니게 되었습니다.

6 이 글의 종류는 무엇인지 쓰시오.

(   )

7 이 글에서 알 수 있는 유희춘의 업적은 무엇입니까? (   )

① 선조에게 예절을 가르쳤다.
② 선조의 목숨을 지켜 주었다.
③ 나라를 위해 목숨을 바쳤다.
④ 선조의 업적을 책으로 썼다.
⑤ 선조에게 책의 재미를 깨닫게 했다.

8~9

가 정약용은 1762년 지금의 경기도 남양주에 있는 마재에서 태어났어요. 지방 관리였던 아버지 덕분에 정약용은 어릴 때부터 백성의 삶을 가까이서 지켜볼 수 있었어요.

나 열다섯 살 때, 아버지를 따라 한양으로 간 정약용은 많은 사람을 만나 학문을 배우고 익혔어요.

다 그런데 이익이 사물에 폭넓게 관심을 두고 해박한 지식을 쌓은 것을 보면서 정약용의 생각도 조금씩 달라졌어요. 백성이 잘 사는 데 도움이 되는 실학에 관심을 갖게 된 거예요.

8 정약용이 한양으로 가서 학문을 배우고 익힌 때는 언제인지 쓰시오.

( )

9 글 **다**에서 알 수 있는 정약용의 생각으로 알맞은 것은 무엇입니까? ( )

① 학문을 사랑해야 한다.
② 어려운 학문을 배워야 한다.
③ 지식을 자랑하지 않아야 한다.
④ 백성에게 도움을 주어야 한다.
⑤ 백성의 삶을 관찰하지 않아야 한다.

10~12

가 서른세 살 때, 정약용은 정조의 비밀 명령을 받고 암행어사가 되었어요. 암행어사는 임금을 대신해 지방 관리들이 백성을 잘 다스리는지 알아보는 중요한 벼슬이었어요.

나 정약용은 암행어사로 일하는 동안 지방 관리가 어떤 마음을 가져야 하는지에 대해 깊이 생각했어요. 임금이 아무리 나라를 잘 다스려도 지방 관리가 나쁜 짓을 일삼으면 백성은 어렵게 살 수밖에 없다는 것을 알게 되었거든요. 어릴 때 아버지 옆에서 보았던 백성의 어려운 삶도 머릿속을 떠나지 않았어요. 정약용은 쉰일곱 살이 되던 1818년, 이런 생각들을 자세히 담은 『목민심서』라는 책을 펴냈어요.

10 정약용이 한 일을 두 가지 고르시오.

( )

① 암행어사가 되었다.
② 『목민심서』라는 책을 펴냈다.
③ 지방 관리가 되어 백성을 다스렸다.
④ 지방 관리에게 비밀 명령을 내렸다.
⑤ 『목민심서』라는 책에서 오류를 발견하였다.

11 이 글에서 정약용이 한 일의 차례를 나타내는 말을 두 가지 찾아 쓰시오.

( )

12 이 글에서 알 수 있는 정약용의 가치관에 대해 알맞게 말한 친구의 이름을 쓰시오.

미희: 자신이 가진 것을 어려운 백성들에게 나누고 베풀었어.
수찬: 어려운 백성의 삶에 도움을 주려고 맡은 일을 열심히 했어.
도윤: 글을 읽지 못하는 백성에게 우리글을 쉽게 읽을 수 있도록 책을 펴냈어.

( )

13

서술형 전기문을 읽을 때 인물의 가치관을 짐작하는 방법을 한 가지 쓰시오.

_____

_____

14 ~ 17

가 헬렌은 선생님에게 날마다 새로운 낱말들을 배웠지만 낱말과 사물의 관계가 어떤 것인지 이해하지 못하고 있었습니다.

나 그 순간 헬렌은 자기 손에 쏟아지는 물을 나타내는 낱말이 'water'이고, 세상의 모든 것은 각각 이름을 가지고 있다는 것을 비로소 깨닫게 된 것입니다. 마침내 헬렌의 앞에 빛의 세계가 열렸습니다. 헬렌은 배우고 싶다는 뜨거운 마음이 생겼습니다. 헬렌은 아침에 일찍 일어나자마자 글자를 쓰기 시작해 하루 종일 글을 쓰고는 했습니다. 결국 헬렌은 글자를 통해 다른 사람에게 자기 생각을 전할 수 있게 되었습니다.

14 헬렌이 깨닫게 된 내용으로 맞으면 ○표, 틀리면 ×표 하시오.

(1) 세상의 모든 것은 이름이 있다. (　　　)

(2) 낱말과 사물은 서로 관계가 없다. (　　　)

(3) 물을 나타내는 낱말은 'water'이다. (　　　)

15 글 **나**에서 헬렌이 한 일을 정리하여 쓰시오.

[　　　　　　　　　　　　　　　　　　]

↓

[　　글자를 통해 자기 생각을 전할 수 있게 되었다.　　]

16* 이 글에 나타난 헬렌의 성격으로 알맞은 것은 무엇입니까? (　　　)

① 씩씩하다.　　② 끈기가 있다.

③ 거칠고 뻔뻔하다.　　④ 조용하고 부드럽다.

⑤ 친절하고 상냥하다.

17 헬렌처럼 어려움을 줄여 가는 친구에 ○표 하세요.

(1) 희선: 스케이트를 탈 때 넘어지고 힘들었지만 계속 꾸준히 연습했어. (　　　)

(2) 은우: 피아노를 연습하다가 손가락이 아파서 바이올린으로 바꾸었어. (　　　)

18 ~ 20

열 살이 된 헬렌은 퍼킨스학교에 있는 동안 자신처럼 장애를 지닌 어린이를 돕는 일에 나섰습니다. 펜실베이니아주에 살고 있는 토미를 퍼킨스학교에 데려와 교육받을 수 있도록 모금을 하기로 한 것입니다. 다섯 살의 토미는 헬렌처럼 보지도 듣지도 말하지도 못하는 아이였습니다. 토미는 부모님도 안 계시고 가난한 아이여서 학교에 갈 수 없었습니다. 헬렌은 토미가 퍼킨스학교에 다닐 수 있도록 도와 달라는 글을 여러 사람과 신문사에 보냈습니다. 헬렌도 이 모금에 참여하기 위해 사치스러운 물건을 사지 않고 돈을 보냈습니다. 다행히 많은 성금이 모여 토미는 아무 걱정 없이 학교에 다닐 수 있게 되었습니다.

18 헬렌이 열 살 때 한 일은 무엇입니까? (　　　)

① 퍼킨스학교를 졸업하였다.

② 부모님이 없는 아이들을 보살폈다.

③ 모금한 돈을 신문사에 전달하였다.

④ 낱말과 사물의 관계를 깨닫게 되었다.

⑤ 자신처럼 장애가 있는 어린이를 도왔다.

19 헬렌이 여러 사람과 신문사에 글을 보낸 까닭은 무엇인지 빈칸에 알맞은 말을 차례대로 쓰시오.

[(　　　　　　)을/를 지닌 토미는 부모님도 안 계시고 가난한 아이여서 (　　　　　)에 갈 수 없었기 때문이다.]

20 이 글을 읽고 헬렌에게서 본받을 점을 쓰시오.

_____

_____

1~2

가 "사또, 부탁드릴 일이 있어 왔습니다. 저는 본디 양민의 딸이었습니다. 그런데 어린 나이에 부모를 여의고 친척 집에 맡겨졌다가 어쩔 수 없이 기생이 되었습니다. 사또께서는 제 억울한 사정을 헤아리시어 저를 양민의 신분으로 되돌려 주시기 바랍니다."

김만덕은 눈물을 흘리며 제주 목사에게 간절히 말하였다. 제주 목사는 김만덕의 말이 사실인지 관리를 불러 조사하게 하였다. 그리고 김만덕의 억울한 사정이 밝혀지자 명을 내렸다.

나 배가 침몰하였다는 소식을 들은 제주도 사람들은 이제는 굶어 죽을 수밖에 없다며 절망에 빠졌다. 이것을 보고 김만덕은 생각하였다.

'제주도 사람들을 굶어 죽게 내버려둘 수는 없다. 내가 나서서 그들을 살려야겠다.'

김만덕은 전 재산을 들여 육지에서 곡식을 사 오게 하였다. 그 곡식은 총 오백여 석이었다.

"제가 전 재산을 들여 육지에서 사들인 곡식입니다. 굶주린 사람들에게 나누어 주십시오."

1 글 **가**에서 김만덕이 살았던 시대 상황은 어떠했는지 쓰시오. [6점]

_____

_____

2 글 **나**에서 김만덕이 한 일을 쓰고, 이를 통해 알 수 있는 김만덕의 가치관을 쓰시오. [8점]

김만덕이 한 일	(1)
김만덕의 가치관	(2)

3~4

가 힘을 덜 들이고 크고 무거운 돌을 옮길 방법을 찾던 정약용은 서른한 살 되던 해, 마침내 거중기를 만들었어요. 도르래의 원리를 이용해 작은 힘으로도 무거운 물건을 들 수 있도록 만든 기계였지요.

거중기 덕분에 백성은 성을 짓는 일에 자주 나오지 않아도 되어 마음 편히 농사를 지을 수 있었어요.

나 서른세 살 때, 정약용은 정조의 비밀 명령을 받고 암행어사가 되었어요. 암행어사는 임금을 대신해 지방 관리들이 백성을 잘 다스리는지 알아보는 중요한 벼슬이었어요.

다 정약용은 암행어사로 일하는 동안 지방 관리가 어떤 마음을 가져야 하는지에 대해 깊이 생각했어요. 임금이 아무리 나라를 잘 다스려도 지방 관리가 나쁜 짓을 일삼으면 백성은 어렵게 살 수밖에 없다는 것을 알게 되었거든요. 어릴 때 아버지 옆에서 보았던 백성의 어려운 삶도 머릿속을 떠나지 않았어요. 정약용은 쉰일곱 살이 되던 1818년, 이런 생각들을 자세히 담은 『목민심서』라는 책을 펴냈어요.

3 정약용이 살아온 과정을 차례대로 정리하여 쓰시오. [6점]

┌─────────────────────────┐
│ 서른한 살 때, 거중기를 만들었다. │
└─────────────────────────┘
          ↓
┌─────────────────────────┐
│ (1)   │
└─────────────────────────┘
          ↓
┌─────────────────────────┐
│ (2)   │
└─────────────────────────┘

4 이 글의 내용을 통해 정약용에게서 본받을 점은 무엇인지 쓰시오. [8점]

_____

_____

1 다음은 독서 감상문에 들어가는 내용 중 무엇에 해당하는지 쓰시오.

> 학교 도서관에서 책을 고르다가 『세시 풍속』이라는 책을 읽었습니다.

(   )

2 독서 감상문을 쓰는 차례대로 기호를 쓰시오.

> ㉮ 책 내용을 떠올린다.
> ㉯ 독서 감상문을 쓸 책을 고른다.
> ㉰ 인상 깊은 까닭을 생각해 본다.
> ㉱ 인상 깊은 장면이나 내용을 정한다.
> ㉲ 책에 대한 생각이나 느낌을 정리한다.
> ㉳ 독서 감상문에 알맞은 제목을 붙인다.

(   ) → (   ) → ㉱ → (   ) →
(   ) → ㉳

3 독서 감상문을 쓰기 위해 책 내용을 정리하는 방법으로 알맞지 <u>않은</u> 것의 기호를 쓰시오.

> ㉮ 인상 깊은 부분을 떠올린다.
> ㉯ 제목이 잘 어울리는지 확인한다.
> ㉰ 생각이나 느낌을 나타낼 수 있는 부분을 간략하게 쓴다.

(   )

4 다음 빈칸에 알맞은 말을 쓰시오.

> 글에서 (   )받은 부분을 찾을 때에는 일어난 일, 인물의 행동, 인물의 마음 따위에서 자신이 인상 깊게 느끼는 부분이 있는지 생각해 봐야 한다.

5 「어머니의 이슬 털이」의 다음 부분에서 감동을 느꼈다면 그 까닭으로 알맞은 것에 ○표 하시오.

> 어머니께서 이슬받이를 모두 지난 뒤에 품속에서 새 양말과 새 신발을 꺼내 주시는 부분

(1) 어머니의 사랑이 느껴져서　　　　(   )
(2) 아들과 헤어지기 싫은 마음이 느껴져서
　　　　　　　　　　　　　　　　(   )

6 독서 감상문을 쓸 책으로 알맞지 <u>않은</u> 것의 기호를 쓰시오.

> ㉮ 새롭게 안 내용이 많은 책
> ㉯ 기억에 남는 내용이 있는 책
> ㉰ 친구가 관심 있는 내용의 책

(   )

7 다음은 어떤 형식으로 쓴 독서 감상문의 일부분인지 쓰시오.

> 20○○년 11월 ○○일　　날씨: 맑음
> 제목: 함께일 때 더 시원한 나무 그늘
> 　나는 내 것이면 뭐든지 나 혼자 써도 된다고 생각했다. 그래서 나무 그늘도 혼자 쓰는 것이 당연하다고 여겼다. 내 것인데 다른 사람에게 왜 빌려주어야 한단 말인가? 하지만 지금 나는 그렇게 생각하지 않는다.

(   )

8 「투발루에게 수영을 가르칠 걸 그랬어!」에서 인상 깊은 장면으로 알맞은 것에 ○표 하시오.

(1) 로자와 고양이 투발루가 서로 헤어지는 부분
　　　　　　　　　　　　　　　　(   )
(2) 로자가 고양이 투발루에게 수영을 가르치는 부분
　　　　　　　　　　　　　　　　(   )

1 다음은 어떤 책에 대한 설명입니까? ( )

> • 나라를 구한 영웅의 이야기이다.
> • 거북 모양의 유명한 배를 만들었다.
> • 적은 수의 군사로 많은 적을 물리쳤다.

① 『피노키오』   ② 『레 미제라블』
③ 『견우와 직녀』   ④ 『이순신 위인전』
⑤ 『아낌없이 주는 나무』

2 ~ 4

가 ㉠학교 도서관에서 책을 고르다가 『세시 풍속』이라는 책을 읽었습니다. ㉡이 책은 우리 조상이 농사일로 고된 일상 속에서 빼먹지 않고 지켜 오던 일 년의 세시 풍속을 담은 책입니다. 세시 풍속은 옛날에만 있었던 것인 줄 알았는데 오늘날 우리 삶에도 많이 남아 있어서 신기했습니다.

나 ㉢책은 계절의 차례대로 봄, 여름, 가을, 겨울의 세시 풍속을 소개했습니다. ㉣지금 계절이 겨울이므로 겨울 부분부터 읽어 보았습니다. 겨울의 세시 풍속 가운데에서 인상 깊었던 것은 동지의 풍속입니다.

동지는 음력 십일월인데, 세시 풍속으로 팥죽을 끓여 먹습니다. 얼마 전에 학교에서 팥죽이 나온 것이 떠올라 반가워서 읽었습니다.

다 ㉤『세시 풍속』을 읽고 나니 조상의 지혜를 더 잘 알 수 있었습니다. 계절의 변화 하나하나에 의미를 부여하고 삶을 즐겁게 보내려는 마음을 듬뿍 느꼈습니다.

2 ㉠~㉤ 중 책을 읽은 동기를 알 수 있는 부분은 무엇입니까? ( )

① ㉠   ② ㉡   ③ ㉢
④ ㉣   ⑤ ㉤

3 글쓴이가 읽은 책의 내용은 무엇입니까?( )

① 농사짓는 방법
② 사계절의 세시 풍속
③ 팥죽을 만드는 방법
④ 전통문화를 지켜야 하는 까닭
⑤ 우리 조상이 겨울을 나는 방법

4 글쓴이가 책을 읽고 생각하거나 느낀 점과 관련 있는 문장의 기호를 쓰시오.

> ㉮ 동지는 음력 십일월의 세시 풍속입니다.
> ㉯ 계절의 변화 하나하나에 의미를 부여하고 삶을 즐겁게 보내려는 마음을 듬뿍 느꼈습니다.

( )

5 독서 감상문을 쓸 때 가장 먼저 해야 하는 일은 무엇입니까? ( )

① 책 내용 떠올리기
② 독서 감상문을 쓸 책 고르기
③ 인상 깊은 장면이나 내용 정하기
④ 책에 대한 생각이나 느낌 정리하기
⑤ 독서 감상문에 알맞은 제목 붙이기

6 다음은 독서 감상문을 쓸 책에 대한 내용 중 무엇을 정리한 것입니까? ( )

> 표지에 있는 지구와 달 사진을 보고 책 내용에 관심이 생겼기 때문이다.

① 책 제목   ② 책 종류
③ 책의 내용   ④ 책을 읽은 까닭
⑤ 책을 읽고 생각하거나 느낀 점

어머니는 내게 가방을 넘겨준 다음 내가 가야 할 산길의 이슬을 털어 내기 시작했다. 어머니의 일 바지 자락이 이내 아침 이슬에 흥건히 젖었다. 어머니는 발로 이슬을 털고, 지겟작대기로 이슬을 털었다.

그런다고 뒤따라가는 아들 교복 바지가 안 젖는 것도 아니었다. 신작로까지 십오 분이면 넘을 산길을 삼십 분도 더 걸려 넘었다. 어머니의 옷도, 그 뒤를 따라간 내 옷도 흠뻑 젖었다. 어머니는 고무신을 신고 나는 검은색 운동화를 신었다. 걸음을 옮길 때마다 물에 빠졌다가 나온 것처럼 시커먼 땟국물이 찔꺽찔꺽 발목으로 올라왔다. 그렇게 어머니와 아들이 무릎에서 발끝까지 옷을 흠뻑 적신 다음에야 신작로에 닿았다.

㉠"자, 이제 이걸 신어라."

거기서 어머니는 품속에 넣어 온 새 양말과 새 신발을 내게 갈아 신겼다. 학교 가기 싫어하는 아들을 위해 아주 마음먹고 준비해 온 것 같았다.

"앞으로는 매일 털어 주마. 그러니 이 길로 곧장 학교로 가. 중간에 다른 데로 새지 말고."

7 어머니께서 학교 가기 싫어하는 '나'를 위해 하신 일은 무엇입니까? ( )

① 교복을 갈아 입히셨다.
② 혼자 산길을 오르셨다.
③ 산길의 이슬을 털어 내셨다.
④ 학교까지 가방을 들어 주셨다.
⑤ 신작로까지 가는 길을 알려 주셨다.

8 ㉠에 담긴 어머니의 마음으로 알맞은 것에 ○표 하시오.

(1) 아들의 모습이 부끄러운 마음 ( )
(2) 아들에게 좋은 것만 주고 싶은 마음 ( )
(3) 학교 가기 싫어하는 아들을 꾸중하고 싶은 마음 ( )

9 어머니의 품속에 있었던 것을 두 가지 쓰시오.

( )

10 어머니의 행동에 담긴 마음을 나타내는 낱말은 무엇입니까? ( )

① 사랑 ② 의심 ③ 고민
④ 실망 ⑤ 양보

11 이 글을 읽고 감동받은 부분에 대한 생각이나 느낌을 정리하여 쓰시오.
서술형

_____

_____

잠자리들이 모기 떼를 쫓아 하늘을 나는 걸 본 적 있니?

한곳에 멈춰서 날고, 아래로 뚝 떨어지고, 위로 솟구치고.

갑자기 방향을 바꾸고, 뒤로도 날아.

앞날개와 뒷날개를 따로따로 움직이는 게 보이니? 나비나 벌은 이렇게 못 해.

잠자리는 큰 눈으로 날아다니는 곤충을 보고, 크고 강한 날개로 쏜살같이 뒤쫓아.

잠자리는 대단한 사냥꾼이야.

12 이 글을 읽고 잠자리에 대해 새롭게 알게 된 내용이 아닌 것은 무엇입니까? ( )

① 뒤로 날기도 한다.
② 한곳에 멈춰서 날기도 한다.
③ 잠자리는 대단한 사냥꾼이다.
④ 나는 모습이 나비나 벌과 비슷하다.
⑤ 앞날개와 뒷날개를 따로따로 움직일 수 있다.

13 이 글을 읽고 독서 감상문을 쓸 때, 다음은 무엇에 해당하는지 ○표 하시오.

잠자리는 큰 눈과 크고 강한 날개로 쏜살같이 뒤쫓아 곤충을 잡아먹는다.

(1) 책 내용 ( )
(2) 책을 읽은 까닭 ( )
(3) 책을 읽고 생각하거나 느낀 점 ( )

엄마를 냄새로 찾아낸 꽃담이에게
꽃담아, 안녕? ㉠나는 얼마 전에 도서관에서 『초록 고양이』를 읽었어. 초록 고양이가 데려간 엄마를 네가 냄새로 찾아 다시 엄마와 만난다는 내용에서 감동을 받았어.
㉡나는 엄마를 사랑하기는 하지만 엄마에 대한 것을 기억하려고 애쓰지는 않았던 것 같아. 네가 엄마를 냄새로 찾은 것은 늘 엄마에게 관심과 애정이 있었다는 거잖아.
㉢이 이야기를 읽고 부모님에게 좀 더 많은 관심을 가져야겠다고 생각했어. 가족의 소중함을 일깨워 줘서 정말 고마워. / 그럼 안녕.
20○○년 11월 ○○일
친구 박성준

14 어떤 형식으로 쓴 독서 감상문인지 쓰시오.

(   )

15 ㉠은 독서 감상문에 들어가는 내용 중 무엇에 해당합니까? (   )

① 책 제목
② 책 내용
③ 책을 읽은 동기
④ 책을 읽은 생각이나 느낌
⑤ 독서 감상문을 쓰는 까닭

16 ㉡과 ㉢ 중에서 다음에 해당하는 부분의 기호를 쓰시오.

> 책 내용과 관련해 자신을 되돌아보는 내용을 썼다.

(   )

17 이 글의 특징으로 알맞은 것의 기호를 쓰시오.

> ㉮ 누군가에게 말하듯이 썼다.
> ㉯ 책을 읽고 느낀 감동을 간단한 말로 표현했다.

(   )

㉮ 로자는 숨이 턱에 차오르도록 달렸어. 로자가 바다로 가면 투발루는 야자나무 숲으로 간다는 걸 알고 있었거든.
"투발루야, 어디 있어? 이 바보야, 이제 가야 한단 말이야. 얼른 나와, 제발……."
로자의 눈에선 쉬지 않고 눈물이 흘러내렸고, 코는 새빨개졌어.
"로자야, 이제 비행기를 타러 가야 해. 투발루는 할아버지가 잘 키워 주실 거야."
"싫어요, 아빠! 난 투발루랑 같이 갈 거예요."
㉯ 그 순간 창밖으로 멀리 콩알만 하게 투발루가 보였어. 로자는 안전띠를 풀려고 했어. 하지만 그럴 수 없었어.
"로자야, 안 돼! 비행기는 이미 출발했잖아. 멈출 수 없어!"
로자는 창밖으로 작아지는 투발루를 보며 후회하고 또 후회했지.
"투발루에게 수영을 가르칠 걸 그랬어!"

18 글 **㉮**에서 일어난 일은 무엇입니까? (   )

① 투발루가 사라졌다.
② 로자와 투발루가 달리기를 하였다.
③ 로자가 투발루와 함께 비행기를 탔다.
④ 아빠가 투발루를 할아버지한테 맡기셨다.
⑤ 로자가 투발루와 함께 야자나무 숲에 갔다.

19 글 **㉯**에서 로자가 후회한 일은 무엇인지 ○표 하시오.

(1) 비행기를 멈추게 하지 않은 것 (   )
(2) 투발루에게 수영을 가르치지 않은 것
(   )

20 이 글에 대한 자신의 생각이나 느낌을 표현할 형식을 정하고, 그 까닭을 쓰시오.

서술형

형식	(1)
그 까닭	(2)

1~2

신작로까지 십오 분이면 넘을 산길을 삼십 분도 더 걸려 넘었다. 어머니의 옷도, 그 뒤를 따라간 내 옷도 흠뻑 젖었다. 어머니는 고무신을 신고 나는 검은색 운동화를 신었다. 걸음을 옮길 때마다 물에 빠졌다가 나온 것처럼 시커먼 땟국물이 찔꺽찔꺽 발목으로 올라왔다. 그렇게 어머니와 아들이 무릎에서 발끝까지 옷을 흠뻑 적신 다음에야 신작로에 닿았다.

"자, 이제 이걸 신어라."

거기서 어머니는 품속에 넣어 온 새 양말과 새 신발을 내게 갈아 신겼다. 학교 가기 싫어하는 아들을 위해 아주 마음먹고 준비해 온 것 같았다.

"앞으로는 매일 털어 주마. 그러니 이 길로 곧장 학교로 가. 중간에 다른 데로 새지 말고."

그 자리에서 울지는 않았지만, 왠지 눈물이 날 것 같았다.

"아니, 내일부터 나오지 마. 나 혼자 갈 테니까."

1 신작로에 닿은 뒤 어머니가 하신 일은 무엇인지 쓰시오. [5점]

_____

_____

2 이 글을 읽고 떠오른 생각이나 느낌을 다음 조건 에 맞게 쓰시오. [10점]

조건
• 자신의 경험과 관련지어 쓴다.
• 이 글을 읽고 생각한 앞으로의 다짐을 쓴다.

3~4

가 "우리도 이제 투발루를 떠나야 한단다."

아빠는 한숨을 푸욱 내쉬며 저녁노을로 붉어진 바다를 바라보았어.

"여기를 떠나 어떻게 살지 걱정이구나."

엄마도 멍하니 바다만 바라보았어.

"아직 우리 집은 물에 잠기지 않았잖아요. 난 여기가 좋단 말예요."

"아빠 엄마도 너처럼 여기서 살고 싶단다. 하지만 바닷물이 자꾸 불어나서 곧 나라 전체가 물에 잠기게 될 거래. 어제는 마당까지 물이 들어왔잖아. 떠나기 싫지만 어쩔 수 없구나."

로자의 가족은 아주 슬픈 밤을 보냈지.

나 "로자야, 투발루는 할아버지한테 맡기고 가자!"

로자는 깜짝 놀랐어.

"아빠, 투발루를 두고 갈 수는 없어요. 그럼 나도 안 갈 거예요!"

"다른 나라에 가면 지금보다 훨씬 힘들게 살 거야. 그러니까 투발루를 할아버지한테 맡기고 가자."

"싫어요. 절대로 안 돼요! 투발루는 수영을 못하니까 물이 불어나면 물에 빠져 죽을 거예요. 꼭 데려가야 해요. 아빠, 투발루도 데리고 가요! 네?"

로자는 아빠의 팔에 매달리며 애원했어.

3 글 가 에 드러난 로자의 가족이 처한 상황을 쓰시오. [5점]

_____

_____

4 글 가 와 나 를 읽고, 인상 깊은 장면을 만화로 표현하려고 합니다. 알맞은 장면을 쓰시오. [6점]

_____

_____

1 다음 ( ) 안에서 알맞은 말을 골라 ○표 하시오.

> 「당나귀를 팔러 간 아버지와 아이」에서 아버지와 아이는 다른 사람의 의견을 받아들이기 전에 그 의견이 (적절한지 , 새로운지) 판단하지 않았다.

2 의견이 적절한지 판단해야 하는 까닭으로 알맞지 <u>않은</u> 것에 ×표 하시오.

(1) 잘못된 판단을 할 수 있기 때문이다.   (   )

(2) 비슷한 의견이 나올 수 있기 때문이다.   (   )

(3) 문제를 해결하지 못할 수도 있기 때문이다.   (   )

3 다음 글에서 글쓴이의 의견이 적절한지 판단하여 ( ) 안에서 알맞은 말을 골라 ○표 하시오.

> 바람직한 독서 방법은 도서관의 편의 시설을 늘리는 것입니다. 휴게실을 많이 만들면 편안히 쉴 수 있습니다. 체육관이 생기면 운동을 자주 할 수 있습니다.

• 글쓴이의 의견이 주제와 관련이 (있다 , 매우 적다).

4 다음 빈칸에 공통으로 들어갈 알맞은 말을 쓰시오.

> 자료를 찾아 뒷받침 내용으로 쓸 때에는 [   ]을/를 반드시 확인하고, 그 [   ]이/가 믿을 만한지도 점검해야 한다.

(   )

5 다음은 글쓴이의 의견이 적절한지 평가하는 방법입니다. 빈칸에 들어갈 알맞은 말을 보기 에서 찾아 쓰시오.

> **보기**
>
> 의견, 사실, 주제, 문제 상황

(1) 글쓴이의 의견이 (   )과/와 관련 있는지 살펴본다.

(2) 글쓴이의 (   )과/와 뒷받침 내용이 관련 있는지 따져 본다.

(3) 뒷받침 내용이 (   )이고, 믿을 만한지 확인한다.

(4) 글쓴이의 의견이 (   )을/를 해결할 수 있는지 살펴본다.

6 자신의 의견을 뒷받침할 수 있는 내용을 찾는 방법으로 알맞지 <u>않은</u> 것의 기호를 쓰시오.

> ㉮ 관련 있는 책 읽기   ㉯ 전문가에게 물어보기
>
> ㉰ 믿을 만한 누리집 찾아보기   ㉱ 반 친구들의 의견 정리하기

(   )

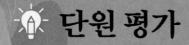
1~2

"불쌍한 당나귀! 이 더운 날 두 명이나 태우고 가 느라 힘이 다 빠졌네. 나라면 당나귀를 메고 갈 텐데."

청년의 말을 듣고 보니 그런 것 같았어요.

'그래, 이대로 가다가는 시장에 가기도 전에 당나 귀가 지쳐 쓰러져 버릴 거야.'

둘은 당나귀에서 내렸어요. 그러고 나서 아버지는 당나귀의 앞발을, 아이는 뒷발을 각각 어깨에 올렸 지요. / 이제 외나무다리 하나만 건너면 시장이에요.

"으히힝."

그때 당나귀가 버둥거리는 바람에 두 사람은 그 만 당나귀를 놓치고 말았답니다. 강에 빠진 당나귀 는 물살에 떠내려가고 말았어요.

"다른 사람의 말만 듣다가 결국 귀한 당나귀를 잃 고 말았구나!"

아버지와 아이는 뒤늦게 후회했지만 아무 소용이 없었답니다.

1 청년의 의견은 무엇인지 쓰시오.

( )

2 아버지와 아이가 후회한 점은 무엇입니까?

( )

① 귀한 당나귀를 팔려고 한 것
② 당나귀 발을 어깨에 올린 것
③ 다른 사람의 말을 귀담아듣지 않은 것
④ 외나무다리를 조심스럽게 건너지 못한 것
⑤ 다른 사람의 말이 적절한지 판단하지 않고 그 대로 따른 것

3 잘못된 의견을 따를 때 일어날 수 있는 일을 모두 골라 기호를 쓰시오.

㉮ 문제를 해결하지 못할 수 있다.
㉯ 뜻하지 않게 잘못된 결과가 나올 수 있다.
㉰ 문제에 대한 해결 방법을 빨리 찾을 수 있다.

( )

4 다음 글을 읽고 빈칸에 알맞은 말을 쓰시오.

바람직한 독서 방법은 도서관의 편의 시설을 늘리는 것입니다. 휴게실을 많이 만들면 편안 히 쉴 수 있습니다. 체육관이 생기면 운동을 자 주 할 수 있습니다. 컴퓨터를 많이 설치하면 인 터넷을 쉽게 이용할 수 있습니다.

• 도서관의 편의 시설을 늘리자는 의견이 적절한지 알아보려면 ( )과/와 얼마나 관련 있 는지 살펴보아야 한다.

5~6

바람직한 독서 방법은 여러 분야의 책을 읽는 것 입니다. ㉠여러 분야의 책을 읽으면 배경지식이 풍 부해집니다. 풍부한 배경지식은 학교 공부를 하는 데 도움을 줍니다. ㉡한 분야의 책만 읽으면 시력이 나빠집니다. 제가 여러 분야의 책을 읽었을 때는 시 력이 좋아졌는데 한 분야의 책만 읽었을 때는 시력 이 나빠졌습니다.

5 이 글에 나타난 글쓴이의 의견으로 빈칸에 들어갈 알맞은 말은 무엇입니까? ( )

바람직한 독서 방법은 [   ]이다.

① 배경지식을 쌓는 것
② 시력을 보호하는 것
③ 한 분야의 책만 읽는 것
④ 여러 분야의 책을 읽는 것
⑤ 학교 공부를 열심히 하는 것

6 ㉠과 ㉡에 대해 바르게 말한 것을 모두 고르시오.

( )

① ㉠은 주제와 관련이 있다.
② ㉠은 믿을 만한 내용이다.
③ ㉡은 주제와 관련이 있다.
④ ㉡은 믿을 만한 내용이다.
⑤ ㉠과 ㉡은 뒷받침 내용이다.

준우: 바람직한 독서 방법은 자신이 좋아하는 책만 읽는 것입니다. 좋아하는 분야의 책을 읽으면 흥미를 느끼며 즐겁게 읽을 수 있습니다. 그 분야에 깊이 있는 지식을 쌓을 수 있습니다. 자신이 좋아하는 분야이기 때문에 책 내용을 더 쉽게 이해할 수 있습니다.

7 준우가 제시한 뒷받침 내용을 한 가지 더 찾아 쓰시오.

• 흥미를 느끼며 즐겁게 읽을 수 있다.
• 그 분야에 깊이 있는 지식을 쌓을 수 있다.

• _____

8 준우가 제시한 뒷받침 내용이 믿을 만한지 알아보는 방법으로 알맞은 것에 모두 ○표 하시오.

(1) 전문가에게 물어본다. ( )
(2) 인터넷을 검색해 정보를 얻는다. ( )
(3) 반 친구들과 회의를 하여 결정한다. ( )

9★ 준우의 의견이 적절한지 바르게 판단하지 못한 친구의 이름을 쓰시오.

소현: 준우가 제시한 의견은 주제와 관련 있어.
윤아: 준우가 제시한 뒷받침 내용들은 믿을 만한 사실이야.
준혁: 준우의 의견대로 책을 읽으면 아무 문제도 생기지 않아.

( )

10 준우의 의견이 적절한지 판단하고, 그렇게 생각한 까닭을 쓰시오.
서술형

의견의 적절성	(1)
그렇게 생각한 까닭	(2)

국가유산을 개방해야 합니다. 국가유산을 직접 관람하면 옛 조상이 살았던 때를 생생하게 느낄 수 있습니다. 저는 가족과 함께 고인돌 유적지를 보러 갔습니다. 거대한 고인돌이 생생하게 기억에 남았습니다. 누리집에서 고인돌에 대한 정보를 찾아보았고, 학교 도서관에서 고인돌에 대한 책을 빌려 읽기도 했습니다.

또 ㉠국가유산을 개방해야만 국가유산 훼손을 막을 수 있습니다. 20○○년 7월 ○○일 신문 기사를 보니 고궁 가운데 한 곳인 ○○궁에 곰팡이가 번식했다는 내용이 있었습니다. 장마인데 문을 닫고만 있어서 바람이 통하지 않아 곰팡이가 궁궐 안으로 퍼진 것입니다. 사람들이 드나들면서 바람이 통하게 하면 이와 같은 문제는 해결될 것입니다.

11 어떤 주제로 쓴 글입니까? ( )

① 국가유산을 보호해야 하는가
② 국가유산을 개방해야 하는가
③ 국가유산을 직접 관람해야 하는가
④ 국가유산을 후손에게 물려주어야 하는가
⑤ 국가유산을 개방하면 어떤 문제가 있는가

12 글쓴이는 국가유산을 직접 관람하면 어떤 점이 좋다고 하였는지 쓰시오.

( )

13 ㉠의 내용이 사실이라는 것을 알 수 있게 하는 자료의 출처를 쓰시오.

( )

14 글쓴이의 의견을 다음과 같이 평가했을 때, 빈칸에 들어갈 내용으로 알맞은 것에 ○표 하시오.

글쓴이의 의견은 적절하지 않다. _____
_____

(1) 많은 사람이 국가유산을 관람하다 보면 어쩔 수 없이 훼손되기 때문이다. ( )
(2) 자신이 체험한 국가유산을 보호하려고 노력하는 사람이 늘어나기 때문이다. ( )

국어 활동

15 다음 의견에 대한 뒷받침 내용으로 알맞은 것을 모두 고르시오. (   )

> 사람들은 숲에서 생활에 필요한 여러 가지 물건을 얻습니다. 이로 말미암아 숲이 파괴되고 생물들의 보금자리가 사라집니다. 우리는 이런 숲을 보호하고 생물들의 보금자리를 지켜 주어야 합니다. 그렇게 하려면 어떻게 해야 할까요?

① 자원의 낭비를 막아야 한다.
② 숲의 파괴를 최소화해야 한다.
③ 나무를 베어 낸 숲을 가꾸어야 한다.
④ 식물과 동물을 집 안에서 길러야 한다.
⑤ 숲을 개발하여 관광 자원으로 활용해야 한다.

16 ~ 17

당근이 들어간 음식은 맛이 없어서 못 먹겠어.

나는 고기만 골라서 먹는 습관 때문에 부모님께서 걱정하셔.

16 그림 속 친구들은 무엇과 관련한 경험을 이야기하고 있는지 쓰시오.

(   )

17 〈문제 16번〉에서 답한 주제와 관련한 의견을 알맞게 말한 친구의 이름을 모두 쓰시오.

> 성민: 먹기 싫은 음식을 억지로 먹는 것은 바람직하지 않아.
> 서현: 규칙적으로 운동을 하면 몸도 마음도 건강해져서 좋아.
> 준하: 편식을 하면 영양이 불균형해져서 성장이 늦어질 수 있어.

(   )

18 자신의 의견이 드러나는 글을 쓴 뒤에 평가할 내용으로 알맞지 <u>않은</u> 것은 무엇입니까? (   )

① 주제와 관련 있는가?
② 문제 상황을 해결할 수 있는가?
③ 의견과 뒷받침 내용이 관련 있는가?
④ 누구나 찬성하고 좋아할 만한 의견인가?
⑤ 의견을 뒷받침하는 내용이 사실이고 믿을 만한가?

국어 활동

19 다음 주제와 관련 있는 의견으로 알맞지 <u>않은</u> 것은 무엇입니까? (   )

> 다른 사람과 함께 살아가기 위해서는 지켜야 할 규칙이 있다.

① 함부로 휴지를 버려서는 안 된다.
② 학교 복도에서는 뛰지 말아야 한다.
③ 아무 데서나 길을 건너서는 안 된다.
④ 한밤중에 피아노를 치지 말아야 한다.
⑤ 식당에서 자기가 먹고 싶은 음식을 시키면 안 된다.

20 '즐겁고 행복한 학교 만들기'에 대한 자신의 의견과 뒷받침 내용을 쓰시오.
서술형

자신의 의견	(1)
뒷받침 내용	(2)

1~2

가 햇볕이 내리쬐는 무척 더운 날이었어요. 아버지와 아이가 당나귀를 끌고 시장에 가고 있었어요. 아버지와 아이는 땀을 뻘뻘 흘렸어요. 그 모습을 본 농부가 비웃으며 말했어요.

"쯧쯧, 당나귀를 타고 가면 될 걸 저렇게 미련해서야……."

농부의 말을 듣고 보니 정말 그렇지 않겠어요?

'맞아, 당나귀는 원래 짐을 싣거나 사람을 태우는 동물이잖아.'

아버지는 당장 아이를 당나귀에 태웠어요.

나 "세상에! 이렇게 더운 날 어린아이는 걷게 하고 자기만 편하게 당나귀를 타고 가다니. 저런 사람이 아비라고 할 수 있나, 원! 나라면 아이도 함께 태울 텐데."

아낙의 말을 듣고 보니 정말 그런 것도 같았어요. 아버지는 아이도 당나귀에 태웠어요.

1 농부와 아낙의 의견을 쓰고, 아버지와 아이가 그 의견을 받아들인 까닭을 쓰시오. [6점]

인물	의견	까닭
농부	(1)	(2)
아낙	(3)	당나귀에 둘 다 탈 수 있기 때문이다.

2 아버지와 아이의 행동이 적절한지 판단하여 그 까닭과 함께 쓰시오. [8점]

_____

_____

3~4

혜원: 바람직한 독서 방법은 도서관의 편의 시설을 늘리는 것입니다. 휴게실을 많이 만들면 편안히 쉴 수 있습니다. 체육관이 생기면 운동을 자주 할 수 있습니다. 컴퓨터를 많이 설치하면 인터넷을 쉽게 이용할 수 있습니다. 이와 같이 올바른 독서 방법은 도서관의 편의 시설을 늘리는 것입니다.

3 혜원이의 의견은 무엇인지 쓰시오. [4점]

_____

_____

4 혜원이의 의견이 적절한지 판단하고, 그렇게 생각한 까닭을 쓰시오. [6점]

의견의 적절성	(1)
그렇게 생각한 까닭	(2)

5 다음 표를 바탕으로 하여 편식과 관련한 자신의 의견을 까닭이 드러나게 쓰시오. [8점]

건강하지 못함.		부모님께서 걱정하심.
	편식	
개인의 선택임.		영양소를 불균형하게 섭취할 수밖에 없음.

1 시 「온통 비행기」를 읽고 떠오르는 장면으로 알맞은 것의 기호를 쓰시오.

> ㉮ 강아지가 꼬리를 흔들며 반기는 장면
> ㉯ 아이가 가족과 맛있는 음식을 먹는 장면
> ㉰ 아이가 비행기를 상상하며 웃음 짓는 장면

( )

2 시를 읽고 느낌을 떠올리는 방법을 바르게 말하지 <u>못한</u> 친구의 이름을 쓰시오.

> 지원: 시 전체를 바꾸어 써 보면 느낌을 잘 떠올릴 수 있어.
> 승호: 시의 장면을 떠올리며 시를 낭독해 보면 느낌이 잘 살아날 것 같아.
> 자경: 시에 나오는 인물에게 묻고 싶은 물음을 만들어 보면 도움이 될 수 있어.

( )

3 다음은 시 「지하 주차장」에 나오는 인물 중 누구에게 물을 수 있는 물음인지 쓰시오.

> • 지하 주차장에서 겪었다는 일이 정말입니까?
> • 어제 무슨 일이 있었기에 주차한 곳을 못 찾은 겁니까?

( )

4 「김밥」에서 일어난 일로 알맞지 <u>않은</u> 것에 ×표 하시오.

(1) 동숙이는 쑥을 팔아 달걀을 샀다. ( )
(2) 동숙이는 소풍에 달걀이 들어간 김밥을 가져가고 싶었다. ( )
(3) 소풍날, 선생님께서는 김밥을 못 먹고 있는 동숙이가 안쓰러워 배탈이 났다며 김밥을 동숙이에게 돌려주셨다. ( )

5 다음은 「김밥」에 나오는 인물 중 누구의 행동에 대한 생각을 말한 것인지 알맞은 인물에 ○표 하시오.

> 집안 사정을 생각하지 않고 달걀이 들어간 김밥을 싸 달라는 동숙이를 나무라지만 그 마음도 편하지는 않으셨을 것 같다.

> 엄마 , 선생님 , 순자

6 「멸치 대왕의 꿈」에서 멸치 대왕이 망둥 할멈의 꿈풀이를 듣고 했을 말로 알맞은 것에 ○표 하시오.

(1) "뭐라고? 감히 그런 꿈풀이를 하다니, 괘씸하다!" ( )
(2) "오, 아주 훌륭한 꿈풀이로다. 하하하, 아주 마음에 든다." ( )

7 「멸치 대왕의 꿈」에 나오는 인물 중 다음과 같은 성격을 가진 인물은 누구인지 쓰시오.

> 삐쳐서 멸치 대왕의 꿈풀이를 나쁘게 한 것으로 보아, 속이 좁다.

( )

8 다음은 「멸치 대왕의 꿈」에 나오는 인물 중 누구에 대해 정리한 것인지 쓰시오.

모습	몸이 말랐고 길쭉하다.
행동	넓적 가자미의 뺨을 때린다.
성격	화를 참지 못하고 기분이 쉽게 변한다.

( )

1~4

㉠내 스케치북에는
비행기가 날아.

필통에도
지우개에도
비행기가 날아.

조종석에는 언제나
내가 앉아 있어.

조수석에는 엄마도
앉고
동생도 앉고
송이도 앉아.
오늘은 우리 집 개가
앉았어.

난 비행기가 좋아.
비행기를 구경하는
것도
비행기를 그리는 것도
비행기를 생각하는
것도.

㉡커서 뭐가 되고 싶
으냐고 묻지 마.
내 마음에는 비행기
가 날아.

1 ㉠을 읽고 떠오르는 장면은 무엇입니까? ( )

① 아이가 비행기를 탄 장면
② 아이가 비행기를 그리는 장면
③ 아이가 종이비행기를 가지고 노는 장면
④ 아이가 장난감 비행기를 조립하는 장면
⑤ 아이가 스케치북에 여러 동물을 그리는 장면

2 말하는 이가 좋아하는 것은 무엇인지 쓰시오.

( )

3* 말하는 이가 ㉡과 같이 말한 까닭을 두 가지 고르
시오. ( )

① 꿈이 자꾸 바뀌어서
② 대답하기가 귀찮아서
③ 무엇이 되고 싶은지 몰라서
④ 아직 순수하게 비행기를 좋아하고 싶어서
⑤ 물어볼 필요 없이 하고 싶은 일이 정해져 있어서

4 말하는 이와 비슷한 경험을 모두 골라 기호를 쓰시오.

㉮ 꽃을 좋아해 여러 꽃을 그렸던 경험
㉯ 하루 종일 곤충에 대해 생각했었던 경험
㉰ 여름방학 때 가족과 계곡으로 놀러 간 경험

( )

5~7

가 지하 주차장으로
차 가지러 내려간 아빠
한참 만에
차 몰고 나와 한다는 말이

내려가고 내려가고 또 내려갔는데 글쎄, 계속 지
하로 계단이 있는 거야!
나 에이, 아빠!
차 어디에 세워 놨는지 몰라서 그랬죠?
차 찾느라
온 지하 주차장 헤매고 다닌 거
다 알아요. / 피이!

5 이 시를 읽고 떠오르는 장면은 무엇입니까?

( )

① 아빠가 차를 찾으시는 장면
② 아빠와 아이가 책을 읽는 장면
③ 아빠가 아이를 꾸중하시는 장면
④ 아빠와 아이가 자동차를 구경하는 장면
⑤ 아이가 차 안에서 아빠를 기다리는 장면

6 이 시에 나오는 아이의 마음으로 알맞은 것에 ○표
하시오.

(1) 아빠 차를 타기가 무서운 마음 ( )
(2) 지하 주차장에 가고 싶지 않은 마음 ( )
(3) 아빠가 빨리 오시기를 바라는 마음 ( )

7 이 시를 읽고 떠오르는 느낌을 쓰시오.

서술형

_____

_____

8~11

동숙이는 엄마께 소풍날 달걀이 들어간 김밥을 싸 달라며 투정을 부리다 꾸중을 듣고, ㉠시장에서 쑥을 팔아서 달걀을 사려고 했지만 아무도 쑥을 사 주지 않는다.

동숙이는 선생님 김밥을 싸야 한다고 엄마께 말씀드려서 아버지의 병원비로 달걀 한 줄을 샀지만, 집으로 가던 중에 돌에 걸려 넘어져 달걀을 깨뜨리고 만다.

소풍날, 동숙이는 선생님께 드릴 김밥만 싸고 자신은 쑥개떡을 싸 온다. 순자가 김밥을 나눠 먹자고 하고, ㉡선생님께서는 배탈이 났다며 김밥을 동숙이에게 돌려주신다.

8 동숙이가 한 일을 두 가지 고르시오. (   )

① 쑥을 팔아 달걀을 샀다.
② 아버지 병원비로 달걀을 샀다.
③ 소풍날 순자에게 김밥을 나누어 주었다.
④ 소풍이 가기 싫어 엄마께 투정을 부렸다.
⑤ 엄마께 소풍날 달걀이 들어간 김밥을 싸 달라고 하였다.

9 ㉠에 대한 자신의 생각을 쓰시오.

서술형

_____

_____

10 ㉡에서 선생님은 어떤 마음이 들었겠습니까?

(   )

① 귀찮은 마음   ② 궁금한 마음
③ 창피한 마음   ④ 안쓰러운 마음
⑤ 실망하는 마음

11 이 이야기에 나오는 엄마의 행동에 대한 자신의 생각을 알맞게 말한 친구의 이름을 쓰시오.

> 현석: 딸이 원하는 음식을 만들어 주지 못한 엄마께서도 많이 속상하셨을 것 같아.
> 경아: 소풍날 동숙이에게 쑥개떡을 싸 주어서 엄마께서는 다행이라고 생각했을 것 같아.

(   )

12~13

넓적 가자미는 망둥 할멈을 데리고 또다시 하루, 이틀, 사흘, 나흘 그렁저렁 여러 날이 걸려 동쪽 바다로 돌아왔단다. 멸치 대왕은 먹을 것을 잔뜩 준비하고, 꼴뚜기, 메기, 병어 정승 들을 불렀지. 그리고 망둥 할멈을 반갑게 맞아들였어.

하지만 넓적 가자미한테는 알은척도 하지 않고 먹을 것도 주지 않자 ㉠넓적 가자미는 잔뜩 화가 나서 토라져 버렸어. 멸치 대왕이 망둥 할멈에게 꿈 이야기를 해 주자 망둥 할멈은 벌떡 일어나 절을 하면서 "대왕마마, 용이 될 꿈입니다."라고 말했어.

12 ㉠의 까닭은 무엇인지 빈칸에 알맞은 말을 차례대로 쓰시오.

> 힘들게 망둥 할멈을 데려왔는데 멸치 대왕이 넓적 가자미에게는 (   )도 하지 않고 (   )도 주지 않았기 때문이다.

13 망둥 할멈의 성격은 어떠합니까? (   )

① 어리석다.   ② 속이 좁다.
③ 변덕이 심하다.   ④ 아부를 잘한다.
⑤ 참을성이 많다.

14 ~ 18

넓적 가자미는 멸치 대왕한테 용이 되는 꿈이 아니라 큰 변을 당하게 될, 아주 나쁜 꿈이라고 말했어. 그러면서 하늘을 오르락내리락한다는 것은 낚싯대에 걸린 것이고, 구름은 모락모락 숯불 연기이고, 또 흰 눈은 소금이고, 추웠다가 더웠다가 한다는 것은 잘 익으라고 뒤집었다 엎었다 하는 것이라고 멸치 대왕의 꿈을 풀이했어.

넓적 가자미의 꿈풀이를 듣던 멸치 대왕은 화가 나 얼굴이 점점 붉어졌지. 꿈풀이를 다 듣고 난 뒤 멸치 대왕은 너무나도 화가 나 넓적 가자미의 **뺨**을 때렸는데 어찌나 세게 때렸던지 넓적 가자미의 눈이 한쪽으로 찍 몰려가 붙어 버리고 말았던 거야. 그 모양을 보고 있던 꼴뚜기는 자기도 **뺨**을 맞을까 봐 겁이 나서 자기의 눈을 떼어서 엉덩이에 찰싹 붙여 버렸고, 망둥 할멈은 너무 놀라 눈이 톡 튀어나와 버렸지.

14 넓적 가자미는 멸치 대왕의 꿈풀이를 어떻게 하였는지 쓰시오.

• ( )을/를 당할 아주 나쁜 꿈이다.

15 넓적 가자미의 꿈풀이를 듣고 멸치 대왕이 어떤 말을 했을지 쓰시오.
서술형

_____

_____

16 이 글에서 화를 잘 참지 못하는 성격의 인물은 누구입니까? ( )

① 용   ② 꼴뚜기   ③ 멸치 대왕
④ 망둥 할멈   ⑤ 넓적 가자미

17 다음과 같은 모습으로 바뀐 인물을 찾아 쓰시오.

> 눈이 엉덩이에 있다.

( )

18 이 이야기에 나오는 인물의 말을 실감 나게 표현하는 방법으로 알맞은 것을 모두 고르시오.
( )

① 꼴뚜기: 뺨을 부여잡고 말한다.
② 멸치 대왕: 큰 목소리로 말한다.
③ 넓적 가자미: 울먹거리며 말한다.
④ 멸치 대왕: 다정한 목소리로 말한다.
⑤ 망둥 할멈: 놀라는 표정을 지으며 말한다.

19 ~ 20 국어 활동

"아따, 고놈 기차 화통을 삶아 먹었나, 울음소리 한번 우렁차고만그랴!"
"가수 시키면 되겠구먼."
"맞다! 예쁜 공주도 얻었으니, 애기 아부지, 노래 한 곡 해 보더라고!"
"박수!"
외할아버지는 그제야 헤벌쭉 웃으셨대요.
신바람이 난 외할아버지가 한 손을 척 들어 올리고는 노래 한 자락 하시는데요,
㉠"쾌지나 칭칭 나네! 오늘 만난 벗님네야 쾌지나 칭칭 나네! 고맙고 고맙습니다."
외할아버지가 쾌지나 칭칭 쾌지나 칭칭 노래를 시작하자, 유랑 극단 사람들이 장구와 꽹과리를 치기 시작했어요.

19 이 글에서 인상 깊은 장면으로 알맞은 것에 ○표 하시오.

(1) 외할아버지가 사람들에게 도움을 청하는 장면
( )

(2) 외할아버지가 노래를 시작하자, 유랑 극단 사람들이 장구와 꽹과리를 치는 장면 ( )

20 ㉠에 담긴 외할아버지의 마음은 어떠합니까?
( )

① 신난다.   ② 괴롭다.   ③ 쓸쓸하다.
④ 미안하다.   ⑤ 부끄럽다.

1~2

지하 주차장으로
차 가지러 내려간 아빠
한참 만에
차 몰고 나와 한다는 말이

내려가고 내려가고 또 내려갔는데 글쎄, 계속 지하로 계단이 있는 거야! 그러다 아이쿠, 발을 헛디뎠는데 아아아…… 이상한 나라의 앨리스처럼 깊은 동굴 속으로 끝없이 떨어지지 않겠니? 정신을 차려보니까 호빗이 사는 마을이었어. 호박처럼 생긴 집들이 미로처럼 뒤엉켜 있는데 갑자기 흰머리 간달프가 나타나 말하더구나. 이 새 자동차가 네 자동차냐? 내가 말했지. 아닙니다, 제 자동차는 10년 다 된 고물 자동차입니다. 오호, 정직한 사람이구나. 이 새 자동차를…….

에이, 아빠!
차 어디에 세워 놨는지 몰라서 그랬죠?
차 찾느라
온 지하 주차장 헤매고 다닌 거
다 알아요.
피이!

1 이 시의 내용과 비슷한 경험을 쓰시오. [5점]

_____

_____

2 이 시에 나오는 아빠와 아이의 마음을 알아볼 수 있는 물음을 각각 쓰시오. [10점]

아빠	(1)
아이	(2)

3~4

 동숙이는 엄마께 소풍에 달걀이 들어간 김밥을 싸 달라며 투정을 부리다 꾸중을 듣고, 시장에서 쑥을 팔아서 달걀을 사려고 했지만 아무도 쑥을 사 주지 않는다.

 동숙이는 선생님 김밥을 싸야 한다고 엄마께 말씀드려서 아버지의 병원비로 달걀 한 줄을 샀지만, ㉠집으로 가던 중에 돌에 걸려 넘어져 달걀을 깨뜨리고 만다.

 소풍날, 동숙이는 선생님께 드릴 김밥만 싸고 자신은 쑥개떡을 싸 온다. 순자가 김밥을 나눠 먹자고 하고, ㉡선생님께서는 배탈이 났다며 김밥을 동숙이에게 돌려주신다.

3 동숙이가 엄마께 투정을 부린 까닭을 쓰시오. [5점]

_____

_____

4 ㉠, ㉡과 같은 인물의 행동을 대한 자신의 생각을 쓰시오. [10점]

㉠	(1)
㉡	(2)

올바른 개념학습,
디딤돌 초등수학 시리즈!

기본부터 심화까지,
개념 연결 학습을 통해
기본기는 강화하고 문제해결력과
사고력을 함께 키워줍니다.

문제해결력 강화 문제유형, 응용

개념 다지기 원리, 기본

개념 이해 ⟶ 개념 응용 ⟶ 수학 좀 한다면

개념 + 문제해결력 강화를 동시에

기본+유형, 기본+응용

사회 교과 자료분석력 향상

디딤돌
통합본

사회

디딤돌

디딤돌 통합본 국어·사회·과학 4-2

펴낸날 [개정판 1쇄] 2024년 7월 1일
펴낸이 이기열 | **펴낸곳** (주)디딤돌 교육
주소 (03972) 서울특별시 마포구 월드컵북로 122 청원선와이즈타워
대표전화 02-3142-9000
구입문의 02-322-8451
내용문의 02-323-5489
팩시밀리 02-322-3737
홈페이지 www.didimdol.co.kr
등록번호 제10-718호
사진 북앤포토
구입한 후에는 철회되지 않으며 잘못 인쇄된 책은 바꾸어 드립니다.
이 책에 실린 모든 삽화 및 편집 형태에 대한 저작권은
(주)디딤돌 교육에 있으므로 무단으로 복사 복제할 수 없습니다.
Copyright ⓒ Didimdol Co. [2401680]

- 정답과 풀이는 "디딤돌 교육 홈페이지〉초등〉정답과 해설"에서
  다운로드 받을 수 있습니다.
- 출간 이후 발견되는 오류는 "디딤돌 교육 홈페이지〉초등〉정오표"를 통해
  알려드리고 있습니다.

디딤돌
통합본

사회

디딤돌

구성과 특징

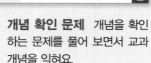
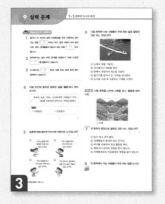

개념 이해 핵심 개념 정리를 통해 꼭 알아야 할 핵심 내용을 한눈에 쉽게 이해해요.

개념 확인 문제 개념을 확인하는 문제를 풀어 보면서 교과 개념을 익혀요.

실력 문제 다양한 유형의 문제를 풀면서 실력을 쌓아요.

서술형 평가 서술형 평가 문제를 푸는 방법을 단계별로 익혀요.

단원 정리 이해를 돕는 그림과 함께 단원의 핵심 내용을 정리해요.

단원 평가 단원 평가를 풀면서 배운 내용을 마무리해요.

수행 평가 다양한 유형의 수행 평가 문제로 학교에서 보는 수행 평가에 대비해요.

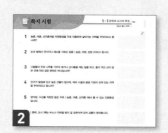

핵심 정리 단원의 핵심 내용을 정리해요.

쪽지 시험 쪽지 시험으로 단원에서 배운 중요 개념 내용을 확인해요.

단원 평가 단원 평가에 자주 나오는 다양한 문제를 집중적으로 풀면서 문제 해결력을 쌓아요.

서술형 평가 자신의 생각을 쓰면서 점점 강화되고 있는 서술형 평가에 완벽하게 대비해요.

1

촌락과 도시의 생활 모습

1 촌락과 도시의 특징 (1)

😊 공부할 개념
• 촌락과 도시 살펴보기
• 촌락의 종류와 특징 알아보기

1 촌락과 도시 자료 1

구분	촌락	도시
의미	사람들이 들이나 산, 바다와 같은 자연환경을 주로 이용하며 살아가는 곳	많은 사람이 모여 살며 사회, 정치, 경제활동의 중심이 되는 곳
볼 수 있는 모습 (예)	• 들에서 농사를 짓는 모습 • 산에서 버섯을 기르는 모습 • 바다에서 물고기를 잡거나 갯벌에서 조개를 캐는 모습 등	• 지하철을 이용하는 사람들의 모습 • 높은 건물이 많이 모여 있는 모습 • 공연장이나 박물관 등 문화 시설을 이용하는 모습 등

└ 사람들은 촌락, 도시 등 여러 지역에서 다양한 모습으로 살아가요.

2 촌락의 종류와 특징 자료 2

★ (1) 촌락의 종류 → 촌락은 그 지역의 자연환경과 사람들이 주로 하는 일에 따라 농촌, 어촌, 산지촌으로 나눌 수 있어요.

농촌 ─ • 농사 짓는 땅을 이용하여 생산 활동을 하는 지역이에요.

• 사람들이 농업을 하며 평평한 곳에 자리 잡은 촌락임.
• 가축을 기르거나 지역 •특산품을 활용해 농촌 체험 활동이나 축제를 꾸리기도 함.
• 농촌에는 농사를 짓는 데 도움을 주는 시설들이 있음.

•농업
논과 밭에서 곡식이나 채소를 기르는 일 등을 말함.

어촌 ─ • 바다를 이용하여 생산 활동을 하는 지역이에요.

• 사람들이 주로 어업을 하며 바닷가에 자리 잡은 촌락임.
• 어촌의 •특색을 살려 체험 행사와 축제를 개최하기도 함.
• 어촌에는 어업에 도움을 주는 시설들이 있음.

•어업
바다에서 물고기를 잡거나 김과 미역 등을 •양식하는 일 등을 말함.

산지촌 ─ • 산을 이용하여 생산 활동을 하는 지역이에요.

• 사람들이 주로 임업을 하며 들이 적고 산이 많은 곳에 자리 잡은 촌락임.
• •목장을 만들어 가축을 기르거나 밭농사를 지음.
• 산지촌에는 임업에 도움을 주는 시설이 있음.

•임업
산에서 나무를 가꾸어 베거나 산나물을 캐는 일 등을 말함.

(2) 촌락의 특징: 자연환경의 영향으로 계절이나 날씨에 따라 생활 모습이 달라집니다.

용어 사전
• **특산품** (特 특별할 특, 産 낳을 산, 品 물건 품) 어떤 지역에서 특별히 생산되는 물품.
• **특색** (特 특별할 특, 色 빛 색) 보통의 것과 다른 점.
• **양식** (養 기를 양, 殖 자랄 식) 물고기나 해조 따위를 인공적으로 길러서 번식하게 함.
• **목장** (牧 칠 목, 場 마당 장) 일정한 시설을 갖추어 소나 말, 양 따위를 놓아기르는 곳.
• **인문환경** (人 사람 인, 文 글월 문, 環 고리 환, 境 지경 경) 사람이 만들어 낸 환경.
• **부두** (埠 부두 부, 頭 머리 두) 배를 대어 사람과 짐이 뭍으로 오르내릴 수 있도록 만들어 놓은 곳.
• **양봉** (養 기를 양, 蜂 벌 봉) 꿀을 얻기 위하여 벌을 기름.

자료⁺1 촌락과 도시의 모습

▲ 촌락　　　　　▲ 도시

사람들이 살아가는 곳은 크게 촌락과 도시로 나눌 수 있습니다.

자료⁺2 농촌, 어촌, 산지촌의 특징

구분	농촌	어촌	산지촌
자연환경	평야	바다	높은 산
주요 •인문환경	비닐하우스, 농기계 수리소, 농산물 저장고 등	•부두, 방파제, 등대, 양식장, 수산물 직판장 등	목장, •양봉 시설, 풍력 발전기 등
사람들이 주로 하는 일 (예)	• 벼농사짓기 • 가축 기르기 • 농기계 고치기 • 과일 재배하기	• 고기잡이 • 미역 양식하기 • 수산물 판매 • 소금 생산하기	• 약초 캐기 • 버섯 재배하기 • 목재 생산하기 • 석탄 생산하기
공통점	• 주로 자연환경을 이용하여 생활함. • 계절이나 날씨에 따라 생활 모습이 다름.		

핵심 개념 정리

• 촌락은 사람들이 들, 산, 바다와 같은 자연환경을 주로 이용하며 살아가는 곳입니다.

• 촌락은 농촌, 어촌, 산지촌으로 나눌 수 있습니다.

농촌에서는 주로 농업을 해요!

어촌에서는 주로 어업을 해요!

산지촌에서는 주로 임업을 해요!

1 다음 (　　) 안의 알맞은 말에 ○표 하시오.

> 사람들이 들이나 산, 바다와 같은 자연환경을 주로 이용하며 살아가는 곳을 (촌락, 도시)(이)라고 한다.

2 촌락의 종류에 대한 설명을 선으로 바르게 연결하시오.

(1) 농촌 •　　　• ㉠ 사람들이 어업을 하며 바닷가에 자리 잡은 촌락

(2) 어촌 •　　　• ㉡ 사람들이 농업을 하며 평평한 곳에 자리 잡은 촌락

(3) 산지촌 •　　　• ㉢ 사람들이 임업을 하며 들이 적고 산이 많은 곳에 자리 잡은 촌락

3 촌락에서 사람들이 주로 하는 일로 옳은 것에 ○표, 옳지 않은 것에 ✕표 하시오.

(1) 농촌에서는 주로 물고기를 잡거나 양식을 합니다.

(　　　)

(2) 산지촌에서는 산나물, 버섯, 약초, 목재, 석탄 등을 생산합니다.

(　　　)

4 (농촌, 어촌, 산지촌)에서는 부두, 방파제, 양식장, 수산물 직판장 등의 시설을 볼 수 있습니다.

5 촌락은 (　　　　　　)의 영향을 많이 받으므로 계절이나 날씨에 따라 사람들의 생활 모습이 달라집니다.

1 촌락과 도시의 특징 (2)

😊 공부할 개념
• 도시의 특징 알아보기
• 촌락과 도시의 공통점과 차이점 알아보기

1 도시의 특징

★ **(1) 도시의 모습**

인구가 *밀집해 있고, 높은 건물이 많음.

여러 시설과 *공공 기관, 문화 시설 등이 모여 있음.
└─ 영화관, 박물관 등이 있어요.

버스나 지하철 등이 잘 갖춰져 있어 교통이 편리함.

(2) 도시 사람들이 하는 일 예 → 도시 사람들은 사람들의 생활을 편리하게 해 주는 일을 해요. 이 외에도 버스나 택시를 운전하고, 공공 기관이나 문화 시설에서 서비스를 제공하는 일을 하기도 해요.

회사나 공장에서 일을 함.

대형 할인점 등에서 물건을 파는 일을 함.

병원에서 환자를 치료하는 일을 함.

(3) 도시가 발달하는 지역 자료 1

과거	넓고 평평한 땅, 큰 강 주변의 평야, 바닷가 등 자연조건이 좋은 곳에 발달함.
오늘날	주로 교통이 편리하고, 회사나 공장이 있어 일자리가 많은 곳에 발달함.

처음부터 계획하여 만든 도시도 있어요. ◀

2 촌락과 도시의 공통점과 차이점 → 촌락과 도시에는 사람들이 생활하는 데 필요한 집이나 여러 시설이 갖춰져 있으며, 지역마다 그 모습은 조금씩 달라요.

구분	촌락	도시
모습		
공통점	• 평평한 곳에 마을이 발달함. • 사람들이 마을을 이루며 살고 있음. • 자연환경과 더불어 살고 있음.	
차이점 자료 2	• 인구가 적음. • 높은 건물이 많지 않음. • 대중교통이 발달하지 않음. • 주로 농업, 어업, 임업 등을 함.	• 인구가 많음. • 높은 건물이 많음. • 대중교통이 발달함. • 회사, 공장, 가게 등에서 일을 함.

용어 사전

• **밀집**(密 빽빽할 밀, 集 모을 집) 빈틈없이 빽빽하게 모임.
• **공공 기관**(公 공평할 공, 共 함께 공, 機 틀 기, 關 관계할 관) 시청, 도청, 교육청 등 사회 모든 사람들의 이익을 위해 일하는 기관.
• **경관**(景 경치 경, 觀 볼 관) 눈에 띄는 경치.

자료 1 우리나라 주요 도시의 위치

교통이 발달한 곳, 일자리가 많은 곳, 산업이 발달한 곳, 필요에 따라 계획된 곳 등에 도시가 발달해요.

서울특별시
▲ 교통·산업·행정의 중심지인 우리나라 최대의 도시

세종특별자치시
▲ 행정의 중심지로 새롭게 계획하여 만든 도시

전라남도 여수시
▲ 항구 도시이며 큰 공장들이 있어 산업이 발달한 도시

부산광역시
▲ 철도 교통, 해상 교통이 발달한 우리나라 제2의 도시

[출처: 한국 도로 공사, 2017]

자료 2 촌락과 도시의 차이점

구분	촌락	도시
집의 모양	저층 주택이 많고, 주택이 흩어져 있음.	고층 주택이 많고, 계획적으로 만들어졌음.
대중교통 이용 모습	도로 수가 적고 대중교통 수단이 적음.	도로가 복잡하고 대중교통 수단이 다양함.
사람들이 하는 일	논농사, 밭농사 등 하는 일이 자연과 관련되어 있음.	공공 기관, 회사, 문화 시설 등 사람들이 다양한 곳에서 일을 함.
인구수	사람들이 적음.	사람들이 많이 모여 삶.
경관	자연 중심의 경관이 나타남.	사람들이 만든 환경이 두드러지게 나타남.

핵심 개념 정리

• 도시는 인구가 밀집해 있고, 높은 건물이 많으며, 여러 시설과 공공 기관 등이 모여 있는 곳입니다.
• 도시에는 대중교통 등이 발달하여 교통이 편리합니다.

높은 건물이 많아요.
회사에서 일해요.
교통이 편리해요.

---

1 다음과 같은 모습을 볼 수 있는 곳은 촌락과 도시 중 어디인지 쓰시오.

▲ 밀집한 인구   ▲ 편리한 교통

(   )

2 도시 사람들이 주로 하는 일을 보기 에서 두 가지 골라 기호를 쓰시오.

보기
㉠ 회사나 공장에서 일한다.
㉡ 곡식이나 채소, 가축을 기른다.
㉢ 공공 기관이나 문화 시설에서 일한다.
㉣ 산나물을 캐고, 버섯과 약초를 재배한다.

(   )

3 세종특별자치시는 (   )의 중심지로, 새롭게 계획하여 만든 도시입니다.

4 다음 (   ) 안의 알맞은 말에 ○표 하시오.

촌락과 도시는 (평평한 곳, 산이 많은 곳)에 마을이 발달해 있고, 자연환경과 더불어 살아간다는 공통점이 있다.

5 촌락과 도시의 차이점으로 옳은 것에 ○표, 옳지 않은 것에 ✕표 하시오.

(1) 촌락은 인구가 많고, 도시에는 인구가 적습니다.

(   )

(2) 촌락에는 대중교통이 발달하지 않았고, 도시에는 대중교통이 발달했습니다.

(   )

1 촌락과 도시의 특징 (3)

1 촌락의 문제점과 해결 방안 알아보기

(1) **촌락에 문제가 발생한 까닭**: 젊은 사람들이 일자리를 찾아 도시로 떠나면서 촌락의 인구가 줄어들었고, 촌락에는 여러 가지 문제가 발생했습니다. ^{자료}**1**

★ (2) **촌락의 문제점과 해결 방안**

공부할 개념
• 촌락의 문제점과 해결 방안 알아보기
• 도시의 문제점과 해결 방안 알아보기

일손 부족 문제		
촌락 인구가 줄어들면서 일할 사람이 부족해짐.	⇒	• 농업의 기계화: 농기계를 이용해 부족한 일손을 보완함. • 촌락 인구 증가를 위해 *귀촌 박람회나 귀촌 지원 정책을 펼침.

┗ 젊은 인구가 촌락으로 많이 이동하도록 노력하고 있어요.

▲ 농업의 기계화

시설 부족 문제		
대중교통, 문화·의료 시설 등 생활에 필요한 시설이 도시보다 부족함.	⇒	• *100원 택시, '소형 버스' 등과 같은 정책을 펼쳐 촌락 생활의 불편을 줄임. • *폐교나 마을회관 등을 정비해서 필요한 시설로 만듦.

▲ 폐교를 활용한 미술관

킹스베리와 같이 새로운 품종을 개발해요. ┓

소득 감소 문제		
외국의 값싼 농산물이 들어오면서 촌락에 사는 사람들의 소득이 줄어듦.	⇒	• 기술 개발로 품질 좋은 농수산물을 생산하거나, 지역 특산물 홍보 축제를 활용해 주민들의 *소득을 높임. • 다양하고 특색있는 체험 프로그램을 운영하여 지역을 발전시키고 홍보함.

▲ 달걀보다 큰 킹스베리

용어 사전

• **귀촌** (歸 돌아올 귀, 村 마을 촌) 도시에 살던 사람이 촌락으로 삶의 터전을 옮기는 일.
• **100원 택시** 버스가 운행하지 않거나, 정류장까지의 거리가 먼 촌락 지역 사람들이 100원만 내고 택시를 불러 가까운 정류장이나 읍내까지 갈 수 있도록 지원하는 제도.
• **폐교** (廢 닫을 폐, 校 학교 교) 학교의 운영을 폐지함.
• **소득** (所 바 소, 得 얻을 득) 일한 결과로 얻은 이익.
• **재개발** (再 다시 재, 開 펼 개, 發 일어날 발) 이미 있는 것을 더 낫게 하기 위하여 다시 개발함.
• **차량 2부제** 차량 번호 끝자리가 홀수인 차량은 홀수 일에만, 짝수이면 짝수 일에만 자동차를 운행하는 제도.
• **하수** (下 아래 하, 水 물 수) 빗물이나 집, 공장 등에서 쓰고 버리는 더러운 물.

2 도시의 문제점과 해결 방안 알아보기

(1) **도시에 문제가 발생한 까닭**: 일자리, 교육, 편의 시설, 교통 등 다양한 이유로 많은 사람이 도시에 모여 살면서 도시 문제가 발생했습니다. ^{자료}**2**

좁은 면적에 많은 사람이 모여 살아요. ┛

★ (2) **도시의 문제점과 해결 방안**

주택 문제		
• 오래되고 낡은 주택이 많음. • 주택이 부족해지고 가격이 많이 오름.	⇒	• 낡은 주택이 모여 있는 지역을 새롭게 정비함. • 더 많은 사람에게 주택을 제공하기 위해 높은 건물을 짓거나, 나라에서 주택을 지어 낮은 가격으로 제공함.

▲ 지역 *재개발 사업

교통 문제		
• 도로에 차가 많아 복잡함. • 주차 공간이 부족함.	⇒	• 버스 전용 차로를 확대함. • *차량 2부제를 실시함. • 일주일 중 하루를 쉬는 날로 정해서 해당 요일에 차를 운행하지 않는 차량 요일제를 실시함.

▲ 버스 전용 차로

환경 문제		
• 공장과 자동차가 늘어나면서 공기와 물이 오염됨. • 쓰레기가 늘어남.	⇒	• 쓰레기 처리 시설이나 *하수 처리 시설을 늘림. • 재활용 쓰레기를 분리하여 버림. • 자연에서 얻을 수 있는 에너지를 사용하는 방법을 연구함. • 친환경 전기 자동차 보급을 늘림.

┗ 태양열, 풍력 등

▲ 친환경 전기 자동차

┗ 이러한 문제들 외에도 층간 소음 문제, 범죄 문제 등이 있어요.

자료 1 촌락의 문제 → 도시가 발달하면서 촌락 사람들이 일자리를 찾아 도시로 이동했기 때문이에요.

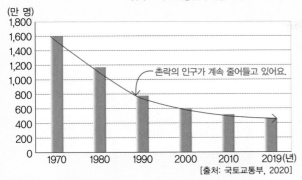

▲ 촌락의 인구 변화

• 1970년 촌락의 인구와 비교하여 2019년 촌락의 인구는 줄어들 었습니다.
• 촌락의 인구가 줄어들어서 일손 부족 문제가 나타날 것입니다.

자료 2 도시의 문제

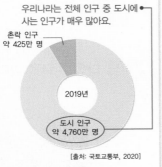

우리나라는 전체 인구 중 도시에 사는 인구가 매우 많아요.

▲ 촌락과 도시의 인구 구성   ▲ 촌락과 도시의 인구

• 많은 사람이 일자리, 교육, 편의 시설 등 다양한 이유로 도시로 오면서 도시의 인구는 늘어나고, 촌락의 인구는 줄어들고 있습니다.
• 도시에 많은 사람이 모여 살면서 주택, 교통, 환경 등 여러 가지 문제가 발생하고 있습니다.

핵심 개념 정리

• 촌락은 일손 부족·시설 부족·소득 감소 문제를, 도시는 주택·교통·환경 문제를 겪고 있습니다.
• 촌락은 농촌의 기계화, 지역 축제 등으로, 도시는 지역 재개발 사업, 쓰레기 분리배출 등으로 여러 가지 문제를 해결하려고 합니다.

1 빈칸에 들어갈 알맞은 말을 **보기** 에서 찾아 쓰시오.

보기
• 일손   • 주택   • 소득

(1) 촌락에서는 젊은 사람들이 도시로 떠나고 인구가 줄어 들면서 (   ) 부족 문제를 겪고 있습니다.
(2) 값싼 외국 농수산물이 들어오면서 농수산물의 가격이 내려가 촌락에 사는 사람들의 (   )이 줄어들고 있습니다.

2 다음 (   ) 안의 알맞은 말에 ○표 하시오.

촌락에서는 (귀촌 박람회, 지역 재개발 사업) 등을 통해 젊은 인구가 촌락으로 많이 이동하도록 노력한다.

3 도시의 문제로 옳은 것에 ○표, 옳지 <u>않은</u> 것에 ✕표 하시오.

(1) 도시에서는 도로에 차가 많아 교통이 혼잡하고 주차할 공간이 부족합니다.   (   )
(2) 도시에 인구가 적어지면서 주택 문제, 환경 문제 등이 나타나고 있습니다.   (   )

4 도시의 문제점과 해결 방안을 선으로 바르게 연결하시오.

(1) 주택 문제	•	• ㉠	쓰레기 처리 시설이나 하수 처리 시설을 늘림.
(2) 환경 문제	•	• ㉡	낡은 주택이 모여 있는 지역을 새롭게 정비함.
(3) 교통 문제	•	• ㉢	버스가 빠르게 다닐 수 있는 전용 차로를 만듦.

1 들이나 산, 바다와 같은 자연환경을 주로 이용하며 살아가는 곳을 ㅊ ㄹ 이라고 하고, 많은 사람이 모여 살며 사회, 정치, 경제활동의 중심이 되는 곳을 ㄷ ㅅ 라고 합니다.

2 촌락에서는 일손 부족 문제를 해결하기 위해 다양한 ㄱ ㄱ 를 활용하고 있습니다.

3 도시에서는 ㅈ ㅌ 문제, 교통 문제, 환경 문제 등이 발생하고 있습니다.

4 다음 빈칸에 들어갈 알맞은 말을 보기 에서 찾아 쓰시오.

> 촌락은 농촌, 어촌, 산지촌처럼 사람들이 주로 ( )을/를 이용하며 살아가는 지역을 말한다.

보기
• 자연환경　　　　　　• 인문환경

(　　　　　)

5 농촌에 대해 알맞게 이야기한 어린이는 누구입니까?
(　　　)

① 사람들이 주로 농업을 하며 평평한 곳에 자리 잡은 곳이야.

② 사람들이 주로 어업을 하며 바닷가에 자리 잡은 곳이야.

③ 사람들이 주로 임업을 하고 산이 많은 곳에 자리 잡은 곳이야.

④ 사람들이 주로 회사나 공장에서 일을 하고 높은 건물이 많은 곳이야.

6 다음 촌락에 사는 사람들이 주로 하는 일로 알맞은 것은 어느 것입니까? (　　　)

① 논에서 벼를 기른다.
② 산나물이나 약초를 캔다.
③ 밭에서 과일이나 채소를 기른다.
④ 물고기를 잡거나 김, 미역을 양식한다.
⑤ 농사를 지을 때 사용하는 기계를 고친다.

7~8 다음 촌락을 나타낸 그림을 보고, 물음에 답하시오.

▲ 산지촌

7 위 촌락의 특징으로 알맞은 것은 어느 것입니까?
(　　　)

① 들이 적고 산이 많다.
② 경제활동의 중심이 되는 곳이다.
③ 바다를 이용하여 생산 활동을 한다.
④ 계절이나 날씨의 영향을 받지 않는다.
⑤ 자연환경보다 인문환경의 영향을 많이 받는다.

8 위 촌락에서 사는 사람들이 주로 하는 일을 쓰시오.

서술형

9 도시의 모습으로 알맞지 <u>않은</u> 것은 어느 것입니까?

(   )

①

▲ 높은 건물이 많음.

②

▲ 논에서 벼농사를 짓는 사람을 볼 수 있음.

③

▲ 여러 가지 물건을 파는 상점이 많음.

④

▲ 시청·도청 등 공공 기관이 있음.

10★ 도시의 특징을 보기 에서 모두 골라 기호를 쓰시오.

보기
ㄱ 인구가 밀집해 있다.
ㄴ 문화 시설이 부족하다.
ㄷ 주로 자연환경을 이용하며 살아간다.
ㄹ 버스나 지하철 등이 잘 갖추어져 있다.

(   )

11 다음과 같은 시설이 도시에 있어서 좋은 점으로 알맞은 것을 두 가지 고르시오. (   )

▲ 대형 병원

▲ 박물관

① 환경 오염이 줄어든다.
② 촌락을 체험하게 해 준다.
③ 사람들이 하는 일이 늘어난다.
④ 사람들의 생활을 편리하게 해 준다.
⑤ 다양한 취미 생활과 여가 생활을 하게 해 준다.

12~13 다음 촌락과 도시를 비교한 자료를 보고, 물음에 답하시오.

구분	촌락	도시
모습		
㉠	인구가 적음.	인구가 많음.
㉡	고층 주택이 많고, 계획적으로 만들어졌음.	저층 주택이 많고, 주택이 흩어져 있음.
㉢	도로 수가 적음.	도로가 복잡함.
㉣	대중교통 수단이 적음.	대중교통 수단이 다양함.
㉤	논농사, 밭농사 등 하는 일이 자연과 관련되어 있음.	공공 기관, 회사, 문화 시설 등 사람들이 다양한 곳에서 일을 함.

12 위 ㉠~㉤ 중 촌락과 도시를 비교한 내용으로 알맞지 <u>않은</u> 것은 어느 것입니까? (   )

① ㉠   ② ㉡   ③ ㉢
④ ㉣   ⑤ ㉤

13 위 촌락과 도시의 공통점으로 옳은 것을 보기 에서 모두 골라 기호를 쓰시오.

보기
ㄱ 자연환경과 더불어 살아간다.
ㄴ 평평한 곳에 마을이 발달했다.
ㄷ 대형 할인점, 영화관 등이 많다.
ㄹ 여러 사람들이 마을을 이루며 살고 있다.

(   )

14 촌락에 여러 가지 문제가 발생한 원인으로 알맞은 것은 어느 것입니까? ( )

① 교통이 혼잡했기 때문에
② 환경 오염이 심해졌기 때문에
③ 소음 공해가 심각했기 때문에
④ 촌락에 사는 사람들이 줄어들었기 때문에
⑤ 나라에서 주택을 너무 많이 지었기 때문에

15 오른쪽과 같이 농기계를 이용하여 해결할 수 있는 촌락의 문제는 무엇입니까? ( )

① 주택 문제
② 환경 문제
③ 교통 문제
④ 인구 증가 문제
⑤ 일손 부족 문제

16★ 촌락의 문제를 해결하기 위한 노력으로 알맞지 <u>않은</u> 것을 보기 에서 골라 기호를 쓰시오.

> **보기**
> ㉠ 100원 택시 운행
> ㉡ 도시 체험 프로그램 운영
> ㉢ 폐교를 활용한 미술관 운영
> ㉣ 지역 특산물 홍보 축제 개최

( )

17 다음 빈칸에 공통으로 들어갈 알맞은 말을 쓰시오.

> ( )은/는 도시에 살던 사람들이 촌락으로 삶의 터전을 옮기는 것이다. 촌락에서는 인구 증가를 위해 ( )하려는 사람들이 촌락에 잘 적응하도록 적극적으로 지원하고 있다.

( )

18 다음 그래프를 통해 알 수 있는 촌락과 도시의 인구 변화를 쓰시오.

서술형

■ 촌락 인구 ■ 도시 인구
(단위: %)

연도	촌락 인구	도시 인구
1970년	50	50
1980년	31	69
1990년	18	82
2000년	12	88
2010년	9	91
2019년	8	92

[출처: 국토교통부, 2020]

▲ 촌락과 도시의 인구 구성

19~20 다음 글을 읽고, 물음에 답하시오.

> ○○시에 사는 김□□씨는 출근길 교통 체증으로 고민하고 있다. "집에서 회사까지 5분이면 갈 거리지만, 출근 시간에는 20분이 넘게 걸린다. 거기다 사고라도 있는 날에는 1시간 넘게 걸리기도 한다."라고 말했다.

19 윗글에 나타난 도시 문제로 알맞은 것은 어느 것입니까? ( )

① 출근길 교통 체증이 심하다.
② 매연으로 공기 오염이 심각하다.
③ 미세 먼지로 건강이 급격히 나빠졌다.
④ 사람들이 길에 버린 쓰레기 때문에 힘들다.
⑤ 층간 소음으로 이웃 사이에 갈등이 생겼다.

20 윗글에 나타난 도시 문제를 해결하기 위한 방법으로 알맞은 것은 어느 것입니까? ( )

① 차량 요일제를 실시한다.
② 문화·의료 시설을 늘린다.
③ 버스 전용 차로를 축소한다.
④ 친환경 전기 자동차 보급을 늘린다.
⑤ 낡은 주택이 모여 있는 지역을 새롭게 정비한다.

1 다음 촌락의 모습을 보고, 물음에 답하시오. [12점]

(가) (나) (다)

(1) 위 (가), (나), (다) 촌락을 각각 무엇이라고 하는지 쓰시오. [4점]

• (가): (   )
• (나): (   )
• (다): (   )

(2) 위 (가) 촌락 사람들이 하는 일을 두 가지 쓰시오. [8점]

_____

_____

서술형 문제를 푸는 방법을 익혀보자!

1단계 단어의 의미 알기   '촌락'의 뜻은 무엇일까?

| 촌 | 락 | : 사람들이 자연환경을 주로 이용하며 살아가는 곳

2단계 자료 분석하기   (가), (나), (다) 촌락의 자연환경을 찾아보자.

(가)	(나)	(다)
넓은 들, 평평한 땅	바 다	산

3단계 생각하기   (가) 촌락 사람들이 하는 일은 무엇일까? (가) 촌락의 자연환경과 관련지어 생각해 보자.

(가) 촌락의 자연환경은? → • 넓은 들이 있다. • 논과 밭이 있다. → 농 업을 할 것이다.

---

2 다음 자료를 보고, 물음에 답하시오. [12점]

 왼쪽 사진과 같이 많은 사람이 모여 살며 사회, 정치, 경제활동의 중심이 되는 곳을 (   )(이)라고 해요.

(1) 위 빈칸에 들어갈 알맞은 말을 쓰시오. [4점]

(   )

(2) 위 (1)번 답의 지역에 사는 사람들이 하는 일을 쓰시오. [8점]

_____

_____

---

3 다음 ㉠, ㉡에 들어갈 촌락과 도시의 생활 환경을 쓰시오. [8점]

구분		촌락	도시
모습			
공통점		• 여러 사람이 모여 산다. • 자연환경과 더불어 살아간다. • 평평한 곳에 마을이 발달했다.	
차이점	주로 하는 일	주로 농업, 임업, 어업 등을 한다.	회사나 공장에서 일한다.
	생활 환경	㉠	㉡

• ㉠: _____

• ㉡: _____

2 함께 발전하는 촌락과 도시 (1)

공부할 개념
• 촌락과 도시가 교류하는 까닭 알아보기
• 촌락과 도시가 교류하는 모습 조사하기

1 촌락과 도시가 교류하는 까닭 자료⁺1

(1) **교류의 의미**: 사람들이 오고 가거나 물건, 기술, 문화 등을 서로 주고받는 것입니다.

★ (2) **촌락과 도시가 교류하는 까닭**

① 우리가 생활하는 데 필요한 것을 어느 한 지역에서만 구할 수 없기 때문입니다.

② 서로 다른 문화를 경험하거나 각자의 문화를 알리기 위해서입니다.

③ 촌락과 도시의 ●생산물이나 기술, 문화 등이 다르기 때문입니다.

→ 촌락과 도시 간의 교류가 없다면 생활에 필요한 물건을 얻을 수 없으므로 생활이 불편해지고 다른 지역의 기술적인 도움을 받을 수 없을 거예요.

2 촌락과 도시가 교류하는 모습 조사하기 자료⁺2

(1) **촌락과 도시의 교류 사례** → 촌락과 도시에 사는 사람들은 교류를 통해 서로에게 부족한 것들을 채워 주면서 도움을 주고받을 수 있어요.

지역 축제 개최	●체험 마을 운영
도시와 함께하는 '○○군 사과 팔기' 행사 눈길 ○○군은 지난달 □□시의 협조를 얻어 시청 광장에서 열리는 지역 축제에 참가해 ○○ 사과의 우수성을 알리고 판매했다. ○○군은 도시 지역의 도움을 받아 사과 농가의 어려움을 해결할 수 있었고, □□시는 축제를 더욱 활성화할 수 있었다.	**체험 마을로 휴가를 떠나요** 촌락이 휴식 문화 지역으로 떠오르고 있다. 휴가철이나 주말을 이용해 도시에 사는 사람들이 촌락에서 전통문화를 배우고 다양한 체험 활동을 할 수 있는 프로그램이 늘어나고 있기 때문이다. 도시에 사는 사람들은 촌락에서 정겨움과 자연의 아름다움을 느끼고, 촌락에 사는 사람들은 소득이 늘어나고 지역 농산물을 판매할 수 있어서 경제적으로 도움을 얻는다.
촌락에 사는 사람들은 질 좋은 농산물을 홍보 및 판매하여 어려움을 해결하고 도시에 사는 사람들은 축제를 활성화할 수 있음.	도시에 사는 사람들은 자연의 아름다움을 느끼며 다양한 체험과 ●휴양을 할 수 있고 촌락에 사는 사람들은 경제적으로 도움을 얻음.

★ (2) **촌락과 도시의 교류 모습을 조사하는 방법** → 이 외에도 인터넷 검색 누리집에 검색어를 쓰고, 교류 모습이 나타난 신문 기사를 찾을 수 있어요.

공공 기관 누리집 검색하기	지역 홍보 자료 살펴보기
 지역의 공공 기관 누리집에서 '교류'를 검색하면 여러 자료를 확인할 수 있음.	**2021년 설맞이 직거래 장터 개장** 2021. 2. 4.(목) ~ 2. 5.(금) 10:00~17:00 [2일간] 지역에서 발행하는 홍보 자료를 살펴보면 촌락과 도시가 교류하는 모습을 조사할 수 있음.

공공 기관 담당자 ●면담하기	교류 장소 답사하기
• 교류에 대해 잘 알고 있는 도청이나 시·군청의 담당자와 면담함. • 면담은 구체적이고 자세한 자료를 얻을 수 있고, 면담하면서 궁금한 점이 생기면 즉시 해결할 수 있음.	 촌락과 도시가 교류하는 장소를 직접 찾아가서 조사할 수 있음.

용어 사전

• **생산물**(生 날 생, 産 낳을 산, 物 물건 물) 생산되는 물건.
• **체험**(體 몸 체, 驗 시험 험) 자기가 몸소 겪음. 또는 그런 경험.
• **휴양**(休 쉴 휴, 養 기를 양) 편안히 쉬면서 몸과 마음을 보양함.
• **면담**(面 낯 면, 談 말씀 담) 서로 만나서 이야기함.

자료⁺1 촌락과 도시가 교류하는 까닭

○○촌락에서 막 잡아 도시에 온 싱싱한 생선입니다.

목장에 가서 다양한 체험하며 재미있게 놀고 가요.

지역에 따라 자연환경과 인문환경이 다르고, 생산물이나 발달한 기술의 종류와 문화도 다릅니다. 이 때문에 지역 간에 교류가 이루어 집니다.

자료⁺2 '촌락과 도시의 교류 모습' 조사 보고서

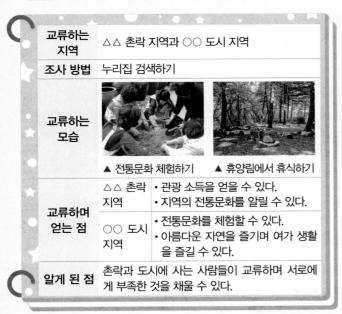

교류하는 지역	△△ 촌락 지역과 ○○ 도시 지역	
조사 방법	누리집 검색하기	
교류하는 모습	▲ 전통문화 체험하기	▲ 휴양림에서 휴식하기
교류하며 얻는 점	△△ 촌락 지역	• 관광 소득을 얻을 수 있다. • 지역의 전통문화를 알릴 수 있다.
	○○ 도시 지역	• 전통문화를 체험할 수 있다. • 아름다운 자연을 즐기며 여가 생활을 즐길 수 있다.
알게 된 점	촌락과 도시에 사는 사람들이 교류하며 서로에게 부족한 것을 채울 수 있다.	

 **핵심 개념 정리**

• 교류란 사람들이 오고 가거나 물건, 기술, 문화 등을 서로 주고 받는 것입니다.
• 촌락과 도시의 생산물이나 기술, 문화 등이 다르기 때문에 교류가 이루어집니다.

우린 서로 생산물이나 기술, 문화 등이 달라. 그래서 교류를 해!

1 사람들이 서로 오고 가거나 물건, 기술, 문화 등을 주고받는 것을 (   )(이)라고 합니다.

2 촌락과 도시가 교류하는 까닭으로 옳은 것에 ○표, 옳지 않은 것에 ✕표 하시오.

(1) 지역마다 생산되는 물건, 기술, 문화 등이 같기 때문입니다. (   )

(2) 서로 다른 문화를 경험하거나 각자의 문화를 알리기 위해서입니다. (   )

3 다음 (   ) 안의 알맞은 말에 ○표 하시오.

> 촌락에서 체험 마을을 운영하면 (촌락 , 도시)에 사는 사람들은 소득이 늘어나고, 지역의 농산물을 판매할 수 있어서 경제적으로 많은 도움을 얻게 된다.

4 촌락과 도시의 교류 모습을 조사하는 방법을 선으로 바르게 연결하시오.

(1) 공공 기관 누리집 검색하기 •

• ㉠

(2) 지역 홍보 자료 살펴보기 •

• ㉡

5 지역의 공공 기관 담당자와 (   )을/를 해서 촌락과 도시가 교류하는 모습을 조사하면 구체적이고 자세한 자료를 얻을 수 있습니다.

2 함께 발전하는 촌락과 도시 (2)

1 촌락과 도시의 사람들이 교류하는 모습

자매결연 자료 1

▲ 일손 돕기 행사
• 자매결연을 하여 체험 활동이나 일손 돕기, 문화·예술 교류 등 다양한 분야에서 서로 도움을 주고받음.
• 도시에 사는 사람들은 일손 돕기 활동에 참여하면서 농수산물 직거래 기회를 얻을 수 있음.

지역 축제

▲ 진도 신비의 바닷길 축제
• 특색 있는 자연환경, 특산품, 지역만의 특별한 문화를 활용한 축제를 열어 교류함.
• 축제에 참여한 사람들이 숙박 시설, 식당 등을 이용하고 물건을 구입하여 지역 경제에 도움을 줌.

시설 이용

▲ 촌락의 휴양 시설 이용
• 촌락에 사는 사람들은 병원, 박물관 등 다양한 시설이나 공공 기관을 이용함.
• 도시에 사는 사람들은 깨끗한 자연환경 속에서 여가 생활을 누릴 수 있는 촌락의 시설을 이용함.

직거래 장터

▲ 직거래 장터
• 촌락에 사는 사람들은 지역의 특산품을 직접 홍보하거나 판매하여 소득을 얻음.
• 도시에 사는 사람들은 값싸고 질 좋은 농수산물을 살 수 있음.

주말농장

▲ 주말농장
• 촌락에 사는 사람들은 농사를 짓지 않아 비어 있는 땅을 도시 사람들에게 빌려줌.
• 도시에 사는 사람들은 휴일에 촌락에 와서 과일이나 채소를 직접 가꿈.

문화 공연

▲ 찾아가는 예술 공연
• 도시에서 촌락으로 직접 찾아와 예술 공연을 함.
• 촌락에 사는 사람들은 평소에 보기 힘들었던 공연을 볼 기회를 얻음.

체험 학습

▲ 고구마 캐기 체험

• 촌락에 사는 사람들은 도시에 사는 사람들이 농업을 체험할 수 있게 도와주며 촌락 지역도 홍보함.
• 도시에 사는 사람들은 농사를 체험하면서 작물이 자라는 것을 관찰할 수 있음.

┌─ 촌락에 사는 사람과 도시에 사는 사람 모두에게 경제적으로 도움이 되면서 서로 소통하고 이해할 수 있는 기회가 돼요.

2 다양한 교류가 촌락과 도시 사람들에게 미치는 영향 자료 2

★ (1) 교류를 통해 서로의 부족한 것을 채우고 상호 의존합니다.

★ (2) 촌락과 도시가 함께 발전하는 기회가 될 수 있습니다.

자료⁺1 자매결연 사례

○○신문   20△△년 △△월 △△일

자매결연 도시와 함께하는 농촌 일손 돕기

○○군은 자매결연을 한 □□시 지역의 주민을 초청해 농촌 일손 돕기 행사를 열었다. 이번 행사는 기온 문제로 피해를 본 과일 재배 농가의 어려움을 알리고, 농사철 일손 부족을 덜기 위해 이뤄졌다.

두 지역은 자매결연 이후 현재까지 농·특산물 직거래 장터, 지역 축제 초청 등을 통해 다양한 교류를 이어나가고 있다.

자료⁺2 촌락과 도시의 상호 의존 관계

촌락   도시

- 다양한 지역 축제
- 신선한 농수산물
- 깨끗한 자연환경
- 잘 보존된 전통문화

- 대형 의료 시설
- 다양한 공공 기관
- 대형 상업 시설
- 다양한 문화 시설

도시 사람들이 촌락에 가는 까닭	• 깨끗한 자연환경을 찾아 촌락으로 감. • 지역 축제에 참여해 촌락의 전통과 문화를 체험하고 여가를 즐겁고 보람있게 보냄.
촌락 사람들이 도시에 가는 까닭	다양한 문화 시설과 공공 기관 등을 이용하기 위해 도시에 감.

 **핵심 개념 정리**

- 촌락과 도시 사람들은 자매결연, 지역 축제 등 다양한 방법으로 교류합니다.
- 촌락과 도시는 서로 도움을 주고받으며 상호 의존합니다.

도시로 가요.

촌락   교류   도시

촌락으로 가요.

1 다음 ( ) 안의 알맞은 말에 ○표 하시오.

> (촌락, 도시)에 사는 사람들은 깨끗한 자연환경 속에서 다양한 체험을 하려고 (촌락, 도시)을/를 찾는다.

2 촌락에 사는 사람들이 도시의 시설을 이용하는 모습을 보기 에서 두 가지 골라 기호를 쓰시오.

> **보기**
> ㉠ 전통문화 체험 마을을 이용하는 것
> ㉡ 휴일에 주말농장에서 채소를 가꾸는 것
> ㉢ 백화점이나 대형 할인점을 이용하는 것
> ㉣ 도청이나 시청 등 공공 기관을 이용하는 것

(   )

3 도시에서는 촌락에 사는 사람들이 재배한 농수산물을 직접 판매할 수 있는 (   )을/를 엽니다.

4 촌락과 도시의 교류 모습으로 옳은 것에 ○표, 옳지 않은 것에 ✕표 하시오.

(1) 도시에 사는 사람들은 깨끗한 자연환경을 찾아 촌락을 방문합니다.   (   )

(2) 촌락에 사는 사람들은 일손 돕기 활동을 통해 도시에 사는 사람들을 돕습니다.   (   )

5 촌락과 도시는 다양한 교류를 통해 서로의 부족한 점을 채우고 도움을 주고받으며 (   )하는 관계입니다.

1 사람들이 오고 가거나 물건, 기술, 문화 등을 서로 주고받는 것을 ㄱ ㄹ 라고 합니다.

2 지역의 시·군·구청 ㄴ ㄹ ㅈ 에 들어가서 자료를 찾아보면 촌락과 도시가 교류하는 모습을 조사할 수 있습니다.

3 촌락과 도시 지역은 ㅈ ㅁ ㄱ ㅇ 을 하여 체험 활동이나 일손 돕기, 문화·예술 교류 등 다양한 분야에서 서로 도움을 주고받습니다.

4★ 교류에 대해 알맞게 이야기한 어린이는 누구입니까?
( )

① 사람들이 오고 가는 것만 교류라고 할 수 있어.

② 문화와 기술 등을 서로 주고받는 것을 교류라고 해.

③ 지역 간에 생산하는 물건이 같으면 교류가 이루어져.

④ 지역마다 사람들의 성별이 달라서 교류해.

5 촌락과 도시 간에 교류가 일어나는 까닭을 쓰시오.

서술형

_____

_____

6 교류의 사례로 알맞은 것을 보기 에서 모두 골라 기호를 쓰시오.

보기
㉠ 학교 앞에 있는 횡단보도를 건너는 것
㉡ 도시에 사는 지수가 농촌에 사시는 외삼촌 댁에 가는 것
㉢ 산촌에서 수확한 배추를 도시에 있는 큰 시장에 파는 것
㉣ 어촌에 사시는 아주머니께서 음악회에 가기 위해 도시에 가시는 것

( )

7 교류의 모습으로 알맞지 않은 것은 어느 것 입니까?
( )

① ○○ 수산 ○○ 촌락에서 막 잡아 도시에 온 싱싱한 생선입니다.

②  다른 지역에 가지 않고 외딴섬에 홀로 살아요.

③  이번에는 △△시에서 온 연주단 순서입니다.

④  □□ 목장에 가서 다양한 체험을 하며 재미있게 놀고 가요.

8 다음 교류의 사례에서 지역 간에 주고받은 것은 무엇 입니까?
( )

농촌에 살고 계신 할아버지께서 도시의 큰 병원을 방문하여 무릎 치료를 받으셨다.

① 문화 　　　　② 농산물
③ 특산품 　　　　④ 의료 기술
⑤ 자연환경

9 촌락과 도시 간에 교류가 없다면 어떤 일이 일어날지 보기 에서 모두 골라 기호를 쓰시오.

> 보기
> ㉠ 우리 지역의 문화가 크게 발달한다.
> ㉡ 생활에 필요한 물건을 얻을 수 없다.
> ㉢ 다른 지역의 자연환경을 즐길 수 있다.
> ㉣ 다른 지역의 기술적인 도움을 받을 수 없다.

(   )

10~11 다음 자료를 보고, 물음에 답하시오.

(   )(으)로 휴가를 떠나요

촌락이 휴식 문화 지역으로 떠오르고 있다. 휴가철이나 주말을 이용해 도시에 사는 사람들이 촌락에서 전통문화를 배우고 다양한 체험 활동을 할 수 있는 프로그램이 늘어나고 있기 때문이다.

10 위 빈칸에 들어갈 가장 적절한 말은 어느 것입니까?

(   )

① 도시   ② 학교   ③ 백화점
④ 공공 기관   ⑤ 체험 마을

11 위 촌락과 도시에 사는 사람들이 교류하면서 얻는 점이 알맞게 짝 지어진 것은 어느 것입니까?(   )

	촌락에 사는 사람	도시에 사는 사람
①	관광 소득을 얻을 수 있다.	전통문화를 체험할 수 있다.
②	관광 소득을 얻을 수 있다.	도시의 다양한 공공시설을 이용할 수 있다.
③	지역의 전통문화를 알릴 수 있다.	관광 소득을 얻을 수 있다.
④	자연의 아름다움을 누릴 수 있다.	관광 소득을 얻을 수 있다.
⑤	다양한 체험 활동을 할 수 있다.	도시의 다양한 공공시설을 이용할 수 있다.

12 다음과 같은 교류 모습을 볼 수 있는 곳은 촌락과 도시 중 어디인지 쓰시오.

▲ 휴양림에서 휴식하기   ▲ 전통문화 체험하기

(   )

13* 촌락과 도시의 교류 모습을 조사하는 방법으로 알맞지 <u>않은</u> 것은 어느 것입니까? (   )

①    ②

▲ 교류 장소 답사하기   ▲ 지역 홍보 자료 살펴보기

③    ④

▲ 지역의 공공 기관 누리집 검색하기   ▲ 높은 곳에 올라가서 살펴보기

14 다음과 같은 방법의 장점으로 알맞은 것을 두 가지 고르시오. (   )

> 촌락과 도시의 교류 모습을 조사하는 방법으로 교류에 대해 잘 알고 있는 도청이나 시·군청의 담당자와 면담하기가 있다.

① 돈을 절약할 수 있다.
② 여가 생활을 즐길 수 있다.
③ 교류 지역의 소득을 늘릴 수 있다.
④ 구체적이고 자세한 자료를 얻을 수 있다.
⑤ 궁금한 점이 생기면 즉시 해결할 수 있다.

15~16 다음 자료를 보고, 물음에 답하시오.

○○신문   20△△년 △△월 △△일

○○군은 (   )을/를 한 □□시 지역의 주민을 초청
해 농촌 일손 돕기 행사를 열었다. 이번 행사는 기온 문제로
피해를 본 과일 재배 농가의 어려움을 알리고, 농사철 일손
부족을 덜기 위해 이뤄졌다.
    두 지역은 (   ) 이후 현재까지 농특산물 직거래 장터,
지역 축제 초청 등을 통해 다양한 교류를 이어나가고 있다.

15 위 빈칸에 공통으로 들어갈 말로, 서로 돕거나 교류
하려고 친선 관계를 맺는 일을 무엇이라고 하는지
쓰시오.

(   )

16 위 □□시 주민이 농촌에서 열리는 일손 돕기 행사
서술형 에 참여하여 얻게 되는 좋은 점을 쓰시오.

_____

_____

17 다음과 같은 지역 축제를 통해 교류하는 까닭을 두
가지 고르시오. (   )

▲ 진천 농다리 축제   ▲ 진도 신비의 바닷길 축제

① 귀촌을 할 수 있기 때문에
② 우리 지역만 더욱 잘살 수 있기 때문에
③ 고장의 자랑거리를 널리 알릴 수 있기 때문에
④ 기술 협력으로 더 나은 제품을 만들 수 있기 때
문에
⑤ 특색 있는 자연 환경이나 지역만의 특별한 문
화를 즐길 수 있기 때문에

18 다음 설명과 관련된 촌락과 도시의 교류는 무엇입
니까? (   )

도시에 사는 사람들은 값싸고 질 좋은 농수산물
을 살 수 있고, 촌락에 사는 사람들은 지역의 특산
품을 홍보하고 판매하여 소득을 얻을 수 있다.

①
▲ 여가 생활을 통한 교류

②
▲ 자매결연을 통한 교류

③
▲ 지역 축제를 통한 교류

④
▲ 농수산물 직거래 장터를
통한 교류

19 다음 빈칸에 들어갈 알맞은 말을 쓰시오.

촌락과 도시는 교류를 통해 부족한 것들을 서
로 채워 주면서 (   )하며 살아간다.

(   )

20 촌락과 도시가 상호 의존하는 모습으로 알맞지
않은 것은 어느 것입니까? (   )

① 주말농장을 통해 교류한다.
② 체험 학습을 통해 교류한다.
③ 문화 공연을 통해 교류한다.
④ 시설 이용을 통해 교류한다.
⑤ 다른 나라의 도움을 통해 교류한다.

1 다음 교류하는 모습을 보고, 물음에 답하시오. [12점]

○○ 촌락에서 막 잡아 온 싱싱한 생선입니다.

○○ 수산

◀ 도시의 대형 마트

(1) 위에서 촌락과 도시 사이에 오고 간 것은 무엇인지 쓰시오. [4점]

(   )

(2) 위에서 촌락과 도시 간에 교류가 일어난 까닭을 쓰시오. [8점]

_____

_____

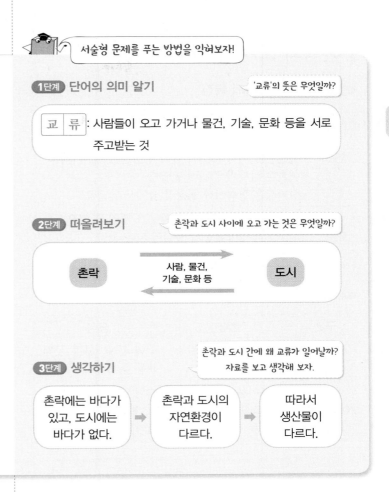

서술형 문제를 푸는 방법을 익혀보자!

1단계 단어의 의미 알기   '교류'의 뜻은 무엇일까?

| 교 | 류 | : 사람들이 오고 가거나 물건, 기술, 문화 등을 서로 주고받는 것 |

2단계 떠올려보기   촌락과 도시 사이에 오고 가는 것은 무엇일까?

촌락 ⟷ 사람, 물건, 기술, 문화 등 ⟷ 도시

3단계 생각하기   촌락과 도시 간에 왜 교류가 일어날까? 자료를 보고 생각해 보자.

촌락에는 바다가 있고, 도시에는 바다가 없다. ➡ 촌락과 도시의 자연환경이 다르다. ➡ 따라서 생산물이 다르다.

2 다음 자료를 보고, 물음에 답하시오. [12점]

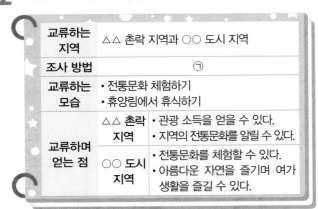

교류하는 지역	△△ 촌락 지역과 ○○ 도시 지역	
조사 방법	㉠	
교류하는 모습	• 전통문화 체험하기 • 휴양림에서 휴식하기	
교류하며 얻는 점	△△ 촌락 지역	• 관광 소득을 얻을 수 있다. • 지역의 전통문화를 알릴 수 있다.
	○○ 도시 지역	• 전통문화를 체험할 수 있다. • 아름다운 자연을 즐기며 여가 생활을 즐길 수 있다.

(1) 위 ㉠에 들어갈 조사 방법을 한 가지 쓰시오. [4점]

_____

(2) 위 조사 내용을 통해 알 수 있는 점을 쓰시오. [8점]

_____

_____

3 다음 촌락과 도시가 도움을 주고받는 모습을 보고, 물음에 답하시오. [12점]

농수산물 직거래 장터

▲ 농수산물 직거래 장터를 통한 교류

(1) 위와 같은 모습을 볼 수 있는 곳은 촌락과 도시 중 어디인지 쓰시오. [4점]

(   )

(2) 위와 같이 교류하면 좋은 점을 쓰시오. [8점]

_____

_____

촌락과 도시의 생활 모습

촌락과 도시는 각 지역의 특징에 따라 다양한 교류를 하면서 서로 부족한 것을 채우고 상호 의존하며 발전합니다.

1 촌락과 도시의 특징

개념1 촌락과 도시의 특징

촌락	• 자연환경을 주로 이용하며 살아가는 곳으로 농촌, 어촌, 산지촌이 있음. • 농촌은 들이나 하천 주변의 평평한 곳에 발달함. • 어촌은 바닷가 주변에 발달함. • 산지촌은 산속이나 울창한 숲에서 발달함.
도시	• 많은 사람이 모여 살고 인구가 밀집해 있으며 사회, 정치, 경제활동의 중심이 되는 곳임. • 교통이 발달하고, 일자리가 많은 곳에 발달함.

개념2 촌락과 도시의 문제점과 해결 방안

구분	촌락	도시
문제점	일손 부족, 소득 감소, 시설 부족 등	주택 문제, 환경 문제, 교통 문제 등
해결 방안	기계 이용, 품질 좋은 농수산물 생산, 귀촌 지원 등	지역 재개발 사업, 버스 전용 차로, 친환경 전기 차 보급 등

2 함께 발전하는 촌락과 도시

개념3 교류의 의미와 필요성

• **의미**: 사람들이 오고 가거나 물건, 문화, 기술 등을 주고받는 것

• **필요성**: 지역마다 생산물이나 기술, 문화 등이 다르기 때문에 교류가 이루어짐.

• **교류의 모습을 조사하는 방법**: 공공 기관 누리집 검색하기, 지역 홍보 자료 살펴보기, 공공 기관 담당자 면담하기, 교류 장소 답사하기

개념4 촌락과 도시의 교류 모습

교류 모습	• 촌락에 있는 것: 다양한 지역 축제, 신선한 농수산물, 깨끗한 자연환경 등 • 도시에 있는 것: 대형 의료 시설, 다양한 공공 기관, 대형 상업 시설 등 • 자매결연, 지역 축제, 시설 이용, 직거래 장터, 주말농장, 문화 공연, 체험 학습 등을 통해 교류함.
촌락과 도시의 관계	서로 부족한 것들을 채워 주면서 상호 의존함.

👁 그림을 보고 배운 개념을 떠올리며 빈칸을 채워 보세요.

1

촌락

도시

농촌에서는 주로 농업을 해요.

높은 건물이 많아요.

회사에서 일해요.

어촌에서는 주로 어업을 해요!

산지촌에서는 주로 임업을 해요!

교통이 편리해요.

(**❶**　　　　　)은/는 자연환경을 주로 이용하며 살아가는 곳이고, (**❷**　　　　　)은/는 사회, 정치, 경제활동의 중심이 되는 곳입니다.

👁 그림을 보고 배운 개념을 떠올리며 빈칸을 채워 보세요.

3

우린 서로 생산물이나 기술, 문화 등이 달라. 그래서 교류를 해!

촌락

도시

(**❺**　　　　　)은/는 촌락과 도시의 생산물이나 기술, 문화 등이 다르기 때문에 이루어집니다.

2

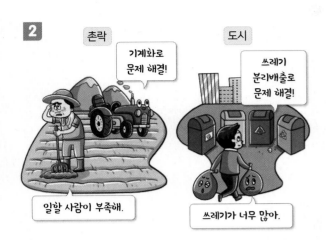

촌락   도시

기계화로
문제 해결!

쓰레기
분리배출로
문제 해결!

일할 사람이 부족해.   쓰레기가 너무 많아.

촌락은 인구가 줄어들어 일할 사람이 부족해서 발생한 (❸   ) 문제를 해결하기 위해 다양한 기계를 활용합니다. 또한 도시는 (❹   ) 문제를 해결하기 위해 쓰레기 처리 시설을 늘립니다.

4

도시로 가요.

촌락   교류   도시

촌락으로 가요.

촌락과 도시는 교류를 통해 부족한 것들을 서로 채워주면서 (❺   )하며 살아갑니다.

옳은 문장에 ○, 틀린 문장에 ✕하세요. 틀린 부분은 밑줄을 긋고 바른 개념으로 고쳐 써 보세요.

1 촌락은 사람들이 들이나 산, 바다와 같은 인문환경을 주로 이용하며 살아가는 곳입니다.   (   )

2 도시는 많은 사람이 모여 살며 사회, 정치, 경제활동의 중심이 되는 곳입니다.   (   )

3 사람들이 주로 농업을 하며 들과 같은 평평한 곳에 자리 잡은 촌락을 산지촌이라고 합니다.   (   )

4 도시에는 버스나 지하철 등이 잘 갖추어져 있어 교통이 편리합니다.   (   )

5 촌락과 도시에 사는 사람들은 모두 자연환경과 더불어 살아갑니다.   (   )

6 도시에 사는 사람이 줄어들면서 촌락에 일손 부족 문제가 생겼습니다.   (   )

7 지역마다 생산물이나 기술, 문화 등이 똑같기 때문에 교류가 이루어집니다.   (   )

8 지역의 공공 기관 누리집을 검색하면 촌락과 도시가 교류하는 모습을 조사할 수 있습니다.   (   )

9 촌락과 도시는 특색 있는 자연환경이나 특산품 또는 지역만의 특별한 문화를 활용한 축제를 열어 교류합니다.   (   )

10 도시에 사는 사람들은 직거래 장터에서 저렴한 가격으로 질 좋은 농수산물을 살 수 있습니다.   (   )

1 (가), (나) 지역에 대한 설명으로 알맞은 것은 어느 것입니까?　　　(　　)

(가)

(나)

① (가)는 (나)보다 건물의 높이가 높다.
② (가)는 (나)보다 공장과 회사가 많다.
③ (가)는 (나)보다 사람들이 많이 모여 산다.
④ (나)는 (가)보다 자연환경을 주로 이용한다.
⑤ (나)는 (가)보다 생활에 편리한 시설이 많다.

2~3 다음 촌락의 종류를 보고, 물음에 답하시오.

구분	농촌	어촌	㉠
위치	평야	바다	높은 산
사람들이 주로 하는 일 예	• 농사짓기 • 채소 재배하기	㉡	• 약초 캐기 • 버섯 재배하기

2 위 ㉠ 촌락에서 주로 볼 수 있는 시설로 알맞은 것은 어느 것입니까?　　　(　　)

① 등대　　　　　　② 방파제
③ 양봉 시설　　　　④ 농산물 저장고
⑤ 수산물 직판장

3 위 ㉡에 들어갈 어촌 사람들이 주로 하는 일을 쓰시오.
서술형

_____

_____

4~5 다음 자료를 보고, 물음에 답하시오.

서울특별시
▲ 교통·산업·행정의 중심지인 우리나라 최대의 도시

세종특별자치시
▲ 행정의 중심지로 새롭게 계획하여 만든 도시

전라남도 여수시
▲ 항구 도시이며 큰 공장들이 있어 산업이 발달한 도시

부산광역시
▲ 철도 교통, 해상 교통이 발달한 우리나라 제2의 도시

[출처: 한국 도로 공사, 2017]

4 위 자료를 보고, 빈칸에 들어갈 알맞은 말을 쓰시오.

우리나라 주요 도시들은 (　　　)이/가 편리한 곳에 발달한다.

(　　　　　　　)

5 위와 같이 발달한 도시의 특징으로 알맞은 것을 두 가지 고르시오.　　　(　　)

① 높은 건물이 많다.
② 일자리가 적은 곳이다.
③ 공공 기관 등 시설이 모여 있다.
④ 가축을 기르기 좋은 곳에 발달한다.
⑤ 산이 많고 울창한 숲이 있는 곳에 발달한다.

6 도시 사람들이 주로 하는 일을 잘못 말한 어린이는 누구입니까?　　　(　　)

① 주로 회사나 공장에서 일을 해.
② 비닐하우스에서 채소를 재배해.
③ 대형 할인점에서 물건을 파는 일을 해.
④ 사람들의 생활을 편리하게 해 주는 일을 해.

7 촌락과 도시 지역의 차이점으로 알맞지 <u>않은</u> 것은 어느 것입니까? ( )

① 촌락은 도로 수가 적고, 도시는 도로가 복잡하다.
② 촌락은 저층 주택이 많고, 도시는 고층 주택이 많다.
③ 촌락에는 교통수단이 다양하고, 도시에는 교통수단이 없다.
④ 촌락에는 사람들이 적게 살고, 도시에는 사람들이 많이 산다.
⑤ 촌락은 자연 중심의 경관이 나타나고, 도시는 사람들이 만든 환경이 주로 나타난다.

8 서술형

다음과 같은 촌락의 인구 변화로 나타난 촌락의 문제점과 그 해결 방안을 쓰시오.

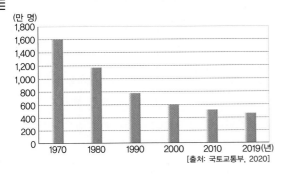

[출처: 국토교통부, 2020]

_____

_____

9 다음은 촌락의 문제를 나타낸 그림입니다. 잘못된 내용을 골라 기호를 쓰시오.

㉠엔진 소리가 이상한데 정비하는 곳이 너무 멀어요.
㉡촌락에 사는 젊은 사람들이 일을 안 해서 힘들어요.
㉢외국에서 값싼 농산물이 들어와서 걱정이에요.
㉣일손이 모자라서 농사짓기 힘들어요.

( )

10 다음 ㉠에 들어갈 촌락의 문제로 알맞은 것은 어느 것입니까? ( )

촌락의 문제	해결 방안
㉠	 ▲ 폐교를 활용한 미술관

① 쓰레기 문제　　　　② 일손 부족 문제
③ 소득 감소 문제　　　④ 시설 부족 문제
⑤ 일자리 부족 문제

11 다음과 같은 도시 문제가 발생하는 까닭으로 알맞은 것은 어느 것입니까? ( )

• 주택 문제　　• 교통 문제　　• 환경 문제

① 도시에 인구가 많아졌기 때문에
② 도시의 날씨가 좋지 않기 때문에
③ 촌락에 의료 시설이 모여 있기 때문에
④ 촌락에 공공 기관이 모여 있기 때문에
⑤ 촌락에 비해 자연환경을 활용하지 않기 때문에

12 다음은 도시의 어떤 문제를 해결하기 위한 노력입니까? ( )

• 하수 처리 시설 확대
• 태양열, 풍력 등 재생 가능 가능한 에너지 연구

① 환경 오염　　　　② 층간 소음
③ 일손 부족　　　　④ 낡은 주택 증가
⑤ 교육·편의 시설 부족

13 도시의 교통 문제를 해결하기 위한 방법으로 알맞은 것을 두 가지 고르시오. ( )

① 높은 건물 짓기　　② 차량 요일제 실시
③ 쓰레기 매립장 건설　④ 일자리 박람회 개최
⑤ 버스 전용 차로 확대

14 촌락과 도시가 교류하는 까닭으로 알맞지 <u>않은</u> 것은 어느 것입니까? (   )

① 각자의 기술이 다르기 때문에
② 서로의 문화를 알릴 수 있기 때문에
③ 서로 다른 문화를 경험할 수 있기 때문에
④ 외국에서 들여오는 농수산물의 양이 줄었기 때문에
⑤ 필요한 것을 어느 한 지역에서만 구할 수 없기 때문에

15~16 다음은 촌락과 도시의 교류 모습을 조사하는 방법입니다. 물음에 답하시오.

ⓐ
▲ 교류 장소 답사하기

ⓑ
▲ 지역 홍보 자료 살펴보기

ⓒ
▲ 공공 기관 누리집 검색하기

ⓓ
▲ 공공 기관 담당자와 면담하기

15 위에서 촌락과 도시가 교류하는 장소를 직접 찾아가서 조사하는 방법을 골라 기호를 쓰시오.

(   )

16 위 ⓒ과 같은 방법으로 조사할 때 누리집에서 검색해 볼 단어로 알맞은 것은 어느 것입니까? (   )

① 교류   ② 봉사   ③ 이사
④ 생산   ⑤ 소비

17 다음은 무엇을 통한 교류의 모습입니까? (   )

> 촌락과 도시 지역은 친선 관계를 맺어 농촌 일손 돕기 활동을 한다.

① 자매결연   ② 주말농장
③ 지역 축제   ④ 문화 공연
⑤ 시설 이용

18~19 다음 자료를 보고, 물음에 답하시오.

▲ 한방 약초 축제(경상남도 산청군)

▲ 산천어 축제(강원도 화천군)

18 위 축제는 지역의 무엇과 관련하여 열린 것입니까?

(   )

① 기술   ② 위인   ③ 인구
④ 특산물   ⑤ 공공 기관

19 위와 같이 촌락에서 열리는 축제에 참여하면 좋은 점을 보기 에서 모두 골라 기호를 쓰시오.

> **보기**
> ㉠ 지역 경제에 도움을 준다.
> ㉡ 고장의 자랑거리를 널리 알리게 된다.
> ㉢ 촌락에서 겪고 있는 환경 오염 문제가 해결된다.
> ㉣ 축제에 참여하는 사람들이 늘어나면서 도시의 인구수가 급격히 줄어든다.

(   )

20 다음과 같은 다양한 교류 활동이 촌락과 도시 사람들에게 미치는 영향을 쓰시오.
서술형

▲ 고구마 캐기 체험

▲ 직거래 장터

▲ 촌락의 휴양 시설 이용

▲ 찾아가는 예술 공연

1-1 촌락과 도시의 특징

학습 주제	촌락과 도시의 특징 알아보기	배점	30점
학습 목표	촌락과 도시의 특징을 분석하고 이해할 수 있다.		

1~3 다음 (가), (나) 지역을 보고, 물음에 답하시오.

(가)

(나)

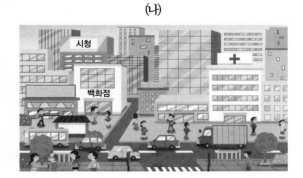

1 위 (가), (나) 중 다음과 같은 자연환경을 주로 이용하며 살아가는 곳은 어디인지 기호를 쓰시오. [5점]

(   )

2 위 (가), (나) 지역의 특징을 비교하여 표에 들어갈 알맞은 내용을 쓰시오. [10점]

(가)	(나)
• 논과 밭에서 곡식이나 채소를 기르는 **❶**[　　　]을/를 함. • 바다에서 물고기를 잡거나 김과 미역 등을 양식하는 **❷**[　　　]을/를 함. • 산에서 나무를 가꾸어 베거나 약초, 산나물을 캐는 **❸**[　　　]을/를 함.	• 많은 사람이 모여 살고 있음. • 높은 **❹**[　　　]이/가 많고, 이동하는 사람도 많음. • 공공 기관이나 문화 시설이 많음. • 주로 **❺**[　　　]이/가 발달한 곳에 위치하여 사람이나 물건의 이동이 쉽고 편리함. • 회사나 공장이 있어 일자리가 많음.

3 위 (가), (나) 중 여행하고 싶은 지역을 고르고, 가서 해 보고 싶은 일을 지역의 특징이 드러나도록 쓰시오. [15점]

가 보고 싶은 지역	
가서 해 보고 싶은 일	

1-2 함께 발전하는 촌락과 도시

학습 주제	촌락과 도시의 교류 모습 파악하기	배점	30점
학습 목표	촌락과 도시의 교류 모습을 파악하여 우리 주변의 교류 사례를 찾을 수 있다.		

1~3 다음 도시에 사는 준일이와 엄마의 대화입니다. 물음에 답하시오.

1 다음 내용을 참고하여 위 대화의 빈칸에 들어갈 알맞은 말을 쓰시오. [5점]

> 한 지역이나 단체가 다른 지역이나 단체와 서로 돕거나 교류하려고 친선 관계를 맺는 일

( )

2 준일이네 가족과 △△ 마을이 교류하여 얻은 좋은 점을 쓰시오. [10점]

❶ 준일이네 가족이 △△ 마을과 교류하여 얻은 좋은 점	❷ △△ 마을이 준일이네 가족과 교류하여 얻은 좋은 점

3 위와 같이 우리 주변에서 볼 수 있는 촌락과 도시의 교류 모습을 **보기** 의 단어를 모두 사용하여 쓰시오. [15점]

보기

· 촌락   · 도시   · 자연환경   · 대형 병원

2

필요한 것의 생산과 교환

1 경제활동과 현명한 선택(1)

☺ 공부할 개념
• 경제활동에서 발생하는 선택의 문제 살펴보기
• 현명한 선택을 해야 하는 까닭과 방법 알아보기

1 경제활동에서 발생하는 선택의 문제

(1) **경제활동의 의미**: 생활에 필요한 여러 가지 것들을 만들고 사용하는 것과 관련된 모든 활동입니다.

(2) **경제활동에서 발생하는 선택의 문제 상황** 예

▲ 휴대 전화를 사려고 가격과 디자인을 비교하고 있음.

▲ 친구의 생일 선물로 연필을 살지 공책을 살지 고민하고 있음.

★ (3) **선택의 문제가 발생하는 까닭**

① 가진 돈이나 시간이 부족하기 때문에 사람들은 원하는 모든 것을 가질 수 없습니다.

② 사람들의 필요나 욕구에 비해 자원이 부족한 상태를 °자원의 희소성이라고 합니다. → 자원의 희소성 때문에 선택의 문제가 발생합니다. 자료➊

(4) 선택의 문제는 경제활동을 하는 모든 사람에게 일어나며, 어떤 선택을 하는지는 사람에 따라 다를 수 있습니다.

2 °현명한 선택

★ (1) **현명한 선택을 해야 하는 까닭**

① 한정된 자원을 낭비하지 않기 위해서입니다.

② 돈과 시간, 노력을 아끼고 즐거움과 만족감을 얻을 수 있기 때문입니다.

잘못된 선택으로 후회하는 모습 예 ─→ 현명한 선택을 하지 못하면 자신의 선택을 후회하고, 돈과 시간 등 자원을 낭비하게 돼요.

똑같은 옷이 있네. 사기 전에 미리 확인할 걸.

똑같은 공책인데 저기가 더 싸잖아? 사기 전에 좀 더 알아볼 걸.

가격이 싸서 샀는데 크기가 너무 작아.

용어 사전

• **자원**(資 재물 자, 源 근원 원) 사람들의 생활에 필요한 것을 만드는 데 쓰이는 물건이나 사람의 힘, 기술, 돈과 시간 등을 통틀어 이르는 말.
• **현명**(賢 어질 현, 明 밝을 명) 어질고 슬기로워 사리에 밝음.
• **품질**(品 물건 품, 質 바탕 질) 물건의 성질과 바탕.

★ (2) **현명한 선택을 하는 방법**

① 나에게 꼭 필요한 물건인지 생각해 보고, 사려는 물건의 가격, 디자인, °품질, 특징, 편리성 등 정보를 수집하고 기준을 정해서 비교한 후 선택해야 합니다. →물건을 살 때의 방법이에요.

② **현명한 선택을 하는 과정**

→ 사람마다 중요하게 생각하는 것이 다르기 때문에 선택 기준은 다를 수 있어요.

사고 싶은 물건 생각해 보기 → 가진 돈 파악하기 → 정보 모으기 → 선택 기준을 정해 물건 평가하기 자료➋ → 선택하기

무엇을 선택하는지는 각자의 생각이나 상황에 따라 다를 수 있어요. •

③ 물건을 살 때뿐만 아니라 다양한 상황에서 선택을 해야 할 때도 여러 가지 조건을 고려해야 합니다. 예 현장 체험 학습 장소 선택하기

자료➊ 자원의 희소성

어떤 자원의 양이 매우 적더라도 그것을 원하는 사람이 없으면 그 자원은 희소하지 않은 것이다. 반면 어떤 자원의 양이 매우 많더라도 그것을 원하는 사람이 더 많으면 그 자원은 희소한 자원이다.

→ 희소성은 단순히 자원의 양이 많고 적음에 따라 결정되는 것이 아니라 사람들이 원하는 것에 비해 자원이 부족할 때 나타납니다.

환경 오염으로 깨끗한 물의 희소성이 커졌고, 오늘날에는 생수를 사서 마시기도 한다. → 시대에 따라 희소성이 달라졌어요.

→ 경제활동에 필요한 자원의 종류와 양은 시대와 장소에 따라 다르기 때문에 자원의 희소성도 이에 따라 달라질 수 있습니다.

자료➋ 선택 기준표 예

점수가 가장 높은 물건을 선택해요.

선택 기준 \ 물건	실내화	필통	가방
내가 가진 돈으로 살 수 있는가?	○	○	○
물건의 디자인은 예쁜가?	△	△	○
편리하게 사용할 수 있는가?	○	△	×
지금 당장 필요한 것인가?	○	△	△
총점	11점	9점	9점

*○: 그렇다(3점), △: 보통이다(2점), ×: 아니다(1점)

- 선택 기준을 정하고, 평가표를 만듭니다.
- 수집한 정보를 바탕으로 평가표의 선택 기준별로 점수를 매기고, 점수가 가장 높은 물건을 선택합니다.

핵심 개념 정리

- 경제활동에서 선택의 문제는 자원의 희소성 때문에 일어납니다.
- 현명한 선택을 하려면 물건의 정보를 수집하고 기준을 정해서 비교한 후 선택해야 합니다.

1 (   )은/는 생활에 필요한 여러 가지 것들을 만들고 사용하는 것과 관련된 모든 활동입니다.

2 사람들은 다음 그림과 같이 경제활동을 하면서 여러 가지 (   )의 문제 상황에 부딪힙니다.

3 다음 (   ) 안의 알맞은 말에 ○표 하시오.

> 자원의 희소성은 사람들의 필요나 욕구에 비해 자원이 (부족한, 충분한) 상태를 말한다.

4 현명한 선택에 대한 설명으로 옳은 것에 ○표, 옳지 않은 것에 ×표 하시오.

(1) 다른 사람에게 꼭 필요한 물건인지 생각해 보고 선택합니다. (   )
(2) 가격, 디자인, 품질, 편리성 등 기준을 정해서 비교한 후 선택합니다. (   )

5 (   )을/를 하게 되면 돈, 시간과 같은 한정된 자원을 아낄 수 있고, 선택한 것에 큰 만족감을 느낄 수 있습니다.

1 경제활동과 현명한 선택 (2)

1 시장의 의미와 종류 자료⁺**1** → 물건을 많이 팔려면 사람이 많이 모이는 장소가 필요하기 때문에 시장이 생겼어요.

(1) **시장의 의미**: 사람들이 생활하면서 필요한 여러 가지 상품을 사고파는 곳입니다.

① 시장에는 여러 곳에서 만든 다양한 상품이 *진열되어 있고, 사람들은 원하는 것을 자유롭게 고를 수 있습니다.

② 사람들은 시장에서 서로 원하는 것을 *교환하면서 선택의 문제를 해결합니다.

★ (2) **시장의 종류**

① **사람들이 직접 만나는 시장**

전통 시장 ┐→ 값이 싸고 신선한 여러 가지 식품이나 물건을 살 수 있어요.		백화점 ┐→ 실내 놀이터나 영화관이 같이 있기도 해요.	
	오랜 기간에 걸쳐 일정한 지역에 자연적으로 만들어진 시장		큰 건물 안에서 여러 가지 상품을 종류별로 나눠 진열하고 판매하는 종합 *상점
*할인 매장		편의점	
	상품을 할인하여 판매하는 상점		사람들이 편리하도록 늦은 시간까지 여러 가지 상품을 판매하는 동네의 작은 상점

② **사람들이 직접 만나지 않는 시장**: 오늘날에는 텔레비전 홈 쇼핑, 온라인 쇼핑과 같은 *전자 상거래 이용이 크게 늘고 있습니다. 자료⁺**2**

텔레비전 홈 쇼핑		온라인 쇼핑	
	가정에서 텔레비전 방송으로 상품 정보를 보고 상품을 살 수 있음.		스마트폰이나 컴퓨터를 이용해 인터넷으로 다양한 상품을 비교하여 살 수 있음.

→ 소비자가 텔레비전 홈 쇼핑 방송을 보고 상품을 구매할 수 있도록 도와주는 쇼핑 호스트라는 직업이 있어요.

★ **2** 생산과 소비 → 시장에서 여러가지 생산과 소비의 모습을 찾을 수 있어요.

구분	의미	모습 예
생산	생활에 필요한 물건을 만들거나 우리 생활을 편리하고 즐겁게 해 주는 활동	건물을 짓는 것, 빵집에서 빵을 만들어 파는 것, 가게에서 물건을 파는 것, 의사가 환자를 진료하는 것, 물건을 운반하는 것, 미용사가 머리를 *손질해 주는 것 등
소비	생산한 것을 사서 사용하는 활동	빵집에서 빵을 사 먹는 것, 물건을 사는 것, 의사의 진료를 받는 것, 미용실에서 머리 손질을 받는 것 등

→ 소비는 물건을 구입하는 것뿐만 아니라 생활을 편리하고 즐겁게 해 주는 것(서비스)을 돈을 주고 이용하는 것도 해당돼요.

손님의 머리를 손질해 주므로 생산 활동 중이에요.

미용사에게 머리 손질을 받으므로 소비 활동 중이에요.

정답과 풀이 55쪽

자료⁺1 **시장에서 사람들이 하는 일 예**

한의원 병원 미용실
세탁소 식당 생선 가게 채소

❶ 생선 가게에서 생선을 삽니다. →소비
❷ 세탁을 하기 위해 세탁소로 옷을 가져갑니다.
❸ 물건을 배달합니다. →생산
❹ 전통 시장 보안관이 시장의 안전을 지키고 있습니다.
❺ 배달 기사들이 배추를 트럭에서 내리고 있습니다. →생산
❻ 채소 가게에서 할인 행사를 하고 있습니다. →생산

자료⁺2 **사람들이 직접 만나지 않는 시장이 생겨난 까닭**

• 다른 지역에 직접 가지 않아도 물건을 살 수 있는 환경이 만들어졌기 때문입니다.
• 인터넷이나 휴대 전화와 같은 통신 기술이 발달하였기 때문입니다.
• 더 많은 물건을 팔기 위한 판매자들의 노력과 더욱 편리하게 물건을 사고자 하는 소비자들의 욕구가 많아졌기 때문입니다.

🎓 **핵심 개념 정리**

• 시장은 사람들이 생활하면서 필요한 여러 가지 것들을 사고파는 곳으로, 사람들이 직접 만나는 시장과 직접 만나지 않는 시장이 있습니다.
• 시장에서는 여러 가지 생산과 소비 활동이 이루어집니다.

맛있는 케이크를 만들어 파는 건 생산 활동!

맛있는 케이크를 사는 건 소비 활동!

1 시장에 대한 설명으로 옳은 것에 ○표, 옳지 않은 것에 ✕표 하시오.

(1) 생활에 필요한 여러 가지 것들을 사고파는 곳입니다.
( )

(2) 사람들이 원하는 것을 자유롭게 고를 수 없는 곳입니다.
( )

(3) 사람들이 직접 만나서 물건을 사고파는 시장이 있고, 사람들이 직접 만나지 않고 물건을 사고파는 시장도 있습니다.
( )

2 사람들이 직접 만나는 시장에 ○표 하시오.

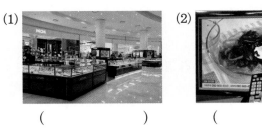

(1)   (2)

( )   ( )

3 다음 빈칸에 들어갈 알맞은 말을 보기 에서 찾아 쓰시오.

> 보기
> • 교환   • 절약   • 전통 시장   • 전자 상거래

(1) 사람들은 시장에서 서로 원하는 것을 ( ) 하면서 선택의 문제를 해결합니다.
(2) 오늘날에는 텔레비전 홈 쇼핑이나 온라인 쇼핑과 같은 ( ) 이용이 크게 늘고 있습니다.

4 생산과 소비에 대한 설명으로 옳은 것에 ○표, 옳지 않은 것에 ✕표 하시오.

(1) 생산은 생활에 필요한 것을 사서 사용하는 활동입니다.
( )

(2) 소비는 물건을 만들거나 우리 생활을 편리하고 즐겁게 해 주는 활동입니다.
( )

5 다음 ( ) 안의 알맞은 말에 ○표 하시오.

> 소비의 모습으로 (환자가 의사의 진료를 받는 것, 의사가 환자를 진료하는 것)이 있다.

1 경제활동과 현명한 선택 (3)

😊 공부할 개념
• 생산 활동의 종류 알기
• 현명한 소비 생활에 대해 알기

1 생산 활동

★ (1) 생산 활동의 종류 자료⁺1

생활에 필요한 것을 자연에서 얻는 활동	생활에 필요한 것을 만드는 활동	생활을 편리하고 즐겁게 해 주는 활동
 ▲ 벼농사하기	 ▲ 자동차 만들기	 ▲ 음악 공연하기
농부가 논에서 벼를 기르고, 어부가 바다에서 고기를 잡는 등 생활에 필요한 것을 자연에서 얻음.	자연에서 얻은 것을 기술이나 기계를 이용해 다른 형태로 만들기도 하고 새로운 물건을 만들기도 함.	사람의 기술과 능력으로 다른 사람의 생활을 편리하고 즐겁게 해 줌.

(2) 물건이 우리에게 오는 과정 ⓔ 사과주스 → 사과주스가 우리에게 오기까지 많은 사람이 노력한다는 사실을 알 수 있어요

사과 농장
농부가 사과 농사를 지음.

➡

사과 수확 및 포장
사과를 따서 시장에 팔 수 있게 포장함.

➡

운반
포장한 사과를 트럭을 이용하여 *도매 시장으로 옮김.

➡

도매 시장
전국에서 모인 사과들이 할인 매장이나 주스 가게 등으로 팔려 나감.

➡

주스 가게
사과주스를 만들어 팜.

➡

소비자
주스 가게에서 사과주스를 사 먹음.

→ 물건이 만들어져 우리에게 오기까지 여러 가지 생산 활동이 이루어집니다.

2 소비 활동

(1) 현명한 소비 활동을 해야 하는 까닭
 ① 가정의 *소득은 한정되어 있기 때문입니다.
 ② 소비 생활을 현명하게 하지 않으면 가정의 살림살이가 어려워져 필요한 물건을 사지 못하거나 하고 싶은 일을 못하게 될 수 있습니다.

★ (2) 현명한 소비 생활을 하는 방법
 ① **소비 계획 세우기**: 소득의 범위 내에서 소비하며, 미리 소비 계획을 세웁니다.
 ② **용돈 기입장이나 가계부 쓰기**: 무엇에 돈을 쓰는지 알고 계획적으로 소비할 수 있습니다.
 ③ **저축하기**: 예상치 못한 일에 대비하여 소득의 일부를 저축합니다.
 ④ **선택 기준 세우기**: 물건의 선택 기준을 세우고 그 기준에 맞는 물건을 고릅니다.
 ⑤ **정보 활용하기**: 물건을 사기 전에 어디에서 사는 것이 좋은지 물건의 가격과 품질은 어떠한지 등 필요한 정보를 찾아 활용합니다. 자료⁺2

3 시장놀이

(1) 시장놀이를 하면 생산자와 소비자 역할을 모두 할 수 있습니다.
(2) 시장놀이를 통해 생산 활동과 소비 활동을 이해할 수 있습니다.

용어 사전
• **도매 시장** 물건을 낱개로 팔지 않고, 여러 개를 한꺼번에 파는 가게가 모여 있는 시장.
• **소득** (所 바 소, 得 얻을 득) 경제활동을 하고 그 대가로 받는 돈.
• **법률 상담** (法 법 법, 律 법칙 률, 相 서로 상, 談 말씀 담) 법과 관련된 문제를 해결하거나 궁금증을 풀기 위하여 법률 전문가와 의논하는 일.

자료⁺1 우리 주변에서 볼 수 있는 생산 활동 예

생활에 필요한 것을 자연에서 얻는 활동	과일 따기, 고구마 캐기, 소 키우기, 버섯 따기, 염전에서 소금 얻기 등
생활에 필요한 것을 만드는 활동	건물 짓기, 과자 만들기, 옷 만들기, 아이 스크림 만들기 등
생활을 편리하고 즐겁게 해 주는 활동	환자 진료하기, 물건 팔기, 물건 배달하기, •법률 상담하기, 야구 선수가 경기하기 등

자료⁺2 물건의 정보를 얻는 방법

→ 과장되거나 잘못된 정보인지 잘 확인해야 해요.

인터넷 검색하기	물건의 가격과 특징을 한눈에 비교할 수 있고, 물건을 산 다른 소비자의 의견도 알 수 있음.
광고 보기	신문이나 텔레비전 광고에서 물건의 가격이 나 특징 등 다양한 정보를 얻을 수 있음.
상점 방문하기	여러 물건을 직접 비교해 볼 수 있고, 판매원 에게 궁금한 점을 물어볼 수 있음.
주변 사람에게 물어보기	물건을 사용해 본 주변 사람에게 물건의 가 격, 품질, 장단점, 물건을 사용해 본 경험을 자세히 물어볼 수 있음.

🎓 **핵심 개념 정리**

• 생산 활동은 생활에 필요한 것을 자연에서 얻는 활동, 생활에 필
요한 것을 만드는 활동, 생활을 편리하고 즐겁게 해 주는 활동으
로 구분할 수 있습니다.

• 현명한 소비 생활을 위한 방법으로 소비 계획 세우기, 저축하기,
정보 활용하기 등이 있습니다.

1 생산 활동의 종류와 모습을 선으로 바르게 연결하시오.

(1) 생활에 필요한 것을 자연에서 얻는 활동 •

(2) 생활에 필요한 것을 만드는 활동 •

(3) 생활을 편리하고 즐겁게 해 주는 활동 •

• ㉠

• ㉡

• ㉢

2 다음 생산 활동 중 생활에 필요한 것을 만드는 활동에 ○표
하시오.

(1)   (2)

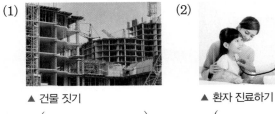

▲ 건물 짓기   ▲ 환자 진료하기

(   )   (   )

3 다음 ( ) 안의 알맞은 말에 ○표 하시오.

> (생산 , 소비) 활동을 현명하게 하지 않으면 가정
> 의 살림살이가 어려워져 필요한 물건을 사지 못하거
> 나 하고 싶은 일을 못하게 될 수 있다.

4 (   )을/를 하면 생산자와 소비자 역할을
모두 해 볼 수 있어서 생산 활동과 소비 활동을 이해할 수
있습니다.

1 사람들은 경제활동을 하면서 ㅅㅌ 의 문제에 부딪힙니다.

2 ㅅㅈ 은 생활에 필요한 여러 가지 것들을 사고파는 곳입니다.

3 ㅅㅅ 활동은 생활에 필요한 것을 자연에서 얻는 활동, 생활에 필요한 것을 만드는 활동, 생활을 편리하고 즐겁게 해 주는 활동으로 나눌 수 있습니다.

4 ★ 경제활동에 대해 <u>잘못</u> 이야기한 어린이는 누구입니까? ( )

① 부모님께서 회사에 다니시는 것을 경제활동이라고 해.

② 자동차를 만드는 것을 경제활동이라고 해.

③ 학용품을 사는 것을 경제활동이라고 해.

④ 친구랑 놀이터에서 노는 것을 경제활동이라고 해.

5 다음 빈칸에 들어갈 알맞은 말을 쓰시오.

> 선택의 문제는 ( )을/를 하는 모든 사람에게 일어난다.

( )

6 서술형 다음 그림과 같이 사람들이 선택의 문제 상황에 부딪히는 까닭을 쓰시오.

가격은 흰색 휴대 전화가 싼데, 디자인은 검은색 휴대 전화가 예쁘네. 어떤 것을 선택할까?

_____

_____

7 자원의 희소성에 대한 설명으로 알맞지 <u>않은</u> 것은 어느 것입니까? ( )

① 시대나 장소에 따라 희소성이 달라질 수 있다.

② 사람들이 원하는 것에 비해 자원이 부족할 때 나타난다.

③ 단순히 자원의 양이 많고 적음에 따라 희소성이 결정된다.

④ 자원의 양이 많더라도 원하는 사람이 많으면 그 자원은 희소한 것이다.

⑤ 자원의 양이 적더라도 원하는 사람이 없으면 그 자원은 희소하지 않은 것이다.

8 현명한 선택을 하는 방법으로 알맞은 것을 보기 에서 고른 것은 어느 것입니까? ( )

> **보기**
> ㉠ 친구가 골라주는 것을 선택한다.
> ㉡ 무조건 가장 저렴한 제품을 선택한다.
> ㉢ 나에게 꼭 필요한 물건인지 생각해 본다.
> ㉣ 사려는 물건의 디자인, 품질, 편리성 등의 정보를 수집한다.

① ㉠, ㉡ 　　　　② ㉠, ㉢

③ ㉠, ㉣ 　　　　④ ㉡, ㉢

⑤ ㉢, ㉣

9 시장에 대한 옳은 설명을 보기 에서 모두 골라 기호를 쓰시오.

보기
㉠ 직접 만나서 물건을 사고파는 시장만 있다.
㉡ 시장에는 전통 시장, 백화점, 할인 매장 등이 있다.
㉢ 시장은 사람들이 생활하면서 필요한 여러 가지 상품을 사고파는 곳이다.
㉣ 사람들은 시장에서 서로 원하는 것을 교환하면서 선택의 문제를 해결한다.

( )

10~11 다음 시장의 모습을 보고, 물음에 답하시오.

10 위 시장과 종류가 <u>다른</u> 시장은 어느 것입니까?
( )

① 편의점
② 백화점
③ 전통 시장
④ 할인 매장
⑤ 온라인 쇼핑

11 위 시장에서 볼 수 있는 모습 중 소비 활동에 해당하는 것은 어느 것입니까? ( )

① 물건을 배달하는 모습
② 생선 가게에서 생선을 사는 모습
③ 채소 가게에서 할인 행사를 하고 있는 모습
④ 배달 기사들이 배추를 트럭에서 내리고 있는 모습
⑤ 전통 시장 보안관이 시장의 안전을 지키고 있는 모습

12 다음 시장에 대해 알맞게 이야기한 어린이를 모두 골라 이름을 쓰시오.

▲ 전통 시장

서아: 오랜 기간에 걸쳐 자연적으로 만들어진 시장이야.
아연: 인터넷으로 다양한 상품을 비교하여 살 수 있는 시장이야.
시윤: 값싸고 신선한 여러 가지 식품이나 물건을 살 수 있는 시장이야.

( )

13 다음 빈칸에 들어갈 알맞은 말을 쓰시오.

오늘날에는 텔레비전 홈 쇼핑, 온라인 쇼핑과 같은 (   ) 이용이 크게 늘고 있다.

( )

14 다음 시장의 특징으로 알맞은 것을 보기 에서 모두 골라 기호를 쓰시오.

▲ 텔레비전 홈 쇼핑

보기
㉠ 집에서 상품을 살 수 있어 편리하다.
㉡ 텔레비전 방송으로 상품 정보를 볼 수 있다.
㉢ 다른 지역에 직접 가야만 물건을 살 수 있다.
㉣ 상품을 사는 사람이 상품의 기능과 특성을 설명해 준다.

( )

15 다음 ㉠, ㉡에 들어갈 알맞은 말을 쓰시오.

> 생활에 필요한 물건을 만들거나 우리 생활을 편리하고 즐겁게 해 주는 활동을 (㉠)(이)라고 한다. 그리고 (㉠)한 것을 사서 사용하는 활동을 (㉡)(이)라고 한다.

㉠: (   )   ㉡: (   )

16~17 다음 사진을 보고, 물음에 답하시오.

(가)

(나)

▲ 벼농사를 하는 것

▲ 미용실에서 머리 손질을 받는 것

16 위 (가), (나)에 해당하는 활동이 바르게 짝 지어진 것은 어느 것입니까?   (   )

	(가)	(나)
①	생산	소비
②	생산	생산
③	생산	자연
④	소비	생산
⑤	소비	경제

17 위 (가)와 같은 활동에 대한 설명으로 알맞은 것은 어느 것입니까?   (   )

① 생활에 필요한 물건을 사는 활동이다.
② 생활에 필요한 것을 자연에서 얻는 활동이다.
③ 다른 사람의 생활을 즐겁게 해 주는 활동이다.
④ 생활에 필요한 것을 공장에서 만드는 활동이다.
⑤ 다른 사람의 생활을 편리하게 해 주는 활동이다.

18 다음은 사과주스가 우리에게 오는 과정입니다. 이를 통해 알 수 있는 것을 쓰시오.
서술형

> **1 사과 농장**: 농부가 사과 농사를 지음.
> **2 사과 수확 및 포장**: 사과를 따서 시장에 팔 수 있게 포장함.
> **3 운반**: 포장한 사과를 트럭을 이용하여 도매 시장으로 옮김.
> **4 도매 시장**: 전국에서 모인 사과들이 할인 매장이나 주스 가게 등으로 팔려 나감.
> **5 주스 가게**: 사과주스를 만들어 팜.
> **6 소비자**: 주스 가게에서 사과주스를 사 먹음.

19 현명한 소비 생활을 하는 방법으로 옳지 <u>않은</u> 것은 어느 것입니까?   (   )

① 소비 계획 세우기
② 소득을 모두 사용하기
③ 필요한 정보를 찾아 활용하기
④ 예상치 못한 일에 대비하여 저축하기
⑤ 선택 기준을 세우고 기준에 맞는 물건을 고르기

20 물건의 정보를 얻는 방법으로 옳지 <u>않은</u> 것은 어느 것입니까?   (   )

① 광고 보기
② 상점 방문하기
③ 인터넷 검색하기
④ 용돈 기입장 쓰기
⑤ 주변 사람에게 물어보기

1 다음 그림을 보고, 물음에 답하시오. [12점]

친구 생일 선물로 연필이 좋을까? 공책이 좋을까?

(1) 다음 빈칸에 들어갈 알맞은 말을 쓰시오. [4점]

> 위 그림의 어린이는 경제활동에서 (   )의 문제를 겪고 있다.

(   )

(2) 위 그림과 같은 상황이 발생하는 까닭을 쓰시오. [8점]

_____

_____

서술형 문제를 푸는 방법을 익혀보자!

1단계 단어의 의미 알기

경제활동'의 뜻은 무엇일까?

| 경 | 제 | 활 | 동 | : 생활에 필요한 여러 가지 것들을 만들고 사용하는 것과 관련된 모든 활동 |

2단계 자료 분석하기

그림은 어떠한 상황일까?

친구 생일 선물 고르기

연필   VS   공책

⬇

둘 중 하나만 선택해야 하는 상황

3단계 생각하기

이러한 상황은 왜 발생한 것일까? 순서대로 생각해 보자.

❶ 연필과 공책을 둘 다 살 수 있다면 고민을 하지 않을 것이다. → ❷ 연필과 공책을 둘 다 사지 못하는 이유는 무엇일까? → ❸ 연필과 공책을 둘 다 사기에 돈이 부족하기 때문이다.

이러한 상황을 무엇이라고 하는지 떠올려 보자!

---

2 다음 사진을 보고, 물음에 답하시오. [12점]

▲ 텔레비전 홈 쇼핑   ▲ 온라인 쇼핑

(1) 다음에서 알맞은 말에 ○표 하시오. [4점]

> 위 사진은 사람들이 직접 (만나는 시장, 만나지 않는 시장)이다.

(2) 위와 같은 시장이 생겨난 까닭을 한 가지 쓰시오. [8점]

_____

_____

---

3 다음 사진을 보고, 물음에 답하시오. [12점]

(가)   (나)

▲ 자동차 만들기   ▲ 음악 공연하기

(1) 다음 빈칸에 들어갈 알맞은 말을 쓰시오. [4점]

> (가)는 (   ) 활동, (나)는 생활을 편리하고 즐겁게 해 주는 활동이다.

(   )

(2) 위 (나)와 같은 생산 활동의 사례를 한 가지 쓰시오. [8점]

2 교류하며 발전하는 우리 지역 (1)

공부할 개념
· 우리 주변의 물건이 어디에서 왔는지 알아보기
· 생산지 표시 지도 만들기

1 우리 주변의 물건이 어디에서 왔는지 알아보기

(1) 우리 주변의 다양한 물건은 여러 지역에서 생산되어 우리 지역으로 왔습니다.

(2) 주변의 물건은 우리나라의 여러 지역에서 오기도 하고, 다른 나라에서 오기도 합니다. 자료➊

★ (3) 물건의 °생산지(원산지)를 확인하는 방법

주변에 있는 물건을 자세히 살펴보면 어디에서 생산했는지 알 수 있는 생산 정보가 표시되어 있어요.

상품 정보 확인하기	상품 광고지 확인하기	상품 판매대의 정보 확인하기

상품 포장지에 표시된 정보를 보고 알 수 있음.	상품을 홍보하는 광고 전단지를 확인하면 알 수 있음.	시장이나 가게의 상품 판매대에 있는 상품 안내판을 보면 알 수 있음.
품질 °인증 표시 확인하기	°큐아르(QR) 코드 찍어 확인하기	누리집에서 상품 소개 검색하기

상품에 붙어 있는 품질 인증 표시를 보면 알 수 있음.	스마트폰으로 상품 포장지의 큐아르 코드를 찍어 확인함.	상품을 판매하는 누리집의 상품 소개에서 찾아볼 수 있음.

└ 이 외에 신문 기사나 뉴스, °통계 자료를 통해서도 정보를 얻을 수 있습니다.

2 상품의 생산지를 조사하여 생산지 표시 지도 만들기 ⓔ 교실에 있는 물건

(1) 1단계 교실에 있는 물건이 어디에서 왔는지 생산지를 조사하여 정리하기 자료➋

(2) 2단계 정리한 내용을 바탕으로 물건의 생산지를 지도에 표시하기 자료➌

용어 사전

· **생산지 (원산지)** 어떤 물품을 만들어 내는 곳. 또는 그 물품이 저절로 생겨나는 곳.

· **인증** (認 알 인, 證 증거 증) 어떠한 문서나 행위가 정당한 절차로 이루어졌다는 것을 공적 기관이 증명함.

· **큐아르 (QR) 코드** 상품 포장지에 표시된 정사각형 모양의 무늬로, 그 상품의 정보를 표시한 것.

· **통계** (統 거느릴 통, 計 셀 계) 어떤 현상을 종합적으로 한눈에 알아보기 쉽게 일정한 체계에 따라 숫자로 나타낸 것.

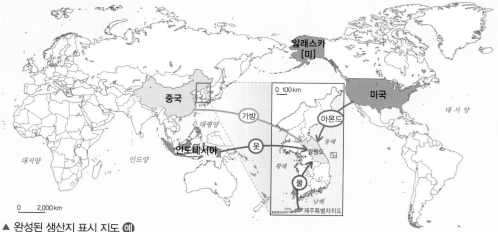

▲ 완성된 생산지 표시 지도 ⓔ

★ (3) 생산지 표시 지도를 통해 알 수 있는 점

① 우리 주변에 있는 물건들은 다양한 지역에서 우리 지역으로 들어왔습니다.

② 다른 나라에서 우리 지역으로 들어온 물건도 많습니다.

③ 우리 주변의 물건은 여러 곳에서 만들어집니다.

자료❶ 주변의 물건을 우리나라의 여러 지역에서 온 상품과 다른 나라에서 온 상품으로 나누어 정리하기 예

구분	물건	생산지(원산지)
우리나라의 여러 지역에서 온 물건	과자	부산광역시
	물	제주특별자치도
다른 나라에서 온 물건	프라이팬	독일
	오렌지	미국
	양말	베트남

우리 주변의 상품들은 다양한 지역에서 생산되며, 서로 다른 지역 간에 상품을 주고받으며 경제적으로 교류한다는 것을 알 수 있습니다.

자료❷ 교실에 있는 물건의 생산지를 조사하여 정리하기 예

물건	생산지
가방	중국
옷	인도네시아
물	제주특별자치도
간식으로 가져온 아몬드	미국

자료❸ 생산지 표시 지도 만들기

❶ 지도에서 우리 지역의 위치를 찾아 색칠하기 → ❷ 물건의 생산지를 찾아 다른 색으로 칠하기 → ❸ 물건의 생산지에서 우리 지역까지 화살표를 긋고, 화살표 위에 물건 이름을 적기

🎓 **핵심 개념 정리**

• 우리 주변에 있는 물건들은 우리나라의 여러 지역에서 오기도 하고, 다른 나라에서 오기도 합니다.
• 물건의 생산지는 상품 정보 확인하기, 상품 광고지 확인하기, 큐아르(QR) 코드 확인하기, 상품 판매대의 정보 확인하기 등의 방법으로 알 수 있습니다.

1 우리 주변의 물건이 어디에서 왔는지에 대한 설명으로 옳은 것에 ○표, 옳지 <u>않은</u> 것에 ✕표 하시오.

(1) 우리 주변에 있는 물건들 중에서 우리나라의 다른 지역이나 다른 나라에서 생산되어 온 물건은 없습니다.
　　　　　　　　　　　　　　　　　(　　　)

(2) 우리 주변의 물건을 자세히 살펴보면 어디에서 생산하였는지 알 수 있는 생산 정보가 표시되어 있습니다.
　　　　　　　　　　　　　　　　　(　　　)

2 다음 ( ) 안의 알맞은 말에 ○표 하시오.

> 물건의 포장지에 표시된 정보를 살펴보면 (생산지, 판매지)를 알 수 있다.

3 물건의 생산지를 확인하는 방법을 선으로 바르게 연결하시오.

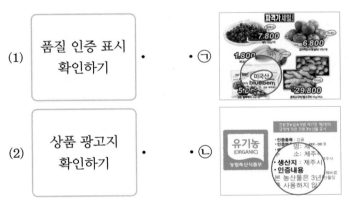

(1) 품질 인증 표시 확인하기 　　•

(2) 상품 광고지 확인하기 　　•

• ㉠

• ㉡

4 다음 지도를 보고 알 수 있는 점에 ○표 하시오.

▲ 생산지 표시 지도

(1) 물건이 어디에서 왔는지 알 수 있습니다. (　　)
(2) 우리나라에서 다른 나라로 물건이 나간다는 것을 알 수 있습니다. (　　)

2 교류하며 발전하는 우리 지역 (2)

1 경제적 교류

★ **(1) 경제적 교류의 의미:** 지역 간에 경제적 *이익을 얻기 위해 *물자, 기술, 정보, 문화 등을 서로 주고받는 것입니다. → 오늘날에는 교통과 통신수단의 발달로 지역 간 경제적 교류가 더욱 활발해졌어요.

(2) 경제적 교류의 대상: 개인, 기업, 지역, 국가 사이에서 다양하게 이루어집니다.

★ **(3) 경제적 교류가 생기는 까닭:** 지역마다 자연환경, 기술, 자원, 문화 등이 다르기 때문입니다.

(4) 경제적 교류를 하는 방법: 전통 시장이나 할인 매장과 같은 대형 시장에서 직접 교류하거나, 인터넷이나 홈 쇼핑 등 대중 매체를 이용하여 편리하게 교류합니다.
└→ 장소나 시간 제약 없이 상품의 정보를 얻거나 알릴 수 있고, 물건을 쉽고 편리하게 사고팔 수 있어요. / 신선하고 질 좋은 상품을 직접 보고 살 수 있어요.

(5) 경제적 교류를 하면 좋은 점
① 경제적 교류로 각 지역은 경제적 이익을 얻을 수 있습니다.
② 지역 간에 유용한 정보를 주고받을 수 있고, 서로 화합할 수 있습니다.
③ 각 지역은 경제적 교류를 통해 다른 지역과 밀접한 관계를 맺으며 지역의 부족한 부분을 *보완하여 함께 발전합니다.

★ 2 지역 간의 다양한 경제적 교류 사례

물자 교류 •→ 각 지역마다 생산하는 물자가 다르고 물자를 팔면 돈을 벌 수 있기 때문에 물자 교류를 해요.

다른 지역에서 부산광역시로 들어오는 물자 / 강원도 인제군의 *황태 / 경기도 용인시의 반도체

부산광역시

부산광역시에서 다른 지역으로 나가는 물자 / 수산물 / 자동차

0 5km

각 지역은 그 지역에서 생산하는 물자를 다른 지역으로 보내고, 직접 생산하기 어려운 물자는 다른 지역에서 들여오는 것을 통해 경제적 이익을 얻을 수 있음.

기술 교류 ┌→ 자동차를 만드는 기술이 뛰어난 울산광역시와 자율 주행 자동차 시험 기술을 가진 세종특별자치시가 교류하여 더 나은 자율 주행 자동차를 개발해요.

자율 주행차를 만들어요. / 울산광역시
자율 주행 자동차의 안전을 시험해요. / 세종특별자치시

• 서로의 지역에 부족한 기술을 보완하여 경제적 이익을 얻을 수 있음.
• 지역과 지역이 기술 교류를 하면 서로 다른 기술을 이용해 더 좋은 상품을 만들 수 있음.

문화 교류 ─→ 경기도 오케스트라 공연단이 전라북도 전주시에서 음악회를 열어 두 지역이 문화를 교류해요.

○○신문   2020년○○월 ○○일

경기도와 전라북도의 문화 교류
경기도의 예술단인 경기 ○○ 오케스트라가 전라북도 전주시에서 *신년 음악회를 연다. 이번 공연은 전국 각 지역의 13개 단체가 상호 방문 공연 등을 통한 문화 교류를 *약속한 성과이다.

• 각 지역이 가진 문화를 다른 지역 사람들에게 알리고 다른 지역 사람들은 다양한 문화를 경험할 수 있음.
• 축제와 문화 공연에 참여하는 사람들의 소비 활동으로 경제적 이익을 얻음.

용어 사전

• **이익**(利 이로울 이, 益 더할 익) 질적으로나 정신적으로 보탬이 되는 것.
• **물자**(物 물건 물, 資 재물 자) 어떤 활동에 필요한 물건이나 재료.
• **보완**(補 도울 보, 完 완전할 완) 모자라거나 부족한 것을 보충하여 완전하게 함.
• **황태**(黃 누를 황, 太 클 태) 얼어서 부풀어 더덕처럼 마른 북어.
• **신년**(新 새로울 신, 年 해 년) 새로 시작되는 해.
• **협약**(協 화합할 협, 約 맺을 약) 서로 의논하여 약속하는 것.

옛날에는 주로 지역 간이나 국가 간의 경제적 교류가 대부분이었으나, 오늘날에는 교통과 통신의 발달로 개인이나 기업도 교류에 활발히 참여해요.

자료 1 개인, 기업, 지역, 국가 간에 이루어지는 경제적 교류

개인과 기업
상품, 기술, 정보 교류
▲ 개인과 기업 간에 상품, 기술, 정보 등을 교류함.

지역과 기업
△△지역과 ○○ 기업의 협약 체결
▲ 지역과 기업 간에 경제 협약을 맺음.

지역과 지역
▲ 농촌, 어촌, 산지촌, 도시 등 각 지역 간에 생산물을 교류함.

국가와 국가
인도네시아 / 대한민국
▲ 국가 간에 서로 필요한 물건이나 기술 등을 교류함.

자료 2 경제적 교류가 생기는 까닭

문화·예술 공연
발달한 기술
문화와 예술이 발달한 지역
경제적 교류
문화·예술 공연
농수산물
기술이 발달한 지역
농수산물
발달한 기술
자연환경을 이용해 발달한 지역

각 지역의 자연환경, 기술, 정보, 문화 등이 다르기 때문에 지역 간에 경제적 교류가 일어납니다.

핵심 개념 정리

• 경제적 교류를 통해 경제적 이익을 얻을 수 있고, 지역을 발전시킬 수 있습니다.

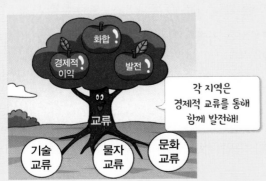
화합
경제적 이익
발전
교류
각 지역은 경제적 교류를 통해 함께 발전해!
기술 교류 물자 교류 문화 교류

1 서로 다른 지역이 경제적 이익을 얻기 위해 물자, 기술, 정보, 문화 등을 주고받는 것을 (   )(이)라고 합니다.

2 다음 (   ) 안의 알맞은 말에 ○표 하시오.

> 지역 간에 경제적 교류가 이루어지는 까닭은 자연환경, 기술, 문화 등이 (같기, 다르기) 때문이다.

3 다음 경제적 교류의 모습과 대상을 선으로 바르게 연결하시오.

(1)  •   • ㉠ 지역과 기업

(2)  •   • ㉡ 지역과 지역

(3)  •   • ㉢ 국가와 국가

4 빈칸에 들어갈 알맞은 말을 보기 에서 찾아 쓰시오.

> **보기**
> • 경험   • 발전   • 대형 시장   • 대중 매체

(1) 전통 시장이나 할인 매장에서 직접 교류하거나 인터넷이나 홈 쇼핑 등 (   )을/를 이용하여 편리하게 경제적 교류를 합니다.

(2) 각 지역은 경제적 교류를 통해 다른 지역과 밀접한 관계를 맺으면서 지역의 부족한 부분을 보완하여 함께 (   )합니다.

2 교류하며 발전하는 우리 지역 (3)

😊 공부할 개념

• 지역의 대표 상품과 경제적 교류 알기
• 우리 지역의 경제적 교류 모습 조사하기

1 각 지역의 대표 상품과 경제적 교류

(1) 지역 간에 경제적 교류를 하지 않을 경우: 사람들의 생활에 필요한 것을 얻기가 어려워지고 지역의 발전이 늦어집니다. [자료 1]

(2) 지역의 대표 상품

① 각 지역에는 그 지역을 대표하는 상품이 있으며, 지역 간 경제 교류는 지역의 대표 상품을 중심으로 이루어집니다.

② 지역의 대표 상품을 홍보하여 경제적 교류가 활발해지면 각 지역은 경제적 이익을 얻을 수 있습니다.

(3) 우리 지역의 대표 상품을 소개하는 방법

> • 상품을 소개하는 전단지 만들기
> • 상품을 판매하는 누리집 만들기
> • 상품의 장점을 잘 보여 주는 광고 만들기
> • 상품의 특징을 잘 나타내는 상표 개발하기
> • 대표 상품을 소개하는 *박람회에 참여하기

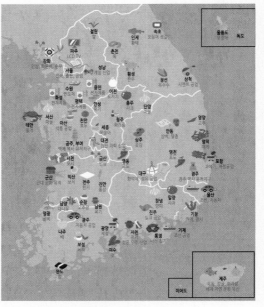

▲ 지역의 대표 상품을 보여 주는 지도

2 우리 지역의 경제적 교류 모습 조사하기

★ **(1) 지역의 경제적 교류 모습을 조사하는 방법**

① 관계자 면담하기

② 지역 책자를 *활용하거나 지역 홍보 자료에서 찾기

③ <u>인터넷 검색하기</u> —• 인터넷에서 원하는 내용을 찾으려면 지역 이름 뒤에 기술 교류, 문화 교류, 물자 교류, 상생 교류, 직거래 교류, 경제 협력 등 *핵심어를 덧붙여 검색해야 해요.

   • 인터넷 뉴스 살펴보기
   • 지역 공공 기관 누리집을 방문하여 찾아보기

④ 지역 신문이나 지역 소식지에서 찾아보기

⑤ 시장에서 조사하기: 전통 시장이나 할인 매장에 가서 우리 지역과 다른 지역의 대표 상품을 찾아보고, 사람들이 어떤 상품을 많이 사 가는지 살펴봅니다.

(2) 우리 지역과 다른 지역의 경제적 교류 사례 조사하여 정리하기 예 [자료 2]

용어 사전

• **박람회**(博 넓을 박, 覽 볼 람, 會 모일 회) 각 지역을 대표하는 상품을 다른 지역에 소개하고 파는 곳.
• **활용**(活 살 활, 用 쓸 용) 충분히 잘 이용함.
• **핵심어**(核 씨 핵, 心 마음 심, 語 말씀 어) 어떤 일이나 주제에 대해서 가장 중심이 되는 단어.
• **속도**(速 빠를 속, 度 법 도) 물체가 나아가거나 일이 진행되는 빠르기.

> **우리 지역 이름: 전라북도**
>
> | 물자 교류 사례 | 기술 교류 사례 | 문화 교류 사례 |
> |---|---|---|
> | • 교류하는 지역 이름: 강원도
• 교류하는 물자: 쌀, 오징어 | • 교류하는 지역 이름: 충청북도
• 교류하는 기술: 수소, 연료 전지 | • 교류하는 지역 이름: 경기도
• 교류하는 문화: 판소리 공연, 오케스트라 공연 |

(3) 경제적 교류를 조사한 후 알 수 있는 점: 지역 간에 물자, 기술, 문화를 서로 주고받는 모습을 알 수 있습니다.

자료1 지역 간에 경제적 교류를 하지 않으면 발생하는 일

기술 교류를 하지 않으면	지역 간의 발전 •속도에 차이가 생김.
물자 교류를 하지 않으면	가지고 싶은 물건이나 먹고 싶은 음식을 먹지 못 하게 됨.
문화 교류를 하지 않으면	다양한 문화 체험을 할 수 없게 됨.

자료2 우리 지역의 경제적 교류 지도 만들기 예

• 우리 지역의 경제적 교류 지도를 만들면 우리 지역의 대표 상품 (특산품)을 알게 됩니다.
• 우리 지역이 다른 지역과 다양한 경제적 교류를 하고 있다는 것을 알 수 있습니다.

핵심 개념 정리

• 지역 간 경제적 교류는 지역의 대표 상품을 중심으로 이루어집니다.
• 우리 지역과 다른 지역의 경제적 교류를 조사하면 지역 간에 물자, 기술, 문화를 서로 주고받는 모습을 알 수 있습니다.

1 지역 간의 경제적 교류 중 (   ) 교류를 하지 않으면 가지고 싶은 물건이나 먹고 싶은 음식을 먹지 못하게 될 것입니다.

2 빈칸에 들어갈 알맞은 말을 보기 에서 찾아 쓰시오.

> 보기
> • 대표 상품   • 대중 매체
> • 경제적 이익   • 정치적 이익

(1) 지역의 대표 상품을 홍보하여 경제적 교류가 활발해지면 각 지역은 (   )을/를 얻을 수 있습니다.
(2) 각 지역에는 그 지역을 대표하는 상품이 있으며, 지역 간 경제 교류는 지역의 (   )을/를 중심으로 이루어집니다.

3 다음 (   ) 안의 알맞은 말에 ○표 하시오.

> 우리 지역의 대표 상품을 소개하는 방법으로 상품을 소개하는 전단지 만들기, (박람회 , 운동회)에 참여하기 등이 있다.

4 지역의 경제적 교류 모습을 조사하는 방법으로 옳은 것에 ○표, 옳지 않은 것에 ✕표 하시오.

(1) 인터넷 뉴스를 살펴보거나 지역 공공 기관 누리집을 방문하는 것은 지역 신문을 활용하는 방법입니다.
(   )
(2) 지역의 경제적 교류 모습을 조사하기 위해 관계자와 면담하거나 지역 책자를 활용할 수 있습니다. (   )

5 전라북도와 경기도는 판소리 공연, 오케스트라 공연 등과 같은 (   ) 교류를 통해 경제적 이익을 얻습니다.

2. 필요한 것의 생산과 교환 47

핵심문장으로 시작하기

1 상품 포장지에 표시된 정보를 확인하면 물건의 ㅅ ㅅ ㅈ 를 알 수 있습니다.

2 지역 간에 이익을 얻기 위해 물자, 기술, 문화 등을 서로 주고받는 것을 ㄱ ㅈ ㅈ ㄱ ㄹ 라고 합니다.

3 지역의 경제적 교류 모습을 조사하는 방법에는 관계자를 면담하거나, ㅇ ㅌ ㄴ 검색하기 등이 있습니다.

4★ 우리 주변의 물건이 어디에서 왔는지 알아보는 방법으로 알맞지 않은 것을 보기 에서 골라 기호를 쓰시오.

> **보기**
> ㉠ 통계 자료를 분석한다.
> ㉡ 상품을 종류별로 분류한다.
> ㉢ 상품 포장지에 표시된 정보를 본다.
> ㉣ 상품 판매대에 있는 상품 안내판을 본다.

( )

5 다음과 같이 상품이 어디에서 왔는지 확인하는 방법으로 알맞은 것은 어느 것입니까? ( )

① 상품 광고지 확인하기
② 품질 인증 표시 확인하기
③ 신문 기사나 뉴스 확인하기
④ 누리집에서 상품 소개 검색하기
⑤ 큐아르(QR) 코드 찍어서 확인하기

6~7 다음은 강원도에 사는 민수가 만든 생산지 표시 지도입니다. 물음에 답하시오.

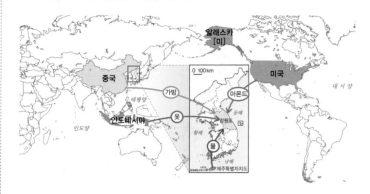

6 우리나라의 다른 지역에서 민수가 사는 지역으로 들어온 물건은 어느 것입니까? ( )

① 옷   ② 물   ③ 가방
④ 아몬드   ⑤ 학용품

7 위 지도를 통해 알 수 있는 내용으로 옳지 않은 것은 어느 것입니까? ( )

① 우리 주변의 물건이 어디에서 왔는지 알 수 있다.
② 우리 지역에서 모든 상품이 생산된다는 것을 알 수 있다.
③ 다른 나라에서 우리나라로 물건이 들어온다는 것을 알 수 있다.
④ 우리 주변의 물건이 여러 곳에서 만들어진다는 것을 알 수 있다.
⑤ 우리나라와 다른 나라가 경제적으로 교류한다는 것을 알 수 있다.

8 다음 선생님의 설명에서 빈칸에 들어갈 내용으로 알맞지 않은 것은 어느 것입니까? ( )

지역 간에 경제적 이익을 얻기 위해 ( ) 등을 서로 주고받는 것을 경제적 교류라고 합니다.

① 물자   ② 기술   ③ 정보
④ 문화   ⑤ 인구

9 경제적 교류에 대한 설명으로 알맞은 것을 두 가지 고르시오. ( )

① 개인, 지역, 국가 외에 교류의 대상은 없다.
② 교류하면 우리 지역에 없는 것을 얻을 수 있다.
③ 오늘날 교통과 통신수단의 발달로 교류가 더욱 활발해졌다.
④ 전통 시장이나 대형 시장에서 직접 교류하는 방법밖에 없다.
⑤ 지역마다 가지고 있는 자원이 같기 때문에 교류가 이루어진다.

10 다음 글에 나타난 경제적 교류의 대상으로 알맞은 것은 어느 것입니까? ( )

> 자동차를 만드는 기술이 뛰어난 울산광역시와 자율 주행 자동차 시험 기술을 가진 세종특별자치시가 교류하여 더 나은 자율 주행 자동차를 개발하였다.

① 개인과 개인   ② 개인과 기업
③ 국가와 기업   ④ 국가와 지역
⑤ 지역과 지역

11 _{서술형} 다음과 같이 지역 간에 경제적 교류가 생기는 까닭을 쓰시오.

_____
_____

12 다음 빈칸에 들어갈 알맞은 말은 어느 것입니까? ( )

> 경제적 교류를 통해 다른 지역과 밀접한 관계를 맺으며 지역의 부족한 부분을 보완하여 함께 ( )한다.

① 무시   ② 비교   ③ 발전
④ 경쟁   ⑤ 상상

13~14 다음 일기를 보고, 물음에 답하시오.

> 20○○년 ○○월 ○○일 ○요일   날씨: 맑음
> 오늘 아빠와 함께 시장에 다녀왔다. 과일 가게 주인할머니는 오늘 아침에 제주도에서 온 싱싱한 한라봉을 팔고 계셨다. 맛있어 보여서 한 상자 샀다. 과일을 산 후 음악회를 보러 예술 회관에 갔다. △△시 오케스트라에서 우리 지역으로 음악 공연을 하러 왔는데, 많은 사람이 보러 왔다.

13 위 일기에 나타난 경제적 교류를 보기 에서 모두 골라 기호를 쓰시오.

> **보기**
> ㉠ 물자 교류   ㉡ 기술 교류
> ㉢ 문화 교류   ㉣ 다른 나라와의 교류

( )

14 위 일기에서 밑줄 친 교류를 하면 좋은 점으로 알맞은 것은 어느 것입니까? ( )

① 다른 지역과 경쟁할 수 있다.
② 다른 지역의 물자를 가져올 수 있다.
③ 다른 지역의 문화를 경험할 수 있다.
④ 두 지역의 발달한 기술을 교류할 수 있다.
⑤ 우리 지역의 특산물을 다른 지역에 팔 수 있다.

15 다음과 같이 지역 간에 물자 교류가 일어나는 까닭을 쓰시오.

서술형

다른 지역에서 부산광역시로 들어오는 물자
• 강원도 인제군의 황태
• 경기도 용인시의 반도체

→ 부산광역시 →

부산광역시에서 다른 지역으로 나가는 물자
• 수산물
• 자동차

0   5 km

_____

_____

16 경제적 교류를 하지 않을 경우 일어날 일에 대해 잘못 말한 어린이는 누구입니까? (   )

① 지역 간에 발전 속도가 같아져요.

② 생활에 필요한 것을 얻기가 힘들어져요.

③ 우리 지역에서 생산한 것만 먹게 돼요.

④ 다양한 문화를 체험할 수 없게 돼요.

17 우리 지역의 대표 상품을 소개하는 방법으로 알맞지 않은 것은 어느 것입니까? (   )

① 대형 할인점의 광고지 확인하기
② 대표 상품을 판매하는 누리집 만들기
③ 대표 상품을 소개하는 박람회에 참여하기
④ 대표 상품의 장점을 잘 보여 주는 광고 만들기
⑤ 대표 상품의 특징을 잘 나타내는 상표 개발하기

18 우리 지역의 경제적 교류 모습을 조사하는 방법으로 알맞은 것을 보기 에서 모두 골라 기호를 쓰시오.

보기
㉠ 관계자 면담하기
㉡ 지역 신문 찾아보기
㉢ 공공 기관 누리집 방문하기
㉣ 지역의 디지털 영상 지도 살펴보기

(   )

19 인터넷으로 지역 간 경제적 교류를 조사할 때 검색할 핵심어로 알맞지 않은 것은 어느 것입니까?

(   )

① 기술 교류   ② 상생 교류
③ 경제 협력   ④ 언어 교류
⑤ 직거래 교류

20 다음 우리 지역의 경제적 교류 지도를 통해 알 수 있는 점으로 알맞은 것은 어느 것입니까?(   )

① 교류하고 있는 인구수를 알 수 있다.
② 물자로만 교류하고 있음을 알 수 있다.
③ 다른 나라와 교류하고 있음을 알 수 있다.
④ 다른 지역과 언제부터 교류하였는지 알 수 있다.
⑤ 우리 지역이 다른 지역과 교류하고 있음을 알 수 있다.

1 다음은 주변의 물건이 어디에서 왔는지 조사하여 정리한 표입니다. 물음에 답하시오. [12점]

구분	물건	㉠ 물건이 만들어진 곳
우리나라의 여러 지역에서 온 물건	과자	부산광역시
	물	제주특별자치도
다른 나라에서 온 물건	프라이팬	독일
	오렌지	미국

(1) 위 밑줄 친 ㉠을 뜻하는 단어를 쓰시오. [4점]

(   )

(2) 위 표와 같이 물건이 어디에서 왔는지 조사하는 방법을 두 가지 쓰시오. [8점]

_____

_____

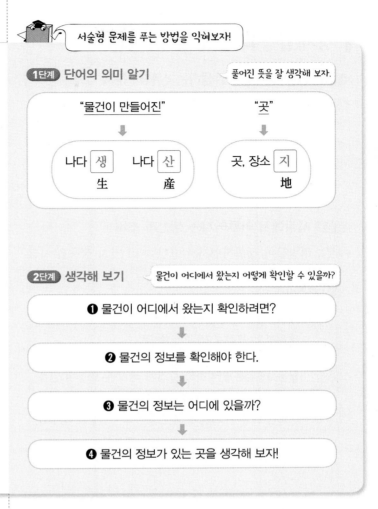

서술형 문제를 푸는 방법을 익혀보자!

1단계 단어의 의미 알기   풀어진 뜻을 잘 생각해 보자.

"물건이 만들어진"   "곳"
↓   ↓
나다 生 나다 産   곳, 장소 地
生   産   地

2단계 생각해 보기   물건이 어디에서 왔는지 어떻게 확인할 수 있을까?

❶ 물건이 어디에서 왔는지 확인하려면?
↓
❷ 물건의 정보를 확인해야 한다.
↓
❸ 물건의 정보는 어디에 있을까?
↓
❹ 물건의 정보가 있는 곳을 생각해 보자!

2 다음 신문 기사를 보고, 물음에 답하시오. [12점]

> ○○신문   2020년 ○○월 ○○일
>
> **경기도와 전라북도의 (㉠) 교류**
> 경기도의 예술단인 경기 ○○ 오케스트라가 전라북도 전주시에서 신년 음악회를 연다. 이번 공연은 전국 각 지역의 13개 단체가 상호 방문 공연 등을 통한 문화 교류를 약속한 성과이다.

(1) 위 ㉠에 들어갈 알맞은 말을 쓰시오. [4점]

(   )

(2) 위와 같은 교류의 좋은 점을 쓰시오. [8점]

_____

_____

3 다음은 지역 간에 경제적 교류를 하지 않으면 우리 생활이 어떻게 될지 정리한 표입니다. 물음에 답하시오. [12점]

(㉠) 교류를 하지 않으면	가지고 싶은 물건이나 먹고 싶은 음식을 먹지 못하게 된다.
기술 교류를 하지 않으면	㉡
문화 교류를 하지 않으면	다양한 문화 체험을 할 수 없게 된다.

(1) 위 ㉠에 들어갈 알맞은 말을 쓰시오. [4점]

(   )

(2) 위 ㉡에 들어갈 알맞은 내용을 쓰시오. [8점]

_____

_____

2 필요한 것의 생산과 교환

> 시장에서는 생산과 소비 활동이 이루어지며, 지역 간에는 경제적 교류를 하며 함께 발전합니다.

1 경제활동과 현명한 선택

개념1 경제활동에서 발생하는 선택의 문제

• **경제활동**: 생활에 필요한 여러 가지 것들을 만들고 사용하는 것과 관련된 모든 활동
• **자원의 희소성**: 사람들의 필요나 욕구에 비해 자원이 부족한 상태 → 자원의 희소성 때문에 경제활동에서 선택의 문제가 발생함.

개념2 시장에서 이루어지는 생산과 소비

• **시장**: 사람들이 생활하면서 필요한 여러 가지 상품을 사고 파는 곳
• **생산과 소비**

생산	• 의미: 생활에 필요한 물건을 만들거나 우리 생활을 편리하고 즐겁게 해 주는 활동 • 종류: 생활에 필요한 것을 자연에서 얻거나 만드는 활동, 생활을 편리하고 즐겁게 해 주는 활동이 있음.
소비	• 의미: 생산한 것을 사서 사용하는 활동 • 소득은 한정되어 있으므로 현명한 소비 활동을 해야 함.

2 교류하며 발전하는 우리 지역

개념3 주변의 물건이 어디에서 왔는지 알아보기

• 우리 주변의 물건은 다양한 지역에서 생산되어 우리 지역으로 옴.
• **물건의 생산지(원산지)를 확인하는 방법**: 상품 포장지에 표시된 정보 확인하기, 상품 광고지 확인하기, 상품 판매대의 정보 확인하기, 품질 인증 표시 확인하기, 큐아르(QR) 코드 찍어 확인하기, 누리집에서 상품 소개 검색하기 등

개념4 경제적 교류

의미	지역 간에 경제적 이익을 얻기 위해 물자, 기술, 정보, 문화 등을 서로 주고받는 것
필요한 까닭	각 지역의 자연환경, 기술, 문화 등이 다르기 때문임.
대상	개인, 기업, 지역, 국가
방법	대형 시장에서 직접 교류하기, 대중 매체 이용하기 등
모습	물자 교류, 기술 교류, 문화 교류

• **우리 지역의 경제적 교류를 조사하는 방법**: 관계자 면담하기, 지역 책자 활용하기, 인터넷 검색하기 등

👁 그림을 보고 배운 개념을 떠올리며 말풍선을 채워 보세요.

1

> 매콤한 떡볶이가 먹고 싶지?

> 달콤 시원한 아이스크림을 먹지 그래.

> 떡볶이냐, 아이스크림이냐! 가진 돈이 부족하니 선택의 문제가 발생하는구나!

사람들이 생활하는 데 필요한 여러 가지 것들을 만들고 사용하는 것과 관련된 모든 활동을 (❶   )(이)라고 합니다. 자원의 (❷   ) 때문에 경제활동에서 선택의 문제가 발생합니다.

👁 그림을 보고 배운 개념을 떠올리며 말풍선을 채워 보세요.

3

> 제주도에서 온 한라봉이네.

> 제주 한라봉

> 제주도에서 태어나 다른 지역으로 간다~!

우리 주변의 물건은 다양한 지역에서 생산되어 우리 지역으로 옵니다. 물건이 어디에서 왔는지 확인하는 방법으로 상품 포장지에 표시된 정보 확인하기, 상품 광고지 확인하기, (❺   ) 코드 찍어서 확인하기 등이 있습니다.

2

2

> 맛있는 케이크를 만들어 파는 건 생산 활동!

> 맛있는 케이크를 사는 건 소비 활동!

생활에 필요한 물건을 만들거나 우리 생활을 편리하게 해 주는 활동을 (❸   )(이)라고 하고, 생산한 것을 사서 사용하는 활동을 (❹   )(이)라고 합니다.

4

> 각 지역은 경제적 교류를 통해 함께 발전해!

회합

경제적 이익   발전

교류

기술 교류   물자 교류   문화 교류

서로 다른 지역이 경제적 이익을 얻기 위해 물자, 기술, 문화 등을 주고받는 것을 (❻   )(이)라고 합니다. 지역마다 (❼   ), 기술, 문화 등이 다르기 때문에 지역 간에 경제적 교류를 합니다.

옳은 문장에 ○, 틀린 문장에 ✕하세요. 틀린 부분은 밑줄을 긋고 바른 개념으로 고쳐 써 보세요.

1 사람들이 생활하는 데 필요한 여러 가지 것들을 만들고 사용하는 것과 관련된 모든 활동을 생산 활동이라고 합니다.
(   )

2 경제활동에서 선택의 문제가 발생하는 까닭은 자원의 희소성 때문입니다.
(   )

3 사람들이 생활에 필요한 여러 가지 상품을 사고파는 곳을 시장이라고 합니다.
(   )

4 생산한 것을 사서 사용하는 활동을 생산이라고 합니다.
(   )

5 가정의 소득은 한정되지 않고 무한하기 때문에 현명한 소비 활동을 해야 합니다.
(   )

6 우리 주변의 물건은 여러 지역에서 생산되어 우리 지역으로 옵니다.
(   )

7 물건에 표시되어 있는 상품 정보를 살펴보면 생산지를 알 수 있습니다.
(   )

8 지역 간에 경제적 이익을 얻기 위해 물자, 기술, 정보, 문화 등을 서로 주고받는 것을 경제적 교류라고 합니다.
(   )

9 경제적 교류가 이루어지는 까닭은 각 지역의 자연환경, 기술, 문화 등이 같기 때문입니다.
(   )

10 각 지역은 경제적 교류를 통해 부족한 부분을 보완하면서 함께 발전합니다.
(   )

1 다음에서 설명하는 용어로 알맞은 것은 어느 것입니까? ( )

> 생활에 필요한 여러 가지 것들을 만들고 사용하는 것과 관련된 모든 활동이다.

① 경제활동
② 소비 활동
③ 생산 활동
④ 봉사 활동
⑤ 정치 활동

2 다음 밑줄 친 ㉠, ㉡에 대한 설명으로 옳은 것은 어느 것입니까? ( )

> ㉠ 자원의 희소성 때문에 ㉡ 선택의 문제가 발생한다.

① ㉠ - 시대나 장소에 따라 달라지지 않고 항상 똑같다.
② ㉠ - 단순히 자원의 양이 많고 적음에 따라 결정된다.
③ ㉠ - 사람들의 필요나 욕구에 비해 자원이 부족한 상태를 말한다.
④ ㉡ - 경제활동을 하는 사람 중 일부에게만 나타난다.
⑤ ㉡ - 모든 사람이 똑같은 것을 선택하기 때문에 나타난다.

3 현명한 선택을 해야 하는 까닭으로 알맞은 것을 두 가지 고르시오. ( )

① 법으로 정하였기 때문에
② 돈을 절약할 수 있기 때문에
③ 친구에게 자랑할 수 있기 때문에
④ 한정판 물건을 구입할 수 있기 때문에
⑤ 즐거움과 만족감을 얻을 수 있기 때문에

[4~6] 다음 사진을 보고, 물음에 답하시오.

(가)

(나)

(다)

(라)

4 위 (가)~(라)와 같이 사람들이 여러 가지 상품을 사고파는 곳을 무엇이라고 하는지 쓰시오.

( )

5 위 (가)~(라)를 보고 잘못 말한 어린이는 누구입니까? ( )

① (가)는 사람들이 직접 만나서 사고파는 곳이야.
② (나)는 늦은 시간까지 상품을 판매하는 동네의 상점이야.
③ (다)는 인터넷으로 다양한 상품을 비교해 살 수 있어.
④ (라)는 집에서 텔레비전 방송으로 상품을 살 수 있어.

6
서술형 위 (다), (라)의 공통점을 한 가지 쓰시오.(단, (가), (나)와 구분되는 특징을 쓸 것.)

_____

_____

7 생산과 소비에 대한 설명으로 알맞은 것을 보기 에서 모두 골라 기호를 쓰시오.

> **보기**
> ㉠ 시장에서 생산과 소비의 모습을 볼 수 있다.
> ㉡ 소비는 생활에 필요한 것을 만드는 활동이다.
> ㉢ 자연에서 필요한 것을 얻는 활동만 생산에 해당한다.
> ㉣ 생산은 우리 생활을 편리하고 즐겁게 해 주는 활동을 포함한다.

( )

8 다음 생산 활동의 공통점으로 알맞은 것은 어느 것입니까? ( )

▲ 벼농사하기   ▲ 고기잡이

① 생활에 필요한 것을 만드는 활동이다.
② 생활에 필요한 것을 소비하는 활동이다.
③ 생활을 편리하고 즐겁게 해 주는 활동이다.
④ 생활에 필요한 것을 자연에서 얻는 활동이다.
⑤ 생활에 필요한 것을 도시에서 얻는 활동이다.

9 소비 활동을 하는 모습으로 알맞지 않은 것은 어느 것입니까? ( )

① 마트에서 과자 사기
② 문방구에서 학용품 사기
③ 환자가 의사에게 진료 받기
④ 미용실에서 머리 손질 받기
⑤ 공장에서 아이스크림 만들기

10 생산과 소비의 모습을 알맞게 말한 어린이를 모두 골라 이름을 쓰시오.

> **지수**: 건물을 짓는 것은 생산의 모습이야.
> **해인**: 야구 경기를 보러 가는 것은 생산의 모습이야.
> **제니**: 빵집 주인이 빵을 만들어 파는 것은 소비의 모습이야.
> **도현**: 분식집에서 떡볶이를 사서 먹는 것은 소비의 모습이야.

( )

11
서술형
다음 재준이의 질문에 대한 답을 쓰시오.

 현명한 소비 생활을 해야 하는 까닭은 무엇일까?

▲ 재준

_____

_____

12★ 우리 주변에 있는 물건의 생산지를 확인하는 방법으로 알맞지 않은 것은 어느 것입니까? ( )

① 품질 인증 표시 확인하기
② 도서관에서 국어사전 찾아보기
③ 누리집에서 상품 소개 검색하기
④ 큐아르(QR) 코드 찍어서 확인하기
⑤ 대형 할인점의 상품 광고지 확인하기

13 다음에서 설명하는 용어로 알맞은 것은 어느 것입니까? ( )

> 개인이나 지역 간에 경제적 이익을 얻기 위해 물자, 기술, 정보, 문화 등을 서로 주고받는 것

① 소비 교류   ② 생산 교류
③ 현명한 선택   ④ 정치적 교류
⑤ 경제적 교류

14 다음 그림에 나타난 교류의 대상으로 알맞은 것은 어느 것입니까? (   )

① 개인과 개인   ② 개인과 지역
③ 지역과 지역   ④ 지역과 기업
⑤ 국가와 국가

15 오늘날 경제적 교류가 더욱 활발해진 까닭으로 알맞은 것은 어느 것입니까? (   )

① 두 지역끼리만 교류하였기 때문에
② 촌락보다 도시만 발전하였기 때문에
③ 다른 나라와 교류하지 않았기 때문에
④ 교통과 통신수단이 발달하였기 때문에
⑤ 지역마다 물건을 계속 생산하였기 때문에

16* 지역 간에 경제적 교류가 필요한 까닭으로 알맞지 않은 것을 보기 에서 골라 기호를 쓰시오.

> **보기**
> ㉠ 각 지역의 문화가 다르기 때문에
> ㉡ 지역마다 가진 자원이 같기 때문에
> ㉢ 지역마다 발달한 기술이 다르기 때문에
> ㉣ 지역마다 가진 자연환경이 다르기 때문에

(   )

17 경제적 교류의 좋은 점으로 알맞은 것을 두 가지 고르시오. (   )

① 지역마다 같은 대표 상품을 가질 수 있다.
② 다른 나라의 물건을 무료로 가져올 수 있다.
③ 지역 간에 유용한 정보를 주고받을 수 있다.
④ 지역 사람들이 원하는 것을 모두 가질 수 있다.
⑤ 지역의 부족한 부분을 보완하여 함께 발전할 수 있다.

18 다음과 같이 지역 간에 물자 교류가 일어나는 까닭으로 알맞은 것을 두 가지 고르시오. (   )

① 지역 간에 인문환경이 비슷하기 때문에
② 지역마다 가지고 있는 자원이 같기 때문에
③ 다른 지역의 문화를 경험할 수 있기 때문에
④ 각 지역에서 생산하는 물자가 다르기 때문에
⑤ 교류를 하면 경제적 이익을 얻을 수 있기 때문에

19 다음 그림에 나타난 경제적 교류를 통해 각 지역이 얻는 좋은 점을 쓰시오.
서술형

20 다음은 우리 지역의 경제적 교류 모습을 조사하는 방법 중 무엇에 대한 설명입니까? (   )

> 전통 시장 또는 할인 매장에 가서 우리 지역과 다른 지역의 대표 상품을 찾아보고, 사람들이 어떤 상품을 많이 사는지 살펴본다.

① 관계자 면담하기
② 인터넷 검색하기
③ 시장에서 조사하기
④ 지역 책자 활용하기
⑤ 지역 소식지에서 찾아보기

2-1 경제활동과 현명한 선택

학습 주제	경제활동에서 선택의 문제가 발생하는 까닭	배점	30점
학습 목표	경제활동에서 선택의 문제가 일어나는 까닭을 이해하고, 현명한 선택을 하는 방법을 알 수 있다.		

1~3 다음 그림을 보고, 물음에 답하시오.

(가)   (나)

친구 생일 선물로 공책이 좋을까? 연필이 좋을까? 가지고 있는 용돈으로는 한 가지만 살 수 있네.

가격은 흰색 휴대 전화가 싼데, 디자인은 검은색 휴대 전화가 예쁘네. 둘 다 사기엔 돈이 부족해. 어떤 것을 선택할까?

1 다음 (가), (나)의 상황을 설명한 글에서 밑줄 친 내용에 해당하는 알맞은 말을 쓰시오. [5점]

> (가), (나)는 일상생활에서 발생한 선택의 문제 상황이다. 사람들은 생활에 필요한 여러 가지 것들을 만들고 사용하는 것과 관련된 모든 활동을 하면서 여러 가지 선택을 해야 하는 상황에 부딪힌다.

(   )

2 위 (가), (나)에서 선택의 문제가 생긴 까닭을 쓰고, 결론의 빈칸에 들어갈 알맞은 말을 쓰시오. [15점]

❶ (가)에서 선택의 문제가 생긴 까닭	❷ (나)에서 선택의 문제가 생긴 까닭

↓

결론	경제활동에서 선택의 문제는 ❸ [ ] 때문에 일어난다.

3 위 (가), (나)와 같은 상황에서 현명한 선택을 하는 방법을 쓰시오. [10점]

_____

_____

2-2 교류하며 발전하는 우리 지역

학습 주제	경제적 교류의 필요성	배점	30점
학습 목표	경제적 교류가 생기는 까닭과 경제적 교류의 좋은 점을 알 수 있다.		

1~3 다음은 경제적 교류를 하는 모습을 나타낸 것입니다. 물음에 답하시오.

1 위에서 각 지역이 서로 무엇을 교류하는지 ㉠, ㉡에 들어갈 알맞은 교류 품목을 쓰시오. [5점]

· ㉠: (   )　　　　· ㉡: (   )

2 위와 같이 지역 간에 경제적 교류가 생기는 까닭을 쓰시오. [10점]

_____

_____

3 위와 같이 경제적 교류를 하지 않으면 어떻게 될지 예상하여 쓰시오. [15점]

❶ 기술 교류를 하지 않으면	❷ 물자 교류를 하지 않으면	❸ 문화 교류를 하지 않으면

3

사회 변화와 문화 다양성

1 사회 변화로 나타난 일상생활의 모습 (1)

1 옛날과 오늘날의 교실 모습 자료⁺1

옛날
└ 학생 수가 많아요.

오늘날
• 컴퓨터와 텔레비전이 있어요.
└ 옛날보다 학생 수가 적어요.

비슷한 점	• 칠판, 책상, 의자가 있음. • 선생님이 수업을 하고, 학생들은 수업을 듣고 있음.
다른 점	• 오늘날에는 학생 수가 예전보다 많이 줄었음. →태어나는 아이의 수가 줄었기 때문이에요. • 오늘날에는 컴퓨터, 텔레비전과 같은 •디지털 기기와 디지털 교과서를 활용하여 수업함.┐ 　　　　　　　　　　　　　　　정보 통신 기술이 발전했기 때문이에요.•

2 우리 사회의 변화 모습 자료⁺2

(1) 우리 사회의 모습이 변화한 까닭

　① 교통·통신 및 과학 기술이 발달했기 때문입니다.

　② 사람들의 •가치관이 변화했기 때문입니다.

(2) 오늘날 우리 사회의 모습

태어나는 아이의 수가 점점 줄어들어 병원 운영이 어려워요.
산부인과
폐업
▲ 태어나는 아이의 수가 점점 줄어들고 있음.

노인 탁구반 모집 인원이 늘었어요.
노인 탁구반 모집
수강하는 사람이 많아지나 봐요.
▲ 노인 인구가 많아지고 있음.

자동차를 안전하게 운전할 수 있도록 도와주는 장치가 있어서 편리해요.
▲ 인터넷, 스마트폰 등 통신 기기가 발달하였음.
└ 인터넷과 연결된 스마트 기기로 차를 타고 갈 때 쉽게 길을 찾을 수 있어요.

세계 어디를 가도 이 회사의 햄버거를 먹을 수 있어요.
▲ 세계 여러 나라와의 교류가 활발해졌음.

용어 사전

• **디지털** 여러 가지 정보를 숫자로 나타내는 방식.
• **가치관**(價 값 가, 値 값 치, 値 볼 관) 인간의 삶이나 어떤 대상에 대해 무엇이 좋고 옳고, 바람직한지를 판단하는 관점.

자료 ➊ 옛날과 오늘날 학교의 모습 비교 예

▲ 옛날 점심 시간

▲ 옛날 교과서

옛날 학교의 모습	오늘날 학교의 모습
도시락을 싸 와서 먹음.	도시락을 가져오지 않고 급식을 먹음.
산수, 자연이란 과목 이름으로 배움.	수학, 과학이란 과목 이름으로 배움.
마룻바닥을 왁스로 청소함.	청소기와 물걸레, 기름걸레 등을 이용하여 청소함.

자료 ➋ 사회 변화에 따라 달라진 생활 모습

사회 변화	달라진 생활 모습
태어나는 아이의 수가 줄고 있음.	교실에 학생 수가 줄어들고, 문을 닫는 학교가 늘어나고 있음.
노인이 많아지고 있음.	• 할머니, 할아버지를 위한 시설이 많아졌음. • 일하는 할아버지, 할머니들이 늘었음.
인터넷과 스마트폰을 사용함.	• 컴퓨터나 스마트 기기로 온라인 수업을 함. • 인터넷으로 물건을 쉽게 구입함.
세계 여러 나라와 활발히 교류함.	• 다문화 가정이 늘어나고 있음. • 해외여행을 가는 사람들이 많음.

핵심 개념 정리

• 우리 사회는 교통·통신 및 과학 기술의 발달과 가치관의 변화로 다양하게 변화하고 있습니다.

1 오늘날의 교실 모습으로 알맞은 것에 ○표 하시오.

(1) (　　　　)　　　　(2) (　　　　)

2 옛날과 오늘날 교실 모습의 다른 점으로 옳은 것에 ○표, 옳지 <u>않은</u> 것에 ✕표 하시오.

(1) 옛날에는 칠판, 책상, 의자가 없었습니다. (　　　　)

(2) 오늘날에는 디지털 기기를 활용하여 수업합니다.

(　　　　)

3 다음 (　　　) 안의 알맞은 말에 ○표 하시오.

> 우리가 살아가는 사회는 과학 기술의 발달과 (언어, 가치관)의 변화로 다양하게 변화하고 있다.

4 다음 그림에 나타난 오늘날 우리 사회의 모습을 선으로 바르게 연결하시오.

(1) •

• ㉠ 노인 인구가 많아지고 있다.

(2) •

• ㉡ 세계 여러 나라와의 교류가 활발해졌다.

(3) •

• ㉢ 인터넷과 연결된 스마트 기기로 쉽게 길을 찾을 수 있다.

1 사회 변화로 나타난 일상생활의 모습(2)

😊 **공부할 개념**
• 저출산·고령화로 나타난 생활 모습의 변화 알아보기
• 저출산·고령화에 대비하기 위한 노력 알아보기

★ 1 저출산·고령화의 의미

저출산	아이를 적게 낳아 사회 전반적으로 *출산율이 감소하는 현상 자료1
고령화	전체 인구에서 차지하는 65세 이상 노인의 비율이 높아지는 현상

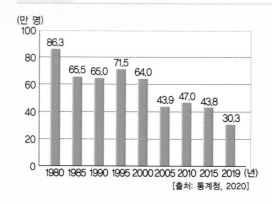

▲ 우리나라 출생아 수의 변화 [출처: 통계청, 2020]

▲ 우리나라 총인구와 65세 이상 인구의 변화 [출처: 통계청, 2019]

자녀 양육에 대한 경제적 부담, 결혼과 자녀에 대한 가치관의 변화 등의 이유로 아이를 적게 낳는 사람들이 많아지고 있어요.

• 출생아 수가 점점 줄어들고 있음.
• 앞으로도 출생아 수는 지금보다 더 줄어들 것으로 예상됨.

• 65세 이상 인구가 점점 증가하고 있음.
• 앞으로 우리나라 총인구는 점점 감소하고, 65세 이상 인구는 더욱 늘어날 것으로 예상됨.

의학 기술의 발달과 생활 수준의 향상으로 평균 수명이 늘어나면서 전체 인구에서 노인이 차지하는 비중이 커지고 있어요.

★ 2 저출산·고령화로 달라진 사회의 모습

저출산으로 달라진 사회의 모습

폐교된 학교의 모습이에요.

산부인과 병원이 줄어들고 있음.

가족 구성원 수가 줄고, 다양한 가족 형태가 늘어났음.

학생 수가 줄고, 문을 닫는 학교가 많아졌음.

고령화로 달라진 사회의 모습 자료2

일하는 노인이 많아지고, 노인을 위한 제도와 노인 대상 산업이 많아지고 있어요.

노인을 위한 시설이 늘어났음.

노인을 대상으로 하는 산업이 발달하였음. 실버산업이라고도 해요.

다시 일자리를 찾는 노인이 많아졌음.

용어 사전

• **출산율** (出 날 출, 産 낳을 산, 率 비율 율) 아기를 낳는 비율.
• **보육** (保 지킬 보, 育 기를 육) 어린아이를 돌보아 기름.
• **복지** 국민 모두가 안전하고 행복한 삶을 누릴 수 있도록 돕는 국가의 노력.
• **노후** (老 늙을 로, 後 뒤 후) 늙은 뒤.

3 저출산·고령화에 대비하기 위한 노력

저출산·고령화에 대비하려면 서로 다른 세대가 소통하고 배려하며 살아가야 해요.

저출산에 대비하기 위한 노력	고령화에 대비하기 위한 노력
출산비와 양육비 지원, 다자녀 가구에게 혜택 제공, 육아 휴직 사용, *보육 시설 확충, 다양한 유형의 돌봄 서비스 제공 등	노인 일자리 제공, 돌봄이 필요한 노인 지원, 노인들을 위한 *복지 제도 마련, 자신의 *노후 생활 미리 준비 등

자료 1 가족 계획 포스터

▲ 1974년   ▲ 1985년   ▲ 2016년

옛날에는 사람들이 아이를 적게 낳자고 했는데, 지금은 아이를 많이 낳자고 하고 있습니다.

자료 2 고령화 시대의 우리 사회 모습

○○신문   20△△년 △△월 △△일

늘어나는 노인을 위한 시설들

노인 전문 병원, 노인정 등과 같은 노인을 위한 시설이 늘어나고 있다.

국민건강보험 공단에 따르면 노인을 돌보는 기관이 2014년에 1만 6천여 곳이 있었는데, 2018년에는 2만 1천여 곳으로 늘어난 것으로 나타났다.

핵심 개념 정리

• 저출산은 태어나는 아이의 수가 줄어드는 현상이고, 고령화는 노인 인구가 차지하는 비율이 늘어나는 현상입니다.

• 저출산·고령화에 대비하려면 서로 다른 세대가 소통하고 배려하며 살아가야 합니다.

저출산으로 학생 수가 감소하더니 결국 폐교됐어.

노인 인구는 늘고 있어.

---

1 아이를 적게 낳아 사회 전반적으로 출산율이 감소하는 현상을 (   )(이)라고 합니다.

2 다음 (   ) 안의 알맞은 말에 ○표 하시오.

전체 인구에서 차지하는 65세 이상 노인의 비율이 (높아지는, 낮아지는) 현상을 고령화라고 한다.

3 다음에서 고령화로 달라진 사회 모습에 ○표 하시오.

(1)   (2)

▲ 줄어드는 산부인과   ▲ 늘어나는 노인 시설

(   )   (   )

4 저출산에 대비하기 위한 노력으로 옳은 것에 ○표, 옳지 않은 것에 ✕표 하시오.

(1) 아이를 키우는 데 필요한 비용을 지원합니다.

(   )

(2) 육아 휴직을 사용하도록 하고, 보육 시설을 늘리도록 합니다.   (   )

(3) 노인들에게 일자리를 제공하여 사회 활동을 할 수 있도록 돕습니다.   (   )

5 다음 (   ) 안의 알맞은 말에 ○표 하시오.

저출산·고령화에 대비하려면 서로 다른 세대가 소통하고 (배려, 무시)하며 살아가야 합니다.

3

1 사회 변화로 나타난 일상생활의 모습(3)

• 공부할 개념
• 정보화로 나타난 생활 모습의 변화 알아보기
• 세계화로 나타난 생활 모습의 변화 알아보기

★ 1 정보화로 나타난 생활 모습의 변화
→ 정보화로 일상생활이 편리해지고, 필요한 정보를 쉽고 빠르게 얻을 수 있게 되었어요. 그리고 정보와 지식을 활용해 새로운 자료를 만들고 공유할 수 있게 되었어요.

(1) **정보화의 의미**: 정보와 *지식이 중심이 되어 사회 변화를 이끌어 가는 현상입니다.

(2) **정보화로 인한 일상생활의 변화 모습** → 이밖에도 버스가 언제 도착할지 실시간으로 알 수 있고, 스마트 홈서비스로 집 안에 있는 가전기기를 마음대로 다룰 수 있어요.

| ▲ 애플리케이션으로 음식을 주문하면 로봇이 배달해 줌. | ▲ 인터넷 뉴스로 전 세계 소식을 실시간으로 알 수 있음. | ▲ 영화관에서 *무인 기계를 이용해 영화표를 살 수 있음. | ▲ 교사와 학생들이 온라인으로 수업을 함. |

(3) **정보화 사회에서 나타나는 문제점** 자료+1

인터넷 및 스마트폰 중독 인터넷이나 스마트폰을 과다하게 사용하면 일상생활에 방해가 됨.

사이버 폭력 모바일 메신저나 누리 소통망 서비스에서 이루어지는 폭력으로, 시간적·공간적 제약 없이 계속되어 괴롭힘 당하는 사람에게 큰 상처를 줌.

문제점

개인 정보 *유출 해킹으로 비밀번호나 전화번호와 같은 개인 정보가 유출되어 사생활이 침해됨.

***저작권 침해** 다른 사람이 만든 창작물을 불법으로 내려받아 여러 사람에게 퍼뜨림.

(4) **정보화 사회의 문제를 해결하기 위한 노력** → 정보화 사회의 문제점을 해결하기 위한 기관으로 경찰청 사이버 수사국, 한국 저작권 위원회, 스마트 쉼 센터 등이 있어요.

개인의 노력	• 인터넷과 스마트폰의 사용 시간을 줄이고 계획을 세워 사용함. • 사이버 공간에서 대화하거나 댓글을 달 때 예의를 지키고 상대방을 존중함. • 내 정보가 유출되지 않도록 관리함. • 다른 사람의 창작물을 소중하게 생각함.
사회의 노력	• 사이버 공간에서 일어나는 문제를 줄일 수 있도록 법과 제도를 보완함. • 사이버 예절이나 저작권 보호 등과 관련한 다양한 교육을 함.

★ 2 세계화로 나타난 생활 모습의 변화

(1) **세계화의 의미**: 세계 여러 나라가 국경을 넘어 다양한 분야에서 교류하면서 전 세계가 하나로 연결되는 현상입니다. 자료+2

(2) **세계화가 우리 생활에 미치는 영향**

긍정적 영향	부정적 영향
• 세계 여러 나라에서 만든 물건을 더 싸고 쉽게 구할 수 있음. • 세계 여러 나라의 문화를 접할 수 있음. • 우리나라의 문화를 세계에 널리 알릴 수 있음.	• 우리 전통문화에 대한 관심이 적어짐. • 서로의 문화를 이해하지 못해 갈등이 발생함. • 경쟁이 치열해지면서 일부 기업이나 나라가 경쟁에서 뒤처지기도 함. • 문화의 다양성이 약화됨.

(3) **세계화에 대비하기 위한 노력**

 다른 나라의 문화를 비판적으로 받아들이고, 우리 것을 소중히 여기는 태도를 가져요.

 기업과 나라가 경쟁력을 높이기 위해 노력해요.
└ 경쟁에 뒤처진 기업이나 나라가 경쟁력을 갖도록 지원하는 노력도 필요해요.

 서로 다른 문화를 존중하고, 전통문화를 창조적으로 계승하기 위해 노력해요.

용어 사전

• **지식** (智 슬기 지, 識 알 지) 배워서 알게 된 내용.
• **무인** (無 없을 무, 人 사람 인) 사람이 없음.
• **유출** (流 흐를 유, 出 날 출) 귀중한 물품이나 정보 등이 불법적으로 나라나 조직의 밖으로 나가 버림.
• **저작권** (著 분명할 저, 作 지을 작, 權 권리 권) 창작물을 만든 사람이 생각, 아이디어 등을 표현하여 만든 결과물에 대해 갖는 권리.

자료 1 정보화 사회의 문제점

● 사이버 공간에서 악성 댓글을 달거나 거짓 소문을 퍼뜨리는 것뿐만 아니라 친구를 무시하는 것도 사이버 폭력이에요.

인터넷 및 스마트폰 중독	사이버 폭력
 온종일 게임만 해서 걱정이야.	친구들이 대화방에서 내 말을 무시하는 것 같아. 
개인 정보 유출	저작권 침해
 내 전화번호를 어떻게 알았지? 모르는 번호로 전화가 계속 오네.	 내가 만든 노래를 사람들이 불법으로 내려받고 있어.

자료 2 가까워지고 있는 전 세계

통신수단의 발달로 세계 여러 나라의 소식을 바로 알 수 있어요.

교통수단이 발달하면서 세계 곳곳을 빠르게 갈 수 있어요.

오늘날 교통·통신 기술의 발달과 정보화로 전 세계는 더욱 가까워지고 있습니다.

 핵심 개념 정리

• 정보와 지식이 중심이 되어 사회 변화를 이끌어 가는 현상을 정보화라고 합니다.
• 세계 여러 나라가 다양한 분야에서 교류하고 영향을 주고받으면서 가까워지는 것을 세계화라고 합니다.

정보화로 원하는 정보를 쉽고 바르게 얻을 수 있어.

전 세계가 하나로 연결되고 있어.

1 다음 (　　) 안의 알맞은 말에 ○표 하시오.

> 정보와 지식이 중심이 되어 사회 변화를 이끌어 가는 현상을 (정보화, 고령화)라고 한다.

2 정보화 사회에서 나타나는 문제점을 선으로 바르게 연결하시오.

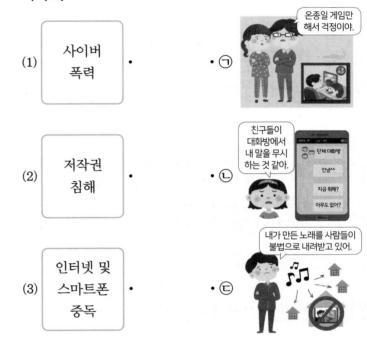

(1) 사이버 폭력 ・　　　　・ ㉠ 온종일 게임만 해서 걱정이야.

(2) 저작권 침해 ・　　　　・ ㉡ 친구들이 대화방에서 내 말을 무시하는 것 같아.

(3) 인터넷 및 스마트폰 중독 ・　　　　・ ㉢ 내가 만든 노래를 사람들이 불법으로 내려받고 있어.

3 세계 여러 나라가 국경을 넘어 다양한 분야에서 교류하면서 전 세계가 하나로 연결되는 현상을 (　　　　　　) (이)라고 합니다.

4 세계화의 긍정적인 영향으로 옳은 것에 ○표, 옳지 않은 것에 ✕표 하시오.

(1) 우리 전통문화에 대한 관심이 적어집니다. (　　　)

(2) 세계 여러 나라의 문화를 접할 수 있습니다. (　　　)

(3) 세계 여러 나라의 물건을 쉽게 구할 수 있습니다.
　　　　　　　　　　　　　　　　　　　 (　　　)

핵심문장으로 시작하기

1 우리가 살아가는 사회는 교통·통신 및 과학 기술의 발달과 사람들의 ㄱㅊㄱ 의 변화로 다양하게 변화하고 있습니다.

2 전체 인구에서 차지하는 65세 이상 노인의 비율이 높아지는 현상을 ㄱㄹㅎ 라고 합니다.

3 ㅈㅂㅎ 로 개인 정보 유출, 사이버 폭력 등 여러 가지 문제가 나타나고 있습니다.

4~5 다음을 보고, 물음에 답하시오.

▲ 옛날의 교실 모습

▲ 오늘날의 교실 모습

4 위 교실 모습을 설명한 것으로 알맞은 것을 보기 에서 골라 기호를 쓰시오.

보기
　㉠ 옛날 교실에는 책상과 의자가 없다.
　㉡ 오늘날 교실에는 텔레비전과 컴퓨터가 있다.
　㉢ 오늘날 교실에서는 학생이 수업을 하고 선생님이 수업을 듣는다.

（　　　　　）

5 옛날에 비해 오늘날 교실의 학생 수가 줄어든 까닭은 무엇입니까? （　　　）

① 아이가 많이 태어났기 때문에
② 노인 인구가 많이 늘었기 때문에
③ 정보 통신 기술이 발전했기 때문에
④ 태어나는 아이의 수가 줄었기 때문에
⑤ 세계 여러 나라와 교류가 활발해졌기 때문에

6 우리가 살아가는 사회가 다양하게 변화하고 있는 까닭을 바르게 말한 어린이는 누구입니까?
（　　　　　）

① 아이를 많이 낳기 때문이야.
② 가치관이 변화했기 때문이야.
③ 평균 수명이 줄어들고 있기 때문이야.
④ 다른 나라의 문화를 받아들이지 않기 때문이야.

7 오늘날 인터넷, 스마트폰 등 통신 기기의 발달로 달라진 사회의 모습에 ○표 하시오.

(1) 노인 탁구반 모집 인원이 늘었어요. / 수강하는 사람이 많아지나 봐요.
(2) 안전하게 운전할 수 있도록 도와주는 장치가 있어서 편리해요.

（　　　　）　　　（　　　　）

8 다음을 통해 알 수 있는 오늘날 우리 사회의 모습으로 알맞은 것은 어느 것입니까? （　　　）

세계 어디를 가도 이 회사의 햄버거를 먹을 수 있어요.

① 일할 사람이 늘어나고 있다.
② 노인 인구가 많아지고 있다.
③ 인터넷으로 다양한 정보를 찾는다.
④ 세계 여러 나라와의 교류가 활발해졌다.
⑤ 태어나는 아기의 수가 점점 줄어들고 있다.

9 다음 내용과 관련 있는 우리 사회의 변화 모습은 무엇입니까? ( )

> 오늘날에는 아이를 낳지 않거나 적게 낳는 사람이 많아지면서, 태어나는 아이의 수가 예전보다 줄어들었다.

① 세계화 ② 지역화 ③ 정보화
④ 저출산 ⑤ 고령화

10 서술형 다음을 보고 시대별로 가족 계획 포스터 내용이 어떻게 달라졌는지 쓰시오.

▲ 옛날의 포스터(1974년)

▲ 오늘날의 포스터(2016년)

11 ★ 고령화에 대한 설명으로 알맞은 것은 어느 것입니까? ( )

① 노인 인구가 계속 줄어드는 현상이다.
② 태어나는 아이의 수가 늘어나는 현상이다.
③ 정보와 지식을 활용해 새로운 것을 만드는 현상이다.
④ 아이를 적게 낳아 사회 전반적으로 출산율이 감소하는 현상이다.
⑤ 전체 인구에서 차지하는 65세 이상 노인의 비율이 높아지는 현상이다.

12 오늘날 고령화 현상이 나타나는 까닭을 바르게 말한 어린이는 누구인지 쓰시오.

> 지윤: 평균 수명이 늘어났기 때문이야.
> 현승: 다른 나라의 문화를 쉽게 접할 수 있기 때문이야.
> 건우: 자녀 양육에 대한 경제적 부담이 커졌기 때문이야.

( )

13 저출산으로 달라진 사회의 모습으로 알맞지 않은 것은 어느 것입니까? ( )

①
▲ 문을 닫는 학교 증가

②
▲ 노인을 위한 시설 증가

③
▲ 산부인과 병원 감소

④
▲ 가족 구성원 수 감소

14 다음 보기를 저출산과 고령화에 대비하기 위한 방법으로 구분하여 각각 기호를 쓰시오.

> 보기
> ㉠ 보육 시설을 늘린다.
> ㉡ 출산비와 양육비를 지원한다.
> ㉢ 노인들에게 일자리를 제공한다.
> ㉣ 돌봄이 필요한 노인을 지원한다.
> ㉤ 다자녀 가구에는 더 큰 혜택을 준다.

(1) 저출산에 대비하기 위한 노력: ( )
(2) 고령화에 대비하기 위한 노력: ( )

15 다음 빈칸에 공통으로 들어갈 알맞은 말을 쓰시오.

> 정보와 지식이 중심이 되어 사회 변화를 이끌어 가는 현상을 (　　　　)(이)라 하고, 그러한 사회를 (　　　　) 사회라고 한다.

(　　　　　)

16 정보화로 달라지고 있는 일상생활의 모습으로 알맞지 <u>않은</u> 것은 어느 것입니까? (　　)

① 시장에 가서 물건을 구입한다.
② 길 도우미를 이용하여 길을 찾는다.
③ 인터넷에서 자료를 검색하여 과제를 해결한다.
④ 영화관에서 무인 기계를 이용해 영화표를 구입한다.
⑤ 스마트폰으로 다른 나라에서 일어난 일을 실시간으로 확인한다.

17 다음 그림에 나타난 정보화 사회의 문제점은 무엇입니까? (　　)

① 사이버 폭력
② 저작권 침해
③ 개인 정보 유출
④ 인터넷 뱅킹 이용
⑤ 인터넷 및 스마트폰 중독

18 다음과 같은 정보화 사회의 문제점을 해결하기 위한 노력으로 알맞은 것은 어느 것입니까? (　　)

> 온라인 공간에서 악성 댓글이 달리고 거짓 소문이 퍼지는 문제가 나타난다.

① 스마트폰의 사용 시간을 정한다.
② 정보 기기를 활용하는 방법을 배운다.
③ 인터넷으로 대화할 때 예의를 지킨다.
④ 다른 사람의 창작물을 소중히 생각한다.
⑤ 불법으로 컴퓨터 프로그램을 내려받는다.

19 다음 그림을 보고 알 수 있는 사실을 보기 에서 모두 골라 기호를 쓰시오.

> 보기
> ㉠ 나라 간의 교류가 많아지고 있다.
> ㉡ 정보와 지식을 얻는 데 시간이 오래 걸린다.
> ㉢ 스마트폰을 사용하는 학생 수가 줄어들고 있다.
> ㉣ 오늘날 전 세계는 교통·통신 기술의 발달로 더욱 가까워지고 있다.

(　　　　　)

20 서술형 다음과 같은 세계화의 부정적 영향을 해결하기 위해 우리가 지녀야 할 바람직한 태도를 쓰시오.

> 세계화로 다른 나라의 문화가 들어오면서 우리의 전통문화가 사라지거나 서로 다른 문화를 이해하지 못하여 갈등이 생기기도 한다.

_____

_____

1 다음 그래프를 보고, 물음에 답하시오. [12점]

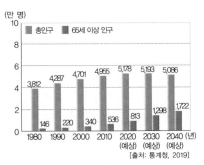

▲ 우리나라 총인구와 65세 이상 인구의 변화

(1) 위 그래프를 보고 알맞은 말에 ○표 하시오. [4점]

> 전체 인구 중에서 노인 인구의 비율이 높아지는 (저출산, 고령화) 현상이 나타나고 있다.

(2) 위 그래프를 보고 앞으로 65세 이상 인구가 어떻게 변화하게 될지 쓰시오. [8점]

 서술형 문제를 푸는 방법을 익혀보자!

1단계 단어 생각하기   '저출산', '고령화'는 무엇과 관련된 것일까?

> 저 출 산 : 태어나는 아이와 관련됨.
> 고 령 화 : 노인 인구와 관련됨.

2단계 자료 분석하기   막대 그래프의 길이가 어떻게 달라지는지 살펴보자.

> **가로축** : 연도
> **세로축** : 총인구와 65세 이상 인구
> ➡ 65세 이상 인구 막대 그래프가 시간이 지날수록 점점 길어지고 있다.

3단계 생각하기   앞으로 65세 이상 인구는 어떻게 변화할까?

> 그래프를 분석해 보면 65세 이상 인구가 점점 늘어나고 있다.
> ⬇
> 그렇다면 미래에 우리나라 노인 인구는 지금보다 늘어날까? 줄어들까?

---

2 다음 글을 읽고, 물음에 답하시오. [12점]

> 오늘날 사람들은 정보와 지식을 활용하여 새로운 자료를 만들고 다른 사람들과 공유할 수 있게 되었다.

(1) 위 사진과 같은 사회 변화를 나타내는 용어를 보기 에서 찾아 쓰시오. [4점]

> **보기**
> • 고령화　　• 저출산　　• 정보화

(　　　　　)

(2) 위 (1)번 답으로 인해 오늘날 달라진 일상생활의 변화 모습을 구체적으로 한가지 쓰시오. [8점]

---

3 다음 글을 읽고, 물음에 답하시오. [12점]

> 우리는 평소에 한복을 입은 사람보다 청바지를 입은 사람을 더 쉽게 볼 수 있다. 세계 여러 나라 사람들도 청바지를 많이 입는다. 이처럼 세계화로 강한 힘을 가진 문화의 영향력이 커지면, 각 나라의 고유한 문화가 점차 사라질 수 있다.

(1) 다음에서 설명하는 말을 위에서 찾아 쓰시오. [4점]

> 세계 여러 나라가 국경을 넘어 다양한 분야에서 교류하면서 전 세계가 하나로 연결되는 현상이다.

(　　　　　)

(2) 윗글의 밑줄 친 문제를 해결하기 위해 우리가 지녀야 할 바람직한 태도를 쓰시오. [8점]

2 다양한 문화에 대한 이해와 존중(1)

1 문화

(1) **문화의 의미**: 한 사회의 사람들이 만들어 낸 공통의 **생활 방식** →의식주, 풍습, 가치, 규범, 언어, 종교 등 사람들이 주어진 환경에 적응하면서 살아가는 모든 방식을 말해요.

(2) **지역의 환경에 따라 다양하게 나타나는 생활 모습** 자료 1

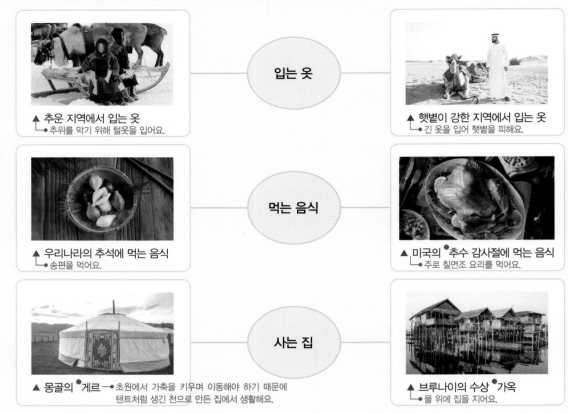

입는 옷
- ▲ 추운 지역에서 입는 옷
  →추위를 막기 위해 털옷을 입어요.
- ▲ 햇볕이 강한 지역에서 입는 옷
  →긴 옷을 입어 햇볕을 피해요.

먹는 음식
- ▲ 우리나라의 추석에 먹는 음식
  →송편을 먹어요.
- ▲ 미국의 •추수 감사절에 먹는 음식
  →주로 칠면조 요리를 먹어요.

사는 집
- ▲ 몽골의 •게르 →초원에서 가축을 키우며 이동해야 하기 때문에 텐트처럼 생긴 천으로 만든 집에서 생활해요.
- ▲ 브루나이의 수상 •가옥
  →물 위에 집을 지어요.

→ 문화는 사는 지역뿐만 아니라 나이, 성별 등에 따라 다양하게 나타납니다. 또한 한 나라나 사회 안에서도 다양하게 나타납니다.

2 우리 주변에서 볼 수 있는 다양한 문화의 모습 자료 2

(1) 오늘날 사회가 변화하고 지역 간의 교류가 활발해지면서 사람들은 다양한 문화를 접하게 되었습니다.

★ (2) 문화는 서로 비슷한 점도 있고 다른 점도 있습니다.

(3) 사람들은 다양한 문화 속에서 함께 어울려 살아갑니다.

해안가의 풍경을 사진기로 찍고 있습니다.

해안가에서 연을 날리고 있습니다.

사람들이 아프리카 민속 공연을 보고 있습니다.

외국인 가족이 공원을 산책하고 있습니다.

할아버지 두 분이 공을 이용한 운동을 하고 있습니다.

바다에서 해녀들이 해산물을 채취하고 있습니다.

가족과 함께 도시락을 먹습니다.

▲ 다양한 문화의 모습 →의식주의 모습뿐만 아니라 일상생활에서 즐기는 여가 활동도 문화라고 할 수 있어요.

😊 공부할 개념
- 문화의 의미 이해하기
- 우리 주변에서 볼 수 있는 다양한 문화의 모습 알아보기

졸려서 잠을 자는 것, 배가 고파서 음식을 먹는 것처럼 본능에 따른 행동, 개인의 취향이나 습관은 문화로 볼 수 없습니다.

▲ 졸려서 잠을 자는 아기

용어 사전

- **추수 감사절** 우리나라의 추석과 비슷하게 한 해 농사에 감사하는 뜻으로 지내는 명절
- **게르** 몽골인들이 생활하는 이동식 천막 형태의 전통 가옥.
- **가옥**(家 집 가, 屋 집 옥) 사람이 들어가 살기 위하여 지은 집.

자료 1 음식 문화 비교하기

모습		
차이점	• 밥과 반찬을 먹음. • 젓가락을 사용함.	• 빵과 채소를 먹음. • 포크와 나이프를 사용함.
공통점	도구를 사용하여 음식을 먹음.	

→ 사람들이 사는 환경이 다르고, 방식이 다르기 때문에 차이점이 나타나요.

자료 2 우리 사회에서 볼 수 있는 다양한 문화의 모습

▲ 세계의 여러 음식을 맛볼 수 있음.

▲ 다양한 행사를 통해 세계 여러 나라의 음악과 춤을 즐길 수 있음.

▲ 기존에 쉽게 볼 수 없었던 종교 시설에서 예배를 드림.

이외에도 외국인 노동자들이 여러 분야의 일자리에서 일하거나, 다양한 문화를 가진 사람들과 함께 일하고, 공부하며 살아가는 모습을 볼 수 있습니다.

🎓 **핵심 개념 정리**

• 문화는 한 사회의 사람들이 만들어 낸 공통의 생활 방식입니다.
• 문화는 서로 비슷한 점도 있고 다른 점도 있으며, 사람들은 다양한 문화 속에서 함께 어울려 살아갑니다.

지역의 환경에 따라 문화의 모습이 다양하게 나타나.

---

1 한 사회의 사람들이 만들어 낸 공통의 생활 방식을 (   )(이)라고 합니다.

2 문화에 대한 설명으로 옳은 것에 ○표, 옳지 않은 것에 ╳표 하시오.

(1) 한 나라나 사회 안에서도 다양한 문화가 나타납니다.
                                     (   )

(2) 사람들의 옷차림, 먹는 음식, 사는 집은 문화로 볼 수 없습니다.   (   )

3 다음 사진을 보고 (   ) 안의 알맞은 말에 ○표 하시오.

> 위과 같이 옷차림이 다양하게 나타나는 이유는 지역의 (환경 , 언어)이/가 다르기 때문이다.

4 다음 (   ) 안의 알맞은 말에 ○표 하시오.

> 오늘날 사회가 변화하고 지역 간의 교류가 활발해지면서 사람들은 (다양한, 하나의) 문화를 접하고 있다.

5 우리 사회에서 볼 수 있는 다양한 문화의 모습을 선으로 바르게 연결하시오.

(1)    •   • ㉠   기존에 쉽게 볼 수 없었던 종교 시설에서 예배를 드림.

(2)    •   • ㉡   다양한 행사를 통해 세계 여러 나라의 음악과 춤을 즐길 수 있음.

2 다양한 문화에 대한 이해와 존중 (2)

1 편견과 차별의 문제

★ **(1) 편견과 차별의 의미**

편견	공정하지 못하고 한쪽으로 치우친 생각
차별	대상을 정당한 이유 없이 구별하고 다르게 대우하는 것 →편견 때문에 차별이 나타나요.

★ **(2) 일상생활에서 나타나는 편견과 차별** 자료 1

① 우리 주변에는 피부색, 언어, 종교, 출신 지역, •인종 등이 다르다는 이유로 차별받는 사람들이 있습니다.

② 성별, 나이, 장애, 외모를 이유로 차별받는 사람들도 있습니다.

남녀에 대한 차별
여자 직원들이 우리 회사 일에 더 적합해.
우리 회사에는 남자 직원들이 많았으면 좋겠어.

나이에 대한 차별
함께 일할 직원을 찾습니다.
나이가 많아서 곤란해요.

장애에 대한 차별
고속버스를 타고 싶은데 탈 수가 없네.

외모에 대한 차별
coffee
모집
키: ○○○이상
용모단정

(3) 편견과 차별이 지속될 경우 발생하는 문제 ┌→편견과 차별이 지속되면 사회에 불만과 갈등이 많고 억울한 사람들이 늘어나게 되요.

① 차별받는 사람은 일상생활에 어려움을 느끼게 됩니다.

② 사회적 갈등이 일어나 사회의 발전이 늦어질 수 있습니다. →함께 어울려 사는 것이 어려워져요.

2 •문화적 편견이나 차별적 태도 점검하기

(1) 다양한 문화의 확산으로 문화적 편견이 생기고, 이로 인해 다른 나라의 문화를 존중하지 않고 차별할 때가 많습니다.

(2) 체크 리스트로 자신의 문화적 편견이나 차별적 태도를 점검하고 반성합니다.

□ 버스나 지하철을 탈 때 나와 피부색이 다른 사람 옆에 있고 싶지 않다.
□ 맨손으로 음식을 먹는 인도 사람들을 깨끗하지 않다고 생각한다.
□ •히잡을 쓰고 다니는 여자들은 성격이 답답할 것 같다.
□ 외국인이 우리말을 잘하지 못해서 무시한 적이 있다.
□ 부유한 나라에 사는 사람들이 가난한 나라에 사는 사람들보다 더 똑똑할 것 같다.
□ 간판 이름이 영어로 쓰여 있는 상점의 음식이나 물건이 더 좋아 보인다.
□ 우리말보다 외국어를 쓰면 더 멋있어 보인다.
□ 돼지고기를 먹지 않는 이슬람교도를 이해할 수 없다.

표시한 개수가 많을수록 편견을 많이 가지고 있다고 볼 수 있습니다.

◀ 체크 리스트

공부할 개념

• 일상생활에서 나타나는 편견과 차별 살펴보기
• 문화적 편견이나 차별적 태도 점검하기

세계화의 영향으로 나라 간 교류가 활발해지면서 우리 사회에 외국인 근로자, 결혼 이민자 등 외국인 수가 늘었고, 이에 따라 서로 다른 인종, 종교, 문화 등이 공존하면서 여러 가지 문제가 발생했어요.

용어 사전

• **인종** (人 사람 인, 種 씨 종) 세계의 모든 사람을 지역과 신체적 특성에 따라 구분한 종류.
• **문화적 편견** 어떤 문화는 옳고 어떤 문화는 그르다고 생각하는 것.
• **히잡** 이슬람 여성이 머리에 쓰는 수건.

자료 1 우리 주변의 다양한 편견과 차별

남녀에 대한 편견과 차별의 모습

▲ 여자는 축구를 잘 못 할 것이라고 편견을 가지고 있음.

▲ 남자는 예쁘게 꾸미는 일을 잘 못 할 것이라고 편견을 가지고 있음.

| 피부색에 대한 편견과 차별의 모습 | 장애에 대한 편견과 차별의 모습 |

▲ 피부색에 대한 편견을 가지고 있음.

▲ 사람의 능력을 생각하지 않고 장애가 있다는 이유로 차별함.

• 우리 주변에는 편견과 차별 때문에 마땅히 자신이 누려야 할 권리를 누리지 못하는 사람들이 있습니다.
• 자신이 가진 편견이나 차별적 태도를 깨달으려면 피부색이나 성별, 언어, 종교, 출신 지역 등이 다른 사람을 만났을 때 어떤 생각을 했는지 생각해 봅니다.

핵심 개념 정리

• 공정하지 못하고 한쪽으로 치우친 생각을 편견, 대상을 정당한 이유 없이 구별하고 다르게 대우하는 것을 차별이라고 합니다.
• 피부색, 언어, 종교, 출신 지역 등이 다르다는 이유로 부당한 대우를 받는 사람들이 있습니다.

공정하지 못하고 한쪽으로 치우친 생각을 하면 안 돼.

대상을 정당한 이유 없이 구별하고 다르게 대우하면 안 돼.

편견   차별

1 편견과 차별의 의미를 선으로 바르게 연결하시오.

(1) 차별 •

• ㉠ 대상을 정당한 이유 없이 구별하고 다르게 대우하는 것

(2) 편견 •

• ㉡ 공정하지 못하고 한쪽으로 치우친 생각

2 편견과 차별에 대한 설명으로 옳은 것에 ○표, 옳지 않은 것에 ✕표 하시오.

(1) 차별 때문에 편견이 나타납니다. (   )

(2) 피부색, 언어, 종교, 출신 지역 등이 다르다는 이유로 차별받는 사람들이 있습니다. (   )

3 그림에 나타난 차별의 모습을 선으로 바르게 연결하시오.

(1) •

• ㉠ 남녀에 대한 차별

(2) •

• ㉡ 장애에 대한 차별

4 다음 (   ) 안의 알맞은 말에 ○표 하시오.

다양한 문화가 확산되면서 어떤 문화는 옳고 어떤 문화는 그르다고 생각하는 문화적 (이해, 편견)이/가 생기기도 한다.

2 다양한 문화에 대한 이해와 존중 (3)

• 편견과 차별이 없는 사회를
만들기 위한 개인적 노력과
사회적 노력 알아보기

1 편견과 차별이 없는 사회를 만들기 위해 우리가 할 수 있는 일 → 개인적 노력이에요.

(1) 편견과 차별의 문제를 해결하기 위한 태도 자료 1

> • 문화가 다른 사람들이 함께 살아가기 위해서는 편견 없이 서로 다른 문화의 가치를 올바르게 이해해야 함.
> • 문화의 차이를 인정하고 서로 다른 문화를 존중하는 태도를 가짐.
> • 다양한 문화를 체험하고 이해하려고 노력함.
> • 나와 다르다고 해서 놀리거나 나쁜 말을 하지 말고 친하게 지냄.
> • 우리 문화가 소중하듯 다른 문화도 소중하다는 것을 알고, 서로의 다름을 인정하는 문화 다양성을 존중하는 태도가 필요함.

(2) 우리 반에서 일어난 편견이나 차별의 사례와 이를 해결하기 위한 노력 예

사례	생김새로 놀릴 때가 있어요.
약속	외모로 친구를 평가하지 않아요.

사례	남자가 분홍색을 좋아한다고 놀림을 받은 적이 있어요.
약속	개인의 취향을 존중해요.

사례	몸집이 크다고 놀림을 받은 적이 있어요.
약속	친구를 있는 그대로 존중해요.

사례	축구나 농구, 야구를 할 때 남자 친구들만 해요.
약속	하고 싶은 친구들을 모두 참여하게 해요.

★ 2 편견과 차별을 없애기 위한 사회의 노력 → 사회적 노력이에요.

→ 우리나라 국회의 모습이에요.

		채용정보 게시대
다문화 가족을 지원하는 단체를 운영하거나, 관련 기관을 만듦.	차별을 없애기 위해 관련 •법을 만듦.	다양한 문화를 가진 사람들이 직업을 구할 수 있도록 다양한 정보를 제공함.

HaHa Festival 20
Harmony+Happiness

다양한 문화를 가진 사람들이 일상생활을 하는 데 도움이 되는 교육을 제공함.	편견이나 차별적인 생각을 바꾸기 위한 •캠페인을 하거나 교육을 함. 자료 2	세계 여러 나라의 문화를 체험할 수 있는 축제를 열고, 다양한 문화의 가치를 알리는 행사를 마련함.

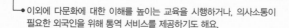
이외에 다문화에 대한 이해를 높이는 교육을 시행하거나, 의사소통이 필요한 외국인을 위해 통역 서비스를 제공하기도 해요.

용어 사전

• **법** (法 법 법) 방법이나 방식.
• **캠페인** 사회·정치적 목적 따위를 위하여 조직적이고도 지속적으로 행하는 운동.
• **공익 광고** 나라, 기업, 단체 등에서 공공의 이익을 목적으로 만든 광고.

자료⁺1 편견과 차별의 문제를 해결하기 위한 올바른 태도

왜 하던 일을 멈추고 기도하러 가지? 이상한 종교야.

올바른 태도 ▶
"이슬람교를 믿는 사람들은 일을 하다가 정해진 시간이 되면 기도하는구나."

왜 맨손으로 음식을 먹지? 수저를 사용하면 깨끗할 텐데.

올바른 태도 ▶
"수저를 쓰는 우리 문화와 다르게 맨손으로 음식을 먹을 수도 있구나."

하이

왜 선생님께 고개를 숙이지 않고 인사하지? 예의가 없네.

올바른 태도 ▶
"우리의 인사법과 다르게 어른에게도 손을 흔들어 인사하는구나."

왜 그런 걸 써? 답답하지도 않나 봐.

올바른 태도 ▶
"이슬람교를 믿는 여성은 히잡을 쓰는구나."

자료⁺2 편견과 차별적 생각을 바꾸기 위한 *공익 광고

한국인의 성씨(姓氏) 중에서

구	마	설	우	채
고	모	신	유	태
나	문	심	이	표
노	배	송	조	피
도	백	안	주	하
라	사	오	지	한
류	서	옥	차	허

다양한 문화를 인정하며 함께 ▶
살아가려는 의도가 담겨 있음.

외국에 살면 외국인이고
한국에 살면 한국인입니다

핵심 개념 정리

• 차이를 인정하고 이해하면 편견과 차별의 문제를 해결할 수 있습니다.
• 서로 다름을 인정하고 문화 다양성을 존중하는 태도가 필요합니다.

서로 다름을 인정하면 편견과 차별을 극복할 수 있어요!

---

1 다음 ( ) 안의 알맞은 말에 ○표 하시오.

> 편견과 차별의 문제를 해결하기 위해서는 서로의 다름을 인정하는 (문화 다양성, 문화적 편견)을 존중하는 태도가 필요합니다.

2 다음 그림의 ㉠에 들어갈 내용으로, 편견과 차별을 해결하기 위한 바람직한 태도에 ○표 하시오.

㉠

(1) 왜 하던 일을 멈추고 기도하러 가지? 이상한 종교야.
(   )

(2) 이슬람교를 믿는 사람들은 일을 하다가 정해진 시간이 되면 기도하는구나.
(   )

3 우리 반에서 일어난 편견이나 차별의 사례와 해결하기 위한 노력을 알맞게 이야기한 아이는 누구인지 쓰시오.

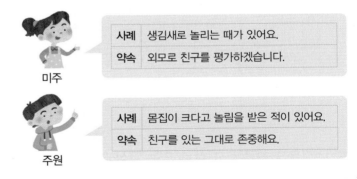

미주

| 사례 | 생김새로 놀리는 때가 있어요. |
| 약속 | 외모로 친구를 평가하겠습니다. |

주원

| 사례 | 몸집이 크다고 놀림을 받은 적이 있어요. |
| 약속 | 친구를 있는 그대로 존중해요. |

(   )

4 편견과 차별을 없애기 위한 사회의 노력으로 옳은 것에 ○표, 옳지 않은 것에 ✕표 하시오.

(1) 세계 여러 나라의 문화를 체험할 수 있는 축제를 엽니다.
(   )

(2) 다양한 문화를 가진 사람들이 직업을 구할 수 없도록 정보를 제공하지 않습니다.
(   )

🎓 **핵심문장으로 시작하기**

1 　ㅁ　ㅎ　란 한 사회의 사람들이 만들어 낸 공통의 생활 방식을 말합니다.

2 편견 때문에 　ㅊ　ㅂ　이 나타납니다.

3 문화가 다른 사람들이 함께 살아가기 위해서는 문화의 차이를 인정하고, 서로 다른 문화를 　ㅈ　ㅈ　하는 태도를 가집니다.

4★ 문화에 대한 설명으로 알맞은 것을 보기 에서 모두 골라 기호를 쓰시오.

> **보기**
> ㉠ 나라마다 문화의 모습은 모두 똑같다.
> ㉡ 지역의 환경에 따라 다양하게 나타난다.
> ㉢ 문화 간에 공통점은 없고 차이점만 있다.
> ㉣ 한 사회의 사람들이 만들어 낸 공통의 생활 방식이다.

(　　　　　)

5 다음 사진을 보고 알 수 있는 사실에 ○표 하시오.

▲ 추운 지역에서 입는 옷　　▲ 햇볕이 강한 지역에서 입는 옷

(1) 지역의 환경에 따라 옷차림이 다릅니다.
(　　　　　)
(2) 문화는 어느 지역에서나 같은 모습으로 나타납니다.
(　　　　　)

6~7 다음 사진을 보고, 물음에 답하시오.

(가) 　　(나)

6 위에서 다음 설명에 해당하는 음식 문화의 모습을 찾아 기호를 쓰시오.

> 밥과 반찬을 먹고, 젓가락을 사용한다.

(　　　　　)

7 위와 같이 음식을 먹을 때 차이점이 나타나는 까닭은 무엇입니까? (　　　)
① 도구를 사용하여 밥을 먹기 때문에
② 사람들의 피부색이 다양하기 때문에
③ 사람들이 사는 환경이 다르기 때문에
④ 사람들이 사는 방식이 비슷하기 때문에
⑤ 다른 나라로 여행을 가는 사람들이 많아졌기 때문에

8 우리 주변에서 볼 수 있는 문화의 모습을 <u>잘못</u> 말한 어린이는 누구입니까? (　　　)

① 아기가 졸리면 잠을 자요.
② 집에서 부모님과 김장을 해요.
③ 우리나라에서는 추석에 송편을 먹어요.
④ 공연장에서 아프리카 민속 공연을 봐요.

9 다음 밑줄 친 부분에 들어갈 알맞은 말을 쓰시오.

서술형

> 우리 사회에 다양한 문화가 확산하면서 편견이나 차별의 문제가 발생하기도 한대. 그런데 편견이란 무엇을 말하는 거야?

> 편견이란 _____

_____

_____

10★ 다음 빈칸에 공통으로 들어갈 알맞은 말은 무엇입니까? ( )

- 편견 때문에 ( )이/가 나타난다.
- 대상을 정당한 이유 없이 구별하고 다르게 대우하는 것을 ( )(이)라고 한다.

① 구분 ② 차별 ③ 평등
④ 이해 ⑤ 존중

11 다음 중 남녀에 대한 편견과 차별이 나타난 그림을 모두 고르시오. ( )

12 다음 그림에 나타난 차별의 모습은 어느 것입니까? ( )

① 장애에 대한 차별
② 나이에 대한 차별
③ 종교에 대한 차별
④ 외모에 대한 차별
⑤ 피부색에 대한 차별

13 편견과 차별이 지속될 경우 우리 사회에서 나타날 수 있는 문제점은 어느 것입니까? ( )

① 사회 분위기가 좋아진다.
② 사회가 더욱 발전하게 된다.
③ 다른 문화도 우리 문화처럼 존중하게 된다.
④ 차별받는 사람들은 자신의 능력을 인정받게 된다.
⑤ 갈등이 일어나 함께 어울려 살아가는 것이 어려워진다.

14 문화적 편견이나 차별적 태도를 지닌 어린이를 두 명 고르시오.

> 준우: 우리말보다 외국어를 쓰면 더 멋있어 보여.
> 혜원: 돼지고기를 먹지 않는 이슬람교도를 이해할 수 있어.
> 성욱: 맨손으로 음식을 먹는 인도 사람들은 깨끗하지 않다고 생각해.

( )

15 편견과 차별의 문제를 해결하기 위한 바람직한 태도로 알맞지 <u>않은</u> 것은 어느 것입니까? (   )

① 문화 다양성을 존중하는 태도를 갖는다.
② 한쪽으로 치우친 생각을 자주 하도록 한다.
③ 다양한 문화를 체험하고 이해하려고 노력한다.
④ 나와 다르다고 놀리거나 나쁜 말을 하지 않는다.
⑤ 우리 문화가 소중하듯 다른 문화도 소중하다는 것을 알도록 한다.

16 우리 반에서 일어나는 편견이나 차별을 해결하기 위한 노력을 <u>잘못</u> 말한 친구는 누구입니까?
(   )

① 외모로 친구를 평가하지 않아요.
② 개인의 취향을 존중해요.
③ 친구를 있는 그대로 존중해요.
④ 남자가 할 일과 여자가 할 일을 구분해요.

17 편견과 차별을 해결하기 위한 바람직한 태도가 나타난 그림은 어느 것입니까? (   )

① 하이 / 우리의 인사법과 다르게 어른에게도 손을 흔들어 인사하는구나.
② 왜 그런 걸 써? 답답하지도 않나 봐.
③ 왜 하던 일을 멈추고 기도하러 가지? 이상한 종교야.
④ 왜 맨손으로 음식을 먹지? 수저를 사용하면 깨끗할 텐데.

18 편견과 차별이 <u>없는</u> 사회를 만들기 위해 다음 기관이 노력하는 일은 무엇인지 쓰시오.

서술형

▲ 국회

_____

_____

19 편견과 차별을 없애기 위한 사회의 노력으로 알맞지 <u>않은</u> 것은 어느 것입니까? (   )

① 다문화 가족을 지원하는 단체를 운영한다.
② 편견이나 차별적인 생각을 바꾸기 위한 캠페인을 한다.
③ 우리 전통문화를 보존하기 위해 다른 나라 문화를 무시한다.
④ 다양한 문화를 가진 사람들이 직업을 구할 수 있도록 정보를 제공한다.
⑤ 다양한 문화를 가진 사람들이 일상생활을 하는 데 도움이 되는 교육을 한다.

20 오른쪽과 같은 공익 광고를 만든 까닭은 무엇입니까? (   )

한국인의 성씨(姓氏)
구 마 설 우 채
고 모 신 유 태
나 문 심 이 표
노 배 송 조 피
도 백 안 주 하
라 사 오 지 한
류 서 옥 차 허
외국에 살면 외국인이고
한국에 살면 한국인입니다

① 외국인에게 일자리를 제공하기 위해서
② 우리나라의 전통문화를 알리기 위해서
③ 직업을 성별에 따라 판단하는 편견을 버리기 위해서
④ 다양한 성씨를 가진 사람들을 함께 만나게 하기 위해서
⑤ 다양한 문화를 인정하며 함께 사는 사회를 만들기 위해서

1 다음은 음식 문화를 보여주는 사진입니다. 물음에 답하시오. [12점]

(가)　　　　(나)

(1) 위 (가), (나) 모습을 비교하여 표의 빈칸을 채우시오. [4점]

공통점	도구를 사용하여 음식을 먹는다.
차이점	

(2) (1)의 답과 같은 차이점이 나타나는 까닭은 무엇인지 쓰시오. [8점]

서술형 문제를 푸는 방법을 익혀보자!

1단계 자료 분석하기　사람들의 모습에서 공통점과 차이점을 찾아보자.

공통점
(가), (나) 모두 도구를 사용하여 음식을 먹는다.
→ 공통점을 바탕으로 차이점을 찾아내 보자. →
차이점
(가), (나)는 각각 어떤 도구를 사용하는가?

2단계 생각하기　문화의 모습에 차이점이 나타나는 까닭을 생각해 보자.

문화의 의미

문 화 는 한 사회의 사람들이 만들어 낸 공통의 생활 방식 을 말한다.

↓

이때 말하는 생활 방식이란, 사람들이 주어진 환경 에 적응하면서 살아가는 모든 방식을 말한다.

↓

사람들에게 주어진 환경은 지역마다 다르다 .

---

2 다음 그림을 보고, 물음에 답하시오. [12점]

(가)　　　　(나)

여자 직원들이 우리 회사 일에 더 적합해.
우리 회사에는 남자 직원들이 많았으면 좋겠어.
함께 일할 직원을 찾습니다.
나이가 많아서 곤란해요.

(1) 위 그림을 보고 다음 (　　) 안의 알맞은 말에 ○표 하시오. [4점]

　(가), (나)는 (편견, 차별)에 따라 (편견, 차별)이 나타나는 모습이다.

(2) 위 (가), (나)에 나타난 차별의 모습은 무엇인지 각각 쓰시오. [8점]

---

3 다음을 보고, 물음에 답하시오. [12점]

(가)　　　　(나)

몸집이 크다고 놀림을 받은 적이 있어요.
축구나 농구를 할 때 여자는 못한다면서 남자아이들끼리만 해요.

(1) 위 (가), (나) 중 남녀에 대한 편견과 차별을 나타낸 것의 기호를 쓰시오. [4점]

(　　　　　　)

(2) (나)와 같은 편견과 차별을 해결하는 방법을 쓰시오.

---

3 사회 변화와 문화 다양성

저출산·고령화·정보화·세계화로 일상생활이 변하고 있으며, 편견과 차별의 문제를 해결하기 위해선 서로 다른 문화를 존중해야 합니다.

1 사회 변화로 나타난 일상생활의 모습

개념1 저출산·고령화

저출산	아이를 적게 낳아 출산율이 감소하는 현상 → 출산비와 양육비 지원을 통해 해결
고령화	전체 인구에서 차지하는 65세 이상 노인의 비율이 높아지는 현상 → 노인의 안정적 생활 지원을 통해 해결

개념2 정보화와 세계화

• 정보화

의미	정보와 지식이 중심이 되어 사회 변화를 이끌어 가는 현상
문제점	인터넷 및 스마트폰 중독, 사이버 폭력, 개인 정보 유출, 저작권 침해 등

• 세계화

의미	세계 여러 나라가 국경을 넘어 다양한 분야에서 교류하면서 전 세계가 하나로 연결되는 현상
영향	여러 나라의 물건을 쉽게 구하고 다양한 문화를 접할 수 있으나, 서로의 문화를 이해하지 못해 문제가 발생함.

2 다양한 문화에 대한 이해와 존중

개념3 우리 사회의 다양한 문화

• 문화: 한 사회의 사람들이 만들어 낸 공통의 생활 방식
• 다양한 문화의 모습: 사회가 변화하고 나라 간의 교류가 활발해지면서 사람들은 다양한 문화를 접하게 되었음.

개념4 편견과 차별

• 편견과 차별의 의미

편견	공정하지 못하고 한쪽으로 치우친 생각
차별	대상을 정당한 이유 없이 구별하고 다르게 대우하는 것

• 편견과 차별을 해결하기 위한 노력

개인의 노력	서로 다른 문화의 차이를 인정하고 존중하는 태도 갖기 등
사회의 노력	관련 기관과 법 만들기, 다양한 문화를 가진 사람들에게 여러 정보와 교육 제공하기 등

👁 그림을 보고 배운 개념을 떠올리며 빈칸을 채워 보세요.

1

저출산으로 학생 수가 감소하더니 결국 폐교됐어.

노인 인구는 늘고 있어.

오늘날 14세 이하 인구는 점점 줄어들고 있고, 65세 이상 인구는 점점 늘어나고 있습니다. 이와 같은 인구 변화가 지속되면 학생 수가 줄어들고 (❶   )을/를 위한 시설이 많아질 것입니다.

👁 그림을 보고 배운 개념을 떠올리며 빈칸을 채워 보세요.

3

지역의 환경에 따라 문화의 모습이 다양하게 나타나.

(❹   )은/는 한 사회의 사람들이 만들어 낸 공통의 생활 방식을 뜻합니다. 오늘날 나라 간의 교류가 활발해지면서 사람들은 다양한 (❹   )을/를 접하게 되었습니다.

2

정보화로 원하는 정보를 쉽고 바르게 얻을 수 있어.

전 세계가 하나로 연결되고 있어.

정보와 지식이 중심이 되어 사회 변화를 이끌어 가는 현상을 (❷   )(이)라고 합니다.
(❸   )(으)로 세계 여러 나라의 물건을 쉽게 구할 수 있고, 세계 여러 나라의 문화를 접할 수 있게 되었습니다.

4

편견   차별

공정하지 못하고 한쪽으로 치우친 생각을 하면 안 돼.

대상을 정당한 이유 없이 구별하고 다르게 대우하면 안 돼.

서로 다름을 인정하면 편견과 차별을 극복할 수 있어요!

문화적 차이를 인정하고 이해하면 문화적 편견과 차별의 문제를 해결할 수 있습니다. 또한 서로의 다름을 인정하고 문화 다양성을 (❺   )하는 태도가 필요합니다.

옳은 문장에 ○, 틀린 문장에 ✕하세요. 틀린 부분은 밑줄을 긋고 바른 개념으로 고쳐 써 보세요.

1 아이를 적게 낳아 사회 전반적으로 출산율이 감소하는 현상을 저출산이라고 합니다.   (   )

2 고령화는 전체 인구에서 차지하는 65세 이상 노인의 비율이 낮아지는 현상입니다.   (   )

3 정보화로 사람들은 원하는 정보를 쉽고 빠르게 얻을 수 있게 되었습니다.   (   )

4 정보화로 인해 학생 수가 줄고, 문을 닫는 학교가 많아졌습니다.   (   )

5 세계 여러 나라가 국경을 넘어 다양한 분야에서 교류하면서 전 세계가 하나로 연결되는 현상을 세계화라고 합니다.   (   )

6 한 사회의 사람들이 만들어 낸 공통의 생활 방식을 교류라고 합니다.   (   )

7 문화는 서로 비슷한 점도 있고 다른 점도 있습니다.   (   )

8 공정하지 못하고 한쪽으로 치우친 생각을 차별이라고 합니다.   (   )

9 우리 주변에는 성별, 나이, 장애, 외모를 이유로 차별받는 사람들도 있습니다.   (   )

10 편견과 차별이 없는 사회를 만들기 위해 법을 만들고 다문화 가족을 지원하는 단체를 운영합니다. (   )

1 다음 두 사진을 바르게 비교한 어린이는 누구인지 쓰시오.

▲ 옛날의 교실

▲ 오늘날의 교실

> 서영: 오늘날에는 예전보다 학생 수가 줄었어.
> 채운: 옛날에는 모둠별로 앉아서 수업을 했어.
> 준우: 옛날과 오늘날 모두 교실에 컴퓨터가 있어.

(   )

2~3 다음 우리 사회의 변화 모습을 보고, 물음에 답하시오.

(가)

태어나는 아이의 수가 점점 줄어들어 병원 운영이 어려워요.

(나)

노인 탁구반 모집 인원이 늘었어요.
수강하는 사람이 많아지나 봐요.

(다)

자동차를 안전하게 운전할 수 있도록 도와주는 장치가 있어서 편리해요.

(라)

세계 어디를 가도 이 회사의 햄버거를 먹을 수 있어요.

2 위 그림에 대한 설명으로 알맞은 것은 어느 것입니까? (   )

① (가) – 노인 인구가 많아지고 있다.
② (나) – 세계 여러 나라와 활발히 교류한다.
③ (다) – 인터넷을 통해 정보를 쉽게 얻을 수 있다.
④ (라) – 할머니, 할아버지를 위한 시설이 많아졌다.
⑤ (라) – 스마트 기기로 차를 타고 갈 때 쉽게 길을 찾을 수 있다.

3 서술형 위와 같이 우리 사회의 모습이 변화하는 까닭은 무엇인지 쓰시오.

4★ 다음 ㉠, ㉡에 들어갈 말이 바르게 짝 지어진 것은 어느 것입니까? (   )

> 아이를 적게 낳아 사회 전반적으로 출산율이 감소하는 현상을 (㉠)(이)라고 하고, 전체 인구에서 차지하는 65세 이상 노인의 비율이 높아지는 현상을 (㉡)(이)라고 한다.

	㉠	㉡		㉠	㉡
①	고령화	세계화	②	정보화	저출산
③	고령화	저출산	④	세계화	고령화
⑤	저출산	고령화			

5 다음 그래프와 같은 사회 변화로 달라진 사회 모습을 두 가지 고르시오. (   )

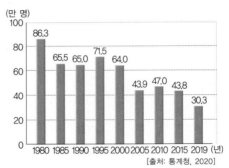
▲ 우리나라 출생아 수의 변화
[출처: 통계청, 2020]

① 일하는 노인이 많아졌다.
② 문을 닫는 학교가 많아졌다.
③ 가족 구성원 수가 줄어들었다.
④ 산부인과 병원이 늘어나고 있다.
⑤ 노인을 대상으로 하는 산업이 발달하였다.

6 고령화에 대비하기 위한 노력으로 알맞은 것을 보기 에서 모두 골라 기호를 쓰시오.

> **보기**
> ㉠ 보육 시설 확충
> ㉡ 출산비와 양육비 지원
> ㉢ 노인들에게 일자리 제공
> ㉣ 다자녀 가구에게 혜택 제공
> ㉤ 노인들을 위한 복지 제도 마련

(   )

7 다음 빈칸에 공통으로 들어갈 말로 알맞은 것은 어느 것입니까? ( )

> 정보와 지식이 중심이 되어 사회 변화를 이끌어 가는 현상을 ( )(이)라고 한다. ( )(으)로 사람들은 원하는 정보를 쉽고 빠르게 얻게 되어 생활이 편리해졌다.

① 다문화　② 세계화　③ 정보화
④ 고령화　⑤ 사회화

8 서술형 오른쪽과 같은 오늘날 사회의 문제점을 해결하기 위한 노력을 한 가지 쓰시오.

온종일 게임만 해서 걱정이야.

9 우리 주변에서 볼 수 있는 세계화의 모습으로 알맞지 <u>않은</u> 것은 어느 것입니까? ( )

① 세계의 다양한 음식을 쉽게 접할 수 있다.
② 어촌 체험 마을에 가서 다양한 경험을 한다.
③ 세계 여러 나라의 물건을 쉽게 구할 수 있다.
④ 다른 나라의 영화를 개봉하자마자 볼 수 있다.
⑤ 우리나라 운동 경기에서 외국인 선수가 활약한다.

10 다음 빈칸에 들어갈 알맞은 말은 무엇입니까? ( )

세계화로 인한 사회 변화에 대비하려면 서로 다른 문화를 ( )하고, 전통문화를 창조적으로 계승하기 위해 노력해야 합니다.

① 무시　② 차별　③ 존중
④ 갈등　⑤ 불평등

11★ 문화에 대한 설명으로 알맞은 것을 보기 에서 모두 골라 기호를 쓰시오.

> **보기**
> ㉠ 문화는 잘사는 나라에만 있는 것이다.
> ㉡ 졸려서 잠을 자는 것도 문화로 볼 수 있다.
> ㉢ 사람들은 다양한 문화 속에서 함께 살아간다.
> ㉣ 한 사회의 사람들이 만들어 낸 공통의 생활 방식이다.
> ㉤ 나라 간의 교류가 활발해지면서 사람들은 다양한 문화를 접하게 되었다.

( )

12 다음 음식 문화를 나타낸 사진을 보고, 알맞은 말에 ○표 하시오.

(가) 　(나)

> (가), (나) 지역 모두 (도구, 재료)를 사용하여 음식을 먹는다는 공통점이 있다.

13 다음 두 사진에 대한 설명으로 알맞은 것은 어느 것입니까? ( )

▲ 몽골의 게르　▲ 브루나이의 수상 가옥

① 몽골의 게르는 물 위에 지은 집이다.
② 사람들이 사는 집은 문화로 볼 수 없다.
③ 지역에 상관없이 집의 모양이 모두 비슷하다.
④ 수상 가옥은 초원이 있는 지역에서 볼 수 있다.
⑤ 지역의 환경에 따라 사람들이 사는 집이 다양하게 나타난다.

14 우리 사회에서 볼 수 있는 다양한 문화의 모습으로 알맞지 <u>않은</u> 것은 어느 것입니까? (   )

① 하늘에서 소나기가 내린다.
② 가족과 함께 자전거를 탄다.
③ 스마트폰으로 친구들과 대화를 나눈다.
④ 웃어른을 만나면 고개를 숙여 인사를 한다.
⑤ 노인들이 탁구를 배우기 위해 문화 센터에 간다.

15* 다음 ㉠, ㉡에 들어갈 알맞은 말은 무엇인지 쓰시오.

> 공정하지 못하고 한쪽으로 치우친 생각을
> (㉠)(이)라고 하고, 대상을 정당한 이유 없이
> 구별하고 다르게 대우하는 것을 (㉡)(이)라
> 고 한다.

㉠: (   ) ㉡: (   )

16 다음 중 외모에 대한 차별을 나타낸 그림은 어느 것입니까? (   )

①
②
③
④

17 다음은 무엇에 대한 차별의 모습입니까? (   )

> 눈이 불편한 지수는 마트에서 음료를 고를 때
> 에 난감하다. 마트에서 판매하고 있는 캔 음료의
> 종류는 많지만, 점자로는 '탄산'과 '음료'로만 표
> 시하기 때문이다. 지수가 주스를 사려면 마트 직
> 원에게 물어보아야 한다.

① 장애   ② 나이   ③ 남녀
④ 종교   ⑤ 피부색

18 다음 그림에 나타난 문화적 편견과 차별의 상황을 해결하기 위해 바람직한 생각을 한 어린이를 쓰시오.

> 서림: 옷이 참 이상해 보이네.
> 민수: 왜 저런 걸 쓰지? 답답하지도 않나 봐.
> 혜나: 이슬람교를 믿는 여성은 히잡을 쓰는구나.

(   )

19 다음 빈칸에 들어갈 말로 알맞은 것은 무엇입니까? (   )

> 편견과 차별에서 벗어나 다양한 문화의 사람들
> 이 어울려 살기 위해 사회는 (   )와/과 제도를
> 마련하고, 여러 가지 홍보 활동을 펼치고 있다.

① 법   ② 생각   ③ 갈등
④ 오해   ⑤ 습관

20 다음과 같이 편견과 차별의 문제를 해결하기 위해 우리가 할 수 있는 일을 한 가지 더 쓰시오.
서술형

> • 서로 다른 문화의 차이를 인정하고 존중한다.
> • 다양한 문화를 체험하고 이해하려고 노력한다.
> • _____

3-1 사회 변화로 나타난 일상생활의 모습

학습 주제	저출산·고령화로 나타난 생활 모습의 변화 알기	**배점**	30점
학습 목표	저출산·고령화로 나타난 생활 모습의 변화를 알고, 이에 대비하기 위한 노력을 알 수 있다.		

1~3 다음 신문 기사를 읽고, 물음에 답하시오.

(가)

○○신문　　　　　　　　20△△년 △△월 △△일

아이를 낳을 곳이 없다

태어나는 아이의 수가 줄어들면서 아이를 낳을 수 있는 병원도 사라지고 있다. 어느 지역에는 아이를 낳을 수 있는 병원이 하나도 없다. 그래서 임신부들이 아이를 낳으러 다른 지역까지 가야 하는 상황이다.

(나)

○○신문　　　　　　　　20△△년 △△월 △△일

노인 인구가 계속 늘어나고 있다

오늘날 의학 기술의 발달과 생활 수준의 향상으로 평균 수명이 늘어나면서 전체 인구에서 노인이 차지하는 비중이 커지고 있다. 현재 우리나라는 전체 인구 7명 중 1명이 65세 이상 노인으로 구성되었다.

1 위 (가), (나) 신문 기사에 나타난 사회 변화 모습을 나타내는 용어를 쓰시오. [5점]

• (가): (　　　　　　　　　　)　　　• (나): (　　　　　　　　　　)

2 위 **1**번 답의 현상으로 달라진 사회 모습을 선으로 바르게 연결하시오. [5점]

(1) ▢ (가) •

(2) ▢ (나) •

• ㉠ 가족 구성원 수가 줄어들었다.

• ㉡ 학생 수가 줄고, 문을 닫는 학교가 많아졌다.

• ㉢ 노인 전문 병원, 노인 복지관 등 노인을 위한 시설이 늘어났다.

3 다음은 (가), (나) 신문 기사에 나타난 사회 변화에 대비하기 위한 노력입니다. 밑줄 친 부분에 들어갈 내용을 한 가지 더 쓰시오. [20점]

(가)	• 출산비와 양육비를 지원한다. • ❶ _____	• 다자녀 가구에 더 큰 혜택을 준다.
(나)	• 노인들에게 일자리를 제공한다. • ❷ _____	• 돌봄이 필요한 노인을 지원한다.

3-2 다양한 문화에 대한 이해와 존중

학습 주제	일상생활에서 나타나는 편견과 차별의 모습 살펴보기	배점	30점
학습 목표	우리 주변의 다양한 편견과 차별의 모습을 살펴보고, 편견과 차별이 없는 사회를 만들기 위한 노력 알아보기		

1~3 다음은 우리 주변에서 찾을 수 있는 다양한 편견과 차별의 모습입니다. 물음에 답하시오.

(가)

(나)

(다)

(라)

1 위 그림을 보고 다음 빈칸에 들어갈 알맞은 말에 ○표 하시오. [5점]

> 우리 주변에는 편견과 차별 때문에 마땅히 자신이 누려야 할 (권리, 책임)을/를 누리지 못하는 사람들이 있다.

2 위 그림을 보고, ❶, ❷에 들어갈 알맞은 내용을 쓰시오. [5점]

> • (가), (나)는 여자라서 또는 남자라서 무엇을 못한다는 편견을 가지고 차별하는 모습이다.
> • (다)는 자신과 다른 ❶ [   ]의 친구에게 편견을 갖고 차별하는 모습이다.
> • (라)는 ❷ [   ]이/가 있는 사람은 일을 잘할 수 없을 것이라는 편견을 갖는 모습이다.

3 위와 같이 우리 주변에서 일어나는 편견과 차별의 문제를 해결하기 위해 가져야 할 바람직한 자세를 두 가지 쓰시오. [20점]

---

① 촌락과 도시의 특징

1 촌락의 종류와 특징

농촌	• 주로 농업을 하며 평평한 곳에 자리 잡은 촌락 • 가축을 기르거나 지역 특산품을 활용해 농촌 체험 활동이나 축제를 꾸리기도 함.
어촌	• 주로 어업을 하며 바닷가에 자리 잡은 촌락 • 어촌의 특색을 살려 체험 행사와 축제를 개최하기도 함.
산지촌	• 주로 임업을 하며 들이 적고 산이 많은 곳에 자리 잡은 촌락 • 목장을 만들어 가축을 기르거나 밭농사를 지음.

2 도시의 특징

모습	• 인구가 밀집해 있고, 높은 건물이 많음. • 여러 시설과 공공 기관 등이 모여 있음. • 교통이 편리함.
사람들이 하는 일 예	• 회사나 공장에서 일을 함. • 대형 할인점 등에서 물건을 파는 일을 함. • 병원에서 환자를 치료하는 일을 함.

3 촌락과 도시의 공통점과 차이점

구분	촌락	도시
공통점	• 평평한 곳에 마을이 발달함. • 사람들이 마을을 이루며 살고 있음. • 자연환경과 더불어 살고 있음.	
차이점	• 높은 건물이 많지 않음. • 인구가 적음. • 대중교통이 발달하지 않음.	• 높은 건물이 많음. • 인구가 많음. • 대중교통이 발달함.

4 촌락과 도시의 문제점과 해결 방안

	촌락	도시
문제점	일손 부족 문제, 시설 부족 문제, 소득 감소 문제	주택 문제, 교통 문제, 환경 문제
해결 방안	• 농업의 기계화 • 폐교 등을 정비해서 필요 시설로 만듦. • 축제, 체험 프로그램을 만듦.	• 지역을 새롭게 정비함. • 버스 전용 차로를 확대함. • 쓰레기 처리 시설이나 하수 처리 시설을 늘림.

② 함께 발전하는 촌락과 도시

1 촌락과 도시가 교류하는 까닭

교류의 의미	사람들이 오고 가거나 물건, 기술, 문화 등을 서로 주고받는 것
교류하는 까닭	• 우리가 생활하는 데 필요한 것을 어느 한 지역에서만 구할 수 없기 때문에 • 서로 다른 문화를 경험하거나 각자의 문화를 알리기 위해서

2 촌락과 도시가 교류하는 모습 조사하는 방법

• 지역의 공공 기관 누리집에서 '교류'를 검색하기
• 지역에서 발행하는 홍보 자료 살펴보기
• 공공 기관(시·도·군청)의 담당자와 면담하기
• 촌락과 도시가 교류하는 장소를 답사하기

3 촌락과 도시가 교류하는 모습

자매결연을 통한 교류	체험 활동이나 일손 돕기, 문화·예술 교류 등 다양한 분야에서 서로 도움을 주고받음.
지역 축제를 통한 교류	특색 있는 자연환경이나 특산품 또는 지역만의 특별한 문화를 활용한 축제를 열어 교류함.
직거래 장터를 통한 교류	• 촌락에 사는 사람들은 지역의 특산품을 홍보하고 판매하여 소득을 얻음. • 도시 사람들은 값싸고 질 좋은 농수산물을 살 수 있음.
그 외 여러 교류	• 시설 이용을 통한 교류 • 주말농장을 통한 교류 • 문화 공연을 통한 교류 • 체험 학습을 통한 교류

4 교류가 촌락과 도시 사람들에게 미치는 영향

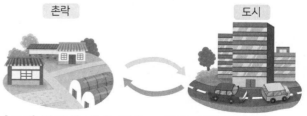

촌락   도시

• 서로의 부족한 것을 채우고 상호 의존하고 있음.
• 촌락과 도시가 함께 발전하는 기회가 될 수 있음.

1 농촌, 어촌, 산지촌처럼 자연환경을 주로 이용하여 살아가는 지역을 무엇이라고 합니까?

2 논과 밭에서 곡식이나 채소를 기르는 일을 (농업, 어업, 임업)이라고 합니다.

3 사람들이 주로 나무를 가꾸어 베거나 산나물을 캐는 일을 하고, 들이 적고 산이 많은 곳에 자리 잡은 촌락은 어디입니까?

4 인구가 밀집해 있고 높은 건물이 많으며, 여러 시설과 공공 기관이 모여 있는 지역을 무엇이라고 합니까?

5 양식장, 수산물 직판장 등은 주로 (농촌, 어촌, 산지촌)에서 볼 수 있는 인문환경입니다.

6 (촌락, 도시)에는 버스나 지하철 등이 잘 갖추어져 있어 교통이 편리합니다.

7 외국의 값싼 농산물이 들어오면서 촌락에 어떤 문제가 생겼습니까?

8 농업의 기계화는 촌락의 어떤 문제를 해결하기 위한 방법입니까?

9 도시에서 주택이 부족해지고, 교통이 혼잡한 까닭은 무엇이 증가했기 때문입니까?

10 도시에서 쓰레기 처리 시설이나 하수 처리 시설을 늘리는 것은 어떤 문제를 해결하기 위한 방법입니까?

1~2 다음 (가), (나)를 보고, 물음에 답하시오.

(가)

▲ 농촌

(나)

▲ 어촌

1 위 (가), (나) 중 논과 밭에서 곡식이나 채소를 기르는 일을 주로 하는 촌락은 어디인지 골라 기호를 쓰시오.

(　　　　　　)

2 위 (가), (나) 촌락의 특징으로 알맞지 <u>않은</u> 것은 어느 것입니까? (　　)

① (가)는 주로 평평한 곳에 자리 잡은 촌락이다.
② (가)에서 농기계 수리소 같은 인문환경을 볼 수 있다.
③ (나)는 바닷가에 자리 잡은 촌락이다.
④ (나) 촌락의 사람들은 주로 임업을 한다.
⑤ (나)에서 양식장 같은 인문환경을 볼 수 있다.

3 촌락에 대해 알맞게 말한 어린이는 누구입니까?

(　　)

① 인구가 밀집해 있어.
② 사람들이 자연환경을 주로 이용하면서 살아.
③ 사회, 정치, 경제 활동의 중심이 되는 곳이야.
④ 날씨나 계절의 영향을 받지 않는 곳이야.

4 다음과 같은 모습을 볼 수 있는 지역의 특징으로 알맞지 <u>않은</u> 것은 어느 것입니까? (　　)

① 인구가 밀집해 있고, 높은 건물이 많다.
② 교통이 발달하여 사람과 물건의 이동이 편리하다.
③ 도서관, 미술관 등과 같은 문화 시설이 많이 있다.
④ 지역에 사는 많은 사람이 회사나 공장에서 일한다.
⑤ 비닐하우스, 농산물 저장고 등의 시설을 주로 볼 수 있다.

5 도시 사람들이 주로 하는 일로 알맞은 것은 어느 것입니까? (　　)

①

▲ 백화점에서 물건 팔기

②

▲ 약초 캐기

③

▲ 갯벌에서 조개 캐기

④

▲ 목장에서 소 키우기

6 다음은 촌락과 도시를 비교한 것입니다. ㉠에 들어
서술형 갈 공통점을 한 가지 쓰시오.

구분	촌락	도시
모습		
차이점	• 인구가 적음. • 대중교통이 발달하지 않음. • 주로 농업, 어업, 임업 등을 함.	• 인구가 많음. • 대중교통이 발달함. • 회사, 공장, 가게 등에서 일을 함.
공통점	㉠	

7~8 다음 그림을 보고, 물음에 답하시오.

▲ 촌락이 겪는 문제

7 위와 같은 촌락 문제가 발생한 원인으로 알맞은 것은 어느 것입니까? ( )

① 환경 오염이 심각해졌기 때문에
② 기계로만 농사를 짓도록 했기 때문에
③ 외국의 농산물이 많이 들어왔기 때문에
④ 젊은 사람들이 노인들의 일자리를 모두 빼앗았기 때문에
⑤ 일자리를 찾아 도시로 떠나는 사람이 늘어 인구가 줄었기 때문에

8 앞의 촌락 문제를 해결하는 방법으로 알맞은 것을
보기 에서 두 가지 골라 기호를 쓰시오.

보기
㉠ 재활용 쓰레기를 분리하여 버리도록 한다.
㉡ 도시 사람들이 촌락에 오지 못하도록 한다.
㉢ 농업의 기계화로 부족한 일손을 보완하도록 한다.
㉣ 귀촌하는 사람들이 잘 적응할 수 있도록 지원한다.

( )

9 다음 촌락과 도시의 인구 구성 변화에 대한 설명으로 알맞은 것은 어느 것입니까? ( )

	촌락 인구	도시 인구
(단위: %)		
1970년	50	50
1980년	31	69
1990년	18	82
2000년	12	88
2010년	9	91
2019년	8	92

[출처: 국토교통부, 2020]

▲ 촌락과 도시의 인구 구성

① 도시의 인구가 촌락으로 이동하고 있다.
② 도시의 주택보다 촌락의 주택이 더 많아졌다.
③ 도시에서는 인구를 늘리기 위해 노력하고 있다.
④ 도시 사람들이 이용하는 교통 시설이 부족해졌다.
⑤ 촌락의 인구가 줄어들고, 도시의 인구는 늘어나면서 도시 문제가 발생하고 있다.

10 다음 글에 나타난 도시의 문제를 해결하는 방법으로 알맞은 것은 어느 것입니까? ( )

우리 집 근처에는 시장이 있어 불법으로 주차하는 차가 많다. 오늘도 길 안쪽에 주차된 차들 때문에 큰 차가 지나가지 못하는 모습을 보았다.

① '100원 택시'를 운행한다.
② 하수 처리 시설을 만든다.
③ 승용차 요일제를 실시한다.
④ 귀촌 지원 정책을 실시한다.
⑤ 친환경 전기 자동차 보급을 늘린다.

1 다음과 같은 모습을 볼 수 있는 촌락은 어디인지 쓰시오.

(   )

2 산지촌 사람들이 주로 하는 일로 알맞은 것은 어느 것입니까? (   )

① ▲ 벼농사   ② ▲ 고기잡이

③ ▲ 버섯 재배   ④ ▲ 소금 생산

3 촌락의 생활 모습으로 알맞은 것을 보기 에서 두 가지 골라 기호를 쓰시오.

> **보기**
> ㉠ 어촌에서는 산비탈의 평평한 곳에 밭농사를 짓는다.
> ㉡ 산지촌에서는 목장을 만들어 소나 양 등을 키운다.
> ㉢ 농촌에서는 서로 도와가며 농사를 짓는데 오늘날에는 기계를 이용하기도 한다.
> ㉣ 촌락 사람들은 주로 회사나 공장에 다니거나 시장에서 여러 가지 물건과 음식을 판매한다.

(   )

4 다음 지역의 특징으로 알맞은 것을 두 가지 고르시오. (   )

▲ 도시

① 주로 임업이 발달한 곳이다.
② 많은 사람이 모여 사는 곳이다.
③ 사람이나 물건의 이동이 불편한 곳이다.
④ 사회, 정치, 경제활동의 중심이 되는 곳이다.
⑤ 갯벌, 모래사장 등 자연환경을 쉽게 볼 수 있는 곳이다.

5 도시 사람들의 생활 모습에 대한 설명으로 알맞지 않은 것은 어느 것입니까? (   )

① 버스나, 택시, 지하철 등을 운전한다.
② 바다에 있는 양식장에서 미역을 기른다.
③ 영화관 등을 이용하여 여가 생활을 즐긴다.
④ 백화점, 대형 할인점 등에서 물건을 판매하는 일을 한다.
⑤ 공공 기관이나 문화 시설에서 사람들이 편리하게 생활할 수 있도록 도와주는 일을 한다.

6~7 다음 자료를 보고, 물음에 답하시오.

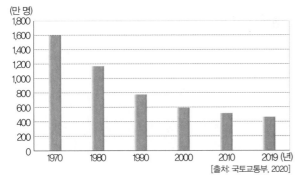

(만 명)

▲ 촌락의 인구 변화

[출처: 국토교통부, 2020]

6
서술형
위에서 촌락의 인구가 어떻게 변하고 있으며, 앞으로 촌락에 어떤 문제가 일어날지 쓰시오.

_____

_____

7 위 6번 답의 문제를 해결하는 방법으로 알맞은 것은 어느 것입니까? ( )

①
▲ 농업의 기계화

②
▲ 지역 재개발 사업

③
▲ 버스 전용 차로 확대

④
▲ 친환경 전기 자동차 보급

8 다음은 촌락의 어떤 문제를 해결하기 위해 마련한 제도입니까? ( )

> 버스가 운행하지 않거나, 정류장까지의 거리가 먼 촌락 지역 사람들이 100원만 내고 택시를 불러 가까운 정류장이나 읍내까지 갈 수 있도록 지원하는 제도이다.

① 주택 문제 ② 환경 문제
③ 일자리 문제 ④ 시설 부족 문제
⑤ 일손 부족 문제

9 다음 도시의 (가), (나) 문제에 대한 설명으로 알맞은 것을 보기 에서 골라 기호를 쓰시오.

(가)

(나)

▲ 낡고 오래된 주택 ▲ 교통 혼잡

보기
㉠ (가)는 문화 시설의 부족으로 생긴 문제이다.
㉡ (가) 문제는 낡은 주택이 있는 지역을 정비하여 해결할 수 있다.
㉢ (나)는 일손이 부족해서 생긴 문제이다.
㉣ (나)는 자동차 수가 부족해서 생긴 문제이다.

( )

10 도시의 환경 문제를 해결하기 위한 방법을 잘못 말한 어린이는 누구입니까? ( )

① 일회용품 사용을 늘려야 해.
② 쓰레기 분리배출 방법을 알려야 해.
③ 하수 처리 시설을 늘려야 해.
④ 친환경 자동차를 이용해야 해.

1 다음 자료를 보고, 물음에 답하시오. [12점]

구분	농촌	어촌	㉠
자연환경	평야	바다	높은 산
사람들이 주로 하는 일 ⑩	농사를 지을 때 사용하는 기계를 고친다.	잡은 물고기나 조개 등을 사고판다.	벌을 키워 꿀을 얻는다.
공통점	㉡		

(1) 위 ㉠ 촌락의 인문환경을 한 가지만 쓰시오. [4점]

(   )

(2) 위 ㉡에 들어갈 공통점을 한 가지 쓰시오. [8점]

_____

_____

2 다음 자료를 보고, 물음에 답하시오. [12점]

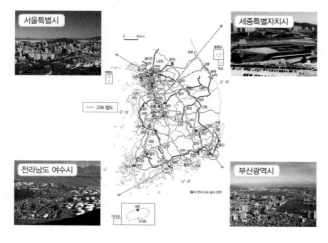

(1) 다음과 관련 있는 도시를 위에서 찾아 쓰시오. [4점]

> 행정의 중심지로 계획하여 만든 도시

(   )

(2) 위 자료를 보고, 우리나라의 도시는 어떤 곳에 위치하고 있는지 쓰시오. [8점]

_____

3 다음 글을 읽고, 물음에 답하시오. [12점]

> 도시가 발달하면서 (   )을/를 찾아 도시로 이동하는 사람이 많아졌다. 촌락을 떠나는 젊은 사람이 많아지자 촌락의 인구는 점점 줄어들게 되었다. 그리고 외국의 값싼 농수산물이 들어오면서 촌락은 소득이 감소하여 어려움을 겪고 있다.

(1) 위 빈칸에 들어갈 알맞은 말을 쓰시오. [4점]

(   )

(2) 위 밑줄 친 촌락의 어려움을 해결하는 방법을 쓰시오. [8점]

_____

_____

4 다음 자료를 보고, 밑줄 친 인구가 증가하면서 발생한 문제는 무엇인지 쓰시오. [8점]

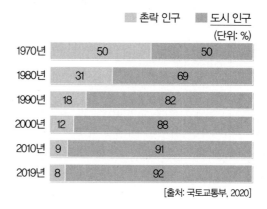

_____

_____

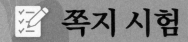
1 사람들이 오고 가거나 물건, 문화, 기술 등을 서로 주고받는 것을 무엇이라고 합니까?

2 도시 사람들이 휴가철이나 주말을 이용하여 촌락에서 마련한 체험 활동을 함으로써 촌락 사람들이 얻게 되는 것은 무엇입니까?

3 촌락과 도시가 교류하는 모습을 조사하는 방법 중 지역의 공공 기관 담당자에게 궁금한 점이 생기면 즉시 물어볼 수 있다는 장점이 있는 것은 무엇입니까?

4 촌락과 도시가 교류하는 장소를 직접 찾아가서 조사하는 방법을 무엇이라고 합니까?

5 한 지역이나 단체가 다른 지역이나 단체와 서로 돕거나 교류하려고 친선 관계를 맺는 일을 무엇이라고 합니까?

6 진도 신비의 바닷길 축제는 지역의 특색 있는 (자연환경, 인문환경)을 활용한 축제를 열어 촌락과 도시가 교류하는 사례입니다.

7 촌락에 사는 사람들이 병원, 박물관, 대형 경기장 등을 이용하기 위해 도시에 가는 것은 무엇을 통한 교류입니까?

8 (문화 공연, 직거래 장터)을/를 통해 도시에 사는 사람들은 값싸고 질 좋은 농수산물을 살 수 있고, 촌락에 사는 사람들은 지역의 특산품을 홍보하고 판매하여 소득을 얻을 수 있습니다.

9 촌락에서 농사를 짓지 않아 비어 있는 땅을 도시 사람들에게 빌려주고 도시에 사는 사람들은 휴일에 촌락에 와서 과일 등을 직접 가꾸는 것은 무엇을 통한 교류입니까?

10 촌락에 사는 사람들과 도시에 사는 사람들은 서로 필요한 것을 교류하면서 부족한 것을 채우며 (상호 의존, 상호 배척)하면서 살아가고 있습니다.

1~2 다음 그림을 보고, 물음에 답하시오.

▲ 도시의 대형 마트

1 위와 같은 교류 상황에서 촌락과 도시가 주고받는 것은 무엇인지 보기 에서 찾아 쓰시오.

> **보기**
> • 문화   • 기술   • 물건   • 사람

(   )

2 위와 같은 교류가 이루어지는 까닭을 쓰시오.
서술형

_____

_____

3 학교에서 볼 수 있는 도시와 촌락 간의 교류 모습을 잘못 말한 어린이는 누구입니까? (   )

① 점심시간에 먹은 야채는 촌락에서 왔어.

② 지금 입고 있는 옷은 도시에 있는 공장에서 만들어졌어.

③ 책상과 의자는 도시의 공장에서 만들어졌어.

④ 수업 시간에 활용한 컴퓨터는 외국에서 왔어.

4~5 다음은 촌락에 사는 민수가 작성한 조사 보고서 입니다. 물음에 답하시오.

〈우리 지역의 교류 모습〉

교류하는 지역	○○ 도시 지역
조사하는 방법	㉠
지역의 자랑거리	• 깨끗한 자연환경 • 다양한 체험 프로그램
교류하는 모습	 ▲ 전통문화 체험하기 ▲ 휴양림에서 휴식하기
교류하며 우리 지역이 얻는 점	• 관광 소득을 얻을 수 있다. • 우리 지역의 전통문화를 다른 지역에 알릴 수 있다.
우리 지역과 교류하는 지역이 얻는 점	㉡

4 위 ㉠에 들어갈 교류 모습을 조사하는 방법으로 알맞지 않은 것은 어느 것입니까? (   )

① 백지도 살펴보기
② 교류 장소 답사하기
③ 지역 홍보 자료 살펴보기
④ 공공 기관 담당자 면담하기
⑤ 공공 기관 누리집 검색하기

5 위 ㉡에 들어갈 알맞은 말을 두 가지 고르시오.
(   )

① 우리 지역의 인구가 줄어들 수 있다.
② 우리 지역의 전통문화를 체험할 수 있다.
③ 우리 지역의 편의 시설이 줄어들 수 있다.
④ 우리 지역의 오염된 환경을 깨끗하게 해 줄 수 있다.
⑤ 우리 지역의 아름답고 깨끗한 자연을 즐기며 여가 생활을 누릴 수 있다.

6 다음 밑줄 친 '행사'로 가장 적절한 것은 어느 것입니까? ( )

> △△군은 자매결연을 한 ○○시 지역의 주민을 초청해 행사를 열었다. 이번 행사는 기온 문제로 피해를 본 과일 재배 농사의 어려움을 알리고, 농사철 일손 부족을 조금이나마 덜기 위해 이루어졌다.

① 일손 돕기   ② 주택 짓기
③ 문화 공연   ④ 대중교통 이용
⑤ 전통문화 체험하기

7~8 다음 사진을 보고, 물음에 답하시오.

▲ 농다리 축제(진천)

▲ 신비의 바닷길 축제(진도)

7 촌락에서 위와 같은 축제를 여는 까닭으로 알맞은 것은 어느 것입니까? ( )

① 농산물을 비싸게 팔기 위해서
② 지역 간의 교류를 끊기 위해서
③ 외국의 문화를 체험하기 위해서
④ 공공 기관을 편리하게 이용하기 위해서
⑤ 고장의 자랑거리를 널리 알리기 위해서

8 도시 사람들이 위와 같은 촌락에서 열리는 축제에 참여하면 좋은 점을 보기 에서 두 가지 골라 기호를 쓰시오.

> **보기**
> ㉠ 많은 소득을 얻을 수 있다.
> ㉡ 많은 일자리를 얻을 수 있다.
> ㉢ 특색 있는 문화를 체험할 수 있다.
> ㉣ 숙박 시설이나 식당 등을 이용하고 물건을 구입하여 지역 경제에 도움을 줄 수 있다.

( )

9 다음 ㉠, ㉡에 들어갈 알맞은 말을 보기 에서 골라 쓰시오.

> **보기**
> • 도시   • 촌락

> • (㉠)에 사는 사람들은 병원이나 박물관, 대형 경기장 등과 같은 다양한 시설이나 공공 기관을 이용하려고 (㉡)을/를 찾는다.
> • (㉡)에 사는 사람들은 깨끗한 자연환경 속에서 여가 생활을 누릴 수 있는 (㉠)의 시설을 이용한다.

㉠: ( ) ㉡: ( )

10 다음 ㉠에 들어갈 교류의 모습으로 알맞지 <u>않은</u> 것은 어느 것입니까? ( )

촌락   ㉠   도시

①
▲ 농촌 일손 돕기 행사

②
▲ 쓰레기 분리배출

③
▲ 고구마 캐기 체험

④
▲ 주말농장 운영

⑤
▲ 찾아가는 예술 공연

1 교류에 대해 알맞게 이야기한 어린이를 두 명 골라 이름을 쓰시오.

> **수연**: 물건들이 오고 가는 것만 교류라고 해.
> **현성**: 기술, 문화 등을 주고받는 것도 교류라고 해.
> **주리**: 어촌에 사는 어부가 물고기를 잡는 것도 교류라고 할 수 있어.
> **가람**: 학교에서 다른 지역으로 체험 학습을 가는 것도 교류라고 해.

(   )

2 다음에서 문화를 교류하는 모습으로 알맞은 것은 어느 것입니까? (   )

3 촌락과 도시 간에 교류가 필요한 까닭으로 알맞지 않은 것을 보기 에서 골라 기호를 쓰시오.

> **보기**
> ㉠ 생산물이 서로 다르기 때문에
> ㉡ 서로 같은 기술을 소개할 수 있기 때문에
> ㉢ 서로 다른 문화를 경험하거나 각자의 문화를 알릴 수 있기 때문에
> ㉣ 우리가 생활하는 데 필요한 것을 우리 지역에서 모두 구하기 어렵기 때문에

(   )

4 다음 밑줄 친 활동을 하는 까닭으로 알맞은 것은 어느 것입니까? (   )

> 도시에 사는 효준이네 가족은 촌락에 있는 체험 마을에서 전통적인 방법으로 삼베 짜기를 했다.

① 공연을 보기 위해서
② 봉사 활동을 하기 위해서
③ 전통문화를 체험하기 위해서
④ 공공 기관을 이용하기 위해서
⑤ 질 좋은 농산물을 홍보하기 위해서

5 다음과 같이 촌락과 도시의 교류 모습을 조사하는 방법으로 알맞은 것은 어느 것입니까? (   )

> 구체적이고 자세한 자료를 얻을 수 있고, 궁금한 점이 생기면 즉시 해결할 수 있다는 장점이 있다.

▲ 교류 장소 답사하기

▲ 지역 홍보 자료 살펴보기

▲ 공공 기관 누리집 검색하기

▲ 공공 기관 담당자와 면담하기

6 다음과 같은 지역 축제를 통해 촌락 사람들이 얻는 점으로 알맞은 것은 어느 것입니까? ( )

> 촌락에서는 자연환경이나 특산물을 활용한 지역 축제를 연다. 대표적으로 울릉도의 오징어 축제, 금산의 인삼 축제, 횡성의 한우 축제가 있다.

① 소득을 올릴 수 있다.
② 촌락의 인구수가 줄어들 수 있다.
③ 깨끗한 자연환경이 오염될 수 있다.
④ 신선한 제철 농수산물을 얻을 수 있다.
⑤ 일자리가 늘어나 도시로 이동하는 사람이 많아질 수 있다.

7~8 다음 글을 읽고, 물음에 답하시오.

> 촌락과 도시 지역 사람들은 이것을 통해 교류하기도 한다. 촌락에 사는 사람들은 이것을 통해 도시 지역의 사람들에게 지역의 특산품 및 농수산물을 직접 홍보하고 판매하여 소득을 얻을 수 있다. 이는 촌락에 사는 사람과 도시에 사는 사람 모두에게 경제적으로 도움이 되는 것이다.

7 윗글에서 공통으로 밑줄 친 '이것'을 무엇이라고 하는지 쓰시오.

( )

8 서술형 위와 같은 교류를 통해 도시 사람들이 얻는 좋은 점을 쓰시오.

_____

_____

9~10 다음은 촌락과 도시 지역 사람들이 교류하는 모습입니다. 물음에 답하시오.

도시 지역 사람들이 농업을 체험할 수 있게 도와줄 수 있어서 좋아요!

㉠

9 위 말풍선의 ㉠에 들어갈 알맞은 말은 어느 것입니까? ( )

① 공공 기관을 이용할 수 있어서 좋아요.
② 도시의 소중함을 느낄 수 있어서 좋아요.
③ 촌락의 농사를 체험할 수 있어서 좋아요.
④ 지역의 특산물을 판매할 수 있어서 좋아요.
⑤ 촌락에서 공연을 볼 기회가 적은데 이렇게 찾아와 공연을 해 주시니 좋아요.

10 다음은 위 사진을 통해 알 수 있는 내용을 정리한 것입니다. 빈칸에 들어갈 알맞은 말을 쓰시오.

> 촌락에 사는 사람과 도시에 사는 사람은 다양한 방법으로 교류하며 살아간다. 이러한 교류를 통해 촌락과 도시는 서로 교류하며 도움을 주고받는 ( ) 관계를 바탕으로 함께 발전하고 있다.

( )

1 다음 지호의 일기를 읽고, 물음에 답하시오. [12점]

> 20○○년 △△월 □□일
> 큰고모께서 주말에 우리 집에 오셨다. 큰고모 댁 주변에는 백화점이 없어서 물건을 살 때 가끔 우리 집에 오신다.
>
> 20○○년 △△월 △△일
> 우리 가족은 방학을 맞아 농촌에 사시는 큰고모 댁에 갔다. 큰고모 댁 마을은 300년 전의 모습을 간직한 흙 돌담과 전통 가옥이 잘 보존되어 있었다. 마을 길을 걷다 보니 마음이 편안해졌다.

(1) 윗글의 밑줄 친 '우리 집'은 촌락과 도시 중 어느 지역인지 쓰시오. [4점]

(   )

(2) 윗글의 우리 가족이 큰고모 댁에 가서 체험한 것을 쓰시오. [8점]

_____

_____

2 다음 글을 읽고, 물음에 답하시오. [12점]

> 농촌에 살고 계신 할아버지께서 큰 병원이 있는 도시를 방문하셔서 진료를 받으셨다.

(1) 윗글에서 지역 간에 주고받은 것은 무엇인지 쓰시오. [4점]

(   )

(2) 위와 같은 상황을 교류로 볼 수 있는 까닭을 쓰시오. [8점]

_____

_____

3 다음 자료를 보고, 물음에 답하시오. [12점]

〈지역의 교류 모습 조사 보고서〉

조사 지역	경기도 이천시
조사 방법	인터넷 조사, (㉠)
교류 모습	이천 쌀 문화 축제
이천시가 교류하여 얻는 것	㉡

(1) 위 ㉠에 들어갈 조사 방법을 쓰시오. [4점]

_____

_____

(2) 위 ㉡에 들어갈 이천시가 교류하여 얻는 좋은 점을 쓰시오. [8점]

_____

_____

_____

4 다음 글에서 촌락과 도시가 교류를 통해 상호 의존하여 얻은 것을 쓰시오. [8점]

> 도시에서는 일자리가 부족해서 난리고, 촌락에서는 일할 사람이 부족해서 난리다. 이러한 문제를 동시에 해결하고자 나라에서는 촌락의 일자리에 도시 지역 사람을 연결해 주는 일을 추진하고 있다.
> 도시에서 일자리를 찾는 사람들에게 농장까지 오고 갈 수 있도록 교통편과 숙박 등을 지원해 주는 것이다.

_____

_____

❶ 경제활동과 현명한 선택

1 경제활동에서 발생하는 선택의 문제

경제활동	생활에 필요한 여러 가지 것들을 만들고 사용하는 것과 관련된 모든 활동
선택의 문제	경제활동을 하는 모든 사람들에게 일어나는 문제 → 자원의 희소성 때문에 발생함.
자원의 희소성	사람들의 필요나 욕구에 비해 자원이 부족한 상태

2 현명한 선택

해야 하는 까닭	• 한정된 자원을 낭비하지 않기 위해서 • 돈, 시간, 노력을 아끼고 즐거움과 만족감을 얻을 수 있기 때문에
하는 방법	• 나에게 꼭 필요한 물건인지 생각해 보기 • 가격, 디자인, 품질, 편의성 등의 정보를 수집하고 기준을 정해서 비교한 후 선택하기

3 시장

의미	생활에 필요한 여러 가지 것들을 사고파는 곳
종류	• 사람들이 직접 만나는 시장: 전통 시장, 백화점, 할인 매장, 편의점 등 • 사람들이 직접 만나지 않는 시장: 텔레비전 홈 쇼핑, 온라인 쇼핑 등

4 생산 활동

의미	생활에 필요한 물건을 만들거나 우리 생활을 편리하고 즐겁게 해 주는 활동
종류	• 생활에 필요한 것을 자연에서 얻는 활동 • 생활에 필요한 것을 만드는 활동 • 생활을 편리하고 즐겁게 해 주는 활동

5 소비 활동

의미	생산한 것을 사서 사용하는 활동
현명한 소비 생활	가정의 소득은 한정되어 있기 때문에 소비 계획 세우기, 저축하기, 정보 활용하기 등을 통해 현명하게 소비해야 함.

❷ 교류하며 발전하는 우리 지역

1 물건의 생산지(원산지)를 확인하는 방법

• 상품 포장지에 있는 정보나 상품 광고지 확인하기
• 품질 인증 표시 또는 상품 판매대의 정보 확인하기
• 큐아르(QR) 코드 찍어서 확인하기
• 누리집에서 상품 소개 검색하기 등

2 경제적 교류

의미	지역 간에 경제적 이익을 얻기 위해 물자, 기술, 정보, 문화 등을 서로 주고받는 것
필요한 까닭	지역마다 자연환경, 기술, 자원, 문화 등이 다르기 때문에
대상	개인, 기업, 지역, 국가
방법	대형 시장에서 직접 교류하기, 대중 매체 이용하기 등
모습	물자 교류, 기술 교류, 문화 교류

3 다양한 경제적 교류

물자 교류	지역에서 생산하는 물자를 다른 지역으로 보내고, 직접 생산하기 어려운 물자는 다른 지역에서 들여오는 것을 통해 경제적 이익을 얻음.
기술 교류	서로의 지역에 부족한 기술을 보완하여 경제적 이익을 얻음.
문화 교류	각 지역이 가진 문화를 다른 지역 사람들에게 알리고 다른 지역 사람들은 다양한 문화를 경험함.

4 지역의 대표 상품을 소개하는 방법

• 상품을 소개하는 전단지 만들기
• 상품을 판매하는 누리집 만들기
• 상품의 장점을 잘 보여 주는 광고 만들기
• 상품의 특징을 잘 나타내는 상표 개발하기 등

5 경제적 교류 모습 조사하기

조사 방법	지역 책자 활용하기, 인터넷 검색하기 등
조사한 후 알 수 있는 점	지역 간에 물자, 기술, 문화 등을 서로 주고받는 모습을 알 수 있음.

1 사람들이 생활에 필요한 여러 가지 것들을 만들고 사용하는 것과 관련된 모든 활동을 무엇이라고 합니까?

2 경제활동에서 선택의 문제는 자원의 (희소성, 편리성)으로 인해 발생합니다.

3 한정된 자원을 낭비하지 않기 위해 물건의 가격, 디자인, 품질 등 정보를 수집한 후 무엇을 정해서 비교한 후 선택해야 합니까?

4 사람들이 생활하면서 필요한 여러 가지 상품을 사고파는 곳을 무엇이라고 합니까?

5 사람들이 직접 만나서 물건을 사고파는 시장으로 (전통 시장, 온라인 쇼핑)이 있습니다.

6 생활에 필요한 물건을 만들거나 우리 생활을 편리하고 즐겁게 해 주는 활동을 무엇이라고 합니까?

7 빵집에서 빵을 사 먹거나 미용실에서 머리 손질을 받는 것은 (생산, 소비) 활동의 모습입니다.

8 벼농사하기, 염전에서 소금 얻기 등의 생산 활동은 생활에 필요한 것을 어디에서 얻는 활동입니까?

9 음악 공연하기, 환자 진료하기 등은 어떤 생산 활동에 해당합니까?

10 가정의 소득은 한정되어 있기 때문에 현명한 (소비, 생산) 활동을 해야 합니다.

1 다음 그림과 같이 경제활동을 하면서 사람들이 겪는 문제 상황을 무엇이라고 하는지 쓰시오.

( )의 문제

2 현명한 선택을 하기 위한 방법으로 알맞지 <u>않은</u> 것은 어느 것입니까? ( )

① 품질이 좋은지 비교해 본다.
② 친구가 산 것을 따라서 산다.
③ 가격이 적당한지 생각해 본다.
④ 꼭 필요한 물건인지 생각해 본다.
⑤ 마음에 드는 디자인인지 꼼꼼하게 살펴본다.

3 현명한 선택을 하는 과정에서 다음 ㉠에 들어갈 알맞은 단계는 무엇입니까? ( )

사고 싶은 물건 생각해 보기
↓
가진 돈 파악하기
↓
㉠
↓
선택 기준을 정해 물건 평가하기

① 생산하기
② 소비하기
③ 선택하기
④ 정보 모으기
⑤ 평가표의 선택 기준별로 점수 매기기

4 현명한 선택을 하였을 때 좋은 점을 <u>잘못</u> 말한 어린이는 누구입니까? ( )

① 돈과 시간을 아낄 수 있어.
② 선택한 것에 큰 만족감을 느낄 수 있어.
③ 금방 싫증이 나도 새로운 물건을 살 수 있어.
④ 원하는 것을 선택하게 되어 즐거움을 얻을 수 있어.

5 다음에서 설명하는 시장으로 알맞은 것은 어느 것입니까? ( )

큰 건물 안에서 여러 가지 물건을 종류별로 나눠 진열하고 판매하는 종합 상점으로, 실내 놀이터나 영화관이 같이 있기도 한다.

① ▲ 전통 시장
② ▲ 백화점
③ ▲ 할인 매장
④ ▲ 편의점

6 다음 사과주스가 우리에게 오기까지의 과정을 보고 알 수 있는 내용으로 알맞은 것은 어느 것입니까?
( )

사과 농장		사과 수확 및 포장		운반
농부가 사과 농사를 지음.	→	사과를 따서 시장에 팔 수 있게 포장함.	→	포장한 사과를 트럭을 이용하여 도매 시장으로 옮김.	→

도매 시장		주스 가게		소비자
전국에서 모인 사과들이 할인 매장이나 주스 가게 등으로 팔려 나감.	→	사과주스를 만들어 팖.	→	주스 가게에서 사과주스를 사 먹음.

① 전자 상거래 시장이 크게 발달하였다.
② 자원의 희소성으로 선택의 문제가 발생한다.
③ 자원을 낭비하지 않기 위해 현명한 선택을 해야 한다.
④ 사과주스가 우리에게 오기까지 여러 가지 생산 활동이 이루어진다.
⑤ 소비자가 사과주스를 사 먹기 전까지는 생산과 소비가 이루어지지 않는다.

7 생활에 필요한 것을 자연에서 얻는 활동으로 알맞지 <u>않은</u> 것은 어느 것입니까? ( )

① 과일 따기
② 벼농사하기
③ 고구마 캐기
④ 이삿짐 나르기
⑤ 염전에서 소금 얻기

8 다음 (가), (나)의 활동에 대한 설명으로 알맞은 것을 두 가지 고르시오. ( )

(가) (나)

▲ 자동차 만들기   ▲ 음악 공연하기

① (가), (나) 모두 생산 활동이다.
② (가)는 생산 활동, (나)는 소비 활동이다.
③ (가)는 생활에 필요한 것을 자연에서 얻는 활동이다.
④ (나)는 생활에 필요한 것을 만드는 활동이다.
⑤ (나)는 생활을 편리하고 즐겁게 해 주는 활동이다.

9 소비 활동을 하는 모습으로 알맞은 것은 어느 것입니까? ( )

① 물건을 만든다.
② 건물을 짓는다.
③ 물건을 운반한다.
④ 의사가 환자를 진료한다.
⑤ 미용실에서 머리 손질을 받는다.

10 다음 선생님의 질문에 대한 알맞은 답을 한 가지 쓰시오.

서술형

현명한 소비 생활을 하는 방법으로는 어떤 것이 있을까요?

1 다음과 같이 선택의 문제가 발생한 까닭으로 알맞은 것은 어느 것입니까? ( )

> 가격은 흰색 휴대 전화가 싼데, 디자인은 검은색 휴대 전화가 예쁘네. 어떤 것을 사야 할까?

① 자원의 희소성 때문에
② 자원이 풍부하기 때문에
③ 원하는 것을 모두 가질 수 있기 때문에
④ 다른 사람이 사는 걸 따라 사야 하기 때문에
⑤ 무조건 아끼고 돈을 쓰지 않아야 하기 때문에

2 현명한 선택을 위해 다음과 같은 표를 작성하여 점수를 매기는 단계로 알맞은 것은 어느 것입니까?
( )

선택 기준 \ 물건	실내화	필통	가방
내가 가진 돈으로 살 수 있는가?	○	○	○
물건의 디자인은 예쁜가?	△	△	○
편리하게 사용할 수 있는가?	○	△	×
지금 당장 필요한 것인가?	○	△	△
총점	11점	9점	9점

＊○: 그렇다(3점), △: 보통이다(2점), ×: 아니다(1점)

```
㉠ 사고 싶은 물건 생각해 보기  →  ㉡ 가진 돈 파악하기  →  ㉢ 정보 모으기
→  ㉣ 선택 기준을 정해 물건 평가하기  →  ㉤ 선택하기
```

① ㉠   ② ㉡   ③ ㉢
④ ㉣   ⑤ ㉤

3 현명한 선택을 해야 하는 까닭을 한 가지 쓰시오.

서술형

_____

_____

4 사람이 직접 만나지 <u>않는</u> 시장의 특징으로 알맞은 것을 두 가지 고르시오. ( )

① 집에서만 상품을 살 수 있다.
② 늦은 시간에는 물건을 살 수 없다.
③ 인터넷으로 다양한 상품을 비교할 수 있다.
④ 텔레비전이 있는 집에서만 상품을 살 수 있다.
⑤ 가격을 비교해 가장 싼 곳에서 상품을 살 수 있다.

5 다음 빈칸에 들어갈 알맞은 말을 쓰시오.

> ( ) 활동의 종류에는 생활에 필요한 것을 자연에서 얻는 활동, 생활에 필요한 것을 만드는 활동, 생활을 편리하고 즐겁게 해 주는 활동이 있어.

( )

6 생활에 필요한 것을 만드는 활동으로 알맞은 것은 어느 것입니까? ( )

①
▲ 건물 짓기

②
▲ 버섯 따기

③
▲ 고기잡이

④
▲ 벼농사하기

8 시장에서 이루어지는 생산의 모습으로 알맞은 것을 보기 에서 두 가지 골라 기호를 쓰시오.

보기
㉠ 분식집에서 떡볶이를 판다.
㉡ 과일 가게에서 사과를 산다.
㉢ 환자가 의사에게 진료를 받는다.
㉣ 미용실에서 미용사가 머리를 손질해 준다.

( )

9 현명한 소비 생활을 하는 방법에 대해 <u>잘못</u> 말한 어린이는 누구입니까? ( )

① 미리 소비 계획을 세워야 해.
② 용돈 기입장이나 가계부를 써야 해.
③ 물건을 사기 전에 필요한 정보를 찾아 활용해야 해.
④ 예상치 못한 일에 대비해서 저축하지 않고 바로 돈을 써야 해.

7 다음 활동에 대한 설명으로 알맞은 것은 어느 것입니까? ( )

▲ 음악 공연하기

① 생산한 것을 사서 사용하는 활동이다.
② 생활을 편리하고 즐겁게 해 주는 활동이다.
③ 생활에 필요한 것을 자연에서 얻는 활동이다.
④ 기술을 이용해 다른 물건을 만드는 활동이다.
⑤ 소득의 범위 안에서 필요한 것을 사는 활동이다.

10 다음에서 설명하는 물건의 정보를 얻는 방법은 무엇입니까? ( )

판매원에게 직접 궁금한 점을 물어볼 수 있고, 여러 물건을 직접 보고 비교해 볼 수도 있다.

① 상점 방문하기
② 신문 광고 보기
③ 인터넷 검색하기
④ 텔레비전 광고 보기
⑤ 주변 사람에게 물어보기

서술형 평가

1 다음은 물건을 선택하는 과정에서 만든 선택 기준 표입니다. 물음에 답하시오. [12점]

선택 기준 \ 물건	실내화	필통	가방
내가 가진 돈으로 살 수 있는가?	○	○	○
물건의 디자인은 예쁜가?	△	△	○
편리하게 사용할 수 있는가?	○	△	×
지금 당장 필요한 것인가?	○	△	△
총점	11점	9점	9점

＊○: 그렇다(3점), △: 보통이다(2점), ×: 아니다(1점)

(1) 위 물건 중 어느 것을 사는 것이 가장 현명한 선택일지 쓰시오. [4점]

(   )

(2) 위 (1)번 답의 물건을 선택한 것이 현명한 선택인 까닭을 쓰시오. [8점]

_____

_____

2 다음 사진을 보고, 물음에 답하시오. [12점]

(1) 위 사진의 의사와 환자 중 소비 활동을 하는 사람을 쓰시오. [4점]

(   )

(2) 위 (1)번 답과 관련하여 소비란 무엇인지 쓰시오. [8점]

_____

3 다음 두 생산 활동의 공통점을 쓰시오. [8점]

▲ 벼농사하기   ▲ 소 키우기

_____

4 다음 대화를 읽고, 물음에 답하시오. [12점]

 수지야, 나는 용돈을 받았는데도 항상 부족해. 장난감도 사고, 햄버거도 사 먹고 하다 보니 용돈이 부족해서 막상 사야 할 친구 생일 선물을 사지 못했어.

 준호야, 그동안 용돈을 어떻게 썼는지 생각해 보면 어때?

 나는 지나가다가 마음에 드는 장난감이 있으면 바로 샀어. 그런데 장난감도 잠깐은 좋았지만 금방 싫증이 나서 안 놀게 되더라고.

(1) 위 대화에 대한 설명으로 알맞은 말에 ○표 하시오. [4점]

> 준호의 소비 생활은 (계획, 소득)을 세우지 않고 용돈을 사용하였다는 문제점이 있다.

(2) 위 대화에서 수지가 준호에게 현명한 소비 생활을 하기 위해 해 줄 수 있는 알맞은 말을 쓰시오. [8점]

_____

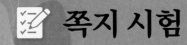

1 물건에 표시되어 있는 생산 정보를 살펴보면 알 수 있는 것은 무엇입니까?

2 우리 주변의 상품들은 (하나의, 다양한) 지역에서 생산되며, 서로 다른 지역 간에 상품을 주고받으며 경제적으로 교류합니다.

3 큐아르(QR) 코드 찍어서 확인하기, 누리집에서 상품 소개 검색하기, 상품 광고지 확인하기, 품질 인증 표시 확인하기 등의 방법으로 물건의 무엇을 확인할 수 있습니까?

4 경제적 이익을 얻기 위해 물자, 기술, 정보, 문화 등을 서로 주고받는 것을 무엇이라고 합니까?

5 경제적 교류가 이루어지는 까닭은 각 지역의 무엇이 다르기 때문입니까?

6 경제적 교류의 대상으로 개인과 국가 이외에 무엇이 있습니까?

7 각 지역은 경제적 교류를 통해 부족한 부분을 보완하여 함께 (발전 , 경쟁)합니다.

8 경기도의 예술단인 경기 필하모닉 오케스트라가 전라북도 전주시에서 신년 음악회를 여는 것은 (물자 , 문화) 교류에 해당합니다.

9 우리 지역의 경제적 교류 모습을 조사하는 방법으로 어떤 것이 있습니까?

10 우리 지역의 경제적 교류 모습을 조사하는 방법 중 핵심어를 검색하거나 지역 공공 기관의 누리집을 방문하는 것은 무엇입니까?

1 다음은 우리 주변의 물건이 어디에서 왔는지 대형 할인점을 방문하여 조사한 표입니다. 조사 내용을 바르게 설명한 어린이는 누구인지 쓰시오.

구분	물건	물건이 만들어진 곳
우리나라의 여러 지역에서 온 물건	과자	부산광역시
	물	제주특별자치도
다른 나라에서 온 물건	프라이팬	독일
	오렌지	미국
	양말	베트남

> 서준: 대형 할인점에는 우리나라에서 만든 물건만 있어요.
> 예린: 대형 할인점에는 다양한 지역에서 온 물건이 있어요.
> 혜선: 대형 할인점에 있는 물건들이 어디에서 왔는지는 알 수 없어요.

(   )

2 다음 급식 식단표의 ㉠에 들어갈 알맞은 말을 제시된 설명을 참고하여 쓰시오.

음식 이름	주재료	㉠
쌀밥	쌀	전라남도 나주시
고등어구이	고등어	노르웨이
김치	배추	전라남도 해남군

> 어떤 물건을 만들어 내는 지역 또는 그 물건이 저절로 생겨나는 곳

(   )

3 교실에 있는 물건이 어디에서 왔는지 알아보는 방법으로 알맞지 <u>않은</u> 것은 어느 것입니까? (   )

① 품질 인증 표시를 확인한다.
② 누리집에서 상품 소개를 검색한다.
③ 큐아르(QR) 코드를 찍어서 확인한다.
④ 상품 포장지에 표시된 정보를 살펴본다.
⑤ 외국에 사는 친구에게 전화를 걸어 물어본다.

4 경제적 교류에 대해 <u>잘못</u> 말한 어린이는 누구입니까? (   )

① 오늘날에는 교통과 통신수단의 발달로 교류가 더욱 활발해졌어.
② 경제적 이익을 얻기 위해 우리나라 안에서만 교류하는 것을 말해.
③ 경제적 이익을 얻기 위해 물자, 기술, 문화 등을 서로 주고받는 것을 말해.
④ 대형 시장에서 직접 교류하거나 대중 매체를 이용하여 편리하게 교류할 수 있어.

5 다음에서 경제적 교류가 이루어지는 대상으로 알맞은 것은 어느 것입니까? (   )

① 개인과 기업
② 지역과 기업
③ 지역과 지역
④ 국가와 국가
⑤ 개인과 국가

6~7 다음 자료를 보고, 물음에 답하시오.

다른 지역에서 부산광역시로 들어오는 것

강원도 인제군의 황태

경기도 용인시의 반도체

부산광역시

부산광역시에서 다른 지역으로 나가는 것

수산물

자동차

6 위 부산광역시에서 교류하고 있는 것은 무엇입니까?
(   )

① 물자   ② 기술
③ 문화   ④ 언어
⑤ 일자리

7 위와 같이 교류하면 좋은 점으로 알맞은 것을 두 가지 고르시오.   (   )

① 경제적 이익을 얻을 수 있다.
② 지역 간에 화합을 이룰 수 있다.
③ 지역의 전통문화가 사라질 수 있다.
④ 다른 나라의 물자를 홍보할 수 있다.
⑤ 다른 나라에 물자를 사고팔기 어려워질 수 있다.

8 우리 지역의 대표 상품을 소개하는 방법을 두 가지 쓰시오.

서술형

_____

_____

9 지역 간에 경제적 교류를 하지 않는다면 어떤 일이 생길지 보기 에서 알맞은 것을 두 가지 골라 기호를 쓰시오.

보기
㉠ 우리 지역의 산업이 더욱 발전하게 된다.
㉡ 다른 나라의 문화를 체험할 기회가 많아진다.
㉢ 생활에 필요한 것을 얻기가 어려워질 것이다.
㉣ 다른 지역의 좋은 물자, 기술 등을 사용할 수 없게 된다.

(   )

10 다음은 우리 지역과 다른 지역의 경제적 교류 사례를 조사하여 정리한 것입니다. 이를 통해 알 수 있는 내용으로 알맞은 것은 어느 것입니까?   (   )

우리 지역 이름	전라북도
물자 교류 사례	• 교류하는 지역 이름: 강원도 • 교류하는 물자: 쌀, 오징어
기술 교류 사례	• 교류하는 지역 이름: 충청북도 • 교류하는 기술: 수소, 연료 전지
문화 교류 사례	• 교류하는 지역 이름: 경기도 • 교류하는 문화: 판소리 공연, 오케스트라 공연

① 각 지역마다 사용하는 언어가 다르다는 것을 알 수 있다.
② 교류가 이루어지는 물자, 기술, 문화의 가격을 알 수 있다.
③ 각 지역이 언제부터 경제적 교류를 시작하였는지 알 수 있다.
④ 우리 지역과 다른 지역의 자연환경이 같다는 것을 알 수 있다.
⑤ 지역 간에 물자, 기술, 문화를 서로 주고받는다는 것을 알 수 있다.

1 우리 주변의 물건이 어디에서 왔는지에 대한 설명으로 알맞은 것은 어느 것입니까? ( )

① 모든 물건은 한 곳에서만 생산된다.
② 우리 지역에서 생산된 물건만 있다.
③ 다른 나라에서 생산되어 온 물건은 없다.
④ 우리나라의 다른 지역에서 온 물건은 없다.
⑤ 물건은 다양한 지역에서 우리 지역으로 들어온다.

2~3 다음 자료를 보고, 물음에 답하시오.

▲ 상품 광고지 확인하기

▲ 품질 인증 표시 확인하기

2 위와 같은 방법을 통해 공통으로 알 수 있는 것은 무엇입니까? ( )

① 물건의 생산지를 알 수 있다.
② 우리 고장의 모습을 알 수 있다.
③ 물건을 구입한 사람을 알 수 있다.
④ 물건이 얼마나 팔렸는지 알 수 있다.
⑤ 물건을 만든 지역의 인구수를 알 수 있다.

3 위와 같은 방법 외에 2번 답의 내용을 확인할 수 있는 방법을 쓰시오.
서술형

_____

_____

4~5 다음 자료를 보고, 물음에 답하시오.

4 위와 같이 경제적 이익을 위해 물건을 서로 주고받는 것을 무엇이라고 하는지 쓰시오.

( )

5 위와 같이 교류하면 좋은 점을 잘못 말한 어린이는 누구입니까? ( )

① 지역 간에 서로 화합할 수 있어.
② 지역의 부족한 부분을 보완할 수 있어.
③ 한 지역에서만 많은 소득을 올릴 수 있어.
④ 우리 지역에서 생산하지 않는 물건을 구할 수 있어.

6 다음 글에 나타난 경제적 교류의 대상으로 알맞은 것은 어느 것입니까? (   )

> 우리나라와 스웨덴은 양국의 디지털 산업 발전을 위해 공개 토론회를 여는 등 서로 협력하고 있다.

① 개인과 기업
② 지역과 기업
③ 지역과 국가
④ 국가와 국가
⑤ 국가와 개인

7~8 다음 자료를 보고, 물음에 답하시오.

7 위 ㉠에 들어갈 말로 알맞은 것은 어느 것입니까?
(   )

① 교육   ② 교통
③ 일자리   ④ 서비스
⑤ 자연환경

---

8 앞의 자료와 같이 경제적 교류를 하는 까닭으로 알맞지 <u>않은</u> 것은 어느 것입니까? (   )

① 지역마다 자원이 비슷하기 때문에
② 지역마다 문화가 서로 다르기 때문에
③ 지역마다 발달한 기술이 다르기 때문에
④ 지역마다 가진 자연환경이 다르기 때문에
⑤ 지역마다 생산하는 물건이 다르기 때문에

---

9 다음 빈칸에 공통으로 들어갈 알맞은 말을 쓰시오.

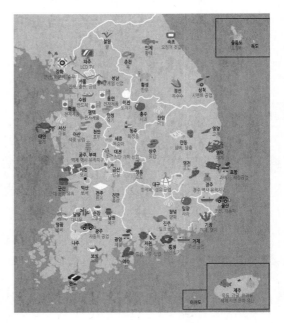

> 위 지도는 지역의 (   )을/를 보여 준다. 지역의 (   )을/를 홍보하여 경제적 교류가 활발해지면 각 지역은 경제적 이익을 얻을 수 있다.

(   )

---

10 경제적 교류 사례를 조사하는 방법으로 알맞지 <u>않은</u> 것은 어느 것입니까? (   )

① 관계자와 면담한다.
② 지역 책자를 활용한다.
③ 용돈 기입장을 살펴본다.
④ 인터넷 뉴스를 살펴본다.
⑤ 공공 기관 누리집을 방문한다.

1 다음 생산지 표시 지도를 보고, 물음에 답하시오. [12점]

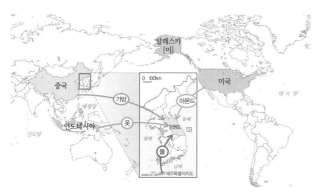

(1) 위 지도를 보고, 다른 나라에서 우리나라로 들어온 물건을 모두 쓰시오. [4점]

(   )

(2) 위와 같이 다른 나라에서 생산된 물건이 우리나라로 들어온 까닭을 쓰시오. [8점]

_____

_____

2 다음 글을 읽고, 물음에 답하시오. [12점]

> 경제적 교류는 지역 간에 ㉠ 정치적 이익을 얻기 위해 ㉡ 물자, 기술, ㉢ 정보, 문화 등을 서로 주고받는 것이다. 경제적 교류는 ㉣ 개인, 기업, 지역, 국가 사이에서 다양하게 이루어진다. 경제적 교류를 하면   (가)

(1) 위 ㉠~㉣ 중 옳지 <u>않은</u> 것을 찾아 기호를 쓰시오. [4점]

(   )

(2) 윗글의 (가)에 들어갈 내용으로, 경제적 교류를 하면 좋은 점을 한 가지 쓰시오. [8점]

_____

_____

3 다음 일기를 읽고, 물음에 답하시오. [14점]

> 20○○년 ○○월 ○○일 ○요일   날씨: 맑음
>
> 오늘 아빠와 함께 시장에 다녀왔다. 과일 가게 주인할머니는 오늘 아침에 ㉠ 제주도에서 온 싱싱한 한라봉을 팔고 계셨다. 맛있어 보여서 한 상자 샀다. 과일을 산 후 음악회를 보러 문화 예술 회관에 갔다. ㉡ △△시 오케스트라에서 우리 지역으로 음악 공연을 하러 왔는데, 많은 사람이 보러 왔다. 음악회가 끝날 무렵 엄마가 우리를 데리러 오셨다. ㉢ 엄마는 다른 지역에 기술을 가르쳐 주기 위해 출장을 갔다오는 길이라 하셨다.

(1) 위 ㉠~㉢에 해당하는 경제적 교류의 종류를 쓰시오. [6점]

- ㉠: (   )
- ㉡: (   )
- ㉢: (   )

(2) 위와 같이 경제적 교류를 하는 까닭을 쓰시오. [8점]

_____

_____

4 다음 대화를 보고, 물음에 답하시오. [12점]

우리 지역의 경제적 교류 모습을 조사해 보자.

나는 관계자를 면담할게. 너는 (㉠)의 방법으로 조사해 보는 게 어때?

(1) 위 ㉠에 들어갈 조사 방법을 한 가지 쓰시오. [4점]

(   )

(2) 위 밑줄 친 조사를 통해 알 수 있는 점을 한 가지 쓰시오. [8점]

_____

_____

① 사회 변화로 나타난 일상생활의 모습

1 저출산·고령화

구분	저출산	고령화
의미	아이를 적게 낳아 사회 전반적으로 출산율이 감소하는 현상	전체 인구에서 차지하는 65세 이상 노인의 비율이 높아지는 현상
달라진 사회 모습	• 태어나는 아이의 수가 줄어들고 있음. • 학생 수가 줄고, 문을 닫는 학교가 많아짐.	• 일하는 노인이 많아짐. • 노인 시설이 늘어남. • 노인 대상 산업이 발달함.
해결 방안	• 출산비와 양육비 지원 • 다자녀 가구에게 혜택 제공 • 육아 휴직 사용 • 보육 시설 확충 등	• 노인들에게 일자리 제공 • 돌봄이 필요한 노인 지원 • 노인들을 위한 복지 제도 마련 등

2 정보화

의미	정보와 지식이 중심이 되어 사회 변화를 이끌어 가는 현상
특징	• 일상생활이 편리해짐. • 필요한 정보를 쉽고 빠르게 얻을 수 있음. • 정보와 지식을 활용해 새로운 자료를 만들고 공유할 수 있음.
문제점	인터넷과 스마트폰 중독, 사이버 폭력, 개인 정보 유출, 저작권 침해 등
해결 방안	• 인터넷과 스마트폰 사용 시간 정하기 • 인터넷 예절 지키기 • 개인 정보가 유출되지 않도록 관리하기 • 창작물 보호하기 등

3 세계화

의미		세계 여러 나라가 국경을 넘어 다양한 분야에서 교류하면서 전 세계가 하나로 연결되는 현상
영향	긍정적 영향	세계 여러 나라의 다양한 문화와 물건 등을 쉽게 접할 수 있음.
	부정적 영향	전통문화가 사라지고, 서로 다른 문화 간에 갈등이 발생함.

② 다양한 문화에 대한 이해와 존중

1 문화의 의미와 모습

의미	한 사회의 사람들이 만들어 낸 공통의 생활 방식
문화가 아닌 것	• 본능에 따른 행동 ⓓ 졸려서 잠을 자는 것, 배가 고파서 음식을 먹는 것 등 • 개인의 취향이나 습관
모습	• 지역의 환경에 따라 사람들의 생활 모습이 다양하게 나타남. • 문화는 서로 비슷한 점도 있고 다른 점도 있음. • 오늘날 사람들은 다양한 문화 속에서 함께 어울려 살아감.

2 편견과 차별의 문제

• **편견과 차별의 의미**

편견	공정하지 못하고 한쪽으로 치우신 생각
차별	대상을 정당한 이유 없이 구별하고 다르게 대우하는 것 → 편견 때문에 차별이 나타남.

• **일상생활에서 나타나는 편견과 차별:** 피부색, 언어, 종교, 출신 지역, 성별, 나이, 장애, 외모를 이유로 차별받는 사람들이 있음.

• **편견과 차별이 지속될 경우 발생하는 문제:** 차별받는 사람은 일상생활에서 어려움을 느끼게 됨, 사회적 갈등이 일어나 사회의 발전이 늦어질 수 있음.

3 편견과 차별을 해결하기 위한 노력

사회의 노력	• 편견과 차별을 없애기 위해 관련 법을 만듦. • 법을 만들고 다문화 가족을 지원하는 단체를 운영하거나, 관련 기관을 만듦. • 다양한 문화를 가진 사람들이 직업을 구할 수 있도록 다양한 정보를 제공함. • 다문화에 대한 이해를 높이는 교육을 시행함. • 사람들의 생각을 바꾸기 위한 캠페인을 함. • 세계 여러 나라의 문화를 체험하는 축제나 다양한 문화의 가치를 알리는 행사를 염.
개인의 노력	• 서로 다른 문화의 차이를 인정하고 존중함. • 다양한 문화를 체험하고 이해하려고 노력함.

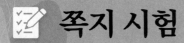
1 아이를 적게 낳아 사회 전반적으로 출산율이 감소하는 현상을 무엇이라고 합니까?

2 평균 수명이 늘어나면서 전체 인구에서 (아이, 노인)이/가 차지하는 비중이 커지고 있습니다.

3 전체 인구에서 차지하는 65세 이상 노인의 비율이 높아지는 현상을 무엇이라고 합니까?

4 육아 휴직을 사용하도록 하고, 보육 시설을 늘리는 것은 어떤 사회 현상에 대비하기 위한 노력입니까?

5 노인에게 일자리를 제공하고, 노인들을 위한 복지 제도를 마련하는 것은 어떤 사회 현상에 대비하기 위한 노력입니까?

6 정보와 지식이 중심이 되어 사회 변화를 이끌어 가는 현상을 무엇이라고 합니까?

7 정보화 사회에서 나타나는 문제점 중 다른 사람이 만든 창작물을 불법으로 내려받아 여러 사람에게 퍼뜨리는 것을 무엇이라고 합니까?

8 사이버 공간에서 대화할 때 예의를 지키고 상대방을 존중하는 것은 정보화 사회의 문제를 해결하기 위한 (개인, 사회)의 노력입니다.

9 세계 여러 나라가 국경을 넘어 다양한 분야에서 교류하면서 전 세계가 하나로 연결되는 현상을 무엇이라고 합니까?

10 여러 나라의 다양한 문화와 물건 등을 쉽게 접할 수 있는 것은 세계화의 (긍정적, 부정적) 영향입니다.

1 다음과 같이 오늘날 교실의 학생 수가 달라진 까닭은 무엇입니까? ( )

▲ 옛날

▲ 오늘날

① 노인들이 많아졌기 때문에
② 선생님 수가 줄었기 때문에
③ 교실 크기가 작아졌기 때문에
④ 출산율이 늘어나고 있기 때문에
⑤ 태어나는 아기의 수가 줄어들고 있기 때문에

2 다음 내용과 관련 있는 사회 모습으로 알맞은 것은 어느 것입니까? ( )

> 오늘날에는 인터넷, 스마트폰 등 정보 통신 기술이 발달하였다.

① 노인 탁구반 모집 인원이 늘었어요. 수강하는 사람이 많아지나 봐요.

② 태어나는 아이의 수가 점점 줄어들어 병원 운영이 어려워요.

③ 세계 어디를 가도 이 회사의 햄버거를 먹을 수 있어요

④ 자동차를 안전하게 운전할 수 있도록 도와주는 장치가 있어서 편리해요.

3 다음 선생님의 질문에 바르게 답한 어린이를 두 명 고르시오.

우리가 살아가는 사회가 다양하게 변화하고 있는 까닭은 무엇일까요?

> 성욱: 계절이 변화하기 때문이에요.
> 지호: 과학 기술이 발달했기 때문이에요.
> 혜원: 가치관이 이전과 달라졌기 때문이에요.

( )

4~5 다음 그래프를 보고, 물음에 답하시오.

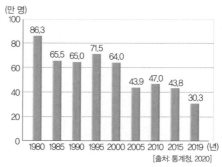
(만 명)
86.3 (1980), 65.5 (1985), 65.0 (1990), 71.5 (1995), 64.0 (2000), 43.9 (2005), 47.0 (2010), 43.8 (2015), 30.3 (2019)
[출처: 통계청, 2020]
▲ 우리나라 출생아 수의 변화

4 위 그래프를 보고, 다음 대화의 빈칸에 들어갈 알맞은 말을 쓰시오.

그래프를 보니 출생아 수가 점점 줄어들고 있어.

맞아. 이처럼 아이를 적게 낳아 출산율이 감소하는 현상을 ( )(이)라고 해.

( )

5 위 4번 답과 같은 현상에 대비하기 위한 노력으로 알맞지 **않은** 것은 어느 것입니까? ( )

① 출산비를 지원한다.
② 보육 시설을 늘린다.
③ 육아 휴직을 사용하도록 한다.
④ 아이를 키우는 데 필요한 비용을 지원한다.
⑤ 혼자 생활하기 어려운 노인을 위해 돌봄 서비스를 제공한다.

6 다음 글의 밑줄 친 내용과 같은 현상이 나타난 까닭은 무엇입니까? ( )

> 현재 우리나라는 전체 인구 7명 중 1명이 65세 이상 노인으로 구성된 고령 사회이다. 이처럼 오늘날 우리 사회는 <u>전체 인구 중에서 노인이 차지하는 비율이 높아지고 있다.</u>

① 평균 수명이 늘어났기 때문에
② 가족의 구성원 수가 늘어나고 있기 때문에
③ 세계의 여러 나라와 활발히 교류하기 때문에
④ 자녀 양육에 대한 경제적 부담이 크기 때문에
⑤ 우리나라 총인구가 계속 늘어나고 있기 때문에

7 정보화로 달라진 일상생활의 모습을 보기 에서 모두 골라 기호를 쓰시오.

보기
㉠ 인터넷으로 물건을 산다.
㉡ 도서관에서 읽고 싶은 책을 읽는다.
㉢ 은행에 직접 가서 은행 업무를 본다.
㉣ 선생님과 학생들이 온라인으로 수업을 한다.
㉤ 스마트폰의 애플리케이션을 이용해서 음식값을 낸다.

( )

8 서술형
다음 그림에 나타난 정보화 사회의 문제점은 무엇인지 쓰고, 이를 해결하기 위한 노력을 쓰시오.

내 전화번호를 어떻게 알았지? 모르는 번호로 전화가 계속 오네.

(1) 문제점: ( )

(2) 해결하기 위한 노력:

9 다음 그림을 보고 글의 빈칸에 들어갈 알맞은 말은 무엇입니까? ( )

통신수단의 발달로 세계 여러 나라의 소식을 바로 알 수 있어요.

교통수단이 발달하면서 세계 곳곳을 빠르게 갈 수 있어요.

> 오늘날에는 교통·통신의 발달로 사람, 상품, 서비스, 문화 등의 국가 간 교류가 늘어나고 있다. 이렇게 세계 여러 나라가 다양한 분야에서 서로 교류하고 영향을 주고받으며 가까워지는 것을 ( )라고 한다.

① 문화　　② 세계화　　③ 정보화
④ 고령화　　⑤ 사회화

10 다음과 같은 세계화의 문제점을 해결하기 위한 노력으로 가장 적절한 것은 어느 것입니까? ( )

○○신문　　　　　　2020년 ○○월 ○○일
자동차 부품 회사들 사이에 경쟁이 치열해지고 있다. 다른 나라에서 만든 자동차 부품들이 가격도 싸고 품질도 좋아져 우리나라에서 만든 자동차 부품에 뒤지지 않기 때문이다. 우리나라 자동차 부품 회사들은 품질은 물론 가격까지 경쟁해야 하는 상황이다.

① 서로 다른 문화를 존중한다.
② 우리 전통문화를 소중히 여긴다.
③ 다른 나라의 문화를 일방적으로 받아들인다.
④ 기업과 나라가 경쟁력을 높이기 위해 노력한다.
⑤ 전통문화를 창조적으로 계승하기 위해 노력한다.

1~2 다음을 보고, 물음에 답하시오.

▲ 옛날의 교실 모습

▲ 오늘날의 교실 모습

1 위의 교실 모습을 비교해 보고 알맞은 말에 ○표 하시오.

> 옛날 교실에는 오늘날의 교실보다 더 (많은, 적은) 학생이 있었다.

2 오늘날의 교실 모습에서 정보화와 관련된 물건을 두 가지 고르시오. ( )

① 칠판 ② 책상 ③ 의자
④ 컴퓨터 ⑤ 텔레비전

3 오늘날 우리 사회의 변화 모습을 잘못 말한 어린이는 누구입니까? ( )

① 노인 인구가 많아지고 있어.
② 세계 여러 나라와 교류를 하지 않고 있어.
③ 인터넷으로 다양한 정보를 찾을 수 있어.
④ 태어나는 아기의 수가 점점 줄어들고 있어.

4 다음 신문 기사에서 ㉠에 들어갈 제목으로 알맞은 것은 어느 것입니까? ( )

> ○○신문 2020년 ○○월 ○○일
>
> ㉠
>
> 통계청에 따르면, 1990년에 약 479만 명이었던 초등학생 수는 2020년에 약 272만 명으로 줄어들었다. 2020년에는 신입생이 0명인 초등학교가 전국에 115곳이나 있었다.
> 저출산에 따른 학생 수의 감소는 전국 대부분 지역에서 뚜렷하게 나타나고 있다. 이에 따라 문을 닫거나 없어지는 학교가 늘어나고 있다.

① 실버산업이 발달한다.
② 초등학생의 여가 활동
③ 우리나라도 고령 사회
④ 초등학생 수가 줄고 있다
⑤ 노인이 즐겁고 행복한 사회

5 고령화로 달라진 사회 모습을 보기 에서 고른 것으로 알맞은 것은 어느 것입니까? ( )

> 보기
>
> ㉠ 교실의 학생 수가 줄어들었다.
> ㉡ 다시 일자리를 찾는 노인이 많아졌다.
> ㉢ 노인을 대상으로 하는 산업이 쇠퇴하였다.
> ㉣ 출산을 도와주는 병원이 점점 사라지고 있다.
> ㉤ 노인 전문 병원, 노인 복지관 등 노인을 위한 시설이 늘었다.

① ㉠, ㉡ ② ㉠, ㉣ ③ ㉡, ㉢
④ ㉡, ㉤ ⑤ ㉠, ㉢, ㉤

6 다음을 보고 알 수 있는 정보화 사회의 특징으로 옳은 것을 보기 에서 골라 기호를 쓰시오.

▲ 인터넷 뉴스로 전 세계 소식을 실시간으로 알 수 있음.

보기
㉠ 필요한 정보와 지식을 쉽고 빠르게 얻는다.
㉡ 생활 속에서 우리의 전통문화가 점점 사라진다.
㉢ 가족 구성원 수가 줄고, 다양한 가족 형태가 늘어난다.

( )

7 다음 그림과 같은 정보화 사회의 문제를 해결하기 위한 개인의 노력으로 알맞은 것은 어느 것입니까? ( )

내가 만든 노래를 사람들이 불법으로 내려받고 있어.

① 스마트폰의 사용 시간을 정한다.
② 다른 사람의 창작물을 소중히 생각한다.
③ 개인 정보가 유출되지 않도록 관리한다.
④ 저작권 보호와 관련한 법과 제도를 보완한다.
⑤ 사이버 공간에서 대화할 때 예의를 지키고 상대방을 존중한다.

8 정보화의 영향으로 발생한 문제점으로 옳지 않은 것은 어느 것입니까? ( )

① 사이버 폭력
② 저작권 침해
③ 학생 수 감소
④ 개인 정보 유출
⑤ 인터넷 및 스마트폰 중독

9~10 다음 대화를 읽고, 물음에 답하시오.

 요즘에는 다른 나라의 영화를 개봉하자마자 볼 수 있어서 좋아.

 그리고 다른 나라에 가지 않아도 세계 여러 나라의 음식을 접할 수도 있어.

 맞아. 오늘날에는 나라 간의 교류가 많아지고, 세계 여러 나라가 서로 도움을 주고받으며 가까워졌어. 이와 같은 사회 변화를 ( )(이)라고 해.

9 위 대화의 빈칸에 들어갈 알맞은 용어를 쓰시오

( )

10 위 9번 답이 우리 생활에 미치는 부정적인 영향을 한 가지 쓰시오.
서술형

_____

1 다음은 옛날과 오늘날의 교실 모습입니다. 물음에 답하시오. [12점]

▲ 옛날   ▲ 오늘날

(1) 위 사진을 보고 옛날과 오늘날의 교실에 모두 있는 것을 찾아 ○표 하시오. [4점]

> • 의자   • 책상   • 컴퓨터   • 텔레비전

(2) 위와 같이 옛날과 오늘날의 교실 모습이 달라진 까닭은 무엇인지 쓰시오. [8점]

_____

_____

2 다음 신문 기사를 읽고, 물음에 답하시오. [12점]

> ○○신문   2020년 ○○월 ○○일
>
> 　태어나는 아이의 수가 줄어들면서 아이를 낳을 수 있는 병원도 사라지고 있다. 2013년에 706곳이 있었는데, 2018년에는 569곳으로 줄었다. 어느 지역에는 아이를 낳을 수 있는 병원이 하나도 없다. 그래서 임신부들이 아이를 낳으러 다른 지역까지 가야 하는 상황이다.

(1) 위 신문 기사와 관련된 알맞은 말에 ○표 하시오.

[4점]

> 오늘날 (저출산, 고령화) 현상으로 태어나는 아이의 수가 줄어들고 있다.

(2) 위와 같은 사회 변화에 대비하기 위한 노력을 한 가지 쓰시오. [8점]

_____

_____

3 다음 그림을 보고, 물음에 답하시오. [12점]

 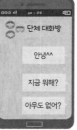

친구들이 대화방에서 내 말을 무시하는 것 같아.

단체 대화방

안녕^^

지금 뭐해?

아무도 없어?

(1) 위 그림에 나타난 정보화 사회의 문제점은 무엇인지 쓰시오. [4점]

(　 　)

(2) 위 그림에 나타난 정보화 사회의 문제점을 해결하기 위한 개인의 노력을 한 가지 쓰시오. [8점]

_____

_____

4 다음은 세계화로 나타난 생활 모습의 변화를 나타낸 그림입니다. 물음에 답하시오. [12점]

(㉠)의 발달로 세계 여러 나라의 소식을 바로 알 수 있어요.

(㉡)이 발달하면서 세계 곳곳을 빠르게 갈 수 있어요.

(1) 위 ㉠, ㉡에 들어갈 알맞은 말을 쓰시오. [4점]

㉠: (　 　) ㉡: (　 　)

(2) 위 그림을 보고 세계화가 일상생활에 미친 긍정적인 영향을 한 가지 쓰시오. [8점]

_____

_____

1 한 사회의 사람들이 만들어 낸 공통의 생활 방식을 무엇이라고 합니까?

2 지역의 (환경, 취향)에 따라 사람들의 생활 모습이 다양하게 나타납니다.

3 오늘날 사람들이 다양한 문화를 접하게 된 것은 지역 간의 무엇이 활발해졌기 때문입니까?

4 공정하지 못하고 한쪽으로 치우신 생각을 무엇이라고 합니까?

5 대상을 정당한 이유 없이 구별하고 다르게 대우하는 것을 무엇이라고 합니까?

6 일상생활에서 나타나는 차별 중 휠체어를 탄 사람이 고속버스를 타고 갈 수 없는 것은 (장애 , 남녀)에 대한 차별입니다.

7 어떤 문화는 옳고 어떤 문화는 그르다고 생각하는 것을 무엇이라고 합니까?

8 우리 주변에서 일어나는 편견과 차별을 없애기 위해서는 서로 다른 문화를 (무시, 존중)하는 태도를 가져야 합니다.

9 편견과 차별이 없는 사회를 만들기 위해 국회에서 만드는 것은 무엇입니까?

10 나라, 기업, 단체 등에서 공공의 이익을 목적으로 만든 광고를 무엇이라고 합니까?

1 문화에 대한 설명으로 알맞지 <u>않은</u> 것은 어느 것입니까? ( )

① 지역의 환경에 따라 모습이 다양하다.
② 나이, 성별 등에 따라 다양하게 나타난다.
③ 한 나라나 사회 안에서도 다양하게 나타난다.
④ 배가 고파서 음식을 먹는 행동도 문화에 속한다.
⑤ 한 사회의 사람들이 만들어 낸 공통의 생활 방식이다.

2 다음 중 문화에 해당하지 <u>않는</u> 것은 어느 것입니까? ( )

① 풍습   ② 가치   ③ 규범
④ 의식주   ⑤ 개인의 습관

3 다음 (가), (나)에 나타난 음식 문화의 공통점을 쓰시오.

 서술형

(가)

(나)

_____

_____

4 다음 그림에서 ㉠, ㉡ 문화의 모습을 비교할 때, 빈칸에 들어갈 비슷한 점으로 알맞은 것은 어느 것입니까? ( )

다른 점	㉠은 가족이 산책하면서 여가를 즐기고, ㉡은 가족이 함께 도시락을 먹으며 여가를 즐긴다.
비슷한 점	

① 종교 활동을 한다.
② 가족이 함께 즐긴다.
③ 가족이 함께 운동한다.
④ 집 안에서 여가를 즐긴다.
⑤ 음식을 먹는 모습이 똑같다.

5 다음 빈칸에 들어갈 알맞은 말을 쓰시오.

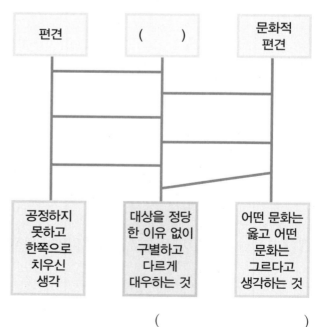

편견	( )	문화적 편견
공정하지 못하고 한쪽으로 치우친 생각	대상을 정당한 이유 없이 구별하고 다르게 대우하는 것	어떤 문화는 옳고 어떤 문화는 그르다고 생각하는 것

( )

6~7 다음 그림을 보고, 물음에 답하시오.

㉠

㉡

㉢

㉣

6 위에서 장애에 대한 차별이 나타난 그림으로 알맞은 것은 무엇입니까? ( )

① ㉠   ② ㉢   ③ ㉣
④ ㉡, ㉢   ⑤ ㉡, ㉣

7 편견과 차별의 원인이 다음 두 그림과 같은 것을 위에서 골라 기호를 쓰시오.

( )

8 다음 체크 리스트를 통해 점검할 수 있는 것을 두 가지 고르시오. ( )

□ 버스나 지하철을 탈 때 나와 피부색이 다른 사람 옆에 있고 싶지 않다.
□ 맨손으로 음식을 먹는 인도 사람들을 깨끗하지 않다고 생각한다.
□ 히잡을 쓰고 다니는 여자들은 성격이 답답할 것 같다.
□ 외국인이 우리말을 잘하지 못해서 무시한 적이 있다.

① 문화적 편견   ② 정보화 수준
③ 차별적 태도   ④ 인터넷 예절
⑤ 친구와의 우정

9 다음 밑줄 친 부분에 해당하는 것으로 알맞은 것은 어느 것입니까? ( )

편견과 차별을 없애기 위한 노력은 개인적 노력과 사회적 노력으로 구분할 수 있다.

① 문화 다양성을 존중하는 태도를 갖는다.
② 다문화 가족을 지원하는 기관을 만든다.
③ 여러 나라의 문화를 체험할 수 있는 축제를 연다.
④ 편견과 차별이 없는 세상을 만들기 위해 법을 만든다.
⑤ 편견이나 차별적 생각을 바꾸기 위한 행사를 마련한다.

10 다음 그림의 민우에게 해 줄 수 있는 충고로 바람직한 것을 두 가지 고르시오. ( )

① 서로 다른 문화를 존중해야 해.
② 편견으로 인한 차별은 꼭 필요해.
③ 친구를 사귈 때는 피부색이 중요해.
④ 우리나라의 전통문화만 소중히 여겨야 해.
⑤ 편견 없이 서로 다른 문화의 가치를 올바르게 이해해야 해.

1 다음 빈칸에 들어갈 알맞은 용어는 무엇입니까?
(   )

> 우리나라에서는 설날에 한복을 차려입고 웃어른께 세배한다. 온 가족이 둘러앉아 떡국도 먹는다. 많은 사람이 방바닥이 따뜻한 집에서 살고, 한옥에서 사는 사람도 있다. 이처럼 한 사회의 사람들이 만들어 낸 공통의 생활 방식을 (   )(이)라고 한다.

① 도덕   ② 문화   ③ 직업
④ 국가   ⑤ 세계화

2 다음 두 사진을 비교하여 알 수 있는 사실로 알맞은 것은 어느 것입니까? (   )

▲ 추운 지역에서 입는 옷   ▲ 햇볕이 강한 지역에서 입는 옷

① 지역에 상관없이 옷차림이 비슷하다.
② 햇볕이 강한 지역에서는 털옷을 입는다.
③ 사람들은 도구를 사용해 음식을 먹는다.
④ 추운 지역에 사는 사람들은 낙타를 타고 이동한다.
⑤ 지역의 환경에 따라 사람들의 생활 모습이 다양하게 나타난다.

3 다음에서 알맞은 말에 ○표 하시오.

> 오늘날 사회가 변화하고 나라 간의 (교류, 의식주)이/가 활발해지면서 사람들은 다양한 문화를 접하게 되었다.

4 편견과 차별에 대한 설명으로 옳은 것을 보기 에서 고른 것은 어느 것입니까? (   )

> 보기
> ㉠ 편견은 어떤 기준을 두어 대상을 구별하고 다르게 대우하는 것이다.
> ㉡ 차별이란 공정하지 못하고 한쪽으로 치우친 의견이나 생각을 말한다.
> ㉢ 편견 때문에 차별이 나타난다.

① ㉠   ② ㉡   ③ ㉢
④ ㉠, ㉡   ⑤ ㉠, ㉢

5 다음 그림을 보고, 빈칸에 들어갈 알맞은 말을 쓰시오.

> 다양한 문화가 확산되면서 위 그림과 같이 문화적 (   )이/가 생기기도 한다. 이로 인해 다른 나라의 문화를 존중하지 않고 차별할 때가 있다.

(   )

6 다음 그림에 나타난 편견과 차별의 모습을 알맞게 설명한 어린이는 누구인지 쓰시오.

> **혜성**: 사람의 능력을 보지 않고 성별로 차별하고 있어.
> **규리**: 외국인이 우리말을 잘하지 못해서 차별하고 있어.
> **지민**: 자신과 다른 피부색의 친구에게 편견을 갖고 차별하고 있어.

(   )

7
다음 신문 기사에서 편견과 차별을 나타낸 색을 찾아 쓰고, 그렇게 생각한 까닭을 쓰시오.

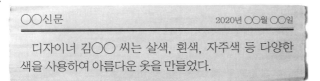

○○신문   2020년 ○○월 ○○일

디자이너 김○○ 씨는 살색, 흰색, 자주색 등 다양한 색을 사용하여 아름다운 옷을 만들었다.

(1) 편견과 차별을 나타난 색: (   )

(2) 그렇게 생각한 까닭: _____

8 다음 빈칸에 들어갈 알맞은 말을 두 가지 고르시오.
(   )

> 편견과 차별의 문제를 해결하려면 다른 사람의 처지를 (   )해야 한다.

① 이해   ② 무시   ③ 오해
④ 배려   ⑤ 거부

9 다음과 같은 기관에서 하는 일을 보기에서 모두 골라 기호를 쓰시오.

보기
㉠ 편견과 차별을 없애기 위한 활동을 한다.
㉡ 저출산·고령화를 해결하기 위해 노력한다.
㉢ 다문화 가정 어린이나 우리나라에 사는 외국인을 도와준다.

(   )

10 편견과 차별이 없는 사회를 만들기 위한 노력을 잘못 말한 어린이는 누구입니까? (   )

① 차별을 없애려고 관련 법을 만들어.
② 여러 나라의 문화를 체험할 수 있는 축제를 열어.
③ 사람들의 생각을 바꾸기 위한 캠페인을 해.
④ 다양한 문화를 가진 사람들이 함께 모이지 않도록 해.

1 다음과 같이 사람들의 옷차림이 다르게 나타나는 까닭은 무엇인지 쓰시오. [8점]

▲ 추운 지역에서 입는 옷

▲ 햇볕이 강한 지역에서 입는 옷

2 다음 그림을 보고, 물음에 답하시오. [12점]

(가)

왜 하던 일을 멈추고 기도하러 가지? 이상한 종교야.

(나)

너희 나라에는 이런 것 없지?
나는 한국 사람인데….

(1) 위 (가), (나)에 나타난 차별의 모습은 무엇인지 쓰시오. [4점]

• (가): (   )에 대한 차별
• (나): (   )에 대한 차별

(2) 위 그림과 같은 편견과 차별이 지속될 경우 어떤 문제가 발생할지 한 가지 쓰시오. [8점]

3 다음 대화를 읽고, 물음에 답하시오. [12점]

점심시간에 급식으로 동태찌개가 나왔는데 몽골에서 온 친구의 표정이 좋지 않았다.

 표정이 왜 그래?

 내가 살던 몽골에는 바다가 없어서 생선 요리를 먹어 본 적이 없어. 그래서 생선을 보면 무서워.

 너 먹기 싫어서 거짓말하는 거지?

(1) 위 대화와 관련하여 다음 빈칸에 들어갈 알맞은 말을 쓰시오. [4점]

다른 문화에 대한 이해가 부족하면 문화적 (   )와/과 차별의 문제가 나타날 수 있다.

(   )

(2) 위와 같은 문제를 해결하기 위해 우리가 지녀야 할 바람직한 태도를 쓰시오. [8점]

4 다음 선생님의 질문에 대한 답을 한 가지 바르게 쓰시오. [8점]

편견과 차별을 없애기 위한 사회의 노력으로 어떤 것이 있을까요?

상위권의 기준!

똑같은 DNA를 품은 최상위지만,
심화문제 접근 방법에 따른 구성 차별화!

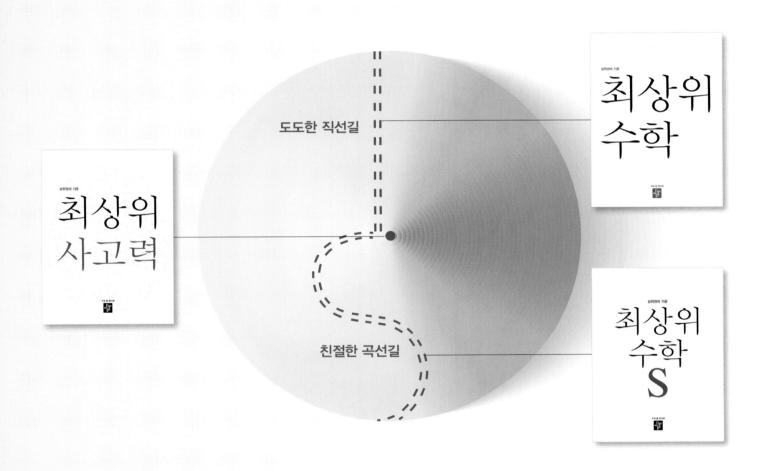

최상위 사고력

도도한 직선길

친절한 곡선길

최상위 수학

최상위 수학 S

최상위를 위한
심화 학습 서비스 제공!

문제풀이 동영상 ➕ 상위권 학습 자료
(QR 코드 스캔 혹은 디딤돌 홈페이지 참고)

과학 교과 탐구이해력 향상

초등
4·2

디딤돌
통합본

과학

딤돌

디딤돌 통합본 국어·사회·과학 4-2

펴낸날 [개정판 1쇄] 2024년 7월 1일
펴낸이 이기열 | **펴낸곳** (주)디딤돌 교육
주소 (03972) 서울특별시 마포구 월드컵북로 122 청원선와이즈타워
대표전화 02-3142-9000
구입문의 02-322-8451
내용문의 02-323-5489
팩시밀리 02-322-3737
홈페이지 www.didimdol.co.kr
등록번호 제10-718호
사진 북앤포토

• 정답과 풀이는 "디딤돌 교육 홈페이지〉초등〉정답과 해설"에서
  다운로드 받을 수 있습니다.
• 출간 이후 발견되는 오류는 "디딤돌 교육 홈페이지〉초등〉정오표"를 통해
  알려드리고 있습니다.

과학 교과 탐구이해력 향상

초등
4·2

디딤돌
통합본

과학

구성과 특징

📖 **교과개념북** 교과 핵심 개념을 완벽하게 이해할 수 있어요!

개념 이해 핵심 개념 정리를 통해 꼭 알아야 할 핵심 내용을 한눈에 쉽게 이해해요.

개념 확인 문제 개념을 확인하는 문제를 풀어 보면서 교과 개념을 익혀요.

실력 문제 다양한 유형의 문제를 풀면서 실력을 쌓아요.

단원 정리 이해를 돕는 그림과 함께 단원의 핵심 내용을 정리해요.

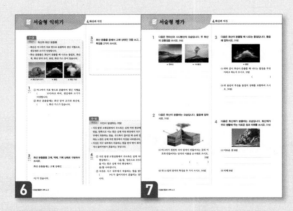

단원 평가 단원 평가 문제를 풀면서 배운 내용을 마무리해요.

서술형 익히기 **서술형 평가**

- 서술형 문제를 푸는 방법을 단계별로 익혀요.
- 출제 비중이 높은 서술형 문제를 풀면서 서술형 평가에 대비해요.

수행 평가 다양한 유형의 수행 평가 문제로 학교에서 보는 수행 평가에 대비해요.

+

✏️ **평가대비북** 다양한 유형의 평가에 완벽하게 대비할 수 있어요!

핵심 정리 단원의 핵심 내용을 정리해요.

쪽지 시험 쪽지 시험으로 단원에서 배운 중요 개념을 확인해요.

단원 평가 단원 평가에 자주 나오는 다양한 문제를 집중적으로 풀면서 문제 해결력을 키워요.

서술형 평가 자신의 생각을 쓰면서 점점 강화되고 있는 서술형 평가에 완벽하게 대비해요.

1

식물의 생활

1 주변에 사는 식물 관찰하기

1 주변에 사는 식물

(1) 학교 화단, 운동장 주변 등 우리 주변에는 여러 가지 식물이 있습니다. +1

(2) 우리 주변의 들과 산, 연못과 강가, 사막이나 극지방 등 다양한 환경에서 많은 종류의 식물이 살아가고 있습니다.

들과 산 / 사막 / 연못과 강가

소나무

기둥선인장

부레옥잠

식물은 종류에 따라 다양한 장소에서 삽니다.

* 우리 주변에 사는 여러 가지 식물

▲ 향나무

▲ 무궁화

▲ 단풍나무

▲ 연꽃

▲ 강아지풀

* 향나무

나무에서 향이 나서 붙은 이름으로 원산지는 중국입니다.

2 주변에 사는 식물의 특징 +2

식물 이름	관찰 장소	특징
향나무	화단	• 나무껍질이 세로로 갈라져 있다. • 잎이 바늘처럼 뾰족한 것도 있고, 뭉툭해서 부드러운 것도 있다.
무궁화		꽃이 흰색이고, 잎의 가장자리가 갈라져 있다.
소나무		• 줄기에 갈라진 틈이 있다. • 바늘처럼 생긴 잎 두 개가 붙어 나 있다.
단풍나무	놀이터	• 손바닥 모양의 잎이 여러 갈래로 갈라져 있다. • 가을이 되면 잎이 붉게 물든다.
연꽃	연못	• 뿌리는 물속에 있고, 잎은 물 표면 위로 떠서 자란다. • 붉은색 또는 흰색의 꽃이 핀다.
강아지풀	운동장 주변	• 잎이 가늘고 길쭉하다. • 꽃은 초록색이고, 여러 개의 꽃이 모여 강아지 꼬리 모양이다.

+1 학교에 사는 식물 조사하기

학교에 사는 식물을 조사해 식물 안내도를 만들면 학교에서 사는 식물을 한눈에 볼 수 있고, 친구들이나 학교에 처음 방문하는 사람에게 재미있게 식물을 소개할 수 있습니다.

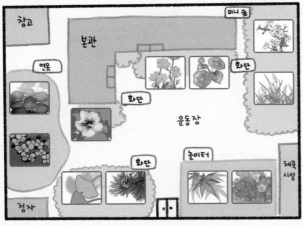

▲ 식물 안내도

+2 주변에 사는 식물을 그림으로 나타내기

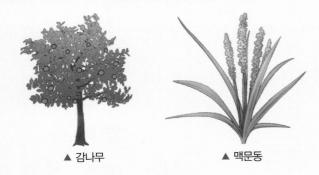

▲ 감나무   ▲ 맥문동

 핵심 개념 정리

• 우리 주변에는 향나무, 연꽃, 강아지풀 등 다양한 식물이 살고 있습니다.

• 식물은 종류에 따라 잎과 줄기의 생김새가 다양하고, 꽃을 피우기도 합니다.

우리 주변에는 다양한 식물이 살고 있어.

---

1 주변에 사는 식물에 대한 설명으로 옳은 것은 ○표, 옳지 않은 것은 ×표 하시오.

(1) 식물은 종류에 따라 다양한 장소에서 산다. (   )

(2) 식물은 저마다의 특징을 가지고 있다. (   )

(3) 주변에서 볼 수 있는 식물 잎은 모양이 모두 비슷하다.
(   )

2~3 여러 가지 식물을 보고, 물음에 답하시오.

▲ 향나무   ▲ 연꽃   ▲ 강아지풀

2 위의 식물 중에서 물이 있는 곳에서 주로 사는 식물의 이름을 쓰시오.

(   )

3 위의 식물 중에서 잎이 바늘처럼 뾰족하게 생겼으며 줄기가 굵은 식물의 이름을 쓰시오.

(   )

2 잎의 특징에 따라 식물 분류하기

1 채집한 식물의 잎 관찰하기

소나무	강아지풀	단풍나무	토끼풀	은행나무
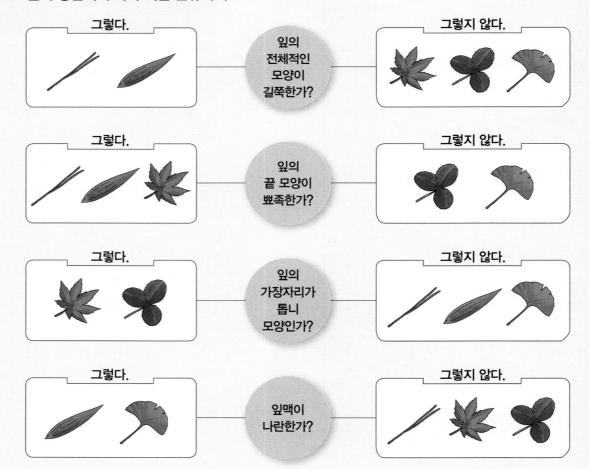				
• 바늘처럼 잎의 끝이 뾰족하다. • 잎은 한곳에 두 개씩 뭉쳐난다.	• 잎은 길쭉하고 뾰족한 모양이다. • 잎맥이 세로로 나란히 나 있다.	• 잎은 손바닥 모양이고, 깊게 갈라져 있다. • 잎의 끝은 뾰족하고, 가장자리가 톱니 모양이다.	• 잎은 한곳에 세 개씩 나고, 끝은 둥글다. • 잎의 가장자리가 톱니 모양이다.	• 잎은 부채 모양이고, 가운데 부분이 갈라져 있다. • 잎의 끝은 물결 모양이다.

2 잎의 생김새에 따라 식물 분류하기 +1

'잎이 예쁘다.'와 같이 사람마다 기준이 다른 것은 분류 기준으로 적합하지 않습니다.

(1) 잎의 분류 기준

① 전체적인 모양, 끝 모양, 가장자리 모양, 잎맥 모양 등 생김새에 따라 다양하게 분류할 수 있습니다.

② 식물을 특징에 따라 분류해 보면 식물을 더 잘 이해할 수 있습니다.

(2) 잎의 생김새에 따라 식물 분류하기

[그렇다. / 잎의 전체적인 모양이 길쭉한가? / 그렇지 않다.]

[그렇다. / 잎의 끝 모양이 뾰족한가? / 그렇지 않다.]

[그렇다. / 잎의 가장자리가 톱니 모양인가? / 그렇지 않다.]

[그렇다. / 잎맥이 나란한가? / 그렇지 않다.]

• **식물을 채집할 때 주의할 점**
  • 땅에 떨어진 잎을 채집합니다.
  • 다른 가지나 잎이 다치지 않도록 합니다.
  • 잎은 가지에서 필요한 만큼만 채집합니다.
  • 나무에 올라가지 않고 위험한 행동을 하지 않습니다.

• **톱니**
  톱 따위의 가장자리에 있는 뾰족뾰족한 이

  톱니

• **잎의 생김새**

  잎몸
  잎자루   잎맥

  잎에서 선처럼 보이는 것을 잎맥이라고 합니다.

• **잎을 분류할 수 있는 또 다른 기준**
  잎자루가 있는가?, 잎맥이 나란한가?, 잎에 털이 있는가?, 잎의 전체적인 생김새가 손 모양인가? 등

+1 식물의 잎 분류하기

잎자루에 잎이 한 장 달렸는가?

그렇다. ◯

개나리
연꽃
단풍나무
강아지풀

그렇지 않다. ✕

장미
등나무

만졌을 때의 느낌

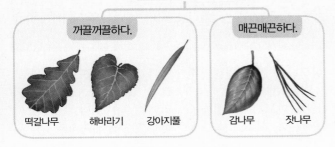

꺼끌꺼끌하다.

떡갈나무   해바라기   강아지풀

매끈매끈하다.

감나무   잣나무

🎓 **핵심 개념 정리**

• 식물을 잎의 생김새에 따라 분류할 때에는 잎의 전체적인 모양, 끝 모양, 가장자리 모양, 잎맥의 모양 등을 기준으로 분류할 수 있습니다.

• 식물을 생김새와 특징에 따라 분류하면 식물을 이해하는 데 도움이 됩니다.

잎의 가장자리가 톱니 모양이야.

토끼풀   단풍나무

우리는 톱니 모양이 아니야.

소나무   강아지풀   은행나무

---

1 다음 잎 중 한곳에서 잎이 세 개씩 나며, 끝이 둥근 것은 어느 것입니까?   (   )

① ▲ 토끼풀
② ▲ 강아지풀
③ ▲ 단풍나무
④ ▲ 은행나무

2 식물의 잎을 분류하는 기준으로 적합하지 <u>않은</u> 것은 어느 것입니까?   (   )

① 잎이 길쭉한가?
② 잎에 털이 없는가?
③ 잎의 모양이 예쁜가?
④ 잎의 끝이 뾰족한가?
⑤ 잎의 개수가 한 개인가?

3 식물의 잎을 분류 기준에 따라 분류하여 기호를 쓰시오.

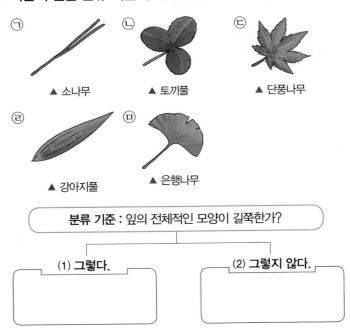

㉠ ▲ 소나무
㉡ ▲ 토끼풀
㉢ ▲ 단풍나무
㉣ ▲ 강아지풀
㉤ ▲ 은행나무

분류 기준 : 잎의 전체적인 모양이 길쭉한가?

(1) 그렇다.	(2) 그렇지 않다.

3 들이나 산에서 사는 식물의 특징

1 °들이나 산에서 사는 식물 조사하기

민들레	소나무	명아주
• 잎이 한곳에 뭉쳐나고 하나의 잎은 톱니 모양으로 갈라져 있다. • 꽃은 노란색이고 여러 개의 꽃이 모여서 전체 꽃을 이룬다. • 열매는 바람에 날아간다.	• 잎은 한곳에 두 개씩 뭉쳐나고 바늘같이 뾰족하다. • 줄기는 굵고 거칠다. • 키가 크고 솔방울이 달려 있다.	• 잎은 삼각형 모양이다. • 잎의 가장자리가 톱니 모양이다. • 민들레보다 키가 크다.
떡갈나무	밤나무	강아지풀
• 잎은 전체적으로 끝이 더 넓은 달걀 모양이다. • 잎의 가장자리가 톱니 모양이다. • 키가 크고 줄기는 회갈색이다.	• 잎은 어긋나며 긴 타원형이고, 끝이 뾰족하다. • 꽃은 6월에 피고, 9~10월에 열매를 맺는다.	• 잎은 20 cm 정도이며, 세로로 긴 줄무늬가 있고 가장자리에는 털이 있다. • 꽃은 7~9월에 핀다.

잎에 털이 달려 있습니다.

들이나 산에 사는 식물의 종류

강아지풀, 닭의장풀, 민들레, 명아주, 토끼풀, 소나무, 단풍나무, 밤나무, 상수리나무, 할미꽃, 강아지풀, 조팝나무, 철쭉 등

풀과 나무의 또 다른 공통점과 차이점

• 공통점 : 풀과 나무는 필요한 양분을 스스로 만듭니다.
• 차이점 : 풀은 대부분 겨울철에 줄기를 볼 수 없지만, 나무는 겨울철에 줄기를 볼 수 있습니다.

▲ 겨울철에 줄기만 남아 있는 나무

한해살이 식물

한살이가 일 년 동안 이루어지는 식물

여러해살이 식물

한살이가 여러해 동안 이루어지는 식물

°잎집

잎자루가 칼집 모양으로 되어 줄기를 싸고 있는 것

2 들이나 산에서 사는 식물을 풀과 나무로 분류하기

풀	민들레, 명아주, 강아지풀, 토끼풀 등
나무	소나무, 단풍나무, 떡갈나무, 밤나무 등

3 들이나 산에서 사는 °풀과 나무의 공통점과 차이점 <small>나무는 해마다 조금씩 자랍니다.</small>

구분	풀	나무
공통점	• 뿌리, 줄기, 잎이 있고 잎은 초록색이다. • 땅에 뿌리를 내리고 산다.	
차이점	• 나무보다 키가 작다. • 줄기가 나무보다 가늘다. • 대부분 °한해살이 식물이다.	• 풀보다 키가 크다. • 줄기가 풀보다 굵다. • 모두 °여러해살이 식물이다.

+1 들이나 산에 사는 식물

식물	특징
 ▲ 토끼풀	• 작은 잎 세 개가 모여 나고, 잎의 가장자리가 톱니 모양이다. • 줄기는 땅 위를 기듯이 자라며, 줄기 마디에서 가느다란 뿌리를 내린다.
▲ 싸리	• 달걀 모양의 잎 세 개가 모여서 난다. • 자주색을 띤 붉은색 꽃이 핀다.
▲ 신갈나무	• 잎은 타원형이며, 가장자리가 큰 톱니 모양이다. • 줄기가 단단하고 갈색 또는 회색이다.
▲ 닭의장풀	• 잎은 긴 달걀 모양이며, 잎 아래는 ●잎집으로 되어 줄기를 감싼다. • 뿌리는 수염 모양이다.

핵심 개념 정리

• 들이나 산에 사는 식물은 대부분 뿌리, 줄기, 잎이 구분되며 땅에 뿌리를 내리고 삽니다.

• 들이나 산에 사는 식물은 풀과 나무로 구분할 수 있습니다.

• 풀은 대부분 한해살이 식물이며, 키가 작고 줄기가 가늡니다. 나무는 모두 여러해살이 식물이며, 대부분 키가 크고 줄기가 굵습니다.

키가 작고 줄기가 가늘며, 대부분 한해살이 식물이에요.

키가 크고 줄기가 굵으며 모두 여러해살이 식물이에요.

풀   나무

1 다음 설명에 해당하는 식물은 어느 것입니까? (   )

> • 키가 크고 줄기는 회갈색이다.
> • 잎의 가장자리는 톱니 모양이다.
> • 잎은 전체적으로 끝이 더 넓은 달걀 모양이다.

①  ▲ 민들레

② ▲ 소나무

③   ▲ 떡갈나무

④  ▲ 강아지풀

2 들이나 산에서 사는 식물을 다음과 같이 분류한 기준으로 옳은 것은 어느 것입니까? (   )

민들레, 명아주, 강아지풀	소나무, 단풍나무, 떡갈나무

① 풀인 것과 나무인 것
② 잎이 있는 것과 잎이 없는 것
③ 뿌리가 있는 것과 뿌리가 없는 것
④ 꽃이 피는 것과 꽃이 피지 않는 것
⑤ 햇빛이 잘 드는 곳에 사는 것과 그늘에서 사는 것

3 풀과 나무에 대한 설명으로 옳은 것은 어느 것입니까?
(   )

① 잎의 색깔은 대부분 노란색이다.
② 풀은 모두 여러해살이 식물이다.
③ 모든 풀은 해마다 조금씩 자란다.
④ 나무는 필요한 양분을 풀에서 얻는다.
⑤ 풀과 나무는 모두 뿌리, 줄기, 잎이 있다.

1 우리 주변에 사는 식물에 대한 설명으로 옳지 <u>않은</u> 것은 어느 것입니까? ( )

① 식물은 종류에 따라 다양한 장소에서 산다.
② 생김새나 특징에 따라 이름을 붙인 식물도 있다.
③ 우리 주변에는 생김새가 다양한 식물들이 살고 있다.
④ 식물의 종류에 따라 잎과 줄기, 꽃의 생김새가 다르다.
⑤ 들과 산에는 식물이 많이 살지만, 물속과 사막 에서는 식물이 살지 못한다.

2 잎의 생김새에서 잎자루에 해당하는 부분의 기호 를 쓰시오.

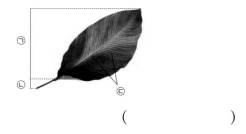

( )

3 토끼풀 잎에 대한 설명으로 옳은 것을 두 가지 고 르시오. (,)

① 잎은 세모 모양이다.
② 잎은 손바닥 모양이다.
③ 잎의 끝은 둥근 편이다.
④ 잎의 가장자리에 털이 있다.
⑤ 잎은 한곳에서 세 개씩 난다.

4 식물의 잎을 생김새에 따라 분류할 때, 분류 기준 으로 적절하지 <u>않은</u> 것은 어느 것입니까?
( )

① 잎의 개수
② 잎의 끝 모양
③ 잎의 작은 정도
④ 잎의 전체적인 모양
⑤ 잎의 가장자리 모양

5 식물의 잎을 다음과 같이 분류할 때 ㈎와 ㈏에 들 어갈 알맞은 식물 잎의 기호를 쓰시오.

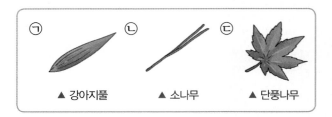

▲ 강아지풀   ▲ 소나무   ▲ 단풍나무

분류 기준 : 잎의 전체적인 생김새가 손 모양인가?

그렇다.	그렇지 않다.
㈎	㈏

㈎ : ( ), ㈏ : ( )

6 다음과 같이 식물의 잎을 두 무리로 분류하였을 때, 분류 기준으로 옳은 것은 어느 것입니까?
( )

그렇다.	그렇지 않다.

① 잎이 길쭉한가?
② 잎에 털이 있는가?
③ 잎의 개수가 한 개인가?
④ 잎의 색깔이 노란색인가?
⑤ 잎의 가장자리가 톱니 모양인가?

7 다음과 같은 특징이 있는 식물은 어느 것입니까?
(   )

- 줄기는 굵고 거칠다.
- 잎은 한곳에 두 개씩 뭉쳐나고 바늘같이 뾰족하다.

①
▲ 명아주

②
▲ 소나무

③
▲ 떡갈나무

④
▲ 밤나무

⑤
▲ 민들레

8 다음 식물에 대한 설명으로 옳지 <u>않은</u> 것은 어느 것입니까? (   )

① 단풍나무보다 키가 작다.
② 들에서 볼 수 있는 풀이다.
③ 소나무보다 줄기가 가늘다.
④ 잎이 길쭉하고 뾰족한 모양이다.
⑤ 하나의 잎이 톱니 모양으로 갈라져 있다.

9 풀인 것을 보기 에서 모두 골라 기호를 쓰시오.

보기
㉠ 밤나무   ㉡ 명아주   ㉢ 소나무
㉣ 민들레   ㉤ 단풍나무

(   )

10 풀과 나무의 공통점에 대한 설명입니다. (   ) 안에 공통으로 들어갈 알맞은 말을 쓰시오.

풀과 나무는 모두 뿌리, 줄기, (   )이/가 있고, (   )은/는 초록색이다.

(   )

11 풀과 나무의 특징으로 옳은 것은 어느 것입니까?
(   )

① 나무는 풀보다 키가 작다.
② 나무 줄기는 풀보다 굵다.
③ 나무는 모두 한해살이 식물이다.
④ 대부분의 풀은 겨울에 줄기를 볼 수 있다.
⑤ 모든 나무의 잎은 겨울이 되면 말라서 떨어진다.

4 강이나 연못에서 사는 식물의 특징

1 부레옥잠의 특징 알아보기

부레옥잠은 잎자루에 있는 공기주머니의 공기 때문에 물에 떠서 살 수 있습니다.

•부레옥잠의 생김새	•부레옥잠 잎자루를 자른 면 +1	
• 전체적인 색깔은 초록색이고, 잎이 매끈하며 광택이 난다. • 잎이 둥글고 잎자루가 볼록하게 부풀어 있는 모양이다. • 뿌리는 수염처럼 생겼다.	세로로 자른 면	가로로 자른 면
	공기구멍이 줄줄이 연결되어 있다.	둥근 공기구멍이 가득 차 있다.

2 강이나 연못에서 사는 식물 조사하기 +2

(1) •강이나 연못에서 사는 식물의 특징

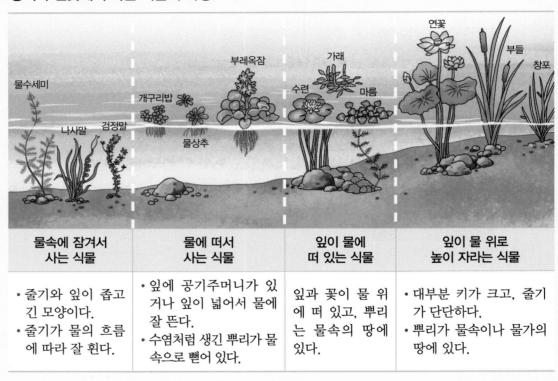

물속에 잠겨서 사는 식물	물에 떠서 사는 식물	잎이 물에 떠 있는 식물	잎이 물 위로 높이 자라는 식물
• 줄기와 잎이 좁고 긴 모양이다. • 줄기가 물의 흐름에 따라 잘 휜다.	• 잎에 공기주머니가 있거나 잎이 넓어서 물에 잘 뜬다. • 수염처럼 생긴 뿌리가 물속으로 뻗어 있다.	잎과 꽃이 물 위에 떠 있고, 뿌리는 물속의 땅에 있다.	• 대부분 키가 크고, 줄기가 단단하다. • 뿌리가 물속이나 물가의 땅에 있다.

(2) 강이나 연못에서 사는 식물 분류하기 : 개구리밥, 부레옥잠, 수련, 마름, 연꽃, 부들 등은 잎이 물 위에 있는 식물로 분류할 수 있습니다. 식물 전체가 물속에 잠겨서 사는가?로 분류할 수도 있습니다.

3 생물의 적응

(1) 적응 : 생물이 오랜 기간에 걸쳐 주변 환경에 적합하게 변하거나 변화하는 과정

(2) 강이나 연못에서 사는 식물의 적응

① 물속에 잠겨서 사는 식물 : 대부분 잎이 좁고 긴 모양이고, 물의 흐름에 따라 잘 휘어집니다.

② 물에 떠서 사는 식물 : 뿌리가 수염처럼 생겼고, 공기주머니가 있거나 스펀지와 비슷한 구조로 되어 있어 쉽게 물에 뜰 수 있습니다.

③ 잎이 물 위에 떠서 사는 식물과 잎이 물 위로 높이 자라는 식물 : 뿌리를 땅에 뻗으며, 잎자루가 길고 줄기는 단단합니다.

• 부레옥잠의 생김새

▲ 부레옥잠

• 부레옥잠 잎자루를 자른 면

▲ 세로 단면   ▲ 가로 단면

• 강이나 연못에서 사는 식물의 특징

• 부레옥잠 : 잎이 둥글고 잎자루가 통통하며 물 위에 떠서 삽니다.

• 검정말 : 물속에 잠겨서 살고 잎이 작으며, 줄기도 가늡니다.

• 마름 : 잎은 마름모 모양이고 물 위에 떠 있으며, 뿌리는 물속의 땅에 있습니다.

• 부들 : 잎이 물 위로 높이 자라고, 뿌리는 물속이나 물가의 땅에 있습니다.

➊ 자른 부레옥잠의 잎자루를 물속에 넣어 관찰하기

• 물속에서 잎자루를 손가락으로 누르면 공기 방울이 생겨 위로 올라갑니다.
• 누른 손을 떼면 잎자루가 다시 부풀어 오릅니다.

공기 방울

➋ 강이나 연못에서 사는 또 다른 식물

물속에 사는 식물	물에 떠서 사는 식물
 ▲ 물질경이	▲ 생이가래
잎이 물 위에 떠 있는 식물	잎이 물 위로 높이 자라는 식물
▲ 자라풀	▲ 줄

🎓 핵심 개념 정리

• 부레옥잠은 볼록한 잎자루에 공기주머니가 있어 물에 떠서 살 수 있습니다.
• 강이나 연못에는 물속에 잠겨서 사는 식물, 물에 떠서 사는 식물, 잎이 물에 떠 있는 식물, 잎이 물 위로 높이 자라는 식물이 있습니다.

물에 떠서 살아.
물속에 잠겨서 살아.
잎이 물 위로 높이 자라.
부레옥잠
검정말
연꽃

---

1 자른 부레옥잠의 잎자루를 물속에 넣고 누르면 어떻게 됩니까?   (   )

① 물의 양이 줄어든다.
② 물이 뿌옇게 흐려진다.
③ 공기 방울이 위로 올라온다.
④ 잎자루의 색깔이 검은색이 된다.
⑤ 잎자루가 점점 크게 부풀어 오른다.

2 식물이 사는 곳과 식물을 선으로 연결하시오.

(1) 물속에 잠겨서 사는 식물 ·
(2) 잎이 물에 떠 있는 식물 ·
(3) 물에 떠서 사는 식물 ·

· ㉠ 수련, 마름
· ㉡ 개구리밥, 물상추
· ㉢ 나사말, 검정말

3 잎이 물 위로 높이 자라는 식물이 환경에 적응한 특징으로 옳은 것을 두 가지 고르시오.   (,   )

① 키가 크다.
② 줄기가 단단하다.
③ 줄기와 잎이 좁고 긴 모양이다.
④ 줄기가 물의 흐름에 따라 잘 휘어진다.
⑤ 줄기가 스펀지와 비슷한 구조로 되어 있다.

5 특수한 환경에서 사는 식물의 특징

1 특수한 환경에서 사는 식물 +1 +2

  사막처럼 물이 부족한 곳이나 극지방처럼 매우 추운 곳, 바닷가처럼 소금기가 많은 곳, 높은 산처럼 강한 바람이 부는 곳에서도 식물은 적응하여 살고 있습니다.

2 사막에서 사는 식물의 특징

(1) 선인장 관찰하기

잎이 가시 모양입니다.

선인장의 생김새	• 다른 식물에서 볼 수 있는 모양의 잎이 없고 가시가 있다. • 가시는 바늘과 같이 뾰족하다. • 줄기는 굵고 통통하며, 색깔은 초록색이다.
자른 선인장 줄기의 모습	• 줄기가 굵으며 자른 면이 미끄럽고 축축하다. • 줄기를 자른 면에 화장지를 대면 물이 묻어 나온다.  ▲ 가로로 자른 모습 ▲ 줄기를 자른 면에 화장지를 붙여 본 모습

화장지

(2) 선인장이 사막에서 살 수 있는 까닭

① 줄기가 굵어 물을 보관할 수 있기 때문에 건조한 날씨에도 살 수 있습니다.

② 잎이 가시 모양이어서 물의 증발을 막을 수 있으며, 물이 필요한 다른 동물이 공격하는 것을 피할 수 있습니다.

(3) 사막에서 사는 식물 : 선인장, 바오바브나무, 용설란, 회전초 등

(4) 사막에서 사는 식물의 특징

① 잎이 작거나 가시로 변하여 물의 증발을 막습니다.

② 선인장은 굵은 줄기에 물을 저장하고, 용설란은 크고 두꺼운 잎에 물을 저장합니다.

③ 바오바브나무는 키가 크고 줄기가 굵어서 물을 많이 저장할 수 있습니다.

3 극지방에서 사는 식물의 특징

(1) 극지방에서 사는 식물   북극버들, 남극구슬이끼

▲ 북극다람쥐꼬리

▲ 북극이끼장구채

▲ 남극좀새풀

▲ 남극개미자리

(2) 극지방에서 사는 식물의 특징

① 추위와 강한 바람을 견딜 수 있게 키가 작습니다.

② 주로 풀이 많으며 땅속이 얼어 있어 뿌리를 얕게 내립니다.

③ 추위를 견딜 수 있게 식물끼리 뭉쳐 납니다.

• 사막의 환경

• 햇빛이 강하고, 낮과 밤의 온도 차가 큽니다.

• 비가 적게 오고 건조하며, 오아시스가 있습니다.

• 모래로 이루어져 있고, 모래바람이 많이 붑니다.

▲ 사막

• 사막에서 사는 식물

▲ 기둥선인장   ▲ 용설란

▲ 금호선인장 ▲ 바오바브나무

• 극지방의 환경

• 일 년 동안 내리는 비의 양이 매우 적습니다.

• 봄과 여름이 짧고, 겨울이 깁니다.

• 매우 춥고 찬 바람이 강하게 붑니다.

+1 바닷가에서 사는 식물

• 잎이나 줄기가 통통하고 광택이 나며, 줄기가 옆으로 뻗어나갑니다.
• 소금 성분이 많은 주위 환경에 적응해 소금을 몸에 저장하거나 소금 성분이 많은 물에서도 물을 얻어 살 수 있습니다.

▲ 퉁퉁마디   ▲ 해홍나물   ▲ 갯메꽃

+2 높은 산에서 사는 식물

강한 바람에 잘 견딜 수 있도록 키가 대부분 작고, 줄기가 옆으로 자라거나 땅속에 파묻혀 있습니다.

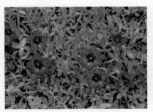 

▲ 비로용담   ▲ 담자리꽃나무

 핵심 개념 정리

• 물이 적은 사막에서 사는 식물의 잎은 가시 모양으로 변하여 물의 증발을 막습니다.
• 사막에서 사는 식물은 굵은 줄기와 두꺼운 잎에 물을 저장합니다.
• 추운 극지방에서 사는 식물은 추위와 바람에 견딜 수 있게 키가 작습니다.
• 사막이나 극지방과 같이 특수한 환경에서 사는 식물은 생김새가 환경에 적응한 결과입니다.

굵은 줄기에 물을 많이 저장할 수 있어.

가시를 조심해.

바오바브나무   선인장

---

1 선인장의 생김새에 대한 설명으로 옳지 <u>않은</u> 것을 보기 에서 골라 기호를 쓰시오.

보기
㉠ 가시는 바늘과 같이 뾰족하다.
㉡ 줄기는 굵고 통통하며, 색깔은 초록색이다.
㉢ 다른 식물에서 볼 수 있는 가시가 없고 잎이 있다.

(   )

2 바오바브나무가 사막 환경에 적응한 특징으로 옳은 것은 어느 것입니까?   (   )

① 뿌리에 물을 저장한다.
② 줄기에 스펀지 같은 구조가 있다.
③ 바늘과 같은 뾰족한 가시가 있다.
④ 크고 두꺼운 잎에 물을 저장한다.
⑤ 줄기가 굵어서 물을 많이 저장할 수 있다.

3 극지방에서 사는 식물은 어느 것입니까?   (   )

①  ②

▲ 용설란   ▲ 부들

③ ④

▲ 명아주   ▲ 소나무

⑤

▲ 남극좀새풀

6 식물의 특징 활용하기

1 도꼬마리 열매와 찍찍이 테이프의 특징 알아보기

(1) 도꼬마리 열매와 찍찍이 테이프의 특징

모자나 신발 등이 벗겨지지 않게
하는 데 이용됩니다.

구분	도꼬마리 열매	찍찍이 테이프
모습		
특징	• 털로 짠 옷에 잘 붙는다. • 열매의 가시를 확대해서 보면 갈고리 처럼 끝이 휘어져 있다.	• 한 번 붙으면 잘 떨어지지 않는다. • 거친 부분을 확대해서 보면 갈고리 모 양의 플라스틱을 볼 수 있고, 대부분 크기와 모양이 일정하다.
공통점	끝이 갈고리 모양이어서 동물의 털이나 옷에 잘 붙을 수 있다.	

(2) 찍찍이 테이프는 도꼬마리 열매 가시 끝의 갈고리 모양이 동물의 털이나 사람의 옷에 잘 붙는 특징을 활용해 만들었습니다.

● 도꼬마리 열매와 비슷하게 생긴 우엉 열매

우엉 열매도 도꼬마리 열매와 비슷하게 가시 끝부분이 갈고리처럼 휘어서 동물의 털이나 옷에 잘 붙는 특징이 있습니다.

▲ 우엉 열매

● 드론 날개

드론 날개도 단풍나무 열매의 생김새를 활용해서 만들었습니다.

▲ 드론

● 느릅나무

계곡 근처에서 주로 자라는 키가 큰 나무입니다.

▲ 느릅나무

식물의 단단한 줄기를 활용해 가구를 만들기도 하고, 허브를 활용해 해충 퇴치제와 방향제를 만들기도 합니다.

단풍나무 열매가 바람에 빙글빙글 돌며 날아가는 특징을 활용해 헬리콥터의 프로펠러를 만들었습니다.

2 우리 생활에서 식물의 특징을 활용한 예 +1

도꼬마리 열매의 생김새를 활용한 신발	단풍나무 열매의 생김새를 활용한 날개가 하나인 선풍기

도꼬마리 열매의 생김새를 활용한 찍찍이 테이프는 끈을 대신해 신발이 벗겨지지 않게 하는 데 사용된다.	날개가 하나인 선풍기는 떨어지면서 회전하는 단풍나무 열매의 생김새를 활용해 만들었다.
느릅나무 잎의 생김새를 활용한 빗물을 모으는 장치	연꽃잎의 특징을 활용한 물이 스며들지 않는 옷
물이 부족한 지역에서는 느릅나무 잎의 생김새를 활용해 빗물을 모으는 장치를 만들었다.	비에 젖지 않는 연꽃잎의 특징을 활용해 물이 스며들지 않는 옷을 만들었다.

+1 우리 생활에서 식물의 특징을 활용한 예

식물의 특징	활용한 예
물에 젖으면 오므라들고, 마르면 벌어지는 솔방울	몸이 더워지면 작은 천 조각이 열려 열을 잘 내보내는 옷
안쪽이 매우 미끄러운 성질을 이용해 벌레를 잡는 벌레잡이통풀	물, 기름 등 모든 것이 미끄러져 깨끗해지는 표면
장미 덩굴의 가시	가축이나 사람이 울타리를 넘지 못하게 하는 가시철조망
가지가 여러 곳으로 뻗은 나무	나무의 생김새를 모방해 만든 책꽂이
주름이 있어 늘어지고 처지는 것을 막는 비로야자의 잎	잘 찌그러지지 않는 튼튼한 주름 캔

1 도꼬마리 열매의 생김새를 활용해 만든 물건은 어느 것입니까?   (   )

①
▲ 날개가 하나인 선풍기

②
▲ 청진기

③
▲ 헬리콥터의 프로펠러

④
▲ 찍찍이 테이프가 달린 신발

2 오른쪽과 같은 단풍나무 열매의 생김새를 우리 생활에서 활용한 예는 어느 것입니까?   (   )

① 우산
② 해충 퇴치제
③ 비행기 날개
④ 자동차 바퀴
⑤ 날개가 하나인 선풍기

3 식물의 생김새나 특징과 우리 생활에서 활용한 예를 관계 있는 것끼리 선으로 연결하시오.

(1)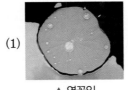
▲ 연꽃잎

· ⓐ
▲ 방향제

(2)
▲ 느릅나무 잎

· ⓑ
▲ 물이 스며들지 않는 옷

(3)
▲ 허브

· ⓒ
▲ 빗물을 모으는 장치

🎓 **핵심 개념 정리**

• 도꼬마리 열매의 생김새를 활용해 찍찍이 테이프를 만들고, 연꽃잎의 특징을 활용해 물이 스며들지 않는 옷을 만들었습니다.
• 식물의 특징은 우리 생활에 다양하게 활용됩니다.

도꼬마리 열매가 붙어서 안 떨어지네!

지금 신고 있는 신발에 우리의 생김새가 활용되었다고.

1 부레옥잠의 특징으로 옳지 <u>않은</u> 것은 어느 것입니까? (   )

① 잎이 둥글다.
② 뿌리는 수염처럼 생겼다.
③ 잎이 매끈하며 광택이 난다.
④ 전체적인 색깔은 초록색이다.
⑤ 뿌리가 볼록하게 부풀어 있는 모양이다.

2 자른 부레옥잠의 잎자루를 물이 담긴 수조에 넣고 손가락으로 눌렀더니 공기 방울이 생겨 위로 올라 갔습니다. 이것으로 알 수 있는 사실에 맞게 (   ) 안에 들어갈 알맞은 말을 쓰시오.

> 부레옥잠이 물에 떠서 살 수 있는 까닭은 잎자루 에 많은 (   )을/를 저장하고 있기 때문이다.

(   )

3 강이나 연못에서 사는 식물 중 잎이 물에 떠 있는 식물의 기호를 쓰시오.

ㄱ ▲ 창포   ㄴ ▲ 검정말   ㄷ ▲ 마름

(   )

4 강이나 연못에서 사는 식물을 다음과 같이 분류하 였습니다. 이때의 분류 기준으로 옳은 것은 어느 것입니까? (   )

| 나사말, 검정말 | 수련, 부들 |

① 잎이 없는 식물인가?
② 물속에 잠겨서 사는가?
③ 뿌리가 물속 땅에 있는가?
④ 물에 떠서 사는 식물인가?
⑤ 강이나 연못에서 볼 수 있는가?

5 다음과 같은 특징이 있는 식물은 어느 것입니까? (   )

> • 대부분 키가 크고, 줄기가 단단하다.
> • 뿌리가 물속이나 물가의 땅에 있다.

①
▲ 창포

②
▲ 가래

③
▲ 물수세미

④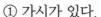
▲ 마름

6 오른쪽과 같은 자른 선인장 줄 기를 관찰한 결과로 옳지 <u>않은</u> 것은 어느 것입니까? (   )

▲ 가로로 자른 모습

① 가시가 있다.
② 줄기가 굵다.
③ 줄기를 자른 면이 건조하다.
④ 줄기를 자른 면이 축축하다.
⑤ 줄기를 자른 면에 물기가 있다.

7 다음 식물이 사는 곳의 환경에 대한 설명으로 옳은 것은 어느 것입니까? ( )

▲ 금호선인장   ▲ 용설란

① 햇빛이 약하다.
② 홍수가 많이 생긴다.
③ 자갈로 이루어져 있다.
④ 식물이 매우 잘 자란다.
⑤ 낮과 밤의 온도 차가 크다.

8 사막에서 사는 식물의 특징으로 옳지 <u>않은</u> 것을 보기 에서 골라 기호를 쓰시오.

> **보기**
> ㉠ 잎이 작거나 가시로 변하여 물의 증발을 막는다.
> ㉡ 물이 많은 환경에서 잘 견딜 수 있는 생활 방식을 가지고 있다.
> ㉢ 선인장은 굵은 줄기에 물을 저장하고, 용설란은 크고 두꺼운 잎에 물을 저장한다.
> ㉣ 바오바브나무는 키가 크고 줄기가 굵어서 물을 많이 저장할 수 있다.

( )

9 식물의 적응에 대한 설명으로 옳지 <u>않은</u> 것은 어느 것입니까? ( )

① 극지방에서 사는 식물은 키가 작다.
② 사막에서 사는 선인장은 잎이 가시 모양이다.
③ 높은 산에서 사는 식물은 줄기가 옆으로 자란다.
④ 바닷가에서 사는 식물은 소금을 양분으로 해서 자란다.
⑤ 물속에 잠겨서 사는 식물은 줄기가 물의 흐름에 따라 잘 휜다.

10 도꼬마리 열매가 동물의 털이나 옷 등에 잘 붙는 까닭으로 옳은 것은 어느 것입니까? ( )

① 열매가 색깔이 있다.
② 열매의 무게가 무겁다.
③ 열매의 가시가 매우 작다.
④ 열매의 가시 끝 부분이 휘어져 있다.
⑤ 열매의 가시 끝 부분에 끈적이는 물질이 묻어 있다.

11 찍찍이 테이프는 어떤 식물의 특징을 활용해 만든 것인지 기호를 쓰시오.

㉠   ㉡   ㉢

▲ 느릅나무 잎   ▲ 소나무 열매   ▲ 도꼬마리 열매

( )

12 우리 생활에서 식물의 특징을 활용한 예에 대해 옳게 설명한 사람의 이름을 쓰시오.

> **민수** : 모든 식물은 약으로 활용할 수 있어.
> **수지** : 느릅나무 잎의 모양을 이용해 가시철조망을 만들었지.
> **경일** : 날개가 하나인 선풍기는 떨어지면서 회전하는 단풍나무 열매의 생김새를 활용해 만들었어.

( )

1 식물의 생활

우리 주변에는 들이나 산, 강이나 연못, 사막이나 극지방 등 다양한 곳에서 여러 식물이 환경에 맞게 적응하여 살고 있으며, 식물의 특징을 우리 생활에 활용하고 있습니다.

👁 그림을 보고 배운 개념을 떠올리며 (　) 안에 알맞은 말을 써 보세요.

개념1 주변에 사는 식물 관찰하기

우리 주변에는 다양한 식물이 살고 있어.

우리 주변에는 향나무, 강아지풀 등 다양한 식물이 살고 있으며, 종류에 따라 (❶　　　　　)와/과 줄기의 생김새가 다양합니다.

개념2 잎의 특징에 따라 식물 분류하기

잎의 가장자리가 톱니 모양이야.

토끼풀　단풍나무

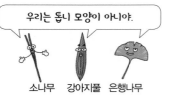

우리는 톱니 모양이 아니야.

소나무　강아지풀　은행나무

식물을 잎의 (❷　　　　　)에 따라 분류할 때에는 잎의 전체적인 모양, 끝 모양, 가장자리 모양 등을 기준으로 분류할 수 있습니다.

👁 그림을 보고 배운 개념을 떠올리며 (　) 안에 알맞은 말을 써 보세요.

개념4 강이나 연못에서 사는 식물의 특징

물에 떠서 살아.

물속에 잠겨서 살아.

잎이 물 위로 높이 자라.

부레옥잠　검정말　연꽃

강이나 연못에는 (❺　　　　　)에 잠겨서 사는 식물, 물에 떠서 사는 식물, (❻　　　　　)이/가 물에 떠 있는 식물, 잎이 물 위로 높이 자라는 식물이 있습니다.

개념5 특수한 환경에서 사는 식물의 특징

굵은 줄기에 물을 많이 저장할 수 있어.

가시를 조심해.

바오바브나무　선인장

물이 적은 (❼　　　　　)에서 사는 식물은 잎이 가시 모양이거나 두껍고, 추운 (❽　　　　　)에서 사는 식물은 추위를 견디기 위해 키가 작습니다.

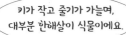 개념3 들이나 산에서 사는 식물의 특징

키가 작고 줄기가 가늘며, 대부분 한해살이 식물이에요.

풀

키가 크고 줄기가 굵으며 모두 여러해살이 식물이에요.

나무

들이나 산에서 사는 식물은 대부분 뿌리, (❸   ), 잎이 구분되며, 땅에 뿌리를 내리고 삽니다. 또한 풀과 (❹   )(으)로 구분할 수 있습니다.

개념6 식물의 특징 활용하기

도꼬마리 열매가 붙어서 안 떨어지네!

팡 팡

지금 신고 있는 신발에 우리의 생김새가 활용되었다고.

(❾   ) 열매의 생김새를 활용해 찍찍이 테이프를 만들고, (❿   )의 특징을 활용해 물이 스며들지 않는 옷을 만들었습니다.

옳은 문장에 ○, 틀린 문장에 ✕하세요. 틀린 부분은 밑줄을 긋고 바른 개념으로 고쳐 써 보세요.

1 우리 주변에서 볼 수 있는 소나무는 바늘처럼 생긴 잎 두 개가 붙어 나 있습니다. (   )

2 은행나무는 잎의 전체적인 모양이 길쭉한 잎으로 분류할 수 있습니다. (   )

3 식물을 특징에 따라 분류해 보면 식물을 더 잘 이해할 수 있습니다. (   )

4 들이나 산에서 사는 식물은 대부분 뿌리, 줄기, 잎이 구분됩니다. (   )

5 풀은 대부분 여러해살이 식물이고, 나무는 모두 한해살이 식물입니다. (   )

6 부레옥잠은 잎자루 속에 공기가 들어 있어서 물에 떠서 살 수 있습니다. (   )

7 잎이 물 위로 높이 자라는 식물은 잎이 좁고 긴 모양이며, 물의 흐름에 따라 잘 휘어집니다. (   )

8 선인장은 줄기가 굵어 물을 보관할 수 있어서 사막에서도 살 수 있습니다. (   )

9 극지방에서 사는 식물은 추위와 바람에 견딜 수 있게 줄기가 두껍고 키가 큽니다. (   )

10 장미 덩굴의 가시를 활용해 찍찍이 테이프를 만들었습니다. (   )

※ 한 문항당 5점입니다.

1 우리 주변의 식물을 관찰한 내용으로 옳지 <u>않은</u> 것은 어느 것입니까? (   )

① 민들레꽃은 노란색이다.
② 소나무의 줄기는 표면이 거칠다.
③ 강아지풀의 줄기는 가늘고 길쭉하다.
④ 부레옥잠의 잎자루는 볼록하게 부풀어 있다.
⑤ 소나무는 손바닥 모양의 잎이 여러 갈래로 갈라져 있다.

2 식물 잎의 구조를 나타낸 것입니다. ㉠과 ㉡의 이름을 쓰시오.

㉠ : (   ), ㉡ : (   )

3~4 여러 가지 식물의 잎입니다. 물음에 답하시오.

▲ 소나무   ▲ 토끼풀   ▲ 단풍나무

3 위 식물의 잎 중 한곳에 세 개씩 잎이 나고, 끝이 둥근 모양인 잎의 기호를 쓰시오.

(   )

4 앞 식물의 잎을 다음과 같이 분류할 때 '그렇지 않다.'로 분류될 수 있는 잎의 기호를 모두 쓰시오.

분류 기준 : 잎의 전체적인 모양이 길쭉한가?

(   )

5 식물의 잎을 분류하기 위한 기준을 <u>잘못</u> 말한 사람의 이름을 쓰시오.

석주 : 잎자루가 있는가?
경주 : 잎의 끝이 뾰족한가?
희경 : 잎에 털이 있는가?
인경 : 잎의 모양이 귀여운가?

(   )

6 들이나 산에서 사는 식물에 대한 설명으로 옳은 것은 어느 것입니까? (   )

① 뿌리, 줄기, 잎이 없다.
② 대부분 땅에 뿌리를 내린다.
③ 대부분 잎이 바늘같이 생겼다.
④ 뿌리와 잎이 잘 구분되지 않는다.
⑤ 줄기와 잎이 잘 구분되지 않는다.

7 서술형 오른쪽 명아주에 대한 설명으로 옳지 <u>않은</u> 것을 보기 에서 골라 기호를 쓰고 바르게 고쳐 쓰시오.

▲ 명아주

보기
㉠ 잎은 둥근 모양이다.
㉡ 민들레보다 키가 크다.
㉢ 잎의 가장자리가 톱니 모양이다.

8 풀과 나무에 대한 설명으로 옳지 <u>않은</u> 것은 어느 것입니까? ( )

① 풀은 대부분 나무보다 키가 작다.
② 풀은 대부분 나무보다 줄기가 굵다.
③ 풀은 겨울철에 잎과 줄기를 볼 수 없다.
④ 나무는 겨울철에도 줄기를 볼 수 있다.
⑤ 풀은 한두 해에 걸쳐 비교적 작게 자라고 나무는 수십에서 수백 년 동안 계속 크게 자란다.

`9~10` 부레옥잠을 세로로 자른 면의 모습과 부레옥잠의 잎자루를 물이 담긴 수조에 넣고 손가락으로 눌렀을 때의 모습입니다. 물음에 답하시오.

9 부레옥잠의 잎자루를 세로로 자른 면의 모습을 옳게 설명한 사람의 이름을 쓰시오.

> 경일 : 공기구멍이 없어.
> 석주 : 네모 모양의 큰 공기구멍이 있어.
> 희경 : 공기구멍이 줄줄이 연결되어 있어.

( )

10 위 실험 결과로 알 수 있는 부레옥잠이 물에 떠서 살 수 있는 까닭으로 옳은 것은 어느 것입니까? ( )

① 잎자루가 있기 때문이다.
② 잎자루가 홀쭉하기 때문이다.
③ 잎자루가 잘 부풀어 오르기 때문이다.
④ 잎자루에 물이 많이 들어 있기 때문이다.
⑤ 잎자루에 공기를 저장하고 있기 때문이다.

11 물속에 잠겨서 사는 식물은 어느 것입니까? ( )

①
▲ 물상추

②
▲ 창포

③
▲ 마름

④
▲ 검정말

12 서술형 오른쪽 개구리밥처럼 물에 떠서 사는 식물의 특징을 쓰시오.

_____

_____

13 다음은 무엇에 대한 설명인지 쓰시오.

> 생물이 오랜 기간에 걸쳐 주변 환경에 적합하게 변화되어 가는 것이다.

( )

14 오른쪽 식물이 사는 환경으로 옳은 것은 어느 것입니까? ( )
▲ 용설란

① 습하다.
② 건조하다.
③ 비가 자주 온다.
④ 항상 눈으로 덮여 있다.
⑤ 낮과 밤의 온도 차가 작다.

15
서술형
다음과 같이 선인장 줄기의 자른 면에 화장지를 붙여 보았을 때의 결과로 알 수 있는 선인장의 특징을 쓰시오.

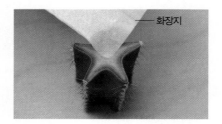
화장지

_____

_____

16* 선인장이 가시 모양의 잎을 가지고 있어서 좋은 점을 두 가지 고르시오. (,)

① 강한 바람을 막아준다.
② 물의 증발을 막아준다.
③ 햇빛을 많이 받을 수 있다.
④ 잎에 물을 많이 저장할 수 있다.
⑤ 다른 동물이 공격하는 것을 피할 수 있다.

17 바오바브나무에 대한 설명으로 옳지 <u>않은</u> 것은 어느 것입니까? ( )

① 키가 크다.
② 잎이 없고 가시가 있다.
③ 사막에서 사는 식물이다.
④ 줄기가 굵어 물을 많이 저장할 수 있다.
⑤ 건조한 환경에 잘 견딜 수 있는 생김새를 가지고 있다.

18 다음과 같은 환경에 사는 식물끼리 옳게 짝 지은 것은 어느 것입니까? ( )

> 매우 춥고, 강한 바람이 분다.

① 용설란, 회전초
② 남극좀새풀, 퉁퉁마디
③ 해홍나물, 담자리꽃나무
④ 비로용담, 북극이끼장구채
⑤ 남극개미자리, 북극다람쥐꼬리

19
서술형
오른쪽과 같이 비에 젖지 않는 연꽃잎의 특징을 우리 생활에 활용한 예를 쓰시오.

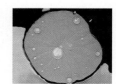

_____

_____

20 도꼬마리 열매와 찍찍이 테이프의 공통점으로 옳은 것은 어느 것입니까? ( )

▲ 도꼬마리 열매

▲ 운동화의 찍찍이 테이프

① 갈색이다.
② 향긋한 냄새가 난다.
③ 물이 잘 스며들지 않는다.
④ 작은 돌기가 많이 나 있다.
⑤ 동물의 털이나 옷 등에 쉽게 붙는다.

점수

1

※ 한 문항당 5점입니다.

1 식물의 잎을 채집하는 방법에 대한 설명으로 옳은 것은 어느 것입니까? ( )

① 한 종류 식물의 잎만 여러 개 채집한다.
② 가지 전체를 잘라서 식물 잎을 채집한다.
③ 나무 꼭대기에 있는 식물의 잎을 채집한다.
④ 다른 식물을 밟지 않도록 주의하며 채집한다.
⑤ 최대한 많이 채집해서 친구들에게 나누어 준다.

2 다음과 같은 단풍나무 잎을 관찰한 내용으로 옳은 것을 보기 에서 모두 골라 기호를 쓰시오.

보기
㉠ 잎이 부채 모양이다.
㉡ 잎은 한곳에 세 개씩 난다.
㉢ 잎의 가장자리는 톱니 모양이다.
㉣ 잎은 손바닥 모양이고, 깊게 갈라져 있다.

( )

3 식물의 잎을 분류하는 기준으로 적합하지 <u>않은</u> 것은 어느 것입니까? ( )

① 잎이 화려한가?
② 잎맥이 나란한가?
③ 잎의 끝이 뾰족한가?
④ 잎의 개수가 한 개인가?
⑤ 잎의 전체적인 모양이 좁은가?

4 서술형 다음과 같이 식물의 잎을 분류하였을 때의 분류 기준을 쓰시오.

그렇다.	그렇지 않다.
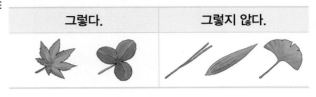	

5 다음과 같은 특징이 있는 식물은 어느 것입니까? ( )

• 잎은 한곳에서 뭉쳐나고 하나의 잎은 톱니 모양으로 갈라져 있다.
• 꽃은 주로 노란색이고, 열매는 바람이 불면 쉽게 날아간다.

① 명아주   ② 민들레
③ 소나무   ④ 강아지풀
⑤ 단풍나무

6* 산이나 들에서 사는 식물의 특징으로 옳지 <u>않은</u> 것은 어느 것입니까? ( )

① 줄기와 잎이 잘 구분되지 않는다.
② 가을에 열매를 맺는 식물이 있다.
③ 잎과 줄기로 햇빛을 받으며 자란다.
④ 잎의 모양, 줄기의 굵기가 다양하다.
⑤ 대부분 잎과 줄기가 자라고 꽃이 핀다.

7 풀과 나무의 특징에 대한 설명으로 옳지 <u>않은</u> 것은 어느 것입니까? ( )

① 나무는 풀보다 잎이 넓고 크다.
② 풀은 대부분 한해살이 식물이다.
③ 풀의 줄기는 여름철에 볼 수 있다.
④ 나무는 모두 여러해살이 식물이다.
⑤ 나무의 줄기는 겨울철에도 볼 수 있다.

8

서술형
다음과 같이 자른 부레옥잠의 잎자루를 물이 담긴 수조에 넣고 손가락으로 누르면 어떻게 되는지 쓰시오.

_____

_____

9 부레옥잠에 대한 설명으로 옳은 것은 어느 것입니까? ( )

① 잎만 있고 줄기는 없다.
② 뿌리는 물속의 땅에 있다.
③ 키가 크고 줄기가 튼튼하다.
④ 잎자루에 공기주머니가 있다.
⑤ 물속에서 꽃이 피고 열매를 맺는다.

[10~11] 강이나 연못에서 사는 식물입니다. 물음에 답하시오.

ㄱ

▲ 나사말

ㄴ

▲ 부들

ㄷ

▲ 수련

ㄹ

▲ 개구리밥

10 잎이 물 위로 높이 자라는 식물의 기호를 쓰시오.

( )

11 앞 식물 중 다음과 같은 특징을 가진 식물의 기호를 쓰시오.

수염처럼 생긴 뿌리가 물속으로 뻗어 있다.

( )

12 강이나 연못에서 사는 식물 중 물속에 잠겨서 사는 식물에 대한 설명으로 옳지 않은 것을 두 가지 고르시오. (,)

① 공기주머니가 있다.
② 뿌리는 땅속에 있다.
③ 키가 크고 줄기가 튼튼하다.
④ 대부분 잎이 가늘고 긴 모양이다.
⑤ 줄기가 물의 흐름에 따라 잘 휘어진다.

13 강이나 연못에서 사는 식물이 환경에 적응한 모습에 맞게 선으로 연결하시오.

(1) 연꽃 •

• ㉠ 잎이 물 위에 떠 있고, 끝이 갈라져 있다.

(2) 수련 •

• ㉡ 잎이 물 위로 자라고, 줄기가 튼튼하다.

(3) 검정말 •

• ㉢ 줄기가 물의 흐름에 따라 잘 휜다.

14 다음 설명에 해당하는 곳은 어디인지 쓰시오.

> 낮에는 햇빛이 강해서 뜨겁고, 낮과 밤의 온도
> 차가 크다. 또한 비가 적게 오고 건조하다.

(   )

15 사막에서 사는 식물이 물을 저장하기에 알맞도록
적응한 특징은 어느 것입니까? (   )

① 키가 작다.
② 뿌리가 없다.
③ 줄기가 굵다.
④ 잎이 많이 있다.
⑤ 색깔이 초록색이다.

16 사막에서 사는 식물끼리 옳게 짝 지은 것은 어느
것입니까? (   )

① 용설란, 민들레
② 선인장, 떡갈나무
③ 민들레, 단풍나무
④ 단풍나무, 용설란
⑤ 선인장, 바오바브나무

17 오른쪽과 같이 가로로 자른 선인장
줄기의 모습을 관찰한 내용으로 옳
지 <u>않은</u> 것은 어느 것입니까?
(   )

① 줄기가 굵다.
② 줄기에 물이 많다.
③ 줄기의 겉에는 가시가 있다.
④ 줄기를 자른 면은 거칠고 딱딱하다.
⑤ 줄기를 자른 면에 화장지를 붙여 보면 물이 묻
어 나온다.

18 높은 산에서 사는 식물의 특징으로 옳은 것을
보기 에서 모두 골라 기호를 쓰시오.

> **보기**
> ㉠ 키가 작다.
> ㉡ 줄기가 길다.
> ㉢ 잎이 가시 모양이다.
> ㉣ 줄기가 땅 위를 기어가듯이 자란다.

(   )

19⃰ 도꼬마리 열매에 대한 설명으로 옳은 것은 어느 것
입니까? (   )

① 물에 젖지 않는다.
② 동물의 털이나 옷에 잘 붙는다.
③ 열매의 가시 끝이 곧은 모양으로 되어 있다.
④ 생김새의 특징을 활용해 빗물 저장 장치를 만
들었다.
⑤ 향기로운 냄새가 나서 방향제를 만드는 데 이
용된다.

20 식물의 특징을 우리 생활에 활용한 예에 대한 설명
으로 옳은 것은 어느 것입니까? (   )

① 식물은 음식과 약으로만 활용된다.
② 허브를 활용해서 옷을 염색하였다.
③ 민들레 열매의 특징을 활용해서 헬리콥터를 만
들었다.
④ 도꼬마리 잎의 생김새를 활용해서 가시철조망
을 만들었다.
⑤ 단풍나무 열매의 생김새를 활용해서 날개가 하
나인 선풍기를 만들었다.

1~3

개념1 잎의 생김새에 따른 식물의 분류

• 잎의 전체적인 모양, 끝 모양, 가장자리 모양, 잎맥의 모양 등 생김새에 따라 식물을 다양하게 분류할 수 있습니다.

• 잎의 생김새와 특징을 관찰한 후 분류 기준에 따라 분류합니다.

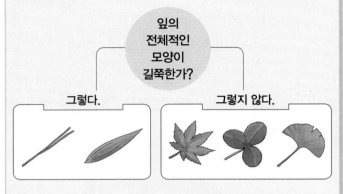

잎의 전체적인 모양이 길쭉한가?

그렇다.   그렇지 않다.

---

1 빈칸 쓰기

① '잎의 모양이 둥근가?', '잎의 가장자리가 톱니 모양인가?'는 누가 분류해도 같은 결과가 나오므로 (　　　　) 분류 기준입니다.

② '잎의 크기가 큰가?', '잎의 모양이 예쁜가?' 는 사람에 따라 분류 결과가 달라지므로 (　　　　) 분류 기준입니다.

---

2 문장 쓰기

식물 잎의 끝 모양을 관찰하고, 특징을 쓰시오.

▲ 강아지풀   ▲ 토끼풀   ▲ 은행나무   ▲ 단풍나무

끝 모양이 뾰족한 잎은 _____ ,

끝 모양이 뾰족하지 않은 잎은 _____

---

3 서술 완성

식물 잎을 보고, 생김새에 따른 분류 기준을 정해 분류해 보시오.

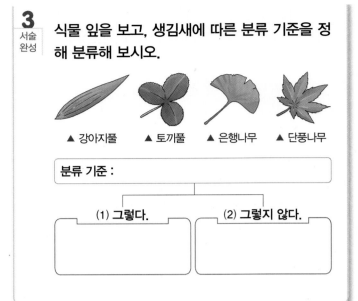

▲ 강아지풀   ▲ 토끼풀   ▲ 은행나무   ▲ 단풍나무

분류 기준 :

(1) 그렇다.   (2) 그렇지 않다.

4~6

개념2 부레옥잠의 특징 알아보기

• 부레옥잠의 생김새 : 잎이 둥글고 매끈하며, 잎자루가 볼록하게 부풀어 있습니다. 뿌리는 수염처럼 생겼습니다.

• 부레옥잠의 잎자루를 자른 면 : 구멍을 많이 볼 수 있습니다.

• 자른 부레옥잠의 잎자루를 물속에 넣어 눌러보기 : 공기 방울이 생겨 위로 올라갑니다.

공기 방울

• 부레옥잠은 잎자루 속의 많은 구멍에 공기가 가득 차 있어 물에 떠서 삽니다.

---

4 빈칸 쓰기

① 부레옥잠은 잎자루가 (　　　　) 있습니다.

② 부레옥잠의 잎자루 속에는 (　　　　)이/가 들어 있습니다.

5
문장
쓰기

자른 부레옥잠의 잎자루를 물속에 넣고 누르면 어떤 현상이 나타나는지 쓰시오.

부레옥잠의 잎자루에서 _____

_____

6
서술
완성

자른 부레옥잠의 잎자루를 물속에서 누르는 모습입니다. 이때 나타나는 현상과 부레옥잠이 물에 떠서 살 수 있는 까닭을 쓰시오.

_____

_____

7~9

개념3 **식물의 특징을 활용한 예**

• 도꼬마리 열매는 가시 끝이 갈고리 모양으로 되어 있어 옷에 걸리면 잘 떨어지지 않습니다. 이러한 특징을 활용해 찍찍이 테이프를 만들었습니다.

• 연꽃잎은 물에 젖지 않아 물방울이 연잎 위에 맺힙니다. 이러한 특징을 활용해 물이 스며들지 않는 옷감을 만들었습니다.

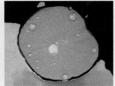

▲ 도꼬마리 열매   ▲ 연꽃잎

7
빈칸
쓰기

① 도꼬마리 열매는 가시 끝이 (   ) 모양으로 되어 있어 옷에 걸리면 잘 떨어지지 않습니다.

② 연꽃잎은 물에 (   ) 물방울이 연잎 위에 맺힙니다.

8
문장
쓰기

찍찍이 테이프와 방수 천의 특징을 쓰시오.

▲ 찍찍이 테이프   ▲ 방수 천

찍찍이 테이프는 끝이 _____

반대쪽 털이 있는 부분에 잘 붙습니다. 방수 천은

_____

9
서술
완성

도꼬마리 열매와 연꽃잎의 특징을 모방해 활용한 예와 식물의 어떤 특징을 활용한 것인지 쓰시오.

   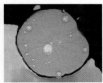

▲ 도꼬마리 열매   ▲ 연꽃잎

_____

_____

_____

서술형 평가

1 여러 가지 잎을 보고, 물음에 답하시오. [12점]

 ㉠  ㉡ ㉢ ㉣

(1) 위 ㉠과 ㉡ 잎의 공통점을 한 가지 쓰시오. [4점]

_____

_____

(2) 위 잎을 다음과 같이 분류하였을 때의 분류 기준을 쓰시오. [8점]

그렇다.	그렇지 않다.
㉠, ㉡, ㉢	㉣

_____

_____

_____

2 들과 산에 사는 식물입니다. 물음에 답하시오. [12점]

 ㉠
▲ 민들레

 ㉡
▲ 명아주

 ㉢
▲ 소나무

 ㉣
▲ 떡갈나무

(1) 위 식물을 풀과 나무로 분류하여 기호를 쓰시오. [4점]

풀	나무

(2) 풀과 나무의 차이점을 한 가지 쓰시오. [8점]

_____

_____

3 명아주와 민들레 생김새의 공통점을 사는 곳과 관련지어 쓰시오. [8점]

▲ 명아주

▲ 민들레

_____

_____

4 다음과 같이 자른 부레옥잠의 잎자루를 물속에서 눌러 보았습니다. 물음에 답하시오. [12점]

(1) 위 실험 결과 나타나는 현상을 쓰시오. [4점]

_____

_____

(2) 위 (1)의 답으로 알 수 있는 사실을 부레옥잠이 사는 환경과 관련지어 쓰시오. [8점]

_____

_____

5 강이나 연못에서 사는 식물에 대한 설명입니다. 잘못된 부분의 기호를 쓰고, 바르게 고쳐 쓰시오.
[8점]

> 물속에 잠겨서 사는 식물은 ㉠ 줄기가 길고 튼튼하며, 물에 떠서 사는 식물은 ㉡ 수염처럼 생긴 뿌리가 물속으로 뻗어 있다. 잎과 꽃이 물 위에 떠 있는 식물의 뿌리는 ㉢ 물속의 땅에 있고, 잎이 물 위로 높이 자라는 식물의 뿌리는 ㉣ 물속이나 물가의 땅에 있다.

_____

_____

6 사막에서 사는 식물의 모습입니다. 물음에 답하시오. [12점]

▲ 용설란

▲ 기둥선인장

(1) 위 식물이 사는 사막 환경의 특징을 두 가지 쓰시오. [4점]

_____

_____

(2) 위 선인장이 사막에 살 수 있는 까닭을 쓰시오.
[8점]

_____

7 다음과 같은 바오바브나무가 사막 환경에 적응한 특징을 쓰시오. [8점]

_____

_____

8 도꼬마리 열매와 찍찍이 테이프의 모습입니다. 물음에 답하시오. [12점]

▲ 도꼬마리 열매

▲ 찍찍이 테이프

(1) 도꼬마리 열매의 특징을 쓰시오. [4점]

_____

_____

(2) 찍찍이 테이프는 도꼬마리 열매의 어떤 특징을 활용해 만들어졌는지 쓰시오. [8점]

_____

 **수행 평가**

1 식물의 생활

과제명	잎의 생김새에 따른 식물 분류하기	배점	20점
성취 목표	여러 가지 식물을 관찰하여 특징에 따라 분류할 수 있다.		

1~3 여러 가지 식물 잎의 모습입니다. 물음에 답하시오.

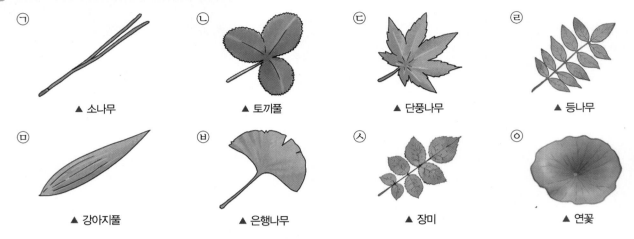

1 위 식물의 잎을 생김새에 따라 분류할 수 있는 분류 기준을 두 가지 쓰시오. [6점]

2 위 **1**에서 세운 분류 기준에 따라 식물의 잎을 분류하여 기호를 쓰시오. [7점]

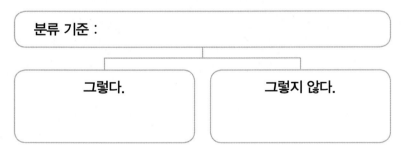

3 잎의 생김새에 따른 분류 기준으로 '잎의 모양이 예쁜가?'가 알맞지 않은 까닭을 쓰시오. [7점]

1 식물의 생활

과제명	부레옥잠의 특징 알아보기	배점	20점
성취 목표	식물의 생김새와 생활 방식이 환경과 관련되어 있음을 설명할 수 있다.		

1~3 부레옥잠의 모습과 부레옥잠의 잎자루를 자른 모습입니다. 물음에 답하시오.

▲ 부레옥잠

▲ 세로로 자른 면

▲ 가로로 자른 면

1 부레옥잠을 세로와 가로로 자른 면의 특징을 표로 정리하였습니다. (   ) 안에 들어갈 알맞은 말을 쓰시오. [2점]

세로로 자른 면	잎자루의 세로로 자른 면에는 공기구멍이 줄줄이 연결되어 있다.
가로로 자른 면	잎자루의 가로로 자른 면에는 ( ).

2 다음과 같이 자른 잎자루를 물이 담긴 수조에 넣고 손가락으로 누를 때 나타나는 현상을 쓰시오. [8점]

3 위 **1**과 **2**의 답으로 알 수 있는 부레옥잠이 물에 떠서 살 수 있는 까닭을 쓰시오. [10점]

😎 수행 평가

1 식물의 생활

과제명	우리 생활에서 식물의 특징 활용하기	배점	20점
성취 목표	식물의 특징을 생활 속에서 활용하고 있는 사례를 설명할 수 있다.		

`1~3` **도꼬마리 열매와 찍찍이 테이프의 모습입니다. 물음에 답하시오.**

▲ 도꼬마리 열매

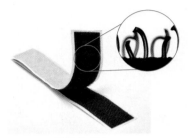

▲ 찍찍이 테이프

1 도꼬마리 열매와 찍찍이 테이프를 관찰한 내용입니다. ( ) 안에 들어갈 알맞은 말을 쓰시오. [2점]

도꼬마리 열매	찍찍이 테이프
열매의 ( )을/를 확대해 보면 갈고리처럼 끝이 휘어져 있어서 털로 짠 옷에 잘 ( ).	거친 부분을 확대해서 보면 ( ) 모양의 플라스틱을 볼 수 있고, 한 번 붙으면 잘 떨어지지 않는다.

2 도꼬마리 열매와 찍찍이 테이프의 공통점을 쓰시오. [8점]

3 다음과 같은 신발과 모자에는 찍찍이 테이프가 이용되었습니다. 찍찍이 테이프는 도꼬마리 열매의 어떤 특징을 활용해 만들어졌고, 찍찍이 테이프를 신발과 모자에 이용해서 좋은 점을 쓰시오 [10점]

▲ 신발

▲ 모자

2

물의 상태 변화

1 물의 세 가지 상태

1 물의 상태 변화 관찰하기 +1

탐구 과정	① 페트리 접시에 얼음과 물을 각각 담고 모양과 특징을 관찰해 본다. ② 페트리 접시에 담긴 얼음과 물을 손으로 만져 보며 관찰해 본다. ③ 페트리 접시에 담긴 얼음을 손바닥에 올려놓고 시간이 지나면 어떻게 되는지 관찰해 본다. ④ 손에 묻은 물이 시간이 지나면 어떻게 되는지 관찰해 본다.

탐구 결과

① 얼음과 물의 특징

구분	얼음	물
모양	모양이 일정하다.	모양이 일정하지 않고, 흐른다.
손으로 만졌을 때의 느낌	차갑고 단단하다.	손에 잡히지 않는다.

② 얼음을 손바닥에 올려놓았을 때 일어나는 변화 : 얼음이 녹아 물이 된다.
③ 손에 묻은 물의 변화 : 시간이 지나면 물이 마르고 물이 손에서 사라진다.

알 수 있는 사실	물은 고체 상태인 얼음에서 액체 상태인 물로, 액체 상태인 물에서 기체 상태인 수증기로 변할 수 있다.

└ 기체인 수증기가 되어 공기 중에 있습니다.

- 손바닥 위에 올려놓은 얼음의 변화
  - 얼음
  - 물

- 생활에서 찾을 수 있는 물의 세 가지 상태의 예
  - 얼음(고체) : 겨울철에 호수가 꽁꽁 얼어 있습니다.
  - 물(액체) : 수영장의 물 미끄럼틀에 물이 흐릅니다.
  - 수증기(기체) : 따뜻한 물이 담긴 온천 주변에 눈에 보이지 않지만 수증기가 있습니다.

- 우리 주변에서 물이 얼음이나 수증기로 변하는 예
  - 물을 냉동실에 넣어서 얼려 먹습니다.(액체 → 고체)
  - 겨울에 폭포에서 떨어지던 물방울이 얼어 얼음이 됩니다.(액체 → 고체)
  - 머리를 감거나 세수를 한 뒤에 남은 물은 시간이 지나면 수증기가 되어 날아갑니다.(액체 → 기체)
  - 빨래를 한 후 널어 두면 젖은 옷의 물이 수증기가 되어 빨래가 마릅니다.(액체 → 기체)

2 물의 세 가지 상태

(1) 물은 고체인 얼음, 액체인 물, 기체인 수증기의 세 가지 상태로 있습니다.

얼음(고체)	물(액체)	수증기(기체)
• 일정한 모양이 있다. • 차갑고 단단하다.	• 일정한 모양이 없다. • 흐르는 성질이 있다.	• 일정한 모양이 없다. • 눈에 보이지 않는다.

(2) 물의 상태 변화 +2

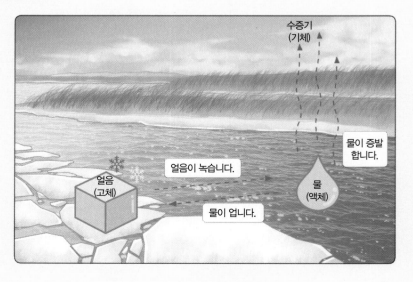

+1 물을 묻힌 거름종이의 변화

스포이트로 거름종이에 물을 묻힌 후, 따뜻한 곳에 두고 시간이 지나면 물이 사라져 눈에 보이지 않습니다.

▲ 거름종이의 변화

+2 물의 상태 변화

물은 수증기로 변할 수 있습니다.

물은 얼음으로 변할 수 있습니다.

핵심 개념 정리

- 물은 고체인 얼음, 액체인 물, 기체인 수증기의 세 가지 상태로 있습니다.
- 고체인 얼음은 일정한 모양이 있으며, 차갑고 단단합니다.
- 액체인 물은 일정한 모양이 없이 흐릅니다.
- 기체인 수증기는 일정한 모양이 없고, 눈에 보이지 않습니다.

난 일정한 모양이 있어.

난 흐르지.

난 눈에 보이지 않아.

얼음(고체)   물(액체)   수증기(기체)

1~2 다음과 같이 페트리 접시에 얼음과 물을 담고 관찰하였습니다. 물음에 답하시오.

ㄱ   ㄴ

1 위에서 다음과 같은 특징이 있는 것의 기호를 쓰시오.

> • 모양이 일정하다.
> • 단단하고 차갑다.

(   )

2 위에서 손으로 만졌을 때 손에 잡히지 않는 것의 기호를 쓰시오.

(   )

3 시간이 지남에 따른 얼음과 물의 변화에 대한 설명으로 옳은 것은 ○표, 옳지 않은 것은 ×표 하시오.

(1) 손바닥에 올려놓은 얼음은 녹아 물이 됩니다.

(   )

(2) 손에 묻은 물은 단단한 얼음이 됩니다. (   )

(3) 시간이 지나면 손에 묻은 물이 말라 사라집니다.

(   )

4 물의 세 가지 상태를 선으로 연결하시오.

(1) 얼음 •　　　•ㄱ 액체

(2) 물 •　　　•ㄴ 고체

(3) 수증기 •　　　•ㄷ 기체

2 물이 얼 때와 얼음이 녹을 때 부피와 무게 변화

1 물이 얼 때의 부피와 무게 변화 관찰하기

| 탐구 과정 | ① 플라스틱 시험관에 물을 반 정도 넣고 마개로 막은 다음, 검은색 유성 펜으로 물의 높이를 표시한다.
② 전자저울로 ①의 플라스틱 시험관의 무게를 측정해 본다.
③ 플라스틱 시험관을 소금을 섞은 얼음이 들어 있는 비커에 넣는다.
④ 물이 완전히 얼면 플라스틱 시험관을 꺼내 표면에 묻은 물기를 수건으로 닦은 다음, 전자저울로 무게를 측정해 본다.
⑤ 빨간색 유성 펜으로 얼음의 높이를 표시한다. |

탐구 결과	부피(물의 높이)		무게	
	얼기 전	언 후	얼기 전	언 후
	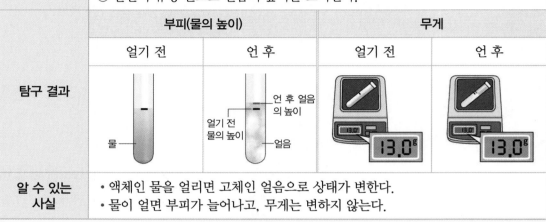			

| 알 수 있는 사실 | • 액체인 물을 얼리면 고체인 얼음으로 상태가 변한다.
• 물이 얼면 부피가 늘어나고, 무게는 변하지 않는다. |

• 물이 얼어 부피가 변화된 모습

▲ 겨울철에 물이 얼어서 터진 수도 계량기

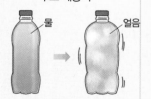

▲ 페트병 속 물이 얼어서 커진 페트병

• 계량기
부피, 무게 등을 재는 데 쓰는 기구

• 얼음과자가 녹을 때의 변화
빈 공간이 생깁니다.

▲ 얼음과자가   ▲ 얼음과자가
녹기 전   녹은 후

---

2 얼음이 녹을 때의 부피와 무게 변화 관찰하기 +1

얼음이 녹을 때의 부피 변화	얼음이 녹을 때의 무게 변화
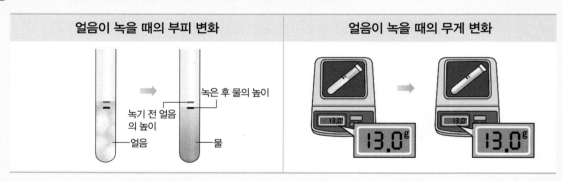	

➡ 고체인 얼음이 녹으면 액체인 물로 상태가 변하고, 얼음이 녹아 물이 되면 부피는 줄어들지만 무게는 변하지 않습니다.

3 물이 얼어 부피가 늘어나는 예와 얼음이 녹아 부피가 줄어드는 예 +2

물이 얼어 부피가 늘어나는 예	• 물이 든 페트병을 얼리면 물이 얼면서 부피가 늘어나 페트병이 부푼다. • 겨울철에는 물이 얼면서 부피가 늘어나 수도 •계량기가 터진다. • 추운 겨울에 물을 가득 담아 두었던 장독이 깨진다. • 추운 겨울에 바위의 틈새에 스며든 물이 얼면서 바위가 갈라진다.
얼음이 녹아 부피가 줄어드는 예	• 튜브형 •얼음과자를 녹이면 얼음이 녹으면서 부피가 줄어들어 빈 공간이 생긴다. • 물이 얼어 부푼 페트병을 따뜻한 곳에 놓아두면 얼음이 녹으면서 부피가 줄어든다.

+1 물이 얼 때와 얼음이 녹을 때의 부피 변화

물이 얼어 얼음이 되면 부피가 늘어납니다.

얼음이 녹아 물이 되면 부피가 줄어듭니다.

+2 물을 이용해 바위를 쪼개는 방법

추운 겨울철에 우리 조상들은 바위를 쪼개기 위해 바위에 구멍을 여러 개 뚫고 그 안에 물을 부어서 얼렸습니다. 뚫린 구멍 안에 있던 물이 얼면서 부피가 늘어나기 때문에 바위가 쪼개집니다.

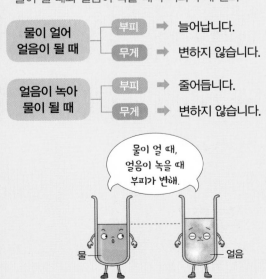

🎓 **핵심 개념 정리**

· 물이 얼 때와 얼음이 녹을 때 부피와 무게 변화

| 물이 얼어 얼음이 될 때 | 부피 ➡ 늘어납니다. |
| | 무게 ➡ 변하지 않습니다. |

| 얼음이 녹아 물이 될 때 | 부피 ➡ 줄어듭니다. |
| | 무게 ➡ 변하지 않습니다. |

물이 얼 때, 얼음이 녹을 때 부피가 변해.

물 ▲ 물이 얼기 전   ▲ 물이 완전히 언 후 얼음

1 플라스틱 시험관의 물이 완전히 얼었을 때의 높이를 빨간색 유성 펜으로 표시하였습니다. 물이 언 후의 높이로 옳은 것의 기호를 쓰시오.

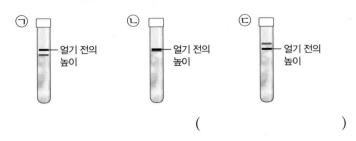

ㄱ — 얼기 전의 높이   ㄴ — 얼기 전의 높이   ㄷ — 얼기 전의 높이

(   )

2 물이 얼기 전과 물이 완전히 언 후의 무게를 비교하여 ( ) 안에 >, =, <를 쓰시오.

물이 얼기 전 (   ) 물이 완전히 언 후

3 다음과 같이 플라스틱 시험관의 얼음을 녹였을 때 물의 높이가 변하는 까닭으로 옳은 것은 어느 것입니까?

(   )

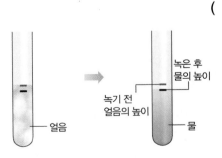

녹은 후 물의 높이
녹기 전 얼음의 높이
얼음   물

① 주위의 온도가 낮아졌기 때문이다.
② 얼음이 녹아 물이 되어 무게가 늘어났기 때문이다.
③ 얼음이 녹아 물이 되어 부피가 늘어났기 때문이다.
④ 얼음이 녹아 물이 되어 무게가 줄어들었기 때문이다.
⑤ 얼음이 녹아 물이 되어 부피가 줄어들었기 때문이다.

3 물이 증발할 때의 변화

1 물이 증발할 때의 특징 관찰하기 +1

(1) *물에 젖은 화장지의 변화 관찰하기*

탐구 과정	① 화장지 한 칸을 손으로 만져 관찰해 본다. ② 화장지를 쇠막대에 걸어 놓고 분무기로 물을 한두 번 뿌려 적신다. ③ 화장지를 5분 간격으로 만져 보고 변화를 관찰해 본다. 

탐구 결과	처음	5분 뒤	10분 뒤	15분 뒤
	축축하다.	조금 축축하다.	물기가 거의 없다.	바짝 말랐다.

알 수 있는 사실	화장지의 물이 수증기로 변해 공기 중으로 날아갔다.

(2) 비커에 담긴 물의 변화

탐구 과정	① 비커에 물을 넣고 검은색 유성 펜으로 물의 높이를 표시한다. ② 하루에 한 번씩 삼 일 동안 물의 높이 변화를 관찰해 본다.
탐구 결과	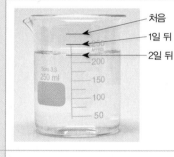 처음 / 1일 뒤 / 2일 뒤 • 물이 점점 줄어들어 물의 높이가 낮아진다. • 물속과 물 표면의 변화가 없다.
알 수 있는 사실	비커에 담긴 물이 수증기로 변해 공기 중으로 날아갔다.

• 젖은 화장지를 빨리 말리
는 방법
머리 말리개를 이용해 따
뜻하게 하거나 햇볕이 잘
드는 곳에 둡니다.

• 물의 증발과 관련된 예

▲ 고추 말리기

▲ 오징어 말리기

▲ 빨래 말리기

2 증발

(1) 증발 : 액체인 물이 표면에서 기체인 수증기로 상태가 변하는 현상

(2) *우리 주변에서 물이 증발하는 예 +2

① 고추, 과일, 오징어와 같은 음식 재료를 말립니다.

② 젖은 머리카락이나 빨래가 마릅니다.   머리카락의 물이 수증기로 변해
공기 중으로 흩어집니다.

③ 비로 인해 젖은 길이 시간이 지나면 마릅니다.

④ 수채 물감으로 그린 그림이 시간이 지나면 마릅니다.

⑤ 운동 후 흘린 땀이 시간이 지나면 마릅니다.

+1 물휴지를 펼쳐 널었을 때와 접어 널었을 때 더 빨리 마르는 물휴지 찾기

물휴지가 공기와 닿는 면적이 더 넓은, 펼쳐 넌 물휴지가 더 빨리 마릅니다. 즉, 공기와 닿는 면적이 넓을수록 증발이 빠르게 일어납니다.

+2 물이 증발하는 예

땀을 말릴 때

젖은 머리카락을 말릴 때

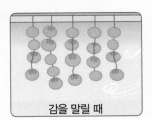
감을 말릴 때

바닷물에서 소금을 얻을 때

핵심 개념 정리

• 액체인 물이 표면에서 기체인 수증기로 상태가 변하는 현상을 증발이라고 합니다.
• 고추, 과일, 오징어와 같은 음식 재료, 젖은 머리카락, 빨래가 마르는 것은 물이 증발하기 때문입니다.

공기 중으로 흩어져.

물 →증발→ 수증기

---

1 다음과 같이 화장지를 쇠막대에 걸어 놓고 분무기로 물을 뿌려 적셨습니다. 이에 대한 설명으로 옳지 <u>않은</u> 것을 두 가지 고르시오.　　　　　　　(　 , 　)

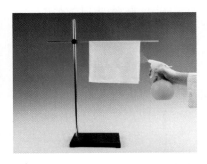

① 화장지에 뿌려진 물은 쇠막대가 흡수한다.
② 분무기로 물을 뿌리면 화장지가 축축해진다.
③ 화장지는 시간이 지남에 따라 물기가 없어진다.
④ 화장지를 더 넓게 펼치면 물이 더 빨리 증발한다.
⑤ 화장지는 시간이 지남에 따라 점점 더 축축해진다.

2 다음에서 설명하는 현상은 무엇인지 쓰시오.

> 액체인 물이 표면에서 기체인 수증기로 상태가 변하는 현상이다.

(　　　　　　　)

3 물이 증발하는 경우가 <u>아닌</u> 것은 어느 것입니까? (　)

①
▲ 오징어를 말릴 때

②
▲ 젖은 머리카락을 말릴 때

③
▲ 물이 든 페트병을 얼릴 때

④
▲ 운동 후 땀이 마를 때

1~2 다음과 같이 페트리 접시에 얼음과 물을 각각 담고 관찰하였습니다. 물음에 답하시오.

㉠    ㉡

1 위에서 다음과 같은 성질을 가지는 것의 기호를 쓰시오.

> • 손에 잡히지 않는다.
> • 일정한 모양이 없고 흐른다.

(   )

2 위 얼음을 손바닥에 올려놓았을 때 일어나는 변화로 옳은 것은 어느 것입니까? (   )

① 얼음이 녹는다.
② 얼음이 물렁해진다.
③ 얼음이 점점 커진다.
④ 얼음의 색깔이 변한다.
⑤ 얼음이 한꺼번에 사라진다.

3 수증기에 대한 설명으로 옳은 것은 어느 것입니까? (   )

① 고체 상태이다.
② 액체 상태이다.
③ 차갑고 단단하다.
④ 일정한 모양이 있다.
⑤ 눈에 보이지 않는다.

4 다음과 같이 손에 있는 물이 시간이 지남에 따라 어떻게 변화하는지에 대한 설명으로 옳은 것을 두 가지 고르시오. (,   )

물

① 물이 언다.
② 물이 마른다.
③ 물의 양이 늘어난다.
④ 물의 양이 그대로 있다.
⑤ 물이 손에서 사라져 보이지 않는다.

5 오른쪽과 같이 햇볕을 받은 고드름에서 일어나는 물의 상태 변화에 대한 설명으로 옳은 것을 보기 에서 골라 기호를 쓰시오.

▲ 고드름

> 보기
> ㉠ 고체인 얼음이 액체인 물이 된다.
> ㉡ 고체인 물이 액체인 수증기가 된다.
> ㉢ 기체인 수증기가 액체인 물이 된다.

(   )

6 플라스틱 시험관에 든 물이 얼기 전의 무게가 13 g이라면 플라스틱 시험관에 든 물이 완전히 얼었을 때의 무게로 옳은 것은 어느 것입니까? (   )

① 7 g   ② 10 g
③ 13 g   ④ 15 g
⑤ 26 g

7 다음과 같이 한겨울에 수도관에 설치된 계량기가 터지는 까닭으로 옳은 것은 어느 것입니까? (   )

▲ 수도 계량기

① 물의 온도가 높아지기 때문에
② 물이 얼면서 계량기를 녹이기 때문에
③ 물이 얼면서 부피가 늘어나기 때문에
④ 물이 얼면서 부피가 줄어들기 때문에
⑤ 물이 얼면서 무게가 늘어나기 때문에

8 오른쪽과 같이 물이 완전히 얼어 있는 플라스틱 시험관의 물의 높이가 ⓒ일 때 얼음이 완전히 녹은 후의 물의 높이의 기호를 쓰시오.

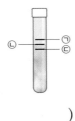

(   )

9 생활에서 얼음이 녹을 때의 변화와 관련된 현상은 어느 것입니까? (   )

① 추운 겨울에 계곡물이 언다.
② 튜브형 얼음과자가 녹아 빈 공간이 생겼다.
③ 냉동실에 넣어 둔 요구르트병이 팽팽해진다.
④ 페트병에 물을 가득 넣어 얼리면 페트병이 커진다.
⑤ 겨울에 바위틈에 있던 물이 얼면서 바위가 쪼개진다.

10 화장지에 물을 뿌린 후 변화를 관찰한 내용으로 옳지 않은 것을 보기 에서 모두 골라 기호를 쓰시오.

보기
㉠ 처음에는 물기가 가득하여 축축하다.
㉡ 시간이 지나면서 점점 물기가 많아진다.
㉢ 일정한 시간이 지나면 화장지가 바짝 마른다.
㉣ 시간이 지나도 화장지의 축축한 정도는 같다.

(   )

11 물이 담긴 비커를 일정한 곳에 두었을 때 나타나는 변화를 설명한 것입니다. (   ) 안에 들어갈 알맞은 말을 쓰시오.

비커에 담긴 물이 점점 줄어드는데, 그 까닭은 물이 공기 중으로 (   )하기 때문이다.

(   )

12 오른쪽 고추를 말리는 모습에 대한 설명으로 옳지 않은 것은 어느 것입니까?

(   )

▲ 고추 말리기

① 물이 증발하는 예이다.
② 고추에 있던 물이 수증기로 변한다.
③ 물이 기체에서 액체로 상태가 변한다.
④ 고추를 말리면 고추를 오래 보관할 수 있다.
⑤ 수채 물감으로 그린 그림이 시간이 지나면 마르는 것과 같은 현상이다.

4 물이 끓을 때의 변화

1 물이 끓을 때의 특징 관찰하기

(1) 비커에 물을 반 정도 붓고, 유성 펜으로 물의 높이를 표시한 후 가열하면서 나타나는 변화를 관찰합니다.

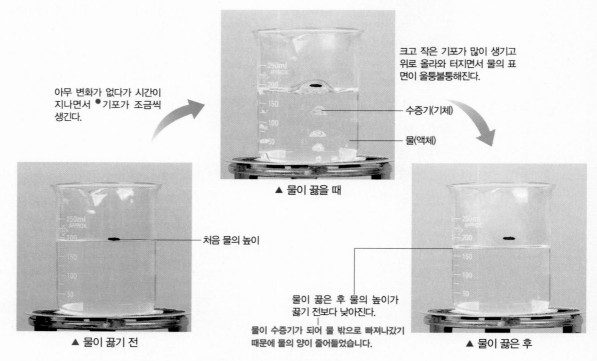

아무 변화가 없다가 시간이 지나면서 ●기포가 조금씩 생긴다.

크고 작은 기포가 많이 생기고 위로 올라와 터지면서 물의 표면이 울퉁불퉁해진다.

수증기(기체)

물(액체)

▲ 물이 끓을 때

처음 물의 높이

▲ 물이 끓기 전

물이 끓은 후 물의 높이가 끓기 전보다 낮아진다.
물이 수증기가 되어 물 밖으로 빠져나갔기 때문에 물의 양이 줄어들었습니다.

▲ 물이 끓은 후

(2) 물을 가열하면 액체인 물이 기체인 수증기로 변합니다.

2 ●끓음 +1 +2

(1) **끓음** : 물의 표면뿐만 아니라 물속에서도 액체인 물이 기체인 수증기로 상태가 변하는 현상

(2) **물을 가열할 때 나타나는 변화**

① 물을 가열하면 처음에는 표면에서 물이 서서히 증발합니다.

② 물을 계속 가열하면 물속에서 기포가 생기며, 이 기포는 물이 수증기로 변한 것입니다.

(3) **물을 가열할 때 물의 높이가 변하는 까닭** : 물이 수증기로 변해 공기 중으로 흩어졌기 때문입니다.

3 증발과 끓음의 비교

구분	증발	끓음
공통점	물이 수증기로 변한다.	
차이점	• 물 표면에서 물이 수증기로 상태가 변한다. • 물의 양이 매우 천천히 줄어든다.	• 물 표면과 물속에서 물이 수증기로 상태가 변한다. • 증발할 때보다 물의 양이 빠르게 줄어든다.

● **기포**

액체나 고체 속에 기체가 들어가 거품처럼 둥그렇게 부풀어 있는 것

● **우리 주변에서 물이 끓는 예**

• 라면이나 국을 끓일 때, 채소를 데칠 때 물을 끓입니다.

• 달걀을 삶을 때, 유리병을 소독할 때 물을 끓입니다.

▲ 라면을 끓일 때

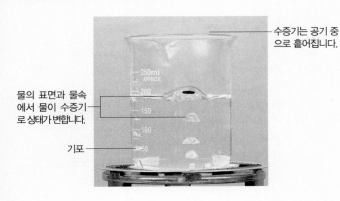

+1 끓음이 일어날 때의 변화

수증기는 공기 중으로 흩어집니다.

물의 표면과 물속에서 물이 수증기로 상태가 변합니다.

기포

+2 수증기와 김

물이 끓을 때 보이는 하얀 김은 수증기가 공기 중에서 식어서 생기는 액체 상태의 작은 물방울입니다. 수증기는 색깔과 냄새가 없습니다.

김(액체)

수증기(기체)

🎓 **핵심 개념 정리**

• 물의 표면과 물속에서 물이 수증기로 상태가 변하는 현상을 끓음이라고 합니다.

• 물을 계속 가열하면 물속에서 기포가 생깁니다.

• 물이 끓은 후 물의 높이는 물이 끓기 전보다 낮아집니다. 이처럼 물의 높이가 변하는 까닭은 물이 수증기로 변해 공기 중으로 흩어졌기 때문입니다.

• 물이 끓을 때에는 증발할 때보다 물의 양이 빠르게 줄어듭니다.

물이 끓을 때 물의 양이 빠르게 줄어들어.

---

1 다음에서 설명하는 것은 무엇인지 쓰시오.

> 물의 표면뿐만 아니라 물속에서도 액체인 물이 기체인 수증기로 상태가 변하는 현상이다.

(　　　　　　)

2 물이 끓기 전과 물이 끓은 후의 변화로 옳은 것은 어느 것입니까? 　　　　　　　　　(　　)

① 물이 끓으면 물이 단단해진다.
② 물이 끓으면 물의 양이 많아진다.
③ 물이 끓기 전부터 큰 기포가 올라온다.
④ 물이 끓을 때 물 표면이 울퉁불퉁해진다.
⑤ 물이 끓기 전에는 물이 끓을 때보다 물의 높이가 더 빠르게 낮아진다.

3 물을 가열하기 전과 물이 끓고 난 후의 물의 높이를 비교하여 ( ) 안에 >, =, <를 쓰시오.

> | 물을 가열하기 전
물의 높이 | (　　) | 물이 끓고 난 후
물의 높이 |

4 증발과 끓음에 대한 설명으로 옳은 것은 ○표, 옳지 <u>않은</u> 것은 ×표 하시오.

(1) 끓음은 물의 양이 매우 천천히 줄어듭니다. (　　)

(2) 증발과 끓음은 둘 다 물이 수증기로 상태가 변합니다.
(　　)

(3) 증발은 물 표면에서 물의 상태 변화가 일어납니다.
(　　)

2. 물의 상태 변화 **47**

5 수증기의 응결

1 얼음이 담긴 컵 표면의 변화 관찰하기 +1

탐구 과정	① 플라스틱 컵에 주스와 얼음을 넣고 뚜껑을 덮는다. ② ①의 플라스틱 컵을 은박 접시에 올려놓고 전자저울로 무게를 측정해 본다. ③ 시간이 지남에 따라 플라스틱 컵 표면에서 일어나는 변화를 관찰해 본다. ④ 시간이 지난 뒤에 은박 접시에 올려진 컵의 무게를 다시 측정하고 ②의 결과와 비교해 본다.	
탐구 결과	① •플라스틱 컵에서 일어나는 변화	
	컵 표면	**은박 접시**
	작은 •물방울이 맺히고, 컵 표면의 물방울이 점점 커져 아래로 흐른다.	시간이 지나면서 은박 접시에 물이 고인다.
	② 무게 변화 : 무게가 늘어난다.	
알 수 있는 사실	주스와 얼음을 넣은 플라스틱 컵은 차갑기 때문에 공기 중의 수증기가 차가운 컵 표면에 닿아 물로 변한다. 따라서 맺힌 물방울의 무게만큼 무게가 늘어난다.	

2 응결

(1) 응결 : 기체인 수증기가 액체인 물로 상태가 변하는 현상

(2) 우리 생활에서 수증기의 응결과 관련된 예 +2

냄비 안의 물이 수증기로 변했다가 차가운 냄비 뚜껑을 만나 다시 물로 변한 것입니다.

- **차가운 플라스틱 컵 표면에서 일어나는 변화**

물방울

물

- **차가운 플라스틱 컵 표면의 물방울**
  - 컵의 표면을 화장지로 닦아 보면 색깔이 없습니다. 이것으로 컵 안쪽의 액체가 새어 나온 것이 아니라는 것을 알 수 있습니다.
  - 컵 표면의 물방울은 공기 중의 수증기가 응결해서 물로 변하여 컵 표면에 맺힌 것입니다.

▲ 추운 겨울 유리창 안쪽에 맺힌 물방울

▲ 가열한 냄비 뚜껑 안쪽에 맺힌 물방울

▲ 맑은 날 아침 풀잎이나 거미줄에 맺힌 물방울

▲ 냉장고에서 꺼낸 물병 표면에 맺힌 물방울

▲ 욕실의 차가운 거울 표면에 맺힌 물방울

▲ 겨울철 따뜻한 실내로 들어왔을 때 차가운 안경 표면에 맺힌 작은 물방울

+1 얼음을 넣지 않은 컵과 얼음을 넣은 컵의 표면 변화

· 얼음을 넣은 컵의 표면에서만 물방울이 생깁니다.
· 주스만 들어 있는 컵 표면에서는 물방울이 생기지 않는 것으로 보아, 물방울은 주스에서 온 것이 아니라 컵 밖의 공기 중에서 온 것임을 알 수 있습니다.

▲ 주스　　▲ 주스와 얼음

+2 차가운 물병에 의해 종이가 젖는 까닭

차가운 물병을 종이 옆에 놓아두면 물병 표면에 공기 중의 수증기가 닿아 물로 변하기 때문에 종이가 젖습니다.

핵심 개념 정리

· 차가운 플라스틱 컵 표면에 맺힌 물방울은 공기 중의 수증기가 물로 상태가 변한 것입니다.
· 기체인 수증기가 액체인 물로 상태가 변하는 현상을 응결이라고 합니다.
· 추운 겨울 유리창 안쪽에 맺힌 물방울, 맑은 날 아침 풀잎이나 거미줄에 맺힌 물방울은 응결과 관련된 것입니다.

공기 중의 수증기가 물방울로 맺혀.

1~2 다음과 같이 플라스틱 컵에 주스와 얼음을 넣고 뚜껑을 덮은 뒤 은박 접시 위에 올려놓았습니다. 물음에 답하시오.

1 시간이 지남에 따라 컵 표면에서 일어나는 변화에 대한 설명으로 옳은 것은 ○표, 옳지 <u>않은</u> 것은 ×표 하시오.

(1) 플라스틱 컵 표면에 물방울이 맺힙니다.　　(　　)
(2) 은박 접시에는 물이 고입니다.　　(　　)
(3) 플라스틱 컵 표면에 생긴 것은 컵 속의 액체가 밖으로 나온 것입니다.　　(　　)

2 위 주스와 얼음을 넣은 플라스틱 컵의 처음 무게와 나중 무게를 전자저울로 측정하여 무게 변화를 비교하였습니다. ( ) 안에 >, =, <를 쓰시오.

> 처음 무게 (　　　) 나중 무게

3 다음과 같이 욕실의 차가운 거울 표면에 물방울이 맺히는 현상과 관계있는 것은 어느 것입니까?　　(　　)

① 증발　　② 끓음　　③ 응결
④ 녹음　　⑤ 건조

4 기체인 수증기가 액체인 물로 상태가 변하는 경우를 보기 에서 골라 기호를 쓰시오.

> **보기**
> ㉠ 빨래를 말린다.
> ㉡ 물이 끓을 때 기포가 생긴다.
> ㉢ 추운 겨울날 유리창 안쪽에 물방울이 맺힌다.

(　　　　)

6 물의 상태 변화의 이용

1 우리 생활에서 물의 상태 변화를 이용한 예 찾기 +1

❶ 얼음이 물로 변하는 상태 변화를 이용해 열을 내립니다.

❷ 물이 수증기로 변하는 상태 변화를 이용해 가습기를 사용합니다.

❸ *물이 수증기로 변하는 상태 변화를 이용해 음식을 찝니다.

❹ 물이 얼어서 얼음이 되는 상태 변화를 이용해 얼음과자를 만듭니다.

❺ 물이 수증기로 변하는 상태 변화를 이용해 스팀다리미를 사용합니다.

❻ *물이 얼음으로 변하는 상태 변화를 이용해 스키장에서 *인공 눈을 만듭니다.

❼ 물이 수증기로 변하는 상태 변화를 이용해 고추를 말립니다.

• 음식 찌기
음식을 찔 때 냄비에 물을 담고 가열해 액체인 물을 기체인 수증기로 변화시키면 재료를 물에 넣고 끓여서 조리할 때보다 더 높은 온도에서 익힐 수 있습니다.

• 스키장에서 인공 눈 만들기
인공 눈은 아주 작은 물 입자를 공중에 뿌려 물이 땅에 떨어지기 전에 낮은 온도 때문에 얼음으로 상태가 변하는 현상을 이용한 것입니다.

• 인공
자연 그대로의 사물을 사람의 손길이나 힘을 가하여 바꾸어 놓는 일

• 얼음 작품 만들기
작은 얼음 조각과 얼음 조각 사이를 주사기에 든 물로 얼려 붙여 얼음 작품을 만듭니다.

2 우리 생활에서 물의 상태 변화의 이용

(1) **물의 세 가지 상태** : 물은 얼음(고체), 물(액체), 수증기(기체)의 세 가지 중 하나의 상태로 있습니다.

(2) **물의 상태 변화** : 물은 서로 다른 상태로 변할 수 있습니다.

(3) **우리 생활에서 물의 상태 변화를 이용한 예**

스팀다리미로 옷의 주름을 폅니다. —

물이 얼음으로 상태가 변화된 예		물이 수증기로 상태가 변화된 예	
▲ *얼음 작품 만들기	▲ 스키장에서 인공 눈 만들기	▲ 음식 찌기	▲ 스팀다리미로 다림질하기
▲ 얼음과자 만들기	▲ 이글루 만들기	▲ 가습기 이용하기	▲ 스팀 청소기로 바닥 닦기

+1 물의 상태 변화를 이용하는 제습기와 가습기의 원리

제습기

공기가 들어옵니다.

공기 중의 수증기가 물로 상태가 변합니다.

물

가습기

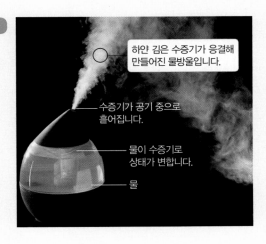

하얀 김은 수증기가 응결해 만들어진 물방울입니다.

수증기가 공기 중으로 흩어집니다.

물이 수증기로 상태가 변합니다.

물

🎓 **핵심 개념 정리**

• 일상생활에서 물의 상태 변화를 다양하게 이용합니다.

• 물이 얼음으로 변하는 상태 변화를 이용해 인공 눈을 만들어 뿌리고, 얼음과자를 만듭니다.

• 물이 수증기로 변하는 상태 변화를 이용해 스팀다리미와 가습기를 사용하고, 음식을 찝니다.

물이 수증기로 되면서 음식을 익게 해.

1 물의 상태 변화에 맞게 선으로 연결하시오.

(1)

▲ 인공 눈 만들기

• ㉠ 물이 얼음으로 상태가 변한다.

(2)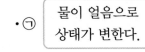

▲ 스팀다리미로 다림질하기

• ㉡ 물이 수증기로 상태가 변한다.

2 얼음과자를 만드는 것은 어떤 상태 변화를 이용한 것입니까? (   )

① 물 → 얼음
② 물 → 수증기
③ 얼음 → 물
④ 얼음 → 수증기
⑤ 수증기 → 물

3 물이 수증기로 변하는 상태 변화를 이용한 예가 <u>아닌</u> 것은 어느 것입니까? (   )

① 떡을 찔 때
② 만두를 찔 때
③ 가습기를 이용할 때
④ 얼음 작품을 만들 때
⑤ 스팀 청소기를 이용할 때

1~2 오른쪽과 같이 비커에 물을 반 정도 붓고 물을 가열하였습니다. 물음에 답하시오.

1 물이 끓을 때 물속에서 생기는 기포는 무엇입니까? ( )

① 공기
② 산소
③ 수증기
④ 물방울
⑤ 조각 얼음

2 물이 끓을 때 관찰할 수 있는 모습으로 옳지 않은 것은 어느 것입니까? ( )

① 물 표면이 잔잔하다.
② 기포가 올라와 터진다.
③ 물 표면이 울퉁불퉁해진다.
④ 물의 높이가 빠르게 변한다.
⑤ 큰 기포가 연속해서 많이 생긴다.

3 다음과 같이 ㉠의 높이만큼 물을 붓고 물을 가열하였습니다. 물이 끓고 난 후의 물의 높이로 옳은 것의 기호를 쓰시오.

( )

4 다음 설명의 ㉠, ㉡에 들어갈 알맞은 말을 쓰시오.

> 물의 표면과 물속에서 (㉠)인 물이 (㉡)인 수증기로 상태가 변하는 현상을 끓음이라고 한다.

㉠ : ( ), ㉡ : ( )

5 물이 증발하는 것과 끓는 것의 공통점으로 옳은 것은 어느 것입니까? ( )

① 물 표면에서만 상태가 변한다.
② 고체에서 액체로 상태가 변한다.
③ 물의 양이 매우 빠르게 줄어든다.
④ 물이 수증기로 매우 천천히 상태가 변한다.
⑤ 물이 수증기로 변하는 상태 변화가 일어난다.

6~7 다음과 같이 플라스틱 컵에 얼음과 주스를 넣고 뚜껑을 덮은 뒤 은박 접시에 올려놓고 전자저울로 무게를 측정하였습니다. 물음에 답하시오.

6 위 실험에서 시간이 지남에 따라 플라스틱 컵에서 나타나는 변화로 옳은 것을 두 가지 고르시오.

(,)

① 아무 변화가 없다.
② 은박 접시에 물이 고인다.
③ 컵 표면에 물방울이 맺힌다.
④ 주스 표면으로 기포가 올라와 터진다.
⑤ 컵 표면에 노란색 얼음 알갱이가 맺힌다.

7 앞 6의 답과 같은 변화가 나타나는 까닭으로 옳은 것을 보기 에서 골라 기호를 쓰시오.

> 보기
> ㉠ 컵 안의 주스가 컵 밖으로 새어 나왔기 때문이다.
> ㉡ 컵 안의 얼음이 녹아 공기 중으로 흩어졌기 때문이다.
> ㉢ 공기 중의 수증기가 컵 표면에 닿아 물로 변해서 달라붙었기 때문이다.

(   )

8 우리 생활에서 수증기의 응결과 관련된 현상은 어느 것입니까? (   )

①
▲ 햇볕을 받은 고드름이 녹는다.

②
▲ 강물이 언다.

③
▲ 빨래가 마른다.

④
▲ 맑은 날 아침 풀잎에 물방울이 맺힌다.

9 추운 곳에서 따뜻한 곳으로 들어오면 안경알이 뿌옇게 흐려집니다. 이와 같은 상태 변화가 일어난 경우로 옳은 것을 두 가지 고르시오. (,   )

① 풀잎에 맺힌 이슬
② 과일 건조기 속의 사과
③ 처마 끝에 매달린 고드름
④ 전기 주전자에 넣고 끓이는 물
⑤ 자동차 유리창 안쪽에 맺힌 물방울

10 물의 상태 변화를 이용한 예에 맞게 선으로 연결하시오.

(1) 물 → 얼음 •

• ㉠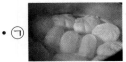
▲ 음식 찌기

(2) 물 → 수증기 •

• ㉡
▲ 얼음 작품 만들기

11 물이 수증기로 상태가 변화된 예는 어느 것입니까? (   )

① 이글루를 만들 때
② 인공 눈을 만들 때
③ 얼음과자를 만들 때
④ 스팀다리미로 옷의 주름을 펼 때
⑤ 열이 나서 얼음주머니를 이용할 때

12 집 안이 건조할 때 사용하는 가습기는 물의 어떤 상태 변화를 이용한 것입니까? (   )

① 고체 → 액체
② 액체 → 고체
③ 액체 → 기체
④ 기체 → 액체
⑤ 기체 → 고체

2 물의 상태 변화

물은 고체인 얼음, 액체인 물, 기체인 수증기의 세 가지 상태로 있으며, 서로 다른 상태로 변할 수 있습니다. 우리 주변 여러 곳에서 물의 상태 변화를 다양하게 이용합니다.

👁 그림을 보고 배운 개념을 떠올리며 (   ) 안에 알맞은 말을 써 보세요.

개념1 물의 세 가지 상태

난 일정한 모양이 있어.

난 흐르지.

난 눈에 보이지 않아.

얼음(고체)   물(액체)   수증기(기체)

물은 고체인 얼음, 액체인 물, 기체인 (❶   )의 세 가지 상태로 있으며, 서로 다른 상태로 변할 수 있습니다.

개념2 물이 얼 때와 얼음이 녹을 때 부피와 무게 변화

물이 얼 때, 얼음이 녹을 때 부피가 변해.

물   얼음

▲ 물이 얼기 전   ▲ 물이 완전히 언 후

물이 얼어 얼음이 되면 (❷   )은/는 늘어나지만, 무게는 변하지 않습니다. 얼음이 녹아 물이 되면 부피는 줄어들지만, (❸   )은/는 변하지 않습니다.

👁 그림을 보고 배운 개념을 떠올리며 (   ) 안에 알맞은 말을 써 보세요.

개념4 물이 끓을 때의 변화

물이 끓을 때 물의 양이 바르게 줄어들어.

물을 가열하면 액체인 물이 기체인 (❻   )(으)로 상태가 변합니다. 물의 표면과 물속에서 액체인 물이 기체인 수증기로 상태가 변하는 현상을 (❼   )(이)라고 합니다.

개념5 수증기의 응결

공기 중의 수증기가 물방울로 맺혀.

차가운 물체의 표면에 맺힌 물방울은 공기 중에 있던 (❽   )이/가 변한 것입니다. 이처럼 기체인 수증기가 액체인 물로 상태가 변하는 현상을 (❾   )(이)라고 합니다.

2

개념3 물이 증발할 때의 변화

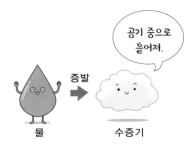

공기 중으로
흩어져.

물 → 증발 → 수증기

비커에 담긴 물이 시간이 지남에 따라 줄어드는 까닭은 물이 (❹)(으)로 변해 공기 중으로 날아갔기 때문입니다. 액체인 물이 표면에서 기체인 수증기로 상태가 변하는 현상을 (❺)(이)라고 합니다.

개념6 물의 상태 변화의 이용

물이 수증기로
되면서 음식을
익게 해.

우리 주변 여러 곳에서 물의 (❿) 변화가 일어납니다. 수증기로 음식을 쪄서 조리하기도 하고, 음식 재료를 말려 오랫동안 보관하기도 합니다. 또, 스키장에서 인공 눈을 만들어 이용하기도 합니다.

⭕❌⭕❌ 옳은 문장에 ○, 틀린 문장에 ✕하세요. 틀린 부분
❌⭕❌⭕ 은 밑줄을 긋고 바른 개념으로 고쳐 써 보세요.

1 얼음은 고체 상태로, 모양이 일정하고 단단합니다.
( )

2 액체는 모양이 일정하지 않고 흐르며, 손으로 잡을 수 있습니다. ( )

3 물이 얼어 얼음이 되면 부피는 늘어나지만, 무게는 변하지 않습니다. ( )

4 볼록해진 얼음 틀 안의 얼음이 녹으면 부피가 줄어듭니다.
( )

5 가만히 놓아둔 비커 안의 물이 줄어드는 까닭은 물이 수증기로 변해 물속으로 들어갔기 때문입니다.
( )

6 물의 표면과 물속에서 액체인 물이 기체인 수증기로 상태가 변하는 현상을 증발이라고 합니다. ( )

7 물이 끓을 때에는 증발할 때보다 더 빨리 수증기로 변합니다. ( )

8 차가운 물체 표면에 맺힌 물방울은 공기 중에 있던 수증기가 변한 것입니다. ( )

9 액체인 물이 기체인 수증기로 상태가 변하는 것을 응결이라고 합니다. ( )

10 스키장에서 인공 눈을 만들고, 집 안이 건조할 때 가습기를 트는 것은 물의 상태 변화를 이용하는 것입니다.
( )

※ 한 문항당 5점입니다.

1 ★ 물과 얼음에 대한 설명으로 옳지 <u>않은</u> 것은 어느 것입니까? ( )

① 물은 차갑고 단단하다.
② 물은 흐르는 성질이 있다.
③ 물은 손으로 잡을 수 없다.
④ 얼음은 일정한 모양이 있다.
⑤ 얼음은 손으로 옮길 수 있다.

2 서술형 다음과 같이 얼음을 손바닥에 올려놓았습니다. 시간이 지나면서 일어나는 얼음의 상태 변화를 쓰시오.

얼음

3 손에 물이 묻었을 때 시간이 지남에 따라 일어나는 물의 변화에 대한 설명으로 옳은 것은 어느 것입니까? ( )

① 얼음이 된다.
② 고체가 된다.
③ 수증기가 된다.
④ 아무 변화가 없다.
⑤ 물의 색깔이 변한다.

4 기체 상태의 물에 대한 설명으로 옳은 것은 어느 것입니까? ( )

① 단단하다.
② 모양이 일정하다.
③ 눈에 보이지 않는다.
④ 얼음은 기체 상태의 물이다.
⑤ 흐르는 성질이 있어 손으로 잡을 수 있다.

5 생활 속에서 얼음이 녹는 경우로 옳은 것은 어느 것입니까? ( )

① 처마 끝의 고드름이 녹았다.
② 햇볕에 널어 둔 빨래가 말랐다.
③ 겨울이 되어 계곡의 물이 얼었다.
④ 맑은 날 아침 풀잎에 물방울이 맺혔다.
⑤ 냉동실에 넣어 둔 물병이 얼어 단단해졌다.

6~7 다음은 물이 얼 때의 변화를 알아보는 실험입니다. 물음에 답하시오.

ㄱ   물의 높이   ㄴ   13.0   ㄷ

6 다음은 위 실험 과정 ㄷ에서 물을 얼리는 방법에 대한 설명입니다. ( ) 안에 들어갈 알맞은 말을 쓰시오.

> 잘게 부순 얼음에 ( )을/를 넣고 유리 막대로 잘 섞은 뒤 비커의 가운데에 플라스틱 시험관을 꽂아 물을 얼린다.

( )

7 ★ 위 실험 결과에 대한 설명으로 옳은 것을 두 가지 고르시오. (,)

① 물이 얼면 부피가 줄어든다.
② 물이 얼면 부피가 늘어난다.
③ 물이 얼면 무게가 줄어든다.
④ 물이 얼면 무게가 늘어난다.
⑤ 물이 얼면 무게는 변화가 없다.

8 다음과 같이 겨울철에 물을 가득 담아 둔 장독 안의 물이 얼어 장독이 깨지는 까닭을 쓰시오.

서술형

_____

_____

9~10 물을 얼린 플라스틱 시험관의 부피와 무게를 확인한 다음, 오른쪽과 같이 물이 얼어 있는 플라스틱 시험관을 따뜻한 물이 든 비커에 넣었습니다. 물음에 답하시오.

따뜻한 물

9 위 실험 결과 얼음이 녹아 물이 될 때 변화된 부피와 같은 것을 보기 에서 골라 기호를 쓰시오.

보기

㉠ 물이 얼 때 늘어났던 부피
㉡ 물이 얼 때 줄어들었던 부피
㉢ 얼음이 녹을 때 없어진 공기의 부피

(   )

10 다음은 위 실험에서 얼음이 녹기 전과 녹은 후에 플라스틱 시험관의 무게를 나타낸 것입니다. ㉠에 들어갈 무게를 예상하여 쓰시오.

구분	얼음이 녹기 전	얼음이 녹은 후
무게	13 g	㉠

(   ) g

11 ⭐ 오른쪽과 같이 꽁꽁 언 얼음과자가 녹은 후에 용기 안에 빈 공간이 생기는 까닭은 어느 것입니까? (   )

① 얼음이 녹아 부피가 늘어났기 때문이다.
② 얼음이 녹아 무게가 늘어났기 때문이다.
③ 얼음이 녹아 색깔이 달라졌기 때문이다.
④ 얼음이 녹아 부피가 줄어들었기 때문이다.
⑤ 얼음이 녹아 무게가 줄어들었기 때문이다.

12 햇볕이 드는 곳에 젖은 빨래를 펼쳐 널어 두면 빨래가 마릅니다. 이러한 변화가 일어나는 까닭에 대한 설명으로 틀린 부분에 밑줄을 그으시오.

젖은 빨래가 마른 까닭은 빨래의 물이 크기가 작은 물방울이 되어 공기 중으로 흩어졌기 때문이다.

13 크기와 모양이 같은 물휴지 두 개를 준비하여 하나는 펼쳐 널고, 다른 하나는 한 번 접어 같은 장소에 널어 두었습니다. 이 실험에 대한 설명으로 옳은 것은 어느 것입니까? (   )

① 두 물휴지가 마르는 빠르기가 같다.
② 물이 응결하는 정도를 비교하기 위한 실험이다.
③ 펼쳐 널은 물휴지는 접어 널은 물휴지보다 빨리 마른다.
④ 두 물휴지를 햇볕이 잘 드는 곳에 두면 다른 결과가 나타난다.
⑤ 두 물휴지를 서로 다른 장소에 널어 두고 비교해도 같은 결과가 나타난다.

14 우리 주변에서 물이 증발하는 예가 아닌 것은 어느 것입니까? (   )

① 고추를 말린다.
② 운동 후 땀이 마른다.
③ 물이 얼어 얼음이 된다.
④ 젖은 머리카락을 말린다.
⑤ 비로 인해 젖은 길이 마른다.

[15~16] 다음 실험을 보고, 물음에 답하시오.

㉠ 비커에 물을 반 정도 붓고 유성 펜으로 물의 높이를 표시한다.
㉡ 물을 계속 가열하면서 물이 끓을 때 나타나는 변화를 관찰한다.
㉢ 불을 끄고 물의 높이를 ㉠과 비교한다.

15 위 실험에서 시간이 지남에 따라 관찰할 수 있는 물의 모습을 순서대로 기호를 쓰시오.

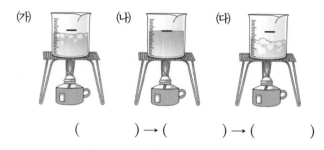
(가) (나) (다)

( ) → ( ) → ( )

16★ 위 실험에서 관찰할 수 있는 물의 상태 변화는 어느 것입니까? ( )

① 고체 → 액체
② 고체 → 기체
③ 액체 → 고체
④ 액체 → 기체
⑤ 기체 → 고체

17 오른쪽과 같이 플라스틱 컵에 주스와 얼음을 넣고 은박 접시 위에 올려놓았습니다. 시간이 지난 뒤에 플라스틱 컵 표면에 생긴 액체에 대한 설명으로 옳은 것을 두 가지 고르시오. (,)

① 색깔이 없다.
② 주스 맛이 난다.
③ 얼음이 녹아서 생긴 것이다.
④ 컵 안의 주스가 새어 나온 것이다.
⑤ 공기 중의 수증기가 물로 상태가 변한 것이다.

18 다음 모습은 어떤 상태 변화와 관계있는 것인지 보기 에서 골라 쓰시오.

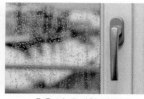

▲ 가열한 냄비 뚜껑 안쪽에 물방울이 맺힌다.
▲ 추운 날 유리창 안쪽에 물방울이 맺힌다.

보기
증발   응결   끓음   언다

( )

19★ 물의 상태 변화를 이용한 예 중 나머지와 다른 하나는 어느 것입니까? ( )

① 이글루를 만들었다.
② 얼음과자를 만들었다.
③ 얼음 작품을 만들었다.
④ 스팀 청소기로 바닥을 닦았다.
⑤ 스키장에서 인공 눈을 만들었다.

20 다음 모습에서 이용한 물의 상태 변화는 무엇인지 ( ) 안에 들어갈 알맞은 말을 쓰시오.

▲ 스팀다리미로 다림질하기
▲ 가습기 이용하기

물 → ( )

( )

58 디딤돌 통합본 과학 4-2

점수

※ 한 문항당 5점입니다.

1 다음과 같이 페트리 접시에 얼음과 물을 각각 담고 관찰하였습니다. ㉠과 ㉡의 특징에 대한 설명으로 옳은 것은 어느 것입니까? (　　　)

① ㉠은 차갑다.
② ㉠은 흐른다.
③ ㉠과 ㉡은 모두 단단하다.
④ ㉠은 일정한 모양이 없다.
⑤ ㉡은 손으로 잡을 수 있다.

2 다음은 햇볕을 받은 고드름의 상태 변화에 대한 설명입니다. (　　) 안에 들어갈 알맞은 말을 순서대로 쓰시오.

> (　　　　) 상태의 고드름이 햇볕을 받아 녹으면 (　　　　) 상태의 물이 된다.

(　　　 ,　　　)

3 다음과 같이 얼음을 손바닥에 올려놓았을 때 시간이 지나면 얼음은 무엇으로 변하는지 쓰시오.

얼음

(　　　　　)

4 액체 상태인 물을 두 가지 고르시오. (　　,　　)

① 눈　　　　　② 얼음
③ 빗물　　　　④ 수돗물
⑤ 수증기

5 물의 기체 상태에 대한 설명으로 옳은 것을 보기에서 모두 골라 기호를 쓰시오.

> **보기**
> ㉠ 차갑다.
> ㉡ 눈에 보이지 않는다.
> ㉢ 손으로 잡을 수 없다.
> ㉣ 일정한 모양이 있다.

(　　　　　)

6~7 오른쪽과 같이 물을 반 정도 넣은 플라스틱 시험관을 잘게 부순 얼음과 소금을 넣은 비커에 넣어 물을 얼렸습니다. 물음에 답하시오.

6 위 실험에서 물이 얼기 전과 완전히 언 후 물의 높이를 측정하였습니다. 이를 통해 알아보고자 한 것은 어느 것입니까? (　　　)

① 물이 얼 때의 무게 변화
② 물이 얼 때의 부피 변화
③ 물이 얼 때의 색깔 변화
④ 물이 얼 때의 온도 변화
⑤ 물이 얼 때의 단단하기 변화

7 위 실험에서 물이 얼기 전과 완전히 언 후의 무게와 부피를 비교하였습니다. (　　) 안에 <, =, >를 순서대로 쓰시오.

> • 얼기 전 무게 (　　　　) 완전히 언 후 무게
> • 얼기 전 부피 (　　　　) 완전히 언 후 부피

(　　　 ,　　　)

8 생활에서 물이 얼 때의 부피 변화와 관련된 예가 **아닌** 것은 어느 것입니까? (　　)

① 한겨울에 수도관에 설치된 계량기가 터진다.
② 냉동실에 넣어 둔 요구르트병이 팽팽해진다.
③ 겨울에 장독에 넣어 둔 물이 얼어 장독이 깨진다.
④ 페트병에 물을 가득 넣어 얼리면 페트병이 커진다.
⑤ 얼음 틀 위로 튀어나와 있던 얼음이 녹으면 높이가 낮아진다.

9 서술형 오른쪽과 같이 플라스틱 시험관 속 물을 얼렸을 때 무게가 13 g이었다면 얼음이 완전히 녹은 후에 플라스틱 시험관의 무게를 예상하고, 그렇게 생각한 까닭을 쓰시오.

10 오른쪽의 꽁꽁 언 튜브형 얼음과자가 녹았을 때의 모습으로 옳은 것은 어느 것입니까? (　　)

① 용기의 크기가 작아진다.
② 얼음과자가 더 단단해진다.
③ 용기 속에 빈 공간이 생긴다.
④ 얼음과자의 부피가 늘어난다.
⑤ 얼음과자의 일부가 수증기가 되어 공기 중으로 흩어진다.

11 오른쪽과 같이 식품 건조기에 사과 조각을 넣어 말릴 때 일어나는 물의 상태 변화는 어느 것입니까? (　　)

① 고체 → 기체　　② 고체 → 액체
③ 액체 → 기체　　④ 액체 → 고체
⑤ 기체 → 액체

12 생활 속에서 물이 증발하는 예를 두 가지 고르시오. (　　,　　)

①
▲ 젖은 머리카락을 말릴 때

②
▲ 물이 얼 때

③
▲ 고추를 말릴 때

④
▲ 아이스크림이 녹을 때

13 오른쪽과 같이 물을 가열할 때 나타나는 변화에 대한 설명으로 **옳지 않은** 것은 어느 것입니까? (　　)

—물

① 물이 끓기 전에는 표면이 울퉁불퉁하다.
② 물이 끓을 때에는 기포가 올라와 터진다.
③ 물이 끓을 때에는 큰 기포가 많이 생긴다.
④ 물이 끓을 때에는 물의 높이가 빠르게 변한다.
⑤ 처음에는 변화가 거의 없다가 시간이 지나면 매우 작은 기포가 조금씩 생긴다.

14 서술형 위 **13**에서 물이 끓고 난 후에 물의 높이는 어떻게 변하는지 쓰고, 그 까닭을 쓰시오.

(1) 물의 높이 변화 : _____
(2) 까닭 : _____

15 물의 증발과 끓음을 옳게 비교한 친구의 이름을 쓰시오.

> • 태경 : 증발할 때와 끓을 때 둘 다 물이 수증기로 상태가 변해.
> • 동환 : 끓음은 물 표면에서만 물의 상태가 변해.
> • 은주 : 증발할 때보다 끓을 때 물의 양이 천천히 줄어들어.

(   )

16~17 다음 실험을 보고, 물음에 답하시오.

> ㉠ 플라스틱 컵에 주스와 얼음을 넣고 뚜껑을 덮는다.
> ㉡ ㉠에서 준비한 플라스틱 컵을 은박 접시에 올려놓고 전자저울로 무게를 측정한다.
> ㉢ 시간이 지남에 따라 플라스틱 컵 표면에서 일어나는 변화를 관찰한다.
> ㉣ 시간이 지난 뒤에 은박 접시에 올려진 컵의 무게를 다시 측정한다.

16 다음은 위 실험 결과 무게가 늘어난 까닭에 대한 설명입니다. ( ) 안에 들어갈 알맞은 말을 쓰시오.

> 공기 중의 수증기가 (   )하여 물로 변해서 컵 표면에 달라붙었기 때문이다.

(   )

17 위 실험에서 일어난 물의 상태 변화와 같은 변화가 일어난 예가 <u>아닌</u> 것은 어느 것입니까? (   )

① 비로 인해 젖은 길이 마른다.
② 추운 날 유리창 안쪽에 물방울이 맺힌다.
③ 맑은 날 아침에 거미줄에 물방울이 맺힌다.
④ 욕실의 차가운 거울 표면에 물방울이 맺힌다.
⑤ 겨울철에 따뜻한 실내로 들어오면 차가운 안경알 표면에 작은 물방울이 맺힌다.

18 우리 생활에서 물이 얼음으로 상태가 변하는 것을 이용한 예는 어느 것입니까? (   )

①
▲ 스팀 청소기를 사용할 때

②
▲ 얼음과자를 만들 때

③
▲ 얼음주머니를 사용할 때

④
▲ 가습기를 이용할 때

19 오른쪽과 같이 음식을 찌는 것은 물의 어떤 상태 변화를 이용한 것입니까? (   )

① 얼음 → 물
② 물 → 얼음
③ 물 → 수증기
④ 수증기 → 물
⑤ 수증기 → 얼음

20 물의 상태 변화를 생활에 이용한 예로 옳은 것은 어느 것입니까? (   )

① 물이 얼음이 되는 상태 변화를 이용해 빨래를 말린다.
② 얼음이 물이 되는 상태 변화를 이용해 인공 눈을 만든다.
③ 수증기가 물이 되는 상태 변화를 이용해 찜기에 만두를 찐다.
④ 물이 수증기가 되는 상태 변화를 이용해 방 안이 건조할 때에는 가습기를 틀어 놓는다.
⑤ 수증기가 물이 되는 상태 변화를 이용해 감이나 옥수수를 말려서 오랫동안 보관한다.

1~3

개념1 물이 얼 때의 부피와 무게 변화

• 액체인 물을 얼리면 고체인 얼음으로 상태가 변합니다.
• 물이 얼어 얼음이 되면 부피는 늘어나지만 무게는 변하지 않습니다.

물이 얼어 얼음이 되면 부피가 늘어납니다.

얼음이 녹아 물이 되면 부피가 줄어듭니다.

1
빈칸 쓰기

① ( )인 물을 얼리면 ( )인 얼음이 됩니다.

② 물이 얼어 얼음이 되면 ( )은/는 늘어나지만 ( )은/는 변하지 않습니다.

2
문장 쓰기

다음과 같이 물이 들어 있는 페트병을 냉동실에 넣고 얼렸더니 페트병이 팽팽해졌습니다. 그 까닭을 쓰시오.

물을 얼리면 _____

_____

때문에 페트병이 팽팽해진 것입니다.

3
서술 완성

유리병에 물을 넣어 얼릴 때 물을 가득 채우지 않아야 하는 까닭을 쓰시오.

_____

_____

4~6

개념2 증발과 끓음 비교하기

• 물이 증발할 때에는 물의 양이 천천히 줄어들고, 물의 표면에서 물이 수증기로 변합니다.
• 물이 끓을 때에는 물의 양이 빠르게 줄어들고, 물의 표면과 물속에서 물이 수증기로 변합니다.
• 물이 증발할 때와 끓을 때 모두 물이 수증기로 상태가 변합니다.

처음 물의 높이
1일 뒤
2일 뒤

▲ 증발

기포

▲ 끓음

4
빈칸 쓰기

① 물이 ( )할 때에는 물의 양이 천천히 줄어들고, 물의 ( )에서 물이 수증기로 변합니다.

② 물이 끓을 때에는 물의 양이 빠르게 줄어들고 물의 ( )와/과 ( )에서 물이 수증기로 변합니다.

5 문장 쓰기

다음은 민수가 물이 끓는 것을 관찰한 내용을 정리한 것입니다. 틀리게 쓴 부분의 기호를 쓰고, 옳게 고쳐 쓰시오.

> 비커에 물을 절반 정도 담고 알코올램프로 가열하였더니 ㉠ 물 표면에서만 기포가 생기고, ㉡ 물의 양이 빠르게 줄어들었다. 물이 증발할 때보다 끓을 때 ㉢ 물의 양이 더 빠르게 줄어들었다.

_____

6 서술 완성

같은 양의 물을 두 개의 비커에 각각 담은 후 한 개의 비커는 탁자 위에 두고, 다른 한 개의 비커는 알코올램프로 가열하였습니다. 두 비커에서 나타나는 변화의 공통점과 차이점을 각각 한 가지 이상 쓰시오.

_____

_____

_____

7~9

개념3 응결

- 얼음이 담긴 병을 가만히 두면 표면에 물방울이 생깁니다.
- 차가운 물체의 표면에 맺힌 물방울은 공기 중에 있던 수증기가 변한 것입니다.
- 기체인 수증기가 액체인 물로 상태가 변하는 현상을 응결이라고 합니다.

▲ 냉장고에서 꺼낸 물병 표면에 맺힌 물방울

7 빈칸 쓰기

① 얼음이 담긴 병을 탁자 위에 올려놓으면 잠시 후 병의 표면에 (   )이/가 생깁니다.
② 기체인 수증기가 액체인 물로 상태가 변하는 현상을 (   )(이)라고 합니다.

8 문장 쓰기

다음과 같이 냉장고에서 꺼낸 물병 표면에 물방울이 맺히는 까닭을 물의 상태 변화와 관련지어 쓰시오.

공기 중의 수증기가 _____

_____

때문에 냉장고에서 꺼낸 물병 표면에 물방울이 맺히는 것입니다.

9 서술 완성

빵집에서 갓 구워낸 빵을 사면 빵을 담은 봉지의 입구를 조금 열어 놓은 상태로 포장해 줍니다. 그 까닭은 무엇인지 쓰시오.

_____

_____

1 다음과 같이 손에 묻은 물이 시간이 지나면 어떻게 되는지 쓰시오. [8점]

물

_____

_____

3 다음은 요구르트가 얼기 전과 냉동실에 넣어 언 후의 모습입니다. 물음에 답하시오. [12점]

㉠   ㉡

▲ 얼기 전   ▲ 언 후

(1) 위에서 요구르트병의 크기가 더 큰 것의 기호를 쓰시오. [2점]

(   )

(2) 위 (1)의 답을 고른 까닭을 쓰시오. [10점]

_____

_____

2 다음은 물의 세 가지 상태의 모습입니다. 물음에 답하시오. [12점]

▲ 얼음   ▲ 물   ▲ 수증기

(1) 얼음, 물, 수증기는 물의 어떤 상태인지 각각 쓰시오. [3점]

· 얼음 : (   )

· 물 : (   )

· 수증기 : (   )

(2) 위 (1) 답의 각 상태의 특징을 한 가지씩 쓰시오.

[9점]

_____

_____

4 다음은 빨래를 널어놓은 모습입니다. 물음에 답하시오. [12점]

(1) 시간이 지나면 빨래가 어떻게 되는지 쓰시오. [4점]

_____

_____

(2) 위 (1)의 답과 같은 현상이 나타나는 까닭을 물의 상태 변화와 관련지어 쓰시오. [8점]

_____

_____

5 다음은 물이 끓는 모습입니다. 물음에 답하시오.
[12점]

(1) 물이 끓을 때 물속에서 생기는 ㉠을 무엇이라고
하는지 쓰시오. [2점]

(   )

(2) 물이 끓기 전과 끓을 때 물 표면에서 관찰할 수
있는 차이점을 쓰시오. [10점]

_____

_____

6 다음은 증발과 끓음의 예입니다. 증발과 끓음의 차
이점을 한 가지 쓰시오. [8점]

▲ 고추 말리기   ▲ 물 끓이기

_____

_____

7 다음은 뜨거운 물과 얼음물을 전자저울 위에 올려
놓은 모습입니다. 물음에 답하시오. [12점]

㉠   ㉡

▲ 뜨거운 물을 올려놓은 경우   ▲ 얼음물을 올려놓은 경우

(1) 1시간 후 ㉠과 ㉡의 무게는 어떻게 변화할지 쓰시
오. [4점]

_____

_____

(2) 위 (1)의 답과 같이 무게가 변하는 까닭을 물의 상
태 변화와 관련지어 쓰시오. [8점]

_____

_____

8 다음은 우리 생활에서 물의 상태 변화를 이용하는
모습입니다. (가), (나)와 같은 물의 상태 변화를 이용
하는 예를 한 가지씩 쓰시오. [8점]

(가)   (나)

▲ 얼음 작품 만들기   ▲ 음식 찌기

(가) : _____

_____

(나) : _____

2 물의 상태 변화

과제명	얼음이 녹을 때의 변화 알아보기	배점	20점
성취 목표	물의 상태 변화에 대해 알고, 얼음이 녹을 때의 부피와 무게 변화를 관찰할 수 있다.		

1~4 다음은 얼음이 녹을 때의 부피와 무게 변화를 알아보는 실험입니다. 물음에 답하시오.

㉠ 플라스틱 시험관에 물을 반 정도 붓고, 잘게 부순 얼음과 소금을 넣은 비커에 플라스틱 시험관을 꽂아 물을 얼린다.
㉡ 물을 완전히 얼린 플라스틱 시험관의 부피와 무게를 확인한다.
㉢ 물이 얼어 있는 플라스틱 시험관을 따뜻한 물이 든 비커에 넣는다.
㉣ 플라스틱 시험관 안의 물이 완전히 녹으면 플라스틱 시험관의 부피와 무게를 확인한다.

1 위 실험에서 물의 부피와 무게를 측정하는 방법을 쓰시오. [5점]

(1) 부피 : ______

(2) 무게 : ______

2 오른쪽은 위 실험의 결과입니다. 이를 통해 알 수 있는 얼음이 녹을 때의 변화에 대해 쓰시오. [5점]

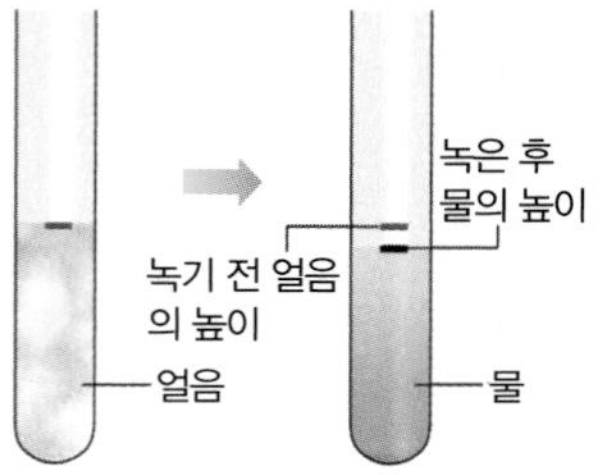

▲ 부피 변화

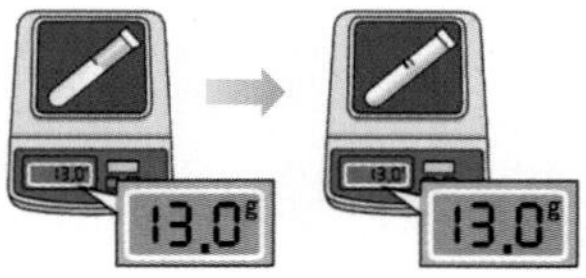

▲ 무게 변화

______

3 오른쪽과 같은 꽁꽁 언 얼음과자가 녹은 후의 모습을 쓰고, 그런 모습이 되는 까닭을 쓰시오. [5점]

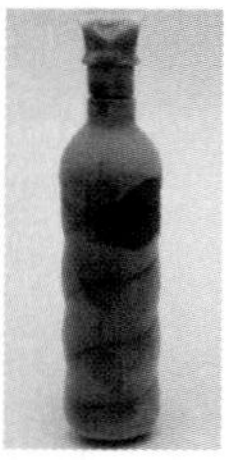

______

4 우리 주변에서 얼음이 녹아 부피가 변화되는 예를 두 가지 쓰시오. [5점]

______

2 물의 상태 변화

과제명	물이 증발할 때와 끓을 때의 변화 알아보기	배점	20점
성취 목표	물이 증발할 때와 끓을 때의 변화를 관찰하여 차이점을 알고, 이와 관련된 예를 우리 주변에서 찾을 수 있다.		

1~3 다음과 같이 장치하고 물이 증발할 때와 끓을 때의 변화를 관찰했습니다. 물음에 답하시오.

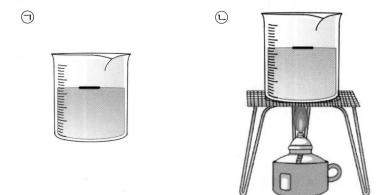

1 위 ㉠과 ㉡에서 일어나는 물의 상태 변화의 공통점을 쓰시오. [5점]

_____

_____

2 위 ㉠과 ㉡에서 일어나는 물의 상태 변화의 차이점을 쓰시오. [5점]

_____

_____

3 위 ㉠, ㉡과 관련된 예를 우리 주변에서 한 가지씩 찾아 쓰시오. [10점]

_____

_____

2 물의 상태 변화

과제명	차가운 병 표면에서 일어나는 변화 관찰하기	배점	20점
성취 목표	수증기가 응결하는 현상을 관찰하고, 이와 관련된 예를 우리 주변에서 찾을 수 있다.		

1~4 영희는 냉장고에서 꺼낸 차가운 주스병을 책상 위에 올려두고 시간이 지나 주스병 옆에 놓아둔 책이 젖은 것을 보았습니다. 책을 젖게 한 물이 어떻게 생겼는지 알아보기 위해 다음과 같은 실험을 했습니다. 물음에 답하시오.

┌───┐
│ ㉠ 냉장고에 넣어 두었던 차가운 주스병을 꺼내자마자 주스병을 은박 │
│ 접시에 올려놓고 전자저울로 무게를 측정한다. │
│ ㉡ 시간이 지남에 따라 주스병 표면에서 일어나는 변화를 관찰한다. │
│ ㉢ 시간이 지난 뒤에 은박 접시에 올려진 주스병의 무게를 측정한다. │
└───┘

1 위 실험 과정 ㉡에서 관찰한 주스병 표면에 생기는 것은 무엇인지 쓰시오. [2점]

(   )

2 시간이 지남에 따라 은박 접시 위에서 관찰할 수 있는 현상을 쓰시오. [5점]

_____

_____

3 위 실험 과정 ㉠과 ㉢에서 측정한 무게를 비교하여 쓰시오. [5점]

_____

_____

4 위 **2**와 **3**의 답과 같은 변화가 생기는 까닭을 다음 낱말을 넣어 쓰시오. [8점]

┌───┐
│   공기   응결   수증기   │
└───┘

_____

3

그림자와 거울

1 그림자가 생기는 조건

1 생활 속에서 °그림자가 생기는 경우

해가 구름에 가리면 빛이 없어 그림자가 생기지 않습니다.

▲ 그림자가 생기는 경우

▲ 그림자가 생기지 않는 경우

• 운동장에서 햇빛이 비칠 때 나무와 철봉의 그림자를 볼 수 있습니다.
• 해는 그림자가 생기는 반대쪽에 있습니다.
• 햇빛이 비치지 않으면 그림자가 생기지 않습니다.

• 그림자 관찰하기

▲ 나무 그림자

▲ 놀이기구 그림자

• 스크린과 손전등 사이에 물체를 놓았을 때 생긴 그림자

스크린　물체　손전등

• 여러 개의 그림자 만들기
하나의 물체에서 그림자를 여러 개 만들 수 있습니다. 예를 들어 스타이로폼 공에 손전등 두 개를 각각 다른 방향으로 비추면 공의 그림자가 두 개 생깁니다.

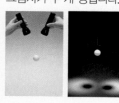

2 그림자가 생기는 조건 알아보기

탐구 과정	① 손전등, 모양 종이, 스크린을 차례대로 놓는다. ② 손전등의 불을 켰을 때와 껐을 때 스크린에 그림자가 생기는지 관찰한다. ③ 손전등의 불을 켜고 모양 종이가 있을 때와 없을 때 스크린에 그림자가 생기는지 관찰해 본다.	모양 종이 손전등 스크린 손전등, 모양 종이, 스크린을 일직선으로 놓습니다.	
탐구 결과	손전등의 불을 켰을 때		손전등의 불을 껐을 때
	그림자가 생긴다.		그림자가 생기지 않는다.
	모양 종이가 있을 때		모양 종이가 없을 때
	그림자가 생긴다.		그림자가 생기지 않는다.
알 수 있는 사실	• 손전등의 불이 물체를 비추었을 때 그림자가 생긴다. • °손전등과 스크린 사이에 물체가 있었을 때 그림자가 생긴다.		

3 °그림자가 생기는 조건 +1

(1) 그림자가 생기려면 빛과 물체가 있어야 합니다.
(2) 그림자가 생기려면 물체에 손전등의 빛을 비춰야 합니다.
(3) 손전등의 빛을 비추는 곳에 물체를 놓아야 합니다.
(4) 손전등 – 물체 – 스크린 순서가 될 때 그림자가 생깁니다.

➕ 그림자가 생기지 않는 경우

• 빛이 물체를 비추지 않으면 그림자가 생기지 않습니다.

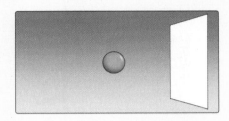

• 빛을 가릴 물체가 없어도 그림자가 생기지 않습니다.

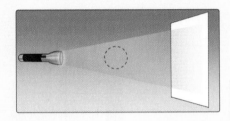

• 그림자가 생겨날 스크린이 없어도 그림자가 생기지 않습니다.

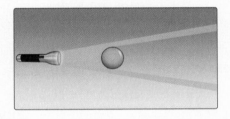

핵심 개념 정리

• 물체에 빛을 비추면서 물체의 뒤쪽에 흰 종이와 같은 스크린을 놓으면 그림자를 볼 수 있습니다.

• 그림자가 생기려면 빛과 물체가 있어야 하고, 물체에 빛을 비춰야 합니다.

• 빛이 나아가다가 물체를 만나면 물체의 모양대로 그림자가 생깁니다.

---

1 공의 그림자를 만들기 위해 필요한 것을 두 가지 고르시오.
(,   )

① ▲ 거울   ② ▲ 손전등
③ ▲ 안경   ④ ▲ 공

2 다음 ㉠~㉢ 중 어느 위치에 공을 놓아야 손전등의 빛을 비췄을 때 흰 종이에 그림자가 생기는지 기호를 쓰시오.

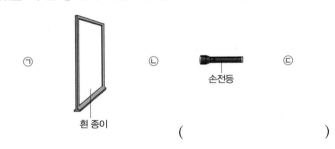

㉠   ㉡   손전등   ㉢
흰 종이

(   )

3 다음은 그림자가 생기는 조건에 대한 설명입니다. ( ) 안에 공통으로 들어갈 알맞은 말을 쓰시오.

> 그림자가 생기기 위해서는 (   )와/과 물체가 있어야 하며, 물체에 (   )을/를 비춰야 한다.

(   )

2 불투명한 물체와 투명한 물체의 그림자

1 ˚불투명한 물체와 ˚투명한 물체의 그림자 비교하기 ➕1

(1) 손전등과 스크린 사이에 도자기 컵과 유리컵을 각각 놓고 손전등의 빛을 비췄을 때 스크린에 생기는 그림자를 관찰합니다.

▲ 손전등과 스크린 사이에 도자기 컵을 놓고 빛을 비췄을 때 스크린에 생기는 그림자 관찰해 보기

— 손전등과 스크린 사이에 물체를 놓습니다.

▲ 손전등과 스크린 사이에 유리컵을 놓고 빛을 비췄을 때 스크린에 생기는 그림자 관찰해 보기

(2) ˚도자기 컵과 유리컵의 그림자 비교하기

구분	도자기 컵	유리컵
그림자		
그림자 모양	도자기 컵의 모양과 같다.	유리컵의 모양과 같다.
그림자 진하기	진하고 선명한 그림자이다.	연하고 흐릿한 그림자이다.
빛이 통과하는 정도	빛이 도자기 컵을 통과하지 못한다.	빛이 유리컵을 대부분 통과한다.

(3) 도자기 컵과 유리컵의 그림자가 다른 까닭 : 빛이 물체를 통과하는 정도가 다르기 때문입니다.
   ① 도자기 컵은 빛이 통과하지 못해 진한 그림자가 생깁니다.
   ② 유리컵은 빛이 대부분 통과해 연한 그림자가 생깁니다.

2 물체가 투명한 정도에 따라 그림자의 진하기가 다른 까닭 ➕2

(1) 빛이 나아가다가 투명한 물체를 만나면 빛이 대부분 통과하기 때문에 연한 그림자가 생깁니다.

(2) 빛이 나아가다가 불투명한 물체를 만나면 빛이 통과하지 못하기 때문에 진한 그림자가 생깁니다.

천막, 자동차의 햇빛 가리개, 모자, 커튼 등도 있습니다.

3 ˚우리 생활에서 물체의 그림자가 생기는 것을 이용해 생활을 편리하게 한 예

▲ 양산

▲ 그늘막

▲ 색안경

▲ 암막

- **불투명**
  물 따위가 맑지 못하고 흐릿함

- **투명**
  물 따위가 속까지 환히 비치도록 맑음

- **투명한 물체와 불투명한 물체**
  - 투명한 물체 : 유리컵, 무색 비닐, OHP 필름 등
  - 불투명한 물체 : 도자기 컵, 책, 손 등

- **우리 생활에서 투명한 물체와 불투명한 물체를 이용하는 예**
  - 유리 온실 천장 : 빛이 잘 들어와 식물이 자라는 데 도움을 줍니다.
  - 양산이나 모자 : 햇빛을 가리면서 그림자를 만들어 피부가 검게 그을리는 것을 막아 주고 눈부심을 줄여 줍니다.
  - 자동차 햇빛 가리개 : 차 안이 더워지는 것을 막아 줍니다.
  - 색안경 : 햇빛이 일부만 통과하도록 하여 햇빛으로부터 눈을 보호해 줍니다.

+1 불투명한 물체와 투명한 물체의 그림자

물체		그림자	
두꺼운 종이	→	진하게 생긴다.	불투명한 물체는 그림자가 진하게 생긴다.
지우개	→	진하게 생긴다.	
색이 없는 플라스틱판	→	연하게 생긴다.	투명한 물체는 그림자가 연하게 생긴다.
투명 필름	→	연하게 생긴다.	

+2 빛이 통과하는 정도가 다른 물체의 그림자

- 안경의 유리는 투명하기 때문에 그림자가 연하고, 안경의 테는 불투명하기 때문에 그림자가 진합니다.

- 투명한 정도가 다른 꽃병은 빛이 통과하는 정도가 다르기 때문에 그림자의 진하기가 다릅니다.

핵심 개념 정리

- 빛이 나아가다가 불투명한 물체를 만나면 빛이 통과하지 못해 진한 그림자가 생깁니다.
- 빛이 나아가다가 투명한 물체를 만나면 빛이 대부분 통과해 연한 그림자가 생깁니다.

유리컵

빛이 대부분 통과해서 그림자가 연해.

1~2 다음과 같이 손전등과 스크린 사이에 도자기 컵과 유리컵을 각각 놓고 손전등의 빛을 비추었습니다. 물음에 답하시오.

ㄱ

도자기 컵
손전등
스크린

ㄴ

유리컵
손전등
스크린

1 위 실험에서 손전등의 빛을 비추었을 때 연하고 흐릿한 그림자가 생기는 경우의 기호를 쓰시오.

(   )

2 위 실험에서 도자기 컵과 유리컵이 빛을 통과시키는 정도에 대한 설명으로 옳은 것을 보기에서 골라 기호를 쓰시오.

> **보기**
> ㄱ 도자기 컵은 빛을 모두 통과시킨다.
> ㄴ 유리컵은 빛을 통과시키지 못한다.
> ㄷ 유리컵은 대부분의 빛을 통과시킨다.
> ㄹ 도자기 컵과 유리컵은 모두 빛을 통과시키지 못한다.

(   )

3 투명한 물체와 불투명한 물체에 대한 설명으로 옳은 것은 어느 것입니까?   (   )

① 두꺼운 공책은 투명한 물체이다.
② 유리로 된 어항은 불투명한 물체이다.
③ 투명한 물체의 그림자는 연하고 흐릿하다.
④ 불투명한 물체는 빛을 대부분 통과시킨다.
⑤ 불투명한 물체의 그림자는 진하고 흐릿하다.

3 물체의 모양과 그림자의 모양

1 물체 모양과 그림자 모양 비교하기 +1

손전등, 모양 종이, 스크린을 차례대로 놓고 손전등을 켜서 그림자를 만듭니다.

(1) 여러 가지 모양 종이와 각 종이의 그림자 모양 비교하기

원 모양 종이 그림자	삼각형 모양 종이 그림자	사각형 모양 종이 그림자

• 종이 모양과 그림자 모양이 같습니다.

(2) 컵을 놓는 방향에 따른 그림자의 모양 +2

진한 그림자가 생기려면 불투명한 컵을 사용해야 합니다.

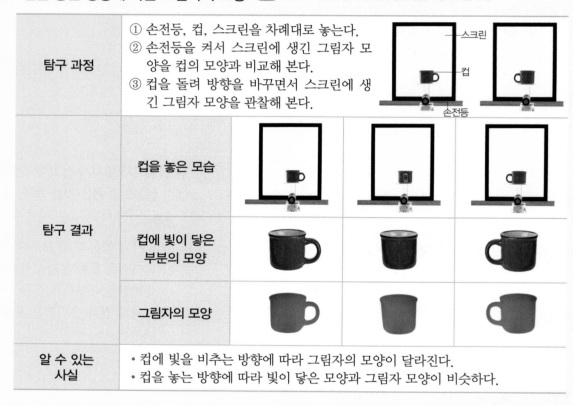

탐구 과정	① 손전등, 컵, 스크린을 차례대로 놓는다. ② 손전등을 켜서 스크린에 생긴 그림자 모양을 컵의 모양과 비교해 본다. ③ 컵을 돌려 방향을 바꾸면서 스크린에 생긴 그림자 모양을 관찰해 본다.	스크린 / 컵 / 손전등
탐구 결과	컵을 놓은 모습	
	컵에 빛이 닿은 부분의 모양	
	그림자의 모양	
알 수 있는 사실	• 컵에 빛을 비추는 방향에 따라 그림자의 모양이 달라진다. • 컵을 놓는 방향에 따라 빛이 닿은 모양과 그림자 모양이 비슷하다.	

• 공의 방향을 바꾸면서 그림자 모양 관찰하기
• 공의 방향을 바꾸어도 그림자의 모양은 원 모양입니다.
• 공의 방향을 바꾸어도 공에 빛이 닿은 모양이 변하지 않기 때문입니다.

흰 종이(스크린) / 공 / 손전등

• 컵의 위쪽에서 손전등을 비출 때 그림자 모양

2 물체의 모양과 그림자 모양이 비슷한 까닭

(1) 빛은 태양이나 전등에서 나와 사방으로 곧게 나아갑니다.
(2) 빛의 직진 : 빛이 곧게 나아가는 성질
(3) 직진하는 빛이 물체를 만나서 물체를 통과하지 못하면 물체 모양과 비슷한 그림자가 물체의 뒤쪽에 있는 스크린에 생깁니다.
(4) 빛을 비추는 방향이 달라질 경우 그림자 모양이 달라지기도 합니다.
(5) 물체 모양과 그림자 모양이 비슷한 까닭 : 빛이 직진하기 때문입니다.

▲ 햇빛이 직진하는 모습

+1 물체의 모양과 그림자의 모양 비교

물체에 빛을 비추면 빛이 닿은 부분의 모양과 닮은 그림자가 생깁니다.

+2 ㄱ자 모양 블록을 돌려가며 그림자 관찰하기

핵심 개념 정리

- 빛은 태양이나 전등에서 나와 사방으로 곧게 나아가며, 이렇게 빛이 곧게 나아가는 성질을 빛의 직진이라고 합니다.
- 직진하는 빛이 물체를 만나서 물체를 통과하지 못하면 물체 모양과 비슷한 그림자가 물체의 뒤쪽에 있는 스크린에 생깁니다.
- 빛을 비추는 방향이 달라질 경우 그림자 모양이 달라지기도 합니다.
- 물체 모양과 그림자 모양이 비슷한 까닭은 빛이 직진하기 때문입니다.

1 다음과 같이 스크린, 원 모양 종이, 손전등을 차례대로 놓고 손전등을 켰을 때, 스크린에 생긴 그림자 모양으로 옳은 것을 보기 에서 골라 기호를 쓰시오.

보기

ㄱ △   ㄴ ■   ㄷ ●

(   )

2 다음과 같이 장치하고 손전등을 켰을 때 나타나는 그림자 모양을 보기 에서 골라 기호를 쓰시오.

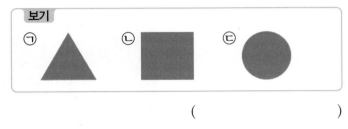

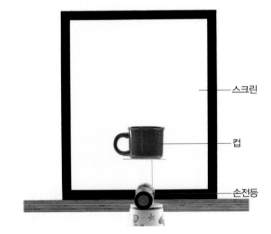

보기

(   )

3 물체 모양과 그림자 모양이 비슷한 까닭으로 옳은 것은 어느 것입니까?   (   )

① 빛이 직진하기 때문이다.
② 빛이 반사하기 때문이다.
③ 빛이 휘어져 나아가기 때문이다.
④ 빛이 사방으로 퍼져 나아가기 때문이다.
⑤ 빛이 나아가는 방향이 계속 바뀌기 때문이다.

3. 그림자와 거울 **75**

4 그림자의 크기 변화

┌ 스크린과 물체는 그대로 둡니다.

① 손전등의 위치를 조절해 그림자의 크기 변화시키기 +1

손전등을 물체에 가깝게 할 때	손전등을 물체에서 멀리 할 때

→ 그림자의 크기가 커진다.	→ 그림자의 크기가 작아진다.

- 손전등을 물체에 가깝게 하면 그림자의 크기가 커진다.
- 손전등을 물체에서 멀리 하면 그림자의 크기가 작아진다.

- **그림자 놀이하기**
  - 손전등이나 물체의 위치를 움직여 그림자의 크기를 변화시켜 그림자 놀이를 할 수 있습니다.

  - 물체의 그림자 크기를 변화시켜 학생이 손가락에 매달린 것 같이 표현하였습니다.

- **그림자의 크기를 변화시키는 방법**
  - 그림자의 크기를 크게 하는 방법 : 스크린과 물체 사이의 거리는 멀게, 물체와 손전등 사이의 거리는 가깝게 합니다.
  - 그림자의 크기를 작게 하는 방법 : 스크린과 물체 사이의 거리는 가깝게, 물체와 손전등 사이의 거리는 멀게 합니다.

┌ 스크린과 손전등은 그대로 둡니다.

② 물체의 위치를 조절해 그림자의 크기 변화시키기 +2

물체를 손전등에 가깝게 할 때	물체를 손전등에서 멀리 할 때

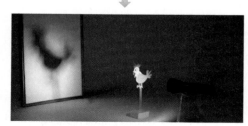	
→ 그림자의 크기가 커진다.	→ 그림자의 크기가 작아진다.

- 물체를 손전등에 가깝게 하면 그림자의 크기가 커진다.
- 물체를 손전등에서 멀리 하면 그림자의 크기가 작아진다.

+1 우리 생활에서 그림자의 크기를 변화시켜 활용하는 예

▲ 그림자 연극   ▲ 빛을 이용한 바닥 광고

+2 스크린의 위치를 조절해 그림자의 크기 변화시키기

- 손전등과 물체의 위치는 그대로 두고 스크린의 위치를 물체에서 멀리 하면 그림자의 크기가 커집니다.
- 손전등과 물체의 위치를 그대로 두고 스크린의 위치를 물체에 가깝게 하면 그림자의 크기가 작아집니다.

스크린 ①   스크린 ②

 핵심 개념 정리

- 물체와 스크린을 그대로 두었을 때 손전등을 물체에 가깝게 하면 그림자의 크기는 커지고, 손전등을 물체에서 멀리 하면 그림자의 크기는 작아집니다.
- 손전등과 스크린을 그대로 두었을 때 물체를 손전등에 가깝게 하면 그림자의 크기가 커지고, 물체를 손전등에서 멀리 하면 그림자의 크기가 작아집니다.

전등과 물체 사이의 거리에 따라 그림자의 크기가 달라져.

멀다.   가깝다.

작은 그림자   큰 그림자

1 다음은 그림자의 크기를 변화시키기 위한 방법을 설명한 것입니다. ( ) 안의 알맞은 말에 ○표 하시오.

> 물체와 스크린은 (그대로 두고, 위치를 바꾸면서) 손전등을 물체에 가깝게 하고, 멀게 하면서 그림자의 크기를 관찰한다.

2 스크린과 손전등은 그대로 두고 물체의 위치를 조절하는 경우와 그림자의 크기 변화를 선으로 연결하시오.

(1) 물체를 손전등에 가깝게 할 경우 ·

· ㉠ 그림자의 크기가 커진다.

(2) 물체를 손전등에서 멀리 할 경우 ·

· ㉡ 그림자의 크기가 작아진다.

3 다음과 같이 스크린과 손전등을 그대로 두고 물체의 위치를 조절할 때, 그림자의 크기가 작아지는 경우의 기호를 쓰시오.

(   )

1 다음은 그림자가 생기는 조건에 대한 설명입니다. ㉠과 ㉡에 들어갈 알맞은 말을 쓰시오.

> 그림자가 생기기 위해서는 (㉠)와/과 (㉡)이/가 있어야 하고, (㉡)에 (㉠) 을/를 비춰야 한다.

㉠ : (   ), ㉡ : (   )

2 스크린과 물체, 손전등을 이용해 그림자를 만들려고 합니다. 스크린과 물체, 손전등을 어떤 순서로 놓아야 그림자를 만들 수 있는지 보기 에서 골라 기호를 쓰시오.

> **보기**
> ㉠ 스크린 – 손전등 – 물체
> ㉡ 스크린 – 물체 – 손전등
> ㉢ 물체 – 스크린 – 손전등

(   )

3 다음과 같이 장치하고 손전등을 켰을 때 그림자가 생기는 곳의 기호를 쓰시오.

(   )

4~5 다음과 같이 장치하고 도자기 컵과 유리컵에 빛을 비춰 보았습니다. 물음에 답하시오.

㉠  도자기 컵
㉡  유리컵

4 다음 (   ) 안의 알맞은 말에 ○표 하시오.

> 도자기 컵은 빛이 (대부분 통과하고, 통과하지 못하고), 유리컵은 빛이 (대부분 통과한다, 통과하지 못한다).

5 위 도자기 컵과 유리컵에 손전등의 빛을 비추었을 때 생기는 그림자에 맞게 선으로 연결하시오.

(1) 도자기 컵 •　　•㉠ 진하고 선명한 그림자

(2) 유리컵 •　　•㉡ 연하고 흐릿한 그림자

6 우리 생활에서 빛이 통과하지 않아 물체의 그림자가 생기는 것을 이용해 생활을 편리하게 한 예가 아닌 것은 어느 것입니까? (   )

① ▲ 양산
② ▲ 모자
③ ▲ 유리창
④ ▲ 색안경

7 다음과 같이 장치하고 손전등으로 삼각형 모양 종이에 빛을 비추었을 때 나타나는 그림자로 옳은 것을 보기 에서 골라 기호를 쓰시오.

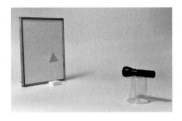

보기

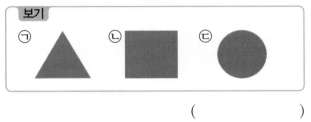

ㄱ △ ㄴ ■ ㄷ ●

( )

8 오른쪽과 같은 ㄱ자 모양 블록으로 만들 수 없는 그림자 모양은 어느 것입니까? ( )

① ② ③

④ ⑤

9 그림자에 대해 틀리게 말한 친구의 이름을 쓰시오.

• 석주 : 그림자로 물체의 크기를 알 수 있어.
• 경일 : 빛이 직진하기 때문에 물체 모양과 그림자 모양이 비슷해.
• 희경 : 빛을 비추는 방향이나 물체가 놓인 방향에 따라 그림자의 모양이 달라지기도 해.

( )

10 물체의 그림자 크기를 변화시키는 방법으로 옳은 것을 두 가지 고르시오. (,)

① 물체의 위치를 조절한다.
② 스크린의 크기를 바꾼다.
③ 손전등의 위치를 조절한다.
④ 스크린의 색깔을 조절한다.
⑤ 손전등 불빛의 색깔을 바꾼다.

11 다음과 같이 스크린과 물체를 그대로 두고 손전등의 위치를 바꾸었을 때 그림자의 크기가 커지는 경우의 기호를 쓰시오.

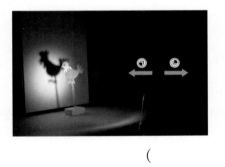

( )

12 다음은 그림자의 크기를 변화시키는 방법입니다. ( ) 안의 알맞은 말에 ○표 하시오.

스크린과 손전등을 그대로 두고 물체를 손전등에서 멀리 하면 그림자의 크기가 (커, 작아)진다.

5 거울에 비친 물체의 모습

1 거울에 비친 물체의 모습 관찰하기

(1) 거울에 비친 인형의 모습 관찰하기 +1

	공통점	실제 인형과 색깔이 같다.
거울	차이점	• 앞으로 내민 발의 위치가 반대이다. • 실제 인형은 왼쪽 발을 앞으로 내밀었는데 거울에 비친 인형은 오른쪽 발을 앞으로 내밀었다.

(2) 거울에 비친 글자와 숫자의 모습 관찰하기 +2

실제 글자	종이 거울에 비친 글자
디딤돌	콜딤ㄷ
과학	후ᄯ
7942	2497

➡ 글자의 좌우가 바뀌어 보입니다.

(3) 구급차의 앞부분에 글자의 좌우를 바꾸어 쓴 까닭 : 앞서가는 자동차의 운전자가 뒷거울을 이용하여 구급차 앞부분의 모습을 볼 때 좌우를 바꾸어 쓴 글자의 좌우가 다시 바뀌어 똑바로 보이기 때문입니다.

2 거울에 비친 물체의 모습과 실제 물체의 모습 비교하기

(1) 거울에 비친 물체의 색깔은 실제 물체의 색깔과 같습니다.
(2) 물체의 상하는 바뀌어 보이지 않지만 좌우는 바뀌어 보입니다.

실제 칫솔을 든 손은 왼손이지만 거울에 비친 모습에서는 오른손입니다.

거울에 비친 옷의 색깔은 실제 옷 색깔과 같습니다.

▲ 거울에 비친 모습

• **거울을 통해 나의 모습을 본 경험**
  • 세수를 하고 거울에 비친 내 모습을 보았습니다.
  • 신발이나 옷을 살 때 내 모습을 거울에 비춰 보았습니다.
  • 머리를 빗을 때 거울에 비친 내 모습을 보았습니다.

• **원래 모양과 거울에 비친 모양이 같은 글자나 도형**

글자	응, 후, 표, 몸, 봄 등
도형	원, 정삼각형, 정사각형 등

• **좌우**
  왼쪽과 오른쪽을 아울러 이르는 말

• **구급차**
  위급한 환자나 부상자를 신속하게 병원으로 실어 나르는 자동차

➕1 거울에 비친 주사위의 모습 관찰하기

▲ 거울을 향한 점이 여섯 개일 때

▲ 거울을 향한 점이 다섯 개일 때

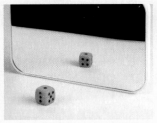

▲ 거울을 향한 점이 네 개일 때

▲ 거울을 향한 점이 한 개일 때

➕2 거울에 비친 시계의 모습 관찰하기

실제 모형 시계	거울에 비친 모습

1~2 다음은 거울에 인형을 비추어 본 모습입니다. 물음에 답하시오.

— 거울

1 거울에 비친 인형의 색깔은 실제 인형과 비교하여 어떠한지 ( ) 안의 알맞은 말에 ○표 하시오.

> 거울에 비친 인형의 색깔은 실제 인형의 색깔과 (같다, 다르다).

2 위 거울에 비친 인형의 모습에 대한 설명으로 옳은 것을 보기 에서 골라 기호를 쓰시오.

> **보기**
> ㉠ 앞으로 내민 발의 위치가 같다.
> ㉡ 앞으로 내민 발의 색깔이 다르다.
> ㉢ 앞으로 내민 발의 위치가 반대이다.

( )

🎓 핵심 개념 정리

- 거울에 인형이나 글자를 비춰 보면 좌우가 바뀌어 보입니다.
- 거울에 비친 물체의 색깔은 실제 물체의 색깔과 같습니다.
- 물체를 거울에 비춰 보면 물체의 상하는 바뀌어 보이지 않지만 좌우는 바뀌어 보입니다.

원래의 물체와 좌우가 바뀌어 보여.

3 거울에 비친 물체의 모습에 대한 설명으로 옳은 것은 어느 것입니까? ( )

① 실제 물체보다 크다.
② 실제 물체와 색깔이 다르다.
③ 실제 물체와 좌우가 바뀌어 보인다.
④ 실제 물체와 상하가 바뀌어 보인다.
⑤ 실제 물체와 상하좌우가 모두 바뀌어 보인다.

6 빛이 거울에 부딪친 후 나아가는 모양

1 빛이 거울에 부딪쳐 나아가는 모습 관찰하기 +1 +2

•손전등 빛이 거울에 부딪쳐 나아가는 모습 관찰하기	•숫자 종이에 번호대로 빛을 비추기

손전등의 빛이 거울의 맨 아랫부분에 닿도록 비추면서 빛이 나아가는 모습을 관찰한다.	거울 앞에 숫자 종이를 원하는 위치에 세운 후 손전등을 움직여 번호대로 빛을 비추어 본다.
⬇	⬇
	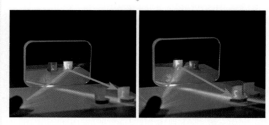
손전등의 빛이 거울에 부딪치면 거울에서 빛의 방향이 바뀐다.	손전등 빛이 거울에 부딪치면 거울에서 빛의 방향이 바뀌어 나아간다.

• 알 수 있는 사실 : 빛이 나아가다가 거울에 부딪치면 거울에서 빛의 방향이 바뀌어 나아간다.

2 빛의 반사

(1) 빛의 반사 : 빛이 나아가다가 거울에 부딪치면 거울에서 빛의 방향이 바뀌는 성질
(2) 거울은 빛의 반사를 이용해 물체의 모습을 비추는 도구입니다.

3 •빛의 반사를 이용하는 경우

	빛이 나아가는 길 / 거울
앞서가는 자동차에서 거울을 이용하면 운전자가 뒤를 돌아보지 않고도 뒤따라오는 자동차의 모습을 볼 수 있다.	두 개의 건물이 나란히 있을 때 거울을 이용하여 빛이 나아가는 방향을 바꾸어 햇빛이 들지 않는 곳으로도 빛을 보낼 수 있다.

• 유리나 거울에 부딪친 빛 때문에 눈이 부셨던 경험
  • 건물에 있는 유리를 보았을 때 눈이 부셨던 경험이 있습니다.
  • 저녁에 차 안에 타고 있을 때 뒤쪽에서 비추는 다른 차의 빛에 눈부셨던 적이 있습니다.

• 거울을 사용해 손전등의 빛을 종이 과녁판에 비춰 보기

거울의 각도를 조절해야 합니다.
종이 과녁판
거울
손전등

  • 칠판에 종이 과녁판을 붙이고 거울을 사용해 손전등의 빛을 종이 과녁판의 가운데에 비추어 봅니다.

  • 손전등의 빛이 거울에서 방향이 바뀌어 종이 과녁판을 비춥니다.

• 버스 운전기사가 뒤돌아보지 않고 승객의 안전 확인하기
  • 거울을 사용합니다.
  • 거울을 사용하면 빛의 방향을 바꾸어 뒤쪽 승객의 모습을 볼 수 있습니다.

＋1 구부러진 상자 속으로 빛 보내기

거울에서 빛의 방향이 바뀌는 성질을 이용해 구부러진 상자 속에서 빛을 보냅니다.

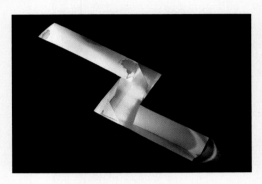

＋2 거울 뒤에 있는 물체에 빛이 닿게 하기

손전등 빛이 반사되는 위치에 다른 거울을 놓고 방향을 조절하면 거울 뒤에 있는 물체에 빛을 닿게 할 수 있습니다.

핵심 개념 정리

• 빛이 나아가다가 거울에 부딪치면 거울에서 빛의 방향이 바뀌며, 이를 빛의 반사라고 합니다.
• 거울은 빛의 반사를 이용해 물체의 모습을 비추는 도구입니다.

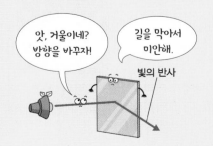

1 빛이 나아가는 길에 거울을 놓았을 때에 대한 설명으로 옳은 것은 어느 것입니까? (   )

① 빛이 사라진다.
② 빛이 더 밝아진다.
③ 빛이 더 어두워진다.
④ 빛이 거울에 부딪쳐 방향이 바뀐다.
⑤ 빛이 거울을 통과하여 곧게 나아간다.

2 손전등 빛을 거울에 비추었을 때 빛이 나아가는 모습을 옳게 나타낸 것의 기호를 쓰시오.

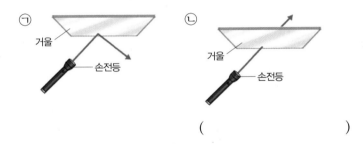

(   )

3 앞서가는 자동차에서 운전자가 뒤를 돌아보지 않고도 뒤따라오는 자동차의 모습을 볼 수 있는 까닭으로 옳은 것을 보기 에서 골라 기호를 쓰시오.

보기

㉠ 운전자가 뒤에서 오는 차의 소리를 잘 듣기 때문이다.
㉡ 차에 설치되어 있는 거울로 내 모습을 볼 수 있기 때문이다.
㉢ 차에 설치되어 있는 거울로 뒤에서 오는 차를 볼 수 있기 때문이다.

(   )

7 일상생활에서 거울의 이용

1 ˙거울의 쓰임새 +1

치과용 거울로 입안의 잘 보이지 않는 곳을 볼 수 있습니다.

자동차 옆 거울로 차 뒤쪽의 모습을 볼 수 있습니다.

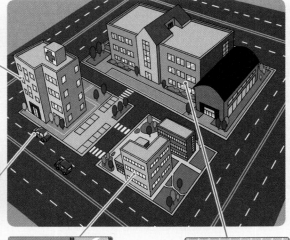

옷 가게의 거울로 옷을 입은 모습을 확인합니다.

세면대 거울로 양치하는 모습을 확인합니다.

2 우리 생활에서 거울을 이용한 예 +2

- **거울의 또 다른 쓰임새**

- **벽면 거울** : 좁은 곳에 거울을 두어 실내를 넓어 보이게 합니다.

- **만화경** : 여러 개의 거울로 물체의 모습을 반사시켜 재미있는 무늬를 만듭니다.
- **거울을 이용한 예술품**

거울로 내 모습을 비추는 경우	 전신 거울 : 거울에 비친 내 모습을 보고 옷매무새를 확인한다.	 태권도장의 거울 : 거울에 내 모습을 비추어 자세가 바른지 확인한다.	 신발 가게 거울 : 아래쪽에 거울이 있어서 선 채로 신발 신은 모습을 비추어 볼 수 있다.
가려져서 잘 보이지 않는 곳을 비추는 경우	 도로의 안전 거울 : 굽은 도로에 설치하면 반대편에서 자동차가 오는지 볼 수 있다.	 자동차 뒷거울과 옆 거울 : 운전자가 뒤쪽에서 오는 자동차를 거울을 통해 확인할 수 있다.	
빛이 나아가는 방향을 바꾸는 경우	 반사경 : 등대나 자동차 전조등 뒤에 거울을 씌워 원하는 방향으로 빛을 더 밝게 비출 수 있도록 한다.	 미러볼 : 공 표면의 거울 조각이 빛을 여러 방향으로 반사하여 수많은 빛줄기를 만든다.	

+1 거울을 이용하는 장소와 쓰임새

구분	쓰임새
화장실	나의 얼굴이나 모습을 살펴본다.
안경 가게	여러 가지 안경을 쓴 모습을 비교한다.
승강기	승강기 안이 넓어 보이게 한다.
자동차	뒷거울을 이용하여 뒤차의 위치를 확인한다.

+2 각 거울의 장소에 따른 쓰임새

거울	쓰임새	성질
세면대 거울	세수할 때 얼굴 보기	빛을 반사해 얼굴의 모습을 비춘다.
무용실 거울	무용하는 자신의 모습 보기	빛을 반사해 자신의 모습을 비춘다.
옷 가게 거울	옷 입은 모습 보기	빛을 반사해 내 모습을 비춘다.

핵심 개념 정리

• 거울은 빛을 반사하는 성질이 있기 때문에 우리 생활에서 다양하게 사용됩니다.

• 우리는 자신의 모습을 보거나 주변의 모습을 보려고 거울을 사용합니다.

• 거울을 사용하면 눈으로 직접 보기 어려운 곳도 쉽게 볼 수 있습니다.

거울을 이용해 내 잘생긴 얼굴을 볼 수 있지.

1 오른쪽 신발 가게에서는 거울을 어떻게 이용합니까? ( )

① 발을 작게 보이게 한다.
② 발을 크게 보이게 한다.
③ 신발이 발에 맞게 보이게 한다.
④ 자신의 전체 모습을 볼 수 있게 한다.
⑤ 선 채로 신발을 신은 모습을 볼 수 있게 한다.

2 우리 생활에서 거울을 이용한 예가 <u>아닌</u> 것은 어느 것입니까? ( )

① 세수를 할 때
② 무용 연습을 할 때
③ 농구 경기를 할 때
④ 미용실에서 머리를 자를 때
⑤ 외출하기 전 외출복의 맵시를 볼 때

3 다음은 어떤 물체를 사용했을 때의 좋은 점을 설명한 것인지 쓰시오.

• 자신의 전체 모습을 볼 수 있다.
• 뒤쪽에서 오는 자동차를 볼 수 있다.

( )

1 다음은 인형이 거울에 비친 모습입니다. 거울에 비친 인형과 실제 인형의 공통점으로 옳은 것을 보기 에서 골라 기호를 쓰시오.

보기

㉠ 색깔이 같다.
㉡ 좌우의 모양이 같다.
㉢ 상하의 모양이 다르다.

( )

2 오른쪽 글자 카드를 정면의 거울에 비췄을 때의 모습으로 옳은 것은 어느 것입니까?

| 토마토 |

( )

① 토마토 ② 쿼미코
③ 튼마튼 ④ 쿼미됸

3 위 **2**의 답으로 알 수 있는 사실입니다. ( ) 안의 알맞은 말에 ○표 하시오.

물체를 거울에 비춰 보면 물체의 (상하, 좌우)는 바뀌어 보이지 않지만 (상하, 좌우)는 바뀌어 보인다.

4 오른쪽은 거울에 비친 석주가 칫솔질을 하고 있는 모습입니다. 석주는 실제로 칫솔을 어떤 손으로 들고 있는 것인지 쓰시오.

( )

5 원래 모양과 거울에 비친 모양이 같은 글자나 도형이 **아닌** 것은 어느 것입니까? ( )

① 응 ② 후 ③ 표

④ ⑤

6 다음은 구급차의 앞부분에 글자의 좌우를 바꾸어 쓴 까닭에 대한 설명입니다. ( ) 안에 공통으로 들어갈 알맞은 말을 쓰시오.

자동차의 뒷거울에 구급차 앞부분의 모습이 비쳐 보일 때 ( )을/를 바꾸어 쓴 글자의 ( )이/가 다시 바뀌어 똑바로 보이기 때문이다.

( )

7 다음은 손전등의 빛을 거울에 비췄을 때의 모습입니다. 이 현상으로 알 수 있는 빛의 성질을 쓰시오.

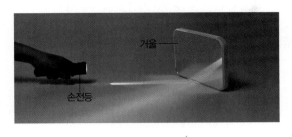

( )

8 종이 과녁판과 손전등을 움직이지 않고 손전등의 빛이 종이 과녁판의 가운데에 닿게 하기 위해 필요한 것은 어느 것입니까? ( )

① 거울 ② 수조
③ 유리판 ④ 돋보기
⑤ 망원경

9 다음과 같이 손전등 빛을 거울에 비스듬히 비추었을 때 관찰할 수 있는 사실로 옳은 것을 두 가지 고르시오. (,)

① 손전등에서 나온 빛이 거울에 부딪쳐 사라진다.
② 거울에서 반사된 빛이 여러 방향으로 퍼져나간다.
③ 손전등에서 나온 빛이 거울을 통과해 곧게 나아간다.
④ 손전등을 움직이면 각 숫자에 빛이 닿게 할 수 있다.
⑤ 손전등에서 나온 빛이 거울에 부딪친 후 방향이 바뀌어 나아간다.

10 우리 집에 햇빛을 보내기 위해 거울을 설치해야 하는 곳의 기호를 쓰시오.

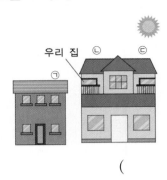

( )

11 다음과 같이 지하철역 벽면에 거울을 설치하는 까닭으로 옳은 것은 어느 것입니까? ( )

① 자신의 뒷머리를 보기 위해서
② 세수할 때 얼굴을 보기 위해서
③ 공간을 넓어 보이게 하기 위해서
④ 다른 자동차의 위치를 보기 위해서
⑤ 무용하는 자신의 모습을 보기 위해서

12 우리 생활에서 거울을 이용하는 예로 옳지 않은 것은 어느 것입니까? ( )

① 세수를 할 때
② 컴퓨터를 볼 때
③ 옷의 맵시를 볼 때
④ 미용실에서 뒷머리를 볼 때
⑤ 선 채로 신발 신은 모습을 볼 때

3 그림자와 거울

물체에 빛을 비춰야 그림자가 생기며, 빛과 물체, 스크린 사이의 거리에 따라 그림자 크기가 달라집니다. 거울에 비친 모습은 좌우가 바뀌어 보이며, 빛이 거울에 부딪치면 방향이 바뀝니다.

👁 그림을 보고 배운 개념을 떠올리며 ( ) 안에 알맞은 말을 써 보세요.

개념1 그림자가 생기는 조건

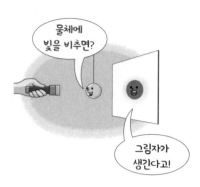

물체에 빛을 비추면?

그림자가 생긴다고!

그림자가 생기려면 (❶   )와/과 물체가 있어야 하고, 물체에 (❷   )을/를 비춰야 합니다. 또한 그림자는 물체 뒤쪽에 생깁니다.

개념2 물체의 모양과 그림자 모양

곧게 나아가는 빛

그림자가 나하고 모양이 비슷하네.

빛이 직진하기 때문이야.

빛이 곧게 나아가는 성질을 빛의 (❸   )(이)라고 하며, 직진하는 빛이 물체를 만나서 물체를 통과하지 못하면 물체 모양과 비슷한 그림자가 생깁니다.

👁 그림을 보고 배운 개념을 떠올리며 ( ) 안에 알맞은 말을 써 보세요.

개념4 거울에 비친 물체의 모습

원래의 물체와 좌우가 바뀌어 보여.

물체를 거울에 비춰 보면 물체의 색깔과 (❻   )은/는 바뀌어 보이지 않지만 (❼   )은/는 바뀌어 보입니다.

개념5 빛이 거울에 부딪친 후 나아가는 모양

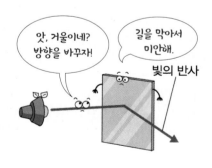

앗, 거울이네? 방향을 바꾸자!

길을 막아서 미안해.

빛의 반사

빛이 나아가다가 거울에 부딪치면 거울에서 빛의 (❽   )이/가 바뀝니다. 이러한 성질을 빛의 (❾   )(이)라고 합니다.

개념3 **그림자의 크기 변화**

> 전등과 물체 사이의 거리에 따라 그림자의 크기가 달라져.

멀다.　가깝다.

작은 그림자　큰 그림자

물체와 스크린은 그대로 두고 손전등을 물체에 가까이 하면 그림자의 크기가 (❹　　　)지고, 손전등을 물체에서 멀리 하면 그림자의 크기가 (❺　　　)집니다.

개념6 **일상생활에서 거울의 이용**

> 거울을 이용해 내 잘생긴 얼굴을 볼 수 있지.

거울은 빛을 (❿　　　)하는 성질이 있기 때문에 우리 생활에서 다양하게 사용됩니다. 사람들은 자신의 모습을 보거나 주변의 모습을 편리하게 보기 위해 거울을 사용합니다.

옳은 문장에 ○, 틀린 문장에 ╳하세요. 틀린 부분은 밑줄을 긋고 바른 개념으로 고쳐 써 보세요.

1 그림자가 생기려면 빛과 물체가 있어야 합니다.
(　　　)

2 물체 – 스크린 – 손전등 순서가 될 때 그림자가 생깁니다.
(　　　)

3 빛이 나아가다가 투명한 물체를 만나면 빛이 대부분 통과하기 때문에 연한 그림자가 생깁니다. (　　　)

4 빛이 곧게 나아가는 성질을 빛의 직진이라고 합니다.
(　　　)

5 빛이 직진하다가 물체를 통과하기 때문에 물체의 모양대로 그림자가 생깁니다. (　　　)

6 스크린과 물체를 그대로 두고 손전등을 물체에서 멀리 하면 그림자의 크기는 작아집니다. (　　　)

7 스크린과 손전등을 그대로 두고 물체를 손전등에 가깝게 하면 그림자의 크기는 작아집니다. (　　　)

8 거울에 비친 물체의 모습은 상하는 바뀌어 보이지 않지만 좌우는 바뀌어 보입니다. (　　　)

9 빛이 나아가다가 거울에 부딪치면 거울에서 빛의 방향이 바뀌는데 이를 빛의 반사라고 합니다. (　　　)

10 자신의 모습을 보거나 눈으로 직접 보기 어려운 곳을 쉽게 보기 위해 거울을 이용합니다. (　　　)

※ 한 문항당 5점입니다.

1 그림자를 만들기 위해 꼭 필요한 것끼리 옳게 짝지은 것은 어느 것입니까? ( )

① 빛, 거울
② 빛, 물체
③ 거울, 물체
④ 흰 종이, 거울
⑤ 흰 종이, 물체

2 다음 ㉠~㉢ 중 어느 위치에 손전등을 놓아야 스크린에 공의 그림자가 생기는지 기호를 쓰시오.

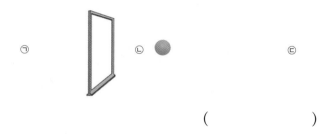

( )

3 다음은 햇빛이 비칠 때 운동장의 모습입니다. 구름이 햇빛을 가리면 그림자는 어떻게 되는지 쓰시오.

서술형

_____

_____

4 투명한 물체는 어느 것입니까? ( )

① 공책
② 유리
③ 거울
④ 암막
⑤ 양산

5 도자기 컵과 유리컵에 각각 손전등의 빛을 비출 때에 대한 설명으로 옳은 것을 보기 에서 두 가지 골라 기호를 쓰시오.

보기
㉠ 빛이 유리컵을 대부분 통과해 연한 그림자가 생긴다.
㉡ 빛이 도자기 컵을 대부분 통과해 진한 그림자가 생긴다.
㉢ 도자기 컵의 그림자가 유리컵의 그림자보다 더 진하고 선명하다.
㉣ 유리컵의 그림자가 도자기 컵의 그림자보다 더 진하고 선명하다.

(,)

6 불투명한 물체와 투명한 물체에 빛을 비추었을 때 알맞은 말을 선으로 연결하시오.

불투명한 물체	투명한 물체
•	•

빛이 대부분 통과함	빛이 통과하지 못함
•	•

진한 그림자가 생김	연한 그림자가 생김

7 우리 생활에서 물체의 그림자가 생기는 것을 이용해 생활을 편리하게 한 예는 어느 것입니까?

( )

① 시계
② 양산
③ 나침반
④ 컴퓨터
⑤ 보온병

8 다음과 같이 물체 모양과 그림자 모양이 비슷한 까
서술형 닭을 쓰시오.

▲ 원 모양 종이의 그림자   ▲ 삼각형 모양 종이의 그림자

_____

_____

9 다음과 같이 ㄴ자 모양 블록을 놓고 손전등을 켰을
때 생기는 그림자의 모양으로 옳은 것은 어느 것입
니까?   (   )

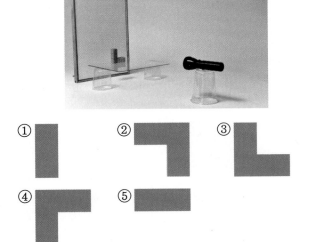

①   ②   ③

④   ⑤

10 다음은 어떤 물체를 손전등 앞에 여러 방향으로 놓
았을 때의 그림자 모양입니다. 손전등 앞에 놓은
물체를 보기 에서 골라 기호를 쓰시오.

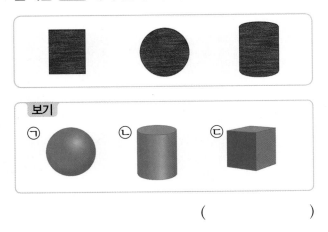

보기

ⓐ   ⓑ   ⓒ

(   )

11 물체와 스크린을 그대로 두고 손전등을 움직여 그
림자의 크기를 크게 하려면 손전등을 ㉠과 ㉡ 중
어느 방향으로 움직여야 하는지 쓰시오.

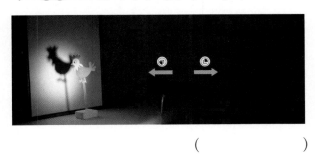

(   )

12★ 그림자의 크기를 작게 만드는 방법을 보기 에서 두
가지 골라 기호를 쓰시오.

보기

㉠ 물체와 스크린은 그대로 두고 손전등을 물체
에서 멀리 한다.
㉡ 물체와 스크린은 그대로 두고 손전등을 물체
에 가깝게 한다.
㉢ 손전등과 스크린은 그대로 두고 물체를 손전
등에서 멀리 한다.
㉣ 손전등과 스크린은 그대로 두고 물체를 손전
등에 가깝게 한다.

(,   )

13 그림자에 대한 설명으로 옳은 것은 어느 것입니까?
(   )

① 빛이 곧게 나아가다가 물체를 통과해서 생긴
다.
② 그림자의 크기는 스크린의 크기에 따라 달라진
다.
③ 물체의 위치가 바뀌어도 그림자의 모양은 바뀌
지 않는다.
④ 빛이 물체를 통과하는 정도에 따라 그림자의
크기가 달라진다.
⑤ 물체를 놓는 방향이 달라지면 그림자의 모양이
달라질 수 있다.

3. 그림자와 거울 **91**

3

14 거울에 비친 물체의 모습과 실제 물체의 모습에 대한 설명으로 옳은 것을 두 가지 고르시오.
(,)

① 색깔이 같다.
② 색깔이 다르다.
③ 상하가 바뀌어 보인다.
④ 좌우가 바뀌어 보인다.
⑤ 상하좌우가 바뀌어 보인다.

15 오른쪽 글자를 정면 거울에 비쳤을 때의 모양으로 옳은 것은 어느 것입니까? ( )

도마

① 도마   ② ㅓㅁ쿄
③ ㅓㅁ쿄   ④ 마쿤
⑤ 쿄ㅓㅁ

16 빛이 나아가는 길에 거울을 놓았을 때 일어나는 현상에 대한 설명으로 옳은 것은 어느 것입니까?
( )

① 빛이 거울 속으로 사라진다.
② 빛이 거울에 부딪쳐 더 밝아진다.
③ 빛이 거울을 통과해 계속 나아간다.
④ 빛이 거울에 부딪쳐 색깔이 변한다.
⑤ 빛이 거울에 부딪쳐 다른 방향으로 반사된다.

17 다음 ( ) 안에 들어갈 알맞은 말을 쓰시오.

앞서가는 자동차에서 ( )을/를 이용하면 운전자가 뒤를 돌아보지 않고도 뒤따라오는 자동차의 위치를 확인할 수 있다.

( )

18 거울에 부딪쳐 반사되는 빛의 방향을 바꾸는 방법으로 옳은 것을 보기 에서 골라 기호를 쓰시오.

보기
㉠ 거울을 가만히 둔다.
㉡ 큰 거울을 사용한다.
㉢ 거울을 뒤집어 놓는다.
㉣ 거울이 바라보는 방향을 바꾼다.

( )

19 거울의 쓰임새로 옳지 <u>않은</u> 것은 어느 것입니까?
( )

① 세면대 거울 : 세수할 때 얼굴을 본다.
② 미용실 거울 : 자신의 머리 모양을 본다.
③ 승강기 안 거울 : 자신의 옷과 얼굴을 본다.
④ 무용실 거울 : 무용하는 자신의 모습을 본다.
⑤ 현관 앞 전신 거울 : 현관이 좁아 보이게 한다.

20 우리 생활에서 거울을 이용하는 예로 옳지 <u>않은</u> 것은 어느 것입니까? ( )

①
▲ 현관 앞 전신 거울

②
▲ 유리온실 천장

③
▲ 야외 공원

④
▲ 예술품

점수

※ 한 문항당 5점입니다.

1 그림자가 생기는 조건에 대한 설명으로 옳은 것을 보기 에서 모두 고른 것은 어느 것입니까?
( )

> **보기**
> ㉠ 구름이 있어야 한다.
> ㉡ 빛과 물체가 있어야 한다.
> ㉢ 물체에 빛을 비추어야 한다.
> ㉣ 물체가 없어도 빛은 꼭 있어야 한다.

① ㉠, ㉡   ② ㉠, ㉢   ③ ㉡, ㉢
④ ㉡, ㉣   ⑤ ㉢, ㉣

2 손전등의 빛을 공에 비췄을 때 흰 종이에 공의 그림자가 생기는 경우를 보기 에서 골라 기호를 쓰시오.

> **보기**
> ㉠ 손전등 – 공 – 흰 종이 순서일 때
> ㉡ 손전등 – 흰 종이 – 공 순서일 때
> ㉢ 흰 종이 – 손전등 – 공 순서일 때

( )

3 물체의 그림자를 두 개가 되도록 만드는 방법으로 옳은 것은 어느 것입니까? ( )

① 큰 손전등을 사용한다.
② 작은 손전등을 사용한다.
③ 손전등의 불빛을 밝게 한다.
④ 손전등을 물체에 가깝게 한다.
⑤ 물체에 손전등을 두 개 비춘다.

4 빛을 비추었을 때 연한 그림자가 생기는 것을 보기 에서 모두 골라 기호를 쓰시오.

> **보기**
> ㉠ 공책   ㉡ 유리컵   ㉢ 책가방
> ㉣ 무색 유리   ㉤ 나무 책상   ㉥ OHP 필름

( )

5 서술형 손전등을 비췄을 때 연하고 흐릿한 그림자가 생기는 것의 기호와 그 까닭을 쓰시오.

_____

_____

6 우리 생활에서 물체의 그림자가 생기는 것을 이용해 생활을 편리하게 한 예로 옳지 <u>않은</u> 것은 어느 것입니까? ( )

① 양산으로 햇빛을 가릴 때
② 그늘막으로 햇빛을 가릴 때
③ 암막으로 집 안을 어둡게 할 때
④ 안경을 써서 글씨를 잘 보이게 할 때
⑤ 자동차의 햇빛 가리개로 차 안이 더워지지 않게 할 때

7 ㄱ자 모양 블록에 의해 생길 수 <u>없는</u> 그림자의 모양은 어느 것입니까? ( )

①   ②

③   ④

⑤

8 그림자가 생기는 까닭에 대한 설명으로 옳은 것은 어느 것입니까? ( )

① 그림자는 항상 생긴다.
② 그림자는 빛과 상관없이 생긴다.
③ 물체가 빛을 반사하기 때문에 생긴다.
④ 빛이 물체를 통과하여 그 모양대로 생긴다.
⑤ 빛이 나아가다가 물체에 막히면 그림자가 생긴다.

[9~10] 다음과 같이 동물 모양 종이와 스크린은 그대로 두고 손전등을 움직이면서 그림자의 변화를 관찰하였습니다. 물음에 답하시오.

9 손전등을 ㉠ 방향으로 움직였을 때의 변화로 옳은 것은 어느 것입니까? ( )

① 그림자의 크기가 커진다.
② 그림자의 색깔이 변한다.
③ 그림자의 크기가 작아진다.
④ 그림자의 크기가 변하지 않는다.
⑤ 그림자의 크기가 커지다가 작아진다.

10 위 실험에서 손전등을 ㉡ 방향으로 움직였을 때 그림자 크기의 변화를 쓰시오.
서술형
_____

11 그림자의 크기가 커지는 경우를 [보기]에서 두 가지 골라 기호를 쓰시오.

> **보기**
> ㉠ 물체와 스크린은 그대로 두고 손전등을 물체에서 멀게 한다.
> ㉡ 물체와 스크린은 그대로 두고 손전등을 물체에 가깝게 한다.
> ㉢ 손전등과 스크린은 그대로 두고 물체를 손전등에서 멀게 한다.
> ㉣ 손전등과 스크린은 그대로 두고 물체를 손전등에 가깝게 한다.

(,)

12 다음은 거울에 비친 물체의 모습과 실제 물체의 모습에 대한 설명입니다. ( ) 안의 알맞은 말에 ○표 하시오.

> 거울에 비친 물체의 색깔은 실제 물체의 색깔과 (같다, 다르다).

13 다음 글자를 거울에 비췄을 때의 모양을 빈칸에 쓰시오.

14 위 13의 답을 통해 알 수 있는 거울에 비친 물체의 모습에 대해 옳게 말한 친구의 이름을 쓰시오.

> • 석주 : 실제 물체보다 투명하게 보여.
> • 경일 : 실제 물체와 색깔이 다르게 보여.
> • 인경 : 실제 물체와 좌우가 바뀌어 보여.
> • 자윤 : 실제 물체와 상하좌우가 바뀌어 보여.

( )

15 다음 ㉠과 ㉡에 들어갈 알맞은 말을 쓰시오.

> 구급차의 앞부분에 글자의 (㉠)을/를 바꾸어 쓴 까닭은 자동차를 운전하는 사람이 자동차 (㉡)을/를 보고 뒤쪽에서 오는 구급차를 알아보게 하기 위해서이다.

㉠ : (   ), ㉡ : (   )

16 다음과 같이 거울을 향해 손전등 빛을 비추었을 때 빛이 나아가는 모습을 그리시오.

17 거울을 사용해 손전등의 빛을 종이 과녁판의 가운데에 비출 수 있는 거울의 위치를 옳게 나타낸 것은 어느 것입니까? ( )

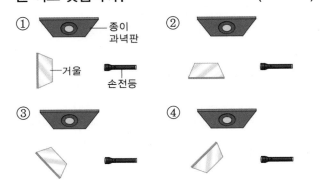

18 다음과 같은 쓰임새로 이용하고 있는 거울은 어느 것입니까? ( )

> 자신의 뒷머리 모양을 볼 수 있다.

① ▲ 세면대 거울

② ▲ 미용실 거울

③ ▲ 옷 가게 거울

④ ▲ 승강기 거울

19 거울이 필요한 상황이 <u>아닌</u> 경우는 언제입니까? ( )

① 무용 연습을 할 때
② 욕실에서 얼굴을 볼 때
③ 옷 가게에서 옷맵시를 볼 때
④ 미용실에서 머리 모양을 볼 때
⑤ 편의점에서 물건의 가격을 볼 때

20 거울에 대한 설명으로 옳지 <u>않은</u> 것을 보기 에서 골라 기호를 쓰시오.

> **보기**
> ㉠ 거울은 물체의 모습을 비추는 도구이다.
> ㉡ 거울을 이용해 장식품이나 예술품을 만든다.
> ㉢ 큰 거울을 이용하면 실내를 좁아 보이게 할 수 있다.
> ㉣ 거울을 이용해 건물이나 야외 공원을 꾸밀 수 있다.

( )

1~3

개념1 그림자가 생기는 조건

• 그림자가 생기려면 빛과 물체가 있어야 하며, 물체에 빛을 비춰야 합니다.
• 손전등 – 물체 – 스크린 순서가 될 때 그림자가 생깁니다.

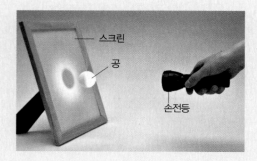

1
빈칸 쓰기

① 그림자가 생기려면 빛과 (   )이/가 있어야 합니다.
② 그림자가 생기려면 (   )에 빛을 비추어야 합니다.
③ 손전등 – (   ) – 스크린 순서가 될 때 그림자가 생깁니다.

2
문장 쓰기

운동장에서 구름이 햇빛을 가릴 때 그림자가 생기지 않는 까닭을 쓰시오.

그림자가 생기기 위해서는 _____

_____

구름이 햇빛을 가려 _____

_____ 없기 때문에 그림자가 생기지 않습니다.

3
서술 완성

다음과 같이 장치하고 손전등을 켰을 때 그림자가 생기지 않는 까닭을 그림자가 생기는 조건을 포함해 쓰시오.

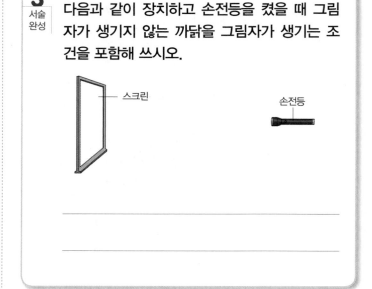

_____

_____

4~6

개념2 그림자의 크기 변화

• 물체와 스크린을 그대로 두었을 때 손전등을 물체에 가깝게 하면 그림자의 크기는 커집니다.
• 손전등과 스크린을 그대로 두었을 때 물체를 손전등에 가깝게 하면 그림자의 크기가 커집니다.

→ 그림자의 크기가 커진다.   → 그림자의 크기가 커진다.

4
빈칸 쓰기

① 물체와 스크린을 그대로 두었을 때 손전등을 물체에 (   ) 하면 그림자의 크기는 커집니다.
② 손전등과 스크린을 그대로 두었을 때 그림자의 크기를 작게 하려면 물체를 손전등에서 (   ) 해야 합니다.

5
문장
쓰기

다음과 같이 물체에 손전등 빛을 비추었을 때, 물체의 크기를 더 크게 만들 수 있는 방법을 쓰시오.

스크린과 손전등을 그대로 둔 채 _____

_____

물체의 그림자 크기가 커집니다.

6
서술
완성

다음과 같은 그림자 연극에서 용의 그림자 크기를 더 크게 만들 수 있는 방법을 쓰시오.

_____

_____

7~9

개념3 **거울에 비친 물체의 모습**

• 물체를 거울에 비추어 보면 물체의 상하는 바뀌어 보이지 않지만 좌우는 바뀌어 보입니다.

• 거울에 비친 물체의 색깔은 실제 물체와 같습니다.

──거울

7
빈칸
쓰기

① 물체를 거울에 비추어 보면 물체의 (   )은/는 바뀌어 보이지 않고 (   )은/는 바뀌어 보입니다.

② 물체를 거울에 비추어 보면 실제 물체의 색깔과 거울 속 물체의 색깔은 (   ).

8
문장
쓰기

다음 글자를 거울에 비추어 보면 어떻게 보이는지 쓰고, 이를 바탕으로 거울에 비친 물체의 모습과 실제 물체 모습의 차이점을 쓰시오.

┌─────────────────────────┐
│   디딤돌   │
└─────────────────────────┘

거울에 비친 글자는 _____ 처럼 보이며,

거울에 비친 물체의 모습은 _____

_____ 바뀌어 보입니다.

9
서술
완성

다음과 같이 잠망경을 이용하면 장애물 너머의 물체를 볼 수 있습니다. 이때 물체의 좌우가 바뀌어 보일지 원래 모습 그대로 보일지 그 까닭과 함께 쓰시오.

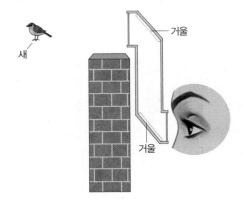

_____

_____

_____

1 다음과 같이 흰 종이 앞에 공을 놓고 손전등을 다양한 방향으로 비추었습니다. 공의 그림자가 생기는 번호와 그렇게 생각한 까닭을 쓰시오. [8점]

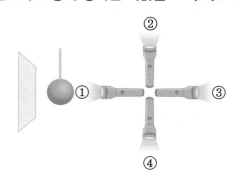

_____

_____

3 다음은 원 모양 종이와 삼각형 모양 종이의 그림자를 만드는 모습입니다. 물음에 답하시오. [12점]

▲ 원 모양 종이의 그림자　　▲ 삼각형 모양 종이의 그림자

(1) ㉠과 ㉡의 스크린에 어떤 모양의 그림자가 생기는지 쓰시오. [6점]

_____

_____

(2) 물체 모양과 그림자 모양이 비슷한 까닭을 쓰시오. [6점]

_____

_____

2 다음은 유리컵과 도자기 컵의 그림자를 나타낸 것입니다. 물음에 답하시오. [12점]

(1) 유리컵의 그림자는 어떤 것인지 기호를 쓰시오. [2점]

(　　　　　　　　　)

(2) 유리컵과 도자기 컵의 그림자가 다른 까닭을 쓰시오. [10점]

_____

_____

4 다음과 같이 스크린과 물체, 손전등을 이용해 그림자를 만들었습니다. 물음에 답하시오. [12점]

(1) 그림자의 크기를 작게 하기 위해 손전등을 움직여야 하는 방향의 기호를 쓰시오. [2점]

(　　　　　　　　　)

(2) 스크린과 손전등을 그대로 두고 물체를 움직여 그림자의 크기를 작게 하는 방법을 쓰시오. [10점]

_____

_____

5 다음은 종이 거울에 비친 인형의 모습입니다. 종이 거울에 비친 인형의 모습과 실제 인형의 공통점과 차이점을 쓰시오. [12점]

(1) 공통점을 쓰시오. [6점]

_____

_____

(2) 차이점을 쓰시오. [6점]

_____

_____

6 앞에서 달리는 자동차의 뒷거울로 뒤에서 오는 구급차의 글자 '119'가 똑바로 보이게 하려면 글자를 어떻게 써야 하는지와 그 까닭을 쓰시오. [12점]

(1) 글자의 모습을 쓰시오. [4점]

(   )

(2) 까닭을 쓰시오. [8점]

_____

7 다음과 같이 손전등의 빛을 거울에 비춰 보았습니다. 물음에 답하시오. [12점]

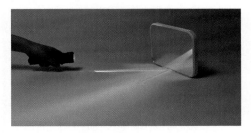

(1) 위와 같은 빛의 성질을 무엇이라고 하는지 쓰시오. [4점]

빛의 (   )

(2) 빛이 거울에 부딪치면 어떻게 나아가는지 쓰시오. [8점]

_____

_____

8 다음과 같이 미용실에서 거울을 사용하는 까닭을 쓰시오. [8점]

_____

_____

3 그림자와 거울

과제명	그림자의 크기 변화시키기	배점	20점
성취 목표	손전등과 물체 사이의 거리에 따라 그림자의 크기가 달라지는 것을 설명할 수 있다.		

1~3 다음은 손전등과 스크린 사이에 동물 모양 종이를 놓고 그림자가 생기게 한 다음, 손전등을 물체에 가깝게 하거나 멀리 하면서 그림자 크기를 관찰하는 모습입니다. 물음에 답하시오.

▲ 손전등을 물체에 가깝게 할 때

▲ 손전등을 물체에서 멀리 할 때

1 위 실험에서 그림자의 크기에 영향을 미치는 것은 무엇인지 쓰시오. [6점]

_____

_____

2 위 실험 결과를 표로 정리한 것입니다. (   ) 안에 들어갈 알맞은 말을 쓰시오. [8점]

손전등을 물체에 가깝게 할 때	그림자의 크기가 ( ).
손전등을 물체에서 멀리 할 때	그림자의 크기가 ( ).

3 위 **2**의 결과를 바탕으로, 손전등과 스크린은 그대로 두고 물체를 움직여 그림자의 크기를 크게 하려면 물체를 어떻게 움직여야 하는지 쓰시오. [6점]

_____

_____

🤓 수행 평가

3 그림자와 거울

과제명	물체와 거울에 비친 물체의 모습 비교하기	배점	20점
성취 목표	물체의 모습과 거울에 비친 모습을 비교하여 거울에 비친 물체의 특징을 설명할 수 있다.		

1~3 다음과 같이 인형과 글자 카드를 종이 거울에 비추어 보았습니다. 물음에 답하시오.

▲ 종이 거울에 비친 인형의 모습

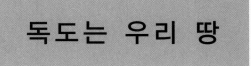

독도는 우리 땅

▲ 글자 카드

1 종이 거울에 비친 인형의 모습을 실제 인형과 비교해 공통점과 차이점을 쓰시오. [4점]

공통점	물체의 색깔과 ( )이/가 같다.
차이점	• 앞으로 내민 발의 위치가 ( )이다. • 실제 인형은 왼쪽 발을 앞으로 내밀었는데 거울에 비친 인형은 ( ) 발을 앞으로 내밀었다.

2 위 글자 카드를 거울에 비추었을 때 어떻게 보이는지 빈칸에 쓰시오. [8점]

3 위 **1**과 **2**의 답으로 알 수 있는 거울에 비친 물체 모습의 특징을 쓰시오. [8점]

3 그림자와 거울

과제명	거울에 부딪친 빛이 나아가는 모습	배점	20점
성취 목표	빛이 거울에 부딪쳐 나아가는 모습을 거울의 성질과 함께 설명할 수 있다.		

1~3 다음과 같이 장치하고 손전등의 빛을 거울 뒤쪽에 있는 인형에 닿게 하려고 합니다. 물음에 답하시오.

1 손전등의 빛이 거울 뒤쪽에 있는 인형에 닿게 하기 위해 필요한 물체는 무엇인지 쓰시오. [4점]

(   )

2 빛이 인형에 닿게 하기 위해 필요한 위 **1**의 물체와 빛이 나아가는 모습을 위 그림에 그리시오. [4점]

3 다음과 같은 종이 상자 입구에 손전등 빛을 비추어 종이 상자 끝에 빛이 닿게 하려고 합니다. 거울을 설치해야 하는 위치를 설명하고, 이때 이용되는 거울의 성질을 쓰시오. [12점]

4

화산과 지진

1 화산과 화산 분출물

1 화산

(1) **화산 : 마그마가 지표 밖으로 분출하여 생긴 지형
└─ 땅속 깊은 곳에서 암석이 녹은 것

(2) 화산의 모습 **+1** **+2**

① 화산은 크기와 생김새가 다양합니다.

② 화산의 꼭대기에는 분화구가 있는 것도 있습니다. ── 마그마가 분출하여 생긴 움푹 파인 지형

③ 화산 분화구에 물이 고여 커다란 호수나 물웅덩이가 생기기도 합니다.

(3) 화산과 화산이 아닌 산 비교하기

화산	화산이 아닌 산
• 산꼭대기에 분화구가 있는 것도 있다. • 산꼭대기에 물이 고여 있는 것도 있다.	• 마그마가 분출하지 않았다. • 산꼭대기에 분화구가 없다. 예 지리산, 설악산

2 **화산 분출 모형실험하기

탐구 과정	① 알루미늄 포일 위에 마시멜로를 놓고 빨간색 식용 색소를 뿌린다. ② 알루미늄 포일로 마시멜로를 감싼 뒤 윗부분을 열어 둔다. ③ 마시멜로를 감싼 알루미늄 포일을 은박 접시 위에 올려놓는다. ── 마시멜로가 쉽게 분출할 수 있도록 열어 둡니다. ④ 은박 접시를 삼발이 위에 올려놓는다. ⑤ 알코올램프에 불을 붙인 뒤 나타나는 현상을 관찰한다.
탐구 결과	• 알루미늄 포일 윗부분에서 연기가 난다. • 마시멜로가 녹아서 흘러나오고, 마시멜로가 작은 덩어리로 튀어나오기도 한다. • 흘러나온 마시멜로는 식으면서 굳는다.
화산 활동 모형실험과 화산 분출물 비교하기	

3 화산이 분출할 때 나오는 물질

(1) 화산 분출물 : 화산이 분출할 때 나오는 물질

(2) 화산 분출물의 종류 화산에 따라 화산이 분출할 때 여러 가지 물질이 나오는 경우도 있고, 한 가지 물질이 나오는 경우도 있습니다.

화산 가스(기체)
여러 가지 기체가 섞여 있으며, 대부분 수증기이다.

화산재(고체)
크기가 매우 작은 화산 분출물

용암(액체)
마그마가 지표를 뚫고 흘러내리는 것

화산 암석 조각(고체)
크기가 매우 다양하다.

▲ 화산 활동으로 나오는 물질

● 화산 활동

화산 활동은 마그마가 땅 위로 분출하는 현상으로, 이러한 화산 활동으로 만들어진 지형이 화산입니다.

● 화산 분출 모형실험

• 빨간색 식용 색소를 마시멜로와 함께 넣으면 녹아서 흘러나오는 마시멜로의 색깔과 실제 용암의 색깔을 비교해 관찰할 수 있습니다.

• 마시멜로를 감싼 알루미늄 포일은 화산 모형에 해당합니다.

• 마시멜로는 열을 가하면 쉽게 녹기 때문에 땅속의 암석이 녹아서 만들어진 마그마를 표현할 수 있습니다.

● 용암과 마그마

마그마가 지표로 나와 수증기, 이산화 탄소 등의 가스 성분이 빠져나가고 남은 액체 물질을 용암이라고 합니다.

+1 우리나라에 있는 화산

한라산	백두산	울릉도
• 산꼭대기에 분화구가 있다. • 분화구에 물이 고인 화산 호수가 있다. 백록담	산꼭대기에 호수가 있다. 천지	• 바다 한가운데에 종 모양으로 솟아 있다. • 성인봉에 평지가 있다. 나리분지

+2 세계 여러 지역에 있는 화산

시나붕산(인도네시아)	킬라우에아산(미국)	후지산(일본)
• 고깔 모양이다. • 분화구에서 화산 활동이 자주 일어난다.	• 완만한 경사를 이룬다. • 분화구가 여러 개이다.	• 높이가 높고 뾰족하다. • 산꼭대기에 분화구가 있다.

🎓 **핵심 개념 정리**

• 화산은 마그마가 지표면으로 분출하여 만들어진 지형입니다.
• 화산이 아닌 산은 산꼭대기에 분화구가 없습니다.
• 화산은 크기와 생김새가 다양합니다.
• 화산이 분출할 때 나오는 물질을 화산 분출물이라고 합니다.
• 화산 분출물에는 기체인 화산 가스, 액체인 용암, 고체인 화산재와 화산 암석 조각 등이 있습니다.

화산이 분출할 때 화산 가스, 용암, 화산 암석 조각들이 나와.

1 다음에서 설명하는 것은 이것은 무엇인지 쓰시오.

> • 이것은 땅속 깊은 곳에서 암석이 녹은 것이다.
> • 이것이 지표면으로 분출하여 만들어진 지형이 화산이다.

(　　　　　　　)

2 세계 여러 화산에 대한 설명으로 옳은 것은 ○표, 옳지 않은 것은 ✕표 하시오.

(1) 세계 여러 화산에는 마그마가 분출한 흔적이 있습니다.

(　　　　)

(2) 세계 여러 화산은 경사가 같습니다. (　　　　)

(3) 세계 여러 화산은 주변 지형보다 높이가 높습니다.

(　　　　)

3~4 다음은 화산이 분출할 때 나오는 여러 가지 물질입니다. 물음에 답하시오.

ㄱ　　　　　　　ㄴ　　　　　　　ㄷ

▲ 용암　　　　　▲ 화산 가스　　　▲ 화산 암석 조각

3 위와 같이 화산이 분출할 때 나오는 물질을 무엇이라고 하는지 쓰시오.

(　　　　　　　)

4 위에서 액체 상태 물질의 기호를 쓰시오.

(　　　　　　　)

4

2 현무암과 화강암의 특징

1 현무암과 화강암 비교하기

(1) **화성암** : 마그마의 활동으로 만들어진 암석으로, 대표적인 암석은 현무암과 화강암입니다.

(2) **현무암과 화강암 관찰하기**

　　　　　　　　　　　　　　　　　두 암석 모두 촉감은 거칠거칠합니다.

구분	현무암	화강암
모습	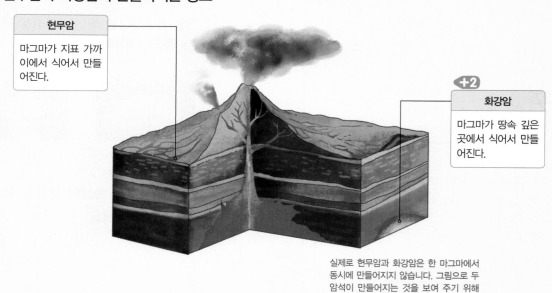	
암석의 색깔	어두운색	밝은색이며, 여러 가지 색이 포함되어 있다.
암석을 이루는 알갱이의 크기	맨눈으로 구별하기 어려울 정도로 알갱이가 매우 작다.	맨눈으로 구별할 수 있을 정도로 알갱이가 크다.
알갱이의 크기가 다른 까닭 +1	마그마가 지표면 가까이에서 빠르게 식어서 알갱이의 크기가 작다.	마그마가 땅속 깊은 곳에서 서서히 식어서 알갱이의 크기가 크다.
기타	표면에 크고 작은 구멍이 많이 뚫려 있는 것도 있고, 구멍이 없는 것도 있다.	• 대체로 밝은 바탕에 검은색 알갱이가 보인다. • 반짝이는 알갱이가 있다.

└ 화산이 분출할 때 가스 성분이 빠져나가 구멍이 생기기도 합니다.

(3) **현무암과 화강암이 만들어지는 장소**

> **현무암**
> 마그마가 지표 가까이에서 식어서 만들어진다.

> +2
> **화강암**
> 마그마가 땅속 깊은 곳에서 식어서 만들어진다.

실제로 현무암과 화강암은 한 마그마에서 동시에 만들어지지 않습니다. 그림으로 두 암석이 만들어지는 것을 보여 주기 위해 서로 가까운 곳에서 만들어지는 것처럼 표현되었습니다.

2 현무암과 화강암의 이용

┌ 곡식을 가는 데 쓰는 기구로, 둥글넓적한 돌 두 짝을 포개고 윗돌 구멍에 갈 곡식을 넣으면서 손잡이를 돌려서 갑니다.

(1) **현무암** : 제주도의 돌담, 맷돌이나 돌하르방을 만듭니다.

(2) **화강암** : 석굴암이나 불국사의 돌계단 등을 만들었습니다.

• **우리 주변의 현무암**

▲ 제주도의 돌담

▲ 돌하르방

▲ 맷돌

• **우리 주변의 화강암**

▲ 석굴암

▲ 불국사의 돌계단

+1 현무암과 화강암을 이루는 알갱이의 크기가 다른 까닭

현무암은 마그마가 지표 가까이에서 빠르게 식기 때문에 알갱이가 자랄 수 있는 시간이 짧아 알갱이의 크기가 작습니다. 화강암은 마그마가 땅속 깊은 곳에서 서서히 식기 때문에 알갱이가 충분히 자랄 수 있어 알갱이의 크기가 큽니다.

+2 땅속 깊은 곳에서 만들어진 화강암을 높은 산에서 발견할 수 있는 까닭

• 땅속 깊은 곳에서 만들어진 화강암을 덮고 있던 암석층이 오랫동안 비, 바람, 흐르는 물 등의 침식 작용으로 조금씩 깎여 나갑니다. 이렇게 깎이면서 화강암을 덮고 있던 윗부분이 가벼워지고, 땅속 깊은 곳에 있던 화강암이 서서히 올라와 지표에 드러나는 것입니다.

• 우리나라의 설악산, 속리산, 북한산 등에서 화강암을 볼 수 있습니다.

▲ 설악산

▲ 북한산

핵심 개념 정리

• 마그마의 활동으로 만들어진 암석을 화성암이라고 합니다.
• 현무암은 색깔이 어둡고 알갱이의 크기가 작습니다.
• 화강암은 색깔이 밝고 알갱이의 크기가 큽니다.

마그마가 지표 가까운 곳에서 식어서 만들어져.

마그마가 땅속 깊은 곳에서 식어서 만들어져.

현무암

화강암

1 다음은 무엇에 대한 설명인지 쓰시오.

> • 마그마의 활동으로 만들어진 암석이다.
> • 대표적인 암석으로 현무암과 화강암이 있다.

(   )

2 현무암과 화강암에 대한 설명으로 옳은 것은 ○표, 옳지 않은 것은 ×표 하시오.

(1) 현무암은 밝은색이고 반짝이는 알갱이가 많이 있습니다. (   )

(2) 현무암은 표면에 크고 작은 구멍이 뚫려 있는 것도 있습니다. (   )

(3) 화강암은 맨눈으로 구별할 수 있을 정도로 알갱이의 크기가 큽니다. (   )

3 현무암과 화강암이 만들어지는 장소를 선으로 연결하시오.

(1) 현무암   •   •㉠ 땅속 깊은 곳

(2) 화강암   •   •㉡ 지표 가까운 곳

4 다음 불국사의 돌계단과 제주도의 돌하르방은 현무암과 화강암 중 무엇으로 만들어진 것인지 각각 쓰시오.

㉠
▲ 불국사의 돌계단

㉡
▲ 돌하르방

(   )   (   )

3 화산 활동이 우리 생활에 미치는 영향

1 화산 활동이 우리 생활에 미치는 영향

(1) 화산 활동이 주는 피해

① 화산재와 화산 가스의 영향으로 호흡기 질병 및 날씨의 변화가 나타나기도 합니다.

② •화산재는 비행기 엔진을 망가뜨려 항공기 운항을 어렵게 합니다.

③ 화산재가 태양 빛을 차단해 동식물에게 피해를 줍니다.

④ 화산재가 물을 오염시키고, 농경지를 덮습니다.

⑤ 화산 가스에 포함된 어떤 성분은 생물에게 위험합니다.

⑥ 용암이 흘러 산불이 납니다.

⑦ 용암이 마을이나 농경지를 덮쳐 인명 피해가 발생합니다.

▲ 화산재로 덮인 마을

▲ 화산재로 덮인 농작물

▲ 용암에 의한 산불

▲ 용암으로 덮인 집

2 화산 활동이 주는 이로운 점 +1

(1) 화산재는 땅을 기름지게 하여 농작물이 자라는 데 도움을 줍니다. ── 화산 분출물에는 식물의 생장에 필요한 성분이 들어 있어 오랜 시간이 지나면 화산 주변의 땅이 기름져집니다.

(2) 땅속의 높은 열로 •온천을 개발하여 관광 자원으로 활용합니다.

(3) 땅속의 높은 열로 지열 발전을 하여 전기를 얻을 수 있습니다.

(4) 화산 활동으로 만들어진 지형을 관광지로 개발합니다.

• 화산재가 비행기 운항을 어렵게 하는 까닭
화산재의 크기는 매우 작아서 비행기 엔진에 들어갈 경우 엔진에 이상이 발생하여 엔진이 멈추거나 고장 날 수 있습니다.

• 온천
온천은 지하로부터 솟아나오는 25 ℃ 이상의 따뜻한 물을 말하는데, 화산 근처에 있는 지하수가 마그마에 의해 데워져 온천이 됩니다.

▲ 기름진 땅

▲ 온천

▲ 지열 발전

▲ 관광지 개발(용암 동굴)

+1 화산 활동을 이용하는 산업

- **온천 개발 산업** : 화산 주변에서 온천을 개발해 관광 자원으로 활용합니다.
- **지열 발전 산업** : 화산 주변의 열을 이용해 전기를 만들고 난방을 합니다.
- **화산 지역 관광 산업** : 화산 주변에 관광지를 개발하고, 현무암이나 화강암으로 조각 작품을 만들거나 건축 자재를 생산합니다.
- **화산재를 원료로 하는 생활용품 개발 산업** : 화산재로 등산복, 화장품 등을 만듭니다.

1 화산 활동이 우리 생활에 주는 영향에 대해 옳게 말한 사람의 이름을 쓰시오.

> - **진수** : 화산 활동은 우리 생활에 피해만 줘.
> - **소희** : 아냐. 피해는 거의 없고, 이로운 점이 대부분이야.
> - **기환** : 화산 활동은 우리 생활에 피해를 주기도 하고, 이로움을 주기도 해.

(   )

2 화산 활동이 우리 생활에 피해를 주는 경우를 두 가지 골라 기호를 쓰시오.

㉠

▲ 온천

㉡

▲ 용암 동굴

㉢

▲ 용암에 의한 산불

㉣

▲ 화산재로 덮인 농작물

(,   )

핵심 개념 정리

- 화산재와 화산 가스의 영향으로 호흡기 질병 및 날씨의 변화가 나타나기도 합니다.
- 용암이 흘러 산불이 나고 인명 피해가 발생합니다.
- 화산재는 땅을 기름지게 하여 농작물이 자라는 데 도움을 줍니다.
- 땅속의 높은 열은 온천 개발이나 지열 발전에 활용합니다.

용암이 마을을 덮쳤어.

온천으로 활용해.

3 다음은 화산 활동이 우리 생활에 주는 영향입니다. 이것은 화산 분출물 중 무엇인지 쓰시오.

> - 이것은 비행기 엔진을 망가뜨려 항공기 운항을 어렵게 한다.
> - 이것은 땅을 기름지게 하여 농작물이 자라는 데 도움을 준다.

(   )

4 다음 (   ) 안의 알맞은 말에 ○표 하시오.

> 화산 주변에서 땅속의 높은 열을 이용해 전기를 생산하는 것을 (화력, 지열, 태양광) 발전이라고 한다.

1 세계 여러 지역에 있는 화산에 대한 설명으로 옳은 것을 두 가지 고르시오. (,)

① 모두 높이가 높고 편평하다.
② 모두 현재 화산 활동 중이다.
③ 마그마가 분출한 흔적이 있다.
④ 모두 산꼭대기에 호수가 있다.
⑤ 용암이나 화산재가 쌓여 주변 지형보다 높이가 높다.

2 화산이 아닌 산에 대한 설명을 보기에서 모두 골라 기호를 쓰시오.

> **보기**
> ㉠ 산꼭대기에 분화구가 없다.
> ㉡ 마그마가 분출한 흔적이 있다.
> ㉢ 지리산은 화산이 아닌 산이다.

( )

3~4 다음은 화산 분출 모형실험입니다. 물음에 답하시오.

> ㈎ 알루미늄 포일 위에 마시멜로를 놓고 식용 색소를 뿌린다.
> ㈏ 알루미늄 포일로 마시멜로를 감싼 뒤 윗부분을 열어 둔다.
> ㈐ 마시멜로를 감싼 알루미늄 포일을 은박 접시 위에 올려놓고 알코올램프로 가열한다.

3 위 실험에서 나타나는 현상에 대한 설명으로 옳지 않은 것은 어느 것입니까? ( )

① 마시멜로는 기체로 변하여 사라진다.
② 흘러나온 마시멜로는 식으면서 굳는다.
③ 화산 모형 윗부분에서 연기가 피어오른다.
④ 마시멜로가 작은 덩어리로 튀어나오기도 한다.
⑤ 알루미늄 포일 밖으로 마시멜로가 흘러나온다.

4 다음은 앞 실험의 결과입니다. ㉠~㉢ 중 실제 화산에서 용암을 나타내는 것의 기호를 쓰시오.

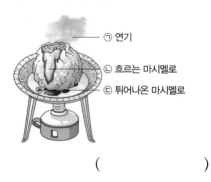
㉠ 연기
㉡ 흐르는 마시멜로
㉢ 튀어나온 마시멜로

( )

5 고체 상태의 화산 분출물끼리 옳게 짝 지은 것은 어느 것입니까? ( )

① 용암, 화산재
② 화산재, 화산 가스
③ 용암, 화산 암석 조각
④ 화산재, 화산 암석 조각
⑤ 화산 가스, 화산 암석 조각

6 다음 화산 분출물에 대한 설명으로 옳은 것은 어느 것입니까? ( )

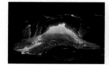
▲ 용암   ▲ 화산재   ▲ 화산 암석 조각

① 화산 암석 조각의 크기는 일정하다.
② 화산재의 대부분은 수증기로 되어 있다.
③ 용암은 크기가 매우 작아 가루처럼 보인다.
④ 용암은 마그마에서 기체가 빠져나간 것이다.
⑤ 화산 분출물은 물질의 상태에 따라 구분할 수 없다.

7 다음 ( ) 안의 알맞은 말에 ○표 하시오.

> 현무암은 마그마가 (천천히, 빠르게) 식어서
> 만들어져 알갱이의 크기가 작고, 화강암은 마
> 그마가 (천천히, 빠르게) 식어서 만들어져 알갱
> 이의 크기가 크다.

8 오른쪽 화강암에 대한 설명으로
옳지 **않은** 것은 어느 것입니까?
( )

① 반짝이는 알갱이가 있다.
② 알갱이를 맨눈으로 구별할 수 있다.
③ 표면에 크고 작은 구멍이 많이 있다.
④ 마그마의 활동으로 만들어진 암석이다.
⑤ 대체로 밝은 바탕에 검은 알갱이가 보인다.

9 다음과 같이 화산이 분출할 때, 마그마가 빠르게
식어 만들어지는 암석의 이름과 암석이 만들어지
는 곳의 기호를 순서대로 쓰시오.

(,)

10 우리 주변에서 나머지와 **다른** 암석을 이용하는
예를 골라 기호를 쓰시오.

| ㉠ | ㉡ | ㉢ |

▲ 불국사의 돌계단   ▲ 돌하르방   ▲ 석굴암

( )

11 화산 활동으로 인한 땅속의 높은 열을 활용하는
예를 두 가지 고르시오. (,)

① ▲ 온천   ② ▲ 용암 동굴
③ ▲ 기름진 땅   ④ ▲ 지열 발전

12 화산 활동이 우리 생활에 주는 피해가 **아닌** 것은
어느 것입니까? ( )

① 용암에 의해 산불이 난다.
② 화산재가 태양 빛을 가린다.
③ 용암이 흘러 마을을 뒤덮는다.
④ 화산 가스의 영향으로 호흡기 질병에 걸린다.
⑤ 화산재가 쌓인 땅이 오랜 시간이 지나 기름겨
진다.

4 지진이 발생하는 까닭

1 지진 발생 모형실험 하기 +1

탐구 과정	① 양손으로 우드록을 수평 방향으로 밀면 우드록이 어떻게 되는지 관찰한다. ② 우드록이 끊어질 때 손의 느낌을 말해 본다.
•탐구 결과	• 조금 힘을 주면 우드록이 휘어지기 시작한다. • 계속 힘을 주면 우드록이 끊어지고, 끊어질 때 소리가 나고 떨린다. • 우드록이 끊어질 때 손에 떨림이 느껴진다.
알 수 있는 사실	우드록이 끊어질 때 손에 전달되는 느낌은 땅이 끊어질 때 흔들리는 떨림과 같다.

2 지진 발생 모형실험과 실제 자연 현상 비교하기

지진 발생 모형실험	실제 자연 현상
우드록	땅(지층)
양손으로 미는 힘	지구 내부에서 작용하는 힘
우드록이 끊어질 때의 떨림	지진

같은 점	• 양쪽에서 미는 힘이 작용한다. • 우드록이나 땅이 끊어지고, 끊어지면서 떨림이 나타난다.
다른 점	• 지진 발생 모형실험에서는 우드록이 작은 힘으로도 끊어지지만, 실제 자연 현상에서는 땅이 지구 내부에서 작용하는 큰 힘에 의해 끊어진다. • 지진 발생 모형실험에서는 짧은 시간 동안 작용한 힘에 의해 우드록이 끊어지지만, 지진은 오랜 시간 동안 작용하는 힘에 의해 땅이 끊어진다.

• 지진 발생 모형실험 결과

▲ 힘을 조금 줄 때

▲ 계속 힘을 줄 때

• 지진으로 갈라진 땅

3 지진

(1) **지진** : 땅은 지구 내부에서 작용하는 힘을 받으면 휘어지거나 끊어지기도 하는데, 땅이 끊어지면서 흔들리는 것

(2) **지진 발생 원인** : 땅이 지구 내부에서 작용하는 힘을 받아 끊어지면서 발생합니다.

| 땅이 지구 내부에서 작용하는 힘을 받는다. | 땅이 오랫동안 힘을 받는다. | 땅이 끊어지면서 흔들린다. |

(3) **•지진이 발생하면 나타나는 현상** : 땅이 흔들리거나 갈라지고 건물이 무너집니다.

+1 다양한 방법으로 지진 발생 모형실험 하기

우드록 위에 그림을 그리고, 여러 가지 풍경 모형을 붙여서 실험을 하면 우드록이 끊어질 때 도로와 건물이 흔들리고 끊어지는 것을 볼 수 있습니다.

또는 우드록 위에 찰흙으로 땅 모양을 만들어 실험을 하면 마찬가지로 땅이 부서지고 끊어지는 것을 더욱 실감나게 느낄 수 있습니다.

그리고 우드록 대신 쌀과자를 사용하여 실험할 수 있습니다. 쌀과자의 크기는 클수록 좋으며 얇은 두께인 것이 휘어짐을 관찰하기 좋습니다.

▲ 쌀과자에 힘을 주기 전　　▲ 쌀과자에 힘을 준 뒤

🎓 **핵심 개념 정리**

• 땅이 끊어지면서 흔들리는 것을 지진이라고 합니다.
• 지진 발생 모형실험에서 우드록은 실제 자연 현상에서 땅을 나타내고, 우드록이 끊어질 때 손에 전달되는 떨림은 실제 지진을 나타냅니다.

지구 내부에서 작용하는 힘을 받아 땅이 끊어지기도 해.

😊 **개념 확인 문제**

정답과 풀이 99쪽

1 다음은 무엇에 대한 설명인지 쓰시오.

> 땅은 지구 내부에서 작용하는 힘을 받으면 휘어지거나 끊어지기도 하는데, 땅이 끊어지면서 흔들리는 것이다.

(　　　　　　　)

2~3 다음과 같이 양손으로 우드록을 중심 방향으로 약하게 밀어 지진 발생 모형실험을 하였습니다. 물음에 답하시오.

우드록

2 우드록에 계속 힘을 주었을 때의 결과의 기호를 쓰시오.

 ㉠　　　　 ㉡

(　　　　　　　)

3 위 모형실험을 실제 자연 현상과 비교할 때 양손으로 미는 힘이 나타내는 것은 어느 것입니까?　　　(　　　)

① 땅　　　　　　　　② 지진
③ 화산 분출　　　　　④ 땅 위의 건물
⑤ 지구 내부에서 작용하는 힘

4 다음은 지진 발생 모형실험과 실제 지진의 차이점입니다. (　　) 안의 알맞은 말에 ○표 하시오.

> 우드록은 (짧은, 오랜) 시간 동안 손으로 가한 힘에 의해 끊어지고, 실제 지진은 (짧은, 오랜) 시간 동안 지구 내부의 힘이 작용하여 발생한다.

5 지진의 피해 사례

1 지진의 세기

(1) °규모 : 지진의 세기를 나타내는 것

(2) 규모의 숫자가 클수록 강한 지진입니다.

(3) 규모가 큰 지진이 발생하면 사람이 다치고 건물과 도로가 무너지는 등 인명 및 재산 피해가 생깁니다.

(4) 지진의 규모가 같아도 여러 가지 요인에 따라서 피해 정도가 다를 수 있습니다. +1 ┌ 지진 대비 정도, 지진 경보 시기, 도시화 정도 등에 의해
└ 피해 정도가 달라질 수 있습니다.

▲ 지진으로 무너진 건물

2 지진 피해 사례 조사하기

(1) 지진 피해 사례를 조사하는 방법

① 기상청 날씨누리 누리집(http://www.weather.go.kr)에 접속해 지진 발생 목록 및 규모 등을 조사합니다.

② 뉴스나 동영상, 인터넷 검색 등으로 조사할 수 있습니다.

③ 조사할 내용 : 지진 발생 일시, 지진이 발생한 장소, 지진의 규모, 지진으로 인한 피해 등

(2) 최근에 우리나라에서 발생한 지진 피해 사례

연도	발생 지역	규모	피해 내용
2018	경상북도 포항시	4.6	부상자 발생
2017	경상북도 포항시	5.4	부상자 및 이재민 발생, 건물 훼손
2016	경상북도 경주시	5.8	부상자 발생, 건물 균열, 지붕과 담장 파손

(3) 최근에 다른 나라에서 발생한 지진 피해 사례 +2

연도	발생 지역	규모	피해 내용
2019	필리핀	6.1	사망자 및 부상자 발생, 공항 폐쇄
2019	미국	7.1	부상자 발생, 화재와 산사태 발생
2018	일본	6.7	전기가 끊기고, 철도 운행 정지

● 지진의 세기를 나타내는 또 다른 방법

지진의 세기는 규모 외에도 진도로 나타낼 수 있습니다. 진도는 어떤 한 지점에서 사람이 느낀 정도 또는 구조물의 피해 정도를 나타낸 것으로, 지진이 최초로 발생한 곳으로부터의 거리에 따라 다릅니다.

(4) 지진 피해 사례 조사 활동으로 알게 된 점

① 최근 우리나라에서 규모 5.0 이상의 지진이 여러 차례 발생하고 있습니다.

② 우리나라도 지진에 안전한 지역이 아닙니다.

③ 다른 나라에서는 규모가 큰 지진이 발생하여 인명과 재산 피해를 입었습니다.

➡ 우리에게도 지진에 대비하는 자세가 필요합니다.

+1 지진 발생과 피해

규모가 작은 지진은 사람들이 느끼지 못하는 경우가 많습니다. 일반적으로 작은 규모의 지진이 더 많이 일어나기 때문에 지진이 발생하면 항상 피해가 생기는 것은 아닙니다.

+2 바다에서 발생하는 지진

바닷속 땅도 지구 내부에서 작용하는 힘을 똑같이 받으므로 바다에서도 지진이 발생합니다. 바다 밑에서 지진이 발생하면 땅의 흔들림 때문에 파도가 생깁니다. 이러한 큰 파도를 지진 해일이라고 합니다. 지진 해일로 바닷물이 바다 근처 지역을 덮쳐 많은 인명 피해와 재산 피해가 발생할 수 있습니다.

▲ 바다에서 발생한 지진에 의한 피해

핵심 개념 정리

• 지진의 세기는 규모로 나타냅니다.
• 규모의 숫자가 클수록 강한 지진입니다.
• 우리나라도 지진에 안전한 지역이 아닙니다.
• 다른 나라에서는 규모가 큰 지진이 발생하여 인명과 재산 피해를 입었습니다.

규모 7.0의 지진이 발생했어.

1 규모가 나타내는 것은 무엇입니까? (   )

① 지진의 세기
② 지진의 발생 장소
③ 지진의 발생 횟수
④ 지진이 발생한 시각
⑤ 지진으로 인한 피해 정도

2 다음에서 가장 강한 지진은 어느 것입니까? (   )

① 규모 2.0
② 규모 3.5
③ 규모 4.6
④ 규모 5.8
⑤ 규모 7.9

3 지진 피해 사례를 알아볼 때 조사할 내용으로 옳지 않은 것은 어느 것입니까? (   )

① 지진의 규모
② 지진이 발생한 일시
③ 지진이 발생한 장소
④ 지진으로 인한 피해 정도
⑤ 지진이 발생한 지역의 기온

4 지진에 대한 설명으로 옳은 것은 ○표, 옳지 않은 것은 ×표 하시오.

(1) 지진의 규모가 같으면 피해 정도도 같습니다.

(   )

(2) 규모가 큰 지진이 발생하면 인명 및 재산 피해가 생깁니다. (   )

(3) 세계 여러 지역에서 큰 규모의 지진이 발생하였습니다.

(   )

6 지진이 발생했을 때 대처 방법

1 지진이 발생했을 때 대처 방법

(1) 지진이 발생하면 침착하고 신속하게 행동하는 것이 중요합니다.

(2) •평소에 지진 대피 방법을 익혀 두어야 합니다.

(3) 장소와 상황에 따른 안전한 지진 대처 방법 ➕1 ➕2

① 지진으로 흔들릴 때   지진으로 크게 흔들리는 시간은 1~2분 정도이므로
흔들림이 멈추면 이동합니다.

교실 안에 있을 경우	승강기 안에 있을 경우
![][교실]	![][승강기]
책상 아래로 들어가 머리와 몸을 보호하고, 책상 다리를 꼭 잡는다.	모든 층의 버튼을 눌러 가장 먼저 열리는 층에서 내린다.
건물 밖에 있을 경우	대형 할인점에 있을 경우
![][건물밖]	![][할인점]
머리를 보호하고 건물이나 벽 주변에서 떨어진다.	넘어지거나 떨어질 물건으로부터 머리와 몸을 보호한다.
집에 있을 경우	지하철, 버스에 있을 경우
![][집]	![][지하철]
탁자 아래로 들어가 머리와 몸을 보호한다.	넘어지지 않도록 손잡이나 기둥, 선반 등을 꼭 잡고 기다린다. 안내에 따라 이동한다.

산에 있을 경우에는 되도록 빨리 내려오고, 산사태에 주의합니다.

② •흔들림이 멈추었을 때

학교에 있을 경우	건물 안에 있을 경우	집에 있을 경우
		![][집2]
머리를 보호하며 선생님의 지시에 따라 넓은 장소로 신속하게 이동한다.	승강기 대신 계단을 이용해 신속하게 이동한다.	전기와 가스를 차단하고 밖으로 나갈 수 있도록 문을 열어 둔다. └ 화재를 예방합니다.

• **지진 발생 전 대처 방법**

• 구급약품이나 비상식량 등의 비상 용품을 준비합니다.

• 집 안에 있는 흔들리거나 떨어지기 쉬운 물건을 고정합니다.

• 지진 정보를 얻을 수 있는 방법을 알아 둡니다.

• 주변에 있는 가장 가까운 대피 장소를 미리 알아 둡니다.

• 지진에 대비하여 준비해야 할 비상 용품 : 물, 구급약, 화장지, 물티슈, 라디오, 라면, 간단한 옷, 비상금, 통조림, 손전등, 전지 등

• **지진 발생 후 대처 방법**

• 부상자를 응급 처치하고 재난 방송을 계속해서 청취합니다.

• 집이나 교실로 돌아간 후에는 안전에 유의하며 주변을 확인합니다.

+1 장소에 따른 지진 대처 방법

• 욕실에 있을 때 지진이 발생하면 미끄러지지 않도록 조심하고, 목욕 대야나 수건으로 머리와 몸을 보호합니다.

• 운동 경기장에 있을 때 지진이 발생하면 흔들림이 멈출 때까지 기다렸다가 안내에 따라 질서 있게 대피해야 합니다.

• 바닷가에서 지진이 발생하면 지진 해일이 일어날 수 있으므로 높은 곳으로 대피해야 합니다.

+2 지진 및 재난 관련 정보를 알 수 있는 곳

• 안전디딤돌 애플리케이션 : 긴급 재난 문자, 재난 뉴스 및 재난 신고, 민방위 대피소, 병의원 등 시설물 위치, 주변 대피 장소 등 다양한 정보가 있습니다. 재난 유형별 국민 행동 요령도 안내해 줍니다.

• 국민재난안전포털(http://www.safekorea.go.kr) : 현재 발생하고 있는 각종 재난 상황 정보와 행동 요령, 안전 시설 정보 등 재난 상황의 모든 내용을 확인할 수 있는 종합 재난 정보 서비스입니다. 지진이 발생하기 전, 지진이 발생했을 때, 지진이 발생하고 난 후의 지진 대처 방법을 자세하게 알려 주고 있습니다.

핵심 개념 정리

• 지진 발생에 대비하여 구급약품이나 비상식량을 준비해 둡니다.

• 지진이 발생했을 때 대형 할인점에 있을 경우 넘어지거나 떨어질 물건으로부터 머리와 몸을 보호합니다.

• 지진이 발생했을 때 승강기 대신 계단을 이용해 이동합니다.

• 지진이 발생했을 때 침착하게 행동하는 것이 중요하며, 상황과 장소에 맞는 올바른 대처 방법에 따라 행동합니다.

먼저 머리와 몸을 보호해야 해.

---

1 지진에 대비해 준비해야 할 물건을 보기 에서 모두 골라 기호를 쓰시오.

> **보기**
> ㉠ 인형　　　　　　ㄴ 선풍기
> ㉢ 라디오　　　　　ㄹ 청소기
> ㉤ 구급약품　　　　ㅂ 비상식량

(　　　　　　　　　)

2 지진으로 흔들릴 때 대처 방법을 선으로 연결하시오.

(1) 교실 안에 있을 경우　　•　　•㉠ 모든 층의 버튼을 눌러 가장 먼저 열리는 층에서 내린다.

(2) 승강기 안에 있을 경우　　•　　•ㄴ 책상 아래로 들어가 머리와 몸을 보호한다.

(3) 대형 할인점에 있을 경우　　•　　•㉢ 넘어지거나 떨어질 물건으로부터 머리와 몸을 보호한다.

3 지진의 흔들림이 멈추었을 때 대처 방법으로 옳은 것은 ○표, 옳지 않은 것은 ×표 하시오.

(1) 건물 안에 있을 경우에는 승강기를 이용해 신속하게 이동합니다.　　　　　　　　　　　　　　(　　　)

(2) 학교에 있을 경우에는 머리를 보호하며 선생님의 지시에 따라 넓은 장소로 신속하게 이동합니다. (　　　)

(3) 집에서는 전기와 가스를 차단합니다.　　(　　　)

4 지진이 발생했을 때 대처 방법으로 옳지 않은 것은 어느 것입니까?　　　　　　　　　　　　　　(　　　)

① 침착하게 행동한다.

② 머리와 몸을 가장 먼저 보호한다.

③ 기둥이나 벽에 기대어 몸을 숨긴다.

④ 흔들림이 멈추면 넓은 장소로 대피한다.

⑤ 지하철 안에 있을 때에는 고정된 물체를 잡고 안내 방송에 따라 행동한다.

실력 문제

1 지진에 대한 설명으로 옳은 것은 어느 것입니까?
( )

① 땅이 휘어질 때만 발생한다.
② 땅이 지구 내부의 힘을 받을 때 발생한다.
③ 지진은 땅이 짧은 시간 동안 힘을 받아 발생한다.
④ 지진은 미리 예측하여 지진 피해를 막을 수 있다.
⑤ 지진이 발생하면 항상 건물이 무너지거나 땅이 갈라진다.

2 실제 지진이 발생할 때 나타나는 현상으로 옳지 않은 것은 어느 것입니까? ( )

① 땅이 더 단단해진다.
② 건물이 무너지기도 한다.
③ 땅이 흔들리고 갈라진다.
④ 산사태가 발생하기도 한다.
⑤ 재산 피해가 생기기도 한다.

3~4 다음은 우드록을 이용한 모형실험입니다. 물음에 답하시오.

3 위 실험에서 우드록은 실제 자연 현상에서 무엇을 나타냅니까? ( )

① 땅
② 지진
③ 바다
④ 화산 분출물
⑤ 지구 내부에서 작용하는 힘

4 앞 실험에 대한 설명으로 옳지 않은 것은 어느 것입니까? ( )

① 우드록이 끊어질 때 소리가 난다.
② 조금 힘을 주면 우드록이 휘어진다.
③ 우드록이 휘어진 것은 지진에 해당한다.
④ 우드록이 끊어질 때 손에 떨림이 느껴진다.
⑤ 지진이 발생하는 원인을 알아보는 실험이다.

5 지진의 규모에 대한 설명으로 옳은 것은 어느 것입니까? ( )

① 규모는 기호로 나타낸다.
② 지진으로 인한 피해 정도를 나타낸다.
③ 규모 8.2보다 규모 4.2가 강한 지진이다.
④ 지진의 규모가 같으면 피해 정도가 같다.
⑤ 규모가 큰 지진이 발생하면 인명 피해와 재산 피해가 생기기도 한다.

6 지진 피해 사례를 알아볼 때 조사할 내용으로 적당하지 않은 것은 어느 것입니까? ( )

① 지진의 규모
② 지진의 발생 장소
③ 지진의 발생 일시
④ 지진 발생으로 다친 사람의 수
⑤ 지진 피해자들을 도와준 단체의 이름

7 다음은 최근에 우리나라에서 발생한 지진 피해 사례입니다. 이에 대한 설명으로 옳은 것은 어느 것입니까? ( )

연도	발생 지역	규모	피해 내용
2018	경상북도 포항시	4.6	부상자 발생
2017	경상북도 포항시	5.4	부상자 및 이재민 발생, 건물 훼손
2016	경상북도 경주시	5.8	부상자 발생, 건물 균열, 지붕과 담장 파손

① 지진의 발생 횟수가 줄고 있다.
② 지진 발생으로 인한 피해가 없다.
③ 규모가 작은 지진만 발생하였다.
④ 우리나라는 지진에 안전한 지역이다.
⑤ 우리도 지진에 대비하는 자세가 필요하다.

8 최근에 다른 나라에서 발생한 지진 피해 사례를 조사한 내용으로 옳지 않은 것을 보기 에서 골라 기호를 쓰시오.

> 보기
> ㉠ 여러 나라에서 지진이 발생하였다.
> ㉡ 지진이 발생하면 크고 작은 피해가 생긴다.
> ㉢ 규모가 작을수록 부상자가 많이 발생하였다.

( )

9 지진이 발생하기 전에 대처하는 방법을 틀리게 말한 사람의 이름을 쓰시오.

> • 석진 : 지진 정보를 얻을 수 있는 방법을 알아 둔다.
> • 은영 : 무거운 물건은 높은 곳에 올려 둔다.
> • 민주 : 구급약품과 비상식량을 준비해 둔다.

( )

10 지진으로 흔들릴 때 옳게 대처한 경우의 기호를 쓰시오.

㉠

▲ 책상 위와 같은 높은 곳에 올라가 앉는다.

㉡

▲ 모든 층의 버튼을 눌러 가장 먼저 열리는 층에서 내린다.

㉢

▲ 큰 벽 옆에 붙어 앉는다.

( )

11 지진이 발생했을 때 대처 방법으로 옳지 않은 것은 어느 것입니까? ( )

① 운동장에 있을 경우 교실로 대피한다.
② 승강기 대신 계단을 이용하여 대피한다.
③ 집 안에서는 가스 밸브를 잠그고 전깃불을 끈다.
④ 건물 밖으로 나오는 동안 가방 등으로 머리를 보호한다.
⑤ 무거운 물건이 넘어질 염려가 있는 곳에서 멀리 피한다.

12 다음은 학교에서 지진이 발생했을 때의 대처 방법입니다. ㉠과 ㉡에 들어갈 알맞은 말을 쓰시오.

> 교실에 있을 때는 (㉠) 아래로 들어가 (㉡)과/와 몸을 보호하며 책상 다리를 꼭 붙잡는다.

㉠ : ( ), ㉡ : ( )

4 화산과 지진

화산 활동으로 여러 가지 화산 분출물이 나오며, 화산 활동은 피해를 주기도 하고, 이로움을 주기도 합니다. 지구 내부에서 작용하는 힘을 받아 지진이 발생하며, 지진 대처 방법을 알아 두어야 합니다.

👁 그림을 보고 배운 개념을 떠올리며 (   ) 안에 알맞은 말을 써 보세요.

개념1 화산과 화산 분출물

화산이 분출할 때 화산 가스, 용암, 화산 암석 조각들이 나와.

화산은 (❶   )이/가 지표 밖으로 분출하여 만들어진 지형입니다. 화산이 분출할 때 나오는 화산 분출물에는 기체인 (❷   ), 액체인 (❸   ), 고체인 (❹   )와/과 (❺   ) 등이 있습니다.

개념2 현무암과 화강암

마그마가 지표 가까운 곳에서 식어서 만들어져.

마그마가 땅속 깊은 곳에서 식어서 만들어져.

현무암   화강암

마그마의 활동으로 만들어진 암석은 (❻   )(이)라고 하며, 이 암석에는 현무암과 화강암이 있습니다. 현무암은 알갱이의 크기가 (❼   )고, 화강암은 알갱이의 크기가 (❽   )니다.

👁 그림을 보고 배운 개념을 떠올리며 (   ) 안에 알맞은 말을 써 보세요.

개념4 지진이 발생하는 까닭

지구 내부에서 작용하는 힘을 받아 땅이 끊어지기도 해.

땅이 지구 내부에서 작용하는 힘을 받아 (⓫   ) 흔들리는 것을 지진이라고 합니다. 지진 모형실험에서 우드록은 실제 지진에서 (⓬   )을/를 나타냅니다.

개념5 지진 피해 사례

규모 7.0의 지진이 발생했어.

지진의 (⓭   )은/는 규모로 나타냅니다. 규모의 숫자가 클수록 (⓮   ) 지진입니다.

개념3 화산 활동이 우리 생활에 미치는 영향

용암이 마을을 덮쳤어.

온천으로 활용해.

용암이 흘러 산불이 나고 인명 피해가 발생하는 것은 화산 활동이 주는 (**❾**   )이고, 온천이나 지열 발전은 화산 활동이 주는 (**❿**   )입니다.

개념6 지진이 발생했을 때 대처하는 방법

먼저 머리와 몸을 보호해야 해.

지진이 발생했을 때 건물 안에 있을 경우 승강기를 이용하지 않고 (**⓯**   )을/를 이용하여 이동합니다. 집에 있을 경우 탁자 (**⓰**   )(으)로 들어가 몸을 보호합니다.

옳은 문장에 ○, 틀린 문장에 ✕하세요. 틀린 부분은 밑줄을 긋고 바른 개념으로 고쳐 써 보세요.

1 화산은 크기와 생김새가 다양합니다.　（　　　）

2 화산이 아닌 산은 산꼭대기에 분화구가 없습니다.
（　　　）

3 화산재와 화산 가스는 액체 상태의 화산 분출물입니다.
（　　　）

4 현무암과 화강암은 화성암입니다.　（　　　）

5 현무암은 화강암보다 색깔이 밝은 편입니다.
（　　　）

6 화산 활동은 우리에게 피해만 주고 이로움은 주지 않습니다.　（　　　）

7 지진은 땅이 지구 내부에서 작용하는 힘을 짧은 시간 동안 받아 발생합니다.　（　　　）

8 규모의 숫자가 클수록 강한 지진입니다.　（　　　）

9 학교에 있을 때 지진이 발생하면 책상 아래로 들어가 머리와 몸을 보호합니다.　（　　　）

10 건물 밖에 있을 때 지진이 발생하면 건물이나 벽 가까이로 이동합니다.　（　　　）

※ 한 문항당 5점입니다.

1 땅속 깊은 곳의 마그마가 땅 위로 분출하는 현상은 어느 것입니까? ( )

① 화산
② 분화구
③ 화산재
④ 화산 활동
⑤ 지진 활동

2 화산에 대한 설명으로 옳지 <u>않은</u> 것은 어느 것입니까? ( )

① 크기와 모양이 다양하다.
② 지금도 활동 중인 화산이 있다.
③ 분화구에 물웅덩이가 생기기도 한다.
④ 화산의 꼭대기는 모두 뾰족한 모양이다.
⑤ 땅속의 마그마가 지표로 분출하여 생긴 지형이다.

3 화산이 아닌 산을 골라 기호를 쓰고, 화산과 화산이 아닌 산의 차이점을 쓰시오.

서술형

▲ 한라산   ▲ 지리산

_____

_____

4~6 다음은 화산 분출 모형실험입니다. 물음에 답하시오.

마시멜로를 감싼 알루미늄 포일

은박 접시

4 위 실험에서 실제 화산이 분출할 때 나오는 용암을 표현하기 위해 마시멜로와 함께 사용하는 재료는 어느 것입니까? ( )

① 식초
② 소금
③ 설탕
④ 알루미늄 포일
⑤ 빨간색 식용 색소

5 다음은 화산 분출 모형실험의 결과에 대한 설명입니다. ( ) 안의 알맞은 말에 ○표 하시오.

알루미늄 포일 밖으로 (고체, 액체)인 마시멜로가 흘러나오며, 마시멜로가 작은 덩어리로 튀어나오기도 한다.

6 화산 분출 모형실험과 실제 화산 분출물을 비교하여 선으로 연결하시오.

(1) 연기 •   • ㉠ 화산 가스

(2) 튀어나온 마시멜로 •   • ㉡ 용암

(3) 흘러내리는 마시멜로 •   • ㉢ 화산 암석 조각

7 ★ 화산 분출물에 대한 설명으로 옳지 <u>않은</u> 것은 어느 것입니까? ( )

① 용암은 매우 뜨겁다.
② 용암은 액체 상태의 물질이다.
③ 화산 가스의 대부분은 물이다.
④ 화산재는 고체 상태의 물질이다.
⑤ 화산 암석 조각의 크기는 다양하다.

8 ★ 다음은 현무암과 화강암이 만들어지는 장소를 나타낸 것입니다. ㉠에서 만들어진 암석에 대한 설명으로 옳지 <u>않은</u> 것은 어느 것입니까? ( )

① 어두운색을 띤다.
② 반짝이는 알갱이가 많다.
③ 표면에 구멍이 있는 것도 있다.
④ 마그마가 빠르게 식어서 만들어진다.
⑤ 맨눈으로 구별하기 어려울 정도로 알갱이가 매우 작다.

9 서술형 화성암의 대표적인 암석인 화강암과 현무암을 이루는 알갱이의 크기가 서로 다른 까닭을 쓰시오.

_____

_____

10 ★ 화산 활동이 우리 생활에 주는 영향이 나머지와 <u>다른</u> 하나는 어느 것입니까? ( )

① 화산 활동으로 산불이 발생한다.
② 화산 분출물이 농작물을 덮친다.
③ 화산 분출물이 물을 오염시킨다.
④ 화산 활동을 관광 자원으로 활용한다.
⑤ 화산 활동으로 산사태나 지진이 일어난다.

11 다음은 화산 활동이 주는 영향에 대한 설명입니다. ( ) 안에 공통으로 들어갈 알맞은 말을 쓰시오.

> ( )에는 식물의 생장에 필요한 성분이 들어 있어 화산 주변의 땅이 기름져지게 하고, ( )을/를 원료로 하는 등산복, 화장품 등을 개발하기도 하여 우리에게 이로운 영향을 준다.

( )

12~13 오른쪽은 우드록을 이용해 지진 발생 모형실험을 하는 모습입니다. 물음에 답하시오.

12 위 실험에서 실제 지진이 발생하는 모습을 나타낸 것은 어느 것입니까? ( )

① 우드록을 양손으로 잡는다.
② 우드록의 가운데가 휘어진다.
③ 우드록이 끊어질 때까지 계속 민다.
④ 우드록을 밀면 우드록이 수평으로 있다.
⑤ 우드록이 끊어질 때 손에 떨림이 느껴진다.

13 다음은 위 실험과 실제 자연 현상을 비교한 것입니다. ㉠과 ㉡에 들어갈 알맞은 말을 쓰시오.

> 우드록은 (㉠) 시간 동안 손으로 가한 힘에 의해 끊어지고, 실제 지진은 (㉡) 시간 동안 작용한 지구 내부의 힘에 의해 발생한다.

㉠ : ( ), ㉡ : ( )

14 ★ 지진에 대한 설명으로 옳지 <u>않은</u> 것은 어느 것입니까? ( )

① 지진으로 산사태가 발생하기도 한다.
② 지진은 우리나라에서는 발생하지 않는다.
③ 지진이 발생하면 건물이 무너지기도 한다.
④ 지구 내부에서 작용하는 힘 때문에 발생한다.
⑤ 어떤 지진은 발생했을 때 우리가 느끼지 못하는 경우가 있다.

15 다음에서 ㉠이 나타내는 것은 어느 것입니까?
( )

> 경상북도 포항시에서 발생한 ㉠ 규모 5.4의 지진
> 으로 부상자 및 이재민이 발생하였다.

① 지진의 세기
② 지진이 발생한 횟수
③ 도로가 부서진 정도
④ 지진이 발생한 장소
⑤ 지진으로 인한 피해 정도

16 지진 피해 사례를 조사한 내용으로 적당하지 <u>않은</u>
것은 어느 것입니까? ( )

① 땅이 갈라졌다.
② 도로가 무너졌다.
③ 건물의 벽에 금이 갔다.
④ 사람이 다치거나 재산 피해가 생겼다.
⑤ 비가 많이 와서 농작물이 물에 잠겼다.

17 다음은 최근에 다른 나라에서 발생한 지진 피해 사
례입니다. 이에 대한 설명으로 옳은 것을 두 가지
고르시오. (,)

연도	발생 지역	규모	피해 내용
2019	필리핀	6.1	사망자 및 부상자 발생, 공항 폐쇄
2019	미국	7.1	부상자 발생, 화재와 산사태 발생
2018	일본	6.7	전기가 끊기고, 철도 운행 정지

① 미국에서 발생한 지진이 가장 강하다.
② 나라마다 지진에 의한 피해 정도는 다르다.
③ 다른 나라에서 발생한 지진은 큰 피해가 없다.
④ 우리나라와 가까운 나라에서 지진이 잘 발생
한다.
⑤ 필리핀에서 발생한 지진은 일본에서 발생한 지
진보다 강하다.

18 지진이 발생하기 전에 해야 할 일로 옳지 <u>않은</u> 것은
어느 것입니까? ( )

① 떨어지기 쉬운 물건은 고정해 둔다.
② 생존에 필요한 물품을 준비해 둔다.
③ 지진이 발생했을 때 대피 장소를 미리 알아 둔다.
④ 지진 발생 시 가족들이 만날 곳과 연락 방법을
정해 둔다.
⑤ 지진은 예측할 수 있으므로 대피 훈련을 할 필
요가 없다.

19 학교에 있을 때 지진이 발생한 경우에 대처하는 방
법으로 옳지 <u>않은</u> 것은 어느 것입니까? ( )

① 큰 책장 옆에 붙어 서 있는다.
② 이동할 때에는 머리를 보호한다.
③ 선생님의 지시에 따라 침착하게 행동한다.
④ 흔들림이 멈추면 계단을 이용하여 이동한다.
⑤ 흔들림이 있을 때에는 책상 아래로 들어가 책상
다리를 꼭 잡는다.

20 지진이 발생하여 건물 밖으로 나왔을 때의 대처
방법으로 옳은 것을 보기 에서 모두 골라 쓰시오.

> **보기**
> ㉠ 건물에 달린 간판 아래로 대피한다.
> ㉡ 머리를 가방 등으로 보호하며 이동한다.
> ㉢ 공원이나 공터와 같이 넓은 공간으로 대피
> 한다.

( )

점수

※ 한 문항당 5점입니다.

1 화산에 대한 설명으로 옳지 <u>않은</u> 것을 두 가지 고르시오. (,)

① 모두 크기가 크다.
② 평평한 모양의 화산도 있다.
③ 모두 산꼭대기에 물이 고여 있다.
④ 산꼭대기가 움푹 파인 것도 있다.
⑤ 경사가 급한 화산도 있고, 완만한 화산도 있다.

2 화산과 화산이 아닌 산에 대한 설명으로 옳은 것을 보기 에서 골라 기호를 쓰시오.

보기
㉠ 화산이 아닌 산은 분화구가 있다.
㉡ 화산은 꼭대기에 물이 고여 있는 것도 있다.
㉢ 화산이 아닌 산은 땅속의 마그마가 분출하여 생긴 지형이다.

( )

3~4 다음을 보고, 물음에 답하시오.

㈎ 알루미늄 포일 위에 마시멜로를 놓고 식용 색소를 뿌린다.
㈏ 알루미늄 포일로 마시멜로를 감싼 뒤 윗부분을 열어 둔다.
㈐ 마시멜로를 감싼 알루미늄 포일을 은박 접시 위에 올려놓고 알코올램프로 가열한다.

3 위 실험의 결과 화산 분출 모형 윗부분에서 나타나는 현상을 두 가지 쓰시오.
서술형

_____

4 앞 실험의 결과 튀어나온 마시멜로는 다음 화산 분출물 중 무엇을 나타내는지 기호를 쓰시오.

㉠
㉡
㉢
▲ 용암   ▲ 화산 가스   ▲ 화산 암석 조각

( )

5 다음은 화산 가스에 대한 설명입니다. ㉠과 ㉡에 들어갈 알맞은 말을 쓰시오.

화산 가스는 (㉠) 상태의 화산 분출물이며, 대부분을 차지하고 있는 물질은 (㉡)이다.

㉠ : ( ), ㉡ : ( )

6 마그마에서 기체가 빠져나간 화산 분출물은 어느 것입니까? ( )

① 용암   ② 화산재
③ 화강암   ④ 화산 가스
⑤ 화산 암석 조각

7 다음 현무암과 화강암의 공통점으로 옳은 것은 어느 것입니까? ( )

▲ 현무암   ▲ 화강암

① 밝은색이다.
② 표면이 매끈하다.
③ 땅속 깊은 곳에서 만들어진다.
④ 마그마의 활동으로 만들어진 화성암이다.
⑤ 알갱이의 크기가 작고, 반짝이는 알갱이가 보인다.

8 오른쪽 불국사의 돌계단을 만드는 데 이용된 암석에 대한 설명으로 옳은 것은 어느 것입니까? ( )

① 어두운색이다.
② 마그마가 천천히 식어서 만들어진다.
③ 암석의 표면에 크고 작은 구멍이 많이 뚫려 있다.
④ 맨눈으로 구별하기 어려울 정도로 알갱이가 매우 작다.
⑤ 제주도의 돌하르방을 만드는 데에도 같은 암석이 이용된다.

9 다음은 화산이 분출하는 모습입니다. ㉠과 ㉡ 위치에서 만들어지는 암석의 이름을 각각 쓰시오.

㉠ : ( ), ㉡ : ( )

10 ★ 화산 활동으로 인한 피해가 <u>아닌</u> 것은 어느 것입니까? ( )

① ▲ 항공기 운항에 영향

② ▲ 산불

③ ▲ 온천

④ ▲ 화산재가 쌓인 집

11 서술형 다음 지열 발전은 화산 활동을 우리 생활에 어떻게 이용하는 것인지 쓰시오.

_____

_____

12 다음과 같은 피해를 주는 현상은 어느 것입니까? ( )

• 산사태가 발생한다.
• 건물과 도로가 무너진다.
• 땅이 흔들리면서 갈라진다.

① 가뭄   ② 지진
③ 홍수   ④ 장마
⑤ 태풍

13 지진 발생에 대한 설명으로 옳은 것은 어느 것입니까? ( )

① 지진이 발생한 것을 항상 느낄 수 있다.
② 지진은 땅이 휘어지고 끊어지면서 발생한다.
③ 지진은 땅이 움직이지 않기 때문에 발생한다.
④ 지진은 짧은 시간 동안 작용한 힘을 받아 발생한다.
⑤ 땅속의 어느 한곳이 순간적인 힘을 받을 경우에만 발생한다.

14 오른쪽과 같이 양손으로 우드록을 잡고 밀었더니 우드록이 끊어졌습니다. 우드록에 작용한 힘의 방향으로 옳은 것은 어느 것입니까? ( )

① ➡ ⬅   ② ⬅ ➡
③ ⬇ ⬇   ④ ⬆ ⬆
⑤ 힘을 주지 않는다.

15 인터넷을 통해서 지진 피해 사례에 대해 조사하려고 할 때 검색어로 적합하지 않은 것은 어느 것입니까? ( )

① 지진의 규모
② 지진의 피해 정도
③ 지진이 발생한 일시
④ 지진이 발생한 위치
⑤ 지진이 발생한 지역의 날씨

16 다음은 최근에 우리나라와 다른 나라에서 발생한 지진 피해 사례입니다. 가장 강한 지진과 가장 약한 지진이 발생한 지역을 찾아 각각 쓰시오.

발생 지역	규모	발생 지역	규모
포항시(2018년)	4.6	중국(2019년)	6.0
경주시(2017년)	5.4	미국(2019년)	7.1
일본(2017년)	5.6	크로아티아(2020년)	8.0

(1) 가장 강한 지진 : ( )
(2) 가장 약한 지진 : ( )

17★ 지진 피해 사례 조사로 알게 된 사실로 옳지 않은 것은 어느 것입니까? ( )

① 지진에 대비하는 자세가 필요하다.
② 우리나라도 지진에 안전한 지역이 아니다.
③ 지진의 규모가 클수록 피해 정도도 큰 편이다.
④ 우리나라에서 발생한 지진으로 인한 피해 정도는 모두 같다.
⑤ 다른 나라에서는 규모가 큰 지진이 발생해 많은 인명 피해와 재산 피해를 입었다.

18★ 지진이 발생했을 때 대처하는 방법으로 옳은 것을 두 가지 고르시오. (,)

① 가스레인지를 켜 두고 집 밖으로 대피한다.
② 건물 안에 있을 때에는 무거운 물건 가까이에 서 있는다.
③ 공공 장소에서는 흔들리고 있을 때 빨리 밖으로 나온다.
④ 교실 안에 있을 경우 책상 아래로 들어가 책상 다리를 꼭 잡는다.
⑤ 건물 밖에 있을 때에는 떨어지는 간판이나 유리창으로부터 머리를 보호한다.

19 지진이 발생한 후 대처하는 방법으로 옳지 않은 것은 어느 것입니까? ( )

① 집으로 가서 문을 닫아 둔다.
② 올바른 정보에 따라 행동한다.
③ 계속해서 재난 방송을 청취한다.
④ 부상자가 있으면 구조 요청을 한다.
⑤ 안전에 유의하며, 주변을 확인한다.

20 서술형 다음과 같이 승강기 안에 있을 때 지진이 발생하면 어떻게 대처해야 하는지 쓰시오.

1~3

개념1 화산과 화산 분출물

- 화산은 마그마가 지표 밖으로 분출하여 생긴 지형으로, 생김새와 크기가 다양합니다.
- 화산 분출물은 화산이 분출할 때 나오는 물질로, 화산재, 화산 암석 조각, 용암, 화산 가스 등이 있습니다.

 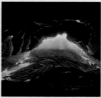 

▲ 화산 암석 조각　　▲ 용암　　▲ 화산 가스

1
빈칸
쓰기

① 마그마가 지표 밖으로 분출하여 생긴 지형을 (　　　　)(이)라고 하며, 생김새와 크기가 다양합니다.

② 화산 분출물에는 화산 암석 조각과 화산재, (　　　　), 화산 가스가 있습니다.

2
문장
쓰기

화산 분출물을 고체, 액체, 기체 상태로 구분하여 쓰시오.

화산 분출물에는 고체 상태인 ＿＿＿＿＿＿,

＿＿＿＿＿＿＿＿, ＿＿＿＿＿＿

이/가 있습니다.

3
서술
완성

화산 분출물 중에서 고체 상태인 것을 쓰고, 그 특징을 2가지 쓰시오.

＿＿＿＿＿＿＿＿＿＿＿＿＿＿＿＿＿＿

＿＿＿＿＿＿＿＿＿＿＿＿＿＿＿＿＿＿

＿＿＿＿＿＿＿＿＿＿＿＿＿＿＿＿＿＿

＿＿＿＿＿＿＿＿＿＿＿＿＿＿＿＿＿＿

4~6

개념2 지진이 발생하는 까닭

- 지진 발생 모형실험에서 우드록은 실제 자연 현상에서 땅을, 양쪽으로 미는 힘은 실제 자연 현상에서 지구 내부에서 작용하는 힘을, 우드록이 끊어질 때 손에 전달되는 느낌은 실제 자연 현상에서 지진을 나타냅니다.
- 지진은 지구 내부에서 작용하는 힘을 받아 땅이 휘어지거나 끊어지면서 흔들리는 것입니다.

4
빈칸
쓰기

① 지진 발생 모형실험에서 우드록은 실제 자연 현상에서 (　　　　)을/를, 양손으로 우드록을 미는 힘은 실제 자연 현상에서 (　　　　)을/를 나타냅니다.

② 지진은 지구 내부에서 작용하는 힘을 받아 (　　　　)이/가 끊어지면서 흔들리는 것입니다.

5
문장
쓰기

지진 발생 모형실험에서 우드록을 수평 방향으로 밀면 우드록이 어떻게 되는지 쓰시오.

처음에는 우드록이 점점 _____

계속 밀면 _____

_____

6
서술
완성

지진 발생 모형실험과 실제 자연 현상을 비교하여 같은 점과 다른 점을 각각 한 가지씩 쓰시오.

(1) 같은 점 : _____

_____

(2) 다른 점 : _____

_____

_____

7~9

개념3 **지진 대처 방법**

• 지진의 세기는 규모로 나타내고, 규모가 클수록 일반적으로 지진의 피해가 큽니다.

• 지진 발생 시 대처 방법
– 교실에서는 책상 아래로 들어가 머리와 몸을 보호하고 책상 다리를 꼭 잡습니다.
– 승강기 안에 있을 때는 모든 층의 버튼을 눌러 가장 먼저 열리는 층에서 내립니다.
– 건물 밖에 있을 때는 머리를 보호하고 건물이나 벽 주변에서 떨어집니다.
– 흔들림이 있을 때는 머리와 몸을 보호하고 흔들림이 멈추면 안내에 따라 안전한 곳으로 이동합니다.

7
빈칸
쓰기

① 지진의 세기는 ( )(으)로 나타내며, ( )이/가 클수록 큰 피해가 발생합니다.

② 지진 발생 시 잠깐 흔들림이 멈추었을 때 머리를 보호하며 선생님의 지시에 따라 ( ) 장소로 빠르게 이동합니다.

8
문장
쓰기

집에서 지진이 발생했을 때의 대처 방법을 쓰시오.

흔들림이 있을 때는 _____

_____

흔들림이 잠시 멈추면 _____

차단하고, 밖으로 나갈 수 있도록 _____

9
서술
완성

버스나 지하철 안에서 지진이 발생했을 때 안전한 대처 방법을 쓰시오.

_____

_____

4

1 다음은 한라산과 시나붕산의 모습입니다. 두 화산의 공통점을 쓰시오. [8점]

▲ 한라산   ▲ 시나붕산

_____

_____

2 다음은 화산이 분출하는 모습입니다. 물음에 답하시오. [12점]

(1) 마그마가 천천히 식어 암석이 만들어지는 곳의 기호와 만들어지는 암석의 이름을 순서대로 쓰시오. [2점]

(,   )

(2) 위 (1) 답의 암석의 특징을 두 가지 쓰시오. [10점]

_____

_____

3 다음은 화산이 분출할 때 나오는 물질입니다. 물음에 답하시오. [12점]

▲ 용암

(1) 위와 같이 화산이 분출할 때 나오는 물질을 무엇이라고 하는지 쓰시오. [2점]

(   )

(2) 위 용암의 특징을 물질의 상태를 포함하여 쓰시오. [10점]

_____

_____

4 다음은 화산재가 분출하는 모습입니다. 화산재가 우리 생활에 주는 이로운 점과 피해를 쓰시오. [12점]

(1) 이로운 점 [6점]

_____

_____

(2) 피해 [6점]

_____

_____

5 다음은 화산 활동이 우리 생활에 주는 영향입니다. 물음에 답하시오. [12점]

▲ 온천   ▲ 산불

(1) 위에서 화산 활동이 주는 이로운 점을 골라 쓰시오. [2점]

(   )

(2) 위 (1)의 답 외에 화산 활동이 우리 생활에 주는 이로운 점을 두 가지 쓰시오. [10점]

_____

_____

6 다음은 지진이 발생한 뒤의 모습입니다. 지진에 의한 피해 사례를 두 가지 쓰시오. [8점]

_____

_____

7 다음은 최근에 우리나라에서 발생한 지진의 피해 사례를 조사한 것입니다. 이를 보고 알 수 있는 점을 쓰시오. [8점]

연도	발생 지역	규모	피해 내용
2018	경상북도 포항시	4.6	부상자 발생
2017	경상북도 포항시	5.4	부상자 및 이재민 발생, 건물 훼손
2016	경상북도 경주시	5.8	부상자 발생, 건물 균열, 지붕과 담장 파손

_____

_____

8 다음은 학교에 있을 경우 지진의 흔들림이 멈추었을 때 대처하는 모습입니다. 어떻게 대처해야 하는지 쓰시오. [8점]

_____

_____

4 화산과 지진

과제명	화산 활동으로 나오는 물질 알아보기	배점	20점
성취 목표	화산 모형실험으로 화산 활동으로 나오는 여러 가지 물질을 설명할 수 있다.		

1~3 다음은 화산 분출 모형실험 과정입니다. 물음에 답하시오.

> ㉠ 알루미늄 포일 위에 마시멜로를 놓고 빨간색 식용 색소를 뿌린다.
> ㉡ 알루미늄 포일로 마시멜로를 감싼 뒤 윗부분을 열어 둔다.
> ㉢ 마시멜로를 감싼 알루미늄 포일을 은박 접시 위에 올려놓고 알코올램프로 가열한다.

 →  →  →

1 위 실험 과정 ㉠에서 식용 색소를 뿌리는 것은 실제 화산 분출에서 나오는 무엇의 색깔과 비교하기 위한 것인지 쓰시오. [2점]

(   )

2 위 실험 과정 ㉡에서 알루미늄 포일의 윗부분을 열어 두는 까닭을 쓰시오. [5점]

_____

_____

3 위 모형실험에서 연기가 나오는 모습은 실제 화산 활동에서 어떤 모습을 나타내는지 쓰시오. [5점]

_____

_____

4 실제 화산 활동에서 분출되는 물질의 종류를 쓰고, 그 물질들을 상태에 따라 분류하시오. [8점]

_____

수행 평가

4 화산과 지진

과제명	현무암과 화강암의 특징	배점	20점
성취 목표	현무암과 화강암이 만들어지는 과정과 그 특징을 설명할 수 있다.		

1~3 다음은 화성암이 만들어지는 장소를 나타낸 것입니다. 물음에 답하시오.

1 위 ㉠과 ㉡에 해당하는 암석의 이름을 쓰시오. [4점]

㉠ : (   ), ㉡ : (   )

2 ㉠과 ㉡ 암석의 색깔 특징을 비교하여 쓰시오. [8점]

_____

_____

3 ㉠과 ㉡ 암석의 알갱이 크기를 비교하여 쓰고, 알갱이 크기가 다른 까닭을 쓰시오. [8점]

(1)

암석	㉠	㉡
알갱이 크기		

(2) 알갱이 크기가 다른 까닭 :

_____

4 화산과 지진

과제명	지진 발생 모형실험하기	배점	20점
성취 목표	지진 발생 모형실험을 하여 지진이 발생하는 까닭을 알 수 있다.		

1~3 다음과 같이 양손으로 우드록을 잡고 중심 방향으로 밀어 보았습니다. 물음에 답하시오.

㉠

㉡

1 위에서 더 강한 힘으로 밀고 있는 것의 기호를 쓰시오. [1점]

(   )

2 위에서 손의 떨림을 느낄 수 있는 것의 기호와 손에 전달되는 떨림은 실제 자연 현상에서 무엇에 비유할 수 있는지 순서대로 쓰시오. [2점]

(,   )

3 다음은 위 모형실험과 실제 자연 현상을 비교한 것입니다. 잘못 비교한 것을 찾아 옳게 고쳐 쓰시오. [8점]

지진 발생 모형실험	실제 자연 현상
우드록	땅
양손으로 미는 힘	지구 내부에서 작용하는 힘
오랜 시간이 걸린다.	짧은 시간이 걸린다.

4 지진은 사람의 힘으로 막을 수 없습니다. 하지만 미리 대비하고, 발생했을 때 대처 방법을 익히고 있으면 피해를 줄일 수 있습니다. 지진이 발생하기 전에 우리가 미리 대처할 수 있는 방법을 두 가지 쓰시오. [9점]

5

물의 여행

1 물의 순환 과정

1 물의 순환

(1) 물의 이동 과정 알아보기

① 육지나 바다에 있던 물이 수증기가 되어 공기 중으로 이동합니다.

② 공기 중의 수증기가 하늘 높이 올라가 응결하면 구름이 되고, 구름에서 비나 눈이 육지나 바다로 내립니다.

③ 땅에 내린 빗물은 땅속으로 스며들거나 강으로 흘러들어 바다로 모입니다. 또 물은 식물의 뿌리로 흡수되었다가 잎에서 수증기가 되어 공기 중으로 나옵니다.

강, 바다에서 하늘로 올라갈 때에는 액체 상태인 물에서 기체 상태인 수증기가 됩니다.

(2) 물의 순환 : 물이 기체, 액체, 고체로 상태를 바꾸며 육지와 바다, 공기, 생명체 사이를 끊임없이 돌고 도는 과정을 말합니다.

2 물의 순환 과정을 알아보는 모형실험 하기 ＋1 ＋2

<table>
<tr><td>탐구 과정</td><td>① 사각 수조에 모래를 $\frac{1}{3}$ 정도 넣은 후 수조의 한쪽으로 쌓는다.
② 사각 수조 위에 뚜껑을 덮고, 전등이 물이 있는 부분을 비추도록 설치한다.
③ 물에 잠기지 않은 모래 부분의 뚜껑 위에 얼음이 든 얼음주머니를 놓아 두고 변화를 관찰해 본다.</td></tr>
<tr><td>탐구 결과</td><td>• 수조 안이 뿌옇게 흐려진다.
• 육지 부분의 뚜껑 아래에 물방울이 맺힌다.
• 뚜껑 아래에 맺힌 물방울이 점점 커진다.
• 물방울이 아래로 떨어져 수조 안에 물이 모여 있는 곳으로 이동한다.</td></tr>
<tr><td>알 수 있는 사실</td><td>수조 안에서 물이 순환하는 것처럼 지구의 물도 상태 변화하면서 지구를 순환한다.</td></tr>
</table>

• 물의 순환 과정에서의 물의 양

• 지구에서 끊임없이 순환하는 물은 새로 생기거나 없어지지 않고 고체, 액체, 기체로 상태만 변합니다.

• 그러므로 지구 전체에 있는 물의 양은 항상 일정합니다.

• 물의 순환이 일어나지 않으면 일어날 수 있는 일

눈, 비 등이 내리지 않아 이용할 수 있는 물의 양이 줄어듭니다.

+1 물의 순환 과정을 알아보는 또 다른 모형실험 1

① 물과 모래가 담겨 있는 플라스틱 컵 안의 모래 위에 조각 얼음을 올려놓습니다.

② 컵 뚜껑을 뒤집어 구멍을 랩으로 덮어 막고 조각 얼음 여러 개를 넣은 뒤 플라스틱 컵 위에 올려놓습니다.

③ 열 전구를 비추면서 컵 안의 변화를 관찰합니다.

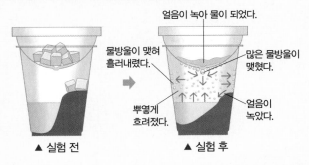

▲ 실험 전   ▲ 실험 후

+2 물의 순환 과정을 알아보는 또 다른 모형실험 2

식물이 담긴 찰흙 그릇을 플라스틱 그릇 안에 넣고, 물을 조금 부은 후 뚜껑을 덮고 변화를 관찰합니다.

그릇 안에서 물이 순환한다.

핵심 개념 정리

• 물은 여러 곳에서 볼 수 있고, 이동하면서 상태가 달라지기도 합니다.

• 물이 상태가 변하면서 육지, 바다, 공기 중, 생명체 등 여러 곳을 끊임없이 돌고 도는 과정을 물의 순환이라고 합니다.

• 물의 순환으로 지구 전체 물의 양은 변하지 않습니다.

나는 상태가 변하면서 이동해.

1~2 다음 모습을 보고, 물음에 답하시오.

1 위와 같이 물의 상태가 변하면서 끊임없이 돌고 도는 과정을 무엇이라고 하는지 쓰시오.

(   )

2 위에서 물이 머무를 때의 상태가 나머지와 다른 곳은 어디입니까? (   )

① 비   ② 강
③ 땅속   ④ 공기 중
⑤ 식물의 몸속

3 물의 순환에 대한 설명으로 옳은 것은 ○표, 옳지 않은 것은 ×표 하시오.

(1) 물은 상태를 바꾸지 않고 이동합니다. (   )

(2) 물의 순환으로 지구 전체 물의 양은 변하지 않습니다.

(   )

(3) 물은 여러 곳에서 볼 수 있습니다. (   )

2 물이 소중한 까닭

1 물의 이용 +1

(1) 물은 동식물이 생명을 유지하기 위해 반드시 필요합니다.

(2) 농작물을 재배할 때, 전기나 물건을 만들 때, 우리 몸과 물건을 씻을 때 등 물은 우리 생활에서 다양하게 이용됩니다.

물을 이용해 전기 등 생활에 필요한 것을 얻는다.

공장에서 물건을 만들 때 물을 사용한다.

생명을 유지하는 데 물이 필요하다.

일상생활에서 물을 사용한다.

물을 이용해 농사를 짓는다.

물고기가 산다.

2 물이 소중한 까닭

(1) 물 때문에 지구에 생명체가 살 수 있습니다.

(2) 물이 없으면 동물과 식물이 살아갈 수 없습니다.

(3) 물이 없으면 공장에서 물건을 만들지 못하고 전기도 충분히 사용할 수 없습니다.

(4) 물이 없으면 음식도 할 수 없고 빨래도 할 수 없으며 씻을 수도 없어 생활이 매우 불편할 것입니다.

• **생활에서 물을 이용하는 경우**

▲ 농작물을 키울 때 　 ▲ 동물을 키울 때

▲ 수영할 때 　 ▲ 세수할 때

▲ 요리할 때

• **농작물**
논밭에 심어 가꾸는 곡식이나 채소

+1 물을 이용하는 경우

▲ 공장에서 물건을 만들 때 물을 이용한다.

▲ 생선이 상하지 않도록 얼음을 이용한다.

▲ 흐르는 물이 만든 다양한 지형을 관광 자원으로 이용한다.

▲ 물건과 주변을 깨끗하게 만든다.

▲ 물이 떨어지는 높이 차이를 이용해 전기를 만든다.

▲ 생명을 유지시킨다.

핵심 개념 정리

• 물은 주변을 깨끗하게 하고, 지표면의 모양을 변화시키기도 합니다.
• 물이 떨어지는 높이 차이를 이용해 전기를 만들기도 합니다.
• 물은 식물이나 동물의 몸속을 순환하면서 생명을 유지시킵니다.
• 물은 우리 생활에서 다양하게 이용되므로 중요합니다.
• 물이 없으면 동물과 식물이 살아갈 수 없습니다.

물은 사람, 식물, 동물에게 꼭 필요한 존재야.

1 우리 생활에서 물을 이용하는 경우가 <u>아닌</u> 것은 어느 것입니까? ( )

①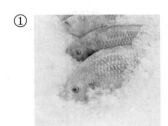

▲ 생선을 보관할 때

②

▲ 전기를 만들 때

③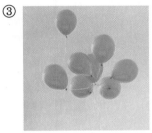

▲ 풍선을 날릴 때

④

▲ 농작물을 키울 때

2 다음과 같이 물이 떨어지는 높이 차이를 이용하여 무엇을 만들 수 있는지 쓰시오.

( )

3 물의 중요성에 대한 설명으로 옳지 <u>않은</u> 것을 보기 에서 골라 기호를 쓰시오.

보기
㉠ 생명을 유지시킨다.
㉡ 물은 동물과 식물의 몸속을 순환한다.
㉢ 빗물은 땅속에 스며들어 나무와 풀을 자라게 한다.
㉣ 물은 동물에게는 필요한 영양분을 주지만, 식물에게는 주지 않는다.

( )

5. 물의 여행 **139**

3 물 부족 현상을 해결하기 위한 방법

1 세계 여러 나라에서 일어나는 다양한 물 부족 현상

(1) 사막에서는 물이 모자라서 식물이 잘 자라지 못합니다.

(2) 인구가 많은 나라에서는 물 이용량이 많아 사용할 수 있는 물이 부족합니다.

(3) 비가 적게 내리고 물이 빨리 증발되는 나라에서는 사람들이 마실 물이 모자랍니다.

▲ 사람들이 사용할 물 부족   ▲ 물을 얻지 못한 하마   ▲ 물 부족으로 농작물이
잘 자라지 않는 모습

2 물이 부족한 까닭

초원이었던 곳이 사막과 같은 상태로 변해가는
곳이 많아지는 이상 기후 현상이 일어납니다.

자연 환경	인구 증가
아프리카와 같이 비가 적게 내리고, 물이 빨리 증발되는 지역이 있다.	도시가 발달하고 인구가 증가하여 물의 이용량이 많아졌지만 하수 처리 시설이 부족하여 물 오염이 심각해졌다.
산업 발달	물 낭비
환경이 오염되어 이용할 수 있는 물의 양이 줄어들었다. 물이 자연적으로 깨끗해지는 속도보다 사람들이 물을 이용하여 오염되는 속도가 더 빠릅니다.	사람들이 물을 아껴 쓰지 않아서 이용할 수 있는 물의 양이 점점 줄어들고 있다.

⇨ 우리가 이용했던 물을 다시 이용할 수 있을 때까지는 시간과 비용이 많이 들기 때문에 물을 아껴 쓰고 소중히 다루어야 합니다.

• 물 부족을 해결하기 위한 장치

▲ 해수 담수화 장치

▲ 빗물 저금통

▲ 와카워터

▲ 라이프스트로우

3 물 부족 현상을 해결하기 위한 방법 +1 +2

해수는 바닷물이란 뜻이고, 담수는
먹을 수 있는 물이라는 뜻입니다.

해수 담수화	바닷물에서 소금 성분을 제거한 물을 얻을 수 있는 장치를 설치한다.
빗물 저금통	빗물 저금통을 설치해 빗물을 재활용한다.
와카워터	낮과 밤의 기온 차이가 큰 지역에 공기 중의 수증기를 물로 모으는 장치를 설치한다.
라이프스트로우	더러운 물을 깨끗하게 만들어 마신다.

4 일상생활에서 물을 아껴 쓸 수 있는 방법

(1) 기름기가 있는 그릇은 휴지로 닦고 설거지를 합니다.

(2) 빨래는 모아서 한꺼번에 합니다.

(3) 물이 심각하게 부족할 경우 인공 강우처럼 구름에 화학 약품을 뿌려 비가 내리도록 합니다.

(4) 바닷물에 녹아 있는 소금기를 제거할 수 있는 기술을 개발하여 식수와 공업용수로 이용합니다.

(5) 단독 주택이나 공용 시설에는 빗물 저장소를 설치해서 청소할 때 이용합니다.

(6) 수도세를 올려 물 자원 절약 운동을 습관화합니다.

+1 바닷물을 마실 수 있는 장치로 바꾸는 방법

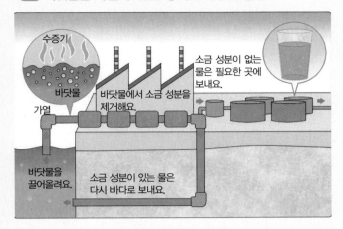

+2 와카워터의 원리

공기 중의 수증기가 응결하면 물방울이 된다는 것을 이용하여 그 물망에 맺힌 물방울을 아래에 놓인 그릇에 모읍니다.

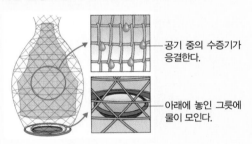

- 공기 중의 수증기가 응결한다.
- 아래에 놓인 그릇에 물이 모인다.

핵심 개념 정리

- 인구 증가와 산업의 발달로 물 이용량이 늘고, 물이 심하게 오염되어 이용할 수 있는 깨끗한 물의 양이 줄어듭니다.
- 이용했던 물을 다시 이용할 수 있을 때까지는 시간과 비용이 많이 들기 때문에 물을 아껴 써야 합니다.
- 해수 담수화 장치, 빗물 저금통, 와카워터 등의 장치를 이용해 물 부족 현상을 해결하기 위해 노력하고 있습니다.

물은 소중하니 아껴써야 해.

1 세계 여러 나라에서 물이 부족한 까닭으로 옳은 것은 어느 것입니까? ( )

① 물 이용량이 줄어들었기 때문이다.
② 사람들이 물을 아껴 쓰기 때문이다.
③ 산업이 발달하여 물이 깨끗해졌기 때문이다.
④ 환경이 좋아져 이용할 수 있는 물의 양이 많아졌기 때문이다.
⑤ 비가 적게 내리고, 물이 빨리 증발되는 지역이 있기 때문이다.

2 물 부족 현상을 해결하는 방법으로 옳지 <u>않은</u> 것의 기호를 쓰시오.

ㄱ ▲ 목욕할 때 물을 계속 틀어 놓기
ㄴ ▲ 빨래는 모아서 하기
ㄷ ▲ 기름기 있는 그릇은 휴지로 닦고 설거지하기

( )

3 물을 아껴 쓰고 소중히 다루어야 하는 까닭으로 옳은 것을 보기 에서 골라 기호를 쓰시오.

보기
㉠ 물은 순환하지 않고 한 곳에만 있기 때문이다.
㉡ 우리가 이용할 수 있는 깨끗한 물을 계속 만들 수 있기 때문이다.
㉢ 우리가 사용한 물을 다시 이용할 수 있을 때까지는 시간과 비용이 많이 들기 때문이다.

( )

1~2 다음은 물의 순환 과정을 나타낸 것입니다. 물음에 답하시오.

1 다음은 위 ㉠이 일어나는 과정을 설명한 것입니다. ( ) 안에 들어갈 알맞은 말을 쓰시오.

강이나 바다에 있는 물이 ( )하여 수증기가 되어 하늘로 올라가 구름이 된다.

( )

2 위에서 물의 상태가 나머지와 <u>다른</u> 하나는 어느 것입니까? ( )

① 땅속에 지하수가 흐른다.
② 비가 되어 땅으로 내린다.
③ 물이 강으로 모여 흘러간다.
④ 땅속의 물이 식물의 뿌리로 흡수된다.
⑤ 식물에서 나온 물이 공기 중을 돌아다닌다.

3 물의 순환에 대한 설명으로 옳은 것은 어느 것입니까? ( )

① 물은 흘러가면 사라진다.
② 밤에는 물이 순환하지 않는다.
③ 물의 상태가 끊임없이 변한다.
④ 지구에 있는 전체 물의 양은 변한다.
⑤ 물이 이동할 때에는 상태가 변하지 않는다.

4~5 다음은 물의 순환 과정을 알아보는 실험을 순서 없이 나타낸 것입니다. 물음에 답하시오.

㉠ 사각 수조에 모래를 $\frac{1}{3}$ 정도 넣은 후 수조의 한쪽으로 쌓아 경사지게 만들고, 물을 모래가 절반 정도 잠길 높이만큼 채운다.
㉡ 사각 수조 위에 뚜껑을 덮고, 전등이 물이 있는 부분을 비추도록 설치한다.
㉢ 약 30분 정도 지난 뒤 뚜껑 아래에 물방울이 맺히면 전등을 끄고, 뚜껑을 손으로 툭툭 쳐서 물방울을 떨어뜨려 본다.
㉣ 물에 잠기지 않은 모래 부분의 뚜껑 위에 얼음이 든 얼음주머니를 놓아두고 사각 수조 안에서 일어나는 현상을 관찰해 본다.

4 위 실험 과정을 순서대로 기호를 쓰시오.

( ) → ( ) → ( ) → ( )

5 위 물의 순환 실험 장치에서 나타나는 현상으로 옳지 <u>않은</u> 것은 어느 것입니까? ( )

① 모래 위로 물방울이 떨어진다.
② 뚜껑 위의 얼음은 점점 녹는다.
③ 전등의 열에 의해 물이 증발한다.
④ 뚜껑 안쪽에 물방울이 맺혀 있다.
⑤ 사각 수조 안의 물의 양은 점점 줄어든다.

6 오른쪽은 물을 어떻게 이용하는 경우입니까? (   )

① 농작물을 키운다.
② 생명을 유지시킨다.
③ 생선을 상하지 않게 한다.
④ 물이 떨어지는 높이 차이를 이용해 전기를 만든다.
⑤ 흐르는 물이 만든 다양한 지형을 관광 자원으로 이용한다.

7 물을 이용하는 경우가 <u>아닌</u> 것은 어느 것입니까?
(   )

① ▲ 주변을 깨끗이 한다.
② ▲ 물건을 만든다.

③ ▲ 요리를 한다.
④ ▲ 연날리기를 한다.

8 물이 소중한 까닭에 대한 설명으로 옳은 것을 보기 에서 모두 골라 기호를 쓰시오.

보기
㉠ 물은 모든 생물이 생명을 유지하는 데 없어서는 안 되기 때문이다.
㉡ 물은 일상생활에 다양하게 이용하고 있으며, 물이 부족하다면 생활하기 힘들기 때문이다.
㉢ 물이 없으면 공장에서 물건을 만들지 못하고 전기도 충분히 사용할 수 없기 때문이다.

(   )

9 다음 설명과 같은 상황이 생기면 나타나는 현상으로 옳은 것은 어느 것입니까? (   )

• 초원이었던 곳이 사막과 같은 상태로 변해가는 곳이 많아진다.
• 인구 증가로 물의 이용량은 많아졌지만 하수 처리 시설은 부족하다.

① 지구 전체 물의 양이 늘어난다.
② 물이 오염되는 속도가 느려진다.
③ 이용할 수 있는 물이 부족해진다.
④ 물의 순환이 더 활발하게 일어난다.
⑤ 물이 자연적으로 깨끗해지는 속도가 빨라진다.

10 물 부족 현상을 해결할 방법으로 옳은 것을 보기 에서 골라 기호를 쓰시오.

보기
㉠ 샴푸를 많이 사용한다.
㉡ 빨래는 조금씩 자주 한다.
㉢ 세수할 때 물을 틀어 놓는다.
㉣ 화단에 물을 줄 때 빗물 저금통을 활용한다.

(   )

11 다음 와카워터에 대한 설명으로 옳지 <u>않은</u> 것은 어느 것입니까? (   )

▲ 와카워터

① 아래쪽으로 물이 모인다.
② 물이 부족한 지역에 설치한다.
③ 낮과 밤의 기온 차이가 큰 곳에 설치한다.
④ 공기 중의 수증기를 물로 모으는 장치이다.
⑤ 바닷물을 먹을 수 있는 물로 만드는 장치이다.

5 물의 여행

물은 고체, 액체, 기체로 상태가 변하면서 순환을 하며, 물은 모든 생명체가 살아가는 데 꼭 필요하기 때문에 소중히 여겨야 합니다. 또한 세계 여러 나라에서는 물 부족 현상을 해결하기 위해 많은 노력을 하고 있습니다.

👁 그림을 보고 배운 개념을 떠올리며 (　　) 안에 알맞은 말을 써 보세요.

개념1 물의 순환 과정

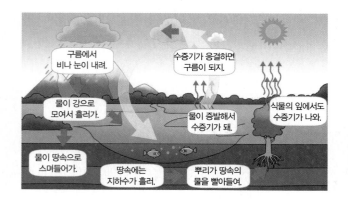

> 호수와 강, 바다에 있는 물은 증발해 (❶　　　　)이/가 되고, 수증기는 하늘 높이 올라가 (❷　　　　)이/가 된 후, 다시 비나 눈이 되어 육지나 바다에 내립니다. 비나 눈은 땅 위를 흘러 강이나 바다로 가거나 땅속으로 스며들어 지하수가 됩니다. 땅속에 스며든 물은 식물이 빨아들이기도 합니다.

> 나는 상태가 변하면서 이동해.

> 물이 기체, 액체, 고체로 상태를 바꾸며 육지와 바다, 공기, 생명체 사이를 끊임없이 돌고 도는 과정을 (❸　　　　)이라고 합니다.

개념2 물이 소중한 까닭

물을 이용해 전기 등 생활에 필요한 것을 얻는다.

공장에서 물건을 만들 때 물을 사용한다.

생명을 유지하는 데 물이 필요하다.

일상생활에서 물을 사용한다.

물을 이용해 농사를 짓는다.

물고기가 산다.

> 물은 지표면의 모양을 변화시키고, 떨어지는 높이 차이를 이용해 (❹　　　　)을/를 만들기도 합니다.

> 물은 사람, 식물, 동물에게 꼭 필요한 존재야.

> 물은 모든 (❺　　　　)이/가 생명을 유지하는 데 없어서는 안 됩니다. 또 우리는 일상생활에서 물을 다양하게 이용하고 물을 이용해 생활에 필요한 것을 얻기도 합니다.

개념3 물 부족 현상을 해결하기 위한 방법

▲ 사람들이 사용할 물 부족

▲ 물을 얻지 못한 하마

▲ 물 부족으로 농작물이 잘 자라지 않는 모습

세계 여러 나라에서는 (❻   )이/가 부족해 사람이 마실 물이 부족하거나 동물이나 식물이 살기 어렵기도 합니다.

물은 소중하니 아껴써야 해.

이용했던 물을 다시 이용할 수 있을 때까지는 시간과 비용이 많이 듭니다. 해수 담수화 장치, 빗물 저금통, 와카워터 등의 장치를 이용해 (❼   ) 현상을 해결하기 위해 노력하고 있습니다.

옳은 문장에 ○, 틀린 문장에 ✕하세요. 틀린 부분은 밑줄을 긋고 바른 개념으로 고쳐 써 보세요.

1 육지나 바다에 있던 물은 수증기가 되어 공기 중으로 이동합니다.   (   )

2 공기 중의 수증기가 하늘 높이 올라가 응결하면 구름이 됩니다.   (   )

3 물이 상태를 바꾸며 육지와 바다, 공기 사이를 끊임없이 도는 과정을 물의 순환이라고 합니다.   (   )

4 물이 순환하는 동안 지구 전체의 물의 양은 조금씩 줄어듭니다.   (   )

5 물은 동식물이 생명을 유지하기 위해 반드시 필요합니다.   (   )

6 물이 없어도 동물과 식물이 살아갈 수 있지만 힘든 경우가 많습니다.   (   )

7 비가 적게 내리고 물이 빨리 증발되는 나라에서는 물이 부족합니다.   (   )

8 인구가 증가하여 물 이용량이 많아져서 물이 부족합니다.   (   )

9 물을 아껴쓰기 위해 빨래는 그때그때 조금씩 자주 합니다.   (   )

10 와카워터는 물이 부족하고 낮과 밤의 기온 차이가 적은 곳에 설치하기 좋습니다.   (   )

※ 한 문항당 5점입니다.

1~3 다음 모습을 보고, 물음에 답하시오.

1 다음은 위 물의 순환에 대한 설명입니다. ( ) 안에 들어갈 알맞은 말을 쓰시오.

> 물의 ( )이/가 변하면서 끊임없이 돌고 도는 현상을 물의 순환이라고 한다.

( )

2 위 모습에 대한 설명으로 옳은 것을 보기 에서 골라 기호를 쓰시오.

> **보기**
> ㉠ 물은 한 가지 상태로만 순환한다.
> ㉡ 공기 중의 수증기가 응결하여 구름이 된다.
> ㉢ 땅에 내린 빗물은 계속해서 땅 위에 머문다.

( )

3 위에서 물이 머무른 장소 중 물이 기체 상태인 곳은 어디입니까? ( )

① 강
② 호수
③ 땅속
④ 공기 중
⑤ 나무줄기 속

4~6 다음은 장소에 따른 물의 상태를 나타낸 것입니다. 물음에 답하시오.

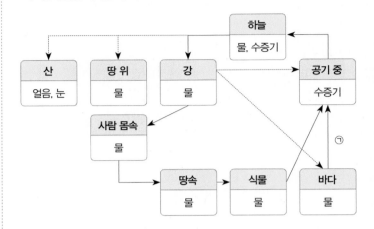

4 물이 고체 상태로 존재하는 장소는 어디입니까?
( )

① 강
② 산
③ 하늘
④ 바다
⑤ 공기 중

5 물의 상태가 나머지와 다른 장소는 어디입니까?
( )

① 강
② 바다
③ 땅속
④ 공기 중
⑤ 사람 몸속

6 위 ㉠ 과정에서 나타나는 물의 상태 변화를 쓰시오.

서술형

_____

7 물의 순환 과정을 알아보기 위해 오른쪽 그림과 같이 장치하고 열전구를 컵에 비추었습니다. 컵 안의 변화에 대한 설명으로 옳지 않은 것은 어느 것입니까? (　　　)

① 컵 안이 뿌옇게 흐려진다.
② 컵 위에 놓은 얼음이 녹는다.
③ 컵 안쪽 벽에 물방울이 맺힌다.
④ 컵 안의 얼음의 크기가 커진다.
⑤ 컵 뚜껑의 아래쪽에 많은 물방울이 맺힌다.

8 우리 생활에서 물을 이용하는 경우로 적당하지 않은 것은 어느 것입니까? (　　　)

① 세수할 때
② 책을 읽을 때
③ 농작물을 기를 때
④ 생선을 보관할 때
⑤ 물건을 깨끗하게 할 때

9 다음은 오른쪽과 같이 전기를 만드는 물의 이용에 대한 설명입니다. (　　) 안에 들어갈 알맞은 말을 쓰시오.

　물이 떨어지는 (　　　) 차이를 이용해 전기를 만든다.

(　　　　　　　)

10 오른쪽은 관광 자원으로 이용되는 지형의 모습입니다. 이와 관련 있는 물이 하는 일은 어느 것입니까? (　　　)

① 주위의 온도를 낮춰준다.
② 생물이 사는 터전이 된다.
③ 지표면의 모양을 변화시킨다.
④ 동물이 생명을 유지하게 한다.
⑤ 땅속에 스며들어 나무를 자라게 한다.

11 물이 중요한 까닭으로 옳지 않은 것은 어느 것입니까? (　　　)

① 물은 생명을 유지할 수 있게 한다.
② 물은 우리 생활에 다양하게 이용된다.
③ 한 번 이용된 물은 다시 이용할 수 없다.
④ 빗물이 땅속에 스며들어 나무와 풀을 자라게 한다.
⑤ 우리가 마신 물은 몸 곳곳으로 영양분을 운반해 준다.

12 다음은 우리가 마신 물이 이동하는 과정입니다. ㉠과 ㉡에 들어갈 알맞은 말을 쓰시오.

　우리가 마신 물은 몸속을 순환하고 노폐물은 (　㉠　)(이)나 (　㉡　)(으)로 몸 밖으로 내보낸다. (　㉠　)(으)로 나간 것은 수증기가 되고, (　㉡　)(으)로 나간 것은 하수 처리 시설을 거친 뒤 하천과 강을 지나 바다로 다시 흘러간다.

㉠ : (　　　　　　), ㉡ : (　　　　　　)

13~14 오른쪽과 같이 물이 농작물을 키우는 데 이용되는 경우에 물의 이동 과정을 역할놀이로 표현해 보려고 합니다. 물음에 답하시오.

13 역할 놀이를 할 때 식물 뿌리로 흡수된 물 역할을 맡은 사람의 대사로 옳은 것을 보기에서 모두 골라 기호를 쓰시오.

　보기
　㉠ 뿌리를 지나 줄기로 올라갈 거야.
　㉡ 줄기 속에서 계속 머무르기만 할 거야.
　㉢ 잎에서 쏙 빠져나가 식물 몸 밖으로 나가자.

(　　　,　　　)

14 위 농작물에 물을 줄 때 물의 이동 과정을 쓰시오.

 농작물에 뿌린 물 →

15 세계 여러 나라가 물이 부족해진 까닭으로 옳은 것은 어느 것입니까? ( )

① 이상 기후로 인해 비의 양이 증가하였다.
② 하수 처리 시설 증가로 물 오염이 줄어들었다.
③ 비가 많이 내리고 증발하는 물의 양이 적어졌다.
④ 산업 발달로 인해 물이 오염되는 속도가 빨라졌다.
⑤ 화학 약품을 뿌려 비를 내리게 하는 방법이 개발되었다.

16 오른쪽과 같은 산업의 발달로 물이 부족해진 까닭으로 옳은 것을 보기 에서 골라 기호를 쓰시오.

보기
㉠ 사람들이 물을 아껴 쓰기 위해 노력하기 때문이다.
㉡ 물 이용량이 늘어 오염되는 속도가 빨라졌기 때문이다.
㉢ 인구가 계속 증가해 물이 깨끗해지는 속도가 빨라졌기 때문이다.
㉣ 비가 적게 내리고 너무 더워서 증발되는 물의 양이 많기 때문이다.

( )

17 우리 생활에서 물 부족 현상을 해결할 방법으로 옳은 것은 어느 것입니까? ( )

▲ 세제를 많이 사용하기　▲ 샤워를 오래 하기

▲ 변기 수조에 물 가득 채우기　▲ 양치할 때 컵 사용하기

18 서술형 우리가 물을 아껴 쓰고 소중히 다루어야 하는 까닭을 쓰시오.

_____

_____

19 물을 모으기 위한 다양한 방법으로 옳지 않은 것은 어느 것입니까? ( )

① 사용한 물은 바로 강으로 흘러가게 한다.
② 사용한 물을 정화해 깨끗한 물을 모은다.
③ 빗물을 이용할 수 있도록 빗물 저장 장치를 만든다.
④ 바닷물을 이용 가능한 물로 바꾸는 장치를 이용한다.
⑤ 공기 중의 수증기가 응결되어 생기는 물방울을 모은다.

20 그림과 같이 장치하고 전기 스탠드의 빛을 비추었을 때 관찰할 수 있는 현상에 대한 설명으로 옳은 것은 어느 것입니까? ( )

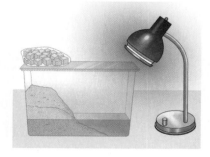

① 수조에 담긴 물이 모두 없어졌다.
② 수조에 담긴 물의 색깔이 변했다.
③ 수조에 담긴 물의 양이 더 늘어났다.
④ 수조에 담긴 물의 양이 줄어들었다.
⑤ 수조의 안쪽 벽면에 물방울이 맺혔다.

1~3

개념1 물의 이동 과정

• **물의 순환** : 물이 기체, 액체, 고체로 상태를 바꾸며 육지와 바다, 공기, 생명체 사이를 끊임없이 돌고 도는 과정을 말합니다.

1
빈칸
쓰기

① 육지나 바다에 있는 물이 (　　　　)이/가 되어 공기 중으로 이동합니다.

② 공기 중의 수증기가 하늘 높이 올라가 응결하면 (　　　　)이/가 되고, 구름에서 비나 눈이 육지나 바다로 내립니다.

③ 땅에 내린 빗물은 땅속으로 스며들거나 강으로 흘러들어 (　　　　)(으)로 모입니다.

2
문장
쓰기

육지나 바다에 있는 물이 수증기가 되어 증발한 후 어떻게 되는지 쓰시오.

공기 중의 수증기가 응결하여 _____

_____

땅에 내린 빗물은 _____

_____ .

3
서술
완성

다음 그림을 보고 물이 순환하는 과정을 쓰시오.

_____

_____

_____

_____

4~6

개념2 물이 소중한 까닭

• 물이 없으면 동물과 식물이 살아갈 수 없습니다.
• 물 때문에 지구에 생명체가 살 수 있습니다.
• 물이 없으면 음식도 할 수 없고 빨래도 할 수 없으며 씻을 수도 없어 생활이 매우 불편할 것입니다.
• 물이 없으면 공장에서 물건을 만들지 못하고 전기도 충분히 사용할 수 없습니다.

4
빈칸
쓰기

① (　　　　)이/가 없으면 동물과 식물이 살아갈 수 없습니다.

② (　　　　)이/가 없으면 음식을 할 수도 없고, 공장에서 물건을 만들지도 못합니다.

5
문장
쓰기

다음은 물을 이용하는 경우입니다. 물이 없으면 어떻게 될지 쓰시오.

물이 없으면 _____

물을 마실 수 없어 _____.

6
서술
완성

물이 소중한 까닭을 예를 들어 쓰시오.

_____

_____

_____

7~9

개념3 물 부족 현상을 해결하기 위한 방법

• 물이 부족한 까닭 :계속되는 가뭄, 인구 증가, 산업 발달, 물의 낭비, 물의 오염 등 때문입니다.

• 우리가 이용했던 물을 다시 사용하기까지 시간과 비용이 많이 들기 때문에 아껴 써야 합니다.

• 일상생활에서 물을 아껴 쓸 수 있는 방법 : 양치 컵 사용하기, 수도꼭지 꼭 잠그기, 세면대에 물 받아 사용하기 등

• 물 부족 현상을 해결하기 위한 방법

－ 물이 부족한 바닷가 지역에는 해수 담수화 시설을 설치합니다.

－ 물이 부족한 사막 지역에는 밤과 낮의 기온 차이를 이용해 공기 중의 수증기를 물로 모으는 와카워터를 설치합니다.

－ 우리 생활에서 물을 절약하려면 빗물 저장소, 움직임 자동 감지 수도꼭지, 페달형 싱크대 등을 설치해 사용합니다.

7
빈칸
쓰기

① 인구 (   )와/과 물의 오염, (   ), 산업 발달 등에 의해 물이 부족해졌습니다.

② 우리가 이용했던 물을 다시 사용하기까지 시간과 비용이 (   ) 들기 때문에 아껴 써야 합니다.

8
문장
쓰기

물 부족 현상을 해결하기 위해 일상 생활에서 실천할 수 있는 일을 한 가지 이상 쓰시오.

세탁기를 사용할 때에는 _____

_____

설거지나 양치를 할 때에는 _____

_____.

9
서술
완성

물 부족 현상을 해결할 수 있는 다음 장치의 원리를 쓰고, 또 다른 방법을 예를 들어 쓰시오.

▲ 와카워터

_____

_____

_____

1 다음은 물의 이동 과정을 이야기로 만든 것입니다. 물음에 답하시오. [12점]

> 난 친구들과 함께 바다에서 헤엄을 치며 놀고 있었지. 그런데 어느 따스한 오후에 친구들과 함께 (㉠)이/가 되어 하늘로 올라가게 되었어. 하늘 높이 올라가니 점점 추워졌어. 잠깐 눈을 감았다가 떴는데, 세상에 나는 (㉡)이/가 되어 있었어. 바람을 타고 높이 올라가다가 갑자기 내가 주변의 친구들과 엉겨 붙더니 아래로 '뚝' 떨어지지 뭐야? (㉢)이/가 되어 내린 거야. 어떤 친구는 눈으로 높은 산에 내리기도 했어.

(1) 위 ㉠, ㉡, ㉢에 들어갈 알맞은 말을 순서대로 쓰시오. [4점]

(, ,)

(2) 위 글로 알 수 있는 물의 이동에는 어떤 특징이 있는지 쓰시오. [8점]

_____

_____

2 다음 물의 이동 과정을 보고, 물음에 답하시오. [12점]

(1) 위 ㉠, ㉡, ㉢ 중 나무줄기 속 물의 상태와 같은 것의 기호를 쓰시오. [4점]

( )

(2) 위 구름에서 바다로 물이 어떻게 이동하는지 쓰시오. [8점]

3 다음과 같이 물의 순환 장치를 만들고 전기 스탠드 빛을 비추었습니다. 물음에 답하시오. [12점]

(1) 수조 안에서 일어나는 현상을 쓰시오. [6점]

_____

_____

(2) 얼음을 올려놓은 뚜껑 아래쪽에 물방울이 생기는 까닭을 쓰시오. [6점]

_____

_____

4 다음은 물을 어떻게 이용한 것인지 각각 쓰시오. [12점]

㉠  ㉡

㉠ : _____

_____

㉡ : _____

_____

5 다음 물이 부족한 경우를 보고 물이 중요한 까닭을 쓰시오. [8점]

▲ 사람들이 사용할 물 부족

▲ 물 부족으로 농작물이 잘 자라지 않는 모습

_____

_____

6 다음은 가정에서 물을 이용하는 모습입니다. 물음에 답하시오. [12점]

▲ 빨래할 때 세제를 적당히 사용하기

▲ 샴푸를 많이 사용하기

(1) 위에서 물 부족 현상을 해결하는 방법으로 옳은 것의 기호를 쓰시오. [4점]

(   )

(2) 위 (1)번 답 외에 우리가 실천할 수 있는 물 부족 현상을 해결하는 방법을 두 가지 쓰시오. [8점]

_____

7 다음은 물 부족 현상을 해결하기 위해 창의적인 방법을 활용한 사례입니다. 물음에 답하시오. [12점]

▲ 해수 담수화 장치

▲ 빗물 저금통

(1) 해수 담수화 장치의 활용 방법을 쓰시오. [6점]

_____

_____

(2) 빗물 저금통의 활용 방법을 쓰시오. [6점]

_____

_____

8 다음은 물 모으는 장치인 와카워터입니다. 물음에 답하시오. [12점]

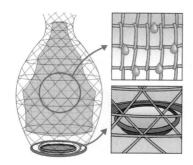

(1) 위와 같은 물 모으는 장치가 필요한 곳을 쓰시오. [6점]

_____

_____

(2) 위 와카워터 장치의 물을 모으는 원리를 쓰시오. [6점]

_____

5 물의 여행

과제명	물의 순환 과정 알아보기	배점	20점
성취 목표	물이 이동하거나 상태가 변하면서 순환하는 과정을 생명체, 지표면, 공기 사이에서 일어나는 다양한 현상과 관련지어 설명할 수 있다.		

1~3 다음은 물의 순환 과정을 알아보는 실험 과정입니다. 물음에 답하시오.

① 사각 수조에 모래를 $\frac{1}{3}$ 정도 넣은 후 수조의 한쪽으로 쌓는다.

② 사각 수조 위에 뚜껑을 덮고, 전등이 물이 있는 부분을 비추도록 설치한다.

③ 물에 잠기지 않은 모래 부분의 뚜껑 위에 얼음이 든 얼음주머니를 놓아두고 변화를 관찰해 본다.

1 위 실험 과정에서 모래와 물, 전등은 각각 무엇을 나타내는지 쓰시오. [5점]

_____

_____

2 전등을 비추면 수조 안의 물은 어떻게 될지 쓰시오. [5점]

_____

_____

3 물이 수조 안에서 어떻게 순환하는지 쓰시오. [10점]

_____

_____

5 물의 여행

과제명	물의 순환을 이용해 물 모으는 장치 설계하기	배점	20점
성취 목표	물의 중요성을 알고 물 부족 현상을 해결하기 위해 창의적 방법을 활용한 사례를 조사할 수 있다.		

1~3 그림은 바닷물을 이용해 물 부족 현상을 해결하는 장치를 나타낸 것입니다. 물음에 답하시오.

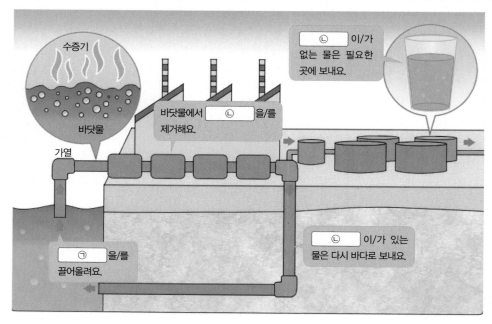

1 위 ㉠과 ㉡에 들어갈 알맞은 말을 순서대로 쓰시오. [4점]

_____

2 위 장치를 설치하기에 알맞은 장소의 조건을 두 가지 쓰시오. [8점]

_____

3 물 부족 현상을 창의적으로 해결할 수 있는 방법을 한 가지 쓰시오. [8점]

_____

✎ 평가대비북 **차례**

1 주변에 사는 식물 관찰하기

• 우리 주변의 들과 산, 강이나 연못, 사막이나 극지방 등 다양한 환경에서 여러 가지 식물이 살고 있습니다.

2 잎의 특징에 따라 분류하기

• 전체적인 모양, 끝 모양, 가장자리 모양, 잎맥 모양 등 생김새에 따라 다양하게 분류할 수 있습니다.

그렇다. | 예 잎의 전체적인 모양이 길쭉한가? | 그렇지 않다.

3 들이나 산에서 사는 식물의 특징

• 들이나 산에서 사는 식물의 특징 : 대부분 줄기와 잎이 잘 구분되며, 뿌리를 땅에 뻗고 살아갑니다.

• 들이나 산에서 사는 식물을 풀과 나무로 분류하기

구분	풀	나무
특징	• 나무보다 키가 작다. • 줄기가 나무보다 가늘다. • 대부분 한해살이 식물이다.	• 풀보다 키가 크다. • 줄기가 풀보다 굵다. • 모두 여러해살이 식물이다.
예	민들레, 명아주, 토끼풀, 강아지풀 등	소나무, 단풍나무, 떡갈나무, 밤나무 등

4 강이나 연못에서 사는 식물의 특징

물속에 잠겨서 사는 식물	검정말, 나사말, 물수세미 등	줄기와 잎이 좁고 긴 모양이며 물의 흐름에 따라 잘 휜다.
물에 떠서 사는 식물	부레옥잠, 개구리밥, 물상추 등	• 잎에 공기주머니가 있거나 잎이 넓어서 물에 잘 뜬다. • 수염처럼 생긴 뿌리가 물속으로 뻗어 있다.
잎이 물에 떠 있는 식물	수련, 마름, 가래 등	잎과 꽃이 물 위에 떠 있고, 뿌리는 물속의 땅에 있다.
잎이 물 위로 높이 자라는 식물	연꽃, 부들, 창포 등	• 대부분 키가 크고, 줄기가 단단하다. • 뿌리가 물속이나 물가의 땅에 있다.

• 부레옥잠이 물에 떠서 살 수 있는 까닭 : 잎자루에 있는 공기주머니의 공기 때문입니다.

5 특수한 환경에서 사는 식물의 특징

• 사막에서 사는 식물 : 선인장, 바오바브나무, 용설란, 회전초 등

• 선인장의 특징

선인장의 생김새	• 일반적인 잎이 없고 가시 모양이다. • 줄기는 굵고 통통하다.
자른 선인장 줄기의 모습	• 줄기가 굵으며 자른 면이 미끄럽고 축축하다. • 줄기를 자른 면에 화장지를 대면 물이 묻어 나온다.

• 사막에서 사는 식물의 특징

① 잎이 작거나 가시로 변하여 물의 증발을 막습니다.

② 선인장과 바오바브나무는 굵은 줄기에, 용설란은 크고 두꺼운 잎에 물을 저장합니다.

• 극지방에서 사는 식물 : 북극다람쥐꼬리, 북극이끼장구채, 남극좀새풀, 남극개미자리 등

• 극지방에서 사는 식물의 특징

① 추위와 강한 바람을 견딜 수 있게 키가 작습니다.

② 주로 풀이 많으며 땅속이 얼어 있어 뿌리를 얕게 내립니다.

③ 추위를 견딜 수 있게 식물끼리 뭉쳐 납니다.

6 우리 생활에서 식물의 특징을 활용한 예

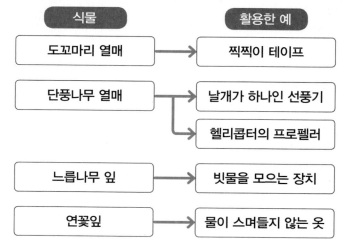

식물 | 활용한 예

도꼬마리 열매 → 찍찍이 테이프

단풍나무 열매 → 날개가 하나인 선풍기 / 헬리콥터의 프로펠러

느릅나무 잎 → 빗물을 모으는 장치

연꽃잎 → 물이 스며들지 않는 옷

1 민들레, 강아지풀, 소나무 중에서 잎의 끝이 바늘처럼 뾰족하고 잎이 한곳에 두 개씩 뭉쳐나는 것은 어느 것입니까?

2 소나무, 강아지풀, 토끼풀, 단풍나무의 잎을 '모양이 길쭉한가?'를 기준으로 분류할 때, '그렇다.'에 들어갈 식물을 모두 쓰시오.

3 들이나 산에서 사는 식물은 대부분 어디에 뿌리를 내립니까?

4 풀과 나무 중 여러해살이 식물인 것은 어느 것입니까?

5 잎자루가 부풀어 있으며, 물에 떠서 사는 식물은 무엇입니까?

6 수련, 검정말, 창포 중 물속에 잠겨서 사는 식물은 어느 것입니까?

7 생물이 오랜 기간에 걸쳐 주변 환경에 적합하게 변화되어 가는 것을 무엇이라고 합니까?

8 검정말, 민들레, 용설란 중 사막에서 사는 식물은 어느 것입니까?

9 극지방에서 사는 식물은 추위와 강한 바람을 견딜 수 있도록 키가 어떻습니까?

10 찍찍이 테이프는 어떤 식물의 열매를 활용해 만들었습니까?

※ 점수 표시가 없는 문항은 8점입니다.

1 우리 주변에 사는 식물에 대한 설명으로 옳지 <u>않은</u> 것은 어느 것입니까? ( )

① 식물은 종류에 따라 다양한 장소에서 산다.
② 생김새나 특징에 따라 식물의 이름을 붙이기도 한다.
③ 우리 주변에는 생김새가 다양한 식물들이 살고 있다.
④ 우리 주변의 들과 산, 연못과 강가, 사막과 극지방에서 식물이 산다.
⑤ 우리 주변에서 볼 수 있는 식물은 대부분 알 수 없는 종류라서 이름이 없다.

2 다음과 같은 소나무 잎의 특징을 두 가지 쓰시오.

서술형 [10점]

_____

_____

3 분류 기준에 따라 잎을 분류할 때, '그렇다.'로 분류할 수 있는 잎은 어느 것입니까? ( )

분류 기준 : 잎의 전체적인 모양이 길쭉한가?

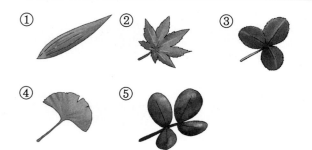
① ② ③
④ ⑤

4 들이나 산에서 사는 식물의 공통적인 특징을 두 가지 고르시오. (,)

① 땅에 뿌리를 내린다.
② 뿌리가 수염처럼 생겼다.
③ 줄기와 잎이 잘 구분된다.
④ 대부분 잎이 가시 모양이다.
⑤ 굵은 줄기에 물을 저장한다.

5 부레옥잠의 잎자루에 대한 설명으로 옳지 <u>않은</u> 것은 어느 것입니까? ( )

① 잎자루는 많은 공기를 저장하고 있다.
② 잎자루는 줄기와 잎 사이에 있는 부분이다.
③ 손으로 한 번 누른 잎자루는 다시 부풀어 오르지 않는다.
④ 물속에서 잎자루를 누르면 공기 방울이 위로 올라간다.
⑤ 부레옥잠은 잎자루에 공기주머니가 있어 물 위에 떠서 살 수 있다.

6 물속에 잠겨서 사는 식물에 대한 설명으로 옳은 것은 어느 것입니까? ( )

① 꽃은 물 위에서만 핀다.
② 잎자루가 길게 뻗어 있다.
③ 잎자루가 볼록한 모양이다.
④ 잎과 줄기가 튼튼한 편이다.
⑤ 잎과 줄기가 모두 물속에 있다.

7 강이나 연못에서 사는 부레옥잠의 특징으로 옳은 것은 어느 것입니까? ( )

① 완전히 물속에 잠겨서 산다.
② 잎이 물에 떠 있고 꽃은 물속에서 핀다.
③ 잎과 줄기가 물의 흐름에 따라 잘 휘어진다.
④ 물에 떠서 살고 뿌리는 물가의 땅속에 있다.
⑤ 잎자루에 공기주머니가 있어 물에 떠서 산다.

8 사막에서 사는 식물에 대한 설명으로 옳은 것은 어느 것입니까? ( )

① 줄기가 가늘고 키는 작은 편이다.
② 식물의 잎과 줄기가 모두 큰 편이다.
③ 잎이 넓어서 햇빛을 많이 받을 수 있다.
④ 줄기의 껍질이 얇아서 물을 잘 빨아들인다.
⑤ 굵은 줄기나 두꺼운 잎은 물을 저장하기에 좋다.

9 서술형 다음과 같은 식물의 잎이 가시 모양이어서 좋은 점을 두 가지 쓰시오. [10점]

▲ 기둥선인장

▲ 금호선인장

_____

10 극지방에서 사는 식물에 대한 설명으로 옳은 것은 어느 것입니까? ( )

① 대체로 키가 작다.
② 굵은 줄기에 물을 저장한다.
③ 잎이 가시 모양으로 생겼다.
④ 바오바브나무, 용설란 등이 산다.
⑤ 소금 성분이 많은 땅에서 살 수 있다.

11 다음과 같이 운동화에 끈 대신 사용한 찍찍이 테이프는 어떤 식물의 특징을 활용한 것인지 쓰시오.

( )

12 식물의 특징을 활용한 예로 옳지 <u>않은</u> 것은 어느 것입니까? ( )

① 허브를 활용해 해충 퇴치제를 만들었다.
② 여러 가지 식물을 활용해 음식을 만들었다.
③ 식물의 꽃이나 잎을 활용해 옷을 염색했다.
④ 연꽃잎을 활용해 빗물을 모으는 장치를 만들었다.
⑤ 단풍나무 열매의 생김새를 활용해 드론의 날개를 만들었다.

서술형 평가 1회

1 다음과 같은 잎을 분류할 수 있는 기준을 두 가지 쓰시오. [8점]

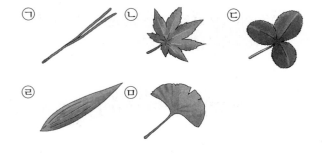

ㄱ   ㄴ   ㄷ

ㄹ   ㅁ

_____

_____

2 물속에 잠겨서 사는 물수세미의 모습입니다. 물음에 답하시오. [12점]

(1) 위 물수세미와 같이 물속에 잠겨서 사는 식물을 두 가지 쓰시오. [4점]

(,   )

(2) 물속에 잠겨서 사는 식물의 특징을 쓰시오. [8점]

_____

_____

3 다음과 같이 선인장 줄기를 자른 면에 화장지를 붙여 보았더니 물이 묻어 나왔습니다. 물음에 답하시오. [12점]

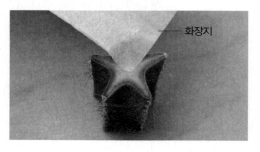

— 화장지

(1) 위 실험을 통해 알 수 있는 사실을 쓰시오. [4점]

_____

_____

(2) 선인장이 사막에서 살기에 알맞게 적응한 특징을 두 가지 쓰시오. [8점]

_____

_____

4 도꼬마리 열매와 이를 활용하여 만든 찍찍이 테이프입니다. 찍찍이 테이프를 만들 때 활용한 도꼬마리 열매의 특징을 쓰시오. [8점]

▲ 도꼬마리 열매   ▲ 찍찍이 테이프

단원 평가 2회

※ 점수 표시가 없는 문항은 8점입니다.

1 식물의 잎을 채집하여 관찰하는 방법에 대한 설명으로 옳은 것을 두 가지 고르시오. (,)

① 채집한 잎의 맛을 관찰한다.
② 모르는 식물은 함부로 만지지 않는다.
③ 자세히 관찰하기 위해 나침반을 사용한다.
④ 선생님의 안전 지도에 따라 잎을 채집한다.
⑤ 나무 꼭대기에 있는 잎은 나무 위로 올라가 채집한다.

2~3 여러 가지 식물의 잎을 보고, 물음에 답하시오.

ㄱ 　ㄴ 　ㄷ

ㄹ 　ㅁ

2 위 잎의 생김새에 대한 설명으로 옳지 않은 것은 어느 것입니까? ( )

① ㄱ – 잎의 끝이 뾰족하다.
② ㄴ – 잎이 손바닥 모양이다.
③ ㄷ – 잎은 한곳에 세 개씩 난다.
④ ㄹ – 잎의 전체적인 모양이 길쭉하다.
⑤ ㅁ – 잎은 한곳에 두 개씩 뭉쳐난다.

3 위 식물의 잎을 분류할 기준으로 적합하지 않은 것을 보기 에서 골라 기호를 쓰시오.

보기
ㄱ 잎의 크기가 작은가?
ㄴ 잎의 개수가 한 개인가?
ㄷ 잎의 전체적인 모양이 길쭉한가?

( )

4 나무에 대한 설명으로 옳지 않은 것은 어느 것입니까? ( )

① 들이나 산에서 산다.
② 줄기가 풀보다 굵다.
③ 땅에 뿌리를 내리고 산다.
④ 대부분 한해살이 식물이다.
⑤ 잎과 줄기가 햇빛을 잘 받을 수 있도록 자란다.

5 다음 식물의 공통점으로 옳은 것은 어느 것입니까? ( )

| 명아주　　강아지풀 |

① 나무보다 키가 크다.
② 들이나 산에서 사는 나무이다.
③ 줄기가 해마다 조금씩 굵어진다.
④ 겨울에는 잎과 가지를 볼 수 없다.
⑤ 주로 햇빛이 잘 들지 않는 그늘진 곳에 산다.

6 다음과 같이 물에 떠서 사는 식물의 특징을 쓰시오.

서술형 [10점]

▲ 부레옥잠　　　　▲ 개구리밥

7 다음과 같이 자른 부레옥잠의 잎자루를 물속에서 누를 때 나타나는 현상으로 옳은 것은 어느 것입니까? (　　)

① 물이 나온다.
② 잎자루가 노란색이 된다.
③ 공기 방울이 위로 올라간다.
④ 잎자루는 딱딱해서 눌러지지 않는다.
⑤ 누른 손을 떼어도 잎자루는 다시 부풀어 오르지 않는다.

8 다음과 같은 식물이 사는 환경의 특징을 두 가지 쓰시오. [10점]

서술형

▲ 금호선인장

▲ 용설란

9 선인장이 사막에서 살 수 있도록 적응한 특징으로 옳은 것을 두 가지 고르시오. (　　,　　)

① 가시　② 넓은 잎
③ 화려한 꽃　④ 굵은 줄기
⑤ 수염 모양의 뿌리

10 바오바브나무가 사막 환경에 적응한 특징으로 옳은 것은 어느 것입니까? (　　)

① 잎이 넓다.
② 잎이 많다.
③ 키가 작다.
④ 줄기가 굵다.
⑤ 뿌리가 물속에 있다.

11 도꼬마리 열매가 동물의 털이나 사람의 옷에 잘 붙을 수 있는 까닭은 어느 것입니까? (　　)

① 열매가 가볍기 때문이다.
② 열매가 끈적거리기 때문이다.
③ 열매가 날개 모양이기 때문이다.
④ 열매가 바람에 잘 날아가기 때문이다.
⑤ 열매의 가시 끝이 갈고리 모양이기 때문이다.

12 비에 젖지 않는 연꽃잎의 특징을 활용한 예로 옳은 것은 어느 것입니까? (　　)

① 방향제를 만든다.
② 해충 퇴치제를 만든다.
③ 음식이나 약으로 활용한다.
④ 날개가 하나인 선풍기를 만든다.
⑤ 물이 스며들지 않는 방수 옷을 만든다.

서술형 평가 2^회

1 식물의 잎을 다음과 같이 분류하였습니다. 어떤 분류 기준으로 식물의 잎을 분류하였는지 쓰시오. [8점]

그렇다.	그렇지 않다.

_____

_____

2 부레옥잠과 나사말이 강이나 호수에서 살기에 알맞은 특징을 쓰시오. [8점]

 ▲ 부레옥잠　　▲ 나사말

_____

_____

3 두 식물의 공통된 특징을 사는 곳과 관련지어 쓰시오. [8점]

 ▲ 금호선인장
 ▲ 바오바브나무

_____

_____

4 장미 덩굴의 가시를 모방하여 생활에 활용한 예를 그 특징을 포함하여 쓰시오. [8점]

_____

_____

1 물의 세 가지 상태

• 물의 상태 변화 관찰하기

① 물의 세 가지 상태

얼음(고체)	물(액체)	수증기(기체)
일정한 모양이 있고, 차갑고 단단하다.	일정한 모양이 없고, 흐르는 성질이 있다.	일정한 모양이 없고, 눈에 보이지 않는다.

② 얼음을 손바닥에 올려놓으면 얼음이 녹아 물이 됩니다.

③ 손에 묻은 물은 시간이 지나면 마르고, 물이 손에서 사라집니다.

• 물의 상태 변화 : 고체인 얼음이 녹으면 액체인 물이 되고, 액체인 물이 마르면 기체인 수증기가 됩니다.

2 물이 얼 때와 얼음이 녹을 때 부피와 무게 변화

• 부피와 무게 변화

구분	물이 얼 때	얼음이 녹을 때
부피 변화	늘어난다.	줄어든다.
무게 변화	변하지 않는다.	변하지 않는다.

• 부피가 변하는 예

물이 얼어 부피가 늘어나는 예	얼음이 녹아 부피가 줄어드는 예
• 한겨울에 수도관에 설치된 계량기가 얼어서 터진다. • 페트병에 물을 가득 넣어 얼리면 페트병이 커진다. • 겨울철에 장독에 넣어 둔 물이 얼어서 장독이 깨진다.	• 꽁꽁 얼어 있던 튜브형 얼음과자가 녹으면 튜브 안에 가득 찬 얼음과자의 부피가 줄어든다. • 물이 얼어 부푼 페트병을 냉동실에서 꺼내 놓으면 얼음이 녹으면서 부피가 줄어든다.

3 물이 증발할 때의 변화

증발의 뜻	액체인 물이 표면에서 기체인 수증기로 상태가 변하는 현상
증발의 예	• 고추, 과일, 오징어와 같은 음식 재료를 말린다. • 젖은 머리카락이나 빨래가 마른다. • 비로 인해 젖은 길이 시간이 지나면 마른다.

4 물이 끓을 때의 변화

• 물을 가열할 때 일어나는 변화

① 처음에는 거의 변화가 없고, 물의 높이가 매우 천천히 낮아집니다.

② 물이 끓으면서 물속에서 기포가 생기고 기포가 올라와 터지면서 물 표면이 울퉁불퉁해집니다. 물의 높이가 빠르게 낮아집니다.

• 끓음의 뜻 : 물의 표면뿐만 아니라 물속에서도 액체인 물이 기체인 수증기로 상태가 변하는 현상

• 증발과 끓음 비교

증발	물 표면에서 물이 수증기로 상태가 변하며, 물의 양이 매우 천천히 줄어든다.
끓음	물 표면과 물속에서 물이 수증기로 상태가 변하며, 증발할 때보다 물의 양이 빠르게 줄어든다.

5 수증기가 응결할 때의 변화

• 주스와 얼음을 넣은 차가운 컵에서 일어나는 변화

① 컵 표면에 물방울이 맺히고, 컵을 올려놓은 은박 접시에 물이 고입니다.

② 무게가 늘어납니다. → 공기 중의 수증기가 차가운 컵 표면에 닿아 응결해 물로 변해서 달라붙었기 때문입니다.

• 응결

응결의 뜻	기체인 수증기가 액체인 물로 상태가 변하는 현상
응결의 예	추운 겨울 유리창 안쪽에 맺힌 물방울, 가열한 냄비 뚜껑 안쪽에 맺힌 물방울, 맑은 날 아침 풀잎에 맺힌 물방울 등

6 물의 상태 변화의 이용

물이 얼음으로 상태가 변화된 예	물이 수증기로 상태가 변화된 예
얼음 작품을 만들 때, 스키장에서 인공 눈을 만들 때, 얼음과자를 만들 때, 이글루를 만들 때 등	음식을 찔 때, 스팀다리미로 다림질할 때, 가습기를 이용할 때, 스팀 청소기로 바닥을 닦을 때 등

1 얼음과 물 중에서 흐르는 성질이 있으며, 일정한 모양이 없는 것은 어느 것입니까?

2 물의 세 가지 상태를 쓰시오.

3 물이 언 후 무게는 얼기 전과 비교하여 어떻게 변하는지 쓰시오.

4 얼음이 녹은 후 부피는 녹기 전과 비교하여 어떻게 변하는지 쓰시오.

5 액체인 물이 표면에서 기체인 수증기로 상태가 변하는 현상을 무엇이라고 합니까?

6 비커에 물을 붓고 끓였을 때 물이 끓고 난 후 물의 높이는 물이 끓기 전과 비교하여 어떻게 변하는지 쓰시오.

7 증발과 끓음에서 일어나는 물의 상태 변화를 쓰시오.

8 기체인 수증기가 액체인 물로 상태가 변하는 현상을 무엇이라고 합니까?

9 주스와 얼음을 넣은 플라스틱 컵을 전자저울에 올려놓으면 시간이 지남에 따라 무게가 어떻게 변하는지 쓰시오.

10 음식을 찌거나 스팀다리미로 옷의 주름을 펴는 것은 물이 무엇으로 변하는 상태 변화를 이용한 것입니까?

※ 점수 표시가 없는 문항은 8점입니다.

1 얼음과 물을 관찰한 내용으로 옳은 것은 어느 것입니까? (   )

① 물은 모양이 일정하다.
② 얼음은 차갑고 단단하다.
③ 물은 손으로 잡을 수 있다.
④ 얼음은 눈에 보이지 않는다.
⑤ 얼음은 흐르고 모양이 계속 변한다.

2 물의 세 가지 상태에 대해 <u>틀리게</u> 말한 친구의 이름을 쓰시오.

> • 주은 : 고드름은 고체 상태야.
> • 도란 : 수영장의 물 미끄럼틀에 흐르는 물은 액체 상태야.
> • 태경 : 호수가 꽁꽁 얼어 있는 것은 액체 상태의 물이야.
> • 소미 : 공기 중에는 기체 상태의 수증기가 있어.

(   )

3 오른쪽의 페트병에 물을 가득 넣어 얼리면 페트병의 모습이 어떻게 되는지 그 까닭과 함께 쓰시오. [10점]

서술형

_____

_____

4 물이 얼어 있는 플라스틱 시험관의 얼음이 녹기 전과 녹은 후의 무게를 비교하여 (   ) 안에 >, =, <를 쓰시오. [4점]

플라스틱 시험관의 얼음이 녹기 전 무게	( )	플라스틱 시험관의 얼음이 녹은 후 무게

5 오른쪽의 꽁꽁 언 튜브형 얼음과자가 녹았을 때의 변화로 옳은 것은 어느 것입니까? (   )

① 부피는 변하지 않는다.
② 녹기 전보다 무거워진다.
③ 용기 안에 빈 공간이 생긴다.
④ 녹기 전보다 부피가 더 커진다.
⑤ 액체에서 기체로 상태가 변한다.

6 물이 수증기로 변하는 현상이 <u>아닌</u> 것은 어느 것입니까? (   )

① 젖은 빨래가 말랐다.
② 햇빛에 고추를 말렸다.
③ 손을 씻은 뒤 손 말리개로 건조하였다.
④ 머리를 감은 뒤 머리 말리개로 말렸다.
⑤ 차가운 주스를 담은 병 표면에 물방울이 생겼다.

7 비로 인해 젖은 길이 시간이 지난 뒤에 마를 때 일어나는 물의 상태 변화로 옳은 것은 어느 것입니까? (   )

① 기체 → 액체
② 액체 → 기체
③ 기체 → 고체
④ 액체 → 고체
⑤ 고체 → 액체

8 오른쪽과 같이 비커에 물을 반 정도 붓고 가열하였습니다. 물이 끓기 전과 끓은 후의 변화로 옳지 않은 것은 어느 것입니까?

( )

① 물이 끓기 전에는 표면이 잔잔하다.
② 물이 끓을 때 물 표면이 울퉁불퉁해진다.
③ 물이 끓기 전부터 큰 기포가 올라와 터진다.
④ 물이 끓을 때 큰 기포가 연속해서 많이 생긴다.
⑤ 물이 끓을 때에는 물의 높이가 물이 끓기 전보다 더 빨리 낮아진다.

9 증발과 끓음에 대한 설명으로 옳은 것은 어느 것입니까? ( )

① 물이 줄어드는 빠르기가 같다.
② 끓음은 물 표면에서만 상태 변화가 일어난다.
③ 증발은 물 표면과 물속에서 상태 변화가 일어난다.
④ 끓음은 증발할 때보다 상태 변화가 천천히 일어난다.
⑤ 증발과 끓음은 둘 다 물이 수증기로 상태가 변해 공기 중으로 흩어진다.

10~11 오른쪽과 같이 플라스틱 컵에 주스와 얼음을 넣고 뚜껑을 덮은 뒤 은박 접시 위에 올려놓았습니다. 물음에 답하시오.

10 시간이 지남에 따라 일어나는 변화에 대한 설명으로 옳지 않은 것은 어느 것입니까? ( )

① 은박 접시에 물이 고인다.
② 컵 표면에 물방울이 맺힌다.
③ 컵 표면의 물방울이 흘러내린다.
④ 컵 안의 주스가 점점 얼기 시작한다.
⑤ 컵 표면에 생긴 것은 공기 중에서 온 것이다.

11 다음은 앞 실험에서 처음의 컵과 시간이 지난 뒤의 컵의 무게를 측정한 결과입니다. 이와 같이 컵의 무게가 달라진 까닭을 쓰시오. [10점]

서술형

처음 무게(g)	나중 무게(g)
220.9	221.9

_____

_____

12 물이 수증기로 상태가 변화되는 것을 이용한 경우는 어느 것입니까? ( )

① 농작물을 기를 때
② 얼음과자를 만들 때
③ 스팀다리미로 다림질할 때
④ 스키장에서 인공 눈을 만들 때
⑤ 얼음주머니로 몸을 차갑게 식힐 때

13 집 안이 건조할 때 공기 중 수증기의 양을 늘리기 위해 사용하는 것은 어느 것입니까? [4점]
( )

③ ▲ 에어컨

④ ▲ 냉장고

① ▲ 가습기
② ▲ 선풍기

1 다음과 같이 햇볕을 받은 고드름이 녹을 때의 변화를 물의 상태와 관련지어 쓰시오. [8점]

_____

_____

2 다음 오징어를 말리는 모습과 물을 끓이는 모습을 보고, 물음에 답하시오. [12점]

▲ 오징어 말리기

▲ 물 끓이기

(1) 위 두 모습에서 공통적으로 일어나는 물의 상태 변화를 쓰시오. [6점]

_____

_____

(2) 위 두 모습의 차이점을 물의 상태 변화가 일어나는 위치와 관련지어 쓰시오. [6점]

_____

_____

3 오른쪽은 물과 얼음이 담긴 컵의 모습입니다. 물음에 답하시오. [12점]

(1) 시간이 지남에 따라 컵 표면에서 나타나는 물의 상태 변화를 쓰시오. [6점]

_____

_____

(2) 위 (1)의 답과 같은 원리로 일어나는 생활 속 현상을 한 가지 쓰시오. [6점]

_____

_____

_____

4 다음은 물의 상태 변화를 생활에서 이용한 예를 나타낸 것입니다. 각각 물의 어떤 상태 변화를 이용한 것인지 쓰시오. [8점]

ⓐ

▲ 이글루를 만들 때

ⓑ

▲ 스팀다리미로 옷의 주름을 펼 때

ⓐ : _____

ⓑ : _____

※ 점수 표시가 없는 문항은 8점입니다.

1 다음은 수증기에 대한 설명입니다. ( ) 안의 알맞은 말에 ○표 하시오. [4점]

> 수증기는 (고체, 액체, 기체) 상태로, 모양이 (일정하고, 일정하지 않고) 눈에 보이지 않는다.

2 물의 상태가 고체에서 액체로 변하는 경우를 두 가지 고르시오. (,)

① 겨울철에 호수가 꽁꽁 언다.
② 어제 만든 눈사람이 햇볕에 녹았다.
③ 비로 인해 젖은 길이 햇볕에 마른다.
④ 고드름이 햇볕을 받아 물방울로 떨어진다.
⑤ 냉동실에 넣어 둔 물병이 얼어 단단해진다.

3 ~ 4 오른쪽은 플라스틱 시험관의 물을 완전히 얼린 후의 높이 변화를 나타낸 것입니다. 물음에 답하시오.

얼기 전 물의 높이
언 후 얼음의 높이
얼음

3 위 실험 결과로 알 수 있는 물의 부피 변화와 관계 있는 현상은 어느 것입니까? ( )

①
▲ 얼어 터진 수도관의 계량기

②
▲ 녹은 튜브형 얼음과자

③
▲ 얼음 틀 위로 튀어나와 있던 얼음의 낮아진 높이

④
▲ 말라서 쭈글쭈글해진 고추

4 다음은 앞 실험에서 물이 얼기 전과 완전히 언 후의 무게를 측정한 결과입니다. 이를 통하여 알 수 있는 점을 쓰시오. [10점]

서술형

얼기 전의 무게(g)	언 후의 무게(g)
13	13

5 오른쪽과 같이 플라스틱 시험관의 얼음을 녹였을 때 물의 높이 변화를 옳게 설명한 것은 어느 것입니까? [4점]
( )

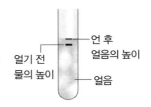
—따뜻한 물

① 부피가 늘어나므로 물의 높이가 높아진다.
② 부피가 줄어들므로 물의 높이가 낮아진다.
③ 무게가 늘어나므로 물의 높이가 높아진다.
④ 무게가 줄어들므로 물의 높이가 낮아진다.
⑤ 부피가 변하지 않으므로 물의 높이가 변하지 않는다.

6 다음은 컵에 물을 담아 두었을 때 일어나는 현상을 설명한 것입니다. ㉠, ㉡에 들어갈 알맞은 말을 쓰시오.

> 컵에 물을 담아 둔 뒤 시간이 지나면 물이 줄어들게 된다. 이것은 물의 (㉠)에서 물이 수증기로 변하는 (㉡) 현상 때문이다.

㉠ : ( ), ㉡ : ( )

7 다음과 같은 현상이 일어나는 까닭이 나머지와 다른 하나는 어느 것입니까? ( )

① 빨래가 마른다.
② 오징어를 말린다.
③ 젖은 머리카락을 말린다.
④ 수채 물감으로 그린 그림이 마른다.
⑤ 겨울에 장독 안의 물이 얼어서 장독이 깨진다.

8~9 다음은 물이 끓는 모습입니다. 물음에 답하시오.

8 물이 끓을 때 물속에서 생기는 기포는 물의 세 가지 상태 중에서 무엇인지 쓰시오.

( )

9 위와 같은 물이 끓는 현상에 대한 설명으로 옳은 것은 어느 것입니까? ( )

① 물이 끓으면 양이 늘어난다.
② 물이 액체 상태에서 고체 상태로 변한다.
③ 물이 기체 상태에서 액체 상태로 변한다.
④ 물속과 물 표면에서 상태 변화가 일어난다.
⑤ 물이 증발할 때보다 상태 변화가 천천히 일어난다.

10 오른쪽의 주스와 얼음이 들어 있는 플라스틱 컵 표면에서 일어나는 물의 상태 변화는 어느 것입니까? ( )

① 물 → 얼음
② 얼음 → 물
③ 수증기 → 물
④ 물 → 수증기
⑤ 수증기 → 얼음

11 다음과 같이 가열한 냄비 뚜껑 안쪽에 물방울이 생기는 까닭을 쓰시오. [10점]

서술형

_____

_____

12 다음 모습에서 이용한 물의 상태 변화는 무엇인지 ( ) 안에 들어갈 알맞은 말을 쓰시오.

▲ 얼음과자 만들기

▲ 인공 눈 만들기

물 → ( )

( )

13 음식을 찔 때와 같은 물의 상태 변화를 이용한 예는 어느 것입니까? ( )

①

▲ 스팀 청소기로 바닥을 닦을 때

②

▲ 얼음 작품을 만들 때

③

▲ 이글루를 만들 때

④
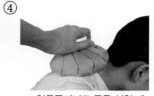
▲ 얼음주머니로 몸을 식힐 때

1 페트리 접시에 담겨 있는 얼음과 물의 공통점과 차이점을 한 가지씩 쓰시오. [8점]

▲ 얼음   ▲ 물

• 공통점 : _____

_____

• 차이점 : _____

_____

2 다음과 같이 매우 추운 겨울날 수도관에 연결된 계량기가 터지는 사고가 발생했습니다. 그 까닭을 쓰시오. [8점]

_____

_____

3 다음과 같이 물이 든 컵을 식탁 위에 올려놓고 30분 후에 관찰했더니 물이 줄어들지 않았지만, 3일 후에 관찰했더니 물이 조금 줄어들었습니다. 그 까닭을 쓰시오. [8점]

_____

_____

_____

4 다음은 집 안이 건조할 때 사용하는 가습기입니다. 물음에 답하시오. [12점]

(1) 가습기는 물의 어떤 상태 변화를 이용한 것인지 쓰시오. [4점]

_____

_____

(2) 가습기가 없을 때 이용할 수 있는 방법을 한 가지 쓰시오. [8점]

_____

_____

① 그림자가 생기는 조건

- 그림자가 생기려면 빛과 물체가 있어야 합니다.
- 그림자가 생기려면 물체에 빛을 비춰야 합니다.
- 빛 – 물체 – 스크린 순서일 때 그림자가 생깁니다.

② 불투명한 물체와 투명한 물체의 그림자

구분	불투명한 물체 (도자기 컵)	투명한 물체 (유리컵)
그림자 모양	도자기 컵의 모양과 같다.	유리컵의 모양과 같다.
그림자 진하기	진하고 선명한 그림자이다.	연하고 흐릿한 그림자이다.
빛이 통과 하는 정도	빛이 도자기 컵을 통과하지 못한다.	빛이 유리컵을 대부분 통과한다.

③ 물체의 모양과 그림자 모양

- **컵을 놓는 방향에 따른 그림자 모양**
① 컵에 손전등 빛을 비추면 컵의 방향에 따라 그림자의 모양이 달라집니다.
② 빛을 비추는 방향에 따라 빛이 닿은 모양과 그림자 모양이 비슷합니다.
- **물체 모양과 그림자 모양이 비슷한 까닭**
① **빛의 직진** : 빛이 곧게 나아가는 성질
② 직진하는 빛이 물체를 만나서 물체를 통과하지 못하면 물체 모양과 비슷한 그림자가 물체의 뒤쪽에 있는 스크린에 생깁니다.
③ **물체 모양과 그림자 모양이 비슷한 까닭** : 빛이 직진하기 때문입니다.

④ 그림자의 크기 변화

- **손전등의 위치를 조절해 그림자의 크기 변화시키기**

손전등을 물체에 가깝게 할 때	그림자의 크기가 커진다.
손전등을 물체에서 멀리 할 때	그림자의 크기가 작아진다.

- **물체의 위치를 조절해 그림자의 크기 변화시키기**

물체를 손전등에 가깝게 할 때	그림자의 크기가 커진다.
물체를 손전등에서 멀리 할 때	그림자의 크기가 작아진다.

⑤ 거울에 비친 물체의 모습

- 거울에 비친 물체의 색깔은 실제 물체의 색깔과 같고, 물체의 상하는 바뀌어 보이지 않지만 좌우는 바뀌어 보입니다.
- **구급차의 앞부분에 글자를 좌우로 바꾸어 쓴 까닭** : 앞서 가는 자동차의 뒷거울에 구급차 앞부분의 모습이 비춰 보일 때 좌우로 바꾸어 쓴 글자의 좌우가 다시 바뀌어 똑바로 보이기 때문입니다.

⑥ 빛이 거울에 부딪쳐 나아가는 모습

- **빛의 반사** : 빛이 나아가다가 거울에 부딪쳐 거울에서 빛의 방향이 바뀌는 성질
- 거울은 빛의 반사를 이용해 물체의 모습을 비추는 도구입니다.

⑦ 우리 생활에서 거울의 이용

거울로 내 모습을 비추는 경우	 전신 거울 거울에 비친 내 모습을 보고 옷매무새를 확인한다.	 신발 가게 거울 아래쪽에 거울이 있어서 선 채로 신발 신은 모습을 비추어 볼 수 있다.
가려져서 잘 보이지 않는 곳을 비추는 경우	 도로의 안전 거울 굽은 도로에 설치하면 반대편에서 자동차가 오는지 볼 수 있다.	 자동차 뒷거울과 앞 거울 운전자가 뒤쪽에서 오는 자동차를 거울을 통해 확인할 수 있다.
빛이 나아가는 방향을 바꾸는 경우	 반사경 등대나 자동차 전조등 뒤에 거울을 씌워 원하는 방향으로 빛을 더 밝게 비출 수 있도록 한다.	 미러볼 공 표면의 거울 조각이 빛을 여러 방향으로 반사하여 수많은 빛줄기를 만든다.

1 그림자가 생기기 위해 꼭 필요한 것 두 가지는 무엇입니까?

2 그림자는 물체의 어느 쪽에 생깁니까?

3 도자기 컵과 유리컵 중 연하고 흐릿한 그림자가 생기는 것은 어느 것입니까?

4 빛이 태양이나 전등에서 나와 사방으로 곧게 나아가는 성질을 무엇이라고 합니까?

5 원 모양 종이의 그림자는 어떤 모양입니까?

6 물체와 스크린은 그대로 두고 손전등을 물체에 가깝게 하면 그림자의 크기는 어떻게 됩니까?

7 거울에 비친 물체의 색깔은 실제 물체의 색깔과 비교하여 어떠한지 쓰시오.

8 왼쪽 날개를 위로 들고 있는 인형을 거울 앞에 두면 거울에 비친 인형은 어느 쪽 날개를 들고 있습니까?

9 빛이 나아가다가 거울에 부딪치면 거울에서 빛의 무엇이 바뀝니까?

10 버스 운전기사가 뒤를 돌아보지 않고도 승객이 안전하게 내리는 것을 확인하기 위해 필요한 것은 무엇입니까?

※ 점수 표시가 없는 문항은 8점입니다.

1 그림자에 대한 설명으로 옳지 <u>않은</u> 것은 어느 것입니까? ( )

① 그림자는 물체의 앞쪽에 생긴다.
② 빛과 물체가 있어야 그림자가 생긴다.
③ 그림자는 빛이 없으면 생기지 않는다.
④ 손전등 – 물체 – 스크린 순서가 될 때 그림자가 생긴다.
⑤ 흰 종이와 같은 스크린을 사용하면 그림자를 잘 볼 수 있다.

2~3 다음과 같이 손전등과 스크린 사이에 도자기 컵과 유리컵을 놓고, 손전등의 빛을 비추었습니다. 물음에 답하시오.

2 위 ㉠과 ㉡ 중 진하고 선명한 그림자가 생기는 경우의 기호를 쓰시오.

( )

3 위 **2**의 답에 해당하는 물체의 그림자가 진하고 선명한 까닭을 쓰시오. [10점]

서술형

_____

4 우리 생활에서 물체의 그림자가 생기는 것을 이용해 생활을 편리하게 한 예는 어느 것입니까?

( )

① 거울   ② 수족관
③ 진열장의 유리   ④ 투명한 유리 그릇
⑤ 자동차의 햇빛 가리개

5 다음과 같이 ㄴ자 모양 블록을 놓고 손전등의 빛을 비추었을 때 생기는 그림자 모양으로 옳은 것은 어느 것입니까? ( )

6 스크린과 손전등은 그대로 두고 물체를 움직였을 때의 그림자 크기 변화로 옳은 것을 보기 에서 골라 기호를 쓰시오.

보기
㉠ 물체를 손전등에서 멀리 하면 그림자의 크기가 작아진다.
㉡ 물체를 손전등에 가깝게 하면 그림자의 크기가 작아진다.
㉢ 물체를 손전등에서 멀게 하거나 가깝게 해도 그림자의 크기는 변하지 않는다.

( )

7 거울 앞에 서서 오른쪽 팔을 위로 든다면, 거울에는 어느 쪽 팔을 들고 있는 것처럼 보이는지 쓰시오.

(   )

8 자동차의 뒷거울로 뒤에서 오는 구급차를 보았을 때 구급차에 쓰여진 글자가 똑바로 보이게 하기 위해서 구급차 앞부분에 쓰여 있는 글자로 옳은 것을 보기 에서 골라 기호를 쓰시오.

보기

㉠ 119   ㉡ 6ⅡⅠ   ㉢ 6ⅡⅠ

(   )

9 손전등의 빛을 거울에 비췄을 때 빛이 나아가는 모습을 옳게 나타낸 것은 어느 것입니까? (   )

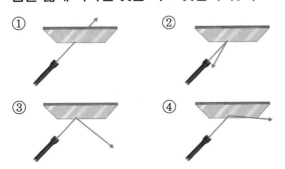

10 다음은 거울에 비친 물체의 모습을 여러 개로 만들 수 있는 방법에 대한 설명입니다. (   ) 안에 들어갈 알맞은 말을 쓰시오.

> 두 개의 거울을 세워 두고, 거울 (   )에 물체를 놓는다.

(   )

11 서술형 다음과 같이 승강기 안에 거울을 설치하면 휠체어를 사용하는 사람에게 편리한 점은 무엇인지 쓰시오. [10점]

12 집에서 거울을 이용한 예로 옳은 것은 어느 것입니까? (   )

① 미용실 거울로 자신의 뒷머리 보기
② 신발 가게에서 선 채로 신발 확인하기
③ 승강기 안 거울로 자신의 옷과 얼굴 보기
④ 자동차 뒷거울로 뒤에서 오는 자동차 보기
⑤ 현관 앞 전신 거울로 외출복의 맵시 확인하기

서술형 평가 1^회

1 다음 안경을 보고, 물음에 답하시오. [12점]

(1) 위 ㉠과 ㉡ 중 연하고 흐릿한 그림자가 생기는 부분의 기호를 쓰시오. [2점]

(   )

(2) 위 ㉠과 ㉡의 그림자의 진하기가 다른 까닭을 쓰시오. [10점]

_____

_____

2 다음과 같이 스크린과 물체, 손전등을 장치하였습니다. 물음에 답하시오. [12점]

(1) 손전등을 움직여 물체의 그림자 크기를 크게 하기 위한 방법을 쓰시오. [6점]

_____

_____

(2) 물체를 움직여 물체의 그림자 크기를 작게 하기 위한 방법을 쓰시오. [6점]

3 다음의 글자 카드를 거울에 비추어 보았습니다. 물음에 답하시오. [12점]

┌─────────────────┐
│   **과학**   │
└─────────────────┘

(1) 거울에 비친 위 글자 카드의 모습을 빈칸에 쓰시오. [4점]

┌─────────────────┐
│   │
└─────────────────┘

(2) 위 (1)의 답으로 보아, 거울에 비친 물체가 어떻게 보이는지 쓰시오. [8점]

_____

_____

4 다음은 생활에서 거울을 이용하는 예입니다. 물음에 답하시오. [12점]

㉠    ㉡

▲ 미용실 거울   ▲ 자동차 뒷거울

(1) 위 거울은 빛의 어떤 성질을 이용한 것인지 쓰시오. [4점]

(   )

(2) 위 ㉠과 ㉡ 거울의 쓰임새를 쓰시오. [8점]

_____

_____

※ 점수 표시가 없는 문항은 8점입니다.

1 다음과 같이 공과 손전등을 놓았을 때 공의 그림자가 생기게 하기 위해서 흰 종이를 놓아야 하는 곳의 기호를 쓰시오.

( )

2 다음 운동장의 모습에 대한 설명으로 옳은 것은 어느 것입니까? ( )

① 햇빛이 있는 방향으로 그림자가 생긴다.
② 구름이 햇빛을 가려도 그림자가 생긴다.
③ 그림자는 햇빛과 관계없이 항상 생기지 않는다.
④ 햇빛이 비치는 낮에 물체 주변에 그림자가 생긴다.
⑤ 햇빛이 비치는 낮에 물체의 종류에 따라 그림자가 생기지 않기도 한다.

3 다음과 같은 꽃병 그림자의 진하기가 다른 까닭을
서술형 쓰시오. [10점]

_____

_____

4 도자기 컵에 빛을 비추었을 때에 대한 설명으로 옳은 것을 보기 에서 두 가지 골라 기호를 쓰시오.

보기
㉠ 빛이 대부분 통과한다.
㉡ 빛이 통과하지 못한다.
㉢ 연하고 흐릿한 그림자가 생긴다.
㉣ 진하고 선명한 그림자가 생긴다.

(,)

5 그림자가 생기는 까닭과 관계있는 빛의 성질은 어느 것입니까? ( )

① 빛이 곧게 나아가는 성질
② 빛이 휘어져 나아가는 성질
③ 빛이 물체에 흡수되는 성질
④ 빛이 물체를 통과하는 성질
⑤ 빛이 색깔을 띠고 있는 성질

6 ㄱ자 모양 블록에 의해 생길 수 없는 그림자를 두 가지 고르시오. (,)

① ② ③

④ ⑤

7 스크린과 동물 모양 종이를 그대로 두었을 때 손전등을 ㉠과 ㉡ 중에서 어느 쪽으로 움직여야 그림자의 크기가 커지는지 쓰시오.

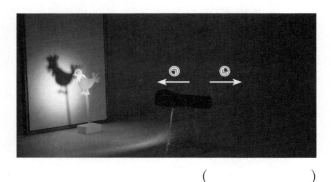

( )

8 다음은 거울에 비친 물체의 모습에 대한 설명입니다. ㉠과 ㉡에 들어갈 알맞은 말을 쓰시오.

물체를 거울에 비춰 보면 물체의 색깔, (㉠)은/는 바뀌어 보이지 않지만 (㉡)은/는 바뀌어 보인다.

㉠ : ( ), ㉡ : ( )

9 빛의 반사에 대한 설명으로 옳은 것은 어느 것입니까? ( )

① 빛이 흐려지는 것이다.
② 빛이 곧게 나아가는 것이다.
③ 빛이 물체를 통과하는 것이다.
④ 빛이 나아가다가 거울에 부딪쳐서 나누어지는 것이다.
⑤ 빛이 나아가다가 거울에 부딪쳐서 빛의 방향이 바뀌는 것이다.

10 다음과 같이 손전등의 빛을 거울에 수직으로 비췄을 때 손전등의 빛이 나아가는 길을 그리시오.

11 거울이 필요한 상황이 아닌 경우는 어느 것입니까? ( )

① 욕실에서 얼굴을 볼 때
② 승강기 안에서 얼굴을 볼 때
③ 시장에서 물건의 가격을 볼 때
④ 미용실에서 머리 모양을 볼 때
⑤ 옷 가게에서 옷 입은 모습을 볼 때

12 다음과 같이 자동차에서 뒷거울을 이용하는 까닭을 쓰시오. [10점]

서술형

서술형 평가 2^회

1 다음과 같이 장치하고 손전등의 빛을 비추었을 때 그림자가 생기지 않는 까닭을 그림자가 생기는 조건을 포함하여 쓰시오. [8점]

_____

_____

2 다음은 그림자를 이용해 만든 작품입니다. 손 그림자를 어떻게 크게 만들었는지 쓰시오. [8점]

_____

3 다음 거울에 비친 물체의 모습을 보고 거울에 비친 물체의 모습과 실제 물체의 공통점과 차이점을 쓰시오. [8점]

_____

_____

4 다음과 같이 거울 두 개를 사용하여 뒷모습을 볼 수 있는 까닭을 쓰시오. [8점]

_____

※ 점수 표시가 없는 문항은 8점입니다.

1 세계 여러 곳의 화산에 대한 설명으로 옳은 것은 어느 것입니까? ( )

① 화산의 높이는 모두 같다.
② 화산의 경사는 모두 급하다.
③ 화산의 꼭대기는 모두 편평하다.
④ 화산의 분화구는 항상 여러 개이다.
⑤ 꼭대기에 물이 고여 있는 것도 있다.

2 다음은 화산 분출 모형실험입니다. 이 실험 결과에 대한 설명으로 옳지 <u>않은</u> 것은 어느 것입니까? ( )

① 알루미늄 포일이 들썩거린다.
② 마시멜로가 작은 덩어리로 튀어나오기도 한다.
③ 알루미늄 포일 밖으로 마시멜로가 녹아 흘러나온다.
④ 연기는 실제 화산에서 나오는 화산 가스에 비유할 수 있다.
⑤ 알루미늄 포일 밖에서 굳은 마시멜로는 실제 화산에서 마그마에 비유할 수 있다.

3 다음과 같이 화산 위로 뿜어 나오는 크기가 매우 작은 고체 상태의 화산 분출물은 어느 것입니까? ( )

① 용암　　　　　② 마그마
③ 화산재　　　　④ 현무암
⑤ 화산 가스

4 오른쪽 화강암에 대한 설명으로 옳은 것은 어느 것입니까? ( )

① 어두운색을 띤다.
② 표면에 크고 작은 구멍이 많이 뚫려 있다.
③ 대체로 밝은 바탕에 검은색 알갱이가 보인다.
④ 마그마가 지표면 가까이에서 빠르게 식어서 만들어진다.
⑤ 맨눈으로 구별하기 어려울 정도로 알갱이의 크기가 매우 작다.

5 다음은 화성암이 만들어지는 장소를 나타낸 것입니다. ㉠과 ㉡에서 만들어지는 암석의 알갱이의 크기가 다른 까닭을 보기 에서 골라 기호를 쓰시오.

보기
㈎ 단단한 정도가 다르기 때문이다.
㈏ 마그마의 색깔이 다르기 때문이다.
㈐ 마그마가 식는 빠르기가 다르기 때문이다.
㈑ 포함되어 있는 화산 가스의 양이 다르기 때문이다.

( )

6 화산 활동이 우리에게 주는 피해가 <u>아닌</u> 것은 어느 것입니까? ( )

① 산불이 일어난다.
② 관광지로 활용한다.
③ 호흡기 질병이 생긴다.
④ 집과 농경지가 묻힌다.
⑤ 항공기 운항이 어렵다.

7 다음에서 설명하는 것은 어느 것입니까? (   )

> • 화산 활동이 주는 이로움이다.
> • 땅속의 높은 열을 이용하여 전기를 만든다.

①
▲ 용암 동굴

②
▲ 돌담

③
▲ 온천

④
▲ 지열 발전

8 서술형 오른쪽과 같이 우드록을 이용하는 모형실험에서 우드록이 끊어질 때의 느낌을 실제 자연 현상과 비교하여 쓰시오. [10점]

_____

_____

9 다음 지진 피해 사례로 알 수 있는 것으로 옳은 것은 어느 것입니까? (   )

연도	발생 지역	규모	피해 내용
2018	경상북도 포항시	4.6	부상자 발생
2017	경상북도 포항시	5.4	부상자 및 이재민 발생, 건물 훼손
2016	경상북도 경주시	5.8	부상자 발생, 건물 균열, 지붕과 담장 파손

① 지진의 세기는 사례마다 같다.
② 지진이 발생하면 반드시 피해가 생긴다.
③ 우리나라도 지진에 안전한 지역이 아니다.
④ 경주에서 발생한 지진이 가장 약한 지진이다.
⑤ 한 번 지진이 발생한 지역은 다시 지진이 발생하지 않는다.

10 지진에 대한 설명으로 옳지 않은 것은 어느 것입니까? (   )

① 우리나라에서도 지진이 발생한다.
② 규모는 지진의 세기를 나타내는 것이다.
③ 규모 4.0이 규모 5.0보다 강한 지진이다.
④ 큰 규모의 지진이 발생해 인명과 재산 피해가 생기기도 한다.
⑤ 같은 규모의 지진이라도 지진 대비 정도, 지진 경보 시기 등에 따라 피해 정도가 다를 수 있다.

11 서술형 다음과 같이 대형 할인점에 있을 경우 지진으로 흔들릴 때 대처하는 방법을 쓰시오. [10점]

_____

_____

12 지진으로 인한 흔들림이 멈추었을 때 대처하는 방법으로 옳은 것을 두 가지 고르시오. (,   )

① 집에 있을 경우 문을 닫는다.
② 큰 기둥이 있는 곳에 가서 서 있는다.
③ 승강기를 이용해 빨리 밖으로 나온다.
④ 건물 밖으로 나오는 동안 머리를 보호한다.
⑤ 안내하는 사람의 지시에 따라 넓은 장소로 이동한다.

1 화산 분출물을 다음과 같이 세 가지로 분류하였습니다. ㉠~㉢으로 분류한 기준을 쓰고, 그 기준에 따른 특징을 쓰시오. [8점]

㉠	㉡	㉢
화산 가스	용암	화산재, 화산 암석 조각

2 다음과 같이 마시멜로를 감싼 알루미늄 포일을 알코올램프로 가열하였습니다. 물음에 답하시오.

[12점]

(1) 위 실험은 무엇에 대해 알아보고자 하는 것인지 쓰시오. [4점]

(   )

(2) 위 실험에서 시간이 지남에 따라 볼 수 있는 현상을 세 가지 쓰시오. [8점]

3 다음은 양손으로 우드록을 잡고 중심 방향으로 밀어 보는 지진 발생 모형실험입니다. 물음에 답하시오.

[12점]

㉠    ㉡

(1) 위 실험 결과 손에서 떨림이 느껴지는 것은 언제인지 기호를 쓰시오. [2점]

> ㉠ 우드록이 휘어질 때
> ㉡ 우드록이 끊어질 때

(   )

(2) 위 모형실험과 실제 지진의 차이점을 시간과 관련지어 쓰시오. [10점]

4 학교에 있을 때 지진이 발생하는 경우 어떻게 대처해야 하는지 쓰시오. [12점]

(1) 지진으로 흔들릴 때 [6점]

(2) 흔들림이 멈추었을 때 [6점]

※ 점수 표시가 없는 문항은 8점입니다.

1 다음 ( ) 안에 공통으로 들어갈 알맞은 말을 쓰시오.

> ( )은/는 땅속의 암석이 녹은 물질로, ( )이/가 지표 밖으로 분출하여 기체가 빠져나간 것을 용암이라고 한다.

( )

2 다음 화산 분출 모형실험에서 실제 화산 활동으로 나오는 화산 가스와 용암을 나타내는 모습을 각각 쓰시오. [10점]

서술형

_____

_____

3 화산 분출물에 대한 설명으로 옳은 것은 어느 것입니까? ( )

① 용암은 고체인 화산 분출물이다.
② 화산재는 기체인 화산 분출물이다.
③ 용암을 이루는 대부분의 물질은 수증기이다.
④ 고체 상태의 화산 분출물은 크기가 다양하다.
⑤ 화산 가스는 붉은색을 띠며 지표를 따라 흘러내린다.

4 다음 화산 분출 모습에서 마그마가 빨리 식어 암석이 만들어지는 곳의 기호와 만들어지는 암석의 이름을 순서대로 쓰시오.

(,)

5 다음 불국사의 돌계단을 만드는 데 사용된 암석은 어느 것입니까? ( )

① 사암 ② 역암
③ 화강암 ④ 현무암
⑤ 퇴적암

6 화산재가 우리에게 주는 이로운 점은 어느 것입니까? ( )

① 태양 빛을 가린다.
② 땅을 기름지게 한다.
③ 지열 발전에 이용한다.
④ 돌하르방을 만들 때 사용한다.
⑤ 하늘로 올라가 항공기 운항에 영향을 준다.

7 다음은 화산 활동을 산업에 이용하는 지열 발전 모
서술형 습입니다. 이와 같이 화산 활동을 이용하는 산업에
는 무엇이 있는지 두 가지를 쓰시오. [10점]

_____

_____

8 다음 지진 발생 모형실험에 대한 설명으로 옳지
않은 것은 어느 것입니까? (   )

① 우드록이 휘어질 때 손에 떨림이 느껴진다.
② 우드록에 계속 힘을 주면 우드록은 끊어진다.
③ 우드록은 실제 자연 현상에서 땅을 나타낸다.
④ 실제 자연 현상에서 땅이 휘어지는 모습을 나
타낸다.
⑤ 모형실험과 달리 실제 지진은 오랜 시간 동안
지구 내부의 힘이 작용하여 발생한다.

9 다음은 신문 기사의 일부를 나타낸 것입니다. 이
신문 기사를 통해 알 수 있는 내용이 아닌 것은
어느 것입니까? (   )

> **경상북도 포항에서 규모 5.4의 지진 발생!**
>
> 2017년 11월 15일 포항에서 발생한 지진은 지금까
> 지 우리나라에서 발생한 지진 중 가장 큰 피해를 주
> 었습니다. 주변의 아파트가 기울고 대학교 건물이
> 파손되었으며 부상자 및 이재민이 발생했습니다.

① 지진의 세기   ② 지진 발생 날짜
③ 지진 발생 위치   ④ 지진 발생 지역의 기온
⑤ 지진으로 인한 피해 정도

10 다음 최근에 발생한 지진 피해 사례를 통해 알 수
있는 사실로 옳은 것은 어느 것입니까? (   )

연도	발생 지역	규모	피해 내용
2019	필리핀	6.1	사망자 및 부상자 발생, 공항 폐쇄
2019	미국	7.1	부상자 발생, 화재와 산사태 발생
2018	일본	6.7	전기가 끊기고, 철도 운행 정지

① 지진의 세기는 모두 같다.
② 지진에 대비하는 자세가 필요하다.
③ 최근에 지진 발생 횟수가 줄어들고 있다.
④ 일본에서 발생한 지진으로 인한 피해가 거의
없다.
⑤ 위 세 나라 중에서 필리핀에서 가장 강한 지진
이 발생했다.

11 지진이 발생할 경우를 대비하여 미리 준비해야 할
물건이 아닌 것은 어느 것입니까? (   )

① 우산   ② 손전등
③ 비상식량   ④ 구급약품
⑤ 휴대용 라디오

12 다음은 승강기 안에서 지진이 발생했을 때의 대처
방법입니다. (   ) 안에 들어갈 알맞은 말을 쓰시오.

> 모든 층의 버튼을 눌러 가장 (㉠) 열리는 층
> 에서 내리고 (㉡)을/를 이용해 대피한다.

㉠ : (   ), ㉡ : (   )

서술형 평가 2회

1 다음은 화성암입니다. 물음에 답하시오. [12점]

ㄱ  ㄴ

(1) 두 암석의 이름을 각각 쓰시오. [2점]

ㄱ : (   ), ㄴ : (   )

(2) 위 (1)의 답과 같이 암석의 이름을 구분한 까닭을 암석의 색깔과 마그마의 내용을 넣어 쓰시오. [10점]

_____

_____

_____

2 다음과 같이 화산재가 비행기 운항을 어렵게 하는 까닭을 쓰시오. [8점]

_____

3 다음은 도로가 갈라진 모습입니다. 물음에 답하시오. [12점]

(1) 위와 같은 모습은 무엇이 발생했을 때 생기는 것인지 쓰시오. [2점]

(   )

(2) 위와 같은 모습이 생기는 원인을 쓰시오. [10점]

_____

_____

4 다음은 지진 피해 사례를 조사한 내용입니다. 이것으로 알 수 있는 사실을 두 가지 쓰시오. [8점]

> • 최근 우리나라에서 규모 5.0 이상의 지진이 여러 차례 발생하고 있다.
> • 다른 나라에서는 규모가 큰 지진이 발생하여 인명과 재산 피해를 입었다.

_____

_____

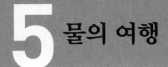

1 물의 순환

• **물의 순환** : 물이 상태를 바꾸면서 육지, 바다, 공기 중, 생명체 등 여러 곳을 끊임없이 돌고 도는 과정

• 물은 여러 곳에서 볼 수 있습니다.

• 물은 순환하지만 지구 전체 물의 양은 변하지 않습니다.

2 물의 순환 과정을 알아보는 모형실험 하기

• 물의 순환 실험 장치를 만들고 수조 안에서 일어나는 현상을 관찰합니다.

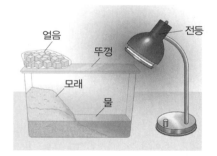

• **탐구 결과** : 수조 안이 뿌옇게 흐려지고, 육지 부분의 뚜껑 아래에 물방울이 맺힙니다. 물방울이 점점 커지다가 아래로 떨어져 물이 모여 있는 곳으로 이동합니다.

• **알 수 있는 사실** : 수조 안에서 물이 순환하는 것처럼 지구의 물도 상태 변화하면서 지구를 순환합니다.

3 물이 소중한 까닭

• **물을 이용하는 경우**

① 공장에서 물건을 만들 때 물을 이용합니다.

② 생선이 상하지 않도록 얼음을 이용합니다.

③ 흐르는 물이 만든 다양한 지형을 관광 자원으로 이용합니다.

④ 물건과 주변을 깨끗하게 만듭니다.

⑤ 물이 떨어지는 높이 차이를 이용해 전기를 만듭니다.

⑥ 생명을 유지시킵니다.

▲ 전기 만들기   ▲ 생명 유지

• **물의 중요성**

① 물은 우리 생활에서 다양하게 이용되므로 중요합니다.

② 물은 식물이나 동물의 몸속을 순환하면서 생명을 유지시킵니다.

③ 빗물은 땅속에 스며들어 나무와 풀을 자라게 합니다.

4 물 부족 현상을 해결할 방법

• **물이 부족한 까닭**

① 자연 환경 : 비가 적게 내리고, 물이 빨리 증발되어 물이 부족한 지역이 있기 때문입니다.

② 인구 증가 : 물의 이용량이 많아졌지만 하수 처리 시설은 부족하여 물 오염이 심각해졌기 때문입니다.

③ 산업 발달 : 환경이 오염되어 이용할 수 있는 물의 양이 줄어들기 때문입니다.

④ 물 낭비 : 사람들이 물을 아껴 쓰지 않기 때문입니다.

• **물 부족 현상을 해결하기 위한 방법**

해수 담수화	바닷물에서 소금 성분을 제거한 물을 얻을 수 있는 장치를 설치한다.
빗물 저금통	빗물 저금통을 설치해 빗물을 재활용한다.
와카워터	낮과 밤의 기온 차이가 큰 지역에 공기 중의 수증기를 물로 모으는 장치를 설치한다.
라이프 스트로우	더러운 물을 깨끗하게 만들어 마신다.

1 물의 상태가 변하면서 여러 곳을 끊임없이 돌고 도는 과정을 무엇이라고 합니까?

2 물이 순환하면 지구 전체 물의 양은 어떻게 됩니까?

3 물이 순환할 때 공기 중에 있는 물의 상태는 고체, 액체, 기체 중 어느 것입니까?

4 물의 순환 과정을 알아보는 실험 장치에서 장치 안 물의 양은 어떻게 됩니까?

5 물이 떨어지는 (   ) 차이를 이용하여 전기를 만듭니다.

6 생선이 상하지 않도록 (얼음, 물, 수증기)을/를 이용합니다.

7 (   )은/는 동식물이 생명을 유지하기 위해 반드시 필요하기 때문에 소중하게 생각해야 합니다.

8 도시가 발달하고 인구가 계속 증가하여 물 이용량이 (줄어들고, 늘어나고) 있습니다.

9 물을 아껴 쓰기 위해 빗물을 모아 화단에 주는 (   ) 저금통을 활용합니다.

10 밤과 낮의 기온 차가 큰 것을 이용해 공기 중의 수증기를 물로 만드는 장치는 무엇입니까?

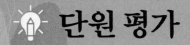

단원 평가

※ 점수 표시가 없는 문항은 8점입니다.

1~2 다음은 물방울이 이동하는 과정을 나타낸 것입니다. 물음에 답하시오.

1 물방울이 머물렀던 장소와 물방울의 상태를 옳게 짝 지은 것은 어느 것입니까? ( )

① 강 – 고체 상태의 얼음
② 땅속 – 액체 상태의 물
③ 바다 – 기체 상태의 수증기
④ 공기 중 – 고체 상태의 얼음
⑤ 사람 몸속 – 기체 상태의 수증기

2 위 물방울이 이동하는 모습을 통해 알 수 있는 물
서술형 의 순환의 특징을 쓰시오. [10점]

_____

_____

3 지구에 있는 물에 대한 설명으로 옳은 것은 어느 것입니까? ( )

① 사람이 마신 물은 순환하지 않는다.
② 물이 순환할 때에는 상태가 바뀌지 않는다.
③ 지역마다 1인당 이용 가능한 물의 양은 같다.
④ 물의 순환으로 지구 전체 물의 양은 계속 줄어든다.
⑤ 여러 곳에서 얼음, 물, 수증기 등 물의 다양한 상태를 볼 수 있다.

4 물을 이용하는 경우가 <u>아닌</u> 것은 어느 것입니까?
( )

① 목욕을 한다.
② 자전거를 탄다.
③ 사과나무를 키운다.
④ 배로 물건을 운반한다.
⑤ 공장에서 물건을 만든다.

5~6 다음과 같이 물의 순환 과정을 알아보는 모형실험 장치를 만들어 햇빛이 잘 비치는 곳에 두었습니다. 물음에 답하시오.

5 위 실험 장치를 햇빛이 잘 비치는 곳에 두기 전에 무게를 재었더니 2 kg이었습니다. 3일이 지난 뒤 물의 순환 실험 장치의 무게는 얼마인지 쓰시오.

( ) kg

6 위 실험 장치를 햇빛이 잘 비치는 곳에 두면 몇
서술형 시간 뒤 안쪽 벽면에 물방울이 맺힙니다. 이 물은 어디에서 왔는지 쓰시오. [10점]

_____

7 오른쪽은 물을 어떻게 이용하는 경우입니까? (   )

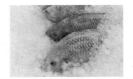

① 전기를 만든다.
② 관광 자원으로 이용한다.
③ 주변을 깨끗하게 만든다.
④ 먹거리를 상하지 않게 한다.
⑤ 농작물을 기를 때 사용한다.

8 물이 우리 생활에서 중요하다는 것을 알 수 있는 예로 옳지 <u>않은</u> 것은 어느 것입니까? (   )

① 동물의 생명을 유지시킨다.
② 빗물이 땅속에 스며들어 나무와 풀을 자라게 한다.
③ 우리 몸속을 순환하며 필요한 영양분을 운반해 준다.
④ 물이 떨어지는 높이 차이를 이용하여 전기를 만든다.
⑤ 물이 산 위에 있는 흙을 모두 운반해 주어 땅을 편평하게 한다.

9 물 부족 현상에 대한 설명으로 옳지 <u>않은</u> 것을 보기 에서 골라 기호를 쓰시오.

보기
㉠ 세계 대부분의 나라는 물이 충분하다.
㉡ 기후에 따라 이용할 수 있는 물의 양이 다르다.
㉢ 세계 여러 지역마다 이용할 수 있는 물의 양은 다르다.
㉣ 아프리카의 여러 지역은 이용할 수 있는 물의 양이 부족하다.

(   )

10 세계 곳곳에서 물이 부족한 까닭으로 옳은 것은 어느 것입니까? (   )

① 동물의 수가 늘어났기 때문이다.
② 사람의 수가 줄어들었기 때문이다.
③ 사람들이 물을 아껴 쓰기 때문이다.
④ 하수 처리 시설이 많아졌기 때문이다.
⑤ 자연적으로 물이 깨끗해지는 속도보다 오염되는 속도가 빠르기 때문이다.

11 우리 생활에서 물 부족 현상을 해결할 방법으로 옳지 <u>않은</u> 것은 어느 것입니까? (   )

①
▲ 빨래는 모아서 한다.

②
▲ 기름기 있는 그릇은 휴지로 닦고 설거지한다.

③
▲ 세수할 때 물을 틀어 놓는다.

④
▲ 빗물을 모아 화단에 물을 준다.

12 다음은 공기 중의 수증기가 응결하여 그물망에 맺힌 물을 모으는 장치입니다. 어떤 지역에 설치해야 합니까? (   )

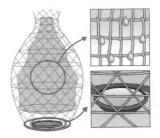

① 서늘한 지역
② 그늘진 지역
③ 비가 많이 내리는 지역
④ 항상 기온이 높은 지역
⑤ 낮과 밤의 기온 차이가 큰 지역

서술형 평가

1 다음 물의 순환 모습을 보고, 물음에 답하시오. [12점]

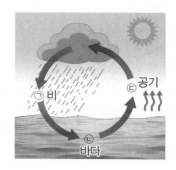

(1) 위 ㉠~㉢ 중에서 물의 상태가 나머지와 다른 하나의 기호를 쓰시오. [4점]

(   )

(2) 위에서 물이 순환하는 과정을 물의 상태 변화를 포함하여 쓰시오. [8점]

_____

_____

2 다음과 같이 물의 순환 실험 장치를 만들어 하루 동안 관찰했습니다. 수조 안 물의 순환 과정을 보기 의 낱말을 모두 사용하여 쓰시오. [8점]

보기			
증발	응결	수증기	물

_____

_____

3 다음은 우리 생활에 물을 이용하는 모습입니다. 물음에 답하시오. [12점]

㉠    ㉡   ㉢

(1) 위에서 전기를 만드는 데 물을 이용하는 모습의 기호를 쓰시오. [4점]

(   )

(2) 위 ㉢과 같이 물을 이용할 때 물을 절약할 수 있는 방법을 쓰시오. [8점]

_____

_____

4 다음과 같이 인구는 계속 증가하고 있습니다. 이와 관련하여 물이 부족한 까닭을 쓰시오. [8점]

_____

_____

계산이 아닌

개념을 깨우치는

수학을 품은 연산

디딤돌
연산 은
수학 이다.

1~6학년(학기용)

수학 공부의 새로운 패러다임

이 한 권에 다 있다! 국·사·과 정답 해설

디딤돌 통합본

정답해설북

이 한 권에 다 있다! 국·사·과 정답 해설

초등
4·2

디딤돌
통합본

정답해설북

1 이어질 장면을 생각해요

😊 개념 확인하기   6쪽

1 만든 사람   **2** 라   **3** 중심인물   **4** (3) ○

준비 😊   7쪽

핵심내용 **❶** 걱정   **❷** 사랑

1 「니모를 찾아서」   **2** ⑤   **3** 딸, 아버지   **4** ④

2 딸은 아버지가 자신에 대해 한꺼번에 너무 많이 물어보자, 꼭 「니모를 찾아서」에 나오는 아빠 물고기 같다고 하였습니다.

3 딸은 아빠 물고기가 니모를 사랑하기도 하지만 걱정이 많다고 하였고, 아버지는 아빠 물고기가 니모를 무척 사랑한다고 하였습니다.

4 기억에 남는 만화 영화나 영화를 떠올리는 것이므로 가장 기억에 남는 장면은 어떤 장면인지 생각해 보는 것이 알맞습니다.

기본 😊   8~11쪽

핵심내용 **❶** 제목   **❷** 등장인물

1 (1) ○   **2** ⑤   **3** 개학을 한 뒤   **4** 채운   **5** 예 다른 등장인물들이 주인공 오늘이를 도와주어서 오늘이가 엄마를 찾아 가는 내용일 것 같다.   **6** 원천강   **7** ②   **8** ④   **9** 연꽃   **10** 오늘이   **11** 하음   **12** (3) ○   **13** ②   **14** 여의주   **15** (3) ○

1 광고지에 선과 지아가 나오고, 예고편에 '사랑, 미움, 질투'라는 낱말이 나오는 것을 통해 (1)과 같은 영화 내용을 상상할 수 있습니다.

2 선은 자기 이름이 언제 불릴까 기대했다가 끝까지 선택을 받지 못하자 실망하는 마음이 들었을 것입니다.

3 장면 **4**에서 개학을 하고 학교에서 선을 만난 지아는 선을 따돌리는 보라 편에 서서 선을 외면했다고 하였습니다.

4 영화의 내용에 어울리는 느낌을 말한 친구를 찾아봅니다.

5 광고지와 등장인물을 통해 주인공을 파악해 보고, 주인공이 어떤 일을 겪을지 상상해 봅니다.

채점 기준 주인공 오늘이를 파악하여 오늘이가 겪을 일을 알맞게 상상하여 썼으면 정답으로 인정합니다.

6 오늘이는 야야와 행복하게 살았던 원천강으로 다시 돌아가 행복하게 살고 싶었습니다.

7 열심히 책을 읽는 행동을 통해 성실한 성격이라는 것을 짐작할 수 있습니다.

8 여의주를 많이 가지고도 용이 되지 못했던 이무기는 여의주를 버리면서 오늘이를 구해 용이 되었습니다.

9 구름이는 연꽃을 꺾어서 매일이에게 주었습니다.

12 남을 위해 희생한다는 내용이 나오므로 이무기가 오늘이를 구해 주는 장면이 알맞습니다.

13 매일이는 행복이 무엇인지 알고 싶어 하였습니다.

❗ 오답 피하기
①은 매일이가 고민을 해결하기 위해서 한 일입니다. ③은 오늘이, ④는 이무기, ⑤는 연꽃나무의 고민입니다.

14 이무기는 위험에 빠진 오늘이를 구하려고 품고 있던 여의주를 모두 버려 마침내 용이 되었습니다.

15 오늘이가 매일이의 병을 고치기 위해 치료법 책을 찾는 과정이 이어지는 것이 자연스럽습니다.

실천 😊   12쪽

1 ②, ⑤   **2** 원천강에 햇빛이 사라져서 식물들이 말라 죽고 있어. 너의 도움이 필요해.   **3** ②   **4** ②   **5** ①   **6** 정서

1 태윤이는 야야가 죽어 슬픔에 빠진 오늘이를 이무기가 등에 태우고 여행을 떠난다는 내용을 썼습니다.

2 원천강에 햇빛이 사라져 야야가 용을 데리고 왔다는 내용에 어울리는 대사를 생각해 봅니다.

채점 기준 원천강에 햇빛이 사라져 식물들이 말라 죽고 있어서 용의 도움이 필요하다는 내용으로 썼으면 정답으로 인정합니다.

3 원천강이 예전의 모습으로 돌아와 잔치를 벌이는 상황이므로 기쁜 표정, 신나는 표정 등이 어울립니다.

4 역할극을 할 때에는 또박또박 정확하게 발음해서 듣는 사람들이 대사를 잘 알아들을 수 있게 해야 합니다. 연기를 실감 나게 하려면 자신이 맡은 역할에 맞게 적절한 표정, 몸짓, 말투로 해야 합니다.

1 불타는 얼음을 차지하려고　**2** (3) ◯　**3** 예 아무르와 싸워 불타는 얼음을 되찾은 강치의 용기를 본받고 싶다.　**4** (큰) 귀　**5** ⑤　**6** 예 임금님은 백성에게 자신의 귀가 커졌음을 알리고 어진 임금이 되었다.

3 만화 영화의 내용에 어울리는 느낌을 자유롭게 씁니다.

> **채점 기준** 장면 ➊, ➋, ➌의 내용에 어울리는 느낌을 썼으면 정답으로 인정합니다.

4 임금님은 큰 귀를 감추고 싶어서 의관을 만드는 노인에게 큰 왕관을 만들게 하였습니다.

5 임금님은 큰 귀를 백성의 소리에 귀를 기울이는 어진 임금이 되라는 뜻으로 받아들였습니다.

6 임금님이 어진 임금이 되기 위해 어떻게 했을지 상상해 봅니다.

> **채점 기준** 임금님이 어진 임금이 되기 위해 어떻게 했는지 나타나도록 썼으면 정답으로 인정합니다.

1 (1) ④　(2) ③　(3) ②　(4) ①　**2** (1) 의심스러운　(2) 슬기로운　**3** (1) 송이송이　(2) 시름시름　**4** (1) ㉯　(2) ㉮　**5** (1) 으로서　(2) 으로써　**6** (1) ◯　(4) ◯

1 각 낱말에 알맞은 뜻을 찾아 선으로 이어 봅니다.

2 (1) '수상한'은 '보통과는 달리 이상하여 의심스러운.'이라는 뜻입니다. (2) '어진'은 '마음이 너그럽고 착하며 슬기롭고 덕행이 높은.'이라는 뜻입니다.

3 '시름시름'은 병세가 더 심해지지도 않고 나아지지도 않으면서 오래 끄는 모양을 흉내 내는 말이고, '송이송이'는 '여럿 있는 송이마다 모두.'라는 뜻으로, 여러 송이가 함께 모여 있는 모양을 흉내 내는 말입니다.

4 (1)은 배가 물을 양옆으로 열며 움직였다는 말이므로 ㉯의 뜻으로, (2)는 편을 나누어 따로따로 되게 했다는 말이므로 ㉮의 뜻으로 쓰인 것입니다.

5 (1)에서 학급 회장은 신분 또는 자격을 나타내므로 '학급 회장으로서'와 같이 쓰고, (2)에서 농사의 시작은 한곳에 머물러 살게 된 까닭이 되므로 '시작함으로써'와 같이 씁니다.

6 (1)과 (2)는 어떤 일의 수단이나 도구 또는 까닭을 나타내는 '(으)로써'가 알맞고, (3)과 (4)는 지위나 신분 또는 자격을 나타내는 '-(으)로서'가 알맞습니다.

1 「니모를 찾아서」　**2** ⑤　**3** ②　**4** 선, 지아　**5** ③　**6** (2) ◯　**7** 예 선이 지아와 예전처럼 친해지려고 노력할 때 마음이 아팠다.　**8** 오늘이, 여의주　**9** (1) ◯　**10** ①　**11** ④　**12** (3) ◯　**13** ①, ⑤　**14** 원천강으로 가야 하는데 가는 길을 모르는 것　**15** ③　**16** (1) 예 오늘이 (2) 예 오늘이의 친구인 매일이의 병을 고치려고 치료법 책을 찾아야 하는 일이 생긴다.　**17** ⑤　**18** ②　**19** ㉮　**20** ㉮

2 딸은 아버지가 한꺼번에 너무 많이 물어보자, 「니모를 찾아서」에서 걱정이 많은 성격으로 나오는 아빠 물고기를 떠올렸습니다.

3 아버지는 아빠 물고기가 니모를 무척 사랑한다고 생각하셨습니다.

4 사건의 중심이 되는 인물은 선과 지아입니다.

5 지아가 보라에게 사과를 했다는 내용은 나오지 않습니다.

6 인상 깊은 장면으로 선이 지아가 금을 밟지 않았다고 말하는 장면을 말하였습니다.

7 영화의 내용에 어울리는 느낌을 자유롭게 씁니다.

채점 기준	
선과 지아의 우정에 대해 다룬 영화의 내용에 어울리는 느낌을 알맞게 쓴 경우	5점
'안타깝다'와 같이 느낌을 너무 간단히 쓴 경우	2점

8 광고지에는 오늘이와 여의주가 나와 있습니다.

9 광고지 속 주인공 오늘이가 먼 길을 여행하는 내용, 친구들의 도움을 받아 엄마를 찾아 가는 내용 등이 알맞습니다.

10 매일이는 행복을 찾고 싶어서 책만 읽은 것입니다.

11 포기하지 않고 원천강으로 돌아간 것을 통해 용기가 있고 쉽게 포기하지 않는 성격임을 알 수 있습니다.

12 오늘이가 처음 본 등장인물들에게 물어본 행동에 어울리는 까닭을 말한 것을 찾아봅니다.

13 강치가 불타는 얼음을 되찾아 독도를 지켜 낸 모습에서 느낀 점으로 알맞은 것은 ①과 ⑤입니다.

15 연꽃나무는 꽃봉오리를 많이 가지고 있는데도 꽃이 하나만 핀 까닭이 궁금했는데, 연꽃이 꺾어지자마자 송이송이 다른 꽃들이 피기 시작하였습니다.

16 사건의 중심이 되는 중심인물을 정하고, 어떤 일이 일어날지 상상해 봅니다.

채점 기준	
중심인물을 알맞게 정하고 중심인물에게 일어나는 일을 앞부분의 내용과 자연스럽게 이어지도록 쓴 경우	5점
중심인물은 정하였으나 중심인물에게 일어나는 일을 앞부분의 내용과 이어지도록 쓰지 못한 경우	2점

17 태윤이는 오늘이에게 웃음을 찾아 주고자 용이 된 이무기가 오늘이를 등에 태우고 여행을 떠난다는 내용으로 썼습니다.

18 야아가 죽어 슬픈 마음에 어울리는 몸짓은 눈물을 흘리는 것입니다.

19 역할을 정하고, 대사를 만들며 연습한 뒤 소품을 만듭니다.

20 내용을 길게 꾸미는 것은 중요하지 않습니다.

📄 서술형 평가   18쪽

1 1단계 (1) 예 속상한 (2) 예 행복한   2단계 (1) 예 봉숭아꽃 (2) 예 봉숭아 꽃잎을 찧어서 손톱에 물을 들였다.   3단계 예 피구를 하려고 편을 나눌 때 선의 표정이 점점 변해 가는 것이 가장 인상 깊었다.

2 예 야아와 행복하게 살았던 원천강으로 다시 돌아가 행복하게 살고 싶어서이다.

3 (1) 예 ★★★★★   (2) 예 고민을 해결해 가는 등장인물들의 용기 있는 모습이 보기 좋았다.

1 1단계 〈장면 1〉에서 선은 맨 마지막까지 친구들에게 선택을 받지 못해 속상하고 실망스러웠을 것이고, 〈장면 2〉에서 선은 지아와 친한 사이가 되어서 기쁘고 행복하였을 것입니다.

채점 기준	
(1)에 속상한 마음 또는 실망한 마음, (2)에 행복한 마음 또는 기쁜 마음과 비슷하게 쓴 경우	4점
(1)과 (2) 중에서 한 가지만 알맞게 쓴 경우	2점

---

2 2단계 〈장면 2〉에 지아와 선이 봉숭아 꽃잎을 찧어서 손톱에 물을 들였다는 내용이 나옵니다.

채점 기준	
꽃 이름을 쓰고, 한 일도 알맞게 쓴 경우	4점
꽃 이름과 한 일 중에서 한 가지만 쓴 경우	2점

3 3단계 인상 깊은 장면을 자유롭게 씁니다.

채점 기준	
영화에 나오는 장면 중에서 인상 깊은 장면을 찾아 구체적으로 쓴 경우	6점
인상 깊은 장면을 너무 단순하게 쓴 경우	3점

2 야아와 원천강에서 행복하게 살던 오늘이는 다시 예전처럼 행복하게 살고 싶어서 원천강으로 가려고 한 것입니다.

채점 기준	
'행복하게 살고 싶어서'를 포함하여 쓴 경우	4점
'살던 곳이니까'와 같이 간단히 쓴 경우	2점

3 감동을 받은 만큼 별점을 매기고, 감상 평을 씁니다.

채점 기준	
감동 점수를 매기고, 감상 평도 자세히 쓴 경우	8점
감동 점수만 매기거나, 감상평을 너무 간단히 쓴 경우	3점

😎 수행 평가   19쪽

1 예 「머털 도사」   **2** (1) 예 여름 방학 때 (2) 예 아버지, 형과 함께 보았다. (3) 예 머털이, 누덕 도사, 묘선, 떠리, 왕질악 도사 등 (4) 예 머털이의 스승 누덕 도사가 머털이를 절벽에서 훈련시키는 장면. 누덕 도사가 머털이에게 절벽과 절벽 사이의 폭이 좁은 길을 걸어가라고 하는데, 머털이가 주위가 낭떠러지인데 어떻게 가냐고 누덕 도사에게 소리치니까 누덕 도사가 길 주위를 낭떠러지가 아닌 풀밭이라고 생각하라고 한다. (5) 예 내 짝에게 소개해 주고 싶다. 내 짝이 수영을 배우는데 물을 너무 무서워하기 때문이다.

1 친구들에게 소개해 주고 싶을 만큼 재미있었거나 감동받았던 작품을 떠올려 봅니다.

2 물음에 어울리는 내용을 자세히 씁니다.

채점 기준	
(1)~(5) 모두 알맞게 쓴 경우	25점
(1)~(5) 중 네 가지만 알맞게 쓴 경우	20점
(1)~(5) 중 두 가지만 알맞게 쓴 경우	10점

2 마음을 전하는 글을 써요

🙂 개념 확인하기　　　　　　　　　　　　　　　20쪽

1 고마운　　**2** (2) ×　　**3** 읽는 사람　　**4** ㉮, ㉯

준비 🙂　　　　　　　　　　　　　　　　　　21쪽

핵심내용 ❶ 고마운

1 태웅, 반 친구들　　**2** ⑤　　**3** ②, ④, ⑤　　**4** (1) ③ (2) ① (3) ②　　**5** 예 나도 함께 뛸 수 있어서 참 행복했어. / 힘차게 달리는 것보다 느리게 걷는 것이 더 보람 있었어.

1 맨 처음에는 편지를 받는 사람이, 맨 마지막에는 편지를 쓴 사람이 나타나 있습니다.

2 태웅이가 운동회 날 달리기를 하다가 넘어지자 반 친구들이 일으켜 주었습니다.

4 '어디론가 숨고 싶었어.', '미안한 마음이 들어.', '따뜻한 마음 잊지 않을게.'의 표현에는 각각 부끄러운 마음, 미안한 마음, 고마운 마음이 드러나 있습니다.

5 친구들에게 고마워하는 마음을 전하고 있는 태웅이에게 친구들은 어떤 마음을 전하면 좋을지 알맞은 말을 씁니다.

채점 기준 태웅이의 마음을 헤아려 마음을 잘 나타낼 수 있는 표현을 사용하여 썼으면 정답으로 인정합니다.

기본 🙂　　　　　　　　　　　　　　　22~25쪽

핵심내용 ❶ 아들　　❷ 축하

1 ③　　**2** ③, ⑤　　**3** ⑤　　**4** 재영　　**5** 아들 (필립)　　**6** 홍콩　　**7** ①, ⑤　　**8** 규헌　　**9** 예 좋은 사람이 되기 위해 힘써야 한다.　　**10** ⑤　　**11** ④, ⑤　　**12** ②, ③, ④　　**13** ③　　**14** ③　　**15** (1) 축하하는 마음 (2) 위로하는 마음　　**16** (3) ○　　**17** ⑤　　**18** 끝부분

1 '받는 사람, 첫인사, 하고 싶은 말, 쓴 날짜, 쓴 사람'의 형식으로 쓴 편지입니다.

4 이 글은 지우가 김하영 선생님께 쓴 편지로, 체험 학습 때 있었던 일에 대하여 선생님께 고마운 마음을 전하고 있습니다.

8 이 글은 아버지 안창호 선생이 아들의 마음을 고려해서 아들과 관련된 일을 쓴 편지입니다.

9 글쓴이가 당부한 내용은 글 ❷의 첫 문장에 드러나 있습니다.

채점 기준 글쓴이가 당부한 내용을 찾아 간추려 썼으면 정답으로 인정합니다.

10 글쓴이는 아무 책이나 읽지 말고, 좋은 책을 골라 꾸준히 읽으라고 당부하였습니다.

12 글쓴이는 ②, ③, ④와 같은 표현을 사용하여 아들에 대한 믿음과 아들에게 당부하는 마음을 전하고 있습니다.

13 마음을 전하는 글을 쓸 때에는 있었던 일과 그 일에 대한 생각이나 느낌을 자세히 쓰는 것이 좋습니다.

15 그림 ㉯는 친구가 상을 받은 상황이므로 축하하는 마음을, 그림 ㉰는 친구의 병문안을 간 상황이므로 위로하는 마음을 전하는 것이 알맞습니다.

16 그림 ㉱는 민희가 친구와 함께 놀았던 일을 그리워하는 상황으로, (3)과 같은 말로 마음을 표현할 수 있습니다.

❶ 오답 피하기
(1)은 축하하는 마음, (2)는 위로하는 마음을 전할 때 알맞은 표현입니다.

17 마음을 전하는 글을 쓸 때 글을 쓰는 데 걸린 시간은 밝히지 않아도 됩니다.

18 읽는 사람에게 바라는 점이나 쓴 날짜, 글쓴이는 마음을 전하는 글에서 가장 마지막 부분에 들어가는 내용입니다.

실천 🙂　　　　　　　　　　　　　　　　26쪽

1 ②　　**2** (1) ○ (3) ○　　**3** ①, ④　　**4** 마음을 담은 쪽지를 붙였다.　　**5** 예 훈훈한 마음을 느꼈을 것이다.

1 재환이는 새로 만난 이웃들에게 인사를 드리고 싶어 편지를 썼다고 하였습니다.

2 재환이가 쓴 편지에는 자신의 가족을 소개하는 내용과 새로 만난 이웃에게 인사하는 내용이 담겨 있습니다.

3 이사 온 동네가 마음에 들고 앞으로 이웃들과 좋은 이웃이 되고 싶다고 쓴 부분에서 기쁘고 설레는 마음을 알 수 있습니다.

5 이웃들이 붙인 쪽지와 글의 마지막 부분에서 이웃 사람들이 느낀 마음을 생각하여 씁니다.

채점 기준 재환이의 편지를 읽고 난 이웃 사람들의 마음을 헤아려 썼으면 정답으로 인정합니다.

국어활동 😊

핵심내용 ❶ 사랑

1 ②　　2 (2) ○　　3 ④　　4 ②　　5 아들　　6 (2) ○

7 ②　　8 ①

1 이 글은 엄마가 딸들과 관련된 일을 떠올리며 딸들에게 쓴 편지입니다.

3 엄마는 딸들이 건강하고 훌륭하게 자랄 수 있도록 돕겠다면서 언제나 사랑한다고 썼습니다.

4 ②는 큰딸 시연이가 4학년이 되었다는 사실을 말한 표현입니다.

6 글쓴이는 상대에게 좋은 인상을 줄 수 있는 방법을 알려 주고 있습니다.

7 글 ㉯에서 좋은 인상을 주려면 넓은 지식, 올바른 태도, 옷차림과 말투, 행동에 신경 쓰고, 외모를 단정히 하는 것도 필요하다고 했습니다.

8 ㉡~㉤에는 글쓴이가 아들에게 당부하는 마음이 잘 드러나 있습니다.

❶ 오답 피하기
㉠은 동전의 특징을 설명한 표현입니다.

➕ 단원 어휘 다지기 29쪽

1 (1) 시범　(2) 인격　(3) 치장　(4) 인상　　2 낯설기만　　3
(2) ○　　4 들르지　　5 (1) 아주　(2) 따스한　　6 (1) 막찌
(2) 발끼도　　7 ③

1 모범을 보이는 것은 '시범'을 뜻하고, 사람으로서의 품격은 '인격'을 뜻합니다. 잘 매만져 곱게 꾸미는 것은 '치장'을 뜻하고, 어떤 대상에 대하여 마음속에 새겨지는 느낌은 '인상'을 뜻합니다.

2 이사 온 지 얼마 되지 않았다고 했으므로 전에 본 기억이 없어 익숙하지 않다는 뜻을 지닌 '낯설기만'으로 바꾸어 써야 올바른 문장이 됩니다.

3 (1) 하는 짓이나 모양이 자연스럽지 못하고 우습고 싱거운 데가 있다는 것을 뜻하는 낱말은 '쑥스럽다'가 바른 표기입니다.

4 지나는 길에 잠깐 들어가 머무른다는 뜻을 가진 낱말은 '들르다'로 써야 합니다. '들리다'는 사람이나 동물의 감각 기관을 통해 소리가 알아차려진다는 뜻으로, 귀로 소리를 듣는 것과 관련된 낱말입니다.

5 (1)의 '워낙'은 '두드러지게 아주.'라는 뜻이고, (2)의 '훈훈한'은 '마음을 부드럽게 녹여 주는 따스함이 있는.'이라는 뜻입니다.

6 (1) '맑' 다음에 자음자가 이어지므로 [ㄱ]만 소리 나서 [막찌]로 발음합니다. (2) '밟' 다음에 자음자 'ㄱ'이 이어지므로 'ㄼ'은 [ㄹ]로 소리 나서 [발끼도]로 발음합니다.

7 ①은 [막따], ②는 [말끼도], ④는 [박찌], ⑤는 [북찌]로 발음해야 합니다.

☀ 단원 평가 30~32쪽

1 ①　　2 ㉣　　3 ②　　4 ②　　5 (전)지우　　6 (1) ○
7 고맙습니다.　　8 ④　　9 사랑하는　　10 ②, ⑤　　11
①　　12 ㉣　　13 좋은 친구, 좋은 책　　14 예 "열심히 견디거라.", "꾸준히 읽어라."와 같은 표현으로 당부하는 마음을 전하였다.　　15 ㉰　　16 ④　　17 (2) ○　　18 예 지난번 무릎을 다쳤을 때 치료를 해 주신 보건 선생님께 고마운 마음을 편지로 쓰고 싶다.　　19 미희　　20 ③

2 ㉣은 태웅이가 친구들의 따뜻한 마음을 잊지 않겠다며 친구들에게 고마운 마음을 전한 것입니다.

4 이 글은 지우가 선생님께 쓴 편지로, 읽는 사람이 정해져 있습니다.

7 지우는 선생님께 고마운 마음을 전하려고 '고맙습니다'라는 표현을 사용하였습니다.

8 글쓴이의 마음을 파악하려면 글쓴이가 자주 쓰는 표현이 아니라 마음을 전하려고 사용한 표현을 살펴보아야 합니다.

10 글 ㉮에는 아들이 팔을 다친 일에 대해 걱정하는 마음과 한 학년 올라가게 된 일을 축하하는 마음이 담겨 있습니다.

12 ㉣은 글쓴이가 앞으로의 계획을 설명한 말입니다.

14 글쓴이의 편지에서 아들에게 당부하는 말을 전하기 위해 사용한 표현을 찾아봅니다.

채점 기준

글쓴이가 당부하는 마음을 전한 표현을 찾아 글을 쓴 방법을 정리하여 쓴 경우	5점
글쓴이가 당부하는 내용이 구체적으로 드러나 있지 않은 경우	2점

15 읽는 사람의 마음을 헤아리고 읽는 사람의 마음이 어떠할지를 짐작하며 씁니다.

17 친구에게 축하하는 마음을 전하는 상황에 어울리는 표현을 찾습니다.

18 마음을 전하고 싶은 사람을 떠올려 전하고 싶은 마음을 어떻게 전할지 씁니다.

채점 기준	
마음을 전하고 싶은 일과 전하고 싶은 마음, 전하고 싶은 방법이 모두 드러나게 쓴 경우	5점
마음을 전하고 싶은 일과 전하고 싶은 마음, 전하고 싶은 방법 중에서 빠진 내용이 있는 경우	2점

19 재환이는 새로운 동네에 이사 와서 이웃에게 인사하려고 편지를 썼습니다.

20 재환이는 새로 이사 온 곳이 마음에 들고 좋은 이웃이 되고 싶다고 설레는 마음을 표현하였습니다.

📋 서술형 평가 33쪽

1 1단계 고마운 2단계 ❲예❳ 운동회 때 반 친구들이 달리다가 넘어진 자신을 일으켜 주고 같이 달려 준 일 3단계 ❲예❳ 힘껏 달리지 못하게 해서 미안하고 같이 달려 주어서 정말 고마워.

2 (1) ❲예❳ 고마운 마음 (2) ❲예❳ 고맙습니다.

3 ❲예❳ 체험 학습에서 도자기 만드는 것을 선생님께서 도와주셨기 때문이다.

1 1단계 이 글은 태웅이가 반 친구들에게 고마운 마음을 전하기 위해 쓴 편지입니다.

채점 기준	
'고마운'이라는 말이 들어가게 쓴 경우	4점

2 2단계 태웅이는 운동회 때 반 친구들이 함께 달려 주고 응원해 준 일에 대하여 고마운 마음을 전하고 있습니다.

채점 기준	
운동회 때 있었던 일을 알맞게 정리하여 쓴 경우	6점
운동회 때 있었던 일을 구체적으로 쓰지 않은 경우	3점

3 3단계 태웅이의 입장이 되어 친구들에게 미안한 마음과 고마운 마음을 전할 수 있는 표현을 씁니다.

채점 기준	
태웅이의 미안하고 고마운 마음을 알맞은 문장으로 정리하여 쓴 경우	8점
태웅이의 마음을 헤아려 썼으나 표현이 부족한 경우	4점

2 지우는 "제 마음에 드는 그릇을 만들도록 도와주셔서 고맙습니다."라는 말로 고마운 마음을 전하였습니다.

채점 기준	
(1), (2) 모두 바르게 쓴 경우	4점
(1), (2) 중 한 가지만 바르게 쓴 경우	2점

3 지우는 어떤 일 때문에 선생님께 고마운 마음이 들었는지 씁니다.

채점 기준	
선생님께서 도와주신 일을 구체적으로 정리하여 쓴 경우	8점
'선생님께서 도와주셔서'와 같이 간단히 쓴 경우	4점

😊 수행 평가 34쪽

1 (1) ❲예❳ 소방관 아저씨 (2) ❲예❳ 고마운 마음 / 감사한 마음 (3) ❲예❳ 체육 시간에 소방관 아저씨께 소화기 사용법과 심폐 소생술을 배웠다. (4) ❲예❳ 고맙습니다. / 마음을 잊지 않겠습니다. **2** ❲예❳ 119 소방관 아저씨께 / 소방관 아저씨, 안녕하세요? 저는 ○○ 초등학교에 다니는 ○○○입니다. 소방관 아저씨께 고마운 마음을 전하려고 이렇게 편지를 쓰게 되었습니다. / 지난주 체육 시간에 학교 운동장에서 119 소방 체험 학습을 했을 때였습니다. 불이 났을 때 어떻게 해야 하는지 소방관 아저씨께서 시범을 보여 주셨습니다. 특히 소화기 사용법과 심폐 소생술을 배운 것이 가장 기억에 남습니다. / 소방관 아저씨, 생명의 소중함을 알게 해 주셔서 정말 고맙습니다. 사람들의 생명을 먼저 생각하시는 아저씨의 마음을 잊지 않겠습니다. / 그럼 안녕히 계세요. / 20○○년 9월 ○○일 / ○○○ 올림

1 마음을 전하고 싶은 일을 떠올려 누구에게 어떤 마음을 어떤 말로 전할지 생각하여 씁니다.

채점 기준	
(1)~(4) 모두 알맞게 쓴 경우	10점
(1)~(4) 중 두세 가지만 알맞게 쓴 경우	7점
(1)~(4) 중 한 가지만 알맞게 쓴 경우	2점

2 '받는 사람, 첫인사, 하고 싶은 말, 쓴 날짜, 쓴 사람'의 편지 형식을 갖춰 마음을 잘 나타낼 수 있는 표현을 사용하여 글을 씁니다.

채점 기준	
편지 형식으로 마음을 전하는 표현을 알맞게 사용하여 글을 쓴 경우	15점
편지 형식에서 약간 벗어나거나 마음을 전하는 표현이 부족한 경우	8점

3 바르고 공손하게

1 (1) ○ (2) ○   **2** (1) 경청 (2) 높임말   **3** ㉮, ㉯   **4** 그림말

핵심내용 ❶ 바우 ❷ 별명

1 (1) ① (2) ②   **2** ④   **3** ②   **4** ㉒ 아랫마을 양반의 호칭과 말투가 윗마을 양반보다 자신을 더 존중해 주는 느낌이 들었기 때문이다.   **5** ③   **6** ①   **7** 채은   **8** ㉒ 듣기 싫은 별명을 불러서 미안해. 다음부터는 네 이름으로 부를게.

1 윗마을 양반은 박 노인을 '바우'라고 불렀고, 아랫마을 양반은 박 노인을 '박 서방'이라고 불렀습니다.

2 젊은 양반이 나이가 많은 자신에게 함부로 말해서 박 노인은 기분이 나쁘고 짜증이 났을 것입니다.

3 박 노인은 자신을 '박 서방'이라고 부르며 깍듯이 부탁하는 말투로 말한 아랫마을 양반의 말을 듣고 즐거운 기분이 들었을 것입니다.

4 박 노인은 자신을 더 존중해 준 아랫마을 양반에게 좋은 고기를 더 많이 주었습니다.

> **채점 기준** 아랫마을 양반의 말투가 자신을 더 존중해 주었기 때문이라는 내용과 비슷하게 썼으면 정답으로 인정합니다.

5 영철이는 교실로 들어오는 민수를 보며 듣기 싫어하는 별명을 불렀습니다.

6 채은이가 밝은 목소리로 이름을 부르며 인사하는 말을 듣고 민수도 밝은 목소리로 말했으므로 기분이 좋았을 것입니다.

7 영철이는 민수가 듣기 싫어하는 별명을 부르며 인사했고, 채은이는 밝은 목소리로 민수의 이름을 부르며 인사했습니다.

8 별명을 부르며 함부로 말한 영철이에게 민수가 밝은 표정으로 예의를 갖춰서 부탁한다면 영철이도 민수에게 예의 바른 말로 답했을 것입니다.

> **채점 기준** 영철이가 예의 바른 말로 답한 내용을 알맞게 썼으면 정답으로 인정합니다.

핵심내용 ❶ 제가 ❷ 귓속말 ❸ 높임말 ❹ 기회

1 (1) 내가 (2) 제가   **2** 여자아이   **3** ⑤   **4** ③   **5** ㉒ 고맙습니다.   **6** 생일잔치   **7** ⑤   **8** 식탁   **9** 영지   **10** ④   **11** ④   **12** ㉒ 친구를 따돌리는 것 같은 느낌을 주기 때문이다. / 친구가 서운하고 속상해할 수 있기 때문이다.   **13** ③   **14** ④   **15** ②   **16** ⑤   **17** ㉒ 친구에게 배려받는 것 같아서 친구와 사이가 더 좋아진다.   **18** 교실을 깨끗이 사용하자.   **19** ④   **20** 다수결   **21** ⑤   **22** ③   **23** 서진   **24** (3) ○   **25** (1) ㉒ 말할 기회를 얻지 않고 말했고 공식적인 상황에서 높임말을 사용하지 않았다. (2) ㉒ 말할 기회를 얻지 않고 말했고 상대에게 거친 말을 사용했다.   **26** ②   **27** ③   **28** ⑤   **29** ③   **30** ⑤   **31** (1) ○   **32** ②   **33** ㉒ 온라인 대화 예절을 생각해 꼭 필요한 경우에만 적절하게 사용한다.

1 자신을 가리키는 말로 남자아이는 '내가'라는 말을 사용하였고, 여자아이는 '제가'라는 말을 사용하였습니다.

2 여자아이는 대화 예절에 맞게 '제가'라고 말하였습니다.

3 웃어른과 대화할 때에는 여자아이처럼 자신을 낮추어 '제가'라고 표현하는 것이 예절에 맞습니다.

4 그림 ㉯에서 여자아이와 남자아이 모두 고마움을 표현하고 있습니다. 하지만 웃어른께 "수고하셨어요."라고 말씀드리는 것은 대화 예절에 어긋납니다.

5 승강기를 함께 탈 수 있도록 기다려 주신 아저씨께 "고맙습니다." 또는 "감사합니다."라고 마음을 직접적으로 표현해야 합니다.

6 신유는 자신의 생일에 친구들을 집으로 초대했습니다.

7 신유 친구들은 신유 어머니께 대충 인사하고 집 안으로 급하게 들어갔습니다.

8 친구들이 식탁에 앉아 신유 어머니께서 준비해 주신 음식을 먹을 때 일어난 일입니다.

9 음식을 준비해 주신 신유 어머니께 "고맙습니다." 하고 인사를 드려야 예절 바른 행동입니다.

10 친구들은 신유 방에 책이 많이 있는 것을 보고 책을 좋아하는 신유에 대해 말했습니다.

11 신유는 귓속말을 하는 친구들을 보고 자기만 빼고 비밀 이야기를 하는 것 같아서 기분이 나빴습니다.

12 친구 앞에서 귓속말을 주고받으면 서운하고 속상한 마음이 들 뿐만 아니라 오해를 불러일으킬 수도 있습니다.

친구 앞에서 귓속말을 했을 때 좋지 않은 점을 썼으면 정답으로 인정합니다.

13 신유 어머니께서는 예절을 지켜 말하는 신유 친구들을 흐뭇하게 바라보며 칭찬하셨습니다.

14 사슴 역할을 한 친구는 토끼 역할을 한 친구가 이야기하는 도중에 끼어들어 말했습니다.

15 거북 역할을 한 친구가 거친 말로 놀리고 겁을 주어서 토끼 역할을 한 친구는 무시당하는 기분이 들었을 것입니다.

16 사자 역할을 한 친구가 남이 하는 말은 듣지 않고 자기 말만 해서 토끼 역할을 한 친구의 기분이 상하였습니다.

17 친구와 말할 때에도 예절을 지켜야 하는 까닭을 생각하여 봅니다.

서로 존중하고 배려하는 마음을 느낄 수 있다는 내용과 비슷하게 썼으면 정답으로 인정합니다.

18 찬민이는 청소를 하고 나서도 교실이 깨끗하지 않아서 "교실을 깨끗이 사용하자."를 주제로 제안했습니다.

19 학급 회의 주제는 "친구들과 사이좋게 지내자."로 정했습니다.

20 학급 회의 주제는 다수결의 원칙에 따라 정했습니다.

21 태영이는 기분이 나빠지면 서로 사이좋게 지내기가 어려워지기 때문에 "듣기 싫은 별명으로 부르지 말자."라는 의견을 냈습니다.

22 희정이가 의견을 발표하는 도중에 찬우가 끼어들어서 희정이는 의견을 끝까지 말하지 못했습니다.

23 찬우는 희정이가 의견을 발표할 때 끼어들었습니다.

24 친구들이 나쁜 말을 주고받으면 사이가 안 좋아지는 것을 자주 봤다고 했으므로 고운 말을 사용하자는 의견이 들어가야 알맞습니다.

25 경희와 희정이가 사회자에게 '주의'를 받은 행동을 찾아 씁니다.

경희와 희정이가 회의할 때 예절에 어긋난 내용을 썼으면 정답으로 인정합니다.

26 찬민이는 다른 사람 의견을 잘 듣지 않아서 친구가 말한 내용을 정확하게 말하지 못했습니다.

27 찬성과 반대 의견을 헤아려 다수결로 결정하는 회의 절차는 '표결'입니다.

❶ 오답 피하기
① 개회: 회의 시작을 알립니다.
② 폐회: 회의 마침을 알립니다.
④ 주제 토의: 선정한 주제에 맞는 의견을 제시합니다.
⑤ 결과 발표: 결정한 의견을 발표합니다.

28 회의 주제는 "친구들과 사이좋게 지내자."이고 실천 내용은 "듣기 싫은 별명으로 부르지 말자."로 결정했습니다.

29 나와 의견이 다르더라도 존중해야 하고 남의 의견을 비난하지 말아야 합니다.

30 영철이가 대화명을 이름이 아닌 '@.@'을 사용해서 지혜가 영철이를 못 알아본 것입니다.

31 영철이는 줄임말 'ㅇㅈ'의 뜻을 몰라 무슨 말인지 이해하지 못했습니다.

32 '☹'은 화난 기분을 나타내는 그림말입니다.

33 상대가 모를 수도 있는 줄임말이나 그림말은 되도록 사용하지 않는 것이 좋습니다.

상대가 잘 이해할 수 있을 정도로만 적절하게 사용해야 한다는 내용을 썼으면 정답으로 인정합니다.

실천 😊   **46쪽**

1 예 부모님이나 선생님께 여쭈어본다.   **2** ⑤   **3** 출처
4 (1) ◯   **5** ②   **6** (3) ◯

1 뉴스나 방송 프로그램 시청하기, 책에서 찾아보기, 인터넷에서 검색하기, 부모님이나 선생님께 여쭈어보기 등의 방법이 있습니다.

2 말조심을 해야 한다는 뜻이 담겨 있는 속담을 찾아봅니다.

❶ 오답 피하기
① 조그마한 실수나 방심으로 큰일을 망쳐 버린다는 말입니다.
② 일이 이미 잘못된 뒤에는 손을 써도 소용이 없다는 말입니다.
③ 아주 무식함을 비유적으로 이르는 말입니다.
④ 남이 잘되는 것을 기뻐하지는 않고 오히려 질투하고 시기하는 경우를 비유적으로 이르는 말입니다.

3 다른 사람이 쓴 책이나 자료를 활용하여 조사할 때에는 출처를 정확하게 밝혀야 합니다.

4 어른께 급한 일이 있다는 내용을 예의를 갖추어 공손한 태도로 말씀드려야 합니다.

5 은서는 대화 예절과 관련 있는 경험이 아니라 대화 예절을 지켜 말하는 방법에 대해 말했습니다.

6 (1)은 언제나 대화 예절을 잘 지키자는 내용과 관련 있는 표어이고, (2)는 대화 예절을 지키지 않았을 때 생길 수 있는 내용과 관련 있는 표어입니다.

6 '흐뭇하게'는 '마음에 흡족하여 매우 만족스럽게.'라는 뜻을 지닌 낱말입니다.

7 '어떻게 되어 있든.'의 뜻을 지닌 '아무튼'은 소리 나는 대로 적는 것이 바른 표기입니다.

국어활동 ☺   47쪽

1 ④   **2** ⑤   **3** ⑤   **4** ㉯, ㉰

1 시간이나 장소, 듣는 사람의 수, 분위기 등을 고려하며 알맞은 크기의 목소리로 말해야 합니다.

2 영수 아버지께 예의 바른 말과 공손한 태도로 그림 속 상황에 맞는 내용을 말씀드려야 합니다.

3 자신에게 관심이 없는 이야기더라도 대화를 주고받을 때에는 다른 사람이 하는 말을 끝까지 듣고 상황에 맞게 적절히 반응해야 합니다.

4 실수한 것에 대해 미안해하는 친구의 마음을 헤아려 예절에 맞게 말한 것은 ㉯와 ㉰입니다.

➕ 단원 어휘 다지기   48쪽

1 (1) × (2) ○ (3) × (4) ○   **2** 끝   **3** (1) ○   **4** ③
5 (1) 태연한 (2) 서운한   **6** ②, ④   **7** 아무튼

1 (1) '추가'는 나중에 더 보태는 것을 뜻합니다. (3) '효과음'은 장면의 실감을 더하기 위하여 주는 소리를 뜻합니다.

2 학급 회의를 마칠 때 쓰는 '이상'은 '끝'의 뜻을 나타내는 말입니다.

3 (2)의 '주의'는 어떤 한 곳이나 일에 관심을 집중하여 기울이는 것을 뜻하고, (3)의 '주의'는 마음에 새겨 두고 조심하는 것을 뜻합니다.

4 회의에서 어떤 안건에 대하여 찬성과 반대 의사를 표시하여 결정하는 것을 뜻하는 낱말은 '표결'이고, 많은 사람의 의견에 따라 안건을 결정하는 일을 뜻하는 낱말은 '다수결'입니다.

5 (1) 속으로는 겁을 먹었지만 겉으로는 아무렇지 않았다는 의미이므로 '태연한'이 알맞습니다. (2) 친한 친구가 전학을 가서 아쉽고 섭섭한 마음이 들었다는 의미이므로 '서운한'이 알맞습니다.

💡 단원 평가   49~51쪽

1 윗마을 양반   **2** ③   **3** ④   **4** ②   **5** ②, ④, ⑤
6 예 아버지, 제가 수저를 놓을게요.   **7** (3) ○   **8** ⑤
9 ②   **10** 예 기분을 상하게 해서 미안해. 이제 그만할게.
11 예 인사할 때에는 눈을 마주치며 인사해야 한다. / 친구 앞에서는 귓속말을 하지 않는다.   **12** 친구들과 사이좋게 지내자.   **13** ③   **14** 예 말할 기회   **15** ①, ②, ④   **16** ④
17 예 서로 존중하는 태도로 회의를 원활하게 진행할 수 있다. / 서로 존중받는 분위기에서 편하게 회의에 참여할 수 있다.   **18** ②   **19** ④   **20** ②

1 윗마을 양반은 "바우야, 쇠고기 한 근만 줘라."라고 말하였고, 아랫마을 양반은 "박 서방, 쇠고기 한 근만 주게."라고 말하였습니다.

2 박 노인은 젊은 윗마을 양반이 자신의 이름을 부르며 반말로 말해서 기분이 나빴을 것입니다.

3 박 노인은 깍듯이 부탁하는 말투로 말한 아랫마을 양반이 자신을 더 존중해 준다고 느꼈기 때문에 좋은 고기를 더 많이 준 것입니다.

4 영철이는 교실로 들어오는 민수를 보며 듣기 싫어하는 별명을 불렀습니다.

5 채은이와 민수는 밝은 목소리로 서로 이름을 부르며 예의 바르게 인사를 주고받았고, 민수는 채은이에게 고마움을 표현하였습니다.

6 웃어른께 말씀드릴 때에는 자신을 낮춰 '제가'라고 말해야 합니다.

7 신유의 생일잔치에 온 친구들은 집에 들어갈 때 신유 어머니께 인사를 제대로 하지 않았습니다.

8 신유 친구들은 신유 어머니께 생일잔치에 초대해 주셔서 고맙다고 공손한 태도로 인사해야 합니다.

9 거북 역할을 한 친구는 토끼 역할을 한 친구에게 거친 말을 했습니다.

10 토끼 역할을 한 친구는 거북 역할을 한 친구에게 놀림을 받았기 때문에 기분이 상했을 것이므로, ㉠을 사과하는 말로 고치는 것이 알맞습니다.

11 서로 존중하고 배려하는 마음을 가질 수 있는 대화 방법을 생각하여 씁니다.

채점 기준	
일상생활에서 예절을 지키며 대화하는 방법을 구체적으로 쓴 경우	5점
일상생활에서 예절을 지키며 대화하는 방법을 썼으나 표현이 정확하지 않은 경우	3점

12 그림 **가**에서 사회자가 다수결의 원칙에 따라 "친구들과 사이좋게 지내자."로 학급 회의 주제를 정하겠다고 말했습니다.

13 찬우가 말하는 도중에 끼어들어서 희정이는 의견을 끝까지 말하지 못했습니다.

14 회의에서 의견을 말할 때에는 손을 들어 말할 기회를 얻고 발표해야 합니다.

15 경희는 사회자에게 말할 기회를 얻지 않고 말했으며 공식적인 상황에서 높임말을 사용하지 않았습니다. 희정이도 손을 들어 말할 기회를 얻지 않고 말했고 상대에게 거친 말을 했습니다.

16 찬민이는 다른 사람 의견을 잘 듣지 않아서 의견을 제대로 말하지 못했습니다. 빈칸에는 귀를 기울여 잘 듣는 것을 뜻하는 '경청'이 들어가야 알맞습니다.

⚠ 오답 피하기
① '찬성'은 다른 사람의 의견이나 생각 등이 좋다고 인정해 뜻을 같이하는 것을 뜻합니다.
② '제안'은 안건이나 의견으로 내놓는 것을 뜻합니다.
③ '비난'은 남의 잘못이나 결점에 대하여 나쁘게 말하는 것을 뜻합니다.
⑤ '이해'는 잘 알아서 받아들이는 것을 뜻합니다.

17 예절을 지키며 회의하면 존중받는 분위기에서 회의가 잘 이루어질 수 있습니다.

채점 기준	
예절을 지키며 회의를 할 때의 좋은 점을 구체적으로 쓴 경우	5점
예절을 지키며 회의를 하면 좋은 점을 썼으나 구체적이지 못한 경우	3점

18 줄임말이나 그림말을 사용하면 상대가 무슨 뜻인지 몰라서 오해가 생길 수 있습니다.

19 온라인 대화를 할 때에는 상대의 정보를 다른 곳에서 이야기하지 않아야 합니다.

20 ②는 남에게 나쁜 일을 하면 그 죄를 받을 때가 반드시 온다는 뜻의 속담입니다.

📝 서술형 평가　　52쪽

1 1단계 **예** 고맙다　2단계 **예** 친구 앞에서 귓속말을 하지 않는다.　3단계 **예** 앞집 아저씨께서 먼저 인사를 하셨는데 어색해서 인사를 하지 않고 집에 들어간 적이 있었다.

2 (1) **예** 뜻을 모르는 표현(줄임말 'ㅇㅇ')을 사용했다.　(2) **예** 자신이 할 말만 하고 대화방에서 나가 버렸다.

3 (1) **예** 뜻을 알 수 없는 말은 사용하지 않는다. / 줄임말을 지나치게 사용하지 않는다.　(2) **예** 대화를 시작하고 끝낼 때 인사한다. / 상대가 보이지 않아도 예의를 갖춘다.

1 1단계 신유 친구들은 음식을 먹기 전에 신유 어머니께 고맙다는 말을 하지 않았습니다.

채점 기준	
'고맙다' 또는 '감사하다'는 말을 쓴 경우	4점

2단계 신유는 친구들이 자기만 빼고 귓속말로 비밀 이야기를 하는 것 같아 기분이 나쁘다고 했습니다. 신유 친구들은 친구 앞에서 귓속말을 하지 않아야 합니다.

채점 기준	
'귓속말을 하지 않아야 한다.'는 내용을 정확하게 쓴 경우	6점
친구들이 지켜야 할 예절이 구체적으로 드러나 있지 않은 경우	3점

3단계 대화 예절을 지키지 못한 경험을 떠올려 씁니다.

채점 기준	
대화 예절을 지키지 못한 경험을 떠올려 알맞게 쓴 경우	6점
대화 예절을 지키지 못한 경험을 떠올려 썼으나 문장이 어색한 경우	3점

2 그림 **가**, **나**는 뜻을 모르는 표현을 사용하고, 자신이 할 말만 하고 대화방에서 나가 버려서 당황해하는 모습입니다.

채점 기준	
그림 **가**와 **나**에서 나타난 문제를 두 가지 모두 알맞게 쓴 경우	8점
그림 **가**와 **나**에서 나타난 문제를 한 가지만 알맞게 쓴 경우	4점

3 줄임말을 사용할 때와 대화방에서 지켜야 할 예절을 생각하여 씁니다.

채점 기준	
그림 **가**, **나**와 같은 상황에서 지켜야 할 예절을 두 가지 모두 알맞게 쓴 경우	8점
그림 **가**, **나**와 같은 상황에서 지켜야 할 예절을 한 가지만 알맞게 쓴 경우	4점

🤓 수행 평가   53쪽

1 예 항상 새로운 말의 뜻을 배워야 할 것 같다. / 무슨 뜻인지 몰라서 오해가 생기거나 대화가 어려울 것 같다. **2** (1) **예** 그림말이 글보다 기분을 더 잘 표현해 줄 수 있다. (2) **예** 그림말을 너무 많이 사용하면 장난스러운 대화가 될 수 있다. **3** (1) **예** 얼굴이 안 보여도 바르고 공손하게 (2) **예** 상대가 보이지 않아도 예의를 갖추어 공손한 말투를 써야 하기 때문이다.

1 'ㅇㅈ', 'ㅋㅋㅋ'과 같은 줄임말을 처음 보면 무슨 뜻인지 몰라 대화 내용을 이해하기 어렵습니다.

채점 기준	
줄임말을 지나치게 쓰면 일어날 일을 알맞게 쓴 경우	10점
줄임말을 지나치게 쓰면 일어날 일을 썼으나 표현이 어색한 경우	5점

2 온라인 대화에서 그림말을 사용했을 때 좋았던 점과 나빴던 점을 떠올려 씁니다.

채점 기준	
그림말을 사용하면 편리한 점과 불편한 점을 두 가지 모두 알맞게 쓴 경우	10점
그림말을 사용하면 편리한 점과 불편한 점 중에서 한 가지만 알맞게 쓴 경우	5점

3 얼굴을 직접 확인할 수 없는 온라인 대화 상황에서는 더욱 신중하게 생각하여 글을 쓰고 예의를 갖추어야 한다는 점을 고려하여 표어를 만들어 봅니다.

채점 기준	
온라인 대화 예절과 관련 있는 표어를 만들고 그렇게 만든 까닭이 잘 드러나게 쓴 경우	10점
온라인 대화 예절과 관련 있는 표어를 만들었으나 그렇게 만든 까닭을 구체적으로 쓰지 못한 경우	5점

4 이야기 속 세상

😊 개념 확인하기   54쪽

1 작가   **2** 시간적   **3** ㉰   **4** (2) ○

기본 😊   55~70쪽

핵심내용 ❶ 앞자리 ❷ 사라 ❸ 조심성 ❹ 장난 ❺ 성실

1 버스 (안)   **2** ③   **3** ①, ⑤   **4 예** 자리에서 일어나 좁은 통로로 걸어 나갔다.   **5** ④   **6** ④   **7** ③   **8** ㉰   **9** ③   **10** 경찰서   **11** ①   **12** ㉠, ㉡   **13** ㉮, ㉯, ㉰   **14** 잘못하지 않았다   **15** 그날 밤   **16** ㉯   **17** (1) 이튿날 아침 (2) 버스 정류장   **18** ④, ⑤   **19** ②   **20** 사건   **21** ①   **22** ㉰   **23** 정훈   **24 예** 다른 사람을 피부색이나 성별, 외모로 차별하면 안 되겠다는 생각을 하였다.   **25** ②   **26** 공기놀이   **27** (3) ○   **28** ④   **29** '나', 윤아, 우진   **30** ⑤   **31** (1) ② (2) ①   **32** ㉣   **33** (기다란) 자   **34** ㉰   **35** ④   **36** ③, ⑤   **37** ①, ④, ⑤   **38** ①   **39** (1) ① (2) ②   **40 예** 이야기 속의 '나'처럼 선뜻 손을 내밀지 못했을 것이다.   **41** ②, ④   **42** ②   **43** ㉰   **44** 우봉이   **45** ⑤   **46** 30, 5   **47** ②, ③   **48** ㉮   **49** 야채   **50** ①, ⑤   **51** 나무젓가락, 강낭콩   **52 예** 창피하다.   **53** ①, ③, ⑤   **54** ②   **55** (3) ○   **56** ㉰   **57** ②   **58** (1) ② (2) ③ (3) ①   **59** ④   **60** ㉮   **61** ④, ⑤   **62** ③, ④   **63 예** 이기려는 욕심에 규칙을 어겨 결국 주은이가 이겼을 것 같다.   **64** (1) 1 (2) 5 (3) 4 (4) 2 (5) 3

1 사라와 엄마가 버스를 타고 가는 것으로 이야기가 시작되고 있습니다.

2 버스 앞자리는 백인들만 앉을 수 있었습니다. 사라와 어머니는 흑인이기 때문에 버스 뒷자리에만 앉아야 했습니다.

3 흑인은 늘 차별을 받아 왔고, 그전에는 백인과 흑인의 차별이 더 심했기 때문에 버스에서 자리에 앉을 수 있는 것만으로도 만족해야 한다고 말씀하신 것입니다.

7 버스에서 흑인이 앉으면 안 되는 앞자리에 앉고 자신의 뜻을 굽히지 않는 것으로 보아, 사라는 용감한 아이입니다.

8 사라가 버스 앞자리에 앉은 일이 중요한 사건입니다.

9 경찰관이 어머니께 전화를 했지만, 어머니께서는 아직 경찰서에 오시지 않은 상황입니다.

11 사라가 흑인은 버스 뒷자리에 앉아야 한다는 법을 어겼기 때문에 경찰관이 사라를 경찰서로 데리고 간 것입니다.

12 ㉠은 흑인과 백인을 차별하는 법을 반대하는 입장에서, ㉡은 찬성하는 입장에서 한 말이기도 합니다.

13 글 **4**에서 ㉮와 ㉯의 차례대로 사건이 일어났고, 글 **5**에서 ㉰의 사건이 일어났습니다.

14 어머니께서는 "넌 아무것도 잘못한 게 없어."라고 말씀하셨습니다.

15 '언제'에 해당하는 말이 시간을 나타내는 말입니다.

16 어머니의 말씀대로 사라가 착하고 특별한 아이라면 사라가 버스 앞자리에 타면 안 될 이유가 없는데, 사라는 경찰서에 가야 했기 때문에 혼란스러웠던 것입니다.

18 어머니께서는 사라에게 또 나쁜 일이 생길 것을 걱정하셨고, 백인과 흑인을 차별하는 법이 잘못되었다는 것을 알리고 싶어서 사라에게 버스를 타지 않고 걸어가자고 하셨습니다.

19 사람들은 전날 사라가 한 행동에 찬성하기 때문에 사라와 어머니를 따라 버스를 타지 않고 걸은 것입니다.

20 이야기에서 일어나는 일은 사건입니다.

21 흑인들은 잘못된 법을 따르고 싶지 않고, 그 잘못된 법을 바꾸고 싶기 때문에 버스를 타지 않은 것입니다.

23 시간적 배경은 사라가 학교에 가려고 버스를 탄 어느 날 아침부터 법이 바뀐 뒤 사라가 버스를 타게 된 날까지입니다.

24 사라의 행동과 관련지어 자신의 생각을 자유롭게 씁니다.

> **채점 기준** 사라의 용기로 흑인을 차별하는 법이 바뀌게 된 내용과 관련된 생각을 썼으면 정답으로 인정합니다.

27 '나'는 우진이가 보고 있는데 자꾸 실수를 하게 되자 공기놀이를 그만하고 싶어졌습니다.

> **❶ 오답 피하기**
> 우진이는 '나'와 윤아가 공기놀이를 하는 것을 보고 참견하였고, 윤아는 '나'보다 공기를 잘하였습니다.

28 우진이에게 칭찬받고 좋아하는 윤아가 얄밉게 느껴진 것은 '내'가 샘이 많기 때문입니다.

29 '나'는 공기놀이를 그만하려고 했지만, 우진이가 함께 하자고 해서 윤아와 함께 셋이 공기놀이를 하였습니다.

30 창훈이가 다른 아이들이랑 장난치며 뛰다가 공기놀이하던

윤아와 부딪쳐 윤아 손등에 있던 공기 알이 떨어졌고, 그중 하나가 사물함 밑으로 굴러 들어갔습니다.

32 '벌레'라는 말에 손을 얼른 뺀 '나'의 행동에서 소심하고 내성적인 성격이라는 것을 알 수 있습니다.

> **❶ 오답 피하기**
> ㉠에는 특별한 성격이 드러나지 않고, ㉡에는 샘이 많은 성격, ㉢에는 장난스럽고 배려심이 없는 성격을 짐작할 수 있습니다.

34 '나'는 윤아가 우진이가 내민 핀을 더럽다고 하여 우진이가 부끄러워하며 핀을 버리는 모습을 보고 윤아를 한 대 콩 쥐어박고 싶었습니다.

36 자를 가지고 와 공기 알을 찾아 주고 함께 나온 핀을 '나'와 윤아에게 주려고 하는 모습을 통해 적극적이고 다정다감한 성격이라는 것을 알 수 있습니다.

37 창훈이는 보일 듯 말 듯한 작은 새우 눈으로 눈웃음을 살살 지으며, 콧구멍을 벌름거리고 입을 펭귄처럼 쭉 내미는 콧소리를 내며 말하였습니다.

38 공기놀이할 때도 우진이를 신경 쓰고 우진이가 주려고 했던 머리 핀이 자꾸 생각난다고 하는 것을 통해 '내'가 우진이를 좋아한다는 것을 알 수 있습니다.

39 우진이가 창훈이한테 '나'와 윤아에게 사과하라고 말한 것을 통해 의로운 성격임을, 창훈이가 애교 부리는 것을 통해 장난을 좋아하는 성격임을 알 수 있습니다.

40 이야기 속의 '나'처럼 나비 핀을 받지 못했을지, 아니면 용기를 내어 나비 핀을 받았을지 상상해 봅니다.

> **채점 기준** 우진이가 주려고 한 나비 핀을 어떻게 했을지 잘 드러나게 썼으면 정답으로 인정합니다.

41 글 **1**은 교실 상황이 나타난 장면으로, 우봉이, 선생님, 주은이가 나옵니다.

43 주은이는 또랑또랑한 목소리로, 성은 김해 김씨이고 이름은 주은이며, 잘 부탁한다고 말하였습니다.

45 우봉이는 할아버지와 시간을 재며 바둑알을 옮기는 연습을 하였습니다.

46 초급은 나무젓가락으로 삼십 초 안에 바둑알을 다섯 개 옮기면 합격이고, 중급은 삼십 초 안에 일곱 개를 옮기면 합격이라고 하였습니다.

47 젓가락 달인이 되려고 할아버지와 함께 열심히 연습하는 것을 통해 성실하고 적극적이라는 것을 알 수 있습니다.

48 우봉이가 할아버지의 도움을 받아 젓가락질 연습을 열심히 했다는 것이 중요하게 정리할 내용입니다.

50 우봉이는 어머니의 심부름을 하러 간 시장에서 주은이가 젓가락질 연습을 하는 모습과 주은이 어머니께서 손으로 음식 드시는 모습을 보았습니다.

51 주은이는 젓가락 달인이 되기 위해서 채소 가게 안에서 나무젓가락으로 강낭콩을 들었다 놓았다 하고 있었습니다.

52 주은이는 손으로 음식을 드시는 어머니께 "아유, 정말 창피해."라고 말하며 자신이 콩 집던 나무젓가락을 드렸습니다.

55 할아버지께서는 손으로 음식을 먹는 것은 그 나라의 풍습이고 문화이므로 나쁘다고 해서도 안 되고 야만인이라고 해서도 안 된다고 하셨습니다.

56 우봉이는 융통성 없는 성격이기 때문에 손으로 음식을 먹는 행동을 받아들이지 못하고 야만인이라고 생각하였습니다.

57 우봉이와 주은이가 젓가락 달인 결승전에서 겨루게 된 상황이 나타나 있습니다.

59 우봉이는 상품권을 받아 왕딱지를 사야 하므로 구리구리 딱따구리 권법을 써서 젓가락 달인이 되려고 합니다.

60 선생님께서 일 분 동안 젓가락으로 더 많은 콩을 옮겨야 한다고 말씀하셨습니다.

61 우봉이는 친구를 이길 생각만 하는 젓가락 달인보다 더 좋은 것은 따로 있다던 할아버지의 말씀과 상품권을 타서 젓가락과 머리핀을 사고 싶다던 주은이의 일기가 생각나 결승전에서 옆통수를 벅벅 긁으며 머뭇거렸습니다.

62 우봉이는 사려 깊고 인정 많은 성격이기 때문에 젓가락 달인을 가리는 결승전에서 지기 싫으면서도 젓가락질에 집중하지 못하고 고민한 것입니다.

63 우봉이가 인정이 없고 배려심이 없는 성격이었다면 결승전에서 머뭇거리며 고민하지는 않았을 것입니다.

채점 기준 인정이 없고 배려심이 없는 성격이 젓가락 달인 결승전을 어떻게 달라지게 할지 잘 드러나게 썼으면 정답으로 인정합니다.

1 친구들은 인물의 성격을 바꾸어 이야기를 꾸미려고 각자 새로 꾸미고 싶은 이야기를 정하여 말하고 있습니다.

2 여자아이는 「우진이는 정말 멋져!」에 나오는 승연이가 솔직한 성격이라면 이야기가 어떻게 바뀔지 꾸며 보고 싶다고 했습니다.

3 「젓가락 달인」에 나오는 인물을 떠올려 보고, 그중 한 인물을 정해 어떤 성격으로 바꾸고 싶은지 씁니다.

채점 기준 성격을 바꾸고 싶은 인물과 새로운 성격을 모두 잘 썼으면 정답으로 인정합니다.

4 인물, 사건, 배경이 서로 어울려야 하고, 실제로 있는 일같이 생각하도록 이야기를 자연스럽게 꾸며 써야 합니다.

5 가장 먼저 이야기책의 제목, 분량, 표지를 계획하고 각 쪽에 들어갈 내용을 정리합니다. 그리고 이야기책 형태를 만들어 내용을 옮겨 쓰고 어울리는 그림을 그립니다.

6 책 표지를 어떻게 꾸밀지 계획한 것입니다.

국어활동 ☺ 72쪽

1 ④ **2** (2) ○ **3** ㉯, ㉰, ㉮ **4** ③

1 글 ㉮에는 '나'(옷감), 글 ㉯에는 할아버지, 글 ㉰에는 한복 짓는 아주머니, 글 ㉱에는 할아버지의 며느리가 처음 등장합니다.

2 옷감 파는 집에서 할아버지는 '나'(옷감)를 사셨고,(글 ㉯) 한복 만드는 집에서 '나'는 할머니의 옷이 되었으며,(글 ㉰) 할아버지 집에서 '나'는 할머니께서 돌아가셨다는 것을 알게 되었습니다.(글 ㉱)

3 글 ㉮에서 아버지께서 영란이를 학교에 데려다주셨고, 글 ㉯에서 영란이를 데리러 학교에 오셨으며, 글 ㉰에서 영란이는 아버지를 피해 뒷문으로 나갔습니다.

4 영란이는 아버지가 창피하게 느껴져서 아버지를 알은체하지 않고 피한 것입니다.

실천 ☺ 71쪽

1 ⑤ **2** 「우진이는 정말 멋져!」, 승연이, 솔직한 **3** (1) ⑳ 우봉이 (2) ⑳ 게으르고 소극적인 성격 **4** ①, ⑤ **5** ㉱, ㉯, ㉮ **6** ④

➕ 단원 어휘 다지기 73쪽

1 ③ **2** ④ **3** 반찬 **4** 된장찌게 → 된장찌개 **5** ② **6** (1) ③ (2) ① (3) ② **7** (1) 얼큰하다, 매콤하다 (2) 무덥다, 후텁지근하다 (3) 키우다, 보살피다

1 미개하여 문화 수준이 낮은 사람은 '야만인'을 뜻합니다. '달인'은 학문이나 기예에 통달하여 남달리 뛰어난 역량을 가진 사람을 뜻합니다.

2 '맨손', '맨몸', '맨발'에서 '맨-'은 다른 낱말 앞에 붙어서 뜻을 더하는 말로, '다른 것이 없는.'의 뜻을 나타냅니다.

3 '묵', '콩장', '김치', '콩나물'은 밥에 곁들여 먹는 음식을 통틀어 이르는 말이므로, 네 낱말을 모두 포함하는 낱말은 '반찬'입니다.

4 '초콜렛', '매스꺼웠다', '된장찌게', '왠일인지'라고 쓰지 않도록 주의합니다.

5 '재촉하다'는 어떤 일을 빨리하도록 조른다는 뜻이므로, '재촉하다'와 '부탁하다'는 뜻이 비슷한 말이 아닙니다. '재촉하다'와 비슷한 말은 '조르다'이고, '부탁하다'와 비슷한 말은 '청하다'입니다.

6 (1)에는 여기저기 널려 있는 물건을 하나하나 주워 거두는 모양을 흉내 내는 말 '주섬주섬', (2)에는 입이나 구멍 따위가 속이 들여다보일 정도로 넓게 벌어진 모양을 흉내 내는 말 '헤벌쭉', (3)에는 조금도 흐리지 않고 아주 밝고 똑똑한 모양을 흉내 내는 말 '또랑또랑'이 알맞습니다.

7 (1) '맵다', '얼큰하다', '매콤하다'는 모두 매운맛을 나타낼 때 쓰는 낱말입니다. (2) '뜨겁다'는 손이나 몸에 상당한 자극을 느낄 정도로 온도가 높다는 뜻으로, '무덥다', '후텁지근하다'와 뜻이 비슷합니다. (3) '가꾸다'는 식물이나 그것을 기르는 장소 따위를 손질하고 보살핀다는 뜻으로, '키우다', '보살피다'와 뜻이 비슷합니다.

💡 단원 평가   74~76쪽

1 서우   **2** ①, ③, ④   **3** 버스   **4** ①   **5** ②   **6** 버스 앞자리   **7** (3) ○   **8** ②, ⑤   **9** 사물함 밑, 공기 알   **10** 공기 알, 나비 핀   **11** ④   **12** ②   **13** (3) ○   **14** 예 「행복한 비밀 하나」에 나오는 성미의 의로운 성격이 우진이와 비슷하다.   **15** ①, ③, ④   **16** 야만인, 원시인   **17** (1) 예 주은이 어머니께서 손으로 음식을 드시는 것을 우연히 보게 되었다.   (2) 예 손으로 음식을 먹는 것에 대해 이야기하였다.   **18** (1) ○   **19** 초코파이   **20** ④

1 서우는 재미있게 읽은 책의 제목을 말하였고, 구체적으로 어떤 점이 재미있었는지를 말하였습니다.

3 이야기가 펼쳐지는 장소는 공간적 배경을 말하는 것으로, 이 글의 공간적 배경은 버스입니다.

4 사라는 흑인이기 때문에 버스에서 백인들이 앉는 자리와 구분된 뒷자리에 앉습니다.

5 사라가 흑인은 버스 뒷자리에 앉아야 한다는 규칙(법)을 어겼기 때문에 뒷자리로 가라고 한 것입니다.

6 사라가 버스 앞자리에 앉은 일이 중요한 사건입니다.

7 사라가 흑인이라는 이유로 차별을 받는 내용이 나오므로 (3)이 알맞습니다.

8 벌레가 손에 닿을까 봐 사물함 밑으로 손을 넣지 않겠다고 한 것이므로 깔끔하고 조심성이 많은 성격임을 알 수 있습니다.

10 우진이는 사물함 밑에서 나온 공기 알과 나비 핀을 '나'와 윤아에게 내밀었습니다.

11 우진이는 윤아가 더러워서 쓸 수 없다고 말하자 부끄러운 마음이 들어 나비 핀을 쓰레기통에 버렸습니다.

12 '나'는 우진이의 성의를 무시하고 우진이가 건넨 핀을 더럽다며 면박을 준 윤아가 얄미워서 윤아를 한 대 콩 쥐어박고 싶었던 것입니다.

13 '내'가 내성적인 성격이 아니었다면 우진이가 내민 핀을 받고 싶었기 때문에 바로 받았을 것입니다.

14 '나', 윤아, 우진이의 성격을 파악해 보고, 자신이 읽었던 이야기 속 인물 중에서 비슷한 성격의 인물을 떠올려 어떤 점이 비슷한지 씁니다.

채점 기준

'나', 윤아, 우진이 중에서 한 인물과 성격이 비슷한 이야기 속 인물을 떠올려 어떤 성격이 비슷한지 쓴 경우	5점
'나', 윤아, 우진이 중에서 한 인물과 성격이 비슷한 이야기 속 인물의 이름만 쓴 경우	2점

15 '가게'는 작은 규모로 물건을 파는 집으로, '상점', '점포', '점방'과 뜻이 비슷합니다.

17 글 ㉮와 ㉯의 중요한 사건을 차례대로 정리해 봅니다.

채점 기준

글 ㉮와 ㉯의 중요한 사건을 차례대로 정리하여 쓴 경우	5점
글 ㉮와 ㉯의 중요한 사건 중에서 한 가지만 쓴 경우	2점

18 아버지께서는 자신을 피하는 영란이를 보고 속상해서 술을 드셨고, 어머니께서는 그런 아버지의 호주머니에서 초코파이를 발견하셨습니다.

19 아버지께서 '나'에게 주려고 가지고 다니신 초코파이를 통해 '나'에 대한 아버지의 사랑을 느낄 수 있습니다.

20 친구들의 관심을 끌 수 있도록 앞표지에는 등장인물을 크게 그린 뒤 책의 제목과 지은이, 출판사 등의 정보를 넣을 수 있습니다.

📑 **서술형 평가** 77쪽

1 1단계 📗 사라, 사라의 어머니, 남자아이, 신문 기자 2단계 (1) 📗 이튿날 아침, 버스 정류장 앞 (2) 📗 사라는 버스를 타지 않기로 하고, 사람들도 사라와 함께 버스를 타지 않았다. 3단계 📗 백인과 흑인을 차별하는 법을 따르고 싶지 않았기 때문이다.

2 📗 우봉이는 젓가락 달인 결승전에서 주은이와 겨루게 되었다.

3 📗 젓가락질 연습을 게을리해서 주은이와 겨루지 못했을 것이다.

1 1단계 글 🕒 ~ 🕒에서 이야기에서 사건을 겪는 인물을 모두 파악하여 씁니다.

채점 기준	
등장인물을 모두 찾아 쓴 경우	4점
한두 명의 등장인물만 찾아 쓴 경우	2점

2 2단계 이야기에서 사건이 일어나는 시간과 장소, 이야기에서 일어나는 사건을 파악해 봅니다.

채점 기준	
배경, 사건을 모두 정리하여 쓴 경우	6점
배경, 사건 중에서 한 가지만 정리하여 쓴 경우	3점

3 3단계 사라와 사라의 어머니, 흑인들은 잘못된 법을 바꾸고 싶은 마음이 들었을 것입니다.

채점 기준	
'흑인을 차별하는 법을 따르고 싶지 않아서', '잘못된 법을 바꾸고 싶어서' 등과 같이 구체적으로 쓴 경우	6점
'사라와 함께 하고 싶어서' 등과 같이 간단히 쓴 경우	3점

2 글 🕒에서 우봉이가 열심히 젓가락질 연습을 한 덕분에 글 🕒에서 주은이와 젓가락왕을 가리게 되었습니다.

채점 기준	
우봉이가 젓가락 달인 결승전에 나가게 된 내용을 쓴 경우	4점
콩을 열두 개 옮겼다는 내용을 쓴 경우	2점

3 우봉이가 게으르다면 젓가락질 연습을 열심히 하지 않았을 것입니다.

채점 기준	
우봉이의 게으른 성격이 젓가락 달인 대회에 어떤 영향을 줄지 잘 드러나게 쓴 경우	6점
젓가락질 연습을 열심히 하지 않는다는 내용만 상상하여 쓴 경우	3점

👓 **수행 평가** 78쪽

1 (1) 📗 「혹부리 영감」 (2) 📗 혹부리 영감 (3) 📗 착하지만 겁이 많고 소극적인 성격이다. (4) 📗 정직하고 적극적인 성격으로 바꾸고 싶다. **2** (1) 📗 「혹부리 영감」 (2) 📗 • 혹부리 영감: 정직하고 적극적인 성격 • 도깨비: 흥이 많고 경솔한 성격 (3) 📗 옛날, 산속 빈집 (4) 📗 혹부리 영감이 날이 저물어 들어간 빈집에서 노래를 부름. / 도깨비들이 노래를 듣고 몰려옴. / 혹을 노래 주머니로 오해한 도깨비들이 금은보화를 남기고 혹부리 영감의 혹을 떼어 감. / 정직하게 벌지 않은 금은보화를 가질 수 없었던 혹부리 영감은 도깨비들을 다시 찾아가 금은보화를 돌려주려 함. / 도깨비들은 혹부리 영감의 노래를 계속 듣고 싶다며 금은보화를 줄 테니 도깨비들의 잔치 때마다 노래를 불러 달라고 함. / 혹부리 영감은 도깨비들의 가수가 됨.

1 자신이 읽었던 이야기 가운데에서 인물의 성격을 바꾸어 새로 꾸미고 싶은 이야기를 떠올려 봅니다.

채점 기준	
꾸며 쓸 이야기와 성격을 바꾸고 싶은 인물, 원래 성격과 새로운 성격을 모두 쓴 경우	10점
꾸며 쓸 이야기와 성격을 바꾸고 싶은 인물을 쓰고, 원래 성격과 새로운 성격 중에서 한 가지를 쓰지 못한 경우	8점
꾸며 쓸 이야기와 성격을 바꾸고 싶은 인물만 쓴 경우	5점

2 인물의 성격을 바꾸면 사건의 흐름이 어떻게 변할지 상상하여 인물, 배경, 사건을 정리해 봅니다.

채점 기준	
이야기의 제목, 인물, 배경, 사건을 모두 쓴 경우	15점
이야기의 제목을 쓰고 인물, 배경, 사건 중에서 두 가지만 쓴 경우	11점
이야기의 제목을 쓰고 인물, 배경, 사건 중에서 한 가지만 쓴 경우	7점

5 의견이 드러나게 글을 써요

개념 확인하기   79쪽

1 어찌하다   **2** (2) ◯   **3** ④   **4** (1) 까닭 (2) 읽는 사람

준비 😊   80쪽

1 ④   **2** ②   **3** ②   **4** (주렁주렁 열린) 포도송이   **5**
(1) 아버지께서 밭에 묻어 두신 보물은   (2) 주렁주렁 열린 포
도송이였습니다.   **6** 예 친구들을 잘 도와줍니다.   **7** 민찬

1 ⊙은 '누가'에 해당하는 '늙은 농부의 세 아들은'의 성질이
나 상태를 나타내는 '어떠하다'에 해당합니다.

2 ⓒ은 '늙은 농부는(누가)+세 아들에게 밭에 보물이 있다고
말해 주었습니다.(어찌하다)'의 짜임으로 이루어져 있습니
다.

3 ⓒ에서 '세 아들은'이 '누가'에 해당하는 부분이고, '밭으로
달려갔습니다.'가 '어찌하다'에 해당하는 부분입니다.

5 ⓓ은 '아버지께서 밭에 묻어 두신 보물은'이 앞부분, '주렁
주렁 열린 포도송이였습니다.'가 뒷부분에 해당합니다.

6 친절한 예지의 움직임을 나타내는 말을 씁니다.

> **채점 기준** 예지의 움직임을 나타내는 말을 넣어 썼으면 정답으로
> 인정합니다.

7 문장의 뒷부분만 읽으면 문장의 뜻을 정확히 알 수 없습
니다.

기본 😊   81~84쪽

핵심내용 ❶ 아픈   ❷ 성한   ❸ 반대   ❹ 건설

1 ⑤   **2** 고양이를 샀다.   **3** 산초기름   **4** ④   **5** (1)
목화 장수들은   (2) 고양이 때문에 큰 손해를 입어 투덜거렸
다.   **6** 고양이의 아픈 다리를 맡았던 목화 장수   **7** ④
8 (1) 예 고양이의 아픈 다리를 맡았던 목화 장수   (2) 예 고
양이 다리에 불이 잘 붙는 산초기름을 발라 주었기 때문이다.
9 김효은, 댐 건설 기관 담당자   **10** ⑤   **11** ②   **12** ③
13 ④   **14** ④   **15** 문제 상황   **16** ③, ⑤

1 목화 장수 네 사람은 광에 피해를 끼치는 쥐를 잡으려고
고양이를 산 뒤, 다리 하나씩을 각자 몫으로 정하고 보살
피기로 했습니다.

2 '목화 장수들이'가 '누가'에 해당하고, '고양이를 샀다.'가
'어찌하다'에 해당하는 부분입니다.

4 다리에 불이 붙은 고양이가 광 속에 있는 목화 더미 위에
서 구르자, 목화 더미에 불이 번져 광 속의 목화가 몽땅 타
버렸습니다.

5 주어진 문장은 '누가'에 해당하는 '목화 장수들은'과 '어찌
하다'에 해당하는 '고양이 때문에 큰 손해를 입어 투덜거렸
다.'로 나눌 수 있습니다.

6 주어진 내용은 고양이의 아픈 다리를 맡았던 목화 장수의
의견과 그 까닭을 정리한 것입니다.

7 목화 장수 네 사람은 서로 의견이 달라 아무리 싸워도 해
결이 나지 않자, 고을 사또에게 판결을 부탁했습니다.

8 목홧값을 누가 물어야 하는지에 대한 자신의 의견과 그렇
게 생각하는 까닭을 정리하여 씁니다.

> **채점 기준** 목화값을 누가 물어야 하는지와 그렇게 생각하는 까닭
> 을 알맞게 썼으면 정답으로 인정합니다.

10 효은이는 상수리에 댐을 건설하려는 계획을 취소해 주기
를 부탁하려고 편지를 썼습니다.

11 상수리 마을의 앞으로 만강이 흐르고 있다고 하였습니다.

12 효은이의 의견은 '상수리에 댐을 건설하는 것을 반대한다.'
입니다.

> **⚠ 오답 피하기**
> ⊙, ⓒ 문제 상황을 자세히 쓴 부분입니다.
> ⓓ, ⓔ 의견을 뒷받침하는 까닭을 쓴 부분입니다.

13 의견을 제시하는 글을 쓸 때 문제 상황은 자세히 씁니다.

14 글쓴이는 댐 건설을 찬성하고 있습니다.

15 ⊙은 글쓴이가 댐을 건설해야 한다는 의견을 제시하게 된
문제 상황을 쓴 부분입니다.

16 댐 건설 기관 담당자는 만강에 댐을 건설하면 폭우로 생기
는 문제와 홍수로 인한 피해를 막을 수 있다고 했습니다.

실천 😊   85쪽

1 ①   **2** ②   **3** ㉮   **4** ⑤   **5** 예 일회용품을 많이 쓰
면 자원이 낭비된다.   **6** 선영

1 학급 신문은 ① → ② → ③ → ⑤ → ④의 순서대로 만
듭니다.

3 ⓐ와 ⓑ는 학급 친구들이 공통으로 관심을 가질 만한 주제가 아니므로 학급 신문의 주제로 적절하지 않습니다.

4 읽는 사람이 들어줄 수 있는 의견을 제시해야 합니다.

5 일회용품 사용을 줄여야 하는 까닭을 정리하여 씁니다.

> **채점 기준** 일회용품을 많이 썼을 때 일어나는 일이나 일회용품 사용을 줄이면 좋은 점을 알맞게 썼으면 정답으로 인정합니다.

6 의견을 쓸 때에는 문장의 짜임이 자연스럽게 써야 하므로 선영이가 쓴 것은 칭찬하는 댓글로 바르지 않습니다.

국어활동 ☺   86쪽

1 (1) 바늘 도둑이 (2) 소도둑 된다.   **2** ④   **3** ①   **4**
(2) ○   **5** ⓔ 피부색이 다른 사람을 우리와 같은 사회 구성
원으로 받아들여야 한다.

1 '바늘 도둑이 소도둑 된다.'는 '바늘 도둑이'와 '소도둑 된다.'로 나눌 수 있습니다.

2 주어진 내용에 해당하는 속담은 '발 없는 말이 천 리 간다.'로, '발 없는 말이'와 '천 리 간다.'로 나눌 수 있습니다.

3 ①은 '맛있는 것은'과 '바나나이다.'로 나눌 수 있습니다.

4 다문화를 받아들이는 방법은 나와 다른 사람을 평범한 이웃이나 친구로 대하는 것이라고 하였습니다.

5 다문화 사회에서 우리가 노력해야 할 일을 씁니다.

> **채점 기준** 다문화 사회를 위해 우리가 노력할 수 있는 일을 알맞게 썼으면 정답으로 인정합니다.

➕ 단원 어휘 다지기   87쪽

1 (1) 비 (2) 없다 (3) 아래쪽 (4) 본디부터   **2** (1) 그리고
(2) 하지만 (3) 그래서   **3** (1) 벌였다 (2) 벌렸다 (3) 벌였
다   **4** 손해   **5** ①   **6** ⑤

1 (1) '폭우'는 갑자기 세차게 쏟아지는 비입니다. (2) '성하다'는 몸에 병이나 탈이 없다는 뜻입니다. (3) '하류'는 강이나 내의 아래쪽 부분입니다. (4) '토종'은 본디부터 그곳에서 나는 종자를 말합니다.

2 (1) 앞의 문장에 덧붙이는 내용이 이어지므로 '그리고'가 알맞습니다. (2) 앞의 문장과 뒷문장의 내용이 서로 반대이므로 '하지만'이 알맞습니다. (3) 앞의 문장이 원인이고 뒷문장이 결과의 관계이므로 '그래서'가 알맞습니다.

---

3 (1)과 (3)은 말싸움이나 논쟁을 했다는 말이므로 '벌였다'가 알맞습니다. (2)는 다리 사이를 넓혔다는 말이므로 '벌렸다'가 알맞습니다.

4 '손해'는 물질적으로나 정신적으로 밑지는 것을 말하고, '이익'은 물질적으로나 정신적으로 보탬이 되는 것을 말합니다.

5 마음속으로 이리저리 따져 깊이 생각하는 것을 뜻하는 낱말은 '궁리'입니다. '협조'는 힘을 보태어 돕는 것을, '지원'은 지지하여 돕는 것을, '판결'은 판단하여 결정하는 것을, '해결'은 문제를 해명하거나 얽힌 일을 잘 처리하는 것을 뜻하는 낱말입니다.

6 '오마니'는 '어머니'의 방언입니다.

💡 단원 평가   88~90쪽

1 ⑤   **2** ③   **3** (1) 세 아들은 (2) 밭으로 달려갔습니다.
4 ②   **5** ⑤   **6** ②   **7** ⓓ   **8** ⑤   **9** 고을 사또
10 ⓔ 다리에 불이 붙은 고양이가 광으로 도망칠 때는 성한
다리로 도망쳤기 때문이다.   **11** (1) 빈 수레가 (2) 요란하다.
12 (3) ○   **13** ③, ④, ⑤   **14** ④   **15** ①, ②   **16** ⓔ
사람의 목숨을 지키는 일이 가장 중요하기 때문입니다.   **17**
④, ⑤   **18** ⓓ   **19** ①   **20** ①

1 문장은 '누가/무엇이'에 해당하는 부분과 '무엇이다/어찌하다/어떠하다'에 해당하는 부분으로 나눌 수 있습니다.

2 ⊙은 늙은 농부의 움직임을 나타내는 말이므로 '어찌하다'에 해당합니다.

3 주어진 문장은 '세 아들은(누가)+밭으로 달려갔습니다.(어찌하다)'의 짜임으로 이루어져 있습니다.

4 주어진 문장에서 '김예지는'이 '누가'에 해당하는 부분이고, '내 친구입니다.'가 '무엇이다'에 해당하는 부분입니다.

5 ⑤는 '아버지께서 밭에 묻어 두신 보물은(무엇이)+주렁주렁 열린 포도송이였습니다.(무엇이다)'로 나눌 수 있습니다.
> **❗ 오답 피하기**
> ①, ② '누가+어떠하다'의 짜임으로 이루어진 문장입니다.
> ③, ④ '누가+어찌하다'의 짜임으로 이루어진 문장입니다.

6 목화 장수들은 쥐가 목화를 어지럽히기도 하고 광에 오줌을 싸기도 하자 목화를 지키기 위해서 고양이를 샀습니다.

7 목화 장수 네 사람은 공동 책임을 지려고 고양이의 다리하나씩을 각자 몫으로 정하고 보살피기로 했습니다.

10 고양이의 성한 다리를 맡은 목화 장수 세 명이 목홧값을 물어야 한다는 생각을 뒷받침하는 까닭을 씁니다.

채점 기준	
고양이의 성한 다리를 맡은 목화 장수 세 명이 목홧값을 물어야 하는 까닭을 알맞게 쓴 경우	5점

13 글쓴이가 상수리에 댐을 건설하면 안 된다고 생각하는 까닭에 해당하는 것은 ③, ④, ⑤입니다.

14 글쓴이는 상수리에 댐을 건설하는 문제에 대해 찬성합니다.

15 글쓴이는 상수리에 댐을 건설하면 폭우와 홍수로 인한 피해를 막을 수 있다고 하였습니다.

16 댐을 건설해야 한다는 의견을 뒷받침하는 까닭을 씁니다.

채점 기준	
댐을 건설해야 하는 까닭을 알맞게 쓴 경우	5점

17 ④와 ⑤는 문제를 해결할 방법을 의견으로 제시하기에 알맞은 상황입니다.

18 주어진 문제 상황에 어울리는 의견은 ⑭입니다.

19 학급 신문을 만들 때에는 부모님의 의견이 아닌 자신의 의견을 적어야 합니다.

20 의견을 제시하는 글을 쓸 때 문장을 길게 쓸 필요는 없습니다.

📜 서술형 평가   91쪽

1 1단계 ⑩ 목화 장수들은 2단계 ⑩ 목화 장수들은 사또에게 판결을 부탁했다. 3단계 ⑩ 다리에 불이 붙은 고양이가 광으로 도망칠 때는 성한 세 다리로 도망쳤으니 목홧값은 고양이의 성한 다리를 맡은 목화 장수들이 물어야 한다.

2 (1) ⑩ 상수리에 댐을 건설하는 것을 반대한다. (2) ⑩ 상수리에 댐을 건설해야 한다.

3 (1) ⑩ 댐 건설에 반대한다. (2) ⑩ 아름다운 자연을 보호하는 일도 중요하기 때문이다.

1 1단계 고양이 때문에 큰 손해를 입어 투덜거린 사람이 누구인지 씁니다.

채점 기준	
'목화 장수들이' 또는 '목화 장수들은'이라고 쓴 경우	4점

2 2단계 싸움이 해결되지 않자 목화 장수들이 한 일이 가장 나중에 일어난 일입니다.

채점 기준	
나중에 일어난 일을 '누가+어찌하다'의 짜임에 맞게 간추려 쓴 경우	6점
나중에 일어난 일을 간추려 썼지만, '누가+어찌하다'의 짜임에는 맞지 않게 쓴 경우	3점

3 3단계 고양이의 아픈 다리를 맡았던 목화 장수는 고양이가 성한 세 다리로 도망쳤으니 고양이의 성한 다리를 맡은 목화 장수들이 목홧값을 물어야 한다고 생각하였습니다.

채점 기준	
고양이의 아픈 다리를 맡았던 목화 장수의 의견과 그렇게 생각하는 까닭을 자세히 쓴 경우	6점
고양이의 아픈 다리를 맡았던 목화 장수의 의견만 쓴 경우	3점

2 글 가 의 글쓴이는 상수리에 댐을 건설하는 것에 대해 반대하는 입장이고, 글 나 의 글쓴이는 상수리에 댐을 건설하는 것에 대해 찬성하는 입장입니다.

채점 기준	
(1)과 (2) 모두 바르게 쓴 경우	8점
(1)과 (2) 중에서 한 가지만 바르게 쓴 경우	4점

3 댐 건설에 대해 찬성하는지, 반대하는지 생각해 보고 의견과 까닭을 정리하여 씁니다.

채점 기준	
댐 건설에 대한 자신의 의견과 의견에 대한 까닭을 알맞게 쓴 경우	10점
댐 건설에 대한 자신의 의견만 쓴 경우	5점

😎 수행 평가   92쪽

1 (1) ⑩ 담당자들께서는 작년에 비가 많이 와서 만강 하류에 있는 도시에 물난리가 났다고 말씀하셨습니다. 그래서 홍수를 막으려면 우리 마을에 댐을 건설해야 한다고 하셨습니다. (2) ⑩ 자신의 의견을 제시한다. (3) ⑩ 만강에 댐을 건설하면 여름철에 폭우로 생기는 문제를 막을 수 있고, 홍수로 인한 피해를 막을 수 있습니다.

1 글 가 와 나 를 읽고, 의견을 제시하는 글을 쓰는 방법과 각각에 해당하는 편지의 내용을 정리하여 봅니다.

채점 기준	
(1)~(3) 모두 바르게 쓴 경우	24점
(1)~(3) 중에서 두 가지만 바르게 쓴 경우	16점
(1)~(3) 중에서 한 가지만 바르게 쓴 경우	8점

6 본받고 싶은 인물을 찾아봐요

1 전기문   **2** 시대, 가치관   **3** (3) ×   **4** 행동

준비 ☺   94쪽

1 역사   **2** ①, ④   **3** ⑤   **4** (1) 헬렌 켈러 (2) 세종 대왕   **5** ②, ③, ⑤

2 두 친구는 책에서 본 인물이 남달리 한 일과 인물이 살았던 시대가 궁금하다고 하였습니다.

4 장애에 대한 편견을 없애는 데 큰 역할을 한 사람은 헬렌 켈러이며, 훈민정음을 만든 사람은 세종 대왕입니다.

5 본받고 싶은 인물을 소개할 때에는 본받고 싶은 까닭, 인물이 살았던 시대 상황, 인물이 한 일 등을 중심으로 말하는 것이 좋습니다.

기본 ☺   95~106쪽

핵심내용 ❶ 신분   ❷ 흉년   ❸ 전기문   ❹ 백성   ❺ 열병   ❻ 호기심

1 ③   **2** ③   **3** (1) ② (2) ①   **4** (1) ○   **5** ②   **6** ①, ③, ④   **7** ③   **8** ㉡   **9** ⑤   **10** ③   **11** 예 전 재산을 들여 육지에서 곡식을 사서 나누어 주었다.   **12** 도윤   **13** ⑤   **14** (1) 임금의 용안을 뵙는 것 (2) 금강산을 구경하는 것   **15** ㉢   **16** 이웃과 더불어 살며 나누고 베푸는 따뜻한 마음   **17** (1) 1762년 (2) 경기도 남양주에 있는 마재   **18** ④   **19** ④   **20** ㉠, ㉢   **21** (1) 예 아버지가 돌아가셔서 시묘살이를 했다. (2) 예 임금의 명으로 거중기를 만들었다.   **22** ②, ④   **23** 도르래   **24** ⑤   **25** ④   **26** (2) ○ (3) ○   **27** ②, ③, ⑤   **28** 예 백성의 어려운 삶을 지켜보면서 백성에게 도움이 되려고 맡은 일을 열심히 했다.   **29** ⑤   **30** (1) ○   **31** ①   **32** ④   **33** ⑤   **34** ④   **35** ㉡   **36** ③   **37** ⑤   **38** 연우   **39** 손, 눈   **40** ⑤   **41** ㉣   **42** ②, ⑤   **43** (1) ○   **44** ④   **45** ③   **46** 지우   **47** ④, ⑤   **48** 예 자신도 장애 때문에 힘든데도 남을 도와주는 데 앞장서는 태도를 본받고 싶다.

---

1 김만덕이라는 인물의 삶을 사실에 근거해 쓴 전기문입니다.

2 김만덕은 제주 목사에게 어쩔 수 없이 기생이 된 사정을 헤아려 양민의 신분으로 되돌려 달라고 부탁하였습니다.

3 김만덕은 열두 살이 되던 해 부모님을 차례로 여의고 기생의 수양딸이 되었다가 스물세 살이 되던 해에 기생의 신분에서 벗어났습니다.

4 양민인 김만덕이 기생의 수양딸이 되었다가 스물세 살에 기생의 신분에서 벗어났다는 것으로 보아, 신분 제도가 있던 시대임을 알 수 있습니다.

❗ 오답 피하기
(2) 여성의 지위가 낮았습니다.
(3) 전염병이 유행한 것으로 보아 의술이 발달하지 못했습니다.

5 김만덕은 제주도 사람들에게 특산물을 사들여 육지 상인들에게 팔았습니다. ②는 육지 상인들이 한 일입니다.

6 김만덕은 이익을 적게 남기고 많이 파는 것, 적당한 가격에 물건을 사고파는 것, 신용을 지키고 정직한 거래를 하는 것을 장사 원칙으로 정해 철저히 지켰습니다.

7 장사를 하면서 이익을 적게 남기고 신용과 정직한 거래를 하였다는 것으로 보아, 정직을 중요하게 생각했다는 것을 알 수 있습니다.

8 김만덕은 편안히 사는 사람은 어려운 사람을 생각하여 감사하며 검소하게 살아야 한다고 하였습니다.

9 제주도에는 4년 동안 흉년이 들고, 이듬해 수확을 앞두고 태풍이 몰려와서 제주도 사람들이 모두 굶어 죽을 위기에 처했습니다.

10 정조 임금은 굶어 죽을 위기에 처한 제주도 사람들을 살리기 위해 제주 목사가 부탁한 곡식 이만 석을 보내라고 명하였습니다.

11 굶어 죽을 위기에 처한 제주도 사람들을 위해 김만덕은 자신의 전 재산을 들여 육지에서 곡식을 사들여 나누어 주었습니다.

채점 기준 제주도에 흉년이 계속되었을 때 김만덕이 제주도 사람들을 도운 일을 구체적으로 썼으면 정답으로 인정합니다.

12 김만덕이 자신의 전 재산을 들여 곡식을 사서 제주도 사람들에게 나누어 준 일을 통해 나누고 베푸는 삶을 중요하게 생각한다는 것을 짐작할 수 있습니다.

13 임금은 제주도에 사는 여인이 전 재산을 내놓아 굶주린 사람을 살렸다는 제주 목사의 편지를 받고 눈이 화등잔만 해

졌다고 했습니다.

14 김만덕은 임금의 용안을 뵙는 것과 금강산 구경이 소원이라고 말했습니다.

15 ⊙에서 김만덕이 살았던 시대에는 신분의 차별이 있었다는 것을 알 수 있습니다.

16 글의 마지막 부분에 김만덕의 삶이 우리에게 보여 주는 점이 나타나 있습니다.

17 정약용은 1762년에 지금의 경기도 남양주에 있는 마재에서 태어났습니다.

18 어린 정약용은 백성들이 한시도 쉬지 않고 일하는데 배불리 먹지 못하는 것과 세금을 내지 못해 머슴살이하는 것을 이상하게 생각했습니다.

19 정약용은 이익의 책을 보면서 백성이 잘 사는 데 도움이 되는 실학에 관심을 갖게 되었습니다.

20 '1762년'과 '열다섯 살 때'는 정약용이 한 일의 차례를 알 수 있는 말입니다.

> **❶ 오답 피하기**
> ⓛ 백성이 일을 시작한 시간을 나타내는 말입니다.
> ⓔ 일이 일어난 장소를 나타내는 말입니다.

21 1792년에 정약용은 아버지가 돌아가셔서 시묘살이를 했고, 정조로부터 수원에 성을 짓는 데 도움이 될 방법을 생각해 보라는 명을 받아 거중기를 만들었습니다.

> **채점 기준** 1792년 정약용이 아버지가 돌아가셨을 때 한 일과 정조가 명한 일을 바탕으로 정약용에게 일어난 일을 정리하여 썼으면 정답으로 인정합니다.

22 정조는 정약용에게 성을 짓는 데 드는 돈을 줄이면서 백성의 수고도 덜 수 있는 방법을 찾아보라고 하였습니다.

23 정약용은 작은 힘으로도 무거운 물건을 들 수 있도록 도르래의 원리를 이용하여 거중기를 만들었습니다.

24 거중기 덕분에 백성은 성을 짓는 일에 자주 나오지 않아도 되어 마음 편히 농사를 지을 수 있었습니다.

25 서른세 살 때 정약용은 정조의 비밀 명령을 받고 암행어사가 되었습니다.

> **❶ 오답 피하기**
> ①, ③, ⑤ 정약용이 한 일이 아닙니다.
> ② 정약용이 쉰일곱 살 때 한 일입니다.

26 정약용은 어릴 때부터 보았던 백성의 어려운 삶과 암행어사로 일하는 동안 깨달았던 생각을 바탕으로 『목민심서』를 펴냈습니다.

27 인물의 가치관을 짐작하려면 인물이 한 일, 시대 상황, 인물의 생각이 드러난 말과 행동을 살펴봅니다.

28 정약용의 생각이 드러난 곳이나 정약용이 한 일의 까닭을 찾아 정약용의 가치관을 짐작하여 씁니다.

> **채점 기준** 정약용이 한 일에서 백성을 생각하는 마음과 관련하여 가치관을 썼으면 정답으로 인정합니다.

29 태어난 지 열아홉 달밖에 되지 않은 헬렌은 열병에 걸렸다가 가라앉았습니다.

30 열병이 가라앉은 그 당시에는 엄마도, 의사들도 헬렌이 장애를 가지게 될 것을 알지 못했다고 하였습니다.

31 헬렌은 열병을 앓고 난 후 시력을 잃었습니다.

32 '1882년 2월'은 헬렌이 열병에 걸린 사건이 일어난 때를 나타내는 말입니다.

33 헬렌의 엄마는 깡통에 돌을 넣은 딸랑이를 헬렌의 귀에 대고 흔들어도 헬렌이 아무 반응을 보이지 않아 큰 충격을 받았습니다.

34 헬렌의 부모는 헬렌을 치료하려고 먼 곳까지 여행을 하며 의사들을 찾아다녔습니다.

35 헬렌은 시력과 듣는 능력을 잃었을 당시 너무 어려서 자신에게 무슨 일이 일어났는지 알지 못했다고 하였습니다.

36 헬렌은 제멋대로였고 성격이 난폭해졌습니다.

37 헬렌은 여덟 살이 되던 해인 1887년 3월 3일에 자신의 운명을 바꾸어 놓은 앤 설리번 선생님을 만났습니다.

38 헬렌이 앤 설리번 선생님께 안기지 않고 몸을 뺀 것은 두려운 마음이 들었기 때문입니다.

39 앤 설리번 선생님은 자신의 얼굴과 옷을 만지는 헬렌을 보고 헬렌에게는 손이 곧 눈이라는 것을 알아차렸습니다.

40 앤 설리번 선생님은 헬렌의 손이 곧 눈이라는 것을 알아차리고 손을 통해 헬렌에게 새로운 세계를 열어 주어야겠다고 생각했을 것입니다.

41 앤 선생님은 헬렌에게 낱말과 사물의 관계를 알려 주기 위해 헬렌의 손을 잡고 펌프가로 데려가 헬렌의 손바닥에 물이 쏟아져 내리게 하고, 손바닥에 'w-a-t-e-r'라고 써 주었습니다.

42 헬렌의 얼굴이 환히 빛난 것은 앤 설리번 선생님이 손바닥에 써 주는 글자가 '물'을 나타내는 'water'이고, 세상의 모든 것이 각각 이름을 가졌다는 것을 깨달았기 때문입니다.

43 사물들이 이름을 가지고 있다는 것을 깨달은 헬렌은 배우고 싶다는 뜨거운 마음이 생겼습니다.

44 헬렌은 하루 종일 글을 쓰는 연습을 해서 마침내 글자를 통해 자신의 생각을 전할 수 있게 되었습니다.

45 헬렌은 장애를 지닌 노르웨이의 한 소녀가 입으로 말하는 법을 배웠다는 소식을 듣고 자신도 배우려고 노력하였습니다.

46 헬렌은 말하기를 배우는 것이 너무 힘들었지만 희망을 버리지 않고 끊임없이 노력하면서 어려움을 줄여 갔습니다.

47 헬렌은 자신과 같은 장애를 지닌 토미를 도우려고 모금을 하는 한편 토미를 도와 달라는 글을 써서 여러 사람과 신문사에 보냈습니다.

48 장애를 가지고 있으면서도 다른 장애 어린이를 돕는 모습에서 본받을 점을 찾아 씁니다.

> **채점 기준** 자신처럼 장애를 지닌 어린이를 돕는 헬렌의 행동에서 본받을 점을 찾아 썼으면 정답으로 인정합니다.

실천 ☺   107쪽

1 유관순   **2** ④   **3** ②, ⑤   **4** 나라를 사랑하는 마음
5 (1) ⑩ 과학자 (2) ⑩ 미래에는 지구의 환경 오염으로 오존층이 파괴되어 사람들의 건강이 나빠질 것이다. 과학자가 되어 새로운 대체 에너지를 개발해 지구 환경을 살리고 싶다.
6 (2) ○   **7** ㉮, ㉣, ㉢

2 첫 번째 내용은 유관순이 살았던 시대 상황을 정리한 것입니다.

3 유관순은 어려움을 이겨 내려고 고향에 돌아와서 태극기를 만들고, 아우내 장터에 모인 사람들과 독립 만세를 외쳤습니다.

4 백여 년이 지난 지금까지도 유관순은 우리에게 나라를 사랑하는 마음을 일깨워 준다고 하였습니다.

5 미래에 자신의 모습이 어떨지 상상하여 이루고 싶은 일을 씁니다.

> **채점 기준** 미래의 시대 상황에서 자신이 어떤 일을 이루고 싶은지 알맞게 상상한 내용을 썼으면 정답으로 인정합니다.

6 20년 뒤의 미래에는 기술이 더 발전하게 될 것입니다.

7 먼저 시대 상황과 하고 싶은 일을 상상한 다음 자신이 하고 싶은 일을 이루어 가는 과정을 상상하여 정리하고 책으로 만듭니다.

국어활동 ☺   108쪽

1 스승   **2** ①, ③   **3** ⑤   **4** ⑩ 선조에게 책의 재미를 깨닫게 해 주었고, 이미 편찬된 책들의 오류를 바로잡아 새로 찍어 냈다.

1 유희춘은 선조가 세자였을 때 그를 가르치던 스승이었습니다.

2 유희춘은 선조가 세자였을 때 광활한 역사와 훌륭한 임금들의 이야기를 들려주었습니다.

4 유희춘이 선조의 스승이었다는 점과 책을 좋아했다는 점을 중심으로 업적을 정리하여 씁니다.

> **채점 기준** 유희춘이 선조의 스승이었을 때와 유배에서 돌아온 뒤에 한 일을 바탕으로 업적을 썼으면 정답으로 인정합니다.

➕ 단원 어휘 다지기   109쪽

1 (1) ④ (2) ③ (3) ② (4) ①   **2** 흉년   **3** (1) 열다섯 살
(2) 사 년   **4** (1) 은인 (2) 침묵 (3) 해박   **5** (1) 여의고
(2) 여위어   **6** (1) ✕

1 '흥정'은 물건을 사고팔 때 품질이나 가격 따위를 의논하는 것을, '절망'은 희망을 끊어 버리는 것을 뜻합니다. '용안'은 임금의 얼굴을 높여 이르는 말을, '생애'는 살아 있는 한평생의 시간을 뜻합니다.

2 곡식이 잘 자라고 잘 여물어 평년보다 수확이 많은 해를 '풍년'이라고 하고, 반대로 농작물이 예년에 비하여 잘되지 않아 굶주리게 된 해를 '흉년'이라고 합니다.

3 (1) 수를 나타내는 말 '열다섯'과 나이를 세는 말 '살'을 띄어 씁니다. (2) 수를 나타내는 말 '사'와 한 해를 세는 말 '년'을 띄어 씁니다.

4 (1)에는 은혜를 베푼 사람이라는 뜻을 지닌 '은인'이, (2)에는 고요함이 계속되는 상태를 뜻하는 '침묵'이, (3)에는 여러 방면으로 학식이 넓다는 뜻을 지닌 '해박'이 들어가야 알맞습니다.

5 (1)은 부모님이 죽어서 이별했다는 말이므로 '여의고'가 알맞고, (2)는 몸이 말랐다는 말이므로 '여위어'가 알맞습니다.

6 '값이'에서 'ㅄ' 뒤에 모음이 이어지므로 [갑씨]로 발음해야 합니다.

단원 평가
110~112쪽

1 ④ **2** ② **3** (1) × **4** ⑤ **5** 서현 **6** ⑤ **7**
예 자신이 가진 것을 나누고 베푸는 삶을 중요하게 생각한다. **8** ③ **9** 예 편찬된 책들의 오류를 바로잡고 새로 찍어 냈다. **10** 거중기를 만들었다. **11** ① **12** 『목민심서』 **13** 예 지방 관리가 백성을 위하는 올바른 마음을 지녀야 한다. **14** ㉣ **15** ① **16** 장애, 어린이 **17** ⑤ **18** ② **19** ㉮ **20** ④

1 인물의 삶을 사실대로 기록한 글은 전기문입니다.

2 주시경은 우리나라 최초로 국어 문법의 틀을 세웠습니다.

3 인물이 살았던 장소는 인물의 가치관을 짐작할 때 필요한 내용이 아닙니다.

4 김만덕은 스물세 살이 되던 해에 기생의 신분에서 벗어났습니다.

5 김만덕이 기생의 수양딸이 되었다가 스물세 살에 기생의 신분에서 벗어났다는 내용에는 김만덕이 살았던 시대 상황이 드러나 있습니다.

7 김만덕이 전 재산을 들여 육지에서 사들인 곡식을 제주도 사람들에게 나누어 주라고 한 말이나 행동에서 가치관을 짐작하여 씁니다.

채점 기준	
나누고 베푸는 삶을 중요하게 생각한다는 내용과 비슷하게 쓴 경우	5점
김만덕이 한 말이나 행동을 그대로 요약하여 쓴 경우	2점

8 글 ㉮를 통해 유희춘이 신하들끼리의 정치적인 다툼으로 제주도에 유배를 가게 되었다는 것을 알 수 있습니다.

9 글 ㉯에서 유희춘이 한 중요한 일을 찾아 씁니다.

11 거중기 덕분에 백성들은 성을 짓는 일에 자주 나오지 않아도 되어 마음 편히 농사를 지을 수 있었습니다.

13 『목민심서』에는 지방 관리가 백성을 위하는 올바른 마음을 지녀야 한다는 정약용의 생각이 자세히 담겨 있습니다.

채점 기준	
지방 관리가 백성을 위해 올바른 마음을 지녀야 한다는 내용이 드러나게 쓴 경우	5점
백성을 위해야 한다는 내용만 드러나게 쓴 경우	2점

14 정약용이 한 일의 차례를 알 수 있는 말은 『목민심서』를 펴낸 때인 '쉰일곱 살이 되던 1818년'입니다.

15 헬렌은 말하기를 배우는 것이 힘들었지만 포기하지 않고 끊임없이 노력했습니다.

17 토미가 퍼킨스학교에 다닐 수 있도록 도와 달라는 글을 신문사에 보낸 인물은 헬렌입니다.

18 헬렌이 토미를 도우면서 깨달은 점이 글의 마지막 부분에 나타나 있습니다.

19 헬렌은 앤 선생님을 비롯한 다른 선생님들의 도움을 받았고, 토미를 도와 달라는 글을 여러 사람과 신문사에 보냈으므로 모든 일을 스스로 한 것은 아닙니다.

서술형 평가
113쪽

1 1단계 예 차별 2단계 예 여자가 제주도를 떠날 수 없다는 규범을 깬 것으로 보아, 도전하는 가치관을 지녔다. 3단계 예 형편이 어려운 사람들에게 자신이 가진 것을 나누고 베푸는 따뜻한 마음을 본받고 싶다.

2 예 백성은 한시도 쉬지 않고 일해도 배불리 먹지 못했다. / 쉬지 않고 일해도 세금을 내지 못하는 백성이 많았다.

3 예 다른 사람에게 자기 생각을 전할 수 있게 되기까지 장애가 있는데도 끝까지 노력한 점을 본받고 싶다.

1 1단계 양민의 신분으로는 임금을 만날 수 없었다는 당시의 시대 상황이 나타나 있습니다.

채점 기준	
'차별' 또는 '차이'라는 말을 쓴 경우	4점

2 2단계 제주도 여자는 제주도를 떠날 수 없었던 규범을 깬 김만덕의 행동에서 어떤 가치관을 짐작할 수 있는지 생각하여 봅니다.

채점 기준	
김만덕이 살았던 시대 상황과 관련 있는 가치관을 알맞게 쓴 경우	6점
김만덕이 살았던 시대 상황에서 약간 벗어난 가치관을 쓴 경우	3점

3 3단계 굶주린 제주도 사람들에게 전 재산을 내놓고, 장사를 하며 어려운 사람들을 도운 김만덕의 모습에서 본받을 점을 생각하여 씁니다.

채점 기준	
굶주린 제주도 사람을 도운 행동과 장사를 하며 어려운 사람을 도운 김만덕의 행동에서 본받을 점을 파악하여 쓴 경우	8점
김만덕이 한 행동만 간추려 쓴 경우	4점

2 어린 정약용의 눈에 이상하게 보여졌던 당시의 시대 상황을 정리하여 씁니다.

채점 기준	
쉬지 않고 일해도 배불리 먹지 못하고 세금을 내지 못하는 백성들이 많았던 시대 상황을 쓴 경우	6점
'백성들이 가난했다.'와 같이 시대 상황을 간단히 쓴 경우	3점

3 글에 나오는 헬렌의 행동에서 어떤 점을 본받고 싶은지 생각하여 씁니다.

채점 기준	
헬렌이 어려움을 줄여 가는 과정에서 본받을 점을 찾아 정리한 경우	8점
헬렌이 어려움을 줄여 가는 과정만 드러나게 쓴 경우	4점

😎 수행 평가　114쪽

1 예 1790년부터 제주도에 4년 동안 흉년이 들었고, 이듬해에 수확을 앞두고 태풍이 몰려와서 농산물이 모두 심한 피해를 입었다.　**2** 예 제주도에 흉년이 들어 사람들이 굶어 죽을 위기에 처했을 때 김만덕은 자신의 전 재산을 들여 곡식을 사 온 뒤 제주도 사람들에게 나누어 주었다. 김만덕은 자신이 가진 것을 나누고 베푸는 삶을 중요하게 생각하였다.

1 1790년부터 제주도에 4년 동안 흉년이 계속되었고, 이듬해에 태풍이 몰려와서 제주도 사람들은 꼼짝없이 굶어 죽을 지경에 이르렀다고 하였습니다.

채점 기준	
제주도에 계속되는 흉년과 태풍이 몰려왔던 시대 상황을 모두 파악하여 쓴 경우	10점
제주도에 계속되는 흉년과 태풍이 몰려왔던 시대 상황 중 한 가지만 파악하여 쓴 경우	5점

2 김만덕이 살았던 시대 상황과 김만덕이 한 일을 쓰고, 김만덕의 가치관이 드러나게 차례대로 요약하여 씁니다.

채점 기준	
인물이 살았던 시대 상황과 인물이 한 일, 인물의 가치관이 모두 드러나게 글을 요약한 경우	15점
인물이 살았던 시대 상황과 인물이 한 일, 인물의 가치관 중에서 한 가지를 빼고 글을 요약한 경우	10점

7 독서 감상문을 써요

😊 개념 확인하기　115쪽

1 독서 감상문　**2** (1) ○　**3** ㉮　**4** 경험

준비 😊　116쪽

1 ⑤　**2** 아이에게 모든 것을 주는 나무의 행동에 감동받았다.　**3** ③　**4** 광수　**5** (1) 2 (2) 4 (3) 3 (4) 1　**6** 예 『이순신 위인전』은 두려울 때 용기를 주는 책이다.

2 소민이는 『아낌없이 주는 나무』를 읽고, 아이에게 모든 것을 주는 나무의 행동에 감동받았다고 하였습니다.

3 주어진 내용은 견우와 직녀가 등장하는 『견우와 직녀』의 내용을 정리한 것입니다.

4 선빈이는 책의 내용을 말하였습니다.

5 책 제목 알아맞히기 놀이는 (4) → (1) → (3) → (2)의 순서대로 합니다.

6 앞부분에 책의 제목을 쓰고, 뒷부분에 그 책이 어떤 책인지 한 문장으로 표현해 봅니다.

채점 기준	
책 제목과 그 책이 어떤 책인지를 한 문장으로 썼으면 정답으로 인정합니다.	

기본 😊　117~121쪽

1 『세시 풍속』　**2** ④　**3** ⑤　**4** ㉮　**5** ③　**6** ①, ⑤　**7** 신작로　**8** 호정　**9** ②, ③　**10** ⑤　**11** ⑤　**12** 이슬　**13** 새 양말, 새 신발　**14** ①　**15** ①　**16** (1) 예 어머니께서 품속에 넣어 온 새 양말과 새 신발을 아들에게 갈아 신기신 장면 (2) 예 아들에게 좋은 것만 주고 싶은 어머니의 마음이 느껴졌기 때문이다.　**17** ②　**18** (1) 예 『금도끼 은도끼』 (2) 예 책을 읽고 정직의 중요성을 알게 되어 다른 친구들에게 알리고 싶었기 때문이다.　**19** ③　**20** ㉯　**21** ⑤　**22** ㉯　**23** ⑤

2 동지는 낮이 길어지기 시작하는 날입니다.

3 ㉠과 ㉡은 글쓴이가 『세시 풍속』을 읽고 생각하거나 느낀 점을 쓴 부분입니다.

4 독서 감상문의 제목은 책 제목이나 책을 읽고 생각한 점이 잘 드러나게 붙이거나 독서 감상문의 형식이 돋보이는 제

7 어머니께서는 신작로까지 데려다주겠다고 하시면서 학교에 가자고 하셨습니다.

8 자신의 경험이나 생각이 글 내용과 비슷해 공감할 수 있는 부분에서 감동을 느낄 수 있습니다.

9 이제까지 '나'를 한 번도 때린 적이 없는 어머니께서 지겟작대기를 들고 서 있는 것을 보고, '나'는 낯설기도 하고 무섭기도 했습니다.

10 어머니께서는 '나'에게 가방을 내주신 뒤 산길의 이슬을 털어 내셨습니다.

11 '나'는 어머니께서 '내'가 학교에 가기 싫어하니 중간에 학교로 가지 않고 다른 길로 샐까 봐 신작로까지 데려다주는 것으로 생각했습니다.

12 어머니께서는 '나'의 옷에 이슬이 묻지 않도록 산길의 이슬을 발과 지겟작대기로 털었습니다.

14 ㉠은 아들에게 좋은 것만 주고 싶은 어머니의 사랑을 느낄 수 있는 부분입니다.

15 어머니도 물에 젖었으면서 아들에게 새 양말과 새 신발을 갈아 신기는 모습을 보고, '나'는 어머니께 고맙고 죄송한 마음을 느꼈을 것입니다.

16 일어난 일, 인물의 행동, 인물의 마음 따위에서 인상 깊게 느끼는 부분을 찾고, 그 까닭을 자세하게 씁니다.

> **채점 기준** 글의 내용에 맞게 감동받은 부분과 그 까닭을 알맞게 썼으면 정답으로 인정합니다.

17 독서 감상문을 쓸 책을 정할 때에는 자신이 읽은 책을 골라야 합니다.

18 기억에 남는 내용이 있거나 남에게 알리고 싶은 생각이 들었던 책과 그 책을 고른 까닭을 생각해 봅니다.

> **채점 기준** 책 제목과 책을 고른 까닭을 잘 정리하여 썼으면 정답으로 인정합니다.

20 독서 감상문을 쓸 책을 떠올릴 때 책 가격은 생각할 내용이 아닙니다.

22 독서 감상문의 처음 부분에는 책을 읽은 까닭이 들어가기에 알맞습니다.

> **❶ 오답 피하기**
> ㉮는 끝부분에, ㉯는 가운데 부분에 들어갈 내용으로 알맞습니다.

23 ⑤는 독서 감상문을 쓰기 전에 생각할 점입니다.

122~127쪽

실천 ☺

핵심내용 ❶ 생각

1 ㉯ **2** ② **3** ① **4** (1) ○ **5** ③ **6** 종민 **7** 『초록 고양이』 **8** ① **9** ⑤ **10** 가족의 소중함 **11** 투발루 **12** ④ **13** ④ **14** ㉮ **15** 빙하가 녹아내리고 있기 **16** ③ **17** ②, ④, ⑤ **18** ㉯ **19** 수영을 못하기 **20** (1) 떠나기 전날 (2) 투발루를 떠나는 날 **21** ① **22** ② **23** ③, ④ **24** ⑤ **25** 지영 **26** (예) 로자와 투발루가 서로 헤어지는 장면이 기억에 남는다. 친한 친구가 멀리 전학 갔을 때 슬펐던 기억이 있어 이 장면에서 로자의 마음에 공감이 가기 때문이다.

1 이 시에는 책에 등장하는 인물의 성격과 자신의 성격을 비교한 부분은 없습니다.

2 글 ㉯는 이야기 속 욕심쟁이 영감이 되어 쓴 일기 형식의 독서 감상문입니다.

3 글 ㉯는 생각이나 느낌을 자신의 경험과 관련지어 썼습니다.

4 글 ㉯의 글쓴이는 책을 읽고 혼자 많은 것을 차지할 때보다 다른 사람들과 함께할 때가 더 행복하다고 했습니다.

6 글 ㉰는 책을 읽고 주인공에게 하고 싶은 말을 말하듯이 썼습니다.

7 성준이는 얼마 전에 도서관에서 『초록 고양이』를 읽었습니다.

8 초록 고양이가 데려간 엄마를 꽃담이가 냄새로 찾아 다시 엄마와 만난다는 내용에서 감동을 받았다고 하였습니다.

10 성준이는 꽃담이에게 가족의 소중함을 일깨워 줘서 고맙다고 하였습니다.

11 로자와 고양이 투발루는 아홉 개의 작은 섬으로 이루어진 나라 투발루에 살았습니다.

12 로자와 투발루는 늘 함께했지만 바다에서 수영하기는 함께 하지 않았습니다. 로자가 바다로 수영을 하러 가면 투발루는 야자나무 숲으로 들어가 놀다가 돌아오는 길에 로자를 만나 함께 집으로 돌아갔습니다.

> **❶ 오답 피하기**
> ①, ②, ③, ⑤는 로자와 고양이 투발루가 함께하는 일입니다.

13 둥근달이 떠오르는 보름이 되자 바닷물이 불어나 로자네 집 마당으로 들이닥쳤습니다.

14 ㉯는 글의 내용에 맞지 않습니다.

15 로자의 아빠는 지구가 더워져서 빙하가 녹아내리기 때문에 바닷물이 불어난다고 말씀하셨습니다.

16 바닷물이 불어나서 나라 전체가 물에 잠길 위기에 처했기 때문입니다.

17 로자의 아빠는 투발루를 떠나 어떻게 살지 걱정이 되는 마음, 안타까운 마음, 슬픈 마음이 들었습니다.

19 로자는 투발루가 수영을 못해 물이 불어나면 물에 빠져 죽을 거라며 투발루를 데리고 가자고 하였습니다.

20 글 **4**는 투발루를 떠나기 전날, 글 **5**는 투발루를 떠나는 날 있었던 일입니다.

21 로자는 투발루섬을 영원히 잊지 않기 위해서 고양이 투발루를 데리고 하루 종일 돌아다녔습니다.

22 로자가 바닷가를 거닐다 돌아왔을 때 투발루가 보이지 않았습니다.

23 ㉠에는 투발루를 걱정하는 마음, 투발루를 빨리 찾고 싶은 마음이 담겨 있습니다.

24 로자는 자신이 살던 투발루섬에서 고양이 투발루와 함께 살고 싶다며 간절히 빌었습니다.

25 책을 읽은 뒤의 생각이나 느낌을 간단한 말로 표현하려면 시의 형식으로 쓰는 것이 좋습니다.

26 글의 내용에 맞게 기억에 남는 장면을 쓰고 그 장면에 대한 생각이나 느낌을 씁니다.

채점 기준 글의 내용에 맞게 인상 깊은 장면과 그 장면에 대한 생각이나 느낌을 알맞게 썼으면 정답으로 인정합니다.

국어활동 😊 128쪽

1 ① **2** ㉣ **3** 예 잠자리는 앞날개와 뒷날개를 따로따로 움직인다. **4** ⑤

1 글쓴이는 친구 나연이가 꿈에 대해 깊이 생각해 볼 수 있었다며 추천해 주어서 책을 읽었습니다.

2 글 **3**은 글쓴이가 책을 읽고 나서 자신을 되돌아보는 내용을 쓴 부분입니다.

3 글의 내용에 맞게 새롭게 알게 된 내용을 정리하여 씁니다.

채점 기준 글을 읽고 잠자리에 대해 새롭게 알게 된 내용을 썼으면 정답으로 인정합니다.

단원 어휘 다지기 129쪽

1 (1) 오염 (2) 자락 (3) 활주로 (4) 신작로 **2** ③ **3** (2) ○ **4** 애 **5** (1) 히 (2) 이 **6** 잠기고 **7** (1) 할배 (2) 하르방

1 더럽게 물들게 하는 것은 '오염'을, 옷이나 이불 따위의 아래로 드리운 조각은 '자락'을 뜻합니다. 비행기가 뜨거나 내릴 때에 달리는 길은 '활주로'를, 새로 만든 길은 '신작로'를 뜻합니다.

2 서로 옳으니 그르니 하며 다툰다는 뜻을 지닌 낱말은 '옥신각신하다'입니다.

3 보기 와 (2)의 '새다'는 원래 가야 할 곳으로 가지 않고 딴데로 간다는 뜻입니다. (1)은 소리가 틈으로 빠져나가거나 바깥으로 소리가 들린다는 뜻이고, (3)은 틈이나 구멍으로 기체나 액체가 빠져나간다는 뜻입니다.

4 소원이나 요구 따위를 들어 달라고 애처롭게 사정하여 간절히 바라는 것은 '애원'을 뜻하고, 마음과 힘을 다하여 무엇을 이루려고 힘쓴다는 뜻을 지닌 낱말은 '애쓰다'입니다.

5 '흥건히'는 끝말의 소리가 '이'나 '히'로 나므로 '-히'로 적고, '나직이'는 끝말의 소리가 '이'로만 나므로 '-이'로 적습니다.

6 '잠그다'는 물속에 물체를 넣거나 가라앉게 한다는 뜻이고, '잠기다'는 물속에 물체가 넣어지거나 가라앉게 된다는 뜻입니다.

7 표준어 '할아버지'를 경상도에서는 '할배', 제주도에서는 '하르방'이라고 합니다.

단원 평가 130~132쪽

1 채영 **2** 독서 감상문 **3** ③ **4** 지금 계절이 겨울이므로 **5** ③ **6** ③ **7** ⑤ **8** ③ **9** ㉣ **10** ⑤ **11** ② **12** 예 어머니께서 아들을 위해 이슬을 털어 주시다가 옷을 흠뻑 적신 부분 **13** ⑤ **14** 시 **15** ⑤ **16** 주원 **17** ⑤ **18** ㉮ **19** ① **20** 예 투발루와 로자가 헤어지는 모습이 인상 깊어서 만화로 나타내면 오래 기억할 것 같다.

1 채영이는 자신이 읽은 『백두산 이야기』에 대한 생각이나 느낌을 말하였습니다.

2 이 글은 책을 읽고 책 내용과 생각이나 느낌을 쓴 독서 감상문입니다.

3 『세시 풍속』의 책 내용을 쓴 부분은 ⓒ입니다.

4 지금 계절이 겨울이므로 겨울 부분부터 읽어 보았다고 하였습니다.

5 독서 감상문을 쓰면 읽은 책의 내용을 다시 한번 생각할 수 있습니다.

6 ㉠은 글쓴이가 책을 어떻게 읽게 되었는지를 밝혀 쓴 부분입니다.

7 책을 읽고 자신을 되돌아보는 내용을 쓴 부분은 ②과 ⑩입니다.

🔔 **오답 피하기**
ⓒ과 ⓒ은 글쓴이가 관심 있었던 내용을 중심으로 책 내용을 정리한 부분입니다.

8 인물의 행동이나 말에서 교훈을 얻을 수 있는 부분, 자신의 경험이나 생각이 글 내용과 비슷해 공감할 수 있는 부분, 질문이나 생각이 많이 생기는 부분, 감정을 강하게 느낀 부분에서 감동을 느낄 수 있습니다.

9 어머니는 이슬받이에서 '나'의 옷에 이슬이 묻지 않도록 '내'가 가야 할 산길의 이슬을 털며 '나'의 앞에 서서 산길을 걸으셨습니다.

10 신작로에 닿은 어머니와 '나'는 무릎에서 발끝까지 옷이 흠뻑 젖어 있었습니다.

11 '나'를 신작로까지 데려다주시겠다는 말이나 이슬을 털어 주신 어머니의 행동에는 학교 가기 싫어하는 아들의 마음을 되돌리고 싶은 마음이 담겨 있습니다.

12 어머니와 '나' 사이에 일어난 일, 어머니의 행동과 마음 따위에서 인상 깊게 느낀 부분을 씁니다.

채점 기준	
글의 내용에 맞게 감동받은 부분을 잘 정리하여 쓴 경우	5점
글의 내용에는 맞지만, 감동적인 부분과 다소 먼 내용을 쓴 경우	2점

13 주어진 내용은 독서 감상문을 쓰고 싶은 까닭을 정리한 것입니다.

14 책을 읽고 느낌 감동을 간단한 말로 표현한 시 형식의 독서 감상문입니다.

15 글쓴이는 책을 읽고 이기는 것이나 등수보다 중요한 더 큰 것이 있다는 것을 깨달았습니다.

16 이 글은 글쓴이의 생각이나 느낌을 재미있는 표현을 사용하여 썼습니다.

17 아빠는 다른 나라에 가면 지금보다 훨씬 힘들게 살 수 있기 때문에 투발루를 할아버지한테 맡기고 가자고 하셨습니다.

18 로자가 투발루섬에서 행복하게 지내는 장면은 글의 내용과 맞지 않습니다.

19 투발루를 떠나면서 고양이 투발루와 헤어지게 되어 로자는 슬펐습니다.

20 글에 대한 생각이나 느낌을 표현하기에 알맞은 글의 형식과 그 까닭을 밝혀 씁니다.

채점 기준	
글에 대한 생각이나 느낌을 표현할 형식과 그렇게 정한 까닭을 알맞게 쓴 경우	5점
글에 대한 생각이나 느낌을 표현할 형식은 썼으나 그렇게 정한 까닭은 쓰지 못한 경우	2점

📝 서술형 평가

1 1단계 책을 읽은 동기 **2**단계 예 한 가지를 볼 때 여러 가지 시각으로 봐야겠다고 생각했습니다. **3**단계 (1) 예 내가 몰랐던 동지 (2) 예 동지와 관련해 몰랐던 내용을 새롭게 알 수 있었기 때문이다.

2 예 '나'를 학교에 가라고 설득하기 위해서이다.

3 (1) 예 어머니께서 '나'를 학교에 보내려고 달래시는 장면 (2) 예 자식을 바른길로 이끌려는 어머니의 노력을 알 수 있었기 때문이다.

1 1단계 ㉠은 글쓴이가 책을 읽은 동기를 쓴 부분입니다.

채점 기준	
책을 읽은 동기, 또는 책을 읽은 까닭이라고 답한 경우	4점

2단계 글 ㉯의 마지막 문장에 글쓴이가 책을 읽고 생각하거나 느낀 점이 나타나 있습니다.

채점 기준	
글 ㉯의 마지막 문장을 찾아 쓴 경우	6점
'신기했다', '인상 깊었다'와 같이 느낀 점을 간략하게 찾아 쓴 경우	2점

3단계 독서 감상문에 제목을 붙일 때에는 책 제목이 드러나게 붙이거나 책을 읽고 생각한 점이 잘 드러나게 붙일 수 있습니다. 또 독서 감상문의 형식이 돋보이게 붙일 수도 있습니다.

채점 기준	
글에 알맞은 제목을 붙였고 그 까닭도 바르게 쓴 경우	8점
글에 알맞은 제목을 붙였으나 그 까닭을 답하지 못했거나 바르게 쓰지 못한 경우	4점

2 어머니께서 '나'를 신작로까지 데려다주겠다고 하신 까닭, 누구든 재미로 학교 다니는 사람은 없다고 말씀하신 까닭을 생각해 봅니다.

채점 기준	
'자식('나')을 학교에 보내려고 달래기 위해서' 또는 '자식('나')을 설득하기 위해서'와 비슷한 내용으로 답한 경우	5점

3 이 글에서 인상 깊게 느낀 부분과 그렇게 생각한 까닭을 정리하여 씁니다.

채점 기준	
글의 내용에 맞게 감동받은 부분과 그렇게 생각한 까닭을 모두 알맞게 쓴 경우	10점
글의 내용에 맞게 감동받은 부분만 쓴 경우	5점

수행 평가
134쪽

1 ⓐ 독서 감상문을 쓸 책을 골랐다. **2** (1) ⓐ 인상 깊은 부분을 떠올리고, 생각이나 느낌을 나타낼 수 있는 부분을 간략하게 쓴다. (2) ⓐ 책은 계절의 차례대로 봄, 여름, 가을, 겨울의 세시 풍속을 소개했습니다. (3) ⓐ 새롭게 알거나 생각한 점, 책을 읽고 느낀 점을 쓰고, 생각이나 느낌에 대한 까닭을 함께 쓴다. (4) ⓐ 계절의 변화 하나하나에 의미를 부여하고 삶을 즐겁게 보내려는 마음을 듬뿍 느꼈습니다.

1 독서 감상문을 쓰기 위해서는 가장 먼저 독서 감상문으로 쓸 책을 골라야 합니다.

채점 기준	
독서 감상문을 쓸 책을 골랐다는 내용으로 쓴 경우	5점

2 독서 감상문에서 책 내용, 책을 읽고 생각하거나 느낀 점을 쓰는 방법을 정리해 보고, 글쓴이가 쓴 독서 감상문에서 해당하는 부분을 찾아 씁니다.

채점 기준	
(1)~(4) 모두 알맞게 쓴 경우	20점
(1)~(4) 중 세 가지만 알맞게 쓴 경우	15점
(1)~(4) 중 두 가지만 알맞게 쓴 경우	10점
(1)~(4) 중 한 가지만 알맞게 쓴 경우	5점

8 생각하며 읽어요

개념 확인하기
135쪽

1 (3) × **2** (1) 주제 (2) 사실 (3) 문제 상황 **3** ㉮, ㉰

준비
136~137쪽

핵심내용 ❶ 농부 **❷** 청년

1 시장 **2** ① **3** 노인 **4** ④ **5** ㉮ **6** ③ **7** 지민 **8** (1) ⓐ 아무도 타지 않고 당나귀를 끌고 갔을 것이다. (2) ⓐ 당나귀가 힘들어 지치면 팔리지 않을 수 있기 때문이다.

2 농부는 아버지와 아이가 땀을 뻘뻘 흘리며 가는 모습을 보고 당나귀를 타고 가야 한다는 의견을 말했습니다.

4 둘 다 당나귀를 타고 가야 한다는 아낙의 의견에 따른 결과, 당나귀는 힘에 부친 듯 비틀비틀 걸음을 옮겼습니다.

6 청년의 말을 듣고 난 뒤, 아버지와 아이는 시장에 가기도 전에 당나귀가 지쳐 쓰러져 버릴 것 같아서 당나귀를 어깨에 메고 갔습니다.

7 아버지와 아이는 다른 사람들의 의견이 적절한지 판단해 보지 않은 채 그대로 따랐습니다.

8 자신이 아버지와 아이의 처지였다면 당나귀를 어떻게 끌고 시장에 갔을지 씁니다.

채점 기준	
당나귀를 시장까지 끌고 가는 방법을 알맞게 썼으면 정답으로 인정합니다.	

기본
138~140쪽

핵심내용 ❶ 도서관 **❷** 자신

1 ② **2** ① **3** ③ **4** ⓐ 한 분야의 책만 읽게 된다. / 한 가지 문제만 생각해 다양한 사고를 할 수 없다. **5** 문제 상황 **6** ② **7** ③, ④, ⑤ **8** ④ **9** (1) ⓐ 적절하다고 생각한다. (2) ⓐ 국가유산은 예전에 살았던 사람들의 모습이 담긴 것이기 때문에 관람객이 직접 체험해야 더 가치 있기 때문이다. **10** ③ **11** 정미 **12** (2) × **13** (1) ㉰ (2) ㉯ **14** (2) ○ **15** (1) ⓐ 편식을 하면 안 된다. (2) ⓐ 책에서 읽은 내용에 따르면, 음식을 골고루 먹어야 영양소를 균형 있게 섭취할 수 있어서 건강해지기 때문이다.

1 글 **가**~**다**는 모두 바람직한 독서 방법을 주제로 하여 쓴 글입니다.

3 뒷받침 내용이 믿을 만한지 알아보려면 책, 인터넷, 전문 자료를 참고하거나 전문가에게 묻는 방법이 있습니다. 친구들의 경험을 조사해 보는 것은 적절하지 않습니다.

4 글 **다**에서 준우는 "바람직한 독서 방법은 자신이 좋아하는 책만 읽는 것이다."라는 의견을 말했습니다.

> **채점 기준** 자신이 좋아하는 책만 읽었을 때의 문제를 알맞게 썼으면 정답으로 인정합니다.

6 글쓴이는 글의 처음 부분에서 "국가유산을 개방해야 한다."라는 의견을 말했습니다.

8 주제와의 관련성, 의견과 뒷받침 내용의 관련성, 뒷받침 내용의 사실 여부 따위를 확인해야 합니다.

9 국가유산을 개방하자는 글쓴이의 의견과 그 뒷받침 내용이 적절한지 평가하여 봅니다.

> **채점 기준** 글쓴이의 의견을 기준에 맞게 평가하여 알맞게 썼으면 정답으로 인정합니다.

11 소연이와 인하는 편식과 관련한 의견을 말했고, 정미는 수입 농산물과 관련한 의견을 말했습니다.

12 편식을 한다고 해서 반 친구들과 사이좋게 지낼 수 있는 것은 아닙니다.

14 편식을 했을 때 생길 수 있는 문제점이나 편식을 하지 않을 때의 좋은 점을 뒷받침 내용으로 들어야 합니다.

> ❶ **오답 피하기**
> (1)은 "편식해도 된다."라는 의견에 대한 뒷받침 내용으로 알맞습니다.

15 편식에 대한 자신의 의견을 정하고, 그 의견에 대한 뒷받침 내용을 씁니다.

> **채점 기준** 자신의 의견을 분명하게 드러내고, 사실이고 믿을 만한 뒷받침 내용을 썼으면 정답으로 인정합니다.

---

3 친구에게 거친 말이나 욕설 따위를 쓰면 기분이 상해서 더 큰 싸움으로 번질 수 있습니다.

4 각자 모은 자료는 친구들과 함께 나누고 알아듣기 쉽게 정리해야 합니다.

5 의견을 뒷받침할 자료를 모을 수 있는 것 가운데에서 가장 효과적인 것을 찾아봅니다.

6 뒷받침 내용은 사실이고 믿을 만한 내용을 제시해야 합니다.

> **국어활동** ☺ 142쪽
>
> **1** 숲을 보호하고 생물들의 보금자리를 지켜 주어야 합니다. **2** (1) 자원 (2) 숲 (3) 파괴 **3** 예 글쓴이의 의견과 뒷받침 내용이 관련 있고, 의견을 뒷받침하는 내용이 믿을 만하기 때문에 글쓴이의 의견은 적절하다. **4** (2) ○ **5** ⑤

1 글쓴이는 숲을 보호하고 생물들의 보금자리를 지켜 주어야 한다고 하였습니다.

2 '첫째, 둘째, 셋째'로 시작하는 첫 문장에 뒷받침 내용이 나타나 있습니다.

3 뒷받침 내용이 의견과 관련 있는지, 뒷받침 내용이 사실이고 믿을 만한지, 문제 상황을 해결할 수 있는지를 평가합니다.

> **채점 기준** 글쓴이의 의견이 적절한지 평가하는 방법을 알맞게 썼으면 정답으로 인정합니다.

4 아이들이 어른들의 간섭을 받는 것은 여러 사람과 더불어 살면서 진정으로 자유롭기 위한 훈련을 받고 있는 것이라고 했습니다.

5 우리는 여러 사람과 함께 살고 있기 때문에 다른 사람의 자유를 위해서 자신의 자유를 조금 제한하고 상대방을 존중해야 합니다.

> **실천** ☺ 141쪽
>
> **1** 태경 **2** ⑤ **3** (3) ○ **4** ③ **5** (1) ㉯ (2) ㉰ (3) ㉮ **6** ⑤

1 친구가 듣기 싫어하는 별명을 부르며 장난을 치면 친구 사이가 나빠지고 서로 다투기 쉽습니다.

> ➕ **단원 어휘 다지기** 143쪽
>
> **1** (1) ㉯ (2) ㉮ (3) ㉱ (4) ㉰ **2** (1) ○ **3** (1) 도착했을 (2) 예의 **4** (1) ㉰ (2) ㉮ (3) ㉯ **5** ④ **6** (1) 등 (2) 가장자리 (3) 고깔모자

1 ㉮는 '변식', ㉯는 '훼손', ㉰는 '유물', ㉱는 '편의'의 뜻입니다.

2 '혀를 차다'는 "마음이 언짢거나 유감의 뜻을 나타내다."라는 뜻을 지닌 관용어입니다.

3 '다다르다'는 목적으로 삼은 곳에 도착한다는 뜻이고, '버릇'은 윗사람에 대하여 지켜야 할 예의를 뜻합니다.

4 (1)은 학비를 아들에게로 보냈다는 뜻이므로 ㉯가, (2)는 걷기에 힘이 부족했다는 뜻이므로 ㉮가, (3)은 종이로 바람을 일으켰다는 뜻이므로 ㉰가 알맞습니다.

5 ④에는 잘 보호하여 그대로 남긴다는 뜻을 지닌 '보존'이 들어갈 낱말로 알맞습니다.

6 (1) 사람이나 동물의 몸통에서 가슴과 배의 반대쪽 부분을 뜻하는 낱말은 '등'입니다. (2) 둘레나 끝에 해당되는 부분을 뜻하는 낱말은 '가장자리'입니다. (3) 위 끝이 뾰족하게 생긴 모자를 뜻하는 낱말은 '고깔모자'입니다. '등어리', '가생이', '꼬깔'은 방언(사투리)입니다.

🔆 단원 평가　　　　　144~146쪽

1 아낙　　**2** ⑤　　**3** 예 다른 사람의 의견을 받아들이기 전에 그 의견이 적절한지 판단해 보지 않았기 때문이다.　　**4** ②　　**5** 바람직한 독서 방법　　**6** 혜원　　**7** (2) ○　　**8** ③　　**9** ③　　**10** ㉮, ㉰　　**11** ⑤　　**12** 국가유산, 개방　　**13** (2) ○　　**14** 세호　　**15** (1) ㉠ (2) ㉡, ㉢, ㉣　　**16** ③, ⑤　　**17** 편식　　**18** (1) 예 편식해도 된다. (2) 예 자기가 좋아하는 음식 위주로 다양하게 먹어도 충분히 영양소를 섭취할 수 있다.　　**19** ⑤　　**20** ③

1 아낙은 당나귀를 타고 가는 아버지의 모습을 보고 "나라면 아이도 함께 태울 텐데."라고 말했습니다.

2 아버지와 아이는 시장에 가기 전에 당나귀가 지쳐 쓰러져 버릴 것이라고 생각하여 청년의 의견을 받아들였습니다.

3 의견을 받아들이기 전에 그 의견이 적절한지 판단해 보아야 합니다.

채점 기준	
아버지와 아이의 행동이 적절하지 않은 까닭을 알맞게 쓴 경우	5점
아버지와 아이의 행동이 적절하지 않은 까닭을 썼으나 구체적이지 못한 경우	3점

4 사람마다 생각이 다를 수 있기 때문에 그 가운데에서 더 나은 의견을 선택하기 위해서는 의견이 적절한지 판단해야 합니다.

5 혜원이와 민서는 바람직한 독서 방법에 대한 의견을 말했습니다.

6 도서관의 편의 시설을 늘리자는 의견은 바람직한 독서 방법과 관련이 매우 적습니다.

7 한 분야의 책만 읽으면 시력이 나빠진다는 내용은 글쓴이의 개인적인 경험이어서 믿을 만한 내용은 아닙니다.

8 책을 찾아보거나 인터넷을 검색해 정보를 얻습니다. 또는 전문가에게 물어보거나 관련 있는 전문 자료를 참고할 수도 있습니다.

9 준우의 의견을 따랐을 때에는 더 많은 문제가 생길 수 있으므로 적절한 의견이라고 볼 수 없습니다.

10 준우의 의견대로 자신이 좋아하는 책만 읽게 된다면 한 분야의 책만 읽게 되어 다양한 사고를 할 수 없게 됩니다.

11 뒷받침 내용을 얼마나 많이 제시했는지보다는 뒷받침 내용이 의견과 관련 있는지, 믿을 만한지를 살펴봅니다.

12 국가유산을 개방해야 한다는 것이 글쓴이의 의견입니다.

13 뒷받침 내용의 출처가 신문 기사이므로 뒷받침 내용인 ㉠은 사실이고 믿을 만하다고 평가할 수 있습니다.

14 국가유산을 관람하다 보면 어쩔 수 없이 훼손된다는 것은 글쓴이의 의견이 적절하지 않다는 의견에 대한 까닭으로 알맞습니다.

15 ㉡~㉣은 숲을 보호하고 생물들의 보금자리를 지켜 주어야 한다는 글쓴이의 의견을 뒷받침하는 내용입니다.

16 파괴된 숲은 사람들이 노력하여 새로운 숲으로 만들고, 보호된 숲에서는 식물과 동물이 살아갈 수 있게 해야 합니다.

17 편식과 관련한 여러 가지 생각을 정리한 것입니다.

18 편식과 관련한 생각을 정리하여 자신의 의견을 쓰고, 그 의견과 관련 있는 뒷받침 내용을 씁니다.

채점 기준	
편식과 관련한 의견과 그 의견에 대한 뒷받침 내용을 모두 알맞게 쓴 경우	5점
편식과 관련한 의견은 썼으나 그 의견에 대한 뒷받침 내용을 알맞게 쓰지 못한 경우	3점

19 날마다 두 편으로 나누어 경쟁을 하면 친구 간에 싸움이 생길 수 있습니다.

20 동영상 자료뿐만 아니라 책, 신문, 인터넷에서 얻은 정보, 전문가의 의견 등을 뒷받침 내용으로 제시할 수 있습니다.

📑 서술형 평가
147쪽

1 1단계 여러 분야의 책 **2**단계 (1) 아니요 (2) 예 민서의 개인적인 경험일 뿐 그렇지 않다고 생각하는 사람도 많기 때문이다. **3**단계 예 바람직한 독서 방법은 관련 있는 책들을 이어서 읽어 나가는 것이다. 주제에 대해 쓴 다양한 책을 비교해 가며 읽으면 배경지식이 풍부해지고, 비슷한 내용이 반복되다 보니 집중력이 좋아질 것이다.

2 (1) 예 옛 조상이 살았던 때를 생생하게 느낄 수 있다. (2) 예 여름 장마철에 생기는 국가유산 훼손을 막을 수 있다.

3 예 어쩔 수 없이 훼손되기 마련이고, 한번 망가진 국가유산은 고치기도 어렵기

4 예 국가유산 보호의 중요성을 교육해야 한다. / 국가유산 지킴이 수를 늘려야 한다.

1 1단계 '바람직한 독서 방법'에 대해 민서가 어떤 의견을 가지고 있는지 찾아 씁니다.

2단계 민서의 의견을 뒷받침하는 ㉠이 믿을 만한지 판단해 보고, 그렇게 생각한 까닭을 씁니다.

채점 기준	
뒷받침 내용이 믿을 만한지 정확하게 판단하여 알맞은 내용을 쓴 경우	6점
뒷받침 내용이 믿을 만한지 판단하여 썼으나 그 내용이 부족한 경우	3점

3단계 자신이 생각하는 바람직한 독서 방법을 씁니다.

채점 기준	
주제와 관련 있는 의견과 뒷받침 내용을 쓴 경우	8점
주제와 관련 있는 의견을 썼으나 뒷받침 내용이 알맞지 않은 경우	4점

2 국가유산을 개방해야 한다는 의견에 대한 뒷받침 내용을 두 가지 찾아 씁니다.

3 국가유산을 개방하여 많은 사람이 국가유산을 관람했을 때 생길 수 있는 문제점을 까닭으로 씁니다.

채점 기준	
많은 사람이 국가유산을 관람할 때 생길 수 있는 문제점을 알맞게 쓴 경우	4점
많은 사람이 국가유산을 관람할 때 생길 수 있는 문제점을 썼으나 문장이 자연스럽지 못한 경우	2점

4 국가유산을 보호할 수 있는 방법을 생각하여 씁니다.

채점 기준	
국가유산을 보호하는 방법을 알맞게 쓴 경우	6점
국가유산을 보호하는 방법으로 다소 미흡한 경우	3점

😊 수행 평가
148쪽

1 예 안전의 소중함을 깨닫는 것이 중요함. / 예 '사전 안전 교육'을 실시해야 함. / 예 학교 안전사고에 관심을 가져야 함. / 예 우리의 부주의 때문에 안전사고가 일어남. **2** (1) 예 학교 안전사고를 예방하려면 학생들에게 '사전 안전 교육'을 실시해야 한다. (2) 예 안전의 중요함을 생각하고 안전의 소중함을 깨닫는 것이 중요하다. / 사전 안전 교육으로 우리의 부주의 때문에 일어나는 사고를 줄일 수 있다. **3** 예 학교 안전사고를 예방하려면 학생들에게 '사전 안전 교육'을 실시해야 한다. 안전의 중요함을 생각하고 안전의 소중함을 깨닫는 것이 중요하다. '이 정도는 괜찮겠지.' 또는 '나 하나쯤이야.'라는 생각 때문에 학교에서 안전사고가 일어나기도 한다. 사전 안전 교육으로 우리의 부주의 때문에 일어나는 사고를 줄일 수 있다. 사전 안전 교육은 우리가 안전에 관심을 가지도록 도와준다. 사전 안전 교육으로 학교 안전사고를 예방하자.

1 학교 안전사고와 관련하여 떠오르는 생각을 씁니다.

채점 기준	
학교 안전사고와 관련한 생각을 네 가지 모두 쓴 경우	8점
학교 안전사고와 관련한 생각을 세 가지만 쓴 경우	5점
학교 안전사고와 관련한 생각을 한두 가지만 쓴 경우	3점

2 학교 안전사고와 관련 있는 자신의 의견을 분명하게 정하고, 사실이고 믿을 만한 뒷받침 내용을 제시합니다.

채점 기준	
주제와 관련 있는 의견을 쓰고 믿을 만한 뒷받침 내용을 제시한 경우	10점
주제와 관련 있는 의견을 썼으나 믿을 만한 뒷받침 내용을 제시하지 못한 경우	5점

3 의견과 관련 있고 믿을 만한 뒷받침 내용을 넣어 의견이 잘 드러나게 글을 씁니다.

채점 기준	
주제와 관련 있는 의견이 잘 드러나게 믿을 만한 뒷받침 내용을 제시하여 글을 쓴 경우	12점
주제와 관련 있는 의견이 잘 드러나게 글을 썼으나 뒷받침 내용의 사실 여부가 분명하지 않은 경우	6점

9 감동을 나누며 읽어요

개념 확인하기   149쪽

1 비슷한   **2** (1) 장면 (2) 인물 (3) 경험   **3** ㉮   **4** 특성

준비   150쪽

1 비행기   **2** ⑤   **3** ④   **4** 정현

1 말하는 이는 계속 비행기에 대해 생각하고 있습니다.

2 3연과 4연으로 보아, 말하는 이가 비행기 조종석이나 조수석에 앉아 있는 상상을 하고 있음을 알 수 있습니다.

3 ④는 시의 내용과 맞지 않는 장면입니다.

4 좋아하는 것과 관련된 경험을 떠올린 친구를 찾아봅니다.

기본   151~154쪽

1 ②   **2** ③   **3** ②   **4** (2) ○   **5** 달걀, 김밥   **6** ①
7 ④   **8** 예 딸이 원하는 음식을 만들어 주지 못한 엄마께서도 많이 속상하셨을 것 같다.   **9** ①   **10** ②   **11** 꿈풀이, 망둥 할멈   **12** 예 "대왕님께서 저를 이렇게나 반갑게 맞아 주시니 고마울 따름입니다."   **13** ③   **14** ⑤   **15** (1) 망둥 할멈 (2) 넓적 가자미   **16** (1) ① (2) ③ (3) ②

1 지하 주차장으로 차를 가지러 가신 아빠께서 차를 찾지 못해 헤매고 다니신 내용의 시입니다.

2 ㉠에는 아빠의 이야기가 변명이라는 의미, 자주 있었던 일이라서 오늘도 차를 찾느라 늦게 나오신 거 다 안다는 의미가 담겨 있습니다.

3 두 아이는 시에 나오는 인물인 아빠와 아이가 되어 역할극을 하며 느낌을 표현하고 있습니다.

4 아이에게 변명을 하신 것으로 보아, 아이에게 실수를 들키고 싶지 않은 아빠의 마음을 느낄 수 있습니다.

5 동숙이는 엄마께 달걀이 들어간 김밥을 싸 달라고 하였습니다.

6 쑥을 팔아서 달걀을 사려고 했는데 아무도 쑥을 사 주지 않아서 동숙이는 속상했을 것입니다.

7 동숙이는 선생님 김밥을 싸야 한다고 엄마께 말씀드려서 아버지 병원비로 달걀 한 줄을 샀습니다.

8 달걀이 들어간 김밥을 싸 주지 못하고 꾸중을 하신 엄마의 행동에 대한 생각을 씁니다.

> **채점 기준** 달걀이 들어간 김밥을 싸 주지 못한 엄마의 행동에 대한 생각을 알맞게 썼으면 정답으로 인정합니다.

10 멸치 대왕은 자신이 꾼 꿈이 무슨 꿈인지 몹시 궁금하였습니다.

11 멸치 대왕은 넓적 가자미한테 꿈풀이를 잘한다는 망둥 할멈을 데려오라고 명령하였습니다.

12 멸치 대왕이 망둥 할멈을 반갑게 맞이했을 때 망둥 할멈이 어떤 말을 했을지 상상하여 씁니다.

> **채점 기준** 상황에 맞게 망둥 할멈이 했을 말을 바르게 썼으면 정답으로 인정합니다.

13 넓적 가자미는 힘들게 망둥 할멈을 데려왔는데 멸치 대왕이 알은척도 하지 않고 먹을 것도 주지 않아 토라졌습니다.

14 멸치 대왕의 꿈을 좋게 풀이한 것으로 보아, 아부를 잘하는 성격임을 짐작할 수 있습니다.

> **❶ 오답 피하기**
> ④는 멸치 대왕의 성격입니다.

15 망둥 할멈은 멸치 대왕의 꿈이 용이 될 꿈이라고 풀이하였고, 넓적 가자미는 큰 변을 당하게 될 나쁜 꿈이라고 풀이하였습니다.

16 글 ❹에서 각 인물의 모습이 어떻게 변하였다고 하였는지 찾아봅니다.

실천   155쪽

1 ③   **2** 승한   **3** (1) 예 「놀이터」 (2) 예 엄마 아빠가 안 계셔서 외로워하는 장면 (3) 예 시에서 말하는 이가 느꼈을 외로움에 공감이 된다.   **4** ①, ③   **5** ㉰   **6** (2) ○

1 시를 골라 그림과 함께 꾸미기 위해서는 가장 먼저 마음에 드는 시를 골라야 합니다.

2 친구들이 가장 좋아하는 시를 고른 것은 알맞지 않습니다.

3 자신이 고른 시에서 떠오르는 장면과 그 장면에 대한 생각이나 느낌을 자유롭게 씁니다.

> **채점 기준** 마음에 드는 시의 제목과 시의 장면, 장면에 대한 생각이나 느낌을 알맞게 정리하여 썼으면 정답으로 인정합니다.

4 시의 내용과 어울리는 그림을 그리고, 생각이나 느낌이 잘 드러나게 꾸며야 합니다.

5 시로 표현할 생각이나 느낌이 잘 드러나게 꾸며야 합니다.

6 시의 내용에 어울리는 그림을 그리면 시를 쓴 사람의 생각이나 느낌을 잘 알 수 있어서 좋습니다

국어활동 😊   156쪽

1 ①   **2** ④   **3** ①, ④   **4** (1) 예 외할아버지가 노래를 시작하자, 유랑 극단 사람들이 장구와 꽹과리를 치는 장면 (2) 예 남의 일도 자기 일처럼 기뻐하며 함께 축하하는 모습이 보기 좋았기 때문이다.

1 골목에서 아이들이 모여 제기차기를 하며 즐거워하는 모습을 표현한 시입니다.

3 이 글의 제목인 「기찬 딸」에서 "기찬"은 '기차다(훌륭하다)'라는 뜻과 '기차 안'이라는 뜻을 모두 담고 있습니다.

4 글의 내용에 맞게 인상 깊은 장면과 그 까닭을 정리하여 씁니다.

> **채점 기준** 글의 내용에 맞게 인상 깊은 장면과 그 장면이 인상 깊은 까닭을 알맞게 썼으면 정답으로 인정합니다.

➕ 단원 어휘 다지기   157쪽

1 (1) 고물 (2) 아우성 (3) 알은척 (4) 미로   **2** (1) ② (2) ① (3) ③   **3** ④, ⑤   **4** (1) 찰싹 (2) 모락모락   **5** (1) ○   **6** ③

1 '미로'는 한번 들어가면 다시 빠져나오기 어려운 길을 뜻하고, '고물'은 헐거나 낡은 물건을 뜻합니다. '알은척'은 사람을 보고 인사하는 표정을 짓는 것을 말하고, '아우성'은 떠들썩하게 지르는 소리를 말합니다.

2 '삐치다'는 비틀어져 토라져 있는 상황이고, 손안에 꽉 잡고 놓지 않는 것은 움켜쥐고 있는 상황이며, 마구 엉켜서 풀기 어려운 것은 뒤엉켜 있는 상황입니다.

3 ①의 '변'은 수학에서 도형을 이루는 선을 뜻하고, ②의 '변'은 물체나 장소 따위의 가장자리를 뜻하며, ③의 '변'은 대변을 이르는 말입니다.

4 (1) 작은 물체가 아주 끈기 있게 부딪치거나 달라붙는 소리, 또는 그 모양을 흉내 내는 말로 알맞은 것은 '찰싹'입니다. (2) 김, 연기, 냄새 등이 조금씩 자꾸 피어오르는 모양을 흉내 내는 말로 알맞은 것은 '모락모락'입니다.

5 '만큼', '대로', '뿐'은 앞에 오는 다른 낱말과 함께 쓰는 낱말입니다. (2)에서 '우리'는 사람이나 사물의 이름을 나타내는 낱말이므로 '우리만큼'으로 붙여 씁니다. (3)에서 '셋'은 수를 나타내는 낱말이므로 '셋뿐'으로 붙여 씁니다.

6 ①은 '나만큼', ②는 '운동장만큼', ④는 '나뿐'으로 붙여 쓰고, ⑤는 '먹을 만큼'으로 띄어 써야 합니다.

💡 단원 평가   158~160쪽

1 ④   **2** (1) 비행기를 구경하는 일 (2) 비행기를 그리는 일 (3) 비행기를 생각하는 일   **3** 예 많은 생각을 하지 않고 비행기를 좋아하는 것이다.   **4** ④   **5** ⑤   **6** ④   **7** (2) ○   **8** 제기차기   **9** ①   **10** 달걀이 들어간 김밥   **11** ②   **12** ③   **13** ⑤   **14** 예 아무리 달걀이 들어간 김밥을 먹고 싶어도 엄마께 투정을 부린 동숙이의 행동은 잘못된 행동이라고 생각한다.   **15** 용   **16** ①, ③   **17** 예 "오, 아주 훌륭한 꿈풀이로다. 하하하, 아주 마음에 든다."   **18** ⑤   **19** ㉮   **20** (1) ✕

1 3연에서 비행기 조종석에는 언제나 말하는 이가 앉아 있다고 하였습니다.

2 5연에서 비행기를 구경하는 것, 비행기를 그리는 것, 비행기를 생각하는 것을 좋아한다고 하였습니다.

3 말하는 이는 비행기와 관련 있는 일을 하고 싶어 합니다.

> **채점 기준**
> | 비행기와 관련 있는 일을 하고 싶어 한다는 내용과 비슷하게 쓴 경우 | 5점 |
> | --- | --- |

4 말하는 이처럼 좋아하는 것을 계속 떠올렸던 경험, 좋아하는 것을 그렸던 경험 등을 떠올릴 수 있습니다.

5 🅝의 내용으로 보아 아빠가 차를 어디에 두었는지 기억나지 않아 이리저리 찾아다니느라 한참 만에 차를 몰고 나오셨음을 알 수 있습니다.

6 아빠는 차를 빨리 찾지 못해 걱정되고 다급한 마음이 들었을 것입니다.

7 (1)은 아빠의 마음을 알아볼 수 있는 물음입니다.

9 아이들이 제기차기를 하며 신나고 즐거워하는 마음이 느껴집니다.

10 동숙이는 소풍 갈 때 달걀이 들어간 김밥을 싸 달라고 하였지만 엄마께 꾸중만 들었습니다.

11 동숙이는 시장에서 쑥을 팔아서 달걀을 사려고 했지만 쑥이 팔리지 않아 결국 아버지의 병원비로 달걀을 샀습니다.

12 ㉠에서 동숙이는 김밥을 나누어 준 순자에게 고마운 마음이 들었을 것입니다.

13 선생님께서는 김밥을 못 먹고 있는 동숙이가 안쓰러워서 동숙이에게 김밥을 돌려주려고 하셨던 것입니다.

14 엄마께 달걀이 들어간 김밥을 싸 달라고 투정 부린 행동, 달걀을 들고 가다가 돌에 걸려 넘어진 행동 등을 어떻게 생각하는지 씁니다.

채점 기준	
동숙이의 행동과 그 행동에 대한 생각을 알맞게 쓴 경우	5점
동숙이의 행동에 대해서만 쓴 경우	2점

15 망둥 할멈은 멸치 대왕의 꿈이 용이 될 꿈이라고 했습니다.

16 멸치 대왕의 꿈을 좋게 풀이한 것으로 보아 윗사람에게 아부를 잘하는 성격이고, 할멈이라고 하는 것으로 보아 등이 굽은 모습일 것입니다.

17 망둥 할멈의 꿈풀이를 듣고 기분이 좋아진 멸치 대왕이 어떤 말을 했을지 씁니다.

채점 기준	
기분이 좋아진 멸치 대왕이 했을 말을 바르게 쓴 경우	5점

18 넓적 가자미의 꿈풀이를 듣고 화가 난 멸치 대왕이 했을 말로 알맞은 것은 ⑤입니다.

19 ㉮와 같은 행동을 통해 멸치 대왕이 화를 참지 못하는 성격임을 짐작할 수 있습니다.

20 꼴뚜기는 넓적 가자미가 뺨을 맞는 모습을 보고 자신도 뺨을 맞을까 봐 겁이 났으므로, 겁먹은 표정으로 말해야 어울립니다.

📄 **서술형 평가**   161쪽

1 **1단계** 지하 주차장 **2단계** 예 아이에게 실수를 들키고 싶지 않은 마음 **3단계** 예 아빠가 한참 동안 오시지 않았을 때 어떤 마음이 들었습니까?

2 예 "내가 고생해서 망둥 할멈을 데리고 왔는데, 나를 이런 식으로 대접해?"

3 (1) 예 멸치 대왕의 꿈을 좋게 풀이하였다. (2) 예 윗사람에게 아부를 잘한다.

---

1 **1단계** 차를 가지러 지하 주차장으로 내려가신 아빠께서 한참 만에 차를 몰고 나오셨다고 했습니다.

2단계 차를 찾지 못하는 아빠는 어떤 마음이 들었을지 씁니다.

채점 기준	
아빠의 마음을 아이와 관련 지어 알맞게 파악하여 쓴 경우	6점
아빠의 마음을 파악하여 썼으나 약간 미흡한 경우	3점

3단계 아빠를 한참 동안 기다릴 때의 마음이나 아빠가 돌아오셔서 하신 말씀을 들었을 때의 마음을 짐작하여 물음을 씁니다.

채점 기준	
아이의 마음을 알아볼 수 있는 물음을 알맞게 쓴 경우	8점
아이의 마음을 알아볼 수 있는 물음에서 약간 벗어나게 쓴 경우	4점

2 멸치 대왕에게 푸대접을 받은 넓적 가자미가 했을 말을 상상하여 씁니다.

채점 기준	
상황에 맞고 넓적 가자미의 마음이 잘 드러나는 말을 쓴 경우	6점
넓적 가자미가 했을 말을 썼으나 다소 상황에 맞지 않는 경우	3점

3 망둥 할멈이 멸치 대왕의 꿈을 좋게 풀이한 것으로 보아, 윗사람에게 아부를 잘하는 성격이라는 것을 짐작할 수 있습니다.

채점 기준	
(1)과 (2) 모두 바르게 쓴 경우	10점
(1)과 (2) 중에서 한 가지만 바르게 쓴 경우	5점

😎 **수행 평가**   162쪽

1 (1) 예 시에 대한 느낌을 노래로 만들어 보고 싶다. (2) 예 노래를 이용해 아이가 아빠를 기다리는 마음을 생생하게 표현하고 싶다.

1 시에 대한 느낌을 표현하는 여러 가지 방법 중에서 한 가지를 선택하여 그 방법으로 무엇을 표현하고 싶은지 구체적으로 씁니다.

채점 기준	
시에 대한 느낌을 표현하는 방법과 표현하고 싶은 것을 모두 알맞게 쓴 경우	20점
시에 대한 느낌을 표현하는 방법만 알맞게 쓴 경우	10점

국어 평가대비북

1 이어질 장면을 생각해요

쪽지 시험
164쪽

1 (2) ○ **2** 제목, 광고지, 예고편 **3** 성빈 **4** 생김새
5 (3) ○ **6** ㉮ **7** 중심인물 **8** 말투(목소리)

1 영화를 감상할 때에는 제목, 광고지, 예고편 따위를 보고 내용을 미리 상상합니다. 또, 기억에 남는 대사나 인상 깊은 장면을 생각하고, 느낀 점을 글로 씁니다.

2 제목, 광고지, 예고편 등을 통해서 어떤 내용이 펼쳐질지 미리 상상해 볼 수 있습니다.

3 인상 깊은 장면에 대해 알맞은 까닭을 들어 말한 친구는 성빈이입니다.

4 등장인물의 생김새를 통해 성격을 파악할 수는 없습니다.

5 낯선 사람들에 의해 먼 곳으로 가게 된 오늘이가 결국 원천강으로 돌아온 것을 통해 (3)과 같은 성격을 파악할 수 있습니다.

6 이어질 이야기를 상상할 때 앞부분에 나온 인물이 모두 나올 필요는 없고, 새로운 인물이 등장해서 사건을 전개할 수도 있습니다.

8 역할극을 할 때에는 인물에 어울리는 표정, 몸짓, 말투로 연기해야 합니다.

단원 평가
165~167쪽

1 ③ **2** 무척 사랑한다. **3** 지민 **4** ⑤ **5** ㉑ 선이 친구를 사귀는 이야기일 것 같다. / 선이 보라와 갈등을 겪는 이야기일 것 같다. **6** ③ **7** ② **8** ①, ②, ⑤ **9** (3) ○ **10** 태선 **11** 원천강 **12** ⑤ **13** (1) ㉑ 매일이가 책을 많이 읽는 모습 (2) ㉑ 매일이가 책을 많이 읽는 모습이 부러웠다. **14** ⑤ **15** (3) ○ **16** (큰) 귀, 어진 **17** ㉰ **18** 재미있을 것 같아서 **19** ④ **20** (3) ○

1 딸은 아버지가 아빠 물고기처럼 걱정이 많다고 하였습니다.

2 장면 ③에서 아버지는 아빠 물고기가 니모를 무척 사랑한다고 말했습니다.

3 지민이는 자신이 직접 본 경험을 말한 것이 아닙니다.

4 선, 지아, 보라, 윤만 등장인물로 소개하였습니다.

5 광고지에 나온 인물의 모습과 예고편의 내용 등을 통해 내용을 짐작해 봅니다.

채점 기준	
친구 간의 관계에 대한 내용을 알맞게 상상하여 쓴 경우	5점
'친구들의 이야기이다.'와 같이 간단히 상상하여 쓴 경우	2점

6 영화를 감상할 때 등장인물의 수를 셀 필요는 없습니다.

7 장면 ②~③은 여름 방학을 시작하는 날부터 여름 방학 동안 있었던 일로, 선과 지아가 친하게 지내는 내용입니다.

8 선은 아무도 자신을 뽑아 주지 않아 실망스럽고 당황스러우며 창피한 마음이 들었을 것입니다.

9 "아니, 그게 아니고……."라는 선의 대사가 가장 기억에 남는 까닭으로 어울리는 것을 찾아봅니다.

10 영화의 내용에 어울리는 느낌을 말한 사람은 태선이입니다.

11 오늘이, 야아, 여의주가 원천강에서 행복하게 살았다고 하였습니다.

12 오늘이는 매일이, 연꽃나무, 구름이, 이무기를 차례대로 만났습니다.

13 인상 깊은 장면을 자유롭게 고르고, 그 까닭을 알맞게 씁니다.

채점 기준	
인상 깊은 장면을 쓰고, 그 까닭도 알맞게 쓴 경우	5점
인상 깊은 장면은 썼으나 그 까닭을 알맞게 쓰지 못한 경우	2점

14 여의주를 많이 가진 것으로 보아 욕심이 많지만 나중에 여의주를 버리고 오늘이를 구했기 때문에 마음씨가 착하다는 것을 알 수 있습니다.

15 등장인물들의 고민과 관련지어 이야기를 상상하거나, 이어질 이야기에 새로운 인물을 등장시켜 사건을 전개할 수도 있습니다.

16 임금님은 처음에 큰 귀를 부끄럽게 생각했지만, 나중에는 어진 임금님이 되라는 뜻으로 받아들였습니다.

17 큰 귀를 어진 임금이 되라는 뜻으로 받아들였다고 했으므로, 임금님은 어진 임금이 되기 위해 노력했을 것입니다.

18 지호가 쓴 이야기를 역할극으로 하면 정말 재미있을 것 같다고 하였습니다.

19 갑자기 햇빛이 사라져 식물들이 말라 죽어 가는 상황이므로 걱정하는 표정이 어울립니다.

20 다시 식물들이 살아나 잔치를 하는 상황이므로 기쁜 마음을 표현하는 (3)이 알맞습니다.

📋 서술형 평가 168쪽

1 (1) 예 일 등을 하지 못해서 속상했기 때문이다. (2) 예 함께 놀 친구가 필요했기 때문이다. **2** (1) 예 보라 (2) 예 늘 남을 이기려고 하는 점이 닮았다. **3** 예 오늘이가 치료법 책을 찾아서 연꽃나무를 만났는데, 연꽃나무가 구름이도 다시 구름이 생겨서 고민한다고 말한다. 그래서 오늘이는 이무기의 도움을 받아 구름이의 구름을 없애고, 치료법 책을 친구들과 같이 찾아 매일이를 살린다. **4** 예 힘없는 표정과 말투로 느릿느릿 움직인다.

1 보라는 일 등을 하지 못한 것이 속상해서 울었고, 윤은 조금 억울하기는 하지만 함께 놀 친구가 필요했기 때문에 연호와 놀았습니다.

채점 기준	
보라가 학원에서 운 까닭과 윤이 연호와 싸우고 나서도 같이 논 까닭을 모두 쓴 경우	6점
두 가지 중에서 한 가지만 쓴 경우	3점

2 인물의 행동을 통해 성격을 파악해 보고, 자신과 성격이 비슷한 인물을 찾아봅니다.

채점 기준	
자신과 성격이 비슷한 인물을 쓰고, 어떤 점이 비슷한지도 잘 쓴 경우	4점
자신과 성격이 비슷한 인물은 썼으나 어떤 점이 비슷한지 구체적으로 쓰지 못한 경우	2점

3 매일이의 병을 고칠 수 있는 치료법 책을 어떻게 찾을지 잘 나타나도록 상상해 봅니다.

채점 기준	
오늘이가 매일이의 병을 고치기 위한 치료법 책을 찾는 과정이 잘 나타나도록 쓴 경우	6점
이어질 내용을 너무 간단히 쓴 경우	3점

4 병이 난 상황에 어울리는 표정, 몸짓, 말투를 생각해 봅니다.

채점 기준	
병이 난 매일이에게 어울리는 표정, 몸짓, 말투를 모두 알맞게 쓴 경우	6점
병이 난 매일이에게 어울리는 표정, 몸짓, 말투 중에서 한 가지만 쓴 경우	3점

2 마음을 전하는 글을 써요

✏️ 쪽지 시험 169쪽

1 (1) 부끄러운 마음 (2) 미안한 마음 (3) 고마운 마음 **2** 고맙습니다. **3** (1) ✕ (2) ○ (3) ○ (4) ✕ **4** ㉣ **5** (1) 걱정하는 마음 (2) 당부하는 마음 **6** (1) 일 (2) 마음 (3) 읽는 사람 (4) 표현

3 마음을 전하는 글은 읽는 사람이 정해져 있고, 일어난 일뿐만 아니라 그 일에 대한 생각이나 느낌도 자세하게 씁니다.

4 글을 쓴 날짜와 글쓴이의 마음은 전혀 관련이 없습니다.

5 (1)의 '매우 걱정되는구나.'라는 표현에서 걱정하는 마음을, (2)의 '힘써야 한다.'라는 표현에서 당부하는 마음을 알 수 있습니다.

6 마음을 전하고 싶은 일을 떠올린 다음 전하려는 마음을 잘 나타낼 수 있는 표현을 써서 읽는 사람의 마음을 고려해 마음을 전하는 글을 씁니다.

💡 단원 평가 170~172쪽

1 ③ **2** ㉡ **3** ⑤ **4** 예 내가 깜빡했어. 많이 속상했겠다. **5** (김하영) 선생님 **6** ③ **7** (1) ○ (3) ○ **8** ⑤ **9** 예 아들의 안부를 묻고 당부할 말을 전하기 위해서이다. **10** 걱정되는구나 **11** 홍콩 **12** ④ **13** ④, ⑤ **14** ② **15** ③ **16** ② **17** ㉡ **18** 예 마음을 잘 드러낼 수 있는 표현을 사용했는지 확인한다. **19** ①, ② **20** ③

2 같이 달려 주고 응원해 준 친구들의 따뜻한 마음을 잊지 않겠다고 한 것으로 보아, ㉠에는 '고마워'라는 표현이 어울립니다.

3 태웅이의 편지를 받고 나서 마음을 전할 때는 고마워하는 태웅이의 마음을 헤아리는 말을 전해야 합니다.

4 성현이가 서운했던 일을 말하는 상황이므로 지수는 좋은 점을 말해 주지 못한 일에 대해 미안한 마음을 드러내는 말을 쓰는 것이 어울립니다.

채점 기준	
성현이의 마음을 헤아려 미안한 마음을 드러내는 말을 알맞게 쓴 경우	5점
미안한 마음을 전하는 표현이 잘 드러나 있지 않은 경우	2점

5 '존경하는 김하영 선생님께'라고 받는 사람이 나타나 있습니다.

6 글 **가** 와 **다** 를 통해 글쓴이는 전하려고 하는 마음을 알 수 있습니다.

7 글쓴이의 마음을 파악하려면 있었던 일, 글쓴이가 전하려는 마음과 그 마음을 전하려고 사용한 표현을 살펴봅니다.

8 엄마가 사랑하는 마음을 드러내려고 사용한 표현은 '사랑한다'입니다.

9 이 글은 아들에게 쓴 편지로 안부를 묻고 당부하는 말을 전하고 있습니다.

채점 기준	
'안부를 묻고 당부하는 말을 전하기 위해서'라고 쓴 경우	5점
'안부를 묻기 위해서'라고 쓴 경우	2점

10 팔을 다쳤다는 아들의 소식을 들었을 때 아버지의 마음이 어땠을지 짐작해 봅니다.

11 안창호 선생은 미국 국회 의원들이 동양에 온다고 해서 홍콩에 왔다고 했습니다.

12 아들이 좋은 사람이 되기 위해 힘쓰기를 당부하는 마음을 전하고 있습니다.

13 글쓴이는 좋은 사람이 되려면 좋은 친구를 가려 사귀고, 좋은 책을 골라 읽으라고 하였습니다.

14 ②는 글쓴이가 말한 내용이 아닙니다.

15 글쓴이는 상대를 기쁘게 해 주고 싶은 마음이 사람을 사귀는 데 가장 기본이 되는 마음이라고 하였습니다.

16 친구가 병문안을 와서 위로하는 말을 하고 있으므로 종호는 고마운 마음을 전해야 합니다.

17 글을 쓴 날의 날씨는 일기에 필요한 내용입니다.

18 마음을 전하는 글의 내용을 자세히 썼는지, 마음을 잘 드러내는 표현을 사용했는지, 읽는 사람의 마음을 고려하며 썼는지 등을 확인합니다.

채점 기준	
마음을 전하는 글에 해당하는 내용으로 점검할 사항을 알맞게 쓴 경우	5점
다른 종류의 글에 해당하는 내용으로 점검할 사항을 알맞게 쓴 경우	2점

19 재환이는 자신의 소식을 알리고 새로운 이웃에게 인사하려고 쪽지를 붙였습니다.

20 재환이의 편지를 읽은 이웃들은 훈훈한 마음이 들었을 것입니다.

📝 **서술형 평가**　　　　　　　　173쪽

1 (1) 예 힘껏 달리고 싶었을 텐데 나 때문에 참았을 것 같아서 미안한 마음이 들어. (2) 예 고마워, 친구들아! / 같이 달려 주고 응원해 준 너희의 따뜻한 마음 잊지 않을게. **2** 예 선생님, 제 마음에 드는 그릇을 만들도록 도와주셔서 고맙습니다. **3** (1) 예 아들 필립 (2) 예 걱정하는 마음 / 축하하는 마음 (3) 예 아들이 팔을 다쳤다는 소식을 들은 일과 아들이 한 학년 올라가게 된 일 (4) 예 걱정되는구나. / 축하한다. **4** (1) 예 축하하는 마음 (2) 예 축하해. 달리기를 잘하더니 우리 반 대표 선수가 되었구나. 내가 선수로 뽑힌 것처럼 기뻐.

1 글쓴이가 친구들에게 미안한 마음과 고마운 마음을 전하기 위해 사용한 표현을 찾아봅니다.

채점 기준	
미안한 마음과 고마운 마음을 드러낸 표현을 모두 찾아 쓴 경우	6점
미안한 마음과 고마운 마음을 드러낸 표현 중 한 가지만 찾아 쓴 경우	3점

2 지우는 고마운 마음을 전하려고 글을 쓴다고 했으므로 '고맙습니다'와 같은 표현이 들어가게 씁니다.

채점 기준	
고마운 마음을 전하려는 까닭과 '고맙습니다'라는 표현이 드러나게 쓴 경우	8점
'고맙습니다.'라는 표현만 간단히 쓴 경우	4점

3 글쓴이가 어떤 일에 대해 누구에게 마음을 전하고 있는지, 있었던 일과 마음을 나타내는 표현을 정리해서 씁니다.

채점 기준	
(1)~(4) 모두 알맞게 쓴 경우	9점
(1)~(4) 중 세 가지를 알맞게 쓴 경우	6점
(1)~(4) 중 한두 가지를 알맞게 쓴 경우	3점

4 학급 신문에 실린 소식이 어떤 상황인지 파악하여 자신의 마음을 담은 구체적인 말을 씁니다.

채점 기준	
축하하는 마음을 전하는 표현을 써서 쪽지 글을 알맞게 쓴 경우	8점
전하고 싶은 마음만 알맞게 쓴 경우	4점

3 바르고 공손하게

1 ④   **2** (1) ○   **3** (1) 공손한 (2) 이름 (3) 높임말   **4** (3) ×   **5** 대화명   **6** 그림말   **7** ⑩ 낮말은 새가 듣고 밤말은 쥐가 듣는다.

1 「박바우와 박 서방」은 윗마을 양반과 아랫마을 양반의 말투에 따라 박 노인의 태도가 달라진다는 내용의 이야기입니다.

2 웃어른께 "수고하셨어요."라고 말씀드리는 것은 대화 예절에 어긋납니다.

4 자신과 다른 의견을 말하더라도 끝까지 귀담아들어야 합니다.

5 온라인 대화 상황에서는 자신을 잘 표현하는 대화명을 사용합니다.

6 온라인 대화에서 그림말은 상대가 잘 이해할 수 있을 정도로만 적절하게 사용해야 합니다.

7 이 밖에도 "가는 말이 고와야 오는 말이 곱다.", "말 한마디에 천 냥 빚도 갚는다."와 같은 속담을 떠올릴 수 있습니다.

💡 **단원 평가**   175~177쪽

1 (1) ○   **2** ①, ⑤   **3** 남자아이   **4** ⑤   **5** ⑤   **6** ⑩ 오늘 재미있게 잘 놀았습니다. 안녕히 계세요.   **7** 나   **8** ③, ④   **9** ④   **10** ⑩ 친구에게 배려받는 것 같아서 친구와 사이가 더 좋아진다.   **11** (1) ○ (2) ○   **12** (2) ○   **13** ⑤   **14** ⑩ 말할 기회를 얻지 않고 말했으며 공식적인 상황에서 높임말을 사용하지 않았다.   **15** (1) 경청 (2) 거친 말 (3) 높임말 (4) 말할 기회   **16** 대화명   **17** ①, ②, ③   **18** ⑤   **19** 현민   **20** ③

1 영철이의 말에 기분이 상한 민수가 또다시 기분 나쁘게 말했으므로 영철이 역시 기분 나쁜 말투로 말했을 것입니다.

2 채은이가 밝은 목소리로 인사를 해서 민수는 기분이 좋았을 것입니다.

4 신유 친구들은 음식을 준비해 주신 신유 어머니께 고맙다는 인사를 하지 않았습니다.

5 신유는 친구들이 자기만 빼고 귓속말로 비밀 이야기를 하는 것 같아서 기분이 나빴습니다.

6 집으로 돌아갈 때에도 웃어른께 예절에 맞게 인사해야 합니다.

채점 기준

집으로 돌아가는 상황에서 신유 어머니께 해야 할 인사말을 예의 바르게 쓴 경우	5점

7 그림 나 에서 거북 역할을 한 친구는 토끼 역할을 한 친구에게 거친 말로 말했습니다.

8 사슴 역할, 거북 역할을 한 친구가 대화 예절을 지키지 않아서 무시당하는 기분, 속상한 기분이 들었을 것입니다.

9 그림 가 에서 사슴 역할을 한 친구는 토끼 역할을 한 친구가 말하는 도중에 끼어들었습니다.

10 친구 사이에 대화 예절을 지켜서 말하면 서로를 존중하고 인정해 주는 진정한 대화를 할 수 있습니다.

채점 기준

친구와 예절을 지키며 대화를 했을 때의 좋은 점을 까닭이 드러나게 쓴 경우	5점
'사이가 좋아진다.'와 같이 간단히 쓴 경우	2점

11 자신에게 관심이 없는 이야기라도 끝까지 들어 주어야 합니다.

12 찬우는 장난이 심해져서 싸우는 경우가 많다는 까닭을 들어 "심한 장난을 하지 말자."는 의견을 말했습니다.

13 찬우는 희정이가 의견을 발표할 때 끼어들어 자신의 의견을 말했습니다.

14 경희는 사회자에게 말할 기회를 얻지 않고 말했으며 높임말도 사용하지 않았습니다.

채점 기준

경희가 회의할 때 예절에 어긋난 점을 두 가지 모두 찾아 쓴 경우	5점
경희가 회의할 때 예절에 어긋난 점을 한 가지만 찾아 쓴 경우	2점

16 얼굴을 직접 확인할 수 없는 온라인 대화에서는 자신을 잘 표현하는 대화명을 쓰는 것이 바람직합니다.

17 줄임말을 지나치게 사용하면 세대 간의 차이가 더욱 심해질 뿐만 아니라 아름다운 우리말을 훼손할 수 있습니다.

19 온라인 대화를 할 때에 상대의 정보를 다른 곳에서 이야기하면 안 됩니다.

20 ③은 항상 조심해서 생활하자는 뜻을 나타내는 표어로, 대화 예절과 아무 관련이 없습니다.

📑 서술형 평가 〈178쪽〉

1 (1) ⓔ 희정이가 말하는데 끼어들었다. (2) ⓔ 다른 사람의 의견을 잘 듣지 않았다. **2** ⓔ 발표하는 도중에 끼어들면 의견을 제대로 말할 수 없기 때문이다. **3** ⓔ 다른 사람을 더 존중하는 태도를 지녀야 한다. / 다른 사람의 의견을 비난하지 않아야 한다. **4** (1) 공익 광고 (2) 책 **5** (1) ⓔ 얼굴을 보며 할 수 없는 말은 인터넷에서도 하지 말아야 한다. (2) ⓔ 다른 사람이 말할 때 매우 급한 일이 있다면 양해를 구할 수 있다. **6** ⓔ 친구가 싫어하는 말을 해서 친구의 기분을 상하게 한 적이 있다. / 말할 때 끼어드는 습관이 있었는데 요즘은 많이 좋아졌다.

1 찬우는 희정이가 의견을 말하는데 끼어들어 자신의 의견을 말했고, 찬민이는 친구의 의견을 주의 깊게 듣지 않았습니다.

채점 기준	
⑴, ⑵ 모두 알맞은 내용을 쓴 경우	6점
⑴, ⑵ 중 한 가지만 알맞은 내용을 쓴 경우	3점

2 말하는 도중에 끼어들면 의견을 제대로 말할 수 없어서 기분이 상할 수 있습니다.

3 이 밖에 자신이 발표했거나 자신이 찬성한 의견과 다른 의견이 결정되더라도 모두가 정한 의견을 따르도록 합니다.

채점 기준	
회의할 때 지켜야 할 예절을 두 가지 모두 알맞게 쓴 경우	6점
회의할 때 지켜야 할 예절을 한 가지만 알맞게 쓴 경우	3점

4 연수는 공익 광고를 보고, 민하는 책을 읽고 대화 예절을 조사하였습니다.

5 연수와 민하가 조사한 내용이 잘 드러나게 간추려 씁니다.

채점 기준	
대화 예절에 대해 조사한 내용이 잘 드러나게 간추려 쓴 경우	4점
대화 예절에 대해 조사한 내용을 간추려 썼으나 내용이 분명하게 드러나지 않는 경우	2점

6 대화 예절을 잘 지켜서 말했거나 대화 예절을 지키지 못해 상대의 기분을 상하게 했던 경험을 떠올려 씁니다.

채점 기준	
대화 예절과 관련 있는 자신의 경험을 알맞게 쓴 경우	8점
자신의 경험을 간추려 썼으나 대화 예절에서 약간 벗어난 내용을 쓴 경우	4점

4 이야기 속 세상

📝 쪽지 시험 〈179쪽〉

1 배경 **2** (1) ③ (2) ① (3) ② **3** 시간적, 공간적 **4** 의사 **5** ⓔ 인물의 말, 인물의 행동 **6** 적극적인 **7** ㉰ **8** ⑴ ○ **9** 어울리게

2 이야기에서 어떤 일을 겪는 사람이나 사물은 인물, 일어나는 일은 사건, 사건이 펼쳐지는 시간과 장소는 배경입니다.

3 이야기가 펼쳐지는 시간은 시간적 배경, 이야기가 펼쳐지는 장소는 공간적 배경이라고 합니다.

5 이야기에서 인물이 한 말과 행동을 통해 성격을 짐작할 수 있습니다.

6 우진이가 사물함 밑에 있는 공기 알을 꺼내기 위해 자를 들고 온 것은 적극적으로 행동한 것입니다.

7 인물의 행동에 따라 이어질 이야기의 내용이 어떻게 달라질지 예측하며 읽어야 합니다.

8 우봉이가 성실하고 적극적인 성격이었기 때문에 젓가락질 연습을 열심히 한 것입니다.

9 새로 꾸민 이야기에서 인물, 사건, 배경은 서로 어울려야 합니다.

💡 단원 평가 〈180~182쪽〉

1 (1) ② (2) ① (3) ③ **2** (버스) 앞자리 **3** ③ **4** ⓔ 사라가 학교에 가려고 버스를 탄 어느 날 아침부터 법이 바뀐 뒤 사라가 버스를 타게 된 날까지 **5** 할머니의 몸 위 **6** (3) ○ **7** 승연이('나'), 우진이, 윤아, 창훈이 **8** 공기놀이 **9** ② **10** ㉯ **11** ③, ⑤ **12** (2) ○ **13** ① **14** 다, 나, 라 **15** ⑤ **16** ⓔ 젓가락 달인이 되려고 열심히 노력한 것처럼 나도 내가 목표한 일에 최선을 다하고 싶다. **17** ⓔ 다른 사람 뒤로 얼른 몸을 숨겼다. **18** (2) ○ **19** 창피해 **20** 관심(흥미)

1 사건이 일어나는 장소가 어디인지 글에서 찾아봅니다.

2 사람들이 법을 바꾸어 사라도 버스 앞자리에 앉을 수 있게 되었습니다.

3 사라가 버스에서 자기를 쳐다보는 백인 아이들에게 얼굴을 찡그리기는 했지만 다투지는 않았습니다.

4 글 **가**와 **마**의 시간적 배경을 각각 파악해 봅니다.

글 **가**와 **마**의 시간적 배경을 모두 파악하여 쓴 경우	5점
글 **가**와 **마**의 시간적 배경 중에서 한 가지만 쓴 경우	2점

5 '나'는 할아버지께서 어머니를 생각하는 마음을 알게 되어 바람을 타고 할머니의 몸 위에 내려앉았습니다.

6 아들을 그리워하는 어머니의 마음과 어머니를 그리워하는 아들의 마음이 잘 나타나 있습니다.

7 글에 나오는 인물을 차례대로 살펴봅니다.

8 '나'는 윤아와 공기놀이를 하다 그만하려고 했지만, 우진이가 함께 하자고 하여 셋이 다시 공기놀이를 하였습니다.

9 '나'는 우진이가 보고 있는데 공기를 잘 못하자 속이 상해 공기놀이를 그만하겠다고 하였습니다.

10 창훈이가 다른 아이들이랑 장난치며 뛰다가 윤아와 부딪쳐 윤아는 공기 알을 잡지 못하고 떨어뜨렸고, 공기 알은 사물함 밑으로 굴러 들어갔습니다.

11 자기 때문에 공기 알이 사물함 밑으로 들어갔는데도 미안하다는 말도 없이 혀만 내밀고 도망가 버린 행동으로 보아, 창훈이는 장난스럽고 배려심이 없습니다.

12 우진이의 칭찬을 듣고 헤벌쭉 웃는 윤아를 얄미워한 모습에서 '나'는 샘이 많은 성격임을 알 수 있습니다.

13 우진이 앞에서 공기를 잘 못한 것을 속상해하는 것으로 보아, '나'는 우진이를 좋아한다는 것을 알 수 있습니다.

14 주은이가 전학 온 일(**가**)이 가장 먼저 일어났고, 우봉이가 젓가락 달인이 되기 위해 열심히 연습하여(**다**) 주은이와 결승전에서 겨루게 된 일(**나** → **라**)이 차례대로 일어났습니다.

15 주은이는 또랑또랑한 목소리로 자기소개를 하였습니다.

16 글 **다**에서 젓가락 달인이 되려고 열심히 노력한 우봉이의 행동에 대한 자신의 생각을 솔직하게 씁니다.

젓가락질 연습을 열심히 한 우봉이의 행동에 대해 생각을 알맞게 쓴 경우	5점
우봉이의 행동을 대해 생각을 너무 단순하게 쓴 경우	2점

17 우봉이는 손으로 음식을 드시는 주은이 어머니의 행동을 이해하지 못하고, 주은이가 그것을 부끄럽게 여기는 것을 알게 되어 주은이와 눈이 마주치지 않으려고 하였습니다.

18 우봉이가 다른 문화에 대한 편견이 없는 개방적인 성격이었다면 주은이 어머니께 인사를 하고 카오리아오를 같이 손으로 먹어 보았을 수도 있습니다.

19 '창피하다'와 '부끄럽다'는 뜻이 비슷하여 서로 바꾸어 쓸 수 있습니다.

📑 서술형 평가 183쪽

1 (1) ⓔ 황금 감나무 (2) ⓔ 욕심 많은 형이 황금을 더 많이 가지려고 욕심을 부리다가 오히려 벌을 받게 되는 부분 **2** (1) ⓔ 까마귀가 동생을 금 산으로 데려다주는 장면이 가장 인상 깊었다. (2) 베트남 이야기인데 우리나라의 「흥부 놀부」 이야기와 비슷해서 재미있었다. **3** ⓔ 우진이가 사과를 하라고 했을 때 애교를 부렸기 때문이다. **4** ⓔ 나도 의로운 성격이라 우진이처럼 행동했을 것이다. 잘못한 친구가 아무리 나랑 친하더라도 친구가 잘못을 했으면 바로잡아야 한다고 생각한다.

1 재미있거나 기억에 남는 이야기를 떠올려 봅니다.

이야기의 제목을 쓰고, 재미있거나 기억에 남는 점도 알맞게 쓴 경우	6점
이야기의 제목만 쓴 경우	2점

2 이야기에서 인상 깊은 장면과 그 장면에 대한 생각이나 느낌을 씁니다.

인상 깊은 장면과 그 장면에 대한 생각이나 느낌을 모두 알맞게 쓴 경우	8점
인상 깊은 장면만 쓴 경우	4점

3 장난을 좋아하는 성격이 나타난 말이나 행동을 찾아봅니다.

장난을 좋아하는 성격이 나타난 말이나 행동을 찾아 까닭을 구체적으로 쓴 경우	6점
'장난을 잘 쳐서'와 같이 간단하게 쓴 경우	3점

4 자신은 어떤 성격인지, 그 성격 때문에 어떻게 했을지 잘 나타나도록 씁니다.

자신이라면 어떻게 했을지 자신의 성격과 관련지어 쓴 경우	10점
자신이라면 어떻게 했을지 썼으나 자신의 성격과 관련지어 쓰지 못한 경우	5점

5 의견이 드러나게 글을 써요

📝 쪽지 시험
184쪽

1 어떠하다   **2** (1) 늙은 농부의 세 아들은 (2) 게을렀습니다.   **3** ㉰   **4** (2) ○   **5** ㉱   **6** 댐 건설 기관 담당자   **7** ㉰, ㉴   **8** 주제

1 '빨갛다, 둥글다'처럼 '어떠하다'는 '누가/무엇이'의 성질이나 상태를 나타내는 말입니다.

2 주어진 문장은 '늙은 농부의 세 아들은(누가)+게을렀습니다.(어떠하다)'로 나눌 수 있습니다.

3 ㉰는 '내 친구 예지는+친절합니다'로 나눌 수 있습니다.

4 고양이의 성한 다리를 맡았던 목화 장수 세 사람은 고양이의 아픈 다리를 맡은 사람이 목홧값을 물어야 한다고 생각했습니다.

5 의견을 제시하는 글에는 문제 상황, 자신의 의견과 의견을 뒷받침하는 까닭이 들어갑니다.

6 효은이는 댐 건설을 반대합니다.

7 효은이가 댐 건설을 반대하는 까닭에 해당하는 것은 ㉰와 ㉴입니다.

💡 단원 평가
185~187쪽

1 ①   **2** 세 아들에게 밭에 보물이 있다고 말해 주었습니다.   **3** 효림   **4** ④   **5** ②   **6** 예 부지런한 현서는 열심히 공부를 합니다.   **7** ④   **8** ③   **9** (3) ○   **10** (1) 목화 장수들은 (2) 사또에게 판결을 부탁했다.   **11** 가   **12** ③   **13** (1) 예 숲에 사는 동물들이 살 곳을 잃는다. (2) 예 만강의 물고기들을 볼 수 없다. (3) 예 마을 어른들께서 평생 살아온 고향을 떠나야 한다.   **14** 폭우   **15** ⑤   **16** ①, ⑤   **17** ⑤   **18** ②   **19** ③   **20** ㉰, ㉴

1 '누가'에 해당하는 '늙은 농부의 세 아들은' 뒤에 '어떠하다'에 해당하는 '게을렀습니다'가 이어진 문장입니다.

2 '늙은 농부는(누가)+세 아들에게 밭에 보물이 있다고 말해 주었습니다.(어찌하다)'의 짜임으로 이루어진 문장입니다.

3 '세 아들은'이 '누가'에 해당하는 부분이고, '밭으로 달려갔습니다.'가 '어찌하다'에 해당하는 부분입니다.

4 '내 친구입니다'는 '무엇이다'에 해당합니다.

5 문장을 두 부분으로 나누면 '내 친구 예지는+친절합니다.'와 '친절한 예지는+친구들을 잘 도와줍니다.'입니다.

6 ㉡은 '누가'와 '어찌하다'의 짜임으로 이루어진 문장입니다.

채점 기준

'누가' 뒤에 친구의 움직임을 나타내는 말을 넣어 문장을 바르게 완성한 경우	5점
'누가' 뒤에 친구의 움직임을 나타내는 말을 넣어 문장을 썼으나 매끄럽지 않은 경우	3점

7 ④는 '빠른 것은'과 '비행기이다.'로 나눌 수 있습니다.

8 목화 장수 네 사람은 누가 목홧값을 물어야 하는지에 대하여 서로의 의견을 이야기하였습니다.

9 고양이의 아픈 다리를 맡은 사람은 고양이의 성한 다리를 맡았던 세 사람이 목홧값을 물어야 한다고 생각했습니다.

10 주어진 문장은 '누가'에 해당하는 '목화 장수들은'과 '어찌하다'에 해당하는 '사또에게 판결을 부탁했다.'로 나눌 수 있습니다.

11 글 나는 댐 건설에 찬성하는 의견을 쓴 것입니다.

12 ㉠과 ㉢은 의견을, ㉡과 ㉣은 의견을 뒷받침하는 까닭을 쓴 부분입니다.

13 글 가를 읽고, 글쓴이가 댐을 건설하는 것에 반대하는 까닭 세 가지를 정리하여 봅니다.

채점 기준

글쓴이의 의견을 뒷받침하는 까닭 세 가지를 모두 바르게 쓴 경우	5점
글쓴이의 의견을 뒷받침하는 까닭을 한두 가지만 쓴 경우	3점

14 글쓴이는 여름철 폭우로 생기는 문제, 홍수로 인한 피해를 막을 수 있기 때문에 댐을 건설해야 한다고 하였습니다.

15 의견을 제시하는 글을 쓸 때에는 다른 사람의 의견이 아닌 자신의 의견을 써야 합니다.

16 ②~④는 의견을 제시하여 문제를 해결할 상황으로 알맞지 않습니다.

17 횡단보도를 건널 때 주변을 살피지 않고 휴대 전화만 보는 상황에 어울리는 의견은 ⑤입니다.

18 다문화를 받아들이는 방법은 나와 다른 사람을 평범한 이웃이나 친구로 대하는 것이라고 하였습니다.

20 ㉮와 ㉯는 일회용품 사용을 줄여야 하는 까닭으로 알맞지 않습니다.

서술형 평가

188쪽

1 (1) ⑩ 고양이의 아픈 다리에 불이 잘 붙는 산초기름을 발라 주어 광에 불이 났으므로, 고양이의 아픈 다리를 맡은 사람이 목홧값을 물어야 한다. (2) ⑩ 고양이가 광으로 도망칠 때는 성한 다리로 도망쳤으므로, 고양이의 성한 다리를 맡은 세 사람이 목홧값을 물어야 한다. **2** ⑩ 고양이의 성한 다리를 맡은 목화 장수 세 명이 목홧값을 물어야 한다. 다리에 불이 붙은 고양이가 광으로 도망칠 때에는 성한 다리로 도망쳤기 때문이다. **3** ⑩ 화단에 쓰레기가 버려져 있는 상황 **4** ⑩ 쓰레기를 화단에 버리지 말자. **5** (1) ⑩ 인터넷에서 검색한 내용을 그대로 베끼는 상황 (2) ⑩ 인터넷에서 검색한 내용을 쓸 때에는 사용 허가를 받자.

1 고양이의 성한 다리를 맡은 세 사람과 고양이의 아픈 다리를 맡은 사람은 서로 목홧값을 물어야 한다고 하였습니다.

채점 기준	
(1)과 (2) 모두 바르게 쓴 경우	8점
(1)과 (2) 중에서 한 가지만 바르게 쓴 경우	4점

2 글을 읽고, 누가 목홧값을 물어야 하는지에 대한 자신의 의견과 까닭을 정리하여 씁니다.

채점 기준	
누가 목화값을 물어야 하는지에 대한 자신의 의견과 까닭을 바르게 정리하여 쓴 경우	6점
누가 목화값을 물어야 하는지에 대한 자신의 의견만 쓴 경우	3점

3 그림 [가]에는 화단에 쓰레기가 버려져 있는 문제 상황이 나타나 있습니다.

채점 기준	
화단에 쓰레기가 버려져 있다는 내용을 넣어 쓴 경우	4점

4 화단에 쓰레기가 버려져 있는 문제를 해결할 수 있는 의견을 씁니다.

채점 기준	
화단에 쓰레기가 버려져 있는 문제 상황을 해결할 수 있는 의견을 쓴 경우	6점

5 숙제할 때 인터넷에 있는 내용을 그대로 베껴 적는 상황과 그 문제를 해결할 수 있는 의견을 생각하여 씁니다.

채점 기준	
문제 상황과 어울리는 의견을 모두 알맞게 쓴 경우	10점
문제 상황만 알맞게 쓴 경우	5점

6 본받고 싶은 인물을 찾아봐요

쪽지 시험

189쪽

1 (1) 사실 (2) 시대 상황 (3) 한 일 **2** (1) ② (2) ① **3** 양민의 신분으로는 임금을 만날 수 없었기 때문이다. **4** ㉣, ㉡, ㉮, ㉢ **5** ㉮ **6** (2) ○ **7** 장애

1 전기문은 실제 있었던 이야기로 인물의 삶을 사실에 근거해 쓴 글입니다. 전기문에는 인물이 처한 시대 상황, 한 일, 가치관 등이 나타납니다.

3 마지막 문장에서 신분 제도가 있었던 시대임을 짐작할 수 있습니다.

5 백성의 어려운 삶을 생각하며 『목민심서』를 펴낸 모습에서 백성이 편히 살도록 도와 주어야 하는 것이 정약용의 가치관임을 알 수 있습니다.

7 헬렌 켈러는 어려움을 줄여 가며 자신과 같은 장애를 지닌 사람을 돕기 위해 앞장섰습니다.

단원 평가

190~192쪽

1 ㉮, ㉢ **2** ㉡ **3** 김만덕 **4** ①, ③ **5** ④ **6** 전기문 **7** ⑤ **8** 열다섯 살 때 **9** ④ **10** ①, ② **11** 서른세 살 때, 쉰일곱 살이 되던 1818년 **12** 수찬 **13** ⑩ 인물의 생각이 드러난 곳을 찾거나 인물이 한 일의 까닭을 찾는다. **14** (1) ○ (2) × (3) ○ **15** ⑩ 아침 일찍부터 글자를 쓰기 시작해 하루 종일 글을 썼다. **16** ② **17** (1) ○ **18** ⑤ **19** 장애, 학교 **20** ⑩ 자신도 장애를 가지고 있으면서도 장애를 가진 다른 어린이를 돕는 일에 앞장서는 모습을 본받고 싶다.

1 본받고 싶은 인물을 소개할 때에는 인물이 살았던 시대 상황, 인물이 한 일, 본받고 싶은 까닭 등을 중심으로 말합니다.

2 김만덕이 제주 목사에게 한 말을 통해 나누고 베푸는 것을 가치 있게 생각한다는 것을 알 수 있습니다.

3 제주도 사람들이 말하는 '그분'은 굶주린 사람들에게 곡식을 나누어 준 김만덕입니다.

4 양민의 신분으로는 임금을 만날 수 없다는 것에서 신분 차별이 있었음을 알 수 있고, 제주도 여자는 제주도를 떠날 수 없었던 규범이 있었다는 것을 알 수 있습니다.

5 전기문은 인물의 삶을 사실에 근거하여 쓴 글입니다.

6 유희춘의 삶을 역사적 사실에 근거하여 쓴 전기문입니다.

7 유희춘은 선조의 스승으로, 선조에게 책의 재미를 깨닫게 해 주었습니다.

9 정약용은 백성이 잘 사는 데 도움이 되는 학문인 실학에 관심을 가졌습니다.

10 정약용은 서른세 살 때 암행어사가 되었고, 쉰일곱 살 때 『목민심서』를 펴냈습니다.

11 연도나 나이와 같은 시간을 알 수 있는 낱말로 한 일의 차례를 알 수 있습니다.

12 암행어사로 일하는 동안 했던 생각과 『목민심서』를 펴낸 까닭에서 정약용의 가치관을 알 수 있습니다.

13 인물의 가치관을 짐작하는 근거는 인물이 처한 시대 상황, 인물이 한 일, 인물의 말과 행동 등입니다.

채점 기준	
인물의 말, 인물의 행동, 인물이 한 일, 인물이 한 일의 까닭, 인물의 생각이 드러난 부분 중에서 한 가지 내용이 들어가게 방법을 쓴 경우	5점

14 헬렌은 물을 나타내는 낱말이 'water'라는 것을 알게 되면서 세상의 모든 것은 각각 이름을 가지고 있다는 것을 깨달았습니다.

15 글자를 통해 자기 생각을 전할 수 있게 되기까지 한 일을 정리하여 씁니다.

채점 기준	
배우고 싶다는 마음이 생긴 헬렌이 아침 일찍부터 한 일을 간추려 쓴 경우	5점

16 자기 생각을 전하기 위해 하루 종일 꾸준하게 글을 쓰는 연습을 한 것으로 보아, 헬렌은 끈기 있는 성격임을 알 수 있습니다.

17 헬렌처럼 자신의 어려움을 줄여 가는 친구는 희선이입니다.

18 열 살이 된 헬렌은 자신처럼 장애를 지닌 어린이를 돕는 일에 앞장섰습니다.

19 헬렌은 가난해서 학교에 갈 수 없는 토미를 위해 여러 사람과 신문사에 편지를 썼습니다.

20 자신처럼 장애를 가진 어린이를 돕는 헬렌의 모습에서 본받을 점을 생각하여 씁니다.

채점 기준	
장애가 있는데도 다른 장애 어린이를 도운 일과 연결해서 본받을 점을 쓴 경우	5점
헬렌이 한 일을 그대로 요약하여 쓴 경우	2점

📖 서술형 평가

193쪽

1 예 신분 차별이 있었다.   **2** (1) 예 전 재산을 들여 육지에서 곡식을 사서 굶주린 제주도 사람들에게 나누어 주었다. (2) 예 자신이 가진 것을 나누고 베푸는 삶을 중요하게 생각한다.   **3** (1) 예 서른세 살 때, 정조의 비밀 명령을 받고 암행어사가 되었다. (2) 예 쉰일곱 살 때, 『목민심서』라는 책을 펴냈다.   **4** 예 백성의 어려운 삶을 지켜보면서 백성에게 도움을 주고자 끝까지 노력한 점을 본받고 싶다.

1 억울하게 기생이 된 김만덕이 다시 양민의 신분으로 되돌려 달라고 제주 목사에게 부탁하는 부분에서 김만덕이 살았던 시대는 신분 차별이 있었음을 짐작할 수 있습니다.

채점 기준	
신분에 차별이 있었다는 내용을 정확하게 쓴 경우	6점
기생과 양민이 있었다는 내용으로 쓴 경우	3점

2 자신의 전 재산을 내놓아 곡식을 사들여서 굶주린 제주도 사람들에게 나누어 준 일을 통해 김만덕은 나눔을 가치 있게 생각한다는 것을 알 수 있습니다.

채점 기준	
김만덕이 굶주린 제주도 사람들을 위해 한 일과 연결지어 가치관을 알맞게 쓴 경우	8점
김만덕이 한 일은 바르게 정리하여 썼으나 한 일과 거리가 먼 가치관을 쓴 경우	4점

3 글 **나**와 **다**에서 정약용이 한 중요한 일을 요약합니다.

채점 기준	
서른세 살 때와 쉰일곱 살 때 한 일을 모두 바르게 정리하여 쓴 경우	6점
서른세 살 때와 쉰일곱 살 때 한 일 중 한 가지만 바르게 정리하여 쓴 경우	3점

4 정약용의 가치관을 짐작해 보고, 본받을 점을 생각하여 씁니다.

채점 기준	
정약용이 백성을 위해 한 일과 연결지어 본받을 점을 알맞게 쓴 경우	8점
정약용이 한 일을 그대로 요약하여 쓴 경우	4점

7 독서 감상문을 써요

1 주어진 내용을 통해 글쓴이가 어떻게 책을 읽게 되었는지 알 수 있습니다.

2 '독서 감상문을 쓸 책 고르기 → 책 내용 떠올리기 → 인상 깊은 장면이나 내용 정하기 → 인상 깊은 까닭 생각하기 → 책에 대한 생각이나 느낌 정리하기 → 알맞은 제목 붙이기'의 순서대로 독서 감상문을 씁니다.

3 제목이 잘 어울리는지 확인하는 것은 독서 감상문을 고쳐 쓰는 방법에 해당합니다.

4 글을 읽고 감동받은 부분을 찾을 때에는 일어난 일, 인물의 행동, 인물의 마음 따위를 살펴봐야 합니다.

5 자신은 물에 젖어도 상관없지만 아들에게는 새 양말과 새 신발을 신기고 싶은 어머니의 사랑이 느껴졌기 때문입니다.

6 자신이 관심 있는 내용의 책으로 독서 감상문을 쓰는 것이 좋습니다.

7 일기 형식으로 쓴 독서 감상문입니다.

8 (2)는 글의 내용에 맞지 않는 장면입니다.

💡 **단원 평가**   195~197쪽

1 ④   **2** ①   **3** ②   **4** ㉯   **5** ②   **6** ④   **7** ③
8 (2) ◯   **9** 새 양말, 새 신발   **10** ①   **11** ⓔ 어머니께서 아들을 위해 이슬을 털어 주다가 옷을 흠뻑 적신 부분에서 감동을 느꼈다. 아들이 학교 가기 싫어하는 마음을 되돌리려고 노력하는 어머니의 마음이 느껴졌기 때문이다.   **12** ④
13 (1) ◯   **14** 편지   **15** ③   **16** ㉡   **17** ㉮   **18** ①   **19** (2) ◯   **20** (1) ⓔ 편지 (2) ⓔ 고양이 투발루와 헤어져 안타까워하는 로자를 위로해 주고 싶기 때문이다.

1 주어진 내용은 『이순신 위인전』에 대한 설명입니다.

2 글쓴이가 책을 어떻게 읽게 되었는지 알 수 있는 문장은 ㉠입니다.

3 『세시 풍속』은 계절의 차례대로 봄, 여름, 가을, 겨울의 세시 풍속을 소개하였습니다.

4 책을 읽고 생각하거나 느낀 점을 알 수 있는 부분은 ㉯입니다.

5 독서 감상문을 쓰기 위해서는 가장 먼저 독서 감상문을 쓸 책을 골라야 합니다.

6 주어진 내용은 책을 읽은 까닭을 정리한 것입니다.

7 어머니께서는 학교 가기 싫어하는 '나'를 위해 발과 지겟작대기로 산길의 이슬을 털어 내셨습니다.

8 ㉠은 어머니가 아들에게 새 양말과 새 신발을 신기면서 하신 말씀으로, 아들에게 좋은 것만 주고 싶은 어머니의 마음이 느껴지는 말입니다.

9 어머니는 품속에서 새 양말과 새 신발을 꺼내 '내'게 갈아 신겼습니다.

10 산길의 이슬을 털어 주시는 행동, 아들에게 새 양말과 새 신발을 갈아 신기는 행동을 통해 어머니의 사랑을 느낄 수 있습니다.

11 글을 읽고 감동받은 부분과 그 부분에 대한 생각이나 느낌을 정리하여 씁니다.

채점 기준

글을 읽고 감동받은 부분과 그 부분에 대한 생각이나 느낌을 알맞게 정리하여 쓴 경우	5점
글을 읽고 감동받은 부분은 썼으나 그 부분에 대한 생각이나 느낌을 쓰지 못한 경우	2점

12 잠자리는 갑자기 방향을 바꾸고 뒤로도 날 수 있지만, 나비나 벌은 이렇게 하지 못한다고 하였습니다.

13 주어진 내용은 책 내용을 쓴 부분입니다.

14 책에 나온 주인공인 꽃담이에게 쓴 편지 형식의 독서 감상문입니다.

15 ㉠은 독서 감상문에 들어가는 내용 중에서 책을 읽은 동기를 알 수 있는 부분입니다.

16 ㉡은 책 내용과 관련해 자신을 되돌아보는 내용을, ㉢은 앞으로의 다짐을 쓴 부분입니다.

17 이 글은 자신의 생각이나 느낌을 누군가에게 말하듯이 썼습니다.

18 글 **가**는 투발루가 사라져 로자가 찾으러 다니는 내용의 글입니다.

19 로자는 창밖으로 작아지는 투발루를 보며 투발루에게 수영을 가르치지 않은 것을 후회하였습니다.

20 생각이나 느낌을 표현할 형식을 한 가지 정하고 그 까닭을 정리하여 씁니다.

채점 기준	
자신의 생각이나 느낌을 표현할 형식을 정하고 그 까닭을 모두 알맞게 경우	5점
자신의 생각이나 느낌을 표현할 형식만 쓴 경우	2점

서술형 평가
198쪽

1 ⑩ 품속에서 새 양말과 새 신발을 꺼내 '나'에게 갈아 신겼다.　**2 ⑩** 아침에 잘 일어나지 못하는 나를 매번 깨워 주시는 우리 어머니의 마음도 자식을 참된 사랑으로 보듬어 주시는 이 글의 어머니와 같은 마음일 것이다. 앞으로는 아침 일찍 스스로 일어나 학교 가는 아이가 되어야겠다고 다짐했다. **3 ⑩** 바닷물이 불어나 투발루섬을 떠나야 한다.　**4 ⑩** 로자가 투발루를 데리고 가자고 아빠에게 애원하는 장면

1 신작로에 닿은 뒤 어머니는 품속에서 새 양말과 새 신발을 꺼내 '내'게 갈아 신겼습니다.

채점 기준	
'나'에게 새 양말과 새 신발을 꺼내 갈아 신겼다는 내용을 넣어 쓴 경우	5점

2 글을 읽고 떠오른 생각이나 느낌을 자신의 경험과 관련지어 쓰고, 앞으로의 다짐도 잘 드러나게 씁니다.

채점 기준	
글을 읽고 떠오른 생각이나 느낌을 자신의 경험과 관련지어 썼고, 앞으로의 다짐도 알맞게 쓴 경우	10점
글을 읽고 떠오른 생각이나 느낌을 자신의 경험과 관련지어 썼으나 앞으로의 다짐은 쓰지 못한 경우	5점

3 로자의 가족은 바닷물이 불어나 나라 전체가 물에 잠길 위기에 처했기 때문에 투발루섬을 떠나야 합니다.

채점 기준	
투발루섬을 떠나야 한다는 내용을 넣어 쓴 경우	5점

4 글 **가** 와 **나** 를 읽고 인상 깊은 장면을 글의 내용에 맞게 씁니다.

채점 기준	
글의 내용에 맞게 인상 깊은 장면을 바르게 쓴 경우	6점
인상 깊은 장면을 썼으나 글의 내용에 다소 맞지 않는 경우	3점

8 생각하며 읽어요

쪽지 시험
199쪽

1 적절한지　**2** (2) ×　**3** 매우 적다　**4** 출처　**5** (1) 주제　(2) 의견　(3) 사실　(4) 문제 상황　**6** ㉣

1 아버지와 아이는 다른 사람이 말할 때마다 그것이 적절한지 그렇지 않은지 판단하지 않고 그대로 따랐습니다.

2 사람마다 생각이 다를 수 있으므로 그 가운데에서 더 나은 의견을 선택하기 위해 의견이 적절한지 판단해야 합니다.

3 주제와 관련 없는 의견은 뒷받침 내용이 믿을 만하다고 해도 적절하다고 볼 수 없습니다.

4 의견을 뒷받침하는 내용의 출처가 믿을 만한 곳인지도 확인해야 합니다.

5 의견이 적절한지 판단할 때 고려해야 할 기준을 모두 따져 가며 의견을 살펴봅니다.

6 자신의 의견을 뒷받침하는 내용을 찾아야 하므로 반 친구들의 의견은 크게 상관이 없습니다.

단원 평가
200~202쪽

1 ⑩ 당나귀를 메고 가야 한다.　**2** ⑤　**3** ㉮, ㉯　**4** 주제　**5** ④　**6** ①, ②, ⑤　**7 ⑩** 책 내용을 더 쉽게 이해할 수 있다.　**8** (1) ○ (2) ○　**9** 준혁　**10** (1) ⑩ 적절하지 않다. (2) ⑩ 좋아하는 책이 없을 경우에는 책을 읽지 않아야 한다고 생각할 수 있기 때문이다.　**11** ②　**12 ⑩** 옛 조상이 살았던 때를 생생하게 느낄 수 있다.　**13** 20○○년 7월 ○○일 신문 기사　**14** (1) ○　**15** ①, ②, ③　**16** 편식　**17** 성민, 준하　**18** ④　**19** ⑤　**20** (1) ⑩ 비속어를 쓰지 말아야 한다. (2) ⑩ 비속어를 쓰면 말싸움을 하다가 다른 큰 싸움으로 번지는 경우가 많기 때문이다.

1 청년은 더운 날 두 명이나 태우고 가느라 힘이 다 빠진 당나귀를 보고 "나라면 당나귀를 메고 갈 텐데."라고 말했습니다.

2 아버지와 아이는 다른 사람의 말만 듣다가 결국 귀한 당나귀를 잃고 만 것을 후회했습니다.

국어

3 사람마다 생각이 다를 수 있기 때문에 그 가운데에서 가장 적절한 의견을 선택해야 문제를 해결할 수 있습니다.

4 도서관의 편의 시설을 늘리자는 의견이 바람직한 독서 방법이라는 주제와 관련 있는지 살펴보아야 합니다.

5 글쓴이의 의견은 첫 문장에 나타나 있습니다.

6 ㉠과 ㉡은 뒷받침 내용입니다. ㉠은 주제와 관련 있고 믿을 만한 내용이므로 글쓴이의 의견에 대한 뒷받침 내용으로 적절합니다.

7 준우는 자신이 좋아하는 책만 읽을 때의 좋은 점을 뒷받침 내용으로 제시하였습니다.

8 이 밖에도 신문이나 텔레비전 프로그램, 관련한 전문 자료를 찾아보고 정확한 사실을 뒷받침 내용으로 제시해야 합니다.

9 준우의 의견은 뒷받침 내용과 관련 있지만 준우의 의견을 따랐을 경우에는 더 많은 문제가 생길 수 있으므로 적절하다고 할 수 없습니다.

10 준우의 의견대로 할 경우에 문제 상황을 해결할 수 있는지, 더 많은 문제가 생길 수 있는지 생각해 봅니다.

채점 기준	
의견의 적절성을 판단하고 그에 알맞은 까닭을 쓴 경우	5점
의견의 적절성을 판단하였으나 그에 알맞은 까닭을 쓰지 못한 경우	2점

11 '국가유산을 개방해야 하는가'를 주제로 쓴 글입니다.

12 글쓴이는 국가유산을 직접 관람하면 옛 조상이 살았던 때를 생생하게 느낄 수 있다고 했습니다.

13 글쓴이는 신문 기사에서 자료를 찾아 뒷받침 내용으로 제시했습니다.

14 국가유산을 개방하면 생길 수 있는 문제를 제시해야 합니다.

15 숲을 보호하고 생물들의 보금자리를 지켜 주어야 한다는 의견을 뒷받침하는 내용을 제시해야 합니다.

16 그림 속 친구들은 당근이 들어간 음식을 가려 먹고 고기만 골라서 먹는 편식과 관련한 경험을 이야기하고 있습니다.

17 성민이와 준하는 편식과 관련한 의견을 말했고, 서현이는 운동과 관련한 의견을 말했습니다.

18 사람마다 생각이 다를 수 있으므로 누구나 자신의 의견을 찬성하거나 좋아할 수는 없습니다.

19 ⑤는 다른 사람과 함께 살아가기 위해서 지켜야 할 규칙과 아무 관련이 없습니다.

20 즐겁고 행복한 학교를 만들기 위해 우리가 할 수 있는 일을 의견으로 쓰고, 그렇게 생각한 까닭을 뒷받침 내용으로 씁니다.

채점 기준	
즐겁고 행복한 학교 만들기에 대한 의견과 뒷받침 내용을 알맞게 쓴 경우	5점
즐겁고 행복한 학교 만들기에 대한 의견을 썼으나 뒷받침 내용을 알맞게 쓰지 못한 경우	2점

📑 서술형 평가

1 (1) ⑩ 당나귀를 타고 가야 한다. (2) ⑩ 당나귀는 원래 짐을 싣거나 사람을 태우는 동물이기 때문이다. (3) ⑩ 아이와 아버지 둘 다 당나귀를 타고 가야 한다. **2** ⑩ 적절하지 않다. 다른 사람의 의견을 받아들이기 전에 그 의견이 적절한지 판단해 보지 않았기 때문이다. **3** ⑩ 바람직한 독서 방법은 도서관의 편의 시설을 늘리는 것이다. **4** (1) ⑩ 적절하지 않다. (2) ⑩ 도서관의 편의 시설을 늘리는 것은 책을 읽는 방법이나 태도와 관련이 적기 때문이다. **5** ⑩ 여러 가지 영양소를 균형 있게 섭취하려면 편식을 해서는 안 된다.

1 아버지와 아이는 농부와 아낙이 말한 의견을 그대로 따랐습니다.

채점 기준	
(1)~(3) 모두 알맞게 쓴 경우	6점
(1)~(3) 중 두 가지만 알맞게 쓴 경우	4점
(1)~(3) 중 한 가지만 알맞게 쓴 경우	2점

2 아버지와 아이는 다른 사람의 의견을 판단하지 않고 무조건 받아들였습니다.

채점 기준	
알맞은 까닭을 들어 아버지와 아이의 행동이 적절한지 판단하여 쓴 경우	8점
아버지와 아이의 행동이 적절한지 판단하여 썼으나 그에 알맞은 까닭을 쓰지 못한 경우	4점

3 혜원이는 도서관의 편의 시설을 늘리는 것이 바람직한 독서 방법이라고 말했습니다.

채점 기준	
혜원이가 말한 의견을 바르게 정리하여 쓴 경우	4점
혜원이가 말한 의견을 정리하여 썼으나 문장이 조금 어색한 경우	2점

4 혜원이의 의견이 바람직한 독서 방법이라는 주제와 관련 있는지 살펴보고 까닭을 들어 의견의 적절성을 판단합니다.

5 편식과 관련한 자신의 의견을 알맞은 까닭이 드러나게 씁니다.

9 감동을 나누며 읽어요

쪽지 시험   204쪽

1 ㉰   **2** 지원   **3** 아빠   **4** (1) ×   **5** 엄마   **6** (2) ○
7 넙적 가자미   **8** 멸치 대왕

1 시 「온통 비행기」를 읽고 비행기를 그리는 아이의 모습, 비행기를 상상하며 웃음 짓는 아이의 얼굴, 아이가 가족과 비행기를 타며 좋아하는 장면 등을 떠올릴 수 있습니다.

2 시 전체를 바꾸어 쓰는 것은 시를 읽고 느낌을 떠올리는 방법으로 알맞지 않습니다.

3 주어진 물음은 「지하 주차장」에 나온 아빠에게 물을 수 있는 물음입니다.

4 동숙이는 선생님 김밥을 싸야 한다고 엄마께 말씀드려서 아버지 병원비로 달걀을 샀습니다.

5 주어진 내용은 「김밥」에 나오는 엄마의 행동에 대한 생각을 말한 것입니다.

6 (1)은 멸치 대왕이 넙적 가자미의 말을 듣고 했을 말로 알맞습니다.

7 멸치 대왕에게 삐쳐서 멸치 대왕의 꿈을 큰 변을 당하게 될 아주 나쁜 꿈이라고 말한 것에서 넙적 가자미가 속이 좁은 성격임을 알 수 있습니다.

8 「멸치 대왕의 꿈」에서 넙적 가자미의 뺨을 때린 인물은 멸치 대왕입니다.

단원 평가   205～207쪽

1 ②   **2** 비행기   **3** ④, ⑤   **4** ㉮, ㉯   **5** ①   **6** (3)
○   **7** ㉮ 아이에게 실수를 들키고 싶지 않은 아빠의 속마음이 느껴졌다.   **8** ②, ⑤   **9** ㉮ 동숙이는 쑥을 팔아서 달걀을 사고 싶은데 아무도 쑥을 사주지 않아서 속상할 것 같다.
10 ④   **11** 현석   **12** 알은척, 먹을 것   **13** ④   **14** 큰 변   **15** ㉮ "너 이놈! 감히 그런 꿈풀이를 하다니, 괘씸하다!"   **16** ③   **17** 꼴뚜기   **18** ②, ③, ⑤   **19** (2) ○
20 ①

1 ㉠은 스케치북에 비행기가 그려져 있는 것을 표현한 말입니다.

2 5연에서 말하는 이는 비행기가 좋다고 하였습니다.

3 말하는 이가 ㉡과 같이 말한 까닭은 아직은 비행기를 순수하게 좋아하고 싶거나 물어볼 필요 없이 하고 싶은 일이 정해져 있기 때문입니다.

4 순수하게 무엇인가를 좋아하는 것과 관련된 경험은 ㉮와 ㉯입니다. ㉰는 이 시의 내용과 관련된 경험이 아닙니다.

5 지하 주차장으로 차를 가지러 가신 아빠께서 차를 찾지 못해 헤매고 다닌 내용의 시로, ①과 같은 장면을 떠올릴 수 있습니다.

6 아이는 아빠를 기다리다 지친 마음, 아빠가 빨리 오시기를 바라는 마음이 들었을 것입니다.

7 여러 가지 방법으로 시에 대한 느낌을 떠올린 뒤 정리하여 씁니다.

8 동숙이의 행동으로 알맞은 것은 ②와 ⑤입니다. ①, ③, ④는 이야기의 내용과 맞지 않습니다.

9 동숙이가 쑥을 팔아서 달걀을 사고 싶은데 아무도 쑥을 사주지 않은 것에 대한 자신의 생각을 씁니다.

10 선생님께서는 김밥을 못 먹고 있는 동숙이가 안쓰러운 마음이 들었을 것입니다.

11 소풍날 동숙이가 원하는 달걀이 들어간 김밥을 싸 주지 못해서 엄마는 속상하셨을 것입니다.

12 멸치 대왕이 넓적 가자미에게는 알은척도 하지 않고 먹을 것도 주지 않았기 때문입니다.

13 멸치 대왕의 꿈을 좋게 풀이한 것으로 보아, 망둥 할멈은 윗사람에게 아부를 잘하는 성격임을 짐작할 수 있습니다.

14 넓적 가자미는 멸치 대왕한테 큰 변을 당하게 될, 아주 나쁜 꿈이라고 말했습니다.

15 넓적 가자미의 꿈풀이를 듣고 화가 난 멸치 대왕이 했을 말을 씁니다.

채점 기준	
화가 난 멸치 대왕이 했을 말을 바르게 쓴 경우	5점

16 넓적 가자미의 뺨을 때린 것으로 보아, 멸치 대왕이 화를 잘 참지 못하는 성격임을 알 수 있습니다.

17 꼴뚜기는 넓적 가자미가 멸치 대왕에게 뺨을 맞는 것을 보고 자기도 뺨을 맞을까 봐 겁이 나서 자기 눈을 떼어 엉덩이에 붙였습니다.

18 꼴뚜기의 말은 눈을 떼어서 엉덩이에 붙이는 행동을 하면서 말하고, 멸치 대왕의 말은 분노해 큰 목소리로 말해야 실감 납니다.

19 (1)은 글의 내용과 맞지 않는 장면입니다.

20 ㉠은 외할아버지가 신바람이 나서 부른 노래입니다.

채점 기준	
무엇을 잊은 경험, 누군가에게 변명을 한 경험 등 시의 내용에 맞게 비슷한 경험을 구체적으로 쓴 경우	5점
시의 내용과 비슷한 경험을 썼으나 구체적으로 쓰지 못한 경우	2점

2 아빠와 아이의 마음을 알아볼 수 있는 물음을 각각 씁니다.

채점 기준	
아빠와 아이의 마음을 알아볼 수 있는 물음을 모두 알맞게 쓴 경우	10점
아빠와 아이의 마음을 알아볼 수 있는 물음을 한 가지만 알맞게 쓴 경우	5점

3 동숙이는 엄마께 소풍날 달걀이 들어간 김밥을 가져가고 싶다고 투정을 부렸습니다.

채점 기준	
'소풍날 달걀이 들어간 김밥을 가져가고 싶어서'와 비슷하게 답을 쓴 경우	5점

4 동숙이와 선생님의 행동에 대한 자신의 생각을 씁니다.

채점 기준	
동숙이와 선생님의 행동에 대한 생각을 모두 알맞게 쓴 경우	10점
동숙이와 선생님의 행동에 대한 생각을 한 가지만 알맞게 쓴 경우	5점

📋 서술형 평가
208쪽

1 예 친구와 약속한 시간에 늦어서 이런저런 이야기를 하며 변명한 적이 있다. **2** (1) 예 아이에게 변명을 하신 까닭은 무엇입니까? (2) 예 아빠가 한참 동안 나타나지 않았을 때 어떤 마음이 들었습니까? **3** 예 소풍날 달걀이 들어간 김밥을 가져가고 싶었기 때문이다. **4** (1) 예 동숙이가 달걀이 들어간 김밥을 먹지 못하게 되어 안타까웠다. (2) 예 달걀이 들어간 김밥을 먹을 수 있게 배려해 주신 선생님의 마음이 따뜻하다.

1 무엇을 잊은 경험, 누군가에게 변명을 한 경험 등 이 시의 내용과 비슷한 경험을 떠올려 씁니다.

1 촌락과 도시의 생활 모습

1 촌락과 도시의 특징

개념 확인 문제   7쪽

1 촌락   **2** (1) ⓛ (2) ㉠ (3) ㉢   **3** (1) × (2) ○
4 어촌   **5** 자연환경

1 촌락에서는 넓은 들, 산, 바다 등 자연환경을 이용하며 살아갑니다. 도시는 많은 사람이 모여 살며 사회, 정치, 경제 활동의 중심이 되는 곳입니다.

2 촌락은 사람들이 농업을 하며 살아가는 농촌, 어업을 하며 살아가는 어촌, 임업을 하며 살아가는 산지촌으로 나눌 수 있습니다.

3 (1) 주로 물고기를 잡거나 양식을 하는 촌락은 어촌입니다. 농촌에서는 논에서 벼를 재배하거나 밭에서 과일이나 채소를 기릅니다.

4 어촌에는 배를 대어 사람과 짐이 뭍으로 오르내릴 수 있도록 만들어 놓은 부두가 있고, 파도를 막으려고 쌓은 둑인 방파제가 있습니다. 또한 물고기, 김 등을 기르는 양식장이 있고, 생산자가 소비자에게 수산물을 직접 파는 직판장이 있습니다.

5 촌락은 자연환경의 영향을 많이 받기 때문에 계절과 날씨를 중요하게 여깁니다.

개념 확인 문제   9쪽

1 도시   **2** ㉠, ㉢   **3** 행정
4 평평한 곳   **5** (1) × (2) ○

1 도시는 사람이 많고, 높은 건물이 있으며 대중교통이 발달한 곳입니다.

2 ㉡은 농촌 사람들이, ㉣은 산지촌 사람들이 주로 하는 일입니다.

3 세종특별자치시는 행정 기관이 모여 있는 우리나라의 행정 중심지로, 처음부터 계획하여 만든 도시입니다.

4 촌락과 도시는 평평한 곳에 마을이 발달해 있고, 사람들이 마을을 이루며 살고 있으며, 모두 자연환경과 더불어 살아갑니다.

5 (1) 촌락은 도시보다 인구가 적고, 도시에는 인구가 많습니다.

개념 확인 문제   11쪽

1 (1) 일손 (2) 소득   **2** 귀촌 박람회
3 (1) ○ (2) ×   **4** (1) ㉡ (2) ㉠ (3) ㉢

1 촌락에서는 일손 문제, 시설 부족 문제, 소득 감소 문제 등이 나타나고 있습니다.

2 촌락에서는 인구를 늘리기 위해 귀촌하려는 사람을 적극적으로 지원하고 있습니다.

3 (2) 도시에 인구가 많아지면서 주택 문제, 교통 문제, 환경 문제 등이 발생하고 있습니다.

4 도시의 주택 문제를 해결하기 위해서는 주택을 충분히 건설하고, 환경 문제를 해결하기 위해 오염 물질의 배출을 최소화해야 합니다. 또한 도시의 교통 문제를 해결하기 위해 버스 전용 차로를 확대해야 합니다.

실력 문제   12~14쪽

핵심문장으로 시작하기   **1** 촌락, 도시   **2** 기계   **3** 주택

4 자연환경   **5** ①   **6** ④   **7** ①   **8** 예 산을 이용해 목장을 만들어 가축을 기른다. 밭농사를 짓는다. 산나물, 버섯, 약초 등을 생산한다. 캠핑장, 스키장 같은 곳에서 일한다. 등   **9** ②   **10** ㉠, ㉣   **11** ④, ⑤
12 ②   **13** ㉠, ㉡, ㉣   **14** ④   **15** ⑤   **16** ㉡
17 귀촌   **18** 예 촌락의 인구는 줄어들고 있고, 도시의 인구는 늘어나고 있다.   **19** ①   **20** ①

4 촌락은 주로 자연환경을 이용하며 살아가는 곳입니다.

5 ② 어촌, ③ 산지촌, ④ 도시에 대한 설명입니다.

6 어촌 사람들은 주로 물고기를 잡거나 양식을 하는 등 바다를 이용해 여러 생산 활동을 합니다. ①, ③, ⑤는 농촌, ②는 산지촌 사람들이 주로 하는 일입니다.

7 산지촌은 산으로 둘러싸여 있으며 숲이 울창한 곳으로, 사람들은 주로 임업을 하며 살아갑니다.

8 산지촌에서 생활하는 사람들은 산을 이용하여 목장 운영, 약초 재배, 버섯 재배, 석탄 생산 등을 합니다.

채점 기준	
산지촌에 사는 사람들이 주로 하는 일을 구체적으로 한 가지 바르게 쓴 경우	5점
'임업', '버섯 재배' 등 단어만 쓴 경우	3점

9 ② 촌락 중 농촌의 모습입니다.

10 도시에는 ㉡ 도서관, 미술관, 박물관 등과 같은 문화 시설이 많이 있습니다. ㉢ 사람들이 주로 자연환경을 이용하며 사는 곳은 촌락입니다.

11 도시에는 많은 문화 시설이 있어 사람들의 생활을 편리하게 해 주고, 다양한 취미 생활과 여가 생활을 할 수 있게 해 줍니다.

12 촌락은 저층 주택이 많고, 도시는 고층 주택이 많습니다.

13 촌락과 도시는 사람들이 생활하는 데 필요한 집이나 여러 시설이 갖춰져 있지만, 지역마다 그 모습이 조금씩 다르기 때문에 공통점과 차이점이 있습니다. ㉢은 도시만의 특징입니다.

14 옛날에는 촌락에 사람이 많이 살았으나 젊은 사람들이 일자리를 찾아 도시로 이동하게 되면서 인구가 줄어들었고 이로 인해 촌락에 여러 가지 문제가 발생했습니다.

15 촌락에서는 인구가 줄어들어 나타나는 일손 부족 문제를 해결하기 위해 다양한 기계를 활용하거나 귀촌 지원 정책 등을 마련하고 있습니다.

16 ㉠, ㉢은 시설 부족 문제를 해결하기 위한 노력이고, ㉣은 소득 감소 문제를 해결하기 위한 노력입니다.

17 촌락의 인구를 늘리기 위한 노력으로 귀촌 박람회를 개최하거나 귀촌 지원 정책을 실시하고 있습니다.

18 다양한 이유로 많은 사람이 도시로 오면서 도시의 인구가 늘어났고 여러 가지 문제가 발생하게 되었습니다.

채점 기준	
'도시 인구 증가', '촌락 인구 감소'라고 두 가지를 모두 쓴 경우	5점
'도시 인구 증가', '촌락 인구 감소' 중 한 가지만 쓴 경우	3점

19 제시된 자료는 도시의 문제 중 교통 문제로, 교통 체증이 생기면서 원하는 시간에 목적지에 도착할 수 없는 등 불편을 겪고 있습니다.

20 도시의 교통 문제를 해결하기 위해 버스 전용 차로를 확대하고, 차량 2부제와 차량 요일제 등을 실시합니다.

📝 서술형 평가
15쪽

1 (1) (가) 농촌 (나) 어촌 (다) 산지촌 (2) 예 논에서 벼를 재배한다. 밭에서 과일이나 채소를 기른다. 소, 돼지 등 가축을 기른다. 등
2 (1) 도시 (2) 예 회사나 공장에서 일한다. 사람들이 편리하게 생활하도록 도와주는 일을 한다. 공공 기관이나 문화 시설에서 일을 한다. 등 **3** ㉠ 예 낮은 건물이 많다. 인구수가 적다. 등 ㉡ 예 높은 건물이 많다. 인구수가 많다. 등

1 (1) 촌락은 자연환경과 사람들이 주로 하는 일에 따라 농촌, 어촌, 산지촌으로 나눌 수 있습니다.
(2) 농촌은 사람들이 곡식이나 채소, 가축 등을 기르는 농업을 하는 촌락입니다.

채점 기준	
농촌에서 생활하는 사람들이 하는 일을 구체적으로 두 가지 쓴 경우	8점
농촌에서 생활하는 사람들이 하는 일을 한 가지만 쓴 경우	4점

2 (1) 도시는 사람이 많이 살고 있으며 병원, 대형 할인점 등 사람들이 편리하게 이용할 수 있는 여러 시설이 갖춰져 있습니다.
(2) 도시에 사는 사람들은 회사나 공장에서 일하거나 사람들의 생활을 편리하게 해 주는 일을 하기도 합니다.

채점 기준	
'회사나 공장에서 일한다.', '사람들이 편리하게 생활하도록 도와주는 일을 한다.' 등 구체적으로 쓴 경우	8점
'일을 한다.'라고 간단히 쓴 경우	4점

3 촌락은 자연환경을 이용하는 일들이 발달했고, 도시는 물건을 만들거나 편리한 생활을 도와주는 일들이 발달했습니다.

채점 기준	
㉠과 ㉡ 모두 구체적으로 알맞게 쓴 경우	8점
㉠과 ㉡ 중 하나만 알맞게 쓴 경우	4점

2 함께 발전하는 촌락과 도시

1 교류　　　**2** (1) ×　(2) ○　　　**3** 촌락

4 (1) ⓒ　(2) ㉠　　**5** 면담

---

1 사람들은 필요한 것들을 얻으려고 여러 지역을 오고 가면서 물건을 사고팔고, 서로 다른 문화를 접하고, 기술을 배우는 등 교류하며 살아갑니다.

2 (1) 교류는 지역마다 생산물, 기술, 문화 등이 다르기 때문에 이루어집니다.

3 도시에 사는 사람들은 체험 마을을 통해 촌락에서 생활하며 촌락의 정겨움과 자연의 아름다움을 누릴 수 있습니다.

4 촌락과 도시가 교류하는 모습을 조사하는 방법에는 공공기관 누리집 검색하기, 지역 홍보 자료 살펴보기, 공공 기관 담당자 면담하기, 교류 장소 답사하기 등이 있습니다.

5 공공 기관 담당자와 면담을 하면서 궁금한 점이 생기면 즉시 해결할 수 있다는 장점이 있습니다.

1 도시, 촌락　　**2** ㉢, ㉣　　　**3** 직거래 장터

4 (1) ○　(2) ×　　**5** 상호 의존

---

1 도시에 사는 사람들은 깨끗한 자연환경 속에서 여가 생활을 누릴 수 있는 촌락의 시설을 이용합니다.

2 ㉠, ㉡은 도시의 사람들이 촌락의 시설을 이용하는 모습입니다.

3 직거래 장터를 통해 촌락에 사는 사람들은 소득을 올릴 수 있고, 도시에 사는 사람들은 신선한 농수산물을 저렴하게 살 수 있습니다.

4 (2) 도시에 사는 사람들은 일손 돕기 행사를 통해 촌락에 사는 사람들을 돕습니다.

5 촌락과 도시는 직거래 장터, 자매결연 등 다양한 교류를 통해 서로에게 도움을 주고받으면서 상호 의존하는 관계입니다.

핵심문장으로 시작하기　**1** 교류　**2** 누리집　**3** 자매결연

4 ②　　**5** 예 우리가 생활하는 데 필요한 것을 어느 한 지역에서만 구할 수 없기 때문이다. 서로 다른 문화를 경험하거나 각자의 문화를 알리기 위해서이다. 생산물이나 기술, 문화 등이 다르기 때문이다. 등　**6** ㉡, ㉢, ㉣　　**7** ②

8 ④　　**9** ㉡, ㉣　　**10** ⑤　**11** ①　**12** 촌락

13 ④　　**14** ④, ⑤　　**15** 자매결연

16 예 ○○군의 촌락 사람들과 친밀하게 지내면서 농·특산물 직거래 기회를 얻을 수 있고, 어려움을 함께 이겨 냈다는 뿌듯함도 느낄 수 있다. 등　**17** ③, ⑤　　**18** ④

19 상호 의존　　　　**20** ⑤

---

4 지역마다 생산물, 기술, 문화 등이 다르기 때문에 교류가 이루어집니다.

5 촌락에서 생산된 것들이 도시에서 팔리기도 하고, 도시의 생산물을 촌락에 사는 사람들이 사 가는 등 교류가 일어납니다.

채점 기준	
'생활에 필요한 것을 구하기 위해', '각자의 문화를 알리기 위해', '생산물, 기술, 문화 등이 다르기 때문에' 등 구체적으로 쓴 경우	5점
'생산물', '기술', '문화' 중 한 가지만 넣어 뜻이 통하게 쓴 경우	3점

6 사람들이 오고 가거나 물건, 기술, 문화 등을 서로 주고받는 것을 교류라고 합니다. ㉠과 같은 일상생활은 교류의 사례가 아닙니다.

7 ② 주고받는 대상이 없이 외딴섬에 홀로 사는 경우는 교류의 모습으로 보기 어렵습니다.

8 할아버지께서 도시의 병원을 방문하여 치료를 받으셨으므로 의료 기술을 교류했음을 알 수 있습니다.

9 촌락과 도시는 서로 다른 문화를 경험하거나 각자의 문화를 알리기 위해 교류합니다. 만약 촌락과 도시가 교류하지 않는다면, 다른 지역의 자연환경이나 문화를 즐길 수 없을 것입니다.

10 제시된 글은 도시에 사는 사람들이 전통문화를 체험하기 위해 촌락에 있는 체험 마을로 휴가를 떠난다는 내용의 신문 기사입니다.

11 체험 마을을 통해 촌락에 사는 사람들은 관광 소득을 얻고, 도시에 사는 사람들은 다양한 체험과 휴양을 할 수 있습니다.

12 최근 촌락에서는 도시 사람들이 촌락 생활을 체험하고 전통문화를 체험하는 체험 마을이 늘어나고 있습니다.

13 촌락과 도시의 교류 모습을 조사하기 위해 촌락과 도시가 교류하는 장소를 직접 찾아가서 조사하거나 지역 홍보 자료를 살펴보고, 공공 기관 누리집을 검색할 수 있습니다.

14 공공 기관 담당자와의 면담을 하면 구체적이고 자세한 자료를 얻을 수 있고, 면담하면서 궁금한 점이 생기면 즉시 해결할 수 있다는 장점이 있습니다.

15 도시에서는 촌락과 자매결연을 하여 농사철 일손 부족을 돕기 위해 일손 돕기 행사를 열기도 합니다.

16 촌락과 도시 지역은 자매결연을 하여 일손 돕기, 문화·예술 교류 등 다양한 분야에서 서로 도움을 주고받을 수 있습니다.

채점 기준	
'농·특산물 직거래 기회를 얻는다.', '어려움을 함께 이겨 내서 뿌듯하다.' 등 구체적으로 쓴 경우	5점
'직거래', '뿌듯하다.'라고 간단하게 쓴 경우	3점

17 촌락과 도시의 사람들은 다양한 축제를 통해 자연환경을 즐기거나 특색 있는 문화를 체험할 수 있습니다.

18 촌락과 도시의 사람들은 지역 축제, 자매결연, 직거래 장터 등을 통해 다양하게 교류합니다.

19 상호 의존이란 상대가 되는 이쪽과 저쪽 모두가 서로에게 의지하는 것으로, 촌락과 도시 사람들은 상호 의존하며 살아갑니다.

20 ⑤ 촌락과 도시에 사는 사람은 다양한 방법으로 교류하며, 이러한 교류를 통해 사람들은 부족한 것을 채우고 상호 의존하며 살아가고 있습니다.

---

1 (1) 촌락에서 생산된 것들이 도시에서 팔리기도 하고, 도시의 생산물을 촌락에 사는 사람들이 사 가기도 하는 등 교류가 일어납니다.

(2) 촌락과 도시의 생산물이나 기술, 문화 등이 다르기 때문에 교류가 일어납니다.

채점 기준	
'촌락과 도시 간에 생산물이 다르기 때문이다.'라고 쓴 경우	8점
'생산물 때문에'라고 쓴 경우	4점

2 (1) 지역의 공공 기관 누리집에서 '교류'를 검색하면 여러 자료를 확인할 수 있습니다. 지역의 홍보 자료를 살펴보거나, 공공 기관 담당자와 면담을 하여 조사할 수도 있습니다.

(2) 촌락에 사는 사람들과 도시에 사는 사람들은 서로 도움을 주고받으며 살아가고 있음을 알 수 있습니다.

채점 기준	
'교류', '부족한 것을 채운다.' 등을 포함하여 구체적으로 쓴 경우	8점
'교류한다.'라고 간단하게 쓴 경우	4점

3 (1) 촌락 지역과 도시 지역의 사람들은 직거래 장터를 통해 교류하면서 서로 소통하고 이해할 수 있는 기회를 갖게 됩니다.

(2) 직거래 장터는 촌락에 사는 사람과 도시에 사는 사람 모두에게 경제적으로 도움을 줍니다.

채점 기준	
도시와 촌락 사람들이 교류하면 좋은 점을 구체적으로 쓴 경우	8점
'도움을 주고받을 수 있다.'라고 간단하게 쓴 경우	4점

📝 **서술형 평가**   23쪽

1 (1) 싱싱한 생선(생산물) (2) 예 촌락과 도시 간에 생산물이 다르기 때문이다.   **2** (1) 예 공공 기관 누리집 검색하기, 지역 홍보 자료 살펴보기, 공공 기관 담당자와 면담하기, 교류 장소 답사하기 등 (2) 예 촌락과 도시 사람들이 교류를 하며 서로에게 부족한 것을 채운다. 등   **3** (1) 도시 (2) 예 도시에 사는 사람들은 값싸고 질 좋은 농수산물을 살 수 있다. 촌락에 사는 사람들은 지역의 특산품을 홍보하고 판매하여 소득을 얻을 수 있다. 등

단원정리 1 **촌락과 도시의 생활 모습**   24~25쪽

❶ 촌락   ❷ 도시   ❸ 일손 부족   ❹ 환경
❺ 교류   ❻ 상호 의존

OX   1 ×   2 ○   3 ×   4 ○   5 ○   6 ×   7 ×
8 ○   9 ○   10 ○

1 촌락은 사람들이 들이나 산, 바다와 같은 인문환경을 주로 이용하며 살아가는 곳입니다. └→ 자연환경

3 사람들이 주로 농업을 하며 들과 같은 평평한 곳에 자리 잡은 촌락을 산지촌이라고 합니다. └→ 촌락 └→ 농촌

6 도시에 사는 사람이 줄어들면서 촌락에 일손 부족 문제가 생겼습니다.

7 지역마다 생산물이나 기술, 문화 등이 똑같기 때문에 교류가 이루어집니다. └→ 다르기

---

4 우리나라 주요 도시들은 일자리가 많고 교통이 편리한 곳에 발달했습니다.

5 도시는 높은 건물이 많고, 인구가 밀집해 있습니다. 또한 여러 시설과 공공 기관 등이 모여 있으며, 교통이 편리한 곳에서 발달합니다.

6 ② 비닐하우스에서 채소를 재배하는 일은 주로 농촌 사람들이 하는 일입니다.

7 ③ 촌락에는 대중교통 수단이 적지만, 도시에는 대중교통 수단이 다양합니다.

8 제시된 그래프는 촌락의 인구 감소를 나타낸 것입니다. 1970년대 촌락의 인구와 비교하여 2019년 촌락의 인구는 줄어들었습니다.

채점 기준	
촌락의 문제점과 해결 방안을 알맞게 쓴 경우	5점
촌락의 문제점과 해결 방안 중 한 가지만 쓴 경우	3점

9 ㉡ 옛날에는 촌락에 많은 사람들이 살았으나 젊은 사람들이 일자리를 찾아 도시로 떠나면서 촌락의 인구가 줄어들었습니다.

10 촌락의 폐교나 마을회관 등을 정비하여 필요한 시설로 만드는 것은 촌락의 시설 부족 문제를 해결하기 위한 방법입니다.

11 일자리, 교육, 편의 시설, 교통 등 다양한 이유로 많은 사람들이 도시에 모여 살면서 도시 문제가 발생하게 되었습니다.

12 하수 처리 시설 확대, 재생 가능한 에너지 연구는 도시의 환경 문제를 해결하기 위한 노력에 해당합니다.

13 도시의 교통 문제를 해결하기 위해 버스 전용 차로를 확대하고, 차량 2부제와 차량 요일제 등을 실시하고 있습니다.

14 촌락과 도시의 생산물, 문화, 기술 등이 다르고, 우리가 생활하는 데 필요한 것을 어느 한 지역에서만 구할 수는 없으므로 촌락과 도시 간에 교류가 이루어집니다.

15 우리 지역과 다른 지역의 교류 모습을 조사할 때는 조사하는 자료가 정확한지, 조사하는 방법이 적절한지 확인해야 합니다. ㉠ 답사를 하면 생생한 자료를 얻을 수 있습니다.

16 공공 기관 누리집에서 '교류'를 검색하면 여러 자료를 확인할 수 있습니다.

17 촌락과 도시 지역은 자매결연을 하여 체험 활동, 일손 돕기 등 다양한 분야에서 서로 도움을 주고받습니다.

단원 평가
26~28쪽

1 ⑤　　**2** ③　　**3** 예 바다에서 물고기를 잡거나 김과 미역 등을 양식하는 일을 한다. 어업을 한다. 등　　**4** 교통
5 ①, ③　　**6** ②　　**7** ③　　**8** 예 촌락의 인구가 줄어들면서 일손 부족 문제가 나타났다. 해결 방안으로 농업의 기계화, 귀촌 지원 정책 등이 있다.　　**9** ㉡　　**10** ④
11 ①　　**12** ①　　**13** ②, ⑤　　**14** ④　　**15** ㉠
16 ①　　**17** ①　　**18** ④　　**19** ㉠, ㉡　　**20** 예 서로의 부족한 점을 채워 줄 수 있고, 촌락과 도시가 함께 발전하는 기회가 될 수 있다.

1 ㈎는 촌락, ㈏는 도시입니다.

2 ㉠은 산지촌입니다. ①, ②, ⑤는 어촌에서 주로 볼 수 있는 시설이고, ④는 농촌에서 주로 볼 수 있는 시설입니다.

3 어촌 사람들은 주로 바다를 이용하여 어업을 합니다.

채점 기준	
'고기잡이를 한다.', '김과 미역을 양식한다.', '어업을 한다.' 등 구체적으로 쓴 경우	5점
'바다를 이용하여 일한다.'라고 간단하게 쓴 경우	3점

18 촌락에서는 '한방 약초 축제', '산천어 축제' 등 특산물을 활용해 지역 축제를 열어 소득을 얻습니다.

19 지역 축제를 통해 자기 고장의 자랑거리를 널리 알리고, 다양한 놀이 문화나 체험 활동을 즐길 수 있습니다.

20 다양한 교류를 통해 촌락과 도시 사람들은 부족한 것을 채우고 상호 의존하며 살아갑니다.

채점 기준

'부족한 점을 채운다.', '발전 기회가 된다.' 등 구체적으로 내용을 쓴 경우	5점
'좋은 영향을 준다.'라고 간단히 쓴 경우	3점

수행 평가 **1-1 촌락과 도시의 특징** 29쪽

1 ㈎

2 ❶ 농업 **❷** 어업 **❸** 임업 **❹** 건물 **❺** 교통

3 ㈎를 골랐을 경우 – ⒠ 산지촌으로 여행을 가서 버섯이나 약초를 캐보고 싶다. 농촌으로 여행을 가서 과일 수확 체험을 해 보고 싶다. 어촌으로 여행을 가서 소금 만드는 체험을 해 보고 싶다. 등 ㈏를 골랐을 경우 – ⒠ 도시 중 서울로 여행을 가서 우리나라에서 가장 높은 건물에 올라가 보고 싶다. 대형마트와 놀이공원 등을 이용해 보고 싶다. 지하철을 타 보고 싶다. 등

1 ㈎는 촌락, ㈏는 도시를 나타낸 그림입니다. 농촌, 어촌, 산지촌과 같은 촌락은 사람들이 들이나 산, 바다와 같은 자연환경을 주로 이용하며 살아가는 곳입니다.

2 촌락과 도시에서 볼 수 있는 모습과 특징을 비교해 볼 수 있습니다. 촌락은 농업을 주로 하는 농촌, 어업을 주로 하는 어촌, 임업을 주로 하는 산지촌이 있습니다. 도시는 높은 건물이 많고, 교통이 발달한 곳에 위치합니다.

3 촌락과 도시 사람들은 다양한 자연환경과 인문환경을 이용하며 생활하고 있습니다.

채점 기준

촌락 여행을 자연환경 이용과 관련하여 쓴 경우, 도시 여행을 인문환경 이용과 관련하여 쓴 경우	15점
가 보고 싶은 지역만 쓴 경우	5점

수행 평가 **1-2 함께 발전하는 촌락과 도시** 30쪽

1 자매결연

2 ❶ ⒠ 일손이 부족한 곳에 도움을 줄 수 있어 뿌듯하다. 친환경 농산물을 맛볼 수 있다. 등

❷ ⒠ 일손이 부족할 때 도움을 받을 수 있다. 수확한 농산물을 판매해서 이익을 얻을 수 있다. 등

3 ⒠ 촌락에 사는 사람들은 대형 병원 등 다양한 시설을 이용하기 위해 도시를 찾고, 도시에 사는 사람들은 깨끗한 자연환경 속에서 여가 생활을 누리기 위해 촌락을 찾는다. 등

1 촌락과 도시 지역은 자매결연을 하여 서로 도움을 주고받습니다.

2 촌락과 도시 사람들은 교류를 통해 상호 의존하며 살아가고 있습니다.

3 도시의 병원이나 문화 시설, 촌락의 휴양 시설 등을 이용하는 사람이 늘어나면서 도시와 촌락의 교류는 더욱 활발해지고 있습니다.

채점 기준

촌락과 도시 사람들의 교류 모습을 **보기** 의 단어를 모두 사용하여 쓴 경우	15점
보기 의 단어를 몇 가지만 사용하여 쓴 경우	5점

2 필요한 것의 생산과 교환

1 경제활동과 현명한 선택

1 경제활동   **2** 선택   **3** 부족한
4 (1) × (2) ○   **5** 현명한 선택

1 사람들은 살아가는 데 필요하거나 원하는 것을 얻으려고 경제활동을 합니다.

2 경제활동에서 발생하는 선택의 문제는 일상생활 속에서 자주 일어납니다.

3 경제활동에서는 자원의 희소성 때문에 선택의 문제가 일어납니다.

4 (1) 먼저 나에게 꼭 필요한 물건인지 생각해 보아야 합니다.

5 현명하게 선택하면 가지고 있는 돈을 효율적으로 사용할 수 있고, 자신이 가장 원하는 것을 선택하게 되어 기분이 좋아집니다.

1 (1) ○ (2) × (3) ○   **2** (1) ○   **3** (1) 교환 (2) 전자 상거래
4 (1) × (2) ×   **5** 환자가 의사의 진료를 받는 것

1 (2) 시장에서는 사람들이 원하는 것을 자유롭게 고를 수 있습니다.

2 (2) 텔레비전 홈 쇼핑은 사람들이 직접 만나지 않고 물건을 사고파는 시장입니다.

3 (1) 사람들은 시장에서 서로 원하는 것을 교환하면서 선택의 문제를 해결합니다.
(2) 오늘날에는 인터넷이나 전화와 같은 통신수단을 이용하여 물건을 사고파는 전자 상거래 이용이 크게 늘고 있습니다.

4 (1) 소비, (2) 생산에 대한 설명입니다.

5 환자가 의사의 진료를 받는 것은 소비의 모습에 해당합니다. 의사가 환자를 진료하는 것은 생산의 모습에 해당합니다.

1 (1) ⓒ (2) ㉠ (3) ⓒ   **2** (1) ○   **3** 소비   **4** 시장놀이

1 생산 활동은 생활에 필요한 것을 자연에서 얻는 활동, 생활에 필요한 것을 만드는 활동, 생활을 편리하고 즐겁게 해 주는 활동으로 나눌 수 있습니다.

2 (2) 환자 진료하기는 생활을 편리하고 즐겁게 해 주는 활동입니다.

3 쓸 수 있는 돈은 한정되어 있기 때문에 현명한 소비 생활이 필요합니다.

4 생산, 소비와 같은 경제활동은 주로 시장에서 이루어지므로 시장놀이를 통해 생산과 소비가 밀접하게 관련되어 있음을 알 수 있습니다.

🎓 핵심문장으로 시작하기   **1** 선택   **2** 시장   **3** 생산

4 ④   **5** 경제활동   **6** 예 가진 돈이나 시간이 부족하기 때문이다. 필요나 욕구에 비해 자원이 부족하기 때문이다. 자원의 희소성 때문이다. 등   **7** ③   **8** ⑤
9 ⓒ, ⓒ, ⓔ   **10** ⑤   **11** ②   **12** 서아, 시윤
13 전자 상거래   **14** ㉠, ⓒ   **15** ㉠ 생산 ⓒ 소비
16 ①   **17** ②   **18** 예 물건이 만들어져 우리에게 오기까지 여러 가지 생산 활동이 이루어진다.   **19** ②   **20** ④

4 ④ 친구와 노는 것은 생활에 필요한 것들을 만들고 사용하는 것과 관련된 활동이 아닙니다.

5 사람들은 경제활동을 하면서 여러 가지 선택을 해야 하는 상황에 부딪힙니다.

6 자원의 희소성으로 인해 선택의 문제가 발생합니다.

채점 기준	
'가진 돈이나 시간이 부족하기 때문이다.', '필요나 욕구에 비해 자원이 부족하기 때문이다.', '자원의 희소성 때문이다.' 등 선택의 문제가 발생하는 까닭을 알맞게 쓴 경우	5점
'원하는 것을 다 가질 수 없기 때문이다.' 등 뜻이 통하게 쓴 경우	3점

사
회

7 희소성은 단순히 자원의 양이 많고 적음에 따라 결정되는 것이 아니라 사람들이 원하는 것에 비해 자원이 부족할 때 나타납니다.

8 현명한 선택을 하려면 먼저 나에게 꼭 필요한 물건인지 생각해 보고 가격, 디자인, 품질, 편리성 등의 정보를 수집하고 기준을 정해서 비교한 후 선택해야 합니다.

9 ㉠ 사람들이 직접 만나지 않고 물건을 사고파는 시장도 있습니다.

10 제시된 그림은 사람들이 직접 만나서 물건을 사고파는 시장입니다. ⑤는 사람들이 직접 만나지 않고 물건을 사고파는 시장입니다.

11 ② 생선 가게에서 생선을 사는 것은 소비 활동에 해당합니다.

12 전통 시장은 오랜 기간에 걸쳐 일정한 지역에 자연적으로 만들어진 시장입니다. 아연이는 온라인 쇼핑의 특징을 설명하고 있습니다.

13 인터넷이나 휴대 전화와 같은 통신 기술이 발달하였고, 직접 가지 않아도 물건을 살 수 있는 환경이 만들어지면서 전자 상거래 이용이 늘어나고 있습니다.

14 ㉢ 직접 가야만 물건을 살 수 있는 곳은 전통 시장, 백화점, 할인 매장, 편의점 등이 있습니다. ㉣ 쇼핑 호스트가 상품의 기능과 특징을 설명해 줍니다.

15 생산은 생활에 필요한 물건을 만들거나 우리 생활을 편리하고 즐겁게 해 주는 활동이고, 소비는 생산한 것을 구매하여 사용하는 활동입니다.

16 (가)는 생산 활동, (나)는 소비 활동에 해당합니다.

17 농부가 논에서 벼를 기르는 것은 생활에 필요한 것을 자연에서 얻는 생산 활동입니다.

18 우리가 생활하는 데 필요한 것들은 여러 생산 활동을 거쳐 우리에게 옵니다.

채점 기준	
'물건이 만들어져 우리에게 오기까지 여러 가지 생산 활동이 이루어진다.'라고 알맞게 쓴 경우	5점
'생산 활동'이란 단어를 포함하여 뜻이 통하게 쓴 경우	3점

19 현명한 소비 생활을 위해 선택 기준에 맞는 물건을 고르고, 계획을 세운 후 소비하는 습관을 길러야 합니다.

20 ④ 용돈 기입장이나 가계부를 쓰는 것은 현명한 소비 생활을 하는 방법입니다.

📜 **서술형 평가**   41쪽

1 (1) 선택 (2) ⑩ 자원의 희소성 때문이다. 필요나 욕구에 비해 돈과 같은 자원이 부족하기 때문이다. 등   **2** (1) 만나지 않는 시장 (2) ⑩ 다른 지역에 직접 가지 않아도 물건을 살 수 있는 환경이 만들어졌기 때문이다. 인터넷 같은 통신 기술이 발달하였기 때문이다. 등   **3** (1) 생활에 필요한 것을 만드는 (2) ⑩ 환자 진료하기, 물건 팔기, 물건 배달하기 등

1 (1) 사람들은 경제활동을 하면서 여러 가지 선택을 해야 하는 상황에 부딪히게 됩니다.

(2) 자원의 희소성은 사람들이 원하는 것에 비해 자원이 부족할 때 생깁니다.

채점 기준	
'자원의 희소성 때문이다.', '필요나 욕구에 비해 돈과 같은 자원이 부족하기 때문이다.'라고 구체적으로 쓴 경우	8점
'돈이 부족해서'라고 간단히 쓴 경우	3점

2 (1) 텔레비전 홈 쇼핑, 온라인 쇼핑은 사람들이 직접 만나지 않고 물건을 사고파는 시장입니다.

(2) 더 많은 물건을 팔기 위해 판매자들의 노력과 더욱 편리하게 물건을 사고자 하는 소비자의 욕구가 많아졌기 때문입니다.

채점 기준	
'직접 가지 않고서도 물건을 사고팔 수 있는 환경이 만들어졌기 때문이다.', '통신 기술이 발달하였기 때문이다.' 등 한 가지를 구체적으로 쓴 경우	8점
'통신 기술 때문에'라고 간단하게 쓴 경우	4점

3 (1) 자동차를 만드는 것은 생활에 필요한 것을 만드는 활동입니다.

(2) (나)는 사람의 기술과 능력으로 다른 사람의 생활을 편리하고 즐겁게 해 주는 활동입니다.

채점 기준	
생활을 편리하고 즐겁게 해 주는 생산 활동의 사례를 한 가지 알맞게 쓴 경우	8점

2 교류하며 발전하는 우리 지역

1 (1) × (2) ○   **2** 생산지   **3** (1) ⓛ (2) ㉠
4 (1) ○ (2) ×

1 (1) 우리 주변에 있는 물건들은 우리 지역에서 만든 물건도 있고, 우리나라의 다른 지역이나 다른 나라에서 온 것도 있습니다.

2 물건의 포장지에 표시된 정보를 보면 물건의 생산지를 알 수 있습니다.

3 물건의 생산지를 확인하는 방법으로 품질 인증 표시 확인하기, 큐아르(QR) 코드 찍어서 확인하기, 누리집에서 상품 소개 검색하기, 상품 광고지 확인하기 등이 있습니다.

4 (2) 우리 주변에 있는 물건들은 다양한 지역에서 우리 지역으로 들어왔음을 알 수 있습니다.

1 경제적 교류   **2** 다르기   **3** (1) ⓛ (2) ㉠ (3) ㉢
4 (1) 대중 매체 (2) 발전

1 각 지역은 경제적 교류를 통해 부족한 부분을 보완하면서 함께 발전합니다. 교통과 통신수단이 발달한 오늘날에는 지역 간의 경제적 교류가 더욱 활발해졌습니다.

2 지역마다 자연환경이 달라 생산하는 물건이 다르고, 발달한 기술이 다르며, 문화가 다르기 때문에 경제적 교류를 합니다.

3 경제적 교류는 개인, 기업, 지역, 국가 사이에서 다양하게 이루어집니다.

4 (1) 대형 시장이나 대중 매체를 이용하여 편리하게 경제적 교류합니다.
(2) 각 지역은 경제적 교류를 통해 함께 발전합니다.

1 물자   **2** (1) 경제적 이익 (2) 대표 상품   **3** 박람회
4 (1) × (2) ○   **5** 문화

1 지역 간에 경제적 교류를 하지 않으면 사람들의 생활에 필요한 것을 얻기가 어려워지고 지역의 발전이 늦어집니다.

2 지역 간 경제 교류는 지역의 대표 상품을 중심으로 이루어집니다.

3 각 지역에서는 대표 상품을 홍보하는 데 다양한 방법을 활용합니다.

4 (1) 경제적 교류를 조사하는 방법 중 인터넷을 이용하여 조사할 때에는 인터넷 뉴스를 검색하거나 지역의 공공 기관 누리집을 방문할 수 있습니다.

5 판소리 공연, 오케스트라 공연 등은 경제적 교류 중 문화 교류 사례에 해당합니다.

실력 문제

핵심문장으로 시작하기   **1** 생산지   **2** 경제적 교류   **3** 인터넷
4 ⓛ   **5** ②   **6** ②   **7** ②   **8** ⑤   **9** ②, ③
10 ⑤   **11** 예 지역마다 자연환경, 기술, 문화 등이 다르기 때문이다.   **12** ③   **13** ㉠, ㉢   **14** ③
15 예 경제적 이익을 얻을 수 있기 때문이다. 필요한 물자를 우리 지역에서 구할 수 없기 때문에 다른 지역에서 구해 온다. 지역마다 생산하는 물자가 다르기 때문이다. 등
16 ①   **17** ①   **18** ㉠, ㉡, ㉢   **19** ④   **20** ⑤

4 우리 주변의 상품이 어디에서 왔는지 알아보는 방법으로 품질 인증 표시 확인하기, 큐아르(QR) 코드 찍어서 확인하기, 광고지 확인하기, 누리집에서 상품 소개 검색하기 등이 있습니다.

5 제시된 자료는 품질 인증 표시입니다.

6 물은 제주특별자치도에서 왔습니다. 옷은 인도네시아에서, 가방은 중국에서, 아몬드는 미국에서 들어왔습니다.

7 ② 우리 지역뿐만 아니라 우리나라의 여러 지역과 다른 나라에서 여러 상품이 생산된다는 것을 알 수 있습니다.

8 각 지역은 물자(물건), 기술, 문화, 정보 등을 교류하여 경제적 이익을 얻습니다.

9 ② 지역 간에 다양한 경제적 이익을 얻을 수 있기 때문에 경제적 교류를 합니다. ③ 오늘날에는 교통과 통신수단의 발달로 경제적 교류가 더욱 활발해졌습니다.

10 제시된 글은 울산광역시라는 지역과 세종특별자치시라는 지역 간에 기술을 교류하고 있는 상황입니다.

11 경제적 교류를 하면 각 지역은 많은 이익을 얻을 수 있습니다.

채점 기준	
'자연환경, 기술, 문화 등이 다르기 때문이다.'라고 구체적으로 쓴 경우	5점
'물건이 다르기 때문에'라고 간단히 쓴 경우	3점

12 경제적 교류로 각 지역은 경제적 이익을 얻고, 지역 간에 유용한 정보를 주고받을 수 있으며, 서로 화합하여 함께 발전할 수 있습니다.

13 경제적 교류는 서로 다른 지역이 물자, 기술, 문화 등을 주고받는 것을 말합니다.

14 제시된 글에서 밑줄 친 교류는 문화 교류로, 이를 통해 각 지역이 가진 문화를 다른 지역 사람들에게 알리고 다른 지역 사람들은 다양한 문화를 경험할 수 있습니다.

15 각 지역은 필요에 따라 다양한 물자를 교류하여 경제적 이익을 얻습니다.

채점 기준	
'경제적 이익', '구할 수 없는 물건을 구할 수 있기 때문에'의 내용을 구체적으로 쓴 경우	5점
'돈을 벌 수 있다.'라고만 간단히 쓴 경우	3점

16 ① 경제적 교류를 하지 않으면 지역 간의 발전 속도에 차이가 생기고 사람들의 생활에 필요한 것을 얻기가 어려워집니다.

17 ① 상품의 생산지를 조사하는 방법입니다.

18 ② 고장의 모습을 살펴보는 방법입니다.

19 인터넷으로 지역 간의 교류를 알아보려면 지역 이름 뒤에 기술 교류, 문화 교류, 물자 교류, 직거래 교류, 상생 교류, 경제 협력 등의 핵심어를 덧붙여 검색창에 입력합니다.

20 경제적 교류 지도를 통해 우리 지역의 특산품을 알 수 있고, 우리 지역이 다른 지역과 다양한 경제적 교류를 하고 있다는 것을 알 수 있습니다.

📝 서술형 평가   51쪽

1 (1) 생산지(원산지) (2) ⑩ 상품 포장지에 있는 정보를 확인한다. 상품 광고지를 확인한다. 상품 판매대의 정보를 확인한다. 등   **2** (1) 문화 (2) ⑩ 서로의 문화를 교류하여 경제적 이익을 얻는다. 각 지역이 가진 문화를 다른 지역 사람들에게 알리고 다른 지역 사람들은 다양한 문화를 경험할 수 있다. 등   **3** (1) 물자 (2) ⑩ 지역 간의 발전 속도에 차이가 생긴다. 등

1 (1) 생산지(원산지)는 어떤 물건이 만들어진 곳을 뜻합니다.
(2) 주변에 있는 물건을 자세히 살펴보면 어디에서 생산했는지 알 수 있는 생산 정보가 표시되어 있습니다.

채점 기준	
물건의 생산지를 확인하는 방법을 두 가지 바르게 쓴 경우	8점
물건의 생산지를 확인하는 방법을 한 가지 바르게 쓴 경우	4점

2 (1) 제시된 신문 기사는 경기도의 오케스트라 공연단이 전라북도 전주시에서 음악회를 열어 두 지역이 문화를 교류한다는 내용입니다.
(2) 축제와 문화 공연에 참여하는 사람들의 소비 활동으로 경제적 이익을 얻을 수 있습니다.

채점 기준	
'경제적 이익'이나 '문화 경험'을 넣어 구체적으로 쓴 경우	8점
'이익을 얻는다.'라고 간단히 쓴 경우	4점

3 (1) 가지고 싶은 물건, 먹고 싶은 음식 등은 물자에 해당합니다.
(2) 물자, 기술, 문화 등 경제적 교류를 하지 않으면 일상생활에서 불편한 부분이 생길 것이고 다른 지역의 물품을 사용할 수 없게 될 것입니다.

채점 기준	
'발전 속도의 차이가 생긴다.' 등 구체적으로 쓴 경우	8점
'불편해진다.'라고만 쓴 경우	4점

단원정리 **2** 필요한 것의 생산과 교환   52~53쪽

❶ 경제활동   ❷ 희소성   ❸ 생산   ❹ 소비
❺ 큐아르(QR)   ❻ 경제적 교류   ❼ 자연환경

○✗ 1 ✗   2 ○   3 ○   4 ✗   5 ✗   6 ○   7 ○
8 ○   9 ✗   10 ○

1 사람들이 생활하는 데 필요한 여러 가지 것들을 만들고 사용하는 것과 관련된 모든 활동을 생산 활동이라고 합니다.
　　　　　　　↳경제활동

4 생산한 것을 사서 사용하는 활동을 생산이라고 합니다.
　　　　　　　　　　　　　↳소비

5 가정의 소득은 한정되지 않고 무한하기 때문에 현명한 소비 활동을 해야 합니다.
　　　　↳한정되어 있기

9 경제적 교류가 이루어지는 까닭은 각 지역의 자연환경, 기술, 문화 등이 같기 때문입니다.
　　　　　　　↳다르기

🔆 단원 평가
　　　　　　　　　　　　　　　54~56쪽

1 ① 　**2** ③ 　**3** ②, ⑤ 　**4** 시장 　**5** ② 　**6** 예 사람들이 직접 만나지 않고 물건을 사고파는 시장이다. 인터넷이나 휴대 전화와 같은 통신 기술이 발달하였기 때문에 생겨난 시장이다. 등 　**7** ㉠, ㉣ 　**8** ④ 　**9** ⑤ 　**10** 지수, 도현 　**11** 예 가정의 소득은 한정되어 있기 때문이다. 소비 생활을 현명하게 하지 않으면 가정의 살림살이가 어려워져 필요한 물건을 사지 못하게 될 수 있기 때문이다. 등 　**12** ② 　**13** ⑤ 　**14** ③ 　**15** ④ 　**16** ㉡ 　**17** ③, ⑤ 　**18** ④, ⑤ 　**19** 예 서로의 지역에 부족한 기술을 보완하여 경제적 이익을 얻을 수 있다. 서로 다른 기술을 이용해 더 좋은 상품을 만들 수 있다. 등 　**20** ③

1 사람들은 살아가는 데 필요하거나 원하는 것을 얻기 위해 경제활동을 하고 있습니다.

2 사람들의 필요나 욕구에 비해 자원이 부족한 상태를 자원의 희소성이라고 합니다.

3 현명한 선택을 하면 돈과 시간, 노력을 아낄 수 있고, 즐거움과 만족감을 얻을 수 있습니다.

4 시장은 여러 곳에서 만든 다양한 상품이 진열되어 있고, 사람들이 원하는 것을 자유롭게 고를 수 있습니다.

5 ② (나)는 백화점으로, 큰 건물 안에서 여러 가지 상품을 종류별로 나눠 진열하고 판매하는 종합 상점입니다. 늦은 시간까지 상품을 판매하는 동네의 상점은 편의점입니다.

6 (가) 전통 시장과 (나) 백화점은 사람들이 직접 만나서 물건을 사고파는 시장입니다. (다) 온라인 쇼핑과 (라) 텔레비전 홈 쇼핑은 사람들이 직접 만나지 않는 시장으로, 오늘날 이용이 크게 늘고 있습니다.

채점 기준	
(다), (라)의 공통점을 한 가지 바르게 쓴 경우	5점
'모두 시장이다.', '여러 가지 상품을 사고파는 곳이다.' 등 (가), (나)와 구분되지 않는 특징을 쓴 경우	2점

7 시장에서 여러 가지 생산과 소비 활동이 이루어집니다. 생산은 생활에 필요한 물건을 만들거나 우리 생활을 편리하고 즐겁게 해 주는 활동이고, 소비는 생산한 것을 사서 사용하는 활동입니다.

8 농부가 논에서 벼를 기르고, 어부가 바다에서 고기를 잡는 것은 생활에 필요한 것을 자연에서 얻는 생산 활동입니다.

9 ⑤는 생활에 필요한 것을 만드는 생산 활동입니다.

10 야구 경기를 보러 가는 것은 소비의 모습이고, 빵집 주인이 빵을 만들어 파는 것은 생산의 모습입니다.

11 가정의 소득이 한정되어 있으므로 현명한 소비 생활을 해야 합니다.

채점 기준	
'가정의 소득은 한정되어 있기 때문이다.' 등 현명한 소비 생활을 해야 하는 까닭을 바르게 쓴 경우	5점
'나중에 힘들어질 수 있기 때문에' 등 간단히 뜻이 통하게 쓴 경우	2점

12 주변에 있는 물건이 어디에서 왔는지 확인하는 방법으로 상품 포장지에 표시된 정보 확인하기, 상품 광고지 확인하기, 상품 판매대의 정보 확인하기 등이 있습니다.

13 경제적 교류는 지역마다 자연환경, 생산 기술, 자원 등이 다르기 때문에 이루어집니다.

14 경제적 교류를 하는 대상에는 개인, 기업, 지역, 국가 등이 있습니다. 그림은 어촌과 농촌이 지역 간에 교류하는 모습입니다.

15 오늘날에는 교통과 통신수단이 발달하면서 지역 간의 경제적 교류가 더욱 활발해졌습니다.

16 경제적 교류를 통해 각 지역은 경제적 이익을 얻을 수 있고, 좋은 관계를 유지하며 가깝게 지낼 수 있습니다. ㉡ 지역마다 가지고 있는 자원이 다르기 때문에 교류합니다.

17 경제적 교류를 하면 지역 간에 유용한 정보를 주고받을 수 있고 서로 화합할 수 있으며, 지역의 부족한 부분을 보완하면서 함께 발전할 수 있습니다.

18 각 지역은 그 지역에서 생산하는 물자를 다른 지역으로 보내고, 직접 생산하기 어려운 물자는 다른 지역에서 들여오는 것을 통해 경제적 이익을 얻습니다.

19 두 지역 간에 부족한 기술을 보완하여 경제적으로 함께 발전해 나가는 것을 기술 교류라고 합니다.

채점 기준	
기술 교류의 좋은 점을 바르게 쓴 경우	5점
'경제적 이익을 얻는다.'라고만 쓴 경우	3점

20 제시된 글은 전통 시장이나 할인 매장에 가서 직접 살펴보는 방법입니다.

👓 수행 평가　2-1 경제활동과 현명한 선택　57쪽

1 경제활동　**2** ❶ 예 정해진 용돈에서 살 수 있는 선물을 골라야 하기 때문이다. ❷ 예 가지고 있는 돈이 한정되어 있기 때문이다. ❸ 자원의 희소성
3 예 나에게 꼭 필요한 물건인지 생각해 보고, 가격, 디자인, 품질, 편리성 등의 정보를 수집하고 기준을 정해서 비교한 후 선택한다.

1 사람들은 생활에 필요한 여러 가지 것들을 만들고 사용하면서 살아가는데, 이러한 모든 활동을 경제활동이라고 합니다. 경제활동을 하면서 사람들은 선택의 문제에 부딪힙니다.

2 경제활동에서 선택의 문제는 자원의 희소성 때문에 일어납니다.

채점 기준	
㈎, ㈏ 각각의 문제가 생긴 까닭과 '자원의 희소성'을 바르게 쓴 경우	15점
'자원의 희소성'만 쓴 경우	5점

3 신중하게 따져서 현명하게 선택하면 돈과 시간, 노력을 아낄 수 있고, 즐거움과 만족감을 얻을 수 있습니다.

채점 기준	
'가격, 디자인, 품질, 편리성' 등의 기준을 구체적으로 쓴 경우	10점
'신중하게 선택한다.'라고 간단히 쓴 경우	5점

👓 수행 평가　2-2 교류하며 발전하는 우리 지역　58쪽

1 ㉠ 발달한 기술 ㉡ 문화·예술 공연
2 예 각 지역마다 자연환경, 기술, 문화 등이 다르기 때문이다.
3 ❶ 예 지역 간의 발전 속도에 차이가 생기고 불편한 생활을 할 것이다. ❷ 예 가지고 싶은 물건이나 먹고 싶은 음식을 먹지 못하게 될 것이다. ❸ 예 다양한 문화 체험을 할 수 없을 것이다.

1 우리나라의 각 지역은 다른 지역과 다양한 경제적 교류를 하고 있습니다. 기술이 발달한 지역에서는 발달한 기술을, 문화와 예술이 발달한 지역에서는 문화·예술 공연 등을 교류합니다.

2 우리 지역과 다른 지역의 자연환경, 기술, 문화의 차이를 살펴보면 두 지역 사이에 어떤 경제적 교류가 일어나고 있는지 알 수 있습니다.

채점 기준	
'자연환경, 기술, 문화'의 용어를 넣어 구체적으로 쓴 경우	10점
'자연환경', '기술', '문화' 중 한 가지만 쓴 경우	5점

3 지역 간에 경제적 교류를 하지 않으면 사람들의 생활에 필요한 것을 얻기가 어려워지고 지역의 발전이 늦어집니다.

채점 기준	
❶~❸ 모두 바르게 쓴 경우	15점
❶~❸ 중 두 가지를 바르게 쓴 경우	10점
❶~❸ 중 한 가지만 바르게 쓴 경우	5점

3 사회 변화와 문화 다양성

1 사회 변화로 나타난 일상생활의 모습

1 (2) ○　　　　**2** (1) ×　(2) ○　　　**3** 가치관
4 (1) ㉠　(2) ㉢　(3) ㉡

1 오늘날에는 학생 수가 예전보다 많이 줄었습니다. (1)은 옛날의 학교 모습입니다.

2 오늘날에는 학생 수가 예전보다 많이 줄었고, 디지털 기기와 디지털 교과서를 활용하여 수업합니다. (1) 옛날과 오늘날 모두 칠판, 책상, 의자가 있습니다.

3 오늘날 우리 사회는 교통·통신 및 과학 기술의 발달과 가치관의 변화로 인해 사람들의 생활 모습이 변화하고 있습니다.

4 노인이 많아지면서 노인을 위한 시설이 많이 생겼고, 과학 기술의 발달로 내비게이션에서 실시간 교통 정보를 얻을 수 있게 되었습니다. 또한 세계 여러 나라와 교류하면서 다양한 문화를 접하게 되었습니다.

1 저출산　　　　**2** 높아지는　　　　**3** (2) ○
4 (1) ○　(2) ○　(3) ×　　　　**5** 배려

1 태어나는 아이의 수가 줄어드는 현상을 저출산 현상이라고 하며, 시간이 지날수록 우리 사회의 저출산 현상은 심해지고 있습니다.

2 노인 인구는 늘어나는데 아이의 수는 줄어들면서, 전체 인구 중에서 노인 인구의 비율이 높아지는 고령화 현상이 나타나고 있습니다.

3 고령화 현상으로 노인 전문 병원, 노인 복지관 등 노인을 위한 시설이 늘었습니다.

4 (3) 노인들에게 일자리를 제공하는 것은 고령화에 대비하기 위한 노력입니다.

5 저출산·고령화에 대비하려면 서로 소통하고 배려하는 자세를 가져야 합니다.

1 정보화　　　**2** (1) ㉡　(2) ㉢　(3) ㉠　　　**3** 세계화
4 (1) ×　(2) ○　(3) ○

1 정보화 사회에서는 컴퓨터나 멀티미디어, 통신 기기를 통해 다양한 정보가 생산되고 사람들에게 전달됩니다.

2 정보화 사회가 되면서 우리 생활은 매우 편리해졌지만, 사이버 폭력, 저작권 침해, 인터넷 및 스마트폰 중독 등 여러 가지 문제가 나타났습니다. 개인과 사회는 이를 해결하기 위해 노력하고 있습니다.

3 세계 여러 나라가 다양한 분야에서 서로 교류하고 영향을 주고받으며 가까워지는 것을 세계화라고 합니다.

4 (1) 전통문화에 대한 관심이 적어지는 것은 세계화의 부정적 영향입니다.

🎓 **핵심문장으로 시작하기**　**1** 가치관　**2** 고령화　**3** 정보화

4 ㉡　　**5** ④　　**6** ②　　**7** (2) ○　　**8** ④　　**9** ④
10 예 옛날에는 사람들이 아이를 적게 낳자고 했는데, 지금은 아이를 많이 낳자고 하고 있다.　　**11** ⑤　　**12** 지윤
13 ②　　**14** (1) ㉠, ㉡, ㉢　(2) ㉢, ㉣　**15** 정보화
16 ①　　**17** ②　　**18** ③　　**19** ㉠, ㉣　　**20** 예 서로 다른 문화를 존중하고, 전통문화를 창조적으로 계승하기 위해 노력해야 한다. 등

4 ㉠ 옛날 교실에도 책상과 의자가 있었습니다. ㉡ 오늘날 교실에서도 선생님이 수업하고 학생이 수업을 듣습니다.

5 오늘날에는 태어나는 아이 수가 줄었기 때문에 교실의 학생 수가 예전보다 많이 줄었습니다.

6 우리가 살아가는 사회는 과학 기술의 발달과 가치관의 변화로 다양하게 변화하고 있으며, 이에 따라 사람들의 생활 모습도 달라지고 있습니다.

7 오늘날에는 인터넷과 연결된 스마트 기기로 차를 타고 갈 때 쉽게 길을 찾을 수 있습니다.

8 오늘날에는 세계 여러 나라와의 교류가 활발해지면서 세계적인 음식을 어디서나 쉽게 먹을 수 있습니다.

9 아이를 적게 낳아 사회 전반적으로 출산율이 감소하는 현상을 저출산이라고 합니다.

10 1974년에는 딸·아들 구별 말고 둘만 낳아 잘 기르자고 하였고, 2016년에는 많은 아이를 기르면 나라가 더 좋아질 것이라고 표현하고 있습니다.

11 전체 인구에서 노인 인구가 차지하는 비율이 늘어나는 현상을 고령화라고 합니다.

12 오늘날에는 평균 수명이 늘어나면서 전체 인구에서 노인이 차지하는 비중이 커지고 있습니다.

13 저출산으로 폐교하는 학교가 늘어나고 있고, 가족 구성원 수와 산부인과 병원이 줄어들고 있습니다.

14 저출산에 대비하기 위한 노력에는 출산비와 양육비 지원, 다자녀 가구에게 혜택 제공, 보육 시설 확충 등이 있고, 고령화에 대비하기 위한 노력에는 노인들에게 일자리 제공, 돌봄이 필요한 노인 지원, 노인을 위한 복지 제도 마련 등이 있습니다.

15 정보화는 정보가 중요한 자원이 되어 정보를 중심으로 사회가 운영되고 발전하는 것입니다.

16 정보화가 활발해지면서 시장에 가지 않고 인터넷으로 물건을 살 수 있게 되었습니다.

17 다른 사람이 만든 창작물을 허락 없이 사용하면 만든 사람에게 손해를 끼칩니다.

18 사이버 폭력은 당하는 사람에게 큰 피해를 주므로 인터넷 공간에서 댓글을 달거나 대화할 때에는 예의를 지킵니다.

19 세계 여러 나라가 국경을 넘어 다양한 분야에서 교류하면서 전 세계가 하나로 연결되는 현상을 세계화라고 합니다. ⓛ 오늘날 정보화로 지식과 정보를 얻는 데 시간이 줄어들었습니다. ⓒ 스마트폰을 사용하는 학생 수가 늘어나고 있습니다.

20 세계화에 적절하게 대응하려면 다른 나라의 문화를 비판적으로 받아들이고, 우리 것을 소중히 여겨야 합니다.

채점 기준	
'다른 나라의 문화를 존중하고, 전통문화를 소중히 여긴다.' 등 구체적으로 쓴 경우	5점
'문화를 이해한다.'라고 간단하게 쓴 경우	3점

📝 서술형 평가 69쪽

1 (1) 고령화 (2) ⑩ 계속 늘어나고 있는 것으로 보아 앞으로도 65세 이상 노인 인구는 더욱 늘어날 것 같다. **2** (1) 정보화 (2) ⑩ 애플리케이션으로 음식을 주문하면 로봇이 배달해 준다. 인터넷 뉴스로 전 세계 소식을 실시간으로 알 수 있다. 등 **3** (1) 세계화 (2) ⑩ 우리 것을 소중히 여기는 태도를 갖는다. 전통문화를 창조적으로 계승하기 위해 노력해야 한다. 등

1 (1) 전체 인구에서 차지하는 65세 이상 노인의 비율이 높아지는 현상을 고령화라고 합니다.

(2) 총인구 대비 65세 이상 인구는 점점 증가하고 있으므로 미래에 우리나라 노인 인구는 지금보다 더 증가할 것입니다.

채점 기준	
'노인 인구가 계속 늘어나고 있어 앞으로도 더욱 늘어날 것이다.' 등 구체적으로 쓴 경우	8점
'늘어난다.'라고 간단하게 쓴 경우	4점

2 (1) 정보와 지식이 중심이 되어 사회 변화를 이끌어 가는 현상을 정보화라고 합니다.

(2) 정보화로 사람들은 원하는 정보를 쉽고 빠르게 얻게 되어 생활이 편리해졌습니다.

채점 기준	
'애플리케이션으로 음식을 주문하면 로봇이 배달해 준다.' 등 정보화로 인한 일상생활의 변화 모습을 한 가지 바르게 쓴 경우	8점
'편리해졌다.'라고 간단하게 쓴 경우	4점

3 (1) 세계 여러 나라가 교류하며 하나로 연결되는 것을 세계화라고 합니다.

(2) 세계화에 따라 발생하는 문제를 해결하기 위해 다른 나라 문화의 좋은 점을 본받고 존중하면서도, 우리의 소중한 문화를 잘 지키고 발전시켜야 합니다.

채점 기준	
'우리 것을 소중히 여긴다.', '전통문화를 창조적으로 계승한다.' 등 구체적으로 쓴 경우	8점
'문화를 지킨다.'라고 간단하게 쓴 경우	4점

2 다양한 문화에 대한 이해와 존중

1 문화   **2** (1) ○ (2) ×   **3** 환경
4 다양한   **5** (1) ㉡ (2) ㉠

---

1 의식주, 언어, 종교 등 한 사회의 구성원들이 가지고 있는 공통의 생활 방식을 문화라고 합니다.

2 (2) 문화에는 사람들의 옷차림, 먹는 음식, 사는 집 등이 포함됩니다.

3 추운 지역 사람들은 추위를 막기 위해 털옷을 입고, 햇볕이 강한 지역 사람들은 긴 옷을 입어 햇볕을 피합니다. 이것은 지역의 환경에 적응하는 과정에서 만들어진 것입니다.

4 교통과 통신이 발달하고 세계화의 영향으로 지역 간 교류가 활발해지면서 사람들은 다양한 문화를 접하고 있습니다.

5 세계 여러 나라의 문화가 우리 사회로 들어오면서 음식, 음악, 춤, 종교 등 우리가 누리고 선택할 수 있는 문화가 많아져 일상생활이 더욱 풍요로워졌습니다.

1 (1) ㉠ (2) ㉡   **2** (1) × (2) ○   **3** (1) ㉡ (2) ㉠
4 편견

---

1 편견은 나와 다르고 익숙하지 않은 것에 대한 공정하지 못하고 한쪽으로 치우친 생각을 말하고, 차별은 대상을 정당한 이유 없이 구별하고 다르게 대우하는 것을 말합니다.

2 (1) 편견 때문에 차별이 나타납니다.

3 우리 주변에는 성별, 나이, 장애, 외모를 이유로 차별받는 사람들이 있습니다.

4 다양한 문화가 확산되면서 문화적 편견이 생기기도 합니다.

1 문화 다양성   **2** (2) ○   **3** 주원
4 (1) ○ (2) ×

---

1 문화가 다른 사람들이 함께 살아가기 위해서는 서로 다른 다양한 문화를 존중하는 태도를 가져야 합니다.

2 다양한 문화가 공존하는 사회에서 문화적 편견과 차별의 문제를 해결하고 함께 어울려 살기 위해서는 사회 구성원들이 서로 다른 문화에 대한 올바른 생각을 가져야 합니다.

3 외모로 친구를 평가해선 안 됩니다.

4 (2) 다양한 문화를 가진 사람들이 직업을 구할 수 있도록 다양한 정보를 제공합니다.

💡 실력 문제   76~78쪽

🎓 **핵심문장으로 시작하기**   **1** 문화   **2** 차별   **3** 존중

4 ㉡, ㉣   **5** (1) ○   **6** (가)   **7** ③   **8** ①
9 예 공정하지 못하고 한쪽으로 치우신 생각을 말해.
10 ②   **11** ②, ③   **12** ①   **13** ⑤   **14** 준우, 성욱
15 ②   **16** ④   **17** ①   **18** 예 차별을 없애려고 관련 법을 만든다.   **19** ③   **20** ⑤

---

4 한 사회의 사람들이 만들어 낸 공통의 생활 방식을 문화라고 합니다. 문화는 사는 지역뿐만 아니라 나이, 성별 등에 따라 다양하게 나타납니다.

5 추운 지역 사람들은 추위를 막기 위해 털옷을 입고, 햇볕이 강한 지역 사람들은 긴 옷을 입어 햇볕을 피합니다.

6 (나)는 빵과 채소를 먹고, 포크와 나이프를 사용하는 모습입니다.

7 사람들이 사는 환경이 다르고, 사는 방식이 다르기 때문에 음식 문화가 다릅니다.

8 졸려서 잠을 자는 것, 배가 고프면 음식을 먹는 것처럼 본능에 따른 행동은 문화가 아닙니다.

9 나와 다르고 익숙하지 않은 것에 대한 공정하지 못하고 한쪽으로 치우친 생각을 편견이라고 합니다.

채점 기준	
'공정하지 못하고 한쪽으로 치우친 생각'이라고 구체적으로 쓴 경우	5점
'공정하지 못한 것'이라고 간단하게 쓴 경우	3점

10 차별은 대상을 정당한 이유 없이 구별하고 다르게 대우하는 것을 말합니다. 편견 때문에 차별이 나타납니다.

11 ②, ③은 여자라서 또는 남자라서 못할 것이다라고 편견을 가지고 차별하는 모습입니다. ①은 자신과 다른 피부색의 친구에게 편견을 갖고 차별하는 모습이고, ④는 장애가 있는 사람에게 편견을 지닌 모습입니다.

12 제시된 그림은 휠체어를 탄 장애인이 대중교통을 이용하지 못하여 차별받는 모습입니다.

13 편견과 차별이 지속된다면 차별받는 사람은 일상생활에 어려움을 느끼게 되고, 사회적 갈등이 일어나 사회의 발전이 늦어질 수 있습니다.

14 문화적 편견으로 인해 다른 나라의 문화를 존중하지 않고 차별할 때가 많습니다. 문화적 편견이나 차별적 태도를 점검하여 반성할 수 있습니다.

15 ② 한쪽으로 치우친 생각은 편견에 해당합니다.

16 남자가 할 일, 여자가 할 일을 구분하지 않고 모두 함께 참여하도록 해야 합니다.

17 문화적 편견과 차별을 해결하기 위해서는 다른 사람의 처지를 이해하고 공감하며 배려해야 합니다. ②, ③, ④ 다른 문화를 인정하지 않고 편견과 차별의 태도가 나타난 그림입니다.

18 우리 사회는 법을 만들어 편견과 차별을 없애려고 노력합니다.

채점 기준	
'관련 법을 만든다.'라고 구체적으로 쓴 경우	5점
'차별을 없앤다.'라고 간단하게 쓴 경우	3점

19 ③ 편견과 차별을 없애기 위해서는 다른 나라의 문화를 무시해선 안 됩니다.

20 제시된 공익 광고에는 우리나라에 사는 사람들의 성씨가 쓰여 있습니다. 이것은 다양한 문화를 인정하며 서로 존중하자는 의도가 담겨 있는 것입니다.

📋 서술형 평가 79쪽

1 (1) 예 (가)는 젓가락을 사용하고, (나)는 포크와 나이프를 사용한다. (2) 예 사람들이 사는 지역의 환경이나 사는 방식이 다르기 때문이다. **2** (1) 편견, 차별 (2) 예 (가)는 남녀에 대한 차별을 나타내고, (나)는 나이에 대한 차별을 나타낸 모습이다.
3 (1) (나) (2) 예 축구나 농구를 하고 싶은 친구들이 모두 참여할 수 있게 한다.

1 (1) 문화는 서로 비슷한 점도 있고 다른 점도 있습니다.

채점 기준	
'젓가락', '포크', '나이프' 등 단어를 사용하여 구체적으로 쓴 경우	4점
'음식을 먹는 모습이 다르다.'라고 간단하게 쓴 경우	2점

(2) 사람들이 사는 지역의 환경이나 사는 방식이 다르기 때문에 문화의 모습에 차이점이 나타납니다.

채점 기준	
'사람들이 사는 환경이 다르기 때문이다.', '사람들이 사는 방식이 다르기 때문이다.' 등 구체적으로 쓴 경우	8점
'문화가 다르기 때문이다.'라고 쓴 경우	4점

2 (1) 편견은 공정하지 못하고 한쪽으로 치우친 생각, 차별은 대상을 정당한 이유 없이 구별하고 다르게 대우하는 것을 말합니다.
(2) (가)는 성별이 판단의 기준이 되고 있고, (나)는 나이가 많으면 일을 못할 것이라는 편견으로 차별하는 모습입니다.

채점 기준	
(가) 남녀에 대한 차별, (나) 나이에 대한 차별을 쓴 경우	8점
(가) 남녀, (나) 나이에 대한 차별 중 한 가지만 쓴 경우	4점

3 (1) (나)는 여학생이 축구나 농구를 못할 것이라는 편견으로 차별 받은 내용입니다.
(2) 우리 반에서 일어나는 편견이나 차별을 해결하기 위해 남녀 구분하지 않고 하고 싶은 친구들을 모두 참여하게 합니다.

채점 기준	
'하고 싶은 친구들을 모두 참여하게 한다.'라고 구체적으로 쓴 경우	5점
'차별하지 않는다.'라고 간단하게 쓴 경우	3점

❶ 노인   ❷ 정보화   ❸ 세계화   ❹ 문화
❺ 존중

O X 1 ○ 2 × 3 ○ 4 × 5 ○ 6 × 7 ○
      8 × 9 ○ 10 ○

2 고령화는 전체 인구에서 차지하는 65세 이상 노인의 비율
이 낮아지는 현상입니다.
└→ 높아지는

4 정보화로 인해 학생 수가 줄고, 문을 닫는 학교가 많아졌
습니다.
└→ 저출산으로

6 한 사회의 사람들이 만들어 낸 공통의 생활 방식을 교류라
고 합니다.
└→ 문화

8 공정하지 못하고 한쪽으로 치우친 생각을 차별이라고 합
니다.
└→ 편견

🔆 **단원 평가**   82~84쪽

1 서영   **2** ③   **3** ⓔ 과학 기술이 발달했고, 사람들의 가치
관이 변화했기 때문이다.   **4** ⑤   **5** ②, ③   **6** ⓒ, ⓜ
7 ③   **8** ⓔ 인터넷 사용 시간을 줄이고 계획을 세워 사용한다.
9 ②   **10** ③   **11** ⓒ, ⓔ, ⓜ   **12** 도구   **13** ⑤
14 ①   **15** ⓐ 편견 ⓑ 차별   **16** ①   **17** ①
18 혜나   **19** ①   **20** ⓔ 나와 다르다고 해서 놀리거나 나쁜
말을 하지 말고 친하게 지낸다.

1 오늘날에는 아이가 많이 태어나지 않았기 때문에 학생 수
가 예전보다 많이 줄었습니다.

2 ㈎는 저출산, ㈏는 고령화, ㈐는 정보화, ㈑는 세계화의
모습입니다. ③ 오늘날에는 정보 통신 기술이 발달하여 어
디에서나 쉽게 인터넷으로 정보를 얻을 수 있습니다.

3 교통·통신 및 과학 기술이 발달하고 사람들의 가치관 등
이 이전과 달라지면서 우리 사회가 변화하고 있습니다.

채점 기준

'과학 기술이 발달했고, 사람들의 가치관이 변화했다.'라고 바르게 쓴 경우	5점
'기술이 발달했다.'는 내용만 포함하여 간단하게 쓴 경우	3점

4 태어나는 아이의 수가 줄어드는 현상을 저출산이라고 하
고, 전체 인구에서 노인 인구가 차지하는 비율이 늘어나는
현상을 고령화라고 합니다.

5 저출산으로 아이를 적게 낳으면서 학생 수가 줄어들고 문
을 닫는 학교가 많아졌으며, 가족 구성원 수가 줄고 다양
한 가족 형태가 늘어났습니다. ①, ⑤는 고령화로 달라진
사회 변화 모습입니다. ④ 저출산으로 산부인과 병원이 줄
어들고 있습니다.

6 고령화에 대비하여 노인이 건강하고 안정적인 생활을 할
수 있도록 개인과 사회 모두 노력해야 합니다. ㉠, ㉡, ㉣
은 저출산 때문에 일어나는 문제를 해결하기 위한 노력입
니다.

7 정보화는 정보가 중요한 자원이 되어 정보를 중심으로 사
회가 운영되고 발전하는 현상입니다.

8 정보화 사회에서 나타나는 문제점 중 인터넷 중독의 모습
입니다. 인터넷에 중독되면 건강을 해치게 되므로 올바른
인터넷 사용 습관을 길러야 합니다.

채점 기준

'인터넷 사용 시간을 줄이고 계획을 세운다.'라고 바르게 쓴 경우	5점
'게임을 줄인다.'는 내용만 포함하여 간단하게 쓴 경우	3점

9 세계화로 인해 나라 간의 교류가 많아지고, 세계 여러 나
라가 서로 도움을 주고받는 일이 많아졌습니다. ② 세계
여러 나라와의 교류에 따른 모습이 아닙니다.

10 세계화로 인한 사회 변화에 대비하려면 다른 나라의 문화
를 존중해야 합니다.

11 사람들이 공통적으로 가지고 있는 생활 방식을 문화라고 합
니다. ㉠ 문화는 세계의 모든 나라가 가지고 있고, ㉡ 졸려
서 잠을 자는 것처럼 본능에 따른 행동은 문화가 아닙니다.

12 ㈎ 지역은 젓가락을 사용하여 음식을 먹고, ㈏ 지역은 포
크와 나이프를 사용하여 음식을 먹습니다.

13 사람들이 입는 옷, 먹는 음식, 사는 집 등은 지역에 따라
다르며, 지역의 환경에 따라 사람들의 생활 모습이 다양하
게 나타납니다.

14 오늘날 사회가 변화하고 나라 간의 교류가 활발해지면서
사람들은 다양한 문화를 접하게 되었습니다. ①은 자연 현
상에 해당합니다.

15 나와 다르고 익숙하지 않은 것에 대한 공정하지 못하고 한
쪽으로 치우친 생각을 편견이라고 하고, 편견에 따라 대상

사
회

16 ①은 일할 사람을 구할 때 외모를 채용 기준으로 제시하고 있습니다. ②는 남녀에 대한 차별, ③은 장애에 대한 차별, ④는 나이에 대한 차별을 나타낸 모습입니다.

17 다양한 캔 음료의 이름이 점자로 적혀 있지 않기 때문에 시각 장애인은 음료를 고를 때 어려움을 느끼고 있습니다.

18 문화적 편견과 차별의 문제를 해결하기 위해서는 사회 구성원들이 서로 다른 문화에 대한 올바른 생각을 가져야 합니다.

19 우리 사회는 편견과 차별이 없는 세상을 만들기 위해 관련 법을 만듭니다.

20 편견과 차별이 없는 세상을 만들기 위해 내가 다른 사람에게 편견을 갖고 대한 일은 없는지, 차별한 일은 없는지 생각해 보아야 합니다.

'나와 다르다고 놀리거나 나쁜 말을 하지 말고 친하게 지낸다.' 등 우리가 할 수 있는 일을 바르게 쓴 경우	5점
'존중한다.', '편견을 갖지 않는다.' 등 문제에 제시된 단어나 문장을 사용하여 간단하게 쓴 경우	2점

수행 평가 3-1 사회 변화로 나타난 일상생활의 모습 85쪽

1 (가) 저출산 (나) 고령화 **2** (1) ㉠, ㉡ (2) ㉢
3 ❶ 예 육아 휴직을 사용하도록 하고, 보육 시설을 늘린다. 등 **❷** 예 노인들을 위한 복지 제도를 마련한다. 등

1 태어나는 아이의 수가 줄어드는 현상을 저출산이라고 하고, 전체 인구에서 노인 인구가 차지하는 비율이 늘어나는 현상을 고령화라고 합니다.

2 저출산·고령화 현상이 심해지면 우리나라의 전체 인구가 줄어들고, 일할 사람이 줄면서 경제가 어려워질 수 있습니다.

3 저출산에 대비하기 위한 노력에는 출산비와 양육비 지원, 다자녀 가구에게 혜택 제공, 육아 휴직 사용, 보육 시설 확충 등이 있고, 고령화에 대비하기 위한 노력에는 노인들에게 일자리 제공, 돌봄이 필요한 노인 지원, 노인들을 위한 복지 제도 마련 등이 있습니다.

저출산·고령화 현상에 대비하기 위한 노력을 구체적으로 바르게 쓴 경우	20점
저출산·고령화 현상에 대비하기 위한 노력을 구체적이지 않으나 뜻은 통하게 쓴 경우	10점

수행 평가 3-2 다양한 문화에 대한 이해와 존중 86쪽

1 권리 **2 ❶** 피부색 **❷** 장애 **3** 예 나와 다르다고 해서 놀리거나 나쁜 말을 하지 않고 친하게 지낸다. 다른 사람의 마음을 이해하고 배려하기 위해 노력한다. 등

1 우리 주변에는 편견과 차별 때문에 자신의 권리를 누리지 못하는 사람들이 있습니다.

2 우리 주변에는 피부색, 성별, 장애 등으로 편견과 차별을 받는 사람들이 있습니다.

3 우리 주변에서 일어나는 편견과 차별의 문제를 해결하기 위해 다른 사람의 처지를 이해하고 공감하며 배려해야 합니다.

'존중하고, 이해하고, 배려한다.' 등 바람직한 자세를 구체적으로 두 가지 쓴 경우	10점
가져야 할 바람직한 자세를 한 가지만 쓴 경우	5점

사회 평가대비북

1 촌락과 도시의 생활 모습

1 촌락과 도시의 특징

1 촌락   **2** 농업   **3** 산지촌   **4** 도시   **5** 어촌   **6** 도시
7 소득 감소 문제   **8** 일손 부족 문제   **9** 인구
10 환경 문제

2 농촌 사람들은 주로 논에서 벼를 재배하거나 밭에서 과일을 기르는 등 농업을 합니다.

4 도시는 사람들이 편리하게 생활할 수 있도록 여러 시설이 잘 갖추어져 있는 지역입니다.

7 촌락의 소득 감소 문제를 해결하기 위해 다양하고 특색 있는 체험 프로그램을 운영하여 지역을 발전시키고 홍보하기도 합니다.

9 도시에 인구가 많아지면서 환경 문제, 교통 문제, 주택 문제, 일자리 부족 문제 등이 발생했습니다.

1 (가)   **2** ④   **3** ②   **4** ⑤   **5** ①   **6** 예 평평한 곳에 마을이 발달함. 사람들이 마을을 이루며 살고 있음. 자연환경과 더불어 살고 있음. 등   **7** ⑤   **8** ㉢, ㉣
9 ⑤   **10** ③

1 (가) 농촌에서는 농업을, (나) 어촌에서는 어업을 주로 합니다.

2 ④ 임업은 산에서 나무를 가꾸어 베거나 산나물을 캐는 일로, 산지촌 사람들이 주로 하는 일입니다. 어촌에서는 사람들이 주로 어업을 합니다.

3 촌락은 사람들이 들이나 산, 바다와 같은 자연환경을 주로 이용하며 살아가는 곳으로, 그 지역의 자연환경과 사람들이 주로 하는 일에 따라 농촌, 어촌, 산지촌으로 나눌 수 있습니다.

4 제시된 사진의 지역은 도시입니다. ⑤ 비닐하우스, 농산물 저장고는 농촌에서 주로 볼 수 있는 시설입니다.

5 ②, ④는 산지촌, ③은 어촌 사람들이 주로 하는 일입니다.

6 촌락과 도시 모두 자연환경과 더불어 살아갑니다.

7 도시가 발달하면서 일자리를 찾아 도시로 이동하는 사람이 많아졌습니다. 촌락을 떠나는 사람들이 많아지자 촌락의 인구가 점점 줄어들게 되어 촌락은 여러 어려움을 겪게 되었습니다.

8 촌락의 일손 부족 문제를 해결하기 위해 농업의 기계화를 이루고 귀촌 지원 정책을 펼칩니다.

9 일자리, 교육, 편의 시설, 교통 등 다양한 이유로 많은 사람이 도시에 모여 살면서 도시 문제가 발생합니다.

10 도시의 교통 문제를 해결하기 위해 대중교통 이용하기, 버스 전용 차로 확대하기, 차량 2부제와 차량 요일제 등을 실시합니다.

1 농촌   **2** ③   **3** ㉡, ㉢   **4** ②, ④   **5** ②   **6** 예 촌락의 인구가 계속 줄어들고 있으며, 앞으로 촌락에 일손 부족 문제가 나타날 것이다.   **7** ①   **8** ④   **9** ㉡   **10** ①

1 농촌은 넓은 들, 하천 주변의 평평한 곳에 발달한 촌락입니다.

2 ①은 농촌, ②, ④는 어촌에서 주로 볼 수 있는 모습입니다.

3 ㉠ 어촌에서는 다양한 수산물을 얻는 어업을 주로 하고, 산지촌에서 산비탈의 평평한 곳에 농사를 짓습니다. ㉣은 도시 사람들의 생활 모습입니다.

4 도시는 주로 교통이 발달하거나 일자리가 많은 곳에 발달합니다. 도시에 사는 사람들은 대부분 회사나 공장에 다니거나 사람들이 편리하게 생활하도록 도와주는 일을 합니다.

5 ② 촌락 중 어촌에서 주로 볼 수 있는 생활 모습입니다.

6 1970년대 촌락 인구에 비해 2019년 촌락 인구는 줄어들었습니다. 인구가 줄어들면서 촌락에는 일손 부족 등 여러 가지 문제가 발생했습니다.

채점 기준	
'촌락 인구가 줄어들고 있으며, 앞으로 일손 부족 문제가 나타날 것이다.'라고 바르게 쓴 경우	10점
'촌락의 인구가 줄어들었다.'라고만 쓴 경우	5점

7 ②, ③, ④는 도시 문제를 해결하기 위한 방법입니다.

8 대중교통이나 문화 시설 등 생활에 필요한 시설이 도시보다 부족한 촌락이 많기 때문에 '100원 택시', '소형 버스' 등과 같은 정책을 마련했습니다.

9 (가)는 주택 문제이고, (나)는 차가 너무 많아서 생긴 교통 문제입니다.

10 ① 환경 문제를 해결하기 위해 일회용품 사용을 줄여야 합니다.

📝 서술형 평가
94쪽

1 (1) 예 양봉 시설 등 (2) 예 주로 자연환경을 이용하며 생활한다. 계절이나 날씨에 따라 생활 모습이 다르다. 등

2 (1) 세종특별자치시 (2) 예 우리나라 도시는 일자리가 많고, 교통이 발달한 곳에 위치하고 있다. 등

3 (1) 예 일자리 (2) 예 품질 좋은 농수산물을 생산한다. 축제를 활용해 지역 농수산물의 우수성을 홍보하여 주민의 소득을 높이려 노력한다. 특색 있는 체험 프로그램을 운영하여 지역을 발전시키고 홍보한다. 등

4 예 도시로 인구가 모여들기 시작하면서 주택이 부족해졌고, 쓰레기가 늘어나 환경 문제도 심각해졌다. 또한 교통이 혼잡해졌다. 등

1 (1) ㉠ 산지촌에는 목장, 풍력 발전기, 양봉 시설 등이 있습니다.
(2) 촌락에서는 주로 자연환경을 이용하며 생활하기 때문에 계절이나 날씨의 영향을 많이 받습니다.

채점 기준	
'자연환경을 이용한다.', '계절이나 날씨의 영향을 많이 받는다.' 등 구체적으로 한 가지 이상 바르게 쓴 경우	8점
'촌락이다.'라고 간단하게 쓴 경우	4점

2 (1) 세종특별자치시는 행정 중심지로 계획하여 만든 도시입니다.
(2) 우리나라의 도시는 사람이나 물건이 오고 가기 쉽도록 교통이 발달한 곳에 위치하고 있습니다.

채점 기준	
'일자리가 많고 교통이 발달한 곳에 위치한다.'라고 바르게 쓴 경우	8점
'교통 발달'이라는 용어를 넣어 간단하게 쓴 경우	4점

3 (1) 옛날에는 촌락에 사람이 많이 살았으나 도시가 발달하면서 젊은 사람은 일자리를 찾아 이동하였습니다.
(2) 촌락에서는 소득 감소 문제 뿐만 아니라 일손 부족 문제를 해결하기 위해 다양한 기계를 활용하거나 귀촌 지원 정책을 실시합니다. 또한 시설 부족 문제를 해결하기 위해 폐교나 마을 회관 등을 정비해서 필요한 시설로 만듭니다.

채점 기준	
'품질 좋은 농수산물 생산, 축제 활용, 체험 프로그램 운영, 지역 홍보' 등 구체적으로 한 가지 이상 바르게 쓴 경우	8점
'지역을 홍보한다.'라고만 간단하게 쓴 경우	4점

4 도시의 인구가 증가하면서 주택 문제, 환경 문제, 교통 문제 등이 발생했습니다.

채점 기준	
주택 문제, 환경 문제, 교통 문제 등을 구체적으로 한 가지 이상 바르게 쓴 경우	8점
'다양한 문제가 발생하였다.'라고 간단하게 쓴 경우	4점

---

2 함께 발전하는 촌락과 도시

📝 쪽지 시험
95쪽

1 교류   **2** 소득(경제적 도움)   **3** 공공 기관
담당자 면담하기   **4** 답사하기   **5** 자매결연
6 자연환경   **7** 시설 이용   **8** 직거래 장터   **9** 주말농장
10 상호 의존

3 교류에 대해 잘 알고 있는 도청이나 시·군청의 담당자와 면담을 할 경우, 구체적이고 자세한 자료를 얻을 수 있습니다.

5 촌락과 도시 지역은 자매결연을 하여 체험 활동, 일손 돕기, 문화·예술 교류 등 다양한 분야에서 서로 도움을 주고받습니다.

6 촌락과 도시는 특색 있는 자연환경이나 특산품 또는 지역만의 특별한 문화를 활용한 축제를 열어 교류합니다.

7 촌락에 사는 사람들은 다양한 시설과 공공 기관을 이용하기 위해 도시를 찾습니다.

8 직거래 장터는 도시와 촌락에 사는 사람들 모두에게 경제적으로 도움이 되며 서로 소통하고 이해할 수 있는 기회가 됩니다.

10 촌락에 사는 사람과 도시에 사는 사람은 교류를 통해 부족한 것을 채우고 상호 의존을 하며 살아갑니다. ② 쓰레기 분리배출의 모습은 환경 문제를 해결하기 위한 모습입니다.

🔅 단원 평가 1회   96~97쪽

1 물건   **2** ⑩ 지역마다 생산하는 물건(생산물)이 다르기 때문이다.   **3** ④   **4** ①   **5** ②, ⑤   **6** ①   **7** ⑤ **8** ㉢, ㉣   **9** ㉠ 촌락 ㉡ 도시   **10** ②

1 사람들이 물건을 주고받거나 문화나 기술을 주고받는 것을 교류라고 합니다.

2 지역마다 생산하는 물건이 다르기 때문에 우리 지역에서 생산된 것들이 다른 지역에서 팔리고, 다른 지역에서 생산된 것들이 우리 지역에 팔리는 등 교류가 이루어집니다.

채점 기준	
'지역마다 물건, 문화, 기술 등이 다르기 때문에'라고 바르게 쓴 경우	10점
'물건이 다르기 때문에'라고 간단하게 쓴 경우	5점

3 우리가 생활하는 데 필요한 것을 우리 지역에서 모두 구하기 어렵기 때문에 촌락과 도시 간에 교류가 이루어지고 있습니다. ④ 외국에서 물건을 사 오는 것은 촌락과 도시 간에 이루어진 교류가 아니라 나라와 나라 간에 이루어진 교류입니다.

4 촌락과 도시의 교류 모습을 조사하는 방법에는 누리집 검색하기, 답사하기, 면담하기 등 다양한 방법이 있습니다.

5 촌락과 도시에 사는 사람들이 교류를 통해 서로에게 부족한 것을 채워 주면서 도움을 주고받을 수 있습니다.

6 촌락과 도시 지역은 자매결연을 하여 일손을 돕는 등 서로 도움을 주고받습니다.

7 촌락과 도시는 특색 있는 자연환경이나 특산품 또는 지역만의 특별한 문화를 활용한 축제를 열어 교류합니다.

8 도시 사람들이 촌락의 축제에 참여하면 촌락 사람들의 소득이 늘어나고, 촌락 지역 경제가 발전하게 됩니다.

9 도시의 병원이나 문화 시설, 촌락의 휴양 시설 등을 이용하는 사람이 늘어나면서 도시와 촌락의 교류가 더욱 활발해지고 있습니다.

🔅 단원 평가 2회   98~99쪽

1 현성, 가람   **2** ④   **3** ㉡   **4** ③   **5** ④ **6** ①   **7** 직거래 장터   **8** ⑩ 특산품이나 신선한 농수산물을 저렴하게 살 수 있다. 등   **9** ③   **10** 상호 의존

1 사람들이 서로 다른 지역을 오고 가거나 물건, 문화, 기술 등을 주고받는 것을 교류라고 합니다. 어촌에 사는 어부가 물고기를 잡는 것은 다른 지역 간에 주고받는 것이 아닙니다.

2 교류는 단순히 사람들이 오가는 것뿐만 아니라 물건, 문화, 기술 등을 서로 주고받는 것입니다.

3 촌락과 도시 간에 교류를 하는 까닭은 생산물이나 기술, 문화 등이 서로 다르기 때문입니다.

4 도시에 사는 사람들은 주말이나 휴가철을 이용해 촌락에서 생활하며 전통문화를 배우고 다양한 체험 활동을 합니다.

5 지역의 공공 기관 담당자와 면담을 해서 촌락과 도시가 교류하는 모습을 조사할 수 있습니다. 면담을 하면서 궁금한 점이 생기면 즉시 해결할 수 있다는 장점이 있습니다.

6 지역 축제로 촌락 사람들은 소득을 올릴 수 있고, 도시 사람들은 다양한 체험을 즐길 수 있습니다.

7 직거래 장터는 물건을 생산한 사람이 직접 물건을 살 사람에게 판매하는 시장입니다.

8 직거래 장터를 통해 촌락 지역 사람들은 소득을 올릴 수 있고, 도시 지역 사람들은 신선한 농수산물을 저렴하게 살 수 있는 장점이 있습니다.

채점 기준	
'신선한', '저렴한'이라는 말을 넣어 구체적으로 쓴 경우	10점
'촌락의 농수산물을 살 수 있다.'라고만 간단하게 쓴 경우	5점

9 도시 지역 사람들은 농사 체험을 하면서 작물이 자라는 것을 관찰할 수 있어 좋고, 촌락 지역 사람들은 도시 지역 사람들이 촌락 지역을 홍보해 줘서 좋습니다.

10 상호 의존은 상대가 되는 이쪽과 저쪽 모두가 서로에게 의지하는 것을 말합니다.

📝 서술형 평가

1 (1) 도시 (2) 예 잘 보존된 전통문화를 체험하고 왔다.

2 (1) 의료 기술(의료 시설) (2) 예 촌락에 사는 사람이 도시를 오고 가며 도시의 의료 기술과 시설을 이용했기 때문이다.

3 (1) 예 지역 홍보 자료 살펴보기, 공공 기관 담당자와 면담하기, 교류 장소 답사하기 등 (2) 예 이천시의 쌀을 홍보할 수 있고, 소득을 올릴 수 있다.

4 예 촌락은 일손이 부족한 농촌에 일자리를 찾는 도시 지역 사람들을 연결해 줌으로써 일손 부족 문제를 해결할 수 있다. 도시는 일자리가 부족한 문제를 해결할 수 있다. 등

1 (1) 백화점을 통해 '우리 집'은 도시에 있음을 알 수 있습니다.

(2) 도시 사람들은 촌락의 전통문화를 체험하거나 여가를 즐겁고 보람 있게 보낼 수 있습니다.

채점 기준	
'전통문화 체험'이라는 말을 넣어 바르게 쓴 경우	8점
'마을 길을 걸었다.'라고 간단하게 쓴 경우	4점

2 (1) 촌락에 살고 계신 할아버지께서는 도시의 병원에 방문하셔서 진료를 받으셨으므로 의료 기술과 의료 시설을 주고 받았음을 알 수 있습니다.

(2) 촌락 사람들이 의료 시설, 상업 시설, 공공 기관, 문화 시설 등을 이용하려고 도시를 찾는 것을 교류라고 할 수 있습니다.

채점 기준	
'촌락', '도시', '의료 시설(의료 기술)'을 넣어 구체적으로 쓴 경우	8점
'할아버지께서 병원에 가셨기 때문에'라고 간단하게 쓴 경우	4점

3 (1) 지역의 공공 기관 누리집에서 촌락과 도시가 교류하는 모습을 조사하는 등 다양한 방법으로 조사할 수 있습니다.

(2) 이천시와 교류하고자 온 다른 지역 사람들은 축제에 와서 즐거운 경험을 할 수 있습니다.

채점 기준	
'지역 홍보', '소득' 등을 넣어 구체적으로 쓴 경우	8점
'이천시를 알릴 수 있다.'라고 간단하게 쓴 경우	4점

4 촌락의 일손 부족 문제와 도시의 일자리 부족 문제를 해결함으로써 상호 의존하며 살아갈 수 있습니다.

채점 기준	
촌락과 도시 사람들이 얻은 것을 모두 바르게 쓴 경우	8점
촌락과 도시 중 한 지역에서 얻은 것만 바르게 쓴 경우	4점

2 필요한 것의 생산과 교환

1 경제활동과 현명한 선택

📝 쪽지 시험

1 경제활동   **2** 희소성   **3** (선택) 기준   **4** 시장

5 전통 시장   **6** 생산   **7** 소비   **8** 자연

9 생활을 편리하고 즐겁게 해 주는 활동   **10** 소비

2 사람들의 욕구나 필요에 비해 자원이 부족한 상태를 희소성이라고 하며 자원의 희소성 때문에 경제활동에서 선택의 문제가 일어납니다.

4 시장은 사람들이 직접 만나서 물건을 사고파는 시장도 있고, 사람들이 직접 만나지 않고 물건을 사고파는 시장도 있습니다.

8 농부가 논에서 벼를 기르고, 염전에서 소금을 얻는 것은 생활에 필요한 것을 자연에서 얻는 활동입니다.

9 음악 공연하기, 환자 진료하기, 물건 배달하기 등은 사람의 기술과 능력으로 다른 사람의 생활을 편리하고 즐겁게 해 주는 활동입니다.

💡 단원 평가 1회

1 선택   **2** ②   **3** ④   **4** ③   **5** ②   **6** ④

7 ④   **8** ①, ⑤   **9** ⑤   **10** 예 소득 범위 내에서 소비합니다. 미리 소비 계획을 세웁니다. 용돈 기입장이나 가계부를 씁니다. 저축을 합니다. 선택 기준을 세웁니다. 물건을 사기 전에 필요한 정보를 찾아 활용합니다. 등

1 선택의 문제는 경제활동을 하는 모든 사람에게 일어나며, 어떤 선택을 하는지는 사람에 따라 다를 수 있습니다.

2 현명한 선택을 하려면 먼저 나에게 꼭 필요한 것인지 생각해 보고, 가격, 디자인, 품질, 편리성 등의 기준을 정해서 비교한 후 선택해야 합니다.

3 ㉠ 정보 모으기 단계는 사려고 하는 물건의 가격, 디자인, 특징 등 정보를 수집하고 분석하는 단계입니다.

4 현명한 선택을 하면 돈과 시간, 노력을 아끼고 즐거움과 만족감을 얻을 수 있습니다.

5 전통 시장은 오랜 기간에 걸쳐 일정한 지역에 자연적으로 생긴 시장이고, 할인 매장은 물건을 할인하여 판매하는 상점이며, 편의점은 사람들이 편리하도록 늦은 시간까지 여러 물건을 판매하는 곳입니다.

6 물건들이 만들어져 우리에게 오기까지 여러 가지 생산 활동이 이루어집니다.

7 ④는 생활을 편리하고 즐겁게 해 주는 활동에 해당합니다.

8 ㈎는 생활에 필요한 것을 만드는 활동이고, ㈏는 생활을 편리하고 즐겁게 해 주는 활동입니다.

9 ①~④는 생산 활동에 해당합니다. 소비는 생산한 것을 사서 사용하는 활동으로, 물건을 사는 것, 환자가 의사의 진료를 받는 것, 미용실에서 머리 손질을 받는 것 등이 소비에 해당합니다.

10 가정의 소득은 한정되어 있기 때문에 현명한 소비 생활을 하는 것이 필요합니다.

채점 기준	
'소득 범위 내에서 소비하기, 미리 소비 계획을 세우기, 용돈 기입장이나 가계부 쓰기' 등 현명한 소비 생활을 하는 방법을 한 가지 바르게 쓴 경우	10점
'현명하게 소비한다.'라고 쓴 경우	5점

2 여러 물건에 대해 선택 기준별로 점수를 매기는 단계는 '선택 기준을 정해 물건 평가하기' 단계입니다.

3 현명한 선택을 하면 선택한 것에 대해 큰 만족감을 느낄 수 있습니다.

채점 기준	
'한정된 자원을 낭비하지 않기 위해서이다.' 등 현명한 선택을 해야 하는 까닭을 한 가지 바르게 쓴 경우	10점
'낭비하지 않으려고' 등 의미가 통하게 쓴 경우	5점

4 오늘날에는 다른 지역에 직접 가지 않아도 물건을 살 수 있는 환경이 만들어져서 사람이 직접 만나지 않는 시장을 이용하는 사람이 늘고 있습니다.

5 생산은 생활에 필요한 물건을 만들고, 자연에서 얻고, 생활을 편리하고 즐겁게 해 주는 활동입니다.

6 ②~④는 생활에 필요한 것을 자연에서 얻는 생산 활동에 해당합니다.

7 음악 공연하기, 환자 진료하기 등은 사람의 기술과 능력으로 다른 사람의 생활을 편리하고 즐겁게 해 주는 활동입니다.

8 생산은 생활에 필요한 물건을 만들거나 우리 생활을 편리하고 즐겁게 해 주는 활동입니다. ㉡, ㉢은 소비의 모습에 해당합니다.

9 ④ 예상치 못한 일에 대비하여 소득의 일부는 저축해야 합니다.

10 상점을 방문하면 판매원에게 궁금한 점을 물어볼 수 있고, 여러 물건을 직접 비교할 수도 있습니다.

💡 단원 평가 2회   105~106쪽

1 ①   **2** ④   **3** ⑩ 한정된 자원을 낭비하지 않기 위해서이다. 돈과 시간을 아낄 수 있기 때문이다. 현명한 선택을 하면 즐거움과 만족감을 얻을 수 있기 때문이다. 등   **4** ③, ⑤
5 생산   **6** ①   **7** ②   **8** ㉠, ㉢   **9** ④
10 ①

1 사람들이 필요로 하거나 원하는 것은 많지만, 이것들을 사거나 만드는 데 드는 자원이 충분하지 않기 때문에 선택의 문제가 발생합니다.

📝 서술형 평가   107쪽

1 (1) 실내화 (2) ⑩ 선택 기준을 정해 물건을 평가한 결과 실내화의 점수가 가장 높았기 때문이다. 등

2 (1) 환자 (2) ⑩ 소비는 환자가 의사에게 진료를 받는 것과 같이 생산한 것을 사서 사용하는 활동이다.

3 ⑩ 생활에 필요한 것을 자연에서 얻는 생산 활동이다.

4 (1) 계획 (2) ⑩ 돈을 쓸 때 먼저 계획을 세우는 습관을 기르는 것이 어때? 등

1 (1) 물건을 현명하게 선택하려면 사고 싶은 물건 생각해 보기 → 가진 돈 파악하기 → 정보 모으기 → 선택 기준을 정해 물건 평가하기 후 평가표를 보고 점수가 가장 높은 물건을 선택해야 합니다.

(2) 내가 사고 싶은 물건을 현명하게 선택하는 과정에서는 기준을 정하고, 평가표를 만든 후, 수집한 정보를 바탕으로 평가표의 선택 기준별로 점수를 매깁니다. 가장 높은 점수의 물건을 고를 때 현명한 선택이라고 할 수 있습니다.

채점 기준

'선택의 기준을 정해 물건을 평가한 결과', '실내화'와 '점수가 가장 높았다.'는 내용을 모두 넣어 바르게 쓴 경우	8점
'점수가 높았기 때문에'라고 간단하게 쓴 경우	4점

2 (1) 의사가 환자를 진료하는 것은 생산 활동이고, 환자가 의사에게 진료를 받는 것은 소비 활동에 해당합니다.

(2) 경제활동 중 소비는 생산한 것을 사서 사용하는 활동입니다. 환자가 의사의 진료를 받는 것과 빵집에서 빵을 사서 먹는 것, 미용실에서 머리를 손질받고 비용을 내는 것 등이 있습니다.

채점 기준

'생산한 것을 사서 사용하는 활동'을 넣어 바르게 쓴 경우	8점
'사는 것'이라고 간단하게 쓴 경우	4점

3 농부가 논에서 벼를 기르고, 소를 키우거나 딸기를 수확하는 것 등은 생활에 필요한 것을 자연에서 얻는 생산 활동에 해당합니다.

채점 기준

'자연', '얻다.' 등을 넣어 바르게 쓴 경우	8점
'생활에 필요한 것을 얻는 활동'이라고만 쓴 경우	4점

4 (1) 제시된 대화는 계획을 세우지 않고 돈을 쓰는 준호가 수지에게 고민을 이야기하는 상황을 나타낸 것입니다.

(2) 현명한 소비 생활을 하는 방법에는 선택 기준을 세우고, 그 기준에 알맞은 물건을 사는 것과 돈을 쓸 때 계획을 세우는 습관을 기르는 것이 있습니다. 또한 소득의 일부를 저축하거나 물건을 사기 전에 물건의 정보를 확인하는 것이 있습니다.

채점 기준

'용돈을 쓰기 전에 먼저 계획을 세운다.'를 포함하여 구체적으로 쓴 경우	8점
'계획'이라는 단어를 넣어 간단하게 쓴 경우	4점

2 교류하며 발전하는 우리 지역

📝 쪽지 시험 108쪽

1 생산지(원산지) 등   **2** 다양한   **3** 생산지
4 경제적 교류   **5** 자연환경, 기술, 자원, 문화 등
6 기업, 지역   **7** 발전   **8** 문화
9 관계자 면담하기, 지역 책자 활용하기 등   **10** 인터넷 검색하기

1 주변에 있는 물건을 자세히 살펴보면 어디에서 생산하였는지 알 수 있는 생산 정보가 표시되어 있습니다.

7 지역 간에 경제적 교류를 통해 다른 지역과 밀접한 관계를 맺으며 지역의 부족한 부분을 보완하여 함께 발전합니다.

8 경제적 교류로 물자 교류, 문화 교류, 기술 교류 등이 있습니다.

10 인터넷을 이용하여 조사할 때는 인터넷 뉴스를 살펴보거나 지역 공공 기관의 누리집을 방문해 관련 사례를 찾아봅니다. 인터넷에서 원하는 내용을 찾으려면 지역 이름 뒤에 기술 교류, 문화 교류 등 핵심어를 덧붙여 검색해야 합니다.

💡 단원 평가 1회 109~110쪽

1 예린   **2** 생산지(원산지)   **3** ⑤   **4** ②   **5** ④
6 ①   **7** ①, ②   **8** 예 상품을 소개하는 전단지를 만든다. 상품을 판매하는 누리집을 만든다. 등   **9** ⓒ, ⓔ   **10** ⑤

1 우리 주변의 다양한 물건은 우리나라의 여러 지역에서 오기도 하고, 다른 나라에서 오기도 합니다.

2 어떤 물건을 만들어 낸 지역을 생산지(원산지)라고 합니다. 우리 주변에 있는 물건은 우리 지역, 다른 지역, 다른 나라 등 다양한 곳에서 생산됩니다.

3 물건들을 자세히 살펴보면 물건이 어디에서 생산되었는지 알 수 있는 생산 정보가 표시되어 있습니다.

4 경제적 교류는 우리나라 안에서뿐만 아니라 국가 간에도 이루어집니다.

5 경제적 교류는 개인, 기업, 지역, 국가 사이에서 다양하게 이루어집니다. 인도네시아와 대한민국이 교류하는 것은 국가 간의 교류입니다.

6 물자는 어떤 활동에 필요한 물건이나 재료를 말합니다. 다른 지역에서 부산광역시로 황태와 반도체가 들어오고, 부산광역시에서 다른 지역으로 수산물, 자동차가 나가고 있습니다.

7 경제적 교류로 각 지역은 경제적 이익을 얻고 지역 간의 화합을 이루는 등 다른 지역과 좋은 영향을 주고받을 수 있습니다.

8 지역의 대표 상품을 홍보하여 경제적 교류가 활발해지면 각 지역은 경제적 이익을 얻을 수 있습니다.

채점 기준	
우리 지역의 대표 상품을 소개하는 방법을 두 가지 바르게 쓴 경우	10점
우리 지역의 대표 상품을 소개하는 방법을 한 가지 바르게 쓴 경우	5점

9 교류하지 않으면 지역 간의 발전 속도에 차이가 생기고 편리한 생활을 할 수 없게 될 것입니다.

10 경제적 교류 사례를 조사하면 우리 지역이 다른 지역과 다양한 경제적 교류를 하고 있다는 것을 알 수 있습니다.

5 ③ 두 지역 모두 경제적 교류를 통해 경제적 이익을 얻을 수 있습니다.

6 제시된 글은 우리나라와 스웨덴이 국가 간에 교류하는 모습을 보여 줍니다. 경제적 교류를 하는 대상은 개인, 기업, 지역, 국가 등이 있으며 오늘날에는 교통과 통신의 발달로 국가 간의 경제적 교류뿐만 아니라 개인이나 기업도 활발하게 교류하고 있습니다.

7 자연환경을 이용해 발달한 지역은 농수산물을 다른 지역으로 보내어 교류합니다.

8 지역 간에 경제적 교류는 각 지역의 자연환경, 자원, 기술, 문화 등이 다르기 때문에 발생합니다.

9 우리 지역의 대표 상품을 소개하는 방법으로 상품을 소개하는 전단지 만들기, 박람회에 참여하기 등이 있습니다.

10 우리 지역과 다른 지역 사이에 이루어지는 경제적 교류는 관계자 면담, 지역 책자 활용, 인터넷 검색 등을 통해 알아볼 수 있습니다.

단원 평가 2회 111~112쪽

1 ⑤ **2** ① **3** ㉘ 상품 판매대의 정보를 확인한다. 큐아르(QR) 코드를 찍어서 확인한다. 등 **4** 경제적 교류
5 ③ **6** ④ **7** ⑤ **8** ① **9** 대표 상품
10 ③

1 우리 주변의 물건은 우리나라의 다른 지역에서 오기도 하고, 다른 나라에서 오기도 합니다.

2 제시된 방법 모두 물건의 생산지를 확인하는 방법입니다.

3 물건이 어디에서 왔는지 알아보는 방법으로 상품 판매대의 정보를 살펴보거나 스마트폰으로 상품 포장지의 큐아르(QR) 코드를 찍어 확인할 수 있습니다.

채점 기준	
우리 주변의 물건이 어디에서 왔는지 조사하는 방법을 한 가지 이상 바르게 쓴 경우	10점
'생산지를 확인한다.'라고 **2**번 답을 활용하여 간단히 쓴 경우	5점

4 경제적 교류는 경제적 이익을 얻기 위해 지역 간에 물자, 기술, 문화 등을 서로 주고받는 것을 말합니다.

서술형 평가 113쪽

1 (1) 가방, 옷, 아몬드 (2) ㉘ 우리나라에서 생산하지 않거나 부족하기 때문에 들어온다. 등

2 (1) ㉠ (2) ㉘ 각 지역은 경제적 이익을 얻을 수 있다. 지역의 부족한 부분을 보완하여 함께 발전할 수 있다. 등

3 (1) ㉠ 물자 교류 ㉡ 문화 교류 ㉢ 기술 교류 (2) ㉘ 지역마다 자연환경, 기술, 자원, 문화 등이 다르기 때문이다. 경제적 이익을 얻기 위해서이다. 등

4 (1) ㉘ 인터넷 검색하기, 지역 책자 활용하기 등 (2) ㉘ 지역 간에 물자, 기술, 문화 등을 서로 주고받는 모습을 알 수 있다. 등

1 (1) 중국에서 가방, 인도네시아에서 옷, 미국에서 아몬드가 우리나라로 들어왔습니다.

(2) 우리 주변의 물건들은 다른 지역이나 다른 나라에서 생산되어 온 것이 많습니다.

채점 기준	
'우리나라에서 생산하지 않아서', '우리나라에서 생산한 물건이 부족해서' 등 구체적으로 쓴 경우	8점
'우리나라에 없어서'라고 간단하게 쓴 경우	4점

사
회

2 (1) 각 지역들은 경제적 이익을 얻기 위해 교류합니다.

(2) 경제적 교류를 하면 지역 간에 유용한 정보를 주고받을 수 있고, 서로 화합할 수 있습니다.

채점 기준	
경제적 교류를 하면 좋은 점을 구체적으로 한 가지 알맞게 쓴 경우	8점
'좋다.'라고만 간단히 쓴 경우	4점

3 (1) 일기에는 하루 동안 일어난 물자, 문화, 기술 교류 사례를 보여 주고 있습니다.

(2) 서로 다른 지역이 경제적 이익을 얻기 위해 물자, 기술, 정보, 문화 등을 주고받습니다.

채점 기준	
경제적 교류를 하는 까닭을 바르게 쓴 경우	8점
'이익을 얻기 위해서'라고 간단하게 쓴 경우	4점

4 (1) 지역의 경제적 교류를 조사하는 방법으로 인터넷 검색하기, 지역 신문이나 지역 소식지에서 찾아보기 등이 있습니다.

(2) 지역 간에 교류하는 모습을 조사해 보면 우리 지역이 다른 지역과 다양한 경제적 교류를 하고 있다는 것을 알 수 있습니다.

채점 기준	
'물자, 기술, 문화 등을 주고받는 모습을 알 수 있다.'라고 구체적으로 쓴 경우	8점
'경제적 교류 모습을 알 수 있다.'라고 글 속에 제시된 말을 그대로 쓴 경우	2점

3 사회 변화와 문화 다양성

1 사회 변화로 나타난 일상생활의 모습

📝 쪽지 시험
115쪽

1 저출산 **2** 노인 **3** 고령화 **4** 저출산
5 고령화 **6** 정보화 **7** 저작권 침해 **8** 개인
9 세계화 **10** 긍정적

3 전체 인구에서 노인 인구가 차지하는 비율이 늘어나는 현상을 고령화라고 합니다.

5 고령화에 대비하기 위해 노인들에게 일자리를 제공하고, 혼자 생활하기 어려운 노인을 위해 돌봄 서비스를 제공합니다.

7 창작물을 만든 사람의 노력과 가치를 인정하고, 창작물을 만든 사람의 권리를 보호하기 위해 저작권을 보호해야 합니다.

9 세계 여러 나라가 다양한 분야에서 서로 교류하고 영향을 주고받으며 가까워지는 것을 세계화라고 합니다.

💡 단원 평가 1회
116~117쪽

1 ⑤ **2** ④ **3** 지호, 혜원 **4** 저출산
5 ⑤ **6** ① **7** ㉠, ㉢, ㉤ **8** (1) 개인 정보 유출
(2) 예 개인 정보가 유출되지 않도록 잘 관리한다. **9** ②
10 ④

1 오늘날에는 아이가 많이 태어나지 않기 때문에 학생 수가 예전보다 많이 줄었습니다.

2 오늘날에는 인터넷, 스마트폰 등 통신 기기가 발달하여 밖에서도 쉽게 인터넷으로 정보를 얻을 수 있게 되었습니다.

3 우리가 살아가는 사회는 과학 기술의 발달과 가치관의 변화로 다양하게 변화하고 있고, 이에 따라 사람들의 생활 모습도 달라지고 있습니다.

4 태어나는 아이의 수가 줄어드는 현상을 저출산이라고 합니다. 오늘날에는 자녀 양육에 대한 경제적 부담, 결혼과 자녀에 대한 가치관의 변화 등으로 아이를 적게 낳는 사람들이 많아지고 있습니다.

5 저출산에 대비하기 위한 노력에는 출산비와 양육비 지원, 다자녀 가구에 혜택 제공, 육아 휴직 사용, 보육 시설 확충 등이 있습니다. ⑤ 고령화에 대비하기 위한 노력입니다.

6 우리나라는 평균 수명이 늘어나면서 전체 인구에서 노인 인구의 비율이 높아지는 고령화 현상이 나타나고 있습니다.

7 정보화로 사람들은 원하는 정보를 쉽고 빠르게 얻게 되어 생활이 편리해졌습니다.

8 비밀번호나 전화번호와 같은 개인 정보가 유출되면 사생활을 보호받지 못하므로 내 정보가 유출되지 않도록 관리합니다.

채점 기준

'개인 정보 유출'이라고 쓰고, '정보가 유출되지 않도록 관리한다.'라고 구체적으로 쓴 경우	10점
'개인 정보 유출'이라고 문제점만 간단하게 쓴 경우	4점

9 세계 여러 나라가 국경을 넘어 다양한 분야에서 교류하면서 전 세계가 하나로 연결되는 현상을 세계화라고 합니다.

10 세계화로 경쟁이 치열해지면서 일부 기업이나 나라가 경쟁에서 뒤처지기도 합니다. 이를 극복하기 위해선 기업과 나라가 경쟁력을 높이려고 노력해야 합니다.

니다. ⓒ 고령화로 노인을 대상으로 하는 산업이 발달하였습니다.

6 정보화로 사람들은 원하는 정보를 쉽고 빠르게 얻게 되어 생활이 편리해졌습니다. 또한 정보와 지식을 활용하여 새로운 자료를 만들고 다른 사람들과 공유할 수 있게 되었습니다.

7 다른 사람이 만든 창작물을 허락 없이 사용하면 만든 사람에게 손해를 끼치므로 다른 사람의 창작물을 소중하게 생각해야 합니다.

8 학생 수 감소는 저출산으로 달라진 사회의 모습입니다.

9 세계 여러 나라가 국경을 넘어 다양한 분야에서 교류하면서 전 세계가 하나로 연결되는 현상을 세계화라고 합니다.

10 세계화로 문화 교류가 늘어나면서 서로 다른 문화를 이해하지 못해 갈등이 발생하거나, 한 사회의 고유한 전통문화가 점점 사라지기도 합니다.

채점 기준

'전통문화가 사라지고, 서로 다른 문화를 이해하지 못한다.' 등 세계화의 부정적인 영향을 구체적으로 한 가지 쓴 경우	10점
'갈등이 발생한다.'라고 간단하게 쓴 경우	4점

🔦 단원 평가 2회

118~119쪽

1 많은 **2** ④, ⑤ **3** ② **4** ④ **5** ④ **6** ㉠
7 ② **8** ③ **9** 세계화 **10** 예 우리 전통문화에 대한 관심이 적어진다. 서로의 문화를 이해하지 못해 갈등이 발생한다. 등

1 오늘날에는 아이가 많이 태어나지 않기 때문에 옛날에 비해 학생 수가 줄었습니다.

2 컴퓨터와 텔레비전은 옛날에는 없었으나 정보 통신 기술이 발전하여 오늘날 사용되는 물건입니다.

3 오늘날에는 세계 여러 나라와 교류하면서 다양한 문화를 접하게 되었습니다.

4 우리 사회는 저출산으로 교실의 학생 수가 줄어들고 폐교하는 학교도 늘어나고 있습니다.

5 고령화로 일하는 노인들이 많아졌고, 노인을 위한 시설이 늘어났습니다. ㉠, ㉢은 저출산으로 달라진 사회 모습입

📋 서술형 평가

120쪽

1 (1) 의자, 책상 (2) 예 태어나는 아이의 수가 줄었기 때문이다. 정보 통신 기술이 발전했기 때문이다. 등

2 (1) 저출산 (2) 예 출산비와 양육비를 지원한다. 다자녀 가구에게 더 큰 혜택을 준다. 육아 휴직을 사용하도록 하고, 보육 시설을 늘린다. 등

3 (1) 사이버 폭력 (2) 예 사이버 공간에서 대화할 때 예의를 지키고, 상대방을 존중한다. 등

4 (1) ㉠ 통신수단 ㉡ 교통수단 (2) 예 세계 여러 나라의 다양한 문화를 접할 수 있다. 다른 나라에서 만든 물건을 쉽게 살 수 있다. 등

1 (1) 옛날과 오늘날의 교실 모두 의자, 책상, 칠판이 있습니다. 컴퓨터와 텔레비전은 오늘날의 교실에서만 볼 수 있는 물건입니다.

(2) 오늘날에는 아이가 많이 태어나지 않아 학생 수가 줄었고, 정보 통신 기술이 발전하여 생활이 편리해졌습니다.

채점 기준	
'태어나는 아이의 수가 줄었다.', '정보 통신 기술이 발전했다.' 등 구체적으로 쓴 경우	8점
'사회 변화로 달라졌다.'라고 간단하게 쓴 경우	4점

2 (1) 아이를 적게 낳아 사회 전반적으로 출산율이 감소하는 현상을 저출산이라고 합니다.
(2) 우리 사회는 저출산에 대비하여 다양한 노력을 하고 있습니다.

채점 기준	
출산비와 양육비 지원, 다자녀 가구에게 혜택 제공, 육아 휴직 사용, 보육 시설 확충 등을 구체적으로 한 가지 쓴 경우	8점
'다양한 정책을 실시한다.'라고 간단하게 쓴 경우	4점

3 (1) 사이버 폭력은 시간적·공간적 제약 없이 계속되어 괴롭힘 당하는 사람에게 큰 상처를 줍니다.
(2) 사회의 노력으로는 법과 제도 보완, 사이버 예절 교육 확대 등이 있습니다.

채점 기준	
'사이버 공간에서 대화할 때 예의를 지키고, 상대방을 존중한다.'라고 구체적으로 쓴 경우	8점
'사이버 폭력을 하지 않는다.'라고 쓴 경우	4점

4 (1) 오늘날 전 세계는 교통·통신 기술의 발달과 정보화의 영향으로 더욱 가까워지고 있습니다.
(2) 세계화로 다른 나라에서 만든 물건을 쉽게 살 수 있게 되었고, 유행이나 문화도 빠르게 퍼지게 되었습니다.

채점 기준	
'세계화로 다양한 문화를 접할 수 있다.', '다른 나라의 물건을 쉽게 산다.'라고 한 가지를 바르게 쓴 경우	8점
'일상생활에 다양한 영향을 미친다.'라고 간단하게 쓴 경우	4점

2 다양한 문화에 대한 이해와 존중

📝 쪽지 시험

1 문화 **2** 환경 **3** 교류 **4** 편견 **5** 차별 **6** 장애
7 문화적 편견 **8** 존중 **9** 법 **10** 공익 광고

1 의식주, 언어, 종교 등 한 사회의 구성원들이 가지고 있는 공통의 생활 방식을 문화라고 합니다.

2 사람들이 입는 옷, 먹는 음식, 사는 집 등은 지역에 따라 다르며, 지역의 환경에 따라 사람들의 생활 모습이 다양하게 나타납니다.

5 차별은 편견에 따라 대상을 정당한 이유 없이 구별하고 다르게 대우하는 것을 말합니다.

7 문화적 편견으로 인해 다른 나라의 문화를 존중하지 않고 차별할 때가 많습니다.

8 편견과 차별이 없는 세상을 만들기 위해서는 서로 다른 문화를 이해하고 존중하려고 노력해야 합니다.

💡 단원 평가 1회

1 ④ **2** ⑤ **3** 예 (가), (나) 모두 도구를 사용하여 음식을 먹는다. **4** ② **5** 차별 **6** ② **7** ㄹ **8** ①, ③
9 ① **10** ①, ⑤

1 의식주, 언어, 종교 등 한 사회의 구성원들이 가지고 있는 공통의 생활 방식을 문화라고 합니다. ④ 배가 고파서 음식을 먹는 것처럼 본능에 따른 행동은 문화가 아닙니다.

2 본능에 따른 행동, 개인의 취향이나 습관은 문화로 볼 수 없습니다.

3 음식 문화는 공통점이 있지만, 사람들이 사는 환경이 다르고 방식이 다르기 때문에 음식을 먹는 모습에서 차이점이 나타납니다.

채점 기준	
'도구'라는 단어를 넣어 공통점을 쓴 경우	10점
'음식을 먹는다.'라고 간단하게 쓴 경우	4점

4 이슬람 복장을 한 가족이 함께 산책을 하는 모습과 가족이 돗자리를 깔고 도시락을 먹으려 하는 모습에서 가족이 함께 즐긴다는 것을 알 수 있습니다.

5 차별은 편견에 따라 대상을 정당한 이유 없이 구별하고 다르게 대우하는 것을 말합니다.

6 ⓒ 장애인도 원하는 곳에 갈 수 있는 권리가 있는데, 고속 버스에는 휠체어를 이용하는 장애인이 탈 수 있는 장치가 마련되어 있지 않아 차별을 받고 있는 모습입니다.

7 두 그림 모두 남녀에 대한 편견과 차별의 모습을 보여줍니다. 남녀에 대한 차별의 모습이 나타난 것은 ⓔ입니다.

8 제시된 체크 리스트를 통해 자신의 편견이나 차별적 태도를 점검할 수 있습니다.

9 ②, ③, ④, ⑤는 편견과 차별을 없애기 위한 사회적 노력에 해당합니다.

10 문화가 다른 사람들이 함께 살아가기 위해서는 편견 없이 서로 다른 문화의 가치를 올바르게 이해해야 하고, 서로 다른 문화를 존중하는 태도를 가져야 합니다.

단원 평가 2회 124~125쪽

1 ②　　**2** ⑤　　**3** 교류　　**4** ③　　**5** 편견　　**6** 지민
7 (1) 살색 (2) ⑩ 사람의 살색은 다양한데 특정한 색을 살색이라고 했기 때문이다.　　**8** ①, ④　　**9** ⓐ, ⓒ　　**10** ④

1 한 사회의 사람들이 만들어낸 공통의 생활 방식을 문화라고 합니다.

2 지역의 환경에 따라 사람들이 입는 옷, 먹는 음식, 사는 집 등이 다양하게 나타납니다.

3 오늘날 나라 간의 교류가 활발해지면서 사람들은 다양한 문화를 접하게 되었습니다.

4 편견이란 공정하지 못하고 한쪽으로 치우친 의견이나 생각을 말합니다. 차별은 대상을 정당한 이유없이 구별하고 다르게 대우하는 것입니다. 편견 때문에 차별이 나타납니다.

5 어떤 문화는 옳고 어떤 문화는 그르다고 생각하는 것을 문화적 편견이라고 합니다.

6 제시된 그림은 피부색을 이유로 편견을 갖고 차별하는 모습입니다.

7 사람의 살색은 다양합니다. 특정 피부색만을 살색이라고 부르는 것은 다양성을 인정하지 않고 편견을 불러올 수 있습니다.

8 편견과 차별의 문제를 해결하려면 우선 다른 사람의 처지를 이해하고 공감하며 배려해야 합니다.

9 우리 사회는 다문화 가족을 지원하는 단체를 운영하거나, 관련 기관을 만들어 편견과 차별을 없애려고 노력합니다.

10 우리 사회에서는 편견과 차별에서 벗어나 다양한 문화의 사람들이 어울려 살기 위한 법과 제도를 마련하고, 여러 가지 홍보 활동도 펼치고 있습니다.

서술형 평가 126쪽

1 ⑩ 지역의 환경이 다르기 때문이다.

2 (1) ㈎ 종교 ㈏ 피부색 (2) ⑩ 차별받는 사람은 일상생활에 어려움을 느끼게 된다. 사회적 갈등이 일어나 사회의 발전이 늦어질 수 있다. 등

3 (1) 편견 (2) ⑩ 편견 없이 서로 다른 문화의 가치를 올바르게 이해한다. 서로 다른 문화를 존중하는 태도를 가진다. 등

4 ⑩ 다문화 가족을 지원하는 단체를 운영하거나 관련 기관을 만듭니다. 차별을 없애기 위해 관련 법을 만듭니다. 등

1 사람들이 입는 옷, 먹는 음식, 사는 집 등은 지역의 환경에 따라 다양하게 나타납니다.

2 (1) ㈎는 종교에 대한 차별의 모습, ㈏는 피부색을 이유로 편견을 갖고 친구를 대하는 모습입니다.
(2) 편견과 차별이 지속되면 사회에 불만과 갈등이 많고 억울한 사람들이 늘어나게 될 것입니다.

'차별받는 사람은 일상생활에 어려움을 느끼게 된다.', '사회적 갈등이 일어나 사회의 발전이 늦어질 수 있다.' 등 구체적으로 쓴 경우	8점
'불편할 것이다.', '속상할 것이다.' 등 간단히 쓴 경우	4점

3 (1) 어떤 문화는 옳고 어떤 문화는 그르다고 생각하는 것을 문화적 편견이라고 합니다.

(2) 문화의 차이를 인정하고 이해하면 문화적 편견과 차별의 문제를 해결할 수 있습니다.

'서로 다른 문화의 차이를 인정하고, 이해하며, 존중해야 한다.'라고 구체적으로 쓴 경우	8점
'바람직한 태도를 갖는다.'라고 간단하게 쓴 경우	4점

4 우리 사회는 편견과 차별을 없애기 위해 다양한 노력을 하고 있습니다.

편견과 차별을 없애기 위한 사회의 노력을 구체적으로 한 가지 바르게 쓴 경우	8점
'사회가 함께 노력한다.'라고 간단하게 쓴 경우	3점

과학 교과개념북

1 식물의 생활

1 주변에 사는 식물 관찰하기

😊 개념 확인 문제   7쪽

1 (1) ○ (2) ○ (3) ✕   **2** 연꽃   **3** 향나무

1 식물은 종류에 따라 잎과 줄기, 꽃의 생김새가 다양합니다.

2 연꽃은 물에서 살고, 향나무와 강아지풀은 땅에서 삽니다.

3 연꽃과 강아지풀은 줄기가 가늘고, 향나무는 줄기가 굵습니다.

2 잎의 특징에 따라 식물 분류하기

😊 개념 확인 문제   9쪽

1 ①   **2** ③   **3** (1) ㉠, ㉣ (2) ㉡, ㉢, ㉤

1 토끼풀은 잎이 한곳에서 세 개씩 나고 끝은 둥급니다. 또한 잎의 가장자리가 톱니 모양입니다.

2 잎이 예쁘다고 생각하는 것은 사람마다 기준이 다르기 때문에 잎을 분류하는 기준으로 적합하지 않습니다.

3 소나무와 강아지풀의 잎은 전체적으로 길쭉한 모양입니다.

3 들이나 산에서 사는 식물의 특징

😊 개념 확인 문제   11쪽

1 ③   **2** ①   **3** ⑤

1 민들레와 강아지풀은 키가 작고, 소나무는 잎이 바늘 모양입니다.

2 민들레, 명아주, 강아지풀은 풀이고, 소나무, 단풍나무, 떡갈나무는 나무입니다.

3 풀과 나무는 모두 뿌리, 줄기, 잎이 있고, 잎의 색깔은 대부분 초록색입니다.

💡 실력 문제
12~13쪽

1 ⑤   **2** ㉡   **3** ③, ⑤   **4** ③   **5** (가) ㉢ (나) ㉠, ㉡
6 ①   **7** ②   **8** ⑤   **9** ㉡, ㉣   **10** 잎   **11** ②

1 우리 주변의 들과 산, 연못과 강가, 사막이나 극지방 등 다양한 환경에서 많은 종류의 식물이 살아가고 있습니다.

2 ㉠은 잎몸, ㉡은 잎자루, ㉢은 잎맥입니다.

3 토끼풀 잎의 모양은 둥글고, 세 개씩 붙어 있습니다. 잎의 가장자리가 톱니 모양입니다.

4 잎이 '작다, 크다, 예쁘다.'는 사람마다 기준이 다르기 때문에 분류 기준으로 적합하지 않습니다.

5 잎의 전체적인 생김새가 손 모양인 것은 ㉢ 단풍나무의 잎입니다.

6 소나무와 강아지풀의 잎은 전체적인 모양이 길쭉합니다. 단풍나무, 토끼풀, 은행나무의 잎은 길쭉하지 않습니다.

7 잎이 바늘같이 뾰족한 식물은 소나무입니다. 민들레, 떡갈나무, 밤나무, 명아주는 잎이 바늘같이 뾰족하지 않습니다.

8 사진 속 식물은 강아지풀입니다. 하나의 잎이 톱니 모양으로 갈라져 있는 것은 민들레 잎입니다.

9 명아주와 민들레는 풀이고, 밤나무와 소나무, 단풍나무는 나무입니다.

10 풀과 나무는 모두 뿌리, 줄기, 잎이 있고, 잎은 대부분 초록색입니다.

11 나무는 풀보다 크고, 나무는 모두 여러해살이 식물입니다. 대부분의 풀은 겨울에 줄기를 볼 수 없고, 소나무는 겨울에도 잎이 초록색으로 줄기에 붙어 있습니다.

4 강이나 연못에서 사는 식물의 특징

😊 개념 확인 문제   15쪽

1 ③   **2** (1)-㉢ (2)-㉠ (3)-㉡   **3** ①, ②

1 자른 부레옥잠의 잎자루를 물속에서 누르면 공기주머니에 들어 있던 공기가 빠져나와 위로 올라갑니다.

2 물속에 잠겨서 사는 식물에는 물수세미, 나사말, 검정말 등이 있고 잎이 물에 떠 있는 식물에는 수련, 가래, 마름 등이 있습니다. 물에 떠서 사는 식물에는 개구리밥, 물상추, 부레옥잠 등이 있습니다.

3 잎이 물 위로 높이 자라는 식물은 대부분 키가 크고 뿌리는 물속이나 물가의 땅에 있으며 줄기는 단단하게 적응하였습니다.

5 특수한 환경에서 사는 식물의 특징

😊 개념 확인 문제   17쪽

1 ㉢   **2** ⑤   **3** ⑤

1 선인장에는 다른 식물에서 볼 수 있는 모양의 잎이 없고 가시가 있습니다. 선인장의 가시는 사막에서 살기 위해서 적응한 것입니다.

2 바오바브나무는 키가 크고 줄기가 굵어서 물을 많이 저장할 수 있기 때문에 사막에서 잘 살아갈 수 있습니다.

3 용설란은 사막에서 사는 식물이고, 남극좀새풀은 남극에서 사는 식물입니다.

6 식물의 특징 활용하기

😊 개념 확인 문제   19쪽

1 ④   **2** ⑤   **3** (1)-㉡ (2)-㉢ (3)-㉠

1 찍찍이 테이프는 도꼬마리 열매의 가시 끝의 갈고리 모양이 동물의 털이나 사람의 옷에 잘 붙는 성질을 활용하여 만들어졌습니다.

2 날개가 하나인 선풍기는 떨어지면서 회전하는 단풍나무 열매의 생김새를 활용해 만들었습니다.

3 향기가 나는 허브를 이용해서 방향제를 만들고, 느릅나무 잎의 생김새를 활용해 빗물을 모으는 장치를 만들었습니다.

💡 실력 문제   20~21쪽

1 ⑤   **2** 공기   **3** ㉢   **4** ②   **5** ①   **6** ③   **7** ⑤
8 ㉡   **9** ④   **10** ④   **11** ㉢   **12** 경일

1 부레옥잠은 잎자루가 부풀어 있는 모양으로 잎자루에는 공기주머니가 있습니다.

2 부레옥잠은 잎자루에 있는 공기주머니의 공기 때문에 물에 떠서 살 수 있습니다.

3 창포는 잎이 물 위로 높이 자라는 식물이고, 검정말은 물속에 잠겨서 사는 식물입니다.

4 나사말과 검정말은 물속에 잠겨서 사는 식물이고, 수련은 잎이 물에 떠 있는 식물, 부들은 잎이 물 위로 높이 자라는 식물입니다.

5 대부분 키가 크고, 줄기가 단단한 식물은 잎이 물 위로 높이 자라는 식물입니다. 물수세미는 물속에 잠겨서 사는 식물, 가래와 마름은 잎이 물에 떠 있는 식물입니다.

6 선인장은 굵은 줄기에 물을 저장하기 때문에 줄기를 자르면 물이 새어 나와 축축합니다.

7 금호선인장, 용설란은 사막에서 사는 식물입니다. 사막은 햇빛이 강하고 낮과 밤의 온도 차가 큽니다. 또한 물이 적으며 모래로 이루어져 있고 모래바람이 많이 붑니다.

8 사막에서 사는 식물은 물이 적은 환경에서 잘 견딜 수 있는 생활 방식을 가지고 있습니다.

9 바닷가에서 사는 식물은 소금 성분이 있는 곳에서 잘 살 수 있도록 적응하였지만 소금 성분에서 양분을 얻지는 않습니다.

10 도꼬마리 열매는 가시 끝 부분의 갈고리 모양 때문에 동물의 털이나 옷에 잘 붙습니다.

11 찍찍이 테이프는 도꼬마리 열매의 가시 끝의 갈고리 모양이 동물의 털이나 사람의 옷에 잘 붙는 특징을 활용하여 만들어졌습니다.

12 식물 중에서 일부만 약으로 활용할 수 있고, 느릅나무 잎의 모양을 이용해서 빗물을 모으는 장치를 만들었습니다.

단원정리 1 식물의 생활

22〜23쪽

❶ 잎 ❷ 생김새 ❸ 줄기 ❹ 나무 ❺ 물속 ❻ 잎
❼ 사막 ❽ 극지방 ❾ 도꼬마리 또는 우엉 ❿ 연꽃잎

O X 1 ○ 2 × 3 ○ 4 ○ 5 × 6 ○ 7 ×
8 ○ 9 × 10 ×

2 은행나무는 잎의 전체적인 모양이 길쭉한 잎으로 분류할
수 있습니다.
↳ 없습니다.

5 풀은 대부분 여러해살이 식물이고, 나무는 모두 한해살이
↳ 한
식물입니다.
↳ 여러

7 ┌ 물속에 잠겨서 사는
잎이 물 위로 높이 자라는 식물은 잎이 좁고 긴 모양이며,
물의 흐름에 따라 잘 휘어집니다.

9 극지방에 사는 식물은 추위와 바람에 견딜 수 있게 줄기가
두껍고 키가 큽니다.
↳ 가늘고 ↳ 작습니다.

10 장미 덩굴의 가시를 활용해 찍찍이 테이프를 만들었습니다.
↳ 가시철조망

단원 평가 1회

24〜26쪽

1 ⑤ 2 ㉠ 잎맥 ㉡ 잎자루 3 ㉡ 4 ㉡, ㉢ 5 인경
6 ② 7 ㉠, 예 잎은 삼각형 모양이다. 8 ② 9 희경
10 ⑤ 11 ④ 12 예 수염처럼 생긴 뿌리가 물속으로 뻗어
있다. 공기주머니가 있거나 스펀지와 비슷한 구조로 되어 있다.
등 13 적응 14 ② 15 예 선인장은 줄기에 물을 저장한
다. 16 ②, ⑤ 17 ② 18 ② 19 예 물이 스며들지 않는
옷을 만드는 데 활용하였다. 20 ⑤

1 손바닥 모양의 잎이 여러 갈래로 갈라져 있는 식물은 단풍
나무입니다.

2 식물의 잎은 잎몸, 잎자루, 잎맥으로 이루어져 있습니다.
㉠은 잎맥, ㉡은 잎자루입니다.

3 토끼풀의 잎은 한곳에 세 개씩 나고 끝이 둥근 모양이며,
잎의 가장자리가 톱니 모양입니다.

4 소나무는 잎의 전체적인 모양이 길쭉하고, 토끼풀과 단풍
나무는 잎의 전체적인 모양이 넓적합니다.

5 잎의 모양이 귀엽다는 것은 사람마다 기준이 다르기 때문
에 잎을 분류하기 위한 기준으로 적합하지 않습니다.

6 들이나 산에서 사는 식물은 대부분 뿌리를 땅에 내리고 잎
과 줄기가 잘 구분됩니다.

7 명아주의 잎은 삼각형 모양입니다.

채점 기준	
예시 답안과 같이 옳게 쓴 경우	5점
예시 답안과 의미는 비슷하지만 정확하게 쓰지 못한 경우	2점

8 풀은 대부분 나무보다 줄기가 가늘고, 대부분 한해살이 식
물입니다. 반면 나무는 모두 여러해살이 식물입니다.

9 부레옥잠의 잎자루를 세로로 자른 면에는 공기구멍이 줄
줄이 연결되어 있고, 가로로 자른 면에는 둥근 공기구멍이
가득 차 있습니다.

10 부레옥잠은 잎자루의 공기주머니에 공기를 저장하고 있기
때문에 물에 떠서 살 수 있습니다.

11 물상추는 물에 떠서 사는 식물, 창포는 잎이 물 위로 높이
자라는 식물, 마름은 잎이 물에 떠 있는 식물입니다.

12 물에 떠서 사는 식물은 수염처럼 생긴 뿌리가 물속으로 뻗
어 있고, 공기주머니가 있거나 스펀지와 비슷한 구조로 되
어 있습니다.

채점 기준	
예시 답안과 같이 옳게 쓴 경우	5점
예시 답안과 의미는 비슷하지만 정확하게 쓰지 못한 경우	2점

13 식물의 생김새와 생활 방식은 그 식물이 사는 곳의 환경에
따라 다릅니다. 이와 같이 생물이 오랜 기간에 걸쳐 주변
환경에 적합하게 변화되어 가는 것을 적응이라고 합니다.

14 용설란은 사막에서 삽니다. 사막은 비가 적게 와서 건조하
며, 햇빛이 강하고 낮과 밤의 온도 차가 큽니다.

15 선인장 줄기의 자른 면에 화장지를 붙여 보면 화장지가 젖
는 것으로 보아 선인장 줄기에 물이 많이 있다는 것을 알
수 있습니다.

채점 기준	
예시 답안과 같이 옳게 쓴 경우	5점
예시 답안과 의미는 비슷하지만 정확하게 쓰지 못한 경우	2점

16 선인장은 가시 모양의 잎을 가지고 있어서 물이 필요한 다
른 동물이 공격하는 것을 피할 수 있고, 물의 증발을 막을
수 있습니다.

17 잎이 없고 가시가 있는 것은 선인장입니다.

18 매우 춥고, 강한 바람이 부는 환경은 극지방입니다. 용설
란과 회전초는 사막에서 사는 식물, 통통마디, 해홍나물은

바닷가에서 사는 식물, 담쟁이덩굴나무, 비로용담은 높은 산에서 사는 식물입니다.

19 비에 젖지 않는 연꽃잎의 특징을 활용하여 물이 스며들지 않는 옷을 만들었습니다.

채점 기준	
예시 답안과 같이 옳게 쓴 경우	5점
예시 답안과 의미는 비슷하지만 정확하게 쓰지 못한 경우	2점

20 도꼬마리 열매와 찍찍이 테이프는 갈고리 모양 때문에 동물의 털이나 옷 등에 쉽게 붙습니다.

💡 단원 평가 2회
27~29쪽

1 ④　**2** ㉢, ㉣　**3** ①　**4** 예 잎의 가장자리가 톱니 모양인가?　**5** ②　**6** ①　**7** ①　**8** 예 공기 방울이 위로 올라간다.　**9** ④　**10** ㉡　**11** ㉣　**12** ①, ③　**13** (1)-㉡ (2)-㉠ (3)-㉢　**14** 사막　**15** ③　**16** ⑤　**17** ④　**18** ㉠, ㉣　**19** ②　**20** ⑤

1 식물의 잎을 채집할 때에는 여러 종류의 잎을 최대한 적게 채집해야 하고, 땅에 떨어진 잎을 채집합니다. 또한 나무에 올라가거나 위험한 행동을 하지 않습니다.

2 단풍나무 잎은 손바닥 모양이고, 깊게 갈라져 있습니다. 잎의 끝은 뾰족하고 가장자리는 톱니 모양입니다.

3 잎이 화려한가?'는 사람마다 '화려하다'의 기준이 다르기 때문에 분류 기준으로 적합하지 않습니다.

4 단풍나무와 토끼풀의 잎은 가장자리가 톱니 모양이고, 소나무와 강아지풀, 은행나무의 잎은 가장자리가 톱니 모양이 아닙니다.

채점 기준	
예시 답안과 같이 옳게 쓴 경우	5점
예시 답안과 의미는 비슷하지만 정확하게 쓰지 못한 경우	2점

5 민들레의 잎은 톱니 모양으로 한곳에서 뭉쳐나고, 꽃은 노란색이며 여러 개의 꽃이 모여서 전체 꽃을 이룹니다.

6 산이나 들에서 사는 식물은 대부분 잎과 줄기가 잘 구분됩니다.

7 풀은 나무보다 키가 작고 줄기가 가늘지만 종류에 따라 잎이 나무보다 넓고 큰 것도 있습니다.

8 자른 부레옥잠의 잎자루를 물이 담긴 수조에 넣고 손가락으로 누르면 잎자루에 있는 공기주머니에서 공기 방울이 나와 위로 올라갑니다.

채점 기준	
예시 답안과 같이 옳게 쓴 경우	5점
예시 답안과 의미는 비슷하지만 정확하게 쓰지 못한 경우	2점

9 부레옥잠의 뿌리는 물속에 있으며 잎자루에 공기주머니가 있어서 물에 떠서 잘 살 수 있습니다.

10 잎이 물 위로 높이 자라는 식물에는 부들, 연꽃, 창포 등이 있습니다.

11 개구리밥, 물상추처럼 물 위에 떠서 사는 식물은 수염처럼 생긴 뿌리가 물속으로 뻗어 있습니다.

12 공기주머니는 물에 떠서 사는 식물의 특징이고, 키가 크고 줄기가 튼튼한 것은 잎이 물 위로 높이 자라는 식물의 특징입니다.

13 연꽃은 잎이 물 위로 높이 자라는 식물이고, 수련은 잎이 물에 떠 있는 식물, 검정말은 물속에 잠겨서 사는 식물입니다.

14 사막은 비가 적게 와서 건조하며, 햇빛이 강하고 낮과 밤의 온도 차가 큽니다.

15 사막에서 사는 선인장, 바오바브나무 등은 물을 저장할 수 있도록 줄기가 굵습니다.

16 사막에서 사는 식물에는 선인장, 용설란, 회전초, 바오바브나무 등이 있습니다.

17 선인장은 줄기에 물을 저장하기 때문에 줄기를 자른 면이 미끄럽고 축축합니다.

18 높은 산에서 사는 식물은 바람과 추위를 견디기 위해 키가 작고 줄기가 옆으로 자랍니다. 잎이 가시 모양인 식물은 사막에서 사는 식물의 특징입니다.

19 도꼬마리 열매의 가시를 확대해 보면 갈고리처럼 끝이 휘어져 있어서 동물의 털이나 옷에 잘 붙습니다.

20 식물은 음식과 약 외에 다양하게 활용됩니다. 허브는 방향제나 해충 퇴치제로 활용되고, 장미 가시의 생김새를 활용해 가시철조망을 만들었습니다.

개념1 **1** ① 알맞은 ② 알맞지 않은 **2** 강아지풀과 단풍나무이고, 토끼풀과 은행나무입니다. **3** 예 잎의 끝 모양이 뾰족한가? ⑴ 강아지풀, 단풍나무 ⑵ 토끼풀, 은행나무

개념2 **4** ① 볼록하게 부풀어 ② 공기 **5** 예 공기 방울이 나와 위로 올라갑니다. **6** 예 부레옥잠의 잎자루에서 공기 방울이 생겨 위로 올라옵니다. 부레옥잠의 잎자루에 공기가 들어 있어 물에 떠서 살 수 있습니다.

개념3 **7** ① 갈고리 ② 젖지 않아 **8** 갈고리 모양으로 되어 있어, 물이 잘 스며들지 않습니다. **9** 예 도꼬마리 열매의 가시 끝이 갈고리 모양으로 되어 있는 특징을 활용해 잘 떨어지지 않는 찍찍이 테이프를 만들었고, 연꽃잎에 물이 잘 스며들지 않는 특징을 활용해 방수 천을 만들었습니다.

1 알맞은 분류 기준은 누가 분류하더라도 같은 결과가 나와야 합니다.

2 식물 잎을 끝이 뾰족한 잎과 뾰족하지 않은 잎으로 분류할 수 있습니다.

3 생김새에 따라 잎의 모양이 길쭉한 것과 길쭉하지 않은 것, 끝 모양이 뾰족한 것과 뾰족하지 않은 것 등으로 분류할 수 있습니다.

4 부레옥잠의 잎자루 속에는 공기가 들어 있어 볼록하게 부풀어 있습니다.

5 부레옥잠의 잎자루에는 공기가 들어 있어서 자른 부레옥잠 잎자루를 물속에 넣고 누르면 공기 방울이 나와 위로 올라갑니다.

6 부레옥잠은 잎자루에 있는 주머니에 공기가 들어 있어 물에 잘 뜹니다.

7 도꼬마리 열매는 가시 끝이 갈고리 모양으로 되어 있어 옷에 잘 걸리며, 연꽃잎은 물이 스며들지 않아 물방울이 연잎 위에 맺힙니다.

8 찍찍이 테이프는 갈고리 모양으로 되어 있어 천에 걸리면 잘 떨어지지 않고, 방수 천은 물이 묻어도 잘 스며들지 않는 특징이 있습니다.

9 우리는 식물의 특징을 생활에서 다양하게 활용합니다. 도꼬마리 열매의 특징을 활용해 찍찍이 테이프를 만들었고, 연꽃잎의 특징을 활용해 물이 스며들지 않는 방수 천을 만들었습니다.

1 ⑴ 예 잎의 전체적인 모양이 길쭉하다. ⑵ 예 잎의 끝 모양이 뾰족한가? **2** ⑴ 풀: ㉠, ㉡ 나무 : ㉢, ㉣ ⑵ 예 풀은 나무보다 키가 작고, 줄기가 나무보다 가늘다. 또는 나무는 풀보다 키가 크고, 줄기가 풀보다 굵다. **3** 예 잎과 줄기가 뚜렷하고, 땅에 뿌리를 내리고 산다. **4** ⑴ 예 공기 방울이 위로 올라간다. ⑵ 예 부레옥잠의 잎자루에는 공기가 들어 있어 물에 떠서 살 수 있다. **5** ㉠, 예 줄기가 물의 흐름에 따라 잘 휘며 **6** ⑴ 예 비가 적게 온다. 낮과 밤의 기온 차가 크다. 등 ⑵ 예 굵은 줄기에 물을 저장하고, 잎이 가시 모양으로 되어 있어 건조한 날씨에도 잘 견딜 수 있기 때문이다. **7** 예 키가 크고 줄기가 굵어서 물을 많이 저장할 수 있다. **8** ⑴ 도꼬마리 열매의 가시 끝 부분이 휘어져 있다. ⑵ 예 열매 가시 끝의 갈고리 모양이 동물의 털이나 사람의 옷에 잘 붙는 성질을 활용하였다.

1 ⑴ 소나무와 강아지풀은 잎의 전체적인 모양이 길쭉하고 잎의 끝 모양은 뾰족합니다.
⑵ 소나무와 강아지풀, 단풍나무의 잎은 끝이 뾰족하고, 토끼풀의 잎은 끝이 둥근 모양입니다.

채점 기준	
⑴, ⑵를 모두 옳게 쓴 경우	12점
⑴만 옳게 쓴 경우	4점
⑵만 옳게 쓴 경우	8점

2 ⑴ 민들레, 명이주는 풀이고, 소나무, 떡갈나무는 나무로 분류할 수 있습니다.
⑵ 풀은 나무보다 키가 작고, 줄기가 가늘며 대부분 한해살이 식물입니다.

채점 기준	
⑴, ⑵를 모두 옳게 쓴 경우	12점
⑴만 옳게 쓴 경우	4점
⑵만 옳게 쓴 경우	8점

3 들이나 산에서 사는 식물은 대부분 줄기와 잎이 잘 구분되며, 뿌리를 땅에 뻗고 살아갑니다.

채점 기준	
예시 답안과 같이 옳게 쓴 경우	8점
예시 답안과 의미는 비슷하지만 정확하게 쓰지 못한 경우	3점

4 ⑴ 자른 부레옥잠의 잎자루를 물속에서 누르면 구멍에서 공기 방울이 나옵니다.
⑵ 부레옥잠의 잎자루에는 공기주머니가 있으며, 잎자루에 있는 공기주머니의 공기 때문에 물에 떠서 살 수 있습니다.

과학

채점 기준	
(1), (2)를 모두 옳게 쓴 경우	12점
(1)만 옳게 쓴 경우	4점
(2)만 옳게 쓴 경우	8점

5 물수세미, 나사말, 검정말 등과 같이 물속에 잠겨서 사는 식물은 줄기가 물의 흐름에 따라 잘 휩니다.

채점 기준	
예시 답안과 같이 옳게 쓴 경우	8점
예시 답안과 의미는 비슷하지만 정확하게 쓰지 못한 경우	3점

6 (1) 사막은 낮에 햇빛이 강하고 낮과 밤의 온도 차가 큽니다. 또한 비가 적게 오고 건조하며 오아시스가 있습니다.
(2) 선인장은 굵은 줄기에 물을 저장하여 건조한 날씨에도 잘 견딥니다. 또한 가시가 있어 물이 필요한 다른 동물이 공격하는 것을 피할 수 있고, 물의 증발을 막을 수 있습니다.

채점 기준	
(1), (2)를 모두 옳게 쓴 경우	12점
(1)만 옳게 쓴 경우	4점
(2)만 옳게 쓴 경우	8점

7 바오바브나무는 키가 크고 줄기가 굵어서 물을 많이 저장할 수 있기 때문에 건조한 사막에서 잘 살 수 있습니다.

채점 기준	
예시 답안과 같이 옳게 쓴 경우	8점
예시 답안과 의미는 비슷하지만 정확하게 쓰지 못한 경우	3점

8 (1) 도꼬마리 열매의 가시 끝은 갈고리 모양으로 휘어져 있습니다.
(2) 찍찍이 테이프는 도꼬마리 열매의 특징을 활용해 만든 것으로, 도꼬마리 열매와 찍찍이 테이프는 모두 끝이 갈고리 모양이어서 동물의 털이나 옷에 붙을 수 있습니다.

채점 기준	
(1), (2)를 모두 옳게 쓴 경우	12점
(1)만 옳게 쓴 경우	4점
(2)만 옳게 쓴 경우	8점

😎 수행 평가 · 34쪽

1 예 잎의 끝 모양이 뽀족한가?, 잎자루에 여러 개의 잎이 붙어 있는가? **2** 분류 기준 : 예 잎의 끝 모양이 뽀족한가? 그렇다 : ㉠, ㉢, ㉣, ㉤, ㉥, 그렇지 않다 : ㉡, ㉤, ㉣ **3** 예 '잎의 모양이 예쁜가?'는 사람마다 기준이 달라 사람에 따라 분류 결과가 달라지므로 분류 기준으로 알맞지 않습니다.

1 '잎의 모양이 둥근가?', '잎맥이 나란한가?', '잎의 가장자리가 갈라졌는가?'도 분류 기준이 될 수 있습니다.

2 '잎자루에 여러 개의 잎이 붙어 있는가?'를 분류 기준으로 분류하면 '그렇다'에 등나무와 장미로 분류할 수 있습니다.

3 분류 기준은 누가 분류하더라도 같은 결과가 나오는 것으로 정해야 합니다.

😎 수행 평가 · 35쪽

1 예 둥근 공기구멍이 가득 차 있다 **2** 예 공기 방울이 나와 위로 올라간다. **3** 예 잎자루에 있는 공기주머니의 공기 때문에 물에 떠서 살 수 있다.

1 부레옥잠의 잎자루를 자른 면에는 공기구멍이 있습니다.

2 부레옥잠의 잎자루에는 공기주머니가 있으며, 자른 잎자루를 물이 담긴 수조에 넣고 손가락으로 누르면 공기주머니 속의 공기가 빠져나와 위로 올라갑니다.

3 부레옥잠과 같이 물에 떠서 사는 식물은 잎에 공기주머니가 있거나 잎이 넓어서 물에 뜰 수 있습니다.

😎 수행 평가 · 36쪽

1 예 도꼬마리 열매 : 가시, 붙는다. 찍찍이 테이프 : 갈고리 **2** 예 도꼬마리 열매와 찍찍이 테이프는 끝이 갈고리 모양이어서 동물의 털이나 옷에 잘 붙는다. **3** 예 열매의 가시 끝의 갈고리 모양이 동물의 털이나 사람의 옷에 잘 붙는 성질을 활용하였고, 신발과 모자에 찍찍이 테이프를 이용하면 끈을 대신해 잘 벗겨지지 않고 쉽게 붙였다가 뗄 수 있어서 편리하다.

1 도꼬마리 열매는 가시 끝이 갈고리처럼 휘어져 있어서 동물의 털이나 옷에 잘 붙으며, 찍찍이 테이프를 확대해서 보면 갈고리 모양의 플라스틱이 있어서 한 번 붙으면 잘 떨어지지 않습니다.

2 도꼬마리 열매와 찍찍이 테이프는 모두 끝이 갈고리 모양이어서 동물의 털이나 옷에 잘 붙는 특징이 있습니다.

3 도꼬마리 열매의 가시 끝이 갈고리 모양이어서 동물의 털이나 사람의 옷에 잘 붙는 성질을 활용한 찍찍이 테이프는 신발과 모자가 잘 벗겨지지 않게 하는 데 이용됩니다.

2 물의 상태 변화

1 물의 세 가지 상태

😊 개념 확인 문제   39쪽

1 ㉠   **2** ㉡   **3** (1) ○ (2) × (3) ○
4 (1) ㉡ (2) ㉠ (3) ㉢

1 ㉠ 얼음은 모양이 일정하고 차갑습니다. ㉡ 물은 흐르고 일정한 모양이 없습니다.

2 ㉠ 얼음은 손으로 잡을 수 있지만, ㉡ 물은 손으로 잡을 수 없습니다.

3 손에 묻은 물은 시간이 지나면 마릅니다.

4 물은 고체인 얼음, 액체인 물, 기체인 수증기의 세 가지 상태로 있습니다.

2 물이 얼 때와 얼음이 녹을 때 부피와 무게 변화

😊 개념 확인 문제   41쪽

1 ㉢   **2** =   **3** ⑤

1 물이 얼면 부피가 늘어나므로 물이 언 후의 높이는 얼기 전보다 높아집니다.

2 물이 얼기 전과 물이 완전히 언 후의 무게는 같습니다.

3 얼음이 녹아 물이 될 때 부피가 줄어듭니다.

3 물이 증발할 때의 변화

😊 개념 확인 문제   43쪽

1 ①, ⑤   **2** 증발   **3** ③

1 쇠막대는 화장지를 걸어 놓는 용도이며, 물을 뿌린 화장지는 시간이 지남에 따라 물기가 없어집니다.

2 액체인 물은 표면에서 기체인 수증기로 상태가 변합니다. 이러한 현상을 증발이라고 합니다.

3 물이 든 페트병을 얼리는 것은 물이 얼음으로 되는 것입니다.

1 ㉡	**2** ①	**3** ⑤	**4** ②, ⑤	**5** ㉠	**6** ③	**7** ③
8 ㉢	**9** ②	**10** ㉡, ㉣	**11** 증발	**12** ③		

1 ㉡ 물은 액체 상태로, 손에 잡히지 않고 흐르는 성질이 있습니다.

2 얼음을 손바닥에 올려놓으면 고체인 얼음이 녹아 액체인 물이 됩니다.

3 수증기는 물의 기체 상태로, 일정한 모양이 없고 눈에 보이지 않습니다.

4 손에 묻은 물은 액체인 물이 기체인 수증기로 상태가 변하여 공기 중으로 흩어집니다.

5 고드름은 얼음으로 고체 상태이며, 고드름이 햇볕을 받아 녹은 물은 액체 상태입니다.

6 물이 얼어도 무게는 변하지 않습니다.

7 수도관을 지나가던 물이 중간에 설치된 수도 계량기 안으로 들어가면 지나가는 물의 힘으로 계량기 안의 프로펠러가 돌아가고, 이 프로펠러와 연결된 톱니바퀴가 돌아가면서 물 사용량이 표시됩니다. 그런데 겨울철에 기온이 내려가면 수도관을 지나던 물이 얼면서 부피가 늘어나 수도관이나 수도 계량기가 터지게 됩니다.

8 얼음이 녹을 때 부피가 줄어들므로 물의 높이가 낮아집니다.

9 튜브형 얼음과자의 용기 안에 가득 채워져 있던 꽁꽁 언 얼음과자가 녹으면 부피가 줄어들면서 용기 안에 빈 공간이 생깁니다. 나머지는 물이 얼 때의 부피 변화와 관련있는 현상입니다.

10 물에 젖은 화장지는 시간이 지나면 물기가 적어지며 점점 마릅니다.

11 물이 담긴 비커를 일정한 곳에 두면 물이 수증기로 변해 공기 중으로 증발하기 때문에 물의 양이 점점 줄어듭니다.

12 고추에 있는 물이 마르는 것은 물이 증발하는 예이며, 물을 증발시키면 고추가 썩는 것을 방지해 고추를 오랫동안 보관할 수 있습니다.

4 물이 끓을 때의 변화

1 끓음   **2** ④   **3** >

4 (1) × (2) ○ (3) ○

1 물의 표면과 물속에서 물이 수증기로 상태가 변하는 현상을 끓음이라고 합니다.

2 물이 끓기 전에는 물 표면이 잔잔하고 변화가 거의 없다가 물이 끓을 때 기포가 올라와 터지면서 물 표면이 울퉁불퉁해집니다. 물이 끓기 전에는 물의 높이가 매우 천천히 낮아져 거의 줄어들지 않는 것처럼 보이다가 물이 끓을 때에는 물의 높이가 끓기 전보다 더 빠르게 낮아집니다.

3 물이 끓고 난 후 물의 높이가 물을 가열하기 전보다 낮아집니다. 물의 높이가 변한 까닭은 물이 수증기로 변해 공기 중으로 흩어졌기 때문입니다.

4 물이 끓을 때에는 증발할 때보다 물의 양이 빠르게 줄어듭니다.

5 수증기의 응결

1 (1) ○ (2) ○ (3) ×   **2** <   **3** ③

4 ㉢

1 차가운 플라스틱 컵 표면에 생긴 물방울을 화장지로 닦아 보면 색깔이 없습니다. 이것으로 컵 안쪽의 액체가 새어 나온 것이 아님을 알 수 있습니다. 컵 표면의 물방울은 공기 중의 수증기가 물로 상태가 변하여 차가운 컵 표면에 맺힌 것입니다.

2 공기 중에 있던 수증기가 컵 표면에 닿아 물로 변하여 달라붙었기 때문에 나중 무게가 처음 무게보다 늘어납니다.

3 욕실의 차가운 거울 표면에 맺힌 물방울은 공기 중의 수증기가 응결해 물로 변한 것입니다.

4 추운 겨울날 유리창 안쪽에 맺힌 물방울은 공기 중의 수증기가 응결해 물로 변한 것입니다. ㉠ 증발과 ㉡ 끓음은 액체인 물이 기체인 수증기로 상태가 변하는 경우입니다.

6 물의 상태 변화의 이용

개념 확인 문제 　　　　　　　　　　　51쪽

1 (1) ㉠ (2) ㉡　　　　**2** ①　　　　**3** ④

---

1 인공 눈을 만들 때에는 물이 얼음으로 상태가 변하는 현상을 이용하고, 스팀다리미로 다림질을 할 때에는 물이 수증기로 상태가 변하는 현상을 이용합니다.

2 물을 얼려 얼음과자를 만듭니다.

3 얼음 작품을 만드는 것은 물이 얼음으로 변하는 현상을 이용한 예입니다.

실력 문제 　　　　　　　　　　　52~53쪽

1 ③　　**2** ①　　**3** (나)　　**4** ㉠ 액체, ㉡ 기체　　**5** ⑤
6 ②, ③　　**7** ㉢　　**8** ④　　**9** ①, ⑤　　**10** (1) ㉡ (2) ㉠
11 ④　　**12** ③

1 물이 끓을 때 물속에서 생기는 기포 안에는 액체인 물이 기체로 변한 수증기가 들어 있습니다.

2 물이 끓기 전에는 물 표면이 잔잔하고 변화가 거의 없다가 물이 끓을 때에는 물속에서 기포가 생겨 올라와 물 표면이 불규칙하게 움직입니다.

3 물이 끓을 때에는 물 표면과 물속에서 물이 수증기로 변하여 공기 중으로 흩어지기 때문에 물의 높이가 낮아집니다.

4 물을 가열하면 시간이 지나면서 물속에서 기포가 생기며 물이 끓습니다. 이 기포는 물이 수증기로 변한 것입니다. 물의 표면과 물속 모두에서 물이 수증기로 변하는 현상을 끓음이라고 합니다.

5 물이 증발하거나 끓을 때에는 물이 수증기가 되는 상태 변화가 일어납니다.

6 플라스틱 컵 표면에 물방울이 맺히고, 물방울이 점점 커져 은박 접시 위로 흘러 물이 고입니다.

7 컵 표면에 생긴 물방울은 공기 중의 수증기가 차가운 컵 표면에 닿아 응결해 물로 변해서 컵 표면에 맺힌 것입니다.

8 맑은 날 아침 풀잎이나 거미줄에 맺힌 물방울은 공기 중의 수증기가 액체인 물로 상태가 변한 것입니다.

9 추운 곳에서 따뜻한 곳으로 들어오면 안경알이 뿌옇게 흐려지는 것은 응결과 관련된 현상입니다. 이슬과 자동차 유리창 안쪽에 맺힌 물방울은 응결에 의해 생기는 현상입니다.

10 물을 끓일 때 나오는 수증기를 이용하여 음식을 찌고, 얼음과 얼음 사이에 물을 뿌리면 얼어붙는 현상을 이용해 얼음 작품을 만듭니다.

11 스팀다리미로 옷의 주름을 펼 때에는 물이 수증기로 변하는 상태 변화를 이용합니다. 이글루를 만들 때, 인공 눈을 만들 때, 얼음과자를 만들 때에는 물이 얼음으로 변하는 상태 변화를 이용합니다. 열이 날 때에는 얼음주머니의 얼음이 물로 변하는 상태 변화를 이용해 몸을 식힙니다.

12 가습기는 물이 수증기로 변하는 상태 변화를 이용한 것입니다.

단원 정리 2 물의 상태 변화 　　　　　　54~55쪽

❶ 수증기　❷ 부피　❸ 무게　❹ 수증기　❺ 증발
❻ 수증기　❼ 끓음　❽ 수증기　❾ 응결　❿ 상태

O X 1 ○　2 ×　3 ○　4 ○　5 ×　6 ×　7 ○
8 ○　9 ×　10 ○

2 액체는 모양이 일정하지 않고 흐르며, 손으로 잡을 수 있습니다.
　└ 없습니다.
5 가만히 놓아둔 비커 안의 물이 줄어드는 까닭은 물이 수증기로 변해 물속으로 들어갔기 때문입니다.
　　　　　　　　└ 공기 중으로 날아갔기
6 물의 표면과 물속에서 액체인 물이 기체인 수증기로 상태가 변하는 현상을 증발이라고 합니다.
　　　　　　　└ 끓음
9 액체인 물이 기체인 수증기로 상태가 변하는 것을 응결이라고 합니다.
　└ 기체인 수증기가 액체인 물로

단원 평가 1회 　　　　　　56~58쪽

1 ①　**2** 예 고체 상태인 얼음이 녹아 액체 상태인 물이 된다.
3 ③　**4** ③　**5** ①　**6** 소금　**7** ②, ⑤　**8** 예 물이 얼어 부피가 늘어났기 때문이다.　**9** ㉠　**10** 13　**11** ④　**12** 크기가 작은 물방울이 되어　**13** ③　**14** ③　**15** (나), (가), (다)
16 ④　**17** ①, ⑤　**18** 응결　**19** ④　**20** 수증기

1 얼음은 차갑고 단단합니다.

2 얼음을 손바닥에 올려놓으면 얼음이 녹아 물이 되는 모습을 볼 수 있습니다.

채점 기준	
예시 답안과 같이 옳게 쓴 경우	5점
예시 답안과 의미는 비슷하지만 정확하게 쓰지 못한 경우	2점

3 손에 묻은 물은 시간이 지남에 따라 물이 말라 손에서 사라집니다.

4 기체 상태의 물은 수증기로, 일정한 모양이 없고 눈에 보이지 않습니다.

5 고드름은 고체인 얼음으로, 고드름이 녹으면 액체인 물이 됩니다.

6 소금과 얼음을 섞으면 얼음이 녹아 물이 되는 과정과 소금이 물에 녹는 과정에서 모두 주변의 열을 흡수하므로 얼음의 온도가 더 낮아져 물이 빨리 얼게 됩니다.

7 물이 얼면 부피는 늘어나지만 무게는 변하지 않습니다.

8 물이 얼면 부피가 늘어나기 때문에 겨울철에 물을 가득 담아 두었던 장독이 깨집니다.

채점 기준	
예시 답안과 같이 옳게 쓴 경우	5점
예시 답안과 의미는 비슷하지만 정확하게 쓰지 못한 경우	2점

9 얼음이 녹아 물이 될 때 부피가 줄어듭니다. 이때 줄어든 부피는 물이 얼 때 늘어났던 부피와 같습니다.

10 얼음이 녹아 물이 되는 물의 상태 변화가 일어날 때 무게는 변하지 않습니다.

11 용기에 가득 채워져 있던 얼음과자가 녹았을 때 용기 안에 빈 공간이 생긴 것은 얼음이 녹을 때 부피가 줄어들었기 때문입니다.

12 젖은 빨래가 마른 까닭은 빨래의 물이 수증기가 되어 공기 중으로 흩어졌기 때문입니다.

13 물휴지를 펼쳐 널으면 접어 널은 것보다 공기와 닿는 면적이 넓어서 더 빨리 마릅니다.

14 액체인 물이 표면에서 기체인 수증기로 상태가 변하는 현상을 증발이라고 합니다.

15 물이 끓으면 기체인 수증기가 공기 중으로 흩어지므로 비커에 남아 있는 물의 양은 점점 줄어들게 되고 물의 높이는 점점 낮아집니다.

16 물이 끓을 때에는 액체인 물이 기체인 수증기가 되는 상태 변화가 일어납니다.

17 컵 표면에 맺힌 물방울은 무색투명하며, 공기 중의 수증기가 물로 상태가 변한 것입니다.

18 가열한 냄비 뚜껑 안쪽에 맺힌 물방울과 유리창 안쪽에 맺힌 물방울은 수증기가 물로 응결하여 나타나는 현상입니다.

19 물이 수증기로 상태가 변하는 것을 이용해 스팀 청소기로 바닥을 닦습니다. 이글루, 얼음과자, 얼음 작품, 인공 눈은 모두 물이 얼음으로 상태가 변하는 것을 이용한 것입니다.

20 물이 수증기로 변하는 것을 이용해 스팀다리미로 옷의 주름을 펴거나 가습기를 이용합니다.

☀️ 단원 평가 2회   59~61쪽

1 ①   **2** 고체, 액체   **3** 물   **4** ③, ④   **5** ㉡, ㉢   **6** ②
7 =, <   **8** ⑤   **9** 13 g, 예 얼음이 녹을 때 무게가 변하지 않기 때문이다.   **10** ③   **11** ③   **12** ①, ③   **13** ①
14 (1) 낮아진다. (2) 예 물이 수증기로 변해 공기 중으로 흩어졌기 때문이다.   **15** 태경   **16** 응결   **17** ①   **18** ②   **19** ③
20 ④

1 ㉠ 얼음은 차갑고 단단하며 일정한 모양이 있고, 손으로 잡을 수 있습니다. ㉡ 물은 흐르고 일정한 모양이 없으며, 손으로 잡을 수 없습니다.

2 고드름은 얼음으로 물의 고체 상태이며, 고드름이 녹은 물은 액체 상태입니다.

3 얼음을 손바닥에 올려놓으면 고체인 얼음이 녹아 액체인 물이 됩니다.

4 눈과 얼음은 물의 고체 상태이며, 수증기는 물의 기체 상태입니다.

5 물의 기체 상태는 수증기이며, 수증기는 일정한 모양이 없으며 눈에 보이지 않고 손으로 잡을 수 없습니다.

6 플라스틱 시험관 속 물이 얼기 전과 물이 완전히 언 후의 부피 변화는 물의 높이 변화를 비교하여 알 수 있습니다.

7 물이 얼어 얼음이 될 때 부피가 늘어나고, 무게는 변하지 않습니다.

8 물이 얼 때 부피가 늘어나 한겨울에 수도 계량기가 터지거나, 물이 든 페트병을 얼리면 페트병이 커집니다. 얼음이 녹을 때 부피가 줄어들므로 얼음 틀 위로 튀어나와 있던 얼음이 녹으면 높이가 낮아집니다.

9 얼음이 녹아 물이 되는 상태 변화가 일어날 때 무게는 변하지 않습니다.

10 얼음이 녹으면 부피가 줄어들기 때문에 튜브형 얼음과자가 녹으면 용기 안에 빈 공간이 생깁니다.

11 식품 건조기에 넣은 사과 조각은 표면에서 물이 수증기로 변하는 증발이 일어납니다.

12 젖은 머리카락을 말릴 때 머리카락의 물이 수증기로 변해 공기 중으로 흩어집니다. 고추를 말릴 때에도 물의 증발이 일어납니다.

13 물이 끓기 전에는 물 표면이 잔잔하고 변화가 거의 없다가 물이 끓을 때에는 기포가 올라와 터지면서 물 표면이 울퉁불퉁해집니다.

14 물이 끓을 때 물 표면과 물속에서 물이 수증기로 변하여 공기 중으로 흩어지므로 물의 높이가 낮아집니다.

15 끓음은 물 표면과 물속에서 물이 수증기로 상태가 변하고, 물이 끓을 때에는 증발할 때보다 물의 양이 빠르게 줄어듭니다.

16 차가운 플라스틱 컵 표면에 생긴 물방울은 공기 중의 수증기가 응결한 것입니다.

17 실험은 수증기가 물로 변하는 응결 현상을 알아보는 것입니다. 비로 인해 젖은 길이 마르는 것은 액체인 물이 기체인 수증기로 상태가 변하는 증발 현상입니다.

18 ② 물을 얼려 얼음과자를 만듭니다. ①, ④는 물이 수증기로 상태가 변하는 것을 이용한 것이며, ③은 얼음이 물로 상태가 변하는 것을 이용한 것입니다.

19 액체인 물을 가열해서 기체인 수증기로 변화시켜 음식을 익힙니다.

20 빨래를 말리고 감이나 옥수수를 말리는 것과 찜기에 만두를 찌는 것은 물이 수증기가 되는 상태 변화를 이용한 것이고, 인공 눈은 물이 얼음이 되는 상태 변화를 이용한 것입니다.

📝 서술형 익히기

62～63쪽

개념1 **1** ① 액체, 고체 ② 부피, 무게   **2** 부피가 늘어나기
3 예 유리병에 물을 가득 채워서 얼리면 물이 얼면서 부피가 늘어나 유리병이 깨질 수 있기 때문입니다.

개념2 **4** ① 증발, 표면 ② 표면, 물속   **5** ㉠, 물의 표면과 물속에서 기포가 생기고,   **6** 예 공통점 : 두 비커에서 모두 물이 수증기로 변합니다. 차이점 : 탁자 위에 둔 물은 양이 천천히 줄어들고 물의 표면에서만 수증기로 변하지만, 알코올램프로 가열한 물은 양이 빠르게 줄어들고 물의 표면과 물속에서 수증기로 변합니다.

개념3 **7** ① 물방울 ② 응결   **8** 차가운 물체 표면에 닿아 물로 변하기   **9** 예 빵을 담은 봉지의 입구를 열어 놓지 않으면 갓 구워낸 빵에서 증발한 수증기가 봉지 안에서 응결해 물방울로 변하여 빵을 눅눅하게 만들기 때문입니다.

1 물이 얼어 얼음이 되면 부피는 늘어나지만 무게는 변하지 않습니다.

2 액체인 물이 고체인 얼음으로 상태가 변하면 부피는 늘어나고 무게는 변하지 않습니다.

3 물이 얼면 부피가 늘어나기 때문에 유리병에 물을 가득 채워서 얼리면 유리병이 깨질 수 있습니다.

4 물의 표면에서 액체인 물이 기체인 수증기로 상태가 변하는 현상을 증발이라고 하고, 물의 표면과 물속에서 액체인 물이 기체인 수증기로 상태가 변하는 현상을 끓음이라고 합니다.

5 물이 끓을 때에는 물의 표면과 물속에서 기포가 생깁니다.

6 물을 그대로 놓아두었을 때에는 물의 양이 매우 천천히 줄어들고 물의 표면에서만 물이 수증기로 변합니다. 물을 가열했을 때에는 증발할 때보다 물의 양이 빠르게 줄어들고 물의 표면과 물속에서 물이 수증기로 변합니다.

7 얼음이 담긴 병은 차갑기 때문에 공기 중의 수증기가 차가운 병 표면에 닿아 물방울로 맺힙니다. 이처럼 기체인 수증기가 액체인 물로 상태가 변하는 현상을 응결이라고 합니다.

8 공기 중의 수증기가 차가운 물체 표면에 닿으면 물로 변하는데 이를 응결이라고 합니다.

9 갓 구워낸 빵에서 물이 증발하며 수증기가 발생하는데, 이 수증기가 빵 봉지 안에서 물방울로 응결하면 다시 빵이 흡수해서 빵이 눅눅해집니다. 따라서 빵을 담은 봉지의 입구를 조금 열어 놓아 수증기가 공기 중으로 빠져나가게 하는 것입니다.

📋 서술형 평가

64~65쪽

1 ⑩ 물이 마르고, 물이 손에서 사라진다. **2** (1) 고체, 액체, 기체 (2) ⑩ 고체(얼음)는 모양이 일정하고, 손으로 잡을 수 있다. 액체(물)는 흐르고 일정한 모양이 없으며, 담는 그릇에 따라 모양이 변한다. 기체(수증기)는 일정한 모양이 없고, 눈에 보이지 않는다. **3** (1) ㉡ (2) ⑩ 물이 얼면서 부피가 늘어났기 때문이다. **4** (1) ⑩ 시간이 지나면 빨래가 마른다. (2) ⑩ 빨래의 물이 수증기로 변해 공기 중으로 날아가기 때문이다. **5** (1) 기포 (2) ⑩ 물이 끓기 전에는 물 표면이 잔잔하고 변화가 거의 없다. 물이 끓을 때에는 기포가 올라와 터지면서 물 표면이 울퉁불퉁해진다. **6** ⑩ 증발은 물 표면에서 물이 수증기로 상태가 변하고, 끓음은 물 표면과 물속에서 물이 수증기로 상태가 변한다. 증발은 물의 양이 매우 천천히 줄어들고, 끓을 때에는 증발할 때보다 물의 양이 빠르게 줄어든다. **7** (1) ⑩ ㉠에서는 무게가 줄어들고, ㉡에서는 무게가 늘어난다. (2) ⑩ ㉠에서는 물이 증발해 물의 양이 줄어들기 때문에 무게가 줄어들고, ㉡에서는 수증기가 응결해 물방울이 컵 표면에 달라붙어 있기 때문에 무게가 늘어난다. **8** (가) ⑩ 인공 눈을 만든다. 얼음과자를 만든다. 이글루를 만든다. 등 (나) ⑩ 스팀다리미로 옷의 주름을 편다. 스팀 청소기로 바닥을 닦는다. 가습기를 이용한다. 등

1 손에 묻은 물은 기체인 수증기가 되어 공기 중으로 흩어집니다.

채점 기준	
예시 답안과 같이 옳게 쓴 경우	8점
예시 답안과 의미는 비슷하지만 정확하게 쓰지 못한 경우	3점

2 (1) 물은 고체인 얼음, 액체인 물, 기체인 수증기의 세 가지 상태로 있습니다.
(2) 고체인 얼음은 일정한 모양이 있지만, 액체인 물과 기체인 수증기는 일정한 모양이 없습니다.

채점 기준	
(1), (2)를 모두 옳게 쓴 경우	12점
(1)만 옳게 쓴 경우	3점
(2)만 옳게 쓴 경우	9점

3 (1) 물이 얼면 부피가 늘어납니다.
(2) 물이 얼면서 부피가 늘어나므로 요구르트병이 커집니다.

채점 기준	
(1), (2)를 모두 옳게 쓴 경우	12점
(1)만 옳게 쓴 경우	2점
(2)만 옳게 쓴 경우	10점

4 (1) 빨래를 널어놓으면 시간이 지남에 따라 빨래가 마릅니다. 이는 빨래의 물이 공기 중으로 증발하기 때문입니다.
(2) 빨래가 마르는 현상은 물의 증발과 관련이 있습니다.

채점 기준	
(1), (2)를 모두 옳게 쓴 경우	12점
(1)만 옳게 쓴 경우	4점
(2)만 옳게 쓴 경우	8점

5 (1) 기포는 물이 수증기로 변한 것으로, 기체 상태입니다.
(2) 물이 끓을 때 기포가 올라와 터지므로 물 표면이 울퉁불퉁합니다.

채점 기준	
(1), (2)를 모두 옳게 쓴 경우	12점
(1)만 옳게 쓴 경우	2점
(2)만 옳게 쓴 경우	10점

6 증발과 끓음은 물이 수증기로 상태가 변하는 현상입니다.

채점 기준	
예시 답안과 같이 옳게 쓴 경우	8점
예시 답안과 의미는 비슷하지만 정확하게 쓰지 못한 경우	3점

7 ㉠에서는 증발이 일어나고, ㉡에서는 응결이 일어납니다.

채점 기준	
(1), (2)를 모두 옳게 쓴 경우	12점
(1)만 옳게 쓴 경우	4점
(2)만 옳게 쓴 경우	8점

8 얼음 작품은 물이 얼음으로 되는 상태 변화를 이용한 것이며, 음식을 찌는 것은 물이 수증기로 되는 상태 변화를 이용한 것입니다.

채점 기준	
두 가지를 모두 옳게 쓴 경우	8점
두 가지 중 한 가지만 옳게 쓴 경우	4점

1 (1) 예 플라스틱 시험관에 물의 높이를 표시한다. (2) 예 전자저울로 물이 들어 있는 플라스틱 시험관의 무게를 측정한다. **2** 예 얼음이 녹을 때 부피는 줄어들고, 무게는 변하지 않는다. **3** 예 용기 안에 빈 공간이 생긴다. 얼음과자가 녹으면서 부피가 줄어들었기 때문이다. **4** 예 물이 얼어 부푼 페트병을 냉동실에서 꺼내 놓으면 얼음이 녹으면서 부피가 줄어들어 원래 모습으로 돌아온다. 얼음 틀 위로 튀어나와 있던 얼음이 녹으면 높이가 낮아진다. 냉동실에서 꺼낸 언 요구르트의 부피가 시간이 지나면서 줄어든다. 등

1 얼음이 녹기 전과 완전히 녹은 후의 물의 높이 변화를 통해 얼음이 녹을 때의 부피 변화를 알 수 있습니다. 전자저울로 물체의 무게를 빠르고 정확하게 측정할 수 있습니다.

2 얼음이 녹은 후 물의 높이가 얼음이 녹기 전보다 낮아진 것으로 보아, 얼음이 녹을 때 부피가 줄어드는 것을 알 수 있습니다.

3 꽁꽁 언 튜브형 얼음과자가 녹으면 튜브 안에 가득 차 있던 얼음과자의 부피가 줄어들어 용기 안에 빈 공간이 생깁니다.

4 얼음이 녹으면 부피가 줄어듭니다.

1 예 액체인 물이 기체인 수증기로 변한다. 물의 양이 줄어든다. 등 **2** 예 ㉠에서는 물의 표면에서 물이 수증기로 변하고, 물의 양이 천천히 줄어든다. ㉡에서는 물의 표면과 물속에서 물이 수증기로 변하고, 물의 양이 빠르게 줄어든다. **3** 예 ㉠ : 젖은 빨래가 마른다. 고추를 말린다. 등 ㉡ : 주전자에 물을 끓인다. 물을 끓여 달걀을 삶는다. 등

1 물이 증발할 때와 끓을 때 모두 액체인 물이 기체인 수증기로 변하며, 이때 물의 양이 줄어듭니다.

2 증발은 물의 표면에서만 물이 수증기로 변하고, 끓음은 물의 표면과 물속에서 물이 수증기로 변합니다. 또한, 증발할 때보다 끓을 때 물의 양이 빠르게 줄어듭니다.

3 우리 주변에서 증발이 일어나는 예로는 젖은 빨래를 널어 놓으면 물이 수증기로 변하여 빨래가 마르는 경우, 고추를 햇볕에 말리는 경우, 손에 묻은 물기가 시간이 지나면 마르는 경우, 어항 속의 물이 점점 줄어드는 경우 등이 있고, 물이 끓는 예로는 달걀을 물에 넣어 삶을 때 물이 끓는 경우, 물을 끓여 유리병을 소독하는 경우, 물을 끓여 고구마를 삶는 경우 등이 있습니다.

1 물방울 **2** 예 주스병 표면의 물방울이 은박 접시 위로 흘러 물이 고인다. **3** 예 ㉠에서 측정한 무게보다 ㉢에서 측정한 무게가 더 무겁다. **4** 예 공기 중의 수증기가 차가운 주스병 표면에 닿아 응결해 물로 변해서 달라붙었기 때문이다.

1 시간이 지남에 따라 차가운 주스병 표면에 작은 물방울이 맺힙니다.

2 주스병 표면에 생긴 물방울이 점점 커져 은박 접시 위로 흘러 물이 고입니다.

3 공기 중의 수증기가 물로 변해서 주스병 표면에 달라붙었기 때문에 처음 무게보다 나중 무게가 더 무겁습니다.

4 기체인 수증기가 액체인 물로 상태가 변하는 것을 응결이라고 합니다.

3 그림자와 거울

1 그림자가 생기는 조건

1 ②, ④   **2** ⓒ   **3** 빛

---

1 그림자가 생기려면 빛과 물체가 있어야 합니다. 따라서 공의 그림자를 만들기 위해서는 빛을 낼 수 있는 손전등과 공이 필요합니다.

2 흰 종이와 손전등 사이에 물체(공)를 놓아야 그림자가 생깁니다.

3 그림자가 생기려면 빛과 물체가 있어야 하며, 물체에 빛을 비춰야 합니다.

2 불투명한 물체와 투명한 물체의 그림자

1 ⓒ   **2** ⓒ   **3** ③

---

1 유리컵의 그림자는 연하고 흐릿하고, 도자기 컵의 그림자는 진하고 선명합니다. 이는 유리컵과 도자기 컵이 빛을 통과시키는 정도가 다르기 때문입니다. 유리컵은 빛을 대부분 통과시키기 때문에 연하고 흐린 그림자가 생깁니다.

2 빛이 도자기 컵은 통과하지 못하고 유리컵은 대부분 통과합니다.

3 두꺼운 공책은 불투명한 물체이고, 유리로 된 어항은 투명한 물체입니다. 투명한 물체는 빛을 대부분 통과시켜 그림자가 연하고 흐릿하지만 불투명한 물체는 빛을 통과시키지 못해 그림자가 진하고 선명합니다.

3 물체의 모양과 그림자의 모양

1 ⓒ   **2** ⓒ   **3** ①

---

1 스크린, 원 모양 종이, 손전등을 차례대로 놓고 손전등을 켜면 종이 모양과 같은 원 모양 그림자가 생깁니다.

2 빛이 직진하기 때문에 물체 모양과 물체 뒤쪽에 있는 스크린에 생긴 그림자 모양이 같습니다.

3 물체 모양과 그림자 모양이 비슷한 까닭은 빛이 직진하기 때문입니다.

4 그림자의 크기 변화

1 그대로 두고   **2** (1) ㉠ (2) ㉡   **3** ㉠

---

1 물체와 스크린은 그대로 두고 손전등의 위치를 바꾸거나, 스크린과 손전등은 그대로 두고 물체의 위치를 바꾸면서 그림자의 크기를 변화시킵니다.

2 물체와 손전등 사이의 거리가 가까워지면 그림자의 크기가 커지고, 물체와 손전등 사이의 거리가 멀어지면 그림자의 크기가 작아집니다.

3 물체를 손전등에서 멀리 하면 그림자의 크기가 작아집니다.

1 ㉠ 빛 ㉡ 물체   **2** ㉡   **3** ㉠   **4** 통과하지 못하고, 대부분 통과한다   **5** (1) ㉠ (2) ㉡   **6** ③   **7** ㉠   **8** ④
9 석주   **10** ①, ③   **11** ㉠   **12** 작아

---

1 그림자가 생기려면 빛과 물체가 있어야 하고, 물체에 빛을 비춰야 합니다.

2 스크린과 손전등 사이에 물체를 놓아야 그림자가 생깁니다.

3 손전등을 켜면 물체 뒤쪽에 그림자가 생깁니다. 그림자가 생기려면 스크린, 물체, 빛을 일직선으로 놓아야 합니다.

4 도자기 컵은 불투명해서 빛이 통과하지 못하고, 유리컵은 투명해서 빛이 대부분 통과합니다.

5 도자기 컵은 빛이 통과하지 못해 진한 그림자가 생기고, 유리컵은 빛이 대부분 통과해 연한 그림자가 생깁니다.

6 유리창은 빛이 통과하는 성질을 이용한 물체입니다.

7 손전등, 삼각형 모양 종이, 스크린을 차례대로 놓고 손전등을 켜면 종이 모양과 같은 삼각형 모양 그림자가 생깁니다.

8 ㄱ자 모양 블록에 빛을 비추는 방향이 달라지면 그림자 모양이 달라지기도 합니다. ㄱ자 모양 블록을 이용해서 ㄷ자 모양 그림자를 만들 수 없습니다.

9 손전등과 물체 사이의 거리에 따라 그림자의 크기가 달라지기 때문에 그림자로 물체의 크기를 알 수 없습니다.

10 물체와 손전등 사이의 거리에 따라 물체의 그림자 크기가 달라집니다.

11 스크린과 물체가 그대로 있을 때 손전등을 물체에 가까이 가져가면 그림자가 커지고, 손전등을 물체에서 멀리 하면 그림자가 작아집니다.

12 물체와 손전등 사이의 거리가 멀어지면 그림자의 크기는 작아집니다.

5 거울에 비친 물체의 모습

😊 **개념 확인 문제**　　　　　　　　　　　　　　81쪽

1 같다　　　**2** ㉢　　　**3** ③

1 거울에 비친 물체의 색깔은 실제 물체의 색깔과 같습니다.

2 실제 인형은 왼쪽 발을 앞으로 내밀었는데 거울에 비친 인형은 오른쪽 발을 앞으로 내밀었습니다.

3 거울에 비친 물체의 색깔은 실제 물체의 색깔과 같고, 물체의 상하는 바뀌어 보이지 않지만 좌우는 바뀌어 보입니다.

6 빛이 거울에 부딪친 후 나아가는 모양

😊 **개념 확인 문제**　　　　　　　　　　　　　　83쪽

1 ④　　　**2** ㉠　　　**3** ㉢

1 빛이 나아가다가 거울에 부딪치면 거울에서 빛의 방향이 바뀝니다. 이러한 성질을 빛의 반사라고 합니다.

2 빛이 나아가다가 거울에 부딪치면 거울에서 빛의 방향이 바뀝니다.

3 거울을 사용하면 뒤를 돌아보지 않고도 뒤에서 오는 차를 볼 수 있습니다. 이는 거울에 뒤에서 오는 차의 모습이 비치기 때문입니다.

7 일상생활에서 거울의 이용

😊 **개념 확인 문제**　　　　　　　　　　　　　　85쪽

1 ⑤　　　**2** ③　　　**3** 거울

1 신발 가게에서는 거울을 이용하여 신발을 살 때 신발 신은 모습을 선 채로 볼 수 있게 합니다.

2 농구 경기를 할 때에는 거울을 이용하지 않습니다.

3 거울을 사용하면 자신의 전체 모습과 뒷모습을 볼 수 있고, 뒤쪽에서 오는 자동차를 볼 수 있습니다.

💡 **실력 문제**　　　　　　　　　　　　　　86~87쪽

| **1** ㉠ | **2** ② | **3** 상하, 좌우 | **4** 왼손 | **5** ⑤ | **6** 좌우 |
| **7** 빛의 반사 | **8** ① | **9** ④, ⑤ | **10** ㉠ | **11** ③ | **12** ② |

1 거울에 비친 물체의 색깔과 상하의 모양은 실제 물체와 같지만 좌우가 바뀌어 보입니다.

2 거울에 비친 글자는 실제 글자와 좌우가 바뀌어 보입니다.

3 물체를 거울에 비춰 보면 물체의 상하는 바뀌어 보이지 않지만 좌우는 바뀌어 보입니다.

4 물체를 거울에 비춰 보면 좌우가 바뀌어 보이기 때문에 실제로는 왼손으로 칫솔을 들고 있는 것입니다.

5 글자나 도형을 절반으로 나누었을 때 모양이 같은 경우 거울에 비추었을 때 원래 모양과 같게 보입니다.

6 구급차의 앞부분에 글자의 좌우를 바꾸어 쓴 까닭은 자동차의 뒷거울에 구급차 앞부분의 모습이 비춰 보일 때 좌우를 바꾸어 쓴 글자의 좌우가 다시 바뀌어 똑바로 보이기 때문입니다.

7 빛이 나아가다가 거울에 부딪치면 거울에서 빛의 방향이 바뀝니다. 이러한 성질을 빛의 반사라고 합니다.

8 손전등 빛의 방향을 바꾸기 위해서는 거울이 필요합니다.

9 빛이 거울에 부딪치면 거울에서 빛의 방향이 바뀌어 다시 곧게 나아갑니다.

10 햇빛이 거울에 반사되어 우리 집에 들어오게 하기 위해서는 거울을 ㉠ 위치에 놓아야 합니다.

11 지하철역에는 벽면 거울을 설치해서 공간을 넓어 보이게 하거나 내부를 밝게 합니다.

12 컴퓨터를 볼 때에는 거울을 이용하지 않습니다.

단원정리 **3** 그림자와 거울
88~89쪽

❶ 빛 **❷** 빛 **❸** 직진 **❹** 커 **❺** 작아 **❻** 상하
❼ 좌우 **❽** 방향 **❾** 반사 **❿** 반사

OX 1 ○ 2 × 3 ○ 4 ○ 5 × 6 ○ 7 ×
8 ○ 9 ○ 10 ○

2 <u>물체</u>-스크린-손전등 순서가 될 때 그림자가 생깁니다.
  └ 스크린-물체
5 빛이 직진하다가 물체를 <u>통과하기</u> 때문에 물체의 모양대로 그림자가 생깁니다.
  └ 통과하지 못하기
7 스크린과 손전등을 그대로 두고 물체를 손전등에 가깝게 하면 그림자의 크기는 <u>작아집니다</u>.
  └ 커

💡 단원 평가 1회
90~92쪽

1 ② 2 ㉢ 3 ⑩ 그림자가 생기지 않는다. 4 ② 5 ㉠, ㉢
6 불투명한 물체-빛이 통과하지 못함-진한 그림자가 생김, 투명한 물체-빛이 대부분 통과함-연한 그림자가 생김 7 ②
8 ⑩ 빛이 직진하기 때문이다. 9 ③ 10 ㉤ 11 ㉠
12 ㉠, ㉢ 13 ⑤ 14 ①, ④ 15 ③ 16 ⑤ 17 거울
18 ㉣ 19 ⑤ 20 ②

1 그림자가 생기려면 빛과 물체가 있어야 하고, 물체에 빛을 비추어야 합니다.

2 스크린-물체-손전등 순서가 될 때 그림자가 생기며, 그림자가 생기려면 물체에 빛을 비추어야 합니다.

---

3 그림자는 빛이 물체를 비춰야 생깁니다. 구름이 햇빛을 가리면 햇빛이 물체를 비추지 않기 때문에 그림자가 생기지 않습니다.

채점 기준	
예시 답안과 같이 옳게 쓴 경우	5점
예시 답안과 의미는 비슷하지만 정확하게 쓰지 못한 경우	2점

4 유리와 같이 투명한 물체는 빛이 대부분 통과해 연한 그림자가 생깁니다.

5 도자기 컵은 빛이 통과하지 못해 진하고 선명한 그림자가 생기고, 유리컵은 빛이 대부분 통과해 연하고 흐린 그림자가 생깁니다.

6 빛이 나아가다가 투명한 물체를 만나면 빛이 대부분 통과해 연한 그림자가 생기고, 불투명한 물체를 만나면 빛이 통과하지 못해 진한 그림자가 생깁니다.

7 우리 생활에서 물체의 그림자가 생기는 것을 이용해 생활을 편리하게 한 예로는 양산, 천막, 색안경, 모자, 암막, 커튼, 자동차의 햇빛 가리개 등이 있습니다.

8 직진하는 빛이 물체를 통과하지 못하면 물체 모양과 비슷한 그림자가 물체의 뒤쪽에 생깁니다.

채점 기준	
예시 답안과 같이 옳게 쓴 경우	5점
빛이 통과하지 못해서라고만 쓴 경우	2점

9 빛이 직진하기 때문에 물체 모양과 비슷한 그림자가 생깁니다.

10 둥근 기둥 모양 블록을 위와 옆에서 비추었을 때 생길 수 있는 그림자 모양입니다.

11 물체와 스크린을 그대로 두었을 때 손전등을 물체에 가깝게 하면 그림자의 크기는 커집니다.

12 손전등과 물체 사이의 거리가 가까울수록 그림자의 크기가 커지고, 멀수록 그림자의 크기가 작아집니다.

13 빛이 곧게 나아가다가 물체를 통과하지 못해 그림자가 생기며, 빛이 물체를 통과하는 정도에 따라 그림자의 진하기가 달라집니다.

14 거울에 비친 물체의 색깔은 실제 물체와 같고, 물체의 상하는 바뀌어 보이지 않지만 좌우는 바뀌어 보입니다.

15 글자를 거울에 비춰보면 상하는 바뀌어 보이지 않지만 좌우는 바뀌어 보입니다.

16 빛이 나아가다가 거울에 부딪치면 거울에서 빛의 방향이

바뀝니다. 이러한 성질을 빛의 반사라고 합니다.

17 운전자는 거울을 이용해 뒤를 볼 수 있기 때문에 뒤를 돌아보지 않고도 뒤따라오는 자동차의 위치를 확인할 수 있습니다.

18 빛을 다른 방향으로 반사하게 하려면 거울이 바라보는 방향을 바꾸어야 합니다.

19 현관 앞 전신 거울로 외출하기 전에 외출복이 맵시가 나는지 확인합니다.

20 유리온실은 빛이 잘 통과하는 유리의 성질을 이용한 예입니다.

단원 평가 2회

1 ③ **2** ㉠ **3** ⑤ **4** ㉡, ㉢, ㉤ **5** ㉡, 예 빛이 대부분 물체(유리컵)를 통과하기 때문이다. **6** ④ **7** ③ **8** ⑤ **9** ①
10 예 그림자의 크기가 작아진다. **11** ㉡, ㉣ **12** 같다
13 해설 참조 **14** 인경 **15** ㉠ 좌우 ㉡ (뒷)거울 **16** 해설
참조 **17** ③ **18** ② **19** ⑤ **20** ㉢

---

1 그림자가 생기려면 빛과 물체가 있어야 하고, 물체에 빛을 비춰야 합니다.

2 흰 종이와 손전등 사이에 물체가 있을 때 그림자가 생깁니다.

3 손전등의 개수에 따라 그림자의 개수가 달라집니다. 손전등 두 개를 물체에 비추면 두 개의 그림자가 생깁니다.

4 유리컵, 무색 유리, OHP 필름처럼 투명한 물체의 그림자는 연하고 흐리지만, 공책, 책가방, 나무 책상처럼 불투명한 물체의 그림자는 진하고 선명합니다.

5 불투명한 물체는 빛이 물체를 통과하지 못해 진한 그림자가 생기고, 투명한 물체는 빛이 대부분 물체를 통과해 연한 그림자가 생깁니다.

채점 기준	
기호와 그 까닭을 모두 옳게 쓴 경우	5점
기호를 맞게 썼으나 빛이 유리컵을 통과한다는 언급이 없는 경우	2점

6 안경을 써서 글씨를 잘 보이게 하는 것은 렌즈를 이용한 경우입니다.

7 ㄱ자 모양 블록을 놓은 방향이 달라지면 그림자 모양이 달라지기도 합니다. 하지만 ㄱ자 모양 블록을 놓는 방향을

바꾸어도 ■ 모양 그림자는 생기지 않습니다.

8 직진하는 빛이 물체를 통과하지 못하면 물체 모양과 비슷한 그림자가 물체 뒤쪽에 생깁니다.

9 손전등을 ㉠ 방향으로 움직이면 물체와 손전등 사이의 거리가 가까워지며, 그림자의 크기가 커집니다.

10 손전등을 물체에서 멀리 하면 물체와 손전등 사이가 멀어지며 그림자의 크기가 작아집니다.

채점 기준	
예시 답안과 같이 옳게 쓴 경우	5점
예시 답안과 의미는 비슷하지만 정확하게 쓰지 못한 경우	2점

11 손전등과 물체 사이의 거리가 가까울수록 그림자의 크기가 커지고, 멀수록 그림자의 크기가 작아집니다.

12 거울에 비친 물체의 색깔은 실제 물체의 색깔과 같습니다.

13 거울에 글자를 비추면 상하는 바뀌어 보이지 않지만 좌우는 바뀌어 보입니다.

구곤

14 거울에 비친 물체의 상하는 바뀌어 보이지 않지만 좌우는 바뀌어 보입니다.

15 구급차의 앞부분에 글자의 좌우를 바꾸어 쓴 까닭은 자동차의 뒷거울에 구급차 앞부분의 모습이 비춰 보일 때 좌우로 바꾸어 쓴 글자의 좌우가 다시 바뀌어 똑바로 보이기 때문입니다.

16 빛이 나아가다가 거울에 부딪치면 거울에서 빛의 방향이 바뀝니다.

17 거울이 바라보는 방향을 바꾸면 빛을 다른 방향으로 반사할 수 있습니다.

18 미용실에서 거울 두 개를 이용하여 자신의 뒷머리 모양을 볼 수 있습니다.

19 편의점에서 물건의 가격을 볼 때 거울을 이용하지 않습니다.

20 큰 거울을 이용하면 실내를 넓어 보이게 할 수 있습니다.

개념1 **1** ① 물체 ② 물체 ③ 물체   **2** 빛과 물체가 있어야 하는데, 빛이   **3** 예 그림자가 생기기 위해서는 빛과 물체가 있어야 하는데 물체가 없기 때문에 그림자가 생기지 않습니다.

개념2 **4** ① 가깝게 ② 멀리   **5** 물체를 손전등에 가깝게 하면   **6** 예 용을 불빛에 더 가까이 가져가거나 스크린을 멀리 하면 그림자가 더 커집니다.

개념3 **7** ① 상하, 좌우 ② 같습니다   **8** 해설 참조, 좌우가 **9** 좌우가 바뀌어 보이지 않고 원래 모습 그대로 보입니다. 예 물체가 거울 두 개에 의해 두 번 반사되므로 첫 번째 거울에서 좌우가 바뀌어 보이고, 두 번째 거울에서 좌우가 다시 바뀌어 보이기 때문에 잠망경으로 물체를 보면 원래 모습 그대로 보입니다.

1 그림자가 생기려면 빛과 물체가 있어야 하고, 빛을 물체에 비추어야 합니다. 그림자는 물체의 뒤쪽에 생깁니다.

2 그림자가 생기려면 빛과 물체가 있어야 합니다.

3 그림자가 생기기 위해서는 빛과 물체가 있어야 하고, 빛이 물체에 닿아야 합니다.

4 스크린이 그대로 있을 때 손전등과 물체 사이의 거리가 가까울수록 그림자가 커지고 멀수록 작아집니다.

5 스크린과 손전등을 그대로 두고 물체를 손전등에 가깝게 하면 물체의 그림자 크기가 커지고, 멀리 하면 물체의 그림자 크기가 작아집니다.

6 물체(용)와 손전등 사이의 거리를 가깝게 하면 그림자의 크기가 커집니다.

7 물체를 거울에 비추어 보면 좌우가 바뀌어 보이지만 색깔은 그대로입니다.

8 물체를 거울에 비추어 보면 물체의 상하는 바뀌어 보이지 않지만 좌우는 바뀌어 보입니다.

┌─────────────┐
│ 구급차 │
└─────────────┘

9 거울 두 개에서 두 번 반사가 되기 때문에 물체의 모습이 원래 모습 그대로 보입니다.

1 ①, 예 스크린 - 물체 - 손전등 순서가 될 때 그림자가 생기기 때문이다.   **2** (1) ⓛ (2) 예 유리컵은 빛이 대부분 통과하지만,

도자기 컵은 빛이 통과하지 못하기 때문이다.   **3** (1) 예 ㉠에는 원 모양 그림자가, ㉡에는 삼각형 모양 그림자가 생긴다. (2) 예 빛이 직진하기 때문이다.   **4** (1) ㉡ (2) 예 물체를 손전등에서 멀리 한다.   **5** (1) 예 색깔이 같다. 상하가 같다. (2) 예 실제 인형은 왼쪽 발을 앞으로 내밀었는데, 거울에 비친 인형은 오른쪽 발을 앞으로 내밀었다. 좌우가 바뀌었다.   **6** (1) 해설 참조 (2) 예 자동차의 뒷거울에 구급차 앞부분의 모습이 비춰 보일 때 좌우로 바꾸어 쓴 글자의 좌우가 다시 바뀌어 보이기 때문이다. **7** (1) 반사 (2) 예 거울에서 방향이 바뀐다.   **8** 예 자신의 머리 모양을 보기 위해서이다. 뒷머리를 보기 위해서이다. 등

1 손전등 - 물체 - 빛의 순서이어야 하고, 손전등의 빛이 물체에 닿아야 그림자가 생깁니다.

채점 기준	
손전등 번호를 쓰고 그렇게 생각한 까닭을 모두 쓴 경우	8점
손전등 번호는 옳게 썼으나 물체에 빛이 닿아야 한다는 언급이 없는 경우	4점

2 유리컵은 빛이 대부분 통과해 연하고 흐릿한 그림자가 생기지만 도자기 컵은 빛이 통과하지 못해 진하고 선명한 그림자가 생깁니다.

채점 기준	
(1), (2)를 모두 옳게 쓴 경우	12점
(1)만 옳게 쓴 경우	2점
(2)만 옳게 쓴 경우	10점

3 빛이 곧게 나아가는 성질을 빛의 직진이라고 하며, 빛이 직진하기 때문에 물체 모양과 그림자 모양이 비슷합니다.

채점 기준	
(1), (2)를 모두 옳게 쓴 경우	12점
(1)만 옳게 쓴 경우	6점
(2)만 옳게 쓴 경우	6점

4 스크린을 그대로 두었을 때 물체와 손전등 사이의 거리가 가까울수록 그림자의 크기가 커지고, 멀수록 그림자의 크기가 작아집니다.

채점 기준	
(1), (2)를 모두 옳게 쓴 경우	12점
(1)만 옳게 쓴 경우	2점
(2)만 옳게 쓴 경우	10점

5 거울에 비친 물체의 색깔은 실제 물체의 색깔과 같으며, 물체의 상하는 바뀌어 보이지 않지만 좌우는 바뀌어 보입니다.

채점 기준

(1), (2)를 모두 옳게 쓴 경우	12점
(1)만 옳게 쓴 경우	6점
(2)만 옳게 쓴 경우	6점

6 (1) | err |

거울로 글자를 보면 좌우가 바뀌어 보이는데 앞에 가는 자동차 운전자가 거울로 글자를 볼 때 똑바로 보이도록 구급차의 앞부분에 글자의 좌우를 바꾸어 쓴 것입니다.

채점 기준

(1), (2)를 모두 옳게 쓴 경우	12점
(1)만 옳게 쓴 경우	4점
(2)만 옳게 쓴 경우	8점

7 빛이 나아가다가 거울에 부딪치면 거울에서 빛의 방향이 바뀌며, 이러한 성질을 빛의 반사라고 합니다.

채점 기준

(1), (2)를 모두 옳게 쓴 경우	12점
(1)만 옳게 쓴 경우	4점
(2)만 옳게 쓴 경우	8점

8 미용실에서는 자신의 머리 모양을 보거나 뒷머리 모양을 보기 위해서 거울을 이용합니다.

채점 기준

예시 답안과 같이 옳게 쓴 경우	8점
예시 답안과 의미는 비슷하지만 정확하게 쓰지 못한 경우	3점

😎 **수행 평가**　　　　　　　　　　100쪽

1 예 손전등과 물체 사이의 거리가 그림자의 크기에 영향을 미친다. 손전등과 물체 사이의 거리에 따라 그림자의 크기가 달라진다. 등　　**2** 커진다, 작아진다　　**3** 예 물체를 손전등에 가깝게 한다.

1 스크린과 물체를 그대로 두고 손전등을 물체에 가깝게 하거나 멀리 하면서 그림자 크기를 관찰하였으므로, 손전등과 물체 사이의 거리가 그림자의 크기에 영향을 미친다는 것을 알 수 있습니다.

2 손전등을 물체에 가깝게 하면 그림자의 크기가 커지고, 물체에서 멀리 하면 그림자의 크기가 작아집니다.

3 물체와 손전등 사이의 거리가 가까울수록 그림자의 크기

가 커지기 때문에 손전등과 스크린을 그대로 두었을 때 그림자 크기를 크게 하려면 물체를 손전등에 가깝게 해야 합니다.

😎 **수행 평가**　　　　　　　　　　101쪽

1 상하, 반대　　**2** 해설 참조　　**3** 예 물체의 색깔은 실제 물체와 같고, 물체의 상하는 바뀌어 보이지 않지만 좌우는 바뀌어 보인다.

1 거울에 비친 물체의 색깔은 실제 물체의 색깔과 같고, 물체의 상하는 바뀌어 보이지 않지만 좌우는 바뀌어 보입니다.

2 거울에 비친 글자의 상하는 바뀌어 보이지 않지만 좌우는 바뀌어 보입니다.

> 꽁 |5우 극도콜

3 거울에 비친 물체의 색깔은 실제 물체의 색깔과 같습니다. 또 물체의 상하는 바뀌어 보이지 않지만 좌우는 바뀌어 보입니다.

😎 **수행 평가**　　　　　　　　　　102쪽

1 거울　　**2** 해설 참조　　**3** 예 거울 두 개를 종이 상자의 꺾이는 곳에 각각 놓아야 한다. 이는 빛이 거울에 부딪친 후 방향이 바뀌는 성질을 이용한 것이다.

1 손전등 빛이 거울 뒤쪽에 있는 인형에 닿게 하기 위해서는 거울 한 개가 더 필요합니다.

2 손전등 빛이 거울에 부딪쳐 방향을 바꾼 후 또 다른 거울에 부딪쳐 방향을 바꾸어야 인형에 빛이 닿을 수 있습니다.

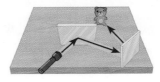

3 빛은 거울에서 반사되는 성질이 있기 때문에 종이 상자의 꺾어진 부분에 거울을 각각 총 두 개를 설치하면 손전등 빛이 종이 상자 끝에 닿게 할 수 있습니다.

4 화산과 지진

1 화산과 화산 분출물

😊 **개념 확인 문제**　　　　　　　　　　105쪽

1 마그마　　**2** (1) ○ (2) × (3) ○　　**3** 화산 분출물
4 ㉠

1 마그마는 땅속 깊은 곳에서 암석이 녹은 것으로 온도가 매우 높습니다.

2 세계 여러 화산은 화산의 경사나 높이가 다릅니다.

3 화산이 분출할 때 나오는 물질을 화산 분출물이라고 합니다.

4 용암은 액체 상태, 화산 가스는 기체 상태, 화산 암석 조각은 고체 상태의 물질입니다.

2 현무암과 화강암의 특징

😊 **개념 확인 문제**　　　　　　　　　　107쪽

1 화성암　　**2** (1) × (2) ○ (3) ○　　**3** (1) ㉡ (2) ㉠
4 ㉠ 화강암, ㉡ 현무암

1 마그마의 활동으로 만들어진 암석을 화성암이라고 합니다.

2 현무암은 어두운색입니다. 밝은색이며 반짝이는 알갱이가 있는 것은 화강암입니다.

3 현무암은 마그마가 지표 가까이에서 식어서 만들어지고, 화강암은 마그마가 땅속 깊은 곳에서 식어서 만들어집니다.

4 불국사의 돌계단은 화강암으로 만들어졌으며, 돌하르방은 현무암으로 만들어졌습니다.

3 화산 활동이 우리 생활에 미치는 영향

😊 **개념 확인 문제**　　　　　　　　　　109쪽

1 기환　　**2** ㉢, ㉣　　**3** 화산재　　**4** 지열

1 화산 활동은 온천, 지열 발전과 같은 이로움을 주기도 하고, 용암, 화산재에 의한 피해를 주기도 합니다.

2 땅속의 열을 이용해 온천을 개발하고, 용암 동굴과 같은

화산 활동으로 만들어진 특이한 지형을 관광 자원으로 활용하는 것은 화산 활동이 주는 이로운 점입니다. 화산재가 농작물을 덮어 피해를 주는 것, 용암이 마을과 농경지를 덮거나 산불이 발생하게 하는 것은 화산 활동이 주는 피해입니다.

3 화산재가 하늘로 올라가 항공기 운항에 영향을 주기도 하지만, 화산재에는 식물의 생장에 필요한 성분이 들어 있어 오랜 시간이 지나면 화산 주변의 땅이 기름져집니다.

4 화산 주변에서 땅속의 높은 열을 이용하여 전기를 생산하고 난방을 하기도 합니다.

💡 **실력 문제**　　　　　　　　　　110~111쪽

1 ③, ⑤　　**2** ㉠, ㉢　　**3** ①　　**4** ㉡　　**5** ④　　**6** ④
7 빠르게, 천천히　　**8** ③　　**9** 현무암, ㉠　　**10** ㉡
11 ①, ④　　**12** ⑤

1 화산은 대부분 마그마가 분출한 흔적이 있고, 산꼭대기에 분화구가 있는 것도 있습니다. 화산은 경사나 높이가 다르고 생김새가 다양합니다.

2 화산이 아닌 산은 마그마가 분출하지 않았으므로 분화구가 없습니다.

3 알루미늄 포일 안에 들어 있던 마시멜로가 뜨거워지면 연기가 나며, 알루미늄 포일 밖으로 액체인 마시멜로가 흘러나옵니다. 마시멜로가 작은 덩어리로 튀어나오기도 합니다.

4 화산 모형실험에서 연기는 기체인 화산 가스, 흐르는 마시멜로는 액체인 용암, 튀어나온 마시멜로는 고체인 화산 암석 조각을 나타냅니다.

5 화산재와 화산 암석 조각은 고체 상태의 화산 분출물, 용암은 액체 상태의 화산 분출물, 화산 가스는 기체 상태의 화산 분출물입니다.

6 화산 암석 조각의 크기는 다양하며, 화산재의 크기는 매우 작습니다. 화산 가스의 대부분은 수증기입니다.

7 현무암은 마그마가 지표 가까이에서 빠르게 식어서 굳어진 것으로 알갱이의 크기가 작습니다. 화강암은 마그마가 땅속 깊은 곳에서 천천히 식어서 굳어진 것으로 알갱이의 크기가 큽니다.

8 현무암은 표면에 구멍이 많이 뚫려 있는 것이 있으며, 이 구멍은 화산이 분출할 때 가스 성분이 빠져나간 것입니다.

9 현무암은 마그마가 지표면 가까이에서 빠르게 식어서 만들어집니다.

10 불국사의 돌계단과 석굴암은 화강암으로 만든 것이고, 돌하르방은 현무암으로 만든 것입니다.

11 화산 주변에서 땅속의 높은 열을 온천이나 지열 발전에 이용할 수 있습니다.

12 화산 분출물에는 식물의 생장에 필요한 성분이 들어 있어 오랜 시간이 지나면 화산 주변의 땅이 기름져집니다.

4 지진이 발생하는 까닭

😊 **개념 확인 문제**   113쪽

1 지진   **2** ㉡   **3** ⑤   **4** 짧은, 오랜

1 지진은 땅이 지구 내부의 힘을 받아 끊어질 때 발생합니다.

2 우드록에 계속 힘을 주면 우드록이 끊어지며, 끊어질 때 소리가 나고 떨립니다.

3 지진 발생 모형실험에서 우드록은 땅, 양손으로 미는 힘은 지구 내부의 힘, 우드록이 끊어질 때의 떨림은 지진과 같습니다.

4 우드록은 짧은 시간 동안 가해진 힘에 의해 끊어지지만, 실제 지진은 지구 내부의 힘이 오랜 시간 동안 작용하여 발생합니다.

5 지진의 피해 사례

😊 **개념 확인 문제**   115쪽

1 ①   **2** ⑤   **3** ⑤

4 (1) ×   (2) ○   (3) ○

1 지진의 세기는 규모로 나타내며, 숫자가 클수록 강한 지진입니다.

2 규모의 숫자가 클수록 강한 지진입니다.

3 지진 발생 일시, 지진이 발생한 장소, 지진의 규모, 지진으로 인한 피해 등을 조사합니다.

4 지진의 규모가 같아도 지진 대비 정도, 지진 경보 시기, 도시화 정도 등 여러 가지 요인에 따라서 피해 정도가 다를 수 있습니다.

6 지진이 발생했을 때 대처 방법

😊 **개념 확인 문제**   117쪽

1 ㉢, ㉤, ㉥   **2** (1) ㉡ (2) ㉠ (3) ㉢
3 (1) × (2) ○ (3) ○   **4** ③

1 지진 발생에 대비하여 구급약품이나 비상식량 등을 넣은 구급 배낭을 준비해 둡니다. 담요, 휴대용 라디오 등 생존 필요 물품도 준비해 둡니다.

2 지진이 발생하면 상황과 장소에 맞는 올바른 대처 방법에 따라 행동합니다.

3 승강기 대신 계단을 이용해 신속하게 이동합니다.

4 지진에 의한 흔들림으로 기둥이나 벽이 무너질 수가 있으므로 기둥이나 벽 주변에서 떨어져야 합니다.

💡 **실력 문제**   118~119쪽

1 ②   **2** ①   **3** ①   **4** ③   **5** ⑤   **6** ⑤   **7** ⑤
8 ㉢   **9** 은영   **10** ㉡   **11** ①   **12** ㉠ 책상, ㉡ 머리

1 지진은 땅이 휘어져 끊어지면서 발생하며, 오랜 시간 동안 지구 내부의 힘을 받아 발생합니다. 지진은 미리 예측하기 어려우며, 작은 규모의 지진은 피해가 생기지 않습니다.

2 지진이 발생하면 땅이 흔들리거나 갈라지고, 건물이 무너져 인명 피해가 발생하기도 합니다. 산악 지형에서는 지진으로 산사태가 발생합니다.

3 지진 발생 모형실험에서 우드록은 땅(지층), 양손으로 미는 힘은 지구 내부에서 작용하는 힘, 우드록이 끊어질 때의 떨림은 지진과 같습니다.

4 우드록이 끊어질 때의 떨림은 실제 자연에서 땅이 끊어지면서 흔들리는 지진을 나타냅니다.

5 지진의 세기를 나타내는 규모는 숫자가 클수록 강한 지진입니다.

6 지진 피해에 대해 알아볼 때 지진 발생 일시, 지진 발생 지역, 지진의 세기, 지진으로 인한 피해 정도 등을 조사합니다.

7 우리나라에서도 규모 5.0 이상의 지진이 발생했으며, 지진 발생 횟수가 많아지고 규모도 커지고 있습니다. 따라서 우리나라도 지진에 안전한 지역이 아니므로 지진에 대비해야 합니다.

8 규모가 큰 지진이 발생하면 건물과 도로가 무너지는 등 인명 및 재산 피해가 생깁니다.

9 지진이 발생하기 전에 흔들리거나 떨어지기 쉬운 물건은 고정시키고 무거운 물건은 아래쪽에 둡니다.

10 지진이 발생할 때에는 책상 아래로 대피하고, 벽은 무너질 염려가 있으므로 멀리 떨어져야 합니다.

11 지진 발생 후 흔들림이 멈추면 운동장과 같은 넓은 장소로 대피해야 합니다.

12 학교에 있을 때 지진이 발생하면 책상 아래로 들어가 책상 다리를 꼭 붙잡습니다. 흔들림이 멈추면 선생님의 안내에 따라 운동장이나 넓은 장소로 신속하게 대피합니다.

단원 정리 4 화산과 지진 120~121쪽

❶ 마그마 ❷ 화산 가스 ❸ 용암
❹ 화산재 ❺ 화산 암석 조각 ❻ 화성암
❼ 작 ❽ 큼 ❾ 피해
❿ 이로움 ⓫ 끊어지면서 ⓬ 땅 ⓭ 세기
⓮ 강한 ⓯ 계단 ⓰ 아래

O X 1 ○ 2 ○ 3 × 4 ○ 5 × 6 × 7 ×
8 ○ 9 ○ 10 ×

3 화산재와 화산 가스는 액체 상태의 화산 분출물입니다.
　└ 고체　　└ 기체
5 현무암은 화강암보다 색깔이 밝은 편입니다.
　　　　　　　└ 어두운
6 화산 활동은 우리에게 피해만 주고 이로움은 주지 않습니다.
　　　　　　　　　　　　　　　└ 줍니다.
7 지진은 지구 내부에서 작용하는 힘을 짧은 시간 동안 받아 발생합니다.
　　　　　　　　　　　　　　└ 오랜
10 건물 밖에 있을 때 지진이 발생하면 건물이나 벽 가까이로 이동합니다.
　　　　　　　　　　　　　　　　　└ 멀리

단원 평가 1회 122~124쪽

1 ④ 2 ④ 3 ㉡, ⑩ 화산은 마그마가 분출한 분화구가 있으며, 화산이 아닌 산은 분화구가 없다. 4 ⑤ 5 액체 6 (1) ㉠ (2) ㉢ (3) ㉡ 7 ③ 8 ② 9 ⑩ 화강암은 마그마가 땅속 깊은 곳에서 천천히 식어서 알갱이의 크기가 크고, 현무암은 마그마가 지표 가까이에서 빠르게 식어서 알갱이의 크기가 작다.
10 ④ 11 화산재 12 ⑤ 13 ㉠ 짧은, ㉡ 오랜 14 ②
15 ① 16 ⑤ 17 ①, ② 18 ⑤ 19 ① 20 ㉡, ㉢

---

1 화산은 화산 활동으로 만들어진 지형입니다. 분화구는 화산 꼭대기에 움푹 파인 지형이며, 화산재는 화산 활동으로 나오는 물질입니다.

2 화산의 모양과 생김새는 다양합니다. 화산 윗부분이 편평한 모양도 있습니다.

3 화산이 아닌 산은 마그마가 분출하지 않았으며, 분화구가 없습니다.

채점 기준	
기호와 까닭을 모두 옳게 쓴 경우	5점
기호만 옳게 쓴 경우	2점

4 빨간색 식용 색소를 마시멜로에 뿌리면 빨간색의 액체 상태가 된 마시멜로가 용암처럼 보입니다.

5 알루미늄 포일 안에 들어 있던 마시멜로가 뜨거워지면 연기가 나며, 알루미늄 포일 밖으로 액체인 마시멜로가 흘러나옵니다.

6 연기는 기체인 화산 가스, 흐르는 마시멜로는 액체인 용암, 튀어나온 마시멜로는 고체인 화산 암석 조각과 비교할 수 있습니다.

7 화산 가스는 기체 상태이며, 대부분을 차지하는 것은 수증기입니다.

8 ㉠에서 만들어진 암석은 현무암으로, 어두운색을 띠며 알갱이의 크기가 매우 작습니다.

9 현무암은 지표 가까이에서 만들어져 알갱이의 크기가 작고, 화강암은 땅속 깊은 곳에서 만들어져 알갱이의 크기가 큽니다.

채점 기준	
마그마가 식는 장소와 식는 빠르기를 모두 옳게 쓴 경우	5점
마그마가 식는 장소와 식는 빠르기 중 한 가지만 옳게 쓴 경우	3점

10 온천이나 화산 활동으로 생긴 지형을 관광 자원으로 활용하는 경우는 화산 활동이 주는 이로운 점입니다.

11 화산재가 쌓인 땅은 오랜 시간이 지나면 땅이 기름져지기 때문에 농작물이 잘 자랍니다.

12 우드록에 계속 힘을 주어 밀어서 우드록이 끊어질 때 손에 느껴지는 떨림이 실제 자연 현상에서 지진을 나타냅니다

13 우드록은 짧은 시간 동안 가해진 힘에 의해 끊어지지만, 실제 지진은 오랜 시간 동안 작용한 지구 내부의 힘에 의해 땅이 흔들리거나 갈라집니다.

14 우리나라에서도 규모 5.0 이상의 지진이 여러 차례 발생하고 있습니다. 약한 규모의 지진이 발생하면 일상생활에서 흔들림을 느낄 수 없는 사례가 많습니다.

15 규모는 지진의 세기를 나타내는 것으로, 숫자로 나타내며 소수점 이하 한 자리까지 나타냅니다.

16 지진이 발생하면 건물과 도로가 무너지는 등 인명 피해와 재산 피해가 발생하기도 합니다.

17 규모의 숫자가 클수록 강한 지진이므로 미국에서 발생한 지진이 가장 강한 지진이며, 필리핀에서 발생한 지진은 일본에서 발생한 지진보다 약합니다.

18 지진 예측은 어려우므로 평소에 지진 대처 방법을 익혀 두어야 합니다.

19 지진이 발생했을 때에는 책장과 같은 무거운 물건이 넘어질 염려가 있는 곳에서 멀리 피해야 합니다.

20 지진 발생 시 건물의 간판이 떨어지고 유리창이 깨질 수 있으므로 건물과 벽으로부터 멀리 떨어져야 합니다.

단원 평가 2회
125~127쪽

1 ①, ③ **2** ⓒ **3** 예 연기가 피어오른다. 액체인 마시멜로가 흘러나온다. 작은 덩어리의 마시멜로가 튀어나온다. 등 **4** ⓒ **5** ㉠ 기체, ㉡ 수증기 **6** ① **7** ④ **8** ② **9** ㉠ 현무암, ㉡ 화강암 **10** ③ **11** 예 땅속의 열을 이용하여 전기를 생산한다. **12** ② **13** ② **14** ① **15** ⑤ **16** (1) 크로아티아 (2) 포항시 **17** ④ **18** ④, ⑤ **19** ① **20** 예 승강기의 모든 버튼을 눌러 가장 먼저 열리는 층에 내려서 계단을 이용해 신속하게 이동한다.

1 화산의 모양과 생김새는 다양하며, 산꼭대기에 물이 고여 있지 않은 화산도 있습니다.

2 화산이 아닌 산은 마그마가 분출하지 않았으며 분화구가 없습니다.

3 마시멜로를 가열하면 모형 윗부분에서 연기가 나고 마시멜로가 흘러나오거나 작은 마시멜로 덩어리가 튀어나오기도 합니다.

채점 기준	
현상을 두 가지 모두 옳게 쓴 경우	5점
현상을 한 가지만 옳게 쓴 경우	2점

4 화산 분출 모형실험에서 연기는 기체인 화산 가스, 흐르는 마시멜로는 액체인 용암, 알루미늄 포일 밖으로 튀어나온 마시멜로는 고체인 화산 암석 조각을 나타냅니다.

5 화산 가스에는 여러 가지 기체가 섞여 있으며 대부분은 수증기입니다.

6 용암은 땅속의 마그마가 지표 밖으로 분출하여 기체가 빠져나간 상태로, 지표면을 따라 흐르거나 폭발하듯 솟구쳐 오릅니다.

7 현무암과 화강암은 마그마의 활동으로 만들어진 화성암으로 색깔, 암석을 이루고 있는 알갱이의 종류, 알갱이의 크기가 다릅니다.

8 불국사의 돌계단을 만드는 데 화강암을 이용했습니다. 화강암은 맨눈으로 구별할 수 있을 정도로 알갱이의 크기가 큽니다. 돌하르방은 현무암으로 만들며, 현무암의 표면에 크고 작은 구멍이 뚫려 있기도 합니다.

9 현무암은 마그마가 지표 가까이에서 식어서 만들어지고, 화강암은 마그마가 땅속 깊은 곳에서 식어서 만들어집니다.

10 온천은 화산 주변에서 땅속의 높은 열을 이용하는 것으로, 화산 활동이 주는 이로운 점입니다.

11 화산 주변에서 땅속의 높은 열을 이용하여 지열 발전을 하기도 합니다.

채점 기준	
예시 답안과 같이 옳게 쓴 경우	5점
예시 답안과 의미는 비슷하지만 정확하게 쓰지 못한 경우	2점

12 지진이 발생하면 땅이 흔들리거나 끊어지고 건물과 도로가 무너집니다.

13 땅은 지구 내부에서 작용하는 힘을 받으면 휘어지거나 끊어지기도 하는데, 땅이 끊어지면서 흔들리는 것을 지진이라고 합니다.

14 양쪽에서 가운데로 계속 힘을 주면 우드록이 끊어집니다.

15 지진 규모, 지진 발생 일시, 지진 발생 장소, 지진에 의한 피해 정도 등을 조사합니다.

16 지진의 세기를 나타내는 규모의 숫자가 클수록 강한 지진입니다.

17 지진의 피해 정도는 규모에 따라 다르며, 같은 규모라도 지진 경보 시기나 지진에 대한 대비 정도, 도시화 정도 등에 따라 달라질 수 있습니다.

18 전깃불과 가스 불을 꺼서 화재를 예방해야 하며, 흔들림이 멈추었을 때 안전한 장소로 대피합니다. 무거운 물건이 넘어질 염려가 있는 곳에서 멀리 피합니다.

19 지진이 발생한 후에는 부상자가 있는지 확인하여 응급 처치를 하거나 구조 요청을 합니다. 또한 계속해서 재난 방송을 청취하며 올바른 정보에 따라 행동합니다.

20 지진이 발생했을 때 승강기 안에 있는 것은 위험하므로 빨리 승강기 안에서 나와야 합니다. 이동할 때에도 승강기 대신에 계단을 이용합니다.

채점 기준

예시 답안과 같이 옳게 쓴 경우	5점
예시 답안과 의미는 비슷하지만 정확하게 쓰지 못한 경우	2점

📑 서술형 익히기
128~129쪽

개념1 **1** ① 화산 ② 용암 **2** 화산 암석 조각과 화산재, 액체 상태인 용암, 기체 상태인 화산 가스 **3** 화산재와 화산 암석 조각, ⑩ 화산재는 크기가 매우 작아 가루처럼 보입니다. 화산 암석 조각은 크기가 다양합니다.

개념2 **4** ① 땅(지층), 지구 내부의 힘 ② 땅 **5** 휘어지다가, 우드록이 소리를 내면서 끊어집니다. **6** (1) ⑩ 양쪽에서 미는 힘이 작용합니다. 우드록이나 땅이 끊어지고, 끊어지면서 떨림이 나타납니다. (2) ⑩ 지진 발생 모형실험에서는 우드록이 작은 힘으로도 끊어지지만, 실제 자연 현상에서는 땅이 지구 내부에서 작용하는 큰 힘에 의해 끊어집니다. 우드록은 짧은 시간 동안 작용한 힘에 의해 끊어지지만, 지진은 오랜 시간 동안 작용하는 힘에 의해 끊어집니다.

개념3 **7** ① 규모, 숫자 ② 넓은 **8** 탁자 밑으로 들어가 머리와 몸을 보호하고, 가스와 전기를, 문을 열어 둡니다. **9** ⑩ 흔들림이 있을 때는 손잡이, 기둥이나 선반을 꼭 잡습니다. 흔들림이 멈추면 안내에 따라 이동합니다.

1 화산의 모양과 크기는 다양합니다.

2 화산 분출물에는 고체 상태인 화산재와 화산 암석 조각, 액체 상태인 용암, 기체 상태인 화산 가스가 있습니다.

3 화산재는 크기가 매우 작고, 화산 암석 조각은 크기가 다양합니다.

4 땅이 지구 내부에서 작용하는 힘을 오랫동안 받으면 휘어지거나 끊어집니다.

5 우드록을 수평 방향으로 밀면 처음에는 우드록이 휘어지고, 계속 밀면 우드록이 끊어지면서 떨림이 느껴집니다.

6 양쪽으로 미는 힘으로 우드록이 끊어지고, 지구 내부에서 작용하는 힘으로 땅이 끊어지면서 흔들립니다. 모형실험은 짧은 시간에 작은 힘이 우드록에 작용하지만, 실제 지진은 큰 힘이 오랫동안 땅에 작용합니다.

7 규모의 숫자가 클수록 강한 지진입니다. 지진이 발생했을 때 건물이나 넘어질 물체가 없는 공터와 같은 넓은 장소로 이동해야 합니다.

8 지진 발생 시 탁자 아래로 들어가 머리와 몸을 먼저 보호합니다. 잠시 흔들림이 멈추었을 때 가스와 전기를 차단하여 화재를 예방합니다.

9 버스나 지하철 안에서 지진이 발생했을 때 한꺼번에 출구로 나가면 위험할 수 있으므로 안내에 따라 침착하게 행동합니다.

📑 서술형 평가
130~131쪽

1 ⑩ 산꼭대기에 분화구가 있다. 마그마가 분출한 흔적이 있다. 용암, 화산재가 쌓여 주변 지형보다 높다. 등 **2** (1) ⓒ, 화강암 (2) ⑩ 밝은색이다. 맨눈으로 구별할 수 있을 정도로 알갱이의 크기가 크다. 대체로 밝은 바탕에 검은색 알갱이가 보이고, 반짝이는 알갱이가 있다. **3** (1) 화산 분출물 (2) ⑩ 액체 상태의 물질이며, 마그마가 지표 밖으로 분출하여 기체가 빠져나간 상태이다. 매우 뜨겁다. 등 **4** (1) ⑩ 땅을 기름지게 하여 농작물이 자라는 데 도움을 준다. 화산재를 원료로 하는 생활용품을 개발한다. 등 (2) ⑩ 비행기 엔진을 망가뜨려 항공기 운항을 어렵게 한다. 농경지를 덮는다. 호흡기 질병에 걸릴 수 있다. 물을 오염시킨다. 태양 빛을 가려 동식물에게 피해를 주고 날씨의 변화를 일으키기도 한다. 등 **5** (1) 온천 (2) ⑩ 지열 발전을 하여 전기를 만든다. 화산 활동이 만든 특이한 지형으로 관광지를 개발한다. 현무암이나 화강암으로 조각 작품을 만들거나 건축 자재로 이용한다. 등 **6** ⑩ 도로가 갈라진다. 건물이 무너진다. 다리가 부서진다. 사람이 다치거나 사망한다. 재산 피해가 발생한다. 등 **7** ⑩ 우리나라에서 규모 5.0 이상의 지진이 여러 차례 발생하였다. 우리나라도 지진의 안전지대가 아니다. **8** ⑩ 머리를 보호하며, 선생님의 지시에 따라 넓은 장소로 신속하게 이동한다.

1 한라산과 시나붕산은 모두 화산으로 주변 지형보다 높고, 마그마가 분출한 흔적이 있습니다. 화산의 경사나 높이, 생김새는 서로 다릅니다.

채점 기준	
예시 답안과 같이 옳게 쓴 경우	8점
예시 답안과 의미는 비슷하지만 정확하게 쓰지 못한 경우	3점

2 화강암은 밝은색을 띠며, 맨눈으로 구별할 수 있을 정도로 알갱이의 크기가 큽니다.

채점 기준	
(1), (2)를 모두 옳게 쓴 경우	12점
(1)만 옳게 쓴 경우	2점
(2)만 옳게 쓴 경우	10점

3 (1) 화산이 분출할 때 용암, 화산 가스, 화산재, 화산 암석 조각 등이 나옵니다.
(2) 용암은 대체로 검붉은색을 띠며, 지표면을 따라 흐르거나 솟구쳐 흐릅니다.

채점 기준	
(1), (2)를 모두 옳게 쓴 경우	12점
(1)만 옳게 쓴 경우	2점
(2)만 옳게 쓴 경우	10점

4 화산 분출물에는 식물의 생장에 필요한 성분이 들어 있어 오랜 시간이 지나면 화산 주변의 땅이 기름져집니다.

채점 기준	
(1), (2)를 모두 옳게 쓴 경우	12점
(1)과 (2) 중 하나만 옳게 쓴 경우	6점

5 (1) 땅속의 열을 이용해 온천을 개발하여 관광 자원으로 활용합니다. 용암에 의한 산불은 피해를 주는 경우입니다.
(2) 화산 활동은 우리 생활에 피해를 주기도 하고, 이로움을 주기도 합니다.

채점 기준	
(1), (2)를 모두 옳게 쓴 경우	12점
(1)만 옳게 쓴 경우	2점
(2)만 옳게 쓴 경우	10점

6 지진이 발생하면 재산과 인명 피해가 생기기도 합니다.

채점 기준	
피해 사례 두 가지를 옳게 쓴 경우	8점
피해 사례 한 가지만 옳게 쓴 경우	4점

7 우리나라에서도 규모 5.0 이상의 지진이 여러 차례 발생하고 있으므로 지진에 대비하는 자세가 필요합니다.

채점 기준	
예시 답안과 같이 옳게 쓴 경우	8점
예시 답안과 의미는 비슷하지만 정확하게 쓰지 못한 경우	3점

8 지진의 흔들림이 멈추면 머리를 보호하면서 신속하게 교실 밖의 안전한 장소로 대피합니다.

채점 기준	
예시 답안과 같이 옳게 쓴 경우	8점
예시 답안과 의미는 비슷하지만 정확하게 쓰지 못한 경우	3점

과학

🤓 수행 평가
132쪽

1 용암 **2** ㉞ 마시멜로가 쉽게 분출할 수 있도록 하기 위해서이다. **3** ㉞ 화산 가스가 나오는 모습을 나타낸다. **4** ㉞ 화산 가스는 기체 상태, 용암은 액체 상태, 화산재와 화산 암석 조각은 고체 상태의 물질이다.

1 빨간색 식용 색소를 마시멜로와 함께 넣으면 흘러나오는 마시멜로의 색깔과 실제 화산이 분출할 때 나오는 용암의 색깔을 비교해 관찰할 수 있습니다.

2 화산 모형의 윗부분에서 연기가 나고 마시멜로가 흘러나옵니다.

3 알루미늄 포일로 감싼 마시멜로가 뜨거워져 윗부분에서 나오는 연기는 실제 화산 분출물에서 화산 가스를 나타냅니다.

4 화산 분출물에는 기체인 화산 가스, 액체인 용암, 고체인 화산재와 화산 암석 조각 등이 있으며, 화산에 따라 여러 가지 물질이 나오기도 하고 한 가지 물질만 나오기도 합니다.

🤓 수행 평가
133쪽

1 ㉠ 현무암, ㉡ 화강암 **2** ㉞ ㉠ 현무암은 어두운 회색이거나 검은색이다. ㉡ 화강암은 대체로 밝은색이다. **3** (1) ㉠ 작다. ㉡ 크다. (2) ㉞ ㉠ 현무암은 마그마가 지표 부근에서 빠르게 식어 만들어져 알갱이 크기가 작고, ㉡ 화강암은 마그마가 땅속 깊은 곳에서 서서히 식어 만들어져 알갱이 크기가 크다.

1 ㉠은 마그마가 지표 가까운 곳에서 빨리 식어서 굳어진 현무암이고, ㉡은 마그마가 땅속 깊은 곳에서 천천히 식어 굳어진 화강암입니다.

2 현무암은 색깔이 어두운 편이고, 화강암은 색깔이 밝은 편입니다.

3 현무암은 마그마가 빠르게 식어서 알갱이가 자랄 수 있는 시간이 짧아 알갱이의 크기가 작습니다. 화강암은 마그마가 천천히 식어서 알갱이가 충분히 자랄 수 있어 알갱이의 크기가 큽니다.

👓 수행 평가
134쪽

1 ㉡　　**2** ㉡, 지진　　**3** ㉃ 지진 발생 모형실험은 짧은 시간이 걸린다. 실제 자연 현상은 오랜 시간이 걸린다. **4** ㉃ 구급약품이나 비상식량 등을 준비한다. 집 안에 있는 흔들리거나 떨어지기 쉬운 물건을 고정한다. 지진 정보를 얻을 수 있는 방법을 알아 둔다. 지진이 발생했을 때 대피할 장소를 알아 둔다. 등

1 우드록을 잡은 양손에 힘을 주어서 중심 방향으로 밀면 우드록이 휘어지다가 끊어집니다.

2 우드록이 끊어질 때 소리가 나고 떨립니다. 손에 전달되는 떨림은 땅이 끊어질 때 흔들리는 떨림과 같습니다.

3 우드록은 짧은 시간 동안 손으로 가한 힘에 의해 끊어집니다. 실제 지진은 오랜 시간 동안 지구 내부의 힘이 작용하여 발생합니다.

4 지진은 막을 수는 없지만 지진이 발생하기 전에 미리 대비하고, 지진이 발생했을 때 장소와 상황에 따른 대처 방법을 알아 두면 그 피해를 줄일 수 있습니다.

---

5 물의 여행

1 물의 순환 과정

😊 개념 확인 문제
137쪽

1 물의 순환　　**2** ④　　**3** (1) ✕ (2) ○ (3) ○

1 물은 상태가 변하면서 육지, 바다, 공기 중, 생명체 등 여러 곳을 끊임없이 돌고 돕니다.

2 물은 공기 중에서 기체 상태의 수증기로 있습니다. 나머지는 액체 상태의 물입니다.

3 물은 상태가 변하면서 여러 곳을 끊임없이 이동합니다.

---

2 물이 소중한 까닭

😊 개념 확인 문제
139쪽

1 ③　　**2** 전기　　**3** ㉃

1 생선을 보관할 때, 전기를 만들 때, 농작물을 키울 때 공통적으로 물을 이용합니다.

2 물이 떨어지는 높이 차이를 이용해 전기를 만드는 것을 수력 발전이라고 합니다.

3 물은 모든 생명체에게 필요한 영양분을 공급해 주고, 생태계의 건강을 지켜줍니다.

---

3 물 부족 현상을 해결하기 위한 방법

😊 개념 확인 문제
141쪽

1 ⑤　　**2** ㉠　　**3** ㉢

1 인구 증가와 산업 발달로 물 이용량이 늘어나고, 물이 심하게 오염되어 사람이 이용할 수 있는 물의 양이 줄어들어 물이 부족합니다.

2 목욕할 때에는 샤워 시간을 줄이고 물을 계속 틀어 놓지 않습니다.

3 지구에 있는 물은 계속 순환하지만 이용할 수 있는 물의 양은 줄어들고, 다시 이용할 수 있을 때까지는 시간과 비용이 많이 듭니다.

💡 실력 문제

1 증발 **2** ⑤ **3** ③ **4** ㉠, ㉡, ㉢, ㉣ **5** ⑤ **6**
⑤ **7** ④ **8** ㉠, ㉡, ㉢ **9** ③ **10** ㉣ **11** ⑤

1 증발은 액체 상태의 물이 기체 상태의 수증기가 되는 현상
입니다.

2 식물의 잎에서 물이 기체 상태의 수증기가 되어 공기 중으
로 나옵니다. 나머지는 액체 상태의 물입니다.

3 물은 밤낮없이 여러 곳을 끊임없이 순환하면서 상태가 달
라지고, 물의 순환으로 지구 전체 물의 양은 변하지 않습
니다.

4 사각 수조에 물과 모래를 채운 후 뚜껑으로 덮고, 전등을
비춥니다. 그리고 얼음이 든 얼음주머니를 뚜껑 위에 올려
놓고 변화를 관찰합니다.

5 사각 수조 안의 물은 사각 수조 안에서 순환을 하기 때문
에 양이 줄어들지 않습니다.

6 끊임없이 흐르는 물은 땅의 모양을 바꾸고, 이렇게 물이
만든 지형을 관광 자원으로 활용하기도 합니다.

7 깨끗이 하거나 물건을 만들고, 요리를 할 때 물을 이용합
니다.

8 물이 없으면 생명을 유지할 수 없고, 물은 일상생활에 다
양하게 이용되기 때문에 소중합니다.

9 초원이었던 곳이 사막과 같은 상태로 변해가는 곳이 많아
지는 이상 기후 현상이 일어나고, 하수 처리 시설이 부족
하여 물 오염이 심각해지면 이용할 수 있는 물이 부족해집
니다.

10 샴푸나 세제를 많이 사용하지 않고, 빨래는 모아서 한꺼번
에 합니다. 세수나 양치할 때 물을 받아서 합니다.

11 바닷물을 먹을 수 있는 물로 만드는 장치는 해수 담수화
장치입니다.

단원정리 **5** 물의 여행

❶ 수증기 ❷ 구름 ❸ 물의 순환
❹ 전기 ❺ 생물 ❻ 물
❼ 물 부족

○✕ **1** ○ **2** ○ **3** ○ **4** ✕ **5** ○ **6** ✕ **7** ○
8 ○ **9** ✕ **10** ✕

---

4 물이 순환하는 동안 지구 전체의 물의 양은 조금씩 줄어듭
니다.
┗ 변하지 않습니다.

6 물이 없어도 동물과 식물이 살아갈 수 있지만 힘든 경우가
많습니다.
┗ 없습니다.

9 물을 아껴 쓰기 위해 빨래는 그때그때 조금씩 자주 합니
다.
┗ 모아서 한꺼번에

10 와카워터는 물이 부족하고 낮과 밤의 기온 차이가 적은 곳
에 설치하기 좋습니다.
┗ 큰

💡 단원 평가

1 상태 **2** ㉡ **3** ④ **4** ② **5** ④ **6** ㉖ 액체 상태의 바
닷물이 증발하여 기체 상태의 수증기가 된다. **7** ④ **8** ②
9 높이 **10** ③ **11** ③ **12** ㉠ 땀, ㉡ 오줌 **13** ㉠, ㉢
14 ㉖ 흙 속의 물 → 식물 뿌리로 흡수된 물 → 식물의 잎에서
공기 중으로 나온 수증기 **15** ④ **16** ㉡ **17** ④ **18** ㉖
우리가 이용했던 물을 다시 이용할 수 있을 때까지는 시간과 비
용이 많이 들기 때문이다. **19** ① **20** ⑤

1 물은 여러 곳에서 볼 수 있으며, 물은 상태가 변하면서 여
러 곳을 끊임없이 이동합니다.

2 물은 상태를 바꾸며 순환을 하며, 땅에 내린 빗물은 호수
와 강, 바다 등에 머물다가 공기 중으로 증발합니다.

3 물은 공기 중에서 기체 상태로 존재하고, 강, 호수, 땅속,
식물의 몸속에서 액체 상태로 존재합니다.

4 물은 고체, 액체, 기체 중 한 가지 상태로 존재하며, 높은
산은 춥기 때문에 물이 얼음이나 눈과 같은 고체 상태로
존재합니다.

5 강, 바다, 사람 몸속, 땅속에서 물은 액체 상태로 존재하
고, 공기 중에서는 기체 상태로 존재합니다.

6 바닷물은 액체 상태이며, 바닷물이 증발하여 수증기가 되
어 공기 중으로 퍼져나갑니다.

채점 기준	
예시 답안과 같이 옳게 쓴 경우	5점
물이 수증기가 된다고만 쓴 경우	2점

7 그림과 같이 장치하고 열 전구를 컵에 비추면 얼음이 녹아
크기가 점점 작아집니다.

8 세수할 때, 농작물을 기를 때, 생선을 보관할 때, 물건을 깨끗하게 할 때 물을 이용합니다.

9 물이 떨어지는 높이 차이를 이용해 전기를 만듭니다.

10 물이 끊임없이 흐르면서 지표면의 모양을 변화시키며, 이 과정에서 특이한 지형이 만들어지는 곳은 관광 자원이 되기도 합니다.

11 한 번 이용한 물은 순환 과정을 거쳐 다시 이용할 수 있습니다.

12 입으로 마신 물은 몸속을 순환하면서 필요한 영양분을 몸속 곳곳에 운반해 주고 노폐물은 땀이나 오줌으로 내보냅니다.

13 식물의 뿌리로 들어간 물은 줄기를 지나 잎까지 올라간 후, 잎에서 공기 중으로 나옵니다.

14 농작물에 뿌린 물은 흙을 통해 식물 뿌리로 흡수되고 식물의 잎에서 수증기가 되어 공기 중으로 나옵니다.

채점 기준	
예시 답안과 같이 옳게 쓴 경우	5점
식물의 뿌리로 흡수되는 과정까지만 쓴 경우	2점

15 이상 기후로 인해 비의 양이 감소하였고, 하수 처리 시설 부족으로 물 오염이 늘어났으며, 산업 발달로 물이 자연적으로 깨끗해지는 속도보다 사람들이 물을 이용하여 오염되는 속도가 더 빠르기 때문에 물이 부족해진 것입니다.

16 산업의 발달로 자연적으로 물이 깨끗해지는 속도보다 사람들이 물을 이용하여 오염되는 속도가 더 빠릅니다

17 물 부족 현상을 해결하기 위해 세제를 적당히 사용하고, 샤워 시간을 줄이고, 변기 수조의 물의 양을 조절합니다.

18 이용할 수 있는 물의 양은 줄어들고 있고, 이용한 물을 다시 이용할 수 있을 때까지는 시간과 비용이 많이 듭니다.

채점 기준	
예시 답안과 같이 옳게 쓴 경우	5점
이용할 수 있는 물의 양이 적다고만 쓴 경우	2점

19 사용한 물을 바로 강으로 흘려보내면 물이 오염되어 이용할 수 있는 물이 줄어듭니다.

20 수조 안에서 물이 순환하고 물의 양은 변하지 않습니다.

서술형 익히기
149~150쪽

개념1 **1** ① 수증기 ② 구름 ③ 바다 **2** 구름이 되고, 구름에서 비나 눈이 육지나 바다로 내립니다. / 땅속으로 스며들거나 강으로 흘러들어 바다로 모입니다. **3** 예 바다, 강, 호수, 땅 등에 있는 물은 증발하여 수증기가 됩니다. 공기 중에 있는 수증기가 하늘 높이 올라가면 응결하여 구름이 되고, 구름에서 비나 눈이 되어 바다나 육지에 내립니다. 육지에 내린 비나 눈은 강, 호수 등에 모이거나 땅속으로 스며듭니다.

개념2 **4** ① 물 ② 물 **5** 전기를 충분히 이용할 수 없고, 생물이 살아가기 어렵습니다. **6** 예 물이 없으면 지구에 있는 모든 생명체가 살 수 없으므로 물은 매우 중요합니다. 물은 부엌, 화장실, 세차장, 놀이공원 등 일상생활에서 없어서는 안 될 소중한 물질입니다. 등

개념3 **7** ① 증가, 물의 낭비 ② 많이 **8** 빨랫감을 모아서 세탁을 하고, 물을 계속 틀어놓지 않습니다. **9** 예 밤과 낮의 기온 차이를 이용해 공기 중의 수증기를 물로 모읍니다. 바닷물을 먹을 수 있는 물로 만드는 해수 담수화 장치를 이용해 물 부족 현상을 해결할 수 있습니다.

1 물은 한곳에 머무르지 않고 상태를 바꾸면서 육지, 바다, 공기, 생물 등 여러 곳을 끊임없이 돌아다닙니다.

2 호수와 강, 바다에 있는 물은 증발해 수증기가 됩니다. 공기 중의 수증기는 하늘 높이 올라가 응결하면 구름이 되고, 다시 비나 눈이 되어 육지나 바다에 내립니다. 비나 눈은 땅 위를 흘러 강이나 바다로 가거나 땅속으로 스며들어 지하수가 됩니다. 땅속에 스며든 물은 식물이 빨아들이기도 합니다.

3 물은 고체인 얼음, 액체인 물, 기체인 수증기로 상태를 바꾸며 육지, 바다, 공기, 생명체 사이를 끊임없이 돌고 돕니다.

4 물은 동식물이 생명을 유지하기 위해 반드시 필요합니다. 농작물을 재배할 때, 전기나 물건을 만들 때, 우리 몸과 물건을 씻을 때 등 물은 우리 생활에서 다양하게 이용됩니다.

5 물이 떨어지는 높이 차이를 이용해 전기를 만들고, 생명을 유지하기 위해서 물을 마셔야 합니다.

6 물이 없으면 생물이 살아갈 수 없고, 물은 우리 생활의 다양한 곳에서 사용됩니다.

7 사막 같은 지역, 계속되는 가뭄, 인구의 증가, 산업의 발달, 물의 오염과 낭비 등에 의해 물이 점점 부족해지고 있

으며, 우리가 이용했던 물을 다시 이용할 수 있을 때까지는 시간과 비용이 많이 들기 때문에 물을 아껴 쓰고 소중히 다루어야 합니다.

8 기름기가 있는 그릇은 휴지로 닦고 설거지를 하고, 샴푸나 세제를 많이 사용하지 않는 것도 물 부족 현상을 해결하기 위해 일상생활에서 실천할 수 있는 일입니다.

9 그물 모양의 망으로 공기 중의 수증기를 모으는 와카워터라는 장치가 있습니다. 또한 더러운 물이 깨끗해지도록 만드는 라이프스트로우라는 장치가 있습니다. 빗물을 모아 생활에 사용하는 빗물 저금통이 있습니다.

📑 서술형 평가

150~151쪽

1 (1) 수증기, 구름, 비 (2) 예 물은 상태가 변하면서 여러 곳을 끊임없이 이동한다. **2** (1) ㉠ (2) 예 구름에서 비나 눈이 되어 땅으로 내리고 빗물이나 눈이 녹은 물이 모여 바다로 흘러간다. **3** (1) 예 수조 안이 뿌옇게 흐려진다. 수조 안쪽 벽면에 물방울이 맺힌다. 등 (2) 예 수조 안의 물이 증발하고, 증발해 만들어진 수증기가 얼음을 올려놓은 뚜껑 아래에 응결해 물방울이 된다. **4** ㉠ 예 흐르는 물이 만든 다양한 지형을 관광 자원으로 이용한다. ㉡ 예 물건과 주변을 깨끗하게 만들 때 물을 이용한다. **5** 예 물이 없으면 사람, 동물, 식물이 살 수 없기 때문이다. **6** (1) ㉠ (2) 기름기가 있는 그릇은 휴지로 닦고 설거지를 한다. 빨래는 모아서 한꺼번에 한다. 양치할 때 컵에 물을 받아 사용한다. 샤워 시간을 줄이고 물을 계속 틀어 놓지 않는다. 등 **7** (1) 예 마실 물이 부족한 지역에 설치해 바닷물에 있는 소금 성분을 없애 우리가 이용할 수 있는 물로 바꾸어 활용한다. (2) 예 빗물을 저장해 화단에 뿌리거나 청소할 때 활용한다. **8** (1) 예 비가 잘 내리지 않고 낮과 밤의 기온 차이가 큰 지역에 필요하다. (2) 예 응결 현상을 이용해 공기 중의 수증기를 물로 모은다.

1 (1) 바닷물이 증발하여 수증기가 되고, 수증기가 하늘 높이 올라가서 구름이 됩니다. 구름 속 작은 물방울이 엉겨 붙으면 비가 되어 내립니다. (2) 물은 상태가 변하면서 이동을 하고, 이동하면서 상태가 달라지기도 합니다. 또한 물은 여러 곳에서 볼 수 있습니다.

채점 기준	
(1), (2)를 모두 옳게 쓴 경우	12점
(1)만 옳게 쓴 경우	4점
(2)만 옳게 쓴 경우	8점

2 (1) 나무줄기 속 물은 액체 상태의 물이며, 수증기는 기체 상태의 물, 눈은 고체 상태의 물입니다. (2) 물의 순환 과정으로 물의 상태는 끊임없이 변합니다.

채점 기준	
(1), (2)를 모두 옳게 쓴 경우	12점
(1)만 옳게 쓴 경우	4점
(2)만 옳게 쓴 경우	8점

3 (1) 수조 안의 물이 증발하여 공기 중의 수증기가 되고, 수증기가 응결해 수조 안의 벽면에 물방울이 되어 붙습니다. (2) 얼음을 올려놓은 뚜껑 아래쪽에서는 수증기가 물로 변하는 응결이 일어납니다.

채점 기준	
(1), (2)를 모두 옳게 쓴 경우	12점
(1)과 (2) 중 하나만 옳게 쓴 경우	6점

4 우리 생활에서 물을 이용하는 경우는 많습니다.

채점 기준	
㉠과 ㉡을 모두 옳게 쓴 경우	12점
㉠과 ㉡ 중 하나만 옳게 쓴 경우	6점

5 물이 없으면 지구에 있는 모든 생명체가 살 수 없으므로 물은 매우 중요합니다.

채점 기준	
예시 답안과 같이 옳게 쓴 경우	8점
예시 답안과 의미는 비슷하지만 정확하게 쓰지 못한 경우	3점

6 (1) 물을 아껴 쓰기 위해서는 샴푸나 세제를 많이 사용하지 않습니다. (2) 우리가 이용했던 물을 다시 이용할 수 있을 때까지는 시간과 비용이 많이 들기 때문에 물을 아껴 쓰고 소중히 다루어야 합니다.

채점 기준	
(1), (2)를 모두 옳게 쓴 경우	12점
(1)만 옳게 쓴 경우	4점
(2)만 옳게 쓴 경우	8점

7 (1) 해수 담수화 시설은 바닷물에 있는 소금 성분을 없애 우리가 이용할 수 있는 물로 바꾸는 장치입니다. (2) 빗물 저장소는 빗물을 저장해 재활용할 수 있게 해 주는 장치입니다.

채점 기준	
(1), (2)를 모두 옳게 쓴 경우	12점
(1)과 (2) 중 하나만 옳게 쓴 경우	6점

과학

8 (1) 물 모으는 장치는 물이 부족한 곳과 물을 얻기 어려운 곳에 필요합니다. (2) 낮과 밤의 기온 차이로 밤새 맺힌 이슬(물)이 그물을 타고 흘러내려 바닥에 있는 그릇에 모입니다.

채점 기준

(1), (2)를 모두 옳게 쓴 경우	12점
(1)과 (2) 중 하나만 옳게 쓴 경우	6점

😊 수행 평가　　　　　　　　　　　　　　153쪽

1 ⒜ 모래는 육지, 물은 바다, 전등은 태양을 나타낸다.

2 ⒜ 수조 안의 물이 가열되어 증발해 수증기가 된다.

3 ⒜ 수조 안의 물이 증발해 수증기가 되고, 이 수증기가 응결해 뚜껑과 수조 벽면에 물방울로 맺힌다. 이 물방울이 아래로 떨어져 다시 수조 안의 물이 모여 있는 곳으로 이동한다.

1 물의 순환 과정을 알아보는 장치로 모래는 육지를 나타내고 물은 바다, 전등은 태양을 나타냅니다. 전등을 켜는 것은 태양이 비추는 것을 의미합니다.

2 전등을 비추면 수조 안의 물이 증발해 수조 안이 뿌옇게 흐려집니다.

3 먼저 수조 안이 수증기로 뿌옇게 흐려지고, 육지 부분의 뚜껑 아래에 물방울이 맺힙니다. 이 물방울이 점점 커지다가 아래로 떨어지고, 떨어진 물은 다시 물이 모여 있는 곳으로 이동하는 것을 반복합니다.

😊 수행 평가　　　　　　　　　　　　　　154쪽

1 ㉠ 바닷물 ㉡ 소금 성분　　**2** ⒜ 물이 부족한 지역이어야 하고, 바닷물이 가까운 곳이어야 한다.　　**3** ⒜ 빗물 저금통을 설치해 빗물을 재활용한다. 라이프스트로우로 더러운 물을 깨끗하게 만들어 마신다. 등

1 그림은 해수 담수화 장치로 소금 성분이 있는 바닷물에서 소금 성분을 제거해 마실 수 있는 물을 만드는 장치입니다.

2 해수 담수화 시설은 바닷물을 마실 수 있는 물로 만드는 장치이므로, 바닷가 지역에 설치할 수 있고 또한 물이 부족한 지역에 설치하는 것이 활용하기에 알맞습니다.

3 와카워터를 이용해 공기 중의 수증기를 물로 만들어 활용할 수 있고, 깨끗한 물을 모으는 솔라볼과 워터콘이라는 장치를 활용할 수 있습니다.

과학 평가대비북

1 식물의 생활

1 소나무   **2** 소나무, 강아지풀   **3** 땅   **4** 나무   **5** 부레옥잠   **6** 검정말   **7** 적응   **8** 용설란   **9** 작다.   **10** 도꼬마리(또는 우엉)

단원 평가 1회   158~159쪽

1 ⑤   **2** 예 바늘처럼 잎의 끝이 뾰족하다. 잎은 한곳에 두 개씩 뭉쳐난다.   **3** ①   **4** ①, ③   **5** ③   **6** ⑤   **7** ⑤   **8** ⑤   **9** 예 물의 증발을 막는다. 다른 동물이 공격하는 것을 피할 수 있다.   **10** ①   **11** 도꼬마리 열매(또는 우엉 열매)   **12** ④

1 우리 주변에서 볼 수 있는 식물은 대부분 구별이 가능하며 이름이 있습니다.

2 소나무 잎은 전체적으로 길쭉하게 생겼고, 잎의 끝은 바늘처럼 뾰족하며 한곳에서 두 개씩 뭉쳐납니다.

채점 기준	
예시 답안과 같이 옳게 쓴 경우	10점
예시 답안과 의미는 비슷하지만 정확하게 쓰지 못한 경우	4점

3 강아지풀의 잎은 전체적인 모양이 길쭉합니다.

4 들이나 산에서 사는 식물은 대부분 뿌리를 땅에 내리고, 잎과 줄기가 잘 구분됩니다.

5 부레옥잠은 잎자루에 있는 공기주머니의 공기 때문에 물에 떠서 살 수 있습니다.

6 물속에 잠겨서 사는 식물은 잎과 줄기가 모두 물속에 있으며 줄기가 물의 흐름에 따라 잘 휘어집니다.

7 부레옥잠은 수염처럼 생긴 뿌리가 물속으로 뻗어 있으며, 잎자루에 공기주머니가 있어 물에 떠서 살 수 있습니다.

8 사막에서 사는 식물은 물이 부족한 환경에서 잘 살아가기 위해서 굵은 줄기나 두꺼운 잎에 물을 저장합니다. 또한 일반적인 잎은 없으며 가시가 있어 물의 증발을 막습니다.

9 선인장은 가시가 있어 물이 필요한 다른 동물이 공격하는 것을 피할 수 있고, 물의 증발을 막을 수 있습니다.

채점 기준	
좋은 점을 두 가지 모두 옳게 쓴 경우	10점
좋은 점을 한 가지만 옳게 쓴 경우	4점

10 극지방에서 사는 식물은 추위와 강한 바람을 견디기 위해 키가 작습니다.

11 찍찍이 테이프는 도꼬마리 열매(또는 우엉 열매) 가시 끝의 갈고리 모양이 동물의 털이나 사람의 옷에 잘 붙는 성질을 활용하였습니다.

12 비에 젖지 않는 연꽃잎을 활용해 물이 스며들지 않는 옷감을 만들었습니다. 빗물을 모으는 장치는 느릅나무 잎의 특징을 활용하였습니다.

서술형 평가 1회   160쪽

1 예 잎의 전체적인 모양이 길쭉한가?, 잎의 끝 모양이 뾰족한가?, 잎의 가장자리가 톱니 모양인가? 등   **2** (1) 나사말, 검정말 (2) 예 줄기가 가늘고 물의 흐름에 따라 잘 휜다.   **3** (1) 예 선인장은 줄기에 물을 저장한다. (2) 예 굵은 줄기에 물을 저장한다. 물의 증발을 막고, 다른 동물이 공격하는 것을 피할 수 있도록 잎이 가시 모양으로 되어 있다.   **4** 예 도꼬마리 열매의 가시 끝의 갈고리 모양이 동물의 털이나 사람의 옷에 잘 붙는 성질을 활용하였다.

1 잎의 전체적인 모양이 길쭉한가?, 잎의 가장자리가 갈라졌는가?, 잎이 한곳에서 두 개가 나는가? 등과 같이 잎의 생김새와 특징에 따라 분류 기준을 정하면 됩니다.

채점 기준	
예시 답안과 같이 옳게 쓴 경우	8점
예시 답안과 의미는 비슷하지만 정확하게 쓰지 못한 경우	3점

2 (1) 물수세미, 나사말, 검정말 등은 물속에 잠겨서 삽니다.
(2) 물속에 잠겨서 사는 식물은 줄기가 가늘고 물의 흐름에 따라 잘 휩니다.

채점 기준	
(1), (2)를 모두 옳게 쓴 경우	12점
(1)을 모두 옳게 쓴 경우	4점
(1)의 답 중 한 가지만 옳게 쓴 경우	2점
(2)만 옳게 쓴 경우	8점

3 (1) 화장지를 붙여 보니 물이 묻은 것으로 보아, 선인장 줄기에 물을 보관하고 있다는 것을 알 수 있습니다.
(2) 선인장은 줄기가 굵어 물을 보관할 수 있기 때문에 건조한 날씨에도 살 수 있으며, 가시가 있어 물이 필요한 다른 동물이 공격하는 것을 피할 수 있고 물의 증발을 막을 수 있습니다.

채점 기준

(1), (2)를 모두 옳게 쓴 경우	10점
(1)만 옳게 쓴 경우	4점
(2)만 옳게 쓴 경우	8점

4 도꼬마리 열매 가시 끝이 갈고리 모양이어서 동물의 털이나 사람의 옷에 잘 붙는 성질을 활용해 찍찍이 테이프를 만들었으며, 찍찍이 테이프는 끈 대신 신발이 벗겨지지 않게 하는 데 사용되기도 합니다.

채점 기준

예시 답안과 같이 옳게 쓴 경우	8점
예시 답안과 의미는 비슷하지만 정확하게 쓰지 못한 경우	3점

---

6 부레옥잠이나 개구리밥과 같이 물에 떠서 사는 식물은 수염처럼 생긴 뿌리가 물속으로 뻗어 있고, 잎에 공기주머니가 있거나 잎이 넓어서 물에 잘 뜰 수 있습니다.

채점 기준

예시 답안과 같이 옳게 쓴 경우	10점
예시 답안과 의미는 비슷하지만 정확하게 쓰지 못한 경우	4점

7 자른 부레옥잠의 잎자루를 물속에서 누르면 공기주머니 속에 들어 있던 공기가 빠져나와 위로 올라갑니다.

8 선인장과 용설란은 사막에서 사는 식물입니다. 사막은 낮에는 햇볕이 강해서 뜨거우며 비가 적게 오고 건조합니다. 또한 모래바람이 많이 불며 낮과 밤의 온도 차가 큽니다.

채점 기준

예시 답안과 같이 두 가지를 모두 옳게 쓴 경우	10점
한 가지를 모두 옳게 쓴 경우	5점

9 선인장은 굵은 줄기에 물을 저장하고, 가시 모양의 잎이 있어서 물의 증발을 막습니다.

10 바오바브나무는 키가 크고 줄기가 굵어서 물을 많이 저장할 수 있습니다.

11 도꼬마리 열매의 가시 끝이 갈고리 모양이어서 동물의 털이나 사람의 옷에 잘 붙습니다.

12 비에 젖지 않는 연꽃잎의 특징을 활용해 물이 스며들지 않는 옷감을 만들었습니다.

🔆 단원 평가 2회
161~162쪽

1 ②, ④ **2** ⑤ **3** ㉠ **4** ④ **5** ④ **6** 예 수염처럼 생긴 뿌리가 물속으로 뻗어 있다. 잎에 공기주머니가 있거나 잎이 넓다. 등 **7** ③ **8** 예 비가 적게 온다. 낮과 밤의 온도 차가 크다. 등 **9** ①, ④ **10** ④ **11** ⑤ **12** ⑤

1 채집한 잎은 함부로 맛보지 않고, 자세히 관찰하기 위해서는 돋보기를 준비합니다. 식물을 채집하기 위해 위험한 행동을 하지 않습니다.

2 한곳에 두 개씩 뭉쳐나는 잎은 ㉠ 소나무 잎입니다.

3 '잎의 크기가 작은가?' '큰가'와 같은 기준은 사람마다 기준이 다르기 때문에 식물의 잎을 분류할 기준으로 적합하지 않습니다.

4 나무는 모두 여러해살이 식물이고, 풀은 대부분 한해살이 식물입니다.

5 명아주, 강아지풀은 들이나 산에서 사는 풀로, 나무보다 키가 작고 햇빛이 잘 드는 곳에서 삽니다.

📋 서술형 평가 2회
163쪽

1 예 '잎의 가장자리가 톱니 모양인가?'를 분류 기준으로 분류한 것이다. **2** 예 부레옥잠은 잎자루 속에 공기주머니가 있기 때문에 물에 뜰 수 있고, 나사말은 줄기와 잎이 가늘고 부드러워서 물의 흐름에 따라 잘 휘어진다. **3** 예 덥고 물이 부족한 사막에서 살 수 있도록 두꺼운 줄기에 물을 저장한다. **4** 예 장미 덩굴의 날카로운 가시에 찔리면 아픈 특징을 이용하여 가축이나 사람이 울타리를 넘지 못하게 하는 가시철조망을 만들었다.

1 '그렇다.'로 분류한 식물은 단풍나무의 잎과 토끼풀이며, 이 두 식물의 잎은 잎의 가장자리가 톱니 모양입니다. 따라서 분류 기준으로 '잎의 가장자리가 톱니 모양인가?'가 알맞습니다.

채점 기준	
예시 답안과 같이 옳게 쓴 경우	8점
예시 답안과 의미는 비슷하지만 정확하게 쓰지 못한 경우	3점

2 부레옥잠은 물에 떠서 살고, 나사말은 물속에서 삽니다. 부레옥잠은 물에 떠서 살 수 있도록 잎자루 속에 공기주머니가 있고, 나사말은 물속에서 물의 흐름에 의해 잎이나 줄기가 꺾이지 않도록 가늘고 부드럽습니다.

채점 기준	
예시 답안과 같이 옳게 쓴 경우	8점
예시 답안과 의미는 비슷하지만 정확하게 쓰지 못한 경우	3점

3 금호선인장과 바오바브나무는 사막에서 사는 식물로 모두 두꺼운 줄기에 물을 저장하고 있어 물이 부족한 사막에서 살아갈 수 있습니다.

채점 기준	
예시 답안과 같이 옳게 쓴 경우	8점
예시 답안과 의미는 비슷하지만 정확하게 쓰지 못한 경우	3점

4 장미 덩굴에는 가시가 있어서 다른 동물이 접근하여 훼손하는 것을 막습니다. 이러한 장미 덩굴 가시의 특성을 이용하여 가축이나 사람이 접근하지 못하게 하는 가시철조망을 만들었습니다.

채점 기준	
예시 답안과 같이 옳게 쓴 경우	8점
예시 답안과 의미는 비슷하지만 정확하게 쓰지 못한 경우	3점

2 물의 상태 변화

📝 쪽지 시험
165쪽

1 물 **2** 얼음(고체), 물(액체), 수증기(기체) **3** 변하지 않는다. **4** 줄어든다. **5** 증발 **6** 낮아진다. **7** 액체인 물에서 기체인 수증기로 변한다. **8** 응결 **9** 늘어난다. **10** 수증기

💡 단원 평가 1회
166~167쪽

1 ② **2** 태경 **3** 예 물이 얼 때 부피가 늘어나므로 페트병이 커진다. **4** = **5** ③ **6** ⑤ **7** ② **8** ③ **9** ⑤ **10** ④ **11** 예 공기 중의 수증기가 차가운 컵 표면에 닿아 응결해 물로 변해서 달라붙었기 때문이다. **12** ③ **13** ①

1 얼음은 단단하고 손으로 잡을 수 있습니다. 물은 흐르고 일정한 모양이 없으며, 손으로 잡을 수 없습니다.

2 호수가 얼어 있는 것은 물의 고체 상태인 얼음입니다.

3 물이 얼 때 부피가 늘어납니다.

채점 기준	
예시 답안과 같이 옳게 쓴 경우	10점
예시 답안과 의미는 비슷하지만 정확하게 쓰지 못한 경우	4점

4 얼음이 녹아 물이 될 때 무게가 변하지 않습니다.

5 꽁꽁 언 튜브형 얼음과자가 녹으면 액체 상태가 되고, 부피가 줄어들어 용기 안에 빈 공간이 생깁니다.

6 차가운 물체의 표면에서 공기 중의 수증기가 물방울로 변하는 현상은 응결입니다.

7 젖어 있던 길이 마르는 것은 증발의 예입니다. 증발은 액체인 물이 표면에서 기체인 수증기로 상태가 변하는 현상입니다.

8 물이 끓기 전에는 변화가 거의 없다가 시간이 지나면 매우 작은 기포가 조금씩 생기고 물이 끓을 때에는 큰 기포가 연속해서 많이 생깁니다.

9 증발할 때보다 끓을 때 물의 양이 빠르게 줄어듭니다. 증발은 물 표면에서, 끓음은 물 표면과 물속에서 상태 변화가 일어납니다.

10 시간이 지나면 컵의 표면에 물방울이 맺히고 은박 접시에 물이 고입니다. 컵 표면에 생긴 물방울은 공기 중의 수증기가 물로 상태가 변한 것입니다.

11 공기 중의 수증기가 차가운 컵 표면에 닿아 응결해 물로 상태가 변해서 달라붙어 컵의 무게가 늘어납니다.

채점 기준	
예시 답안과 같이 옳게 쓴 경우	10점
예시 답안과 의미는 비슷하지만 정확하게 쓰지 못한 경우	4점

12 농작물을 기를 때에는 액체 상태의 물을 이용하는 것이며, 얼음과자를 만들 때와 스키장에서 인공 눈을 만들 때에는 물이 얼음으로 변하는 상태 변화를 이용합니다. 얼음주머니로 몸을 차갑게 식힐 때에는 얼음이 물로 변하는 상태 변화를 이용합니다.

13 가습기는 물이 수증기로 변하는 상태 변화를 이용합니다.

📜 서술형 평가 1회
168쪽

1 ㈜ 고체 상태인 얼음(고드름)이 녹아 액체 상태인 물이 된다. **2** (1) ㈜ 액체인 물이 기체인 수증기로 상태가 변한다. (2) ㈜ 오징어를 말릴 때에는 물 표면에서 천천히 상태 변화가 일어나고, 물을 끓일 때에는 물 표면과 물속에서 빠르게 상태 변화가 일어난다. **3** (1) ㈜ 기체인 공기 중의 수증기가 응결해 액체인 물이 된다. (2) ㈜ 추운 겨울 유리창 안쪽에 물방울이 맺힌다. 가열한 냄비 뚜껑 안쪽에 물방울이 맺힌다. 맑은 날 아침 풀잎이나 거미줄에 물방울이 맺힌다. 욕실의 차가운 거울 표면에 물방울이 맺힌다. 등 **4** ㉠ ㈜ 액체인 물이 고체인 얼음으로 변하는 상태 변화를 이용한 것이다. ㉡ ㈜ 액체인 물이 기체인 수증기로 변하는 상태 변화를 이용한 것이다.

1 고드름은 고체인 얼음이며, 고드름이 녹으면 액체인 물이 됩니다.

채점 기준	
예시 답안과 같이 옳게 쓴 경우	8점
예시 답안과 의미는 비슷하지만 정확하게 쓰지 못한 경우	3점

2 (1) 오징어를 말릴 때와 물을 끓일 때 모두 액체인 물이 기체인 수증기로 변합니다.

---

(2) 오징어를 말릴 때 일어나는 증발은 물 표면에서 천천히 일어나고, 끓음은 물 표면과 물속에서 빠르게 일어납니다.

채점 기준	
(1), (2)를 모두 옳게 쓴 경우	12점
(1)만 옳게 쓴 경우	6점
(2)만 옳게 쓴 경우	6점

3 (1) 물과 얼음이 든 컵 표면에 맺힌 물방울은 공기 중에 있던 수증기가 물로 변한 것입니다.
(2) 이슬, 욕실에 맺힌 물방울 등 기체인 수증기가 액체인 물로 상태가 변하는 응결의 예는 많습니다.

채점 기준	
(1), (2)를 모두 옳게 쓴 경우	12점
(1)만 옳게 쓴 경우	6점
(2)만 옳게 쓴 경우	6점

4 이글루는 추운 지역에 사는 이누이트족이 얼음과 물만을 이용해 만든 집입니다. 스팀다리미에 물을 넣으면 다리미의 열판 온도가 올라가면서 물이 수증기로 변해 옷감으로 뿌려져 구겨진 옷의 주름을 폅니다.

채점 기준	
㉠과 ㉡을 모두 옳게 쓴 경우	8점
㉠과 ㉡ 중 한 가지만 옳게 쓴 경우	4점

💡 단원 평가 2회
169~170쪽

1 기체, 일정하지 않고　　**2** ②, ④　　**3** ①　　**4** ㈜ 물이 얼 때 무게는 변하지 않는다.　　**5** ②　　**6** ㉠ 표면, ㉡ 증발　　**7** ⑤　　**8** 수증기(기체)　　**9** ④　　**10** ③　　**11** ㈜ 냄비 안의 수증기가 차가운 냄비 뚜껑을 만나 물로 변한 것이다.　　**12** 얼음　　**13** ①

1 물의 기체 상태인 수증기는 일정한 모양이 없고, 눈에 보이지 않습니다.

2 얼음은 물의 고체 상태이며, 얼음이 녹으면 액체인 물이 됩니다. ①, ⑤는 액체인 물이 고체인 얼음으로 변하는 경우이며, ③은 액체인 물이 기체인 수증기로 변하는 경우입니다.

3 물이 완전히 언 후 플라스틱 시험관의 얼음의 높이가 얼기 전 물의 높이보다 높아진 것으로 물이 얼면 부피가 늘어난다는 것을 알 수 있습니다. 한겨울에 수도관에 설치된 계량기가 얼어서 터지는 것은 물이 얼어 부피가 늘어나는 예입니다.

4 물이 얼 때 부피는 늘어나지만, 무게는 변하지 않습니다.

채점 기준	
예시 답안과 같이 옳게 쓴 경우	10점
예시 답안과 의미는 비슷하지만 정확하게 쓰지 못한 경우	4점

5 얼음이 녹으면 부피가 줄어들기 때문에 물의 높이는 낮아집니다.

6 실온에 둔 물은 시간이 지나면 물의 양이 점점 줄어듭니다. 그 까닭은 물 표면에서 물이 수증기로 상태가 변하는 증발이 일어나기 때문입니다.

7 물이 얼면서 부피가 늘어나기 때문에 겨울에 장독 안의 물이 얼어 장독이 깨집니다. 나머지는 증발과 관계있습니다.

8 기포는 물이 수증기로 변한 것입니다.

9 물이 끓을 때에는 물 표면과 물속에서 액체인 물이 기체인 수증기로 변하는 상태 변화가 일어납니다. 물이 끓을 때에는 증발할 때보다 물의 양이 빠르게 줄어듭니다.

10 플라스틱 컵 표면에 물방울이 맺히며, 이 물방울은 공기 중에 있던 수증기가 물로 변한 것입니다.

11 가열한 냄비 뚜껑 안쪽에 물방울이 맺히는 것은 응결과 관련된 예입니다.

채점 기준	
예시 답안과 같이 옳게 쓴 경우	10점
예시 답안과 의미는 비슷하지만 정확하게 쓰지 못한 경우	4점

12 얼음과자를 만들 때와 인공 눈을 만들 때에는 물이 얼음으로 변하는 상태 변화를 이용합니다.

13 음식을 찔 때에는 물이 수증기로 변하는 상태 변화를 이용합니다. 얼음 작품을 만들 때와 이글루를 만들 때에는 물이 얼음으로 변하는 상태 변화를 이용하며, 얼음주머니로 몸을 식힐 때에는 얼음이 물로 변하는 상태 변화를 이용합니다.

---

1 공통점 : 예 얼음과 물은 모두 담는 그릇이 달라져도 부피와 무게가 변하지 않는다. 차이점 : 예 얼음은 손으로 잡을 수 있으며 담는 그릇에 따라 모양이 변하지 않지만, 물은 손으로 잡을 수 없고 담는 그릇에 따라 모양이 변한다.   **2** 예 수돗물이 얼어서 부피가 늘어났기 때문이다.   **3** 예 물의 증발은 매우 천천히 일어나기 때문에 물의 양이 조금씩 줄어든다. 따라서 30분 후에는 물의 양이 줄어드는 것을 관찰하는 것이 어렵지만, 3일 후에는 물의 양이 줄어드는 것을 관찰할 수 있다.   **4** (1) 예 액체 상태의 물이 기체 상태의 수증기로 변하는 상태 변화를 이용한 것이다. (2) 예 젖은 수건이나 빨래를 걸어 놓는다. 등

1 얼음은 고체이고, 물은 액체입니다. 고체인 얼음은 담는 그릇에 따라 모양과 부피가 변하지 않지만, 액체인 물은 담는 그릇에 따라 모양은 변하고 부피는 변하지 않습니다.

채점 기준	
공통점과 차이점을 모두 옳게 쓴 경우	8점
공통점과 차이점 중 한 가지만 옳게 쓴 경우	4점

2 수도 계량기 속에 있는 물이 얼면 부피가 늘어나기 때문에 추운 겨울날에는 계량기가 터질 수 있습니다.

채점 기준	
예시 답안과 같이 옳게 쓴 경우	8점
예시 답안과 의미는 비슷하지만 정확하게 쓰지 못한 경우	3점

3 물의 증발은 매우 천천히 일어납니다. 따라서 증발에 의해 물의 양이 줄어드는 것을 관찰하기까지는 시간이 오래 걸립니다.

채점 기준	
예시 답안과 같이 옳게 쓴 경우	8점
예시 답안과 의미는 비슷하지만 정확하게 쓰지 못한 경우	3점

4 (1) 가습기는 액체인 물을 기체인 수증기로 바꾸어 공기 중으로 내보내는 장치입니다.
(2) 젖은 수건이나 빨래를 걸어 놓으면 액체인 물이 기체인 수증기가 되어 공기 중으로 날아가서 가습기와 비슷한 역할을 합니다.

채점 기준	
(1), (2)를 모두 옳게 쓴 경우	12점
(1)만 옳게 쓴 경우	4점
(2)만 옳게 쓴 경우	8점

과학

3 그림자와 거울

1 빛, 물체 **2** 뒤쪽 **3** 유리컵 **4** 빛의 직진 **5** 원 모양
6 커진다. **7** 같다. **8** 오른쪽 **9** 방향 **10** 거울

💡 단원 평가 1회
174~175쪽

1 ① **2** ㉠ **3** 예 빛이 나아가다가 불투명한 물체인 도자기 컵을 만나면 빛이 통과하지 못하기 때문이다. **4** ⑤ **5** ①
6 ㉠ **7** 왼쪽 **8** ㉡ **9** ③ **10** 사이 **11** 예 승강기 출입문을 등지는 방향으로 탑승하였을 경우, 몸의 방향을 바꾸지 않고도 거울을 통해 해당 층에 도착했을 때 출입문이 열렸는지 확인할 수 있다. **12** ⑤

1 그림자는 물체의 뒤쪽에 생깁니다.

2 도자기 컵과 같은 불투명한 물체의 그림자는 진하고 선명하지만, 유리컵과 같은 투명한 물체의 그림자는 연하고 흐릿합니다.

3 불투명한 물체는 빛이 물체를 통과하지 못해 진한 그림자가 생기고, 투명한 물체는 빛이 대부분 물체를 통과해 연한 그림자가 생깁니다.

채점 기준	
예시 답안과 같이 옳게 쓴 경우	10점
예시 답안과 의미는 비슷하지만 정확하게 쓰지 못한 경우	4점

4 자동차의 햇빛 가리개는 물체의 그림자가 생기는 것을 이용해 생활을 편리하게 한 예입니다.

5 직진하는 빛이 물체를 통과하지 못해 빛이 닿는 부분의 물체 모양과 비슷한 모양의 그림자가 물체 뒤쪽에 생깁니다.

6 스크린과 손전등을 그대로 두었을 때 물체를 손전등에서 멀리 하면 그림자의 크기가 작아지고, 가깝게 하면 그림자의 크기가 커집니다.

7 거울에 물체를 비춰 보면 물체의 상하는 바뀌어 보이지 않지만 좌우는 바뀌어 보입니다.

8 자동차의 뒷거울에 구급차 앞부분의 모습이 비춰 보일 때 좌우로 바꾸어 쓴 글자의 좌우가 다시 바뀌어 똑바로 보입니다.

9 빛이 나아가다가 거울에 부딪치면 거울에서 빛의 방향이 바뀌며 이를 빛의 반사라고 합니다.

10 거울 두 개를 세워 두고 그 사이에 물체를 놓으면 거울에 비친 물체의 모습을 여러 개 볼 수 있습니다.

11 휠체어를 사용하는 사람의 경우 승강기 출입문을 등지는 방향으로 탑승하게 되는데, 이때 승강기에 거울이 있으면 몸의 방향을 바꾸지 않고도 해당 층에 도착했을 때 출입문이 열렸는지 확인할 수 있습니다.

채점 기준	
예시 답안과 같이 옳게 쓴 경우	10점
예시 답안과 의미는 비슷하지만 정확하게 쓰지 못한 경우	4점

12 집에서 거울을 이용하는 예에는 현관 앞 전신 거울, 화장실이나 화장대 거울, 손거울, 탁상 거울 등이 있습니다.

📄 서술형 평가 1회
176쪽

1 (1) ㉠ (2) 예 ㉠ 부분은 투명하고, ㉡ 부분은 불투명하기 때문이다. **2** (1) 예 손전등을 물체에 가까이 가져간다. (2) 예 물체를 손전등에서 멀리 한다. **3** (1) 해설 참조 (2) 예 거울에 비친 물체의 모습은 원래 물체와 좌우가 바뀌어 보인다. **4** (1) 빛의 반사 (2) 예 ㉠ 미용실 거울은 머리 모양을 볼 때, ㉡ 자동차 뒷거울은 뒤에서 오는 자동차를 볼 때 이용한다.

1 빛이 나아가다가 투명한 물체를 만나면 빛이 대부분 통과해 연한 그림자가 생기고, 불투명한 물체를 만나면 빛이 통과하지 못해 진한 그림자가 생깁니다.

채점 기준	
(1), (2)를 모두 옳게 쓴 경우	12점
(1)만 옳게 쓴 경우	2점
(2)만 옳게 쓴 경우	10점

2 물체와 손전등 사이의 거리가 가까우면 그림자의 크기가 커지고, 멀어지면 그림자의 크기가 작아집니다.

채점 기준	
(1), (2)를 모두 옳게 쓴 경우	12점
(1)만 옳게 쓴 경우	6점
(2)만 옳게 쓴 경우	6점

3 (1)

거꿀

거울에 비친 물체의 색깔은 실제 물체의 색깔과 같으며, 물체의 상하는 바뀌어 보이지 않지만 좌우는 바뀌어 보입니다.

채점 기준	
(1), (2)를 모두 옳게 쓴 경우	12점
(1)만 옳게 쓴 경우	4점
(2)만 옳게 쓴 경우	8점

4 거울은 빛의 반사를 이용한 도구이며, 미용실 거울은 머리 모양을 볼 때, 자동차 뒷거울은 뒤에서 오는 자동차를 볼 때 이용합니다.

채점 기준	
(1), (2)를 모두 옳게 쓴 경우	12점
(1)만 옳게 쓴 경우	4점
(2)만 옳게 쓴 경우	8점

💡 단원 평가 2회
177~178쪽

1 ㉠ **2** ④ **3** ⑨ 빛이 꽃병을 통과하는 정도가 다르기 때문이다. **4** ㉡, ㉣ **5** ① **6** ①, ② **7** ㉠ **8** ㉠ 상하 ㉡ 좌우 **9** ⑤ **10** 해설 참조 **11** ③ **12** ⑨ 뒤에서 오는 다른 자동차의 위치를 보기 위해서이다.

1 물체에 빛을 비추면 물체 뒤쪽에 그림자가 생깁니다. 따라서 공의 뒤쪽에 흰 종이를 놓아야 흰 종이에 그림자가 생깁니다.

2 햇빛이 있는 낮에 운동장에 있는 나무, 철봉, 아이들 주변에 그림자가 생깁니다. 구름이 햇빛을 가리면 그림자는 사라집니다.

3 빛이 나아가다가 투명한 물체를 만나면 빛이 대부분 통과해 연한 그림자가 생기고, 불투명한 물체를 만나면 빛이 통과하지 못해 진한 그림자가 생깁니다.

채점 기준	
예시 답안과 같이 옳게 쓴 경우	10점
예시 답안과 의미는 비슷하지만 정확하게 쓰지 못한 경우	4점

4 도자기 컵은 불투명해서 빛이 통과하지 못하기 때문에 진하고 선명한 그림자가 생깁니다.

5 직진하는 빛이 물체를 통과하지 못하면 물체 모양과 비슷한 그림자가 물체의 뒤쪽에 생깁니다.

6 ㄱ자 모양 블록을 돌려 방향을 바꾸면 그림자의 모양이 달라집니다.

7 물체와 스크린을 그대로 두었을 때 손전등을 물체에 가깝게 하면 그림자의 크기는 커지고, 손전등을 물체에서 멀게 하면 그림자의 크기는 작아집니다.

8 거울에 비친 물체의 색깔은 실제 물체의 색깔과 같으며, 물체의 상하는 바뀌어 보이지 않지만 좌우는 바뀌어 보입니다.

9 빛이 나아가다가 거울에 부딪치면 거울에서 빛의 방향이 바뀝니다. 이러한 성질을 빛의 반사라고 합니다.

10 손전등의 빛이 거울에 부딪치면 거울에서 빛의 방향이 바뀝니다. 거울에 수직으로 들어간 빛은 곧게 되돌아 나옵니다.

11 시장에서 물건의 가격을 볼 때에는 거울이 필요하지 않습니다.

12 자동차에서는 뒷거울을 이용해 뒤에서 오는 다른 자동차의 위치를 봅니다.

채점 기준	
예시 답안과 같이 옳게 쓴 경우	10점
예시 답안과 의미는 비슷하지만 정확하게 쓰지 못한 경우	4점

📝 서술형 평가 2회
179쪽

1 ⑨ 그림자가 생기려면 빛과 물체가 있어야 하는데 물체가 없기 때문에 그림자가 생기지 않는다. **2** ⑨ 손을 전등에 가까이 가져가서 그림자를 크게 만들었다. **3** ⑨ 거울에 비친 물체의 색깔이 실제 물체와 같지만, 좌우가 바뀌어 보인다. **4** ⑨ 뒤쪽 거울에 비친 모습이 앞쪽 거울에서 반사되어 우리 눈으로 들어오기 때문이다.

1 그림자가 생기려면 빛과 물체가 있어야 하고, 물체에 빛을 비춰야 합니다. 그림의 장치에 빛은 있지만 물체가 없기 때문에 그림자가 생기지 않습니다.

채점 기준

예시 답안과 같이 옳게 쓴 경우	8점
예시 답안과 의미는 비슷하지만 정확하게 쓰지 못한 경우	3점

2 스크린이 그대로 있을 때 물체와 전등 사이의 거리가 가까울수록 그림자가 커집니다. 따라서 손 그림자를 크게 만들기 위해서 손을 전등에 가까이 가져갔을 것입니다.

채점 기준

예시 답안과 같이 옳게 쓴 경우	8점
예시 답안과 의미는 비슷하지만 정확하게 쓰지 못한 경우	3점

3 물체를 거울에 비춰 보면 물체의 상하는 바뀌어 보이지 않지만 좌우는 바뀌어 보입니다. 또한 거울에 비친 물체의 색깔은 실제 물체와 같습니다.

채점 기준

예시 답안과 같이 옳게 쓴 경우	8점
예시 답안과 의미는 비슷하지만 정확하게 쓰지 못한 경우	3점

4 거울 두 개에 뒷모습이 반사되어 비쳐 우리 눈에 보이게 되는 것입니다.

채점 기준

예시 답안과 같이 옳게 쓴 경우	8점
예시 답안과 의미는 비슷하지만 정확하게 쓰지 못한 경우	3점

---

4 화산과 지진

📝 쪽지 시험
181쪽

1 화산 **2** 용암 **3** 수증기 **4** 화성암 **5** 현무암 **6** 열
7 지진 **8** 땅(지층) **9** 규모 **10** 계단

💡 단원 평가 1회
182~183쪽

1 ⑤ **2** ⑤ **3** ③ **4** ③ **5** (다) **6** ② **7** ④ **8** 예 우드록이 끊어질 때 손에 느껴지는 떨림은 실제 자연 현상에서 땅이 끊어질 때 발생하는 지진과 같다. **9** ③ **10** ③ **11** 예 넘어지거나 떨어질 물건으로부터 머리와 몸을 보호한다. **12** ④, ⑤

1 화산의 생김새, 경사, 높이는 다양하고, 화산의 꼭대기는 뾰족하지 않은 것도 있습니다.

2 알루미늄 포일 밖에서 굳은 마시멜로는 실제 화산에서 흘러나온 용암이 굳은 것에 비유할 수 있습니다.

3 화산재는 고체 상태의 가루 물질입니다.

4 화강암은 마그마가 땅속 깊은 곳에서 서서히 식어 굳어져 만들어진 암석으로, 밝은색을 띠며 맨눈으로 구별할 수 있을 정도로 알갱이의 크기가 큽니다.

5 현무암은 마그마가 지표 가까이에서 빠르게 식어서 만들어져 알갱이의 크기가 작고, 화강암은 마그마가 땅속 깊은 곳에서 서서히 식어서 만들어져 알갱이의 크기가 큽니다.

6 화산 활동으로 생긴 온천이나 특이한 지형을 관광지로 활용하는 것은 화산 활동이 주는 이로운 점입니다.

7 화산 주변 땅속의 높은 열을 온천이나 지열 발전에 이용합니다.

8 우드록이 끊어질 때 느껴지는 손의 떨림은 땅이 끊어지면서 흔들리는 지진을 나타냅니다.

채점 기준

예시 답안과 같이 옳게 쓴 경우	10점
예시 답안과 의미는 비슷하지만 정확하게 쓰지 못한 경우	4점

9 지진의 세기는 사례마다 다르며, 지진이 발생해도 피해가 생기지 않는 경우가 있습니다. 규모의 숫자가 클수록 강한 지진이므로 경주에서 발생한 지진이 가장 강한 지진이며, 한 번 지진이 발생한 지역에 다시 지진이 발생할 수 있습니다.

10 규모는 지진의 세기를 나타내는 것으로, 규모의 숫자가 클수록 강한 지진입니다.

11 지진이 발생하면 1~2분 정도 땅의 흔들림이 있으므로 이 시간 동안 머리와 몸을 잘 보호해야 합니다.

채점 기준	
예시 답안과 같이 옳게 쓴 경우	10점
예시 답안과 의미는 비슷하지만 정확하게 쓰지 못한 경우	4점

12 지진으로 문이 뒤틀려 열리지 않을 수 있으므로 문을 열어 두고, 승강기 대신 계단을 이용하여 이동합니다. 기둥이나 벽은 무너질 염려가 있으므로 멀리 떨어져 있어야 합니다.

📝 서술형 평가 1회   184쪽

1 ⑩ 물질의 상태에 따라 분류하였으며, ㉠은 기체 상태, ㉡은 액체 상태, ㉢은 고체 상태의 물질이다.   **2** (1) 화산 활동으로 나오는 물질(또는 화산 분출물) (2) ⑩ 연기가 난다. 작은 덩어리의 마시멜로가 튀어나온다. 액체인 마시멜로가 흘러나온다. 마시멜로가 흘러내린 뒤 식으면서 굳는다. 등   **3** (1) ㉡ (2) ⑩ 우드록은 짧은 시간 동안 가해진 힘에 의해 끊어지지만, 실제 지진은 오랜 시간 동안 작용한 지구 내부의 힘을 받아 발생한다.   **4** (1) ⑩ 책상 아래로 들어가 머리와 몸을 보호하고, 책상 다리를 꼭 잡는다. (2) ⑩ 머리를 보호하며 선생님의 지시에 따라 넓은 장소로 신속하게 이동한다.

1 화산 분출물에는 기체 상태의 화산 가스, 액체 상태의 용암, 고체 상태의 화산재와 화산 암석 조각 등이 있습니다.

채점 기준	
분류 기준과 그 특징을 모두 옳게 쓴 경우	8점
분류 기준과 그 특징 중 한 가지만 옳게 쓴 경우	4점

2 (1) 화산 분출 모형실험으로 화산이 분출할 때 나오는 물질에 대해 알아봅니다.
(2) 마시멜로가 뜨거워지면 연기가 나고 녹은 마시멜로가 흘러나옵니다.

채점 기준	
(1), (2)를 모두 옳게 쓴 경우	12점
(1)만 옳게 쓴 경우	4점
(2)만 옳게 쓴 경우	8점

3 (1) 우드록을 양쪽에서 조금 힘을 주어 밀면 우드록이 휘어지기 시작하고, 계속 힘을 주어 밀면 결국 우드록이 끊어집니다. 우드록이 끊어질 때 손에 떨림이 느껴집니다.
(2) 지진은 오랜 시간 동안 지구 내부에서 작용하는 힘을 받아 발생합니다.

채점 기준	
(1), (2)를 모두 옳게 쓴 경우	12점
(1)만 옳게 쓴 경우	2점
(2)만 옳게 쓴 경우	10점

4 지진이 발생하면 먼저 몸을 보호하고 흔들림이 멈추면 넓은 공터로 신속하게 대피합니다.

채점 기준	
(1), (2)를 모두 옳게 쓴 경우	12점
(1)과 (2) 중 하나만 옳게 쓴 경우	6점

💡 단원 평가 2회   185~186쪽

1 마그마   **2** ⑩ 화산 모형 윗부분에서 나오는 연기는 화산 가스를 나타낸다. 마시멜로가 녹아서 흘러나오는 것은 용암을 나타낸다.   **3** ④   **4** ㉠, 현무암   **5** ③   **6** ②   **7** ⑩ 화산 주변에서 온천이나 관광지를 개발하는 산업, 화산재를 원료로 하는 생활용품 개발 산업, 현무암이나 화강암으로 조각 작품을 만들거나 건축 자재를 생산하는 산업 등   **8** ①   **9** ④   **10** ②   **11** ①   **12** ㉠ 먼저, ㉡ 계단

1 마그마가 분출하면서 기체가 빠져나간 것이 용암입니다.

2 알루미늄 포일로 감싼 마시멜로가 뜨거워지면 윗부분에서 연기가 조금씩 피어오르다가 뜨거워진 마시멜로가 녹아서 흘러나옵니다.

채점 기준	
화산 가스와 용암을 나타내는 것을 모두 옳게 쓴 경우	10점
화산 가스와 용암을 나타내는 것 중 한 가지만 옳게 쓴 경우	4점

3 용암은 액체 상태이며, 화산재는 고체 상태입니다. 화산 가스는 기체 상태로, 대부분 수증기로 이루어져 있습니다.

4 현무암은 지표면 가까이에서 마그마가 빠르게 식어서 만들어진 암석입니다.

5 불국사의 돌계단과 석굴암은 화강암으로 만들어졌습니다.

6 화산재는 마을과 농작물을 덮치고, 항공기 운항을 어렵게 하는 피해를 줍니다. 또한 화산재는 땅을 기름지게 하여 농작물이 자라는 데 도움을 주기도 합니다

7 여러 가지 산업에 화산 활동을 이용합니다.

과학

채점 기준

이용하는 산업의 예를 두 가지 모두 옳게 쓴 경우	10점
이용하는 산업의 예를 한 가지만 옳게 쓴 경우	5점

8 우드록에 계속 힘을 주면 우드록이 끊어지고, 이때 소리가 나고 손에 떨림이 느껴집니다.

9 지진 발생 지역의 기온은 나와 있지 않습니다.

10 지진의 세기는 지진마다 다르며, 지진 발생 횟수는 늘어나고 있습니다. 규모의 숫자가 클수록 강한 지진이므로 미국에서 발생한 지진이 가장 강한 지진입니다

11 지진에 대비하여 손전등과 전지, 비상식량, 구급약품, 물, 간단한 옷, 라디오 등을 준비해 둡니다.

12 지진이 발생했을 때 승강기가 갑자기 멈출 수가 있으므로 모든 층의 버튼을 눌러 가장 먼저 열리는 층에서 내려서 계단을 이용해 대피합니다.

📋 서술형 평가 2회
187쪽

1 (1) ㉠ 현무암, ㉡ 화강암 (2) 예 ㉠ 암석은 색깔이 어둡고, 마그마가 지표 가까이에서 빨리 식어 만들어져 암석을 이루는 알갱이의 크기가 작다. ㉡ 암석은 색깔이 밝고, 마그마가 땅속 깊은 곳에서 천천히 식어 만들어져 암석을 이루는 알갱이의 크기가 크다. **2** 예 하늘 높이 올라간 화산재는 크기가 매우 작아서 비행기 엔진에 들어갈 수 있다. 그러면 엔진에 이상이 생겨 엔진이 멈추거나 고장이 날 수 있기 때문이다. **3** (1) 지진 (2) 예 땅이 지구 내부에서 작용하는 힘을 오랫동안 받아 끊어지면서 흔들리고 갈라지게 된다. **4** 예 우리나라도 지진에 안전한 지역이 아니다. 지진에 대비하는 자세가 필요하다.

1 현무암은 화강암보다 색깔이 어둡습니다. 현무암은 맨눈으로는 알갱이를 관찰하기 어려우며, 화강암은 알갱이를 볼 수 있습니다.

채점 기준

(1), (2)를 모두 옳게 쓴 경우	12점
(1)만 옳게 쓴 경우	2점
(2)만 옳게 쓴 경우	10점

2 화산재는 알갱이의 크기가 매우 작은 가루입니다. 하늘 높이 올라가 비행기의 운항을 어렵게 하기도 합니다.

채점 기준

예시 답안과 같이 옳게 쓴 경우	8점
예시 답안과 의미는 비슷하지만 정확하게 쓰지 못한 경우	3점

3 (1) 지진으로 땅이 갈라지고 무너진 모습입니다.
(2) 지진은 땅이 지구 내부의 힘을 오랫동안 받아 흔들리고 끊어지는 현상입니다.

채점 기준

(1), (2)를 모두 옳게 쓴 경우	12점
(1)만 옳게 쓴 경우	2점
(2)만 옳게 쓴 경우	10점

4 지진은 우리나라에서도 발생하여 피해를 주고 있으며, 지진에 미리 대비하면 피해를 줄일 수 있습니다.

채점 기준

알 수 있는 사실을 두 가지 모두 옳게 쓴 경우	8점
알 수 있는 사실을 한 가지만 옳게 쓴 경우	4점

5 물의 여행

📝 쪽지 시험
189쪽

1 물의 순환 **2** 변하지 않는다. **3** 기체 **4** 변하지 않는다. **5** 높이 **6** 얼음 **7** 물 **8** 늘어나고 **9** 빗물 **10** 와카워터

💡 단원 평가
190~191쪽

1 ② **2** 예 물은 상태가 변하면서 여러 곳을 끊임없이 이동한다. 물은 이동하면서 상태가 달라지기도 한다. 등 **3** ⑤ **4** ② **5** 2 **6** 예 실험 장치 안의 물이 햇빛에 의해 증발해 수증기가 되고, 공기 중의 수증기가 실험 장치 안쪽 벽면에서 응결해 물방울이 된 것이다. **7** ④ **8** ⑤ **9** ㉠ **10** ⑤ **11** ③ **12** ⑤

1 강과 바다, 사람 몸속에서는 액체 상태의 물로 머무르며, 공기 중에서는 기체 상태의 수증기로 머무릅니다.

2 물은 상태가 변하면서 육지, 바다, 공기 중, 생명체 등 여러 곳을 끊임없이 이동합니다.

채점 기준

예시 답안과 같이 옳게 쓴 경우	10점
예시 답안과 의미는 비슷하지만 정확하게 쓰지 못한 경우	4점

118 디딤돌 통합본 과학 4-2

3 사람이 마신 물은 몸속을 순환하면서 필요한 영양분을 몸 곳곳에 운반해 주고 노폐물은 땀이나 오줌으로 나옵니다. 지역마다 이용 가능한 물의 양은 다르며, 물의 순환으로 지구 전체 물의 양은 변하지 않습니다.

4 자전거를 탈 때에는 물이 직접적으로 이용되지 않습니다.

5 물의 순환 실험 장치 안에서 물은 순환을 하지만 양은 변하지 않습니다.

6 실험 장치 안의 물은 기체인 수증기로 증발했다가 다시 액체인 물로 응결하는 과정을 반복하며 순환합니다.

채점 기준	
예시 답안과 같이 옳게 쓴 경우	10점
공기 중에서 온 것이라고만 쓴 경우	4점

7 생선이 상하지 않도록 얼음을 이용하는 모습입니다.

8 물이 흙을 운반하고 땅을 편평하게 하는 것은 자연적인 현상입니다.

9 중국, 인도, 아프리카 등 물이 부족해질 가능성이 있거나 물이 부족한 나라가 많이 있습니다.

10 인구 증가와 산업 발달로 물 이용량이 늘고, 물이 오염되고, 사람들이 물을 아껴 쓰지 않아 물 부족 현상이 일어납니다.

11 세수할 때에는 필요한 양만큼 받아 놓고 사용해야 물을 아껴 쓸 수 있습니다.

12 수증기가 응결하려면 낮과 밤의 기온 차이가 커야 합니다.

📑 **서술형 평가**
192쪽

1 (1) ㉢ (2) 예 바다에서 물이 증발하여 수증기가 되어 하늘 높이 올라가 구름이 된다. 구름은 비가 되어 바다로 내린다. **2** 예 물이 증발해 수증기가 수조 안을 채우고, 수증기가 응결해 육지 부분의 뚜껑 아래에 물방울이 맺힌다. 물방울이 점점 커지다가 아래로 떨어지고 물이 모여 있는 곳으로 이동한다. **3** (1) ㉠ (2) 세제를 적당히 사용한다. 기름기 있는 그릇은 휴지로 닦고 설거지한다. 물을 받아 놓고 그릇을 씻는다. 등 **4** 예 인구 증가로 물의 이용량이 많아졌지만 하수 처리 시설이 부족하여 물 오염이 심각해져 물이 부족해졌다.

1 ㉠ 비는 액체 상태의 물, ㉡ 바닷물은 액체 상태의 물, ㉢ 공기 중의 수증기는 기체 상태의 물입니다. (2) 구름에서

비가 바다로 내린 후 바다에 있던 물은 증발하여 수증기가 되어 공기 중으로 돌아가는 과정을 반복합니다.

채점 기준	
(1), (2)를 모두 옳게 쓴 경우	12점
(1)만 옳게 쓴 경우	4점
(2)만 옳게 쓴 경우	8점

2 수조 안에서 물의 증발과 응결이 반복되며 물이 순환합니다.

채점 기준	
보기의 낱말을 모두 사용하여 옳게 쓴 경우	8점
보기의 낱말을 모두 사용하였으나 의미가 정확하지 않은 경우	4점

3 (1) 물이 떨어지는 높이 차이를 이용해 전기를 만듭니다. (2) 설거지할 때 세제를 많이 사용하지 않고, 기름기가 있는 그릇은 휴지로 먼저 닦고 설거지합니다.

채점 기준	
(1), (2)를 모두 옳게 쓴 경우	12점
(1)만 옳게 쓴 경우	4점
(2)만 옳게 쓴 경우	8점

4 인구가 계속 증가해 물 이용량이 늘어나 물이 부족해졌습니다.

채점 기준	
물 이용량이 많아졌다는내용과 하수 처리 시설이 부족하다는 내용을 모두 넣어 옳게 쓴 경우	8점
물 이용량이 많아졌다는 내용만 쓴 경우	4점

과학